丽水市金融志

丽水市金融志编纂委员会　编

方志出版社
Publishing House of Local Records

图书在版编目（CIP）数据

丽水市金融志 / 丽水市金融志编纂委员会编. —
北京 ：方志出版社，2022.8
ISBN 978-7-5144-5305-8

Ⅰ. ①丽… Ⅱ. ①丽… Ⅲ. ①地方金融事业－概况－
丽水 Ⅳ. ①F832.755.3

中国版本图书馆CIP数据核字(2022)第172513号

责任编辑：刘方圆
责任校对：刘玉霞
责任印制：梅中英
出 版 者：方志出版社
地　　址：北京市朝阳区潘家园东里9号（国家方志馆4层）
邮　　编：100021
网　　址：http://www.zgfzcb.cn
发　　行：方志出版社图书营销中心（010-67110500）
印　　刷：丽水市旺盛印刷有限公司
开　　本：889毫米×1194毫米　1/16
印　　张：42
字　　数：1147千字
版　　次：2022年8月第1版
印　　次：2022年8月第1次印刷
定　　价：158.00元

主要供稿人员

（排名不分先后）

王学亮	王潇沁	王碧勇	叶力成	叶志芳	叶祖军	叶　茜
叶海波	叶康俊	叶黎昱	刘　涛	刘焕华	吕聿金	朱玲珍
朱　钰	朱　瑜	江永祥	江岳霖	吴小东	吴少红	吴伟严
吴　芬	吴梦菲	吴蓉蓉	张　俏	李伟平	李群乐	汪英华
邱耀峰	邹海远	陈　强	陈翩翩	陈　燕	沈瑶妃	周金鑫
周　星	周祖华	周燕萍	林　红	欧干红	罗婷婷	金　颖
唐刚慧	陶伟丽	殷斯霞	麻　蓓	黄君伟	曾祥梅	舒　心
谢叶望	雷丽香	雷　慧	潘丽青			

1949年12月，中国人民银行丽水支行欢送副理景家骝（前排左四）、迎接副理郭玉梓（前排右三）合影 （郭玉梓提供）

1951年8月10日，丽水县工商业联合会筹备会成立一周年纪念合影 （郭玉梓提供）

1951年9月27日，丽水城区举行工商界集体交纳爱国捐献大会　　（郭玉梓提供）

1952年5月，中国人民银行丽水中心支行改组成立中国人民银行丽水县支行，图为全体员工合影
（郭玉梓提供）

1956年2月25日，中国人民保险公司丽水支公司首届保险会议全体代表合影

1958年4月11日，中国人民银行丽水县支行欢送下放员工（前排胸戴红花者）集体合影

位于丽水县继光街164号的中国人民银行丽水支行大楼门

1979年，中国人民银行丽水县支行大众街储蓄所

1987年11月26日，丽水市信用合作社联合社举行挂牌仪式

1988年，中国人民建设银行丽水地区中心支行后庆分理处开业

1989年，中国人民建设银行丽水地区中心支行开办有奖储蓄业务

1990年7月1日，中国人民银行丽水地区分行、丽水地区财税局兑付到期国库券场景

1991年4月17日，中国工商银行丽水地区中心支行上街宣传场景

1991年，中国工商银行景宁畲族自治县支行开办有奖储蓄业务场景

1991年，中国工商银行丽水县支行中山街储蓄所办理有奖储蓄业务场景

1992年8月31日，中国工商银行丽水地区中心支行抗洪场景

1992年12月，中国建设银行丽水支行金温铁路专业支行开业

1992年12月1日，中国工商银行牡丹卡在丽水发行，图为宣传场景

1992年12月20日，中国银行丽水支行继光街储蓄所新址开业

1992年，中国工商银行丽水地区中心支行举办珠算业务大比武活动

1993年5月1日，中国银行丽水支行存款优质服务宣传场景

1994年,中国人民建设银行缙云县支行上街宣传场景

1996年8月18日，丽水地区金融系统反假货币宣传活动暨金融知识咨询场景

1996年9月23日,中国工商银行丽水分行举办营业大楼落成暨莲城支行开业典礼

2001年，缙云县农村信用社上街宣传场景

2001年，缙云县东方镇推进农户小额信用贷款工作会议召开

2001年9月17日，人行丽水市中心支行机关召开首届职工代表暨工会会员代表大会

2004年9月18日，丽水市银企商业票据业务授信签约仪式举行

2004年11月28日，人行丽水市中心支行开展庆祝中国人民银行专门行使中央银行职能20周年宣传活动

2007年9月19日，丽水市举办全市金融系统青工技能大赛

2009年4月27日，中国人民银行副行长刘士余到丽水考察指导工作，图为调研汇报会现场

2009年4月28日至29日，全国金融支持集体林权制度改革与林业发展现场会在丽水召开

2009年6月13日，丽水市级金融机构开展“全民普及反假货币知识”活动

2010年8月24日至25日，全国农村信用体系建设工作现场交流会在丽水召开

2010年，中国人民银行副行长杜金富（前排左二）一行到丽水考察指导工作

2010年9月20日，丽水市首家金融服务中心——缙云县金融服务中心开业典礼举行

2012年5月17日，丽水市召开推进农村金融改革试点工作动员大会

2013年6月24日，中国人民银行副行长潘功胜（左三）、浙江省副省长朱从玖（右三）在丽水主持召开浙江省丽水市农村金融改革试点工作领导小组会议

2013年10月26日，全市首个普惠金融工程——龙泉市普惠金融工程启动仪式举行

2014年3月26日，龙泉市农村信用合作联社“三权”抵押贷款试点启动仪式举行

2015年10月21日，世界银行集团国际金融公司丽水农金改工作研讨会召开

2015年10月22日，世界银行集团国际金融公司专家组一行考察农村金融服务站

2019年4月30日，丽水市金融学会召开《丽水市金融志》修编框架讨论会

2019年6月5日，丽水市金融学会举办《丽水市金融志》修编培训会

2020年4月21日，丽水市金融学会召开《丽水市金融志》编纂工作推进会

2021年12月30日，丽水市金融学会召开《丽水市金融志》专家评审会

（未注明提供者的图片，均由图中所涉单位或中国人民银行丽水市中心支行提供）

序 一

盛世修志是中华民族文化的优秀传统，历史悠久，绵延不断。不论地方志、行业志抑或专业志，都是对当下时代的一个很好地承载与诠解。因此，充分弘扬史志存史、育人和资政等垂鉴后世的重要功能，也从来是文化强市、强省和强国的重要使命。

近年来，丽水金融业蓬勃发展，硕果累累，这不光是历史发展的趋势，更是丽水广大金融人不懈奋斗的结果。通过编纂志书，记录丽水金融的发展和演变，对今后丽水市金融业的发展以及金融精神的传承，也必然有着极为重要的作用和意义。

编纂《丽水市金融志》是2017年年初丽水市政府确定的一项重要工作。立项后，成立专班，上下一心，紧锣密鼓地付诸实施。几年来，在新一任编纂委员会主任阮建明的带领下，经过人民银行丽水市中心支行、丽水市金融学会、各参编单位及全体编辑部人员的共同努力，厚重的《丽水市金融志》已经成稿。作为一部记载丽水金融发展重大事项的专门志书，它横陈门类、纵述史实、体例完备、资料翔实，共列10编，约100万字篇幅，是一部集思想性、科学性、史料性于一体，融历史价值、使用价值于一炉的地方专业资料文献。

今天的丽水市肇始处州，启端于隋开皇九年(589)，历史源远流长。自宋以降，丽水商贾云集、舟车四通，工商百业均有所发展，质库、典当、钱铺、钱庄、银号、票号陆续兴起。清末，银行业也逐步兴起。中华人民共和国成立后，丽水市开始了新型的社会主义金融事业。经多年探索实践和开拓前进，事业取得了很大的成就。改革开放以来，丽水金融事业的发展更为迅速，如建立了全国农村金融改革试点等，在筹集融通资金、支持百业生产流通、助推地方经济发展、提升人民生活品质等方面，都发挥了及其重大的价值和作用。

修志问道，以启未来。《丽水市金融志》的问世，是丽水市金融业发展的一件大事，也是丽水市文化建设的重要成果，将服务当代，惠及后世，意义深远。在迈向第二个百年奋斗目标的新征程上，丽水市金融事业必定能以史为鉴，奋勇向前，为全面建设社会主义现代化强国贡献丽水金融力量。

2019年3月，我从人民银行丽水市中心支行调任人民银行绍兴市中心支行工作。其间，虽然联系紧密，工作交往频繁，对丽水市中心支行不断取得的新成就感佩于心、赞叹有加，而对于修志一事渐渐地竟然有所淡忘。不料丽水市中心支行建明行长几番来电，定要我写上几笔，感念之余、盛情难却下，只好勉强为之。借此机会，也向所有关心编纂工作的领导、专家、学者及凝聚心力、不懈努力的编志人员致以崇高的敬意，并祝愿丽水金融事业不断取得新成就、书写新辉煌！

是为序。

孔祖根

2022年5月

序二（代序）

红色是丽水金融最靓丽的底色

丽水留有多处革命遗址，是值得重视与挖掘的红色热土。我自2019年3月正式到丽水市中支上任以来，于2019年4月30日主持召开《丽水市金融志》修编框架讨论会，7月接受《丽水日报》记者采访时，我结合丽水金融史提出了打造红色金融、绿色金融、古色金融的“三色金融”概念，2021年3月牵头筹建“丽水市金融党史学习教育馆”。历史是最好的教科书，通过对丽水金融史的研究，特别是经历了党史学习教育，我越来越深切地体会到红色是丽水金融最靓丽的底色。

一、忠诚使命、求是挺进，浙西南革命斗争艰苦卓绝

1927年1月，中国工农红军第十三军在浙西南建立地方组织，掀开浙西南革命事业序幕。1934年8月，中共中央派遣北上抗日先遣队进入浙闽赣皖地区。1935年2月，以北上抗日先遣队突围部队为基础组建的中国工农红军挺进师创建了浙西南革命根据地。1935年9月至1936年年底，根据地遭到国民党血洗。1937年4月，粟裕率余部建立遂（昌）宣（平）汤（溪）游击根据地。同年10月，挺进师编入新四军奔赴前线。抗日战争时期，浙西南一度成为中共浙江省委的机关驻地，周恩来曾到云和小顺视察抗战工作。1949年5月浙西南的中共组织配合解放军解放浙西南全境。在艰苦卓绝的革命斗争中，红色金融从无到有，发挥了积极的作用，并诞生了以章乃器、陈慕华、傅以和、卜明等为代表的红色金融家。“忠诚使命，求是挺进，植根人民”的浙西南革命精神也正是丽水红色金融的生动写照。

二、植根人民、开拓创新，丽水红色金融浴火而生

（一）闽浙赣苏维埃银行、闽浙赣革命根据地地处闽浙赣三省交界处，含盖浦城、宁德、遂昌、龙泉、庆元、江山、广丰、资源、铅山等县，1928年1月，方志敏任闽浙赣苏区书记。1932年成立闽浙赣苏维埃银行，发行银元券和铜元券，在闽浙赣苏区内流通，为支持苏区的土地革命、经济发展、改善民生、推动浙西南红色斗争发挥了重要作用。

（二）“随军银行”①。1934年9月，北上抗日先遣队将“随军银行”办公场所临时设在龙泉宝溪乡溪头村的陈佐汉家中，群众可以拿苏维埃政府纸币到“随军银行”兑换银元、铜板，一元换一元。群众被红军的守信践诺深深感动，称赞红军为“仁义之师”。

（三）开展“二五减租”②斗争。1937年，《浙江战时政治纲领》由中共党员全程在丽水讨论、起草并获得通过，成为抗战初期浙江省国共两党的政治纲领。各地党组织积极组织推行“二五减租”斗争，松阳县政工队翻印《佃户交租章程》，以社会舆论迫使地主减租。云和县政工队公布佃农田租额高、苦不堪言的实地调查情况，驳斥反对减租言论。青田县政府工作人员收贿，不传达省政府减租公文，中共青田县委获悉后，以海口区属名义催促县政府传达，林艺圃等以农会名义宣传省政府文件精神，迫使地主接受减租。

（四）推动建立农业合作金库。1938年年初，国民党浙江省政府在丽水设立了3个战时经济建设重点县和8个特约经济建设试验区。中共浙江省委统战工作委员会书记张锡昌等向省建设厅建议设立农业合作金库，并相继在丽水各县完成布设。各类农村生活、生产合作组织均可向合作金库申请贷款用于建设。据不完全统计，丽水9家农业合作金库在营业期间累计放贷1120万元（法币）。1939年，在丽水成立了中国工业合作协会的当地机构——丽水工合。通过与合作金库合作发放低息贷款，有力支持了各地经济试验区发展，相关工作经验被推广到兰溪、永康、常山、衢县等地。

（五）动员农民组建信用合作社。抗战期间，中共党组织动员辖内农民建立消费和生产合作社发展经济，信用合作社向社员收取少许股金，并向社员发放低息贷款，非社员只存款不贷款。在丽水设立经济试验区期间，累计筹建信用合作社138家，发放贷款300余万元（法币）。

（六）支持华侨钱庄运营发展。浙西南革命时期，钱庄是发展较快的一类民间金融机构。青田县作为中国著名侨乡，设立的钱庄最早、最多，资本最为雄厚，如信达利钱庄全盛时期在上海、温州甚至德国均设有分号，年汇款额可达百万元，存款有六七十万元。华侨钱庄除经营汇兑业务外，也有存款、放款业务，且以信用放款居多。抗战时期，海外华侨支持前线抗战和中共党组织革命事业的捐款也是通过钱庄汇入国内。中华人民共和国成立前陈云在上海搞中共地下活动，曾在一次危急时借助信达利钱庄帮助才

---

① 在北上抗日先遣队征战途中，先遣队向群众购买物品使用的是瑞金中央苏维埃政府纸币（群众称“红军票”）。由于“红军票”在国民党统治区不能流通，为了不损害群众利益，先遣队专门设立“随军银行”，派红军挑着银元向沿途群众换回苏维埃政府纸币。

② “二五减租”：在未实行土改的地区，允许地主出租土地，但原则上须按照战前的原租额减低百分之二十五；承认战前的借贷关系，但年利息一般不得超过一分半，如债务人付息已超过原本一倍者，停利还本，如付息已超过原本两倍者，本利停付，原借贷关系视为消灭。

得以脱困。

三、丽水红色金融对后人的启示

（一）坚持党对金融工作的领导，始终以使命担当贯彻落实好各项金融政策。浙西南红色金融工作始终在中国共产党的领导下进行，在抗战期间，党组织安排党员进入县政府、政工队担任主要部门负责人等职务，为战时经济金融政策制定实施提供了有利条件。当前，基层人民银行要毫不动摇地坚持党对金融工作的绝对领导，把握人民银行首先是政治机关的正确方向，以最鲜明的政治态度、最有力的政治担当，做“两个确立”的忠诚拥护者和“两个维护”的示范引领者。

（二）坚持以人民为中心，始终把牢金融工作的出发点和落脚点。从在撤军前把群众手中的“红军票”兑换回来，到开展“二五减租”、组织土地革命，再到优先向农业和工业合作社、个体农户发放低息贷款，浙西南红色金融始终坚持“植根人民”。新征程上，要始终坚持“人民至上、金融为民”的宗旨，在完善农村金融改革、推动金融服务乡村振兴、推进共同富裕示范区建设等工作中持续拿出硬招、实招，进一步提升人民群众的获得感和满意度。

（三）坚持实事求是，始终将专业务实作为金融工作本色。红色金融的发展，坚持一切从解决实际问题出发，为战争时期农民生产和合作经济发展提供了较好的融资渠道。当下，要通过加强学习不断提升专业素养，贯彻执行好灵活精准、合理适度的稳健货币政策，进一步加大金融对民营小微、科技创新、绿色发展等重点领域和薄弱环节支持力度，踔厉奋发、笃行不怠，唯实惟先、求是挺进，持续为丽水经济社会高质量发展注入强大动力。

盛世修志。值此《丽水市金融志》完稿付梓之际，谨对为修编此书而凝神聚力、呕心沥血的修志人员和关心、支持编纂工作的专家、学者表示诚挚的感谢！

是代序！

2022年3月

凡　例

一、本志编纂遵循国务院《地方志工作条例》和中国地方志指导小组《地方志书质量规定》要求，坚持以马克思列宁主义、毛泽东思想、邓小平理论、“三个代表”重要思想、科学发展观、习近平新时代中国特色社会主义思想为指导，坚持辩证唯物主义和历史唯物主义的立场、观点和方法，详今明古，实事求是，力求全面准确，系统记载丽水市行政区域内金融演变、发展的历史和现状，突出时代特征和地方特色。

二、本志记述时限，上溯所载事物的发端，下限止于2015年年底。个别重大或重要事项，延续至终结时止。

三、本志地域范围，以2015年行政区划为记述范围，少数内容因追溯源流、叙述因果，适当兼及现境之外、旧境之内事项，或采用附加注释说明。

四、本志体例结构，由述、记、志、传、图、表、录等组成，以志为主，采用篇章节目体编纂方法，事以类从，横排纵述。志首设彩页、总述、大事记，正文设十编，志末设专记、丛录。

五、本志使用文体，采用现代语体文、记述体，述而不论，以第三人称书写。概述，勒其概况，叙议结合；大事记，以编年体与纪事本末体、阶段词相结合顺时记事。

六、本志历代纪年，用历史纪年，括注公元纪年，括号内省略“公元”和“年”字。中华人民共和国成立后用公元纪年。

七、本志计量单位，执行中华人民共和国国家标准《国际单位制及其应用》，农田土地面积沿用“亩”，引用历史资料维持原状。

八、本志数字、标点符号使用，按照国家有关标准执行。

九、本志单位机构，第一次出现采用全称，之后采用简称。地名，使用规范标准地名；历史地名，加括号注明现在行政区域和标准地名。

十、本志收录人物，采用传略、简介、名录文体记载。遵循“生不立传”原则，对本地、本行业有突出贡献的健在人物使用简介文体记录，对享有省、部级以上荣誉及行业高级知识分子使用列表记录。

十一、本志资料来源，以文书、档案、图书、报刊、典籍、网络、统计部门公布资料及文物、实物资料为主，也适当应用考订、核实的真实可靠口碑资料，一般不注明出处。

目　录

第三编　银行机构与社团

第四编　银行业务

第五编　保　险

第六编　证券　期货　信托投资

第七编　金融稽核与管理

第八编　金融服务与改革创新

第九编　金融党建与文明建设

第十编　人　　物

专　记　　丛　录

总 述

一

丽水地域，自古历属越、吴、楚地。秦统一后，属会稽郡。

地处浙江省西南，属浙闽两省接合部，东南紧邻温州，西南毗邻福建，西北与衢州相接，正北与金华相邻，东北与台州相连。东汉建安四年（199），分章安县西南部置松阳县。东汉建安二十三年（218），分太末县南部，置遂昌县。隋开皇九年（589）置处州。唐万岁登封元年（696）复置缙云县，基本形成丽水区域。南宋庆元三年（1197），置庆元县。明洪武三年（1370），废庆元县建置，设查田巡检司。明洪武十三年（1380），恢复庆元县建置。明景泰三年（1452），分丽水县宣慈乡、应和乡及懿德乡北部地，置宣平县；分丽水县浮云乡、元和乡，置云和县；分青田县鸣鹤乡和柔远乡仙上里，置景宁县。明成化七年（1471），分遂昌县八都、九都与龙游、兰溪县部分地，置汤溪县，属金华府。清代，处州行政沿明制，境域基本没变。

民国时期，丽水境域变更频繁。民国 3 年（1914），处州设瓯海道，各县属之。民国 21 年（1932）6 月，设第十一县政督察区和第十二县政督察区；10 月，改设第二特区和第三特区，署址分别设于丽水、龙泉。民国 24 年（1935），改设丽水行政督察区，辖 10 个县。民国 32 年（1943），宣平县划归第四行政督察区。民国 37 年（1948），文成、泰顺、宣平划归第四行政督察区；7 月，遂昌县划归第三行政督察区，文成、泰顺、青田划归第五行政督察区。

解放后，于 1949 年 8 月设立浙江省第七专区，署址丽水（今莲都区）；同年 10 月，改称丽水专区；1952 年 1 月，撤销丽水专区，所辖各县划归温州、衢州、金华专区。1963 年 3 月，恢复丽水专区；1968 年 8 月，成立丽水地区革命委员会。1978 年 9 月，建立丽水地区行政公署。2000 年 5 月，国务院批复同意设立地级丽水市，同年 7 月 19 日，丽水市挂牌正式成立。自设置处州行政区域至 2015 年已有 1426 年历史。

丽水金融业历史悠久，上承国运起伏，下接地方文脉。周敬王二十七年（前 493），越兵已有称重金属币（铸币）出现。战国时期，“井田制”瓦解，商品交易扩大，促进市场经济繁荣。由于商品交换发展的需要，楚国已广泛使用金属货币，主要有蚁鼻钱、郢爰（黄金铸币）和越国戈（青铜）币、魏国斩布金属货币。货币的流通和使用，促进商业和金融业的繁荣，高利贷也随之盛行。秦始皇二十五年（前 222），秦军灭楚，置会稽郡。秦始皇三十七年（前 210），秦始皇颁布中国最早的货币法“以秦币同天下之币”，规定在全国范围内通行秦国的半两钱，废止战国时期各国轻重和形制不同的货币，定钱币二等，黄金为上币，铜钱“半两”为下币。货币的统一，结束中国古代货币形状各异、重量悬殊的杂乱状态，随着社会的发展和币制的不断改革，铜、金、银、铁、纸等钱币形式相继出现，极大地丰富了钱币的种类。汉武帝时，东越和闽越余部完全归入汉朝。

丽水地域水阔山高，自古以来物产颇丰，良工技艺发达，促进了对外贸易的繁荣。春秋战国时期，制剑术以处州龙泉地域为最；唐显庆年间(656—661)，遂昌金窟采用“烧爆法”和“吹灰法”开采冶炼金银的技术独领风骚；北宋元丰年间(1078—1085)，遂昌永丰银场为全国最大的白银产地之一；丽水县(今莲都区)枫树湾村的括苍古道至今还保留有元明时期的银场坑洞和冶银场址。北宋以降，处州对外贸易过程中，青瓷器件一直是主要产品的代表。“处州瓷器”在北宋统治的160余年中，一步步发展繁荣，是中国文化形象的符号代表。至南宋及元、明时期，“处州瓷器”发展到了鼎盛时期，随着海上贸易开通，大批量的青瓷从崇山峻岭沿瓯江顺流直下，经温州港转由明州、泉州和广州等通商口岸，再运输到东亚、东南亚、南亚、东非、阿拉伯和欧洲。海上贸易的发展，为瓷器商人积累了大量的财富，促进了地方经济、金融的繁荣。

古代处州货币的形态众多。1960年，在拆除丽水县(今莲都区)碧湖宋塔时，除在壁龛内发现佛经、铜佛、铜镜外，还有珍藏的众多古钱币约5千克;1976年，在丽水县丽阳门外黄泥山处的水电工程处工地发现一座古墓葬，出土铜钱433枚，有25个年号、59种钱文，其中北宋钱393枚、南宋钱4枚(淳熙通宝3枚、嘉泰通宝1枚)，另外还有五铢钱1枚、开元通宝33枚、乾元重宝2枚；2004年，在松阳县延庆寺塔侧的一口古井中出土唐宋古钱币3枚；2005年，在莲都区富岭乡下仓村的一座南宋古墓葬中出土1件古铜镜和数枚古铜钱；2008年6月，在缙云县壶镇镇李庄村大坟山的施工工地上，发现一座南朝古墓，出土五铢、货泉、大泉五十古钱币，还有金手镯、虎子和青瓷碗等文物，墓砖纹饰有钱币和羽人等；2013年，丽水江滨绿城项目工地挖掘中出土五铢、货泉、大泉五十等古钱币；同年，在水阁街道余村村柴塘山上一座南宋古墓葬中出土铜钱100余枚，其中大部分为北宋崇宁通宝；2014年，在庆元县胡纮墓考古发掘中出土瓷器、水晶、铜镜、金银器等文物，还出土开元通宝背星月在内的铜钱1串、大平通宝金币1枚、长命富贵银花钱1枚。在民间珍藏留传、考古发现和文献记载现象等，都足以说明丽水地区古钱币在日常生产、生活和商贸中使用的广泛与普遍。丽水地域自元、明至清、民国初期，流通货币主要有银两、银元、制钱、铜元等。民国24年(1935)后，银元逐步为纸币所替代。

自古以来，丽水地域生产金、银、铜、铅。明代时，处州各县是浙江课银的重点区。课银逐渐成为国家(朝廷)的重要收入，也促进了丽水地域金、银、铜、铅业的开采，丰富处州货币文化内容。古代，处州流通的钱币主要有：铜钱，其形外圆内方，民间收藏颇丰，还有一些外来铜钱散夹其中，主要有日本的“宽永通宝”，朝鲜的“常平通宝”，安南(越南)的“光中通宝”“明命通宝”“景兴通宝”“绍丰通宝”“建中通宝”等。铜板，是机制(现代机械压制)铜元的俗称，外圆，中无孔。清末至民国期间，是借鉴欧洲钱币设计风格采用机器生产的各种新式铜币的通称，是中外文化交流产生的一种最直观的产物。铜元在中国流通的历史仅30多年，数量浩繁、种类庞杂，丽水民间留存数量较多。纸币，产生于北宋真宗年间(998—1022)，用以代替铁钱的流通，以便贸易。南宋绍兴三十年(1160)，临安(今杭州)设会子库，负责印制和发行纸币“会子”。此后，纸币从民间走向官制。宋、金、元、明、清都有发行纸币，具有国家性质的纸币有交子、钱引、关子和会子，以及金交钞、元钞、明宝钞、顺治钞贯、咸丰官票宝钞等。民国时期，达到纸币发行巅峰，各色纸币票券品种繁多，有国家银行、商业银行、日伪银行发行的纸币以及军用票、区票和民间私票，还包括各省地方金融机构发行的纸券等。丽水民间发现和发掘出一部分古纸币。金银锭，明太祖朱元璋即位前后，民间交易多用金银。明成化后，田赋、商税、盐钞、匠役以及言俸等项收支中，折银的范围日趋广泛，银两逐渐成为主要的支付手段。清代，实行银钱平行本位制度，规定“每库平纹银一两，合市价制钱一千文”。银两是法定通货，不仅民间交易收藏使用，官府收纳地丁捐税也使用，由此形成银两制度。民国17年(1928)11月，国民政府正式成立中央银行，发行货币，代理国库，集中准备金，主持清算，统制外汇。民国22年(1933)，在全国实行“废两改元”，以银元为本位。民国24年(1935)11月，国民政府实行币制改革，放弃银本位，实行法币政策。银元，明万历年间(1573—1620)起，外国银元大量流入中国，晚清开始官铸龙洋。民国3年(1914)，北洋政府颁布《国币条例》，规定银元为本位币。丽水市面上使用较普遍的有龙洋、鹰洋(墨西哥)、袁大头、孙小头、船洋、站人(英国)、双柱(西班牙)等银币，辅币称为银角子。

除上述古代钱币品种外，在丽水本地还有其他种类钱币流通。镍币，主要由上海中央造币厂和重庆造币厂铸造，作辅币流通。镴币，一种锡铅混合物金属币，主要为商会、商铺用于找零的代用币。竹条代用币，在一些茶饮小店内独立使用。此外，货币的发展历程也在处州留下一些历史烙印。五铢钱，在丽水南明山脚下的天井岭古道上，有一座单孔石梁桥横跨在大梁渠上，名为“五铢桥”。清道光二十年(1840)编印《丽水县志》载：“旧为木桥，有一僧人过桥落水，因而出得五铢钱一瓮于岸，以钱更为石桥焉。”五铢钱初铸于汉武帝元狩五年(前118)，奠定中国铸币圆形方孔的传统。太平通宝，绍兴四年(1134)，云和大庆寺铸钟一鼎，间嵌太平钱二枚，故俗称为太平钟云。太平通宝为北宋太平兴国年间(976—984)所铸的一种钱币。庆元胡纮墓出土的“太平通宝”金币比中国国家博物馆藏品直径还要大出2.2毫米。楮券，指宋代时发行的“会子”纸币，因其多用楮皮纸制成，故名。后亦泛指一般的纸币。宋代洪迈编著《夷坚志》卷八载：“丽水商人王七六，每以布帛贩货于衢婺间。绍熙四年(1193)至衢州，诣市驵赵十三家，所赍直三百千，赵尽侵用之……不能隐，乃告以实，赂以五楮券。”说明楮券(纸币)已在浙江境内各地流行使用。饶州永平监，为宋代最重要的钱监之一，所铸钱币主要有太平通宝、淳化元宝、至道元宝、咸平元宝、祥符元(通)宝、天禧通宝、天圣元宝、明道元宝、景祐元宝、皇宋通宝、至和元(通)宝、嘉祐元(通)宝等，不一而足。铸钱所需铜铅部分产自处州。州县名银锭，《皇朝文献通考》载：“江南、浙江有元丝等银，湖广、江西有盐撒等银，山西有西鏪及水丝等银……”这里所说的浙江元丝是一种碎银，圆形无铭文，是流通在江浙一带的主要商用小银锭，以圆形的五两银锭为主。各州、县上解银锭是各州县上解到国库、省库的税银，需委托当地银号或钱庄根据统一的标准铸造。清乾隆四十一年(1776)，户部奏准各直省，上解的银两不论元宝小锭，必须都砸上州县、年月及银匠名，如现已发现的“遂昌拾年裕通”“宣平元年振昌”等。“太平天国”钱币，清咸丰八年(1858)三月至同治元年(1862)七月间，太平军曾三次攻陷处州城，并进驻除庆元外的9个县域。其间，有兵员数万人驻扎在松阳一带，时间长达一年之久，后北撤安徽。太平军在处州驻兵期间，使用太平天国背“圣宝”钱币，黄铜质，形制薄小，钱文铸造较粗糙。“义记金钱”，清咸丰八年(1858)，浙江平阳赵起等八人聚义成立金钱会，入会者扩展到平阳、瑞安、温州、永嘉、乐清、泰顺、青田、景宁和福建一带，并铸“义记金钱”作为会员入会凭证。按金钱会会规，每入会者，受“义记金钱”一枚，交五百文，归诸会首。由于清政府调集重兵镇压，清同治元年(1862)五月起义失败。

湖北省银行流通券，有民国25年(1936)赵志尧签字版壹角、伍角，由民国28年(1939)3月后大业公司印刷；民国30年(1941)伍圆，由大东书局印刷。赵志尧为处州青田县人，曾主持湖北省银行工作。浙江地方银行纸币，抗战时期，浙江地方银行在丽水的浙江印刷厂和信大印刷厂分别印制和发行纸币共计11种，其中横式壹分、贰分、伍分为当时世界最小幅无纪年官方纸币。浙江省旧处属公路股券，处州所属各县为筑公路募集资金，于民国25年(1936)12月发行，持有者向指定银行领取股息，规定“暂定20年为期，届时登报公告换新股券”。票幅尺寸355毫米×255毫米，面值有壹圆零股券和拾圆整股券，道林厚纸双面印刷，盖有钢印。

二

清末民国初，安徽、江西、兰溪、温州商人在丽水开设药店、布店、南货店等商铺，并建立会馆和乡祠，使丽水具备一定的商业基础。民国初，丽水城内共有各种店铺170余家。随着商贸的发展，商业资本开始寻求新的投资领域，实业织布公司和普明电灯公司、普昌火柴梗片厂相继建立。至辛亥革命前夕，丽水出现各种性质的企业近10家。因商业繁荣和流通的扩大，钱庄业应运而生。典当，俗称“当店”“当铺”，以发放质押贷款为特点，是专门收取抵押品、放高利贷的店铺。当期短，利率高；当期长，利率低。丽水境内典当约在唐宋时期出现，清末渐盛。清咸丰年间(1851—1861)，丽水城内文敦街有当店1家。典当服饰和少量金银首饰，一般在一年内绝当，利息3分。清光绪年间(1875—1908)，一位周姓温州人在高井巷开设当铺1家。清末民国初，韩光义在青田鹤城镇宝幢街韩氏宗祠开设当铺，至民国16年(1927)停业。民国6年(1917)，龙泉当铺始设。

民国32年(1943)浙江省级机关内迁，景宁鹤溪镇设“社会服务处”，兼营典当业务。借贷，主要有银钱借贷、杂物借贷、当租等形式的高利贷，在短期内能帮助农民缓解暂时的经济困难，但农民须承受高额利率。地主、商人趁天灾人祸或青黄不接之机放高利贷，贷钱和物给农民。贷款有长有短，长期一般以1年为限，短期则以日为度。有的地主还利用物价波动、货币贬值，采取借贷款还实物的方式剥削农民。日本侵华战争全面爆发后，币值贬值，借贷均以稻谷计算。青黄不接时向地主、商人借50公斤稻谷，秋后归还本利需100公斤，俗称“吃生谷”。聚金会，亦称“聚会”“互助金会”“银会”“摇会”“至公会”，是一种民间自愿组织，以集资轮流使用，有无相通的一种经济形式。会员遇有临时经济困难，可以向聚金会借款，约期归还。钱庄，是在货币(银两、制钱)兑换经营基础上发展而成的经营存、放、汇等货币信用业务的民间金融机构。

清咸丰十年(1860)，吴茂生在龙泉开设“忆生钱庄”，专营存款、贷款业务；民国15年(1926)，有信康钱庄；后陆续开办顺康、亿中、信达利、瑞泰生、王同茂、福厚等钱庄。民国8年(1919)，青田县鹤城镇开设源康钱庄，此后陆续开设信达利、源源、兴业、盛康、义达利、有大、裕康、裕源、成兴等钱庄。民国17年(1928)5月，松阳县胜达利钱庄开业，后续有恒丰、松源、集通源、联生、壬丰、集成等钱庄开业经营，均系合股，大多为烟行、棉布商号兼营。民国18年(1929)，信达利钱庄在丽水城三坊口开业，同温州信瓯钱庄通汇，在青田、缙云、龙泉等地设有营业点，通称为“信联号”，至民国25年(1936)停业。民国19年(1930)，唐仲甫筹办的遂源钱庄在遂昌县开业，义达利钱庄在丽水城三坊口开业。民国20年(1931)，在遂昌县城王子屏筹办的懋生钱庄开业；民国21年(1932)，利甡钱庄、大吉祥借贷所开业。民国28年(1939)，丽水县丰源钱庄改为英亚煤油公司代销处，其余钱庄在日本侵华战争全面爆发前歇业，主要有信成钱庄、聚源钱庄、通达利钱庄、恒孚钱庄、丽源钱庄、威廉钱庄、成达利钱庄等。民国24年(1935)3月，松阳设立农民借贷所，至民国27年(1938)撤销。

清光绪二十三年(1897)，盛宣怀在上海创办第一家银行——中国通商银行，新兴银行业由此兴起。杭嘉湖地区及宁波、温州等地18个县市在辛亥革命后都建起商业银行。至民国21年(1932),浙江全省有商业银行59家,银行业迅速兴起使得原来的金融信贷结构发生剧烈变化。丽水地处浙江西南,远离现代文明的中心,当民国政府新设的官营银行拥有发行权、经理财政库权,掌握左右地方金融主导权时,丽水基本上与现代银行业无缘。质押、钱庄和典当业脉络遍布,这种生活和消费习惯虽然有时会受现代金融发展的影响,风潮时有发生,业务时受影响,不时关停一批,但大多还能勉强维持生存。

丽水真正意义上的银行业肇始于民国元年至6年(1912—1917),中国银行温州支行在丽水县首设代理处,后因业务萧条停业。民国26年(1937)12月杭州沦陷前夕,省政府及大批机关、学校工厂迁到丽水地域,丽水成为浙江省战时大后方。随着浙江省政府的迁入,大批金融机构也迁到丽水。驻在丽水的银行有浙江地方银行总行、分行、办事处和分理处,中央银行杭州分行、交通银行杭州支行、中国农民银行杭州分行、邮政储蓄汇业局杭州分局、中央信托局杭州代理处、浙江省合作金库,各县合作金库及中央、中国、交通、农民四行联合办事处。

浙江地方银行迁到丽水期间,面对战争与国土的沦丧所带来的业务范围急剧萎缩,业务对象大量流失,经营环境严重恶化的局面,银行董事会审时度势,采取一系列较为正确且颇具开拓性的措施,如配合政府全面抗战、兴办战时生产事业,在稳定经济金融秩序、发展后方抗日力量、抵制日伪金融经济侵略等方面起了积极作用。

浙江地方银行总行南迁丽水后,行址设在文昌阁陈诚私宅(今丽水市老图书馆附近),全行职员、工、警200余人。除将原丽水支行扩为分行处,浙江地方银行又先后在龙泉、松阳、青田、云和等县设立办事处,在遂昌、缙云、景宁、宣平、庆元等县设立分理处。嗣后,又在丽水碧湖、缙云壶镇、龙泉小梅设立办事处。民国27年(1938)1月,浙江省政府决定,云和、龙泉、遂昌为战时经济建设实验区。民国29年(1940)1月,浙江省合作金库在丽水县成立。曾迁徙松阳、庆元、云和县和龙泉县荷花塘。各县建立合作金库,办理机关、团体存款和汇兑业务,吸收城乡居民储蓄,发放农业贷款和合作社贷款。规定资本额各县法币10万元,采取股份制形式筹集,其中省合作金库拨款20%—40%,作为提倡股,不足部分由县合作社和个人集股,业务受中国农民银行辅导监理。抗日战争胜利后,中国农民银行杭州分行迁到杭州,各县合作金库办理农贷业务,解放前夕停业。至此,浙江省第七行政督察区所属各县都建立浙江地方银行分支机构,全面接管省、县金库资金的收支调拨,办理存、放、汇业务,代理中央银行发行和兑付救国公债、同盟胜利公债等债券,辅佐政府推进浙江抗日游击区金融财政建设,一时业务骤增,丽水山城金融业务空前繁荣。

抗战时期,浙江地方银行在丽水开办印刷厂2家。一家是信大印刷厂,印制有价证券及壹分、贰分、伍分面额的横形辅币,共印制面值计1955000元;民国31年(1942)4月,并入浙江印刷厂。另一家是浙江印刷厂,在丽水县沙溪村叶家祠堂印制钞票,除壹元券外,还有壹角、贰角、伍角和壹分、贰分、伍分等面额辅币,奉准发行22215000元。

纵观丽水银行业的发展脉络,晚清至中华人民共和国成立前,内忧外患,战火不断,在激烈动荡社会背景下的丽水金融业,经历曲折的发展过程。其基本特点:一是抗战以前丽水的金融机构以高利贷性质的当铺和从银钱兑换业务发展而来的钱庄、银号及从事汇总业务的票号为主,官办银号和民族资本银行处于萌芽时期;二是丽水金融机构规模小、实力差、抗风险能力低;三是受社会政治经济局势影响较大;四是在抗战期间,随着浙江省政府的内迁,大批工厂、商店、机关、学校迁到丽水,丽水工商业一度繁荣，商品贸易大发展带动金融业发展，而浙江地方银行等数家金融机构随迁，也客观上催生了丽水现代意义上的金融业的产生、发展和壮大。

三

1949年5月17日，丽水全境解放。7月5日，军管会接收浙江省银行丽水分行，成立中国人民银行丽水支行，各县先后成立办事处。1952年2月，丽水专区撤销，各县划并至温州、金华、衢州三区。同年秋冬，各县完成私营银钱业的社会主义改造，社会主义新时期金融体系建立。

1953年至1957年，第一个五年计划建设时期，各县社会主义金融业初步建立。在这期间，丽水地域银行业支持国营经济发展，加大对农业、手工业和私营工商业社会主义改造的支持力度。开展农村合作化运动，普遍建立信用合作社、供销合作社和手工业合作社，国民经济持续增长。至1955年末，仅丽水县以乡为单位，组织农村信用合作社就达78个，入社股金17万元，吸收各种存款2363万元，发放农业贷款3134万元。至1957年年末，全区工农业总产值29881万元，比1952年增长47.06%，年递增8.02%；工业贷款余额108万元，比1956年增长50%。1955—1957年，发放农贷合作基金118.47万元。

1958年至1962年，进入第二个五年计划时期。丽水金融受"大跃进"的影响，管理宽松，信贷失控，货币发行过多，国民经济发展严重受挫，经济金融到了十分困难的局面。至1962年年末，工农业总产值28318万元，比1957年下降5.23%，年递减1.07%。1950年至1966年，除1955年货币净回笼80万元以外，其余年份货币投放均大于回笼，净投放2236万元。国家三年困难时期(1959—1961年)，城乡储蓄存款大幅度下降；1960年，城乡储蓄存款余额521万元；至1962年，储蓄存款余额359万元。1958年，"大跃进"支持大办工业，贷款严重失控，工业贷款余额497万元，比1957年增长3.6倍。1960年，工业贷款余额增至1864万元，比1957年增长16.26倍；商业贷款余额3911万元，比1957年增长1.38倍。

1961年6月至1965年，国民经济进入调整时期，中央加快对国民经济的调整步伐。丽水银行业坚决贯彻中共中央关于对国民经济实行"调整、巩固、充实、提高"的方针，纠正工作中的错误。1963年起，国民经济逐步好转，城乡储蓄存款开始回升。1965年，储蓄存款余额547万元，货币净流入43万元，净投放56万元，年货币流通量937万元，与商品零售总额比为1:9.39元；工业贷款余额322万元，商业贷款余额3087万元。

1966年开始十年"文化大革命"，对经济和金融造成严重损害。金融规章制度被废除，金融机构被撤并，大批干部被下放劳动，贷款资金呆滞，效益大幅下降，住宅、教育、文化、卫生保健等方面严重欠账，国民经济发展受到严重冲击。

四

1978年12月，中共十一届三中全会召开，全党工作重点转移到社会主义现代化建设上来，金融体制改革开放被提上重要议程。丽水金融推进体制机制改革创新，支持地方经济建设，使全区金融事业得到长足发展，金融工作出现蓬勃发展的新局面。

(一)构建新的金融体系，扎实推进金融业的改革和发展。建立以中国人民银行为主导，各专业银行为主体，各种金融机构并存和分工合作的社会主义金融体系。与此同时，建立和发展资金市场，开展横向资金流通，信托等非银行金融机构应运而生。全区金融机构积极运用多种信用工具，支持地方经济建设，促进地方经济优势的发挥，取得显著成绩。1990 年，丽水地区有县支行以上银行机构 44 家、各级各类办事处 10 个、分理处和营业所 113 个、储蓄所 154 个，开办储蓄种类 10 余种，储蓄存款 10.47 亿元。

2001 年 12 月 11 日，中国正式加入世界贸易组织(WTO)后，金融改革进入新的攻坚阶段，金融调控管理体制改革、国有商业银行产权改革、人民币汇率改革、资本市场股权分置改革等迈出关键性步伐。为积极配合推进改革，丽水市金融业确立以大力推动地方金融改革、做大做强金融产业为中心的发展思路，改革力度前所未有。经过几年努力，丽水银行业、证券业和保险业齐头并进，金融机构快速集聚，金融组织体系日趋完善，至 2015 年年末，入驻丽水银行机构有泰隆、稠州、民泰、杭州、温州、中信、浙商、浦发等 10 余家和保险公司 10 余家、证券公司 4 家、融资公司 5 家。全市实现地区生产总值 1102.34 亿元，规模以上企业实现产值 1697.53 亿元，全社会融资规模 107.50 亿元，各项存款余额 1963.46 亿元。

(二)建立健全竞争性金融市场体系，发展和完善多种信用形式。1993 年 12 月 25 日，国务院作出《关于金融体制改革的决定》，标志着金融体制改革进入新阶段。丽水金融业抓住从计划经济向社会主义市场经济转型的重大机遇，确立以发展竞争性金融市场体系为重点的改革思路，逐步打破信贷市场、保险市场的垄断局面，起到了显著的改革成效。一方面引入市场竞争机制，增强金融市场活力，有利于发挥市场在配置资源中的基础性作用；另一方面促进金融服务创新，推动建立以客户为中心、讲究经济效益的集约经营模式，满足不同市场主体的不同金融需求，如银行机构在中小企业金融服务方面探索创新贷款方式，在解决中小企业“贷款难”方面摸索经验，从而大力支持民营经济的发展。

(三)金融监管体系日益完善，有效提升风险预警。改革开放近 40 年来，丽水地区金融系统认真贯彻执行货币政策，进一步强化金融监管，改善金融服务，坚决抑制通货膨胀，全市认真学习宣传金融法律，完善系统内部管理，建立丽水金融稳定风险预警系统，加强辖区支付环境建设，科学实施“窗口指导”，推进金融生态环境建设，重视改进银行经营管理，奠定转轨工作基础。

(四)加快农村金融改革步伐，推进农村金融服务均等化。2012 年 3 月末，丽水农村金融改革试点获批，与温州金融综合改革一道成为推动浙江金融改革和发展的两大推手。丽水从原有的林权抵押贷款、农村信用体系建设、助农取款服务三大亮点发展成为信贷支农、信用惠农、支付便农、创新利农的“四农”工程，从单一创新向综合性改革推进，改革的集群效应进一步凸显，并初步形成金融支农、惠农、富农的“丽水模式”。至 2015 年年末，全市涉农贷款余额 752.12 亿元，占全部贷款余额的 52.95%；余额同比增长 14.4%，高出全部贷款增速 5.36 个百分点。具体来看，农村金融发展水平的提高主要体现在以下方面：

一是村级基础金融服务全覆盖。在没有金融机构网点的农村组建多功能农村金融服务站 2010 家，为农户提供存取款、缴费、转账、保险、理财产品咨询、金融知识宣传普及、农村金融消费者权益保护等一站式服务，满足农村最基本的金融服务需求。

二是农村产权全部可抵押。2014 年，丽水市通过组建市、县、乡三级农村产权交易中心，出台《关于为推进农村"三权"抵押工作提供司法保障的试行意见》等，进一步完善农村产权融资配套机制，实现农村基本产权的可抵押。至 2015 年末，全市林权、农村土地流转经营权和农房等"三权"抵押贷款余额达到 63.16 亿元，已为 1899 个行政村（行业）开办"整体批发集中授信"业务，提供授信 169 亿元，累计发放贷款 99 亿元，圆满完成"累计贷款超过 70 亿元"的年度目标。

三是农村融资服务平台不断完善。持续推进农村信用体系建设，为金融机构搭建信息服务平台。至 2015 年年末，全市已成功创建信用村（社区）869 个，信用乡（镇、街道）38 个，评定信用农户 38.87 万户，其中有 30.39 万户信用农户累计获得贷款 313.51 亿元。全面推进财政出资、行业协会组建、商业性运作、村级担保基金等"四级"担保组织体系建设，解决不同对象和融资的担保需求。全市已组建由政府出资的涉农融资性担保公司 3 家、农民担保公司 10 家和村级担保组织 86 家，累计为农户担保贷款 6.29 亿元。

综观丽水金融历史，其发展历程跌宕起伏。远古先民勤劳勇敢，开荒植地，筑堰引水，瘠土衍沃田，开浙西南文明之先河。晋时窑火烧瓷，起宋讫明，处州瓷器循"海上丝绸之路"，足迹遍布亚洲、非洲、欧洲，在赢取贸易辉煌的同时传播了东方文明。自唐始处州开采金、银、铜、铅，宋时，量产居首，成为国家财政重要补充来源，书写了浙西南财富辉煌。在新民主主义革命过程中，浙西南大地烽火相传，"红色金融"应运而生，闽浙赣苏维埃银行、"随军银行"、推动建立农业合作金库、动员农民组建信用合作社、支持华侨钱庄运营发展等活动，积极帮助了战争时期农民生产生活和合作经济的发展。1949 年 5 月解放后至 1978 年 12 月改革开放以前，丽水金融业前进的道路上虽有曲折和深刻的教训，但总体上充满活力，向前发展。中共十一届三中全会以来，丽水金融事业获得前所未有的发展，金融调控日趋成熟，金融体系不断健全，金融市场逐步规范，金融法制趋于完备，金融业务蓬勃拓展，呈现出欣欣向荣的大好局面。在新的历史时期，丽水金融事业将继续践行"浙西南革命精神"，坚定信念，勇于挑战，以"丽水之干"担纲"丽水之赞"，不忘初心推动丽水金融事业跨越式高质量发展。

大 事 记

夏

公元前20世纪至前18世纪

出现外来玉器、玉珠(遂昌县好川古墓发掘出土)。

春 秋

周敬王三十年至三十六年(前490—前484)

越王勾践谋发展经济,瓯越(含丽水地域)实行富国强兵策,出现金属称重币、戈币。

战 国

公元前475—前221年

丽水地域所在楚国出现蚁鼻钱、钘布、"郢爰"金币等金属货币。

秦

秦始皇三十七年(前210)

秦颁布中国最早的货币法"以秦币同天下之币",废止战国时各国不同的货币,统一币制,定钱币二等:黄金为上币,铜钱"半两"为下币。丽水地域属会稽郡。

东 汉

建安四年(199)

分章安县西南部置松阳县,属会稽郡。

建安二十三年(218)

分太末县南部置遂昌县,属会稽郡。

隋

开皇九年(589)

分松阳县东乡,置栝苍县。置处州,辖栝苍、松阳、永嘉、临海四县。

开皇十二年(592)

改处州为栝州。

唐

武德元年(618)

浙江州府县乡已普及官办常平仓(库),有借贷活动。民间有自发增设义仓,互助互济,以填补官仓不足。

武德四年(621)

分永康县地,置缙云县,隶属丽州。废松阳县,置松州。

武德八年(625)

改松州为松阳县,遂昌县并入松阳县。废缙云县。

显庆三年(658)

遂昌金窟采用"烧爆法"和"吹灰法"开采冶炼金银。

万岁登封元年(696)

分栝苍及永康县地重建缙云县。

景云二年(711)

分栝苍县地置青田县。遂昌县复建,隶属栝州。

乾元二年(759)

分松阳县、龙泉乡、遂昌县南部地,置龙泉县。

大历十四年(779)

五月,改栝州为处州;闰五月,改栝苍县为丽水县。

五　代

后梁开平四年(910)

松阳县改为长松县。

后晋天福四年(939)

长松县改名白龙县。

宋

咸平二年(999)

白龙县复名松阳县。

元丰年间(1078—1085)

遂昌永丰银场成为全国最大的白银产场之一。

绍兴三十年(1160)

临安(今杭州)设会子库,印制和发行纸币“会子”。丽水域内开始流通楮币(会子)。

绍熙四年(1193)

丽水商人在布帛贩货衢婺间使用楮券(纸币)。

庆元三年(1197)

分龙泉县松源乡等地建庆元县。

嘉定十二年(1219)

绢帛、瓷器等商品代币直接博易,处州青瓷远销海外。

德祐二年(1276)

元将阿剌罕董文炳占领处州,改处州为处州路,设总管府。

元

至正十九年(1359)

十一月,朱元璋派枢密院判耿再成、参将胡大海率军攻克处州,改处州路为安南府,不久改名处州府。

明

洪武十九年(1386)

处州设银场局,课税银 2000 两。

永乐三年(1405)至宣德八年(1433)

郑和、王景弘组织庞大船队七下西洋,运往各国货物数量可观,其中有大量出自处州龙泉窑瓷器。

正统元年(1436)

江浙地区白银逐渐成为流通货币,可用白银折纳田赋。

正统(1435—1449)至景泰年间(1450—1456)

处州各县均开采银矿。

景泰三年(1452)

分丽水县浮云、元和乡地，建云和县；分宣慈、应和乡及懿德乡北部地，建宣平县。分青田县鸣鹤乡和柔远乡仙上里等地，建景宁县。

天顺二年(1458)

处州银矿开采达鼎盛时期，银官局在云和黄家里畲坑管立碑采办煎销课，上纳京库。

嘉靖十年(1531)

实施“一条鞭法”赋税及徭役制度，合并征收银两。

清

顺治六年(1649)

明末起义军铸有永昌通宝、大顺通宝、西王赏功、兴朝通宝等铜币。张献忠义子孙可望入滇称东平王，铸兴朝通宝。青田县域流存一文、五文、十文等多种铜钱，以“一文”铜钱居多。

康熙十三年(1674)三月至十四年(1675)二月

“三藩之乱”时，耿精忠遣总兵徐尚朝等占领处州，境内流行裕民通宝，有“一分”“壹钱”两种。

乾隆四十一年(1776)

户部奏准各省上解银两，有“遂昌拾年裕通”“宣平元年振昌”等元宝、小锭，砸有州县、年月及银匠名。

咸丰年间(1851—1861)

丽水县文敦街开设当店。

光绪初

一位周姓温州人在丽水县高井弄开设当铺1家。

光绪九年(1883)

受“丝业风潮”影响，胡光镛(雪岩)破产，在京、浙、沪等地所开的银号、钱庄、票号连锁倒闭。

光绪十六年(1890)

国内开始流通机铸“银元”。

光绪二十三年(1897)

通商银行印发钞票在龙泉县域内流通。这是丽水地区近代较早流通的纸币。

光绪二十六年(1900)

“铜元”取代制钱流通。

宣统三年(1911)

十一月二十五日，吕逢樵、赵舒等光复军光复处州城。同月二十七日，成立处州军政分府。

中华民国

元年(1912)

撤销处州军政分府，各县直属省都督府。

6年(1917)

5月，中国银行温州支行在丽水县首设代理处。至民国25年(1936)，因业务萧条停业。

8年(1919)

青田县鹤城镇源康钱庄设立。

17年(1928)

5月，松阳县胜达利钱庄开业，后续有恒丰、松源、集通源、联生、壬丰，集成等钱庄开业经营，均为合股，大多为烟行、棉布商号兼营。

18年(1929)

信达利钱庄在丽水城三坊口开业，同温州信瓯钱庄通汇，在青田、缙云、龙泉等地设有营业点，通称“信联号”。民国25年(1936)停业。

19年(1930)

8月1日，创办遂昌县高判乡(今三川乡)有限责任合作社。

同年，义达利钱庄在丽水城三坊口开业。民国23年(1934)停业。

20年(1931)

中央、中国、交通、农民银行浙江省分行及省合作金库、浙江省银行和省级军政机关迁驻庆元。丽水、松阳沦陷。

21年(1932)

6月17日，设浙江省第十一县政督察区，驻丽水；设第十二县政督察区，驻龙泉。同年10月，改称第二、第三特区。

12月，“赣东北省苏维埃银行”改名为“闽浙赣省苏维埃银行”。1933年，发行“闽浙赣省苏维埃银行”纸币，面值有铜元十枚、一角和银洋一圆，还发行了粉碎敌人五次围攻决战公债券及股票等。

23年(1934)

9月，中国工农红军北上抗日先遣队在龙泉八都、宝溪设立随军银行，兑换中华苏维埃共和国货币。

24年(1935)

3月，松阳设立农民借贷所。

6月，第二、第三特区改称浙江省丽水行政督察区。

同年，全省发生钱业大风潮。

25年(1936)

4月，浙江省丽水行政督察区改称浙江省第九行政督察区。

同月，浙江地方银行丽水办事处设立。

6月，莲城信用合作社（私人集股）开设。

26年（1937）

4月15日，浙江省合作事业促进会丽水支会成立。

8月28日，中央、中国、交通、农民联合办事处杭州分处（简称“四联杭州分处”，又称“浙属行处”）成立，处理战时金融事宜。至民国29年（1940）“四联杭州分处”易名为“四联浙分处”。

27年（1938）

1月，民国浙江省政府决定，云和、龙泉、遂昌为战时经济建设实验区。

2月，浙江省建设厅在丽水成立浙江省合作金库。

4月，浙江省地方银行迁丽水县城内三坊口，在厦河门外设沦陷行处账务清理处。

7月，龙泉合作金库成立。松阳合作金库成立，取消农民借贷所。

同年，浙江地方银行丽水办事处升格为浙江地方银行丽水支行。

28年（1939）

7月，龙泉县合作社联合社成立。

10月，浙江地方银行丽水支行改为浙江地方银行丽水分行。

同年，浙江地方银行在丽水县建白云农场。浙江地方银行委托上海大东书局浙江印刷分厂，在丽水县沙溪村叶家祠堂印刷并发行壹分、贰分、伍分直式分币，壹角、贰角、伍角辅币和壹元纸币。

29年（1940）

1月，浙江省合作金库在丽水县成立。曾迁徙松阳、庆元、云和县和龙泉县荷花塘。

同年，浙江地方银行在丽水县设立货物运销处；民国30年（1941）改名大成庄。浙江地方银行在丽水县白云山脚创办信大印刷厂，除印刷壹分、贰分、伍分横式分币外，还印刷储金券等；民国31年（1942）4月，并入浙江印刷厂。

30年（1941）

5月，浙江省政府从永康迁松阳县；中央银行杭州分行撤离至龙泉。

同月，中国银行杭州分行、交通银行杭州支行、中国农民银行杭州分行迁龙泉县。

7月，中央银行杭州分行、中国银行杭州分行、交通银行杭州支行、中国农民银行杭州分行从龙泉县迁永康县。

8月6日，浙江省政府迁永康县方岩。

31年（1942）

5月18日，浙江省政府从永康县迁松阳县；中央银行杭州分行于当日营业终了连夜撤离至龙泉。该分行附设中央信托局杭州代理处。

5月，中央银行杭州分行、中国银行杭州分行、交通银行杭州支行、中国农民银行杭州分行与四联总处浙分处从永康县再迁龙泉县上凉亭村。

6月2日，浙江省政府从松阳县迁云和县。

8月，中央银行杭州分行、中国银行杭州分行、交通银行杭州支行、中国农民银行杭州分行从龙泉县迁庆元县，旋迁回龙泉县。

10月，浙江地方银行从丽水迁云和县，旋即迁龙泉县秦溪漠村。在龙泉和云和设分行，在丽水设支行，在松阳、青田、丽水县碧湖镇和缙云县壶镇设办事处。

同年，邮政储金汇业局浙江分局在龙泉县成立。

32年(1943)

4月28日，浙江省第二届临时参议会在云和召开。

同年，浙江省合作金库复迁云和县。

34年(1945)

1月，浙东抗日行政公署在余姚成立浙东银行，发行抗币。

5月，新四军苏浙军区和苏南行政公署在长兴成立江南银行，于6月开始印钞，7月发行。

8月15日，日本宣布无条件投降。

9—10月，浙江省政府及其有关部门、浙江省级暨杭州金融机构陆续迁回杭州。

36年(1947)

3月，浙江地方银行丽水分行改为浙江省银行丽水分行，并在各县设立办事处。

12月，丽水县银行成立。至民国37年(1948)12月，丽水县银行关闭。

37年(1948)

4月，浙江省第九行政督察区改名浙江省第六行政督察区。7月，改称浙江省第七行政督察区。

38年(1949年9月30日止)

4月26日，松(阳)宣(平)遂(昌)人民游击支队解放松阳县城。

5月8日至17日，中国人民解放军先后解放丽水地区全境。

6月，龙泉县军管会接管浙江地方银行龙泉办事处和龙泉县合作金库。

7月5日，接收浙江省银行丽水分行，成立中国人民银行丽水支行。

7月21日，成立中国人民银行龙泉县办事处。

8月3日，建立浙江省第七专区专员公署。

8月15日，建立中国人民银行云和县办事处。

9月6日，建立中国人民银行遂昌县办事处、中国人民银行青田县办事处、中国人民银行宣平县办事处。

9月，建立中国人民银行缙云县办事处、中国人民银行松阳县办事处、中国人民银行庆元县办事处、中国人民银行景宁县办事处。

中华人民共和国

1949年

10月1日，北京举行开国大典。次日，各县举行集会游行，庆祝中华人民共和国成立。

10月，浙江省第七专区专员公署改为浙江省丽水专区。

1950 年

12 月，全区零存整取定期定额有奖储蓄开始办理。

同年，中国人民银行松阳县办事处升格为中国人民银行松阳县支行，成立古市营业所。

1951 年

1 月，中国人民银行遂昌办事处升格为中国人民银行遂昌县支行，隶属衢州专区中心支行。

2 月，中国人民银行丽水支行，改为中国人民银行丽水中心支行，下设大水门分理处和碧湖营业所，辖缙云、松阳、云和、龙泉、庆元、景宁、宣平 7 个县支行。

4 月，中国人民银行景宁县办事处升格为中国人民银行景宁县支行。

10 月，人行丽水中心支行主持 8 个县联合开办第一期农村爱国生产有奖储蓄。

11 月，中国人民银行云和县办事处升格为中国人民银行云和县支行。

1952 年

1 月 19 日，浙江省丽水专区撤销，丽水、云和、景宁、龙泉、庆元县属温州专区，缙云县属金华专区，松阳、宣平县属衢州专区。

2 月，中国人民银行丽水中心支行改为中国人民银行丽水县支行。

1953 年

11 月 14 日，接温州保险中心支公司通知，全区停办耕牛保险。

同年，丽水县建立海潮乡信用合作小组，并在重点乡村供销社试办信用部。

同年，青田县阜山、方山开始试办村信用组。

1954 年

2 月，丽水县丽阳乡信用合作社建立。嗣后，各县相继建立信用合作社。

4 月，浙江省财委批准，折实单位牌价在全省范围内正式停止挂牌。

5 月 11 日，建立辖区第一个社会主义农村信用社——龙泉县高塘乡红星信用社。此后，信用社组织在丽水地区迅速发展扩大。

1955 年

3 月 1 日，第二套人民币(新币)发行。

4 月 1 日，旧人民币 1 万元、5 万元券禁止在市场上流通。

6 月 25 日，全区各级人行推行苏联国家银行会计核算制度。

7 月，银行职工实行工资改革，废除包干制、工资分制和薪金制，改行统一的货币工资制。

1958 年

4 月，撤销宣平县，并入武义县(隶属金华专区)，曳岭区划入丽水县。

5 月 29 日，撤销云和县，并入丽水县。

7 月 8 日，温州专署财政局人字 92 号函，全区保险工作列入当地财政工作之一。

11 月 21 日，撤销庆元县，并入龙泉县；撤销松阳县，并入遂昌县(隶属衢州专区)。

12 月，因受“共产风”影响，城镇许多居民将首饰拿到银行排队兑换。

同年，各县人民银行区营业所改称人民公社信用部，乡信用合作社改称信用分部。

1959 年

3 月，“零存整取有奖储蓄”取消奖金，改为计息；活期有奖储蓄 3 月 10 日提前开奖，以后不再开奖，改为计息。

1960 年

1 月 7 日，撤销景宁县，并入丽水县。

1962 年

4 月 20 日，第三套人民币开始发行。

6 月 1 日，恢复云和县（含景宁县域）建置。各人民公社信用部复称人民银行营业所和信用合作社。

10 月 24 日，浙江省人民委员会颁发文件通知，信用社干部的口粮，由国家供应，政治福利待遇一律按公社同级干部待遇标准解决。

11 月 18 日，中共中央、国务院发出《关于试行银行工作条例（草案）的指示》。

1963 年

5 月 9 日，丽水专区恢复建置。中国人民银行丽水县支行升格中国人民银行丽水专区中心支行，辖青田、云和（景宁）、龙泉（庆元）、遂昌（松阳）、缙云 5 个县支行。

1964 年

4 月 9 日，开始收兑苏联 1953 年版的 3 元、5 元、10 元 3 种人民币。

6 月，中国农业银行丽水专区中心支行建立。

7 月，财政金融合并，建立丽水地区财政金融局。中国人民银行丽水中心支行、中国农业银行丽水专区中心支行撤销。

11 月 18 日，丽水地区革命委员会（简称“地革会”）建立。

1966 年

1 月，丽水地区各级农业银行机构撤销，并入同级人民银行。

1971 年

7 月，金融机构与财政机构合并，成立丽水地区财政金融局。

1972 年

1 月，各项预购定金制度重新恢复，其指标按原并入农贷数从农贷指标中划出。

11 月，中国人民建设银行丽水地区办事处设立，隶属丽水地区财政金融局。

1973 年

2 月，丽水地区试行农业信贷包干试点。

7 月 17 日，恢复庆元县建置。

1976 年

7 月 1 日，遂昌金矿建成投产。

1978 年

9 月 16 日，撤销丽水地区革命委员会，建立丽水地区行政公署。

11月14日，中国人民建设银行丽水地区办事处升格为中国人民建设银行丽水地区支行。

1979年

2月2日，中共丽水地委传达贯彻中共中央十一届三中全会精神，把工作重心转移到社会主义现代化建设上来。

5月17日，中国人民银行丽水地区中心支行复建。同日，成立中国人民建设银行丽水地区中心支行。

7月5日，中共丽水地委根据国务院《关于恢复中国农业银行的通知》精神和丽水地区实际，决定恢复中国农业银行丽水地区中心支行。

1980年

1月，省对县财政管理体制实行“划分收支，分级包干”，简称“分灶吃饭”。该体制至1993年终止。

7月，中国建设银行丽水地区中心支行增设紧水滩电站办事处。

1981年

1月，丽水地区恢复有奖储蓄。

7月，贯彻国务院《关于城镇非农业个体经济若干政策性规定》，恢复个体工商户，丽水地区登记统一发证1863户，从业人员2052人，营业额261.26万元，其中工业、手工业244户，商业79户，饮食业361户，服务业243户，修理业236户。

同年，全区银行、信用社实行统一计划、分级管理、存贷挂钩、差额包干的信贷资金管理办法。

1982年

1月30日，恢复松阳县建置。

2月，松阳县建立信用合作社(部)28个，储蓄所7个，农村信用站91个。

2月20日，根据中央、国务院进行国营企业整顿工作，省、地确定丽水地区第一批试点企业15家。其中国营13个，集体2个。地区组织2个调查组，赴浙南制药厂、缙云棉纺织厂蹲点。9月6—9日，召开全区企业整顿工作会议。

1983年

4月1日，省农行通知，为适应农村经济体制改革的需要，放宽农村集体经济单位现金管理。

7月1日，国营和集体企业流动资金改由人民银行管理，所需增加的流动资金，由银行按信贷政策供应。

9月17日，国务院作出《关于中国人民银行专门行使中央银行职能的决定》。人行丽水地区中心支行由此在区内履行央行职能。

同年，全面对信用社恢复“三性”，进行以清理股金，落实股权，增扩股金和进行股金分红为重点的体制改革。

1984年

6月30日，恢复景宁县，改称景宁畲族自治县。

11月，成立中国工商银行丽水地区中心支行。

12 月，辖区内成立第一家县级联社——龙泉信用联社。至 1987 年 11 月，辖区 9 个县（市）均建立县联社。

同年，中国人民银行丽水地区中心支行改称中国人民银行丽水地区分行，开始行使基层中央银行职能，不再办理工商信贷和储蓄业务。

1985 年

4 月，按上级通知，丽水地区信托业务纳入信贷计划，不再单独办理信托业务。

10 月 28 日，中国人民保险公司丽水分公司，印发《关于庆元左溪乡黄岗村陈竹发等骗取保险赔款案的查处报告》文件。

1986 年

3 月 1 日，撤销丽水县建制，建立丽水地区（今莲都区）。

5 月 15 日，中共中央政治局候补委员、国务委员兼中国人民银行行长陈慕华回故乡青田县。

1987 年

2 月 24 日，丽水地区召开经济体制改革会议，研究落实企业自主权问题。

4 月 15 日，丽水地区首次举行短期资金拆借市场交易会，参加的有 11 个地区、39 个县（市）银行代表，成交额 2650 万元。

6 月 4 日至 6 日，召开丽水地区搞活商业中型企业经验交流会并部署商业改革承包经营责任制试点，实行包死基数，确保上交，超收自留，歉收自补的原则。

同年，各县均建立农村信用合作联社。

1988 年

6 月 13 日，经中国人民银行浙江省分行批准，丽水地区设立区级中国银行机构，称中国银行丽水支行。

7 月，丽水兴隆城市信用合作社成立，是丽水地区第一家城市信用社。

1989 年

3 月，中国银行丽水支行成立，隶属中国银行杭州分行。

4 月 1 日，丽水地区实行《银行结算办法》，同时废止信用证、同城托收、托收无承付、付款委托书、保付支票、省内限额结算和信汇自带。

1990 年

4 月 12 日，全区由点到面，分期分批，开展村级财务清理和整顿，至 1991 年 6 月基本结束。

5 月，闽浙赣皖四省九地市农行行长联席会议在丽水召开。

9 月 14 日，丽水地区 9 个县（市）革命老根据地县命名大会召开，浙江省人民政府授予 9 个县（市）“革命老根据地县”称号。

1991 年

8 月 8 日，丽水地区信托投资公司正式开业。

10 月 13 日，中国银行丽水支行发布丽水地区首张信用卡——中国银行长城卡。

1992 年

1 月 31 日，丽水地区国合商业“四放开”试点工作指导小组建立，地县(市)进行国合商业“四放开”试点。至年末，全区国合商业“四放开”195 家，占国合商业企业的 75%。

7 月 13 日，丽水金融市场设立，为独立核算、非营利性金融组织。

9 月，中国农业银行总行副行长林中杰在农行浙江省行副行长蒋志华陪同下，到遭受洪灾的青田县察看灾情并进行救灾。

11 月，遂昌县获“全国保险先进县”荣誉称号。

12 月 1 日，中国工商银行丽水地区中心支行正式发行工行“牡丹卡”。

同年，缙云县新建镇农村合作基金会成立，为丽水地区首家农村合作基金会，弥补了农村金融服务不足的缺憾，实现了集体资金保本增值。

1993 年

4 月 15 日，丽水行署出台“促进个体私营经济发展的若干意见”文件政策。

6 月 24 日，遂昌县遭遇特大洪灾。保险公司支付灾害理赔款 149.8 万元。

7 月 8 日，正式成立建设银行金温铁路专业支行。

12 月 16 日，中国人民建设银行浙江省信托投资公司丽水证券交易营业部正式开业。

12 月22 日，云和县局村信用社职工刘玲英与抢劫银行的歹徒展开殊死搏斗，全身刀伤 31 处，耳朵被割开，右眼被挖出。她用生命和鲜血紧紧拽住金库钥匙，保护国家财产安全。1994 年 4 月 11 日，中共浙江省委在省人民大会堂隆重召开“向刘玲英同志学习大会”。刘玲英先后被国务院、全国总工会、全国妇联、团中央，省、市、县委与政府及相关部门授予“先进工作者”“劳动模范”“三八红旗手”“十大杰出青年”“农村金融卫士”光荣称号，并作为中国共产党第十五次全国代表大会代表出席大会。

1994 年

1 月 1 日，丽水地区商业银行、城市信用社、农村信用社全面实行资产负债比例管理。

3 月 16 日，工行丽水地区中心支行举办行长经营管理目标责任书签字仪式，与工行浙江省分行签订全省系统内首份《行长经营管理目标责任书》。

3 月 30 日，经省政府批准，成立浙江景宁梅墟扶贫经济开发区，位于宁波市鄞县梅墟镇，规划开发面积 1032 亩。12 月，省政府批准改名为浙江景鄞扶贫经济开发区，开发面积扩大至 5.6 平方公里(其中属景宁县开发的 1 平方公里)。1995 年 6 月被国家民委确定为“国家民委扶贫开发试验区”，1997 年 7 月批准设立“中国少数民族工业城”。

8 月 23 日，中国银行丽水支行更名为中国银行丽水地区分行。中国人民建设银行浙江省丽水地区中心支行更名为中国人民建设银行浙江省丽水地区分行。

1995 年

年初，中国工商银行丽水地区分行实施“扶一批、上一批、缩一批”的集约化经营策略，改变传统票据业务分散经营的模式。

3 月，人行丽水地区本级建立“收一块、挂一块”的财政新体系。年内，省财政厅对全区各县(市)实行“两确保、两挂钩”的财政新体制。

6 月 30 日，第八届全国人大常委会第十四次会议通过《中华人民共和国担保法》《中华人民共和国保险法》《关于惩治破坏金融秩序犯罪的决定》。

7 月 25 日，对外贸易经济合作部批准浙江丽水国际经济技术合作公司可以开展国外经济技术合作业务。

1996 年

9 月 23 日，中国工商银行丽水地区分行新大楼落成。

同月，丽水地区信用社与农业银行正式脱钩。

10 月 8 日，丽水地区邮政代理储蓄发行邮储绿卡银行卡。

12 月，中国农业银行丽水地区分行分设丽水地区农业发展银行。

1997 年

1 月，中国农业发展银行丽水地区分行营业部及各县（市）办事组正式开门营业。

8 月 8 日，金温铁路全线铺通。

10 月 17 日，农行丽水地区分行召开贷款评审委员会会议，评审云和沙铺砻电站贷款 7000 万元，是丽水有史以来第一笔大额贷款。

11 月，中国银行丽水地区分行新大楼（丽阳街 440 号）正式投入运营。

1998 年

11 月，省财政厅出台丽水地区新的“两保两挂”财政体制，内容为保当年财政收支平衡，保消灭历年累计赤字，省财政体制补助和奖励与地方财政收入挂钩；对龙泉、庆元等县（市）补助挂钩基数进行适度调整；地区本级继续实施“收一块、挂一块”办法，5 年不变。

1999 年

1 月 6 日，丽水地区农行针对丽水市农行大洋路分理处“1•3”持枪抢劫未遂案件，召开全区各县（市）支行、直属单位保卫科科长（经警队长）参加的全区保卫工作紧急会议。

3 月 28 日止，全区农行各项存款突破 20 亿元大关，比上年增加 1.47 亿元。

8 月 6 日，地委、行署召开全区清理整顿农村合作基金会工作会议。10 月底，各农村合作基金会清产核资工作完成。从 11 月 1 日起，全区各农村合作基金会存款开始按期兑付，并陆续开展农村合作基金会并到农村信用社或清盘关闭工作。

12 月 7 日至 9 日，地委召开全区城市化工作座谈会，推进城市化进程，加快城镇建设。

2000 年

5 月 20 日，国务院同意浙江省撤销丽水地区设立地级丽水市。

6 月 6 日，撤销县级丽水市，设立莲都区，以原县级丽水市的行政区域为莲都区的行政区域。莲都区为新设立地级丽水市的驻地。

7 月 19 日上午，召开丽水撤地设市庆祝大会。中共浙江省委宣传部部长李从军代表省委向丽水市委授牌，浙江省副省长鲁松庭代表省政府向丽水市政府授印。

7 月 20 日，丽水市委、市政府发出《关于市本级与莲都区部分事权划分的决定》。10 月 24 日，丽水市委、市政府发出《关于调整市本级与莲都区部分事权的通知》。

7月19日，中国建设银行丽水地区分行更名为中国建设银行丽水市分行。

8月18日，中国农业银行总行党委委员、纪委书记韩仲琦在农行浙江省分行党委副书记、副行长高明子陪同下，到农行丽水市分行调研。

12月5日至6日，闽浙赣皖九方经济区第二届第五次联席会议在丽水召开。会议审议通过《关于九方经济区二届五次联席会议工作报告》《关于九方经济区二届五次联席会议纪要》和《关于九方经济区二届六次联席会议执行主席》的决定。

同年，中国工商银行丽水市分行深化机构改革，撤销工行庆元支行。至2010年10月29日，恢复工行庆元支行机构建置。

2001年

1月，第一台ATM机在农行丽水市分行营业部投入使用。

6月29日、7月6日，《中国城乡金融报》《国际金融报》分别登载长篇通讯《剑胆琴心》，记述全国金融劳动模范、浙江省农行系统优秀共产党、农行丽水市分行党委书记、行长沈剑青的先进事迹。

7月17日，农行浙江省分行与丽水市人民政府在丽水隆重举行“促进丽水市城市建设合作协议”签字仪式。在双方签订的合作协议中，中国农业银行浙江省分行在2001—2003年年度对丽水市城市建设发展有限公司、丽水市土地储备中心、丽水市经济开发区投资有限公司分别提供综合授信额度1.5亿元、3亿元、1.5亿元的资金。

2002年

5月，中国工商银行丽水市分行行长陈高建被中国金融工会授予“全国金融五一劳动奖章”。

9月6日，在中国银行大洋支行设立“中国银行丽水市分行汽车贷款中心”，成为丽水市第一家汽车贷款中心。

2003年

3月5日，中共浙江省委宣传部、浙江省文明办、浙江省军区政治部、共青团浙江省委等单位在杭州剧院联合召开表彰大会，中国农业银行丽水市分行刘玲英被评为全省学习雷峰、志愿服务标兵个人先进，受到大会表彰。

3月26日，中国银行总行发布最新消息，中国银行青田县支行首次跻身全国第九位，本外币存款总量31.2亿元，名列全国第十名，人均存款2120万元，名列全国第一名。

5月3日17时30分，农行丽水市分行ABIS切换成功，标志着丽水市农行系统开始融入全国农行“新一代”大网络。

2004年

1月18日，丽水银监分局正式挂牌成立。

4月1日，贷款利率浮动区间扩大，银行为基准利率的0.9—1.7倍，农信社浮动区间为0.9—2.3倍。

4月18日，遂昌县农村信用合作联社挂牌成立，为全市首家股份合作制农村金融机构。

4月26日至28日，中国农业银行总行副行长唐建邦在农行浙江省分行副行长俞吾泉等人的陪同下，到丽水调研。

7月5日，浙江(遂昌)凯恩特种材料股份有限公司在深交所成功上市，为丽水首家上市企业。

8月26日，中国银行丽水市分行更名为中国银行股份有限公司丽水市分行。

11月25日至29日，2004年省“山海协作工程”系列活动在丽水举行，省委书记习近平、省长吕祖善、副省长金德水、省政协副主席冯培恩，以及全省各市市委书记或市长，65个县(市、区)主要领导，部分参加科技卫生服务活动的专家和企业家代表，出席开幕式暨合作项目签约仪式。杭州、宁波、温州等市的企业与丽水、衢州、舟山等市的企业签订经济技术合作(帮扶)项目205个，合同总金额101亿元，其中丽水市签约项目93个，合同总金额25.36亿元。

12月24日，中国建设银行丽水分行更名为中国建设银行股份有限公司丽水分行。

2004年度，农行丽水市分行经营利润进入全国农行二级分行50强，以13419万元利润位居第49位。这是农行丽水市分行首次登上该排行榜。2005年度，经营利润跨入全国二级分行50强行列，以19098万元利润位居第44位，人均经营利润26.62元，居50强的第15位。

2005年

8月8日，全市金融工作会议召开。

9月5日至6日，中国农业银行总行党委书记、行长杨明生及巡视员高启旺、总行先进性教育第八督导组组长许锡龙一行，在农行浙江省分行党委书记、行长郑家祥陪同下，到农行丽水市分行考察调研。

10月10日，莲都农村合作银行组建成立，是全市首家股份合作制银行。

11月24日至25日，国务院总理朱镕基到丽水市考察。

2006年

5月12日，全市召开开展党政机关及其工作人员投资入股、参与集资等营利性活动专项清理工作会议。

5月18日，工商银行丽水分行隆重举行市区中小企业银企全面合作签约仪式，累计向市区237家企业授信27.6亿元。

7月1日，工商银行丽水分行全面实施城区支行营业经理委派制，进一步完善内控机制，强化风险管理。

10月11日，中国人民银行上海总部在丽水举行“我与人行共发展”女工摄影作品评比活动。

10月25日，工商银行丽水市分行各项存款余额突破百亿元大关，为丽水金融机构首家。

2007年

2月11日，“中国人寿杯”首届丽水农村歌手大赛在青田县山口中学拉开序幕，全市20个重点乡镇进行初选赛。在长达10个月的时间里，全市9个县(市、区)500余名歌手参加角逐。11月24日，20余名歌手在纳爱斯广场举行总决赛。

4月，浙江凯恩纸业有限公司衢州柯城原料仓库发生特大火灾，保险理赔1089.92万元。

4月29日，中国工商银行丽水处州支行营业部被全国职工职业道德建设指导协调小组评为“全国职工职业道德建设先进班组”。

9月19日，全市金融系统会同共青团丽水市委、市劳动人事局、丽水日报社联合举办全市金融系统青年技工大赛。市辖内工、农、中、建、莲都农信及邮政等多家金融机构推选18名选手参赛。

10月24日，浙江泰隆商业银行丽水分行盛大开业。这是丽水引进的第一家城市商业银行。

11月15日，工商银行丽水分行与浙江丽水安邦护卫有限公司签署《守押社会化合作协议》，启动守押社会化改革。11月16日开始，在市区开展守押社会化改革试运行。

2008年

1月，全市遭历史上罕见的低温、雨雪、冰冻灾害。全市受灾166个乡镇，受灾人口62.7万人，因灾受伤16人；有12条省道和69条县道全面雪阻，受阻里程1684千米；有99个乡镇、1969个村29.8万户停电；因灾倒塌房屋133间，损坏房屋3.01万间；有3.02万公顷(45.31万亩)农作物受灾，农业直接经济损失3.57亿元，因灾造成直接经济损失6亿多元。

3月2日，全省深化集体林权制度改革经验交流会在遂昌县召开。2007年起，丽水市在全省率先全面、优质地完成了延长山林承包期工作。全市林权制度改革步伐走在全国前列，各县(市、区)都已经组建成立了林权管理机构、森林资源收储中心和森林资产评估机构或相关工作机构。丽水经验得到会议的充分肯定。

同日，市委、市政府《关于加快农民异地转移，促进农民增收的若干意见》正式出台。要求全市社会主义新农村建设必须着力推动农业增级、农民增收特别是低收入农户增收，着力加快农民转移就业，着力提高农村社会保障水平，创业富民、创新强农。

3月20日，2008年浙江省城市商业银行监管工作会议暨城市商业银行董事长、监事长、行长联席会议在丽水举行。会议由浙江泰隆商业银行承办。

4月18日，中国银行业监督管理委员会浙江监管局批准成立中国邮政储蓄银行有限责任公司浙江省丽水市分行。

6月30日，浙江泰隆商业银行丽水分行正式开办国际业务，这是泰隆国际业务在异地分行首次正式落地。

7月10日，浙江泰隆商业银行丽水分行办理了第一笔金额为6300欧元的现钞存入业务和第一笔金额为9997美元的国外汇入汇款业务。这是泰隆银行第一次异地开办国际业务。

10月16日至19日，为期四天的丽水市银行业协会男子篮球赛在丽水职业技术学院篮球场举行。

10月21日，全市金融单位工会开展2008年“送温暖，献爱心”——向汶川地震灾区捐款捐物活动。

12月17日，丽水市青田县汇通小额贷款股份有限公司成立，为丽水成立的首家小额贷款公司。

2009年

1月5日，中国银行浙江省分行与丽水市人民政府签署进一步支持地方经济发展合作协议书，三年内向丽水市新增授信100亿元。

2月27日，丽水市委召开市委常委(扩大)会议，研究加快农村危旧房改造，推进农村信用体系建设、进一步改善金融支农工作等。3月2日，市委发出关于加快农村危旧房改造的实施意见。

4月，经市机构编制委员会批准设立丽水市政府金融办公室、上市办公室，实行两块牌子、一套班子。为市政府直属监督管理类事业单位，副县处级，归口市府办管理。将市金融工作领导小组办公室设在市政府金融办公室、上市办公室。

4 月 28 日至 29 日，全国金融支持集体林权制度改革与林业发展现场会在龙泉市召开。介绍丽水市集体林权体制改革和林权抵押贷款经验。

5 月 25 日，中国工商银行丽水分行及莲都、青田、缙云、龙泉、云和、遂昌、松阳等 8 家支行"小企业金融业务中心"正式挂牌，在丽水同业中率先启动小企业金融业务专营服务模式。

6 月 4 日至 5 日，财政部副部长李勇率财政部相关人员到龙泉市调研农村金融工作。调研组听取丽水市关于农村金融工作有关情况汇报，并与当地政府、财政部门、金融机构、担保公司以及基层金融监管部门相关人员进行座谈，就如何有效增加农村金融供给、缓解农民贷教难、建立农村金融服务体系等问题进行讨论和交流。

8 月 22 日至 23 日，中共中央政治局常委、国务院总理温家宝及随行的中央有关部门负责人，到丽水市区和青田县重点企业就金融危机下企业如何应对危机、渡过难关开展调研。省领导吕祖善、王辉忠、李强及市领导陈荣高陪同调研。

8 月 22 日，国务院总理温家宝在丽水调研，考察中小企业发展状况时与部分企业家座谈，泰隆银行董事长王钧应邀出席座谈会并汇报工作。

2010 年

3 月 2 日，中国银行股份有限公司青田县支行财富管理中心正式开业，为中国银行在全国县级城市设立的第一家财富管理中心。

3 月 22 日，经银监部门及省分行批准，中国邮政储蓄银行浙江省龙泉市支行被列入中国邮政储蓄银行林权抵押贷款业务"全国首批，浙江唯一"试点单位，授信额度达 7000 万元。

3 月 31 日，中国建设银行股份有限公司丽水市分行审批通过首笔以林木资源资产抵押的授信业务。

6 月 1 日，丽水市首家村镇银行——青田建信华侨村镇银行正式开业。这是由中国建设银行作为主发起人在浙江省设立的第二家村镇银行。

7 月，中国邮政储蓄银行景宁县支行率先在全国开展"银行卡助农取款服务"试点工作，具有小额取现和小额转账功能。8 月，在丽水市推广。2011 年 7 月，全国邮政金融银行卡助农取款服务推广会在丽水召开，向全国推广"丽水经验"。

8 月 16 日，丽水市政府与建设银行浙江省分行签订共同推进新农村建设战略合作协议，建行省分行在 3 年内为丽水市新农村建设提供授信贷款 120 亿元。各级建行负责人与丽水市涉农企业代表签订合作协议项目 24 个，签约金额 44.45 亿元。

8 月 24 日，全国农村信用体系建设工作现场交流会在丽水召开。丽水成为全国第一个所有村完成农户信用等级评价的地级市。中国人民银行副行长杜金富出席，市委书记陈荣高介绍丽水市农村信用体系建设工作经验。中国人民银行副行长杜金富一行考察丽水仙渡乡邮储银行银行卡助农取款服务点。

10 月 30 日，浙江省首届体育大会开幕式前最后一项赛事——"中国农业银行杯"舞龙比赛在市体育中心隆重举行。

11 月 25 日，丽水市"银行卡助农取款服务"工作推进会在景宁召开。丽水市委、市政府和邮储银行领导考察了景宁县鹤溪镇三枝树行政村邮储银行助农取款服务点，并观摩助农取款服务全过程。

12月3日，丽水经济发展恳谈会暨重大招商项目签约仪式在中意大酒店举行。签约项目71项，总投资金额228.05亿元。

12月28日，浙江遂昌遂钢金属制品有限公司、浙江凯恩特种材料股份有限公司、浙江凯恩电池有限公司、浙江浩洋娇子车业有限公司、浙江遂昌天马有限公司5家企业获县级第一批跨境贸易人民币结算试点企业资格。

12月29日，经中国银行业监督管理委员会、浙江监督局批准，浙商银行丽水分行开业。

2011年

5月12日，中国人民银行总行参事室副主任刘萍一行11人到景宁县鹤溪镇三枝树邮储银行银行卡助农取款服务点调研，随后召开“人民银行总行农村金融改革与创新工作调研座谈会”。

5月17日，工行总行在丽水市青田县召开小企业金融服务座谈会，工行总行董事长姜建清、副行长易会满、首席风险官魏国雄等领导出席会议并作重要讲话；工行浙江省分行行长沈荣勤主持座谈会。

5月19日，中国人民银行支付结算司司长周金黄一行到龙泉市小梅镇大窑村调研考察邮储银行推出的银行卡助农取款服务网点运行情况。

6月2日，景宁畲族自治县印发《群众增收致富奔小康、低收入农户发展扶贫贷款项目实施意见》，在全省率先启动“政银保”低收入农户发展扶贫贷款新惠农模式。

6月7日，经省机构编制委员会批准，丽水市人民政府金融工作办公室机构规格升格为正县处级。

7月29日，中国邮政储蓄银行副行长吕家进、中国邮政集团公司市场部副总经理罗高飞到丽水考察邮储银行助农取款服务点。

8月22日至25日，全省人行系统职工庆祝中国共产党成立90周年书法、美术、摄影作品在丽水巡展。

9月19日，首场“丽水好人”先进事迹报告会举行，浙江泰隆商业银行丽水分行员工杨晓丽入选“丽水好人”。

11月30日，国家林业局副局长张建龙、国家林业局集体林权制度改革领导小组副组长黄建兴到丽水调研集体林权制度改革工作。

12月21日，云和县获批成为“信用县”。2012年5月18日，丽水市委、市政府在全市农村金融改革试点推进会上，为云和县创建成为浙江首个“信用县”举行授牌仪式。

同年，国家外汇管理局批复同意丽水市为个人本外币兑换特许业务试点城市。

2012年

3月30日，中国人民银行和浙江省政府联合批准在丽水市进行农村金融改革试点，丽水成为全国首个经央行批准的农村金融改革试点地区。

4月15日，市委、市政府出台《关于实施农村发展六大行动计划加快推进农村改革创新的若干意见》。

5月17日，丽水市委、市政府隆重举行推进农村金融改革试点工作动员大会，对试点工作进行专题部署。市委副书记、市长王永康主持动员大会。根据中国人民银行、浙江省人民政府联合下发的《关于在浙江省丽水市开展农村金融改革试点工作的通知》《丽水市农村金融改革试点总体方案》，明确中国人民银行和浙江省人民政府共同推动丽水市农村金融改革试点，中国人民银行杭州中心支行和丽水市人民政府负责落实有关工作。

同日，丽水市政府与建行浙江省分行签订《战略合作协议》。建行浙江省分行承诺三年安排70亿元融资支持丽水低丘缓坡开发和实体经济发展。

5月22日，浙江丽水莲都建信村镇银行开业，是丽水市列入全国首个农村金融改革试点后新设的第一家法人银行业金融机构。

5月，中央电视台《新闻联播》以《让农民不再“难在钱上”》为题、《共同关注》栏目以《浙江丽水：农村金融改革让农民便利得实惠》为题，对丽水市的农村金融改革进行报道。

6月6日，庆元县发放丽水市首笔农副产品仓单质押贷款29万元。

8月24日，丽水市人民政府与浙江省财经学院签订战略合作协议，市领导王永康、陈瑞商出席签约仪式。

9月14日，全国首个村级外币兑换点在青田县方山乡龙现村设立。

9月28日，浙江省银监局批准筹建温州银行股份有限公司丽水分行，是温州银行参与温州综合金融改革以来获批筹建的首家分行。

10月10日，中国人民银行副行长潘功胜一行到丽水专题调研农村金融改革试点工作推进情况。

10月12日，中国邮政储蓄银行丽水市分行被国务院授予“全国新型农村和城镇居民社会养老保险工作先进单位”称号。

11月，中国农业银行总行在龙泉举办私人银行客户“品瓷论剑”文化高端品鉴活动。

2013年

1月10日，中国银行股份有限公司丽水市分行全国首发丽水市高层次人才卡。

1月16日，丽水市被国务院扶贫开发领导小组列入全国首批扶贫改革试验区，是全省唯一入选市。为加强对全市扶贫改革试验工作的领导，市委、市政府于3月14日成立丽水市扶贫改革试验工作领导小组，丽水市市长王永康任组长。

3月8日，丽水市在景宁畲族自治县建立全省首家多功能农村金融服务站。4月8日，正式投入运营。

3月27日，中国银行股份有限公司浙江省分行副行长姚华参加在松阳县召开的第六届中国茶商大会，与松阳县政府领导共同启动浙南茶叶市场茶商卡发卡仪式。

4月3日，浙江省政府与中国人民银行联合成立浙江省丽水市农村金融改革试点工作领导小组。

4月8日，市政府与国家开发银行浙江省分行在丽水签订《“十二五”开发性金融合作备忘录》。双方约定，“十二五”期间国家开发银行与丽水的项目融资意向合作额度为150亿元。

4月14日，市委、市政府在杭州召开丽水农村金融改革试点工作会议，向省政府汇报丽水农村“金改”工作成效，并对下一步重点工作进行研究。副省长朱从玖要求丽水进一步加强改革创新，提升普惠性金融服务层次，为全省金融改革发展提供经验。

4月26日，经市政府批准，原丽水市政府金融办公室、上市办公室调整为丽水市人民政府金融工作办公室，为市政府直属承担行政职能的事业单位，经市政府授权，负责全市金融工作的指导、协调和管理服务。

5月28日，丽水市政府与中国农业银行浙江省分行签署全面战略合作框架协议。农行浙江省分行在三年内向丽水市提供融资意向150亿元，支持丽水经济发展。

6月25日，省政府在丽水举行农村金融改革工作推进会。总结丽水农村“金改”工作成效，交流全省农村金融创新经验，部署下阶段工作重点。会议强调，要以丽水为旗帜，推动全省尽快打造成为全国农村金融改革的示范区。中国人民银行副行长潘功胜、副省长朱从玖出席会议。

8月18日，《人民日报》第10版刊登《林权抵押，能否突破贷款瓶颈》文章，报道浙江省全面推广庆元等地在全国探索出的以建立林权IC卡，创新林权抵押贷款模式的林改经验做法。这种“统一评估、一户一卡、随用随贷”的“林权IC卡”，成为全国林业改革创新典型之一。

8月28日，市政府第22次常务会议召开，审议《丽水市农村土地流转经营权抵押贷款管理暂行办法》《关于促进小额贷款公司健康发展的实施意见》《关于进一步加强农产品质量安全监管工作的意见》《关于进一步完善计划生育特殊家庭扶助制度的实施意见》等。

9月28日，丽水市信用体系建设领导小组发文，批准莲都区下仓村等全市430个村（社区）成为首批“市级信用村”。

10月14日，中国人民银行总行副行长胡晓炼一行到工行丽水分行调研。

10月29日，市政府第23次常务会议召开，审议《丽水市国民经济和社会发展第十二个五年规划纲要实施情况中期评估报告》《关于进一步促进农村住房抵押贷款工作的实施意见》《关于加快推进企业直接融资工作的意见》《关于2012年度丽水市政府质量奖获奖有关情况的汇报》等。

同日，市政府与中国出口信用保险浙江分公司签订全面战略合作协议。双方约定：共同推进出口信用风险防范体系建设，共同扩大出口信用保险的覆盖面，共同推动丽水市出口结构调整，全面落实各项出口信用保险支持政策，加强信息交流合作，共同推动出口信用保险和金融业务创新，共同探讨新的合作领域。

11月7日，个人外汇贷款首发仪式在丽水青田举行，标志着全国个人外汇贷款业务正式启动。中国银行和青田农商银行作为两家个人外汇贷款试点银行参加此次首发仪式，青田农商行发放全国首笔个人外汇贷款。

12月19日，中国银行股份有限公司松阳支行成功发放全国首笔“茶艺通宝”零售贷款。

12月27日，市政府印发《浙江省丽水市农村金融改革试点规划（2013—2017年）》。旨在探索农村金融服务的新途径和新模式，发挥农村金融在现代农村经济中的重要作用，进一步推进丽水市农村金融改革创新试点工作，有效促进“三农”发展。

同年，丽水市开展“十佳美德金融人”全市评选活动。

2014年

1月26日，浙江丽水莲都农村合作银行正式改制为浙江丽水莲都农村商业银行股份有限公司。成为全市首家成立的农村商业银行。

2月19日，中共丽水市委书记王永康专题听取全市林地、农房、农田“三权”抵押贷款工作汇报。要求紧紧抓住中央全面深化改革的政策契机，深入推进丽水农村金融和扶贫改革试点工作，积极突破难点，探索新路，盘活农村潜在的资源，激发农民创业创新热情，促进农民持久增收、农业持续增效。

3月26日，龙泉市为破解农村贷款担保难题，在上垟镇花桥村创新设立全国第一家农村村级担保组织——惠农担保合作社。

4月3日，浙江省副省长朱从玖一行考察景宁三枝树村农村金融服务站。

4月16日，庆元县推动和兴林权抵押担保有限公司升格为庆元县兴农融资担保有限公司，成为全省首家综合性涉农担保公司。

4月18日，中国银行股份有限公司丽水市分行成功办理全国蓝图上线后首笔贵金属租入交易。

5月24日，丽水市举办以"转型升级，新三板与中小企业机遇"为主题的2014年山海协作金融论坛。

6月26日，丽水市召开政府常务会议，审议并原则通过《关于处置化解风险企业担保链问题的若干意见》《关于开展风险企业分类帮扶工作的意见》《丽水市金融业信贷风险会商帮扶工作的意见》。

7月10日，景宁畲族自治县澄照乡三石村经济合作社以该村天堂湖山塘资产做抵押，由景宁县农信联社向其提供农村水利工程产权抵押贷款100万元，期限为2年，景宁县水利局对该笔贷款进行抵押登记，是浙江省实行农村产权制度改革以来发放的首笔农村水利工程产权质押贷款。

7月18日，云和县农村金融改革试点工作领导小组和云和县农村集体产权制度改革工作领导小组联合制定出台全省首个《农村股权质押贷款管理暂行办法》。

7月22日，龙泉市住龙镇人民政府代表所辖水塔村与万向信托签订公益林收益权信托计划合同《万向信托—绿色摇篮1号》，是全国首单以林地为标的信托项目。

8月15日，丽水市市长黄志平主持召开市政府第32次常务会议，审议并原则通过《丽水市开展民间融资服务中心试点工作的实施意见》《丽水市民间融资服务中心监督管理试行办法》《丽水市区城市地下空间开发利用管理办法》和《丽水市农业投入品管理办法》。

同日，杭州银行丽水分行以委托贷款的方式发放首笔政府平台贷款1.1亿元，期限2年。

9月29日，人行丽水市中心支行青田县开展"菜篮子"一卡通系统工程试点，在全省率先实现农贸市场金融IC卡小额非接应用。

10月，龙泉市住龙镇水塔村林农徐肇福凭信托凭证从龙泉市农信联社领到贷款3万元，标志着林农在每年领取生态公益林补偿金的基础上，实现信托融资"二次变现"，获取更多"生态红利"。

12月，丽水市中级人民法院出台《关于为推进农村"三权"抵押工作提供司法保障的试行意见》。从司法上保障丽水在农村金融改革中的"三权"抵押工作。

2015年

1月15日，丽水市启动银行代发工资业务，杭州银行丽水分行为首个代发工资账户发放工资。

3月18日，浙江省副省长朱从玖到丽水调研邮储银行云和大坪农房集聚项目。

3月24日，浙江富来森中竹科技有限公司以Tantech Holdings Ltd.（炭博士控股公司）为主体在美国纳斯达克挂牌上市交易，公司股票交易代码为"TANH"，是第一家在境外上市的丽水本土企业。

3月26日，中国邮政储蓄银行丽水市分行成为全国首个信用村镇小额贷款业务试点单位，直接应用农户信用评级结果给予授信，采取一次授信、二年循环的方式，简化农户办贷手续。

3月，丽水市人民政府出台《关于促进社会资本进入公共设施建设领域的实施意见（试行）》，启动社会资本进入基础设施、市政工程、社会事业等公共设施领域投资建设和运营试点工作。首期拟向市场推出丽水机场、市开发路公交首末站、丽水高速出口北互通等级28个试点项目，项目总投资100亿元。

5月11日，温州银行丽水分行万锦花苑社区支行开业，是丽水市首家社区支行。

6月17日，云和县举行生态公益林未来补偿收益质押贷款启动仪式，由云和县农村信用合作联社发放浙江省首批贷款。

6月30日，中国人民银行总行党委委员、行长助理杨子强、人民银行杭州中心支行副行长李虹等一行到泰隆银行丽水碧湖小微企业专营支行服务的信用村——魏村调研金融信用工作。

8月5日，浙江省政府副省长朱从玖到莲都区碧一金融自治村考察"三农"金融服务工作。

8月20日，丽水市人民政府出台《关于开展市级优质财源培育工作的实施意见》，综合推出财政、土地、金融、税费优惠政策以及优质服务举措的"4+1"组合拳，建立发改、财政（国税）、金融等多部门联动帮扶的新格局，将优质资源集中向优质税源倾斜，助力优质财源培育。

9月8日，中国银行股份有限公司丽水市分行挂牌成立丽水市首家信用卡分期付款专业支行。

10月21日，世界银行国际金融公司专家组调研邮储银行景宁县三枝树村金融服务站。

12月24日，丽水市级科技金融合作贷款项目启动暨业务签约仪式举行。杭州银行丽水分行为丽水市政府确定的首个科技金融合作银行，与市科技局、太平洋产险丽水中支签订丽水市级科技金融合作贷款合作协议。

12月28日，全国人大常委会发布决定，批准开展农村承包土地经营权、农民住房财产权抵押贷款试点。青田县获批开展农民住房财产权抵押贷款试点，龙泉市、缙云县获批开展农村承包土地经营权抵押贷款试点。

第一编　货币流通

1997 年夏，丽水地区遂昌县三仁畲族乡好川村古墓群考古发掘出土大量成形的石器、玉器、陶器、漆器等，距今已有 3700—4200 年，是良渚文化晚期至夏末商初古人类丧葬遗址。从出土的 98 件雕琢玉器物件可推断，夏代之前至夏朝时期，遂昌就出现物物交换的实物“货币”形式。因为遂昌县域内至今没有发现玉矿，其玉器极大可能是外来物件，是通过远道交换而来。

据史料记载，商代开始，天然海贝装饰品渐渐成为实物货币。之后，出现金属称量货币。西周至春秋时期，形成金属铸币。最早金属铸币在中原地区流行，是仿制农业工具“铲”的布币。商周时期丽水地域就有先民频繁活动的痕迹，如缙云县东渡桥头、新碧碧川、新建洋山等地出土文物采集到若干席纹、硬陶片、玉玦(残)。青田县博物馆藏有商周时期的骨贝币。战国时期(前 475—前 221)，燕、齐等地铸行刀币，楚国流行铜质仿贝，越国铸行青铜质戈币。青田县博物馆藏有战国时期楚国蚁鼻钱，燕国尖脚布、明刀，韩国方脚布，魏国桥脚布，秦国半两、十二株。战国中晚期开始，秦国、魏国、赵国流行圆形圜钱。丽水地域属越国势力范围，这一时期越国使用珠玉、戈币、称量币等货币。遂昌县好川古墓第四号墓葬 36 号挖掘出“玉珠”。至秦代，珠玉才丧失其代币功能。“布帛”为币时期无考，因帛不易保存，无资可考。民间普遍实行以米(当地生产稻米)、鸡蛋等代币进行流通，至解放初期仍在沿用。

秦统一中国后，确定以半两方孔圆钱为统一流通货币。方孔圆钱成为后来历代沿用制钱方式。据 1990 年版《丽水地区志》(下同)载，丽水市莲都区墓葬曾出土半两方孔圆钱。西汉初期，始铸半两、五铢钱。丽水市多家博物馆、展览室储存有古墓出土的八株半两、四株半两。汉武帝时，铸造有廓半两、元狩五铢、廓五铢。汉宣帝时，铸有五铢等金属货币。西汉末年，王莽称帝期间(9—23)，多次改革币制，采用刀、布、龟、贝等形制，均因无法推行而失败。丽水藏有大泉五十、序布四百、人布黄千、货布、布泉等铸币。东汉恢复铸造五铢钱。魏晋南北朝期间，在长期战乱与南北分裂过程中，货币流通混乱不堪，不少地区以谷帛为币，五铢钱则常被用来整顿币制。丽水贮存有东汉光武帝五铢、东晋五铢、北周五行大布等金属货币。隋代，朝廷继续铸造五铢钱，短暂统一货币流通。丽水珍藏有隋高祖五铢。

唐初，沿用隋代旧钱。丽水多地曾出土五铢钱、大泉五十等钱币。唐高祖武德四年(621)，废五铢钱，铸造开元通宝(也称开通元宝)。高宗时期，铸行乾封泉宝。肃宗时期，铸造乾元重宝。武宗时期，铸行开元通宝。五代十国时期(907—960)，大额铸币盛行，货币流通具有明显的地方性。丽水藏有南唐铸行唐国通宝；金国铸行正隆元宝、大定通宝等古铜币。

宋代，有些地区用铜钱，有些地区用铁钱，有些地区铜、铁兼用。随着白银的货币性增强，民间白银用作钱币的现象增多，有时也充赋纳税。宋代，年号钱甚多，铸造数量极为可观，各臻其妙。丽水市面流行多种钱币，出土铸造铜钱多种。北宋初年，“交子”代替铁钱流通。仁宗天圣元年(1023)，又将交子改为钱引，扩大流通地区。南宋，最初行用关子，一度改为交子，而最为通行是会子。

明洪武八年(1375)，朝廷发行大明通行宝钞(纸币)，后因纸钞流通受阻。至嘉靖年间(1522—1566)，又大量铸造铜钱。明代，官炉铜钱被称为“制钱”，与流通中的旧朝钱和本朝私炉钱相区别。明代中叶，白银上升为主要货币，制钱渐用于小额支付。处州各县邑开掘大量银矿，炼制白银。唐代至明代，丽水地域开掘银矿洞上千孔。清代早中期，沿袭明代后期币制，以银为本，铜钱为次。清朝铸钱体制比明朝晚期更趋完善，铸造制钱数量浩大。道光年间(1821—1850)，外国银元流入内地，形成银两和银元并用局面。鸦片战争以后，币制紊乱，呈多元化状况，白银、铜钱、纸钞、银元、铜元等同时流通。在商品流通和交换中，丽水地域曾流通过(或私人珍藏)多种制钱金属货币和华侨携带回来的外币(金属币和纸币)，以青田地域居多。

民国初期，统一货币未果，货币泛滥成灾，各地各种形式币种不计其数。北洋政府时期，推行以银元为主、两元(银两、银元)并行，银元、铜元和纸币并用的货币制度。广东军政府发行“通用银票”“军用钞票”。民国17年(1928)，提出“废两改元”以期币制统一，实行银本位制度。民国24年(1935)11月，改用法币制度，由金属币制改为纸币。至解放前夕，法币通货膨胀不可收拾，又发行金圆券、银圆券代替法币。民国时期，民国政府货币没有一个稳定阶段，始终在动荡中运行。

解放初期，对金圆券汇票进行清理。1949年6月5日起，普通汇兑业务改用人民币汇兑。7月5日，建立中国人民银行丽水支行，履行国家直属银行职能，管理人民币流通，维护支付、清算，依法行使有关金融业务活动职能。1953年，银行与邮局实行汇兑分工，工商企业、机关单位汇款由银行办理；个人汇款由邮局办理。人民币是唯一法定流通货币。

第一章　金 属 币

春秋周敬王三十年至三十六年（前 490—前 484），越国出现实物货币、金属货币和原始铸币，铸造青铜戈币。这一时期，丽水地域属于越国势力区域内的瓯越区域。

丽水地域墓葬出土文物和各地博物馆（历史文化馆）、中国人民银行丽水市中心支行展览室收集珍藏的历代货币印证，自战国以来，在社会货物商品流通交换过程中，丽水曾使用或储藏过自战国以来诸多货币，有的是直接商品交换买卖流入，有的是人为间接性携带进入，有的是出土文物。各朝代各种货币存量不多，种类品种众多。据 1995 年版《遂昌县金融志》记载，遂昌县古（旧）货币收藏物中，以西汉元鼎年间（前 116—前 111）汉五铢为最早，后有新莽货泉、唐开元通宝、燕顺天元宝、宋元通宝、淳化元宝、洪武通宝、顺治通宝等制钱流通。自元至民国初期，流通金属货币主要有银两、银元、制钱、铜元等。民国 24 年（1935）后，银元为纸币所替代。解放后，人民币是唯一合法流通货币，由中国人民银行发行的纪念币也是法定货币。

第一节　铜钱与铜元

秦代货币

公元前 221 年，秦始皇兼并六国后建立秦朝，为加强中央集权需要，进行度量衡和货币等制度统一。规定“以秦币同天下之币”，确定以半两方孔圆钱为统一流通货币。废除战国时期纷杂货币体系，将铸币权收归中央，铸造统一货币，实现二等币制。以黄金作为上币，用于大额支付和赏赐；铜质方孔圆钱为下币，作为日常商品流通媒介。秦朝铸造钱文为“半两”。半两钱文如其重，周边较圆，偶有外郭，字体小篆。据考古和测量发现，半两钱标准化程度不高，大者重达 20 克；而称“榆荚钱”的重不及 1 克。丽水之地属会稽郡。在原丽水市（县级市，今莲都区）墓葬曾出土秦朝“半两钱”，表明半两钱曾在区域内流通或作为资产货币储存。

汉代货币

汉高祖五年（前 202），西汉王朝正式统一全国，货币继承秦制，依然沿用金、铜二等币制。西汉初年，连年征战致使经济凋敝，币制紊乱，并多次变更货币名目，流行各种“半两钱”，包括榆荚半两、八铢半两、五分半两、四铢半两、三分半两等。武帝建元元年（前 140），铸币流行三铢钱，面文为“三

汉代五铢

铢”字样，文如其重。武帝元狩五年（前118），废止半两钱，令各郡国铸行五铢钱，史称“郡国五铢”。武帝元鼎二年（前115），武帝令京师钟官统一铸造赤仄五铢，规定一枚当郡国五铢五枚。此币铸行时间短，存世量极少。武帝元鼎四年（前113），废止郡国五铢和赤仄五铢，专令上林三官铸造新的五铢钱，史称上林三官五铢。三官钱大小一致，铸造规范，钱面符号多样，常见穿上横廓、穿下半星等。其后诸帝均沿袭这种货币。

西汉末年，土地兼并，加之灾荒严重，致使经济凋敝，导致王莽篡权。其后进行四次币制改革，由于未把握币制发展规律，均未取得明显成效，使得币制更加混乱。

东汉建武十六年（40），光武帝下令恢复五铢钱制度。东汉中期以后，政治动荡，私铸云起，以致钱质下降，出现四出五铢、董卓五铢、剪边五铢等劣质钱。铜钱作为主要流通货币之外，黄金一直作为上币使用，比价为一斤万钱。法定黄金铸币形式包括金饼、马蹄金、麟趾金及金五铢等。1999年，缙云县新碧街道碧川三村出土汉代五铢钱多枚。

魏晋南北朝时期货币

三国时期，丽水地区基本属于吴国统治地区。孙吴政权主要流通汉代旧钱，并新铸行大泉五百、大泉当千、大泉二千、大泉五千4种钱币。其中，吴孙权嘉禾五年（236），大泉五百为孙权称帝后所铸造通行，面文对读，面背皆有内外廓，大小轻重不等，逐渐轻小。嘉禾七年（238），铸行大泉当千大钱，面背皆有内外廓，大小轻重不等。大泉二千及大泉五千钱文均旋读。

西晋时期，主要沿用汉魏钱及莽钱，不曾铸造新币。东晋主要沿用孙吴钱以及稚钱、女钱等劣质五铢钱。2008年6月间，在缙云县黄龙景区的西晋（初期）家族砖室墓群中采集到钱币等10余件文物。

三国、两晋、南北朝时期，黄金与白银货币地位大大下降，但仍可见银五铢与金饼等贵金属铸币。一些国外货币诸如拜占庭金币、波斯萨珊朝银币等也流入中国。由于战乱不断，在币制政策方面，出现了复古的迹象，谷、帛等实物货币一度十分盛行。2008年6月间，在缙云县壶镇工业园区工地（壶镇李庄大坟头）古墓中出土南北朝时期“齐永明八年太岁庚午九月一日建功作”字样铭文砖，并有五铢钱、大泉五十等钱币。

隋朝铜币

隋朝（581—618），实行统一货币策略。开皇元年（581），隋文帝下令各地关卡置百钱为样钱，又称置样五铢。入关铜钱均需进行检查，合乎标准者入关内流通，否则销毁。开皇年间，铸行置样五铢，故又称开皇五铢。面文五铢两字右左横读，字狭边阔，五字近穿处铸一竖画，背面皆有周廓。大业年间，曾铸造五铢白钱，其形制近似开皇五铢，铅、锡含量较多，故钱体青白。

唐宋铜币

唐武德元年（隋大业十四年）（618），李渊建立唐朝。唐朝国力强盛，经济繁荣。作为唐文化重要组成部分的货币，亦高度发达。唐初短暂沿用隋代五铢钱。武德四年（621），高祖下令废除五铢钱，铸行“开元通宝”钱，钱文为欧阳询所书。“开元通宝”钱出现，具有划时代意义，是中国货币史上最早的“宝文钱”，其后钱币不再以重量为名称，开始以纪年为主。开元钱规定每十文为一两，每文重量为一钱。由此就产生一个新的重量单位“钱”。确立“两”以下重量单位十进制原则，促进中国古代衡法演进。后世钱币，以“通宝”或“元宝”为名，蔚然成风。“开元通宝”钱采用母钱翻砂法新工艺，铸币重量及尺寸标准化程度颇高，为之后历代朝廷所仿效。据文献记载，开元通宝钱各种成分比例为：铜83.32%、锡14.56%、铅2.12%。钱文书体使用隶书及楷书，结束篆体一统天下局面。通宝钱制度对中国后代影响深远，甚至对日本、朝鲜、越南等邻国也产生重要影响。

“开元通宝”钱在唐代早期数量少，形制规范，背面多无记号，少数有斜月纹。唐中期，数量巨大，版别复杂。背穿上或下出现月纹、星月纹。唐后期，铸量少，版别依旧复杂，质量较差，形体变小，钱文不清，背面多无记号，少数有双月纹或孕月纹。

唐代铸造多种铜钱。如乾封泉宝，是唐代第一个年号钱；乾元重宝，是为摆脱“安史之乱”财政危机而铸造，是中国最早重宝钱；大历元宝，是中国最早元宝钱；会昌开元通宝，是毁坏各地佛寺铜像、铜钟而铸造，是唐代最后一种新钱。其他一些政权也铸造货币，如史思明政权所铸的得壹元宝、顺天元宝钱以及高昌所铸的高昌吉利钱等。其制钱在丽水地区有出土记录。

唐代除铜钱以外，还延续南北朝时期使用绢帛实物货币政策。在民间，则绢帛与铜钱并用。在贵金属铸币方面，有金铤、银铤、金饼、银饼等货币。尚存在金、银开元通宝钱。唐元和年间（806—820），出现最早汇兑制度——飞钱。商人外出经商带上大量铜钱有诸多不便，便先到官方开具一张凭证，上面记载着地方和钱币数目，之后持凭证去异地提款购货。此凭证即称“飞钱”，其形式有官办、私办两种。官办，即商人在京城把钱交给诸军、诸使或诸道设于京城的“进奏院”，携券到其他地区的指定地方取钱。私办，即大商人在各道或主要城市有联号或交易往来，代营“便换”，以此牟利。这种汇兑方式一方面减少铜钱需求，缓和钱币不足，另一方面亦使商人前往各地进行贸易活动时，减轻携带大量钱币的不便。

五代十国时期，政权割据，连年征战，财政紧张，虚值大钱及铁、铅钱大增。其中后梁时期，曾铸行开平通宝、开平元宝。后唐时期，铸造天成元宝，铸工较粗。后晋时期，铸造天福元宝。当时铜价较高，铸钱无利可图，铜材又不易得，民间往往把古钱销毁，改铸铜器，所以天福钱颇稀少难得。后汉时，汉元通宝铸造于隐帝时期，制作精良，边廓完好，是中国最早国号通宝钱。后周时期，周世宗为弥补财政紧张，毁佛像铸造周元通宝，为国号钱，钱文隶书，对读，铸工精湛，为五代货币之精品。周世宗限制佛教，破除迷信，整顿钱法，竭力开源，让人民休养生息。显德二年（955），面对财政困境，世宗下令毁佛铸钱，废天下佛寺3336座，毁其铜像铸就周元通宝。周世宗果敢毁佛铸钱以造福天下，在中国钱币史和宗教发展史上都产生深远影响。周元通宝是用佛铜铸成，人们认为此钱具有神力，便衍生出许多此钱是有灵之物、能催生祛病等诸多说法。由于对周元通宝钱颇为喜好，后来又铸造不同版别周元通宝花钱（厌胜钱），借以延续周元通宝神通“效用”。

五代十国时期，割据政权纷纷铸钱，大多货币流通局域狭小，铁、铅等低劣金属铸币常见，且钱币中平钱少见，虚值大钱盛行，这种现象为中国货币史上所仅有。南唐的“唐国通宝”及“开元通宝”中出现对钱，开后世对钱之先河。吴越国（907—978），是五代十国时期的十国之一，辖制13州。丽水地区（处州6县）归属辖制。吴越国经历钱镠及之后共三代五王，善事中原，保土安民，治国有方，未历战事，盛极一时。吴越国采用贵金属和青铜块作为称量货币。龙泉小梅一带瓷器开始生产，并逐渐成规模，对外出售。从古窑址中出土多种钱币。

宋朝是中国古代唯一不实行“抑商”的王朝。商业大潮兴旺，商贸高速发展，钱庄业迅猛发展。北宋以铜钱为主，铁钱为辅，其种类、质量、数量均为中国历史上所罕见。铜、铁钱种类繁多，流行年号钱，大多每改元一次即铸行新货币。北宋九位皇帝，改年号35次，铸行年号钱29种。南宋九位皇帝，改年号22次，铸行年号钱19种。同一种年号钱，往往兼有元宝、通宝、重宝等多个种类。宋钱书体多变，对钱及三体书钱盛行。御书钱出现也表明宋代皇帝对于商业及货币的重视。宋钱币值大多有大小之别，北宋以小平钱为主，另有折二、折三、折五、当十等；南宋则以折二钱居多，甚者当百钱。铜、铁钱包括宋元通宝、太平通宝、淳化元宝、至道元宝等40余种，其中崇宁通宝、重宝、元宝钱始铸于宋徽宗崇宁年间，通宝钱文为宋徽宗手书，号“瘦金体”。这一时期出现中国最早农民起义军铸币应运元宝和应感通宝。

黄金可做对外贸易支付使用，其主要功能仍为储藏。白银，使用非常广泛，几乎成为一般通货，其贵金属铸币包括金锭、银锭、金银方孔圆钱。宋代，金银方孔圆钱并非日常流通货币，主要为宫廷赏赐或厌胜钱。

南宋时期(1127—1276)，铸行大量货币。赵构在临安称帝，经济重心完成南移，南方经济已超越北方。商品经济繁荣，但偏安一隅，由于推行纸币政策，故金属铸币大量减少。淳熙年间(1174—1189)，制钱风气开始发生变革，钱文逐渐统一为宋体楷书，对钱逐渐停铸，钱幕面开始纪年。光宗时期，铸行通宝、元宝年号钱。宁宗时期，有庆元、嘉泰、开禧、嘉定4个年号，均铸行年号钱。嘉定年间(1208—1224)，铸造圣宋重宝铁钱。理宗时期，有8个年号，其中除宝庆铸大宋元宝及大宋通宝国号钱和年号钱，宝祐铸皇宋开元国号钱外，其余均铸行年号钱。度宗时期，铸行咸淳元宝，为南宋最后一种铸币。南宋末年，曾铸行一种形制特殊地方性铸币，即临安府行用钱牌，背面记值。还有一种招纳信宝钱，为方孔圆钱形态，其为南宋将领为招降金兵而特意铸造，并不参与市面流通。招纳信宝是一种具有传奇色彩的军用钱币。该币为南宋将领、御前巡卫军都统兼江东宣抚使刘光世于宋高宗绍兴元年至绍兴三年(1131—1133)铸于江州(今江西九江)。

据史料记载，靖康元年(1126)冬，以兵部尚书、武功伯衔奉敕为江南宣抚使督诸勤王。高宗建炎元年(1127)，以卫尉少卿进封河南郡公，自亳护驾南迁，侨居缙云县。由此可知，南宋时有大量北方移民迁入处州(今丽水市)，除带来工农业技术、生活习惯、文化(含语言)等外，也带来大量钱财，用以生活、安居。

1976年，在丽水地区丽水县(今丽水市莲都区)丽阳门外黄泥山处水电工程工地发现一座古墓葬，出土铜钱433枚。其中，北宋钱393枚，有25个年号59种钱文；南宋钱4枚，有淳熙通宝3枚、嘉泰通宝1枚；另外，有五铢钱1枚、开元通宝33枚、乾元重宝2枚。2013年，在丽水市莲都区水阁街道余村村柴塘山上发现一座南宋古墓葬，出土上百枚铜钱，其中大部分为北宋崇宁通宝钱币。

金朝，与宋朝并存朝代，是一个纸币发行早于金属铸币的政权，为中国货币史上所仅有。金代前期，由于战乱不止，使用辽、宋旧钱以及物物交换。中期，政局相对稳定，发行纸币和金属铸币。后期受蒙古军事打击，政局严峻，发行区域性纸币，禁用铜钱。金代的纸币名为“交钞”，发行量巨大，并有多种面额，成为无限期货币，后期贬值严重，致使经济崩溃。

元、明铜币

元代(1271—1368)，实行纸币本位制，是流通基本货币。铜钱，在流通中已不是主要货币。元代经历十一位皇帝，其中铸行年号铜钱的皇帝有8位。有正式货币钱，也有供养钱，包括大朝通宝、中统元宝、至元通宝等10余种。至元年间(1264—1294)，至元通宝面文分汉文及八思巴文，为最早八思巴文铜钱。至元通宝铸行版别众多，大小不等，有的铸期仅有数月，故而遗存不多。至元通宝汉文钱，直径2.5厘米，穿孔适中，外观古拙陈旧，铜质粗糙坚硬，风格质朴庄重，正面钱文为楷书“至元通宝”，字体工整挺拔，浑厚有力。其在规格样式上效仿宋代钱币，而游牧民族风格特色显露无遗。

元末，农民起义军也曾铸行钱币。主要有龙凤通宝、天启通宝、天定通宝、大义通宝、天佑通宝。白银，在此时真正成为有价值尺度流通货币。银锭，正式称作元宝。

明代，经济发达，商业繁荣，民间工业兴起，货币文化丰富多彩，其币制大体经历铜钱到纸币、铜钱再到白银、铜钱的变化。明朝规定，本朝官铸方孔圆钱统称制钱，以区别古钱。明朝制钱只称通宝，不称元宝，钱文均对读，有大中通宝、洪武通宝、永乐通宝等10余种。洪武三年(1370)三月，铸造洪武通宝钱，分为5等，在各行省设宝泉局与宝源局并铸。洪武四年(1371)二月，开始改铸大钱为小钱。洪武八年(1375)，因推行大明宝钞而罢宝源局铸钱，翌年又罢各行省宝源局。洪武十年(1377)五月，又下令各省设宝泉局铸小钱，与钞兼行。洪武二十二年(1389)，又更改钱式，钱背加铸重量，并置各省宝源局开铸。背或平素或记局或记值或记重。推行洪武通宝记重钱，统一全国货币，结束元末时期混乱状态，对促进当时社会经济发展起到积极作用。成祖永乐年间(1403—1424)，铸造永乐通宝年号钱。开铸永乐通宝的钱局有浙江、福建等处，其版式差别，微乎其微，为铜色紫红，真书直读，全部为小平钱，光背无文，没有折二以上的线。钱币直径2.5厘米，重4克。钱面文字“永乐通宝”四字，以楷书书写。弘治年间(1488—1505)，重新规定铸钱合金成分，黄铜成为主流。铸造年号钱，为弘治通宝，其为小平钱，素背，铸量较少。嘉靖年间(1522—1566)，正式恢复铜钱铸造及流通。嘉靖六年(1527)，开始铸造嘉靖通宝小平钱，包括金背钱、火漆钱、镟边钱等。嘉靖二十三年(1544)，又铸造折二、折三、折五、折十等大钱，背面均纪重。嘉靖三十二年(1553)，又补铸建文、正统、景泰、天顺、成化等年号钱。万历年间(1573—1620)，铸造年号钱，包括小平、折二两种。小平铸工较粗，大多素背，少数有背文。折二制作精致，大多素背，少数背有星月。

天启元年(1621)，补铸泰昌通宝，分小平与折二两种。而后又铸造天启通宝钱。天启二年(1622)，设立户部宝泉局，名“钱法堂”，从此由户部主管铸钱。天启三年(1623)，宦官魏忠贤专权，宦官乱政，滥铸情况再现，地方钱局大量出现，所铸天启钱版本极多，差异很大。钱背文大多为记地、记局、记重等形式。“天启通宝”，初铸为小平钱。天启二年(1622)七月，开铸当十大钱。天启五年(1625)十月，因官私所铸大钱过多过劣，下令停铸，并由朝廷出白银，回收当十钱。天启钱钱重原定一钱三分，千钱重八斤八两。后来官铸过于滥恶，小钱仅重七分，千钱仅重四斤八两，含铜量不足三成。崇祯年间(1628—1644)，铸造崇祯通宝年号钱，钱文真书，有小平、当二、当五，又有当十型大钱四种。

南明小朝廷亦铸造铜钱，武通宝、永历通宝、大明通宝等。南明弘光年间(1644—1645)，铸造弘光通宝。弘光通宝版别比较复杂，分为小平和折二两种。小平有光背、背上星、背上凤字等类，“凤”指安徽省凤阳。南明永历年间(1646—1662)，铸造永历通宝。《三藩纪事本末》对此有较为明确的记载：永明王神宗孙，避于梧州，于丙戌改元“永历”，其钱有大小四种。永历通宝铸行量大，铸行时间长，开创滇派，影响深远。“滇派”钱币与众不同，钱文多出自匠人之手，字体古拙朴素。内廓、外廓都较其他钱币宽，钱好打磨不甚精整。用材单一，多为铜币。铸工较粗糙，钱体分量十足。南明鲁王在浙江绍兴铸造大明通宝。材质有红铜、黄铜两种，铸造不精，只见小平钱。初铸钱径2.6厘米，后铸钱径为2.4—2.5厘米。

清代铜币

明末起义军铸有永昌通宝、大顺通宝、西王赏功、兴朝通宝等。清顺治六年(1649),张献忠义子孙可望入滇以后称东平王,铸兴朝通宝。这一时期,在青田县域流存的有一文、五文、十文等多种铜钱,以"一文"铜钱居多。

清初爆发"三藩之乱"。康熙十三年(1674)十二月,耿精忠遣总兵徐尚朝攻打金华,后被清军击败。当时处州境内流行耿精忠所铸裕民通宝,有"一分""壹钱"两种。

清代早中期,沿袭明代后期币制,以银为本,铜钱为次。清初,铸钱体制比明晚叶更趋完善,铸造制钱数量颇大。鸦片战争以后,币制紊乱,呈多元化状况,白银、铜钱、纸钞、银元、铜元等同时流通。清代仍将本朝所铸方孔圆钱称为制钱。京城和各省均设立铸钱局,铸钱数量巨大,种类繁多。在庆元县流通,有清顺治、康熙、雍正、乾隆、嘉庆、道光、咸丰、同治等"通宝",材质黄铜。另有小量日本"宽永通宝",材质红铜。(1996年1月版《庆元县志》第439页)。

天命汗钱、天命通宝　铸于太祖努尔哈赤天命年间(1616—1626)。均为小平钱,素背。天命汗钱面文满文,左右上下读。天命通宝面文楷书,对读。

天聪通宝　铸于太宗皇太极天聪年间(1627—1636)。为折十大钱。面文满文,左右上下读。背面穿左铸满文十,穿右铸满文一两。

顺治通宝　铸于世祖顺治年间(1644—1661),包括小平、折二、折十。小平钱按照背文不同可细分为五等钱式:光背钱,偶见穿右纪一字者;汉文记局名,背文为一汉字,居于穿上或穿右,个别居穿左;一厘钱,穿左竖书一厘,穿右汉字记局名;满文宝泉、宝源局钱,穿左满文宝字,穿右局名;满汉文记局名钱,穿左满文,穿右汉字。五等钱式奠定清代制钱基础,以后诸帝所铸铜钱均不出此范畴。

康熙通宝　铸于圣祖康熙年间(1662—1722)。包括小平、折十两种。小平按照背文可分为两类,即满文钱及满汉文钱。康熙朝,还有罗汉钱及生辰钱。

雍正通宝　铸于世宗雍正年间(1723—1735)。有些钱局一度停铸,故数量少于康熙通宝。仅一种钱式,即背面满文记局,左宝右局,共15局。

乾隆通宝　铸于高宗乾隆年间(1736—1795)。铸量巨大,较之康熙、雍正钱更为轻薄。仅一种钱式,即背面满文记局,左宝右局,共24局。

嘉庆通宝　铸于仁宗嘉庆年间(1796—1820)。铸工有厚有薄,质量已明显下降。仅有一种钱式,即背面满文记局,左宝右局,共19局。

道光通宝　铸于宣宗道光年间(1821—1850)。钱文拙劣,质量不高。仅有一种钱式,即背面满文记局,左宝右局,共21局。

清代乾隆通宝

咸丰通宝、重宝、元宝　铸于文宗咸丰年间(1851—1861)。咸丰年间为清代币制最为混乱时期。制钱质地包括金、银、铜、铁、铅五种。币值则包括小平、折四、折五、折八、当十、当二

十、当三十、当四十、当五十、当百、当二百、当三百、当四百、当五百、当千。咸丰年间（1851—1861），平钱称通宝，背以满文记局。折四至当五十称重宝，背面穿左右满文记局，穿上下汉文记值。当百至当千称元宝，背面穿左右满文记局，穿上下汉文记值。

祺祥通宝、重宝　铸于穆宗祺祥年间（1861）。通宝钱为平钱，背面穿左右满文记局。重宝为当十大钱，背面穿左右满文记局，穿上下汉文记值。被勒令停止，未发行。

同治通宝、重宝　铸于穆宗同治年间（1862—1874）。铸局减少，铸钱数量不大。通宝钱为平钱，背面穿左右满文记局。重宝为大钱，包括当四、当五、当十三种，背面穿左右满文记局，穿上下汉文记值。

光绪通宝、重宝　铸于德宗光绪年间（1875—1908）。通宝钱为平钱，背面穿左右满文记局。重宝为大钱，包括当五、当十两种，背面穿左右满文记局，穿上下汉文记值。

宣统通宝　宣统年间（1909—1911），方孔圆钱铸量极少。均为小平钱，穿左右满文记局。

铜元（铜板）

机器制造的圆形无孔铜币称为铜元。清末，铜价剧涨，民间毁钱为铜，以获数倍之利，致使市面出现钱荒。广东因停铸制钱，市面制钱日乏，小额流通十分不便。受香港铜元及外币影响，为救钱荒，清政府开始铸造铜元。

清光绪二十六年（1900），在广东开铸“光绪元宝”铜元，重二钱，成色铜九五、铅四、锡一，每枚当制钱十文，与制钱并行流通。为中国铸造铜元之始。次年（1901），清政府令沿江各省仿造，面值分当五、当十、当二十等（相当于制钱五文、十文、二十文）。钱正面上下右左分列“光绪元宝”四字，中央左右分列满文局名。上缘环书“广东省造”四字，下缘环书每百枚换一圆。背面中间饰蟠龙图案，周围为英文“KWANG TUNG ONE CENT”。后来正面文字由每百枚换一圆改为每元当制钱十文，相应背面英文也由“ONE CENT”改为“TEN CASH”。各省竞相制造，版别十分复杂，背蟠龙纹形式多样，有坐龙、立龙、飞龙等。花星则包括梅花星、五角星、米字星等。边缘或为光边，或为齿边。面背文字布局也不尽相同。另有当二十光绪元宝，正面为“光绪元宝”，外缘上为满文及户部（或省名），下为当制钱二十文。光绪二十九至三十一年（1903—1905），山东省开始铸造光绪元宝，并于光绪三十年（1904）在济南建立铜币厂。山东省造光绪元宝为红铜质，面额十文。据面文、背花星及龙纹不同，可细分为多个版别。光绪三十二年（1906），山东省铜元局铸造一文铜元，正面铸“光绪通宝”，背文为“山东壹文”。分为黄铜有穿和红铜无穿两种。另外，光绪三十一年（1905），发行一种大清铜币，钱正面上下右左分列“大清铜币”4 个汉字，中央印有省名简称，上缘满文印造大清铜币，两侧分列干支纪年，下缘纪值。背面中央印有蟠龙图案，常见水龙和旱龙，上缘印有光绪年造，两侧英文为“TAI CHING TI-KUO COPPER COIN”。宣统元年（1909），也铸造大清铜币。宣统二年（1910）九月，度支部奏定“币制题例”，废两改元，确定货币单位名称为“元”，以钱为本位，一元为主币，重库平七钱二分。另以五角、二角五分、一角 3 种钱币，五分钱币及二分、一分、五厘、一厘 4 种铜币为辅币。宣统三年（1911），天津度支部造币总厂开铸二分、一分、五厘、一厘新式铜币外，与此同时还铸有计值文字，分别为二十文、十文、五文、二文、一文新式铜元。其中，二十文、十文有红、白铜两种币，五文仅红铜种，二文、一文铜元按其币中有无凿孔分为有穿和无穿（满穿）两大类。大清铜币中，以面额而论，绝大多数为当十钱。光绪三十二年（1906），山东省依照户部铜元祖模，铸造中央为“东”字的大清铜币。质地为红铜，丙午纪年。包括十文和二文两种面额。

光绪二十九年(1903),浙江省在杭州设铜元局,开铸二十文、十文两种"光绪元宝"铜元,有"浙江省造"字样。光绪三十一年(1905),全国有17个省设置铸钱局20个。青田县博物馆藏有江西省、江南省、福建省、广东省、北洋局制造铜元。浙江又建杭州分局,铸二十文、十文、五文三种。同年,清政府整理币制,改"光绪元宝"为"大清银币",形制基本统一,铜币中间镌有各省的省局名,浙江省局铸造的铜元,中间有一个"浙"字,面值有二文、五文、十文、二十文四种。光绪三十二年(1906),清政府仅允许广东、福州、南京、开封、武昌等五局继续铸造,浙江局于年底停铸。五局一年间铸铜元42亿枚,铜元价值一落千丈。光绪三十四年(1908),清政府复令五局停铸。

民国年间,所铸铜元,花样繁多,版式复杂,面值有七八十种。常见包括双旗嘉禾铜元以及属于纪念性质的各类铜元。北洋政府时,北洋军阀各地方势力自成独立王国,大量铸发劣质铜元,币值暴跌。民国2年(1913),铜元正式改称铜币。民国时期,各地铸造铜元、铜币版本众多。民国10年(1921),浙江省政府曾制订限制铜元入境办法,对外来劣质铜元及省内私铸铜元,严加取缔,但私铸、私运未能禁绝。1银元可兑换铜元的数量:从民国元年(1912)的130枚到民国11年(1922)的180枚。民国11年(1922)11月,浙江省财政厅又发布训令,对邻省入境铜元,严密查禁。执行收效甚微。民国14年(1925),每枚银元可兑铜元超过200枚。至20世纪30年代,镍币兴起,铜元逐渐退出货币市场。民国24年(1935),可兑360枚。民国25年(1936),《辅币条例》公布后铜元被铜辅币取代,镍币则代替银角。丽水地区市场流行多种版本。

民国时期,云和县铜元兴起后,其辅币地位被铜元所取代(1995年2月版《云和县金融志》第19页);庆元县铜元逐渐增多,制钱辅币地位被铜元所取代(1996年1月版《庆元县金融志》第84页);民国9年(1920),青田、遂昌县制钱淘汰,代以铜元(《遂昌县金融志》第52页,1990年10月版《青田县志》第411页)。

丽水地区流通有光绪元宝、大清铜币、中华民国开国纪念币、外省铜币。流通最多的种类是"十文"铜圆。每枚比值制钱10文,每300枚比值银圆1元。(《遂昌金融志》第53页)。青田县流通的以广东、湖北、江西、福建、浙江等省铸造铜圆居多(1990年10月版《青田县志》第411页)。民国24年(1935),铜元在处州(今丽水市)各县相继停用。云和尚有铸镍、铜、铝质辅币在市面上流通,延至全面抗战期间才逐渐停用;龙泉与松阳至抗日战争后才逐渐停用。

其他形状铜制货币

丽水历史上流通过的铸币主要有秦半两、汉五铢、王莽小泉直一、王莽大泉五十、王莽布泉、大布黄千、东吴大泉五百、东吴大泉当千、北魏永安五铢、唐代开元通宝(两种)、唐代乾元重宝、五代唐国通宝、五代周国通宝、宋代宋元通宝、宋代元丰通宝、宋代崇宁通宝、宋代大观通宝、宋代政和通宝、宋代宣和通宝、南宋绍兴元宝、南宋嘉泰通宝、南宋端平通宝、南宋皇宋元宝、南宋大安元宝、南宋天安元宝、南宋天盛元宝、南宋正隆元宝、元代至大通宝、元代大元通宝(蒙古文)、元代至宗通宝、明代洪武通宝、明代宣德通宝、明代万历通宝、明代天启通宝、明代崇祯通宝、南明大明通宝、南明永历通宝、清代天命汗钱、清代康熙通宝、清代乾隆通宝、清代咸丰通宝、清代光绪通宝、大清银元、清代宣统元宝、一两大清币、太平天国钱币、清代四川卢比、清代光绪元宝(铜元)、北洋时期多地铸造铜元。

民国铜辅币有制钱(俗称铜钱)、铜元(俗称铜板)。民国16年(1927),铜钱被淘汰。铜元流通最多使用最广泛的是十文铜元(相当于10枚铜钱),抗日战争后逐步停用。

第二节 黄金与金币

战国始铸币，通行于楚国。金版也主要流行于楚国，称为印子金，为称量货币。印有数十个方形阴文“郢爰”印记。管仲曾说过：珠玉为上币，黄金为中币，刀币为下币。“黄金刀布，民之通货。”秦朝，规定“以秦币同天下之币”，废除战国时期纷杂货币体系，铸币权收归中央，铸行新的统一货币，实现二等币制，以黄金作为上币（见《汉书·食货志》）。汉初，承秦制，货币政策上依然沿用金、铜二等币制。金子有两类，一类是马蹄金，另一类是麟趾金。还有柿子金。《史记·平准书》记载，汉朝的金，分为三个等级，一等黄金，二等白金（白银），三等赤金（丹阳铜）。西汉大量赏赐黄金现象逐渐减少。西汉末年（8），王莽摄政期间，为改变经济困境，进行第一次币制改革，新铸行金错刀、契刀五百及大泉五十，其中金错刀钱文一刀平五千，身如刀，环如方孔圆钱，环部面上以黄金错填“一刀”，刀身面上阳文“平五千”。始建国元年（9），王莽代汉以后，废止金错刀。始建国二年（10），王莽第三次币制改革，制定宝货制，即所谓“五物”“六名”“二十八品”。五物，有金、银等5种质地；六名，有金货、银货等6种货币种类；二十八品，有金货一品、银货二品等28种面值。因货币种类繁杂，换算不方便、不合理，致使币制混乱，流通困难而失败。东汉中期以后，流通货币除铜钱以外，黄金也一直作为上币在使用，官方定价黄金比价为一斤万钱（足量五铢钱），法定的黄金铸币形式包括金饼、马蹄金、麟趾金及金五铢等。三国至两晋南北朝时期，黄金与白银货币地位下降，但仍可见金饼等贵金属铸币。一些国外黄金货币流入中国，如拜占庭金币等。

隋唐时期，金子对换其他货币，1两黄金等于10两白银，等于10贯铜钱，等于1万文铜钱。唐代，延续南北朝时期使用绢帛实物货币政策。贵金属铸有金铤、金饼等货币，尚存在属于花钱性质（宫廷赏赐）的金、银开元通宝钱。在民间，金银、绢帛与铜钱并用。宋初，鼓励“多积金、市田宅以遗子孙，歌儿舞女以终天年”。宋代商业兴旺，商贸高速发展，钱庄业迅猛发展。黄金货币价值过高，不适用日常商业流通，只作为兑换钞引，一般用作保值、宫廷赏赐或厌胜钱。处州文献记载，用于库存、官俸、上缴赋税等。元代，实行纸币本位制，是流通中的基本货币。旅行家马可·波罗曾在游记中写道：纸币流通于大汗所属领域的各个地方……可以持纸币换取金条。明代，允许使用白银，也铸造金锭。郑和下西洋船队每次都有200多艘，船上满载丝绸和青花瓷器和金银宝货。嘉靖六年（1527），开始铸造嘉靖通宝小平钱，就包括金背钱。白银成为正式通货后，黄金渐渐退出流通货币范围。明末农民起义领袖张献忠大西政权于大顺年间（1644—1646），在四川铸造西王赏功钱，有金、银、铜3种材质。清朝末期的光绪、宣统二朝铸造金币有5种，称为“皇家金币”。清光绪三十二年（1906），试铸“大清金币”。因产金量衰微，缺乏推广金币条件，未予以流通。

民国至中华人民共和国时期，均未发行流通金币。民国只发行代金券。1911年5月，在美国旧金山发行“中华民国金币”革命军筹饷券，由孙中山参与设计，有十元、一百元、一千元3种，用于推翻清朝封建专制政权，至1937年基本兑银收回。曾流行于丽水地区缙云、云和等县，募集用于同盟会等政党早期活动资金。

中华人民共和国发行纪念币金银币。1980—1992年号，发行生肖题材贵金属纪念币（从辛酉鸡开始）金币，8克金币和15克银币；1988—1999年号，发行1盎司金币、银币、铂币和5盎司金币；1992

年，发行“生肖纪念币发行12周年金银纪念币”1千克金币和银币；1995—2006年号，发行1千克梅花形金币，共发行39年。2009年9月16日，正式发行中华人民共和国成立60周年纪念币一套5枚，其中金币3枚、银币2枚。金币有面额10000元、2000元、100元3种。金币发行各个时期，丽水域内中国人民银行营业部、各商业银行和金店、饰品商店多有出售发行和流通。（详见本编《纪念币发行和流通》）

附录：金矿产业

黄金是储备和投资的特殊通货，又是首饰业及现代工业的重要材料。古代以“两”为计量单位，现代以国际一般标准“盎司”为单位。丽水地域何时开始使用黄金，无案可稽。明万历二十四年（1596）秋，遂昌知县汤显祖在诗作中吟到“平昌金矿浸河车，曾道飞烧入用佳”。用诗词形式记述遂昌县开采金矿及采用的方法情况。清乾隆《龙泉县志》载，龙泉县开采、冶炼黄银（淡金）、白银。1976年，建立遂昌金矿，采选金、银，后又建设金矿3座。1988年，龙泉县建有国营龙泉金矿。

第三节　银两与银元

银两，又称银子。自古作为货币表示的形式多样，主要有称重量的白银和定制成形的2种形式。大体分为元宝、中锭、小锭、碎银4种，各个时期叫法不同。从汉朝启用，至民国22年（1933），民国政府实行“废两改元”，银两停止使用。银元，从明朝万历年间外国流入，清乾隆五十八年（1793）首铸，直至民国22年（1933），基本废用，流行440余年。实际至解放初期银两和银元都还在使用。

银两

据考古资料记录显示，白银作为货币已有4000多年历史。作为货币材料，从战国时期的楚国钱币中已有银的成分。白银真正成为有价值尺度流通货币的银锭，出土最早的为汉中元二年（前148）所铸。其后历代皆有铸造，流通不广。始建国二年（10）开始，王莽进行第三次币制改革。铸钱，其核心内容是制定“宝货”制，即“五物”“六名”“二十八品”。均把银货作为上币，作为贵金属货币。三国、两晋、南北朝时期，白银货币地位大大下降，仍可见银五铢与金饼等贵金属铸币。国外贵金属币流入中国，诸如拜占庭金币、波斯萨珊朝银币等。

隋唐以前，称银饼、银铤，扁平形称钣、笏、版，棒形称铤、挺。唐代，贵金属铸币有银铤、银饼等货币。宋代，使用白银非常广泛，成为一般通货，其贵金属铸币主要是银锭。银方孔圆钱并非日常流通货币，主要用于宫廷赏赐或厌胜钱。随着白银货币属性增强，民间白银用作钱币现象增多，有时也用来纳税。因数量少，尚未成为流动货币。元朝，始称元宝，形如马蹄形，也称马蹄银。其多呈亚腰状，定制重为五十两，正面钱文包括地名、时间、重量、银匠等，背面则阴刻元宝两字。也有重二十两、重十两。元末，白银，在此时真正成为有价值尺度的流通货币。银锭，正式称作元宝。

明代，经济发达，商业繁荣，民间工业兴起，货币文化丰富多彩，其币制大体经历铜钱到纸币、铜钱再到白银、铜钱的变化。明初，开银禁后，商品物价多以银两计算。白银购买力远高于宋代。《明史》有记载：朝野率皆用银，其小者用钱，惟折官俸用钱。外国白银开始大量涌入，才真正开始作为流动货币。银锭形式有元宝、中锭、锞子、福珠（白银、元宝、锞子、滴珠）4种，也有称元宝、中锭、小锭、碎银4种。明中期以后，白银成为流通中主要货币，包括元宝、银饼、银条、圆形方孔钱等。元宝呈马蹄状，文字内容趋于统一。明嘉靖十一年(1532),银两制度确立。嘉靖十一年(1532)确立银两制度,有元宝、中锭、小锭、碎银4种(本地一直沿称)。清朝沿用,已有大量银元流通。民国22年(1933)6月1日,宣布“废两改元”,取消银两、银元,又同时实行货币主体的银本位双轨制。银辅币(银角子)有五分、一角、二角、五角4种,在市场流通。明、清时期,龙泉县以“银两”为货币单位,分一两、五两、十两,最重有五十两。形如馒头者称“棒椎银粒”,形如马蹄者称“元宝”或“银元”,每两银等于37.5克。庆元县内通用有九八折标准银、九七色银和土风时价银等。

清代沿用明制,但已有大量银元流通。清代实行银钱平行本位制度,规定制钱一千文准银一两。形成银两制度。道光年间(1821—1850),外国银元流入,形成银两和银元并用局面。宣统二年(1910)四月,朝廷颁布《币制则例》,以元为货币单位。铸造4种银币,因铸额所限,只流通五角币。宣统三年(1911),铸造2种一元银币。在庆元流通的制钱,1000文称1贯,比值银元1枚;1500文比值纹银1两(《庆元县志》第439页)。

民国3年(1914),国民政府公布《国币条例》,正式规定重七钱二分,成色89%的银元为货币本位。银两制度未消失,但在商品流通中实际收支以银元为主,货款结算和国际收支仍然使用银两以及银元、库平、漕平、杭洋等为币制计算单位。民国22年(1933)3月1日和4月5日,国民政府财政部先后2次公布《废两改元》令,前一次规定以规元七钱一分五厘合银币一元为法定之换算率,自同年3月10日起实施;后一次废两改元,从4月6日起在全国实施,规定不得再用银两。银两制度正式退出流通领域。

银元

也名银圆,俗称大洋、洋钱、洋钿、花边钱。明末,市场上已经出现从国外流入的银元,俗称“番钱”。清初,也曾手工自铸过银元。清乾隆五十八年(1793),在西藏铸行“清乾隆宝藏”银币。道光年间(1821—1850),用机器自铸新式银元。台湾铸寿星银币。咸丰年间(1851—1861),福建漳州铸造军饷银饼。咸丰六年(1856),上海铸造银饼。光绪八年(1882),吉林机器局铸造厂平(吉林通用银两)一两币。因铸造数量很少,后世罕见。光绪十三年(1887),两广总督张之洞奏准由广东造币厂试铸“光绪元宝”。光绪元宝钱正面为4个汉字,中央则是满文光绪元宝,周围以英文记省名称、币重量;背面中央为蟠龙图案,周围环书广东省造——库平七钱三分。光绪十四年(1888),广东省开始自铸,上有一条龙,称为“龙洋”。光绪十六年(1890)后,将正面英文移于背面,背面中文移于正面,是为“龙洋”起源。以后光绪、宣统年间各省所铸银元均统称为龙洋。张之洞调任湖广总督,又在武昌设立银元局铸造一两银元。以后各省仿效,相继奏准铸造,皆因质劣及成色、重量不符合标准,不受民间欢迎,甚至在流通中不能按枚计值,只能按重量计值。光绪三十一年(1905),户部在天津建成制造银钱总厂,又改名为造币总厂。同年七月,清政府拟订《整顿圜法章程》十条,其中提出银币专由造币总厂制造,保留南洋(江南)、北洋、广东、湖北四局为分厂。其间,天津造币总厂制有币面标为光绪二十九年(1903)的户部光绪元宝试样币一套,面值为一两、五钱、二钱、一钱、五分。张之洞此时极力主张银元重一两,在湖北省造大清银币,重库平一两,背面为双龙戏珠图,此币有少量进入市场流通。光绪三十二年(1906),天津造币总厂试制一套户部丙午中字大清银币,面值一两、五钱、二钱、一钱共4等币值。光绪三十三年(1907),又试制一套丁未大清银币,面值一元、五角、二角、一角共4等币值。户部所制几套银元,制作都极精美,有标准币之称,都未正式发行。光绪三十四年(1908),天津造币总厂制造光绪元宝银元一套，币面计重为库平七钱二分、一钱四分四厘、七分二厘共3等币值。光绪年间，清朝中央政府制造发行的银元，仅流通一套。

清宣统时期，主要铸行大清银币和宣统元宝，并规定银元为本位币。宣统二年(1910)，清政府颁布《币制则例》，将铸币权统一于中央，规定国币以圆(元)为单位，主币每元重库平七钱二分，含纯银九成。辅币有银、镍、铜币，规定银辅币有五角、二角五分、一角共3等币值。定名为"大清银币"，由湖北、南京两个造币厂铸造。造币总厂根据《币制则例》规定，于宣统二年试制以圆为单位的大清银币一套。宣统三年(1911)，又重新制模，试制大清银币，主币蟠龙图案版很多，计有长须龙、短须龙、大尾龙、反龙、曲须龙及签字版等版别。辛亥革命爆发，清政府迅速覆亡，所铸银币没有来得及正式发行，仅以军饷形式少量流入市面。清代，各省自铸银元，多无成色、重量，不符合全国统一铸造的标准银币。

民国元年(1912)，共和政府发行铸有孙中山肖像中华民国开国纪念币"孙洋"，俗称"孙小头"。民国3年(1914)2月7日，公布《国币条例》及《国币条例施行细则》，确定以银元为中华民国国币。规定国币种类有银币一圆、半圆、二角、一角4种，镍币有五分1种，铜币有二分、一分、五厘、二厘、一厘5种。国币以一圆银币为主币，总重量为库平七钱二分(26.86克)，含纯银六钱四分八厘(23.9024808克)，以银、铜9:1的比例(后改为银89%、铜11%)铸造。正面镌袁世凯侧面头像及发行年号，背面铸嘉禾纹饰与币值。先在天津造币厂铸造有袁世凯头像"袁洋"，俗称"袁大头""壹圆"银币，后在南京、广东、武昌等造币厂陆续铸造。因袁大头"壹圆"银币币形划一，成色、重量有严格规定，很快受到社会认同和接受，在国内金融市场上逐步取代清朝龙洋，成为流通领域主币。民国22年(1933)，民国政府发行一种一面为孙中山侧身像，另一面为帆船图案"船洋"，俗称"帆船币"。在青田、松阳、庆元、云和等县域流通的有鹰洋、龙洋、孙洋、袁洋、船洋5种银元。在青田县域流通以"袁洋"与墨西哥"鹰洋"(也称墨银)居多，"孙洋"次之。龙泉县域除流通上述5种银元外，还有站人洋(英国贸易银币)。据民国2年(1913)6月调查资料统计，除以上6种银元外，还有西班牙银元"佛洋"、法国银元"法光"或称"安南银元"流入遂昌县。民国15年(1926)北伐后，国民政府建都于南京，由国家银行改铸孙中山头像版的银元。

民国17年(1928)，国民政府草拟《国币条例草案》15条，确定"本位币：银币一圆"，"以库平纯银六钱四分零八毫为价格单位，定名曰圆"，"一圆银币总重量为七钱二分，银八九、铜一"。民国18年(1929)4月10日，又颁布《中央造币厂组织章程》，在上海筹设中央造币厂，始铸银元。

民国22年(1933)3月8日，国民政府财政部公布《银本位币铸造条例》，定每枚银元总重量为26.6971克，含银88%，铜12%，纯银重23.493448克。以"中山开国纪念币"旧模铸造银币发行。因其背面有帆船图案，又称为"船洋"，"船洋"银元为民国时期南京政府发行的银本位币。其正面图案铸革命先驱孙中山先生身着汉装的侧面头像，上方记"中华民国×年"。背面图案是双桅帆船图，记值"壹圆"两字列在船的左右，直齿边。"船洋"发行后，在市场上深受民众欢迎，并和"袁大头""开国纪念币"一起逐渐取代流通于市面的各式"龙洋"和外国银元。民国24年(1935)，停止银元流通。民国26年(1937)，抗日战争爆发以后银元逐渐由国家银行回收，印发钞票(法币)。

民国21年(1932)1月至民国22年1月(1933)，苏维埃闽北分行造币厂仿袁世凯、孙中山头像银元，铸造生产2种"壹圆"银币。民国23年(1934)，铸造闽浙赣省苏维埃银元，正面为列宁头像，背面有"闽浙赣省苏维埃政府"字样；还铸有"粉碎敌人第五次围攻决战临时军用币"字样，一直坚持用至中华人民共和国成立。曾流通域内闽浙交界县份。

中华人民共和国成立后，发行贵金属多品种、多系列纪念币，其中也有银质纪念币，可以储藏和按价流通。

银角

银铸的辅币称银角，俗称角子（毫子）、小洋。民国时期，青田、云和等县域流通最多的是广东、湖北两省铸造的 2 角、1 角面值的银角。

附录：丽水境内历代银矿

银子，多用于货币及装饰品。古代做通货的称白银。据《新唐书》记载，“松阳县有银出马鞍山”。松阳县三都马鞍山、大东坝枫树湾、竹源大凤岩有银矿多处。北宋，遂昌县有治岭头永丰银场、梭溪局下银矿、黄岩坑银矿，其中黄岩坑银矿每年上交银 3 万—5 万两。丽水（今莲都）有枫树湾银矿。《宋书·地理志》载，龙泉县有高亭一银场。明代，银矿开采达到鼎盛时期。据青田县王岙村《王氏宗谱》记载，永乐年间（1403—1424）太监阮随奉令到青田银坑村（今属舒桥乡大弄底村）开采银矿（至今仍保留着冶银堆、银炉基、银洞窟、外银坑等地名）。遂昌有采矿老洞数百个，并设银场局炉冶。松阳县板桥老鹰岩有银矿洞 170 余处，矿场崖壁上刻有“正统十年”（1445）字样。天顺二年（1458），云和县民间已有采矿炼银。成化《处州府志》载，龙泉银坑有 3 处。清光绪《庆元县志·坑冶》载，庆元县旧有矿坑 10 余处（银矿 10 处），矿洞近1000 个。丽水市县（区、市）均有银矿开采的历史。

第四节　其他金属币

自古以来，金属货币有青铜、金、银、铜、铁、铅、镍、鎏金、铝、合金（钢、铜锌、铝镁等）等铸造币质。丽水域内多有流通或储藏。

铁币

铁钱从汉朝由私人铸造开始出现，一般认为始于公孙述。南朝梁武帝时，铸行铁五铢。（见《梁书·武帝下》普通四年“十二月戊午，始铸铁钱”。）梁武帝命令废止铜钱，更铸铁钱，面文五铢，书体小篆，背有四出文。为中国首次中央政府大规模铸造铁钱。至五代十国达到鼎盛，先后有永隆、天德、乾封泉宝、永通泉货等铁币。后梁开平元年（907），马殷被封为楚王，定都长沙，铸币天策府宝、乾封泉宝 2 种，质地分铜、铁 2 种；后梁开平三年（909），闽王王审知，都福州，铸币开元通宝、永隆通宝、天德重宝 3 种，其中开元通宝质地分铜、铁、铅 3 种；永隆通宝，质地分铁、铅 2 种，均系虚值大钱；天德年间，铸行天德重宝，质地分铜、铁 2 种。后梁乾化元年（911），刘守光自称大燕皇帝，定都幽州，历时 3 年，铸钱至少 6 种。后梁贞明三年（917），刘龑在番禺（今广州）称帝，国号大汉，史称南汉。铸行乾亨重宝、乾亨通宝钱，质地分铜、铅 2 种。后唐应顺元年（934），孟知祥在成都称帝，铸行广政通宝、大蜀通宝钱两种，质地有铜、铁、铅 3 种。南唐升元三年（939），徐知诰定都金陵，国号唐，史称南唐，至少铸钱 3 种。唐国通宝钱，为中国最早的对钱，质地有铜、铁 2 种。

宋代，商品经济发达，各地区使用钱币不统一，有用铜钱，有用铁钱，有铜、铁兼用。宋代“宋元通宝”“太平通宝”最为典型。嘉定年间，铸造圣宋重宝铁钱。青田县博物馆珍藏有北宋徽宗时期“政和重宝”铁币、“宣和通宝”鎏金币和南宋理宗时期“端平通宝”铁币。西夏，亦铸造钱币，间有铁钱。

清代，太平天国运动爆发期间，滇铜受阻。在咸丰二年至九年(1852—1859)，清廷及各省先后铸行铁制钱“咸丰通宝”及当五、当十、当五十、当百、当五百、当千诸种铁币。

铅币

商周期间，出现大量以陶、石、骨、铅、铜为质地的仿贝。隋炀帝大业年间(605—618)，曾铸造五铢白钱，其形制近似开皇五铢，由于铅、锡含量较多，故钱体青白。据文献记载，唐朝开元通宝钱各种成分比例为：铜 83.32%、锡 14.56%、铅 2.12%。五代十国时期，政权割据，连年征战，财政紧张，虚值大钱及铁、铅钱大增。后梁封王审知为闽王，都福州，铸币开元通宝、永隆通宝、天德重宝 3 种。其中，开元通宝质地分铜、铁、铅 3 种；永隆通宝分铁、铅 2 种质地。南汉铸行乾亨重宝、乾亨通宝钱，质地分铜、铅 2 种。

镍币

清光绪年间(1875—1908)，清政府委托英国伯明翰造币公司铸造数枚样板镍币，被称为(伯明翰)镍币，未制造发行。民国 3 年(1914)，发行 5 分镍币。民国 23 年(1934)至民国 25 年(1936)，发行五分、十分、二十分 3 种，后又发行半圆和 1 万、5 万大额镍币。镍币的兴起，促使铜元逐渐退出货币市场。

第五节　纪念币发行和流通

古代就有纪念币种类。唐哀帝天祐四年、后梁太祖开平元年(907)，后梁封为楚王马殷，定都长沙，铸币天策府宝、乾封泉宝两种，质地分铜、铁，其中天策府宝是为纪念马殷受封为天策上将军而铸造，纪念币也在市面流通。清乾隆年间，曾开铸有班禅头像纪念性银币。

民国元年(1912)至民国 21 年(1932)，铸造孙中山开国纪念币、黎元洪光头版开国纪念币、段祺瑞执政纪念币、黎元洪戎武开国纪念币。2 个版本纪念币，一种正面孙中山侧面肖像，边缘内镌隶书“中华民国”4 个字，下镌“开国纪念币”5 个字；背面隶书“壹圆”或“伍圆”；另一种背面印有 2 个五角星，称为“上五角星”，背面印有 2 个六角星，称为“上六角星”。俗称“小头”。后多地铸造多个版本。民国 16 年(1927)，为纪念建造中山陵，铸造陵墓纪念银币和纪念铜牌，正面为孙中山正面像，上有“中华民国国民政府”字样，背面为“壹元”，下书“十六年造”，左有旭日青松，右有中山陵寝殿。

中华人民共和国成立后，已发行普通纪念币与贵金属纪念币等多品种多系列纪念币体系。许多流通纪念币制造精美，限量发行，多为钱币收藏爱好者所收藏，市场上少见流通，市场价格已远远高于面值。

纪念币是中国人民银行发行的一种具有特定主题、限量发行的人民币，可分为两大类：一类为贵金属币，不直接流通，只作纪念和收藏；另一类为可作流通的普通纪念币。

贵金属纪念币

贵金属纪念币俗称金银纪念币，包括金币、银币和铂、钯等贵金属，或其他合金铸造的纪念币，贵金属纪念币面额是象征性的货币符号，并不代表其真实价值，不直接流通，只作纪念和收藏。国务院批转中国人民银行《关于加强我国对外发售金银币(章)管理的请示报告》规定：中国对外发售金、银币，统一由中国人民银行负责设计、制造、发行，其他部门和单位一律不得铸造和发行。中国人民银行对中国金银纪念币具有清偿义务，有国家信用做保障，因此贵金属纪念币具有法定的货币属性。

1979—2002年，先后发行自行设计、铸造的十大系列金银纪念币。十大系列有大熊猫及珍稀动物题材系列46种、中国生肖题材系列25种、重大纪念题材系列39种、中国及世界杰出人物题材系列30种、中国古典文学名著题材系列5种、中国古代科技发明题材系列7种、中国古代及近代名画题材系列14种、中国传统文化题材系列36种、中国佛教艺术及民族吉祥遨材系列28种、体育运动题材系列26种。

金银纪念币有中国传统文化特色，又增加防伪功能，增加机读技术，便于现代化机具的清分处理，具有鲜明时代特色和民族特色，在纸张质量、印刷工艺和科技含量上都达到国际先进水平，在流通中受到社会各界的欢迎。

中国人民银行坚持金银纪念币发行原则，币值稳定，在社会上的信誉逐步提高，很多市民把一些图案漂亮、印刷精美、数量少、质量好的币种作为收藏品收集珍藏，市场价格已大大超过其面值。

可流通纪念币

中国人民银行发行纪念币中面值和人民币一样可以按面值在市场流通的称为可流通纪念币。自1984年10月1日起，发行中华人民共和国成立35周年纪念币。至2015年，发行可流通纪念币种类数量详见下表（丽水域内大多有个人收藏，过于分散难以统计）。

丽水地区流通中国人民银行发行纪念币一览表

表1-1-1

发行序号	名称	版数（枚）	面值（元）	直径（毫米）	金属成分	发行日期（年、月、日）	发行地区	发行数量（万元）
1	中华人民共和国成立35周年	3	1	30	铜镍合金	1984.9.1	全国	详见注 ①
2	西藏自治区成立30周年	1	1	30		1985.10.1	西藏自治区	261.2
3	新疆维吾尔自治区成立30周年	1	1	30		1986.9.20	新疆维吾尔自治区	450
4	国际和平年	1	1	30		1987.7.30	全国	2704.8
5	内蒙古自治区成立40周年	1	1	30		1987.7.30	内蒙古自治区	905.4
6	第六届全运会	3	0.5	20	铜锌合金	1987.11.20	北京、天津、上海、广州	1053
7	宁夏回族自治区成立30周年	1	1	30	铜镍合金	1988.12.1	宁夏回族自治区	157.5
8	中国人民银行成立40周年	1	1	30		1988.12.1	全国	206.8
9	广西壮族自治区成立30周年	1	1	30		1988.12.1	全国	407.2
10	中华人民共和国成立40周年	1	1	30	镍铜合金	1989.9.28	全国	2100.1
11	第十一届亚运会	2	1	30	钢芯镀镍	1990.8.22	全国	2560.8
12	全民义务植树运动10周年	3	1	25		1991.3.2	全国	3000
13	中国共产党成立70周年	3	1	25		1991.6.18	全国	1000

续表 1-1-1

发行序号	名　称	版数（枚）	面值（元）	直径（毫米）	金属成分	发行日期（年、月、日）	发行地区	发行数量（万元）
14	第十一届世界女子足球锦标赛	2	1	25	钢芯镀镍	1991.11.1	全国	2000
15	宪法颁布 10 周年	1	1	25		1992.11.27	全国	1000
16	宋庆龄诞生 100 周年	1	1	25		1993.1.16	全国	1000
17	中国珍稀野生动物——大熊猫	1	5	32	紫铜合金	1993.6.15	全国	总 600
18	毛泽东诞生 100 周年	1	1	25	钢芯镀镍	1993.12.26	全国	2000
19	“希望工程”实施 5 周年	1	1	25		1994.10.26	全国	2000
20	第 43 届世界乒乓球锦标赛	1	1	25		1995.4.15	全国	1000
21	中国抗日战争和世界反法西斯战争胜利 50 周年	1	1	25		1995.8.31	全国	1000
22	联合国第四次世界妇女大会	1	1	25		1995.8.31	全国	1000
23	联合国成立 50 周年	1	1	25		1995.10.20	全国	1000
24	中国珍稀野生动物——金丝猴	1	5	32	紫铜合金	1995.11.16	全国	600
25	朱德诞辰 110 周年	1	1	25	钢芯镀镍	1996.11.27	全国	1000
26	中国珍稀野生动物——华南虎	1	5	32	紫铜合金	1996.12.18	全国	600
27	中国珍稀野生动物——白鳍豚	1	5	32		1996.12.18	全国	600
28	庆祝中华人民共和国香港特别行政区成立普制币	2	10	25.5	白色铜合金(芯)黄色铜合金(环)	1997.7.1	全国	600
29	周恩来诞辰 100 周年	1	1	25	钢芯镀镍	1998.3.2	全国	详见注②
30	中国珍稀野生动物——丹顶鹤	1	5	32	紫铜合金	1998.6.2	全国	2000
31	中国珍稀野生动物——朱鹮	1	5	32		1998.6.2	全国	600
32	中国珍稀野生动物——褐马鸡	1	5	32		1998.10.1	全国	600
33	中国珍稀野生动物——扬子鳄	1	5	32		1998.10.1	全国	600
34	刘少奇诞辰 100 周年	1	1	25	钢芯镀镍	1998.11.24	全国	2000
35	中国珍稀野生动物——金斑喙凤蝶	1	5	32	紫铜合金	1999.7.15	全国	600
36	中国珍稀野生动物——中华鲟	1	5	32		1999.7.15	全国	600
37	中华人民共和国成立 50 周年	1	10	25.5	双色铜合金镶嵌	1999.10.1	全国	1000

续表 1-1-1

发行序号	名　称	版数（枚）	面值（元）	直径（毫米）	金属成分	发行日期（年、月、日）	发行地区	发行数量（万元）
38	政治协商会议成立 50 周年	1	1	25	钢芯镀镍	1999.10.1	全国	1000
39	澳门回归普制流通币	2	10	25.5	双色铜合金镶嵌	1999.12	全国	1000
40	纪念敦煌藏经洞发现一百周年普制流通币	1	1	25	钢芯镀镍	2000.6.30	全国	2000
41	迎接新世纪纪念币	1	10	25.5	双色铜合金镶嵌	2000.11.28	全国	1000
42	西藏和平解放50 周年	1	5	30	黄铜合金	2001.5.23	全国	1000
43	辛亥革命 90 周年	1	5	30		2001.9.27	全国	1000
44	世界文化遗产万里长征	1	5	30		2002.10.25	全国	1000
45	世界文化遗产秦始皇陵及兵马俑坑	1	5	30		2002.10.25	全国	1000
46	2003 年贺岁币	1	1	25		2003.1.16	全国	1000
47	中国宝岛台湾——朝天宫	1	5	30		2003.9.30	全国	1000
48	中国宝岛台湾——赤嵌楼	1	5	30		2003.9.30	全国	1000
49	世界文化遗产曲阜孔庙孔林孔府	1	5	30		2003.11.18	全国	800
50	世界文化遗产明清故宫	1	5	30		2003.11.18	全国	800
51	2004 年贺岁币	1	1	25		2004.1.6	全国	1000
52	中国宝岛台湾——鹅銮鼻	1	5	30		2004.5.10	全国	1000
53	中国宝岛台湾——日月潭	1	5	30		2004.5.10	全国	1000
54	邓小平诞辰 100 周年普通纪念币	1	1	25	钢芯镀镍	2004.8.22	全国	1000
55	人民代表大会成立 50 周年	1	1	25		2004.9.9	全国	1000
56	世界文化遗产苏州古典园林	1	5	30	黄铜合金	2004.11.8	全国	600
57	世界文化遗产周口店“北京人”	1	5	30		2004.11.8	全国	600
58	2005 年贺岁币	1	1	25		2005.1.6	全国	1000
59	世界文化遗产丽江古城	1	5	30		2005.5.12	全国	800
60	世界文化遗产青城山与都江堰	1	5	30		2005.5.12	全国	800
61	陈云诞辰 100 周年	1	1	25	钢芯镀镍	2005.6.13	全国	1000
62	中国宝岛台湾——敬字亭	1	5	30	黄铜合金	2005.10.28	全国	1000
63	2006 年贺岁币	1	1	25		2006.1.6	全国	1000
64	第 29 届奥林匹克运动会举重普通纪念币	1	1	25		2006.9.20	全国	1000

续表 1-1-1

发行序号	名称	版数（枚）	面值（元）	直径（毫米）	金属成分	发行日期（年、月、日）	发行地区	发行数量（万元）
65	第 29 届奥林匹克运动会游泳普通纪念币	1	1	25	黄铜合金	2006.9.20	全国	1000 万
66	世界文化遗产龙门石窟	1	5	30		2006.11.28	全国	1000
67	世界文化遗产颐和园	1	5	30		2006.11.28	全国	1000
68	2007 年贺岁币	1	1	25		2007.2.1	全国	1000
69	第 29 届奥林匹克运动会体操普通纪念币	1	1	25		2007.6.20	全国	1000
70	第 29 届奥林匹克运动会射箭普通纪念币	1	1	25		2007.6.20	全国	1000
71	第 29 届奥林匹克运动会乒乓球普通纪念币	1	1	25		2007.6.20	全国	1000
72	2008 年贺岁币	1	1	25		2008.1.16	全国	1000
73	第 29 届奥林匹克运动会足球普通纪念币	1	1	25		2008.6.18	全国	1000
74	第 29 届奥林匹克运动会击剑普通纪念币	1	1	25		2008.6.18	全国	1000
75	第 29 届奥林匹克运动会现代五项普通纪念币	1	1	25		2008.6.18	全国	1000
76	2009 年贺岁币	1	1	25		2009.11.26	全国	3000
77	“和”字书法(篆书)	1	1	25		2009.11.26	全国	1000
78	环境保护(关注)	1	1	25		2009.11.26	全国	1000
79	上海世界博览会	1	1	25	钢芯镀镍	2010.11.2	全国	6000
80	2010 年贺岁币	1	1	25	黄铜合金	2010.11.2	全国	3000
81	“和”字书法(隶书)	1	1	25		2010.11.2	全国	1000
82	环境保护(参与)	1	1	25		2010.11.2	全国	1000
83	中国共产党成立 90 周年	1	1	30		2011.6.6	全国	6000
84	2011 年贺岁币	1	1	25		2011.6.6	全国	3000
85	2012 年贺岁币	1	1	25		2012.8.28	全国	8000
86	2013 年贺岁币	1	1	25	黄铜合金	2013.1.9	全国	8000
87	“和”字书法(行书)	1	5	30		2013.9.23	全国	5000
88	2014 年贺岁币	1	1	25		2013.12.24	全国	10000
89	“和”字书法(草书)	1	5	30		2014.9.25	全国	7000
90	2015 年贺岁币	1	10	27	双色铜合金	2015.2.6	全国	8000
91	中国人民抗日战争暨世界反法西斯战争胜利 70 周年	1	1	25	镍包钢	2015.8.20	全国	50000
92	中国航天	1	10	27	双色铜合金	2015.12.26	全国	10000

注：① 祖国万岁 906.8 万枚；大团结互助 879.3 万枚；开国大典 209.2 万枚。

② 国内 400 万枚；国外 200 万枚。

其他系列纪念币

国家除发行贵金属纪念币、可流通纪念币外，还发行过其他系列的纪念币。如非流通金属纪念币，庆祝中华人民共和国成立50周年纪念钞、新世纪纪念钞（塑料）和三联钞、四联钞、八联钞等未作正式流通人民币，有的种类可与人民币等值流通，有的经装帧后作为价值收藏。丽水域内均有发行。

非流通纪念币　1980年6月，开始发行。至1984年，停止。面值均为1元，材质为黄铜，发行21枚。发行总数4万枚。经中国人民银行装帧后向全世界发行。

纪念钞和塑料纪念钞　1999年，在中华人民共和国成立50周年和21世纪即将来临之际，中国发行自行设计制作的庆祝中华人民共和国成立50周年纪念钞两种，一种为纸质纪念钞，面值50元1张；另一种为塑料纪念钞，面值100元，以上两种均与现行人民币等值流通。

联体纪念币　2000年7月27日，中国人民银行发行第二套人民币纸币联体纪念币，由第二套人民币的壹分、贰分、伍分纸币联体组成，中国人民银行授权北京康银阁钱币有限公司装帧成册，向社会发行。

1997年10月9日，人民银行总行、国家工商行政管理局为贯彻落实国务院办公厅《关于禁止非法买卖人民币的通知》精神，指出已退出流通的人民币，民间作为收藏，允许上市经营。普通纪念币（可流通纪念币）自发行之日起一年内只准等价交换，不能实价买卖；贵金属纪念币则自发行之日起即可上市经营，按市场供求关系自愿商定。

第二章　纸　币

北宋时期，已出现“交子”纸币。“交子”为世界上最早纸币。最初“交子”由商人自由发行。后因发行商拮据或破产不能兑现被禁止发行。天圣元年（1023），朝廷在成都设益州交子务，由京朝官一两人担任监官主持“交子”发行，并“置抄纸院，以革伪造之弊”，严格其印制过程。这便成为最早由政府机构正式发行的纸币——官交子。“官交子”发行初期，其形制是仿照民间“私交”，面额临时填写，加盖本州州印，从一贯至十贯，分等级，规定流通范围。仁宗时期（1023—1063），一律改为五贯和十贯2种。到神宗时，又改为一贯和五百文2种，发行额也有限制。规定分界发行，每界3年，界满兑换新交子。后因供应军需超额发行，交子严重贬值。崇宁四年（1105），停止发行。大观元年（1107），宋朝改“交子”为“钱引”，改“交子务”为“钱引务”。“钱引”纸张、印刷、图画和印鉴都很精良，但“钱引”不置钞本，不许兑换，随意增发，引发纸券价值大跌。

金朝，是一个纸币发行早于金属铸币政权。金代前期，战乱不止，使用辽、宋旧钱以及物物交换。中期，政局相对稳定，发行纸币和金属铸币。后期受蒙古军事打击，政局严峻，发行区域性纸币，禁用铜钱。

金代纸币名为“交钞”，发行量巨大，并有多种面额，成为无限期货币，后期贬值严重，致使经济崩溃。

元代，实行纸币本位制，纸币盛行，是流通中的基本货币。铜钱，在流通领域中已不占主要地位。世祖忽必烈至元二十四年（1287），颁布《至元宝钞通行条划》，规定元代纸币流通制度的各项原则，并规定纸币为法定货币，由朝廷垄断印行，禁止铜钱流通。“中统元宝交钞”（是现存最早由官方正式印制发行的纸币实物）在疆域内自由流通。元朝纸币的形状为长方形，一般长 25—26 厘米，宽 16—18 厘米。版面四周印花边。上方从右到左印有“××通行宝钞”，正中为数额，有一贯、两贯、十文、二十文、五十文、一百文等。下方为印钞单位、职官名称、发行年月日及伪造者处死等警告语。纸币流通主要经历中统钞、至元钞、至正钞 3 个时期。“至元钞”流通时间最长，前后超过 36 年。至正十一年（1351），开始流通“至正钞”，发行量最多、贬值最严重。一贯权铜钱 1000 枚，是“至元钞”两倍。交钞或以丝为本，或以金银为本，“至正交钞”是以纸为母（本），铜钱为子，本末倒置。同时发行“至正之宝”铜钱，以配合发行纸钞，让铜钱代表纸钞，以虚代实。大量印刷交钞结果使物价上涨 10 余倍，以致有人用纸币糊墙铺地，最后形同废纸。

明洪武八年（1375）至明中期一直实行以宝钞为主纸币，铜钱为辅的币制政策。大明通行宝钞为明代唯一纸币。洪武八年（1375），诏中书省造“大明通行宝钞”，面额自一百文至一贯，共 6 种。一贯等于铜钱一千文或白银一两，四贯合黄金一两。后增加十文、二十文、三十文、四十文、五十文 5 种小面值纸币。宝钞版式固定，设计合理，图案美观。以一贯钱为例，下部有户部奏准字样，并写明大明宝钞与铜钱通行使用，伪造者斩，告捕者赏银 250 两。明朝宝钞印制和发行始终集中于中央政府，不兑现、不分界、不限地区和流通时间，不规定发行限额，没有发行准备金，不改币名和形制，币制始终如一。洪武九年（1376），朝廷曾定倒钞法，在各地设行用库收换昏烂钞。洪武十三年（1380），又规定调换昏烂钞界限，凡票面金额、文字可以辨认，继续使用，不许对用旧钞买货者提价。官府收税只收新钞，而民间对旧钞则降价使用或拒用。实际形成新旧钞差别价格，造成通货膨胀。大明宝钞在发行流通过程中不断贬值，到弘治年间（1488—1505），宝钞在商品货币经济中已无意义，民间只用银和铜钱进行交易。明中叶以后，宝钞已无人使用。至明嘉靖年间（1522—1566），纸币制度走入绝境，故正式恢复铜钱铸造及流通。清宣统三年（1911），大清银行设计试色样票兑换券，而爆发辛亥革命，未及发行。俗称大清龙钞。

第一节　民国时期纸币

民国时期，丽水区域内流行纸币有法币、关金券、金圆券和代金券。银圆券未直接流通，仅从外地少量流入。

法币

民国 24 年（1935）11 月 3 日，国民政府颁布紧急法令，实行新货币政策，以中央、中国、交通 3 家银行发行的钞票定为法币，所有纳税及公私款项收付，概以法币为限；财政部核准发行流通银行钞票，准其照常流通，不得增发，逐步以中央银行钞票换回；凡银钱行号、商店及其他公私机关或个人，持有银本法币或其他银币生银等类者，由发行准备管理委员会或其他指定银行，兑换法币。民国 25 年（1936）1 月 11 日，政府颁布《辅币条例》。辅币分二十分、十分、五分镍币 3 种和一分、半分铜币 2 种。元、角、分均为十进制。同月20日，又规定中国农民银行发行钞票，同为法币。法币发行初期，币值尚稳。全面抗战前夕，法币发行额不超过14亿元。民国28年（1939）后，通货膨胀加剧。民国29年（1940）2月13日，政府又颁布《修正辅币条例》。辅币分十分、五分、二分、一分4种，均为铜锌合金。后因法币不敷流通，财政部以运输困难，印费昂贵为由，将法币实施时中央、中国、交通3家银行接收封存原有的四明、中南、中国农工、中国农商、中国通商、中国实业、浙江兴业、中国垦业8家银行钞票，投入流通市场。民国31年（1942）4月，以关金券1元等于法币20元，也投入市场与法币并行流通。抗战胜利前夕，法币通货膨胀至全面抗战初期的360倍。民国37年（1948），法币面额印至五百万元券，1枚银元兑换价升到600万法币，法币发行额663万亿元，为全面抗战前夕发行额的47万倍。物价较全面抗战前上涨3492万倍，法币形同废纸。民国37年（1948）8月19日，国民政府颁布《财政经济紧急法令》。次日，发行金圆券取代法币。

关金券

全称"海关金单位兑换券"，专供缴纳关税之用。民国20年（1931）5月开始发行。面值有十分、二十分、一元、五元、十元5种。发行初期，关金券只作为缴纳关税之用，并不在市面流通。民国31年（1942）4月，国民政府财政部规定以关金券一元折合法币二十元的比价，与法币并行流通。与法币并行流通时，增发二十元、五十元、一百元、五百元面额券。后因法币惨跌，关金券面额越发越大，市面已有25万元面值的关金券流通，即等于500万元面额的法币。关金券与法币"并行流通，同步贬值，同时废止"。

金圆券

民国37年（1948）8月19日，国民政府颁布《财政经济紧急法令》。以中央银行发行的金圆券为本位币，每元对应法定含量纯金0.22217克。券面分一元、五元、十元、五十元、一百元5种，辅币为一分、五分、一角、二角、五角5种，以铜、镍、银分别铸造。发行金圆券总额20亿元为限。限于11月20日以前无限制兑换法币，按300万元折合金圆券1元；商品价格按8月19日法币定价折金圆券出售。黄金、白银、银元及外币，限9月30日前向中央银行或委托银行兑换金圆券。兑换比例：黄金每市两兑200元，白银每市两兑3元，银元每枚兑2元，美金每元兑4元。10月2日，上海首先发生抢购风潮。同月4日起，抢购风潮波及杭州及浙江省各地，包括丽水。当局除饬商会劝谕开业，并采取限购等措施，但已无济于事，无法执行。11月1日，国民政府修正管制经济办法和金圆券发行办法，采用限价全部开放，准许持有黄金、白银和外币。金圆券贬值80%，金银价格相应提高4倍，1两黄金从200元提高到1000元。撤销金圆券发行限额。大面额金圆券五百元、一千元、五千元、一万元、五万元、十万元、五十万元、一百万元乃至五百万元相继印发。至12月底，金圆券发行额83.2亿元，已超过原法定限额3倍多。至民国38年（1949年9月30日止）1月，达200亿元，超过法定限额10倍。至6月底，金圆券废止前，发行额130万亿元，比原定发行额增加6.50万倍。金圆券急剧贬值，民间纷纷拒用，丽水市场上实际已恢复流通银元。9月1日起，银圆券取代金圆券，金圆券正式作废。

银圆券

又称银元兑换券。民国38年（1949年9月30日止）7月2日，撤逃至广州的国民政府行政院为掌控急速贬值的金圆券，公布《银元及银元兑换券发行办法》，恢复银本位制，发行银圆券，以金圆券5亿元兑换银元1元。（《浙江省金融志》第29—30页）银圆券面额有1元、5元、10元、50元、100元

5 种，辅币券有 5 分、1 角、2 角、5 角 4 种。

第二节　民国时期地方银行纸币

浙江省内地方性银行发行货币券、钞票、代用券、兑换券等多种，大多在丽水地域内有使用，有的发行时间短暂、数量不多，有的未形成实际流通货币。

浙江地方银行纸币

抗日战争时期，浙江地方银行迁移至丽水县，上海大东书局在丽水设立浙江印刷分厂，继续为浙江地方银行印制纸币。厂址设在距丽水县城 12 千米的瓯江南岸浣溪乡沙溪村叶家祠堂，有职工 400 余人，应时局所需，印刷"浙江地方银行"纸币。

浙江地方银行在丽水城郊开设信大印刷厂，印制横式版的一分、二分、五分 3 种币券。此种票幅 5 厘米×2.5 厘米分币券，堪称当时票幅最小纸币。

四明银行纸币

四明银行为在上海的宁波籍人士创办。总行设在上海，在浙江的宁波、杭州、温州均设有分支机构，发行纸币。清宣统元年（1909）至民国 23 年（1934），共发行兑换券 9 套。发行的纸币背面英文行名均为"NINGPO COMMERCIAL& SAVINGS BANK LTD"（中文译为"宁波商业银行股份有限公司"，主要流通于上海、武汉和浙江各地。钞票上印有地名，有浙江的宁波、温州、处州、镇海等地。

第三节　其他纸币

通商银行钞票

清光绪二十三年（1897），官许民办的中国第一家银行——中国通商银行，印发的钞票，绵纸质地，横长方形，木刻套印刷，有银两票和银元票 2 类。银两票分五钱、一两、五两、十两、五十两、一百两 6 种，印制五十万两；银元票分一元、五元、十元、五十元、一百元 5 种，印制 235 万元。银两票、银元票是丽水地区龙泉县域流通较早的纸币，与银元在市场上并行使用。

商业银行纸币

民国时期，在龙泉流通的纸币，除中央、中国、交通、农民四行发行的纸币（法币）外，后来还有中南、浙江兴业、中国通商、四明、垦业等银行发行的纸币。

自制本票

民国 33 年（1944），庆元县人杨文元、柳五、姚杰在县城内经营肉铺，自制"本票"，面额 5 元、10

元、100 元，与法币同时在城内流通，后被追究停止使用。

地方钞票

民国期间，遂昌县除使用法币以外，尚有浙江地方银行发行的钞票和法币等值流通货币。此外，毗邻省份江西、福建等地地方银行发行的钞票，也逐渐流入城乡市场。

华中币

民国 34 年(1945)8 月，由华中银行发行的华中银行币，是地方流通券，有 13 种面额、56 种版别。由南下干部带入。1949 年 9 月，建立中国人民银行景宁县办事处，于 10 月开始流通人民币后，办事处对先前流入少量的“华中币”按人民币 1 元兑换 9.5 元的“华中币”收回，计有 148770 元。

闽浙赣苏区纸币

民国 20 年(1931)5 月开始，在赣东北特区贫民银行率先采用复杂纸币套色印刷技术，独创性地在每张纸币上加盖半枚防伪反假的骑缝章，共发行 4 万元。初版印刷苏区货币有一元、五角、二角、一角 4 种。还印制 50 元、100 元 2 种兑换券。民国 21 年(1932)6 月，发行赣东北省苏维埃银洋一角券、五角券和一元券。后又发放新制钞票(第一期)面额分为银元一角、一元 2 种。民国 21 年(1932)12 月，赣东北省改为闽浙赣省，闽浙赣省苏维埃银行增发银元一角、一元和五元券。民国 22 年(1933)下半年，发行面额“拾枚”铜元纸币，也称“铜元拾枚”。民国 30 年(1941)年底，龙泉农民到江西做香菇生意，使用过苏区货币，并有收藏。1979 年，龙泉县四源乡农民持苏区货币，到县人民银行兑换成人民币。

解放区纸币

1949 年 5 月，随着中国人民解放军驻军和山东南下干部入驻，老解放区(北海银行和长城银行)发行的纸币流入丽水地区。老解放区货币没有在丽水市场流通，只用于按法定比率纳税、对公往来。

第三章 人 民 币

民国 37 年(1948)12 月 1 日，以华北银行为基础，合并北海银行、西北农民银行在河北石家庄成立中国人民银行，随即开始发行人民币，成为中央银行的法定本位币。1949 年 5 月，丽水地区相继解放。7 月，建立中国人民银行丽水支行，开始发行人民币。9 月，已在全区发行、使用人民币，人民币成为唯一流通货币。1955 年、1962 年、1987 年、1999 年(含 2005 年、2015 年)先后发行第二套、第三套、第四套、第五套人民币。人民币成为中国历史上少有的集中统一、稳定的货币。2015 年 11 月 30 日，国际货币基金组织宣布正式将人民币纳入IMF(国际货币基金组织)特别提款权货币篮子。人民币真正成为世界货币。

第一节　主　币

人民币主币是指面额以“元”为单位的纸币或金属币(硬币)。

第一套人民币主币

民国38年(1949年9月30日止)1月10日,开始在解放区陆续发行,面额(旧人民币)有1元(2种)、5元(4种)、10元(4种)、20元(7种)、50元(7种)、100元(10种)、200元(5种)、500元(6种)、1000元(6种)、5000元(5种)、10000元(4种)、50000元(2种)12种,版别62种。1949年5月9日,杭州市军管会发布第二号布告:中国人民银行发行的人民币,为全解放区统一流通之合法货币;同月16日,发布第三号公告:严禁以银元(银圆)计算物价,并不得以银元买卖货物,使人民币得以顺利发行。(参见2000年12月版《浙江省金融志》第39页)7月,旧体银行由军管会、人民政府筹备委员会接管。丽水专区整治旧体制银行,采取“边接管、边建行”,在旧址建立中国人民银行丽水支行,利用原有营业地点和人员办理业务,成为中国人民银行丽水支行业务部门,开始人民币发行业务。至9月,在全区使用人民币,作为唯一流通货币,禁止其他货币计算物价和流通。

第二套人民币主币

1955年3月1日起,中国人民银行发行新币(第二套人民币),收回旧币(第一套人民币),兑换比价为新币1元对换旧币1万元。3月底前,旧币1万元、5万元与新币同时流通;4月起,旧币停止流通;5月1日起,停止兑换。5月10日起,5000元以下旧币停止流通;6月11日起,停止兑换。

第二套人民币面额16种,其中主币7种、辅币9种。1955年3月1日,丽水在公布当天发行主币纸币有1元、2元、3元、5元4种。1957年12月1日,增发主币纸币10元1种。1961年3月25日和1962年4月20日,又分别发行黑色1元券和棕色5元券。辅币有1分、2分、5分、1角、2角、5角,其中1分、2分、5分2种,纸、硬币各1种。1964年4月14日,中国人民银行发布《关于限期收回三种人民币票券的通告》。1953年发行黑色“工农”图案10元券、酱紫色“各族人民大团结”图景5元券和深绿色“井冈山”图景3元券,是苏联代印。从4月15日起,规定上述3种票券停止在市场上流通使用,按照规定时间到收兑处全额换取可以流通人民币。5月15日起,停止收兑。(参见2000年12月版《浙江省金融志》第39页)

第三套人民币主币

1962年4月20日开始,中国人民银行陆续发行第三套人民币7种13个版别,主币4种5个版别,有1元(纸、硬币各1种)、2元、5元、10元;辅币有3种8个版别,有1角(纸币3种、硬币1种)、2角(纸、硬币各1种)、5角(纸、硬币各1种)。陆续收回第二套人民币11种16个版别(主币5种7个版别,辅币6种9个版别)。2000年7月1日,第三套人民币停止流通,历时38年。丽水地区贯彻执行

国家货币发行政策，及时调整和投放流通人民币。（参见2000年12月版《浙江省金融志》第40页）

第四套人民币主币

1987年4月27日开始，丽水地区贯彻中国人民银行采取“一次公布，分次发行”的办法，陆续发行第四套人民币。主币有1元、2元、5元、10元、50元和100元6种和辅币有1角、2角、5角3种，其中1角、5角、1元有纸币、硬币2种；2元、50元、100元有1980版和1990版2种；1元有纸币和硬币2种，又有1980版、1990版和1996版3个版别。恢复50元、100元大面额人民币。第四套人民币与第三套人民币等值，在市场上混合流通，陆续收回第三套人民币。1992年8月20日，发行改版1990年版50元、100元券。新版人民币采用安全线与无色荧光油墨印刷等新技术，增加防伪功能。

第五套人民币主币

1999年10月1日，中国人民银行在中华人民共和国成立国50周年之际，陆续发行第五套人民币。主币有1元、5元、10元、20元、50元、100元6种纸币和一元金属硬币；辅币有1角、5角2种。第五套人民币取消第四套人民币1角、2角、5角和2元纸币，恢复20元纸币。丽水地区采取“一次公布，分次发行”方式，按时按照中国人民银行规定发放和流通第五套人民币。2015年11月，发行2015年新版100元纸币。

2015年年末，流通的人民币主币面额券共有7种：第四和第五两套均有面额币种1元、5元、10元、50元、100元5种；第四套有2元面额币种，第五套有20元面额币种。

第二节 辅 币

人民币辅币是面额以角、分为计算单位的辅助货币，有纸币、金属币（硬币）两类。第一套人民币没有发行辅币。至2015年年末，仍在流通的人民币辅币有3种面额8个版别。1角、3角2种面额是第四套、第五套辅币，第四套既有纸券又有硬币，第五套只有硬币；2角面额辅币，只有第四套有纸币、硬币2个版别。两套人民币辅币的纸币与硬币等值混合流通。

第二套人民币辅币

共有6种10个版别。1955年3月1日，发行有1分、2分、5分、1角、2角、5角6种纸券辅币；1957年12月1日，发行有1分、2分、5分3种金属（硬）币。金属分币与纸币等值混合流通；角币只发行纸券，其中5角纸券分为有水印和无水印2个版别。

第三套人民币辅币

共有3种8个版别。均是角币，没有发行分币。1962年4月20日，开始发行1960版枣红色1角币；至1974年1月15日，发行1972年版5角币止，共发行1角、2角、5角3种面额。2角、5角面额发行纸券和硬币4个版别；1角币除有纸券和硬币外，于1966年和1967年又分别发行2次改版纸券，有1个硬币版、3个纸券版共4个版别。

第四套人民币辅币

共有3种6个版别。没有发行分币。1987年4月27日至1997年4月1日，发行1角、2角、5角3种面额辅币，均有纸币和硬币。2018年5月1日，2角纸币、1角硬币停止流通。

第五套人民币辅币

1999年10月1日，只发行1角硬币辅币。2002年11月18日，发行5角硬币。

第四章　货币流通管理

货币流通状况，是一个地区国民经济活动的综合反映，涉及生产、分配、流通、消费各个方面。货币流通是宏观经济范畴，需要银行部门微观管理与有机调节。丽水市货币流通状况直接反映当地经济走向，反映币值、物价稳定程度，反映人们经济活动程度，关系到人们日常生活和社会稳定。

第一节　货币投放与回笼

据《丽水地区志》及市内各县(市、区)志载，1949—1990年，现金收入大于支出有39年，现金支出大于收入有2年。1958年，净投放8万元。1980年，净投放241.4万元。

1957—2015年部分年份丽水市(地区)货币投放、回笼一览表

表1-4-1　　单位:万元

年 份	投放数额	回笼数额	收大于支
1957	1051.6	1167.4	115.8
1962	1352.0	1422.8	70.8
1965	1479.6	1585.8	106.2
1976	2862.6	3103.8	241.2
1978	3127.1	3313.0	185.9
1979	4200.0	4441.6	241.6
1988	41721.8	47728.4	6006.6

续表 1-4-1

年 份	投放数额	回笼数额	收大于支
1989	57941.0	60292.0	2351.0
1990	59256.0	65861.0	6605.0
1991	54864.7	55200.6	335.9
1992	81798.7	74434.8	-7363.9
1993	129000.0	107000.0	-22000.0
1994	204400.0	148600.0	-55800.0
1995	266000.0	198000.0	-68000.0
1996	310397.4	217725.8	-92671.6
1997	308000.0	239900.0	-68100.0
1998	276000.0	267000.0	-9000.0
1999	315800.0	293100.0	-22700.0
2000	390286.9	349531.2	-40755.7
2001	475131.0	422601.1	-52529.9
2002	505403.8	432364.0	-73039.8
2003	684893.2	562692.9	-122200.3
2004	765579.3	614145.5	-151433.8
2005	799709.6	616097.2	-183612.4
2006	892176.2	626308.4	-265867.8
2007	971299.6	672342.8	-298956.8
2008	928300.3	623575.8	-304724.5
2009	873388.1	620846.8	-252541.3
2010	1012936.9	656216.0	-356720.9
2011	1427133.0	1032577.6	-394555.4
2012	1570841.5	1241153.4	-329688.1
2013	1682191.0	1379180.8	-303010.2
2014	2032893.3	1729165.7	-303727.6
2015	2184429.5	1901688.3	-282741.2

据中国人民银行丽水市中心支行发行库发行基金投放、回笼数据载：自 1991 年以来，除当年为净回笼 335.9 万元外，其余年份都为净投放。1993 年，净投放 2.2 亿元。2003 年，净投放数超 10 亿元，达 12.2 亿元。2008 年，净投放数超 30 亿元。

2010 年开始，中国人民银行丽水市中心支行发行库发行基金投放回笼总量呈现上升趋势。2015 年，现金投放回笼总量达到最大量，为 408 亿元。2015 年之后，投放回笼总量逐渐下降。现金净投放量呈现逐年下降趋势，非现金支付发展产生替代作用。随着支付服务不断优化，网上支付、电话支付、移动支付等电子支付保持快速发展态势，成为继银行卡之后的主流非现金支付工具。

1991—2015年部分年份人行丽水市中心支行发行基金投放回笼一览表

表 1-4-2　　　　单位：万元

年 份	投放数额	回笼数额	净投放
1991	54864.70	55200.60	-335.90
1993	129000.00	107000.00	22000.00
2003	684893.20	562692.90	122200.30
2008	928300.30	623575.80	304724.50
2009	873388.10	620846.80	252541.30
2010	1012936.90	656216.00	356720.90
2011	1427133.00	1032577.60	394555.40
2012	1570841.50	1241153.40	329688.10
2013	1682191.00	1379180.80	303010.20
2014	2032893.30	1729165.70	303727.60
2015	2184429.50	1901688.30	282741.20

说明："-"数为净回笼数

第二节　货币流通量

随着经济总量扩大，丽水市市场现金交易比重逐年提高，市场货币流通量逐年增大。中国人民银行机构每年都组织对市场货币流通量分布状况进行调查测算。适当有序地增加货币流通量能够缓解企业资金紧张局面，增强社会购买力，刺激人们消费需求，促进国民经济快速发展。20世纪90年代，丽水地区货币来源多元化，货币供应量较为宽松，提升社会发展质量与效率。1998年起，中国人民银行机构再未组织调查测算工作。

1966—1997年部分年份丽水地区货币流通量分布情况表

表 1-4-3　　　　单位：万元

年 份	货币流通量	集团单位现金库存	农村人民手持现金	城镇居民手持现金	其 他
1966	164.00	47.70	91.30	25.00	—
1976	303.75	92.57	179.83	31.30	—
1979	211.00	41.70	137.30	28.20	3.80
1980	750.00	146.20	489.20	98.80	15.80
1984	1327.00	135.00	1003.00	164.00	25.00
1988	2811.80	333.80	1600.00	8300.00	48.00
1989	2788.60	343.60	1550.00	845.00	50.00

续表 1-4-3

年 份	货币流通量	集团单位现金库存	农村人民手持现金	城镇居民手持现金	其 他
1990	3037.20	332.20	1800.00	850.00	55.00
1991	3274.40	394.40	1930.00	880.00	70.00
1992	32905.00	3020.00	26065.00	3270.00	550.00
1994	56225.00	5500.00	43100.00	6100.00	1525.00
1997	90563.00	9431.00	69326.00	6508.00	5598.00

第三节　现金管理

1949 年 10 月中华人民共和国成立后，丽水地区实施现金管理，长期通货稳定。“大跃进”和“文化大革命”时期，丽水商品供应不足，物价上涨。20 世纪 80 年代，改革开放初期，一度经济过热，物价上涨过快。经过治理整顿后，丽水经济开始好转。1988 年，为改善现金管理，促进商品生产和流通，丽水地区加强对社会经济活动监督，开始施行《现金管理暂行条例》，中国人民银行每年开展现金管理大检查。20 世纪 90 年代，全面实行大额现金审批报备制度，加强现金管理，由中国人民银行下达指令性现金计划，进一步加强宏观金融调控，严格控制消费基金增长，抑制通货膨胀，严格控制不合理的大额现金支付，严禁违规大额支现。2001 年以前，人行丽水市中心支行现金管理重点一直是合理控制现金投放，防止因现金过量投放引起短期物价上涨。随着市场经济体制改革不断深化、结算工具创新和结算手段多元化，现金与通货膨胀相关性大大降低，而利用现金进行违法犯罪的现象日益突出。2001 年起，人行丽水市中心支行现金管理重点逐步转向以防范和打击利用现金结算从事违法犯罪活动、防范和化解现金结算风险为主。2001 年年底，人民银行现金管理职责由货币信贷部门调整到货币金银部门。2006 年，为规范现金收支行为，保证现金供应，防范流动性风险，人行丽水市中心支行加强商业银行现金收支分析工作，开始加强商业银行人民币收付业务管理工作。2007 年 9 月底，人民银行大额现金管理职责由货币金银部门划转到反洗钱部门。丽水市的现金管理职能主要是现金实物的投放、回笼，现金运行规律的分析和预测，以及对流通中人民币的监测。采取的措施主要是畅通现金投放、回笼渠道，根据辖内现金需求，合理调拨现金，加强现金供应，并畅通银行机构现金回笼渠道；强化现金需求分析和预测，及时把握影响现金运行的主要因素，综合分析经济运行、物价水平、信贷资金投放等经济金融指标，适时了解电子支付手段的发展状况，提升现金运行分析的前瞻性和主动性，准确把握丽水辖内各券别人民币的市场需求，合理安排现金投放，确保现金供应充足；加强流通中人民币监测工作，通过设立人民币监测点，对流通中人民币整洁度、满意度等进行监测，进一步加强现金管理工作的针对性，提升现金管理工作水平。

第四节　反假货币

20 世纪 80 年代后期，丽水地区出现假币。1988 年，全区收缴假币 37 张，计面额 676.5 元。1990

年，首次发现台湾版100元券假币5张。20世纪90年代开始，假币发案次数、发案金额、收缴数量均逐年大幅度上升。1991年，假币收缴面额44832元。1993年，假币收缴面额228043元。2000年，假币收缴面额超100万元，达101万元，首次收缴假美元9200美元。

最早的假币造假方式为手工描绘、木版、石版。20世纪80年代后期，发展到照相制版、机器分次套印，后又采用复印机、分色分次大量复印，假币更加逼真，增加识别难度。90年代后期起，发现的假币主要是机制，假币制作技术不断翻新。2000年起，发现假币采用现代化印刷机械生产，仿真度极高，有的伪造水印、安全线，有的针对验钞机伪造机读特征。

中国人民银行丽水市中心支行针对假币增多，假币案件急骤增加，反假工作形势严峻的新情况，利用各种宣传途径，增强社会群众反假币意识；组织反假币培训,提高识别能力；加强部门协作,严厉打击假币案件。从1999年开始，人民银行系统配合公安、海关、工商等部门侦破各类假币案件，持续开展打击制贩假币专项斗争，取得明显成效；督促和指导商业银行加强柜面监督和检查，提高防范、打击制贩假币犯罪能力；广泛深入进行反假货币宣传教育。2007年开始，丽水市开展城市社区、农村反假货币网络建设。至2009年末，已建立反假货币工作站252个，聘请反假货币宣传联络员3900人，实现反假货币宣传网络全覆盖。2010年下半年，进一步探索、创新农村反假货币工作，抓住“银行卡助农取款服务”全国试点有利时机，依托“银行卡助农取款服务点”，同步建设“丽水市农村反假货币工作点”，两者“合二为一”，按照“政府支持，人民银行主导，涉农银行机构分片负责，相关部门共同参与”原则，有效拓展农村反假货币渠道，进一步完善农村反假货币工作长效机制。2011年，扎实推进农村反假货币工作点建设。中国人民银行丽水市中心支行印发《丽水市“农村反假货币工作点”建设实施方案》，以“六个一”标准（一是确定一家联系银行机构，由该银行机构履行所辖工作点的业务指导、设施配备、资料提供、反假货币宣传等职责；二是悬挂一块牌匾，统一制作颁发“农村反假货币工作点”牌匾，增强商户责任感和荣誉感，并接受公众监督；三是摆放一批宣传资料，供所在行政村居民索取，扩大反假货币知识宣传；四是配备一台验钞机具，通过人机结合的方式，切实提升农村假币识别能力；五是指定一名宣传联络员，由商户的店主或具备一定反假币素质的家庭成员承担反假货币宣传联络员职责；六是设立一本工作台账，及时登记反假货币工作开展情况及当地反假工作动向），规范农村反假货币工作点建设。当年底，丽水市建成“农村反假货币工作点”2114个，实现农村反假货币工作网络在乡镇和行政村全覆盖。至2015年年末，仍有2104个农村反假货币工作点（站）。

第五章　货币制度

货币是国家历史发展的缩影。货币是商品交换的手段，也是一种特殊文化载体。商代货币已经产生，由自然货币（贝、骨）转向人工货币（铜、青铜），其制度也应运而生。春秋战国时期，各诸侯实行不同的货币制度。秦统一中国后，主要实行以环形为主要特点的货币，制定适应需要的形制和重量，推出外圆内方的“半两”钱。西汉由地方铸币（郡国、私铸）转为中央铸币（朝廷），奠定中央直接经管铸币权。处州建置之初，正是隋代由南北朝货币混乱时期趋向统一之时，朝廷铸造标准的“五铢”钱，统一货币，禁止旧制钱流通。唐武德四年（621），铸行“开元通宝”年号钱，一改汉朝以来的纪值纪重“五铢”钱币，废除铢两制，创立宝文币制（主要是通宝、元宝、重宝），实行一种信用货币。北宋货币以铜钱为主，南宋以铁钱为主，出现世界上最早纸币“交子”。由金属货币转向纸币与铸币并用。元代，纸币成为基本流通货币。至明朝，白银成为最主要流通货币，钱、钞兼用。处州各地广开银矿，炼制白银。清朝，以白银为主，小额交易用钱。后期改模具制钱为机器制钱，由手工制币转向机制币，铸币工艺发生重大改变，结束了流行2000余年的圆形方孔钱币形式。

民国时期，发行流通一系列银元、铜元、纸币。民国3年（1914）颁布《国币条例》13条，决定实行银本位制度开始，其货币制度不稳固，多变化多改动，初期以“一圆银币用数无限制”，采用无限法偿的本位货币，实行“两、元（银两、银元）并行，银元、铜元和纸币并用”货币制度。20世纪20—30年代，受国际金价及银价波动影响，国内白银外流，货币发行杂乱欠章，而实施法币制度。抗日战争和国共内战时期，法币急剧贬值，彻底崩溃，劳民伤财。因战时需要，丽水地区承印或代印纸币、兑换券，流通于市。

人民币（CNY），是中华人民共和国法定货币，实行纸币本位制。1949年9月，开始在丽水地区发行流通。至1951年年底，建立以人民币为唯一合法货币的、统一的货币制度，禁止其他货币流通。

第一节　近代及以前货币制度

东汉末期，域内成立松阳、遂昌二县，北方官员主政，引进多地货币。三国时期，丽水地区属于孙吴统治地区。孙吴政权主要流通汉代旧钱，并新铸行大泉五百、大泉当千、大泉二千、大泉五千4种钱币，其中孙权称帝后铸行大泉五百，面背皆有内外廓，大小轻重不等，逐渐轻小。后又铸行大泉当千，面背皆有内外廓，大小轻重不等。梁武帝，废止铜钱，铸造铁钱，为中国首次由中央政府大规模铸造铁钱。铁钱面文有五铢，书体小篆，背有四出文。

隋朝是处州建立时期，正是经济较为高速发展年代，挖运河、修道路、开城池、耀武威、开边域，役力过甚，百姓负担过重，货币流通量大大增加。对处州（丽水地区）统治更加强盛，赋税更重，使用钱币也更加频繁。人口也较快增加，外来户籍明显增多（松阳县家谱调查显示）。货币制度推陈出新。隋开皇六年（586），铸行“开皇五铢”，又称“置祥五铢”，由多种货币趋于统一货币。各地关卡置百钱为样钱，入关铜钱均需进行检查，合乎标准者入关内流通，否则销毁。大业年间（605—618），铸造“五铢白钱”。隋唐货币制度，有着承上启下的作用，既继承魏晋南北朝钱币、布帛等流通手段传统的制度，又为宋元时期白银、纸币的货币流通制度拉开序幕。隋唐基本货币制度奉行类似于复本位制，钱帛兼行，大宗支付用绢帛，小额交易用钱币。

唐武德四年（621），一改前代“铢”“两”钱名的货币制度，铸行“通宝”钱币，即名“开元通宝”（也可读“开通元宝”），有开创新纪元的寓意。与秦半两、汉五铢钱相同，是中国货币发展史上具有划时代意义的铸币史标志。丽水多地出土多种“开元通宝”钱币（唐高祖、武宗等）。唐朝时期，铸造过多种形制货币，均以铜币为主，延续南北朝时期使用绢帛实物货币。贵金属铸有金铤、银铤、金饼、银饼等货币。此外，尚存在属于花钱性质的金、银开元通宝钱。唐中期以后（唐宪宗年间）出现中国最早汇兑制度"飞钱"。五代十国的吴越国时期，龙泉县小梅地区始建瓷窑生产的碗、盆、壶、盏等瓷器开始外销挽回钱币，从当地窑址中出土多种钱币。

北宋，以铜钱为主，铁钱为辅，出现纸币，宋朝政府用"交子""钱引"或称"交子务""钱引务"，江南用"会子"。随着南宋中央集权南移至临安（今杭州），货币流通扩大。为减少纸币流通，宋、金、元等历代都实行以新纸币折若干旧纸币的办法（缩小票面价值）回收，或以作废旧纸币，来回笼纸币。元朝，纸币制度走向成熟和完善。元末，白银真正成为有价值尺度的流通货币。银锭正式称作元宝，定制重为五十两，其多呈亚腰状，正面钱文包括地名、时间、重量、银匠等，背面则阴刻元宝两字。

明代，规定本朝官铸的方孔圆钱统称制钱，以区别于古钱。《瀛涯胜览》记载，西洋、南洋许多国家流通使用中国铜钱。明朝每隔一段时间就发行新版纸币，以减少货币贬值崩溃。"大明宝钞"在发行流通过程中不断贬值。至弘治年间（1488—1505），宝钞在商品货币经济中已无意义，民间只用银和钱进行交易。明中叶以后，宝钞已无人使用。明朝钞、钱、银均用，后来改为以纸币为主，铜币为辅，钱钞并用。自隆庆时期，开通海关，外国白银大量涌入，又大肆挖掘银矿，处州之地就有上百处银矿。处州发生多起矿工起义事件。景泰三年（1452），分青田县地建立景宁县，其中一个理由即鸣鹤乡等地矿区矿工人员多难以有效管理，故此设邑专管。民间一直在使用白银，逐渐成为通用货币。嘉靖年间（1522—1566），纸币制度走入绝境，故正式恢复铜钱铸造及流通。据《大明律·户律·仓库》记载，首次设立"钱法""钞法"专条，确立宝钞与铜钱并行使用的制度。丽水境内流通明朝各个时期制币，包括南明小朝廷铸造的武通宝、永历通宝、大明通宝等铜钱。

清朝继承前各代的各种货币制度。与明代币制极为相像，其名称、机构、具体措施少有改动，没有实质性的变化。清初，铸钱体制比明晚叶更趋完善，铸造制钱数量巨大。各地衡法不一，白银铸造形式统一，轻重不等，成色高低不同，流通需要称量，折合成纹银计算，十分不便。纹银并无实物，仅是通用银两标准成色的一种虚银两。银两在清代币制中，具有非常重要的地位。征缴赋税时，数额超过一两以上时，一律收银两。《皇朝文献通考·钱币考》记载：嗣后官发银两之处，除工部应发钱文者仍用钱外，其支用银两，俱即以银给发，至民间日用，亦当以银为重。鸦片战争以后，币制紊乱，呈多元化状况，白银、铜钱、纸钞、银元、铜元等同时流通。至晚清，与外国贸易、金融往来增多才使货币制度发生重大变化，金融机构呈现与历史不同的情形。币制仍以银、钱为主，流通货币有银两、铜钱和外国银元。形制、名称各异，出现机制制钱，发行铜元、银元，直至民国时仍在使用。光绪十三年（1887），清廷准两广总督张之洞在广东试铸银元，于光绪十五年（1889）开始铸造。光绪二十六年（1900）六月，两广总督李鸿章开始铸铜元。宣统二年（1910），清政府颁布《币制则例》将铜币铸造权收归中央，铜币已陷入紊乱局面。铸币常以铜、铅、锡合金铸造，金子可以流行。铜钱单位为文、串、卯，通常1串为1000文，1卯为12280串，各地有不同算法。实际流通中白银与铜钱承担主币和辅币的作用。清末，白银外流及战争赔款，出现"银贵钱贱"，货币制度出现混乱。

民国时期，民国货币有银币、铜币、纸币3种。民国3年（1914）2月，北洋政府整顿币制，统一银元，颁布《国币条例》13条及《国币条例施行细则》，确定以银元为中华民国国币。国币以"一圆"银币为主币。决定实行银本位制度，规定重量、成色，定名"圆"。"一圆银币无限制"，即以无限法偿的本位货币。民国16年(1927)，南京国民政府铸造孙中山头像银元，与“袁大头”币共同流通。民国17年(1928)，国民政府草拟《国币条例草案》15条，确定本位币为“银币一圆”，“以库平纯银六钱四分零八毫为价格单位，定名曰圆”，“一圆银币总重量为七钱二分，银八九、铜一”。民国22年(1933)3月8日，国民政府财政部公布《银本位币铸造条例》，“废两改元”，废除银两制度，实行以元为单位的银本位制度。民国24年(1935)11月，国际贵金属动荡，国内白银不断外流，银本位币制不稳，货币发行混乱难以收拾后，开始发行法币，不与银币、银两挂钩，采用信用流通纸币形式，禁止银元流通。抗日战争时期，丽水地区成为抗日后方基地，民国政府“四行”(中央、中国、交通、农民银行)、省级和各地银行金融机构相继迁徙丽水地域，新建和扩充本地银行机构，丽水呈现出金融“盛极一时”现象，由战时金融体制行使货币经营。银行机构和银行专业人员众多，货币流通量庞大，支援抗战前线、巩固后方基地。抗日战争和国共内战期间，法币贬值，至彻底瓦解崩溃。民国37年(1948)8月，民国政府改革币制，发行银圆券来取代法币。规定银圆券以金圆券为本位。其间，发行“关金”，也称关金券，即海关金单位兑换券，用以收纳关税，成为通货。各省份、军阀、割据政权都发行自己的货币。中华人民共和国成立前夕，金圆券膨胀速度比法币还要快，形同废纸，各地拒用，民间重新使用银币。

第二节　现代货币制度

人民币制度是中国现行货币制度。人民币是中华人民共和国唯一合法货币，是集中统一的货币，是丽水地区唯一的流通货币。人民币是以国家信用作为保证而发行流通的货币。人民币采用主币、辅币流通结构。中国人民银行根据国家授权掌管人民币，负责集中统一印刷、发行，管理人民币流通。丽水从1949年7月建立中国人民银行丽水支行起，就承担地域内人民币管理和货币领域流通管理，坚持高度集中统一管理和按照国家指标计划发行，有效地支持地方经济发展。

人民币流通管理

根据国家货币政策，严格遵行人民币制度。一是遵守纸质与金属货币材料；二是采取无法定含金量，以适销商品作为保证；三是采用本位币、辅币制度和发行、流通程序；四是遵行人民币发行权集中于中国人民银行，任何其他单位、个人不能印制和发售货币制度；五是实行黄金、外汇储备的货币发行准备制度。人行丽水市中心支行对人民币管理制度均以中国人民银行总行文件为准，未出台地方性文件。

人民币流通制式

中华人民共和国成立初期，域内有解放区使用和人民政府发行的人民币纸币及中华人民共和国成立后在丽水地区域内流通的五套人民币。

第一套人民币制式　第一套人民币有面额12种版别62种，分别为1元纸币2种、5元纸币4种、10元纸币4种、20元纸币7种、50元纸币7种、100元纸币10种、200元纸币5种、500元纸币6种、1000元纸币6种、5000元纸币5种、1万元纸币4种、5万元纸币2种(1949年春节发行正面万寿山图景100元纸币和正面列车图景50元纸币各有版别2种)。

丽水市场流通第一套人民币一览表

表 1-5-1

券别	图案		主色	发行时间
	正面	背面		
1 元	工人和农民	花符	蓝、粉	1949 年 1 月 10 日
1 元	工厂	花球	浅蓝、红蓝	1949 年 8 月
5 元	牧羊	花符	绿	1949 年 2 月 23 日
5 元	帆船	花符	蓝	1949 年 1 月 10 日
5 元	牛	花球	蓝	1949 年 7 月
5 元	经纱	花符	黄、棕	1949 年 8 月
10 元	木工	花符	黄、粉	1949 年 2 月 23 日
10 元	灌田	花符	浅绿、深绿	1948 年 12 月 1 日
10 元	火车站	花符	茶	1949 年 5 月 25 日
10 元	工人和农民	宝塔	浅绿、深绿	1949 年 8 月
20 元	施肥	大花球	深绿、咖啡	1949 年 12 月 1 日
20 元	推车	花符	绿、蓝、咖啡	1949 年 2 月 23 日
20 元	万寿山(甲)	花符	浅蓝、蓝	1949 年 7 月
20 元	工厂	花球	蓝绿、黑黄	1949 年 8 月
20 元	火车、帆船	花符	紫	1949 年 8 月
20 元	打场	花符	深蓝、浅蓝	1949 年 9 月
20 元	万寿山(乙)	花符	紫红	1949 年 10 月
50 元	水车	花符	深蓝、红黑	1948 年 12 月 1 日
50 元	火车、大桥(红)	汽车	紫红	1949 年 10 月
50 元	火车、大桥(蓝)	汽车	深蓝	1949 年 6 月
50 元	列车(甲)	花符	黄、蓝、黑	1949 年 3 月 20 日
50 元	列车(乙)	花符	黄、蓝、黑	1949 年 4 月
50 元	压道机	车马	浅蓝、绿灰	1949 年 10 月 3 日
50 元	工人和农民	花球	浅咖啡	1949 年 8 月
100 元	耙地	花符	蓝、黄、红、黑	1949 年 1 月 10 日
100 元	火车站	花符	蓝、绿、茄紫	1949 年 2 月 5 日
100 元	万寿山(甲)	火车	绿	1949 年 2 月 5 日
100 元	万寿山(乙)	火车	绿	1949 年 3 月 20 日
100 元	工厂	花符	藕荷红	1949 年 3 月 20 日
100 元	北海桥(甲)	花符	蓝、紫、黑	1949 年 3 月 25 日
100 元	北海桥(乙)	花符	黄、黑、紫、灰、蓝	1949 年 7 月
100 元	轮船	大花座	藕荷红	1949 年 8 月

续表 1-5-1

券　别	图　案		主　色	发行时间
	正　面	背　面		
100 元	运输	花符	深黄、栗茶、黑	1949 年 11 月 5 日
100 元	帆船	花符	赭石	1950 年 1 月 20 日
200 元	排云殿	花符	黄、紫、绿	1949 年 5 月 8 日
200 元	颐和园	花符	黄、蓝	1949 年 3 月 20 日
200 元	长城	花符	绿、茄紫	1949 年 8 月
200 元	钢铁厂	花球	黄、蓝、咖啡	1949 年 9 月
200 元	割稻	花符	黑蓝	1949 年 10 月 20 日
500 元	农村	花符	深茶	1949 年 9 月 10 日
500 元	正阳门	花符	灰绿、淡紫、黑	1949 年 9 月 10 日
500 元	起重机	花符	浅咖啡	1949 年 10 月 3 日
500 元	收割机	花符	豆绿	1949 年 10 月 20 日
500 元	种地	花符	绿、紫、黑、酱红	1951 年 4 月 1 日
500 元	瞻德城	花符(有维吾尔文)	浅蓝、酱紫红	1951 年 10 月 1 日
1000 元	耕地	天坛	浅紫、深灰	1949 年 9 月 11 日
1000 元	秋收	花符	浅蓝、浅黄	1949 年 10 月 3 日
1000 元	三台拖拉机	割麦	蓝黑	1949 年 11 月 15 日
1000 元	推车	轮船	浅蓝、紫	1949 年 12 月 23 日
1000 元	钱塘江桥	花球	墨绿、蓝黑	1950 年 1 月 20 日
1000 元	牧马	花符(有维吾尔文)	浅蓝、深绿	1951 年 10 月 1 日
5000 元	耕地机	花符	浅蓝、葱绿、黑蓝	1950 年 1 月 20 日
5000 元	工厂	花球	深茶	1950 年 1 月 20 日
5000 元	骆驼	花符（有蒙古文）	浅绿、深绿	1951 年 5 月 17 日
5000 元	牧羊	花符(有维吾尔文)	浅绿、深茶	1951 年 10 月 1 日
5000 元	渭河桥	花符	紫茶	1953 年 9 月 25 日
10000 元	骆驼	花符(有维吾尔文)	茶红	1951 年 10 月 1 日
10000 元	牧羊	花符（有蒙古文）	浅紫、红茶	1951 年 5 月 17 日
10000 元	轮船	花符	杏黄、浅蓝、墨绿	1950 年 1 月 20 日
10000 元	双马耕地	牧牛羊	黄、深棕	1950 年 1 月 20 日
50000 元	新华门	履带拖拉机	蓝黑、红绿	1953 年 12 月
50000 元	收割机	生产图	红、紫、绿	1953 年 12 月

说明：1949 年 1 月 10 日开始在解放区发行，6 月在丽水市发行流通

第二套人民币制式　1955年3月1日，开始发行第二套人民币(俗称五三版)，同时收回第一套人民币。域内同期开始发行并实施管理。新旧人民币兑换比率为1∶10000。第二套人民币主币为1元、2元、3元、5元、10元5种；辅币为1分、2分、5分、1角、2角、5角6种，共计11种。第二套人民币各种面额纸币票面采用汉语、蒙古语、维吾尔语、藏语4种民族文字，中国人民银行行名由马文蔚书写，字体为魏碑“张黑女”字体。后成为中国人民银行行名通用标准字体。

第二套人民币辅币主景采用汽车、飞机、轮船、拖拉机、火车、水电站等生产和交通运输工具以及能源设施，主币1—3元纸币采用北京天安门、延安宝塔山、井冈山龙源口3个革命圣地图景，5元、10元纸币采用各民族大团结和工农联盟图景，表现社会主义建设新貌、中国革命历程和全国各族人民大团结。3种纸分币采用胶版印刷，角币、元币采用胶凹套印，10元纸币运用当时先进多色接线技术。1961年3月25日，发行第二套人民币1956年版1元纸币；1962年4月20日，发行1956年版5元纸币。第二套人民币纸币先后发行面额11种、版别13种。1964年4月14日，中国人民银行发布《关于收回三种人民币票券的通告》，决定从翌日起限期收回苏联代印1953年版3元、5元和10元3种纸币。同年5月15日，停止收兑和流通使用。

第二套新人民币发行有四大特点：一是比价合理。旧币1万元折新币1元，是依据国内黄金、银元、外汇价格与抗战前相比，大约上升8000—10000倍(战前黄金每“两”为“法币”80—100元)，旧人民币1万元换新人民币1元，与金银价格变动一致，大体上保持战前水平。二是按统一比价收兑。收兑时，对旧人民币持有者，不分阶层、不分阶段、不限兑换数量和不同兑换率，实行无差别兑换办法。三是新币比旧币面额小、计算方便。在商品买卖中可节约点数时间，新币印刷精美，便于保存和识别真伪。四是新币正面印有汉字，背面印有汉语、蒙古语、维吾尔语、藏语4种文字，方便国内各族人民使用。

丽水市场流通第二套人民币一览表

表1-5-2

券别	图案		主色	发行时间	只收不付时间
	正面	背面			
1分	汽车	国徽等	茶、米黄	1955年3月1日	
2分	飞机	国徽等	蓝、浅蓝	1955年3月1日	
5分	轮船	国徽等	墨绿、浅翠绿	1955年3月1日	
1角	拖拉机	国徽等	棕、黄、浅草绿	1955年3月1日	1971年11月20日
2角	火车	国徽等	黑、绿、浅紫粉	1955年3月1日	1971年11月20日
5角	水电站	国徽等	紫、浅紫、浅蓝	1955年3月1日	1976年12月
1元	天安门	国徽等	红、黄、粉紫红	1955年3月1日	1971年11月20日
2元	宝塔山	国徽等	深蓝、土黄、灰蓝	1955年3月1日	1976年12月
3元	龙源口	国徽等	深绿	1955年3月1日	1963年12月1日
5元	各民族大团结	国徽等	酱紫、橙黄	1955年3月1日	1963年12月1日
10元	工农联盟图景	国徽、多色牡丹图	黑	1957年12月1日	1963年12月1日
1分(硬)	国徽和国名	麦穗、币值、年号	银白	1957年12月1日	

续表 1-5-2

券别	图案		主色	发行时间	只收不付时间
	正面	背面			
2 分(硬)	国徽和国名	麦穗、币值、年号	银白	1957 年 12 月 1 日	
5 分(硬)	国徽和国名	麦穗、币值、年号	银白	1957 年 12 月 1 日	
1 元	天安门	国徽等	蓝黑、橘红	1961 年 3 月 25 日	1973 年 8 月 15 日
5 元	各民族大团结	国徽等	深棕、米黄	1962 年 4 月 20 日	1983 年 12 月 12 日

第三套人民币制式　1962 年 4 月 20 日，开始陆续发行第三套人民币。域内同期开始发行并实施管理。第三套人民币有 1 角、2 角、5 角、1 元、2 元、5 元、10 元面额 7 种、版别 13 种，其中面额 1 角纸币有版别 3 种。第三套人民币与第二套人民币比价为 1∶1。两套人民币在混合流通一段时间后，逐步收回第二套人民币元、角纸币，继续流通分币。第三套人民币主要表现社会主义建设新成就、新风貌，1 角、2 角、5 角纸币分别表现教育与生产劳动相结合、武汉长江大桥、纺织厂生产图等画面。1 元、2 元、5 元、10 元纸币分别为女拖拉机手生产图、车间工人生产图、炼钢工人生产图和人民代表步出大会堂等画面。第三套人民币制版工艺主景采用手工雕刻，面额文字衬底花纹图案多采用机器雕刻，并运用多色接线技术，提高新币防伪性能。

丽水市场流通第三套人民币一览表

表 1-5-3

券别	图案		主色	发行时间	只收不付时间
	正面	背面			
1 角	教育与生产劳动相结合	国徽和菊花图	枣红、橘红、蓝绿	1962 年 4 月 20 日	1992 年 2 月
1 角	教育与生产劳动相结合	国徽和菊花图	深棕、浅紫	1966 年 1 月 10 日	1992 年 2 月
1 角	教育与生产劳动相结合	国徽和菊花图	深棕、浅紫	1967 年 12 月 15 日	1992 年 2 月
2 角	武汉长江大桥	国徽和牡丹花	墨绿	1964 年 4 月 15 日	1992 年 2 月
5 角	纺织厂生产图	国徽、棉花和梅花	青莲、橘黄	1974 年 1 月 15 日	1996 年 2 月
1 元	女拖拉机手生产图	国徽、放牧图	深红	1969 年 10 月 20 日	1996 年 2 月
2 元	车床工人生产图	国徽和石油矿井	深绿	1964 年 4 月 15 日	1996 年 2 月
5 元	炼钢工人生产图	国徽和露天采矿图	深棕、咖啡、黑	1969 年 10 月 20 日	1996 年 2 月
10 元	人民代表步出大会堂	天安门、国徽和天安门水印	黑	1966 年 1 月 10 日	1996 年 2 月
1 角(硬)	国徽、国名	齿轮、麦穗、币值、年号	金黄	1980 年 4 月 15 日	
2 角(硬)	国徽、国名	齿轮、麦穗、币值、年号	金黄	1980 年 4 月 15 日	
5 角(硬)	国徽、国名	齿轮、麦穗、币值、年号	金黄	1980 年 4 月 15 日	
1 元(硬)	国徽、国名、年号	长城和币值	银灰	1980 年 4 月 15 日	

第四套人民币制式　1987年4月27日，开始发行第四套人民币。丽水地区同期开始发行并实施管理。第四套人民币主币有100元、50元、10元、5元、2元、1元面额6种，辅币有5角、2角、1角面额3种，与第三套人民币混合流通，两套人民币比价为1∶1。第四套人民币设计主题思想突出，民族风格鲜明，印制工艺先进。纸币正面为人物头像，100元纸币为毛泽东、周恩来、刘少奇、朱德四位领袖侧面浮雕像，50元纸币为工人、农民、知识分子头像，其他元、角纸币分别为身着民族服饰人物头像。背面主景是祖国名山大川。票面纹饰采用富有中国民族特色图案，如凤凰牡丹、仙鹤松树、绶带鸟翠竹、燕子桃花等，辅币背画分别以各民族图案衬托国徽，具有浓郁民族风格和高度艺术性。采用水印、磁性油墨、荧光油墨等印制先进技术。以后，发行1990年版50元、100元纸币采用金属安全线。第四套人民币防伪性能进一步提高。

丽水市场流通部分第四套人民币一览表

表1-5-4

券别	图案		主色	发行时间
	正面	背面		
1角	高山族、满族人物头像	国徽、民族图案	深棕	1988年9月22日
2角	土家族、朝鲜族人物头像	国徽、民族图案	蓝绿	1988年5月10日
5角	苗族、壮族人物头像	国徽、民族图案	紫红	1987年4月27日
1元	侗族、瑶族人物头像	长城	深红	1988年5月10日
2元	维吾尔族、彝族人物头像	南海“南天一柱”	绿	1988年5月10日
5元	藏族、回族人物像	长江巫峡	棕	1988年9月22日
10元	汉族、蒙古族人物头像	珠穆朗玛峰	黑蓝	1988年9月22日
50元	工人、农民、知识分子头像	黄河壶口	黑茶	1987年4月27日
100元	毛泽东、周恩来、刘少奇、朱德四位领袖侧面浮雕像	井冈山主峰	蓝黑	1988年5月10日

第五套人民币制式　1999年10月1日起，开始发行第五套人民币。丽水地区同期开始发行并实施管理。第五套人民币有100元、50元、20元、10元、5元、1元、5角和1角面额8种。第五套人民币采用“一次公告，分次发行，新旧版混合流通，逐步回收旧版”发行原则。第五套人民币纸币正面饰以毛泽东头像，第五套人民币硬币与前几套人民币硬币相比，采用大面额数字，方便流通。1元硬币增加边部滚字技术。5角硬币材质首次采用钢芯镀铜合金。

2005年，为提升防伪技术和印制质量，发行2005年版第五套人民币部分纸、硬币。2005版纸币规格、主景图案、主色调、“中国人民银行”行名和汉语拼音行名、面额数字、花卉图案、国徽、盲文面额标记、民族文字等票面特征，均与1999版第五套人民币相同，其变光数字、面额水印位置调整，增加凹印手感线、防复印标记、背面面额数字加后缀“YUAN”等。第五套人民币1角硬币材质由铝合金改为不锈钢，色泽为钢白色，正面为“中国人民银行”、“1角”、汉语拼音字母“YI JIAO”以及年号。

2015年11月，发行2015年版100元纸币。规格、主图案等保持不变，对票面图案、防伪特征及布局进行调整，提高机读性能，采用先进公众防伪技术，使公众更易于识别真伪。

丽水市场流通部分第五套人民币一览表

表 1-5-5

券别	图案		主色	发行时间
	正面	背面		
100 元	毛泽东头像、国徽、花卉	人民大会堂图案	红色	1999 年 10 月 1 日
				2005 年 8 月 30 日
				2015 年 11 月 12 日
50 元	毛泽东头像、国徽、花卉	布达拉宫图案	绿色	2001 年 9 月 1 日
				2005 年 8 月 30 日
20 元	毛泽东头像、国徽、花卉	桂林山水图案	棕色	2000 年 10 月 16 日
				2005 年 8 月 30 日
10 元	毛泽东头像、国徽、花卉	长江三峡图案	蓝黑色	2001 年 9 月 1 日
				2005 年 8 月 30 日
5 元	毛泽东头像、国徽、花卉	泰山图案	紫色	2002 年 11 月 18 日
				2005 年 8 月 30 日
1 元（纸币）	毛泽东头像、国徽、花卉	三潭印月	绿色	2004年 7 月 30 日
1 元（硬币）	中国人民银行、1 元、拼音字母、年号	菊花图案及中国人民银行汉语拼音字母	镍白色	2000 年 10 月 16 日
1 角（硬币）	中国人民银行、1 角、拼音字母、年号	兰花图案及中国人民银行汉语拼音字母	铝白色	2000 年 10 月 16 日
5 角（硬币）	中国人民银行、5 角、拼音字母、年号	荷花图案及中国人民银行汉语拼音字母	金黄色	2002 年 11 月 18 日

第二编　金融市场

金融的本质是价值的流通及银行信用运作与相关业务活动。金融是中介服务行为，是在银行、保险、证券、租赁等行业中起桥梁作用，是理财与融资的过程。丽水市金融雏形，是在南宋时期官办粮仓籴粜买卖粮食时形成，从那时起，就常伴随着官办借贷活动。“令民自隐度麦粟之赢，先贷以钱，俟谷熟还之官。”（《宋史·李参传》）称青苗钱（本名常平钱）。之后，改为库贷。以为革除“宋世弊政”（清道光《丽水县志》）。南宋朱熹自担任浙东常平茶盐公事始，就把其在家乡实施的社仓制度推广至浙江各地，丽水也从这个时期开始民间储粮，以助官仓之不足。粮仓的借贷与官府借贷形式以类相从，促使各种各样的信贷机构相继建立，完全是为适应社会需要和货币信用逐步形成和发展起来的。在自然经济社会时期，典当是丽水原始积累的早期金融机构形式。清朝咸丰年间随着商品流通扩大，典当应运而生。钱庄的借贷形式产生是由外来因素造就的，主要由温州、宁波等地传入和同一时期的华侨资本运作及社会需求而最终产生。随着社会大生产大商业的形成，促使钱庄和现代金融银行产生并迅速扩展。20 世纪 30 年代后期，国民政府的“废两改元”和日本侵华战争、现代银行入驻等多种因素，促使结构不严密、规模不宏大的初期信贷形式的典当、钱庄快速走向消亡。

丽水地区资金融通现象自古有之。主要出现于民间集货贸易、中间贸易、山区长途贩运、山货贩运、竹林远销、产业集资、钱业市场等活动中，常伴随着同业拆借、货币买卖、埠际汇划、钱市利率的融资行为。抗日战争时期，浙江省主要银行业长期集中在丽水地区，一度形成银行与银行、银行与政府、银行与一些单位机构、政府与部门之间的货币借贷市场、资本市场，如同业拆借、商业票据、银行承兑、政府债券、融资租赁、银行信贷等众多金融市场形式。民间借贷、投资、融资行为一直延续至今未绝。本编所载的主要金融市场内容是在丽水区域内产生的社会性金融活动，不包含银行、保险、证券专业机构间的资金融通市场和政府机构间的债务行为。

第一章 粮仓借贷

古代储藏粮食的仓库称为仓廒，也作仓敖、仓厫。境内各邑古代粮仓形式多种多样。常平仓、预备仓是官仓，由官府筹建、经营、管理，主要功能是储粮为官用，以贮粮备荒和供给官、军俸粮。常常对外借贷粮食，通常以物易物为主，也常以货币形式在丰年或收获季节购粮存仓，歉年或荒季时平价出售"以免伤农""则蠲其息"，平抑市场粮价。南宋淳熙八年(1181)朱熹任浙东常平茶盐公事职上倡导社仓，以备荒年。处州(今丽水市)社仓，大多是官府倡导民间设立。明朝，设预备仓。之后，出现民办仓储粮库社仓、义仓、乡仓等。清光绪二十四年(1898)，朝廷规定各地方仓储每逢接卸皆以银钱列抵交，利于简便，一遇荒歉，辄请开赈截漕，责令买补储仓，不得以银钱列抵。官、民"出借收息"。清咸丰八年(1858)、咸丰十一年(1861)、同治元年(1862)，太平天国军队入境3次，许多粮仓"被劫空而荒废"。民国17年(1928)，各种粮库仓廒均改为义仓。民国30年(1941)后，浙江省粮食收贮、保管均委托省地方银行办理。区域内办结的有松阳、遂昌二县。后因日本侵略军窜扰停止办理。民国32年(1943)初，为便利交拨军粮，设立聚点仓，浙江省择定丽水、云和、龙泉、景宁4个县和其他地区6个县修建粮仓作为军粮，各县设立集中仓。民国35年(1946)9月，粮食仓库容量：丽水县73677石，青田县26231石，缙云县34312石，松阳县45615石，龙泉县86710石，庆元县12026石，云和县31811石，景宁县48312石，遂昌县62506石，用以备战备荒。

第一节 常平仓

官办粮仓。浙江州府县乡官办常平仓(库)已普及，开展有借贷活动。民间并有自发设义仓，开展互助互济，以补官仓不足。清雍正《浙江通志》记载：顺治十二年，"题准各衙门自理赎锾，春夏积银，秋冬积谷，悉入常平仓备赈"。民国《重修浙江通志稿》记载：常平仓负责平准籴粜。清朝时，春夏出粜，秋冬籴还，平价生息，务期便民。努银，为原来买入与卖出差价所获得的盈利，多用来再购粮。清光绪《处州府志》载：定例"米贵时减价出粜，米贱时籴还其数,以存七粜三为准。"

据旧志记载，设立最早的常平仓为庆元县仓廒，建于明嘉靖年间(1522—1566)。清雍正年间(1723—1735)，处州在府治南半里富山南麓处设永丰仓；同治年间(1862—1874)，在府署西侧又增建仓储。丽水县在清康熙年间(1662—1722)建，嘉庆年间(1796—1820)改建有常平仓5座84廒；青(民国《青田县志》称33座)、缙、遂、松(民国《松阳县志》称5座、26间)、龙、庆、云(清光绪《处州府志》称明朝时有2座)、景八县均设有常平仓1座。

第二节 预备仓

官办粮仓。荒年借贷，秋成偿还。

据旧志记载，设立最早的预备仓为庆元县仓廒，建于明洪武年间（1368—1398）。丽水县有贮谷仓廒20间，青田县5座，缙云县4所，松阳5所，遂昌县4所（清光绪《处州府志》称，明朝时在报恩寺东有东、西、南、北4仓），龙泉5所，庆元19间［清光绪《处州府志》称明洪武年间（1368—1398）建有5仓，清初期有2座，乾隆五十一年（1786）并入常平仓。民国《青田县志》称清雍正年间（1723—1735）添建15间］，云和2所27间［明正德年间（1506—1521）建］，景宁县23间［清光绪《处州府志》称明万历六年（1578）建］。

第三节 社仓 义仓

多为民仓，也有官仓。“社仓，前贤创之，后人因之，皆惠政也。”“每年一赈一偿，又能易新以藏”，以避官仓之弊。清康熙十八年（1679），题准“乡村立社仓，镇店立义仓”，“出陈入新，春月借贷，秋收偿还，每石取息一斗”。同时，也是“社谷以佐常平（仓）之不逮”。多半都是官倡民办仓储库粮，选举储粮或捐粮大户为社长来管理。

1994年版《龙泉县志》载：清代、民国积谷义仓较为普遍，是一种借谷还谷的民间借贷。6月、7月借出，10月收回，加息谷。以“积谷备荒，信用借与，利济贫民，协助生产”为宗旨，供农民借用。许多是为农民提供粮种。

丽水县（今莲都区）设有社仓、义仓各1座；青田县有社仓6座（清光绪《处州府志》记为8座）、义仓1座；缙云县社仓1座；松阳县社仓2座、乡仓1座（民国《松阳县志》称4座）、义仓1座；遂昌县设社仓、义仓各1座；龙泉县（今龙泉市）社仓1座、义仓7座（1994年版《龙泉县志》载）；庆元县社仓3座［清光绪《处州府志》称6所，1996年版《庆元县志》称清乾隆二十三年（1758）始设］；云和县社仓1座；景宁县（今景宁畲族自治县）社仓1座。

龙泉积谷义仓较为普遍，是一种借谷还谷的民间借贷。清光绪五年（1879），在五、七、八、九都成立义仓。至民国元年（1912），累计捐谷138400斤，加上每年6、7月借出，10月收回，加息谷，除开支，已有积谷近20万斤，但仓内仅存7万斤，其余均被义仓董事吴某侵吞。

第四节 其他仓储

粮仓名称只是称谓差异，其管理的内容与方式实质没有差别，均是官仓、民仓两种形式（修建及倾圮时间难以考证）。

古代，青田、缙云、松阳县设有存留仓各1座，遂昌县设有留济仓，龙泉县设有际留仓、劝储仓各1座，云和县设有储济仓1座，庆元县设有官仓1座，景宁县设有乡仓（也称官仓）4座。

第二章　典当　钱庄

丽水典当、钱庄出现较晚。典当、钱庄是在商品经济发展到一定基础与较高水平时，再由外地传递或引进的一种信贷形式的民间金融机构，其以民间的专业化借贷形式取代官府、寺庙、地主、富豪的高利贷经营方式。较早出现的典当，最主要的优势是较以前的借贷形式更加灵活、方法多样，取代了古板单一的早期民间借贷形式。然而，这种形式已经远远跟不上商业经济发展和民众生活的需要。钱庄的出现，多集中在民国8年（1919）至民国28年（1939）。丽水的典当、钱庄规模不大、形式简单、资金链脆弱，很容易受到外来因素制约和影响，由于日本侵华战争和第二次世界大战爆发，丽水成为浙江抗战大后方，更加上大量的全国、全省性银行迁入本地，民间业务量急速减少，纷纷倒闭。

改革开放后，随着社会经济和商品形式的发展变化以及经济活动的多样化，在人们对经济成分的不同需求等因素促使下，又出现了典当这一传统形式的行业。

第一节　典　　当

典当，也称当铺、典肆、当店、押店，由寺庙质押借贷活动的长生库、质库发展而来。民间承袭寺庙的这种抵押借贷方式而形成典当这一放款的信用行业。它是近代社会发轫的主要金融机构形式之一，是和商业性质相融合的一种经济机构。典当的兴起与发展，不断地吸引地方商业资本投入与运作，与不同的经济体融合，促使地方经济发展。清咸丰年间（1851—1861），丽水县（今莲都区）文敦街开设域内最早的当铺。民国以后，新型银行业兴起，旧式典当业亏损增加，开始逐渐消退，资本活动都转向现代银行业。中华人民共和国成立后，典当业被视为官商勾结、剥削人民的行业而被禁止。改革开放后，典当行业适应新的社会、经济、商业活动需要，又重新出现。

典当分布

清朝至民国期间，莲都区曾有2家、青田县1家、龙泉市1家、景宁县2家。1988年，莲都区开设1家，云和县开设1家。

民国32年（1943），浙江省省级机关迁入，在景宁县鹤溪镇设“社会服务处”，兼营典当业务。质押放款额一般在抵押品价值五成以下。受押品交存后付以“当票”，载明所当物品及抵押价款，交借款人收执。质押期一般为6个月至12个月，过期不赎当即没收质押品。抵押品有自耕田、山林或房产。为保留回赎权，通常以“活卖”方式进行，但往往无力回赎即变成“绝卖”。

1988年10月1日，在云和镇新华街私人合资开设海昌典当商行，以解决群众日常生活临时性资金周转的需要，资本总额6万元。受押物品有：金银饰物、家具、衣服、钟表等。押价按货物的原始发票，一般在7—8折，并按评估实际价值的50%支付现金，另50%作为保险金。当时最长为3个月，最短为一个星期。到期续当，必须先付清利息，经典方同意方可延期，延期利息仍按原定利率计算，如延期到期后一个星期，当方仍未赎取，典方可根据合同规定，单方拍卖处理。利息当价部分按月息2%计算，保险金部分按月息1%计算。该典当商行于次年5月底歇业。

1996年，中国人民银行印发《典当行管理暂行办法》。对典当行开始清理整顿，引导规范典当行发展。2000年，根据《关于典当行监管职责交接的通知》，典当行划归经贸系统主管。丽水市经济委员会负责丽水市范围内的典当机构的监管工作。2001年8月，国家经贸委正式公布《典当行管理办法》，扩大典当经营范围，把房产、股票等纳入，典当行归经贸系统主管。2005年2月，商务部、公安部颁布《典当行管理办法》，成为管理典当业的法律法规。2009年，经过商务部批准，成立丽水嘉城典当有限公司，企业注册资金1000万元。2010年年末，丽水市有典当行16家，其中莲都区6家，青田3家，龙泉、缙云、遂昌、松阳、云和、庆元、景宁等7个县（市）各1家；另外，有寄售行32家。至2015年年末，丽水市共有典当行5家。

丽水市古今部分典当一览表

表2-2-1

名　称	地　址	开业歇业时间	组织性质	主要业务
不详	丽水县城文敦街	清咸丰年间（1851—1861）	合股	典押衣服、首饰、铜锡器等
不详	丽水县城高井弄	清光绪年间（1875—1908）	合股	典押衣服、首饰、铜锡器等
不详	青田县城宝幢街韩氏宗祠内	清末民国初	合股	典押衣服、首饰、铜锡器等
不详	龙泉县卢埠社弄44号	民国6—9年（1917—1920）	合资	典押衣服、金银珠宝、首饰等
社会服务处	景宁县鹤溪镇设立2处	民国32年（1943）	合资兼营	典押衣服、金银珠宝、首饰等
处州典当商行	丽水市（县级）中山街	1988年9月	集体	典押家具、古董、衣服、首饰、铜锡器等
海昌典当商行	云和县云和镇新华街	1988年10月	合资	典押家具、古董、衣服、首饰等

旧时，农民与地主之间的典卖活动甚多。遇天灾人祸，农民典押家具、衣服、首饰、钟表等，或以自耕田、山林或房产典押，为保留回赎权，常用“活卖”方式。承典人交付典价后，在典当期间，即获得该地的使用及收益权，典价远低于绝卖价格，农民往往无力回赎而变成“绝卖”。典田在不赎绝卖时，出典人所得找价，为数极微。农民之间因融通资金，也发生典佃关系。

典当业制度

旧时，典当规则：金银首饰物典质为实价的八折，丝绸品为六折，被帐布袍为五折，衣服为三折。

当期一般18个月，利息一般月息2分。除利息外，收取存寄费，价值每元1分，各地有差异。过期不赎，没收质押品。再由动产发展到不动产，由实物到契据。当期短，利率高；当期长，利率低，无格式收据，仅有当铺便条，少有自作"当票"。新式典当行业也多参照旧法予以典当抵押。

第二节 钱 庄

钱庄，又称钱肆、钱铺、钱店。钱庄是在货币兑换经营的基础上发展而成的民间金融机构。丽水的钱庄业均产生在清晚期至民国时期，最早是以钱铺、现兑庄、兑换店的形式出现。清咸丰十年(1860)、光绪十六年(1890)，龙泉县开设忆生钱庄、瑞泰生瓷器店(兼营)2家钱庄为最早，后各县相继于民国时期发展29家钱庄。民国时期，正是国内银、钱并用和青田等地外国银元流入等因素，促使货币兑换业发展起来，由个人买卖交换到有价值的兑换。出现了兑换代理店、摊贩，直至发展起来了专营存、放、汇款业务的钱庄。青田县依托侨资发展最为繁荣，先后开设14家钱庄，以华侨居住地和活动地最频繁的县城、阜山村最为繁盛旺盛。民国21年(1932)开始，爆发一•二八淞沪抗战和嗣后世界性的经济危机，影响侨资来源与流动，也动摇了钱庄业的资金汇入，产业逐渐萧条，许多钱庄倒闭或者惨淡经营。民国21—25年(1932—1936)，全省金融风潮中，经济萧条，钱庄业受到严重冲击，惨淡经营，先后倒闭。至民国28年(1939)，青田县钱庄全部停业，其余钱庄在抗日战争全面爆发前歇业。丽水县丰源钱庄改为英亚细亚煤油公司代销处。

钱庄分布与经营

民国21年(1932)，有6个县域内设有钱庄，总户数29家，资本额银元35.13万元，营业额银元110万元。以青田县设立最早，户数最多，有7家，资本最为强盛雄厚，资本金达49.5万银元。《浙江金融志》(2000年版)载：丽水县4家，资本总额8.5万银元；青田县7家，49.5万银元；松阳县6家，11.3万银元；遂昌县4家，7.1万银元；龙泉县6家，21.8万银元；云和县2家，1.1万银元。

钱庄的主要业务，由资本大小和区域范围决定。存款的利息，以存款时间长短、信誉优劣以及同业寄存而有所区别。放款有浮放(活期放款)、长放(3—6月)、拆放(同行)、透支4种类型，利息不同。民国35年(1946)年底，处州钱庄放贷银元17143元。

丽水县钱庄

民国18—34年(1929—1945)，有钱庄10家(据1994年4月版《丽水市志》载)。钱庄利率，浮放最低日息2毫，最高7毫5(合月息2分2厘)。存放利差，日息2毫，同行拆放最高日息6毫5。

信达利钱庄　民国18年(1929)开业，地址设于丽水县城内三坊口，由周照初等7人合营。资本金1.5万元(银元，下同)。年营业总数5万元，经营存、放、汇款，设立工商往来、个体往来、个体存款等账户。主要同温州信瓯钱庄通汇，在青田、缙云、龙泉等地有营业点，通称"信联号"。民国25年(1936)停业。

义达利钱庄　民国19年(1930)开业，地址设于丽水城内三坊口，由李淑祥等3人合营。资本金2万元，年营业总额4万元。民国23年(1934)停业。

丰源钱庄　民国20年(1931)开业，由郑炳森等3人合营，资本金1万元。经营存、放(票签)抵押透支(限额)款，年营业总数5万元。汇兑地有温州、遂昌、松阳、龙泉、庆元、云和、宣平等地。民国27年(1938)后，改为英商亚细亚煤油公司代销处。

信成钱庄　地址设于丽水城内文昌阁，由林梓亭等3人合营，开、歇业时间无考。

聚源钱庄　地址设于丽水城内府前，由程叔良经营，开、歇业时间无考。

其他钱庄　地址均设于丽水县碧湖，有通达利钱庄(叶再堂)、恒孚钱庄(阙温玉)、丽源钱庄(沈连芳)、威康钱庄(王精宇)、成达利钱庄(叶选斋)5家，开、歇业时间无考。

龙泉县钱庄

清朝时期开设2家，民国期间开设7家，兼营和现兑。一般有员工5人，设经理、会计、收账员各1人，业务管理员2—3人。民国时设立的7个钱庄自有资金28万元。每年存、放、汇业务近45万元。民国27年(1938)5月后，随着浙江省地方银行介入和抗日战争全面爆发，经济萧条，纸币贬值，钱庄渐次消失。

忆生钱庄　清咸丰十年(1860)，由吴茂生开设“忆生”杂货店，不久转营挂牌“忆生钱庄”。兼营存款、放款业务。

瑞泰生瓷器店　清光绪十六年(1890)，瑞泰生瓷器店仿效钱庄形式，兼营借款、放款业务。

信康钱庄　民国15年(1926)开设。

顺泰钱庄　在温州开有代办处。

亿中钱庄　在温州开有代办处。

其他钱庄　有信达利钱庄、瑞泰生钱庄、王同茂钱庄、福厚钱庄。

青田县钱庄

民国8—25年(1919—1936)，在县城、阜山村开设14家钱庄。民国15年(1926)，青田县钱业公会成立，会员12家。部分钱庄开始倒闭。民国21年(1932)，仅留7家，资本额49.5万元，年营业额20万元。至民国25年(1936)，钱庄全部停业。

源康钱庄　民国8年(1919)开业，地址设于青田县城后街，资本额13300元、从业人员10人。

其他钱庄　青田县城开设信达利、源源、兴业、胜康、义达利、有大、裕康、裕源、成兴9家钱庄。

阜康、裕大、兴宝、国宝　阜山村先后开设4家钱庄，办理侨乡汇款解付和小额信贷。

遂昌县钱庄

民国18—27年(1929—1938)，有钱庄4家，借贷所2家。民国21年(1932)，4家钱庄营业总额12.6万元。民国27年(1938)，各钱庄陆续停业。

信达利钱庄　民国18年(1929)7月开业，地址设于县城南隅街。由林清泉(青田人)、林纯一、程际青3人筹办，筹股60股，每股500元，注册资金3万元。经营店铺行商存款、贷款、汇兑业务。民国20年(1931)，放贷9万余元。民国27年(1938)3月停业。

遂源钱庄　民国19年(1930)，唐仲甫开办，注册资金3万元。民国22年(1933)，营业额7万元。

懋生钱庄　民国20年(1931)，王子屏开办，注册资金6000元。

利甡钱庄　民国21年（1932），胡希文（永康人）开办，注册资金5000元。

大吉祥借贷所　民国21年（1932）和民国22年（1933），先后设立小本借贷业2家。

松阳县钱庄

民国17—18年（1928—1929），各钱庄存款5.11万元。有钱庄7家，其中松阳县城5家、古市镇2家。民国21年（1932），资本额银元11.3万元。均系合股，大多为烟行、棉布商号兼营。存款有往来、定期及同业之分；放款大都以信用为主，少有抵押。汇兑以烟叶、木材货款为数最多，通汇地点有上海、杭州、金华、兰溪、龙游、温州、青田、丽水、龙泉及遂昌等处。存款年息2分；放款利息1—2分，以银根松紧为升降。民国30年（1941），浙江地方银行在松阳设立机构，钱庄先后停业。

胜达利钱庄　民国17年（1928）5月开业，地址松阳县城。经理方海遵，职工6人。股东37人，筹股61股，资本额3.05万元。

恒丰钱庄　民国18年（1929）开业，地址古市镇。职工4人。股东5人，筹股5股，资本额1万元。

松源钱庄　民国19年（1930）3月开业，地址松阳县城。经理潘涛，职工7人。股东20人，筹股60股，资本额3万元。

集通源钱庄　民国19年（1930）7月开业，地址古市镇。经理罗锵，职工4人。股东8人，筹股20股，资本额1万元。

联生钱庄　民国22年（1933）开业，地址松阳县城。经理梅辅卿，资本额2万元。

壬丰钱庄　民国23年（1934）开业，地址松阳县城。经理徐一青。

集成钱庄　民国25年（1936）1月开业，地址松阳县城。经理黄伏初，资本额1.5万元。

松阳县钱庄基本情况表

表2-2-2

名称	经理姓名	股东人数（人）	职工人数（人）	股数（股）	开设地点	资本额（元）	开业时间
胜达利	方海遵	37	6	61	县城	30500	民国17年（1928）5月
恒丰	—	5	4	5	古市	10000	民国18年（1929）
松源	潘　涛	20	7	60	县城	30000	民国19年（1930）3月
集通源	罗　锵	8	4	20	古市	10000	民国19年（1930）7月
联生	梅辅卿	—	—	—	县城	20000	民国22年（1933）
壬丰	徐一青	—	—	—	县城	—	民国23年（1934）
集成	黄伏初	—	—	—	县城	15000	民国25年（1936）1月

云和县钱庄

民国时期，开办钱庄2家，均经营存、放、汇业务，通汇地点主要为丽水、温州。至民国28年（1939），先后倒闭。

信和钱庄　民国21年（1932）开业，址设云和街头（现解放街113号）。经理叶跃斋，资本总额超过8000元，确数不详，股东4人：叶跃斋（叶兴盛酒店）、章希圣（章万丰棉布南什货点）、饶用汝（饶聚源酒店)、孙裕城(孙城记酒店)。

咸孚钱庄　民国 21 年(1932)开业,址设县城中街(现解放街 151 号)。经理刘国华,资本总额 8000 元,股东 6 人:刘国华(不兼营工商业)、刘国瑞(茂生酱园)、章希圣(章万丰棉布南什货点)、林洪保(林裕昌布店)、黄志芳(黄兴利盐什货店)、刘国干(茂生酱园)。

庆元县钱庄

民国期间,有钱庄 1 家。

信元钱庄　民国 21 年(1932)开业,地址县城后田街后碓村石牌坊沿。经理余必同,注册资本银元 3000 元。经营民间储蓄和信贷业务。利率,定期存款年息 6 厘,活期存款 3 厘;贷款年息 2 分,期限一年,须富户担保。信元钱庄与小梅、龙泉、丽水、温州等地建立汇兑关系,自行发行有价凭票,面额一元,与银元比值 1:1,在城镇内流通。因遭叛兵劫掠,开业不到一年就倒闭。

景宁县钱庄

民国期间,有钱庄 1 家。

生生钱庄　民国 35 年(1946)开业,地址沙湾村。由温州生生大盐行老板蒋博敷开设,兼营木业。主要为林农提供存款、借贷、汇款,招揽生意。通汇范围仅限温州市、青田县。因内战爆发,法币贬值,一年后停业。

民国 8—36 年(1919—1947)丽水地区各县钱庄存续情况表

表 2-2-3

县　别	年　份	资本总额(元)	存续数(家)
丽水县	民国 18—34(1929—1945)	85000	10
青田县	民国 8—25(1919—1936)	49500	14
松阳县	民国 17—25(1928—1936)	115500	7
遂昌县	民国 18—27(1929—1938)	71000	6
龙泉县	民国 15—26(1926—1937)	280000	7
云和县	民国 21—28(1932—1939)	16000	2
庆元县	民国 23—24(1934—1935)	3000	1
景宁县	民国 35—36(1946—1947)	—	1
缙云县	—	—	—
全地区累计	民国 8—36(1919—1947)	620000	48

钱庄营业规则或组织管理

钱庄是无限责任公司,股东负无限责任,股东长期存款含有资本成分。钱庄按照资本大小,分为大同行、小同行和现兑庄 3 类。丽水域内都是以小同行和现兑庄为主,主要表现为资本小、雇员少(多在 10 人以下)。经营方式上以兑换钱币为主业,有的钱庄和其他商品买卖混合经营。钱庄兼营贴票、买卖公债、证券等业务。外埠汇款大多通过外地大同行办理业务或者汇划同行过账办理。

钱庄主要经营存、放、汇款业务。具体经营商业、手工业和个人存款、放款、汇兑及侨汇解付。月息一般存款1分，放款2分左右，汇水1%—5%不等。钱庄需要大量资金时，也有倒贴水。存款月息5‰左右，贷款年息10%左右，高时15%—20%，五年对合。丽水县钱庄利率，浮放最低日息2毫，最高7毫5(合月息2分2厘)。存放利差，日息2毫，同行拆放最高日息6毫5。

第三章　民间借贷

民间借贷自古就有，形式多种多样。随着社会商品经济发展，借贷形式从起初的生活性取向逐步向生产性方面演进，而逐渐发展成型、成熟。其组织结构也由松散、随意性向较为严谨、严密型递进，在社会经济生活中有着举足轻重的作用。解放前，丽水市各地均有民间借贷形式和组织活动，有的相对固定，维持时间较为长久；有的组织上松散，聚集、维持时间较短，均为民间个人之间、个人与集体间借贷，由其行为及需求方式来决定借贷形式，随意性很大。解放后，特别是改革开放后，民间借贷多以商业经济活动居多，集资办企业、自发性地开发商品物资产品。随着民众手头宽裕，集资办大事的活动更加频繁。

民间借贷作为一种广泛存在的融资方式，既有灵活性、快捷性、简便性的优势，又存在着较大的隐形风险和危害，具有利弊、得失共享的性质特性。丽水民间借贷发源时间难以追溯，只对近代仍然存在的现象作一些简要归类记述。

第一节　高利贷　自由贷

民国时期，民间自由借贷，月利率为1%—5%，高者月息10%，甚或一年期借一还二等高利贷，诈骗名目众多，剥削盘剥严重至甚。据史料记载，从民国36年(1947)开始，龙泉县地主周伯远号称县城首富，进行“高利诈骗”。始借现钞，后发展到稻谷、布匹、金银等折价借贷，其借入利率从半年合一合，到三个月、二个月、一个月、半个月合一合，最后到“七日乌”(七日后借一还二)。由送钱上门借给他人，到请掮客(中间人)四处寻借。为调动掮客的积极性，付给掮客手续费(按借入本金计算)从1%提高到10%。人们在“高利”诱惑下，将娶亲建房的备用钱、帮工的苦力钱、保姆钱、小孩压岁钱，甚至卖掉棺材将钱放给周伯远。民国38年(1949年9月30日止)春，周的掮客有100多人，债主有几千人，已陷入债务危机。1949年5月龙泉县解放，周逃之夭夭，仅以家存一点浮产折价处理，广大债主叫苦不迭。

至民国37年(1948),金圆券贬值,实物借贷应运而生,有"生"谷、"生"笋干、"生"毛边纸等,名目繁多,利息高达1倍。丽水区域内一般有两种借贷方式,一种是货币借贷,即借货币还货币,属于一般性、常规性高利贷;另一种是实物借贷,即借实物还实物。货币借贷:一般月息5分、6分(借一百元,月息5元或6元),通常有"加五利"(每一元本金使用一年,付息五角,到期未还,以利滚利)。付息量高为1角至5角不等。实物借贷:一般借谷还谷,在农村青黄不接时,高利贷者借粮给缺粮户度荒,春借1石谷,秋还1石3斗至1石5斗,各地又有不同。"对生"(春借一斤,秋还二斤);"实物折优"[荒月借一斤番薯丝(地瓜丝),秋还一斤稻谷],贫农因负担过重而倾家荡产,富人趁机兼并农民土地、山林和房产。

中华人民共和国成立初期,在对高利贷采取容忍态度的同时,限制其破坏作用,规定利息最高标准。不久,农村组建信用合作社,高利贷形式逐渐失去市场。

1978年12月改革开放后,随着农村经济体制改革不断深化,农村商品生产迅速发展,民间借贷活动呈上升趋势,收息过高借贷带来一定副作用。

旧时,在经济不发达的地区,特别是山区,把劳力、物资抵充金钱作价,以物易物借贷,也有以物还钱的借贷形式,尤以旧时的高利贷方式最为突出。

以旧时青田县民间借贷现象为例做一介绍。多以物计价,直接充当流通媒介,是丽水山区最通行做法。

杂物借贷

卖青苗　丽水缺粮户为了度过荒年、荒月和青黄不接时期,常把青苗提前卖给高利贷者。高利贷者估产定价,绝大多数都有意低估产量,买下青苗,由高利贷者获取收成。农村"卖青苗"亦普遍流行,一些贫困农民因青黄不接,忍痛将未成熟的稻子以5折或6折出卖,秋后再用干稻偿还,犹如剜肉补疮。

放生谷　也叫"放八月"。一般有两种形式:一种是3月借谷,8月归还,利息加倍,即借1石需要还2石;另一种是6月借谷,8月归还,利息加五,即借1石还1石5斗。放生谷都在每年春荒与夏荒时进行。民间称之为犹如"口渴喝盐卤",故称"盐卤谷"。

拿麦米　也称"放麦米"。一种是麦收前放米,麦收后收麦,1斗米还1斗2升麦;另一种是麦收后放麦,秋后收米。拿麦米的利率较高,俗谚"硬气硬到底,麦出勿吃米"。

商业借贷

拿谷银　即放青苗,形同"卖青苗"。每逢"春荒夏月",债主乘农民缺用之机,预买农民稻谷,价格压得很低,只等于实价一半。同样,债主预买麦子,叫"拿麦银";预买番薯叫"拿番薯银"。

放货路　即以货换粮,用货物更换粮(或油)的一种民间借贷形式。每逢年关,店主大放"过年货"。如红糖,称"放过年糖";黄酒,称"放过年酒";炊虾(温州海产品),称"放虾皮";放纸烛称"放烧纸""放蜡烛"等。每逢荒月,店主借机"放货路"。如放咸鱼,称"放腥气";放酒,称"放番薯丝酒"(酒出番薯丝归);以货换茶籽称"放茶籽"(货出油茶籽归)等。所放的"货路",秋收登场时回归,利息加五成许。

放肉谷　秋前以肉放货,秋后以谷收回,利率一般加五成。有以肉换茶籽,称"放茶籽"。秋前放肉一斤,秋后回归1斗5升茶籽(1.5公斤油)。也有以羊肉放谷,称"放羊肉谷"。

抵押借贷

当租　或称“典租”。农民急需用款，向债主借钱，以土地作当，议定当期，立约为据，到期无力赎回，土地归债主所有。当价一般低于时价。

银租　也称“银利租”。借方将本金折成田额（或屋、牛）作押，将利息折成租谷，按年交纳。租期几年，到期取赎。民国时期，民间自由借贷，月利率为1%—5%，高的月息10%或一年期的借一还二。

劳役借贷

前租后工　或称“抓前”“工夫账”。借债还工，工资比普通雇工低一半左右。

押租　也称“佃银”“佃价银”。旧时，农民租地种粮，先交押金，到交租时扣除。押金额一般低于或等于当年租额。

家畜借贷

分猪边　富户人家年前垫付养猪成本，买小猪给穷户饲养，年终宰杀后，猪头及内脏归养户，猪肉对头半分成。现农村仍保存这种借贷习俗。

羊分儿　青田县章旦地区有一风俗。无力买羊的农户，向羊主租借母羊生产小羊，双方平分。羊儿长大后又生小羊，以“四股合一”分成，三股归养户，一股归羊主，称“羊分孙”。不论羊子羊孙，均要养户把羊养至10余公斤，母羊才由羊主牵回。

第二节　集　资　互　助

民间集资、互助组织及运作形式，自古就形成。据记载，明、清时期，“遂昌县盛行于县内各地”，境域内各地均存在，只是运作形式和内容各有差异。解放后，以互助扶贫为形式；改革开放后，以融资为手段。全市各地都有，只是名称和具体形式、内容不同。

集资

民间集资，有企业、团体、个人等融资方式。

信用互助组　20世纪50年代初期，丽水地区各县均以民间形式试办信用互助组，后逐渐集合发展成为集体性质的信用合作社。如1954年3月至6月，试办信用互助组17个。同年5月11日，建立云和县高塘乡红星信用社，是丽水地区第一个信用合作社。参加信用社、组农户48户，股金42元，同时吸收存款1842元，发放贷款383元。此后，信用事业迅速在全县推开，至1955年年底，多乡有信用社。1959年，村级信用服务站有404个。20世纪80年代，在改革开放时期，个别地方也自发组织信用互助形式的借贷组织。后均并入各地农村信用社。

社会集资　1986年8月，龙泉县进行社会集资的乡镇企业有9家、集体工商企业4家，集资金额共计244万元。1988年，龙泉县林场建立股份果园，发行股票，集资14万元。上述集资形式有股份集资、以资带劳、合资经营企业内部集资等形式。

自由借贷　旧时，民间银钱借贷方式多样，如有“加一随年利”“加一随月利”“三年合”“开门五，关门十”“包利”“连本四”等，商人、债主以营利为目的，坐吃本利。20 世纪 80—90 年代，随着经济发展，出现利率高于国家银行数倍的自由借贷，一般用于经商办企业和投资。

扣利借贷　旧时，放债人在借出钱物总数中先扣除利息，届满借债人归还借额数。如借米 1 石，利息为 3 斗，扣除利息，实借 7 斗，到期还 1 石。

脚骨租　旧时，农户借款，债主将钱按本利（利率为加二到对倍）折为租谷，在若干年内逐年偿还。若超过租期，“落地生根，永远照纳”。此租无土地坐落，附在人的“脚骨”上，故称“脚骨租”或“人租”。这种租是记在账簿上的，又称“账簿租”。有的地方需要立契存照。脚骨租，一般使用在无土地的农户契约里。

集资办企业　通过民间信用渠道筹集资金办企业已成为当今解决生产、流通中缺少资金的重要途径。有股份集资、债券集资、带资进厂、在厂职工投资和合资联营等多种形式。1987 年，云和县共有 42 家企业进行集资活动，集资总额 27 万元，其中轻工业及乡镇工业占 62.96%，既可解决企业资金周转，又增强职工的主人翁意识，使企业办得更好。

庆元县集资分内部集资和社会集资两种。清宣统三年（1911），后田街庆昌股东店由 5 个股东组成，每股 200 元，盈利均分，此乃庆元股份经营之始。民国 27（1938）年城厢、玉周交易公店向社会筹集股金 1429 元；曹岭特约公店向社会筹集股金 1740 元。1950—1985 年，全县供销社集股 7.76 万股，股金 15.52 万元。1954—1990 年，全县 87%农户向信用社投股，筹集股金 12.9 万元，均属社会集资。1986 年，集体所有制企业如化纤厂、工艺品厂、木制品厂、贸易商场、贸易公司等单位，为解决企业资金短缺，采取以资带劳或按股分红形式，向单位职工筹集资金，属内部集资。

互助借贷

民间互助借贷以民间资本闲散资金，以个人与个人或集体采用互助自愿、诚实信用为基本原则的借贷行为。

兜会　云和县在中华人民共和国成立前，较为流行“十兄弟会”和“十姐妹会”，是一种经济互助性质的组合组织。“十兄弟会”，是由 10 位知己男性组成；“十姐妹会”，由 10 位知己女性组成，一般每年正月间聚餐兜款一次，由轮到取款者出资作东筹办，作为利息，取款次序一般以年龄长幼为序，出资数视需要而定。其形式与合会中的“轮会”基本相似。

摇会　明、清及民国时期，普遍存在于丽水地区境内，轮流由其中一人享用，无须支付利息。以按期出资轮流收回为特点，其发起人称“会头”，参加者称“会友”，会头得会，免出会金（本金），会友按期等额交付会金。得会顺序有议定和摇号两种。会期有按月或按年。得会后停交会金，等额支付利息，凑足会金总额，各得一次结束。

轮会、标会　前者为年会，农村较多；后者为月会，城镇常见。轮会又分谷会、钱会，参加者大多是亲朋好友，1 会 10 节，旨在帮助会首解决困难。标会适于商人集资，全会 11 节，会首得益较大，会尾往往因币值狂跌而收益甚微。民国 35 年（1946）前后，此种标会最盛。解放后，逐渐消失。

贫农合作基金　1955—1956 年，龙泉县为解决贫农、下中农缴纳入社基金困难而设立集体性质的贫农合作基金贷款方式，累计发放 37.4 万元。

银会　民国以前，为民间互助性质的信用活动方式。发起者为会长，用款人为会东，10—11 人，兜满 10 人后，会东出钱聚餐，席上议定各人出资数额，限期交款，交会东无息使用。用款人顺序，多数用抽签方式决定，也有用协商排定，用款期限有月、季、年之分，以一年期为最长。

积谷义仓　民国 31 年(1942)，龙泉八都区源底村徐敬五以"积谷备荒，信用借与，利济贫民，协助生产"为宗旨，拨出田租 50 石(每石折合稻谷 50 斤)计 2500 斤为私立义仓之基础并请县政府立案，组织董事会。当年开始设立总仓于源底，以后一年设一分仓，直至解放前设立了 7 个分仓，供农民借用。

互济借贷　也称无息暂借。民间普遍并一直存在，一般通行于一个区域。城乡亲友邻居之间，仅凭信用，不办手续，无须证人，这种互济行为至今尚存。

解放后，一些单位和部门实行互助金，由单位财务按月扣除定额钱，以作为员工急需时借用一定额度的无息资金。也可以说是传统的合会在现代社会中一种新的体现方式。

第四章　货币市场

丽水域内主要货币市场有同业拆借市场、票据市场、银行间债券回购、外汇市场。解放前，货币市场在不同的行业中曾出现过，均因规模不大，断续无常。中华人民共和国成立后，实行计划经济，没有形成市场。1978 年改革开放后，才逐渐恢复和发展多种形式货币市场，随着资金流动量增大增强，而壮大起来，又随着金融政策制度规范和要求，趋向正规化。

第一节　同业拆借市场

中华人民共和国成立前资金拆借市场

资金市场，分为短期、长期两种。资金拆借市场是同业短期融资的一种形式。明末清初时期，丽水资金市场就形成资金拆借市场。早期的钱业同业拆借市场是通过钱业公所或会商处来运行。钱业公所订有庄规,主要内容是对货币流道、拆放利息、结算制度、制钱银元的比价等重大问题做出规定。清朝中叶以后,各地钱业市场更为普遍，连成一片。

同业拆借　短期放款。"掉期"与"日拆"。开始为五日一期，逢五逢十进行。后改为三日一期。钱业除自身清算及资金余缺调剂拆进拆出外，还代客进出,俗称"掉期"。后来出现过账制，类似现在的票据交换制度，每日往来收付差额须当日轧清。同业拆借由五日、三日改为每日进行、次日归还，利息也逐日算清，故叫"日拆"。

长期放款。钱业市场定期评议客户往来利率和客户的长期放款利率。长期放款期限有“六对”“三对”“双对”3种。“六对”,即期限6个月,每年阴历三月、九月底进行放款。民国以后,改为阳历4月、10月底进行放款。“三对”“双对”,都在接近农历年关进行放款。

埠间汇划　地区间有不同的货币本位(虚银本位),地区之间资金划汇,常以汇划洋为本位。埠间汇划就是用当地汇划洋,买第二天在外地付款的汇划洋。民国6年(1917)以后,现代工业兴起,旧的钱庄业和资金市场逐渐显露出与货币市场不相适应的局面,由此产生银行业各种新式的融资工具,如股票、债券、票据贴现、押汇等现代金融形式。以银行为主体的金融市场逐步替代以钱庄为主体的钱业市场。1949年5月丽水解放后,银行国有化,资金统一由中国人民银行集中计划分配,同业拆借市场停止运作。

中华人民共和国成立后资金拆借市场

1984年10月,中国人民银行行使中央银行职能,颁发《关于信贷资金管理试行办法》,允许具有法人资格的金融机构参加资金拆借市场,同时规定拆借资金不得用于固定资产投资,开始出现资金拆借业务。1987年4月30日,中国人民银行规定拆借资金的期限最长不得超过4个月。向中国人民银行借的季节性、月拆性贷款逾期的,不得向外拆借。1990年3月,中国人民银行制定《同业拆借试行办法》,并在原有资金市场的基础上重新组建金融市场。年内,丽水同业拆借市场累计拆借资金30096万元。年末,经中国人民银行丽水地区分行批准成立丽水市金融市场。1994年3月,中国人民银行规定同业短期拆借,要通过融资中心,采取同业融通票据、贴现、转贴现的方式进行。银行和非银行金融机构可以向融资中心拆出4个月以内的短期资金。政策性银行、证券公司,保险公司在同业拆借市场上,拆入资金的期限,不能超过7天。1996年,建立全国银行间同业拆借市场,并逐步完善至今。同业拆借市场发展经历5个阶段。

多渠道融资阶段(1984—1992)　1984年10月,中国人民银行确立了“统一计划、划分资金、实存实贷、相互融通”的信贷资金管理体制,明确“相互融通”就是资金的横向调剂,主要是各地区银行之间相互拆借资金。1986年,丽水的同业拆借市场真正启动。

融资中心单一融资阶段(1993—l995)　1992年下半年开始,非法集资和乱拆借现象严重,同业拆借市场出现混乱。1993年,中国人民银行采取措施,规范同业拆借市场。1995年11月,撤销商业银行组建的融资中心、资金市场和各种中介机构,所有同业拆借业务必须经过中国人民银行融资中心运营,形成同业拆借市场单一的融资中心融资渠道。

全国统一同业拆借市场形成阶段(1996—1997)　1995年,中国人民银行建立一个全国联网的拆借网络系统,形成全国统一的同业拆借市场。1996年1月,丽水地区与全国同一时间开始了统一的同业拆借市场网络运行。中国人民银行丽水地区中心支行组建二级网络融资中心。

市场稳步发展阶段(1998—2006)　1998年以来,中国人民银行出台一系列政策,推动同业拆借市场的规范发展。1998年初,停止融资中心的自营拆借业务,严格控制同业拆借市场的风险。增加银行间同业拆借市场成员。1998—2002年,中国人民银行先后允许经营人民币业务的外资银行、商业银行分行、农村信用联社和证券公司、政策性银行、财务公司进入同业拆借市场。

市场快速发展阶段(2007年以来)　2007年7月,中国人民银行发布《同业拆借管理办法》,是全国银行间同业拆借市场最重要管理政策调整,对同业拆借市场发展起着明显的促进作用。全国银行间同业拆借市场已经成为实施和传导货币政策的重要渠道,成为金融机构管理流动性货币的重要场所。

资金拆借方式

1985年,开放同业拆借市场。同年,丽水地区小规模试行拆借方式运营,由中国人民银行丽水地区中心支行担保。1985—1995年,拆借市场业务操作,从会议商谈逐步过渡到电联,并以电话、电报、传真来传递拆借信息。20世纪90年代初,才正式开始同业间拆借业务。1996年至今,全域内银行间同业拆借市场形成,并逐步得到完善。拆借形式主要有4种。

信用拆借 拆借仅限在国有银行体系中进行。资金拆入方的信用得到拆出方认可,没有动产、不动产、有价证券等保证品,也没有担保单位,只凭信用办理拆借签约。

质押拆借 要求拆入资金的金融机构,凭可以上市的有价证券,主要是国债券、金融债券等,向拆出方申请拆借,办理抵押手续。资金拆出方在严格审查被质押品的真实性、合法性之后,以一定的折扣率确定拆出资金的总额。将所抵押的有价证券交资金拆出方或双方议定予以封存。在丽水同业拆借市场上,用于拆借资金质押的有价证券主要是国库券、金融债券、中国人民银行发行的特种存款存单等实物券及票据。

代理拆借 代理拆借是指资金拆入或拆出一方,属未加入全国银行间拆借市场交易系统的金融机构,通过交易系统的融资中心做代理,与交易系统中的其他会员机构发生拆借业务。代理条件由拆借双方自行议定,自行签订交易合同,直接汇划资金。中介机构(融资中心)只对交易的合规性进行审查,并按规定向委托方收取一定的手续费,不承担违约责任和资金风险。

中介签证 中介签证是指拆借双方,均系未加入银行间拆借市场交易系统的金融机构,双方直接商妥资金投向、期限、利率及其他条件后,通过当地的融资中心对拆借的合规性进行审查、办理签证,按规定收取手续费,资金由拆借双方自行汇划。中介机构签证,不承担违约责任和资金风险。

第二节 票据贴现市场

票据贴现市场是对未到期票据进行贴现,为客户提供短期资金的融通市场,是商业票据市场的组成部分。解放前,丽水地区驻地银行机构票据贴现业务量稀少。解放后至改革开放前,处于计划经济时期,未实施贴现业务。1978年改革开放以后,商品流通市场化、票据贴现业务出现,并逐步繁盛起来。票据贴现市场的参与者主要是商业票据持有者、商业银行、中央银行以及专门从事贴现业务的承兑公司和贴现公司。可贴现的票据主要有商业本票、商业承兑汇票、银行承兑汇票、政府债券和金融债券等。

票据交易品种

贴现市场的交易种类分为两类。一类是票据持有人向商业银行或贴现公司要求贴现换取现金的交易。这种交易占贴现市场业务大部分;另一类是中央银行对商业银行或贴现公司已贴现过的票据再次进行贴现,为银行和贴现公司融通资金。再贴现是中央银行控制金融与信用规程的一个重要手段。

票据贴现的种类还可以根据票据的不同分为银行票据贴现、商业票据贴现、债券及国库券贴现三种。

票据贴现形式

银行承兑汇票贴现　银行承兑汇票贴现是指当中小企业有资金需求时，持银行承兑汇票到银行按一定贴现率申请提前兑现，以获取资金的一种融资业务。

商业承兑汇票贴现　商业承兑汇票贴现是指当中小企业有资金需求时，持商业承兑汇票到银行按一定贴现率申请提前兑现，以获取资金的一种融资业务。

协议付息票据贴现　协议付息商业汇票贴现是指卖方企业在销售商品后持买方企业交付的商业汇票(银行承兑汇票或商业承兑汇票)到银行申请办理贴现，由买卖双方按照贴现付息协议约定的比例向银行支付贴现利息后银行为卖方提供的票据融资业务。

票据贴现形式规则

中央银行办理再贴现业务的对象是在当地中国人民银行开立存款账户的银行。银行在对商业汇票办理贴现后需要资金时，可以向中国人民银行申请再贴现。

符合条件的商业汇票的持票人可持未到期的商业汇票连同贴现凭证向银行申请贴现。贴现银行可持未到期的商业汇票向其他银行转贴现，也可以向中国人民银行申请再贴现。贴现、转贴现和再贴现时，应作成转让背书，并提供贴现申请人与其直接前手之间的增值税发票和商品发运单据复印件。

贴现、转贴现和再贴现的期限从其贴现之日起至汇票到期日止。实付贴现金额按票面金额扣除贴现日至汇票到期前一日的利息计算。承兑人在异地的，贴现、转贴现和再贴现的期限以及贴现利息的计算应另加3天的划款日期。贴现、转贴现、再贴现到期，贴现、转贴现、再贴现银行应向付款人(承兑人)收取票款。未获付款的，贴现、转贴现、再贴现银行应向其前手追索票款。贴现、再贴现银行追索票款时可以从申请人的存款账户收取票款。

解放前，丽水地区贴现业务量稀少。解放后，计划经济期间未实行贴现业务。1978年改革开放以后，市场经济发展，商品流通活跃、票据贴现重新兴起。1983年9月，中国人民银行浙江省分行在慈溪县召开票据承兑贴现现场会，并拟定《票据贴现试行办法》。之后，丽水地区票据贴现市场逐渐建立起来，并呈现出较快增长势头。2000年，丽水市票据贴现市场贴现额4269万元。2014年，贴现年累计额70.75亿元。至2015年，贴现年累计额达到78.62亿元。

第三节　外汇市场

外汇调剂市场

1991年，建立丽水、青田两地个人外汇调剂市场。1993年，按照市场经济体制建设要求，外汇市场逐渐转变为有管理的浮动汇率体系。中国人民银行决定实施外汇收入结汇制，取消各类外汇留成、上缴和额度管理制度。外汇指定银行逐步发展为外汇交易市场的主体。此后，个人外汇调剂业务纳入银行日常的对私外币兑换业务，便利丽水侨乡个人外币兑换。1998年12月1日，外汇调剂中心关闭。

1988—1993年丽水市部分年份外汇调剂情况表

表2-4-1

年　份	调入外汇（笔）	调出外汇（笔）	合计金额（万美元）
1988	10	11	8.92
1989	104	100	126.27
1990	35	70	162.14
1991	101		299.65
1992	2957		1232.47
1993	—		1728.00

说明：1993年以后，取消外汇调剂业务

企业使用外汇情况（出口创汇和进口用汇情况）

1992年，丽水市外汇管理局全面推行出口收汇登记核销制度，建立辖区出口收汇人员岗位责任制，建立“催交核销单”“催办核销”双催制度，督促企业及时交单、收汇、核销。2011年12月，丽水市外汇管理局实施货物贸易外汇管理改革（试点），取消进出口核销制度。

1992—2010年部分年份丽水市企业出口收汇核销情况表

表2-4-2

年　份	企业数（家）	核销数（笔）	核销金额（万美元）
1992	—	39	87
1993	—	357	428
1994	—	1060	—
1995	—	2128	10501
1998	—	3085	8196
1999	—	5029	9003
2002	126	10665	23477
2003	122	3412	8811
2004	184	13388	35990
2005	219	15542	44300
2006	270	18405	52392
2007	315	21858	71664
2008	366	24334	98903
2009	451	24995	91240
2010	526	32581	125713

1985年，国家外汇管理局丽水分局与丽水地区计划经济委员会共同出台《关于加强我区外汇管

理的几点意见》，提出进口用汇指标主要用于进口工农业生产建设和技术改造需要的原料、材料、新技术设备、农用物资以及扶持出口商品的物资，对市场消费品要适当予以控制。在用汇管理方面，外汇管理局丽水分局对进口用汇的投向实行严格的控制。

1994年，实行外汇体制改革，企业进口商品，只要得到进口许可证和提交相应的有效凭证，即可到本市的外汇指定银行购汇对外支付。从1997年3月1日起，《贸易进口付汇核销监管暂行办法》颁布实施，丽水地区进口付汇核销工作由银行转到丽水市外汇管理局统一办理。2003年，国家外汇管理局决定取消部分进口付汇备案类别，以简化进口单位进口付汇及核销的手续，促进对外贸易的发展。2010年，国家外汇管理局实施进口付汇核销制度改革，取消进口付汇核销制度，鼓励发展企业进口业务。2011年12月，进出口核销制度全面改革，取消进出口核销，将事前审核转入事后核查，逐步实现外汇管理“五个转变”。

2001—2010年丽水市进口付汇核销情况表

表2-4-3　　　　单位：万美元

年份	当年累计付汇金额	结算方式				累计到货核销金额
		信用证	托收	货到付款	预付货款	
2001	3471	3010	—	301	160	4918
2002	2368	1198	37	129	1004	797
2003	1639	1112	72	315	140	3038
2004	1867	910	24	569	364	1537
2005	9068	7781	66	912	309	8448
2006	2354	1277	406	296	375	2665
2007	9423	8455	152	376	440	9031
2008	23237	22153	410	150	524	22091
2009	25268	24023	249	328	668	18837
2010	21306	19601	138	693	874	16342

外汇牌价变化

人民币汇率经历四个阶段的发展：1979年至1984年，人民币经历从单一汇率到复汇率再到单一汇率的变迁；1985年至1993年，官方牌价与外汇调剂市场并存，向复汇率回归；1994年，实行有管理的浮动汇率制；2005年，建立健全以市场供求为基础的有管理的浮动汇率制度。

2001—2015年部分年份人民币兑美元汇率情况表

表2-4-4　　　　单位：元

年份	现汇买入价	现钞买入价	现汇卖出价	现钞卖出价	中间价
2001	827.69	822.6	830.1	830.1	827.6
2002	827.71	822.3	829	829	827.1
2003	826.3	821.2	829.6	829.6	827.7

续表 2-4-4

年　份	现汇买入价	现钞买入价	现汇卖出价	现钞卖出价	中间价
2005	806.2	801	809.3	809.3	809
2008	680.89	675.43	683.61	683.61	683.46
2009	681.31	675.85	684.05	684.05	682.82
2010	657.68	652.41	660.32	660.32	662.27
2011	621.26	616.28	623.75	623.75	628.55
2013	603.99	599.15	606.41	606.41	609.69
2014	619.16	614.2	621.64	621.64	611.9
2015	648	642.81	650.6	650.6	649.36

说明：以中国银行当年末数据为主

1998—2015 年丽水市外汇国际收支情况表

表 2-4-5　　单位：万美元

年　份	收　入	支　出	年　份	收　入	支　出
1998	6442	603	2007	264496	20634
1999	13347	1045	2008	260527	20584
2000	20511	3517	2009	275509	35098
2001	31076	5194	2010	365930	38824
2002	45946	9010	2011	479927	62846
2003	82281	14156	2012	482193	79040
2004	119898	10831	2013	477500	67892
2005	148595	9463	2014	489419	86252
2006	200098	12453	2015	426719	103076

第五章　金　店　银　楼

自古以来，黄金与白银都被视为财富的象征。旧时，富人把黄金、白银作为重要保值贮藏物品，或者以金银饰品表现社会地位和作为显示财富、身份的手段。

金银至今仍有金融特质和商品物质交易的媒介作用。金银销售店和金银加工作坊是提供贵重金属加工首饰物品的主要渠道和来源地。

第一节 金银销售店

金银销售店综述

金银销售店自古有之，主要分布在县城和人口稠密的集镇、建制镇。金银销售楼出现在20世纪30年代之后，以贵金属首饰销售为主。金银店铺，有本地经营的，也有外来金银连锁店。1979年后，域内金银首饰店逐渐增多。丽水市规模较大、首饰品种较多有10余家。如王道友金楼，成立于2002年4月26日，总店位于中山街299号，注册资金100万元，经营范围有内销黄金制品、铂金钻饰、珠宝玉石、银制品批发与零售，承接民间来料加工，现已发展成为一家有限公司。2015年年末，丽水市金银店铺（不完全统计）：王道友金楼（莲都继光街、白云、钟楼、灯塔、万地广场）、鸳鸯金楼（莲都灯塔）、尚兴祥金楼（莲都继光街）、老凤祥银楼（莲都继光街中山街专卖店、万地广场、水阁江泰国际广场店，青田鹤城青田圣旨街专卖店、青田专卖店，缙云五云缙云专卖店、缙云金永昌7店、壶镇专卖店，龙泉龙渊龙泉专卖店、西街，云和浮云云和专卖店，景宁专卖店，遂昌妙高遂昌专卖店）、老凤祥[松阳专卖店（西屏）、景宁人民中路、庆元专卖店（濛洲）]、福源金楼（继光街）、祥瑞金楼（继光街）、凤雅金楼（莲都中山街）、利宏金楼（莲都中东路）、邱长友金楼（莲都灯塔）、文翔金楼（青田鹤城）、时尚金楼（青田市场路）、恒昌金楼（龙泉小梅）、龙凤金楼（青田鹤城）、青田县银城金楼（青田鹤城）、老文元金楼（青田鹤城）、老天宝金楼（青田鹤城）、碧湖强军金楼（莲都灯塔街名品店）和中国黄金（莲都继光街丽水旗舰店、西屏松阳专卖店、遂昌妙高）、老庙黄金（莲都继光街丽水专卖店）、如意金店（囿山）、爱萍金店（莲都碧湖）、丽英金店（莲都碧湖）、永得信金店（庆元）、金忠金店（缙云新碧）、永伟金店（云和浮云）、庆元金店（庆元石龙街）、粤豪珠宝（庆元濛洲）、金六福珠宝（莲都水阁旗舰店）、铭钰珠宝（莲都北苑路）、笑捷珠宝（莲都白云）、七悦珠宝（莲都万地广场）、中国珠宝（濛洲庆元旗舰店）、周福生金店（龙泉龙渊）、金得利金店（龙泉八都）、精艺金店（龙泉剑池）、鑫福金店（青田鹤城）、青田老金店（云和浮云）、康平金店（青田鹤城）、陈记景宁金店（云和浮云）、芬芬金店（龙泉西街）、建芬金店（龙泉西街）、周百福（云和浮云）、小钱金店（青田鹤城）、周大福（莲都万地广场店、中山街百货大楼店）等。

金银销售店分布及数量

景宁县 民国2年（1913），景宁县已有“兰帮”商人开设的银铺。1992年，有银店2家，从业人员2人。

青田县 民国22年（1933），青田县有首饰店3家。1983年，青田县成立侨汇物资供应公司，供应商品中就包含金银首饰。

遂昌县 民国24年（1935），遂昌县有银楼5家。

龙泉县 20世纪90年代，龙泉设立县金银饰品服务部。

2015 年丽水市金楼数量一览表

表 2-5-1

县(市、区)别	金楼数量(家)
莲都	56
龙泉	7
青田	6
缙云	8
遂昌	6
松阳	2
云和	5
庆元	3
景宁	7
合计	100

说明:数据由中国人民银行丽水市中心支行及各县(市)支行提供

第二节　金银加工店

“文化大革命”期间,丽水地区各县均有金银加工和专业店、坊、铺。改革开放后,各县逐步出现金银加工行业,数量不多,多以兼营为主。

据 2015 年年末不完全统计,全市有专业打金店(加工)27 家。诸如打金店(莲都白云、继光街、囿山、厦河,青田安定东路)、永辉打金店(莲都银苑)、光明打金店(莲都银苑)、吴志伟打金店(莲都继光街)、春华打金店(莲都继光街)、金苑打金店(莲都银苑)、如意金店(莲都囿山)、青田打金店(莲都囿山)、老喻打金店(莲都灯塔)、打金回收店(莲都灯塔、厦河)、百桂打金店(莲都厦河)、陆记打金店(缙云五云)、张记打金店(缙云五云)、舒洪螺蛳岩打金店(缙云大桥南路)、黄记打金店(缙云五云)、老字号打金行(龙泉龙渊)、陆记打金店(缙云五云)、精美打金店(青田鹤城)、专业阿邱打金店(青田鹤城)、温溪林开放打金店(龙泉龙渊)、温太和打金店(松阳西屏)、阿贵打金店(景宁鹤溪)。

青田县　民国 26 年(1937),青田县手工作坊行业有 30 余种,其中包含有首饰行业。

丽水县　民国时期,丽水县城有几十家打铜店和打银店。1950 年,县城内有银饰业 2 家。

缙云县　民国时期,缙云县有银工艺匠,专事银饰制品制作与修理,被称为“小铁匠”。

第三节　银行贵重金属销售

建行丽水分行销售

2005 年,建行丽水分行开始销售贵重金属。2015 年,自营金条系列、金质生肖系列 110.28 千克,金额 2697.93 万元；代理金 95.93 千克，639.83 万元；营销金（币）1.91 千克，金额 33.72 万元。

工行丽水分行销售

2007 年，工行丽水分行开始销售自有品牌“如意金”条、羊年生肖金、银章和代理金币总公司发行的羊年生肖金、银币、熊猫金、银币等各类贵金属产品。2015 年，销售 162 千克，金额 5183 万元。

农行丽水分行销售

2009 年，农行丽水分行开始销售传世之宝黄金，销售 753 笔，重量 30302 克；销售传世之宝白银 920 笔，重量 52924 克；销售存金通 1276 笔，重量 67102 克；销售代理贵金属 1315 笔，重量 23455.5 克。创收 278 万元，增长率位居全省第 8 名。2015 年，销售（自营）黄金 97404 克，（自营）白银 52924 克，代理销售金银 23455.5 克。

中行丽水市分行销售

2008 年，中行丽水市分行开始销售贵重金属。2015 年，贵金属销售 4697 万元，其中销售中银吉祥金 571 套，599 万元；代销贵金属（金）5686 套，4098 万元。

浦发银行丽水分行销售

2009 年，浦发银行丽水分行开始销售贵重金属。2015 年，销售额 206.52 万元（含缙云支行），其中黄金销售额 165.22 万元，白银销售额 41.3 万元。

中信银行丽水分行销售

2010 年 10 月，开始销售贵重金属。2015 年，销售贵金属实物金额 376.38 万元，其中黄金 12.57 千克，359.24 万元；白银 9.32 千克，17.14 万元。

交行丽水分行销售

2011 年，交行丽水分行开始销售实物贵金属。2015 年，销售沃德金投资金条 500 克 1 条，12.34 万元；“朵朵金玫瑰”1 个，1180 元；“火猴迎春”2016 猴年生肖贺岁邮品（金）6 套，7200 元；“平安富贵银”典藏版 3 套，2580 元；“喜气羊羊金”16 套，1.58 万元；道济缘修缘济世 135 套，8.48 万元；哆啦 A 梦双面金银套装 14 套，9240 元；福到大礼包 1 套，998 元；黄金情书 2 套，2628 元；抗战 70 周年金银币（1/4 盎司金币+1 盎司银币）2 套，8440 元；灵猴捧福 11 套，9680 元；平安护身符观音金卡 1.08 克（精装版）38 个，2.78 万元；喜气压岁钱（0.01 克）398 套，7.96 万元；迎接 21 世纪纯金纯银微缩版（金+银 1.8 克+2 克）28 套，4.62 万元。

邮储银行丽水市分行销售

2015 年，邮储银行丽水市分行开始销售实物贵金属 80.5 万元。其中，中钞贺岁金钞 605 枚，金额 60.06 万元；迪士尼 90 周年银钞系列 150 枚，4.89 万元；长城生肖邮票大全金、银系列 26 册，13.39 万元；熊猫封装币 10 枚，1.2 万元；国富福转平安手链 4 枚，0.63 万元；国金朵朵金玫瑰 2

枚，0.33 万元。

民泰银行丽水分行销售

2015 年 6 月，开始代销实物贵金属，当月共销售 41 件，金额 26608 元。

第三编　银行机构与社团

民国6年(1917),丽水现代银行机构出现,是从温州延伸而来的。至20世纪30年代,丽水银行业迅速兴盛,大银行加入,也有迅速发展起来的本地银行和农民借贷所、信用合作社、合作金库,形成规模化、体制化、体系化,并辐射全境。因为抗日战争的形势和丽水地理位置等诸多因素,丽水金融业形成短暂辉煌的发展历程,各类新型大银行、中小银行齐聚丽水,对战时丽水经济发展、社会繁荣、人才集聚、各种先进技术引进与推广起到决定性作用。抗日战争胜利后,各省级金融单位、政府机关、各行业相继撤出,外来人口回迁,加上境内战事频繁、经济萧条,丽水又回到以农业产业为主的农耕经济状态,金融业也走向萧条期。

1949年5月,丽水境内各县相继解放。7月,中国人民银行丽水支行成立,调整和统一各种银行机构形式与制度。20世纪50—80年代,丽水地区先后建立政策性、商业性、股份制、合作制等多种性质银行体制,金融业得到平稳有序的发展。

第一章　中华人民共和国成立前银行机构

金融机构的出现，是适应社会发展及经济活动需要和货币信用程度而逐步递进式建立和发展起来的。丽水银行业是在钱庄业逐步发展与发达的基础上，充分蓄积信贷到一定程度之后而产生的。肇始根源是通过瓯江水域出口山货(棕须、皮货、粽叶、乌桕等)、土特产及木材、毛竹、桐油等，进口食盐、海产品及日用品等的货物流通，以温州为主要市场进行频繁交流，形成资金来往。银行的发展，最早就是由一家中国银行温州支行在丽水县城内设立代理店开始的，其主要功能就是为商人汇付款项。这一时期是以自然经济为主的社会形态，钱庄、典当行是主要金融机构。随着商品流通扩大，社会化的多层次生产方式的兴起，促使了银行业的发展。至20世纪30年代中期，银行业迅速兴盛起来，有外来大银行，也有本地迅速发展起来的银行和农民借贷所、信用合作社、合作金库。钱庄、典当业已不能适应商品经济需要，而逐渐走向消失消亡。

抗日战争时期，丽水地区成为抗日后方基地，国民政府建立的“四行”(中央、中国、交通、农民银行)、省级和各地银行金融机构相继迁徙而来，为支援抗战前线、巩固后方基地，新建和扩充了本地银行机构。丽水地区出现“盛极一时”的金融齐集现象，货币经营量大，银行机构繁多，银行专业人员众多，也为本地后来金融业的发展奠定基础。

第一节　民国时期银行机构

中国银行

中国银行温州支行丽水代理店　民国6年(1917)5月建立，在丽水县(今莲都区)城内开业，办理商贾汇款，规定透支1000元为限(不计利息)。民国16年(1927)，改为办事处。民国25年(1936)，停业。

中国银行丽水支行　民国29年(1940)12月建立，在丽水县城中开业。民国34年(1945)，并入中国银行温州支行。

浙江地方银行

浙江地方银行丽水办事处　民国25年(1936)4月成立，在丽水县(今莲都区)城内开业。行长朱敏生，有职员30余人。在丽水县碧湖设立分理处。民国27年(1938)8月，浙江地方银行办事处在青林、九龙、周前村成立农贷所，办理青苗贷款和农产品储押贷款。民国28年(1939)10月，改为丽水分行，碧湖扩组为办事处（解放后改为碧湖营业所）。后将青林、九龙、周前村 3 个农贷所改为分理处。浙江地方银行所辖沦陷区分支行、处，迁到丽水，分别在厦河门四果庵和小鲁街成立沦陷行、处账务清理处，共 38 家。浙江地方银行总行设在丽水期间，利用总行信托部名义设企业部，自办企业经营工商业，计有浙江制革厂、浙江印刷厂、信大印刷厂、浙光工场、白云农场、浙光旅行社等。民国 31 年（1942）5 月，从丽水迁至龙泉县城。民国 34 年（1945）后，迁丽水的银行相继迁回原址，仅存浙江省银行丽水分行驻地银行 1 家。

浙江省地方银行景宁县办事处　民国 26 年（1937）7 月建立。民国 34 年（1945），改为分理处。设在鹤溪镇县前街。经营存款、放款、汇款、储蓄，并代理公债、金库存汇业务。1949 年 9 月，由中国人民银行景宁县办事处接收。

浙江地方银行龙泉办事处　民国 27 年（1938）5 月成立。民国 31 年（1942），升格为浙江地方银行龙泉分行，在小梅设立分理处。民国 34 年（1945）9 月，抗日战争胜利后龙泉金融业务减少，改为办事处。1949 年 6 月，龙泉县军管会接管浙江地方银行龙泉办事处和龙泉县合作金库。

浙江省地方银行缙云办事处　民国 27 年（1938）建立，地址缙云县城。民国 32 年（1943）1 月，改为分理处，资金由总行统一调拨，经营业务有：吸收企业存款，发放贷款，沟通汇兑，办理转账结算，开展个人储蓄和信托业务。1949 年 5 月，被中国人民银行接收。

浙江地方银行遂昌办事处　民国 27 年（1938）8 月建立，在遂昌县城内设办事处，驻南隅街平昌路，经营代理金库，办理财政和店铺商行的存贷汇兑业务，职员 5 人，初隶温州分行，后隶丽水分行。民国 30 年（1941）5—12 月，办事处下设金岸分理处、大柘分理处，行员增至 20 人。民国 30 年（1941）年末，浙江地方银行遂昌办事处存款余额 50.4 万元。个人储蓄存款余额 2.01 万元（法币），占存款总数的 4%。民国 31 年（1942）8 月，办事处曾一度迁石练。民国 36 年（1947）3 月改称浙江省银行遂昌分理处，全员 3 人。

浙江地方银行庆元分理处　民国 29 年（1940）建立。初称浙江地方银行庆元办事处，地址在城内野塘巷 19 号（今庆元县松源镇上仓巷），民国 36 年（1947）改称浙江地方银行庆元分理处，资产 123 万元。民国 37 年（1948）1—5 月累计亏损 1.38 亿元（法币）。1949 年 5 月，由中国人民解放军庆元军事管制委员会接管。

浙江地方银行松阳办事处　民国 30 年（1941）成立，负责辅导合作金库业务，调剂合作事业资金，在全松阳县开展存货、汇兑和发行公债业务。同年，在古市、靖居设立分理处。民国 32 年（1943）11 月，分理处停业。民国 36 年（1947）3 月，改名浙江银行松阳办事处，直至松阳解放。

浙江省银行

浙江省银行丽水分行　民国 36 年（1947）7 月，浙江地方银行丽水分行改为浙江省银行丽水分行，行长周剑云、陈绍宽。在所辖各县设办事处。1949 年 7 月，被丽水县军管会接管。

浙江省银行青田办事处　民国 28 年（1939）4 月 20 日，在青田县鹤城镇金巷底设立浙江地方银行青田办事处，办理存款、信贷、汇兑业务，兼代理国库。民国 36 年（1947）3 月，改称浙江省银行青田办事处。1949 年 5 月，由青田县人民政府筹备委员会接管。

浙江省银行云和县办事处　（时间不详）初为浙江地方银行云和县金库。民国 28 年（1939）3 月，改为办事处。民国 32 年（1943），因临时省会设云和县，省级机关随迁，业务剧增，扩建为支行。同年，又扩充为分行。经营存款、放款、汇兑、储蓄、信托、代募公债、代理各级公库等业务。民国 34 年（1945），先后在云和县赤石、小顺设立分理处。民国34年(1945)10月,抗战胜利后,省级机关回迁,复改为办事处。民国36年(1947)3月,改为浙江省银行云和县办事处。同年5月1日,又改为分理处。民国35年(1946),存款2851.60万元,放款460万元。中华人民共和国成立后,由中国人民银行接管。

丽水县银行

民国36年(1947)12月,开设丽水银行,行长李希文,为股份制银行。核定资本金3亿元,实收股金3.45亿元。民国37年(1948)底,倒闭。

农民借贷所

遂昌县农民借贷所　民国23年(1934)3月,由县政府采用治虫经费积余拨借资金3776元筹设。属地方公营事业,业务往来与中国农业银行杭州分行联系。遂昌县农民借贷所资金来源除拨借招募民股外,还随田赋项下带征。民国23年(1934)10月,资金增至9204元。

松阳县农民借贷所　民国24年(1935)3月,设农民借贷所。同年7月,取消农民借贷所。

云和县农民借贷所　民国26年(1937)1月1日成立,利用浙江省原已拨的农民借资所资金,办理农民贷款业务。

中国农民银行

中国农民银行温州办事处丽水代理处　民国35年(1946),开办农贷,含丽水地区8个县。民国36年(1947),发放肥料实物贷款,含丽水、青田、松阳3县。

中国农民银行绍兴县办事处云和办事处　民国32年(1943),绍兴沦陷,农民银行绍兴县办事处内迁云和县营业,并接替省合作金库投款支持云和县合作金库维持营业。抗战胜利后,迁回绍兴。

信用合作社

丽水县信用合作社　民国25年(1936)6月,丽水县私人集股开设莲城信用合作社,资金1000万元(法币),社员每股2元,可向信用合作社办理贷款和存款,非社员只存款不贷款。民国35年(1946),于府前开办丽水县莲城镇信用合作社,募集资金1000万元(法币),发放入股社员短期贷款。

遂昌县信用合作社　民国19年(1930)8月,高判乡(今三仁畲族乡)首创有限责任信用合作社,初入社21人,次年增至30人,股金130元。民国24年(1935),全县有信用社7个,社员266人,股金1195元。抗日战争爆发后,乡镇设立战时合作社,兼营运销、消费、供给。民国29年(1940),全县有战时合作社67个。至年末,全县合作社信用存款余额1.46万元。

龙泉县信用合作社　民国27年(1938)1月,龙泉县政府在"八都经济实验区"兴办包括生产、供销、消费、信用合作社。有总社10个,分社11个,社员6150人,入社户数占总农户的97%,有股金5706元,发放生产贷款23465元,消费贷款6900元,贷米500斤。民国29年(1940)10月30日,奉省建设厅训令,"八都经济实验区"于11月结束,信用业务随之停止。

青田县信用合作社　民国28年(1939),青田有兼营信贷业务的合作社12个。民国35年(1946)后,因通货膨胀,合作事业衰落而停业。

缙云县信用合作社　据《缙云县民国三十三年县政统计简编》记载:抗日战争时期,县内有信用合作组织活动。民国33年(1944),缙云县信用合作社存款余额99.65万元,放款313.85万元,借款489.41万元。

松阳县信用合作社　民国28年(1939)6月,成立县合作事业促进会,设信用合作社,置县合作金库内,初期有12个社员、24元股金。民国29年(1940),全县办46个农村信用合作社,放款占合作金库放款总额的835%,民国31年(1942)后,信用合作社纷纷倒闭,少数未曾倒闭的也资金极少,徒有虚名。

云和县信用合作社　民国27年(1938)5月,各乡镇建立战时合作社。办理信用、供销、生产、运销、消费、公用等业务。有联社和乡(镇)、保各级合作社53个,社员4598人,股金18762元。

合作金库

民国29年(1940)1月,浙江省建设厅在丽水县(今莲都区)城内成立浙江省合作金库。合作金库办理机关、团体存款,吸收城乡居民储蓄,发放农业贷款、合作社贷款和汇兑业务。

丽水县合作金库　民国27年(1938)7月15日,在丽水城内设立,县合作金库资本法币10万元,实行股份制,其中20%—40%由省合作金库拨款,作为提倡股,不足部分由合作社和个人集股,业务受中国农民银行辅导监理。民国30年(1941),在碧湖成立办事处,经营存款业务,支持信用社。抗战胜利后,中国农民银行杭州分行迁回杭州,丽水县合作金库代理农贷业务。解放前夕,停业。

龙泉县合作金库　民国27年(1938)7月,龙泉县合作金库成立。主要承担浙江地方银行龙泉办事处业务,以代理地方金库、办理公款汇拨为主,民间存汇业务数量不大,放款业务微乎其微。合作金库专门办理农业借款。设有龙泉合作金库八都分库。民国28年(1939),县合作金库存款余额11633元,放款余额13730元。民国31年(1942),外地银行机构迁入,金融业务迅速发展,同年年底存款余额达567万元,贷款余额达1013万元。

青田县合作金库　民国27年(1938),青田县合作金库成立。资金采取股份制。浙江省合作金库拨款4万元作为提倡股,青田各合作社认股4420元,个人认股9260元,实收股本53680元。同年7月8日,开始营业。库址初设鹤城镇上店街,后迁铁店巷,并在南田、海口两地设办事处。办理汇兑、信贷和存款业务。汇兑业务由省合作金库转账,年终结算。民国32年(1943),青田县合作金库改为中国农民银行附设机构。民国36年(1947)4月,并入中国农民银行温州分行。

遂昌县合作金库　民国27年(1938)3月,遂昌县合作金库成立,下设总务、业务、会计、出纳4课,配有职员8人,合作金库股本5.12万元。民国29年(1940)年末,合作金库存款余额1582元。民国36年(1947),股本增至9.10万元。主要经营业务为合作社存款、贷款和汇兑,代理中国农民银行发放农业生产贷款,向农民、木材商发放小额贷款。民国36年(1947),银行收回委托业务,合作社自收自营,因亏损无法解决而停业。

缙云县合作金库　民国27年(1938),建立合作金库。地址于缙云县城区,在壶镇、新建设立办事处。经营机关、团体存款和汇兑业务,吸收城乡居民储蓄,发放农业贷款和合作社贷款。资本额10万元,采取股份制形式筹集。民国28年(1939)年末,缙云县合作金库结转存款65052.8元。民国29年(1940)8月末,存款余额111953.06元,存款来自机关团体、学校、合作社、工商户和农民。

民国29年(1940),缙云县合作金库农民存款占存款总额28.1%。民国32年(1943),奉令推行节约建国储蓄,颁发《缙云县推行节约建国储蓄实施办法》,规定地方富绅的劝储标准为:资产5万元以上认储250元,资产10万元以上认储500元,资产15万元以上认储700元,资产20万元以上按资产额的10‰劝储。工薪阶层的劝储标准为：每月所得100元以下，自由认储；每月所得100—150元，每季认储5元；每月所得151—200元，每2个月认储5元；每月所得201—250元，每月认储5元；每月所得250元以上者，每增加50元增认储蓄5元；愿多储者听便。全年劝储目标40万元，由县节约建国储蓄委员会分解落实到各乡，并实现目标。

民国28年（1939）年末，缙云县合作金库放款结转213162.78元。民国29年（1940）8月，放款余额38509.08元，放款对象主要是合作社。7月，浙江省地方银行缙云办事处开始办理农业贷款。8月底，农业贷款余额2000元，贷款期限较短，利率较高，而且多变。民国35年（1946），月利率105‰。民国36年（1947），月利率210‰。民国37年（1948），月利率270‰—480‰。民国38年（1949年9月30日止）1月，月利率960‰。商业贷款期限最长1个月，农业生产费贷款期限最长8个月，设备贷款期限最长2年，以发放抵押贷款居多。

松阳县合作金库 民国27年（1938）3月，筹建松阳县合作金库，定额资金5万元，其中省合作金库拨提倡股2.5万元，其余自行筹募。同年7月正式成立，同时取消农民借贷所。8月初，参加实业共纳股金10万元，发放合作贷款7.64万元，交易公店及特约商店贷款5.79万元，特种贷款6.81万元。民国27—28年（1938—1939），共发贷款28.5万元。

民国28年（1939），合作金库存款30.51万元。10月，松阳县合作金库设古市镇办事处。民国30年（1941），由中国银行、农民银行、浙江地方银行、省合作金库辅导业务并调剂资金。民国31年（1942）4月，重建松阳支金库，由农民银行辅导。年底，合作金库股金亏尽，业务转农民银行统一办理。民国33年（1944）11月，合作金库改为委托库，存汇业务停办，仅留农贷事务员一人负责与丽、松、遂等县金库往来事务。民国36年（1947），对外业务停止，进行内部清理，留守至解放。

云和县合作金库 民国26年（1937）7月1日，在云和县政府内成立会计室及省、县金库，办理金库出纳事宜。民国27年（1938）6月，国民政府颁布《公库法》，正式确认金库出纳事宜由银行代理。金库附设浙江省地方银行云和办事处。资金总额10万元，经营存款、放款、汇兑业务，在小顺浙江铁工厂设办事处。民国33年（1944），存款39.49万元。至民国34年（1945），歇业。

庆元县合作金库 民国27年（1938），庆元县合作金库成立。地址设于县城西大街（今松源镇府后街）。股金5万元。在曹岭设办事处。民国33年（1944）11月，改为中国银行浙江省分行庆元委托库。

民国29—30年（1940—1941），合作金库以信贷业务为主，发放信贷12.43万元。民国33年（1944），发放龙山水利贷款5万元，竹口田边水利贷款20万元，战后恢复农业贷款100万元。期限均为一年，利率1分2厘至3分。民国35年（1946），因亏损严重，合作金库关闭。

景宁县合作金库 民国27年（1938）5月12日，景宁县合作金库成立。地址设在现人民南路101号。资金总额9.6万元，其中浙江省合作金库拨提倡股4万元，民股5.6万元。浙江省合作金库根据业务需要给予贷款或调拨流动资金。当年末存款余额17602.63元，放款余额623005.62元。民国32年（1943）起，因法币贬值，物价飞涨，浙江省合作金库资金调拨困难。民国34年（1945），合作金库倒闭。

第二节 抗战时期驻丽水省级及外地银行

抗日战争期间，特别是淞沪会战（“八一三”战役）之后，丽水地区被浙江省政府确定为第二临时省会，成为浙江抗战大后方。民国26年(1937)12月24日，杭州沦陷，浙江省政府及其所属机构暨省级银行多数撤迁至永康县方岩，一部分迁至丽水。民国27年(1938)1月，浙江省政府决定云和、龙泉、遂昌三县作为战时经济建设实验县，着手战略准备。丽水成为全国和省级党政军机关和企事业单位战时滞留和聚集的基地，也是金融机构避难和聚集的地方，先后有10余家省级金融机构入驻，开展发行、借贷、汇兑等金融活动，稳定后方，振兴经济，支援抗日战争前线。浙江地方银行总行、中国银行、交通银行、中国农民银行、中央信托局等省行相继在丽水设立机构或开设营业处。浙江地方银行所辖沦陷区分支行、处，迁到丽水，分别在厦河门四果庵和小鲁街成立沦陷行、处和账务清理处，有金融机构38家。浙江地方银行总行设在丽水期间，利用总行信托部名义设企业部，自办企业经营工商业，计有浙江制革厂、浙江印刷厂、信大印刷厂、浙光工场、白云农场、浙光旅行社等企业。各地银行也先后开始在龙泉租赁或筹建房屋，作为“万一撤退时的去处”。有的银行开始在龙泉建立副账组，负责保藏和登记副本账，以防正本账册被毁。

民国30年(1941)5月，日本侵略军进犯诸暨，逼近金华。民国浙江省政府迁松阳县。中央银行、中国银行、交通银行、中国农民银行、四联总处浙分处、中央信托局等省级行处迁至龙泉县。7月，日军退去，中央银行、中国银行、交通银行、中国农民银行4家杭州分支行和四联浙分处回迁永康县。8月6日，民国浙江省政府回迁永康县。

民国31年(1942)5月15日，日本侵略军进犯浙赣铁路沿线地区。5月18日，民国浙江政府再迁松阳县。中央银行杭州分行当日撤离永康方岩，转移至龙泉上凉亭村。中国银行、交通银行、中国农民银行3家杭州分支行和四联浙分处随迁至龙泉县城。6月2日，民国浙江政府转迁云和县。随民国浙江政府迁移的机关和企事业单位，以临时省会云和县为中心，沿公路沿线分散驻扎在北起缙云县壶镇，南至庆元县松源镇，东至青田县鹤城镇，西至龙泉县八都镇的大批村镇。一部分机构和人员经由福建浦城、南平向内地撤移。

民国31年(1942)6月21日，日本侵略军经武义进犯缙云县。24日，丽水县城沦陷。民国浙江省政府转迁景宁、龙泉、庆元县三地。7月7日至8月23日，日军4次进犯青田。8月2日，松阳县城沦陷。随迁省级机关单位又自北向南迁移，靠近公路的乡镇、不通公路的山村，祠堂、庙宇全被占用，民房挤满员工、家属，甚至灰铺、凉亭也住着避灾的难民。丽水地区骤增难民近20万人。中央银行、中国银行、交通银行、中国农民银行4家杭州分支行和四联浙分处银行等从龙泉上凉亭村迁至庆元县，在庆元县城近郊的拱瑞堂和八都的白马山建立金库(今尚留有残址)。

民国31年(1942)6月至33年(1944)9月，日本侵略军窜犯缙云县5次，侵犯青田县3次，侵犯丽水、遂昌县2次，侵犯松阳县1次。民国31年(1942)8月28日，民国浙江省政府回迁云和县。9月，中央银行、中国银行、交通银行、中国农民银行4家杭州分支行和四联浙分处回迁龙泉县营业。

民国34年(1945)8月15日，日本无条件投降。21日开始，民国浙江省政府及随行机关单位从云和县及各地暂驻地渐次迁返杭州。9月20日，省级银行及其所属其他地区分支机构亦陆续返回杭州或原属地营业。

抗战初期，丽水地区没有大型金融行业，抗日战争时期，则是浙江的后方。浙江省省级国属和地方金融机构都曾先后迁驻丽水、龙泉、庆元等地，直至抗战胜利，前后经历约4年时间，使这僻处浙南的山城，成为浙江的金融中心，对于支援前线抗击日本侵略军、稳定后方人心和社会局面，起到关键性作用。

浙江地方银行总行

民国 12 年(1923),由浙江地方实业银行分设建立浙江地方银行。民国 21 年(1932)11 月,浙江地方银行杭州分行改为总行。民国 23 年(1934)10 月,董事会期满改选,朱孔阳为董事长,徐恩培为常务董事兼总经理(连任)。民国 25 年(1936),在丽水设立办事处。民国 26 年(1937)11 月,日本侵略军进逼杭州,浙江地方银行总行撤迁至兰溪。27 年(1938)4 月,浙江地方银行总行从兰溪迁移至丽水,地址设县城三坊口,并在厦河门外四果庵和小鲁街设立"沦陷行处账务清理处",聚集各地撤迁银行 38 家,有职工 200 余人。10 月,改丽水办事处为丽水支行。在龙泉、松阳、遂昌 3 县建立办事处。

民国 28 年(1939),浙江地方银行总行信托处企业部,经营特种企业投资,先后建立浙江印刷厂、浙光铁木工场、浙江制革厂、正大棉织厂,并设货物运销处,深入游击区域,代理中央机关收购物资,办理土产出口及运销生活用品等运营业务。10 月,浙江地方银行丽水支行扩展为浙江地方银行丽水分行。增设云和、青田、缙云、宣平、景宁县等 18 个办事处。在於潜县(今属杭州市临安区)成立总经理浙西办公处,抵制日伪金融经济侵略。

民国 30 年(1941)1 月,浙江地方银行为迷惑敌人,为推进运销业务,调剂和供给大后方生活消费品,将企业部投资设立货物运销处,化名为"大成庄"。在丽水县设总庄,在兰溪县设分庄,与沦陷区汪伪政权展开争夺物资战。创设"浙光旅行社",在丽水县设总社,在永康、松阳、龙泉等地设立分社,由陈洪涛任总社经理,推进为社会服务旅行事业。翌年,《非常时期管理银行暂行办法》颁布后,这两项事业停止经营。

民国 31 年(1942)4 月 23 日,丽水遭日机轰炸,浙江地方银行总经理徐恩培被炸殉难。10 月,迁云和县府前街(今解放街 88 号),旋迁龙泉县秦溪漠村。

民国 32 年(1943),浙江地方银行云和、龙泉两办事处扩展为分行。民国 34 年(1945)抗战胜利后,缩编为办事处。

附录:

民国 26 年(1937)12 月 18 日,杭州沦陷前,浙江地方银行总行迁至兰溪。民国 27 年(1938),部分内设机构迁至丽水,行长徐恩培,银行职员 200 余人。设于丽水期间,利用总行信托部名义设企业部,自办企业经营工商业,计有浙江制革厂、浙江印刷厂、信大印刷厂、浙光工场、正大棉织厂、大方棉织厂、源大丝厂、建业造纸厂、鼎大制茶厂、大中花庄、信业纸号、浙光旅行社、白云农场 13 个企业。其中,浙江制革厂厂址先设温州,后迁龙泉(城郊宏山),收购温州一带皮革原料,制造各种皮件;浙江印刷厂,先设在丽水,后迁徙龙泉(东后街康济庙),承印各种账册、报表、书籍等;浙光工场,初设丽水,再迁龙泉,以修理汽车为主要业务。

民国 29 年(1940),在丽水创办规模较大的贸易机构"货物运销处",经营各种日用品输入、土特产输出业务。民国 30(1941)年,为掩敌人耳目,改名"大成庄"。

民国 31 年(1942)5 月,日本侵略军侵入浙东,形势危急之时,迁入庆元县城,在近郊拱瑞堂、八都白马山建立金库。10 月,局势稍定,被疏散人员又集中龙泉,在浙光旅行社恢复办公,对外开展业务。"大成庄"亦随总行迁至龙泉,并将该庄囤存丽水的物资亦全力抢运至龙泉。浙江地方银行总行在龙泉县水南秦溪漠一带买下浙赣铁路局的房屋,安置职工家属,并设置董事会办公室、子弟学校等工作和附属机构,在天堂山(宏山附近)建造房屋,存放重要档案文书。浙江地方银行在丽水期间经营颇具规模。总行在龙泉期间，银行内部组织进行重大改革，改总行制为总管理处制，由董事长兼任总经理，内部分设三部三室。三部为业务部、信托部、储蓄部；三室为秘书室、会计室、稽核室。并裁并前方撤退行处。

浙江地方银行原在龙泉设有办事处。民国32年(1943)2月，扩组为分行，经理鲁桂荣，在小梅设立分理处。对外银行业务均由龙泉分行办理。除银行业务外其他由总行管辖。

抗战后期，国民党浙江省政府设于云和县城内。浙江省政治、经济、文化中心移至浙南地区，特别是金融主要集中在丽水地区。当时为便于代理省公库，浙江地方银行云和办事处扩充为分行，在龙泉的总行仍为省级管理机构，其任务主要是对尚在营业的分支机构进行监督管理。如浙江地方银行当时尚在营业的分支行处，有台属各县行处，温属各县行处，以及金、衢、严属及浙西部分办事处。除上述省内县行外，当时浙江地方银行尚在省外设有分行或办事处，如福建的南平、福州，江西的上饶、赣州，湖南的衡阳，安徽的屯溪，广东的韶关，以及四川的重庆，贯通大后方金融网。

自浙东浙西主要城市沦陷后，沦陷区物资输入内地途径，主要靠通过龙泉进入大后方。龙泉就成为当时沦陷区物资输入内地重要转运站。浙江地方银行龙泉分行对金融上的支援起到一定的作用。浙江地方银行设在龙泉“货物运销处”(对外称“大成庄”)，对沦陷区物资输入大后方曾起过直接作用，与商人订约进入沦陷区抢购物资，并与中央供销合作社东南分社订约，由该社将输入物资直运重庆，供应市场。当时对此项业务没有长远计划，经营范围、规模有限，未能发挥更大作用。民国34年(1945)10月5日，浙江地方银行返杭复业，并接收汪伪的省行(包括宁波、硖石两处)。民国36年(1947)3月，董事会改组，董事长徐桴，常务董事兼总经理严燮(后受省参议会弹劾，严燮辞职，由童蒙正接任)。浙江地方银行改名为浙江省银行，总经理童蒙正，副总经理洪品成。总管理处改为总行，下共设104处(分行12个、支行1个、办事处51个、分理处33个、金库7个)，职员847人，是全省最大的银行。1949年5月，该行随国民党政府撤逃至舟山。舟山解放前夕，该行又撤逃至台湾。撤逃时将库存黄金、银元运至台湾。

中央银行杭州分行

民国17年(1928)，设立中央银行，是政府银行，总行设于上海。民国18年(1929)1月，该行派遣张忍甫、徐恩培到杭州筹建分行。5月，中央银行杭州分行(又称驻浙行处)在杭州联桥忠清大街正式开业。张、徐两人任正、副经理。民国26年(1937)，杭州分行因战乱撤至永康县。人员从建行初时21人，减少至14人。民国30年(1941)5月，迁龙泉县。7月，中央银行杭州分行回迁永康县。民国31年(1942)5月18日，日本侵略军向永康县进犯，中央银行杭州分行得知情报后，连夜撤离，再迁龙泉县上凉亭村。8月，转迁庆元县。9月，战场形势好转，回迁龙泉县。

中央银行杭州分行在龙泉县设有无线电台，可与重庆总行直接联络。全面抗战期间，浙江地区现钞供应主要依赖设在龙泉的中央银行杭州分行。因物价上涨，交通受阻，东南几个省现钞全靠空运，不能满足需要。中央银行杭州分行委托福建南平百城印钞公司印制。印制纸币不能满足应急货币时，各银行自行发行本票。

民国34年(1945)8月抗战胜利后，中央银行杭州分行返回杭州复业。时任经理张忍甫、副经理沈炳蔚。复业时，有员工23人，其中办事员12人。中国银行杭州分行主营业务：发行货币、国库业务、存放汇业务、金银管理、票据清算。民国37年(1948)，经理张忍甫退休，由潘益民接任。1949年5月3日，杭州解放，该行由中国人民解放军杭州军管会接管。

中国银行杭州分行

民国元年(1912)1月24日，经临时大总统孙中山批准，大清银行招商入股改为中国银行。2月5日，在上海开业。民国时期，中国银行杭州分行(又称浙属行处)，担负着国家银行职能，分支机构最多，经济实力最强，代理发行浙江省政府债券，代收盐税关税，储户众多，资金流动能力强。

民国2年(1913)，中国银行总行委派许引之、金润泉两人负责改组处于停业状态的大清银行杭州分行和温州、宁波两分号，筹建中国银行杭州分行。9月15日，中国银行杭州分行开业，地址仍设在清河坊大清银行旧址，金谨斋任分行经理。民国5年(1916)，分行乔迁三元坊新办公大楼。民国22年(1933)，中国银行杭州分行国库业务移交中央银行，省库移交浙江地方银行，成为专营国际汇兑专业银行。

民国26年(1937)，全面抗战开始，中国银行总行动员全行职工去西北、西南开拓业务。浙江志愿报名参加有10余人，其余分成两路：一路由金润泉率领，去上海(租界)建立浙驻沪办事处；另一路由余煜率领，随民国浙江省政府撤退至永康县。去上海的一路以及嘉兴、杭州支行驻沪办，在太平洋战争爆发后被日军截获，一部分人员被迫返回嘉兴、杭州等沦陷区开业；另一部分人员去永康，与先前到永康的一路人员，一起坚持敌后营业。

民国29年(1940)12月10日，中国银行丽水支行在丽水城内开业，行长陈浩然，职员10余人。民国30年(1941)5月，迁龙泉县。同年7月，中国银行杭州分行回迁永康县。民国31年(1942)5月，日本侵略军进犯，再迁龙泉上凉亭村。8月，迁庆元县。9月，回迁龙泉县。

民国34年(1945)8月抗战胜利后，中国银行杭州分行返回杭州复业，下辖宁波、绍兴、嘉兴、吴兴、永嘉、兰溪支行6处，办事处8处，分理处3处。中国银行丽水支行并入中国银行温州支行。1949年5月杭州解放后，中国银行杭州分行由中国人民解放军杭州军管会接管。

交通银行杭州支行

民国4年(1915)3月，成立交通银行杭州汇兑所。民国6年(1917)，改为交通银行杭州分行(又称浙属行处)，后又改为支行。民国17年(1928)11月16日，国民政府颁布《交通银行条例》，财政部公布《交通银行章程》，交通银行改组为“政府特许发展全国实业之银行”(股份有限公司性质)。改组后，在浙江的机构有所扩展。

民国26年(1937)冬，交通银行杭州支行随省政府撤退至永康。民国30年(1941)5月，迁至龙泉县。7月，回迁永康县。民国31年(1942)5月，再迁龙泉县上凉亭村。8月，迁庆元县。9月，回迁龙泉县。经理冯薰。

抗战后期，设立营业机构，职员8人。民国34年(1945)8月抗战胜利后，迁回杭州。

交通银行宁波支行亦迁至龙泉，经理王善杰；交通银行金华支行转移到丽水、龙泉，经理贺民牧(后任汪惺时)。民国33年(1944)7月，宁波、金华两支行合并到杭州支行办公。全面抗战时期，交通银行杭州支行不办理具体业务，其所辖分支机构按照四联浙分处约定比例，分担有关政策性贷款、机关团体存放款和公库业务。民国34年(1945)抗战胜利后，杭、金、宁3个支行先后回迁各原地复业。

附录：

民国35年(1946)后，交通银行杭州支行代理铁路营运收款。存款对象主要是杭城大单位、大企业。贷款对象主要是杭城工商业巨头，投资中华国货产销、太平洋保险、经纬纺织机等大公司。至民国37年(1948)底，交通银行杭州支行已经发展成为综合性商业银行。

1949年5月杭州解放后，该行及所属机构均由军管会接管，经两个多月整顿，于1949年8月11日复业。地址仍在杭州中山中路415号。1955年9月社会主义改造后并入中国人民建设银行。

中国农民银行杭州分行

民国24年(1935)2月11日，建立豫鄂皖赣四省农民银行杭州办事处。民国25年(1936)，中国农民银行成立。豫鄂皖赣四省农民银行杭州办事处改为中国农民银行杭州分行(又称浙属行处)，经理严兆祖，副经理尹志陶，地址设在杭州忠清街。主要业务是办理蚕丝贷款(贷款对象为农村合作社)、发行农民银行钞券、储蓄存款等。

民国26年(1937)12月，杭州沦陷前，中国农民银行杭州分行迁撤至永康县。民国30年(1941)5月，撤至龙泉县。7月，回迁永康县。民国31年(1942)5月，再迁龙泉县上凉亭村。8月，转迁庆元县。9月，回迁龙泉县。中国农民银行所属绍兴支行驻云和县。

抗战期间，国民政府颁布《农贷纲要》，四联总处浙属分处与浙江省政府订立农贷合约，确定金、衢、宁、绍4个专区农贷发放额度为1000万元(法币)，由中国银行和农民银行承担；其他地区由浙江地方银行和省合作金库承办。发放土特产和农田水利建设贷款，贷款对象以合作社为主。民国32年(1943)，四联总处浙属分处统一调整，浙江省农贷划归中国农民银行杭州分行集中办理。民国33年(1944)3月，中国农民银行杭州分行迁入丽水，设立营业机构，行长陈权受，职员10余人。民国34年(1945)，中国农民银行总行核准农业生产贷款(均为法币)为4000万元，收复区贷款2500万元，农产运销贷款380万元，农田水利贷款1500万元(包括后加300万元)，农业技术推广贷款600万元，农村副业贷款700万元，战区贷款400万元，合计10080万元。

民国34年(1945)10月，中国农民银行杭州分行返回杭州复业，设有分支机构26处、分理处5处、农讯处11处。

邮政储金汇业局杭州分局(简称杭州储金局)

清末，浙江省杭州、宁波两地设有邮局办理储蓄和汇兑业务。邮传部尚书徐世昌派青年学生留学西洋，专习邮政储蓄银行一课。

民国7年(1918)11月30日，北洋政府颁布《邮政储金条例》。民国8年(1919)10月，温州邮局(一等局)成立邮政储金局，管理区域包含丽水。至民国21年(1932)年末，浙江邮区办理储金业务在杭州设立支局7个，在宁、温、绍3个地区设立支局5个，全省在丽水等地设立办事处60个，共有储户5303户，结存总金额70.66万元。民国24年(1935)，邮政储金局改组为邮政储金汇业局，总局设在南京，各省设立分局，添办人寿保险业务。

民国31年(1942)，浙江省在龙泉建立邮政储金汇业局龙泉分局。民国32年(1943)1月，邮政局在松阳县代办简易人寿保险，业务规模不大。民国34年(1945)抗战胜利后，龙泉分局移设杭州。

1949年5月杭州解放后，中国邮政储金汇业局杭州分局由中国人民解放军杭州军管会接管。11月1日，中央人民政府财委会电令“各地邮政储汇局仍由邮政局统一接管并仍属邮政系统”。浙江省按指示精神，各地邮政储汇局全部移交各地邮政局归口管理。

附录 1:汇兑业务

清光绪三十年(1904),处州邮政分局开办小额汇兑业务。办理汇兑局有甲类、乙类之分,甲类局每张汇票限寄 50 元,乙类局每张汇票限寄 10 元。丽水为乙类汇票局。中华邮政初期,甲类局汇票每张限寄 100 元,乙类局每张限寄 50 元。民国 7 年(1918)7 月,丽水、龙泉、青田为甲类汇票局。民国 15 年(1926),丽水、龙泉、青田局开发兑付汇票每张以银圆 500 元为限;松阳、遂昌、云和以银圆 100 元为限。民国 25 年(1936)7 月,丽水、龙泉开办电报汇票业务。民国 32 年(1943)1 月,龙泉为电报汇票转汇局,管理云和、景宁、庆元、八都等局电报汇票业务。民国 34 年(1945)7 月,民国《修正汇兑办事细则》规定:汇票为普通、高额、定额 3 种。普通和定额汇票各局均可办理。普通汇票每张最高限额为法币 500 元,金额以汇兑印纸表示之;定额汇票面额分为 5 元、10 元、15 元、20 元、50 元、100 元 6 种。民国 36 年(1947)9 月,丽水、龙泉、青田、遂昌 4 个县为高额汇票局。

附录 2:邮政储蓄

民国 7 年(1918)11 月,颁布《邮政储金条例》。民国 8 年(1919)5 月,民国交通部(邮政总局归属交通部管辖)公布条例《实施细则》。同年 7 月 1 日,创办中国邮政储金。邮政储金的种类有:存簿(活期)、定期、支票、零存整付、甲种节建、公库、公益基金等各项存款储蓄。民国 10 年(1921),丽水县开办邮政储金业务,办理存簿储金,可在通储区内办理储金的邮局续存或支取。民国 25 年(1936)7 月,丽水、龙泉邮局先后增办定期储金,各县邮局先后开办存簿和定期储金。民国 28 年(1939)2 月,丽水县碧湖开办储金业务。民国 31 年 (1942)6 月,丽水县办理美金节建储券业务。民国 35 年(1946),丽水县有储户 226 户,其他各县共有储户 268 户。随物价飞涨,币值贬落,群众对储蓄失去信心,储蓄业务日趋衰落。

中央信托局杭州代理处

民国 23 年(1934),筹备中央信托局,是附设于中央银行的非银行金融机构。民国 24 年(1935)10 月,正式开业,总局设上海汉口路。中央信托局理事长由中央银行总裁兼任,下设局长室,具体主持事务。在浙江的杭州、宁波、绍兴、衢县等中央银行机构内设立代理处。10 月 15 日,杭州代理处(又称中央信托局杭州分局)对外营业。主要业务是办理公务员、军人及其他特种储蓄,受理政府机关及公共团体委托,采购或代理出售物品,接受存款、投资、基金委托,办理保险和保管业务。

全面抗战时期,中央信托局杭州代理处随中央银行杭州分行撤迁。民国 26 年(1937),撤退至永康县。民国 30 年(1941)5 月,迁后方龙泉县。7 月,回迁永康县。民国 31 年(1942)5 月 18 日,闻日本侵略军入侵,连夜从永康撤迁至龙泉县上凉亭村。8 月,转迁庆元县。9 月,回迁龙泉县。抗战后期,设立营业机构,职员 9 人。民国 35 年(1946)4 月,回迁杭州复业,正式改称中央信托局杭州分局,对外独立设置。地点设于杭州中正街 114 号。经理初任沈炳蔚,后任赵聚钰。1949 年 5 月杭州解放后,与中央银行杭州分行一起由中国人民解放军杭州军管会接管。

浙江省合作金库

民国 26 年(1937)7 月全面抗战开始后,浙江省政府筹备组建合作金库,公布合作金库办法,提出合作金库为地方性的“民有、民营、民享之金融机关”,是信用合作社联合社之化身。民国 27 年(1938)3 月,成立浙江省合作金库筹备处,并以筹备处名义开门营业。民国 29 年(1940)1 月 1

日，在丽水成立浙江省合作金库，首任理事主席严兆祖，继任理事主席尹志陶、皮作瑠；首任总经理徐渊若（1940 年 1 月至1943 年 10 月），继任总经理唐巽泽（1943 年 10 月至 1947 年 8 月）、屠绍帧（1947 年 8 月至 1949 年 5 月）。全省 45 个县建立县级合作金库 27 所、合作金库筹备处 18 所。合作金库不满一年，发生亏损，存汇业务停办，费用开支由农民银行负担，放款收益 3/4 缴给农民银行，成为农民银行附属机构。

民国 29—32 年（1940—1943）夏，两年半时间，浙江省合作金库曾先后迁徙松阳、庆元、云和县和龙泉县城荷花塘。民国 32 年（1943）夏，复迁云和县城中正街（今解放街）办公。

民国 32 年（1943）9 月 18 日，国民政府公布《合作金库条例》。浙江省合作金库本应奉令后即行改组，当时处于战时，中央合作金库浙江省分库尚未成立，而未照办。至民国 34 年（1945）年末，全省建立省合作金库 1 所、县合作金库 39 所、筹备处 11 所。省库业务萎缩，大部分机构停业。民国 34 年（1945）10 月，从云和县回迁杭城。

附录：

民国 35 年（1946）11 月，中央合作金库在南京成立。民国 36 年（1947）8 月 15 日，省合作金库理监事联席会议修改章程：理事会增设常务理事；出纳课取消，归并到总务课；添设辅导课，掌管合作社辅导事宜；将农村经济研究室，改为合作经济研究室。在永康、宁波、於潜等地设立办事处 9 所，在昌化县设立分理处 1 所。同年，按《中央合作金库条例》规定，已开业浙江省合作金库不能单设，改为中央合作金库浙江分库。因中央金库无人来浙筹建分库，省府决定增拨“提倡股”1 亿元，改组原来机构，于 10 月 20 日正式复业。同年，中央合作金库督饬各县“对已成立之金库，或予解散，或予改组为新创合作金库。未设立的，依照法定程序筹组成立”。至年底，平阳、永嘉、上虞 3 个县合作金库进行改组，杭县、嘉兴、绍兴等 12 个县按《中央合作金库法》重新筹组。

中国银行温州支行（丽水）代理处

民国 6 年 （1917）5 月，中国银行温州支行丽水代理店在城内开业，办理商贾汇款，规定透支 1000 元为限（不计利息）。民国 16 年（1927），改为办事处。民国 25 年（1936），停业。

民国 29 年（1940）12 月 10 日，中国银行丽水支行在城内开业，行长陈浩然，职员 10 人。民国 34 年（1945），并入温州支行。后温州沦陷，中国银行温州支行迁丽水。抗战胜利后，回迁复业。

中央、中国、交通、农民银行联合办事处浙江分处（简称四联浙分处）

民国 26 年（1937）8 月，全面抗日战争爆发后，在上海成立中央银行、中国银行、交通银行、中国农民银行，并成立四行联合贴放委员会（简称“四联办事处”或“四行”），下设中中交农四行联合办事处，承担联系与洽商联合贴放业务，负责向内迁工厂发放长期贷款。同年 8 月 28 日，杭州设立四联分处，主任委员张忍甫（中央银行），委员由各银行人员当任。12 月，四联分处撤到永康县。民国 27 年（1938），“四行”在汉口设立四行总处，迁重庆。民国 29 年（1940）1 月，中央、中国、交通、农民银行联合办事处分处（四联分处）更名中央、中国、交通、农民银行联合办事处浙江分处（四联浙分处）。翌年，随中央银行杭州分行由永康县迁徙至龙泉县 （迁徙时间、路线与中央银行相同）。民国 34 年（1945）8 月抗战胜利后，返回杭州复业。

浙江省合作事业管理处

民国18年(1929)6月,由浙江省政府决定,成立浙江省合作事业管理处。处长唐巽泽。其基本任务是掌管全省各级合作事业管理工作,促进经济建设发展,为各行各业提供行政服务。核心任务是发展浙江土特产事业等,使合作事业深入社会各方面。全面抗战爆发后,随浙江省政府内迁,驻云和县白垟墩村。民国35年(1946),独立设置,隶属建设厅。1949年5月杭州解放后,由中国人民解放军军管会接管,其业务归入商业厅经营。

浙江省军民合作指导处

民国26年(1937),全面抗战爆发后,随浙江省政府内迁至丽水县碧湖镇。在丽水县碧湖镇设办事处。民国33年(1944)8月28日,从丽水县碧湖镇迁龙泉县城内中山路。

浙江省农田水利贷款委员会

民国31年(1942)5月27日,迁驻云和县双港村,后迁龙泉县蛟垟村。同年9月2日,返迁云和县古竹村。主任委员由建设厅长伍廷飏兼任。

中国农民银行绍兴支行

全面抗战期间,曾迁云和中正街(今解放街)。主任田同耕。民国32年(1943),接替金库,拨款支持云和合作金库营业。

浙江省地方银行方岩办事处

全面抗战期间,曾迁云和县中正街(今解放街),主任方懋儒。

第二章　中华人民共和国成立后银行机构

1949年5月,丽水全境相继解放,中国人民解放军军管会接收金融机构,改造私营银钱业,建立人民银行一体化金融体系。旧银行由专区、县级军管会、人民政府筹备委员会接管。采取“边接管、边建行”方针,利用原有营业地点和人员办理业务,成为中国人民银行业务部门。专业银行几经分合和体制改革,形成以中国人民银行为领导,专业银行为主体的多种金融机构并存与分工协作的新金融体系。7月,丽水专区首先建立中国人民银行丽水支行。1949年7月至1950年4月,各县筹备组、办事处先后建立。中国人民银行龙泉办事处成立。温州市军管会派员筹设中国人民银行温州支行青田收兑组。1951 年 1 月至 11 月，各县相继改组为中国人民银行直属支行。1951 年 2 月，中国人民银行丽水支行改组为中国人民银行丽水中心支行，下设丽水县分理处、碧湖营业所，辖缙云、松阳、云和、龙泉、庆元、景宁 6 个县支行。建立和发展高度集中的银行体制，统一金融管理，整顿金融混乱局面，建立金融制度和秩序。实施“大一统”的银行管理体系，实行行政区域分支机构。其职能涉及广泛，执行国家信贷政策和金融管理，从事存款、贷款、结算、现金出纳等业务，强化信贷资金管理，形成“统存统贷”，各级银行只能在指标范围内掌握贷款发放。

1952 年 1 月，撤销丽水专区，中国人民银行丽水中心支行改为中国人民银行丽水支行，降为县级银行。原所属各县级银行分别隶属温州、金华、衢州各专属地区管辖。1953 年，随着农业合作和供销合作发展，各地相继筹建农村信用合作社。同年，人民银行开始办理外汇业务。青田县支行兼办侨汇解付业务。1954 年，中国撤销大区一级金融机构，实行省级银行部门垂直管理体制。

1963 年 5 月，恢复丽水专区，重建丽水专区中心支行，辖丽水、青田、缙云、遂昌、云和 5 个县级支行。1964 年 6 月，出于对农业经济发展重视和农业合作化发展与支农资金管理需要，建立中国农业银行丽水专区中心支行。主要承担对农业生产合作组织和个体农民办理农业生产短期贷款。1966—1976 年“文化大革命”期间，金融事业发展遭受严重破坏，贷款发放失去控制，机构盲目精简合并，金融体制削弱。1971 年 7 月，又由于农业银行在基层机构、职能划分与中国人民银行重叠与不清，被撤销，重新并入人民银行，设立农村金融管理办公室。同时，丽水地区财政与金融合并，建立丽水地区财政金融局。1972 年 11 月，建立丽水地区建设银行，主要负责国家用于基本建设预算拨款和基本建设自筹资金，起到建设资金拨付、监督、结算的财政性机构的作用，归属丽水地区财政金融局管理。1976 年年底，金融系统进行为期两年全面整顿，基本理顺银行运行秩序，实行以银行直管为主与地方政府双重领导机制，为金融体制改革奠定基础，仍然按照计划经济时期的计划金融体制模式。

1979 年 5 月，复建中国人民银行丽水地区中心支行。加强信贷与现金管理、改进结算方法、整顿账户管理、开展“三清”(清资金、清账户、清财务)工作，整顿货币发行、出纳、金银管理和银行统计，厘清银行系统职责。从改革开放开始，贯彻邓小平“银行应该是抓经济，现在仅仅是算账，当会计，没有真正起到银行的作用”，“要把银行作为发展经济、革新技术的杠杆，必须把银行办成真正的银行”的指示。从中央到地方有步骤地进行经济、金融体制改革，逐步明确改革“大一统”金融体系，拆分“大一统”银行，银行体制逐渐实施以中央银行为核心，国有商业银行为基础，各种银行机构配套的多元金融体系(并存的金融体制轨道)，由人民银行独立发挥中央银行的职能。解放后 30 年，银行只是算账、当会计，是财政部门出纳机关，没有发挥经济杠杆的银行实体作用。自从财政与银行分清职责“分灶吃饭”“拨改贷”后，开始发挥银行作用，逐渐成为社会资金周转中枢。

1985 年，改称和组建中国人民银行丽水地区分行。1990 年，辖 8 个县(市)支行，共有干部职工 307 人，其中地区分行 86 人。1993 年 12 月，国务院颁布《关于金融体制改革的决定》，明确中国人民银行制定并实施货币政策和实施金融监管两大职能，把专业银行办成真正商业银行。专业银行发展正式定位于商业银行。金融类机构与非银行类金融机构相继成立，信托、融资租赁、基金行业开始出现。商业银行职能开始明晰，业务范围开始扩大，发展资本市场，股票交易、期货市场逐步规范，为推动经济高速发展奠定基础。1994 年，国务院集中出台一系列金融改革措施，对银行、金融组织、金融市场和外汇管理体系进行全面改革。建立有管理的浮动汇率制度，成立三大政策性银行，专业银行明确商业银行的规范改革要求。

1995 年 3 月，八届全国人大三次会议通过《中华人民共和国中国人民银行法》，确定人民银行主要具有服务、调控、监管三大职能。至 20 世纪末，金融体系职能更加清晰完善，分工更加明确。2001 年 12 月，中国加入世界贸易组织(WTO)，金融业开始由政策性开放转为制度性开放。进入 21 世纪，丽水金融机构为适应新形势变化，进一步通过机构改革与经营方式转变，促进金融市场融资、调节、避险、信号的四大功能发展与完善，加快和壮大服务业规模，提升产业核心竞争力，有利社会经济发展，提升居民消费能力。为使资本市场具有更强流动性和更高资源配置效率，推进多层次资本市场发展，促进丽水市经济发展更加协调与平衡，进一步完善金融体系、健全金融制度。

第一节　货币当局与金融管理协调机构

中国人民银行丽水市中心支行

1949 年 5 月 10 日，丽水解放。7 月 5 日，丽水县军管会财经部接管浙江省银行丽水分行，成立中国人民银行丽水支行。中国人民银行丽水支行是中国人民银行垂直领导的管理体系机构。地址设于丽水县继光街 164 号，下设丽水县大水门分理处和碧湖营业所，有职员 30 人。中国人民银行丽水支行主要任务是收兑和废止国民政府溃逃后市场上流通的旧币，发行人民币，打击金银贩子投机倒把活动，稳定金融秩序。各县在合作金库旧址建立金融机构，缙云、松阳、云和、龙泉、庆元、景宁 6 县改设人民银行各县支行。1951 年 2 月，中国人民银行丽水支行改为中国人民银行丽水中心支行，下设丽水县分理处、碧湖营业所；各县办事处升格为县支行，辖缙云、松阳、云和、龙泉、庆元、景宁、宣平 7 个县支行。并在各区镇设立营业所。1952 年 2 月，撤销丽水专区。中国人民银行丽水中心支行机构及职能裁撤，设立中国人民银行丽水县支行，营业地点仍设于继光街 164 号。中国人民银行丽水县支行内设 7 个股级部门和保险公司，在信孝、南明、风山、雅溪、江南、城关等区设立服务组。丽水、云和、龙泉、庆元、景宁 5 个县支行隶属温州中心支行；缙云县支行隶属金华中心支行；松阳、宣平 2 个县支行隶属衢州中心支行。

1954 年，浙江省在宁波试点基础上全面推广建立农村信用社。1956 年 4 月，农业银行业务从人行独立出来，成立中国农业银行丽水县支行。1957 年 3 月，人行、农行重新合并，各县银行内增设信用合作股。

1963 年 5 月 9 日，恢复丽水专区建置，复建中国人民银行丽水专区中心支行。银行地址设于丽水县中山街 496 号，辖丽水、青田、缙云、云和(景宁)、龙泉(庆元)、遂昌(松阳)6 个县支行。11 月，全区加强农业经济建设，人行、农行第二次分设机构，独立办公。1964 年(实际于 1963—1966 年)，开始社会主义教育运动(也称“四清运动”)，前期在农村进行“清工分、清账目、清仓库和清财物”，后期在城乡进行“清思想、清政治、清组织和清经济”。1965 年 11 月，人行、农行又重新合二为一。1968 年 11 月，“文化大革命”期间，设立中国人民银行丽水地区中心支行革命委员会。地址仍在中山街 496 号。辖丽水、青田、缙云、云和、龙泉、遂昌 6 个县支行未变。1971 年 7 月，财政、金融机构合并，建立丽水地区财政金融局和丽水地区财政金融局革命领导小组。地址设于丽水县城灯塔街 62 号。业务指导丽水、青田、缙云、云和、遂昌、龙泉、庆元(1973 年 7 月 17 日复县)7 个县财金局工作。1972 年，根据中国人民银行总行全国银行工作会议精神，要求“银行、财政分开”。1977 年，国务院出台《关于整顿和加强银行工作的几项规定》，明确各级银行工作总方针是“发展经济、保障供给”，中国人民银行是信贷、结算和现金活动中心。

1979 年 5 月，复建中国人民银行丽水地区中心支行，专门行使国家银行权力，履行金融管理机构行政职能，负责基金管理、调拨和经理国家金库，负责融资、稽核和维持金融秩序，负责各专业银行间的票据交换和工作协调，负责发放专项贷款和清物资清资金；也承担存贷款和结算业务，办理商业银行业务。同年，国务院下发《关于恢复中国农业银行的通知》。1980 年 1 月 1 日，分设中国农业银行丽水地区中心支行。中国人民银行丽水地区中心支行实行企业编制，地址设于中山街 496 号，辖丽水、青田、云和、缙云、遂昌、龙泉、庆元 7 个县农业支行。

1979 年，中国人民银行丽水县支行大众储蓄所办理业务

1984 年 1 月 1 日起，中国人民银行专门行使中央银行职能，不再承担商业银行业务，不再兼办工商信贷和储蓄业务。分设中国工商银行丽水地区分行。1985 年 1 月，改称中国人民银行丽水地区分行(地址先在灯塔街 19 号和 25 号；1988 年 4 月，迁回中山街 496 号)。行使主要任务：根据国家规定的金融方针、政策和信贷计划，调节全市信贷资金和市场货币流通，领导、管理、协调、监督、稽核全区专业银行和其他金融机构的业务工作，既管人民币又管国家外汇，管理企业股票债券、有价证券，管理金融市场，还经理国家财政金库、代理发行国库券及政府债券。辖青田、缙云、龙泉、庆元、遂昌、松阳、云和、景宁(1984 年 6 月 20 日，复县。1988 年 7 月 7 日，重建人行景宁县支行)8 个县支行。

1987 年 4 月，迁至中山街 505 号新建大楼，辖青田、缙云、龙泉、庆元、遂昌、松阳、云和、景宁 8 个县支行。20 世纪 90 年代以后，金融体制改革不断深化，金融形势日趋好转。其主要职能是执行国家货币政策，加强和改善宏观金融调控，调节全地区信贷资金和市场货币流通，领导、管理、协调、监督、稽核商业金融机构的业务活动，承办上级人民银行交办的其他事项；管理人民币发行、国家外汇，管理企业债券、股票、有价证券；管理金融市场，并经理国家财政金库、代理发行国库券和政府债券等。1995 年 3 月 18 日，第八届全国人民代表大会常务委员会第三次会议通过《中华人民共和国中国人民银行法》，从法律上确立中国人民银行的地位和职责，第一次以法律的形式明确中国人民银行履行下列职责：依法制定和执行货币政策；发行人民币，管理人民币流通；按照规定审批、监督管理金融机构；按照规定监督管理金融市场；发布有关金融监督管理和业务的命令和规章；持有、管理、经营国家外汇储备和黄金储备；经理国库；维护支付、清算系统的正常运行；负责金融业的统计、调查、分析和预测；作为国家的中央银行，从事有关的国际金融活动；国务院规定的其他职责。

1998 年 12 月，根据国务院关于机构改革决定，中国人民银行进行组织机构体系改革，强化中央银行的垂直领导，跨行政区设立分行。中国人民银行分支机构设置发生重大改革。采用大区银行体制，撤销中国人民银行浙江省分行；中国人民银行丽水地区分行划归中国人民银行上海分行管辖，改称中国人民银行丽水地区中心支行，银行地址设于中山街 505 号。

1999 年 8 月，迁至丽阳街 561 号新建成的大楼，辖龙泉、青田、缙云、遂昌、松阳、云和、景宁、庆元8个县支行，全区有正式员工342人。2000年7月(2000年5月20日国务院批准)，随丽水撤地设市更名为中国人民银行丽水市中心支行，与国家外汇管理局丽水市中心支局合署办公。市级机关本级有正式职工125人。

2003年12月27日，全国人大常委会第六次会议通过《中华人民共和国中国人民银行法》修正案，进一步强化中国人民银行制定和执行货币政策的职责，新增加维护金融稳定、反洗钱和监管信贷征信业三项职能。同月，中国人民银行丽水市中心支行与丽水银监分局分设，银行地址设于丽阳街561号，辖青田、缙云、龙泉、庆元、遂昌、松阳、云和、景宁8个县支行。中国人民银行丽水市中心支行行使对金融市场、金融机构部分业务等监督管理职责，将银行业机构监管和高级管理人员的监管职能划出，交由新设立的丽水银监分局监管。中国人民银行丽水市中心支行主要职能：执行货币政策、监督稽核、支付体系、信贷服务、经理国库、征信管理等业务。

2009年4月，全国金融支持集体林权制度改革与林业发展现场会在龙泉市召开，丽水市全面推进林权抵押贷款工作取得突破性成就，“活了林权，富了林农，绿了群山”成为全国典范。同年，中国人民银行丽水市中心支行在上海总部考评中被评为A类行。2010年7月，丽水市被中国人民银行总行确定为“银行卡助农取款服务”试点市；8月，全国农村信用体系建设工作现场交流会在丽水召开，“丽水模式”的农村信用体系建设工作先进经验得到全国推广。

2015年5月，根据任务和要求对中国人民银行丽水市中心支行内设机构进行改革与调整：设立反洗钱科，负责辖区反洗钱工作的组织协调，监督、检查辖内金融机构、支付机构及特定非金融机构履行反洗钱义务情况，开展辖内金融机构反洗钱培训和宣传工作；撤销营业室，设立支付结算科(营业室)，负责维护辖区支付体系稳定，监督管理辖区内支付服务市场，负责辖区农村支付服务环境建设组织、协调和推动工作，办理辖区内中央银行会计核算等业务；撤销会计财务科(反洗钱科)，设立新的会计财务科，负责辖区人民银行会计财务制度制定、执行和监督检查，实施会计财务管理，负责辖区银行业会计信息分析；撤销事后监督中心，集中事后监督业务分别由支付结算科(营业室)、国库科和货币金银科承担；纪检监察办公室更名为纪委监察室，负责辖区人民银行系统纪检监察工作；货币信贷管理科更名为货币信贷管理科(金融稳定科)。人行中心支行内设机构分别为：办公室(党委办公室)、货币信贷管理科(金融稳定科)、调查统计科、会计财务科、支付结算科(营业室)、科技科、货币金银科、国库科、内审科、人事科(党委组织部，机关党委办公室)、征信管理科、反洗钱科、外汇管理科、宣传群工部(宣传部、工会办公室、团委)、纪委监察室、保卫科、后勤服务中心17个科室。下辖人行县(市)支行8个，全辖在职正式员工271人、总行聘用制员工16人。文化程度：硕士15人、大学本科191人。中国人民银行丽

中国人民银行丽水市中心支行大楼

水市中心支行主要职能：贯彻执行货币政策；发行和管理人民币流通；实施外汇管理，监督管理银行间外汇市场；经理金库；维护支付、清算系统的正常运行；指导、部署金融业反洗钱工作，负责反洗钱的资金监测；负责金融业统计、调查、分析和预测；负责信贷征信市场管理。发挥组织协调作用，协调相关金融事务，搭建银政、银政交流合作平台，提供经济金融分析报告；促进货币信贷政策在本辖区得到有效贯彻落实，制定专项信贷指导意见，引导银行业金融机构增加对薄弱环节的信贷投入；与有关部门加强协调与配合，积极推进辖内农村信用社改革试点目标的实现等职责；协助地方政府建立金融稳定工作协调机制、推动辖区金融生态环境建设，开展金融安全区创建活动，维护辖区金融秩序和金融环境；广泛开展信息调研工作；宣传金融法规、金融政策、金融知识，加强风险教育；牵头成立金融学会、钱币学会等社团组织，开展学会活动等职责。

1949—2015年中国人民银行丽水市中心支行主要负责人任职一览表

表3-2-1

机构名称	成立和变更时间	行长(组长、局长、主持副职)	
		姓名	任期
中国人民银行丽水支行	1949年7月	景家骝 副行长(主持)	1949年7月至12月
		郭玉梓	1950年1月至1951年2月
中国人民银行丽水中心支行	1951年2月	郭玉梓	1951年2月至1952年2月
中国人民银行丽水县支行	1952年2月	郭玉梓	1952年2月至1952年6月
		丁星五	1952年6月至1954年4月
		聂同信	1954年6月至1956年9月
		刘少华	不详至1963年5月
中国人民银行丽水专区中心支行	1963年5月	刘少华	1963年5月至1968年10月
中国人民银行丽水专区中心支行革命委员会	1968年11月	刘少华	1968年11月至1971年6月
丽水地区财政金融局和丽水地区财政金融局革命领导小组	1971年7月	侯振标 副组长(主持)	1971年7月至1972年6月
		张　锐 (组长)	1972年8月至1973年2月
		刘少华 (组长、局长)	1973年3月至1979年4月
中国人民银行丽水地区中心支行	1979年5月	刘少华	1979年5月至1983年3月
中国人民银行丽水地区分行	1985年1月	王克隽 副行长(主持)	1985年1月至1987年7月
		王克隽	1987年7月至1994年1月
中国人民银行丽水地区中心支行	1998年12月	胡叔通	1994年1月至2006年7月
中国人民银行丽水市中心支行	2000年7月	孔祖根	2006年7月至2019年3月

说明：1952年2月至1963年5月中国人民银行丽水中心支行撤销期间，所属各县支行分属人行温州、金华、衢州中心支行管辖

中国人民银行丽水市中心支行历任副职任职一览表

表 3-2-2

机构名称	行长(组长、局长、主持副职)	
	姓 名	任 期
中国人民银行丽水专区中心支行革命委员会	侯振标	1970 年 7 月至 1971 年 7 月
丽水地区财政金融局和丽水地区财政金融局革命领导小组	侯振标	1971 年 7 月至 1976 年 10 月
	王　勤	1977 年 12 月至 1980 年 10 月
	郭文隆	1977 年 12 月至 1979 年 4 月
中国人民银行丽水地区中心支行	王克隽	1980 年 11 月至 1984 年 12 月
	李克久	1981 年 12 月至 1984 年 3 月
	应庚耀	1983 年 3 月至 1984 年 11 月
	金孟侯	1984 年 11 月至 12 月
中国人民银行丽水地区分行	金孟侯	1985 年 1 月至 1998 年 12 月
	吴晓庭(省行下派挂职)	1992 年 5 月至 1994 年 1 月
	宋忠伟	1994 年 1 月至 1997 年 7 月
	王成勇(纪委书记)	1994 年 1 月至 1998 年 12 月
中国人民银行丽水地区中心支行	金孟侯	1998 年 12 月至 2000 年 7 月
	王成勇(纪委书记)	1998 年 12 月至 2000 年 7 月
	王筱琴(女)	1999 年 7 月至 2014 年 4 月
中国人民银行丽水市中心支行	孔祖根	2000 年 8 月至 2006 年 7 月
	金孟侯	2000 年 8 月至 2003 年 12 月
	王筱琴(女)	2000 年 8 月至 2014 年 5 月
	王成勇(纪委书记)	2000 年 8 月至 2003 年 12 月
	陈跃新(女)(工会主任)	2001 年 6 月至 2003 年 12 月
	丁国琪(工会主任)	2004 年 2 月至 2008 年 12 月
	杨仁荣(挂职)	2006 年 7 月至 2008 年 10 月
	陈明亮	2008 年 4 月起
	汤春玉	2009 年 7 月起
	刘宣祥(纪委书记)	2009 年 7 月起
	应国虎	2014 年 7 月起

2015 年中国人民银行丽水各县(市)支行行长一览表

表 3-2-3

名 称	姓 名	职 务	营业地址
龙泉市支行	王培林	行长	龙泉市龙渊街道华楼街 227 号

续表 3-2-3

名 称	姓 名	职 务	营业地址
青田县支行	叶晓东	行长	青田县鹤城街道龙津路 120 号
云和县支行	梅景付		云和县浮云街道中山路 9 号
庆元县支行	吴利斌		庆元县松源街道去鹤路 20 号
缙云县支行	蒋　政		缙云县五云街道黄龙路 29 号
遂昌县支行	林卫平		遂昌县妙高街道公园路 97 号
松阳县支行	张益农		松阳县西屏街道新华路 105 号
景宁县支行	潘华珠		景宁畲族自治县鹤溪街道建设路 8 号

国家外汇管理局丽水市中心支局

1984 年 12 月前，丽水地区外汇管理工作是由中国银行丽水地区中心支行办理。国务院批准中国人民银行为国家外汇外贸专业银行，统一经营外汇业务，办理贸易、非贸易国际结算，管理外汇信贷资金，发放人民币外汇贷款，对外挂外汇管理局和中国人民银行两块牌子。随着丽水地区对外贸易和对外交往不断发展，客观形势要求建立专门的外汇管理机构。1985 年 4 月，国家外汇管理局丽水分局由中国人民银行总行批准成立。是年，中国银行丽水市支行办理的外汇管理工作改由国家外汇管理局丽水分局办理。国家外汇管理局丽水分局为二级分局，隶属于国家外汇管理局浙江分局。丽水分局自成立之日起，就与人行丽水市分行实行合署办公，分局局长、副局长由中国人民银行丽水地区分行行长、副行长兼任。分局人员编制、人事管理、日常经费等，均由中国人民银行丽水地区分行负责经管。1985 年，丽水市外汇管理主要工作是筹建外汇局和完善金融机构经营外汇业务的操作管理办法，提高外汇监管的科学性和透明度。按照浙江省分局部署，先后制定《银行代理外汇业务管理办法》《开办外币储蓄业务网点审批和验收标准》《外债、外债转贷款还本付息操作细则》《金融机构外汇贷款代登记办法》等规则制度，完善操作规范。举办外汇业务培训班，对全区金融机构外汇从业人员进行培训和应知应会测试。年末，国家外汇管理局丽水分局有专职人员 3 人。1993 年 11 月，成立国家外汇管理局青田支局，负责青田县外汇监管，是全区第一个支局机构。

1994 年，国家外汇管理体制实施重大改革，实现人民币经常项目有条件可兑换。丽水分局根据中国人民银行总行、国家外汇管理总局要求，实施汇率并轨和银行结售制，加强和改善外汇管理。顺利实现新、老外汇管理体制平稳过渡，实现结售汇制度。1997 年，丽水分局加大外汇监管力度，对全区进口开证单位实行进口信用证开证登记制度；对远期信用证实行外汇管理分局备案制。全面清理金融机构代理代办外汇业务，撤销不符合要求的外汇机构，并发挥外汇同业协会自律管理作用。1998 年，更名为国家外汇管理局丽水地区分局。2000 年，丽水撤地设市，改名丽水市中心支局。2011 年 12 月，国家外汇管理按照“五个转变”理念实施行业重大改革，取消进出口核销制度，将事前审核转变为事后监管。丽水市中心支局按照上级部门管理体制要求，调整内设职能与岗位，在开展试点基础上，对金融机构和企业开展培训学习，各相关部门和机构顺利实现政策过渡，早于全国政策推广（2012 年 6 月实施）之时。

1985—2019 年国家外汇管理局丽水市中心支局局长任职一览表

表 3-2-4

机构名称	成立和变更时间	局长	
		姓名	任期
国家外汇管理局丽水分局	1985 年 4 月	王克隽	1985 年 5 月至 1993 年
		胡叔通	1993 年至 1998 年
国家外汇管理局丽水地区分局	1998 年	胡叔通	1998 年至 2006 年 8 月
国家外汇管理局丽水市中心支局	2000 年 7 月	孔祖根	2006 年 8 月至 2019 年 3 月

2015 年国家外汇管理局各县(市)支局局长任职一览表

表 3-2-5

名称	姓名	职务	营业地址
青田县支局	叶晓东	局长	青田县鹤城街道龙津路 120 号

第二节　金融监管与协调机构

中国银行保险监督管理委员会丽水监管分局(简称中国银保监会丽水监管分局)

2003 年 12 月,中国银监会丽水监管分局与中国人民银行丽水市中心支行分设。2004 年 1 月 18 日,正式成立中国银行业监督管理委员会丽水监管分局,是在中国人民银行丽水市中心支行监管科室的基础上独立分设组建,是统一监督管理丽水市银行业的金融监管机构,维护全市银行业合法、稳健运行。根据中国银监会浙江监管局授权,具体监管丽水市辖区内的银行、金融资产管理公司、信托投资公司及其他存款类金融机构。目前,其主要职责是根据银保监会和浙江银保监局的授权,依法依规独立对丽水银行业和保险业实行统一监督管理;对银行业和保险业机构及其业务范围实行准入管理,审查高级管理人员任职资格;对有关银行

中国银保监会丽水监管分局大楼

业、保险业机构实行现场检查和非现场监管，开展风险与合规评估，保护金融消费者合法权益，依法查处违法违规行为；统计有关数据和信息，跟踪、监测、预测辖内银行业、保险业运行情况；指导和监督地方金融监管部门相关业务工作；负责党的基层组织建设和干部队伍建设。在全市设立监管办事处8个。2018年12月，完成机构改革，正式挂牌成立中国银保监会丽水监管分局。中国银保监会丽水监管分局有员工64人，内设办公室、统计信息与风险监测科、普惠金融科、现场检查科、大型银行监管科、中小商业银行监管科、农村银行机构监管科、保险监管科、人事科、纪委办公室10个科室；下辖缙云、青田、龙泉、松阳、遂昌、云和、景宁、庆元8个监管组。

2003—2015年中国银保监会丽水监管分局局长任职一览表

表3-2-6

机构名称	成立时间	局长	
		姓名	任期
中国银行保险监督管理委员会浙江监管局丽水银保监分局	2004年1月	金孟侯	2003年12月至2009年6月
		赵秀乐	2009年6月至2012年6月
		周明强	2012年6月起

2003—2015年中国银保监会丽水监管分局历任副职任职一览表

表3-2-7

机构名称	成立时间	局长	
		姓名	任期
中国银行保险监督管理委员会浙江监管局丽水银保监分局	2004年1月	王成勇	2006年1月至2013年5月
		陈跃新	2006年1月至2009年6月
		周林海	2010年4月至2013年5月
		刘寒暄	2010年7月起
		周青冥	2013年5月至2016年7月
		龚柯丹	2013年5月起

2015年中国银保监会丽水监管分局所属各县(市)监管办主任任职一览表

表3-2-8

机构名称	姓名	职务	监管办地址
缙云监管办	胡耀松	主任	缙云县永宁路1号
青田监管办	周平康	主任	青田县鹤城镇鹤城中路48号
龙泉监管办	张　云	主任	龙泉市中山西路37号
松阳监管办	叶松华	主任	松阳县西屏镇长松路148-10号
遂昌监管办	汪　滔	主任	遂昌县妙高街道西街8弄6号
云和监管办	王　峰	主任(兼)	—

续表 3-2-8

机构名称	姓 名	职 务	监管办地址
景宁监管办	朱江娅	主任(兼)	—
庆元监管办	李洪海	主任(兼)	—

丽水市金融工作办公室

丽水市政府金融办公室、上市办公室　2009 年 4 月，根据浙江省人民政府《关于我省地方金融业改革发展的若干意见》精神，设立丽水市政府金融办公室、上市办公室，实行两块牌子一套班子的机构设置。机构行政规格为副县(处)级，归口丽水市政府办公室管理。丽水市机构编制委员会《关于印发丽水市政府金融办公室、上市办公室职责配置、内设机构和人员编制规定的通知》，核定事业编制 7 人。主要职责：(1) 贯彻落实市委、市政府关于地方金融业发展的意见和政策，汇总掌握全市金融运行情况，协调制定本市金融业发展规划和工作计划，并跟踪落实情况。(2) 负责全市金融机构组织协调工作，建立金融工作协调机制，加强与驻丽金融机构联络，协调有关部门对地方各金融机构的管理和服务。(3) 组织推动地方金融机构改革与发展工作，研究地方金融机构改制与重组，协调地方金融业的国际国内合作工作，促进地方金融资源优化配置和良性发展，负责指导地方金融资产增值保值工作。(4) 指导企业融资工作，拓宽融资渠道；组织企业债券发行计划申报，监督企业发债资金使用。(5) 研究建立全市金融业稳定发展的协调机制，组织落实防范和化解风险的政策措施，负责协调本地区金融业突发公共事件应急处置工作；配合人民银行和金融监管部门对各类金融机构实施监管；协调解决金融业发展中应由地方解决的困难和问题；研究规范本地区民间融资工作，协调有关部门取缔、打击非法金融机构和非法金融活动。(6)指导、组织、协调全市企业的上市工作。(7)承办市政府交办的其他事项。丽水市政府金融办公室、上市办公室内设综合、上市 2 个处室。

丽水市人民政府金融工作办公室　2013 年 4 月，根据浙江省编委办《关于确定丽水市人民政府金融工作办公室机构规格的函》精神，丽水市政府金融办公室、上市办公室调整更名为丽水市人民政府金融工作办公室，机构设置为丽水市政府直属的行政正县(处)级事业单位。经丽水市政府授权，承担全市金融工作指导、协调和管理服务职能。9 月 30 日，根据中共丽水市委《关于建立党组及朱山华等同志任职的通知》，建立中共丽水市人民政府金融工作办公室党组。丽水市人民政府办公室印发《关于丽水市人民政府金融工作办公室主要职责内设机构和人员编制规定的通知》，丽水市政府金融办公室、上市办公室调整为丽水市人民政府金融工作办公室，核定事业编制 10 人。主要职责调整为：(1) 贯彻执行党和国家金融工作的方针、政策和相关法律、法规，落实省、市有关发展地方金融业的决策部署；负责拟订并组织实施丽水市金融产业发展规划和政策措施；汇总掌握全市金融运行情况，研究金融发展重大问题，为市委、市政府提供决策参考。(2) 负责建立全市金融工作沟通协调机制。(3) 负责组织协调金融机构为本市经济社会发展提供金融保障。(4) 负责指导和推动地方金融业改革与创新。(5) 负责推进地方创新类金融组织的试点工作。(6) 负责指导协调企业上市工作。(7) 负责指导证券、保险业等非银行金融机构的改革创新工作。(8) 负责指导和推动金融市场体系建设。(9) 负责推进地方金融发展环境建设。(10) 负责协调防范和化解区域金融风险，配合在丽金融管理(监管)部门加强金融监管。(11) 负责参与指导金融人才培训和引进工作。(12) 承担市金融工作领导小组的具体工作；承办市政府交办的其他事项。2019 年 3 月，根据《中共中央关于深化党和国家机构改革的决定》《中共浙江省委关于市县机构改革的总体意见》和省委、省政府批准的《丽水市机构改革方案》，中共丽水市委办公室、丽水市人民政府办公室印发《丽水市人民政府金融工作办公室职能配置、内设机构和人员编制规定》，丽水市人民政府金融工作办公室调整成市政府工作部门，为正县处级。丽水市人民政府金融工作办公室内设综合管理处、金融发展处、资本市场处 3 个处室。

2009—2015 年丽水市金融办主要负责人任职一览表

表 3-2-9

机构名称	成立和变更时间	局长	
		姓名	任期
丽水市政府金融办公室、上市办公室	2009 年 4 月	谢志伟（党组书记、主任）	2009 年 5 月至 2013 年 4 月
丽水市人民政府金融工作办公室	2013 年4 月		2013年 4 月至 2014 年 12 月
		姚志强（党组书记）	2015 年 2 月至 2017 年 5 月
		潘碧武（主任）	2015 年 2 月起

2009—2015 年丽水市金融办副职任职一览表

表 3-2-10

机构名称	成立和变更时间	局长	
		姓名	任期
丽水市政府金融办公室、上市办公室	2009 年 4 月	龚海鸥（副主任）	2010年9月至2012年4月
丽水市人民政府金融工作办公室	2013 年4 月	李建军（党组成员、副主任）	2012年8月至2017年8月
		朱剑成（党组成员、副主任）	2013年5月至2015年12月
		金雄鸥（党组成员、副主任）	2015年12月起

第三节　政策性银行 邮政储蓄银行机构

中国农业发展银行丽水市分行（简称农发行丽水市分行）

1994 年，根据国务院《关于组建中国农业发展银行的通知》精神，接收中国农业银行、中国工商银行划转农业政策性信贷业务。同年 11 月，正式挂牌成立。1995 年 1 月 1 日，各项业务委托中国农业银行全面代理开始运营。主要职责是按照国家法律、法规和方针、政策，筹集农业政策性信贷资金，为国家规定的农业政策性和涉农商业性金融、财政性支农资金等经济发展服务。1996 年年末，农发行浙江省级以下分支机构建立，业务由委托代理转为自营。12 月 24 日，成立中国农业发展银行丽水地区分行，注册资金 1000 万元。1997 年 1 月 1 日正式对外营业。内设计划信贷处、人事教育处、稽核监察处、办公室、营业部（含财务会计处）3 处 1 室 1 部。中国农业发展银行丽水地区分行营业地址：先在丽水市（县级）城关镇解放街 126 号；1997 年 2 月，迁至解放街经济开发区商贸中心 10

号(2000 年 11 月 27 日,原址更名为丽水市莲都区开发路 825 号)。

2000 年 8 月,中国农业发展银行丽水地区分行更名为中国农业发展银行丽水市分行。农发行丽水市分行成立时经营范围为:办理国务院、中国人民银行安排的资金,并由财政予以贴息的粮食、棉花、油料、猪肉、食糖等主要农副产品的国家专项储备贷款;办理粮、棉、油、肉等农副产品收购贷款及粮油调销、批发贷款;办理承担国家粮、油等产品政策性加工任务企业的贷款和棉麻系统棉花初加工企业的贷款;办理国务院确定的扶贫贴息贷款、老少边穷地区发展经济贷款、贫困县县办工业贷款、农业综合开发贷款以及其他财政贴息的农业方面的贷款;办理国家确定的小型农、林、牧、水利基本建设和技术改造贷款;办理中央和省级政府的财政支农资金的代理拨付,为各级政府设立的粮食风险基金开立专户并代理拨付;办理业务范围内开户企事业单位的存款;办理开户企事业单位的结算;办理经国务院和中国人民银行批准的其他业务。

农发行丽水市分行大楼

2004 年 5 月,开办仓储设施贷款;10 月,开办粮、棉、油龙头企业贷款,由粮、棉、油购销领域向生产、加工领域延伸。2006 年 9 月,粮、棉、油龙头企业贷款范围扩大到农、林、牧、副、渔整个农业领域。2007 年 1 月,开办农业基础设施建设贷款、农业综合开发贷款业务,具体包括农村路网、电网、水网、信息网建设、农村能源和环境设施建设等农村基础设施建设领域;农田水利基本建设和改造、农业生产基地开发与建设、农村流通体系建设等农业综合开发领域;农业生产资料的流通和销售环节等。4 月,开办农业小企业贷款业务,支持对象限定为农、林、牧、副、渔业从事种植、养殖、加工和流通的小企业。2009 年 6 月,开办县域城镇建设贷款业务,主要用于县域内(含城市郊区郊县)的城镇化建设,包括城镇基础设施建设、文化教育卫生设施、环境设施、便民商业设施和农民集中住房等领域。农发行丽水市分行形成"两轮驱动"业务发展格局:以粮、棉、油收储、加工、流通为重点的全产业链信贷业务为一轮;以支持新农村建设和水利建设为重点的农村基础设施建设中长期信贷业务为另一轮。至 2010 年 10 月 11 日,内设机构儿经调整,设办公室、客户部、信贷与风险管理部、财会信息部、监察与内部审计部、人力资源部共一室五部。2015 年,农发行外部改革正式启动,明确总体发展战略,致力于服务国家粮食安全、服务农业现代化、服务城乡发展一体化、服务国家区域发展战略、服务脱贫攻坚的"五个全力服务"。

1996—2015 年中国农业发展银行丽水市(地区)分行行长任职一览表

表 3-2-11

机构名称	成立和变更时间	行长	
		姓 名	任 期
中国农业发展银行丽水地区分行	1996 年 12 月	梁　滨	1996 年 12 月至 2000 年 6 月

续表 3-2-11

机构名称	成立和变更时间	行长	
		姓名	任期
中国农业发展银行丽水市分行	2000年8月	张蕴如(副行长主持)	2000年6月至2002年3月
		张蕴如	2002年3月至2008年4月
		朱允升	2008年4月至2011年8月
		郑忠义	2011年8月起

1996—2015年中国农业发展银行丽水市(地区)分行副行长任职一览表

表 3-2-12

机构名称	成立和变更时间	行长	
		姓名	任期
中国农业发展银行丽水地区分行	1996年12月	张蕴如	1997年11月至2000年6月
		朱允升	1999年6月至2000年6月
中国农业发展银行丽水市分行	2000年8月	胡华星	2003年5月起
		陈伟清	2005年6月至2006年6月
		吴　剑	2007年11月至2013年7月
		叶　超	2013年5月至2015年12月
		刘文元	2014年2月起

说明：历任行长助理有朱允升(1997年11月至1999年6月)、夏伟亮(2000年6月至2002年12月)、陈伟清(2002年12月至2005年6月)、吴剑(2006年6月至2007年11月)

至2015年，农发行丽水市分行设有青田、松阳、遂昌、龙泉、庆元、云和、景宁信贷组7个，建立缙云县支行。

中国农业发展银行丽水市分行分支机构一览表

表 3-2-13

分支机构名称	成立时间	营业地址
中国农业发展银行丽水地区分行派驻缙云县办事组	1996年12月	缙云县五云镇胜利街77号
中国农业发展银行缙云县信贷组	2001年2月	缙云县五云镇复兴街154号
中国农业发展银行缙云县支行	2009年9月	缙云县五云镇蓬莱路219号
	2012年12月	缙云县五云镇问渔西路598号
中国农业发展银行丽水地区分行派驻青田县办事组	1996年12月	青田县少年宫路36号
中国农业发展银行青田县信贷组	2001年2月	青田县鹤城东路19号物资大楼6楼
中国农业发展银行丽水地区分行派驻云和县办事组	1996年12月	云和镇中山路21号
中国农业发展银行云和县信贷组	2001年2月	云和镇中山路114号
中国农业发展银行丽水地区分行派驻龙泉市办事组	1996年12月	龙泉市中山西路35号

续表 3-2-13

分支机构名称	成立时间	营业地址
中国农业发展银行龙泉市信贷组	2001 年 2 月	龙泉市中山西路 18 号
	2015 年 8 月	龙泉市华楼街庆丰楼二单元二楼 205 室
中国农业发展银行丽水地区分行派驻庆元县办事组	1996 年 12 月	庆元县松源镇云鹤路 24 号五楼
中国农业发展银行庆元县信贷组	2001 年 2 月	
中国农业发展银行丽水地区分行派驻松阳县办事组	1996 年 12 月	松阳县西屏街道紫金路 84 号
中国农业发展银行松阳县信贷组	2001 年 2 月	松阳县西屏街道新华路 21 号
	2009 年 11 月	松阳县西屏街道新华路 39 号
中国农业发展银行丽水地区分行派驻遂昌县办事组	1996 年 12 月	遂昌县妙高街道公园路 109 号
中国农业发展银行遂昌县信贷组	2001 年 2 月	遂昌县妙高街道北街 55 号
	2013 年 11 月	遂昌县妙高街道凯恩路 88 号 2 楼
中国农业发展银行丽水地区分行派驻景宁畲族自治县信贷组	1996 年 12 月	浙江省丽水市景宁县鹤溪镇人民路 171 号
中国农业发展银行景宁畲族自治县信贷组	2001 年 2 月	
	2012 年 6 月	浙江省丽水市景宁县鹤溪镇人民中路 272 号

1996—2015 年中国农业发展银行丽水市分行及分支机构从业人员结构情况表

表 3-2-14　　单位：人

年份	总人数	其中：女	年龄结构			学历结构			职称结构		
			30 周岁以下	31—50 周岁（含 50 周岁）	50 周岁以上	中专或高中及以下	专科或本科	研究生	初级	中级	高级（含副高）
1996	68	25	9	57	2	38	29	1	33	28	—
1997	73	26	9	63	1	36	36	1	33	29	—
2000	78	27	14	61	3	32	45	1	26	34	1
2005	69	28	10	56	3	19	49	1	22	35	—
2010	88	40	27	46	15	16	69	3	22	38	1
2015	84	36	32	22	30	3	80	1	18	27	—

说明：表中统计数据为各年度年末数据

中国邮政储蓄银行股份有限公司丽水市分行（简称中国邮政储蓄银行丽水市分行）

清光绪三十年（1904），处州（今丽水市）开办汇兑业务。民国 10 年（1921），开办邮政储金业务，并兼办保险业务。至 1953 年 9 月，全区停办邮政储金业务。1986 年，国务院决定恢复开办邮政储蓄业务。邮政储蓄业务得到较快发展，网点遍布城乡。至 2008 年，全市有邮政储蓄所 108 家。2008 年 4 月，成立中国邮政储蓄银行丽水市分行。初步实现以储蓄存款为主向储蓄和理财并重转变，以个人客户为主向个人和公司客户并重转变，以负债业务为主向负债、结算、资产业务并重转变，由邮政储汇专业管理向现代商业银行转变。

邮政汇兑 （中华人民共和国成立前汇兑详见本篇第一章第二节《邮政储金汇业局杭州分局》）中华人民共和国成立初期，邮政各分局对金圆券汇票进行清理。至1949年6月5日起，普通汇兑业务改用人民币汇兑。丽水县最高汇票限额为旧人民币20万元。1953年，银行与邮局实行汇兑分工，工商企业、机关单位汇款由银行办理；个人汇款由邮局办理。1954年12月，邮电部重新规定汇票种类为票汇、电汇。票汇，包括普通汇票和定额汇票。1955年3月1日，废止旧式三联汇票，改用按汇款金额剪格竖写两联汇票。一联交汇款人以挂号信寄收款人，一联内部汇款发往兑付局，收款人收到挂号信后，持汇票到指定邮电局取款，每张汇票最高限额为人民币300元。1955年9月，停办定额汇票。1958年，改用两联复写式普通汇票，汇票由收汇局按照寄款人填写的汇款通知单收款人地址，将汇票及汇款通知单寄往兑付局。收款人凭汇款通知单到指定邮电局取款。

1965年4月1日，汇款通知单改为信封式。汇票装入汇款通知单内寄往兑付局，兑付局(抽出汇票)将通知单投送收款人。收款人凭证到邮电局取款。1980年，调整银行、邮局汇兑分工办法，银行可直接办理个人高额汇款。1981年8月，邮局汇款限额每张汇票由人民币300元提高至5000元。1988年5月，丽水地区各县局相继开办快件汇票业务，快件汇票加收快件费5角。1999年2月14日，开办国内邮政入账汇款业务。2月26日，开办邮政礼仪汇款业务。8月1日，开办电报入账汇款业务。2000年1月20日，开办与上海、福建两省(市)邮政特快汇款业务。6月，丽水、松阳、缙云等地、县局先后开展送邮政汇款单、邮政储蓄单到户的“双单”业务。2001年7月，丽水市、青田县局开办西联汇款业务，办理美元发汇及人民币兑付业务通汇局。9月29日，完成丽水市、青田县邮政局电子汇兑系统内部业务测试，正式投入使用。莲都区府前和青田县局两个汇兑网点开始办理24小时到达的现金电子汇兑业务。10月20日，全市邮政正式开办电子汇兑业务。未取消纸质汇票，新、老两种汇兑系统并行使用。2002年1月13日，全市完成汇兑新旧体制转换，停止传统实物汇票传递。9月23日，电子汇兑联网网点试开办省内2小时加急汇款业务，每笔加收加急业务处理费5元。12月5日，开通2小时汇款业务。2003年4月28日，试开办邮政汇兑回音卡业务。7月1日起，正式开办。业务资费由试开办时每笔3元调低至1元。2003年6月4日，浙江邮政西联国际汇款青田旗舰店开幕仪式在青田邮政大厦储汇营业厅隆重举行。9月10日，西联汇款丽水继光街旗舰店隆重开业。2004年4月8日，全省范围内开办邮政汇款短信回执业务。2004年12月30日，遂昌局开办西联汇款美元兑换业务。

邮政储蓄 （中华人民共和国成立前邮政储蓄详见本篇第一章第二节《邮政储金汇业局杭州分局》）1949年11月，中华人民共和国政务院财政经济委员会决定，由邮政系统接管邮政储金汇业局，在中国人民银行统一指导下进行工作。1950年6月，财政经济委员会指示撤销邮政储金汇业局，邮政储蓄业务作为受银行委托代理业务经营，所收储金全部转存人民银行，由银行付给利息，后又改为按每日存款平均余额付给手续费。1953年9月，储蓄业务全部划归银行办理，邮政储蓄全面停办。

1986年8月，为利用邮政网络筹措资金，中国人民银行和邮电部决定，恢复邮政部门代办邮政储蓄业务。同月23日，丽水地区邮政局开办邮政储蓄业务，随后各县邮电局相继开办邮政储蓄业务。丽水邮政储蓄首个网点在丽水府前开业。12月10日，丽水开办活期异地存取业务。在丽水存款，可在全国各地办理此项业务的邮局取款，便利储户出差、旅游、探亲、购物取款用款需要。全区储蓄存款余额 389.68 万元。邮政储蓄网点逐步向自办邮电支局发展。1987 年 6 月，开办邮政定活两便储蓄业务。邮政定活两便储蓄存单由浙江省邮政储汇局统一印制，面值分别为 10 元、20 元、50 元、100 元和 500 元 5 种。10 元起存，多存不限。整笔存、整笔取、存期随储户自定，随时可取，兼有定期之利、活期之便。1988 年 6 月 30 日，丽水地区邮电局邮政储蓄组织代理发行国库券。1990—1998 年，平稳发展，邮政部门与银行缴存存款代理关系转变为转存款关系。邮政储蓄存款余额转存银行，由银行支付转存款利息。邮政储蓄由代办转为自办。1990 年，丽水开办邮政储蓄业务种类有：活期储蓄、整存整取定期储蓄、零存整取定期储蓄、定活两便储蓄、有奖储蓄、活期异地存取储蓄、汇转储和代发工资业务。1995 年 4 月 5 日，开办个人通知存款业务。邮政储蓄个人通知存款业务起点为 1000 元，可记名、挂失、留印鉴。1997 年 9 月，全区邮储网点实现小联网。10 月，开办代缴电话费业务。1998—2003 年，邮政、电信分营。邮政独立运行后，邮政储蓄业务保持快速发展。1998 年 11 月 20 日，全区 8 个县（市）被列入全省“邮政储蓄事后监督系统”推广应用计划。1999 年 1 月 10 日，府前邮政储蓄开办夜市储蓄。翌年，根据中国人民银行要求和批准，邮政储蓄取消夜市储蓄，正式代理国债业务。10 月 1 日，丽水城区所有邮政储蓄网点开始销售“1999 年凭证式（三期）国债”。11 月 1 日，开征个人储蓄存款利息所得税。12 月 20 日，丽水实现与金华、台州、衢州三地市联网。年内，全市开办代理保险业务。2000 年 2 月 5—10 日，全区邮政储蓄相继开办金华中心（丽水、金华、衢州、台州）异地交易业务，实现“四市地通存通兑”。4 月 1 日，实行个人存款账户实名制。7 月 1 日，办理邮政储蓄实行实名制。12 月 25 日，城内各储蓄网点配备刷卡机，开办绿卡窗口刷卡业务。2001 年 1 月 18 日，丽水邮政储蓄正式并入全国大网，实现全国通存通兑。4 月 24 日，全区邮政储蓄余额突破 10 亿元。10 月 31 日，云和县邮政局与丽水信托投资公司证券营业部共同开发大户远程开通并正式对外营业，是浙江省邮政系统首次介入证券市场领域。2002 年 1 月 1 日，邮政储蓄省内异地存取免收手续费。12 月 11 日，丽水府前邮政储蓄所储蓄余额首次突破亿元，也是全省第 21 个余额超亿元的储蓄网点。年末，全市邮储余额达 149479 万元。

2003 年 8 月起，国家对邮政储蓄实行“新老划段”，新增存款由邮政企业自主运作。9 月 1 日，邮政储蓄开始实施《人民币银行结算账户管理办法》，客户存款账户分为“个人结算账户”和“储蓄账户”两大类。2004 年 2 月 15 日，邮政短信平台正式运行使用。先期开通邮储代发代缴通知、兑付汇款信息反馈等业务。2005 年 2 月 21 日，全市邮政建立大额和可疑交易报告制度。4 月 1 日，缙云县邮政局邮政储蓄实现电费联网结算，正式开办代缴电费业务。同日，浙江省开始取消对省内邮政储蓄绿卡用户本地跨行取款交易的免费服务，决定对绿卡持卡人在他行 ATM 机上取款收取跨行交易费用。4 月 13 日，景宁县邮政局开通联网代缴电费业务。6 月 30 日，丽水市邮政储汇局下设储汇部、稽查部和保险部。7 月 1 日，开办邮政储蓄系统内柜面转账业务，此次开通的转账业务仅限于系统内柜面本、异地不同账户间的转账业务和现金到账户的转账业务。7 月 1 日，各储蓄网点停止办理无折（卡）续存业务，改用现金到账户的转账业务办理。8 月 23 日，邮政储蓄正式对外开办账户汇款业务中的“账户到现金”业务。分为“现金到账户”“账户到账户”“账户到现金”汇款三类。9 月 7 日，开通邮政储蓄整存整取省内通兑业务。11 月 25 日，丽水市 11 个邮政储蓄网点开办邮政网汇通业务。12 月 28 日，全市邮政储蓄余额突破 20 亿元，达 200573 万元。12 月 10 日，开通系统内 ATM

机转账业务。2006 年 1 月 1 日，全市邮政储蓄启用存折读写磁条的功能。8 月 1 日，正式对外发行“绿卡商讯通联名卡”。“联名卡”是丽水邮政局、移动公司、市蔓延科技有限公司整合各自业务优势，联合开发的一种多功能绿卡，在全市各邮政储蓄所、移动营业厅以及商讯通俱乐部遵循“一机一卡”原则发放。该卡延续邮政绿卡原有的存取款、系统内及跨行 ATM、POS 交易、代发工资、代付通信费、水费、电费等功能，增加在丽水全市 300 多家知名签约商户享受消费折扣的功能。2006 年年末，全市邮政储蓄余额达 248280 万元。

2007 年 3 月 20 日起，中国邮政储蓄银行挂牌成立。邮政储蓄向资产、负债、中间业务全面、协调发展迈出重要一步，为城乡居民提供服务的能力和水平进一步提高，市场地位进一步巩固。2007 年 1 月 10 日，内设资产业务部。1 月 20 日，全省范围内开办邮政储蓄“一本通”业务。2 月 2 日，丽水市邮政局和龙泉市邮政局被确定为浙江省开办邮政储蓄定期存单小额质押贷款业务第二批试点局之一，确定丽水府前、龙泉水南邮政储蓄所作为试点网点。2 月 5 日，试点网点对外正式营业。2 月 27 日，丽水、青田、龙泉局被确定为浙江邮政外币储蓄业务第一批开办局。3 月 1 日，省邮政局授权，丽水、龙泉、青田邮政局 10 个邮政储蓄网点开办外币储蓄业务。同日，全省范围内开办定活两便、零存整取、存本取息、整存零取省内通存通兑业务。3 月 19 日，龙泉邮政局为“创业者回归工程”一企业主发放首笔小额质押贷款 20 万元。4 月 30 日，丽水储汇局成立储汇稽核班，储蓄事后监督、汇兑事后检查、储汇业务档案、储汇重要空白凭证管理等岗位职能划归稽核班；成立储汇押运班，出纳、驾驶、押款、领送料等岗位职能划归押运班。5 月 23 日，省邮政储汇局批复同意丽水局单一客户本人质押贷款最高限额调整至 40 万元，单一客户他人质押贷款最高限额维持 10 万元不变，单一借款人的本人质押贷款和他人质押贷款合计上限为 50 万元。6 月 20 日，全市 25 个邮政储蓄网点列入全省邮政储蓄定期存单小额质押贷款第三批试点网点，并对外营业。7 月 9 日，丽水市邮政局府前储蓄所等 21 个邮政储蓄网点符合业务开办条件，经省局授权获准开办代销开放式基金业务。2008 年 1 月 31 日，辖内 9 个县（市、区）邮政局开办与交通银行“银银转账”业务。2 月 26 日，浙江省邮政储汇局授权，同意丽水市邮政局府前储蓄所等 22 个网点开办代理个人理财业

中国邮政储蓄银行丽水市分行大楼

务。4 月 23 日，成立中国邮政储蓄银行有限责任公司浙江省丽水市分行。5 月 27—30 日，相继成立缙云、青田、松阳、遂昌、龙泉、庆元、云和、景宁 8 个支行，邮政储蓄进入新的发展时期。中国邮政储蓄银行丽水市分行营业地址先在浙江省丽水市大众街 3 号，后 2009 年 11 月 18 日迁至丽水市寿尔福路 445 号。

2008—2015 年中国邮政储蓄银行丽水市分行行长任职一览表

表 3-2-15

机构名称	成立和变更时间	行　长	
		姓 名	任 期
中国邮政储蓄银行有限责任公司浙江省丽水市分行	2008年 4 月	严惠民	2008 年 4 月至 2011 年 1 月
		毛炳旺	2011 年 1 月至 2012 年 7 月
中国邮政储蓄银行股份有限公司丽水市分行	2012 年 7 月	毛炳旺	2012 年 7 月起

2008—2015 年中国邮政储蓄银行丽水市分行副行长任职一览表

表 3-2-16

机构名称	成立和变更时间	副行长	
		姓 名	任 期
中国邮政储蓄银行有限责任公司浙江省丽水市分行	2008年 4 月	王　平	2008 年 4 月至 2012 年 7 月
		刘卫忠	2011 年 1 月至 2012 年 7 月
中国邮政储蓄银行股份有限公司丽水市分行	2012 年 7 月	王　平	2012 年 7 月起
		刘卫忠	2012 年 7 月至 2014 年 2 月
		刘建俊	2014 年 8 月起
		刘　勋	2014 年 8 月至 2015 年 11 月

2015 年中国邮政储蓄银行丽水市分行各县（市）支行机构一览表

表 3-2-17

支行机构名称	营业地址
中国邮政储蓄银行股份有限公司缙云县支行	缙云县五云镇独峰路 39 号
中国邮政储蓄银行股份有限公司景宁县支行	景宁县鹤溪北路 151 号
中国邮政储蓄银行股份有限公司龙泉市支行	龙泉市中山东路 99 号
中国邮政储蓄银行股份有限公司青田县支行	青田县鹤城镇新大街 2 号
中国邮政储蓄银行股份有限公司庆元县支行	庆元县濛洲街 190 号
中国邮政储蓄银行股份有限公司松阳县支行	松阳县西屏镇新华路 46 号
中国邮政储蓄银行股份有限公司遂昌县支行	遂昌县妙高街道水亭路 1 号
中国邮政储蓄银行股份有限公司云和县支行	云和县府前路 8 号

2008—2015年部分年份中国邮政储蓄银行丽水市分行及分支机构从业人员结构情况表

表3-2-18　　单位：人

年份	总人数	其中：女	年龄结构			学历结构			职称结构		
			30周岁以下	31—50周岁（含50周岁）	50周岁以上	中专或高中及以下	专科或本科	研究生	初级	中级	高级（含副高）
2008	377	—	—	—	—	85	292	—	28	25	—
2010	468	327	187	268	13	53	414	1	32	25	—
2015	599	395	268	296	35	13	581	5	118	24	3

2008年4月，成立中国邮政储蓄银行有限责任公司浙江省丽水市分行时，内设办公室、综合业务部、信贷业务部（农村金融部）、审计部、渠道管理部、会计结算部。之后，内设机构逐年增加（附设）或调整。2013年9月，实施内设机构改革，设一级部门11个：个人金融部、零售信贷部（三农金融部、小额贷款业务部）、公司业务部、风险管理部、授信管理部、会计与营运部、法律与合规部、办公室（安全保卫部）、计划财务部、人力资源部、纪检监察部（党群工作部、工会）；二级部门5个：电子银行部、小企业金融部、票据中心、资产保全部、审查审批中心。2012年7月4日，中国邮政储蓄银行有限责任公司浙江省丽水市分行更名为中国邮政储蓄银行股份有限公司丽水市分行（简称中国邮政储蓄银行丽水市分行）。至2015年年末，中国邮政储蓄银行丽水市分行资产总额150.01亿元。各项存款余额142.31亿元，各项贷款余额58.80亿元；不良贷款余额4274.99万元，不良率为0.73%。全年业务收入3.25亿元，实现利润1.03亿元。下辖县（市）支行8个与营业部1个，营业网点130个，其中自营网点32个、邮政代理网点82个、空白乡镇网点16个，银行从业人员599人。

第四节　国有商业银行机构

中国工商银行股份有限公司丽水分行（简称工行丽水分行）

1984年12月20日，从中国人民银行丽水地区中心支行分设，成立中国工商银行丽水地区中心支行，承担原由人民银行办理的工商信贷和储蓄业务。办公地点设于丽水县灯塔街25号。内设人事科、办公室、计划科、信贷科、会计出纳科、储蓄科6个职能科室，下辖丽水、青田、缙云、龙泉、庆元、云和、景宁、遂昌、松阳县级支行9个。丽水城区设丽青路、仓前分理处2个，设中山街、大众、丽阳门、小水门、三坊口、解放街储蓄所6个，设丽水县碧湖镇办事处。1984年年末，存款余额17147万元，贷款余额21091万元，在岗员工681人。1986年，内设机构增设稽核科、科技教育科、保卫科。1990年10月，中国工商银行丽水地区中心支行营业部正式对外营业。1994年8月23日，中国工商银行丽水地区中心支行更名为中国工商银行浙江省丽水地区分行。1995年年初，工商银行丽水地区分行实行“扶一批、上一批、缩一批”的集约化经营策略，全区重新配置人力、物力资源，经营效益明显提高，为欠发达地区国有商业银行摆脱经营困境、实现集约化经营提供典范，改革成效得到地方政府和上级行的肯定。《中华人民共和国商业银行法》颁布实施，标志着国家专业银行正式向商业银行体制转变。年末，内设职能科室调整为人事教育科、监察室、稽核科、会计科、科技科、调统信息科、储蓄科、牡丹卡业部、计划科、信贷科、房地产信贷部、国际业务部、工会办公室、办公室、保卫出纳科15个；下辖支行10家，网点55家，在岗员工957人。年末，存款余额15.24亿元，贷款余额11.85亿元，实现账面利润123.3万元。

工行丽水分行大楼

1996年9月23日，中国工商银行丽水地区分行办公大楼落成，办公地点搬迁至丽水地区丽水市（县级）丽阳街555号。同日，中国工商银行丽水地区莲城支行对外开业。1997年，实施内设机构设置改革，将原有14个科室、3个直属单位、1个市支行、1个公司改为经营管理机构11个、直属经营机构3个、公司1个。1999年12月，中国工商银行丽水地区分行营业部更名为中国工商银行丽水地区处州支行。

2000年7月21日，中国工商银行浙江省丽水地区分行更名为中国工商银行浙江省丽水市分行，办公地点更名为莲都区丽阳街555号；中国工商银行浙江省丽水市支行更名为中国工商银行丽水市莲都支行。2000年8月，撤销庆元支行。年末，内设机构调整为人事处、监察室、办公室、工会办公室、技术保障处、工商信贷处、项目信贷处、资产风险管理处、计划财务处、个人金融业务处、会计结算处、稽核处12个职能科室，下辖支行10家、网点50家，全市在岗员工848人。年末，存款余额32.89亿元，贷款余额17.90亿元。2001年11月，松阳、景宁支行降格为分理处。2004年8月，松阳、景宁分理处升格为支行。2005年10月，中国工商银行完成股份制改革，成立中国工商银行股份有限公司。12月13日，中国工商银行浙江省丽水市分行更名为中国工商银行股份有限公司丽水分行。内设职能机构调整为办公室、工会办公室、人力资源部、监察室、内控合规部、公司信贷部、信贷管理部、个人金融业务部、国际业务部、银行卡部、会计结算部、电子银行部、计划财务部、信息科技部、保卫部、后勤服务中心等12个部3个室1个中心，下辖处州支行、莲城支行、莲都支行、青田支行、缙云支行、云和支行、遂昌支行、龙泉支行一级支行8家，网点23家，在岗员工815人。年末，本外币各项存款余额79.04亿元，本外币各项贷款69.33亿元，全年实现中间业务收入1362万元，实现拨备前利润2.28亿元；不良贷款余额974万元，不良贷款率0.14%。2006年4月，丽水城区分行营业部和处州支行实行内部整合，处州支行降格为二级支行。10月25日，工行丽水分行本外币各项存款余额突破百亿元大关，为丽水金融机构首家。2009年5月25日，工行丽水分行及莲都、青田、缙云、龙泉、云和、遂昌、松阳8家支行“小企业金融业务中心”正式挂牌，在丽水同业中率先启动小企业金融业务专营服务模式。12 月，工行庆元支行恢复机构。

至 2015 年年末，工行丽水分行内设职能机构有财务会计部、公司金融业务部、个人金融业务部、国际业务部、结算与电子银行部、运行管理部、信贷与投资管理部、风险管理部、内控合规部、信息科技部、人力资源部、安全保卫部、办公室、监察室、银行卡营销中心等 12 个部 2 个室 1 个中心，下辖支行 11 家、网点 30 家，在岗员工 869 人。本外币各项存款余额 307.10 亿元，本外币各项贷款 220.17 亿元，全年实现中间业务收入 3.13 亿元，实现拨备前利润 6.68 亿元，净利润 2.53 亿元；不良贷款余额 2.33 亿元，不良贷款率 1.33%。

1984—2015 年中国工商银行丽水分行行长任职一览表

表 3-2-19

机构名称	成立和变更时间	行长	
		姓名	任期
中国工商银行丽水地区中心支行	1984 年 12 月	应庚耀 副行长（主持）	1984 年 12 月至 1987 年 6 月
		应庚耀	1987 年 6 月至 1995年 2 月
中国工商银行丽水地区分行	1994 年 8 月	应国光 副行长（主持）	1995 年 2 月至 1996 年 5 月
		应国光	1996 年 5 月至 1998 年 9 月
		陈高建 副行长（主持）	1998 年 9 月至 2000 年 1 月
中国工商银行丽水市分行	2000 年 7 月	陈高建	2000 年 1 月至 2004 年 4 月
		吴翔江	2004 年 4 月至 2005 年 11 月
中国工商银行股份有限公司丽水分行	2005 年 10 月	潘复生	2005 年 11 月至 2007 年 4 月
		徐晓伟 副行长（主持）	2007 年 4 月至 2008 年 6 月
		徐晓伟	2008 年 6 月起

1984—2015 年中国工商银行丽水分行副行长任职一览表

表 3-2-20

机构名称	成立和变更时间	副行长（副组长）	
		姓名	任期
中国工商银行丽水地区中心支行	1984 年 12 月	陈邦幼	1984 年 12 月至 1996 年 5 月
		杨成福	1984 年 12 月至 1995 年 3 月
		陈高建	1993 年 4 月至 1998 年 9 月
中国工商银行丽水地区分行	1994 年 8 月	方贵樟	1995 年 2 月至 1999 年 3 月
		徐晓伟	1998 年 2 月至 2007 年 4 月
		赵志德	1999 年 10 月至 2017 年 2 月

续表 3-2-20

机构名称	成立和变更时间	副行长(副组长)	
		姓 名	任 期
中国工商银行丽水市分行	2000 年 7 月	卓仲强	2000 年 4 月至 2002 年 4 月
		赵志德	1999 年 10 月至 2017 年 2 月
		吕学军	2002 年 8 月至 2003 年 8 月
中国工商银行股份有限公司丽水分行	2005 年 10 月	潘文奇	2008 年 9 月至 2010 年 1 月
		叶燕春	2011 年 5 月至 2014 年 3 月
		叶莉玲	2011 年 8 月至 2014 年 6 月
		许　寅	2011 年 12 月至 2017 年 10 月

2015 年中国工商银行丽水分行各县(市)支行行长一览表

表 3-2-21

支行名称	姓 名	职 务	营业地址
莲都支行	吴庆青	行 长	丽水市解放街 78 号
莲城支行	严　峰		丽水市解放街 348 号
青田支行	陈剑锋		青田县圣旨街 1 号
缙云支行	李伟胜		缙云县仙都路 137 号
龙泉支行	沈华美		龙泉市中山西路 12 号
云和支行	葛建华		云和县中山路 129 号
遂昌支行	王心军		遂昌县西街 2 号
松阳支行	陈哨峰		松阳县新华路 36 号
景宁支行	叶晓娟		景宁县建设路 23 号
庆元支行	周　捷		庆元县石龙街 32 号

1984—2015 年中国工商银行丽水分行及分支机构从业人员结构情况表

表 3-2-22　　单位:人

年份	总人数	其中:女	年龄结构			学历结构			职称结构		
			30 周岁以下	31—50 周岁(含 50 周岁)	50 周岁以上	中专或高中及以下	专科或本科	研究生	初级	中级	高级(含副高)
1984	681	307	516	82	83	634	47	—	20	6	—
1993	982	429	606	343	33	715	267	—	571	118	3
1997	957	415	368	571	18	611	346	—	608	138	4
2000	848	361	214	628	6	430	418	—	376	220	1
2005	815	399	168	641	6	280	535	—	199	273	3
2010	820	416	255	507	58	152	667	1	197	268	5
2015	869	461	261	390	218	108	756	5	165	230	8

中国农业银行股份有限公司丽水分行(简称农行丽水分行)

1956年4月,成立中国农业银行丽水县支行,归属中国农业银行温州专区中心支行管辖。1957年3月,农行并入人民银行。1964年6月,根据中共中央"关于建立中国农业银行,统一管理国家支援农业资金"的决定精神,建立中国农业银行丽水专区中心支行,行址设于丽水县中山街478号。1965年11月,农行与人民银行重新合并。

1979年2月,国务院恢复中国农业银行建制,成为国务院直属机构,由中国人民银行代管。其主要任务是统一管理支农资金,集中办理农村信贷,领导农村信用合作社,发展农村金融事业。1979年7月,经浙江省丽水地区行政公署同意,成立中国农业银行丽水地区中心支行。1980年1月1日,中国农业银行丽水地区中心支行从中国人民银行丽水地区中心支行分设,正式对外挂牌营业,隶属中国农业银行浙江省分行。1979年7—12月,行址设于丽水县中山街505号(与中国人民银行丽水地区中心支行合署办公);1980年1月,迁址丽水县灯塔街27号(后拆建)。机构内设秘书科、人事科、计划科、会计出纳科、农业信贷科、企业信贷科6个职能科室,配置干部职工19人。成立丽水农行干校。辖属丽水、青田、缙云、云和、龙泉、庆元、遂昌县支行7个、营业所47个,全区配置干部职工658人。1981年,筹建干部学校。1982年4月,增设农行松阳县支行。1984年9月,增设农行景宁畲族自治县支行。中国农业银行丽水地区中心支行管理全区各乡镇信用合作社295个、信用合作分社34个,配备信用合作社干部职工1047人。1981—1989年,中国农业银行丽水地区中心支行内设机构变动比较频繁。1993年9月,农行迁址丽水市解放街128号(现丽水市解放街260号)。年末,全辖各项存款余额9.27亿元,其中个人存款余额3.64亿元;全辖各项贷款余额7.62亿元,其中中长期贷款余额5159万元。

1993年、1994年和1995年,国务院相继颁布实施《关于金融体制改革的决定》《中华人民共和国商业银行法》《关于农村金融体制改革的决定》,中国农业银行开始由专业银行全面向商业银行转轨。1994年,顺利完成国有专业银行向商业银行制度转化。同年8月,中国农业银行丽水地区中心支行更名为中国农业银行丽水地区分行。

1996年9月,全区农村信用合作社与农业银行脱离行政隶属关系。12月,区、县农业发展银行从农业银行正式分设,政策性业务划转至农业发展银行。1997年开始,根据商业银行经营发展要求,面对不良资产高、经营亏损较高的现状,为提高点均效益、人均效益,对县(市)支行实行等级管理,撤并城乡低效营业所、分理处、储蓄所,向发达地区行分流人员。1998年,在试点基础上,对全区各县(市)支行推行以效益定机构、以业务量定编制、以绩能定双聘的"三定"改革,全面开展机构撤并工作。全区农行营业网点由1994年141个降至70个,县城以下网点由74个降至13个。通过清退临时工、代办员,提前退休、买断工龄,向嘉兴、绍兴、温州、湖州等行分流人员等方式,减员236人。全区农行员工由1994年1220人降至938人。至2001年继续实行由多到少的机构撤并、调整,人员提前退休、买断工龄策略。1999年,中国农业银行丽水地区分行机关实行"三定"方案,内设办公室(党委办公室)、人事部(党委组织部)、综合计划部、市场开发部(私人业务部、国际业务部、银行卡部)、信贷管理部(专项贷款管理部)、财务会计部、资产风险监管部(法律顾问室)、稽核部、监察室、保卫部、工会工作委员会(党委群工部)

机构 11 个，直属白云办事处、营业中心、库房中心、信息科技部、国际业务部、银行卡部、培训学校（党校）单位 7 个。

2000 年 7 月，丽水撤地设市，中国农业银行丽水地区分行更名为中国农业银行丽水市分行，单设国际业务部，撤销法律顾问室，设立法律事务中心。同年，扭亏转盈，实现利润 122 万元（计提呆账准备金除外）。2001 年，调研制订经营体制改革方案。1 月，第一台 ATM 机在分行营业部投入使用。2002 年 1 月，实行丽水城区银行经营体制改革。推行丽水城区扁平化管理，取消城区处州支行、莲都支行内部科室，市分行各职能管理部门直接参与城区业务经营管理，设置城区管理办公室，直接对丽水城区 11 个分理处实行管理考核。2003 年 6 月，调整农行丽水市分行内部机构设置办公室（党委办公室）、后勤服务部、人事部（党委组织部）、监察部(纪委)、保卫部、工会办公室、审计部、信贷管理部、个人业务部（银行卡部）、计划财务部、信息会计部、风险资产管理部、国际业务部 13 个，直属营业中心、处州支行、莲都支行、中山支行、灯塔支行、明珠支行（客户部）。重设城区支行内部科室，城区分理处划分处州支行、莲都支行、明珠支行（客户部）管理机构等 6 个。2004 年起，维持原机构的级别不变、干部的行政级别和各种待遇不变、不设内设机构，对符合条件的分理处升级为二级支行。2008 年，信贷管理部下增设信贷业务审查审批中心，资产风险管理部更名为资产处置部。1 月，国务院常务会议审议并原则通过《中国农业银行股份制改革总体实施方案》，明确农行“三农”金融事业部改革方向，农行股改进入实质性推进阶段。

2009 年 1 月，中国农业银行股份有限公司成立，从国有独资商业银行发展成为国有控股商业银行，肩负着“面向‘三农’、服务城乡、回报股东、成就员工”新使命。业务范围：办理人民币存款、贷款、结算业务；办理票据承兑与贴现；办理外汇存款、外汇贷款、外汇汇款、外币兑换、国际结算、结汇、售汇业务；代理发行、代理兑付政府债券；代理发行基金业务；代理收付款项及代理保险业务；办理经中国银行业监督管理委员会批准的其他业务。10 月，中国农业银行丽水市分行更名为中国农业银行股份有限公司丽水分行。内设一级部 15 个、二级部 3 个。2012 年 10 月，调整和变更内设机构，设置县域对公业务部（农村产业金融部、公司业务部、小企业金融部）、县域个人金融部（农户金融部）、内控与法律合规部、国际业务部、信用卡与电子银行部、特殊资产经营部（委托资产处置经营部）、风险管理部（信贷管理部、三农风险管理中心、三农信贷管理中心）、计划财会部（三农核算与考评中心、三农资本和资金管理中心）、运营管理部、信息技术管理部、党委办公室（党委宣传部/办公室）、党委组织部（人力资源部、三农人力资源管理中心）、纪委（监察部）、安全保卫部、工会委员会办公室（团委）职能部门 15 个。

至 2015 年年末，全辖机构 35 个，其中分行营业部 1 个、城区支行 3 个、县（市）支行 8 个、二级支行 22 个、分理处 1 个。全辖自助设备网点（含人工）73 个、自助设备 354 台。全辖干部员工 910 人，其中分行本部 143 人、一级支行本部 191 人、基层营业机构 576 人。全辖各项存款余额 264.55 亿元，其中个人存款余额 142.63 亿元，分别比 1993 年年末增长 28.53 倍和 39.16 倍；全辖各项贷款余额 178.91 亿元，其中中长期贷款余额 74.02 亿元，分别比 1993 年年末增长 23.48 倍和 143.48 倍；不良贷款 2.48%；中间业务收入 1.65 亿元；拨备前利润 5.21 亿元。

1980—2015年中国农业银行丽水分行行长任职一览表

表3-2-23

机构名称	成立和变更时间	行长	
		姓名	任期
中国农业银行丽水地区中心支行	1979年7月	郭文隆	1979年7月至1983年11月
		周柏祥(主持)	1983年11月至1985年7月
		陈志明	1985年7月至1994年7月
中国农业银行丽水地区分行	1994年8月	梁　滨	1994年8月至1996年12月
		沈剑青(主持)	1996年12月至1997年10月
		沈剑青	1997年10月至2000年7月
中国农业银行丽水市分行	2000年7月	沈剑青	2000年7月至2005年5月
		季正平(主持)	2005年5月至12月
		季正平	2005年12月至2009年9月
中国农业银行股份有限公司丽水分行	2009年10月	季正平	2009年10月至2010年4月
		陈忠献(主持)	2010年6月至2011年3月
		陈忠献	2011年3月至2013年1月
		屠煜林	2013年4月至2015年3月
		鲍敏冲	2015年5月起

1980—2015年中国农业银行丽水分行机构副行长任职一览表

表3-2-24

机构名称	副行长	
	姓名	任期
中国农业银行丽水地区中心支行	周柏祥	1980年7月至1986年7月
	黄寿春	1983年11月至1994年7月
	吴强伟	1983年11月至1994年7月
中国农业银行丽水地区分行	沈剑青	1994年7月至1996年12月
	项国新	1994年7月至2000年6月
	季正平	1997年4月至2000年7月
中国农业银行丽水市分行	季正平	2000年7月至2005年5月
	章增强	2001年6月至2004年9月
	饶新光	2002年8月起
	哈文礼	2005年11月至2006年8月
	边巴索朗(藏族)	2006年12月至2007年9月
	周兆祥	2007年7月起
	应根淼	2007年9月至2009年10月

续表 3-2-24

机构名称	副行长	
	姓 名	任 期
中国农业银行股份有限公司丽水分行	应根淼	2009 年 10 月至 2013 年 2 月
	陈德龙	2009 年 12 月至 2011 年 10 月
	金仁樟	2010 年 8 月起
	朱子龙	2011 年 12 月至 2013 年 11 月
	鲍敏冲	2013 年 4 月起
	黄有富	2014 年 1 月起

1980—2015 年中国农业银行丽水分行及各县(市、区)分支机构一览表

表 3-2-25

分支机构名称	成立或变更时间	营业地址
中国农业银行丽水县支行	1980 年 4 月	莲都区中山街 478 号
中国农业银行丽水市支行	1986 年 7 月	
	1993 年 3 月	莲都区解放街 126 号
中国农业银行丽水莲都支行	2000 年 8 月	
中国农业银行股份有限公司丽水莲都支行	2009 年 10 月	
中国农业银行丽水处州支行	1999 年 12 月	莲都区丽阳街 557 号
中国农业银行股份有限公司丽水处州支行	2009 年 10 月	莲都区中东路 557 号
中国农业银行股份有限公司丽水开发区支行	2011 年 3 月	莲都区绿谷大道 236 号
中国农业银行青田县支行	1980 年 1 月	青田县鹤城镇鹤城中路 36 号
	1984 年 4 月	青田县鹤城镇少年宫路 34 号
	1984 年 5 月	青田县鹤城镇少年宫路 58 号
	1996 年 5 月	青田县鹤城镇鹤城中路 36 号
	1997 年 5 月	青田县鹤城镇鹤城中路 48 号
中国农业银行股份有限公司青田县支行	2009 年 10 月	
	2014 年 1 月	青田县鹤城街道宝幢街 88 号
中国农业银行缙云县支行	1979 年 4 月	缙云县五云镇胜利街 61 号
	1982 年 3 月	缙云县五云镇溪滨北路 59 号
	1994 年 11 月	缙云县五云镇溪滨北路 97 号
	2008 年 5 月	缙云县五云镇永宁路 1 号
中国农业银行股份有限公司缙云县支行	2009 年 10 月	
中国农业银行景宁畲族自治县支行	1984 年 9 月	景宁县人民中路 91 号
	1987 年 3 月	景宁县人民中路 208 号
中国农业银行股份有限公司景宁畲族自治县支行	2009 年 10 月	

续表 3-2-25

分支机构名称	成立或变更时间	营业地址
中国农业银行龙泉县支行	1979 年 4 月	龙泉市中山西路 35 号
中国农业银行龙泉市支行	1990 年 12 月	
中国农业银行股份有限公司龙泉市支行	2009 年 10 月	
	2012 年 7 月	龙泉市华楼街 225 号
中国农业银行庆元县支行	1979 年 12 月	庆元县松源镇石龙街 70 号
	2007 年 4 月	庆元县松源镇石龙街 96 号
中国农业银行股份有限公司庆元县支行	2009 年 10 月	
中国农业银行遂昌县支行	1980 年 5 月	遂昌县妙高镇(街道)公园路 140 号
中国农业银行股份有限公司遂昌县支行	2009 年 10 月	
中国农业银行云和县支行	1979 年 12 月	云和县新建路 30 号
	1988 年 12 月	云和县中山路 162 号
中国农业银行股份有限公司云和县支行	2009 年 10 月	
中国农业银行松阳县支行	1982 年 4 月	松阳县西屏街道新华路 41 号
中国农业银行股份有限公司松阳县支行	2009 年 10 月	

1980—2015 年中国农业银行丽水分行及分支机构从业人员结构情况表

表 3-2-26　　单位:人

年份	总人数	其中:女	年龄结构			学历结构			职称结构		
			30 周岁以下	31—50 周岁(含 50 周岁)	50 周岁以上	中专或高中及以下	专科或本科	研究生	初级	中级	高级(含副高)
1980	658	199	35/平均			653	5	—	—	—	—
1984	907	—	—	—	—	—	—	—	—	—	—
1993	1227	431	583	542	102	965	262	—	675	226	3
1997	1072	401	363	650	59	745	327	—	617	209	6
2000	902	350	248	650	4	505	397	—	534	257	3
2005	812	359	155	648	9	212	599	1	361	329	3
2010	877	417	196	628	53	158	709	10	375	310	3
2015	910	448	206	485	219	107	789	14	311	352	6

说明:1996 年,农村信用社与农业银行脱离行政隶属关系,农业发展银行从农业银行分设。1998—2001 年,实行撤并营业机构、减人增效工作

中国银行股份有限公司丽水市分行(简称中行丽水市分行)

1988 年 6 月 13 日,经中国人民银行浙江省分行和中国银行杭州分行批准,设立中国银行丽水支行。1989 年 3 月 20 日,正式开业。经营主要业务范围:办理人民币存款、贷款、结算业务,办理票

据贴现，代理发行金融债券，代理发行、代理兑付政府债券，买卖政府债券，代理收付款项及代理保险业务，外汇存款，外汇贷款，外币兑换，国际结算，结汇、售汇，通过上级行办理代客外汇买卖，外汇信用卡发行，代理国外信用卡付款，资信调查、咨询、见证业务，兼营经中国人民银行、中国银行业监督管理委员会等监管部门批准的其他业务。营业地址：丽水县中山街 487 号。中国银行丽水支行内设办公室、计划信贷科、会计存汇科一室二科；辖青田支行（1983 年 7 月 1 日成立，隶属温州分行；1989 年 3 月 20 日，转隶丽水支行）；全辖营业网点 4 个。1991 年 4 月 12 日，中国银行丽水支行迁址丽水市大众街 198 号。内设办公室、监察室、信贷科、计划科、会计存汇科、教育科、稽核科、营业部二室五科一部；辖青田支行；全辖营业网点 7 个。1993—1994 年，经中国人民银行浙江分行批准，先后设立中国银行龙泉、遂昌、缙云、云和、松阳、庆元 6 个支行。1994 年 8 月 23 日，中国银行丽水支行升格为中国银行丽水地区分行。内设职能机构调整为人事教育科、稽核科、计划信贷科、存汇科、会计出纳科、信用卡科、办公室、监察室、保卫部、信息科技部、营业部六科二室三部；辖青田、龙泉、遂昌、松阳、云和、缙云、庆元 7 个支行；全辖营业网点 47 个。基本完善中行在丽水地区机构布局，其职能由国家外汇外贸专业银行逐步转制为国有商业银行。1997 年 11 月，中国银行丽水地区分行迁至丽阳街 440 号新大楼。

中国银行丽水分行大楼

2000 年 7 月，丽水撤地设市，中国银行丽水地区分行更名为中国银行丽水市分行。内设职能部门调整为行长办公室（党委办公室）、总稽核办公室、人事教育部（党委组织）、风险管理部、计财部、零售业务部、公司业务部、国际结算部、保卫部、党委宣传部（工会工作委员会）、信息科技部、营业部等二室十部；下辖青田、缙云、云和、龙泉、遂昌、松阳、庆元 7 个支行；全辖营业网点缩减至 30 个。2001 年 1 月 6 日，撤销中国银行云和支行。2004 年 8 月 26 日，完成股份制改造，由国有商业银行转为国家控股的股份制有限公司，中国银行丽水市分行更名中国银行股份有限公司丽水市分行。内设部门调整为行长办公室、监察室、人事教育部、风险管理部、计财部、出纳部、零售业务部、公司业务部、国际结算部、内控部、保卫部、资产保全部、信息科技部、营业部、工会工作委员会等二室十二部一会；辖青田、缙云、龙泉、遂昌、松阳、庆元 6 个支行；全辖设营业网点 29 个。2010 年年末，中国银行股份有限公司丽水市分行内设部门调整为综合管理部、人力资源部、监察部、风险管理部、计财部、个人金融部、公司业务部、国际结算部、中小企业业务部、运营部、保卫部、营业部、工会工作委员会十二部一会；下辖支行、营业网点未变。2011 年 9 月 22 日，成立中国银行股份有限公司景宁支行。2015 年年末，中行丽水市分行内设职能部门有综合管理部（工会）、运营部控制部、个人金融部、营业部、公司业务部、贸易金融部、风险管理部、监察部（保卫）8 个；辖青田、缙云、龙泉、遂昌、松阳、庆元、景宁 7 个支行，营业网点 30 个。

1989—2015 年中国银行丽水市分行行长任职一览表

表 3-2-27

机构名称	成立和变更时间	行长	
		姓 名	任 期
中国银行丽水支行	1989 年 3 月	周樟德	1989 年 5 月至 1991 年 4 月
中国银行丽水支行	1991 年 4 月	周樟德	1991 年 4 月至 1994 年 8 月
中国银行丽水地区分行	1994 年 8 月	周樟德	1994 年 8 月至 1997 年 4 月
中国银行丽水市分行	2000 年 3 月	施克林	2000 年 12 月至 2001 年 5 月
		张志勇	2002 年 7 月至 2003 年 3 月
		刘旭伟	2004 年 9 月至 2005 年 12 月
中国银行股份有限公司丽水市分行	2004年 8 月	屠敏强	2005 年 12 月至 2008 年 4 月
		蔡兴华	2008 年 4 月至 2011 年 6 月
		毛海滨	2011 年 6 月至 2014 年 5 月
		张　旭	2014 年 5 月起

1988—2015 年中国银行丽水市分行副行长任职一览表

表 3-2-28

机构名称	成立和变更时间	副行长	
		姓 名	任 期
中国银行丽水支行	1989 年 3 月	周樟德（主持）	1988 年 10 月至 1989 年 5 月
中国银行丽水支行	1991 年 4 月	—	—
中国银行丽水地区分行	1994 年 8 月	施克林	1997 年 4 月至 1997 年 11 月
中国银行丽水地区分行	1997 年 11 月	施克林（主持）	1997 年 11 月至 2000 年 12 月
中国银行丽水市分行	2000 年 3 月	张志勇（主持）	2001 年 5 月至 2002 年 7 月
		刘旭伟（主持）	2003 年 3 月至 2004 年 9 月
中国银行股份有限公司丽水市分行	2004 年 8 月	王志林	2001 年 11 月至 2006 年 1 月
		吴金林	2004 年 7 月至 2009 年 6 月
		郑东荣	2006 年 1 月至 2012 年 6 月
		雷献军	2003 年 2 月至 2015 年 7 月
		吴金林	2004 年 7 月至 2009 年 6 月

续表 3-2-28

机构名称	成立和变更时间	副行长	
		姓名	任期
中国银行股份有限公司丽水市分行	2004 年 8 月	郑东荣	2006 年 1 月至 2012 年 6 月
		陈伟中	2009 年 9 月至 2013 年 4 月
		雷献军	2003 年 2 月至 2015 年 7 月
		郑东荣	2006 年 1 月至 2012 年 6 月
		陈伟中	2009 年 9 月至 2013 年 4 月
		吴　刚	2011 年 12 月至 2015 年 3 月
		郑　勉	2012 年 6 月至 2013 年 10 月
		江丰伟	2012 年 12 月起
		黄良勤	2013 年 10 月起
		雷献军	2003 年 2 月至 2015 年 7 月
		吴　刚	2011 年 12 月至 2015 年 3 月
		江丰伟	2012 年 12 月起
		黄良勤	2013 年 10 月起
		王　晔	2015 年 3 月起
		谢　骏	2015 年 7 月起

1983—2015 年中国银行丽水市分行及各县（市）分支机构一览表

表 3-2-29

名　称	成立或变更时间	分支机构营业地址
中国银行青田县支行	1983 年 7 月	青田县鹤城镇鹤城中路原林三渔故居
中国银行股份有限公司青田县支行	2005 年 5 月	青田县鹤城镇龙津路 70 号
	2015 年 12 月	青田县鹤城镇新大街 66 号
中国银行缙云县支行	1993 年 9 月	缙云县五云镇溪滨南路 10 号
中国银行股份有限公司缙云县支行	2005 年 5 月	
中国银行龙泉市支行	1993 年 2 月	龙泉市新华街 62 号
中国银行股份有限公司龙泉市支行	2005 年 5 月	龙泉市中山东路 116 号
中国银行遂昌县支行	1993 年 8 月	遂昌县东街 103 号
中国银行股份有限公司遂昌县支行	2005 年 5 月	
	2015 年 12 月	遂昌县南街 99 号
中国银行松阳县支行	1993 年 9 月	松阳县西屏镇新华路 30 号
中国银行股份有限公司松阳县支行	2005 年 5 月	松阳县西屏镇太平坊路 31 号
	2015 年 12 月	松阳县西屏街道太平坊路 139 号

续表 3-2-29

名　称	成立或变更时间	分支机构营业地址
中国银行庆元县支行	1994 年 8 月	庆元县云鹤路 20 号
中国银行股份有限公司庆元县支行	2005 年 5 月	庆元县濛州街 160 号
	2015 年 12 月	庆元县濛州街 160 号
中国银行股份有限公司景宁县支行	2012 年 2 月	景宁县人民中路 85 号 1 幢

1984—2015 年中国银行丽水市分行及分支机构从业人员结构情况表

表 3-2-30　　单位：人

年份	总人数	其中：女	年龄结构			学历结构			职称结构		
			30 周岁以下	31—50 周岁（含 50 周岁）	50 周岁以上	中专或高中及以下	专科或本科	研究生	初级	中级	高级（含副高）
1984	19	8	5	12	2	15	4	—	—	—	—
1993	415	193	80	314	21	377	38	—	305	10	—
1997	599	289	121	452	26	530	69	—	378	42	—
2000	560	272	135	404	21	391	169	—	395	127	4
2005	599	289	163	417	19	204	395	—	402	142	6
2010	715	402	211	490	14	89	618	8	480	171	6
2015	783	444	227	546	10	38	718	27	568	163	6

中国建设银行股份有限公司丽水分行（简称建行丽水分行）

1972 年 11 月，由丽水地区财政金融局析出，成立中国人民建设银行丽水地区办事处。行政仍隶属丽水地区财政金融局管理，有员工 5 人，地址设在丽水县丽营弄 42 号财政金融局办公楼。1978 年，全区除松阳、景宁 2 个县外，其他 7 个县均成立县支行。同年 11 月 14 日，中国人民建设银行丽水地区办事处升格为中国人民建设银行丽水地区支行。1979 年 5 月 17 日，改称中国人民建设银行浙江省丽水地区中心支行，内设人秘科、综合科、计划科、会计科、投资科 5 个职能部门和信托投资公司、基本建设开发咨询公司 2 家公司，管理建设资金的监督使用。全行有员工 68 人。1980 年，紧水滩电站开工建造，中国人民建设银行丽水地区中心支行成立紧水滩电站办事处。1985 年，建行职能进行调整，投资科改为拨贷科，增设建经科，国家基本建设拨款投资资金实行拨改贷，全面管理国家投资的建设资金和自筹建设资金及工程款的预结算、审查、管理使用把关等，成为专门管理建设资金的国家专业银行。内设机构有人秘科、会计科、拨贷科、计划科、建经科、综合科 6 个和基本建设开发咨询公司。1988 年 9 月，建行丽水地区中心支行办公地点由丽营弄搬迁至大洋路 430 号新建办公大楼。内设有办公室、人教科、思政办、稽核保卫科、监察室、审价中心、计财科、建经科、投管科、计划科、财会科、房信部、投研室、信托投资公司、筹资科、稽核审计科、计算机室、房地产开发咨询公司、融资部、政工办、劳动服务公司 21 个职能部门。下半年，建行丽水地区中心支行开始会计柜台电算化试点。1989 年 8 月 19 日，建行丽水地区中心支行成立营业部，正式对外经营人民币存贷款等业

中国建设银行丽水分行大楼

务。建设银行履行双重职能，管理国家建设资金、开展人民币信贷业务。增设内部职能管理科室，设有办公室、人教科、思政办、保卫稽核科、监察室、计财科、建经科、投管科、计划科、筹资科10个部门。1991年6月13日，建行设立房地产信贷部，大力支持房地产建设，提出“要买房、找建行”策略，房地产信贷部为购房资金不足人员提供贷款支持，成为建行一大特色，形成一种特有的金融产品服务。1991年年末，6个分理处实行电算化。之后，逐年普及，结束手工操作，提高办理各种业务的效率。1992年开始，全区各县（市）支行先后成立国际业务部，办理外币存款、汇款、兑换等业务。下辖县级支行9个、铁路专业支行1个、营业网点98个，网点延伸至重点村镇。年末，金温铁路开工建造。为支持金温铁路建设，建行丽水地区中心支行专门建立金温铁路专业支行。继续发展和经营建行传统业务，增设机构网点，推出外币业务。全行有员工800余人。1993年2月6日，经批准，开始办理信用卡，增加银行产品业务，方便客户需求。

1994年8月，改称中国人民建设银行浙江省丽水地区分行。内设有办公室、计信科、筹资科、投管科、建经科、财务科、稽核科、人教科、监察室、国际业务部、思政办、信用卡部、房信部、保卫科、证券部、投研室、融资中心、审价中心、审计师事务所、老龄委、会计师事务所、计算机室22个职能部门。1995年3月，完善管理制度，内设部科室由“科”改为“处”。储蓄网点实行承包责任制，业绩与薪酬直接挂钩，奖罚分明，激励员工揽存拉储。1996年4月，改称中国建设银行丽水地区分行。调整机构，内设纪检组、监察室、办公室、人事教育处、群工部、保卫稽核处、机关服务中心、信贷委办公室、信贷经营处、零售业务处、计财处、会计处、国际业务部、工程造价审查中心、融资中心、计算机管理科、保险统筹办、信用卡部、建经处19个职能部门。根据中国建设银行统一部署，实行集约化经营，一律撤销农村网点，大量撤并城区网点，采取人员分流，清退临时工，老职工提前办理退休等措施，提高网点单产效率，减少经营费用，增加经济效益。建行庆元支行降格为分理处。1978—2000年，建行丽水分行审查建设项目1万余笔，审查核实价值45.66亿元，净核减工程款2.14亿元，为国家节省大量建设支出资金，为工程质量监督起到应有的作用。

2000年，丽水撤地设市，建行丽水分行改称建行丽水市分行，在业务发展、内部管理、精神文明方面都取得好成效。内设有纪检委、监察室、办公室、行政处、零售业务处、信贷经营处、资产保全处、信贷风险管理处、宣传与群工部、人教处、会计处、保卫处、计财处、国际业务部、审计联络室、房金部、信委办、科技处、审价中心、市场拓展部、信用卡部、老干部处、工程咨询公司23个职能部门。下半年，取消审查核监工作职能业务。2001 年 3 月，中国建设银行丽水市分行被评为省级文明单位。2004 年 12 月 24 日，建行丽水分行完成改制，改称中国建设银行股份有限公司丽水分行，由商业银行转变为股份制银行，成为国内第一家上市银行，成为国有控股商业银行，地方二级分行，银行业务向多方面综合性经营渠道转变。内设职能部门由“处”改为“部”，设有办公室、人力资源部、计划财务部、会计结算部、风险管理部、审批组、公司客户部、个人银行客户部、信息技术部、监察保卫部、企业文化部、房地产金融业务部 12 个。2006 年，大力开展中间业务收入、零售业务经营，营业机构成为百货商店型的综合性业务零售网点，代理保险、基金、股票、理财、贵金属等中间业务收入，占据银行收入一定比例，利润明显增加。至 2015 年年末，中国建设银行股份有限公司丽水分行辖属县（市）支行 8 个，营业网点 33 个，其中城区 13 个。有员工 863 人，其中党员 359 人，占 41.6%。存款 237.74 亿元，贷款 211.51 亿元，全年实现账面利润 5.30 亿元，税前利润 2.21 亿元。

1972—2015 年中国建设银行丽水分行行长任职一览表

表 3-2-31

<table>
<tr><th rowspan="2">机构名称</th><th rowspan="2">成立和
变更时间</th><th colspan="2">行　长</th></tr>
<tr><th>姓 名</th><th>任 期</th></tr>
<tr><td>中国人民建设银行丽水地区办事处</td><td>1972 年 11 月</td><td rowspan="2">刘官云
副行长（主持）</td><td rowspan="2">1972年 11 月至 1979 年 5 月</td></tr>
<tr><td>中国人民建设银行丽水地区中心支行</td><td>1978 年 11 月</td></tr>
<tr><td rowspan="6">中国人民建设银行浙江省丽水地区中心支行</td><td>1979 年 5 月</td><td>刘官云</td><td>1979 年 5 月至 1983 年 10 月</td></tr>
<tr><td>1983 年 10 月</td><td>睢　眠</td><td>1983 年 10月至 1984 年 9 月</td></tr>
<tr><td>1985 年 3 月</td><td>周樟德
副书记（主持）</td><td>1985 年 3月至 1986 年 6 月</td></tr>
<tr><td rowspan="2">1986 年 6 月</td><td>张抗松
副行长（主持）</td><td>1986 年 6月至 1988 年 9 月</td></tr>
<tr><td>张抗松</td><td>1988 年 9 月至 1992 年 11 月</td></tr>
<tr><td>1992 年 11 月</td><td rowspan="2">余静波</td><td rowspan="2">1992年 11 月至 1994 年 9 月</td></tr>
<tr><td rowspan="2">中国人民建设银行浙江省丽水地区分行</td><td>1994 年 8 月</td></tr>
<tr><td>1994 年 9 月</td><td rowspan="2">陶小勇</td><td rowspan="2">1994 年 9 月至 1999 年 12 月</td></tr>
<tr><td rowspan="2">中国建设银行丽水地区分行</td><td>1996 年 4 月</td></tr>
<tr><td>1999 年 12 月</td><td>陈根海
副行长（主持）</td><td>1999 年 12 月至 2000 年 2 月</td></tr>
<tr><td rowspan="2">中国建设银行丽水市分行</td><td>2000 年 7 月</td><td>陈根海</td><td>2000 年 2 月至 2002 年 12 月</td></tr>
<tr><td>2002 年 12 月</td><td rowspan="2">崔　雷</td><td rowspan="2">2002 年 12 月至 2006 年 12 月</td></tr>
<tr><td rowspan="3">中国建设银行股份有限公司丽水分行</td><td>2004 年 12 月</td></tr>
<tr><td rowspan="2">2006 年 12 月</td><td>徐小康
副行长（主持）</td><td>2006 年 12 月至 2008 年 4 月</td></tr>
<tr><td>徐小康</td><td>2008 年 4月起</td></tr>
</table>

1979—2015 年中国建设银行丽水分行副行长任职一览表

表 3-2-32

机构名称	成立和变更时间	副行长	
		姓 名	任 期
中国人民建设银行浙江省丽水地区中心支行	1979 年 5 月	周樟德	1980 年 7 月至 1985 年 3 月
		周乔奎	1982 年 4 月至 1983 年 7 月
		卜康明	1983 年 10 月至 1988 年 9 月
		周樟德	1986 年 6 月至 1988 年 12 月
		余静波	1988 年 11 月至 1992 年 11 月
		陶小勇	1992 年 4 月至 1994 年 9 月
中国人民建设银行浙江省丽水地区分行	1994 年 8 月	王建清	1994 年 9 月至 2000 年 8 月
		冯岩泉	1994 年 11 月至 2001 年 5 月
		姚雄伍	1995 年 4 月至 2000 年 2 月
中国建设银行丽水地区分行	1996年 4 月	计　嘉	1995 年 9 月至 1997 年 6 月
中国建设银行丽水市分行	2000 年 7 月	徐小康	2001 年 1 月至 2006 年 12 月
		何舜华	2001 年 1 月至 2004 年 4 月
		吴生余	2001 年 5 月至 2004 年 4 月
		潘鹏年	2004 年 6 月至 2007 年 1 月
		陈　江	2004 年 5 月至 2009 年 12 月
中国建设银行股份有限公司丽水分行	2004 年 12 月	潘寄真	2009 年 12 月至 2012 年 7 月
		陈　江	2004 年 5 月至 2009 年 12 月
		梁铁伟	2008 年 4 月至 2011 年 8 月
		罗叔秋	2010 年 2 月至 2011 年 10 月
		赵建革	2009 年 12 月至 2019 年 4 月
		林　强	2006 年 12 月至 2010 年 7 月
		工洪民	2012 年 9 月至 2015 年 12 月
		王旭东	2012 年 10 月至 2015 年 12 月
		李松恭	2014 年 5 月至 7 月

1989—2015 年中国建设银行股份有限公司丽水分行营业部一览表

表 3-2-33

分支机构名称	成立或变更时间	营业地址
中国人民建设银行丽水地区中心支行营业部	1989 年 8 月	莲都区大洋路 430 号
中国人民建设银行浙江省丽水地区分行营业部	1994 年 8 月	
中国建设银行丽水地区分行营业部	1996 年 4 月	

续表 3-2-33

分支机构名称	成立或变更时间	营业地址
中国建设银行丽水市分行营业部	2000 年 7 月	莲都区解放街 177 号
中国建设银行股份有限公司丽水分行营业部	2004 年 12 月	

中国建设银行丽水分行各县(市)分支机构一览表

表 3-2-34

分支机构名称	成立时间	(2015 年)营业地点
中国建设银行股份有限公司缙云支行	1978 年 11 月	缙云县五云镇黄龙路 219 号
中国建设银行股份有限公司青田支行	1978 年 5 月	青田县鹤城镇龙津路 116 号
中国建设银行股份有限公司遂昌支行	1976 年 5 月	遂昌县妙高镇西街 1 号
中国建设银行股份有限公司松阳支行	1982 年 8 月	松阳县西屏镇新华路 57 号
中国建设银行股份有限公司云和支行	1976 年 1 月	云和县中山路 21 号
中国建设银行股份有限公司景宁支行	1984 年 10 月	景宁县人民北路 1 号
中国建设银行股份有限公司庆元支行	1978 年 8 月	庆元县云鹤路 18 号
中国建设银行股份有限公司龙泉支行	1973 年 5 月	龙泉市中山东路 140 号

1993—2015 年中国建行丽水分行及所辖分支机构从业人员结构情况表

表 3-2-35 单位:人

年份	总人数	其中:女	年龄结构			学历结构			职称结构		
			30 周岁以下	31—50 周岁(含 50 周岁)	50 周岁以上	中专或高中及以下	专科或本科	研究生	初级	中级	高级(含副高)
1993	710	271	469	218	23	465	245	—	331	95	3
1997	761	285	486	257	18	440	319	2	448	154	4
2000	691	260	409	257	25	351	336	4	359	165	3
2005	783	439	237	541	5	231	551	1	196	180	4
2010	828	461	270	521	37	70	756	2	197	243	4
2015	863	474	271	480	112	47	806	10	372	229	4

中国交通银行股份有限公司丽水分行(简称交通银行丽水分行)

清光绪三十四年(1908),创建中国交通银行。1941—1945 年,交通银行杭州支行(又称浙属行处)曾迁入丽水境内营业(详见本编第二章第二节《抗战时期驻丽水省级及外地银行》)。中华人民共和国成立后,没收官僚资本,经整顿改制后重新开业。1950 年 4 月,改为恢复和发展工矿、交通事业的长期信用专业银行。

1987 年 4 月 1 日,重新组建后的交通银行正式对外营业,成为中国第一家全国性的国有股份制商业银行，总行设在上海。2005 年 6 月交通银行在香港联合交易所挂牌上市，2007 年 5 月在上海证券交易所成功挂牌上市。

2011 年 7 月 29 日，经中国银监会审批获准筹建中国交通银行股份有限公司丽水分行。12 月 23 日，正式开业。营业地址设在丽水市莲都区中东路 693 号。至 2015 年年末，交通银行丽水分行设有营业网点 1 个，自助银行 3 个。

交通银行丽水分行营业部

2011—2015 年中国交通银行股份有限公司丽水分行行长任职一览表

表 3-2-36

机构名称	成立时间	行长	
		姓名	任期
中国交通银行股份有限公司丽水分行	2011 年 12 月	程　宁	2011 年 7 月至 2014 年 7 月
		张建瑞	2014 年 7 月至 2017 年 1 月

2011—2015 年中国交通银行股份有限公司丽水分行副行长任职一览表

表 3-2-37

机构名称	成立时间	副行长	
		姓名	任期
中国交通银行股份有限公司丽水分行	2011 年 12 月	何勇平	2011 年 7 月起
		李　英	2012 年 5 月至 2015 年 7 月

2011—2015 年中国交通银行丽水分行及所属机构从业人员结构情况表

表 3-2-38　　单位：人

年份	总人数	其中：女	年龄结构			学历结构			职称结构		
			30 周岁以下	31—50 周岁（含 50 周岁）	50 周岁以上	中专或高中及以下	专科或本科	研究生	初级	中级	高级（含副高）
2011	36	25	20	16	—	—	35	1	—	11	—
2012	46	30	26	19	1	—	46	—	—	15	—
2013	54	34	31	22	1	—	53	1	—	13	—
2014	53	35	28	24	1	—	51	2	—	13	—
2015	48	32	25	22	1	—	45	3	—	11	—

第五节　股份制商业银行机构

上海浦东发展银行股份有限公司丽水支行(简称浦发银行丽水支行)

2008年10月13日,经浙江省银监局批准,筹建上海浦东发展银行股份有限公司丽水支行。12月25日，正式挂牌开业。浦发银行丽水支行系丽水市第一家全国性股份制商业银行分支机构,为浦发银行总行直属二级分行,隶属于浦发银行温州分行。营业地址设在丽水市莲都区人民路529号财富国际大厦。浦发银行温州分行任命丁国琪为浦发银行丽水支行行长。内设职能部门有办公室、风险管理、3个公司部、个人银行部和运营部等部(室)。业务范围涵盖吸收公众存款、发放短期、中期和长期贷款、办理结算、办理票据贴现、发行金融债券、代理发行、代理兑付、承销政府债券、买卖政府债券、同业拆借、提供信用证服务及担保,代理收付款项及代理保险业务,保管箱服务,外汇存款,外汇贷款,外汇汇款,外汇兑换,国际结算,同业外汇拆借,外汇票据的承兑和贴现,外汇借款,外汇担保,结汇、售汇,买卖和代理买卖股票以外的外币有价证券,自营外汇买卖,代客外汇买卖,资信调查、咨询、见证业务,离岸银行业务,证券投资基金托管业务,全国社会保障基金托管业务,经中国人民银行和中国银行业监督管理委员会批准经营的其他业务等。浦发银行丽水支行秉承“笃守诚信、创造卓越”经营理念,切实加大信贷投放,支持丽水地方经济社会发展,不断规范内部管理,实现安全稳健运营,取得良好经济和社会效益。2010年年末,各项存款余额19.9亿元,各项贷款余额21.4亿元。支持重点项目有土地储备中心、安居房、水利发展公司等7个,提供建设资金贷款6.18亿元。至2015年12月末,本外币存款20.12亿元,其中对公存款余额18.32亿元、个人存款余额1.8亿元。支持政府类项目17个,累计发放项目贷款18.04亿元,发行政府类各类债券34亿元;支持绿色金融项目7个,累计投放金额5.5亿元,有力支持地方经济发展。浦发银行丽水支行以“新思维、心服务”为引领,为客户提供优质、高效、综合性的金融服务,充分发挥金融能量支持企业发展、助推丽水经济和社会发展,为员工提供广阔的发展空间,为社会履行企业公民的良好责任。浦发银行丽水支行已从初期分支机构1个,发展至机构网点3家,自助银行7家,全行有员工87人。

2008—2015年上海浦东发展银行股份有限公司丽水支行行长任职一览表

表3-2-39

机构名称	成立时间	行长	
		姓名	任期
上海浦东发展银行股份有限公司丽水支行	2008年12月	丁国琪	2008年12月起

上海浦东发展银行股份有限公司丽水支行及各县(市)支行一览表

表 3-2-40

分支机构名称	成立时间	营业地址
上海浦东发展银行股份有限公司丽水青田支行	2010 年 12 月	—
上海浦东发展银行股份有限公司丽水缙云支行	2012 年 7 月	缙云县五云街道紫薇北路 4-18 号(连续双号)
上海浦东发展银行股份有限公司丽水大洋河社区支行	2014 年 9 月	—
上海浦东发展银行股份有限公司丽水青田月里湾社区支行	2015 年 6 月	青田县鹤城街道校场路 42、44、46 号

2008—2015 年上海浦发银行股份有限公司丽水支行及分支机构从业人员结构情况表

表 3-2-41　　单位：人

年份	总人数	其中：女	年龄结构			学历结构			职称结构		
			30 周岁以下	31—50 周岁(含 50 周岁)	50 周岁以上	中专或高中及以下	专科或本科	研究生	初级	中级	高级(含副高)
2008	27	17	13	14	—	2	25	—	4	7	—
2010	75	40	32	43	—	2	73	—	3	12	—
2015	114	64	42	68	4	5	106	3	3	15	—

中信银行股份有限公司丽水分行(简称中信银行丽水分行)

中信银行是中信集团公司下属的全国性国有控股上市银行。2010 年 12 月 6 日，成立中信银行股份有限公司丽水分行。

2012 年 12 月 24 日，辖内成立中信银行丽水缙云支行。2014 年 11 月 27 日，成立中信丽水青田支行。中信银行股份有限公司丽水分行内设职能部门有办公室、计财会计部、风险管理部、法律资保部、公司银行部(国际业务部)、投资银行部、零售银行部、公司业务一部、公司业务二部、公司业务三部、营业部十部一室。核准业务范围为发放短期、中期和长期贷款，办理国内外结算，办理票据承兑与贴现，代理发行金融债券，代理发行、代理兑付、销售政府债券，代理买卖外汇，从事银行卡业务，提供信用证服务及担保，代理收付款项及代理保险业务，经营总行在中国银行业监督管理委员会批准的业务范围内授权的业务。营业地址：浙江省丽水市莲都区紫金路 1 号。银行从业人员 117 人。开业以来，中信银行丽水分行以支持实体经济发展为己任，以创新金融服务为手段，切实增强服务能力，规范经营行为，履行社会责任，有效发挥了金融保障作用。至 2015 年年末，中信银行丽水分行自营存款余额 39.84 亿元，各项贷款余额 45.05 亿元。

2010—2015 年中信银行股份有限公司丽水分行行长任职一览表

表 3-2-42

机构名称	成立时间	行长	
		姓名	任期
中信银行股份有限公司丽水分行	2010 年 12 月	潘文奇	2010 年 12 月起

2010—2015 年中信银行股份有限公司丽水分行机构副行长任职一览表

表 3-2-43

机构名称	成立时间	副行长	
		姓名	任期
中信银行股份有限公司丽水分行	2010 年 12 月	叶　健	2010 年 12 月起
		姜娟芬	2012 年 1 月起
		叶卫东	2014 年 12 月起

2012—2015 年中信银行丽水分行及各县分支机构一览表

表 3-2-44

机构名称	营业地址	成立时间	行长	
			姓名	任期
中信银行股份有限公司缙云支行	缙云县五云街道永宁路158 号	2012 年 12 月	范　颖	2012 年 12 月至 2015 年 8 月
			金　挺	2015 年 8 月起
中信银行股份有限公司青田支行	青田县新大街 59 号	2014 年 11 月	金　挺	2014 年 12 月至 2015 年 8 月
			王　毅	2015 年 10 月起

2010—2015 年中信银行丽水分行及各县从业人员结构情况表

表 3-2-45　　单位：人

年份	总人数	其中：女	年龄结构			学历结构			职称结构		
			30 周岁以下	31—50 周岁（含 50 周岁）	50 周岁以上	中专或高中及以下	专科或本科	研究生	初级	中级	高级（含副高）
2010	38	20	21	17	—	—	38	—	2	5	1
2015	117	68	64	53	—	—	113	4	5	8	1

浙商银行股份有限公司丽水分行（简称浙商银行丽水分行）

2011 年 1 月 7 日，浙商银行股份有限公司丽水分行成立并开业。经核准，确定业务范围为发放短期、中期和长期贷款，办理国内外结算，办理票据承兑与贴现，代理发行金融债券，代理发行、代理兑付、销售政府债券，代理买卖外汇，从事银行卡业务，提供信用证服务及担保，代理收付款项及代理保险业务，经营总行在中国银行业监督管理委员会批准的业务范围内授权的业务。营业地点设在丽水市丽阳街651号华侨开元名都大酒店东裙房。内设职能部门为办公室、业务管理部、风险管理部、市场拓展部、小企业业务部、营业部等一室五部。

2011年年末，各项存款26232万元，其中个人存款13434万元；各项贷款59716万元，其中中长期贷款3132万元。2015年年末，各项存款69974万元，其中个人存款24452万元；各项贷款151341万元，其中中长期贷款24582万元。

2011—2015年浙商银行股份有限公司丽水分行行长任职一览表

表3-2-46

机构名称	成立时间	行　长	
		姓 名	任 期
浙商银行股份有限公司丽水分行	2011年1月	林曙峰	2011年1月至2012年7月
		董卫平	2012年7月起

2011—2015年浙商银行股份有限公司丽水分行副行长任职一览表

表3-2-47

机构名称	成立时间	副行长	
		姓 名	任 期
浙商银行股份有限公司丽水分行	2011年1月	沈悦莽	2011年3月至2012年8月
		张海帆	2012年7月至2013年6月
		林曙峰	2012年7月起
		史　骏	2013年6月至2015年2月

2011—2015年浙商银行丽水分行及分支机构从业人员结构情况表

表3-2-48　　单位：人

年份	总人数	其中：女	年龄结构			学历结构			职称结构		
			30周岁以下	31—50周岁（含50周岁）	50周岁以上	中专或高中及以下	专科或本科	研究生	初级	中级	高级（含副高）
2010	28	20	9	19	—	1	27	—	3	6	—
2015	52	27	21	29	2	1	51	—	5	8	—

第六节 城市商业银行机构

浙江泰隆商业银行股份有限公司丽水分行(简称浙江泰隆商业银行丽水分行)

2007年7月26日,中国银监会批复同意筹建浙江泰隆商业银行丽水分行。10月22日,经浙江省银监局批准,设立浙江泰隆商业银行股份有限公司丽水分行。10月24日,浙江泰隆商业银行丽水分行正式开业。注册资本1亿元。浙江泰隆商业银行丽水分行地址设在丽水市莲都区丽阳街568号。内设职能部门有综合管理部、市场管理部、营运部3个。丽水分行是泰隆银行跨区域开设的第一家分行,是丽水市引进的第一家城市商业银行,形成国有银行、农信社和城市商业银行共同发展的金融格局。11月6日,浙江泰隆商业银行丽水分行发放首笔助学贷款1.1万元。2008年3月1日,浙江泰隆商业银行丽水分行正式开办泰隆贷记卡业务;6月30日,正式开办国际业务,这是泰隆国际业务在异地分行首次正式落地;7月10日,办理第一笔现钞存入6300欧元业务和第一笔国外汇入9997美元汇款业务。12月19日,成立浙江泰隆商业银行丽水青田支行。泰隆银行开立第一家二级支行,确立"总一分一支"三级管理模式。同日,浙江泰隆商业银行丽水青田支行正式开办国际业务,成为全行首家开办国际业务的异地支行。2009年6月28日,成立浙江泰隆商业银行丽水龙泉支行。12月15日,成立浙江泰隆商业银行丽水缙云支行。2010年10月28日,成立浙江泰隆商业银行丽水松阳支行。2011年1月7日,为完善浙江农村金融体系、丰富农村金融服务功能需要,浙江泰隆商业银行与9家非金融机构企业在丽水市庆元县共同发起设立浙江庆元泰隆村镇银行股份有限公司(以下简称浙江庆元泰隆村镇银行)。浙江庆元泰隆村镇银行是由庆元县知名企业参股共同设立,具有独立法人资格的股份制银行,是浙江泰隆商业银行作为主发起人的第一家村镇银行,是庆元县域首家村镇银行。6月28日,成立浙江泰隆商业银行丽水莲都支行。2012年3月1日,成立浙江泰隆商业银行丽水云和支行。12月18日,成立浙江泰隆商业银行丽水遂昌支行。2013年7月12日,成立浙江泰隆商业银行青田温溪小微

浙江泰隆商业银行丽水分行大楼

企业专营支行。泰隆银行在丽水市开设的第一家小微企业专营支行。9 月 27 日，浙江泰隆商业银行丽水分行在丽水职业技术学院正式设立“泰隆奖学金”，并在学校举行签约仪式暨首次颁奖仪式。2014 年 1 月 14 日，举行浙江泰隆商业银行莲都白云小微企业专营支行开业仪式和第二届丽水职业技术学院“泰隆奖学金”发放。5 月 5 日，成立浙江泰隆商业银行丽水景宁支行，标志着浙江泰隆商业银行在丽水市 9 个县(市、区)实现机构全覆盖，设立分支机构 12 家。至 2015 年年末，浙江泰隆商业银行丽水分行内设职能部门增设办公室、企划部、人力资源部、市场管理部、运营管理部、风险管理部、创业发展部、信用卡部、资产保全部、消费金融部一室九部。注册资本 1.34 亿元。

2007 年 10 月，浙江泰隆商业银行入驻丽水后，坚持服务小微市场定位，金融服务主要面向小微企业和城乡居民、个体工商户。同年 10 月起，浙江泰隆商业银行丽水分行创新服务模式，做社区居民的“身边银行”。通过“定人、定点、定时”模式，营销人员专注做自己的“根据地”“责任田”；做乡镇村民“贴身银行”。为践行和深化丽水农村金融改革试点，丰富丽水农村金融服务，致力乡村振兴，美丽乡村建设，先后以“百名信贷人员进百村”“金融服务百乡行”“泰隆普惠百乡行”等活动为载体，以创建信用村、信用户为基础，持续开展整村授信、批量作业的泰隆特色授信，做小微企业的“专业银行”。成立专营小企业团队，通过打造“专家型、专业型”服务队伍，贴心服务小微企业客户，开展“百名信贷员进千企”活动，通过面对面、一对一了解企业金融需求，量身定制金融产品，针对性提供金融服务。推行“柜面特色 7+7”服务，规范服务动作、标化服务形象，提升客户体验。2011 年，推出无抵押、无担保的纯信用贷款产品“信融通”、强调担保人和借款人道德情感约束的道义担保产品“义融通”、以贷还贷“接力贷”、一次授信，自助循环使用“融 E 贷”。2012 年，开启城商行探索农村金融服务新模式。2012—2013 年，相继成立农村专营小组 20 余个，定人、定点、定时进村入户，了解农户需求；2014—2015 年，先后推出“百村工程”“双百工程”，推进农村服务 336 个，新增农村贷款 7.43 亿元，惠及农户 5572 户。从 2014 年 4 月起，在授信方式上，实行农村整村授信、批量作业模式，提高农村金融服务效率。支持丽水人在外创业经商户发放“乡情贷”，针对各县域特点，推出缙云“烧饼贷”、松阳“茶叶贷”等产品。10 月起，实现通过平板电脑作业模式，利用大数据分析，实现信贷全流程现场作业，贷款办理时间最短 30 分钟，让客户享受足不出户的高效金融服务，实现客户一次都不用跑。

2015 年，根据丽水特色推出“三宝贷”(云宝民宿贷、勤宝来料加工贷、E 宝电商贷)。至年末，累计开展“整村授信”仪式 276 个村，总授信金额近 40 亿元，发放授信证书 14862 份，签订最高额借款合同 2454 份，新增信贷户 5229 户，信贷余额 11 亿元。

2007—2015 年浙江泰隆商业银行丽水分行行长任职一览表

表 3-2-49

届　别	机构名称	成立时间	行　长	
			姓 名	任 期
第一届	浙江泰隆商业银行股份有限公司丽水分行	2007 年 10 月	徐世标	2007 年 10 月至 2010 年 10 月
第二届			陈昌文	2010 年 10 月至 2012 年 11 月
第三届			陈昌文	2012 年 11 月至 2015 年 9 月
第四届			陶丽红	2015 年 9 月起

2007—2015年浙江泰隆商业银行丽水分行副行长任职一览表

表3-2-50

届 别	机构名称	成立时间	副行长	
			姓 名	任 期
第一届	浙江泰隆商业银行股份有限公司丽水分行	2007年10月	陈昌文	2007年10月至2010年10月
第二届			丁业强	2010年10月至2012年11月
			陶丽红	
第三届			陶丽红	2012年11月至2015年9月
			毛仁忠	
第四届			毛仁忠	2015年9月起

2008—2015年浙江泰隆商业银行丽水分行及各县(市)分支机构情况表

表3-2-51

机构名称	成立时间	营业地址
浙江泰隆商业银行丽水青田支行	2008年12月	青田县新大街88号
浙江泰隆商业银行丽水龙泉支行	2009年6月	龙泉市华楼街223号
浙江泰隆商业银行丽水缙云支行	2009年12月	缙云县新区黄龙路77号
浙江泰隆商业银行丽水松阳支行	2010年10月	松阳县要津路90号
浙江泰隆商业银行丽水莲都支行	2011年6月	莲都区解放街61号
浙江泰隆商业银行丽水云和支行	2012年3月	云和县中山路51号
浙江泰隆商业银行丽水遂昌支行	2012年12月	遂昌县西街46-1、46-56双号
浙江泰隆商业银行丽水景宁支行	2014年5月	景宁县鹤溪镇人民南路98号
浙江泰隆商业银行莲都碧湖小微企业专营支行	2013年8月	莲都区碧湖镇大众街154号
浙江泰隆商业银行青田温溪小微企业专营支行	2013年7月	青田县温溪镇处州街31号
浙江泰隆商业银行缙云五云小微企业专营支行	2013年8月	缙云县五云街道胜利街76号
浙江泰隆商业银行缙云壶镇小微企业专营支行	2014年11月	缙云县壶镇镇安居西路97号
浙江泰隆商业银行莲都白云小微企业专营支行	2015年1月	莲都区欣苑街541、543、545、547号
浙江泰隆商业银行龙泉剑池小微企业专营支行	2015年1月	龙泉市环城西路57号
浙江泰隆商业银行松阳古市小微企业专营支行	2015年9月	松阳县古市镇望江路17号
浙江泰隆商业银行莲都紫金小微企业专营支行	2015年10月	莲都区寿尔福路496、498、500号
浙江泰隆商业银行青田油竹小微企业专营支行	2015年9月	青田县油竹街道青岱路181号

2007—2015年浙江泰隆商业银行丽水分行及分支机构从业人员结构情况表

表3-2-52　　　　　　　　　　　　　　　　　　　　　　　　　　　　　　　单位：人

年份	总人数	其中：女	年龄结构			学历结构			职称结构		
			30周岁以下	31—50周岁（含50周岁）	50周岁以上	中专或高中及以下	专科或本科	研究生	初级	中级	高级（含副高）
2007	78	40	67	11	—	7	71	—	4	5	—
2010	385	237	355	30	—	12	370	3	6	12	—
2015	559	348	461	97	1	7	551	1	45	14	2

浙江稠州商业银行股份有限公司丽水分行（简称浙江稠州商业银行丽水分行）

2007年12月24日，经浙江省银监局批准成立浙江稠州商业银行丽水分行。同月27日，正式开业并举行开业盛典。营业地点设在丽水市莲都区解放街515号。丽水分行是浙江稠州商业银行设立的首家异地分行，是浙江稠州商业银行跨区域经营发展的重要一步。成立时，内设职能科室有办公室、综合运营部、风险管理部、市场发展部一室三部。2009年1月16日，浙江稠州商业银行丽水分行开办国际业务。1月18日，丽水青田支行开业。6月7日，丽水缙云支行开业。2010年10月20日，丽水遂昌支行开业。2011年7月28日，丽水龙泉支行开业。2012年4月20日，丽水壶镇支行开业。浙江稠州商业银行丽水壶镇支行是浙江稠州商业银行丽水分行首次在乡镇区域设立机构。6月末，丽水分行跨境人民币结算9800万元，占整个丽水市3.48亿元总结算量28.2%。在丽水市开展同类业务银行机构中排名第三位。12月11日，丽水松阳支行开业。2013年3月28日，丽水云和支行开业。12月5日，丽水景宁小微企业专营支行开业，这是浙江稠州商业银行丽水分行在丽水设立的首家小微企业专营支行。2014年1月16日，丽水庆元小微企业专营支行开业，标志着浙江稠州商业银行在丽水9个县（市、区）实现机构全覆盖，分支机构10家。8月26日，遂昌云峰小微企业专营支行开业。12月27日，龙泉剑池小微企业专营支行开业。2015年2月25日，丽水莲都小微企业专营支行开业，这是浙江稠州商业银行丽水分行在丽水辖内设立的第13家机构，是丽水莲都区设立首家同城网点。至2015年年末，浙江稠州商业银行丽水分行部室增设内设部门为办公室、安全保卫部、小微零售部、运营管理部、风险管理部、计划财务部、资产保全部。

2008年6月2日，浙江稠州商业银行丽水分行发放首张银行卡。2009年3月4日，浙江稠州商业银行丽水青田支行发放首笔外币质押贷款，是浙江稠州商业银行首笔外币质押贷款，开始开拓国际外汇新的业务市场。同年3月中旬，浙江稠州商业银行丽水分行成功办理出海关银行电子口岸IC卡，标志着成功开通浙江稠州商业银行丽水分行个人与企业结售汇业务。5月5日，浙江稠州商业银行丽水分行成功扣缴1笔个人所得税金额2982.82元，标志着“一户通”系统成功开通税收扣缴业务系统。12月，丽水分行获丽水市政府小企业贷款奖励第三名。2010年9月，浙江稠州商业银行获得公务卡发放资格。12月1日，丽水遂昌支行成功向凯恩集团有限公司发放贷款2800万元。贷款由借款人凯恩集团将自身持有的上市公司凯恩特种材料有限公司800万元股全流通股股权质押，是浙江稠州商业银行丽水分行首笔以上市公司流通股股权作为质押的贷款业务。2011年3月，浙江稠州商业银行丽水分行获得莲都区“双文明”称号，被丽水市莲都区委、区政府授予“区级文明单位”荣誉称号，营业大厅获得“区级文明示范窗口”称号。6月29日，浙江稠州商业银行丽水分行新入行客户经理(分、支行)24人成为集中培训模式第一批学员。8月15日，创刊《稠州银行丽水分行报》，是全行首张分行级报纸，也是丽水市银行业第一份自办报纸。《稠州银行丽水分行报》是经丽水市文化广电新闻出版局正式批准的企业内部出版物，四开四版。创刊号一版为行内要闻，二版为业务、理论专版，三版为银苑、人文版，内容涵盖书评、游记散文、诗歌赏析、摄影作品等，四版为综合新闻，刊登分支行近期工作动态和业务信息。标志着丽水分行员工有了新的交流园地，为浙江稠州商业银行丽水分行向社会各界及广大客户展示自我形象良好平台。2012年12月，浙江稠州商业银行丽水分行推行“柜面七步曲”服务标准，规范服务动作、标化服务形象，提升客户体验。2013年，贯彻落实监管部门有关创新贷款还款方式的要求，推出“铺底贷”“转型升级贷”“无缝对接续贷款”三项新产品。6月27日，浙江稠州商业银行丽水松阳支行成功向浙江田地缘农业生物科技有限公司发放一笔“转型升级贷”，金额1000万元，期限五年，是丽水分行办理的首笔“转型升级贷”业务。2013年8月15日，浙江稠州商业银行丽水分行营业部、市场发展部为指尖软件有限公司安装浙江稠州商业银行新开发“E市通”移动营销系统，为该企业近百名员工集中办理工资卡、网上银行和手机银行业务，是丽水分行首次借助“E市通”成功为客户办理业务。“E市通”是浙江稠州商业银行2013年度推出一项移动式营销系统，可利用无线网络与银行专线连接，可在任何有3G无线网络的地方办理业务，实现银行卡开卡以及电子银行渠道业务一体化签约，是柜面签约渠道的重要经营业务延伸。“E市通”摆脱网点束缚，打破“等客户上门”被动局面，完成营业推介与业务办理无缝衔接，实现从“坐商”到“行商”转变。至2015年年末，浙江稠州商业银行移动展业平台已涵盖金融知识及产品介绍、远程预开户、厅堂营销、移动信贷(贷前/贷后调查)等主要业务模块，是稠州银行“O2O立体营销体系”建设重要一环。结合全国农村金融改革在丽水试点契机，推进农村“三权”抵押贷款。累计发放“三权”抵押贷款483户、金额16533.9万元，其中发放林权抵押贷款235户、金额5442.9万元，农房抵押贷款218户、金额8831万元，土地流转贷款30户、金额2270万元。深入推广“村民贷”产品，开展“整村授信、整村批发”，累计授信农户数400余户、金额8062万元，累计发放贷款190笔、金额3039万元。浙江稠州商业银行丽水分行推动辖内支行加强与各县村级担保组织对接，通过与村级担保组织合作，消除与农户之间信息不对称，推进农户贷款发放工作，实现有效地拓展和服务农户，涉农贷款余额20.99亿元，占全行贷款金额的60%以上。

2007—2015年浙江稠州商业银行丽水分行行长任职一览表

表3-2-53

机构名称	成立时间	行长	
		姓名	任期
浙江稠州商业银行股份有限公司丽水分行	2007年12月	冯健荣	2007年12月至2008年11月
		俞东红(主持)	2008年11月至2009年7月
		俞东红	2009年7月至2013年2月
		吴蔚红(主持)	2013年2月至5月
		吴蔚红	2013年5月至2014年4月
		楼一平	2014年4月起

2007—2015 年浙江稠州商业银行丽水分行副行长任职一览表

表 3-2-54

机构名称	成立时间	副行长	
		姓　名	任　期
浙江稠州商业银行股份有限公司丽水分行	2007 年 12 月	金章盛	2007 年 12 月至 2010 年 2 月
		何兰燕	2012 年 12 月至 2014 年 8 月
		朱　政	2014 年 4 月至 2018 年 4 月
		郑　俊	2014 年 9 月起

2009—2015 年浙江稠州商业银行丽水分行各县(市、区)分支机构一览表

表 3-2-55

机构名称	成立时间	营业地址
浙江稠州商业银行股份有限公司丽水青田支行	2009 年 1 月	青田县鹤城镇鹤城东路 80 号
浙江稠州商业银行股份有限公司丽水缙云支行	2009 年 6 月	缙云县新区问渔西路 108 号
浙江稠州商业银行股份有限公司丽水遂昌支行	2010 年 10 月	遂昌县妙高街道公园路 188 号
浙江稠州商业银行股份有限公司丽水龙泉支行	2011 年 7 月	龙泉市中山东路 93 号
浙江稠州商业银行股份有限公司丽水壶镇支行	2012 年 4 月	缙云县壶镇镇贤母西路 33 号
浙江稠州商业银行股份有限公司丽水松阳支行	2012 年 12 月	松阳县西屏街道要津路 125、127、129 号
浙江稠州商业银行股份有限公司丽水云和支行	2013 年 3 月	云和县浮云街道仙宫大道 8-2 号
浙江稠州商业银行股份有限公司丽水景宁小微企业专营支行	2013 年 12 月	景宁县红星街道人民北路 66、68、70、72 号
浙江稠州商业银行股份有限公司丽水庆元小微企业专营支行	2014 年 1 月	庆元县石龙街 118 号
浙江稠州商业银行股份有限公司遂昌云峰小微企业专营支行	2014 年 8 月	遂昌县云峰街道兴云街 38 号
浙江稠州商业银行股份有限公司龙泉剑池小微企业专营支行	2014 年 12 月	龙泉市剑池西路 322 号
浙江稠州商业银行股份有限公司丽水莲都小微企业专营支行	2015 年2 月	莲都区人民街 168 号

2007—2015 年浙江稠州商业银行丽水分行及分支机构从业人员结构情况表

表 3-2-56　　单位：人

年份	总人数	其中：女	年龄结构			学历结构			职称结构		
			30 周岁以下	31—50 周岁(含 50 周岁)	50 周岁以上	中专或高中及以下	专科或本科	研究生	初级	中级	高级(含副高)
2007	46	29	30	16	0	8	38	0	4	4	—

续表 3-2-56

年份	总人数	其中:女	年龄结构			学历结构			职称结构		
			30周岁以下	31—50周岁(含50周岁)	50周岁以上	中专或高中及以下	专科或本科	研究生	初级	中级	高级(含副高)
2008	41	26	26	15	0	8	33	0	4	4	—
2010	143	76	92	50	1	4	138	1	2	14	—
2015	380	211	247	124	9	10	366	4	11	31	1

浙江民泰商业银行股份有限公司丽水分行(简称浙江民泰商业银行丽水分行)

2015年4月17日，浙江省银监局正式批复设立浙江民泰商业银行股份有限公司丽水分行。6月19日，正式开业。行址设在丽水市莲都区花园路474—498号。初创时内设职能科室有办公室、市场管理部、风险管理部、运营管理部及5个业务拓展部。12月，调整增设办公室、风险管理部、市场管理部、财务运营部、资产保全部和授信审批中心。

浙江民泰商业银行进驻丽水市场，坚持“服务地方经济、服务中小企业、服务城乡居民”市场定位，致力为“三农”、中小企业提供专业、简洁、灵活的金融服务，倾心打造小微金融服务“根据地”，以进村入居的“五个一”工程为抓手，推进“村居、园区、市场、行业、商会(协会)”开发；以“看品行、算实账、同商量”的风控“九字诀”为特色，破解信息不对称问题；以移动工作平台为依托，推进小微金融服务“最后一公里”畅通。浙江民泰商业银行丽水分行始终坚持以民为本，实现信贷产品、担保方式、授信模式有创新，积极发扬“端盘子”服务精神，不断优化服务质效，落实减费让利，满足现代企业个性化金融需求，节省企业融资成本，助推产业结构优化调整，为民营经济发展提供有效支持。通过不断优化信贷服务，采取一系列如上门服务、厅堂分流客户、实行“首问负责制”等措施着力提高办贷效率，有效降低客户赴网点办理业务的频次，提升客户体验满意度。通过国内免收跨行提现手续费、跨区域提现手续费、汇款手续费，免收电子承兑汇票手续费，免收网银、手机银行转账手续费等，减免或取消民营企业抵质押评估、个人房产抵押评估、政策性担保、贷款保险等贷款中间环节收费，采取“131”贷款制度等政策优惠，有效降低民营企业融资成本。依托总行搭建的移动工作平台，高度整合各项业务，为客户提供包括柜面业务、信贷业务、信用卡业务等一站式金融服务，推动服务便捷化、人性化。通过坚决贯彻落实供给侧改革相关文件精神，严守准入制度，大力扶持具有技术优势、地域特色的朝阳企业，逐步退出产能过剩、技术陈旧、污染严重的落后企业，着力提升服务实体经济水平，积极助推、引导产业结构优化调整。支持地方特色经济，关注重点项目，助力特色小镇市场培育。积极顺应特色小镇内民营企业发展的新情况、新趋势、新要求，发挥特色优势，通过银企合作、政策优惠、行业营销、批量授信等方式积极支持缙云制造加工业，青田石雕业，庆元的香菇、竹木业，莲都区和景宁县的旅游、民宿业，龙泉的青瓷、宝剑业，松阳的茶叶、文化产业等地方特色行业，助推特色民营行业健康发展。持续对医疗、医药行业以及具有高新技术专业领域企业进行重点支持，并为公司、公司股东、上下游企业、商户和公司员工提供各项有针对性的金融服务。

2015年浙江民泰商业银行丽水分行行长任职一览表

表 3-2-57

机构名称	成立时间	行　长	
		姓　名	任　期
浙江民泰商业银行股份有限公司丽水分行	2015年6月	季　毅	2015年4月起

2015年浙江民泰商业银行丽水分行副行长任职一览表

表 3-2-58

机构名称	成立时间	副行长	
		姓　名	任　期
浙江民泰商业银行股份有限公司丽水分行	2015年6月	江惠红	2015年4月起
		刘开连	2015年6月起

2015年浙江民泰商业银行丽水分行从业人员结构情况表

表 3-2-59　　单位：人

年份	总人数	其中：女	年龄结构			学历结构		职称结构	
			30周岁以下	31—50周岁（含50周岁）	50周岁以上	专科及以下	本科及以上	初级	中级及以上
2015	48	18	36	12	0	27	21	1	1

杭州银行股份有限公司丽水分行（简称杭州银行丽水分行）

2013年11月25日，中国银监会浙江监管局批复同意，筹建杭州银行股份有限公司丽水分行。2014年6月23日，中国银监会浙江监管局批准，设立杭州银行股份有限公司丽水分行。8月9日，杭州银行丽水分行正式开业并举行开业庆典。注册资本1亿元。营业地点设在丽水市莲都区丽青路206号。内设职能部门有办公室、风险合规部、业务发展部、综合管理部、公司金融发展部、小微金融发展部、零售金融发展部、营业部一室七部。

2014年年末，各项存款余额9742万元，其中个人存款4419万元；各项贷款余额16915万元，其中中长期贷款余额11350万元。2015年年末，各项存款余额10599万元，其中个人存款6212万元；各项贷款余额36867万元，其中中长期贷款余额19014万元。

2014—2015年杭州银行股份有限公司丽水分行行长任职一览表

表 3-2-60

机构名称	成立时间	行　长	
		姓　名	任　期
杭州银行股份有限公司丽水分行	2014年6月	李　勤	2014年8月起

2014—2015年杭州银行股份有限公司丽水分行副行长任职一览表

表3-2-61

机构名称	成立时间	副行长	
		姓名	任期
杭州银行股份有限公司丽水分行	2014年6月	徐　钦	2014年8月起
		朱兴枝	2014年8月至2015年4月
		唐　坚	2015年4月至8月

2014—2015年杭州银行股份有限公司丽水分行从业人员结构情况表

表3-2-62　　单位：人

年份	总人数	其中：女	年龄结构			学历结构			职称结构		
			30周岁以下	31—50周岁（含50周岁）	50周岁以上	中专或高中及以下	专科或本科	研究生	初级	中级	高级（含副高）
2014	44	20	27	16	1	2	41	1	6	6	1
2015	46	20	27	18	1	2	43	1	8	9	1

温州银行股份有限公司丽水分行（简称温州银行丽水分行）

2012年12月19日，经中国银监会浙江监管局批准成立。12月27日，正式开业。核准业务范围：吸收公众存款，发放短期、中期和长期贷款，办理国内外结算，办理票据承兑与贴现，代理发行、代理兑付政府债券，从事同业拆借，从事银行卡业务，提供信用证服务及担保，代理收付款项及代理保险业务，经营总行授权范围内的业务。营业地点设在浙江省丽水市莲都区中山街309号。内设职能部门有办公室、财务会计部、信贷管理部、风险管理部、内审合规部、个人（公司）金融部、公司业务部、温商业务部、营业部等一室八部。

2012—2015年温州银行股份有限公司丽水分行行长任职一览表

表3-2-63

机构名称	成立时间	行长	
		姓名	任期
温州银行股份有限公司丽水分行	2012年12月	鲁　频	2012年12月至2014年7月
温州银行股份有限公司丽水分行	2012年12月	丁　强	2014年7月至8月
		叶绍洪	2014年8月起

2012—2015 年温州银行股份有限公司丽水分行副行长任职一览表

表 3-2-64

机构名称	成立时间	副行长	
		姓　名	任　期
温州银行股份有限公司丽水分行	2012 年 12 月	汤建华	2012 年 12 月起
		陈云海	2012 年 12 月至 2015 年 1 月
		吴振勇	2013 年 2 月起
		朱金星	2015 年 3 月起

2012—2015 年温州银行丽水分行各县（市）分支机构一览表

表 3-2-65

机构名称	成立时间	营业地址
温州银行股份有限公司丽水云和小微企业专营支行	2014 年 12 月	云和县中山路 150 号
温州银行股份有限公司丽水万锦花苑社区支行	2015 年 5 月	莲都区宇雷路 25 号
温州银行股份有限公司丽水青田支行	2015 年 6 月	青田县鹤城镇临江东路 60 号
温州银行股份有限公司丽水大洋河社区支行	2015 年 12 月	莲都区囿山路 288 号
温州银行股份有限公司丽水松阳小微企业专营支行	2015 年 12 月	松阳县长虹东路 18 号

2012—2015 年温州银行丽水分行及分支机构从业人员结构情况表

表 3-2-66　　　　单位：人

年份	总人数	其中：女	年龄结构			学历结构			职称结构		
			30 周岁以下	31—50 周岁（含 50 周岁）	50 周岁以上	中专或高中及以下	专科或本科	研究生	初级	中级	高级（含副高）
2012	45	31	27	17	1	2	41	2	2	5	1
2015	116	74	80	35	1	2	112	2	10	7	2

第七节　农村合作金融机构

丽水地区农村合作基金会

（中华人民共和国成立前合作金库、合作社，详见本编第一章《中华人民共和国成立前银行机构》。）

1992 年，缙云县新建镇农村合作基金会成立，为丽水地区首家农村合作基金会。农村合作基金会按照“农村合作经济组织自愿把集体闲置资金集中起来，采用有偿使用方式支持本乡、本村合作经济组织和农户发展商品生产”要求建立,弥补农村金融服务不足的缺憾,实现集体资金保本增值。

1995—1998 年,丽水地区农村合作基金会进入快速发展期。1999 年,全国开始清理整顿农村合作基金会工作。8 月 16 日,丽水地区农村合作基金会进入全面清产核资工作。至 2000 年 6 月末,全区有合作基金会 119 家,存款 4.46 亿元,贷款 3.25 亿元。经中国人民银行上海分行批准,有 97 家基金会并入农村信用社,涉及存款 3.43 亿元、贷款 2.15 亿元;清盘关闭 22 家,存款 10257 万元、贷款 11059 万元。整个清理整顿工作政府累计注资 8923.6 万元。

农村信用社联合社(农村信用合作社)

(中华人民共和国成立前信用合作社,详见本编第一章《中华人民共和国成立前银行机构》。)

1953 年冬,青田县阜山、方山开始试办村信用组。1954 年 5 月 11 日,建立辖区第一个社会主义农村信用社——龙泉县高塘乡红星信用社。此后,信用社组织迅速发展扩大。1958 年,人民公社银行营业所和农村信用合作社合并,组建公社信用部。1961 年,恢复农村信用社,业务接受中国人民银行指导与监督。1966 年,“文化大革命”开始,信用社工作处于“无政府”停顿状态。1977 年 11 月,农村信用社被定位为集体金融组织,并成为中国农业银行的基层经营机构。1983 年 2 月,丽水地区开始信用社体系改革。1985 年,信用社实行独立经营,自负盈亏。1984 年 12 月,辖区内成立第一家县级联社——龙泉信用联社。至 1987 年 11 月,辖区 9 个县(市)均建立县联社。

1993 年,丽水地区有步骤地开展农村合作银行组建工作。1996 年 8 月,农村信用社与中国农业银行脱离行政隶属关系,其业务管理和金融监管分别由农村信用社县联社和中国人民银行承担。1996 年 9 月,依据国务院《关于农村金融体制改革的决定》,成立丽水地区农村金融体制改革领导小组及其办公室。10 月,全区农村信用社正式与中国农业银行丽水地区分行脱离行政隶属关系,改由丽水地区农村金融体制改革领导小组办公室具体承担对农村信用社的指导、协调和服务管理职能。1999 年 9 月,经过清产核资、分类处理、政府注资等阶段,有 83 家农村合作基金会并入农村信用社。农村信用社接收其资产 3.58 亿元,负债 3.53 亿元。2002 年 12 月,丽水市政府发文,撤销丽水市农村金融体制改革领导小组及其办公室,设立中国人民银行丽水市中心支行农村信用合作管理办公室,负责对全市农村信用社、县联社领导和指导、协调、服务等管理工作。2004 年 4 月 18 日,挂牌成立遂昌县农村信用合作联社,为全市首家股份合作制农村金融机构。10 月,挂牌成立浙江省农村信用社联合社丽水办事处,依据浙江省农村信用社联社授权,负责全市农村信用社的行业管理工作。2005 年 10 月 10 日,组建成立莲都农村合作银行,是全市首家股份合作制银行。全市 9 个县(市、区)完成产权制度改革试点任务,全部实行股份合作制一级法人体制。至 2010 年年末,全市农村信用社各项存款余额 184.75 亿元,存款总量居全市金融机构第一位;各项贷款余额 130.2 亿元,五级分类不良贷款余额 4.27 亿元,不良贷款占比为 3.28%。

莲都区农村信用合作社联合社(莲都区农村信用合作社)

1954 年,丽水县委印发《关于 1954 年农村信用合作社工作计划》,要求全县在 1954 年年底试办 10 个信用社。7 月,丽阳乡信用社成立,有入股社员 5010 户,入股社员占总户数 52%。诞生丽水县第一个信用社。至 1955 年 12 月,丽水县共建立信用社 78 个。1977 年 10 月,因“文化大革命”的影响,信用社组织机构混乱、业务停顿,资金信用遭破坏。同年,农村信用社事权移交给丽水县农业银行管理,成为县农业银行信用合作股。1987 年 7 月,丽水市(今莲都区)农业银行信用合作股建立“丽水市信用合作社联合社筹备小组"，负责丽水市信用联社的各项筹备组建工作。11 月，丽水市信用联社召开首届代表大会，选举产生首届理事会。办公地点设在中山街 438 号二楼（现中山支行营业室二楼）。全社有固定工 98 人，合同工 38 人。1990 年 1 月，开办丽水市信用社县辖往来结算业务。1992 年 12 月，丽水市信用联社撤销各办事组，所辖机构有营业部 2 个和城郊、碧湖、丽云、曳岭、雅溪中心社 5 个，下设信用社 21 个、信用分社 18 个。1993 年 3 月，成立隶属市信用联社的丽水市银信房地产开发公司。市信用联社办公地点从中山街 438 号搬迁至市农行大楼 5 楼。1996 年，国务院发出《关于农村金融体制改革的决定》，确定农村信用合作社与农业银行脱离隶属关系，脱钩后的农村信用社在各级农村金融体制改革领导办公室及县（市、区）联社领导管理，对农村信用社的监管由中国人民银行及其分支行承担。8 月，丽水市信用联社与农业银行脱离行政隶属关系，成为自主经营、独立核算、自负盈亏、自担风险的群众性合作金融组织。1997 年 3 月，丽水市信用联社办公地点从市农行大楼 5 楼搬迁至银苑小区 153 幢 2 楼。1998 年 10 月，建立中共丽水市信用联社党委。1999 年 7 月，市信用联社新大楼落成，办公地点搬迁至解放街 438 号（今总行大楼）。一楼大厅营业场所首次实现电脑系统化，结束手工办理业务。11 月，丽水市 11 家农村基金会并入丽水市信用联社下属机构。2000 年 6 月，撤销县级丽水市，设立莲都区，丽水市信用合作社联合社更名为丽水市莲都区农村信用合作社联合社。2003 年，经中国人民银行丽水市中心支行批准，中东营业部、处州城市信用合作社和兴隆农村信用合作社的债权债务关系全部并入丽水市莲都区农村信用合作社联合社。5 月，根据国务院《关于印发深化农村信用社改革试点方案的通知》精神，浙江省政府确定将丽水市莲都区农村信用合作社联合社及所辖农村信用合作社合并，改制组建浙江丽水莲都农村合作银行。2004 年，首次推出"丰收卡"。2005 年 10 月 10 日，莲都农村合作银行正式挂牌开业，标志着莲都农村合作金融事业进入新的历史发展时期。（后续内容，详见本节《各县（市）区农村商业银行》中《莲都农村合作银行》）

青田县农村信用合作社联合社

1954 年 6 月，石溪乡坦头村 79 户农民顺势而为，每户农民入股 1 万元（旧币），创办青田县第一个农村信用合作社。此后，各乡镇相继成立信用合作社，信贷范围逐渐扩大。1956 年，全县有信用合作社 47 个，入社农户 35244 户，共有股金 43227 元。1958 年，受"大跃进"等运动影响，农村信用社与中国人民银行营业所合并设立人民公社信用部。不久，划归各人民公社管理，成为信用分部。1961 年，以乡为单位重新恢复农村信用社。1972 年，青田农村信用社重新归属中国人民银行青田县支行领导与管理。1978 年，浙江省革委会发文明确规定，农村信用社是国家银行在农村的基层机构。青田农村信用社划归中国农业银行青田县支行管理。1987 年 2 月，成立青田县联社暨召开首届代表大会。

1996 年，青田县联社与农行脱离行政隶属关系。按照合作制原则进行规范，成立青田信用合作联社。2003 年，国务院《深化农村信用社改革试点方案》，将信用社管理权限交由省级政府负责。根据浙江省委、省政府《浙江省深化农村信用社改革试点实施方案》，浙江省农村信用社联合社成立，履行对浙江农信系统"管理、指导、协调、服务"职能，主要承担"管方向、管班子、管风险、优服务"的行业管理任务。2005 年，青田农信社取消县乡两级法人体制，推进一级法人体制改革，推动基层营业机构扁平化管理，信用社从 10 个增至 15 个，后纳入县农信联社。2008 年，组织实施以"干部竞争上岗，员工双向选择"为主要内容的人事改革，较好地解决遗留已久的干部老龄化问题，年富力强的员工走上管理岗位。5月，青田县农村信用合作联社开办林权抵押贷款。9月8日，青田县农村信用合作联社办公地点从鹤城东路256号搬迁至鹤城东路180号。年底，受全球金融危机影响，青田石雕产业遭遇"寒流"，青田县农村信用合作联社与民间担保机构密切合作，推出石雕质押贷款业务。石雕质押贷款是全国首创的金融创新产品，获2009年浙江省银监局颁发金融支农"创新奖"。2009年8月，季宅乡设立全县首个"信用村"。建立信用社和联社二级风险排查机制，信用社实行按月排查，案件防控从"防风险"转变为"控风险"，案件防控工作从"专项治理"转型为"日常管理"。

2010年，在全市农村合作金融系统中率先开办外汇存取款和结售汇业务。2011年，完善以业绩为导向的选人用人机制，营造"能者上、平者让、庸者下"的用人氛围，制定出台《基层营业机构负责人竞争上岗实施意见》，按照竞聘岗位公开、任职条件公开、任期目标公开、计酬模式公开、竞聘程序公开和退出承诺公开"六公开"要求，对基层营业机构及机关部室负责人岗位实行公开竞聘。引入专业咨询公司，实施网点标准化建设，临柜服务从"随意型"转型为"规范化"。统一规范服务流程，建立标准化、规范化的晨会制度，培养内训师队伍，找好网点负责人，实施内部管理新路子。2012年，与第三方公司合作开发绩效考核系统，考核手段开始从"粗放型"转向"精细化"，实现绩效考核系统化、实时化，"绩效优先、按劳分配、多劳多得"的分配氛围日益浓厚。同年，在方山乡龙现村创办全国首个村级外币代兑点。

2013年6月20日，存贷规模突破100亿元。11月，成功开办全国首例个人外汇创业贷款业务，填补经营类个人外汇贷款领域空白，取得良好社会效益。12月，浙江省人民政府金融工作办公室启动全省第四批农村合作金融机构股份制改革试点，青田农信联社被列为第四批股份制改革试点单位。

2014年1月，经银监会和工商部门批准，青田农信联社完成注册资本变更手续。11月27日，召开创立大会暨第一次股东大会、第一届董事会第一次会议、第一届监事会第一次会议。12月27日，成立浙江青田农村商业银行股份有限公司。（后续内容详参见本节《各县（市、区）农村商业银行》中《青田农村商业银行》条目）。

缙云县农村信用合作联社

1954年，缙云县城区镇东乡组建信用社试点后，成立全县第一个信用社。1955年，发展至每乡一社，股金23万元。信用社由中国人民银行缙云县支行管辖。1956年3月，中共缙云县委决定撤销部分行政区，小乡并大乡，全县划分为1个直属镇、5个区、3个镇、35个乡，信用社相应减少至38个。1958年年初，全县成立大队信用社386个，信用社股金421万元。后又发展到498个，按公社（乡、镇）大队（村）分设信用社和信用站。10月，各区营业所改为人民公社信用部，信用社改为信用分部。1959年3月，信用部和信用分部账务合并，使用银行会计科目，实行统一核算。1961年10月，撤销"大公社"，建立小人民公社38个。信用部、信用分部恢复称营业所、信用社。1962年5月，缙仙区陈岭、溪港、安岭3个信用社划归仙居县管辖。同年6月，大洋区木南信用社分设木栗信用社和南溪信用社。1977年10月，受"文化大革命"影响，信用社组织机构混乱、业务停顿，资金信用遭受损害。年末，信用社交由农业银行管理。

1983年3—12月，缙云县各信用社进行体制改革，经过清股、扩股，召开社员代表大会选举产生理事会、监事会组织。1987年3—6月，全县各信用社进行换届选举，建立理事会45个、监事会45个，有理事333人、监事191人。12月9日，经中国农业银行丽水地区中心支行批准，成立缙云县信用合作社联合社，由中国农业银行缙云县支行管理。营业地址设在缙云县五云街道仙都路68号。

1996 年 10 月 31 日，根据国务院《关于农村金融体制改革的决定》，全县农村信用社体制启动体制改革。缙云县信用合作社联合社与中国农业银行缙云县支行脱离行政隶属关系，改由丽水地区农村金融体制改革领导小组办公室领导与管理，受中国人民银行缙云县支行监管。1998 年 10 月，经中国人民银行缙云县支行批准，缙云县信用合作社联合社更名为缙云县农村信用合作社联合社。1999 年 7 月，联社营业场所采用电脑系统办理业务。

2005 年 5 月 9 日，浙江银监局下发《关于同意缙云县农村信用合作联社开业的批复》，成立缙云县农村信用合作联社（简称缙云农信联社）。同月 26 日，正式挂牌开业。6 月 10 日，丽水银监分局下发《关于同意缙云县农村信用合作联社五云信用社等分支机构开业的批复》，缙云县农村信用合作联社下辖信用社 10 家、信用分社 26 家及储蓄所 1 个。2011 年，首次推出“丰收贷记卡”，推出代缴电费水费、代缴有线电视费、代收交警罚没款等服务，开展农户小额信用贷款、信用村贷款、农户联保贷款、“农家乐”贷款、“危旧房改造”贷款等支农服务。至 2015 年年末，缙云农信联社总资产 1.92 亿元，各项存款余额 59.40 亿元，各项贷款余额 41.92 亿元。按五级分类口径统计，不良贷款余额贷款 1.46 亿元。

缙云县农村信用合作联社所辖分支机构一览表

表 3-2-67

机构名称	成立时间	营业地址
缙云县农村信用合作联社	2005 年 5 月	缙云县城新区仙都路 68 号
缙云县农村信用合作联社五云信用社	2005 年 6 月	缙云县五云镇溪滨北路 1 号
缙云县农村信用合作联社仙都信用社	2005 年 6 月	缙云县五云镇溪滨北路 49 号
缙云县农村信用合作联社壶镇信用社	2005 年 6 月	缙云县壶镇镇溪东北路 51 号
缙云县农村信用合作联社新建信用社	2005 年 6 月	缙云县新建镇新溪路 237 号
缙云县农村信用合作联社舒洪信用社	2005 年 6 月	缙云县舒洪镇振兴路 3 号
缙云县农村信用合作联社新碧信用社	2005 年 6 月	缙云县新碧镇镇北路 3 号
缙云县农村信用合作联社东渡信用社	2005 年 6 月	缙云县东渡镇东渡村
缙云县农村信用合作联社东方信用社	2005 年 6 月	缙云县东方镇胪膛村
缙云县农村信用合作联社五云信用社水南分社	2005 年 6 月	缙云县五云镇大桥南路 11—13 号
缙云县农村信用合作联社五云信用社寺后分社	2005 年 6 月	缙云县五云镇寺后路 27 号
缙云县农村信用合作联社五云信用社城北分社	2005 年 6 月	缙云县五云街道雅施村今古塘 30 号
缙云县农村信用合作联社五云信用社三里分社	2005 年 6 月	缙云县五云镇三里村
缙云县农村信用合作联社五云信用社仙都分社	2005 年 6 月	缙云县五云镇笋川村
缙云县农村信用合作联社壶镇信用社溪东分社	2005 年 6 月	缙云县壶镇镇溪东北路 29 号
缙云县农村信用合作联社壶镇信用社桥西分社	2005 年 6 月	缙云县壶镇镇贤母西路 36 号
缙云县农村信用合作联社壶镇信用社湖川分社	2005 年 6 月	缙云县壶镇镇湖川村
缙云县农村信用合作联社壶镇信用社前路分社	2005 年 6 月	缙云县前路乡前路村
缙云县农村信用合作联社壶镇信用社雁岭分社	2005 年 6 月	缙云县雁岭乡左库村
缙云县农村信用合作联社壶镇信用社三溪分社	2005 年 6 月	缙云县三溪乡后吴村

续表 3-2-67

机构名称	成立时间	营业地址
缙云县农村信用合作联社新建信用社河阳分社	2005 年 6 月	缙云县新建镇新溪路 430 号
缙云县农村信用合作联社新建信用社新川分社	2005 年 6 月	缙云县新建镇新寺路 90 号
缙云县农村信用合作联社新建信用社马渡分社	2005 年 6 月	缙云县新建镇马渡村
缙云县农村信用合作联社舒洪信用社双溪分社	2005 年 6 月	缙云县双溪乡双溪口村
缙云县农村信用合作联社舒洪信用社溶溪分社	2005 年 6 月	缙云县溶江乡新屋畈村
缙云县农村信用合作联社舒洪信用社胡村分社	2005 年 6 月	缙云县胡源乡胡村村
缙云县农村信用合作联社舒洪信用社章村分社	2005 年 6 月	缙云县胡源乡章村村
缙云县农村信用合作联社舒洪信用社大源分社	2005 年 12 月	缙云县大源镇大源村
缙云县农村信用合作联社舒洪信用社大洋分社	2005 年 12 月	缙云县大洋镇箬川西路 49 号
缙云县农村信用合作联社新碧信用社下小溪分社	2005 年 6 月	缙云县新碧镇下小溪村
缙云县农村信用合作联社东渡信用社兆岸分社	2005 年 6 月	缙云县东渡镇兆岸村
缙云县农村信用合作联社东渡信用社方川分社	2005 年 6 月	缙云县东渡镇方川村
缙云县农村信用合作联社东渡信用社长坑分社	2005 年 6 月	缙云县东渡镇长坑村
缙云县农村信用合作联社东方信用社靖岳分社	2005 年 6 月	缙云县东方镇靖岳村
缙云县农村信用合作联社舒洪信用社稠门分社	2008 年 8 月	缙云县大源镇稠门三村
缙云县农村信用合作联社五云信用社石笕分社	2006 年 12 月	缙云县方溪乡方溪村 2 号
缙云县农村信用合作联社五云信用社方溪分社	2005 年 5 月	缙云县石笕乡石笕村

1998—2015 年缙云县农村信用合作联社从业人员结构情况表

表 3-2-68　　单位：人

年份	总人数	其中：女	年龄结构			学历结构			职称结构		
			30 周岁以下	31—50 周岁（含 50 周岁）	50 周岁以上	中专或高中及以下	专科或本科	研究生	初级	中级	高级（含副高）
1998	249	112	121	128	0	218	31	0	154	15	—
2002	299	135	105	194	0	228	71	0	232	46	—
2005	292	145	97	192	3	128	163	1	175	77	1
2010	345	145	144	198	3	65	280	0	144	63	1
2015	326	141	169	178	10	38	316	3	114	59	3

遂昌县农村信用合作联社

简称遂昌农信联社。1954 年 4 月，按“一乡一镇一社”设置农村信用合作社，入股就是集股金。1987 年 9 月 14 日，成立遂昌县农村信用合作社联合社，隶属中国农业银行遂昌县支行。1991 年 5 月，遂昌县农村信用合作社联合社内设社务、业务（信贷）、财务、稽核 4 个部门。1993 年 1 月 12 日，经中国人民银行丽水分行批准，组建遂昌县平昌城市信用合作社，注册资本 50 万元，成为县辖独立合作股份制金融机构。4 月，乡镇区划调整，形成下辖联社、中心社、信用社三级管理体制。1996 年 6 月，遂昌平昌城信社经批准增资扩股，注册资本增加至 300 万元。9 月 6 日，遂昌农信联社与农行遂昌支行分立。国务院颁布《关于农村金融体制改革的决定》，确定农村信用合作社与农业银行脱离隶属关系，农村信用社行政体制划归农村金融体制改革领导办公室及县联社领导与管理，业务由中国人民银行及其分支行承担监管。1997 年 3 月 12 日，建立中共遂昌农信联社党组。1998 年 9 月，改为联社、信用社二级管理体制。

2000 年 5 月，18 家农村基金会所属金融业务并入信用社。7 月 1 日，遂昌平昌城信社经整顿后归并农村信用社，更名平昌农信社。2001 年 3 月，为适应经营和管理需要，调整为大柘、石练、妙高、平昌、北界、金竹、王村口、黄沙腰等 8 家信用社，信用社降格为分社 12 家、归并 1 家，机构调整为 31 家。2002 年 8 月 21 日，发放第一笔个人住房按揭贷款。

2003—2004 年，全县信用社进行整顿调整。2005 年 2 月 24 日，召开第一届社员代表大会，选举成立联社理事会、监事会。4 月 28 日，更名为遂昌县农村信用合作联社，取消基层社法人资格，实行县一级法人架构。11 月 7 日，发行第一张浙江农信"丰收借记卡"。4 月，遂昌县农村信用合作联社取得金融许可证和企业法人营业执照，实行一级法人体制。营业地址设在遂昌县妙高镇东街 116 号。核批经营范围为吸收公众存款，发放短期、中期和长期贷款，办理国内结算，办理票据承兑和贴现，代理发行、代理兑付、承销政府债券，买卖政府债券和金融债券，从事同业拆借，代理收付款项及代理保险业务，经中国银行业监督管理委员会批准的其他业务。遂昌县农村信用合作联社内设党群人事部、行政综合部、纪检监察合规部、业务管理部、财会科技部、内部审计部、银行卡部、风险管理部、安全保卫部 9 个职能部门，下辖营业部 1 家、信用社 10 家、分社 13 家、非全日制流动服务网点 1 个，在职员工 259 人。2009 年，遂昌农信联社机关办公地点从县城东街 116 号搬迁至南门路 81 号。2013 年，首次推出"丰收贷记卡"。推出农户小额信用贷款、信用村整村批发、农户联保贷款、"乐贷通"、"幸福通"、林权抵押贷款等支农手段，有力支持遂昌农业产业结构的战略性调整，促使农民增收、农业增效。2015 年度，注册资金为 16554.24 万元。至年末，遂昌农信联社各项存款余额 44.35 亿元，各项贷款余额 30.17 亿元，五级不良贷款余额 1.03 亿元，不良贷款率 3.42%。存贷款总量、市场占有率均居全县银行业金融机构首位，县域金融主力地位持续巩固。

遂昌县农村信用合作联社所辖分支机构一览表

表 3-2-69

机构名称	成立时间	营业地址
遂昌县农村信用合作联社营业部	2005 年 4 月	遂昌县妙高街道东街 116 号
遂昌县农村信用合作联社妙高信用社	2005 年 4 月	遂昌县妙高街道东街 35 号
遂昌县农村信用合作联社妙高信用社南街分社	2005 年 4 月	遂昌县妙高镇公园路 133—135 号
遂昌县农村信用合作联社妙高信用社三仁分社	2005 年 4 月	遂昌县三仁乡高碧街村
遂昌县农村信用合作联社城北信用社	2005 年 4 月	遂昌县妙高镇北街 136 号
遂昌县农村信用合作联社大柘信用社	2005 年 4 月	遂昌县大柘镇大兴街 10 号
遂昌县农村信用合作联社石练信用社	2005 年 4 月	遂昌县石练镇五雷街 44 号

续表 3-2-69

机构名称	成立时间	营业地址
遂昌县农村信用合作联社北界信用社	2005 年 4 月	遂昌县北界镇北界村新街 49 号
遂昌县农村信用合作联社北界信用社新路湾分社	2005 年 4 月	遂昌县新路湾乡新路湾村
遂昌县农村信用合作联社北界信用社应村分社	2005 年 4 月	遂昌县应村乡应村村
遂昌县农村信用合作联社北界信用社高坪分社	2005 年 4 月	遂昌县高坪乡高坪村
遂昌县农村信用合作联社金竹信用社	2005 年 4 月	遂昌县金竹镇金陵街 41 号
遂昌县农村信用合作联社金竹信用社湖山分社	2005 年 4 月	遂昌县湖山乡香炉岗村
遂昌县农村信用合作联社王村口信用社	2005 年 4 月	遂昌县王村口镇桥东村
遂昌县农村信用合作联社王村口信用社龙洋分社	2005 年 4 月	遂昌县龙洋乡梅树洋村
遂昌县农村信用合作联社王村口信用社蔡源分社	2005 年 4 月	遂昌县蔡源乡下村村
遂昌县农村信用合作联社黄沙腰信用社	2005 年 4 月	遂昌县黄沙腰镇黄沙腰村
遂昌县农村信用合作联社黄沙腰信用社柘岱口分社	2005 年 4 月	遂昌县柘岱口乡柘岱口村
遂昌县农村信用合作联社黄沙腰信用社西畈分社	2005 年 4 月	遂昌县西畈乡西畈村
遂昌县农村信用合作联社云峰信用社	2005 年 4 月	遂昌县云锋镇社后村
遂昌县农村信用合作联社妙高信用社濂竹分社	2005 年 4 月	遂昌县濂竹乡治岭头村
遂昌县农村信用合作联社云峰信用社马头分社	2005 年 4 月	遂昌县云峰镇马头村
遂昌县农村信用合作联社安口信用社	2005 年 4 月	遂昌县安口乡根竹口村
遂昌县农村信用合作联社城东信用社	2005 年 4 月	遂昌县妙高镇平昌村

1997—2000 年遂昌县农村信用合作联社及所辖从业人员结构情况表

表 3-2-70　　单位：人

年份	总人数	其中：女	年龄结构			学历结构			职称结构		
			30 周岁以下	31—50 周岁（含 50 周岁）	50 周岁以上	中专或高中及以下	专科或本科	研究生	初级	中级	高级（含副高）
1997	164	70	67	97	0	71	93	0	107	22	0
2000	200	89	68	132	0	74	114	0	84	17	0
2005	211	98	29	171	11	74	137	0	142	28	0
2010	240	113	35	179	26	73	167	0	149	25	1
2015	269	116	99	126	44	35	231	3	138	29	1

松阳县农村信用合作联社

1954 年 6 月 8 日，浙江省委颁发《关于开展农村信用合作社工作的指示》，明确指示组织开办农村信用社。丽水地委印发《关于 1954 年农村信用合作社工作计划》，要求全区各地组织开办信用社。同年，松阳县成立农村信用合作社。

1984 年 12 月 12 日，中国农业银行丽水地区中心支行撤并农业信贷股，设立信用合作股。1985 年 12 月 18 日，松阳县农行同意西屏信用社建造办公用房，是松阳农村信用社第一幢办公用房，建筑面积400平方米。

1987年4月20日，经中国农业银行丽水地区中心支行《关于建立松阳县信用合作联社的批复》，建立松阳县信用合作联社。1990年6月，正式申报建造营业、办公、培训综合楼，面积2000平方米。1991年5月，松阳县农村信用合作联社内设社务股、业务股、财务股。

1992年4月9日，中共松阳县委决定建立中共松阳县信用合作联社委员会。11月，松阳县信用合作联社重新设置机构，将原有27个信用社、5个分社、1个联社营业部，按照新设立乡（镇）设置调整为信用社22个、联社营业部1个、分社8个，在4个镇所在地设立中心社代替行使区级办事组职能。12月30日，根据中国人民银行丽水地区中心支行《关于松阳县农村信用合作社机构调整的批复》，设立联社营业部1个、中心社4个、信用合作社18个、信用分社8个。

1993年2月，经松阳县联社研究报请中国农业银行松阳县支行同意，决定将西屏信用社作为股份制改革试点单位，建立以公有成分为主、保证集体资产权益不受侵犯、独立核算、自负盈亏的股份制合作金融企业。6月，成立松阳县信用合作联社培训中心，主要负责系统内业务培训，对外开展旅客住宿及饮食服务，兼营小商品销售。7月，为加强人事管理，实行“双聘”制。

1996年8月，国务院《关于农村金融体制改革的决定》，确定农村信用合作社与农业银行脱离行政隶属关系，农村信用社在松阳县农村金融体制改革领导办公室及县联社领导与管理，中国人民银行松阳县支行承担监管。1997年11月，为保障员工利益，设立松阳县信用联社工会办公室，全面负责工会工作。1998年4月，调整机构网点，撤并信用社和分社12个、信用社降格为分社1个、信用社迁址3个、升格1个。2000年12月22日，建立中共松阳县信用合作联社纪委。2001年5月，中国人民银行上海分行下发《转发总行关于切实做好县（市）城市信用社更名为农村信用社有关问题的通知》，松阳城市信用社正式更名为松阳农村信用社。10月，决定在全县辖区内开展增资扩股工作。

2005年4月30日正式获得浙江银监局批复开业，法定代表人为季大设，营业地址为浙江省丽水市松阳县西屏镇紫荆街17号。5月30日，正式获得营业执照。注册资本金额1456.6万元，为股份合作制农村中小金融机构，实行一级法人管理体制。经营范围为吸收公众存款，发放短期、中期和长期贷款，办理国内结算，办理票据承兑和贴现，代理发行、代理兑付、承销政府债券，买卖政府债券、金融债券，从事同业拆借，代理收付款项及代理保险业务，经营在中国银行业监督管理委员会批准的业务范围内授权的业务。在合作制的基础上，引入股份机制，建立股份合作制的产权制度，成立松阳县一级法人联社，下设办公室、业务管理科、财会电脑科、内部审计科、保卫科。完成县农信联社新机构组建和下属7家信用社（部）更名工作。松阳县农村信用合作联社立足“三农”，服务县域，以安全性、流动性、效益性为经营原则，坚持审慎稳健经营，实行自主经营、自担风险、自负盈亏、自我约束。主要为辖区农业、农村和农民，个体经济，中小企业发展提供金融服务，支持新农村建设，大力促进地方经济的稳健发展。8月，首次开办结算、代收代付、委托贷款、实时代收电费类业务。10月，对联社内设机构重新调整组合，设置科室5个、营业部1个、中心3个。11月，首次开办“丰收卡”业务。至年末，松阳县农村信用合作联社总资产44.72亿元，各项存款余额33.85亿元，各项贷款余额24.78亿元。2009年2月，首次开办理财业务。2013年8月，开办“茶链通”业务。该项业务获得浙江银行业服务“三农”十佳金融产品和中国银行业协会服务“三农”二十佳金融产品等荣誉称号。2014年2月，正式开办“丰收贷记卡”业务。2015年，松阳县农村信用合作联社下设党委办公室、办公室、业务管理科、财务管理科、风险管理科、银行卡科、监察合规科、内部审计科、科技管理科、安全保卫科10个职能科室和3个中心，下辖营业部

1家、信用社8家、分社12家，设有自助银行8家、ATM机40台、流动服务网点4个、助农取款服务点177个。松阳县农村信用合作联社围绕松阳“四县并举”战略，充分发挥农村金融组织的作用，为建设田园松阳、美丽松阳，实现松阳加速崛起，与全省基本同步建成小康社会做出积极贡献。

松阳县农村信用合作联社所辖分支机构一览表

表3-2-71

机构名称	成立时间	营业地址
松阳县农村信用合作联社营业部	2005年9月	松阳县西屏镇紫荆街17号
松阳县农村信用合作联社西屏信用社	2005年9月	松阳县西屏街道长松路148号
松阳县农村信用合作联社水南信用社	2005年9月	松阳县西屏镇长松路252号
松阳县农村信用合作联社延庆信用社	2005年9月	松阳县西屏镇太平坊118号
松阳县农村信用合作联社古市信用社	2005年9月	松阳县古市镇松州路122号
松阳县农村信用合作联社象溪信用社	2005年9月	松阳县象溪镇镇政府对面
松阳县农村信用合作联社大东坝信用社	2005年9月	松阳县大东坝镇大东坝村16号
松阳县农村信用合作联社玉岩信用社	2005年9月	松阳县玉岩镇玉岩村
松阳县农村信用合作联社筱铺信用社	2005年9月	松阳县古市横街193号

2005—2015年松阳县农村信用合作联社及所辖从业人员结构情况表

表3-2-72　　单位：人

年份	总人数	其中：女	年龄结构			学历结构			职称结构		
			30周岁以下	31—50周岁（含50周岁）	50周岁以上	中专或高中及以下	专科或本科	研究生	初级	中级	高级（含副高）
2005	212	117	30	174	8	70	142	0	136	12	1
2010	244	138	58	176	10	52	192	0	141	39	1
2015	264	145	105	137	22	24	240	0	86	38	1

云和县农村信用合作联社

简称云和农信联社。1956年，在沙溪（新建）乡创办云和县第一个农村信用社，此后，各乡镇相继成立信用社。1958年，受“大跃进”等运动影响，农村信用社与中国人民银行营业所合并设立人民公社信用部。不久，划归各人民公社管理，成为信用分部。1961年，以乡为单位重新恢复农村信用社。1972年，云和农村信用社重新归属中国人民银行云和县支行领导与管理。1978年，浙江省革委会发文明确规定，农村信用社是国家银行在农村的基层机构，云和农村信用社划归中国农业银行云和县支行管理，成为县农业银行信用合作股。

1987年，云和县各信用社组成农村信用合作社县级联合社，简称县联社，隶属农行管理。1990年，全县设双港、小顺、龙门、大源、局村、云和镇、小徐、安溪、沙溪、雾溪、赤石、云坛、梅源、黄源、云丰、朱村等独立核算信用社16个，县联社直属营业部1个，非独立核算信用分社5个，信用代办站1个。1993年，根据有关撤区、扩镇、并乡的情况，进行机构调整。设直属营业部1个，独立核算信用社10个，信用分社10个，信用代办站6个。1995年，设非独立核算信用分社12个，信用代办站4个。

1996年，国务院《关于农村金融体制改革的决定》和浙江省《浙江省农村信用社与中国农业银行脱离行政隶属关系的实施意见》，农村信用社与农行云和县支行进行各项财产、资金的清理登记与审核，合理划分行社人、财、物。10月，完成行社脱钩。县联社内设主任室、人秘股、财会稽核股、计划信贷股，辖独立核算信用社10个、信用分社12个、信用服务站4个。确定农村信用合作社与农业银行脱离隶属关系，农村信用社在各级农村金融体制改革领导办公室及县（市区）联社领导与管理，由中国人民银行云和县支行承担业务监管。接受中国人民银行县支行和农业银行县支行双重管理，主要发挥指导、协调、管理和服务职能作用。前身为从中国农业银行云和县支行信用合作股分离，组建云和县农村信用合作联社。

1997年年末，在云丰信用社开展按合作制原则规范农村信用社体制改革试点工作，清退老股金，吸收新股金，重建“理事会、监事会和社员代表大会”，当年吸收入股社员660户，筹得股本金1.5万元。

1998年，规范改制工作在全县铺开，并顺利完成。1999年，地方政府对农村合作基金会开展清理整顿，全县8家农村合作基金会业务按属地原则并归农村信用社。2000年7月1日，按照“先纳入，后更名、再规范”管理实施办法，元和城市信用社更名为元和农村信用社归口县联社管理。

2004年2月，根据《国务院深化农村信用社改革试点实施方案通知》，云和县农村信用合作社联合社实施统一法人的体制改革。2005年4月，云和县农村信用合作社联合社及所辖农村信用合作社合并，召开统一法人联社创立大会，正式定名为云和县农村信用合作联社，组建法人体制结构，形成“三会一层”管理模式，由辖区内自然人、企业法人和其他经济组织入股组成的股份合作制农村金融机构，实行“一级法人、统一核算、分级管理、授权经营”的管理体制，是云和县设立服务网点最多，支农服务功能延伸最广的社区性地方金融机构。营业地址设在丽水市云和县云和镇新建路72号。核准经营范围为吸收公众存款，发放短期、中期和长期贷款，办理国内结算，办理票据承兑和贴现，代理发行、代理兑付、承销政府债券，买卖政府债券和金融债券，从事同业拆借，代理收付款项及代理保险业务，从事借记卡业务，经中国银行业监督管理委员会批准的其他业务。县联社设立中共云和县联社党委、董事会。内设人事综合科、业务管理科、财务电脑科、内部审计科、保卫科、营业部6个职能科室。下辖信用社9个，信用分社6个，农村金融服务站70个。注册资本为2706.4万元。

2006年，开办“丰收卡”业务，安装首台ATM机。年末，云和联社辖营业部1个、信用社8个、分社5个、代办站5个，网点遍布城乡。2007年，云和联社启用全省农村信用合作金融系统行业新标识，对全县所有网点、路灯广告、楼顶广告标识进行统一更换。2008年，创建“信用村”时，结合区域经济优势和特点，在全省率先创建林农信用村3个，开办林权抵押、林农小额循环和森林资产储备有限公司担保贷款。全年全县发放林权抵押与林农小额循环贷款1617户、2134万元，贷款面涉及乡镇10个。2009年，创立全省首个“林农信用乡”。云和联社与县委组织部联合在全县推广“农村党员创业信贷工程”，为符合贷款授信条件2211名星级党员授信5640万元。

2010年6月，设立雾溪、安溪、大源3个金融机构空白乡镇非全日制网点，满足当地居民基本金融服务需求。2011年10月，首次聘请专业培训公司开展标杆网点建设，选取城镇4个营业网点试点建设。2012年，在标杆网点建设成功基础上，全面推进14个网点服务标准化、规范化建设。5月，对内设机构进行增设与调整，增设银行卡管理科与科技信息中心，风险合规管理科调整为风险管理科，监察室调整为监察合规科。6月，完成守押社会化工作，守库和押运任务除黄源社与云丰社外，其余网点全部移交给丽水安邦护卫公司。10月，在雾溪乡雾溪村和崇头镇三望栏村开展"整村营销暨银村合作"试点工作，对试点村农户逐户进行走访调研，建立信息档案，对符合条件的农户进行综合授信，共评定授信农户245户，总授信金额6118万元，户均综合授信金额25万元，授信农户覆盖率89.74%。11月，开办理财业务，顺利完成第一、二期"丰收·信福"理财产品销售。12月，成功开办"丰收贷记卡"业务。2013年，全面完成取消社员资格股、历年未分配利润转增资本"三年规划"和员工股股权结构调整。全面启动"普惠金融三年行动"计划。2014年，继续做好扶贫帮困工作，全面启动"丰收爱心卡"试点，与云和县扶贫办联合出台《云和县扶贫小额信贷实施细则》，在全省率先推出低收入农户"丰收爱心卡"，重点扶持低收入农户脱贫致富。开办移动终端业务。对辖内营业网点使用点钞机进行冠字号查询功能升级。

2015年6月，以梓坊村为试点，开展村集体生态公益林未来补偿收益质押贷款创新业务。10月，引入专业化绩效薪酬管理系统。12月，调整内设机构3个，降格信用社3个。银行卡管理科调整为电子银行科，人事综合科调整为办公室，财务电脑科调整为财会科技科，云丰信用社、黄源信用社分别降格为梅源信用社云丰分社、梅源信用社黄源分社，赤石信用社降格为沙溪信用社赤石分社。至年末，共有在岗职工141人。各项存款余额24.81亿元，各项贷款余额16.53亿元，不良贷款余额2142.27万元，不良贷款率为1.3%。

云和县农村信用合作联社所辖分支机构一览表

表3-2-73

机构名称	成立时间	营业地址
云和县农村信用合作联社营业部	2005年11月	云和县浮云街道新建路72号
云和县农村信用合作联社云和信用社	2005年11月	浙江云和县凤凰山街道中山街139号
云和县农村信用合作联社云和信用社小徐分社	2005年11月	浙江省云和县元和街道城东路156号
云和县农村信用合作联社云和信用社解放街分社	2005年11月	浙江云和县浮云街道解放街110号
云和县农村信用合作联社云和信用社香坛分社	2005年11月	浙江省丽水市云和县元和街道中山东路25号(香菇市场)
云和县农村信用合作联社元和信用社	2005年11月	浙江云和县浮云街道中山街148号
云和县农村信用合作联社元和信用社云坛分社	2005年11月	浙江省云和县元和街道云坛村
云和县农村信用合作联社沙溪信用社	2005年11月	浙江云和县凤凰山街道梅龚口村
云和县农村信用合作联社沙溪信用社赤石分社	2005年11月	浙江省云和县赤石乡赤石村(黄岗村)
云和县农村信用合作联社石塘信用社	2005年11月	浙江省丽水市云和县石塘镇西滩头新村1号
云和县农村信用合作联社石塘信用社朱村分社	2005年11月	浙江省丽水市云和县石塘镇朱村村
云和县农村信用合作联社梅源信用社	2005年11月	浙江省丽水市云和县崇头镇崇头村
云和县农村信用合作联社梅源信用社黄源分社	2005年11月	浙江省丽水市和县崇头镇黄家畲村
云和县农村信用合作联社梅源信用社云丰分社	2005年11月	浙江省云和县崇头镇张家地村

2005—2015年云和县农村信用合作联社及所辖从业人员结构情况表

表 3-2-74 单位：人

年份	总人数	其中：女	年龄结构			学历结构			职称结构		
			30周岁以下	31—50周岁（含50周岁）	50周岁以上	中专或高中及以下	专科或本科	研究生	初级	中级	高级（含副高）
2005	127	63	27	96	4	55	72	—	29	15	—
2010	131	63	30	87	14	26	105	—	30	16	—
2015	142	68	47	75	20	17	125	—	37	23	—

景宁畲族自治县农村信用合作联社

简称景宁农信联社。1954年开始，成立景宁县农村各信用社。1987年9月，经中国农业银行丽水地区中心支行批准，从中国农业银行景宁畲族自治县支行合作股析离成立景宁畲族自治县农村信用合作社联合社（简称景宁农信联社）。1996年8月，国务院《关于农村金融体制改革的决定》，确定农村信用合作社与农业银行脱离隶属关系。脱钩后农村信用社由各级农村金融体制改革领导办公室及县（市区）联社领导管理，监管由中国人民银行及其分支行承担。景宁农信联社与县农行正式脱离隶属关系，归属丽水地区农村金融体制改革领导小组管理。2005年，在合并原农村信用社和县联合社的基础上进行了法人结构治理，形成“三会一层”管理模式，由农民、农村工商户、信用社员工和各类经济组织入股，完成自然人或法人募集新股金工作。6月23日，景宁县农信联社第一届社员代表大会召开，选举产生理、监事会，拟组建股份合作制金融机构，实行一级法人体制。其主旨是为农民、农村、农业“三农”服务和县域城乡经济服务的地方性金融机构。8月12日，经中国银行业监督管理委员会浙江监督管理局批复同意，注册登记、挂牌营业，注册资本为908万元。正式改制成景宁畲族自治县农村信用合作联社。营业地址设在丽水市景宁畲族自治县红星街道人民中路201号。经营范围为吸收公众存款，发放短期、中期和长期贷款，办理国内结算，办理票据承兑和贴现，代理发行、代理兑付、承销政府债券，买卖政府债券和金融债券，从事同业拆借，代理收付款项及代理保险业务，经中国银行业监督管理委员会批准的其他业务。景宁农信联社下辖营业部1个、信用社3个、信用分社8个、非全日制营业网点1个。2012年9月20日，景宁农信联社新大楼落成，由人民中路288号搬至人民中路201号。12月，景宁农信联社下辖1个营业部，3个信用社，11个分社和1个非全日制服务网点，共有在岗员工156人。至2015年末，有在岗职工153人。内设党委办公室、办公室、纪检监察室（合规管理科）、人力资源科、业务管理科、财务电脑科、内部审计科、风险管理科、保卫科等职能部门。至年末，景宁联社各项存款余额22.95亿元，各项贷款余额15.90亿元，全县信用社五级分类不良贷款1057.63万元，不良贷款率0.67%。存贷款总量和市场占有率继续保持全县第一，不良贷款率仍然保持全省较低水平。注册资本1770.67万元。

景宁畲族自治县农村信用合作联社所辖分支机构一览表

表 3-2-75

机构名称	成立时间	营业地址
景宁畲族自治县农村信用合作联社营业部	2005 年 6 月	景宁县人民中路 201 号
景宁畲族自治县农村信用合作联社鹤溪信用社	2005 年 6 月	景宁县人民中路 288 号
景宁畲族自治县农村信用合作联社鹤溪信用社复兴路分社	2005 年 6 月	景宁县复兴西路 16 号
景宁畲族自治县农村信用合作联社鹤溪信用社城北分社	2005 年 6 月	景宁县人民中路 113 号
景宁畲族自治县农村信用合作联社鹤溪信用社通达分社	2005 年 6 月	景宁县人民南路 32 号
景宁畲族自治县农村信用合作联社鹤溪信用社环城西路分社	2005 年 6 月	景宁县环城西路 149 号
景宁畲族自治县农村信用合作联社沙湾信用社	2005 年 6 月	景宁县沙湾镇朝阳街 36 号
景宁畲族自治县农村信用合作联社沙湾信用社英川分社	2005 年 6 月	景宁县英川镇英川村
景宁畲族自治县农村信用合作联社沙湾信用社毛垟分社	2005 年 6 月	景宁县毛垟乡毛垟村
景宁畲族自治县农村信用合作联社沙湾信用社梧桐分社	2005 年 6 月	景宁县梧桐乡梧桐村
景宁畲族自治县农村信用合作联社东坑信用社	2005 年 6 月	景宁县东坑镇集仕路 53 号
景宁畲族自治县农村信用合作联社东坑信用社大漈分社	2005 年 6 月	景宁县大漈乡西一村

2005—2015 年景宁畲族自治县农村信用合作联社及所辖从业人员结构情况表

表 3-2-76　　单位：人

年份	总人数	其中：女	年龄结构			学历结构			职称结构		
			30 周岁以下	31—50 周岁（含 50 周岁）	50 周岁以上	中专或高中及以下	专科或本科	研究生	初级	中级	高级（含副高）
2005	140	53	47	72	21	67	73	—	72	20	—
2010	149	61	38	65	46	56	93	—	70	35	—
2015	153	68	45	75	33	30	123	—	58	30	—

庆元县农村信用合作社联合社

简称庆元农信联社。1954 年 3 月，成立县信用合作社。至年末，全县 44 个乡（镇）建立信用社 40 个，参加信用社农户 12999 户，占总农户数 51.7%，收入股金 19507 元。1955 年年末，44 个乡建有信用社 45 个。1956 年，行政区调整，撤区并乡，合并成信用社 27 个。随行政区划调整信用社又增至 31 个，入社农户 22582 户，占总农户数 86.85%，收入股金 36950 元，拨入基金 65626 元。绝大部分是社义仓积谷款。

1958 年，实行公社化，信用社营业所改称公社信用部，信用社并入信用部称信用分部，各项业务均列入国家银行计划。全县发展信用服务站 138 个，其中以表并账 47 个。业务员选择生产队记工员和农业社会计代办。

1961 年，体制下放，营业所与信用社分账，恢复信用社。1980 年 1 月，成立中国农业银行庆元县支行。全县有信用社 31 个。随后，行政区域变动，依据经济流向和方便群众目的，增设信用社和信用分社。

1987 年 8 月 1 日，经中国农业银行丽水地区中心支行批准，成立庆元县农村信用合作社。地址设在中国农业银行庆元县支行。1989 年 8 月 2 日，成立庆元县信用合作社营业部，办理存款、放款、结算业务。有职员 4 人。至年末，有存款余额 36.6 万元，贷款余额 69.5 万元。全县有信用社 42 个、分社 2 个、储蓄所 1 个，共有股金 12.98 万元，比 1956 年增加 2.5 倍；各项基金 62.16 万元，比 1956 年增加 8.44 倍；全社建筑新房，建筑面积 9210 平方米，总值 91.18 万元。有脱产干部 133 人，比 1956 年增加 2 倍。

1996 年，国务院《关于农村金融体制改革的决定》，确定农村信用合作社与农业银行脱离隶属关系，庆元县农村信用社划归庆元县农村金融体制改革领导办公室及县联社管理，由中国人民银行庆元县支行监管。2001 年，城市信用社并入庆元县农村信用合作社。

2004 年，根据国务院《关于印发深化农村信用社改革试点方案的通知》和国务院办公厅《关于进一步深化农村信用社改革试点的意见》文件精神，按股份合作制产权组织模式进行改革，成立庆元县农村信用合作社联合社，隶属于浙江省农村信用社联合社管理。营业地址位于庆元县濛洲街道云鹤路 3 号，营运资金额 10749 万元。在编员工 225 人（含劳务派遣工），下设办公室、人力资源科、监察合规科、业务拓展科、电子银行科、财务电脑科、内部审计科、风险管理科、保卫科、清算中心、事后监督中心、监控中心和资产经营部等九科三中心一部。下辖联社营业部、松源信用社、黄田信用社、竹口信用社、屏都信用社、荷地信用社、百山祖信用社、贤良信用社等 8 家信用社（部），松源信用社周墩分社、松源信用社菇市分社、松源信用社濛洲分社、黄田信用社黄真分社、黄田信用社曹岭分社、黄田信用社三济分社、竹口信用社黄新分社、屏都信用社安南分社、屏都信用社隆宫分社、屏都信用社淤上分社、荷地信用社举水分社、荷地信用社岭头分社、荷地信用社龙溪分社、荷地信用社左溪分社、荷地信用社江根分社、百山祖信用社合湖分社等 16 家分社，张村乡、四山乡、五大堡乡、官塘乡等流动金融服务点 4 个、营业网点覆盖全县 19 个乡镇（街道）。当年，庆元县农村信用合作社联合社首次推出“丰收卡”。11 月，庆元县农村信用合作社联合社新办公人楼建成，坐落于庆元县濛洲街道云鹤路 3 号，建筑面积 3487.46 平方米。2009 年，庆元县农村信用合作社联合社首次推出“丰收贷记卡”和“丰收小额贷款卡”。

庆元县农村信用合作联社所辖分支机构一览表

表 3-2-77

机构名称	成立时间	营业地址
庆元县农村信用合作联社营业部	2004 年 5 月	庆元县濛洲街道云鹤路 3 号
庆元县农村信用合作联社松源信用社	2004 年 5 月	庆元县濛洲街道石龙街 56 号
庆元县农村信用合作联社松源信用社濛洲分社	2004 年 5 月	庆元县濛洲街道濛洲街 48 号

续表 3-2-77

机构名称	成立时间	营业地址
庆元县农村信用合作联社松源信用社周墩分社	2004 年 5 月	庆元县濛洲街道石龙新街 269 号
庆元县农村信用合作联社松源信用社菇市分社	2004 年 5 月	庆元县松源街道教场路 7 号
庆元县农村信用合作联社屏都信用社	2004 年 5 月	庆元县屏都街道八都村
庆元县农村信用合作联社屏都信用社安南分社	2004 年 5 月	庆元县安南乡安溪村新建路 10 号
庆元县农村信用合作联社屏都信用社淤上分社	2004 年 5 月	庆元县淤上乡山根村
庆元县农村信用合作联社屏都信用社隆宫分社	2004 年 5 月	庆元县隆宫乡隆宫村
庆元县农村信用合作联社竹口信用社	2004 年 5 月	庆元县竹口镇竹中村
庆元县农村信用合作联社竹口信用社黄新分社	2004 年 5 月	庆元县竹口镇新窑村
庆元县农村信用合作联社黄田信用社	2004 年 5 月	庆元县黄田镇西边村
庆元县农村信用合作联社黄田信用社黄真分社	2004 年 5 月	庆元县黄田镇姚村村
庆元县农村信用合作联社黄田信用社三济分社	2004 年 5 月	庆元县黄田镇陈边村石门街 37 号
庆元县农村信用合作联社黄田信用社曹岭分社	2004 年 5 月	庆元县黄田镇曹岭村;
庆元县农村信用合作联社荷地信用社	2004 年 5 月	庆元县荷地镇荷地村
庆元县农村信用合作联社荷地信用社举水分社	2004 年 5 月	庆元县举水乡月山村环月街 31 号
庆元县农村信用合作联社荷地信用社龙溪分社	2004 年 5 月	庆元县龙溪乡西溪村
庆元县农村信用合作联社荷地信用社岭头分社	2004 年 5 月	庆元县岭头乡岭头村
庆元县农村信用合作联社荷地信用社左溪分社	2004 年 5 月	庆元县左溪镇左溪村
庆元县农村信用合作联社荷地信用社江根分社	2004 年 5 月	庆元县江根乡江根村
庆元县农村信用合作联社百山祖信用社	2004 年 5 月	庆元县百山祖镇车根村
庆元县农村信用合作联社百山祖信用社合湖分社	2004 年 5 月	庆元县百山祖镇合湖村中心街 68 号
庆元县农村信用合作联社贤良信用社	2004 年 5 月	庆元县贤良镇贤良村

庆元县农村信用合作联社及所辖从业人员结构情况表

表 3-2-78　　单位：人

年份	总人数	其中：女	年龄结构			学历结构			职称结构		
			30 周岁以下	31—50 周岁(含 50 周岁)	50 周岁以上	中专或高中及以下	专科或本科	研究生	初级	中级	高级(含副高)
2000	178	86	67	106	5	178	—	—	110	8	—
2005	208	98	—	—	—	51	157	—	120	20	—
2010	221	110	44	171	6	26	195	—	131	48	—
2015	219	111	45	156	18	17	201	1	135	52	—

龙泉市农村信用合作社联合社

1954 年 3—6 月，试办信用互助组 17 个。5 月 11 日，建立高塘乡红星信用社，是全县第一个信用合作社。参加信用社、组的农户448户，股金42元，吸收存款1842元，发放贷款383元。全县信用事业迅速扩大。至1955年末，全县各乡镇均建立信用社。1959年，办结村级信用服务站404个。“文化大革命”初期，信用社停止运作。1978年后，浙江省革命委员会明确农村信用社是国家银行在农村的基层机构，农村信用社划归中国农业银行管理，恢复农村信用系统在“组织上的群众性、管理上的民主性、经营上的灵活性”。

龙泉市农村信用合作联社大楼

1984年，改单信用社管理体制。龙泉县成为全省16个试点县之一。12月，成立龙泉县农村信用合作社联合社，是丽水地区第一个信用合作联社。经过体制改革，信用合作事业进一步发展。至1988年年末，全县有信用社43个、信用分社6个、储蓄所2个、信用站10个。各项存款余额6775万元，其中储蓄存款占72.7%，各项贷款2496万元，自有资金320万元，转存银行款2071万元，盈余119.7万元，成为农村金融的重要组成部分。

1990年12月26日，经国务院批准，龙泉县改为龙泉市。1996年，根据国务院《关于农村金融体制改革的决定》，确定农村信用合作社与农业银行脱离隶属关系，农村信用社归属龙泉市农村金融体制改革领导办公室及市联社领导与管理，监管由中国人民银行龙泉市支行承担。2005年，农村信用社改制成为市联社一级法人体制，社员资格股从10元扩大到1000元。4月，改制为一级法人股份合作制性质的现代金融企业，下设联社机关部门9个、中心4个、营业网点(含营业部)29个。2012年，龙泉市联社成立股权改革工作领导小组和股权改革工作推进小组。经省农信联社批准后，新增注册资本8249.01万元，注册资本充实9905.71万元，资本净额29374.7万元，提高联社抵御金融风险的能力。2014年，获省级文明单位。2015年，龙泉联社营业部获评银行业三星网点。10月，龙泉农信联社股本金总额1.32亿元。

龙泉市农村信用合作联社所辖分支机构一览表

表3-2-79

机构名称	成立时间	营业地址
龙泉市农村信用合作联社安仁信用社	1954年	龙泉市安仁镇项边村

续表 3-2-79

机构名称	成立时间	营业地址
龙泉市农村信用合作联社安仁信用社	1954 年	龙泉市安仁镇项边村
龙泉市农村信用合作联社道太信用社	1954 年	龙泉市道太乡大白岸村
龙泉市农村信用合作联社水南信用社	1954 年	龙泉市公园路 68 号
龙泉市农村信用合作联社八都信用社	1954 年	龙泉市八都镇新安东路 15 号
龙泉市农村信用合作联社上垟信用社	1954 年	龙泉市上垟镇木岱口村
龙泉市农村信用合作联社宝溪信用社	1954 年	龙泉市宝溪乡溪头村
龙泉市农村信用合作联社小梅信用社	1954 年	龙泉市小梅镇龙庆路路沿
龙泉市农村信用合作联社住龙信用社	1954 年	龙泉市住龙镇住溪村
龙泉市农村信用合作联社城北信用社	1954 年	龙泉市城北乡河里村
龙泉市农村信用合作联社龙南信用社	1954 年	龙泉市龙南乡蛟垟村
龙泉市农村信用合作联社剑瓷信用社	1954 年 6 月	龙泉市新华街 43 号
龙泉市农村信用合作联社兰巨信用社	1954 年	龙泉市兰巨乡银三角
龙泉市农村信用合作联社查田信用社	1954 年	龙泉市查田镇悦来路查兴园
龙泉市农村信用合作联社南秦信用社	1986 年 9 月	龙泉市环城西路 10 号
龙泉市农村信用合作联社安仁信用社础石分社	1954 年	龙泉市础石街道上坞村
龙泉市农村信用合作联社道太信用社供村分社	1954 年	龙泉市道太乡供村村
龙泉市农村信用合作联社水南信用社岩樟分社	1954 年	龙泉市岩樟乡郑庄村
龙泉市农村信用合作联社八都信用社竹垟分社	1954 年	龙泉市竹垟乡盖竹村
龙泉市农村信用合作联社八都信用社瀑云分社	1954 年	龙泉市八都镇松渠村王坊 26 号
龙泉市农村信用合作联社上垟信用社泗源分社	1958 年	龙泉市上垟镇泗源小黄南村
龙泉市农村信用合作联社住龙信用社锦溪分社	1954 年	龙泉市锦溪镇下锦口
龙泉市农村信用合作联社城北信用社上东分社	1954 年	龙泉市城北乡东书村
龙泉市农村信用合作联社剑瓷信用社龙渊分社	1954 年	龙泉市苍松路 20 号
龙泉市农村信用合作联社剑瓷信用社莱茵分社	1995 年	龙泉市莱茵花园荣景苑 A5–A8 号店面
龙泉市农村信用合作联社剑瓷信用社府前分社	2014 年 7 月	龙泉市华楼街时代广场 B 幢 3–6 室
龙泉市农村信用合作联社兰巨信用社屏南分社	1957 年	龙泉市屏南镇坪田村
龙泉市农村信用合作联社查田信用社茶丰分社	1954 年	龙泉市查田镇茶丰下湾村

龙泉市农村信用合作联社及所辖从业人员结构情况表

表 3-2-80　　单位：人

年份	总人数	其中：女	年龄结构			学历结构			职称结构		
			30 周岁以下	31—50 周岁（含 50 周岁）	50 周岁以上	中专或高中及以下	专科或本科	研究生	初级	中级	高级（含副高）
1997	259	135	78	171	10	241	18	0	156	12	0

续表 3-2-80

年份	总人数	其中:女	年龄结构			学历结构			职称结构		
			30 周岁以下	31—50 周岁(含 50 周岁)	50 周岁以上	中专或高中及以下	专科或本科	研究生	初级	中级	高级(含副高)
2000	254	139	54	175	25	233	21	0	160	19	0
2005	257	129	27	222	8	199	58	0	96	80	1
2010	257	135	45	188	24	59	197	1	71	83	1
2015	274	132	86	151	37	35	238	1	43	77	1

浙江省农村信用社联合社丽水办事处(简称省农信联社丽水办事处)

2004 年 5 月,根据浙江省农村信用社联合社《关于成立浙江省农村信用社联合社丽水办事处的通知》,正式成立浙江省农村信用社联合社丽水办事处。省农信联社丽水办事处主要履行对辖内农信联社、农商行的管理、指导、协调、服务职能,机构内设有综合科、业务管理科和审计科 3 个部门。办公地点设在丽水市莲都区解放街 526 号。省农信联社丽水办事处立足地方、深推普惠、助力金改,有力支持"三农"和小微企业发展,带领丽水农信系统各项业务实现快速发展。至 2015 年年末,丽水农信系统下辖行社 9 家,其中农商行 2 家、农信联社 7 家,在岗人员 2500 余人,营业网点 246 个,服务网络覆盖全市 200 余万名城乡居民,存贷款规模突破 800 余亿元,网点、人员、规模等均居全市银行同业首位。至 2015 年年末,全市农信系统各项存款余额 436.66 亿元,比年初增加 53.43 亿元;各项贷款余额 310.88 亿元,比年初增加 35.98 亿元。全年上缴税费 4.37 亿元,比上年增加 0.47 亿元,增长 12.56%,财政贡献再创历史新高。存贷规模以及纳税贡献等主营业务指标均位列全市银行业首位。全市农信 9 家行社全部位列当地纳税前十大户,莲都、青田 2 家农商行位列全市纳税前二十大户。

2004—2015 年浙江省农村信用社联合社丽水办事处主任一览表

表 3-2-81

机构名称	成立时间	主　任	
		姓 名	任 期
浙江省农村信用社联合社丽水办事处	2004 年 5 月	马土文	2004 年 5 月至 2011 年 5 月
		叶慧萍	2011 年 5 月起

各县(市、区)农村商业银行

丽水市各县(市、区)农村商业银行都是从农村合作金融机构"农村信用合作社(农信社)""信用合作社联合社"衍生而来。

莲都农村商业银行

全称浙江丽水莲都农村商业银行股份有限公司,简称莲都农商银行。2003 年 5 月,根据国务院《关于印发深化农村信用社改革试点方案的通知》精神,浙江省政府确定将丽水市莲都区农村信用合作社联合社及所辖农村信用合作社合并,改制组建浙江丽水莲都农村合作银行。2005 年 10 月 10

日，莲都农村合作银行正式挂牌开业，是丽水市首家按照农村合作银行模式进行改革试点的单位，主要服务于“三农”社区、中小企业和地方经济。资金和形式由辖区内农民、个体工商户、企业法人和其他经济组织入股组成的股份合作制社区性地方金融机构。股本金0.46亿元，注册资本0.43亿元，分支机构分布莲都区各乡镇。下辖7个支行、39个网点，在职员工357人。2009年，首次推出“丰收贷记卡”“丰收小额贷款卡”，同时推出电费代缴、代收交警罚没款、农户小额信用贷款、信用村贷款、农户联保贷款、“农家乐”贷款、“危旧房改造”贷款等支农手段，有力地支持了莲都农业产业结构的战略性调整，促使农民增收、农业增效。至2010年年末，莲都农商银行辖总行营业部1家、支行8家、分理处29家，各项存款金额34.71亿元，各项贷款余额24.68亿元，不良贷款率（五级）2.02%，实现账面利润3800万元。在职员工381人。

莲都农商银行大楼

2012年3月，根据浙江省人民政府《关于浙江金融业深化改革加快发展的若干意见》文件精神，为进一步建立现代金融企业制度，提升服务“三农”和小微企业发展能力，更好地支持新农村建设，浙江丽水莲都农村合作银行启动改制工作。9月22日，中国银行业监督管理委员会浙江监督局（简称浙江银监局）下发《关于筹建浙江丽水莲都农村商业银行股份有限公司的批复》，正式批准筹建莲都农商银行股份有限公司。2014年1月26日，浙江丽水莲都农村合作银行改制成为浙江丽水莲都农村商业银行股份有限公司。营业地址设在莲都区解放街438号。同月26日，莲都农商银行在总部大楼举行开业仪式，并正式改制为股份制商业银行。经营范围为吸收公众存款，发放短期、中期和长期贷款，办理国内结算，办理票据承兑与贴现，代理发行、代理兑付、承销政府债券，买卖政府债券、金融债券，从事同业拆借，代理收付款项及代理保险业务，从事银行卡业务，从事网上银行业务，从事外汇业务，经中国银行业监督管理机构批准的其他业务。莲都农商银行总部内设办公室（党委办、董办）、人力资源部、业务管理部、财务会计部、审计部、风险合规部、信息科技部、电子银行部、金融市场部、安全保卫部等职能部门10个，清算中心、监控中心、监督对账中心、加钞中心、资产管理中心、国际业务中心等办事中心7个。下辖营业网点38个，其中营业部1家、支行22家、分理处15家。在职员工457人。莲都农商银行是莲都区纳税贡献最大、网点覆盖最广、从业人员最多、资金实力最强的本土金融机构。莲都农商银行始终坚持“立足莲都、服务‘三农’和小微企业”市场定位，坚持实施特色化、差异化、区域化发展战略。至2015年年末，莲都农商银行总资产87.29亿元，各项存款余额76.62亿元，各项贷款余额56.28亿元。按五级分类口径统计，不良贷款余额1.93亿元。

浙江丽水莲都农村商业银行股份有限公司所辖分支机构一览表

表 3-2-82

机构名称	成立时间	营业地址
浙江丽水莲都农村商业银行股份有限公司营业部	2014 年 1 月	丽水市莲都区解放街 438 号
浙江丽水莲都农村商业银行股份有限公司紫金支行	2014 年 1 月	丽水市莲都区中东路 303 号
浙江丽水莲都农村商业银行股份有限公司紫金支行中东分理处	2014 年 1 月	丽水市莲都区中东路 579 号
浙江丽水莲都农村商业银行股份有限公司丽青支行	2014 年 1 月	丽水市莲都区大洋路 252 号
浙江丽水莲都农村商业银行股份有限公司水东支行	2014 年 1 月	丽水市莲都区火车站东升北区 3 幢 16 号
浙江丽水莲都农村商业银行股份有限公司万象支行	2014 年 1 月	丽水市莲都区大众街 121 号
浙江丽水莲都农村商业银行股份有限公司万象支行大洋分理处	2014 年 1 月	丽水市莲都区大洋路 421 号
浙江丽水莲都农村商业银行股份有限公司府前支行	2014 年 1 月	丽水市莲都区继光街196 号
浙江丽水莲都农村商业银行股份有限公司万象支行审批中心分理处	2014 年 1 月	丽水市行政审批中心大厅
浙江丽水莲都农村商业银行股份有限公司南明支行	2014 年 1 月	丽水市莲都区丽南花苑 1 幢 2—6 号
浙江丽水莲都农村商业银行股份有限公司中山支行	2014 年 1 月	丽水市莲都区中山街 475 号
浙江丽水莲都农村商业银行股份有限公司中山支行灯塔分理处	2014 年 1 月	丽水市莲都区灯塔街 55 号
浙江丽水莲都农村商业银行股份有限公司中山支行江滨分理处	2014 年 1 月	丽水市莲都区古城路与和平路交叉路口
浙江丽水莲都农村商业银行股份有限公司岩泉支行	2014 年 1 月	丽水市莲都区丽阳街863 号
浙江丽水莲都农村商业银行股份有限公司铁丁桥支行	2014 年 1 月	丽水市莲都区岩泉办事处铁丁桥 86 号
浙江丽水莲都农村商业银行股份有限公司岩泉支行黄村分理处	2014 年 1 月	丽水市莲都区黄村乡黄村村
浙江丽水莲都农村商业银行股份有限公司岩泉支行双黄分理处	2014年 1 月	丽水市莲都区双黄乡黄畈村
浙江丽水莲都农村商业银行股份有限公司奚渡支行	2014 年 1 月	丽水市莲都区丽青路 592-1 号
浙江丽水莲都农村商业银行股份有限公司南城支行	2014 年 1 月	丽水市南城开发区绿谷大道 246 号
浙江丽水莲都农村商业银行股份有限公司富岭支行	2014 年 1 月	浙江省丽水市莲都区富岭乡齐村村
浙江丽水莲都农村商业银行股份有限公司白云支行	2014 年 1 月	浙江省丽水市莲都区三岩寺路
浙江丽水莲都农村商业银行股份有限公司三岩寺支行	2014 年 1 月	浙江省丽水市莲都区三岩寺路 10—1 号
浙江丽水莲都农村商业银行股份有限公司北郭桥支行	2014 年 1 月	浙江省丽水市莲都区中山街 220 号
浙江丽水莲都农村商业银行股份有限公司联城支行	2014 年 1 月	浙江省丽水市莲都区联城镇武村村
浙江丽水莲都农村商业银行股份有限公司碧湖支行	2014 年1 月	浙江省丽水市莲都区碧湖镇大众街 24 号
浙江丽水莲都农村商业银行股份有限公司碧湖支行高溪分理处	2014 年 1 月	浙江省丽水市莲都区碧湖镇高溪村向阳路 9 号
浙江丽水莲都农村商业银行股份有限公司碧湖支行石牛分理处	2014 年 1 月	浙江省丽水市莲都区碧湖镇石牛村 11 号

续表 3-2-82

机构名称	成立时间	营业地址
浙江丽水莲都农村商业银行股份有限公司大众支行	2014 年 1 月	浙江省丽水市莲都区碧湖镇大众街 64 号
浙江丽水莲都农村商业银行股份有限公司碧湖支行平原分理处	2014 年 1 月	浙江省丽水市莲都区碧湖镇平三村
浙江丽水莲都农村商业银行股份有限公司大港头支行	2014 年 1 月	浙江省丽水市莲都区大港头镇江南路 56 号
浙江丽水莲都农村商业银行股份有限公司大港头支行峰源分理处	2014 年 1 月	浙江省丽水市莲都区峰源乡下园村 4 号
浙江丽水莲都农村商业银行股份有限公司雅溪支行	2014 年 1 月	浙江省丽水市莲都区双溪镇广场路 5 号
浙江丽水莲都农村商业银行股份有限公司雅溪支行西溪分理处	2014年 1 月	浙江省丽水市莲都区雅溪镇西溪村
浙江丽水莲都农村商业银行股份有限公司雅溪支行仙渡分理处	2014 年 1 月	浙江省丽水市莲都区仙渡乡葛畈村
浙江丽水莲都农村商业银行股份有限公司雅溪支行泄川分理处	2014 年 1 月	浙江省丽水市莲都区雅溪镇库头村 168 号
浙江丽水莲都农村商业银行股份有限公司太平支行	2014 年 1 月	浙江省丽水市莲都区太平乡竹舟村
浙江丽水莲都农村商业银行股份有限公司老竹支行	2014年 1 月	浙江省丽水市莲都区老竹镇新华路 38 号
浙江丽水莲都农村商业银行股份有限公司老竹支行丽新分理处	2014 年 1 月	浙江省丽水市莲都区丽新乡畎岸村

2005—2015 年莲都农商银行及分支机构从业人员结构情况表

表 3-2-83　　单位：人

年份	总人数	其中：女	年龄结构			学历结构			职称结构		
			30 周岁以下	31—50 周岁（含 50 周岁）	50 周岁以上	中专或高中及以下	专科或本科	研究生	初级	中级	高级（含副高）
2005	257	125	68	184	5	90	167	—	166	19	—
2010	384	209	90	266	28	74	307	3	152	75	—
2015	438	216	129	246	63	47	374	17	103	62	1

青田农村商业银行

浙江青田农村商业银行股份有限公司，简称青田农商银行。2013 年，启动股份制改革事宜。2014 年 10 月，筹建青田农商银行方案获银监会批复，营业地址设在青田县鹤城东路 180 号。2014 年 1 月，经银监和工商部门批准，青田农信联社完成注册资本变更手续。11 月 27 日，召开创立大会暨第一次股东大会、第一届董事会第一次会议、第一届监事会第一次会议。12 月，由青田县农村信用合作联社改制为青田农商银行，是青田县唯一地方性金融机构。注册资本 2.53 亿元。12 月 27 日，青田农商银行在正达开元大酒店举行开业仪式。经营范围为吸收公众存款，发放短期、中期和长期贷款，办理国内结算，办理票据承兑和贴现，代理发行、代理兑付，承销政府债券，从事同业拆借、债券回购、代理收付款项及代理保险业务，从事银行卡业务，从事网上银行业务，办理外汇存款、外汇贷款、外汇汇款、国际结算、外汇拆借，资信调查、咨询和见证业务，经外汇管理机关批准的结汇、售汇业务，经营中国银行业监督管理委员会依照法律、行政法规和其他规定批准的业务。

青田农村商业银行大楼

青田农商银行下设办公室、业务管理部、风险合规部、审计部、财务会计部、科技信息部、电子银行部、安全保卫部、人力资源部9个职能部门。下辖营业部1家、支行16家、分理处20家、流动服务点3家、24小时自助银行24家、网点40个，员工近400人，是青田县域内存贷规模较大、营业网点最多、服务领域最广、税收贡献最大的地方性金融机构。市场定位"支农支小，服务实体经济"，坚持实施特色化、差异化、区域化的发展战略。

2015年6月29日，青田农商银行举行"新挑战•新未来"品牌文化建设工程启动仪式。至年末，青田农商银行总资产106.43亿元，各项存款余额93.1万元，各项贷款余额66.93万元。按五级分类口径统计，不良贷款余额1.61亿元。

浙江青田农村商业银行股份有限公司所辖分支机构一览表

表3-2-84

机构名称	成立时间	营业地址
浙江青田农村商业银行股份有限公司营业部	2014年12月	青田县鹤城街道鹤城东路180号
浙江青田农村商业银行股份有限公司鹤城支行	2014年12月	青田县鹤城街道圣旨街23号
浙江青田农村商业银行股份有限公司鹤城支行西门分理处	2014年12月	青田县鹤城街道西门外1号
浙江青田农村商业银行股份有限公司塔山支行	2014年12月	青田县鹤城街道马鞍山路61—67号
浙江青田农村商业银行股份有限公司龙津支行	2014年12月	青田县鹤城街道龙津路1号
浙江青田农村商业银行股份有限公司龙津支行龙东分理处	2014年12月	青田县鹤城街道龙津路129号龙东路241号
浙江青田农村商业银行股份有限公司温溪支行	2014年12月	青田县温溪镇温中西路17—21号
浙江青田农村商业银行股份有限公司温溪支行港头分理处	2014年12月	青田县温溪镇港头村创新东路37号

续表 3-2-84

机构名称	成立时间	营业地址
浙江青田农村商业银行股份有限公司温溪支行沙埠分理处	2014 年 12 月	青田县温溪镇沙埠村繁荣路 30 号
浙江青田农村商业银行股份有限公司繁华支行	2014 年 12 月	青田县温溪镇安定东路 31—5 至 31—9 号
浙江青田农村商业银行股份有限公司繁华支行东岸分理处	2014 年 12 月	青田县温溪镇东岸村安定西路 442 号
浙江青田农村商业银行股份有限公司山口支行	2014年 12 月	青田县山口镇永安路 22 号
浙江青田农村商业银行股份有限公司山口支行方山分理处	2014 年 12 月	青田县方山乡前村侨兴路 21 号
浙江青田农村商业银行股份有限公司仁庄支行	2014年 12 月	青田县仁庄镇文峰东路21 号
浙江青田农村商业银行股份有限公司仁庄支行汤垟分理处	2014 年 12 月	青田县汤垟乡洪口村侨联大楼一楼
浙江青田农村商业银行股份有限公司油竹支行	2014年 12 月	青田县油竹街道官园小区 4 幢 1 号
浙江青田农村商业银行股份有限公司水南支行石郭分理处	2014 年 12 月	青田县瓯南街道石郭下村岙底路 2 号
浙江青田农村商业银行股份有限公司油竹支行田埠垟分理处	2014 年 12 月	青田县油竹街道田埠垟工业区鸥鸟王路 2 号
浙江青田农村商业银行股份有限公司水南支行	2014 年 12 月	青田县瓯南街道栖霞小区 207 号
浙江青田农村商业银行股份有限公司水南支行阜山分理处	2014 年 12 月	青田县阜山乡王弗潭村 40 号
浙江青田农村商业银行股份有限公司水南支行仁宫分理处	2014 年 12 月	青田县仁宫乡仁宫村村委办公楼一楼
浙江青田农村商业银行股份有限公司船寮支行	2014年 12 月	青田县船寮镇船寮村
浙江青田农村商业银行股份有限公司船寮支行芝溪分理处	2014年 12 月	青田县船寮镇芝溪大众街 10 号
浙江青田农村商业银行股份有限公司船寮支行高市分理处	2014 年 12 月	青田县高市乡高市村迎春路 28 号
浙江青田农村商业银行股份有限公司海口支行	2014 年 12 月	青田县海口镇临江路 29 号
浙江青田农村商业银行股份有限公司海口支行海溪分理处	2014 年 12 月	青田县海溪乡横树岗村
浙江青田农村商业银行股份有限公司东源支行	2014 年 12 月	青田县东源镇公路115 号
浙江青田农村商业银行股份有限公司东源支行黄垟分理处	2014 年 12 月	青田县黄垟乡石平川村
浙江青田农村商业银行股份有限公司高湖支行	2014 年 12 月	青田县高湖镇高湖村新湖街 139 号
浙江青田农村商业银行股份有限公司高湖支行季宅分理处	2014 年 12 月	青田县季宅乡黄放口村公路 9 号
浙江青田农村商业银行股份有限公司石帆支行	2014 年 12 月	青田县腊口镇石帆村中街 45 号
浙江青田农村商业银行股份有限公司石帆支行腊口分理处	2014 年 12 月	青田县腊口镇腊口村平安路 119 号

续表 3-2-84

机构名称	成立时间	营业地址
浙江青田农村商业银行股份有限公司石帆支行舒桥分理处	2014年12月	青田县舒桥乡舒桥村
浙江青田农村商业银行股份有限公司祯埠支行	2014年12月	青田县祯埠乡小群村公路68号
浙江青田农村商业银行股份有限公司祯埠支行章村分理处	2014年12月	青田县章村乡章村村联谊路25号
浙江青田农村商业银行股份有限公司北山支行	2014年12月	青田县北山镇泉山村
浙江青田农村商业银行股份有限公司北山支行巨浦分理处	2014年12月	青田县巨浦乡湖云村公路288号
浙江青田农村商业银行股份有限公司祯旺乡金融服务点	2014年12月	青田县祯旺乡祯旺村
浙江青田农村商业银行股份有限公司石溪乡金融服务点	2014年12月	青田县石溪乡溪口村
浙江青田农村商业银行股份有限公司万阜乡金融服务点	2014年12月	青田县万阜乡新庄村村委办公楼一楼

1993—2015年部分年份青田农商银行及分支机构从业人员结构情况表

表 3-2-85　　　　单位：人

年份	总人数	其中：女	年龄结构			学历结构			职称结构		
			30周岁以下	31—50周岁（含50周岁）	50周岁以上	中专或高中及以下	专科或本科	研究生	初级	中级	高级（含副高）
1993	207	84	95	102	10	207	—	—	104	—	—
1997	195	74	84	106	5	192	3	—	106	—	—
2000	192	74	116	68	8	186	6	—	106	—	—
2005	255	106	94	136	25	208	47	—	163	—	—
2010	322	151	102	187	33	27	295	0	275	47	0
2015	379	190	175	166	38	36	341	2	238	51	0

第八节　其他金融机构

浙江丽水莲都建信村镇银行有限责任公司（简称浙江丽水莲都建信村镇银行）

2011年12月29日，经中国银行业监督管理委员会丽水银监分局批准，建立浙江丽水莲都建信村镇银行有限责任公司。2012年5月22日，正式对外营业。注册资本1亿元。营业地点设在丽水市莲都区人民街519号。核准业务范围为吸收公众存款，发放短期、中期和长期贷款，办理国内结算，办理票据承兑与贴现，代理发行、代理兑付、承销政府债券，从事同业拆借，代理收付款项及代理保险业务，按照国家有关规定代理政策性银行、商业银行、保险公司、证券公司等金融机构业务，经银行业监督管理机构批准的其他业务。内设综合管理部、营业部、业务发展部 3 个职能部门。2013 年 1 月 4 日，业务发展部更名为风险管理部。2015 年 7 月 29 日，新增设资产保全部。下辖浙江丽水莲都建信村镇银行有限责任公司碧湖支行（2013 年 1 月 15 日成立）。营业地点设在丽水市莲都区碧湖镇环南路 35—36 号。

2013—2015 年浙江丽水莲都建信村镇银行主要负责人一览表

表 3-2-86

机构名称	主任	
	姓名	任期
浙江丽水莲都建信村镇银行	周盛鹏	2013 年 1 月至 2015 年 9 月
	朱益珍	2015 年 9 月起

2011—2015 年浙江丽水莲都建信村镇银行从业人员结构情况表

表 3-2-87　　单位：人

年份	总人数	其中：女	年龄结构			学历结构			职称结构		
			30 周岁以下	31—50 周岁（含 50 周岁）	50 周岁以上	中专或高中及以下	专科或本科	研究生	初级	中级	高级（含副高）
2011	22	14	14	7	1	—	21	1	—	4	1
2015	40	26	26	13	1	1	38	1	2	8	1

小额贷款公司

小额贷款公司在丽水市建立较晚。2009 年 2 月，青田县成立青田县汇通小额贷款股份有限公司，是丽水市首家小额贷款公司。随后，相继设立莲都区浙兴、云和县隆丰、龙泉佳和、缙云县华鑫、遂昌县绿源、松阳县科马、景宁聚丰 7 家小额贷款公司。小额贷款公司是由自然人、企业法人与其他社会组织投资设立，其主要资金来自股东出资和银行融入资金，不吸收公众存款。2010 年年末，8 家小额贷款公司注册资金 6 亿元，贷款余额 8.47 亿元，其中“三农”贷款 3.59 亿元，占比为 42.38%，从业人员 64 人。至 2015 年年末，丽水辖内共有小额贷款公司 17 家，注册资金 13.55 亿元，贷款余额 16.36 亿元，从业人员 177 人。

第三章 社会团体与同业组织

1986—2015 年，丽水市（地区）金融系统共成立金融学术社会团体和金融行业协会 7 个，其中金融类 3 个、金融会计类 1 个、钱币类 1 个、银行业 1 个、保险业 1 个。

第一节 丽水市金融学会

1986 年 5 月，丽水地区金融学会成立，是由丽水市依法设立的金融、保险、证券、其他协会及个人等机构自愿组成的地方性、行业性、非营利性的社会自律组织，是从事金融科学研究活动的全市性群众学术团体，其主管单位是中国人民银行丽水市中心支行。协会秘书处办公地点设在丽水市莲都区丽阳街 561 号（中国人民银行丽水市中心支行调查统计科）。本会宗旨，遵守国家法律、法规，广泛团结和组织丽水市金融理论工作者、实践工作者、金融教学工作者和社会力量，紧密结合全国、全市改革开放和经济金融工作实际，开展经济金融科学研究，为提高全市金融理论和业务水平、促进改革开放和经济金融良性互动发展服务。

1986 年，学会编辑印刷《新中国金融大事简记》（内部资料），记录中华人民共和国成立初期至 20 世纪 80 年代丽水地区金融变更的重大事项 166 条，开创地市级银行出版单行本的先例。经中共丽水地委宣传部批准，从 1986 年起，学会创办《丽水金融》刊物。至 2015 年，共出刊 300 余期。1989 年 2 月，浙江省档案馆来文将《丽水金融》刊物列为长期保管档案范围。

丽水地区金融学会在成立兼第一届会员大会上，通过《丽水地区金融学会章程》，选举行署副专员陈士达为名誉会长，王克隽为会长，赵景怡为秘书长。同年，学会成为浙江省金融学会和丽水地区社会科学界联合会团体会员。1989 年 6 月，丽水地区金融学会第二届理事会召开第二次代表大会暨年会。1990 年 9 月，召开全区第一个思想政治工作研讨会。1992 年 11 月 2 日，召开第三次代表大会暨年会。2000 年 7 月，学会更名丽水市金融学会。2007 年 6 月 22 日，召开丽水市金融学会第六次会员代表大会。

丽水市金融学会从提高会员单位全员政治和业务理论、技术水平，邀请全国知名专家、学者到丽水，开展一系列学术报告活动。1987 年 6 月，请中国金融学会常务理事、东北财经大学原副校长章梦生作《资金新论》专题学术报告，听者逾 300 人。2015 年 1 月 6 日，邀请中国人民银行总行金融消费权益保护局局长、上海总部党委委员焦瑾璞作《普惠金融》专题学术报告会。10 月 23 日，丽水市金融学会与莲都区政府联合召开全市农村金融服务站负责人业务培训会议，邀请世界银行国际金融公司专家授课。12 月 29 日，邀请美国伊利诺伊州立大学经济学终身教授、哈佛大学国际发展研究所研究顾问张宏霖作题为《全球化下的创新之道，大国崛起——美国金融》的学术讲座。

丽水市(地区)金融学会会长及理事一览表

表 3-3-1

届别	成立或换届时间	会长	副会长(人)	常务理事(人)	理事数(人)
第一届	1986 年 5 月	王克隽	5	12	45
第二届	1989 年 6 月	王克隽	6	15	37
第三届	1992 年 11 月	王克隽	6	20	49
第四届	1996 年 12 月	胡叔通	8	18	108
第五届	2001 年 6 月	胡叔通	11	27	111
第六届	2007 年 6 月	孔祖根	10	21	90

说明：表格中的数据均为成立或者换届时确定的名单及人数，不包含后期届中人员变动情况。第六届金融学会延续至 2016 年 9 月

附录：

丽水市金融学会章程

第一章　总　则

第一条　本团体的名称为丽水市金融学会(以下简称本会)；英文为:Lishui Finance Society(缩写 LFS)。

第二条　丽水市金融学会是自愿组成的，从事金融科学研究活动的全市性群众学术团体，是非营利组织，是浙江省金融学会和丽水市社会科学界联合会的团体会员。

第三条　本会的宗旨是：在马克思列宁主义、毛泽东思想、邓小平理论和“三个代表”重要思想指导下，全面贯彻落实科学发展观，遵守国家的法律、法规，广泛团结和组织全市金融理论工作者、实践工作者、金融教学工作者和社会力量，紧密结合我国和我市改革开放和经济金融工作实际，开展经济金融科学研究，为提高我市金融理论和业务水平、促进我市改革开放和经济金融良性互动发展服务。

第四条　本会接受中国人民银行丽水市中心支行和丽水市民政局的业务指导和监督管理。

第五条　本会住所：浙江省丽水市丽阳街 561 号(中国人民银行丽水市中心支行大楼内)。

第二章　业务范围

第六条　本会业务范围：

(一)组织会员和金融工作者立足金融面向经济；立足科研面向实际；立足当前面向未来，探索经济、金融理论与实践问题，促进本市金融科研事业的繁荣和发展。

(二)组织调查研究本市经济、金融领域的新情况、新问题，为经济金融发展献计献策，为各级领导决策服务。

(三)宣传党和国家的金融工作方针政策，普及金融业务新知识；举办各种形式的金融理论研讨会、报告会、座谈会，加强金融学术研究的横向联系与交流；组织开展群众性金融研究、业务培训、技

能比武等活动。

（四）组织本市金融科学研究优秀成果和优秀学会工作者的评选和表彰活动。

第三章　会　员

第七条　本会会员包括团体单位会员和个人会员。

各县（含县级市）以上金融单位，有关院校的金融科研组织，可申请为本会团体单位会员；市内非金融单位中积极从事经济金融研究和经济金融教学、具有较高业务理论水平，并在金融研究方面取得显著成绩的专家、学者和经济管理工作者，可申请为本会个人会员。

第八条　申请加入本会的会员，必须具备下列条件：

（一）拥护并遵守本会的章程；

（二）自愿向本会提出正式书面申请；

（三）个人会员须具有中级以上专业技术职务。

第九条　会员入会程序：

（一）提交入会申请书；

（二）经理事会讨论通过；

（三）由常务理事会审查批准；

第十条　会员享有下列权利：

（一）本会的选举权、被选举权和表决权；

（二）参加本会举办的年会和有关学术活动；

（三）申报和推荐金融科研优秀成果、学会先进集体和先进个人，参加本会组织的评选活动；

（四）对本会工作提出批评和建议；

（五）入会自愿、退会自由。

第十一条　会员履行下列义务：

（一）遵守本会章程，执行本会决议；

（二）维护本会的合法权益；

（三）承担本会委托的工作任务；

（四）积极参加本会举办的各项学术活动，主动提交学术资料和科究成果，及时反映学术动态；

（五）单位会员按年缴纳会费。

第十二条　会员退会应书面通知本会，单位会员若2年不缴纳会费或不参加本会团体活动，视同自动退会。

第十三条　会员如有严重违反本章程的行为，经理事会或常务理事会表决通过，予以除名。

第四章　组织机构和负责人的产生、罢免

第十四条　本会的最高权力机构是会员代表大会，会员代表大会的职权是：

（一）制定和修改本会章程；

（二）选举和罢免本会理事；

（三）审议理事会的工作报告和财务报告；

（四）决定终止事宜；

（五）讨论和决定本会的工作方针、任务和其他重大事宜。

第十五条　会员代表大会须有2/3以上应到会的会员代表出席方可召开，其决议须经到会会员代表半数以上表决通过方可生效。

第十六条　会员代表大会每届四年。因特殊情况需提前或延期召开的,须由理事会表决通过,报中国人民银行丽水市中心支行审查,并经社团登记管理机关同意,但延期换届最长不超过1年。

第十七条　理事的产生由各会员单位按照分配的名额推荐,并经会员代表大会选举产生。届中理事的增补由常务理事会讨论决定后发文确认。理事任期届满,可连选连任。在会员代表大会闭会期间,理事会为其执行机构,对会员代表大会负责。

第十八条　理事会的职权是:

(一)执行会员代表大会的决议;

(二)选举和罢免常务理事人员;

(三)筹备召开会员代表大会;

(四)向会员代表大会报告工作和财务状况;

(五)决定会员的吸收或除名;

(六)决定设立办事机构、分支机构、代表机构和实体机构;

(八)领导本会各机构开展工作;

(九)制定内部管理制度;

(十)决定其他重大事项。

第十九条　理事会须有2/3以上理事出席方可召开,其决议须经到会理事2/3以上表决通过方可生效。

第二十条　理事会不定期召开。若情况特殊,也可采用通讯形式召开。

第二十一条　本会设立常务理事会。常务理事会由理事会选举产生,在理事会闭会期间行使理事会的职权,对理事会负责。常务理事会在常务理事中推选产生会长、常务副会长、副会长和秘书长,聘请名誉会长、顾问。

第二十二条　常务理事会须有2/3以上常务理事出席方可召开，其决议须经到会常务理事2/3以上表决通过方可生效。

第二十三条　常务理事会每年至少召开一次,若情况特殊,也可采用通讯形式召开。

根据需要,可召开会长、副会长会议,磋商研究重要事项。

第二十四条　本会的会长、常务副会长、副会长、秘书长必须具备下列条件:

(一)坚持党的路线、方针、政策,政治素质好;

(二)在本会业务领域内有较大影响;

(三)年龄不超过70周岁;

(四)身体健康,能坚持正常工作;

(五)未受过剥夺政治权利的刑事处罚;

(六)具有完全民事行为能力。

第二十五条　本会会长、副会长(常务副会长)、秘书长如超过最高任职年龄的,须经理事会表决通过,报中国人民银行丽水市中心支行审查,并经社团登记管理机关批准同意后方可任职。

第二十六条　会长为本会的法定代表人。本会法定代表人不兼任其他团体的法定代表人。

第二十七条 本会会长、副会长(常务副会长)、秘书长任期四年,任期届满可连选连任。因特殊情况需延长任期的,需经会员代表大会2/3以上会员代表表决通过,报中国人民银行丽水市中心支行审查,并经社团登记管理机关批准同意后方可任职。

第二十八条 本会会长行使下列职权:

(一)召集和主持理事会议(或常务理事会议,会长、副会长会议);

(二)检查会员代表大会(或常务理事会议)决议的落实情况;

(三)代表本会签署有关重要文件。

(四)授权常务副会长或指定副会长行使部分会长职权。

第二十九条 理事会设秘书处,为理事会的办事机构。在会长、副会长领导下,由秘书长负责执行理事会和常务理事会的决议,并组织实施本章程有关规定的任务。

根据工作需要,设副秘书长若干人,协助秘书长工作。副秘书长人选,由常务理事会讨论决定。

第三十条 本会秘书长行使下列职权:

(一)主持秘书处的日常工作,组织实施本会年度工作计划;

(二)根据各副会长单位推荐,提名副秘书长及各办事机构、代表机构和实体机构主要负责人人选,交常务理事会讨论决定后聘任;

(三)协调各分支机构、代表机构和实体机构开展工作;

(四)决定办事机构、代表机构和实体机构专职工作人员的聘用;

(五)处理其他日常事务。

第三十一条 本会理事、常务理事因工作调动或其他原因需要调整时,由原推选单位另行提名,经常务理事会讨论决定后发文确认;本会正副会长、秘书长因工作调动或其他原因,无法继续担任者,由所在单位另行提名,经常务理事会讨论决定后发文确认。

第五章 经费管理、使用原则

第三十二条 本会经费来源:

(一)会员会费;

(二)个人或团体的捐赠;

(三)国家机关和有关部门的资助;

(四)利息收入。

第三十三条 本会按照国家有关规定按年收取会员会费。

第三十四条 本会经费必须用于本章程规定的业务范围和事业的发展,不得在会员中分配。

第三十五条 本会建立严格的财务管理制度,保证会计资料合法、真实、准确、完整。

第三十六条 本会经费的使用和管理,由学会秘书处具体负责。秘书处应按照相互制衡原则分别配备会计和出纳人员,不得由同一人兼任。本会配备具有专业资格会计人员,必须进行会计核算,实行会计监督。会计、出纳人员工作变动或离职时,必须与接管人员办妥交接手续。

第三十七条 本会的经费使用和管理必须严格遵守国家财经纪律和财务管理制度,接受会员代表大会和财政部门的监督。资产来源属于国家拨款或社会捐赠、资助的必须接受审计机关的监督,并将有关情况以适当方式向社会公布。

第三十八条 本会理事会换届或更换法定代表人之前必须接受社团登记管理机关和中国人民

银行丽水市中心支行的财务审计。

第三十九条 本会的资产，任何单位、个人不得侵占、私分或挪用。

第四十条 本会专职工作人员的工资和保险、福利待遇参照国家对事业单位的有关规定执行。

第六章 章程的修改程序

第四十一条 对本会章程的修改，须经常务理事会表决通过后报会员代表大会审议。

第四十二条 本会修改的章程，须在会员代表大会通过后15天内，经中国人民银行丽水市中心支行审查同意，并报社团登记管理机关核准后生效。

第七章 终止程序及终止后的财产处理

第四十三条 本会完成宗旨或由于分立、合并等原因需要注销的，由理事会或常务理事会提出终止动议。

第四十四条 本会终止动议须经会员代表大会表决通过，并报业务主管单位审查同意。

第四十五条 本会终止前，须在主管单位及有关部门指导下成立清算组织，清理债权债务，处理善后事宜。清算期间，不开展清算以外的活动。

第四十六条 本会经社团登记管理机关办理注销登记手续后即终止。

第四十七条 本会终止后的剩余财产，在中国人民银行丽水市中心支行和社团登记管理机关的监督下，按照国家有关规定，用于发展与本会宗旨相关的事业。

第八章 附 则

第四十八条 本章程经2016年9月12日丽水市金融学会第七次会员代表大会表决通过。

第四十九条 本章程的解释权属本会理事会。

第五十条 本章程自社团登记管理机关核准之日起生效。

第二节 丽水市城市金融学会

1989年7月1日，成立丽水地区城市金融学会。经丽水地区民政局登记设立，取得统一社会信用代码和社会团体法人登记证书。主管单位为中国工商银行股份有限公司丽水分行。2000年7月，丽水撤地设市，更名丽水市城市金融学会。其工作宗旨确定为：拥护中国共产党的领导，以马克思列宁主义、毛泽东思想、邓小平理论、“三个代表”重要思想、科学发展观、习近平新时代中国特色社会主义思想为指导，遵守宪法、法律、法规和国家政策，践行社会主义核心价值观，遵守社会道德风尚，坚持党的基本路线，坚持党对社团工作的绝对领导，坚持理论联系实际，解放思想，实事求是，广泛团结和组织热心于金融理论研究、对策研究及实务工作的各方面力量，紧密结合中国国情和浙江省、丽水市经济金融工作实际，积极开展金融科学研究，努力提高整体学术水平，为促进丽水市改革开放和经济建设以及金融业发展，发挥决策参谋和智库作用。办公地点设在中国工商银行股份有限公司丽水分行。2015年，有会员443人，均为个人会员。设会长1人，副会长4人，秘书长1人，均为实职中国工商银行股份有限公司丽水分行负责人兼任。

丽水市城市金融学会历任会长一览表

表 3-3-2

届　别	会　长	任　期
第一届	应庚耀	1989 年 7 月至 1992 年 6 月
第二届	陈邦幼	1992 年 7 月至 1995 年 8 月
第三届	应国光	1995 年 9 月至 1998 年 8 月
第四届	陈高建	1998 年 9 月至 2004 年 3 月
第五届	吴翔江	2004 年 4 月至 2005 年 11 月
第六届	潘复生	2005 年 12 月至 2007 年 3 月
第七届	徐晓伟	2007 年 4 月至 2016 年 11 月

附录：

丽水市城市金融学会章程

第一章　总　则

第一条　本会名称：丽水市城市金融学会(以下简称本会)。

第二条　本会性质：本会是由丽水市金融机构、研究机构、高等院校等具有学术成果和影响的个人自愿组成的，从事金融理论与实务研究的地方性、学术性、非营利性社会团体，是浙江省城市金融学会、丽水市金融学会的团体会员。

第三条　本会宗旨：拥护中国共产党的领导，以马克思列宁主义、毛泽东思想、邓小平理论、“三个代表”重要思想、科学发展观、习近平新时代中国特色社会主义思想为指导，遵守宪法、法律、法规和国家政策，践行社会主义核心价值观，遵守社会道德风尚，坚持党的基本路线，坚持党对社团工作的绝对领导，坚持理论联系实际，解放思想，实事求是，广泛团结和组织热心于金融理论研究、对策研究及实务工作的各方面力量，紧密结合我国国情和我省、我市经济金融工作实际，积极开展金融科学研究，努力提高整体学术水平，为促进我市改革开放和经济建设以及金融业发展，发挥决策参谋和智库作用。

第四条 本会坚决拥护中国共产党的领导，执行党的路线、方针和政策，走中国特色社会组织发展之路，依照《中国共产党章程》有关规定建立党的组织，承担保证政治方向、团结凝聚群众、推动事业发展、建设先进文化、服务人才成长、加强自身建设等职责。

本会的业务主管单位是中国工商银行股份有限公司丽水分行，社团登记管理机关是丽水市民政局，党建领导机关是中国工商银行股份有限公司丽水分行。本会接受中国人民银行丽水市中心支行和丽水市民政局的业务指导和监督管理。

第五条　本会住址：浙江省丽水市。

第二章　业务范围

第六条　本会的业务范围：

(一)制定金融科学研究规划，确定研究课题，动员、组织和推动全体会员，立足金融，面向经济，开展金融理论研究和对策研究，组织实施重点课题研究，为各级领导提供决策依据。

（二）宣传金融工作的方针政策，普及金融科学知识。

（三）加强金融科研的学术交流，组织编纂、出版、发行有关金融理论书籍和资料，介绍国内外金融理论研究的新成果和经营管理的新经验。

（四）向金融领导部门反映会员对金融工作的建议和要求。

（五）组织金融科研成果和学会先进集体、优秀学会工作者的鉴定，评选、推荐、表彰活动。

第三章 会 员

第七条 本会会员分为团体会员和个人会员。

第八条 申请加入本会的会员，必须具备下列条件：

（一）拥护本会的章程；

（二）有加入本会的意愿；

（三）在金融领域内有一定的影响；

（四）符合国家社团管理的相关规定。

第九条 会员入会程序是：

（一）提交入会申请书；

（二）经理事会或常务理事会审议通过；

（三）由理事会或理事会授权机构颁发会员证书。

第十条 本会会员享有下列权利：

（一）本会的选举权、被选举权和表决权；

（二）参加本会举办的各项学术活动；

（三）优先获得本会编印的学术资料的权利；

（四）对本会工作进行监督，提出批评、建议的权利；

（五）开展学术活动好、优秀学术成果多的团体会员可以得到本会的奖励和资助；

（六）入会自愿、退会自由。

第十一条 本会会员履行下列义务：

（一）遵守本会章程，执行本会决议；

（二）维护本会合法权益：

（三）完成本会委托的任务，积极参加本会举办的各项学术活动，主动向本会提交研究成果；

（四）积极宣传本会宗旨和任务；

（五）定期向本会报告工作，及时反映学会活动情况。

第十二条 本会会员的退会和除名

（一）会员退会应书面通知本会，并交回会员证。

（二）由于工作调动无法继续履行会员职责，自工作调动起视为自动退会。

（三）会员如有严重违反本章程的行为，经理事会或常务理事会表决通过，予以除名。

第四章 组织机构和负责人的产生、罢免

第十三条 本会最高权力机构是会员代表大会。会员代表大会的职权是：

（一）制定和修改章程；

（二）选举和罢免理事；

（三）审议理事会的工作报告和财务报告；

（四）决定终止事宜；

（五）决定其他重大事宜。

第十四条　会员代表大会须有2/3以上会员代表出席方能召开，其决议须经到会代表半数以上表决通过方能生效。

第十五条　会员代表大会每届四年。因特殊情况需提前或延期换届，须由理事会表决通过，报业务主管单位审查并经社团登记管理机关批准。延期换届最长不超过一年。

第十六条　理事会由会员代表大会选举产生，在会员代表大会闭会期间领导本会开展日常工作，对会员代表大会负责。

第十七条　理事会的职权是：

（一）执行会员代表大会的决议；

（二）选举和罢免会长、副会长、秘书长和常务理事；

（三）筹备召开会员代表大会；

（四）向会员代表大会报告工作和财务状况；

（五）决定会员的吸收和除名；

（六）决定办事机构、分支机构、代表机构的设立、注销和变更；

（七）决定副秘书长、各机构主要负责人的聘任；

（八）制定本会年度工作计划；

（九）领导本会各机构开展工作；

（十）制定内部管理制度；

（十一）决定其他重大事项。

第十八条　理事会须有2/3以上理事出席方能召开，其决议须经2/3以上到会理事表决通过方能生效。

第十九条　理事会每年至少召开一次会议；情况特殊，可采用通讯形式召开。

第二十条　本会设常务理事会，常务理事人数不超过理事人数的1/3，在理事会闭会期间行使第十七条之一、三、五、六、七、八、九、十项职权，对理事会负责。

第二十一条　常务理事会须有2/3以上常务理事出席方能召开，其决议须经到会常务理事2/3以上人数表决通过方能生效。

第二十二条　常务理事会每年至少召开两次会议；情况特殊，可采用通讯形式召开。

第二十三条　本会的会长、副会长、秘书长必须具备下列条件：

（一）坚持党的路线、方针、政策，政治素质好；

（二）在金融领域具有较高学术权威和影响；

（三）最高任职年龄不超过70周岁；

（四）身体健康，能坚持正常工作；

（五）未受过剥夺政治权利的刑事处罚；

（六）具备完全民事行为能力。

第二十四条　本会会长、副会长、秘书长如超过规定的最高任职年龄，须经理事会表决通过，报业务主管单位审查并经社团登记管理机关批准后,方可任职。

第二十五条 本会会长、副会长、秘书长任期四年。连任不超过两届。因特殊情况需延长任期的,须经会员代表大会2/3以上会员代表表决通过,报业务主管单位审查并经社团登记管理机关批准后方可任职。

第二十六条 本会会长为本会法定代表人。

本会法定代表人不兼任其他社会团体的法定代表人。

本会法定代表人代表本会签署有关重要文件。

第二十七条 会长行使以下职权:

(一)召集和主持理事会和常务理事会;

(二)检查会员代表大会、理事会、常务理事会决议的落实情况;

第二十八条 秘书长行使以下职权:

(一)主持学会的日常工作,组织实施年度工作计划;

(二)协调办事机构、分支机构等开展工作;

(三)提名副秘书长以及各办事机构、分支机构等主要负责人,交常务理事会决定;

(四)处理其他日常事务。

第五章 党的建设

第二十九条 本会坚决拥护中国共产党的领导,执行党的路线、方针和政策,走中国特色社会组织发展之路。

第三十条 本会按照党章规定,通过联合建立党组织、选派党建工作联络员等方式,在本会开展党的工作。

第三十一条 本会党组织是党在本团体中的战斗堡垒,发挥政治核心作用。基本职能是保证政治方向,团结凝聚群众,推动本会发展,加强党组织自身建设。

第三十二条 本会换届选举时,应先征求党组织对主要负责人审核意见;本会变更、撤并或注销,党组织应及时向上级党组织报告。

第三十三条 本会为党组织开展活动、做好工作提供必要的场地、人员和经费支持,将党建工作经费纳入管理费用列支,支持党组织建设活动阵地。

第三十四条 本会支持领导班子与党组织领导班子交叉任职,优先推荐社会组织领导班子中的中共正式党员担任党的组织以及纪检组织领导。

第三十五条 本会支持党组织对社会组织重要事项决策、重要业务活动、大额经费开支、接收大额捐赠等提出意见。

第六章 资产的管理和使用

第三十六条 本会经费来源:

(一)主办单位(中国工商银行丽水分行)拨款;

(二)接受捐赠;

(三)政府资助;

(四)利息;

(五)其他合法收入。

第三十七条 本会经费必须用于本章程规定的业务范围和事业的发展,不得在会员中分配。

第三十八条　本会建立严格的财务管理制度,保证会计资料合法、真实、准确、完整。

第三十九条　本会配备具有专业资格的会计人员。会计不得兼任出纳。会计人员必须进行会计核算,实行会计监督。会计人员调动工作或离职时,必须与接管人员办清交接手续。

第四十条　本会资产管理执行国家规定的财务管理制度,接受会员代表大会和财政部门的监督。资产来源属于国家拨款或社会捐赠、资助的,接受审计机关的监督,并将有关情况以适当的方式向社会公布。

第四十一条　本会换届或变更法定代表人之前必须接受社团登记管理机关和业务主管单位组织的财务审计。

第四十二条　本会资产,任何单位、个人不得侵占、私分或挪用。

第七章　章程的修改程序

第四十三条　对本会章程的修改,须经理事会表决通过后报会员代表大会审议。

第四十四条　修改后的章程,须在会员代表大会通过后15日内,报业务主管单位审查,经同意,并报社团登记管理机关核准。

第八章　终止程序及终止后的财产处理

第四十五条　本会完成宗旨或自行解散或由于分立、合并等原因需要注销的,由理事会或常务理事会提出终止动议。

第四十六条　本会终止动议须经会员代表大会表决通过,并报业务主管单位审查同意。

第四十七条　本会终止前,须在业务主管单位及有关机关指导下成立清算组织、清理债权债务,处理善后事宜。清算期间,不开展清算以外的活动。

第四十八条　本会经社团登记管理机关办理注销登记手续后即为终止。

第四十九条　本会终止后的剩余财产,在业务主管单位和社团登记管理机关的监督下,按照国家有关规定,用于发展和本会宗旨相关的事业。

第九章　附　则

第五十条　本章程于2019年12月3日经会员代表大会表决通过。

第五十一条　本章程的解释权属本会理事会。

第五十二条　本章程自社团登记管理机关核准之日起生效。

第三节　丽水市农村金融学会

1989年,丽水地区社科联丽社联批复,成立丽水地区农村金融学会筹备组。各县、市、区农行支行相继成立金融研究小组。1990年4月,丽水地区农村金融学会召开首届年会,选举首届学会理事会理事6人,选举陈志明为会长。1994年10月中旬,召开农村金融学会年会,进行换届选举,选举梁滨为会长。全区有各农行支行学会9个。1997年3月,改选沈剑青为会长,基层学会9个。

学术成果与活动

1990年4月26日,丽水地区农村金融学会首届年会召开,共收集论文290篇,主要体现在农村信贷、扶持乡镇企业贷款等方面的研究文章。1991年，全区举办综合性和专题性研讨会14次，学会收到交流文章343篇，被省地刊物录用84篇。1992年，学会组织全区农行系统业务操作选拔赛，产生储蓄计息、点钞、计算技能项目前3名。同年10月下旬，在浙江省金融系统历史上规模最大的职工操作运动会上，丽水地区农行系统点钞选手陈玲、储蓄计息选手吴芳分获点钞第7名和储蓄计息第13名。1994年，完成课题《山区农行向商业银行转轨的研究》。1995年，在《浙江金融》《浙江农村金融》《山西农村金融研究》《陕西农村金融》《丽水金融》等刊物上发表论文、研讨文章30篇，入选丽水地区金融学会交流文章4篇。《刘玲英精神和思想政治工作》等3篇被收入《中国当代社科文献》《管理艺术文集》。1997年，开展《集约经营，盘活存量，提高效益》为主题的课题调研。2001年9月25日，农行丽水市分行召开全市农行山区精品行专题研讨会，交流文章30篇。农行丽水市分行各位行领导、各部室负责人，各支行分管金融研究工作的行长和论文作者参加研讨会。农行浙江省分行农村金融学会秘书长韩志龙及丽水市金融学会、社科联的负责人受邀参加本次研讨会。

学术形式

2002—2015年，丽水市农村金融学会不再设立，每年开展一次研讨会，并对研讨文章进行评奖。

丽水地区农村金融学会历任会长一览表

表3-3-3

届别	会长	任期
第一届	陈志明	1990年4月至1994年9月
第二届	梁　斌	1994年10月至1997年2月
第三、四届	沈剑青	1997年3月至2002年3月

附录：

丽水地区农村金融学会章程

（1990年4月26日会员大会讨论通过）

第一章　总　则

第一条　丽水地区农村金融学会是在中国共产党领导下，从事农村金融科学研究的群众性学术团体，是浙江省农村金融学会和丽水地区社会科学联合会的团体会员。

第二条　本会的宗旨是：根据以经济建设为中心，坚持四项基本原则，坚持改革开放的要求，贯彻“百花齐放，百家争鸣”的方针，解放思想，勇于探索，理论联系实际，积极组织和开展农村金融科学研究，为提高我地区农村金融理论和业务水平，繁荣农村金融事业，为振兴丽水经济，加快社会主义农业现代化服务。

第二章　基本任务

第三条　本会的基本任务是：在社会主义初级阶段理论的指导下，根据治理整顿和深化改革的方针，联系丽水实际，组织推动会员学习马克思主义关于经济、金融的基本理论，研究和总结我地区金融工作的历史经验，探索其发展规律，研究农村经济和金融活动中出现的新情况、新问题，探讨改革的途径，为实现国民经济的持续、稳定、协调发展作出贡献。

1.制定我区农村金融科研规划，不定期地组织相关课题的调查研究，开展理论研讨和学术交流活动，为领导决策提供咨询服务。

2.组织会员参加省农村金融学会和地区社科联等组织的学术研讨论会，加强同相关学术团体的联系，交流科研成果和学会工作经验。

3.参与编辑丽水金融刊物，组织推荐稿件，为广大会员发表科研成果提供园地。并积极组织、编印、订阅有关参考资料，为金融研究活动提供服务。

第三章　会　员

第四条　本会会员有个人会员和团体会员。凡能坚持四项基本原则，热心从事农村金融研究，具有一定的理论水平、实践经验和写作能力的个人，赞同本会章程，执行本会决议，经本人申报，所在单位推荐，本会批准，可成为本会会员。除个人会员外，本地区各县（市）农村金融学会，及有关研究会等学术团体，可申请为本会团体会员。

第五条　会员的权利和义务

会员有以下权利：

1.有选举权和被选举权；

2.有权对本会工作提出批评和建议；

3.优先得到本会印发的资料、刊物；

4.完成本会委托的各项任务成绩显著时，可获得表彰和奖励。

会员应履行以下义务：

1.遵守本会章程，执行本会决议；

2.承担本会委托的研究课题或调查任务，积极向学会提供资料。

第四章　组织机构

第六条　本会的权力机构是会员代表大会，其主要任务是：审查并批准理事会的工作报告，制订和修改本会章程，选举本会理事，讨论决定本会的工作计划，推举名誉会长和顾问。

第七条　本会的执行机构是理事会，理事会由会员代表大会选举产生，每届任期三年，可连选连任。在理事会闭会期间，由常务理事会行使职权。

本会会长、副会长、常务理事和秘书长由理事会选举产生，日常工作在会长、副会长的领导下，由秘书长负责处理。根据工作需要可设副秘书长若干人。

理事会暨学会的年会每年举行一次，审查和讨论学会工作，进行学术交流，制定和审定学会的科研规划和年度工作计划。

第八条　本会的挂靠单位是中国农业银行丽水地区中心支行、本会的活动经费由中国农业银行丽水地区中心支行提供。

第九条　本章程经会员代表大会讨论通过后生效，修改时亦相同。

第四节 丽水市金融会计学会

1993年，成立丽水地区金融会计学会。经丽水市民政局登记，取得统一社会信用代码和社会团体法人登记证书。主管单位为中国人民银行丽水市中心支行。工作宗旨为组织丽水市金融机构会计理论学术交流、会计管理、业务培训等，实现打造"加强学术交流合作、促进研究成果转化"的广阔平台。办公地点设在中国人民银行丽水市中心支行会计财务科。2000年7月，丽水撤地设市，更名为丽水市金融会计学会。2015年，会员总人数159人，其中单位会员为中国农业发展银行丽水市分行、中国工商银行丽水分行、中国农业银行丽水分行、中国银行丽水市分行、中国建设银行丽水分行、交通银行丽水分行、上海浦东发展银行丽水支行、浙商银行丽水分行、浙江稠州商业银行丽水分行、浙江泰隆商业银行丽水分行、中信银行丽水分行、中国邮政储蓄银行丽水市分行、浙江丽水莲都农村合作银行、莲都中银富登村镇银行、杭州银行股份有限公司丽水分行、温州银行股份有限公司丽水分行、浙江民泰商业银行丽水分行、台州银行、宁波银行、华夏银行、中国人寿保险股份有限公司丽水分公司、中国人民财产保险股份有限公司丽水市分公司23个，个人会员136人。设会长1人、秘书长1人，均为兼职。

2012年，丽水市金融会计学会与浙江财经学院联合举办"2012年商业模式创新与实战培训班"。培训班通过案例分析的形式，传授当前经济环境、明确优化商业模式、开辟利润来源途径和方法等知识。2013年，根据丽水市社科联统一部署，丽水市金融会计学会承担丽水市社会科学普及丛书金融篇的主要部分编写工作，及时组织学会骨干进行研讨，分专题落实任务，主要参与"反洗钱和支付清算结算""农村金融服务站"等方面的金融基础知识编写。2014年11月17—18日，举办2015年业务培训班。培训内容分为"浙江大学教授金雪军专题讲座""商业银行会计报表分析""商业银行财政性缴存款业务"三个主题。

2015年，中国人民银行丽水市中心支行部署丽水市金融会计学会组织编制《农村金融知识普及读本》。在丽水市农村金融改革试点工作领导小组成员扩大会议上，将读本作为会议材料发放给37家市直单位和9个县（市、区）地方党委、政府参会代表。分发至2010个农村金融服务站所在村。

丽水市金融会计学会历任会长一览表

表3-3-4

届 别	会 长	任 期
第一届	应庚耀	1989年7月至1992年6月
第二届	陈邦幼	1992年7月至1995年8月
第三届	应国光	1995年9月至1998年8月
第四届	陈高建	1998年9月至2004年3月
第五届	吴翔江	2004年4月至2005年11月
第六届	潘复生	2005年12月至2007年3月
第七届	徐晓伟	2007年4月至2016年11月

附录：

丽水市金融会计学会章程

第一章　总　　则

第一条　本会的名称是丽水市金融会计学会。

第二条　本会是由丽水市金融机构及从事金融会计和支付清算工作的个人自愿加入的，是专业性和非营利性的社团组织。

第三条　本会的宗旨是遵守国家宪法、法律、法规和国家政策，践行社会主义核心价值观，遵守社会道德风尚，适应经济金融发展需要，认真履行自律、维权、协调、服务职能，促进会员加强自律管理，不断改进金融会计和支付清算工作，提高服务水平，更好地为当地经济金融发展服务。

第四条　本会坚决拥护中国共产党的领导，执行党的路线、方针和政策，走中国特色社会组织发展之路，依照《中国共产党章程》有关规定建立党的组织，承担保证政治方向、团结凝聚群众、推动事业发展、建设先进文化、服务人才成长、加强自身建设等职责。

本会的业务主管单位是中国人民银行丽水市中心支行，登记管理机关是丽水市民政局。本会接受登记业务主管单位和登记管理机关的业务指导和监督管理。

第五条　本会的驻所是浙江省丽水市丽阳街561号。

第二章　业务范围

第六条　本会的业务范围：

（一）组织宣传金融会计、支付清算法规制度和金融业务知识，提高社会公众支付清算意识；

（二）加强对金融会计、支付清算业务的管理和调查研究，组织开展业务研讨、交流活动；

（三）组织签订支付清算业务自律公约，督促依法合规办理支付业务，执行支付清算业务规范和业务标准，共同维护公平竞争的市场环境；

（四）建立支付清算业务投诉、争议协调处理机制，协调解决辖内支付清算业务纠纷，维护良好的支付清算秩序；

（五）及时向业务主管等相关部门反映支付清算工作中的问题和建议意见等，组织开展对辖内支付清算业务的咨询、指导，不断改进支付清算工作，努力适应经济金融发展要求；

（六）组织开展金融会计和支付清算业务培训，加强队伍建设，提高服务意识，增强服务能力；

（七）职责范围内的其他事项。

第三章　会　　员

第七条　本会由单位会员和个人会员组成。

第八条　申请加入本会的会员，必须具备下列条件：

（一）拥护本会的章程；

（二）有加入本会的意愿；

（三）在丽水市金融会计和支付清算领域内具有一定影响。

第九条　会员享有下列权利：

（一）本会的选举权、被选举权和表决权；

（二）参加本会的活动；

（三）获得本会服务的优先权；

（四）对本会工作的批评建议权和监督权；

（五）入会自愿，退会自由。

第十条　会员履行下列义务：

（一）执行本会的决议；

（二）维护本会合法权益；

（三）完成本会交办的工作；

（四）按规定交纳会费；

（五）向本会反映情况，提供有关资料。

第十一条　会员退会应书面通知本会，会员如果一年内不交纳会费或不参加本会活动的，视为自动退会。

第十二条　会员如有严重违反本章程的行为，经理事会表决通过，予以除名。

第四章　组织机构和负责人产生、罢免

第十三条　本会的最高权力机构是会员大会，会员大会的职权是：

（一）制定、修改章程；

（二）选举和罢免理事；

（三）审议理事会的工作报告和财务报告；

（四）制定和修改会费标准；

（五）决定终止事宜；

（六）决定其他重大事宜。

第十四条　会员大会须有2/3以上的会员出席方能召开，其决议须经到会会员半数以上表决通过方能生效。

第十五条　会员大会每届5年。因特殊情况需提前或延期换届，须由理事会表决通过，报业务主管单位审查并经社团登记管理机关批准同意。但延期换届最长不超过1年。

第十六条　理事会是会员大会的执行机构，在闭会期间领导本会开展日常工作，对会员大会负责。

第十七条　理事会的职权是：

（一）执行会员大会的决议；

（二）选举和罢免会长、副会长、秘书长；

（三）筹备召开会员大会；

（四）向会员大会报告工作和财务状况；

（五）决定会员的吸收或除名；

（六）决定设立办事机构、分支机构、代表机构和实体机构；

（七）决定各机构主要负责人的聘任；

（八）领导本会各机构开展工作；

（九）制定内部管理制度；

（十）决定其他重大事项。

第十八条　理事会须有2/3以上理事出席方能召开，其决议须经到会理事2/3以上表决通过方

能生效。

第十九条　理事会每年至少召开一次会议，情况特殊的，也可采用通讯形式召开。

第二十条　本会的会长、副会长、秘书长、常务理事必须具备下列条件：

（一）坚持党的路线、方针、政策，政治素质好；

（二）在丽水市金融会计和支付业务领域内有较大影响力；

（三）会长、副会长、秘书长、常务理事最高任职年龄不得超过70周岁；

（四）身体健康，能坚持正常工作；

（五）未受过剥夺政治权利的刑事处罚；

（六）具有完全民事行为能力。

第二十一条 本会会长、副会长、秘书长、常务理事如超过最高任职年龄，须经理事会表决通过，报业务主管单位审查并社团登记管理机关批准同意后，方可任职。

第二十二条　本会会长、副会长、秘书长、常务理事任期5年，任期最长不得超过两届。因特殊情况需延长任期的，须经会员大会2/3以上会员表决通过，报业务主管单位审查并经社团登记管理机关批准同意后，方可任职。

第二十三条　本会会长为本会法定代表人。

本会法定代表人不兼任其他团体的法定代表人。

第二十四条　本会会长行使下列职权：

（一）召集和主持理事会；

（二）检查会员大会、理事会决议的落实情况；

（三）代表本会签署有关重要文件。

第二十五条　本会秘书长行使下列职权：

（一）主持办事机构开展日常工作，组织实施年度工作计划；

（二）协调各分支机构、代表机构、实体机构开展工作；

（三）提名各办事机构、分支机构、代表机构和实体机构主要负责人，交理事会决定；

（四）决定办事机构、代表机构、实体机构专职工作人员的聘用；

（五）处理其他日常事务。

第五章　资产管理、使用原则

第二十六条　本会经费来源：

（一）会费；

（二）捐赠；

（三）政府资助；

（四）在核准的业务范围内开展活动或服务的收入；

（五）利息；

（六）其他合法收入。

第二十七条　本会按照《中国人民银行法》《关于调整社会团体会费政策等有关问题的通知》等有关规定收取会员会费。

第二十八条　本会经费必须用于本章程规定的业务范围和事业的发展，不得在会员中分配。

第二十九条　本会建立严格的财务管理制度，保证会计资料合法、真实、准确、完整。

第三十条　本会配备具有专业资格的会计人员。会计不得兼任出纳。会计人员必须进行会计核算，实行会计监督。会计人员调动工作或离职时，必须与接管人员办清交接手续。

第三十一条　本会的资产管理必须执行国家规定的财务管理制度，接受会员大会和财政部门的监督。资产来源属于国家拨款或者社会捐赠、资助的，必须接受审计机关的监督，并将有关情况以适当方式向社会公布。

第三十二条　本会换届或更换法定代表人之前必须接受社团登记管理机关和业务主管单位组织的财务审计。

第三十三条　本会的资产，任何单位、个人不得侵占、私分和挪用。

第六章　章程的修改程序

第三十四条　对本会章程的修改，须经理事会表决通过后报会员大会审议。

第三十五条　本会修改的章程，须在会员大会通过后15日内，经业务主管单位审查同意，并报社团登记管理机关核准后生效。

第七章　终止程序及终止后的财产处理

第三十六条 本会完成宗旨或自行解散或由于分立、合并等原因需要注销的，由理事会提出终止动议。

第三十七条　本会终止动议须经会员大会表决通过，并报业务主管单位——人民银行丽水市中心支行审查同意。

第三十八条　本会终止前，须在业务主管单位——人民银行丽水市中心支行及有关部门指导下成立清算组织，清理债权债务，处理善后事宜。清算期间，不开展清算以外的活动。

第三十九条　本会经社团登记管理机关——丽水市民政局办理注销登记手续后即为终止。

第四十条　本会终止后的剩余财产，在业务主管单位——人民银行丽水市中心支行和社团登记管理机关——丽水市民政局的监督下，按照国家有关规定，用于发展与本会宗旨相关的事业。

第八章　附　则

第四十一条　本章程经会员大会表决通过。

第四十二条　本章程的解释权属本会的理事会。

第四十三条　本章程自社团登记管理机关—丽水市民政局核准之日起生效。

第五节　丽水市钱币学会

1989年6月，成立丽水地区钱币学会，系从事学术交流、业务培训咨询、技术（知识）竞赛的社会团体。2000年7月后，改名为丽水市钱币学会。至2015年年底，学会共有会员56个，理事16人。业务主管单位为中国人民银行丽水市中心支行，登记管理机关为丽水市民政局。学会地址为丽水市丽阳街561号，办公地点设在中国人民银行丽水市中心支行货币金银科。

学会宗旨：遵照国家相关法律、法规、政策开展活动，团结、组织全体会员和广大钱币爱好者，开展各种钱币学术研究和交流活动，普及钱币知识，为弘扬祖国货币文化和精神文明建设服务，引导会员进行钱币收藏与研究活动，开展钱币学、货币史的研究，举办相应的学术交流会议、钱币讲座、钱币展览和有关咨询活动，编辑出版钱币相关资料与刊物，保护钱币文物，配合人民银行开展人民币知识及反假币宣传工作。丽水市钱币学会发挥自身作用，加强与浙江省钱币学会联系，积极参加各类钱币研究和学术交流活动。同时，加强与丽水市社科联、丽水市相关学会以及其他地市钱币学会的沟通交流，发挥良好的学术研究桥梁和纽带作用，为学会会员、丽水市钱币爱好者提供了良好的学术交流平台。

历任丽水市钱币学会会长一览表

表 3-3-5

会　长	任　期
宋忠伟	1989 年至 1995 年
金孟候	1996 年至 1998 年
胡叔通	1999 年至 2002 年
王筱琴	2003 年至 2015 年

钱币展览

1989 年，在庆祝中华人民共和国建立 40 周年和纪念丽水置州建县 1400 周年活动中，丽水地区钱币学会与中国人民银行丽水地区分行、丽水市（今莲都区）文化局、丽水市（同前）博物馆等单位联合举办“丽水地区首次中国历代货币展览”。10 月 1—5 日，在丽水群艺馆隆重展出钱币展品，陈列玻璃柜 22 个，分成 18 个专题 221 张贴片，共展出钱币 763 枚（张）。其中，有春秋至战国时期的布币、刀币，秦、汉时期的半两钱，唐朝至民国时期的制钱、铁钱、银元、铜元、纸币，解放区的纸币和人民币一、二、三、四套等。丽水行署专员梁鸿铭等领导到展览现场观看展览，《丽水日报》头版刊登展览的有关消息，丽水电视台、浙江电视台、丽水广播电台等媒体播报展览实况。

1990 年，为庆祝中国首次举办第十一届亚运会，配合开展亚运文化节活动。9 月 29 日至 10 月 3 日，在丽水群艺馆举办“庆亚运爱中华”历代钱币展览，地、市有关领导参加剪彩仪式。展览首日，参观群众达 3000 余人。《丽水日报》、丽水电视台、丽水广播电台作了新闻专题报道。

学术研究

学会会员积极开展钱币学术研究，推动钱币史、货币史的调研。会员在有关刊物上发表钱币研究文章 14 篇，其中省级 3 篇、地市级 11 篇。有对第一套人民币暗记的探索、南宋货币的研究。其中，《抗日战争期间上海大东书局浙江印刷分厂在丽水县沙溪村印刷法币始末研究》一文具有一定的代表性；《漫读农民起义政权货币——从课本的一点失误谈起》，更正 1992 年出版的高中历史课本《中国古代史》选修第 26 章第 2 节《大顺政权的建立》中所附的一幅“大顺通宝”古钱币插图为大顺政权货币，经会员认证实为明末张献忠建大西国所铸“大顺通宝”铜币。

钱币宣传

钱币学会持之以恒地开展钱币、人民币知识及反假货币宣传。1999 年，第五套人民币发行宣传。

2015年，发行第五套人民币100元券，重点转为人民币防伪宣传。1999—2015年，学会积极配合中国人民银行丽水市中心支行货币管理工作，每年参与人民币知识及反假货币宣传活动，以发放资料、接受咨询等方式，向人民群众广泛宣传、普及货币知识。2013年，学会承担丽水市社会科学普及丛书《金融篇》的编撰工作，主要编写人民币基础知识。2015年，学会参与《农村金融知识普及读本》编写工作。

附录：

丽水市钱币学会章程

第一章　总　　则

第一条　本学会定名为丽水市钱币学会。英文名 LISHUI NUMISMATIC　SOCIETY，缩写 LNS。

第二条　丽水市钱币学会是丽水辖内钱币学、货币史研究者、钱币工作者和爱好者的群众性学术团体，是经丽水市民政局核准注册登记的社会团体法人，是浙江省钱币学会的单位会员。

第三条　本学会的宗旨是：遵照国家各项法律、法规、政策开展活动。以马克思列宁主义、毛泽东思想和邓小平理论为指导，贯彻“百花齐放”“百家争鸣”“古为今用”的方针，团结、组织全体会员和广大钱币爱好者，以实事求是的科学态度，开展各种钱币学术研究和交流活动，普及钱币知识，为弘扬祖国货币文化和精神文明建设服务。

第四条　本学会的业务主管单位是中国人民银行丽水市中心支行，登记管理机关是丽水市民政局。本学会接受业务主管单位和登记管理机关的业务指导和监督管理。

第五条　本学会会址设在人民银行丽水市中心支行内，地址：丽水市丽阳街561号。

第二章　业务范围

第六条　本学会的业务范围：

(一)组织、协调、推动会员开展钱币学、货币史学术研究活动，为金融事业的发展和文化事业的繁荣提供服务；

(二)组织和举办多种形式的钱币学术交流活动，参加各级钱币学会、社会科学界联合会组织的学术交流活动；

(三)开展钱币知识普及宣传活动，举办钱币展览，钱币讲座，积极开展人民币反假宣传，提供咨询服务；

(四)编辑出版会刊，整理汇编有价值的学术论文和收集整理中外钱币学术资料；

(五)宣传文物法规，协助有关部门做好钱币文物资料的抢救保护工作；

(六)发展单位会员和个人会员，建设一支以钱币专家，学者为骨干的群众性会员队伍，引导会员进行钱币科研活动；

(七)开展符合学会章程的其他活动和经有关部门批准的钱币经销业务。

第三章　会　　员

第七条　本学会会员分单位会员与个人会员，其中单位会员分为理事单位会员与其他单位会员。本学会理事为本学会当然个人会员，各县(市)钱币学会为本学会会员。

第八条　申请加入本学会的会员，必须具备下列条件：

(一)拥护本学会的章程；

(二)有加入本学会的意愿;

(三)热爱和支持钱币研究事业的单位和个人;

(四)从事货币历史、金融、文博工作的单位、学术组织和相关人员;

(五)社会各界有较丰富的钱币藏品或有相关研究能力的收藏家和爱好者。

第九条 会员入会程序:

(一)单位会员和个人会员入会须填写入会申请表;

(二)由本学会秘书处推荐,经学会理事会讨论通过;

(三)新会员由学会秘书处发给会员证书。

第十条 会员享有下列权利:

(一)享有选举权、被选举权和表决权;

(二)参加本学会的活动权;

(三)获得本学会出版的刊物、学术资料的优先权和各项服务的优先权;

(四)争取学术研究方面的必要帮助与合作权;

(五)对本学会工作的批评、建议权和监督权;

(六)入会自愿、退会自由权。

第十一条 会员履行下列义务:

(一)执行本学会的决议;

(二)维护本学会的合法权益;

(三)积极参加本学会组织的各项活动,完成本学会交办的各项工作;

(四)撰写有关货币历史、钱币知识方面的论文,积极向各级钱币刊物投稿;

(五)按规定交纳会费;

(六)向本学会反映会员的意见、要求,并积极向本学会提供所需的有关材料。

第十二条 会员退会应告知本学会秘书处、理事会,并交回会员证。会员不履行职责或连续2次不参加本学会活动的,视为自动退会。

第十三条 会员如有严重违反本章程行为,经理事会表决通过予以除名。

第四章 组织机构和负责人产生、罢免

第十四条 本学会的最高权力机构是会员大会。会员大会的职权是:

(一)制定和修改本学会章程;

(二)选举和罢免理事;

(三)审议理事会的工作报告和财务报告;

(四)研究和决定本学会阶段性的工作和任务;

(五)决定本学会其他重大事宜;

(六)决定终止事宜。

第十五条 会员大会须有2/3以上会员出席方能召开,其决议须经到会半数以上会员表决方能生效。

第十六条 会员大会每届四年。因特殊情况需提前或延期换届的,须由理事会表决通过,经中国人民银行丽水市中心支行同意,报丽水市民政局批准。延期换届最长不超过一年。

第十七条 理事会是会员大会的执行机构,在闭会期间领导学会工作。

第十八条 理事会的职权是：

（一）执行会员大会的决议；

（二）选举和罢免会长、副会长、秘书长；

（三）选举和罢免学会法人代表；

（四）筹备召开会员大会；

（五）向会员大会报告工作和财务状况；

（六）决定会员的吸收和除名；

（七）领导本学会开展工作，制定内部管理制度；

（八）决定学会其他重大事项。

理事会须有2/3以上理事出席方可召开，其决议须经到会理事2/3以上表决通过方可生效；理事会每年至少召开一次会议。

第十九条 理事会下设秘书处，负责处理学会日常事务工作。

第二十条 本学会会长、副会长、理事、秘书长必须具备下列条件：

（一）坚持党的路线、方针、政策、政治素质好；

（二）在本学会业务领域内有较大影响；

（三）会长、副会长、法人代表、秘书长最高任职年龄不超过70周岁；

（四）身体健康，能坚持正常工作；

（五）具有完全的民事行为能力。

第二十一条 本学会会长、副会长、法人代表、秘书长经理事会产生，报中国人民银行丽水市中心支行和丽水市民政局批准备案。以上任期最长不得超过两届，因特殊情况需延长任期的须经会员大会2/3以上会员表决通过，报中国人民银行丽水市中心支行，并经丽水市民政局批准后方可任职。

第二十二条 本学会法定代表人须经理事会选举产生，由学会会长或秘书长担任。

第二十三条 会长行使以下职权：

（一）召集和主持理事会；

（二）检查会员大会、理事会决议的实施情况；

（三）代表本学会签署有关重要文件。

第二十四条 秘书长行使下列职权：

（一）主持秘书处日常工作；

（二）组织实施学术研讨、经验交流、知识宣传；

（三）检查、指导县（市）级学会学术交流和研究工作；

（四）处理学会其他日常事务。

第五章 资产管理、使用原则

第二十五条 本学会经费来源：

（一）会费（包括单位会员、个人会员交纳会费）；

（二）中国人民银行丽水市中心支行和其他金融单位的补贴；

（三）政府及社会各界的捐赠；

（四）其他合法收入。

第二十六条　学会经费必须用于本章程规定的业务范围和事业的发展、学术成果评奖，不得在会员中分配。

第二十七条　本学会建立严格的财务管理制度，保证会计资料合法、真实、准确、完整。

第二十八条　本学会资产管理执行国家规定的财务管理制度，接受会员大会和财政部门及审计部门的监督。

第二十九条　本学会换届或更换法定代表人之前，必须接受具有审计资质的会计师事务所的财务审计。

第三十条　本学会的资产，任何单位、个人不得侵占、私分和挪用。

第六章　章程的修改程序

第三十一条　对本学会章程的修改，须经理事会表决通过后报会员代表大会审议。

第三十二条　本学会修改的章程须在会员大会通过后15日内，经业务主管单位审查同意，并报登记管理机关核准后生效。

第七章　终止程序及终止后的财产处理

第三十三条　本学会如需要注销，应由理事会提出决议。

第三十四条　本学会终止决议须经会员大会表决通过，并报业务主管单位和登记管理机关审查同意。

第三十五条　本学会终止前，须在业务主管单位的指导下成立清算小组，清理债权债务，处理善后事宜。清算期间，不开展清算以外的活动。

第三十六条　本学会经登记管理机关办理注销登记手续后即为终止。

第三十七条　本学会终止的剩余财产，在业务主管单位和登记管理机关的监督下，按照有关规定，用于发展与本学会宗旨有关的事业。

第八章　附　则

第三十八条　本章程经1989年9月9日会员大会表决通过。

第三十九条　本章程的解释权属本学会理事会。

第四十条　本章程自登记管理机关核准之日起生效。

第六节　丽水市银行业协会

2000年12月13日，经丽水市民政局批准，组建丽水银行同业协会。协会单位由工商银行丽水市分行、农业银行丽水市分行、中国银行丽水市分行、建设银行丽水市分行、丽水市邮政局、丽水市农村金融体制改革领导小组办公室6家，自愿组成非营利性行业自律组织。12月26日，中国人民银行丽水中心支行批复同意，正式成立丽水银行同业协会。内设秘书处。2001年1月2日，取得社会团体法人登记证书。

2002年7月30日，成立丽水银行同业协会维护银行债权工作部和丽水银行同业协会银行中间业务工作部。2003年4月8日，丽水银行同业协会银行中间业务工作部改为丽水银行同业协会银行服务收费工作部。2004年8月11日，成立丽水银行同业协会银行卡工作部。

2006年1月10日，经中国银行业监督管理委员会丽水监管分局同意丽水银行同业协会更名为丽水市银行业协会。4月24日，因工作需要，机构设置变更为丽水市银行业协会综合工作部、支付结算工作部、信贷管理工作部和银行卡工作部。2012年2月16日，成立丽水市银行业协会村镇银行工作部。2015年4月，开办《丽水银行业通讯》。

协会始终以促进会员单位实现共同利益为宗旨。遵守国家宪法、法律、法规和经济金融方针政策，依据《中华人民共和国商业银行法》《中华人民共和国人民银行法》《中华人民共和国银行业监督管理法》等法律法规，认真履行自律、维权、协调、服务职能，维护银行业合法权益，维护银行业市场秩序，提高银行业从业人员素质，提高为会员服务能力。组织会员开展银行从业人员资格考试或资格认证，开展形式多样的业务知识竞赛、球类活动、业余趣味活动，促进银行业的健康发展。

此期间，协会完善章程，以及行业自律、维权、文明服务、反不正当竞争、从业人员流动公约和从业人员职业操守等行业制度。建立并完善综合工作部、支付结算工作部、信贷管理工作部、银行卡工作部的培训、座谈会和文艺晚会等活动。《丽水银行业通讯》丰富了会员单位员工生活和交流，增强行业凝聚力和自豪感。

至2015年年末，理事单位从6家发展至16家、会员单位从62家发展至107家。协会积极开展行业自律、维权、协调、服务等各项工作，得到丽水市相关部门的肯定和会员单位的认可。2006年度、2010年度，被丽水市民政局评为先进民间组织。2010年，被丽水市民政局评为5A级协会。

丽水市银行业协会历届会长及理事、会员数一览表

表3-3-6

届数	日期	单位名称变更情况	地址	理事长或会长	理事单位数量(个)	会员数量(个)
第一届	2000年12月	丽水银行同业协会	解放街78号	陈高建	6	62
第二届	2002年3月	丽水银行同业协会	解放街78号	沈剑青	6	62
第三届	2004年3月	丽水银行同业协会	解放街78号	刘旭伟　屠敏强	6	68
第四届	2006年4月	丽水市银行业协会	中山街505号	崔　雷	7	69
第五届	2008年3月	丽水市银行业协会	中山街505号	马土文	10	72
第六届	2010年3月	丽水市银行业协会	中山街505号	徐晓伟	10	72
第七届	2012年4月	丽水市银行业协会	中山街505号	陈忠献　屠煜林	15	81
第八届	2014年7月	丽水市银行业协会	中山街505号	张　旭	16	96

附录：

丽水市银行业协会章程

（2014年6月9日第八届一次会员大会通过）

第一章　总　则

第一条　为了推动丽水市银行业持续、健康发展，维护银行业的正当权益，促进行业自律和加强

会员之间的业务协调与合作，由设在丽水市辖区内的各类银行金融机构自愿组成的行业自律组织、属行业性非营利性社会团体。

本协会中文名称为：丽水市银行业协会。

第二条　协会是经中国银行业监督管理委员会丽水监管分局审查批准、丽水市民政局批准登记注册的非营利性社会团体法人。本协会是浙江银行业协会团体会员。

协会地址设在浙江省丽水市中山街505号

第三条　协会的宗旨是以邓小平理论和“三个代表”重要思想为指导，坚持科学发展观，遵守国家宪法、法律、法规、政策，促进各会员的自律管理，加强会员之间的合作和联系，维护会员的共同利益，坚持协商、公平、公正的原则，协调会员之间的矛盾和问题，营造良好的经营秩序和平等竞争环境，在推动丽水社会经济发展中发挥应有的作用。

第四条　中国银行业监督管理委员会丽水监管分局，是协会的业务主管部门，丽水市民政局是社团登记机关，均对协会及其业务活动进行指导监督和管理。

第五条　本章程对协会会员及协会本身均具有约束力，任何一方均应遵守本章程及依本章程制定是的各项规则开展工作。会员大会通过的涉及会员业务经营的决议、业务规则和共同约定等，需报中国银监会丽水分局核准，报市民政局备案。

第六条　协会开展各项活动应遵循自愿、平等和民主集中原则。

第二章　职　责

第七条　以促进会员单位实现共同利益为宗旨，适应银行业改革和发展的需要，认真履行自律、维权、协调、服务职能。

第八条　协会履行下列行业自律职责：

（一）组织会员签订自律公约及其实施细则，建立自律公约情况检查和披露制度，受理会员单位和社会公众的投诉，采取自律惩戒措施，督促会员依法合规经营，共同维护公平竞争的市场环境。

（二）建立和健全银行业诚信制度以及所有会员单位和从业人员信用信息体系，加强诚信监督，协助推进银行业信用体系建设；推动实施行业标准和业务规则，提高行业服务水平；

（三）依据章程或行规行约，组织制定行业标准和业务规则；

（四）对于违反银行业协会章程、自律公约、管理制度等致使行业利益受到损害的会员，可按有关规定实施自律性处罚，并及时告知银行业监督管理当局；

（五）对涉嫌会员单位和从业人员违法违规的投诉件和发现的业内涉嫌违法违规的行为，要及时报告银行业监督管理当局，并做好银行业监督管理机构批转投诉件的调查处理工作。

第九条　协会履行下列行业维权职责：

（一）组织会员制定维权公约，通过开展区域信用环境评级，发布诚实守信客户或违约客户名单，实行联合制裁等措施，制止各种侵权行为，维护银行业合法权益；

（二）参与银行监管当局或有关部门组织的有关银行改革以及与行业权益相关的决策论证，提出银行业有关政策、立法和行业规划等方面的建议；

（三）向地方政府和银行业监督管理机构等部门反映妨碍银行业改革和发展的问题，建立与有关部门的沟通机制，争取有利于银行业发展的外部环境；

（四）组织会员开展行业维权调查，及时向会员进行风险提示，促进会员加强债权维护和风险管理。

第十条　协会履行下列行业协调职责：

（一）接受会员委托，协调与政府及有关部门之间的关系，协助银行业监督管理机构等部门，落实有关政策、措施；

（二）协调会员之间的关系，建立和完善行业内部争议调解处理机制，公正、合理解决各种矛盾争端，营造良好的业内环境；

（三）协调会员与社会公众的关系，加强与社会公众的沟通，维护会员与客户的合法权益；

（四）加强与新闻媒体的沟通和联系，制定突发事件新闻处理机制，及时有效引导社会舆论，维护银行业声誉。

第十一条 协会履行下列行业服务职责：

（一）建立会员间信息沟通机制，组织开展会员间的业务、技术、信息等方面的交流与合作，为会员提供信息服务；

（二）组织开展与境内外银行业金融机构及银行业协会的交流与合作；

（三）发挥行业整体宣传功能，协调、组织会员共同开展新业务、新政策的宣传和咨询活动，大力普及金融知识，提高公众的金融意识；

（四）组织开展业务竞技活动，增进会员间的了解和友谊，培育健康向上的行业文化；

（五）组织开展业务培训和银行从业人员资格考试，提高从业人员素质。

第十二条 法律法规规定的其他职责或银行业监督管理机构等有关部门和会员委托交办的其他事项。

第三章　会　员

第十三条　凡持有中国银行业监督管理机构颁发的“金融许可证”和工商行政管理部门颁发“营业许可证”在丽水市及辖内各类一级支行及其以上银行金融机构，承认协会章程，履行会员义务，均可以提出申请，经理事会讨论批准后，可成为协会会员。凡在市辖内设立二级分行的具有管理辖属金融机构职能的金融机构或理事会认为有必要进入理事会的新型农村金融机构可选为理事会员。

协会的理事单位，可委派一名代表，代表必须是会员的法定代表人或主要负责人。理事单位的代表在任期内发生离任或调任情况时，可由该理事单位委派新的代表。会员实行“入会自愿，退会自由”的原则，每家会员均有一票表决权，由会员代表行使表决权。

第十四条　会员的权利和义务；

（一）会员享有下列的权利：

1、出席会员大会，行使审议权、表决权、选举权和被选举权；

2、有权向协会提出经济、金融工作及协会自身的工作意见和建议，享有对协会工作的批评监督权，并享有获得咨询服务的权利；

3、参加协会组织的各项活动；

4、在其合法权益受到侵害时，享有向协会寻求保护、协调、支持的权利；

5、优先获得协会提供的涉及银行管理、经营、信息、培训等方面的服务。

（二）会员承担下列的义务：

1、遵守各项法律、法规和协会章程，履行协会制定的各项行业自律公约，执行协会通过的各项决议；

2、关心支持协会工作，承担或协助完成协会委派的各项任务；

3、维护同业的合法利益，按时足额交纳会费；

4、向协会反映情况，接受协会的咨询调查，提供必需的业务资料。

第十五条　会员违反本章程和行业自律制度及有关规则、决议等，经理事会或会员大会表决通过，给予下列一项或多项处理。

（一）经理事会决议给予的处理：

1、警告；

2、协会内部通报；

3、同业公开谴责；

4、协会内部处理，包括违约处罚；

5、建议监管部门给予处罚。

（二）经理事会决议提交会员大会表决通过给予的处理：

1、暂时停止行使会员权利一至六个月；

2、情节严重的，给予取消会员资格处理。

被处分的会员有权向理事会或会员大会提出申诉，理事会或会员大会应对申诉作出裁决。

第十六条　会员要求退出协会，必须提前三个月向协会提出书面申请，并付清一切应缴纳协会的费用，由协会发出通知后，其会员资格才终止。会员单位依法撤销，会员资格自行终止。

第四章　组织机构

第十七条　协会的最高权力机构为会员大会。会员应委派其法人代表或主要负责人出席会员大会，法定代表人或者主要负责人不能出席时，由其指派其他高级管理人员出席。每一会员享有一票表决权。会员大会需有三分之二以上会员出席方能召开，其决议需经到会会员半数以上表决通过方为有效。

第十八条　会员大会行使下列职责：

（一）制定、修改协会章程和行业自律公约；

（二）选举和罢免理事；

（三）审议批准理事会的工作报告；

（四）审议批准协会年度财务收支报告和下年度财务预算；

（五）审议决定协会工作的重大事项；

（六）对违章的会员作出处理决定。

第十九条　会员大会每届为三年，提前或延期换届须经理事会表决通过，并向丽水银监分局报备。但延期换届最长不超过一年。会员大会每年召开一次，经理事会或三分之一以上会员提议可召开临时会员大会。经理事会或三分之二以上会员提议，可召开临时会员大会。因特殊情况需要提前或延期换届，经由理事会表决通过。

第二十条　协会设理事会，理事会是会员大会的执行机构，会员大会闭幕期间，领导本协会开展日常工作，对会员大会负责。理事会每届任期三年。理事由会员大会选举产生。理事如发生离任情况，由该理事单位提出新的人选，并由理事会提交下一届会员大会认可。

第二十一条　理事会负责协会的日常工作，行使下列主要职责：

（一）主持召集会员大会，建议召开临时会员大会；

（二）执行会员大会的各项决议；

（三）提出修改协会章程和行业自律公约的制订、修改和变更议案；

（四）向大会报告协会财务预、决算状况；

（五）向大会报告协会年度工作；

（六）选举会长、副会长；聘任或者解聘顾问、秘书长、副秘书长；

（七）决定对违反协会章程及行业自律公约、业务规范、工作规则的会员处分或提出处分建议；决定会员入会，批准会员自愿退会；

（八）制定重要的管理制度，确定秘书处工作；

（九）研究和决定协会的其他重要事项。

第二十二条 理事会设会长一名、专职副会长一名，副会长二名，任期三年。会长、副会长由理事会选举产生。会长或副会长和理事在任期内如发生离任等情况时，继任者自动接任前任在协会的任职并经理事会通过确认。专职副会长、秘书长任职年龄原则上不超过65周岁。

会长是理事会的法人代表，领导理事会日常工作，召集并主持理事会议，组织、领导理事会的各项重大活动，签署协会的决议和重要文件，负责协会的各项重大工作。副会长协助会长工作。如会长因故不能参加理事会会议及其他活动，可委托副会长代替行使会长职权。协会设会长办公会议，会长办公会议成员为会长、副会长、秘书长，有关日常工作事务由会长办公会议研究决定。

理事会须有三分之二以上理事出席方能召开，其决议需经到会的三分之二以上理事表决通过方能生效。各县（市）成立协会联络处，由当值会长的辖属会员单位领导为联络处主任，遵循《银行业协会工作指引》和协会《章程》，在当地银监办指导下开展工作。

第二十三条 理事会设秘书处，具体负责处理协会日常工作，对理事会负责。秘书处负责组织实施协会的决议、决定；反映会员行有关业务活动的开展情况；促进、加强会员之间及银行业之间的交流与合作；协调处理会员之间的争议，维护会员的合法权益；组织、承办协会的有关会议、考察、培训等活动；督促检查协会议定事项的落实；起草提交大会、理事会研究事项、文件议案等；办理协会的财务收支，保管协会财物、文档；指导、协助各专业工作部开展工作；承办协会其他日常性事务等。秘书处的大批量文印、较大型会议的后勤、交通工具等，由当值会长的机构承担。

第二十四条 秘书处设秘书长一名、副秘书长若干名。专职秘书长、副秘书长由会长提名，经理事会讨论通过后聘任。每届任（聘）期三年，可连聘连任，秘书长主持秘书处日常工作。行使下列职权：组织实施年度工作计划；组织、协调各机构开展工作；负责协会经费在授权范围内的开支审批；加强与银监分局、市人民银行及政府有关部门联系与沟通；决定秘书处工作人员的聘用；抓好秘书处自身建设和内部管理等。

第二十五条 会长单位原则上在分支机构比较齐全、服务功能较完整的工、农、中、建、农信中轮值，副会长单位按其他金融机构进驻丽水时间顺序轮值，随会员大会换届而相应轮换。会长、副会长、秘书长必须具备下列条件：

（一）符合民政部关于社团组织主要负责人的任职基本条件；热爱协会工作；在银行界有较大影响和较高声望；从事金融工作6年以上或其他经济工作9年以上并在有关单位担任过相应领导职务；

（二）身体健康，能坚持正常工作；

(三)作风严谨,办事认真、务实、公道,有一定的协调公关能力;

(四)具有完全民事行为能力。

第二十六条 协会根据发展需要,经理事会同意,可成立若干专业工作部(专业委员会,下同);各专业工作部设正、副召集人各一名,成员若干名,由理事会推荐产生。

各专业工作部是协会的内设职能部门,受理事会领导。各专业工作部的年度工作计划应报理事会通过后实施。其必需的费用,在协会的经费中列支。

第二十七条 会员大会由会长主持,会长因故不能参加时由副会长主持,主持人要在会议记录上署名。

会长除可作为会员单位行使表决以外,当赞同、否决票数相同时,可行使最后决定权。

第五章 资产管理

第二十八条 协会经费来源:

(一)会员交纳的会费;

(二)接受赞助和捐赠;

(三)在核准的业务范围内开展活动或服务的收入;

(四)其他合法收入。

第二十九条 协会依据章程规定的业务范围、工作成本等因素,收取会员会费。遇有重大活动,经理事会议决定可以临时加收或摊派经费。

第三十条 协会经费应实行预算制,并遵循合理负担的原则,支出必须用于本章程规定的业务范围和事业的发展,不得在会员中分配。

第三十一条 协会配备具有专业资格的会计人员。会计不得兼任出纳。会计人员必须进行会计核算,实行会计监督。会计人员调动工作或调离时,必须与接管人员办清交接手续。

第三十二条 协会的资产管理必须执行国家规定的财务管理制度,接受会员大会和有关部门的监督。保证会计资料合法、真实、准确、完整,定期向理事会及会员大会报告财务收支情况。

第三十三条 协会专职工作人员的工资和社会保险、福利待遇,参照国家对事业单位的规定执行。

第六章 章程修改

第三十四条 对协会章程的修改,须经理事会表决通过后报会员大会审议决定。

第三十五条 协会修改的章程,须在会员大会通过后15日内,报经业务主管单审查同意,并报社团登记机关核准。

第七章 终止及财产处理

第三十六条 协会完成宗旨或自行解散或由于分立、合并等原因需要注销的,由理事会提出终止动议。

第三十七条 协会终止动议须经会员大会表决通过,并报业务主管单位审查同意。

第三十八条 协会终止前,须在业务主管单位及有关机关指导下成立清算组织,清理债权、债务,处理事后事宜。清算期间,不开展清算以外的活动。

第三十九条 协会经社团登记管理机关办理注销手续后,即为终止。

第四十条 协会终止后的剩余财产,在业务主管单位和社团登记管理机关的监督下,按照国家有关规定,用于发展与协会宗旨相关的事业。

第八章　附　则

第四十一条　本章程经会员大会表决通过，自社团登记管理机关核准之日生效。本章程由理事会负责解释。

第七节　丽水市保险行业协会

2002年12月12日，丽水市保险行业协会成立，是经丽水市民政局登记注册的非营利性社会团体法人，归属浙江保监局监管。2010年后，由温州保监分局接管。主管部门对协会及其业务活动进行指导、监督和管理。办公地点：2002年12月设在丽水市灯塔街284号4楼；2013年4月，迁至丽水市开发路701号3—4楼。会员单位为经保险监管部门批准成立的丽水市辖内保险公司各级分支机构。单位会员设会员代表1人，代表其在协会履行职责。会员代表应当是会员单位的法定代表人或主要负责人。凡经保险监管部门批准成立的丽水市辖内中心支公司以上保险公司均可当选为理事单位。理事必须由理事单位的法定代表人或主要负责人担任。

丽水市保险业协会的最高权力机构为会员代表大会。理事会是会员代表大会的执行机构，由会员代表大会选举产生，在会员代表大会闭会期间行使职权，对会员代表大会负责并报告工作。理事会设会长1名、常务副会长1名(原则上产、寿分设)、副会长2名(原则上产、寿分设)，会长、常务副会长和副会长须通过理事会选举产生，并经保险监管部门审查同意后，报社团组织登记管理机关核准登记，每届任期2年，可连选连任。理事会下设立的秘书处为日常办事机构，对理事会负责。秘书长人选可以由保险监管部门提名，可以由会长、2名副会长或3名理事提名，也可面向社会公开招聘。秘书长每届任期4年(其中，试用期1年，试用期满后由保险监管部门进行考核，考核合格后予以转正)，可连选连任，经保险监管部门审查同意，报社团组织登记管理机关核准登记。社团秘书长为社团理事和常务理事，可兼任副会长。

丽水市保险行业协会第一届成立大会审议通过协会章程，第二届、第三届、第四届通过协会章程(修订稿)。从第二届开始，每次换届大会审议通过上一届理事会工作报告、财务决算报告；第一届和第二届大会还分别通过《关于建设和维护丽水公平竞争，规范运作保险市场秩序的决议》《关于打造诚信保险创立行业新风的决议》；第六届大会表彰丽水保险行业首届22位“最美保险人”。大会闭会期间，丽水市保险业协会历届理事会和秘书处发挥“自律、维权、协调、交流、宣传”职能作用，承担或协助业内相关部门开展行政、事务性工作。

历届丽水市保险业协会会长及理事、会员数一览表

表3-3-7

届　别	成立或换届时间	会　长	理 事 数	会 员 数
第一届	2002年12月	朱小伟	8	49
第二届	2005年3月	叶咏蓁	10	55
第三届	2007年7月	朱小伟	13	86
第四届	2009年11月	张关湘	19	158

续表 3-3-7

届　别	成立或换届时间	会　长	理事数	会员数
第五届	2011 年 12 月	刘　茸	20	115
第六届	2014 年 1 月	占志伟	22	119

附录：

丽水市保险业协会工作择要记录

一、自律并整顿保险行业行为规范

2003 年 1 月 28 日，首次签订并实施《丽水市保险行业车险自律公约》；4 月 9 日，首次签订并实施《丽水市寿险银行（邮政）保险业自律公约》。7—11 月，清理整顿保险兼业代理市场，首批初审上报浙江保监局保险兼业代理机构 176 家，核准 103 家，占比 58.52%。

2003 年7 月，保险从业人员资格考试在丽水电大首次开考纸质考试（季考）；2006 年 7 月 26 日，电子化考试中心正式在丽水电大开考，实现当天报名当天考试；2010 年 3 月，转由丽水市保险协会独立承办（据《浙江保监局关于停止保险代理人员资格考试的通知》，于 2015 年 6 月 12 日停止考务工作）。2006 年 7 月至 2015 年 6 月，累计接收参加资格考试人数 4.7 万余人次，安排考试 1700 多场。

2006 年 4 月 23 日，召开丽水机动车辆保险自律规范大会。全市 5 家产险公司及所辖分支机构达成自觉遵守行业自律规则、抵制车险市场无序竞争、接受公众监督共识。

2014 年 4 月，印发《丽水市保险行业保险销售从业人员“不良记录名单”暂行管理办法》，于次月起实施。

2015 年 12 月 14 日，丽水市安全生产委员会印发《丽水市安全生产责任保险暂行办法》通知。

二、维权并保持与市消保委联系工作机制

2011 年 12 月 14 日，成立丽水消保委保险消费维权监督站。保持与丽水市消保委联系工作机制。2012 年 9 月 12 日，举行丽水市保险争议仲裁分会授牌成立大会。11 月，转发《丽水市人民政府办公室关于开展火灾公众责任保险工作的通知》。2013 年 10 月 29 日，成立丽水市保险行业人民调解委员会。

2014 年，遇“8·20”洪灾。启动自然灾害紧急预案、运转车险洪涝灾害理赔行业协作机制、执行行业理赔会商制度；指派调解人员进驻保险公司，发挥第三方调解作用，确保灾害理赔有序推进。据统计，全市共有 12 家保险公司接到洪灾有效报案 3839 件，结案 3629 件，结案率 94.53%，赔付保险金 14377.22 万元。

2015 年 3 月 18 日，组织召开丽水保险业消费者权益保护工作媒体座谈会。22 家市级保险机构负责人参加座谈，就保险消费者关心与疑惑问题作现场解答。11 月 13 日，迅速应对莲都区雅溪镇里东村山体滑坡，在救灾理赔同时发起捐款倡议，2500 余人捐款 20 余万元，捐赠给里东村灾民。

三、协调并与相关部门建立工作和服务机构

2009 年 3 月 4 日，召开县（市）级财产保险联络协调小组（试点）启动大会，建立县（市）级财产保险联络协调小组工作制度。2012 年 5 月 22 日，会同丽水市公安局组织召开丽水保险业配合公安机关“破案会战”动员大会暨“丽水保险业反保险欺诈中心”成立大会，联手搭建信息共享、情报汇集、办案协作、宣传教育"四大平台"。2013 年 4 月，牵头促使中国人民财产保险股份有限公司丽水市分公司与中华联合保险丽水分公司携手运作，丽水市正式成为食用菌特色农业保险试点城市。

2014 年 6 月 26 日，与丽水市公安局交警支队联合组建丽水市首家交通事故快速处理保险理赔服务中心正式运行。8 月 13 日，邀请市公安经侦支队副支队长程勇鸣对市级保险理赔人员举行反保险欺诈培训。2015 年 7 月 1 日，与市公安交警联合开通轻微交通事故网上快速处理系统。

2015 年 10 月 26 日，丽水市食安办、市场监管局、金融办联合印发《进一步推进食品安全责任保险试点工作指导意见的通知》。

四、交流经验，创新发展市辖保险业

2010 年 12 月 14 日，丽水市政府召开全市保险业发展工作调研座谈会，邀请温州市政府相关部门、保监分局、保险协会、人保财险、中国人寿作经验介绍。丽水市常务副市长沈仁康对丽水保险业提出"四个强化"要求，强化规范意识、强化服务意识、强化发展意识、强化创新意识。同月 17 日，举行首次由市政府组织召开全市保险工作会议，总结"十一五"保险工作经验，制定"十二五"保险业发展目标任务。丽水市政府与浙江保监局签订《推进丽水保险业发展合作备忘录》，出台《丽水市人民政府关于促进保险业改革发展的补充意见》。

2011 年 8 月，开展丽水市"学平险创新"改革试点工作。丽水市金融办、市监察局、市教育局联合出台《关于印发 2011—2012 学年丽水市学生平安保险实施方案的通知》，3 家承保公司联合向社会公布《丽水市学平险承保与理赔服务承诺书》。11 月 18 日，丽水市政府及相关部门在景宁畲族自治县组织召开全市保险服务民生示范区建设工作现场会，部署全市保险服务民生示范区建设工作，出台《关于开展保险服务民生示范区建设的实施意见》。2014 年 7 月 3 日，市级 16 家保险机构开展"关爱困难儿童，让爱随行"公益活动，筹得爱心基金近万元。20 余名志愿者代表丽水保险业赴万地爱心儿童福利院看望儿童，并捐献爱心物资近 20 箱。2015 年 3 月 4 日，中国太平洋财产保险股份有限公司丽水中心支公司、丽水莲都农村商业银行联合推出"丰收·惠民"小额保证保险贷款项目并举行启动仪式，丽水市政府副市长徐子福参加并要求政府相关部门密切配合支持推进工作。4 月底，丽水市保险业协会与莲都区法院联合出台《关于建立诉调对接机制的若干意见(试行)》。12 月 25 日，丽水市人民政府办公室印发《关于进一步加强保险业服务经济社会和谐发展的实施意见》。

五、贯彻执行"国十条"及实施意见

2006 年 12 月 28 日，丽水市政府组织召开全市保险业改革发展工作座谈会，传达贯彻国务院《关于加快保险业改革发展的若干意见》(简称"国十条")和省委、省政府《关于加强保险业改革发展的实施意见》。缙云县政府、市发改委、市公安局、市人劳社保局、市教育局、市卫生局作交流发言。会后出台《丽水市人民政府关于促进保险业改革发展的实施意见》。2013 年 7 月 8 日，丽水市保险业协会联合丽水市金融办在全市 9 县(市、区)人流量密集公众场所同时开展丽水保险业"保险服务民生"专项宣传暨全国保险公众宣传日活动。市本级在莲都区纳爱斯广场进行活动启动仪式，温州保监分局、丽水市政府及所属部门、媒体和市各保险公司 200 余人参加仪式。2014 年 11 月底，举办"丽水市保险行业首届保险知识竞赛"。竞赛内容以"新国十条""省十条"以及保险法等有关的理论知识与实务运用为基准，市级各保险公司组队参赛，以初赛、复赛、决赛的形式，综合考察参赛人员综合素质水平。2015 年 4 月 28 日，丽水市保险业协会召集在丽 13 家产险公司举行洪涝灾害车险理赔协作演练。

六、争先创优履职助建保险先进行业

2007年1月16日，丽水市保险业协会被评为“2006年度丽水市先进民间组织”，并在全市先进民间组织表彰会上作交流发言。2012年初，丽水市保险业协会被浙江保监局评为“2011年度浙江保险优秀社团秘书处”。2014年3月13日，丽水市保险业协会被市消保委评为2013年度消费维权先进集体。2015年2月15日，丽水市政府召开2014年度市级金融机构支持地方经济发展业绩考评通报会，表彰2014年支持地方经济的19家市级保险机构及丽水市保险行业协会。

第四编 银行业务

1949年5月，丽水地区解放后，丽水金融业迅速建立，金融业务从小到大，逐渐发展壮大。1978年以前，全区实行计划经济时期，金融发展高度地受控于政府，发展较为稳定，且形式单一化，规模化程度较为缓慢。1978年中共十一届三中全会以后，随着改革开放，融合多种金融形式，不断完善金融事业，银行业务取得较快发展，相继建立四大专业银行，业务范围逐步扩大。1991年以后，随着金融体制改革的不断深化，丽水金融市场逐步形成以银行为主体，保险、证券、期货等多种金融机构并存的金融发展格局，银行业务发展迅速、业务规模快速增长，资产质量不断提高，盈利能力日益增加，金融产品、金融工具不断创新，丽水金融业为地方经济的发展提供了良好的支持与推动作用。

丽水银行业务主要有人民币存贷款业务、结算业务、外汇业务、中间业务等。人民币存贷款业务从1991年至2015年出现了几次较大的增长，存贷款余额持续增加。至2015年年末，全市金融机构人民币存款余额1963.46亿元，贷款余额1491.81亿元。结算业务发展迅速，结算方式丰富多样化，支付体系日臻完善；外汇业务打破中国银行丽水市分行一家独办局面，经营主体逐渐增多，业务产品逐渐丰富；中间业务发展迅速，逐渐成为银行业新的盈利重点。

第一章 人民币存款

存款是金融机构的一项基本业务，发展历史较早，从古代信用机构——质库，到明清时期的典当和后来的钱庄，都具有存款业务。现代银行业对存款业务非常重视，是银行最重要的信贷资金来源，成为“立行之本”。

1949 年 5 月，丽水解放。同年 7 月，中国人民银行丽水支行建立，全区各县人民银行分支机构（办事处）相继建立，相继开办各项存款业务。1950 年，中华人民共和国成立初始阶段，丽水地区经济基础薄弱，全区银行存款仅为 33 万元。1978 年，全区银行存款 1.23 亿元，占 GDP 的比重为 25.79%。随着改革开放的不断深化，丽水地区存款业务得到新的发展。特别是进入 20 世纪 90 年代后，日渐成熟的金融市场繁荣发展，存款业务更是快速壮大。1999 年年末，丽水地区各项存款余额 137.12 亿元，高出当年生产总值 14.95 亿元近 10 倍。

2000 年 7 月丽水撤地设市后，经济快速发展，社会财富迅速增加，存款以年均速度递增 20%。至 2015 年年末，丽水市金融机构人民币各项存款余额 1963.46 亿元，比 2000 年增长 12.7 倍。

第一节 工商业存款

存款形式

民国时期，银行存款有财政性存款、同业存款、企业存款、个人存款、储蓄存款；按期限又分定期存款和活期存款。同业存款包括钱庄存款，通常列入活期存款。储蓄存款分定期储蓄、活期储蓄。丽水地区经济不发达，银行存款对象主要是政府机关，个人存款占比很小。民国 27 年（1938）年末，国民政府颁布《节约建国储金条例》，开办节约建国储蓄业务，并在各地建立劝储组织，均因物价上涨，币值下跌，国币储蓄券难以推销。在金华、兰溪、永康等地的银行，沦陷后撤移到丽水、龙泉、江山等地期间，银行的信贷基本上只有支付，很难吸收存款。抗战胜利后，从民国 35 年（1946）3 月开始，因蒋介石发动内战，市场物价进入新一轮暴涨。工厂倒闭，商人囤积物资，居民抢购商品和银元，货币储蓄和存款业务无法开展，金融陷入困境，濒临崩溃。

解放以后，银行的存款主要分财政性存款、农村存款、企业存款和城镇储蓄存款。储蓄存款的种类比较多，不同时期存款种类和利率不同。储蓄存款又分定期存款和活期存款。

1950 年，中国人民银行丽水中支指导辖内各支行（办事处）开办定活两便储蓄、零存整取定期贴花有奖储蓄存款。1951年，开办货币定额储蓄、农村爱国有奖储蓄；因农村金融机构尚不健全，一时无法给储户方便，停办农村爱国有奖储蓄；至1955年，因易产生流通转让等弊端，停办货币定额储蓄。1953年，办理优待农民售粮储蓄；1955年，停止办理。

1979年改革开放以来，丽水市经济发展较快，中小企业增加，城乡居民收入提高，为银行存款增加提供经济基础。银行加强组织存款，筹集信贷资金，为支持地方经济发展，增加信贷投入成为可能。

1981年1月，各银行开办实物有奖储蓄。翌年1月，开办有奖有息储蓄。1984年，开办存贷结合建房储蓄。1985年1月，开办存贷结合"牡丹彩电储蓄"。1988年2月，举办化肥奖售储蓄；9月，开展保值储蓄；12月，开办实物摸奖储蓄。1989年3月，开办工资转存定期储蓄；4月，银行开办累进存期储蓄；5月，开办大额定期定额储蓄。

1991年12月，中国人民银行决定暂停办理保值储蓄；1993年7月，恢复办理保值储蓄业务；1996年4月1日，经国务院批准停办。华侨储蓄存款作为吸收外汇措施之一，因国家外汇储备快速增加导致作用减弱。1996年5月1日，中国人民银行《关于降低金融机构存、贷款利率的通知》中，决定取消华侨储蓄存款和8年期定期储蓄存款种类，华侨人民币储蓄与城乡居民人民币储蓄存款合并。同日，丽水市遂昌县银行业停办该业务。1992年7月，银行开办住房专项储蓄。2000年1月，住房公积金贷款开始发放，办理政策性住房金融业务，住房专项储蓄停办。

1994年8月，银行开办个人通知存款业务。1997年7月1日后，不再设二年期、三年期单位和个人通知存款利率档次，通知存款最长存期利率档次为一年。

1998年12月7日，中国人民银行决定，正式增加城乡个人和单位协议存款、一天通知存款、七天通知存款等3个存款种类，并公布相应存款基准利率。新开办的3个存款品种利率比活期存款利率高，比定期存款利率低。至1999年，丽水地区国有银行机构相继开办3个存款品种。

1999年4月16日，中国人民银行发布《个人存款账户实名制规定》，以规范金融机构的经营行为，完善金融监管基础。2000年4月1日，正式实施《个人存款账户实名制规定》，丽水地区银行业全面实行存款实名制度，停办不记名存款业务。个人开立各种人民币、外币存款账户，须凭个人有效身份证件办理。规定实名身份证件有身份证、户口簿、军人(武警)身份证件、港澳居民往来内地通行证、台湾居民来往大陆通行证、护照等。代理他人开立存款账户，代理人须出示被代理人和代理人的身份证件。2008年8月,中国人民银行通知要求，金融机构加强对银行账户实名制制度执行力度，维护正常经济金融秩序。

1999年9月1日起，经中国人民银行批准，正式施行《中国工商银行教育储蓄试行办法》。鼓励城乡居民以储蓄存款方式，为其子女接受非义务教育储蓄资金，促进国家教育事业健康发展。8月30日，第九届全国人大常委会第十一次会议通过《关于修改〈中华人民共和国个人所得税法〉的决定》,国务院决定即日起对城乡居民储蓄存款利息所得开征利息所得税（简称利息税），税率20%，由金融机构代为征收，存款人为子女储存的专项教育储蓄存款免征利息税。2007年8月15日，利息税税率由20%下调为5%。2008年10月9日，免征城乡居民储蓄存款利息税，丽水市银行业亦停止代征利息税。

2015年1月15日，按照中国人民银行关于调整金融机构存贷款统计口径的通知要求，存款种类有境内存款、境外存款两大类。其中，境内存款又细分住户存款、非金融企业存款、广义政府存款（又分财政性存款、机关团体存款）、非银行业金融机构存款等4类。

企业存款

中华人民共和国成立初期，我国经济基础薄弱，境域内没有大公司大企业，均为生产制造小微企业，存款极少。1949年，企业存款仅有2万余元（折合新人民币，下同）。1950年，实行现金管理，机关、企事业单位除保留一定数量流动现金外，一律存入银行。至1950年年末，企业存款余额增至12万元。

1951年后，对私营企业进行社会主义改造，形成丽水地区第一批国有企业，并在此基础上加强对国有企业的资金管理，对商业、供销企业实行存、贷分户管理措施，企业存款快速增长。1952年年末，企业存款余额增至86万元。

1953年，国家开始实行第一个五年计划，工农业生产得到进一步发展。企业资金需求量增加，企业存款增幅较国民经济恢复时期减缓，年均增幅17.67%，其中1955年和1957年出现负增长。1957年年末，企业存款余额194万元，为1952年的2.26倍。

1958年，为支持“大跃进”生产，丽水地区信贷投放总量比1957年增长102.66%，同期派生存款大量增加。企业存款余额735万元，为1957年的3.79倍。1959年，企业存款大幅回落，余额比1958年减少469万元。1961年，贯彻中共中央对国民经济实行“调整、巩固、充实、提高”的方针之后，企业存款稳步提升。1965年，余额增至1047万元。1960—1965年，5年间年均递增19.7%。

1966年，“文化大革命”开始，工业生产时停时续，银行正常工作受到冲击，企业存款增长速度放缓。1966—1970年“三五”计划期间，企业存款年递增率为10.48%，远低于其他时期存款递增率。1972—1975年，进行全面整顿，经济恢复生机，银行工作始有起色，企业存款相应回升。“四五”计划期间（1971—1975），企业存款余额累计增加1462万元，年均递增率为13.07%。

1978年12月，中共十一届三中全会后，扩大企业经营管理自主权，实行利润留成，间歇资金增多。银行进行信贷资金管理体制改革。1980年开始，加强信贷资金管理，提高经济效益，试行“存贷挂钩，差额包干”办法。同年，对企业专户存款恢复计息，按月息1厘5毫计付利息。企业存款余额达到6227万元，比1978年增加2016万元，两年间增长47.87%。

1982年，银行开始开办企业界、事业、机关、团体等单位的定期存款业务，存期分1年、2年、3年3种，利率1年期为月息3‰、2年期为月息3.6‰、3年期为月息4.2‰。由于单位定期存款利息比往来户高，各单位把企业基金、利润留成以及其他提留等短期内不用的资金存为定期存款，使得企业存款余额逐年增加。同年年底，存款余额6766万元；1983年，增至7618万元。1984年，中国人民银行行使中央银行职能。1985年，对各专业银行实行“实贷实存”资金管理体制，提高各银行吸收存款的积极性，其中金额大、成本低、效益好的企业存款成为银行筹措资金的首选目标。1984—1985年，丽水地区经济取得高速发展，工农业生产总值分别增长14.90%和35.02%，社会各类经营单位间歇性资金增多，企业存款大幅度增加。1984年和1985年，银行存款分别增加43.67%和78.65%。

“七五”计划时期（1986—1990），丽水乡镇企业、个体私营经济快速发展。1988年，企业存款余额3.33亿元，比1985年增加1.7倍。1989年，受通货膨胀影响，企业存款增速大幅回落，同比增长2.06%。企业存款种类增加，单位定期存款、大额可转让定期存单、协议存款和通知存款等单位定期性存款大幅增加。至1990年年末，企业存款余额4.49亿元，比1985年增加1.3倍，年均增长18.11%。

“八五”计划时期（1991—1995），丽水乡镇企业发展迅猛，企业数量迅速增加。1995年，工业企业数量比1991年增加2倍多。年末，丽水地区企业存款余额达到19.52亿元，比1990年增加3.35倍。

企业存款年均增长率达到34.15%。

1996年,企业存款保持旺增势头。年末,存款余额25.51亿元,同比增长30.65%。1997年7月至1998年,受亚洲金融风暴影响,丽水经济发展速度有所放缓,企业存款增速相应趋缓。1997年和1998年,企业存款增速分别为11.92%和18.38%。

1999年,各金融机构加强存款营销工作,出台一些促进存款措施。如建设银行将企业存款工作作为"一把手工程"落实,优化人、财、物配置。年末,企业存款余额40.96亿元,比1998年增长21.19%。

2000年,丽水地区撤地区建制,设立地级丽水市,开始实施"工业强市"发展战略,把工业发展放在突出位置,以工业园区为载体,加大投入和招商引资,企业经济实力逐年增强,企业数量增加,企业存款迅速提高。2001—2003年,企业存款年均增幅24.11%。2004—2005年,受宏观调控政策影响,企业存款增长速度放缓,两年间增幅均小于11%。2005年年末,企业存款余额106.29亿元。

2006年,企业经营效益普遍好转,企业存款增长21.19%。2008年,受国际金融危机的影响,企业存款同比下降2.12个百分点。2009年,适度宽松的货币政策效应显现,信贷投放总量快速增加导致派生存款相应增加。丽水市经济开始走出低谷,PPI(生产资料价格指数)到第四季度开始由负转正,企业在去库存化的同时效益增长,可用资金明显增加。至年末,企业存款余额210.35亿元,比2008年增长49.68%。2010年,企业存款余额262.56亿元,余额同比增长24.82%,增速高于全部人民币存款增速9.11个百分点。2008年开始,部分企业看淡经济发展前景,扩张需求下降,资金向定期存款转化。2009—2010年,各金融机构信贷投放快速增长导致部分企业资金面较为宽松、企业在复杂的宏观环境下形成"现金为王"理念以及定期存单质押大幅增长,企业定期存款增长均高于活期,延续定期化趋势。"十一五"期间(2006—2010),企业存款年均递增19.82%。

2011年,受企业存款提用率上升、理财产品分流、存款派生效应减弱等多重因素影响,丽水市存款总体呈现弱势增长格局,企业存款出现"季末冲高"异常现象。2012年,全市陆续开工低丘缓坡开发利用、保障性安居工程、新农村建设等系列重点项目建设,存款派生能力较强的中长期贷款同比多增25.42亿元,带动企业存款的快速增加。2013年年末,全市企业存款余额335.49亿元。2014年,出现以丽水开发区、缙云工业园区为典型"两链"(资金链、担保链)风险,企业产销滑坡严重,企业资金紧绷,留存银行资金急剧减少。2015年年末,全市企业存款余额288.24亿元,余额比2013年下降14.08%。

第二节　财政性存款

财政存款

1949年7月后,由中国人民银行丽水地区支行代理财政金库,由此发生财政性存款。中华人民共和国成立初期,财经制度尚未完善,机关、团体与人民银行建立业务往来关系较少。1949年年末,丽水地区财政性存款余额3万元,主要是财政金库存款。

1950年,政务院颁布《关于统一国家财经工作的决定》《中央金库条例》《关于国家机关实行现金管理的决定》规定,决定国家财政收入由经收机关按规定时间全部缴纳同级金库。机关、团体、部队等单位除按规定保留一定数量的现金以备日常支用外，一律存入国家银行，统一管理，集中调度。此后，机关、团体、部队等单位均在银行开立账户，款项收付通过银行办理，逐步提高存取款速度。1952年年末，财政性存款余额136万元，占同期各项存款余额50.18%。三年经济恢复时期，财政性存款年均递增256.57%。

第一个五年计划时期（1953—1957），丽水地区社会经济发展，财政收入增多，财政性存款增加。1957年，全区财政性存款余额277万元，比1952年增加2.04倍。

“大跃进”期间（1958—1960），银行大量发放贷款，支持各行业的全面跃进局面。其间，财经纪律松弛，有的贷款被挪用于财政性支出，致使财政性存款迅速增加。1958年，财政性存款余额激增至1105万元，比1957年提高3.99倍；1958—1960年，平均存款余额870万元，比1957年增长3.14倍。1960年，中共中央、国务院发出《关于冻结、清理机关团体在银行的存款的指示》。同年12月25日起，丽水地区各银行根据中国人民银行浙江省分行要求，对机关、团体、部队、事业单位的专项存款、基建包干结余和自筹资金一律予以冻结。1962年，银行工作贯彻“当年平衡、略有回笼”的方针，执行《银行工作六条决定》系列政策规定，银行总存款余额比上年下降29.93%，其中财政性存款余额796万元，比1961年下降22.27个百分点。“二五”计划期间（1958—1962），财政性存款起伏波动。1958年、1961年，2个年份合计增长1171万元；1959年、1960年、1962年，3个年份合计负增长652万元。5年间，年均增长23.51%。

1964年，执行财政部、人民银行总行《关于处理各单位在银行冻结存款的具体规定》，对各部门、各单位冻结在银行的1961年以前的各项存款按不同性质不同方法进行处理。三年调整时期（1963—1965），财政性存款随着国民经济逐步好转而相应增长，增速较为稳定，分别增长5.15%、9.44%、19.43%。1965年年末，财政性存款余额1094万元。

1966年“文化大革命”开始，社会生产受到影响，国民经济徘徊不前。1966—1968年，财政收入连年下降。银行合理的规章制度被称为“管、卡、压”，财经纪律遭到破坏，工作削弱。财政性存款增幅减缓。其中，1969年和1974年出现负增长。1976年，财政性存款余额2686万元，比1966年增长1.12倍。十年间（1967—1976），年均递增率为7.8%。

1978年12月中共十一届三中全会后，社会主义商品经济迅速发展，工农业生产积累不断增多，财源扩大，财政性存款增加。1979—1984年，年均增速19.3%。1985年，中国人民银行行使中央银行职能后，建立强有力宏观调控体系，建设银行存贷款纳入银行信贷资金体系。信贷资金管理体制实行改革，相继恢复和建立专业银行，逐步过渡为商业银行，对县级以下机关、团体财政性存款作为专业银行一般性存款由其自行运用外，对原在一般机关、团体存款科目核算的非财政性存款转入单位其他存款，归属专业银行一般存款。对其余财政性存款，凡在各专业银行开户的，由各专业银行代理收缴后划交人民银行。年末，丽水地区财政性存款余额7338万元，比1984年末减少1897万元，同比下降20.54%。

国民收入分配渠道发生变化，企业存款和居民储蓄存款大幅度增长，而通过国家财政集中的资金增长缓慢。1990年，丽水地区财政性存款余额占各项存款总额的比重下降到8.93%。1997年起，部分预算内、预算外存款不再列入财政性存款范畴。1998年起，机关团体存款、地方基建存款和财政预算外存款划归金融机构一般存款。1999年，全区财政存款上升至1.72亿元，比1990年增加0.34亿元，财政存款余额占各项存款余额的比例下降至1.26%。

2000 年 7 月丽水“撤地设市”后，经济快速发展，税利来源扩大，财政收入增加，财政存款快速增长。年末，财政存款余额 2.54 亿元，同比增长 47.36%。至 2010 年年末，丽水市财政存款余额上升到 23.62 亿元，为 2000 年的 9.3 倍，年均增幅 25%，财政存款余额占各项存款余额 2.32%。

2011 年，丽水市工业化、城镇化加速发展，投资扩张势头较好，消费结构升级潜力较大，经济内生增长动力较强，全市人均 GDP(国内生产总值)突破 5000 美元。土地出让金一项达 69.47 亿元，为当年财政性存款余额的 2.48 倍，房地产行业的复苏兴起，推动地方财政收入稳步增长。2014 年，全市财政性存款余额 70.13 亿元，为 2010 年的 2.69 倍。年末，国务院颁发《关于进一步做好盘活财政存量资金工作》通知，对一般公共预算、政府性基金预算、转移支付结转资金等进行清理，并严格规范财政专户管理，按权责发生制核算财政各项资金，财政存量资金快速增长的趋势得到遏制，反映在财政性存款呈急剧下降趋势。 2015 年，财政性存款余额 50.36 亿元，比 2014 年减少 28.19%。

机关团体存款

1997 年以前，机关团体存款归并在财政性存款中，1998 年以后划归金融机构的一般存款单独统计。1998 年年末，丽水地区机关团体存款余额 1.84 亿元。2000 年丽水“撤地设市”后，机关团体存款快速增长。至 2010 年年末，全市机关团体存款余额 100.02 亿元，为 2000 年的 30.65 倍，年均递增 41.26%。

2011 年，丽水市各金融部门积极拓宽融资渠道，全社会融资总量稳步增加，总体呈现出“增长适度，结构优化，效益较好，经营稳健”的特征。全市机关团体存款余额 167.07 亿元。2013 年，浙江省委、省政府对丽水市做出“不考核 GDP 和工业产值”决定，并加大对丽水绿色发展的支持力度和资金转移力度。全市机关团体履职工作质量提高、内容增加。2013—2015 年，机关团体存款持续快速增长。至 2015 年年末，全市机关团体存款余额 276.08 亿元，比 2010 年增长 2.76 倍。

第三节　农业存款

农业存款，也称农村存款，主要是指乡镇企业、集体、个体农户以及农村信用社(转存款)在银行的存款，在银行的国、省农业存款。农业存款在 1993 年年底前称为农村存款，1994 年起改称农业存款。

解放初期，农村没有银行机构，没有农业存款。1950 年年初，中国人民银行丽水支行成立农村工作队，调查农业生产和人民币在农村流通情况。按照中国人民银行总行提出的“深入农村帮助农民解决困难、发展生产”指导思想，帮助农民尽快恢复生产。1951 年开始，全区农业生产得到快速发展，农村货币流通量增大。1953 年 2 月，辖内遂昌择川溪乡六村何岩珍农业生产合作社“试办信用互助组”，调剂农村资金余缺。

1954 年 5 月 11 日，龙泉县高塘乡红星信用社建立，成为辖区内第一个社会主义农村信用社。当年组织农业存款 57 万元。

1955 年 3 月，根据中国人民银行省分行确定的农村金融工作任务，中国人民银行丽水中心支行运用国家和信用合作组织的信用力量，广泛动员农村闲散资金服务于以发展互助合作为中心的农业增产运动，帮助贫困农民解决发展生产中的资金困难，大力巩固现有信用合作组织，积极开展业务，限制农村高利贷。年末，全市农业存款余额 78 万元。

1956 年,丽水城郊农村信用社,对投售农副产品价款采用非现金结算(指结算金额起点以上的投售款)。年末,全市农业存款增加很快,余额 87 万元。

1958 年,农村普遍搞"试验田"、放"高产卫星"、办"大食堂",农业成本增大,实际收益减少,农业存款下降。人民公社化后,农村信用社一律改为人民公社信用分部,信用社的人权、财权、资金权全都交给公社管理,失去自主权,组织存款的积极性下降。全区农业存款 183 万元,比 1957 年下降 42%。

1961 年 7 月,中共浙江省委批转省财政厅、中国人民银行省分行党组指示:"根据目前农村经济状况和社员群众要求,恢复农村信用社""公社各级组织要尊重信用社的独立自主经营权,不要乱加干涉"。至 1962 年年末,全区农村信用社基本得到恢复。1964 年起,农业存款余额逐步上升。至 1965 年年末,农业存款余额 477 万元。1966—1971 年,受"文化大革命"影响,丽水农村经济发展缓慢,第一产业产值徘徊不前,与此相对应,全区农业存款余额出现 4 年(1967 年、1969 年、1970 年、1971 年)负增长。

1972 年,国民经济经过全面整顿,丽水地区农业生产回升,农业存款逐步上升。1978 年,农业总产值 32301 万元,比 1971 年上升 26.6%,农业存款余额 2907.6 万元,比 1971 年增加 2.64 倍。1979 年,农村实行家庭联产计酬责任制,极大地调动农民生产积极性,农业生产发展加快,第一产业产值 32399 万元,比上年增长 16.7%。与此同时,中国人民银行丽水地区中心支行,根据省分行《关于改进农村信贷包干办法的通知》,调整农村信贷包干办法,农村信贷包干包到县一级,根据不同类型确定农村存款新增部分的使用比例。调动中国农业银行和农村信用社组织农业存款的积极性。年末,全区农业存款 4808.8 万元,比上年增长 51.1%。

1982 年,随着农村家庭承包责任制的推行,农业生产发展跃上新台阶,全区第一产业产值 43244 万元,比 1981 年增长 10.5%,农业存款年末余额 11184.8 万元,比 1981 年增长 19.1%。1983 年,农副产品投售款结算绝大部分采用现金结算。全区农业存款年末余额 11824.5 万元,比 1982 年增长 5.7%。

1986 年,浙江省人民政府下发《关于农村若干经济政策措施的通知》,要求大力组织农村存款,允许城乡交叉,互相竞争,提高服务质量,终于止跌回升。年末,全区农业存款 13786 万元,比上年下降 1.3%。1987 年,全区县级农业银行和信用社先后出台组织存款的考核办法,有效促进农业存款上升。至 1989 年年末,全区农业存款余额 13911 万元,比 1986 年增长 1%。

1990 年,农业银行、信用社开始使用计算机等现代化网络设备,营业网点建设上了新台阶。农业生产连年丰收、乡镇企业不断壮大,农村信用社存款大幅度上升。农业存数统计口径调整,将乡镇企业存款、国营农业存款、村办企业存款列入农业存款。1990—1993 年,全区农业存款大幅度上升。

1994—1996 年,农业存款统计口径又出现调整,农业存款仅指银行的农业存款,剔除农村信用社的农业存款部分,统计范围缩小,农业存款大幅度下降。

1997 年,重新把农村信用社的农业存款纳入农业存款统计范围。丽水地区金融系统加大信贷支农力度,农业存款飞速增长。1999 年 9 月,经过清产核资、分类处理、政府注资等阶段,全区有 97 家农村合作基金会并入农村信用社,涉及存款 3.43 亿元。2005 年,开始信用社产权制度改革,全部实行股份合作制一级法人体制架构。至 2010 年年末,丽水市农村信用社各项存款余额 184.75 亿元,人民币存款总量位居全市金融机构第一位。

2011 年,按照中国人民银行金融统计指标修订文件要求,实行按行业类型统计存款,不再单独统计农业存款类目。

第四节　储蓄存款

城乡储蓄存款

民国26年(1937)，开办集团储蓄，后连续开办节约建国储蓄、特种人寿储蓄、教育储蓄、发行乡镇公益储蓄、免缓兵役储蓄等多种储蓄。民国31年(1942)，储蓄(法币)余额27.96万元。民国37年(1948)，存款(金圆券)余额17840.29万元。

折实储蓄　1949年7月，中国人民银行丽水支行试办折实储蓄存款，即储户存款时，按前一天人行丽水支行公布的4种实物牌价(大米、面粉、白细布、煤炭)与储金额折成实物单位数量，取款时按前一天4种实物牌价换算成人民币支付本息。折实储蓄保障储户不受物价波动而蒙受损失。

保本保值储蓄　1950年7月，针对物价尚有波动，折实储蓄在物价下跌时不能保住原有本金、在物价上涨时不能保持原有币值的情况，中国人民银行丽水支行开办保本保值储蓄。此种储蓄优点：在市场物价上涨时，按折实储蓄存款保值；物价平稳或下降时，按照存入的货币储蓄保本。年末，为进一步调动群众存储的积极性，开办保本保值又能月月开奖的有奖储蓄业务。1952年7月，物价趋于稳定，保值储蓄停办，实行完全货币储蓄。

爱国生产有奖储蓄　1951年，结合增产节约运动，开办爱国生产有奖储蓄。1952年，增加整存零付到期储蓄、整存整取储蓄、存本付息储蓄等，满足人们对资金活动规律要求的多种存款需要，吸收社会闲散资金，较好地支持工农业生产的恢复和发展。1952年年末，储蓄余额45万元(折合新人民币)。

优待农民售粮储蓄　1954年，为配合国家粮食、棉花收购，鼓励农民储蓄，银行开办优待农民售粮储蓄。定期储蓄以农民出售粮食和棉花给国家所得的款项为存储对象，期限分1—6个月6种，到期凭存单一次提取本息，优待利率为1—3个月为月息1.2‰，4—6个月为月息1.5‰，均高于其他储蓄利率。为消除农民对粮食季节性差价顾虑，规定储蓄一律按国家收购粮价给予保本保值。1956年，丽水地区已基本完成对资本主义工商业的社会主义改造，工业生产取得新的发展，机关、企事业工资改革，储源增加。至1957年年末，城乡储蓄存款余额提高至281万元。

1958年，受“浮夸风”影响，储蓄“摆擂台”，存款自愿原则受干扰。之后，又经历三年困难时期。1962年，储蓄存款余额359万元，比1958年下降11.14%。1963年，国民经济逐步好转，城乡储蓄存款开始回升。至1965年，储蓄存款余额547万元。

“文化大革命”初期，存款利息被视为剥削受到批判，储蓄利率下降，储蓄种类减少，储蓄存款在萧条的形势下缓慢上升。1970年，城乡储蓄存款余额774万元。1966—1970年，储蓄存款余额年均增长7.19%，不到三年调整时期年均增长15.07%的一半。1972年，人民银行颁布新的《储蓄章程》，重申“存款自愿、取款自由，存款有息，为储户保密”的储蓄原则，使储蓄存款有所回升。至1978年，城乡储蓄存款余额2689万元，比1972年提高2.23倍。

1979—1987年，银行发挥利率杠杆作用，先后调高储蓄存款利率5次，并增加储蓄种类，增设储蓄网点，调整营业时间，充实人员，加强宣传服务，储蓄存款大幅度增长。至1987年年末，城乡储蓄存款余额54455万元，为1978年的20.18倍，年均增长40%。1988年，经济过热，物价上涨，储户支取存款抢购商品，储蓄存款严重滑坡。9月，国务院决定上调储蓄存款利率，开办保值储蓄，推出爱国定额定期储蓄和实物有奖储蓄，储蓄存款余额得以回升。1988年年末，储蓄存款余额56909万元，较上年增长4.51%。

1989—1990年，物价趋于稳定，城乡储蓄存款年均增长35.6%。1990年，储蓄存款余额首次突破10亿元，达到10.47亿元。1991—1995年，城乡储蓄存款继续保持旺增势头。1995年，余额44.86亿元，5年中年均增长33.79%。

1995年后，各金融机构树立"存款立行"观念，通过加大宣传力度、调整网点布局、增加储蓄种类、优化服务环境、落实责任制等措施大力吸收存款。中国银行丽水地区分行开发"希望、爱心有奖储蓄""就我发有奖储蓄""天堂居有奖储蓄"等储种；建设银行丽水地区分行推出"配套连环储蓄""不定额零存整取储蓄"和"一季发"有奖储蓄、"季季红"有奖储蓄、"六一"儿童卡储蓄以及定期定额奖售平价商品房储蓄等新储种，加快网点通存通兑，97个网点中有61个实现储蓄通存通兑。1996年，工商银行开发应用储蓄活期全省通存通兑；农业银行对余额在500万元以上的43个储蓄所增加投入，改进装潢，添置设备，实现电脑储蓄城区通存通兑；与农业银行脱钩后的农村信用社建立以存款市场占有率为主的考核体系，装修改造18个网点，新上电脑网点12个，提高网点吸储能力。1997年，中国银行丽水地区分行开办红领巾小银行储蓄活动，推广长城电子借记卡，开发"'97回归""转存式""纪念卡"和"'97百万住房有奖储蓄"等储种；农村信用社加快电子化建设，全年新增电脑网点16个，实现储蓄业务电脑化，建立协储员队伍，发挥社会力量吸储。1998年，农村信用社开展"庆祝全区农村信用社存款超20亿元"宣传月活动，新增电脑营业网点28个，装饰营业网点15处。1996—1998年，全区城乡居民储蓄存款持续稳定增长。至1998年年末，城乡居民储蓄存款余额78.56亿元，比1995年增长75.12%，3年间年均增幅为20.53%。

1999年，国家连续第7次降息、恢复征收利息税、规范财政预算外资金的专户管理、放宽证券市场的资金准入政策，给城乡居民储蓄存款业务带来一定的影响。至1999年年末，城乡居民储蓄存款余额86.5亿元，同比增长10.1%，增幅有所放缓。

2000年，居民储蓄存款通过国债、股市、房市等渠道继续分流，在三季度出现负增长。2000年年末，全市金融机构居民储蓄存款余款94.78亿元，同比增长9.57%。

2001年后，丽水经济快速发展，居民收入不断增加，同时由于消费市场后劲不足，居民投资渠道相对缺乏，加上各金融机构采取多种措施积极揽储，居民城乡储蓄持续增长。到2009年年末，城乡居民储蓄余额达到497.23亿元，比2000年增长5.25倍。2001—2009年，年均递增16.82%。

2010年，在通货膨胀压力上升、存款实际利率为负的情况下，资金寻求增值保值，个人投资意愿增强。2010年，从银行储蓄净流入证券机构8.89亿元。同年第四季度，上海、杭州等城市房产价格持续走高，个人向市外大、中城市的房产投资偏好进一步加强。2010年年末，城乡居民储蓄存款余额533.75亿元，同比上升7.34%。

2011年，延续个人投资意愿增强势头，城乡居民储蓄呈现"季末冲高"的弱势增长格局。2012年，在经济缺乏热点、投资风险加大、居民投资渠道收窄等多重因素影响下，银行体系外资金回流加快，储蓄存款增长较快。年末，储蓄存款余额831.89亿元，同比增长16.30%，高于各项存款增速2.26个百分点；占全部新增存款64.18%，同比提高17.48个百分点。2013年，银行理财产品、阿里巴巴"余额宝"等收益率明显高于银行同期存款利率的投资产品对储蓄存款冲击较大，储蓄存款增势回缓。2014 年 9 月，监管部门出台存款偏离度监管新规，存款“冲时点”转变为“重日均”。2015 年下半年，全国资本市场进入深度调整，投资者持币进入股市市场意愿明显增强，全市流入股市的资金量同比大幅增长。全年全市通过银行系统净流入股市的资金 65.20 亿元，同比增加 232.52%。城乡居民储蓄存款 1028.39 亿元。

邮政储蓄

清朝末期，丽水地区已有邮政汇兑；民国初期，已有邮政储蓄。1951—1953 年，邮政局曾代办人民银行储蓄业务，邮政局按存款余额向人民银行收取一定手续费。1953 年 9 月，根据邮电部、中国人民银行总行联合通知，终止邮局代理储蓄业务。1986 年，国家恢复邮政代理人民银行储蓄业务，统一执行国家储蓄利率标准，人民银行按代办余额支付一定比例手续费。遂昌县、庆元县等地邮电局先后恢复代理储蓄业务，种类有整存整取定期储蓄、活期储蓄、零存整取储蓄、有奖储蓄等。1988—1989 年，银行储蓄机构增加，竞争激烈，余额逐步下降。各区乡邮政分支机构人员代理吸收有奖储蓄，手续费按 5‰计付。1990 年，邮政储蓄向人民银行“缴存款”关系改变为“转存款”关系。邮政储蓄由邮电部门自办，邮电部门吸收储蓄（含长期保值储蓄）转存银行。人民银行对邮电部门支付转存款利息和保值储蓄贴息，停止支付邮政储蓄手续费和提供备用金。储户利息由邮电部门支付。邮电部门获得的利益，作为经营收入。1998 年，邮政、电信分营，代理储蓄业务划归邮政局。2001 年，邮政局设储汇管理中心，实行代理储蓄专业管理，并对代理网点进行调整，代理储蓄增长较快。2005 年 6 月，储汇中心升格为储汇分局，对代理业务规范管理。2008 年，邮政代理储蓄划归邮储行，邮政代理人民银行储蓄业务更名为代理中国邮政储蓄银行业务。2011 年，丽水市邮政储蓄存款余额 73.92 亿元。邮政储蓄依托城乡网点分布广，储户以农民、城郊居民和农村企业为主，结构相对稳定，有大力组织存款的优势。至 2015 年年末，全市邮政储蓄存款余额 121.77 亿元，比 2011 年增长 164.74%，占同期全市储蓄市场份额 11.84%。

若干年份丽水金融机构人民币各项存款年末余额一览表

表 4-1-1　　单位：万元

年份	各项存款	年份	各项存款
1949	5	1980	24774
1950	33	1985	67607
1952	271	1990	154530
1957	1005	1995	682828
1960	2167	1998	1192102
1962	2352	2000	1546386
1965	3071	2005	3743954
1970	5036	2010	10195405
1975	9139	2015	19634576
1978	12331	—	—

数据来源：中国人民银行丽水市中心支行金融统计年报

第二章　人民币贷款

贷款是银行及其他金融机构以增值偿还为条件的出借货币资金的信用活动形式，是银行主体业务之一。1949 年 7 月开始，丽水金融机构信贷业务随着经济发展而逐步扩大，贷款领域不断拓展，贷款种类日益丰富，其作用日益显著。1950 年，全区贷款总量 3 万元。至 1978 年，全区贷款总量增加到 1.45 亿元。29 年间，丽水贷款起伏波动较大，反映丽水经济建设和社会发展的曲折过程。随着改革开放不断深化，金融机构贷款总量也快速增长。至 1999 年年末，贷款总量增至 82.33 亿元。1978—1999 年，全区贷款年均增幅 21.19%。2000 年丽水"撤地设市"后，10 年间，全区贷款迅猛增长，年均增幅达到 24.16%。至 2010 年年末，丽水市金融机构人民币各项贷款 809.11 亿元。2011 年，全市经济继续推进结构调整和转型升级，金融与经济协调性进一步增强，社会融资方式趋于多样化，贷款结构调整契合经济发展需求，金融支持经济发展总体适度、有力，但信贷风险继续上升。至 2015 年年末，全市金融机构人民币各项贷款 1491.81 亿元。5 年间(2011—2015)，贷款年均增幅 48.54%。2015 年年末，全市金融机构不良贷款余额 37.07 亿元，较年初增加 4.54 亿元，不良贷款率 2.46%。

第一节　工商业贷款

工业贷款

解放初期，丽水地区工业经济基础非常薄弱，有 7 家工业企业和少数手工业作坊。1950 年，丽水地区开始发放工业贷款。年末，贷款余额 1 万元。1951 年后，通过对私营工业企业的社会主义改造，形成丽水第一批国有企业。至 1953 年，丽水地区工业企业发展到 100 家。工业经济的逐步扩大，工业贷款逐年增加。1953 年年末，工业贷款余额 26 万元。1954 年后，对公私合营工业、手工业发放贷款。1956 年，工业贷款重点支持森工工业，保证收购木材资金需要。至 1957 年年末，丽水地区工业企业数增至 348 家，贷款余额增加至 108 万元，比 1952 年年末增加 7.31 倍。

1958 年"大跃进"，银行贷款片面强调充分供应，支持大办工业，疏于监管，导致贷款过于严重失控。年末，余额增加到 497 万元，比 1957 年增长 3.6 倍。1959 年起，财政拨给企业的流动资金，划转人民银行发放贷款形式予以支持，由企业向人民银行借款，统一计算利息，实行"全额信贷"管理。同年，还将企业结算户与定额放款户合并，实行"存贷合一"，核定贷款额度内可以透支。1960 年年末，工业贷款余额1864万元。1958—1960年，工业贷款年均增长158.43%。

1961年7月1日起，取消全额信贷，实行国营工业企业定额内资金由财政拨款80%、银行贷款20%。同时，废止"存贷合一"制度。1962年1月1日起，银行只发放超定额贷款，不再参与发放20%的定额贷款。原先由银行参与发放20%定额贷款的企业，按1961年12月31日定额借款的账面数额，转作企业自有资金。1962年3月，中共中央下达银行工作"六条决定"，严格信贷管理，控制信贷投放。至1965年年末，工业贷款余额下降至322万元。

1966年"文化大革命"开始，资金管理不严，企业占用资金增大，贷款上升。至1971年年末，工业贷款余额2103万元，比1965年增长5.53倍。6年间，年均递增36.72%。1972年后，改善资金管理，贷款增幅减缓。1978年，丽水地区有工业企业994家，工业贷款余额2814万元。

1979年开始，实行"区别对待、择优扶持"原则，银行将贷款企业划分成一、二、三类。在贷款上对一类企业优先支持，对二类企业适当支持，对三类企业实行限制。1980年，把按行业择优、按企业择优、按产品择优三者结合起来，推行按经济合同发放贷款。工业贷款，开始逐步放弃单纯按计划发放贷款。随着改革开放的不断深入，丽水工业经济快速发展，银行对工业企业贷款支持力度也逐步加大。至1988年，丽水地区工业产值达到16.09亿元，比1978年增长6.9倍；工业贷款余额27155万元，比1978年增长9.65倍，年均递增25.44%。

1989年，根据"控制总量，调整结构，保证重点，压缩一般，适时调节"的货币信贷政策，集中解决一、二类企业流动资金。工业贷款余额同比增长16.32%。1990年，针对市场疲软，生产滑坡，企业经济效益大幅下降的情况，认真贯彻"稳定"政策，对亏损企业贷款作变通处理，分别不同情况给予适当支持，以帮助企业渡过难关。9月起，全区工业生产扭转负增长的局面，市场销售逐渐回升。1990年年末，工业贷款余额3.95亿元，比上年增长25.07%。

1991年，丽水地区信贷政策向大中型骨干企业倾斜，确定骨干企业44家，在贷款规模和短期贷款的运用上实行政策倾斜。1991年年末，全区工业贷款余额4.87亿元，同比增长23.37%。

1992—1995年，丽水地区工业企业数量迅速增加，工业产值较快增长。至1995年，有工业企业31214家，实现工业产值116.55亿元。工业贷款相应保持持续稳定的增长。1995年末，全区工业贷款余额11.28亿元，比1991年提高2.31倍，年均递增23.34%。

1997年，针对企业效益下降等问题，丽水金融机构根据中国人民银行丽水地区中心支行制定的"合力扶工"四条政策措施，有效支持省"五个一批"、地区"四个一批"等重点骨干企业。年末，工业贷款余额16.28亿元，同比增长28.96%。1998年，受亚洲金融风暴影响，工业发展速度放缓，工业产值比1997年下降1.76%，工业贷款余额同比下降0.85%。工业贷款连续两年大幅下降。至2000年年末，工业贷款余额10.52亿元，比1997年减少5.76亿元。

2000年丽水"撤地设市"后，丽水市金融系统积极响应"工业强市"发展战略，支持工业经济发展。2001年，丽水市政府转发中国人民银行丽水市中心支行《关于加强和改进对中小企业金融服务的指导意见》，为中小企业融资创造良好的金融服务环境。年末，全市金融机构增加工业贷款1.91亿元。

2003年，市委、市政府提出"合力兴工、招商引资""接轨大上海、融入长三角"等发展战略，金融机构通过加大信贷有效投入、构建新型银企关系、创新金融服务，有力推动地方经济发展。如工商银行丽水市分行在丽水市银企资金衔接会上，与91家企业单位签订贷款授信54.56亿元，并出台政策鼓励其各支行发展中小型企业贷款市场；中国银行丽水市分行突出对开发区入园企业、高新技术产业和优秀的股份制企业的支持力度等。2003 年年末，全市金融机构工业贷款余额 16.59 亿元，同比增长 45.05%。2004—2005 年，全市工业经济持续快速增长，工业贷款余额以年均 32%的速度增长。至 2005 年末，全市工业贷款余额 28.82 亿元。

2006 年，中国人民银行丽水市中心支行编制《丽水市金融支持企业及项目推荐名录》，向金融机构重点推荐，在解决银企信息不对称问题上进行有益探索，积极推广小企业贷款风险补偿试点工作。建设银行丽水市分行通过下放审批权限、举办中小企业产品推介会、推广“茁壮之路”“速贷通”“成长之路”等中小企业信贷产品，着力支持中小企业发展。全年发放“速贷通”贷款 3.05 亿元、“成长之路”贷款 930 万元。2007 年，针对欠发达县信贷投放不足的实际情况，市工商银行、农业银行和建设银行对县支行小企业贷款的授权额度，从零授权扩大到单笔 300 万元、400 万元和 500 万元。至 2009 年，全市工业贷款余额 119.05 亿元，比 2005 年增长 3.13 倍。2010 年，实行新的金融统计制度，工业贷款统计口径调整，年末贷款余额 271.71 亿元。

2011 年，金融机构加强贷款投放限额管理，信贷投放均衡性增强，实体经济支持力度加大。年末，制造业贷款余额 277.19 亿元，全年新增 64.62 亿元，占全部贷款增量 46.89%。2011 年，工业贷款统计以行业贷款代替，贷款变化主要体现在制造业贷款上。2012 年，加大企业短期贷款投放满足流动性需求。年末，全市制造业本外币贷款余额 323.87 亿元，同比增长 17.60%。加大短期贷款投放，满足企业流动性需求，短期贷款同比增长 21.88%，高于各项贷款增速 5.31 个百分点。2013 年，加大中小微企业信贷支持投放，中小微企业贷款新增 65.51 亿元，占全部企业贷款增量 101.48%。2015 年，企业受“去产能、去杠杆”影响，全市工业经济处于负增长，企业资金需要偏弱，工业贷款投放存在不畅现象。

商业贷款

1950 年开始，丽水发放商业贷款，支持商业行业扩大贸易，扶持工农业生产，保证市场供应。中国人民银行与贸易部签订《贸易金库合同》，商业企业实行贸易金库制度，收购资金由贸易总库下拨，销货款逐日汇总上交贸易总库，由中央统一调度。临时资金不足，采用临时贷款的方法予以解决。贷款分为定额贷款、季节性贷款、结算贷款、大修理贷款和临时贷款，按财务收支轧差方式发放。至 1952 年末，丽水地区商业贷款余额 110 万元，占同期各项贷款余额 71.43%。1953 年，商业系统取消贸易金库制，实行经济核算制，基层供销社的贷款，下放到基层银行营业所。

1953—1954 年，国家先后对粮食、棉花、油料等实行计划收购和计划供应（统购统销）。银行贷款为保证农产品采购资金的需要，对粮、棉、油等统购农副产品的收购，采取充分供应资金；对麻、猪、茧等主要农副产品的收购，采取按计划供应资金，超计划收购仍保证支付的办法。结合国营商业对私营工业的加工订货进行贷款，使国营商业扩大加工订货，控制主要货源，增强对市场的领导力量。1954 年年末，商业贷款余额 156 万元。

1958 年“大跃进”运动开始，对国营商业企业所需资金充分供应，“存贷合一”管理。同年，县以上供销社并入国营商业，管理上基本执行国营商业的制度。1958 年年末，商业贷款余额 3140 万元，比 1957 年提高 1.91 倍。1959 年，国营商业企业流动资金改由人民银行统一管理，国营商业贷款实行“全额信贷”。同年，粮食部门提出“粮食产量高指标、粮食入库高征购”。为支持粮食部门征购粮食，强调对收购粮油所需资金有计划地按实际需要及时充分供应。1959年年末，商业贷款余额3991万元，同比增长27.10%。

1962年，国民经济开始调整，对商业企业停止“全额信贷”，由国家核拨部分自有资金，实行“存贷分户”管理。年末，商业贷款余额3905万元，比1961年减少17万元。

1963—1964年，国民经济继续调整，商业贷款连年下降。至1964年年末，贷款余额3077万元，较1960年减少21.32%。

1966年“文化大革命”开始，“存贷分户”取消，重归“存贷合一”，资金管理偏松，监督不力，企业经营管理混乱，部分商业流动资金被抽调、挪用，商业贷款大幅上升。至1972年年末，商业贷款余额6700万元，比1965年增长3613万元，年均增长11.71%。

1973年，中国人民银行颁布《商业贷款办法》，贷款种类改为商品流转贷款、农副产品预付定金贷款和大修理贷款三种，并规定对收购粮油充分供应资金，超计划收购允许边报边贷。年末，贷款余额7424万元，同比增长10.81%。

1978年12月，中共十一届三中全会以后，国家放宽和调整购销政策，建立多种流通渠道、多种经营方式的流通体制，国营商业贷款执行“区别对待、择优扶持”的信贷原则。具体根据商业企业“完成计划、执行合同、经营管理”进行分类排队。一类企业正常资金周转需要，优先支持；二类企业正常资金周转需要，适当支持；三类企业不增加新贷款，原有贷款收回。

1980年，商业贷款对商业系统收购工业品和农副产品的资金需要充分供应，并支持商业部门组织计划外货源，增加市场商品供应。1981年开始，银行对日用消费品生产、技术改造等优先提供贷款。1982年，商业贷款实行“以销定贷”原则，改变“以进定贷”做法。

1983年，国营商业企业流动资金改由中国人民银行统一管理，国营零售企业实行存贷分户管理。商业批发企业贷款按核定的流动资金周围指标确定贷款额度。

1985年，全区国有小型零售商业和饮食服务业实行“改、转、租”，银行在“以销定贷”原则下支持国营商业部门扩大购销，掌握货源，对掌握重要生产资料和紧俏耐用消费品的批发业务给予重点支持；对服务、旅游、文化娱乐行业在充分运用自有资金的前提下给予贷款支持。对粮食系统企业全面实行“存贷分户”管理。1985年年末，商业贷款余额23838万元，比1979年提高2.18倍，年均增长13.87%。

1988年，银行贷款全力支持国有商业发挥主渠道作用，及时支持商业部门采购大量商品投入市场，缓解市场商品的供需矛盾。年末，商业贷款余额35302万元，比上年增长25.30%。

1990年，各家银行贯彻“扶商促工”的方针，疏导流通，在信贷政策上优先解决有关国计民生重点商品收购的资金需要。1991年，商业贷款重点支持国有商业批发企业。1992年，国务院作出大力支持第三产业发展的决定。商业贷款大力支持商业网点、旅游、运输、服务等第三产业的发展。

1994年开始，各家银行加强信贷管理，努力转移信贷风险，针对商业企业转换经营机制过程中可能危及贷款安全的情况，普遍采取抵押或担保，防止贷款悬空。至1999年年末，丽水地区商业贷款余额12.34亿元，比1989年提高3倍。10年间（1989—1999年），年均递增11.61%；商业贷款余额占各项贷款余额的比例为14.98%，比1989年下降24.2个百分点。

随着粮棉油收购资金封闭供应管理、供销合作社在开放市场中作用日渐淡化，商业企业不再是信贷资金的主要投向。2000—2008年，商业贷款余额有6年出现负增长。至2009年年末，丽水市商业贷款余额12.2亿元，仅占各项贷款余额比例2%。2010年，实行新的金融统计制度，商业贷款不再作为金融统计指标进行统计。

1998—2004 年丽水市商业贷款年末余额情况表

表 4-2-1　　单位：万元

年　份		1998	1999	2000	2001	2002	2003	2004
商业贷款合计		124275	119741	91384	79932	78566	99340	88370
其中	商业企业贷款	34228	37812	28707	20506	15314	13852	13566
	进出口企业贷款	13591	9597	7870	6091	11448	10379	3850
	外贸企业贷款	28946	26721	24916	29924	34121	58577	49483
	供销合作社贷款	7349	7202	3955	2684	1709	803	530
	农副产品贷款	32901	31794	24151	19454	15974	15729	20941
	其他商业贷款	7260	6615	1785	1273	—	—	—

数据来源：中国人民银行丽水市中心支行金融统计年报

科技贷款

1980 年以前，科研单位的科研经费由财政拨款解决。1980 年 7 月，浙江省开始科研经费有偿使用改革。1984 年，由银行划出一定贷款额度作为科技贷款基金，科委划拨一定额度科技三项经费作为科技贷款贴息基金，科技贷款开始运作。1986 年。按照“存一贷三”的办法扩大科技贷款支持力度。并由省工行、农行承办科技贷款支持纳入全省“星火计划”项目。1991 年，工商银行总行出台《科技开发贷款管理办法》，将科技贷款扩大到科技成果推广贷款等 7 种和科研生产联合体等 6 类经济实体。1992 年，省委、省政府提出“科教兴省”发展战略。1993 年科技贷款质量出现下降，逾期贷款大量上升，对贷款全面实行担保或抵押。1994 年省工行对科技贷款实行指令性指标管理。

小微企业贷款

2009 年，人民银行新建大中小型企业贷款专项统计制度，准确监测金融机构对各行业大、中、小型企业贷款发放情况，相关资产质量以及授信情况。全市小型企业贷款余额 144.23 亿元。2010 年，全市银行业金融机构共设立 21 家中小企业业务中心，并采取简化信贷流程，优化管理等措施，切实加大对中小企业融资支持力度。年末，小企业贷款余额 201.37 亿元，同比增长 39.62%，高出各项贷款增速 17.43 个百分点，充分体现了 2010 年金融机构支小力度。2011 年，银行新增信贷进一步向中小企业倾斜，对小企业的扶持力度更加突出。年末，全市小企业贷款余额 279.23 亿元，同比增长 38.67%，高于全部贷款平均增速 21.93 个百分点。

2012 年，国家统计局调整企业规模分类标准，新增微型企业贷款统计口径，年内小微企业新增贷款 32.30 亿元，占中小微企业贷款增量的 48.19%。2013 年，各金融机构通过创新还款方式优化续贷衔接、通过创新信贷产品解决抵押担保难题、通过专设机构提供专业服务等举措，不断提高中小微企业信贷服务效率，有效支持中小微企业发展。2013 年，全市中小微企业贷款新增 65.51 亿元，占全部企业贷款增量的 101.48%，占比较上年同期提高 6.26 个百分点。

2014年，全市小微企业实现产值1001.29亿元，同比增长5.7%，增速高于大中型企业3.2个百分点。相应地，2014年全市新增小微企业贷款16.36亿元，占全部企业新增贷款的比重达到63.61%，占比较上年同期上升28.74个百分点，小微企业新增贷款占比上升。2015年，金融机构积极开展助力"大众创业、万众创新"和"普惠金融深化年"活动，针对小微企业、高校毕业生、大学生村官、农村青年、妇女等重点创业创新群体资金需求，加大信贷投放，完善金融服务，为创业创新提供有力金融支撑。年末，全市微型企业贷款余额44.17亿元，同比增长32.11%，高出全部贷款增速26.25个百分点；个人经营性贷款余额447.47亿元，同比增长18.11%，高出全部贷款增速12.25个百分点。

票据融资

票据融资，是指票据持有人为融资需要，将票据转让给银行，银行按票面金额扣除贴现利息支付给收款人的一项授信业务。1978年改革开放以后，市场经济发展，商品流通活跃，票据融资业务重新兴起。1983年9月，中国人民银行浙江省分行在慈溪县召开"票据贴现兑现现场会"，并拟定《票据贴现试行办法》。丽水票据贴现市场逐渐建立起来。

2003年，中国人民银行丽水市中心支行出台票据贴现相应管理办法，公布商业承兑汇票推广企业名录，票据融资业务逐渐在银行和企业中推广。2006年，丽水市人民币票据贴现融资额3506万元。2008—2009年，在宽松货币政策下各商业银行普遍使用票据业务做大贷款规模，同时也可以用保证金存款增加存款。2009年年末，丽水市票据融资余额17.51亿元，比上年同期增长299.51%。

2010年，银行受信贷规模限制，用更高收益的中长期贷款替代部分票据融资，企业、银行做大票据融资业务意愿下降。年末，全市票据融资余额8.47亿元，比上年同期下降51.63%。

2011年，中国人民银行总行将银行承兑汇票等指标纳入社会融资规模（包括人民币贷款、外币贷款、委托贷款、信托贷款、企业债券、银行承兑汇票、非金融企业境内股票融资、保险公司赔偿、投资性房地产和其他融资十项指标）。年末，全市票据融资余额5.19亿元。

2012—2015年，受国际金融危机和国内实体经济有效需求不足，以及银行减费让利等因素的影响，银行票据融资业务收益持续下降，增量低位徘徊。2014年，丽水市票据贴现利率呈现持续回落的态势。12月，全市银行承兑汇票贴现加权平均利率为4.88%，比上年同期下降1.69个百分点。年末全市票据融资余额10.89亿元。2015年，银行表外融资继续缩减，票据融资缓慢增长。年末，票据融资余额10.89亿元。

1949—2015年丽水金融机构人民币各项贷款年末余额情况表

表4-2-2　　单位：万元

年　份	各项贷款	年　份	各项贷款
1949	0	1960	6350
1950	3	1962	4816
1952	154	1965	4017
1957	2066	1970	8674

续表 4-2-2

年　份	各项贷款	年　份	各项贷款
1975	11312	1998	716949
1978	14542	2000	929591
1980	19242	2005	2868669
1985	51109	2010	8091131
1990	116783	2015	14918101
1995	498405	—	—

说明：数据来源《丽水统计年鉴》

第二节　个人贷款

个人消费贷款

1978 年改革开放以后，随着人民生活收入逐步提高，消费需求增加，个人购买住房、住房装修、旅游、教育、购买大件耐用消费品等的消费贷款应运而生。个人消费贷款一直较为缓慢。

1998 年，中国人民银行颁布《个人住房贷款管理办法》。中国人民银行丽水地区中心支行引导金融机构启动住房消费信贷业务。年末，工商银行丽水市分行开办个人住房贷款业务支行有 9 家，发放贷款 1370 笔、金额 6046 万元，贷款余额比年初增加 5039 万元。建设银行丽水市分行推出个人住房贷款业务，并开发成功个人住房贷款代扣系统。

1999 年，中国人民银行总行下发《关于开展个人消费信贷业务的指导意见》。丽水地区个人消费贷款得到快速发展，消费信贷比年初增加 1.4 亿元，占全部贷款增量的 10%以上。其中，工商银行丽水市分行开办个人消费贷款业务的支行有 10 家，全年向 1596 个家庭发放个人住房贷款 1.22 亿元，贷款余额 1.05 亿元，比年初增加 4457 万元；中国银行丽水市分行积极开办住房、装修、旅游、电脑和汽车消费性贷款业务；建设银行丽水市分行推出住房装修贷款、二手房贷款等个人消费贷款业务新品种。

2000 年，全市金融机构认真落实国家扩大内需政策，大力发展消费信贷。全年新增个人消费贷款 5.71 亿元，同比增加 3.73 亿元，占总新增贷款 30.53%，增长 188%。其中，工商银行丽水市分行确立“一大一小”（项目贷款、个人按揭贷款）贷款市场拓展战略，全年新增个人消费性贷款 1.94 亿元；农业银行丽水市分行确定“两水一城（水电、自来水、城市建设）”和消费贷款作为投放重点，贷款 6.1 亿元，其中新增消费贷款 2.68 亿元；中国银行丽水市分行以存单质押贷款为主的消费性贷款增长较快，增幅 226%，占全年贷款新增总量 99%。

2001 年，丽水市金融机构进一步拓展住房贷款、汽车贷款和助学贷款等消费信贷业务。年末，个人消费贷款余额 19.33 亿元，比上年增加 6.54 亿元，其中发放助学贷款 887 笔 517.2 万元。2002 年，全市个人住房贷款增加 4.89 亿元，汽车消费贷款增加 3321 万元，助学贷款增加 899 万元，受益学生 1510 人。中国银行丽水市分行在大洋支行设立汽车贷款中心，努力做大消费信贷，全年新增消费贷款 2.17 亿元，增幅 159%。

2003—2005 年，各金融机构将个人消费贷款作为优质贷款市场和新的资产业务增长点，继续加大营销力度，并开始个人消费贷款的品牌建设。中国银行丽水市分行依托其汽车贷款中心，大力拓展和规范汽车贷款业务。建设银行丽水市分行组建个人贷款中心等。2005 年年末，全市个人消费贷款余额 72.68 万元。

“十一五”时期(2006—2010)，城乡居民购买力水平进一步提高，特别是住房、汽车、IT 产品、旅游等居民消费持续升温。各金融机构积极发展个人住按揭、综合消费等精品业务，全面拓展二手房和汽车消费等贷款业务增长点。2010 年年末，丽水市个人消费贷款余额 222 亿元，占各项贷款余额的 27.44%。“十一五”期间，个人消费贷款年均增速 25.02%，高于各项贷款年均增速 1.97 个百分点。

2011 年，受全球金融危机影响，国家扩内需、促消费政策相继实施，以住房消费为代表的个人消费全面启动激活。全市个人住房贷款余额 128.44 亿元，比 2006 年增长 2.1 倍，全部个人消费贷款余额 234.81 亿元，比 2006 年增长 2.36 倍。2013 年，全市个人购房贷款新增 25.7 亿元，同比多增 19.12 亿元。2015 年，全市商品房销售面积和销售额同比分别增长 34.7%和 27.8%，与此相对应，个人购房贷款新增 30.30 亿元，同比增长 17.91%，高出全部贷款增速 12.05 个百分点。个人购房贷款新增量占全部房地产贷款新增量的 87.22%。全年全市个人消费贷款余额 343.82 亿元，占全部贷款总额 22.87%。

2005—2015 年丽水市个人消费贷款年末余额情况表

表 4-2-3　　　　单位：万元

年　份	住房贷款	汽车贷款	助学贷款	其他个人消费贷款	个人消费贷款合计
2005	436002	28545	2660	259613	726820
2006	614348	2767	373	378552	995940
2007	983445	39774	2628	402326	1428173
2008	982100	52457	2342	466460	1503359
2009	1188569	60067	2121	604878	1852636
2010	1299604	70381	2071	847961	2220017
2011	1284423	42302	1806	1019604	2348135
2012	1339473	19734	1572	1210495	2571275
2013	1592666	9105	1259	1284472	2887502
2014	1692157	7289	1071	1297191	2998807
2015	1995139	7171	993	1434895	3438198

数据来源：中国人民银行丽水市中心支行金融统计年报

个体工商业(户)贷款

1949 年解放后，银行为扶持个体手工业生产，开始发放少量贷款。1958—1979 年，随着个体工商户走上合作化道路和完成社会主义改造，银行对私营和个体工商业贷款全部停止。

1980 年，银行对有正式执照、有一定资金、从事正当经营、有偿还贷款能力和具有经济担保的个体工商户发放贷款。1981 年，将贷款对象扩大到餐饮、交通运输、旅游等行业个体工商户。1985—

1986 年，丽水地区个体工商户发展较快。1992—1994 年，随着专业市场、批发市场兴起，个体工商户贷款需求大幅提高。

2004 年，为客观评估金融机构对企业的支持力度，中国人民银行在大中小微企业贷款专项统计制度附报中增设“个体工商户经营性贷款”和“小微企业主经营性贷款”项目（个体工商户经营性贷款，是指个体工商户从金融机构申请获得的经营性贷款。个体工商户，是指有经营能力并依据《个体工商户条例》规定经工商行政管理部门登记，从事工商业经营的公民）。2014 年年末，丽水市个体工商户经营性贷款余额 12.22 亿元。至 2015 年年末，全市个体工商户经营性贷款余额增至 16.34 亿元。

个人助学贷款

2000 年，丽水市多家银行开办个人助学贷款业务。2001 年，发放助学贷款 887 笔，贷款余额 517.2 万元。2002 年，发放助学贷款 899 笔，受益 1510 人。2005 年，助学贷款发展进入高峰期。至年末，贷款余额 2660 万元，比 2001 年提高 5.14 倍。2008 年开始，随着城乡居民收入快速增加，社会对低收入群体支持力度加大，个人助学贷款逐年下降，从 2007 年的 2342 万元，下降到 2015 年的 992.8 万元，年均降幅 6.4%。

第三节　固定资产贷款

技术改革贷款

国营企业固定资产所需要的资金，向来由财政拨给，银行只限于发放短期周转的流动资金贷款。20 世纪 50 年代中期，银行曾一度开办大修理贷款。1970 年，为支持集体工业和“五小”工业（小钢铁厂、小煤矿、小农机厂、小化肥厂和小水泥厂）发展，开办城镇集体工业设备贷款，均因贷款期限和额度控制过严，贷款规模小、数量少，至 1978 年年末全区贷款余额 14542 万元。

1979 年，为适应改革开放的客观需要，贯彻关于银行要成为“发展经济、革新技术”的“杠杆”精神，突破固定资产不能贷款的禁区，正式开办中短期设备贷款（1985 年起，改称技术改造贷款）。年末，贷款余额 194 万元。

1979—1981 年，中国人民银行丽水地区中心支行不断发放设备贷款，重点支持轻纺工业和企业的挖潜、革新、改造项目。1981 年年末，中短期设备贷款余额 1549 万元，比 1979 年增长 6.98 倍。

1982—1984 年，银行加强企业对生产工艺薄弱环节的改造和支持产品结构的调整。1985 年，重点支持产品更新换化，节约能源，改善煤电供应，支持交通运输行业增添车辆、船舶，扩大运量，缓和客货运紧张矛盾。与此同时，减少对技改项目中的土建比重，促进企业由外延扩大再生产向内涵扩大再生产转化。

1986 年，针对丽水工业基础薄弱、小工业多的特点，对技改贷款提出新的要求，扭转重视大工业、忽视小工业、重国有企业、轻集体企业的片面做法，积极支持小工业技术改造。年末，全区技术改造贷款余额 6149.5 万元，比上年增长 26%。

1987—1990 年，先后贯彻“紧中有活”“调整结构、择优扶持”“控制总量、保证重点、压缩一般，适时调节、提高效益”的信贷方针，支持项目虽然逐年有所下降，每年贷款余额仍有增长。1990年年末，全区技术改造贷款余额9535万元，比上年增长5%。

基本建设贷款

1949—1978年，基本建设资金全部由财政拨款。1972年前，由当地财政部门分管。1973年，建设银行丽水地区分行开始办理基建业务，用于基本建设的资金由建设银行负责拨款和财务监督，实行限额管理，并对基本建设项目预算进行审查。是年，有基建项目170个，拨款金额1511万元。1973—1979年，累计基建项目1429项，拨款金额12080万元。1980年，对部分基本建设和技术改造项目试行银行贷款办法，改无偿占用为有偿使用，有基建项目407个，金额4823万元，其中拨款项目393个，金额4671万元；贷款项目14个，金额152万元。1981年起，对独立核算、有还款能力的企业，基本建设由财政拨款改为银行贷款；对建筑安装施工企业，发放流动资金贷款。1985年起，基本建设资金全部由银行贷款，并发放城镇房地产综合开发贷款。1986年起，对科研、学校、行政单位等没有还款能力的基本建设项目，恢复拨款办法。1990年，有基建项目742个，金额17853万元，其中拨款项目583个(包括零星拨款项目421个)，金额13711万元；贷款项目159个，金额4142万元。

1973—1990年，累计基建项目8383个，金额207988万元，其中拨款项目7944个，金额130165万元；贷款项目439个，金额77823万元。1985—1990年，累计发放城镇住房贷款5500余万元，竣工商品房30万平方米。

1973—1990年丽水基本建设拨款、贷款情况表

表4-2-4

年份	合计		其中			
			拨款		贷款	
	项目(个)	金额(万元)	项目(个)	金额(万元)	项目(个)	金额(万元)
1973	170	1511	170	1511	—	—
1975	230	1074	230	1074	—	—
1978	210	2654	210	2654	—	—
1980	407	4823	393	4671	14	152
1983	307	13915	304	7575	3	6340
1985	808	27280	650	14787	158	12493
1988	751	25953	731	18901	20	7052
1990	742	17853	583	13711	159	4142

数据来源：1993年6月出版《丽水地区志》。1990年，基建拨款项目中有零星拨款项目421个

1995年，建设银行丽水地区分行加大交通、水利等基本建设领域的信贷投资。年内，支持基建和技改项目23个，贷款总量1.1亿元，支持玉溪电站、金温铁路、330国道改造、兰黄“四自”公路、上标电站、谢村源水库等重点项目。1996年，建设银行继续大力支持玉溪电站、金温铁路等31个涉及能源、交通、通信等全区重点工程建设，全年发放重点项目贷款11232万元；工商银行丽水地区分行向

全区8个县(市)的程控电话、地区中心医院外科大楼、金温铁路和330国道复线改造(丽缙段、青瓯段)等基础设施建设项目发放贷款8060万元;农业银行丽水地区分行重点支持农村小水电建设,全年向农村小水电贷款2800万元,兴建电站5座,装机容量4275千瓦。

1998年,工商银行丽水地区分行贷款向基础设施建设优势项目倾斜;建设银行丽水地区分行新增贷款中的70%用于基础设施建设;农业银行丽水地区分行对10座电站发放贷款11980万元,新增道路交通设施、邮电通讯、电力设施等贷款2550万元,大力支持水电、交通、通信等基础设施建设。至年底,全区基本建设贷款余额40399万元,比上年增长30.32%。

1999年,随着国家加大基础设施建设和实施城市化发展战略政策的出台,金融机构进一步加大基本建设领域的投资。农业银行丽水地区分行加大对小水电的信贷投放力度,新发放贷款1.51亿元,占总增量的41%;重点支持自来水设施建设,新发放贷款3180万元,占总增量8.6%。年末,基建贷款余额74419万元,比1998年增长84.21%。

2000年,丽水"撤地设市"后,进入大投入大发展的新时期。金融机构着重加大城市建设和电力、交通的信贷投入,努力改善丽水投资硬环境。2000年,全市新增基本建设贷款6.82亿元,同比增长91.68%。

2001年,围绕撤地设市后市委、市政府加快经济大发展的要求,信贷资金继续积极支持能源、交通、通讯等基础设施建设和城市化进程。市工商银行全年报经上级银行批准的项目贷款7.25亿元,投向金丽温高速公路、交通大楼、城市防洪工程等重点工程。市农业银行根据省分行与丽水市政府达成的支持丽水城市化建设的合作协议,对市土地储备中心等3家企业新增贷款2.8亿元,占该行全部新增贷款的62.6%。2001年年末,全市基本建设贷款余额22.01亿元,同比增长54.29%。

2002—2003年,基本建设贷款主要支持金丽温高速公路、英川电站等交通、能源和市政建设、房地产开发项目,极大地推进丽水市城市化建设进程。2002—2003年,基本建设贷款余额连续大幅度增长,增速分别为75.77%和69.66%。至2003年年末,全市基本建设贷款余额65.63亿元。2005—2008年,金融机构继续大力支持城市化建设。金丽温高速公路等大项目的完成,全社会固定资产投资速度放缓,基本建设贷款余额连续4年负增长。至2008年年末,基本建设贷款余额58.12亿元,比2003年下降11.44%。

2009年,随着全社会固定资产投资增速的提高,基本建设贷款相应大幅增长。年末,余额97.52亿元,同比增长67.8%。2010年,实行新的金融统计制度,基本建设贷款不再单独统计。

第四节　涉农贷款

1950年起,丽水地区发放农户农业生产、副业生产、生活费用、集体生产贷款以及灾区口粮、农机专项贷款。1955年,农业贷款余额155万元。1955—1957年,发放贫农合作基金118.47万元,利率月息4‰,期限5年。1961年,部分贫下中农无力归还,豁免贷款70.88万元。

20世纪60年代,增设集体生产设备、农田水利等贷款。1970年年末,农业贷款余额1109万元。70年代,增设乡镇企业、林业补息、小水电等贷款。1980年年末,农业贷款余额2537万元。80年代,贯彻"区别对待、择优扶持"原则。1990年年末,农业贷款余额14775万元,其中集体农业和乡镇企业贷款13318万元(含农户个人贷款),比1980年增长4.82倍。2000年年末,农业贷款余额70130万元,比1990年增长3.75倍。丽水"撤地设市"后,为更好地解决"三农"融资难题,中国人民银行丽水市中心支行推出林权抵押贷款和农户抵押贷款，有力地推进社会主义新农村建设。

2007年，为全面、完整、系统地反映金融机构涉农贷款的投放情况。人民银行和银监会联合下发《涉农贷款专项统计制度》，对涉农贷款统计范围、口径作详细界定。涉农贷款分为农户贷款、农村企业及各类组织贷款、城市企业及各类组织涉农贷款三个类别。

2007—2010年，丽水市涉农贷款余额分别为185.81亿元、200.72亿元、288.07亿元和389.57亿元。2008—2010年，年均递增27.99%。至2015年年末，全市涉农贷款余额817.67亿元。

林权抵押贷款

林权抵押贷款，是指银行向借款人发放的以借款人或第三人依法拥有森林资源资产（简称林权）作抵押的贷款。林权，包括森林、林木的所有权、使用权和林地的使用权。

2007年，由中国人民银行丽水市中心支行推动林业部门和各金融机构共同参与的林权抵押贷款，开始在全市全面推开。中国人民银行丽水市中心支行、丽水市林业局先后联合制定《推进森林资源资产抵押贷款业务发展的意见》《丽水市森林资源资产抵押贷款管理暂行办法》《丽水市森林资源资产收储管理办法》等林权抵押贷款配套政策制度。在各县（市、区）建立林权管理中心、森林资源收储中心、林权交易中心和森林资源调查评价机构四大森林资源流转服务平台。设计符合丽水实际的林农小额循环贷款、林权直接抵押贷款和森林资源收储中心担保贷款三种林权抵押贷款方式。发放林权抵押贷款602笔，金额3129万元。

2008年，林权抵押贷款工作被丽水市政府列为全市“十件实事”之一，重点做好扩面增量工作。中国人民银行丽水市中心支行牵头建立林权抵押贷款月度报告制度和工作协调机制，切实加强对林权抵押贷款的协调、督促与指导。市政府建立利率优惠、财政贴息、风险补偿、林业保险和税费减免等五项配套机制，为全面推广林权抵押贷款提供政策支持。新华社、人民日报、金融时报等媒体相继到丽水采访，为林权抵押贷款的推进营造良好的舆论氛围。年末，全市林权抵押贷款余额1.96亿元，比2008年增长5.32倍。

2009年，林权抵押贷款扩面增量工作继续全面铺开。林权抵押贷款被丽水市委、市政府列为“农民六大增收目标”之一，提出全市年度林权抵押贷款余额5亿元和小额循环贷款余额2亿元的目标任务。市农业发展银行、市农业银行等涉农金融机构结合各自业务，多渠道广泛参与林权抵押贷款的发放，不断创新林权抵押贷款新模式，打破农村信用联社作为单一贷款主体的局面，实现林权抵押贷款服务功能在涉农金融机构层面的全覆盖。同时，在三种主要贷款模式基础上，又创新推进由担保公司、林业专业合作社、林业龙头企业等提供担保，借款人以林权作反担保的林权抵押贷款模式，进一步拓宽农户融资渠道。中国人民银行丽水市中心支行出台《关于建立林权抵押贷款专项统计制度的通知》，要求各金融机构建立统一规范的林权抵押贷款台账，按月（季）报送相关统计报表，加强对林权抵押贷款发放、投向以及贷款质量等情况的监测与分析。4月27—29日，中国人民银行等五部委联合组织的“全国金融支持集体林权制度改革与林业发展现场会”在龙泉市召开。会议充分肯定丽水市林权抵押贷款工作成绩，丽水市委、市政府在会上作经验介绍，市委领导接受《金融时报》记者专题访谈。6月中旬，中央电视台《新闻联播》节目记者和浙江电视台记者到丽水实地采访林权抵押贷款工作，新华社、浙江卫视、浙江广播电台及《浙江日报》《浙江法制报》《钱江晚报》《农民日报》《农村信息报》等12家国内新闻媒体组成“记者采访团”到丽水专题采访，对丽水林权抵押贷款的成功经验和典型做法进行广泛宣传和报道，丽水林权抵押贷款品牌得到业内同行和社会各界的广泛认可，进一步推动全市林权抵押贷款工作的持续深化。年末，全市林权抵押贷款余额6.61亿元，比2008年增长3.37倍。

2010年，丽水市委、市政府提出：2010年年末林权抵押贷款余额达15亿元、小额循环贷款余额达5亿元的林权抵押贷款扩面增量目标。市人民银行、市林业局等部门联合制定《关于做好林权抵押不良贷款资产处置变现工作的意见》，进一步完善林权抵押不良贷款资产处置制度。同时，拓展生态公益林抵押贷款。农村合作金融机构和其他涉农金融机构在原有工作基础上进一步加大林权抵押贷款发放。龙泉市被邮政储蓄银行总行列为全国首批林权抵押贷款试点地区；新设立的村镇银行也开展林权抵押贷款业务；工商银行、中国银行、建设银行、泰隆银行、稠州银行等非涉农金融机构积极参与林权抵押贷款发放业务。至2010年年末，全市开展林权抵押贷款业务的金融机构有11家，累计发放林权抵押贷款4.43万笔、金额25.55亿元、贷款余额18.06亿元，均居全省首位。

2008—2015年林权抵押贷款发放情况表

表4-2-5

年份	林权抵押贷款累放数		林权抵押贷款余额数		其中							
					小额循环贷款		林权直接抵押贷款		收储中心担保贷款		其他机构担保贷款	
	笔数（笔）	余额（万元）	笔数（笔）	余额（万元）	笔数（笔）	余额（万元）	笔数（笔）	余额（万元）	笔数（笔）	余额（万元）	笔数（笔）	余额（万元）
2008	4944	22753	4031	19644	2579	6584	750	6481	634	6279	—	—
2009	19167	87545	14065	66143	11022	35322	2026	23616	691	5561	322	1644
2010	44266	255500	29151	180576	22695	93162	4713	61051	899	9222	844	17503
2011	21824	196847	28078	254266	22668	151321	3982	72153	473	5602	956	25191
2012	19058	195867	31578	301741	25072	174724	4706	90233	657	7665	1143	29119
2013	21762	248898	33823	369158	26869	223787	3767	57583	684	9516	2503	78272
2014	20045	264273	34607	430542	27418	262089	4319	115240	1296	13503	1574	39610
2015	17034	226357	37478	484769	29406	313911	4355	109420	1148	12234	2569	49204

数据来源：中国人民银行丽水市中心支行货币信贷管理科资料。表中其他机构担保贷款，是指除收储中心以外的担保机构组织或个人，以林权提供担保的贷款

农房抵押贷款

2005年，龙泉市、庆元县在城区、城郊接合部以及中心镇有选择地开展农村住房抵押贷款业务。主要采取集体土地使用权与住房产权抵押分离，只办理房产抵押登记。龙泉市发放农村住房抵押贷款250多笔、金额2000余万元，贷款质量明显好于一般保证贷款。后因政策原因于2006年暂时停办。

2008年，为解决农民创业发展大额资金需求，中国人民银行丽水市中心支行结合丽水市委、市政府实施“两创”总战略和思想大解放讨论活动，立足辖内实际，积极开展农房抵押贷款创新实践，在破解新农村建设资金瓶颈问题上进行有益探索。经过深入调研，制定《关于推进农村住房抵押贷款工作的意见》，并制定若干配套扶持政策，有效推动辖区农房抵押贷款试点工作。丽水市部分县（市）结合当地实际，制订农房抵押贷款实施细则、操作规程和贷款管理办法，并选定工作试点。2008

年，全市发放农房抵押贷款1380笔、余额1.55亿元。

2009年，继续深化农房抵押贷款试点工作。中国人民银行丽水市中心支行协调地方政府部门解决农房抵押贷款涉及的农房两证发放、抵押登记、配套政策等问题，进一步完善农房抵押贷款管理办法和工作机制。根据集体土地、农房发证的进度，逐步拓展农房抵押贷款试点地区范围，扩大农房抵押贷款惠及面。全市农房抵押贷款总量有新的突破，有效缓解农村危旧房改造、农民异地转移和创业创新的融资需求。全年发放农房抵押贷款4818笔、金额5.18亿元。年末，余额4.58亿元，同比增长1.95倍。

2010年，扩大农房抵押贷款业务惠及面，中国人民银行丽水市中心支行结合辖区大力实施农村危旧房改造工程的契机，将支持农村危旧房改造作为农房抵押贷款业务重点，完善贷款制度，进一步丰富抵押方式，引导金融机构开展农房直接抵押和"农业担保公司担保+农房反担保""保证+农房抵押""林权+农房抵押"等多种模式贷款。协调地方政府部门解决农房两证发放、抵押登记、配套政策等问题，逐步扩大农房抵押贷款试点地区范围，加大农房抵押贷款的投放。全年发放农房抵押贷款2660笔、金额5.06亿元。年末，贷款余额6.53亿元，同比增长42.58%。

2009—2015年丽水市农房抵押贷款情况表

表4-2-6

年份	农房抵押贷款累放数		年末农房抵押贷款数		其中			
					集体土地农房抵押贷款		国有划拨土地抵押贷款	
	笔数(笔)	余额(万元)	笔数(笔)	余额(万元)	笔数(笔)	余额(万元)	笔数(笔)	余额(万元)
2009	4818	51839.40	4053	45752.10	752	5870.99	3301	39881.10
2010	2660	50586	4624	65256.60	951	9560	3673	55696.60
2011	1558	46043	4710	73583	813	4840	3897	65743
2012	1166	47232	3504	80542	573	6221	2931	74321
2013	1385	46362	2877	82291	390	5060	2487	77231
2014	4805	152431	5495	181010	1789	33320	3706	147690
2015	5936	189287	9260	302471	3966	89809	5294	212662

数据来源：中国人民银行丽水市中心支行货币信贷管理科资料

1950—2015年丽水市(地区)金融机构主要贷款年末余额情况表

表4-2-7　　单位：万元

年份	各项贷款合计	其中				
		工业贷款	商业贷款	个人消费贷款	基本建设贷款	农业贷款
1950	3	1	1	—	—	—
1951	18	3	12	—	—	—
1952	154	13	110	—	—	—
1953	245	26	169	—	—	52

续表 4-2-7

年　份	各项贷款合计	其　中				
		工业贷款	商业贷款	个人消费贷款	基本建设贷款	农业贷款
1954	208	11	156	—	—	41
1955	1372	14	1204	—	—	155
1956	1869	72	1303	—	—	496
1957	2066	108	1645	—	—	313
1958	4187	497	3140	—	—	456
1959	5875	1458	3991	—	—	379
1960	6350	1864	3911	—	—	617
1961	5283	900	3922	—	—	592
1962	4816	530	3905	—	—	364
1963	4215	302	3465	—	—	415
1964	3761	214	3077	—	—	467
1965	4017	322	3087	—	—	572
1966	5240	421	4137	—	—	667
1967	5226	811	3484	—	—	842
1968	6605	1290	4302	—	—	958
1969	7640	1121	5445	—	—	963
1970	8674	1390	6077	—	—	1112
1971	9274	2103	6010	—	—	1170
1972	10455	2456	6700	—	—	1235
1973	11284	2638	7424	—	—	1222
1974	10697	2993	6469	—	—	1235
1975	11312	3272	6747	—	—	1392
1976	11500	2929	7155	—	—	1415
1977	13709	2692	9634	—	—	1384
1978	14542	2814	10124	—	—	1615
1979	16603	3262	10936	—	—	2115
1980	19242	3800	12388	—	—	2537
1981	22092	4224	13754	—	—	2334
1982	26614	4656	15552	—	2232	2192
1983	30631	5743	18849	—	2333	2075
1984	38436	8219	20526	—	2401	3150
1985	51109	11237	23838	—	2401	4520
1986	65327	17608	25598	—	2401	6804
1987	89783	20739	28173	—	14660	3116

续表 4-2-7

年 份	各项贷款合计	其 中				
		工业贷款	商业贷款	个人消费贷款	基本建设贷款	农业贷款
1988	92822	27155	35302	—	16716	4128
1989	105014	31586	41140	—	2111	4869
1990	116783	39504	41808	—	4142	5577
1991	139129	48737	48599	—	2667	22911
1992	228770	61404	60422	—	—	30823
1993	291058	78438	59968	—	—	39323
1994	371468	91749	63865	—	—	18411
1995	498405	112790	85188	—	—	22820
1996	606618	126236	95462	—	—	28172
1997	657742	162796	104085	—	31001	28468
1998	716949	161408	110826	—	40399	48777
1999	823321	151188	123362	—	74419	60075
2000	929591	105167	121849	127895	142647	70130
2001	1159878	124303	90318	193303	220083	95551
2002	1587949	114365	77740	265198	386845	132460
2003	2308427	165888	99340	499799	656318	225854
2004	2581516	203914	88370	598641	783022	268025
2005	2868669	288235	46235	726820	765008	336248
2006	3337834	415743	41394	995940	637922	334839
2007	4094095	643121	52851	1428173	583344	447269
2008	4705265	829688	80770	1503358	581183	543474
2009	6660823	1190526	122035	1852636	975217	539252
2010	8091131	2717055	—	2220017	—	—
2011	9538037	3358356	—	2348135	—	—
2012	11102359	3839860	—	2571275	—	—
2013	12918028	4093567	—	2887397	—	—
2014	14096737	3982269	—	2997648	—	—
2015	14911097	3564230	—	3437974	—	—

2000—2015 年丽水市各金融机构人民币贷款年末余额情况表

表 4-2-8　　单位：万元

单位	2000	2001	2002	2003	2004	2005	2006	2007	2008	2009	2010	2011	2012	2013	2014	2015
贷款合计	929591	1159878	1587949	2308427	2581516	2868669	3337834	4094095	4705265	6660823	8091131	9406638	11010440	12868050	14044944	14918101
农发行	21437	17214	14485	15405	20978	22465	35537	64323	113845	153120	190977	244731	295172	324942	362906	356479
工商银行	178768	234483	351631	509750	585271	685503	819813	976610	1070061	1361073	1545454	1730192	1970260	2184296	2218102	2201354
农业银行	174520	219236	292977	398836	475108	496693	580665	715070	808354	988994	1260455	1416584	1558150	1704804	1679532	1787436
中国银行	87351	117125	179949	337423	339771	396313	388553	532074	631306	1126796	1405705	1587575	1719628	2009525	2171752	2136246
建设银行	191680	233473	340534	506717	515294	639202	826281	1024198	1116960	1433117	1556480	1656727	1751959	1997535	2101919	2079138
交通银行	—	—	—	—	—	—	—	—	—	—	—	10000	88064	125923	119686	107318
信托公司	4135	4017	—	—	—	—	—	—	—	—	—	—	—	—	—	—
农村信用社	271207	333837	407052	537713	564601	514145	568895	634886	702479	859985	1055138	1566571	1905229	2304208	2747249	3095678
农村合作银行	—	—	—	—	—	114348	118090	132549	141430	196260	246819	300312	362547	435231	516856	562770
邮政储蓄银行	—	—	—	—	—	—	—	235	14268	94154	202217	274585	345642	437239	498681	587974
泰隆银行	—	—	—	—	—	—	—	14150	64003	145363	191469	190261	275905	298581	403783	638058
稠州银行	—	—	—	—	—	—	—	—	42559	122236	170765	182862	220171	274577	296233	348327
浦发银行	—	—	—	—	—	—	—	—	—	179725	214259	238299	314293	367400	391499	313028
中信银行	—	—	—	—	—	—	—	—	—	—	29570	141703	210432	297439	345521	424969
建信村镇银行	—	—	—	—	—	—	—	—	—	—	21824	106832	210798	312729	411608	518283

说明：2000—2005 年数据来源于人民银行丽水市中心支行金融统计年报，2006—2015 年数据来源于历年《丽水金融统计信息》

第五节　地方特色行业贷款

青田石雕抵押贷款

青田石与寿山石、昌化石、巴林石并称"中国四大名石"。青田石雕自"崧泽文化"时期发端至今已有6000余年，是青田历史文化的"活化石"，也是中华民族文化的瑰宝。2006年，青田石雕入选中国"第一批非物质文化遗产保护名录"。

2008年，受全球金融危机影响，青田石雕产业发展陷入困境。为促进石雕产业健康发展，在当地政府的大力支持下，由金融机构、石雕评估小组、担保公司和石雕所有者形成"四位一体"的石雕抵押贷款融资模式。由石雕行业协会牵头成立"石雕艺术评估小组"，对抵押物——石雕作出价值评估，再由担保公司根据石雕价值评估报告，作出是否为借款人提供贷款担保的决定。若提供担保，石雕就作为担保公司的反担保。借款人凭借石雕价值评估报告和担保公司出具的《原意担保函》，向银行提出贷款申请。银行为借款人提供贷款，有效缓解石雕产业发展中融资担保难问题。2009年，开办石雕抵押贷款，年末贷款余额32240万元。至2015年年末，贷款余额10.52亿元。

松阳茶叶交易特色贷款

1993年，创建浙南茶叶市场，为中国浙西南最大的茶叶集散中心。松阳县政府重视茶产业发展，给予多项扶持和优惠政策，每年交易量节节飙升。

2012年，为了浙南茶叶市场的健康发展，松阳县政府授权松阳县工商行政管理局开发茶叶质量溯源交易系统，发放交易卡6000余张。2013年，中国银行松阳县支行在原有溯源管理平台基础上，对溯源系统进行优化，赋予溯源系统金融支付功能。茶叶质量交易溯源卡成为多功能金融IC卡。新的茶叶质量溯源交易系统2014年投入实际运用，当年实现交易笔数8万笔，交易金额5亿元。至2015年年末，溯源系统实现交易金额19.83亿元，交易笔数22万笔。

2013年，浙南茶叶市场交易总额38亿元。2014年，交易额提高至45亿元。至2015年年末，交易总金额46亿元。

为进一步优化茶产业金融服务，中国银行松阳县支行推出了"茶艺通宝"特色贷款，用于解决借款人在茶叶种植、加工及销售过程中的正常资金周转需求。

松阳县茶艺通宝贷款样表

表4-2-9

贷款种类	茶艺通宝	
适用区域	中行松阳支行	
贷款用途	用于解决借款人在茶叶种植、加工及销售过程中的正常资金周转需求	
贷款对象	茶商（包括茶叶加工商、浙南茶叶市场内的经营户）	茶农
	一、基本条件 1.符合支行优质客户准入条件，若按净资产标准认定的话	1.具有本地户籍 2.具有固定住所和稳

续表 4-2-9

贷款对象	认定标准包括但不限于借款人家庭房地产、茶叶存货的大宗商品确认单（双人现场调查签字确认）等 2.持续经营一年以上，具有一定经济收入来源、信用良好、有偿还贷款本息的能力 3.对发生贷款逾期超过30天以上的不得再次叙做保证担保个投贷款 4.满足贷款人规定的其他条件 二、保证担保贷款客户准入条件 1.具有当地常住户口或有效居留身份，持续经营两年以上 2.茶叶加工户近一年银行流水贷方结算量10万元以上，茶叶贸易商近一年银行流水贷方结算量200万元以上可准入，实际年销售收入原则上以近一年银行流水贷方结算量的三倍确认 3.持有支行茶商卡客户 三、信用贷款客户准入条件 需符合三级财富管理体系客户准入标准	定收入，在我行和其他金融机构同业无不良信用记录，有按期偿还借款本息的能力 3.持有中行茶商卡的客户，且持有5亩以上面积的茶园证 4.符合我行优质以上客户准入条件 5.对发生贷款逾期超过30天以上的不得再次续做保证担保个投贷款 6.贷款人规定的其他条件
贷款额度	1.符合抵质押循环贷款产品政策的单笔贷款金额，最高不超过2000万元 2.符合个人投资经营贷款产品政策的单笔贷款金额，最高不超过1000万元 3.保证担保方式下，敞口部分最高不超过借款人家庭在我行分支机构近6个月日均存款的6倍，或原则上最高不超过500万元，且不超过上一年度销售收入的50% 4.信用贷款最高限额100万元，且不得超过借款人家庭近6个月日均存款一倍	保证担保贷款金额最高不超过100万元，最高以每亩5600元的资金需求核定具体贷款金额（已剔除自筹部分）
利率水平	原则上按同期同档次基准利率上浮10%以上执行	
担保方式	1. 房产抵押参照个人抵质押循环贷款和个人投资经营贷款办法执行 2.保证担保方式。贷款金额100万元（含）以下的，须提供一名七类人员或净资产达保证金额二倍以上的优质及以上客户为保证人；借款人为单身的或贷款金额100万元（不含）以上的，须提供至少两名七类人员或净资产达保证金额二倍以上的优质及以上客户为保证人 3.存货质押，参照《中国银行浙江省分行货押监管授信业务实施细则》（2009年版）执行（若有调整，按最新执行） 4.抵质押率的规定参照《关于转发总行《中国银行股份有限公司境内信贷抵、质押率管理办法（2013年版）》的通知》（浙中银险〔2013〕49号）执行	保证担保方式下，贷款金额50万元（含）以下的，须提供一名七类人员或净资产达保证金额二倍以上的优质及以上客户为保证人；贷款金额50万元（不含）以上的，须提供至少二名以上（含）七类人员或净资产达保证金额二倍以上的优质及以上客户为保证人
贷款发放	在签订相关合同并落实有效担保手续的前提下，贷款资金应按监管关于贷款支付管理要求，按照借款合同约定，通过贷款受托支付或借款人自主支付的方式对贷款资金进行管理与控制	
还款方式	贷款期限在半年（含）以内可以采取到期一次还本付息，期限在一年（含）以内的，可采取按月还本付息或按月（季）还息、到期还本方式，期限超过一年的贷款要求采取按月还本付息还款方式	

庆元香菇仓单质押贷款

庆元县享有“中国香菇城”盛名，是世界人工栽培香菇的发源地。食用菌产业，是庆元县农副产品主导产业、特色优势产业和富民惠民产业。全县从事食用菌及相关行业约有7万人，是全国唯一被命名为“中国食用菌产业基地”的县。2013年以来，庆元县建成全国最大的食用菌集散中心——庆元香菇市场，市场交易量约占全国干菇生产总量10%以上，年交易额近20亿元。

庆元香菇市场拥有全新标准化冷库1.6万平方米和第三方物流区8000平方米，保障食用菌仓储安全和交易物流畅通，并提供食用菌现货交易电商平台，吸引东北、湖北、云南等全国主要食用菌产区仓储需求纷纷涌向庆元。

食用菌生产季节性很强，生产经营户（企业）在生产旺季收购并储存足够存货，以保证日常加工和销售，因此大量存货需要占用大量资金。在新一轮生产旺季到来之前生产经营户（企业）对银行信贷资金需求较大。2007年，庆元县农村信用合作联社创新推出香菇仓单质押贷款。此后，又将仓单质押贷款的品种扩展到黑木耳、灰树花等多种农副产品。2012年，庆元县农村信用合作联社与合格担保人、仓储监管人签订农副产品仓单质押贷款合作协议，正式推出农副产品仓单质押贷款，最大授信额度达2.5亿元，用于解决生产经营户（企业）申请银行贷款时面临的抵押担保难题，有效拓宽食用菌行业融资渠道。至2015年年末，已累计发放农副产品仓单质押贷款1.04亿元，惠及香菇（食用菌）生产经营户100余户。

庆元县香菇仓单质押贷款样表

表4-2-10

贷款种类	香菇仓单质押贷款
适用区域	庆元县农村信用合作联社
贷款用途	用于解决借款人在香菇（食用菌）生产经营过程中的正常资金周转需求
贷款对象	香菇（食用菌）生产经营户（企业）
	经工商行政管理部门核准登记、年检合格的企（事）业法人、自然人，并符合本行信贷基本制度及以下条件： 1.信用良好，无不良信用记录 2.企业经营正常，市场发展稳定、行业状况良好，购销渠道通畅，存货周转快 3.申请人的注册地和主要经营场所在服务辖区内 4.满足贷款人规定的其他条件
贷款额度	最高不超过质押仓单项下仓储物价值的70%（不含）
利率水平	按同期限同档次基准利率上浮65%以上执行
担保方式	仓单质押：担保人即仓储监管人，包括庆元香菇市场、万成仓储公司和大山合公司三家公司 当经营户（企业）有融资需求时，与银行（质权人）、仓储监管人（担保人）签订合作协议，以仓储监管人（担保人）签发的出质人存货仓单为质押物向质权人办理贷款。仓储监管人和担保人合二为一，既节约成本，又防止高价评估的现象发生
贷款发放	在签订相关合同并落实有效担保手续的前提下，贷款资金应按监管关于贷款支付管理要求，按照借款合同约定，通过贷款受托支付或借款人自主支付的方式对贷款资金进行管理与控制
还款方式	按月（季）还息、到期还本

粮油产业化龙头企业贷款

为有效解决“卖粮难”和“打白条”问题，农发行构建收购资金封闭运行管理的政策制度体系，其中将粮棉油政策性贷款与库存值挂钩管理，要求封闭运行管理的每个环节都要保证粮食库存价值与其占用的收购资金贷款相一致。2001年6月，为促进国有粮食购销政策的落实，农发行发布简易建仓贷款管理办法，初步形成“钱随粮走、购贷销还、库贷挂钩、封闭运行”的理论框架。简易建仓贷款管理办法适应了保护价时期政策、体制、购销环境，扭转贷款管理不力局面。2003年10月,为适应粮食流通体制改革的需要，积极支持地方粮食储备体系建设，加强地方储备粮油贷款管理，支持地方粮食储备体系建设,农发行开办了地方储备粮贷款。2004年6月，在市场化收购形势下，农发行制定《中国农业发展银行粮食仓储设施贷款管理暂行办法》，同时废止《中国农业发展银行简易建仓贷款管理办法》。

2004年9月29日，经中国银监会批复，农业发展银行(简称农发行)开展粮棉油产业化龙头企业贷款业务。10月21日，农发行开办粮棉油龙头企业贷款，对象为经地、市级以上人民政府或政府有关部门认可的以粮棉油生产、流通或加工转化为主业的农业产业化龙头企业。贷款是围绕粮棉油生产、流通或加工转化，包括流动资金以及技术改造、仓储设施建设和粮棉油生产某地建设所需中长期资金。

2006年7月17日，农发行充分发挥农业政策性金融的职能作用，拓宽支农范围。将现有的粮棉油产业化龙头企业贷款业务的对象范围扩大到农、林、牧、副、渔业范围内的产业化龙头企业。贷款用途须围绕着农、林、牧、副、渔业产品的种植(养殖)、流通或加工转化，提供包括流动资金以及技术改造、仓储等需要的中长期信贷资金。

2007年2月13日，经中国银监会批复，农发行开办农业基础设施建设贷款，农业综合开发贷款和农业生产资料贷款业务。农村基础设施建设贷款业务支持范围限于农村路网、电网、水网(包括饮水工程)、信息网(邮政、电信)建设、农村能源和环境设施建设。其中农村公路贷款范围主要包括涉农公路、水路、县域城镇道路和道路附属设施等，具有促进县域经济发展、提高农民生产生活条件的重要作用。

农业综合开发贷款业务支持范围限于农田水利基本建设和改造、农业生产基地开发与建设、农业生态环境建设、农业技术服务体系和农村流通体系建设。

2007年4月24日，农发行开办农业生产资料贷款，对符合贷款条件的企事业法人、其他经济组织(以下简称借款人)发放贷款，主要解决化肥、农药、农膜、农机具、农用燃料等农业生产资料流通和销售资金问题，贷款期限一般为1年，最长不超过2年。

2008年4月2日，农发行印发《中国农业发展银行粮食收购资金贷款封闭运行管理办法》。坚持粮食收购资金封闭运行管理，从根本上解决了“打白条”和“卖粮难”问题，保护农民利益，提高农民种粮积极性;通过粮食收购资金对粮食流通领域的支持，促进粮食流通体制改革，确保国家粮食安全;通过择优支持改革改制到位国有购销企业，促进企业转变经营机制，使其真正成为自主经营、自负盈亏的市场主体。

第三章　外汇业务

1992年始，随着金融体制深化改革和丽水境域内外汇资金增多，丽水地区辖内办理外汇业务的银行机构陆续增加。1994年1月1日起，外汇管理体制改革，取消外汇留成和上缴，辖区外汇指定银行的外汇收支结算实行结汇和售汇制度，业务范围从一般的外币存贷款、国际结算向结汇、售汇、审核外资企业资本金结汇等各项综合性业务发展。1998年，全区受东南亚金融危机影响，外商投资企业和个人外币储蓄存款增加。2000年，全市本外币存款利差较大，导致个人和企业外汇存款不断增加。至2015年，丽水市办理外汇业务银行机构15家，外汇存款总量19.3亿美元。

第一节　外汇存款与种类

外汇存款

外汇存款，是经营外汇业务的银行组织外汇资金的重要渠道，是银行基本业务之一。改革开放前，丽水地区外汇存款业务量较少。1978年中共十一届三中全会后，丽水外汇业务出现新的局面。1979年3月，国务院批准中国银行为国务院的直属机构，成为国家外汇专业银行。1980年11月，中国人民银行青田支行侨汇股开始以中国银行青田办事处名义对外办公。1983年7月1日，中国银行杭州分行在青田县设立分支机构，兼办丽水地区外事企业的信贷和外币存款、兑换等外汇业务。丽水地区外汇存款由此快速发展。

1979年11月1日起，丽水地区外币存款的对象和范围有所改变，除各国驻华外交代表机构及其外籍工作人员和境外的个人、企业、团体外，国内的企、事业单位和个人的外汇，经银行同意均可开立外币存款账户。1980年后，在中国银行分支机构全面铺开。1983年1月起，中国银行总行原颁发的各种外币存款章程停止执行，一律按新颁甲、乙种外币存款章程办理。1984年7月1日，增设外币丙种存款，促进外汇存款的增长。

非居民外汇存款业务

20世纪80年代初期，最早出现中国银行青田县支行外汇账户(存单)代保管业务，是离岸银行业务的早期形式。是在中国银行乙种存款基础上，为方便海外华侨办理个人外汇业务而提供的一种金融服务，是代理海外客户办理个人外汇收支业务，为境外华侨个人外汇进出境提供便利，主要集中在侨乡青田县。至 2009 年 9 月末，青田县非居民个人外汇存款 11349 万美元，占全区全部外汇储蓄存款的 27.90%。其中，代保管业务的外汇存量为 2600 万美元，占全部非居民个人外汇存款的 22.90%。

外汇存款种类

甲种（单位）外币存款　甲种外币存款是吸收境内外机关、团体、企事业单位持有外币或外汇的一种对公存款业务，分为定期和活期两种。定期存款为记名式存单，存期分三个月、半年、一年、二年四档，起存金额不低于人民币 1 万元的等值外汇；活期存款分存折户和往来户，起存金额不低于人民币 1000 元的等值外汇。存款货币种类，原章程规定为美元、英镑、港币、西德马克和日元 5 种。1987 年 2 月 24 日起，增加法国法郎。同年 8 月 31 日起，增加开办加拿大元、荷兰盾、瑞士法郎、比利时法郎 4 种外币存款。

乙种（个人境外户）外币存款　以境外个人为对象的一种外向存款业务，分定期和活期两种。定期存款存期分三个月、半年、一年、二年四档，起存金额不低于人民币 50 元的等值外汇；活期存折户，起存金额不低于 20 元等值的外汇。存款货币种类与甲种外币存款相同。

丙种（个人境内户）外币存款　是一种以境内个人为对象的外币存款业务。存款分三个月、半年、一年和二年四档。起存金额与乙种存款相同。

乙、丙两种存款的本息可支取外币，也可支取人民币，享受侨汇优待。

外汇存款总量

1990 年年末，丽水地区金融机构外汇存款余额 1663 万美元。至 1995 年年末，外汇存款余额 9087 万美元，比 1980 年提高 5.46 倍。1998 年年末，外汇存款余额 14380 万美元。2000 年年末，外汇存款余额 33725 万美元。10 年间（1991—2000 年），全区外汇存款呈不断增长的趋势，年均增长速度为 202.80%。2005 年年末，外汇存款余额 58535 万美元。2008 年年末，外汇存款余额 74443 万美元。2010 年年末，外汇存款余额 111421 万美元，外汇存款首次突破 10 亿美元。2000—2010 年的 10 年间，丽水市外汇存款年均增长速度为 330.38%。2015 年年末，全市外汇存款 192956 万美元。

1990—2015 年丽水市（地区）外汇存款年末余额一览表

表 4-3-1　　单位：万美元

年　份	外汇存款	年　份	外汇存款
1990	1663	1999	22700
1991	2170	2000	33725
1992	3081	2001	43485
1993	4534	2002	44591
1994	6408	2003	44423
1995	9087	2004	43251
1997	11787	2005	58535
1998	14380	2006	47036

续表 4-3-1

年 份	外汇存款	年 份	外汇存款
2007	34687	2012	185327
2008	74390	2013	157481
2009	81885	2014	190480
2010	111421	2015	192956
2011	168876	—	—

说明:数据来源历年《丽水统计年鉴》

第二节　外汇贷款

企业外汇贷款

丽水地区外汇贷款发展缓慢。1992 年年末,全区外汇贷款余额 154 万美元,仅占全省外汇贷款余额 0.19%。以后,全区调整外汇策略和形式,外汇贷款逐年增加。1994 年年末,全省外汇贷款向小水电、高压开关等创汇多、效益好的项目倾斜,带动丽水地区一些项目创新。中国建设银行浙江省分行开辟境外筹资业务,对丽水玉溪水电站奥地利贴息贷款 17869 万先令。至 1997 年年末,全区外汇贷款余额首次突破 1000 万美元，达到 1258 万美元。6 年间（1992—1997 年），平均增长速度为 119%。1998—1999 年，一些项目贷款到期，外汇贷款余额减少，同比分别下降 17.62%和 5.84%。2000 年年末，外汇贷款余额 1119 万美元,2005—2007 年，外币贷款余额从 3721 万美元降至 1350 万美元,年均下降 21.24%。2008 年年末,外汇贷款余额 2960 万美元,同比增长 119.26%。随后,进出口贸易融资类贷款增多,来料加工行业异军突起。2009 年年末,外汇贷款余额 9111 万美元(来料加工突破 7000 万元),同比增长 208%。2010 年年末,外汇贷款余额 18870 万美元,同比增长 107%。2011 年年末,外汇贷款余额 29086 万美元,同比增长 54.13%,2012—2014 年,外汇贷款余额保持在 2.6 亿美元左右。2015 年年末,外汇贷款余额 18391 万美元,同比下降 30%。

1992—2015 年丽水市外汇贷款年末余额一览表

表 4-3-2　　单位:万美元

年 份	外汇贷款	年 份	外汇贷款
1992	154	2000	1119
1993	351	2001	1149
1994	631	2002	1298
1995	953	2003	3751
1997	1258	2004	3721
1998	1044	2005	2278
1999	983	2006	1762

续表 4-3-2

年 份	外汇贷款	年 份	外汇贷款
2007	1350	2012	26752
2008	2960	2013	26149
2009	9111	2014	26259
2010	18870	2015	18391
2011	29086		

说明：数据来源历年《丽水统计年鉴》

个人外汇贷款

2013 年 10 月，经浙江省分局报国家外汇管理总局，同意丽水市进行个人外汇贷款管理创新试点，在全国率先开展个人外汇贷款业务。同年 11 月，在青田县启动个人外汇贷款首发签约仪式。个人外汇贷款用途涵盖个人出国旅游、劳务输出、个人境外购物、个人境外小额经营性用汇。2013 年，青田农商银行、农业银行青田支行、中国银行青田支行率先获批开展个人外汇贷款业务。

随着个人用汇需求的增长，丽水市个人外汇贷款业务稳定增长。2014 年年末，个人外汇贷款余额 549.09 万美元。2015 年年末，个人外汇贷款余额 3233.48 万美元。

第三节 侨 汇

侨汇概述

侨汇是华侨汇款的简称，是指国外侨胞、外籍华人、侨眷汇入国内的款项，包括折算成人民币解付的外币现钞和境外华侨私人汇入汇款等，是丽水外汇的重要来源之一。

19 世纪 20 年代初，丽水开始有人出国侨居。至 1990 年，有 30 余万人，其中 1980—1990 年出国 594 人，主要分布在欧洲、美洲、大洋洲及东南亚等 26 个国家和地区。

中华人民共和国成立前，丽水地区无侨务工作机构。中华人民共和国成立后，由中共丽水县委统战部兼管侨务工作。1980 年，丽水县人民政府成立侨务办公室。1982 年 12 月，丽水县归侨、侨眷代表会召开，代表 42 人，选举产生丽水县首届华侨联合会，委员 6 人，设主席、副主席、秘书长各 1 人。丽水华侨主要从事贸易、餐饮服务等行业。中华人民共和国成立前，广大侨眷深受货币贬值和侨汇被侵吞之苦。中华人民共和国成立后，国家坚决保护侨眷对侨汇的所有权、使用权，并在侨乡集中地设立银行或办事处，便利侨汇资金汇入，并保障华侨、侨眷权益。

1959—1961 年，国家三年困难时期，国内物资紧缺，以物代汇，以邮包代汇相当普遍，影响侨汇收入。1966 年后，受"文化大革命"的冲击，一些地方把侨眷正当的侨汇收入视为"特务经费"而进行冻结甚至没收，造成一些侨汇中断，侨汇下降。1970 年，国务院转发外交部与中国人民银行总行《关于侨汇工作若干问题》的文件，重申接受侨汇和海外遗产是国家政策允许的，不能因接受侨汇遗产而改变出身成分等一些重大的方针政策。1978 年，各地先后恢复"华侨商店"，专供侨眷和归侨购买商品。

1954—1983年，丽水地区的侨汇发展缓慢，每年汇入款都不超过500万元。1983年7月1日，中国银行青田支行成立并经营侨汇业务，侨汇汇款出现突破性进展。1984年，全区侨汇（折合人民币）5191万元，同比增长975%。1985年，侨汇4167万元。1986年，侨汇9978万元。20世纪80年代末至90年代中前期，部分侨汇直接流入居民外汇调剂市场或转化为外币存款未解付，侨汇出现大幅度下降。1987年，侨汇883万元，同比下降91.15%。1995年，侨汇1868万元。随着海外华侨收入增长，侨汇不断流入，受贸易外汇收支影响，侨汇成为丽水地区外汇业务重要来源。2009年，侨汇137.92亿元。2010年，侨汇117.84亿元。2011年，侨汇30.73亿美元。2013—2015年，侨汇每年保持在20亿美元以上。

国家对侨汇采取鼓励和优惠的政策，侨汇解付时附赠计划供应和紧俏商品票证。侨汇转存储蓄，再给予利率优惠，1988年，一年定期比城乡居民储蓄基准利率高12.5%。至2015年，外币已通存通兑。

1962—2015年部分年份丽水市（地区）各地银行侨汇汇入情况表

表4-3-3　　单位：万元

年份	合计	莲都区	青田县	云和县	龙泉市	庆元县	缙云县	遂昌县	松阳县	景宁县
1962	57	—	56	—	—	—	—	1	—	—
1963	81	1	79	—	—	—	—	1	—	—
1964	93	1	91	—	—	—	—	1	—	—
1965	118	1	116	—	—	—	—	1	—	—
1966	111	2	108	—	—	—	—	1	—	—
1967	83	1	81	—	—	—	—	1	—	—
1968	51	1	49	—	—	—	—	1	—	—
1969	110	1	108	—	—	—	—	1	—	—
1970	128	1	126	—	—	—	—	1	—	—
1971	142	1	140	—	—	—	—	1	—	—
1972	154	1	150	—	—	—	—	2	—	—
1973	153	1	150	—	—	—	—	2	—	—
1974	167	2	162	1	1	—		1	—	—
1975	194	3	186	1	1	—	1	2	—	—
1976	203	2	197	1	—	—	1	2	—	—
1977	227	2	220	1	1	—	1	2	—	—
1978	277	3	268	1	1	—	2	2	—	—
1979	329	4	317	1	2	—	3	2	—	—
1980	411	8	308	18	19	7	5	46	—	—
1981	500	15	464	2	3	—	12	4	—	—
1982	499	17	456	4	4	1	11	—	6	—
1983	483	13	435	3	3	1	19	4	5	—
1984	5191	202	4593	23	53	10	187	41	82	—
1985	4167	198	3493	14	60	7	269	35	91	—

续表 4-3-3

年份	合计	莲都区	青田县	云和县	龙泉市	庆元县	缙云县	遂昌县	松阳县	景宁县
1986	9978	24	9889	3	6	1	28	7	20	—
1987	883	37	743	13	34	1	37	—	18	—
1990	994	35	924	—	6	—	23	2	4	—
1992	1060	37	986	—	6	—	24	2	4	—
1995	1868	65	1737	—	11	—	43	4	7	—
1999	3182	111	2959	—	19	—	73	6	13	—
2003	119400	4179	111000	42	716	97	2603	239	478	46
2005	267382	9358	248665	—	1604	49	6100	535	1040	30
2008	339000	11865	315270	—	2034	55	7742	678	1300	56
2009	1379200	48272	1282000	356	8275	21	31700	2758	5500	16
2010	1178400	41244	1095000	912	7070	51	27050	2357	4700	13
2011	2151100	75289	2000000	523	12907	75	49400	4302	8554	50
2012	2001240	70043	1861000	153	12007	28	46000	4002	7561	39
2013	1651040	57786	1535000	467	9906	74	37900	3302	6554	50
2014	1643560	57525	1528000	511	9861	50	37751	3287	6500	74
2015	1413750	49481	1314007	780	8483	16	32500	2828	5600	55

若干年份部分侨汇国家兑换牌价一览表

表 4-3-4　　单位：元

外币名称	单　位	中国(当时)货币 1 元			
		民国 35 年 7 月	1987 年	1988 年	1990 年
美元	1 美元	3300	3.72	3.72	5.22
英镑	1 英镑	1200	7.02	6.82	10.12
法国法郎	1 法郎	20	0.7	0.63	1.08
荷兰盾	1 盾	1000	2.11	1.9	3.14
港币	1 元	700	0.48	0.48	0.67
新加坡元	1 元	1100	1.86	1.91	3.06
印尼罗比	1 罗比	960	—	—	—
越南币	1 元	400	—	—	—
菲律宾币	1 元	1600	—	—	—
日元	1 元	—	0.03	0.03	0.04
加拿大元	1 元	—	2.83	3.04	4.49

资料来源：2013 年 6 月出版《遂昌县金融志》

说明：①民国 37 年(1948)8 月，1 美元兑金圆券 4 元。②1950 年，兑人民币 2.46 元；1972 年 9 月，兑人民币 1.22 元；1978 年，兑人民币 1.58 元；1981 年，兑人民币 1.5 元；1984 年，兑人民币 1.28 元；1985 年，兑人民币 3.2 元；1986 年，兑人民币 3.72 元

私人调汇

侨汇按其用途分别为赡家侨汇、建筑侨汇、捐赠侨汇和投资侨汇4种。

赡家侨汇　赡家侨汇是用来赡养、接济国内亲属生活的汇款，是侨汇的主要组成部分。其特点是每笔金额不大，但汇款频繁。当时国家对侨汇有以下三方面优待：一是对定期华侨储蓄存款实行优待利率，高于居民储蓄存款利率；二是实行侨汇物资供应制度；三是对每笔金额在3000元（含3000元）以上的大额侨汇，银行可按客户要求酌情办理10%的外汇留存，也可开立乙种外币存款账户。

中华人民共和国成立前，中国银行为国际汇兑银行，解付侨汇，吸收外币存款。为了沟通汇路，银行不断改进解付方式，做到迅速方便、保密、优惠。1959年开始，各银行均派专人派送，让侨眷及时收到亲人的汇款。建国后，侨汇业务由中国银行或中国人民银行负责办理。中国人民政治协商会议共同纲领第37条规定"人民政府必须采取必要的办法，便利侨汇"。1955年2月，国务院颁布《关于贯彻保护侨汇政策的命令》，保护华侨侨眷对侨汇的所有权与使用权。3月17日，浙江省人委转发《关于贯彻保护侨汇政策的命令》和华侨事务委员会、中国人民银行《关于侨汇工作状况和改进今后工作的报告》，要求认真贯彻国务院命令，便利侨汇，服务侨胞，认真开展侨汇解付工作。10月，中国人民银行制定《华侨定期储蓄存款章程》，对侨汇转定期存款给予利率优惠。

建筑侨汇　是专指侨胞给国内亲属修理、兴建、购置房屋用的侨汇款，在认定建筑侨汇时银行根据"国外汇款人注明或国内收款人接收解付说明"，在"侨汇证供应票证明书"或"外汇兑换证明"上,加盖"建筑侨汇"字样，加以识别。为贯彻落实党的侨务政策，迅速开展侨汇建设住宅工作，1980年国家城市建设总局、国务院侨务办公室联合颁发《关于用侨汇购买和建设住宅的暂行办法》，鼓励华侨、归侨、侨眷用侨汇购买和建设住宅。

1980—1990年，丽水地区侨办和华侨联合会接待回乡探亲侨胞431人次，为侨属落实私房政策13户，清退私房1942平方米，发展侨属企业3个。1979—1990年，银行侨汇621.5万元。1982—1990年，85户华侨购建房屋，汇款379万元。1991—1993年，152户华侨购建房屋，汇款852万元。1994年后，为保护国内商品住房发展，停止高标准侨汇购房审批，建筑侨汇逐步退出市场。2002年，国务院宣布《关于用侨汇购买和建设住宅的暂行办法》失效。

捐赠侨汇　侨胞为建设家乡或资助公益事业而捐赠的款项。如用于修建学校、医院、为生产队购置农业机械设备等。这类汇款,需经浙江省人民政府批准后，方能接收。

中华人民共和国成立后，青田县华侨发扬爱国爱乡优良传统，捐资兴办家乡教育、卫生、交通事业及其他公益事业。1960—1966年，共捐资5.8万元。1967—1976年，合计捐资33.17万元。1977—1987年，捐资218.5万元。

1960—2015年部分年份青田华侨捐资情况表

表4-3-5　　单位：元

年份	金额	年份	金额
1960	1400	1971	308073
1965	38494	1972	13761
1966	18068	1973	2829

续表 4-3-5

年　份	金　额	年　份	金　额
1974	1025	1987	610000
1975	500	1990	360000
1976	5500	1992	410046
1978	33600	1995	298400
1979	31928	1999	186000
1980	121960	2001	158000
1981	124856	2005	342180
1982	173769	2008	568500
1983	94759	2010	645310
1984	171642	2012	750000
1985	272600	2013	950000
1986	550000	2015	1450000

1960—1988 年，青田华侨华人为家乡捐赠各种款项、物资在万元以上者共 61 人。华侨捐资兴办的主要公益事业有县侨联大楼、山汤公路、太鹤公园、华侨饭店、中学等。此后，华侨资助当地学校、学子，兴建基础设施等。1990—2010 年为家乡捐款捐物达 400 余万元。2015 年，丽水市莲都区雅溪镇里东村发生山体滑坡灾害，各地华侨累计捐资捐物 110 万元。

投资侨汇　1958 年，归侨、侨眷集资创办青田华侨造纸厂。1960 年 4 月，11 名归侨、侨眷集资创办华侨餐馆。5 月，21 名归侨、侨眷集资创办华侨洗染公司。1980 年，华侨胡锡珍帮助兴办青田华侨乳制品厂，贷款 50 万元。1983 年，归侨、侨眷集资 3.5 万元，创办企业 3 家。1984 年，集资 81.5 万元办企业 10 家。1985 年，国务院颁布《关于华侨投资优惠的暂行规定》实施，促进投资侨汇的发展。1985 年，华侨集资 14.7 万元，创办企业 2 家。1986 年，归侨、侨眷集资 49 万元，办企业 5 家。1987 年，集资 52 万元，办企业 6 家。1988 年，集资 64 万元，办企业 7 家。1990 年，集资 98 万元，办企业 11 家。1990 年《国务院关于华侨投资优惠的暂行规定》废止，投资侨汇管理趋于严格，华侨在境内已投资兴办的企业所享受的待遇可以继续执行到批准的期限届满为止。此后，投资侨汇逐步退出市场。

侨汇物资供应

1959 年，丽水地区对侨汇实行物资供应办法，按侨汇金额的比例发给“侨汇物资供应票”，有效期为一年，商业部门设置侨汇物资供应专柜。每百元人民币可购粮食 6 千克、食油 1 千克、白糖 1 千克、猪肉 1 千克、棉布 3.33 米。1962 年 7 月，侨汇物资供应标准调整为每百元人民币可购粮食 15 千克、食油 1.5 千克、白糖 1.5 千克、猪肉 1 千克、棉布 3.33 米，购货券 45—50 元。1963 年 2 月，供应标准调整为每百元人民币可购粮食 40 千克、食油 2 千克、白糖 2.5 千克、猪肉 1 千克、棉布 4.999 米，可购日用工业品、土特产等商品 40 元。

1966 年 12 月起，侨汇物资供应办法被取消。1978 年，根据中国人民银行总行规定，重新恢复侨汇物资供应，并在丽水地区青田县开设华侨商店。银行解付侨汇时发给等值的侨汇物资供应票证，票证面额分5元、10元、50元、100元4种。每百元人民币可购粮食10千克、食油0.75千克、食糖1千克、猪肉1.5千克、甲乙级香烟6包、肥皂2块、煤球25千克，同时发购货券20张。对大额侨汇，每笔在人民币3000元以下的按实际计算供应票，超过3000元部分可采取分期分批办法，每年发给供应票3000元，逐年发完为止。1983年，调整为每百元人民币可购粮食10千克、食油1千克、煤球40千克，并发购货券22张。1988年，票证标准是每百元人民币附赠侨汇购货券22张，煤饼40千克、粮食10千克、食油1千克。1989年以后，侨汇物资供应券已失去其优惠作用。

外汇兑换

20世纪70年代后期，中国的旅游事业开始兴起，外国来华人员不断增加。政府明令禁止外币在国内流通，外币不能直接和人民币进行兑换。1980年4月1日，为了方便外国人、华侨在国内消费，国家委托中国银行发行外汇兑换券，简称外汇券。外汇券以人民币为票面额，分为100元、50元、10元、5元、1元、5角和1角7种，和人民币等值，并不准挂失。

外汇券可以在中国境内的旅馆、饭店、飞机场、指定商店(如友谊商店、海员俱乐部等)购买商品，支付飞机票、火车票、行李、国际电信费用等。凭兑换证明，持有人在一定时期内可以将外汇券转作人民币特种存款，出境时可以兑回外汇50%，也可以凭兑换证明携带出境。1986年，建立青田县友谊商店，并被批准为实行外汇券“现兑现用”试点单位。1991年，丽水地区外汇局对已核准的6个外汇兑换券单位的外汇券收支情况进行检查，并对准许收取外汇兑换券许可证逐一重新确认。

改革开放之初，外汇券与人民币等值。在物资供应尚匮乏的情况下，外汇券可以直接兑换到许多紧俏的商品，如冰箱、彩电。因此，受到市场追捧。20世纪90年代，随着商品市场逐渐活跃，各种商品日益丰富，许多商品均可用人民币直接购买，已不“紧俏”，不需要再凭票供应。1993年12月28日，为促进中国市场经济体制建设和进一步对外开放，经国务院批准，中国人民银行发布“进一步改革外汇管理体制的公告”，自1994年1月1日起，对外汇体制进行重大改革，实行汇率并轨，停止发行外汇券，建立以市场供求为基础的、有管理的浮动汇率制度和统一规范的外汇市场。11月21日，中国人民银行正式发布《关于外汇兑换券停止流通和限期兑换的公告》，规定“从1995年1月1日起，外汇兑换券停止在市场上流通”。

10元外汇兑换券(资料图片)

利用外资

自改革开放以来，丽水市(地区)政府实施华侨要素回流工程，华侨回国投资企业的人数逐年增多。主要投资兴办企业、开发房地产、建筑小水电站、兴办餐饮服务业。

1999—2004年，华侨在丽水投资开发房地产资金约9亿元，成立公司11家。1999年，在山口创建中国石雕城；2001年，兴建新世纪大厦商住综合楼，兴建圣华商业广场及美食娱乐城；2002年，兴建华光、江南大厦等；2004年，在丽水开发厦河公寓、欣苑小区及金秀名苑居，在遂昌开发潭鑫城等。

1995—2006年，青田华侨投资建设的小水电站有伯品电站、焕恩电站、尖溪一级电站、金鸡电站、八源电站等40余座。

1998—2015年，华侨在青田县内投资兴办企业规模较大的有：温溪皮鞋加工厂、腊口浙南油茶开发有限公司、高岗你好电器有限公司、灵通服饰有限公司、纳可服饰有限公司、盟邦制衣有限公司、麦丽制衣有限公司等。

第四节　国际结算

国际结算分进出口贸易结算和非贸易结算两类,结算方式有信用证、托收、汇款等。办理国际结算首先要建立国际银行间代理行关系。

贸易(经常)外汇结算

民国时期，处州（丽水地区）主要出口商品有桐油、茶叶、棕毛和火柴盒片等。20世纪50年代，有纸伞、十字花台布等出口。1977年10月，成立丽水县对外贸易公司，属县供销社。1980年4月，成立丽水县对外经济贸易局，与供销社脱离，归属省、地经贸系统管理。1983年起，财务隶属省对外贸易局。1985年，浙江省定丽水为兔毛出口基地县。1988年起，外贸体制改革，实行自负盈亏，行政权限归属地方管理，出口商品收购额和品种逐年增加。1990年，出口商品收购额5303万元，出口商品58种。

丽水地区对外贸易起步较晚，贸易额整体在全省各地市中排名靠后。1985年，贸易收汇74.99万美元。1986年，贸易收汇211.32万美元。1989年，贸易收汇306.44万美元，贸易付汇54万美元。1990年，贸易收汇242.38万美元，贸易付汇22.86万美元。1995年，全区出口总额10562万美元，占全省出口总额1.37%，进口付汇总额211万美元，占全省总额0.05%。

出口贸易结算　1990年，为了提高出口收汇率，国家外汇管理局决定对自营出口公司试行出口收汇登记核销制度。1992年，丽水地区外汇局全面推行出口收汇登记核销制度，建立辖区出口收汇人员岗位责任制，建立“催交核销单”“催办核销”双催制度，督促企业及时交单、收汇、核销。全年全区发出核销单39份，收回核销单36份，核销金额87万美元。1998年6月22日，国家外汇管理局修订（1990年12月21日发布）《出口收汇核销管理办法实施细则》。1999年4月1日起，全国统一使用新版出口收汇核销单。

2000年，随着丽水市经济的不断发展及各县（市）产业结构的调整，出口总额不断上升，青田县、缙云县、遂昌县占比较大。全年全市出口总额13795万美元。2008年，出口总额提升至10.31亿美元。8年间（2001—2008），年均增长80.94%。2009年，受国际金融危机影响，出口下降9.33%。2010年下半年，出口市场回暖，全年出口13.49亿美元，同比增长44.27%。

2001年6月1日，国家外汇管理局丽水市中心支局（简称丽水市外汇局）在出口不断增长的形势下，为加快出口收汇进程，有序推进网上核销工作，便利企业出口退税，引进“中国电子口岸”业务系统。丽水市外汇局开始发放带条形码的新版出口收汇核销单，企业报关数据可通过电子口岸系统直接导入出口收汇核销系统，并可通过系统完成网上领单和交单手续。2002 年 11 月中旬，外汇局出台《出口收汇核销管理操作规程》。2003 年 10 月，出口系统升级，出口收汇核报系统取代原有的核销系统，完全实现外汇、海关和外汇指定银行之间的联网与数据转换。2005 年 8 月，为进一步减轻企业负担，减少企业经营成本，网上核销系统在全市范围内铺开，该系统的推广为出口核销无纸化办公，快捷方便，缩短办事程序和时间。2006 年 10 月 8 日，为了促进贸易便利化的进程，国家外汇管理局发布《关于进一步改进贸易外汇收汇与结汇管理的有关问题的通知》，按照分类监管的原则，对"关注企业"加强监管，对"关注企业"以外的企业提供更加宽松、便利的政策环境。2011 年 12 月，外汇管理局实施货物贸易外汇管理改革(试点)，取消进出口核销制度。

若干年份丽水市企业出口收汇核销情况表

表 4-3-6

年份	企业数(家)	核销数(笔)	核销金额(万美元)
1992	—	39	87
1993	—	357	428
1994	—	1060	—
1995	—	2128	10501
1998	—	3085	8196
1999	—	5029	9003
2002	126	10665	23477
2003	122	3412	8811
2004	184	13388	35990
2005	219	15542	44300
2006	270	18405	52392
2007	315	21858	71664
2008	366	24334	98903
2009	451	24995	91240
2010	526	32581	125713
2011	580	34578	134184

说明：2012 年起取消出口核销政策

2000—2015 年丽水市各地出口总额一览表

表 4-3-7　　单位：万美元

年份	合计	丽水市区	青田县	缙云县	遂昌县	松阳县	云和县	庆元县	景宁县	龙泉县
2000	13795	1781	3862	1865	398	867	1796	138	779	2309
2001	15059	2238	3705	2422	1308	477	1613	146	575	2575
2002	18234	3305	3323	3520	2138	610	1273	309	949	2807

续表 4-3-7

年份	合计	丽水市区	青田县	缙云县	遂昌县	松阳县	云和县	庆元县	景宁县	龙泉县
2003	26871	3985	4924	6259	3633	367	1973	742	1333	3655
2004	37315	6058	8914	7319	5546	627	2836	963	1338	3714
2005	44062	7517	12589	9342	5257	762	3021	545	772	4257
2006	54720	8877	15578	13325	6031	1387	2200	1156	496	5670
2007	74877	11387	19557	19505	9451	2292	2367	1433	519	8366
2008	103116	16002	17261	31266	15422	7007	3684	1690	418	10366
2009	93493	17838	16574	27176	8770	4459	4486	3828	393	9969
2010	134881	27614	21518	39287	10257	9578	6588	3923	847	15269
2011	212498	58185	33128	56112	13350	15311	8471	4336	1655	21950
2012	222935	59284	35771	61138	12725	17088	7946	5576	2682	20725
2013	257722	62583	42169	71343	15086	20520	9786	7567	3428	25240
2014	290787	61858	51041	71844	22195	24155	12752	8126	7558	31258
2015	336426	74787	60098	81550	20158	31247	14753	8737	8690	36406

进口贸易外汇结算　1978 年改革开放前，国家实行统收统支的外汇集中分配制度，外汇收支实行指令性计划管理，一切外汇出售给国家。

1979 年，国家开始实行外汇留成办法，适当留给出口创汇的地方和企业一定比例的外汇，以解决发展生产、扩大业务所需要的物资进口，外汇留成的对象和比例由国家统一规定。1985 年，国家外汇管理局丽水分局与丽水地区计划经济委员会共同出台《关于加强我区外汇管理的几点意见》，提出进口用汇指标主要用于进口工农业生产建设和技术改造需要的原料、材料、新技术设备、农用物资以及扶持出口商品的物资，对市场消费品要适当予以控制。1985 年上半年，丽水符合外汇留成规定的出口生产企业和供货单位 7 家，全区自营出口商品留成外汇为 504779 美元，企业分得 360610 美元，地方政府分得 144189 美元。在用汇管理方面，外管局丽水分局对进口用汇的投向实行严格控制。1991 年，全区实际用汇 221.93 万美元，用于进口设备 33.27 万美元，侨汇物资 27.40 万美元，进口原料用汇 80.27 万美元，进口农用物资 73.91 万美元，构成进口用汇的主要投向。

1994 年，实行外汇体制改革，企业进口商品，只要得到进口许可证和提交相应的有效凭证，即可到本市的外汇指定银行购汇对外支付。1994 年 8 月 1 日起，对进口付汇实行核销制度，以银行为主对预付款项目的进口用汇逐笔核销，对信用证、托收及货到付款进口付汇进行同步核销。从 1997 年 3 月 1 日起，《贸易进口付汇核销监管暂行办法》颁布实施，丽水地区进口付汇核销工作由银行转到丽水市外汇局统一办理。1999 年 1 月 1 日，海关总署、中国人民银行、国家外汇管理局推广了进出口报关单联网核查系统，银行和外汇局在办理售付汇和进口核销前全部实行电子底账方式核查进口报关单，在防止用假关单付汇和避免重复付汇方面起到较大作用。2003 年，国家外汇管理局决定取消部分进口付汇备案类别，以简化进口单位进口付汇及核销的手续，促进对外贸易的发展。2010 年，国家外汇管理局实施进口付汇核销制度改革，取消进口付汇核销制度，鼓励发展企业进口业务。2011 年 12 月，进出口核销制度全面改革，取消进出口核销，将事前审核转入事后核查，逐步实现外汇管理“五个转变”。

2001—2010年丽水市进口付汇核销情况表

表 4-3-8　　单位：万美元

年 份	当年累计付汇金额	结算方式				累计到货核销金额
		信用证	托收	货到付款	预付货款	
2001	3471	3010	—	301	160	4918
2002	2368	1198	37	129	1004	797
2003	1639	1112	72	315	140	3038
2004	1867	910	24	569	364	1537
2005	9068	7781	66	912	309	8448
2006	2354	1277	406	296	375	2665
2007	9423	8455	152	376	440	9031
2008	23237	22153	410	150	524	22091
2009	25268	24023	249	328	668	18837
2010	21306	19601	138	693	874	16342

说明：2011年起已取消进口付汇核销制度。资料来源：国家外汇管理局丽水市中心支局

非贸易外汇结算

非贸易外汇结算包括侨汇、外币兑换、买入外币票据、票据托收、旅行信用证、代理外币旅行支票等。结算方式主要是汇款和托收。

出国批汇　20世纪90年代初期，国家对出国批汇实行严格的管理，按财政部规定的临时出国人员伙食费、住宿费、公杂费、旅差费标准批汇，回国后15天至30天到外汇局办理核销，对逾期未办理核销的，特别是长期不销的或利用出国之机在国外购买高档消费品，回国后无法核销的，按违反外汇管理查处。1989年12月规定，出国人员办理申请外汇需交300元押金，待归国核销后再予以退回。1991年7月，浙江省政府将丽水地区自行批准的出国团组供汇审批权限下放到丽水市外汇局，1992年，丽水市外汇局共批准出国用汇3.12万美元，核销2.9万美元。

资本项目结算

利用外资包括直接利用外资和间接利用外资。直接利用外资主要是指外商投资于境内的中外合作企业、中外合资企业和外商独资企业。直接利用的外资是银行重要的资金来源，“三资企业”也是银行外汇贷款的主要对象。间接利用外资包括直接外债和外债转贷款。直接外债主要是指国外或境外银行及其他金融机构借款、国外出口商或私人借款。外债转贷款主要是指国际金融组织和外国政府的转贷款。

1983年，国家外汇管理局公布《对侨资企业、外资企业、中外合资经营企业外汇管理实施细则》，对外商投资企业的外汇收支做了明确规定。1994年，为适应外汇管理体制改革的要求，外汇局浙江省分局出台外汇登记证使用和管理办法。1996年，国家外汇管理局正式出台《外商投资企业外汇登

记管理暂行办法》《外商投资企业境外外汇账户管理暂行办法》。同年7月1日,外商投资企业外汇买卖纳入银行结售汇体系,同时外商投资企业的外汇账户区分为用于经常项目的外汇结算账户和用于资本项目的外汇专用账户,保留外汇调剂中心为外商投资企业的外汇买卖服务。1998年,外汇调剂中心关闭后,外商投资企业外汇买卖全部在银行结售汇体系进行。

1991年以后,丽水市外商投资快速发展,当年全市新批准外商投资企业8家,协议引进外资241.6万美元,超过历年外商投资的总和。1992年,全市新增外商投资企业37家,协议引进外资788万美元。随着引进外资的增加,1992年,丽水地区外汇局建立外商投资企业年检制度,对辖内50家外商投资企业进行摸底检查,监测现汇账户开立、外汇调剂、外币计价结算等收支活动。

1993年,新增外商投资企业72家,协议引进外资2407万美元。至1995年年末,全区共有外商投资企业144家,累计协议外资4029.67万美元。

1993年,青田县政府出台《关于鼓励外商和华侨、港澳台同胞到青田投资的若干规定》,从企业纳税、地方所得税、工商统一税、个人所得税、国有土地出让金、土地使用费及其他等7个方面为外商到青田投资制定26条优惠政策。是年4月,浙江青田卡洛鞋业有限公司落户青田县,注册资本160万元。1994年,首家外商独资企业浙江青田焕恩电站有限公司投资兴办,注册资本300万元。

2010年,辖内119家外商投资企业全部参检。2015年,丽水市外汇局对全市79家外商投资企业进行年检,年检率84%,合格率100%。

第四章 支付结算业务

1949年7月,丽水金融机构建立,开始人民币支付结算业务。至1990年年末,丽水地区形成"银行汇票、商业汇票、银行本票、支票、汇兑和委托收款"6种结算方式和"恪守信用、履约付款、谁的钱进谁的账、由谁支配和银行不垫款"结算原则,为促进丽水金融业的发展和社会资金循环周转发挥重要的积极作用。1991年开始,全区金融机构贯彻执行有关人民币结算的政策法规,加强人民币支付结算管理,增加人民币结算产品,广泛采用信息化技术建设现代化网络结算体系,为全社会提供快捷、便利、高效的结算服务。

第一节 结算方式沿革

银行结算,分为现金结算和转账结算两大类。现金结算,是指用现金直接进行的货币收付行为。

转账结算，是指通过银行把款项从付款人账户划转到收款人账户而完成的货币收付行为。转账结算，又分为异地结算和同城结算两种，主要用于国民经济各部门、各单位间的商品交易，劳务供应和资金调拨等经济往来所产生的债权、债务的了结和清算。

民国时期，处州（丽水地区）金融机构结算方式，以支票为主，同时使用本票、汇兑以及进出口押汇等方式。中华人民共和国成立初期，丽水地区银行结算以现金结算为主，金融机构则沿用旧银行结算制度，异地结算以汇兑为主，分票汇、信汇、电汇 3 种，同城结算以支票为主，使用单位联式支票。

1950 年 4 月，中华人民共和国政务院规定，国营企事业单位、机关、团体、部队、学校、集体企事业之间的经济往来，除按照现金管理办法规定可以使用现金者以外，都必须在国家银行开立账户，并通过银行办理转账结算。在社会主义改造过程中，尤其在社会主义改造完成以后，对小集体企业和个体工商户的开户，结算作出各项限制，开户难、规定不准使用支票，或只准使用盖有“个体工商户”标志的支票等。

1950 年 11 月，中国人民银行总行公布《货币管理实施办法》，推行与转账结算相适应的结算收支凭证和“专用支票”等。1951 年 3 月，个人汇款改由银行委托邮局代理。8 月，开办定额票汇。1952 年 10 月，票汇与信汇合并。1953 年 2 月，个人汇款由邮局自营办理。3 月，中国人民银行总行仿照苏联结算办法，吸取旧银行结算方式的优点，制定《一般结算方式》，在全国推行。有八种结算方式，分别是：支票、电信拨结算，托收承付结算、特种账户结算、计划结算、托收无承付结算、保付支票结算和信用证结算，除保付支票、信用证结算使用较少外，其余 6 种结算均普遍使用。

1955 年 3 月 1 日起，改革汇兑结算办法，取消电话汇款。1956 年 11 月，取消对汇兑结算使用范围的限制。规定汇兑结算可用于贸易和非贸易往来的款项结算。

1955 年 6 月，根据中国人民银行总行《国营企业、供销合作社、国家机关、部队、团体间非现金结算暂行办法》，为便利农业生产合作社在进行大宗农副产品投售中减少现金收付和保管现金的麻烦，对结算金额在 100 元以上的逐步采用非现金结算。在实施过程中，部分地区出现滥扣款和扣还贷款等现象，于是又强调现金结算，几经反复。将八种结算方式改为九种，取消保付支票结算，增加付款委托书与限额支票结算，把托收无承付结算并入托收承付结算，分为同城托收承付结算和异地托收承付结算两种。

1957 年，对托收承付结算做出以下补充规定：金额起点为 100 元；延期付款按款额每日计收 0.5%滞纳金；运杂费可单独办理托收；购销双方的协议、文件、要货函、电等视同；可申请结算贷款。同年 2 月 12 日规定，汇兑采购款可在异地开立临时结算户，但不计息。

1958 年，各县“改革”规章制度，搞“大破大立”，取消计划结算、限额支票结算、同城托收承付结算、新增异地托收凭单付款和约期对交结算，提出支票同城抵用，还可以用于异地等。执行后，引起债权债务混乱，大量产生相互拖欠，联行之间账务错乱，银行发生大量垫款。

1959 年，根据中国人民银行总行全国会计工作会议精神，重新制定规章制度，确定八种结算方式：异地结算有异地托收承付结算及汇兑结算两种，同城结算有付款委托书、支票、限额支票、计划结算、同城托收承付和托收无承付结算六种。

1961 年 8 月，丽水开始实行同城凭单托收结算。1962 年，恢复信用证结算，增加采购账户结算，国务院下达《银行工作六条决定》，在结算工作上提出：不准携带现金到处采购物资，不准预收、预付货款，不准开发空头支票，不准互相拖欠款项，不准赊销商品“五个不准”。1963 年，同城凭单托收结算逐步萎缩。至1965年，停止办同城凭单托收结算业务。

1966年“文化大革命”开始，银行工作处于无政府状态，一系列行之有效规章制度被视为管、卡、压，再度遭到破坏。结算管理出现了自流状态，结算工作严重削弱。20世纪70年代起，陆续整顿恢复。

1972年，同城结算规定：要有金额起点，托收无承付结算不得用于商品交易，采用支票结算不准签发空头支票。

1973年1月，中国人民银行总行印发《中国人民银行结算办法》，规定集中统一、分级管理的结算体制，异地结算办法由总行统一制定和统一管理，同城和县内结算办法，由各省、直辖市分行根据总行规定的原则，结合本地具体情况制定和管理。同时，规定现行异地结算有异地托收承付、信用证和汇兑结算三种，规定“钱货两清，维护收付双方正当权益和银行不垫款”的结算原则。

1974年年末，根据中国人民银行浙江省分行通知要求，推行支农限额结算。1975年，根据中国人民银行总行通知，取消限额支票结算和计划结算。1978年1月，根据修改后《中国人民银行结算办法》，取消托收承付结算中凭提货收据办理托收的做法，并明确结算纪律。

1980年3月，根据中国人民银行总行《改进结算工作的意见》，增加异地委托收款结算方式和华东三省一市（江苏省、浙江省、安徽省、上海市）限额结算。9月，根据中国人民银行总行通知，规定可以办理个人大额汇款。1984年3月1日，推行中国人民银行总行新制定《异地托收承付结算办法》，开办票汇结算。

1987年9月，根据中国人民银行总行和省分行规定，将“华东三省一市限额结算”改为“华东三省一市票汇结算”，“浙江省辖限额结算”改为“浙江省辖票汇结算”。10月，开办全国定额票汇业务，恢复电话汇款。

1988年12月19日，根据中国人民银行总行《银行结算办法》，规定银行结算方式有银行汇票、商业汇票、银行本票、支票、汇兑和委托收款六种。结算原则改为“恪守信用，履约付款，谁的钱进谁的账，由谁支配和银行不垫款”。

1989年4月1日，全区取消异地托收承付、付款委托书、国内信用证、托收无承付和保付支票结算，推行银行汇票、商业汇票、银行本票、支票、汇兑、委托收款等6种结算方式。11月起，将“华东三省一市票汇结算”更名为“华东三省一市银行汇票”。

1990年4月1日，为适应大中型企业结算需要，全区恢复异地托收承付结算方式。1994年9月，根据中国人民银行总行《关于加强银行结算工作决定的通知》，推行商业汇票，改革银行汇票，扩大支票使用范围和对象。建立了以汇票、本票、支票和信用卡（三票一卡）为主体的结算制度，增强票据和结算方式的灵活性、通用性、兑现性、安全性和流动性，汇票和支票在同城约占70%，异地约占30%，形成票据的主体地位。1994年10月，修订《异地托收承付结算办法》。

1996年1月起，丽水地区正式施行《中华人民共和国票据法》。1997年，中国人民银行总行又先后下发《票据管理实施办法》和《支付结算办法》。同时废止1988年12月19日颁发《银行结算办法》。对银行支付结算重新作出法律、法规和制度的规定。支付结算分票据、信用卡和结算方式三类。票据，分为银行汇票、商业汇票、银行本票和支票。票据可以背书转让。结算方式，分为汇兑、托收承付和委托收款。1997年8月1日，中国人民银行总行公布《国内信用证结算办法》。

2008年，中国人民银行丽水市中心支行开始在市本级推广银行本票业务，首批核准办理银行本票业务的银行网点33个。2009年4月27日，银行本票业务在全市范围（市、县、乡镇）内上线流通，方便农村银行机构、乡镇工商企业及个体经济之间经贸往来的资金结算，促进票据业务在农村地区的推广使用。

2009年10月16日，中国人民银行总行公布《电子商业汇票业务管理办法》，2009年10月28日、2010年6月28日，各银行机构分两批接入电子商业汇票系统，开办电子商业汇票业务。

2010年10月27日，为提高票据凭证的防伪性能，保证票据的流通和安全使用，中国人民银行总行印发《中国人民银行关于启用2010版银行票据凭证的通知》，调整票据凭证的防伪工艺，印制标准、凭证格式、要素内容，凭证价格。2010年10月27日至2011年2月28日，新、旧版本票据并行使用。2011年3月1日后，全面使用新版票据。

第二节　结算票据

支票

支票结算，具有悠久的历史。1949年8月，中国人民银行杭州分行出台《支票使用规则》。9月5日，根据中国人民银行华东区行《取缔退票暂行办法》，规定客户退回支票达三次者，由中国人民银行通令银行、钱庄在一年内停止与该户往来，其情节严重者转送法院查办，并处以票面金额一倍以下罚款。

1950年11月，根据中国人民银行总行《货币管理实施办法》，规定往来户之间及往来户与结算户之间使用转账支票，各单位对私人、私营企业及本身提现，使用“专用支票”可以提现或转账，有效(假日顺延)期7天，转账支票限当日到银行转账，最迟不得超过次日。

1953年，空头支票日见严重，根据中国人民银行杭州分行《取缔空头支票暂行办法》，规定对签发空头支票者提出“由银行按情节轻重，给予警告教育、结清存户，其情节严重者转送法院查办，并得处以票面金额一倍以下罚款”。

1955年5月，根据中国人民银行总行《支票结算方式(初稿)》，规定：(一)支票适用于同城国营企业、合作社、合营企业、机关、部队、团体间的资金、经费款项划拨，临时性交易往来，劳务供应以及对私营企业间的一切款项往来的结算。国家机关、企业、合作社等对私营企业临时性采购及劳务供应，私营企业缴纳税款及其他非商品性的支付亦可适用。如有经常往来的商品交易，不得使用支票，以加强监督作用。(二)支票分为现金支票和转账支票，公私通用。现金支票只能取现，不得转账。转账支票只能转账，不能取现。(三)支票一律记名式，不得流通转让。(四)支票必须提交付款单位开户银行办理结算，即须向付款方银行付出后，方可划转收款方银行进账。(先付后收原则)(五)支票的金额起点为30元。(六)支票为即期支付凭证，不得预期签发或过期签发。(七)支票有效期为5天(签发日除外，到期日为假日顺延)，签发日期需大写，以防涂改。

1964年4月，根据中国人民银行浙江省分行《支票结算办法》，将支票分为现金支票、工资基金专用支票和转账支票三种。所有支票不准流通转让，签发空头支票要处以票面金额1%的罚金。6月，修订《同城结算办法》，将转账支票改为四联凭证(存根、支票、进账单、进账单回单四联)，现金支票、工资基金专用支票仍为一张两联，左联为存根，右联为支票。

1989 年 4 月 1 日，执行中国人民银行总行《结算办法》，支票结算修改主要内容：(一) 适用范围扩大单位、个体经济户和个人，在同城或票据交换地区的商品交易，劳务供应以及其他款项的结算，均可以使用支票。(二) 支票一律记名，中国人民银行总行批准的地区转账支票可背书转让。(丽水不属于试点范围) (三) 支票金额起点为 100 元。(四) 对签发空头支票或印章与预留印鉴不符的支票，银行除退票外，按票面金额处以 5%但不低于 50 元的罚款。对屡次签发的，银行根据情节给予警告，通报批评，直至停止其向收款人签发支票。(五) 支票种类增加"定额支票"，收购单位将款项交存银行，由银行交其用于向农户支付收购农副产品款项的票据。定额支票不记名，不挂失，农户可凭定额支票向银行或信用社兑付现金。

1996 年 1 月 1 日，丽水地区施行《中华人民共和国票据法》，启用单联式转账支票 (一式两联)。1997 年 10 月、12 月，先后施行中国人民银行总行《票据管理实施办法》《支付结算办法》，同时废止 1988 年 12 月 19 日颁发的《银行结算办法》。对支票结算作出重大法规、制度修改，其内容：(一) 支票上的金额、收款人名称，可以由出票人授权补记。未补记前的支票不得使用。(二) 支票的提示付款期限为 10 天。(三) 支票采用单联式。(四) 银行可以与出票人约定使用支付密码，作为银行审核支付支票金额的条件。(五) 签发空头支票或签发与其预留签章不符的支票，处以票面金额 5%但不低于 1000 元的罚款；持票人有权要求出票人赔偿支票金额 2%的赔偿金。

2006 年，中国人民银行开发建设全国支票影像交换系统，支持支票全国通用业务处理，北京、上海、天津、河北、广东、深圳六省 (市) 作为第一批试点机构。2006 年 12 月 18 日，接入系统试点运行。

2007 年 6 月 25 日，丽水市作为第二批上线机构接入系统。至年末，全市办理全国支票提出业务 240 笔，金额 978.93 万元；提入 146 笔，金额 262.35 万元。

2010 年，中国人民银行总行印发《中国人民银行关于推广支票授信业务的指导意见》，允许银行机构对资信好的企业开展支票授信业务。至 2015 年，丽水市银行机构尚未开办该项业务。

银行本票

1950 年 4 月，中国人民银行浙江省分行出台《开发本票暂行办法》。1951 年 6 月，根据中国人民银行总行通知规定，为禁止票据流通转让，本票停止开发。为适应业务需要，可以用保付支票代替。

1989 年 4 月 1 日，根据中国人民银行总行《银行结算办法》，重新推出银行本票，规定：(一) 银行本票结算适用于单位、个体经济户和个人在同城范围内的商品交易和劳务供应以及其他款项的结算。(二) 银行本票一律记名，允许背书转让。(三) 付款期限为一个月。(四) 见票即付，不予挂失。遗失不定额银行本票，在付款期满后一个月确未冒领，可以办理退款。(五) 个体经济户和个人办理本票，需要支取现金的，应在银行本票申请书上填明"现金"字样。(六) 银行本票分为不定额和定额两种。不定额银行本票金额起点 100 元。定额银行本票面额分为 500 元、1000 元、5000 元和 1 万元四种。定额银行本票由中国人民银行发行，各专业银行代办签发和兑付。不定额银行本票由经办银行签发和兑付。

1994 年 5 月 7 日，根据中国人民银行总行《关于继续整顿结算秩序深化结算改革的通知》，规定银行本票在同城范围内使用。单位、个体工商户或个人需要支取大额现金用于购买商品和进行其他经济活动的，银行可以开给本票，并保证支付。

2000 年 12 月 4 日，中国人民银行上海市分行下发《银行本票办法 (试行)》和《银行本票业务准入，退出管理规定(试行)》，从2001年1月1日起，在浙江施行。明确规定申请办理银行本票业务的银行、城市信用社、农村信用社，应当具备一定准入条件，并经中国人民银行当地分支行批准的，才准许办理此项业务。

2008年开始，丽水市本级推广银行本票业务，首批批准办理银行本票签发业务的银行网点33个。

2009年，中国人民银行丽水市中心支行印发《丽水市银行本票业务管理办法》，规定各银行机构开办银行本票业务需经人民银行丽水市中心支行审批，为控制风险规定"丽水市银行本票暂不允许背书转让"。2009年4月27日，银行本票业务在全市范围(市、县、乡镇)内上线流通。

2012年1月6日，中国人民银行杭州中心支行印发《浙江省银行本票管理办法(试行)》，银行本票实现全省流通并允许背书转让。丽水市各银行本票支付结算，在同城结算中占有一定比例，减少现金流通，促进城乡经济联系具有重要作用。

银行汇票

解放后，银行汇票名称多次变更。早期称"票汇"，后改称"限额结算"，再称"票汇结算"，现称"银行汇票"。

1979年5月，试行浙江省内限额结算。1980年3月，中国人民银行总行下达改进结算工作的意见，提出发展限额结算，开办华东三省一市(江苏、浙江、安徽、上海)限额结算方式。该结算主要适用于自提自运的商品交易、零星采购以及劳务供应等的资金结算。凡在银行开立存款账户的国营和集体企业、事业、机关、团体、部队、学校、农村生产队等单位，均可使用这种结算方式。三省一市限额结算凭证的金额起点100元，实际结算金额不低于30元，多余限额只能转账，不能找付现金。限额结算凭证有效期为20天(签发日除外，到期日如遇例假日顺延)。

1987年4月，为适应商品经济发展需要，中国人民银行总行决定将"华东三省一市限额结算"改为"华东三省一市票汇结算"，并修改制定《华东三省一市票汇结算试行办法》。

1989年4月1日，施行新制定《银行结算办法》，将"全国票汇"改成"银行汇票"，明确规定银行汇票是汇款人将款项交存当地银行，由银行签发给汇款人持往异地办理转账结算或支取现金的票据。与票汇结算的主要差异：(一)银行汇票的签发和解付，全国范围限于中国人民银行和各专业银行参加"全国联行往来"的银行机构办理，跨系统银行签发的转账银行汇票的解付，应通过同城票据交换将银行汇票和解讫通知提交给同城的有关银行审核支付后抵用。(二)银行汇票可以在付款期限内背书转让。(三)银行汇票和解讫通知必须由收款人或被背书人同时提交兑付银行，缺少任何一联均无效。(四)银行汇票的收款人如需分次支取的，可以收款人姓名开立临时存款户办理支付，付完清户，不计利息。为加强对大额银行汇票的安全管理，中国工商银行和中国农业银行分别对签发金额在20万元和30万元以上的大额汇票作了向兑付行拍发电报的补充规定。

1989年6月，中国人民银行总行将"华东三省一市票汇结算"更名为"华东三省一市银行汇票"，并参照全国银行汇票办法作相应修改，并保留其通汇面广、适应性强的优点。

1996年11月，施行《中华人民共和国票据法》。1997年10月、12月，又施行《票据管理实施办法》和《支付结算办法》，对银行汇票办法作重大修改。

2015年年末，丽水市使用银行汇票有2种：银行汇票(全国通用)、华东三省一市银行汇票。

商业汇票

商业汇票,是民国时期在商品交易活动中普遍使用的一种商业票据。解放后,银行、钱庄仍沿袭办理。1955 年 5 月,商业部、中国人民银行总行联合发出《关于取消国营商业系统内部以及各部门之间所存在的商业信用的规定》,取消商业汇票。

1983 年 9 月, 中国人民银行浙江省分行制定票据承兑办法, 在全省 20 多个重点市、县推广。1985 年 4 月,执行中国人民银行总行制定《商业汇票承兑贴现暂行办法》。

1989 年 4 月 1 日,履行中国人民银行总行《银行结算办法》。该办法将商业汇票确定为六种结算方式之一。规定:(一)商业汇票按其承兑人不同,分为商业承兑汇票和银行承兑汇票。(二)在银行开立账户的法人之间根据购销合同进行商品交易,均可使用商业汇票。商业汇票在同城和异地均可使用。(三)签发商业汇票必须以合法的商品交易为基础,禁止签发无商品交易的汇票。(四)商业汇票承兑后,承兑人即付款人负有到期无条件支付票款的责任。(五)商业汇票一律记名。允许背书转让。(六)商业汇票承兑期限,由交易双方商定,最长不超过 9 个月。如若分次付款,应一次签发若干张不同期限的汇票。

1991 年 11 月 1 日,实行中国人民银行《关于加强商业汇票管理的通知》。一般情况下,每张汇票承兑金额最高不得超过 500 万元。

1993 年 8 月 1 日,实行中国人民银行《商业汇票办法》。对商业汇票作较全面规定:(一)在银行开立账户的法人之间根据购销合同进行的商品交易可使用商业承兑汇票。国有企业、股份制企业、集体所有制企业、供销合作社以及三资企业之间根据购销合同进行的商品交易,可使用银行承兑汇票。其他法人和个人不得使用银行承兑汇票。(二)商业汇票承兑期限由交易双方商定,最长不超过六个月。(三)商业承兑汇票到期日,付款人账户不足支付时,其开户行应将商业承兑汇票退给收款人或被背书人,同时,银行对付款人按票面金额处以 5%但不低于 50 元的罚款。(四)银行在办理银行承兑汇票的承兑时,信贷部门负责按照信贷办法的有关规定和审批程序,以及对企业单位的资信情况、购销合同、汇票的使用对象和汇票记载的内容进行认真审查,必要时可由承兑申请人提供抵押或担保。会计部门负责汇票记载内容和使用对象的复审。(五)银行承兑汇票的承兑申请人于汇票到期日未能足额交存票款时,承兑银行除凭票向收款人、被背书人或贴现银行无条件付款外,应根据承兑协议规定,对承兑申请人执行扣款,并对尚未扣回的承兑金额每天按万分之五计收罚息。

1994 年 11 月,执行中国人民银行《违反银行结算处罚规定》。对商业承兑汇票到期,付款人不能支付票款,按票面金额处以 50%、不低于 1000 元罚款。

1996 年 4 月 1 日,实行中国人民银行浙江省分行《关于商业汇票承兑、贴现和再贴现业务规范管理的意见》,单张汇票金额最高不得超过 1000 万元。

1998 年 6 月 2 日, 根据中国人民银行 《关于加强商业汇票管理促进商业汇票发展的通知》,规定:(一)严肃商业汇票结算纪律,保证商业汇票按期付款。对压票、无理拒付、拖延付款的,要责成其立即付款,并对其按票据金额处以每天万分之七的罚款。发生三次以上无理拒付的承兑银行,除按规定罚款外,还要取消汇票的承兑资格。(二)适度加快发展中心城市的商业汇票业务,大力推动票据流通转让。选择并鼓励一些资信情况良好、产供销关系比较稳定的企业,在商品交易中签发、收受、转让商业承兑汇票,以推动企业间正常的商业信用发展,促进商业信用票据化。

2009年10月16日，中国人民银行总行颁布《电子商业汇票业务管理办法》。2009年10月28日、2010年6月28日，各银行机构分两批接入电子商业汇票系统，开办电子商业汇票业务。至2010年末，丽水市90个银行网点接入电子商业汇票系统，办理电子银行承兑汇票承兑业务88笔、6.12亿元，占全部票据承兑业务的比例分别为0.26%、2.28%。至2015年年末，丽水市银行网点接入电子商业汇票系统213个，办理电子银行承兑汇票承兑业务394笔、143.38亿元，占全部票据承兑业务的比例分别为1.71%、16.55%。

银行卡

银行卡，是由经授权的商业银行向社会发行的具有消费信用、转账结算、存取现金等全部或部分功能的信用支付工具。银行卡，包括信用卡（含贷记卡、准贷记卡）和借记卡，按发行对象不同分为单位卡（商务卡）、个人卡，按账户币种不同分为人民币卡、外币卡，按信息载体不同分为磁条卡、芯片（IC）卡。商业银行办理银行卡消费、转账、取现等均可以向客户收取一定的手续费。

1990年11月1日，丽水市第一张信用卡（人民币长城信用卡）由中国银行丽水地区分行发行。随后，中国工商银行牡丹信用卡、灵通卡，中国建设银行龙卡系列储蓄卡、理财卡、贷记卡，中国农业银行金穗贷记卡、理财卡、借记卡，农村信用社系统丰收卡等陆续在丽水地区发行。

1997年1月5日，中国人民银行总行印发《银行卡业务管理办法》，明确分类及定义、银行卡业务审批、计息和收费标准、账户及交易管理、风险管理等规定。

2001年，为建立全国统一的银行卡受理市场，方便商户和持卡人对银行卡的受理和使用，人民银行总行印发《中国人民银行关于统一启用“银联”标识及其全息防伪标志的通知》，要求商业银行统一发行带有“银联”标识的银行卡。

2002年4月5日，中国人民银行印发《关于2002年银行卡联网通用工作的意见》，提出：1.各国有独资商业银行系统内银行卡业务处理系统要实现300个以上地市级城市各类银行卡的联网运行和跨地区使用；2.在100个以上城市实现各类银行卡的跨行通用；3.在40个以上城市实现银联卡城市内和城市间跨地区、跨行通用。丽水不在100个银行卡联网通用城市之列。

2003年开始，中国人民银行总行印发《关于进一步做好银行卡联网通用工作的通知》，全面推动银行卡业务的联网通用、联合发展。丽水市各银行机构大量发行银联标识银行卡，银联标识卡逐渐取代旧银行卡。

2006年7月，中国人民银行丽水市中心支行转发《中国人民银行办公厅关于印发农民工银行卡特色服务推广工作实施方案的通知》，要求丽水辖内各银行机构做好农民工银行卡发放工作。丽水市政府印发《关于促进银行卡产业发展的若干意见》。12月，中国人民银行丽水市中心支行转发《中国人民银行办公厅关于进一步做好农民工银行卡特色服务工作的通知》，其中规定：从2007年2月1日起，施行新的农民工银行卡特色服务手续费标准，对持卡人的每笔取款手续费由原来的按取款金额的1%收取降至0.8%，每笔最高收费限额由50元降至20元。

2007年1月，中国人民银行丽水市中心支行印发《关于开展丽水市农民工银行卡特色服务宣传活动的通知》，组织各银行机构开展形式多样的宣传活动。人行丽水市中心支行在全省农民工银行卡特色服务宣传推广活动中获得优秀组织奖。

2007年5月1日至2007年10月31日，中国人民银行丽水市中心支行联合丽水市银行业协会组织全辖金融机构开展丽水市银行卡刷卡消费有奖活动。7 月 12 日，财政部与中国人民银行共同印发《中央预算单位公务卡管理暂行办法》的通知，为进一步深化国库集中支付制度改革，方便预算单位用款，减少现金结算，提高支付透明度，实行预算单位公务卡管理。2008 年，浙江省人民银行支付结算工作会议要求，将银行卡应用范围扩大至全省 28 家重点商品交易市场。经过调研，丽水市选择浙南茶叶市场、庆元县香菇市场和青田县石雕市场作为目标市场大力推广银行卡。8 月，中国人民银行丽水市中心支行在庆元县举办大型银行卡、公务卡应用知识培训，邀请庆云县政府和主要业务部门领导、行政事业单位和主要乡镇负责人、部分企业和商户 100 余人参加。

2009 年 8 月 3 日，人行丽水市中心支行印发《关于成立联合整治银行卡违法犯罪办公室的通知》，成立由人民银行、公安、在丽各银行机构组成的丽水市联合整治银行卡违法犯罪办公室（简称整治办）。9 月 4 日，人行丽水市中心支行印发《关于贯彻落实加强银行卡安全管理、预防和打击银行卡犯罪相关意见的通知》，部署存量银行卡账户实名制核实、特约商户年检、特约商户信息登记、异地收单业务清理等银行卡市场专项整治工作。11 月 12 日，人行丽水市中心支行印发《丽水市信用卡恶意透支专项整治行动方案》，联合公安局开展集中整治行动。

2010 年，人行丽水市中心支行与丽水市公安局联合印发《丽水市打击银行卡犯罪专项行动实施方案》，并成立专项行动领导小组，有步骤、有计划地开展以“让老百姓放心用卡安全用卡”为主题的打击银行卡犯罪专项行动。专项行动期间，丽水市针对各类银行卡犯罪立案 12 起，涉案银行卡 269 张、金额 4024.23 万元，涉及信用卡套现、信用卡恶意透支、窃取他人银行卡、网络欺诈、虚假信息骗领信用卡等多种类型。10 月，人行丽水市中心支行转发《中国人民银行、财政部、教育部、人力资源社会保障部关于全面推行中职学生资助卡加强中职国家助学金发放监管工作的通知》，要求各银行机构做好中职卡发放工作。2011 年，人行丽水市中心支行协调丽水市财政局、市教育局等部门做好中职卡发放工作。至 12 月末，全市 15 所中职学校 13512 位学生办理中职卡，通过中职卡发放中职学生补助资金 2036.11 万元。

2012 年 7—10 月，组织各银行机构开展特约商户年检，各银行机构按照 100%的覆盖面对全市 11559 户特约商户开展年检，对身份资料虚假、未通过工商年检等年检不合格的 746 户商户采取撤机处理。

2013 年 1 月，人行丽水市中心支行督促辖内银行机构执行《国家发展改革委关于优化和调整银行卡刷卡手续费的通知》，将商户分为餐娱类、一般类、民生类、工艺类四个大类，按分类计费。2 月 20 日，全市各银行机构完成银行卡刷卡手续费调整协议换签工作。

2013 年，丽水市各银行机构发放中职卡和普通高中学生资助卡 48527 张，公务卡已覆盖所有市、县级预算单位。

2014 年 1 月，人民银行丽水市中心支行转发《中国人民银行关于规范单位结算卡业务管理的通知》，要求各单位结算卡发卡银行加强业务管理、严格控制结算功能、建立健全风险防控机制、保护客户合法权益。同月，人行丽水市中心支行转发《中国人民银行关于加强银行卡业务管理的通知》，要求各银行机构加强实名制审核、强化风险管理、严格银行卡收单业务管理，要求人行各县（市）支行加强监督管理。

2015 年，人行丽水市中心支行积极推进电子支付业务的应用和普及，要求各银行机构依托银行卡发展网上支付、手机支付业务。2015 年 1—12 月，全市网上支付业务量 15050.84 亿元，同比增长

28.84%。手机支付业务量 844.5 亿元。

第三节　结算方式

汇兑

汇兑结算，是汇款人委托银行将其款项支付给收款人的结算方式。汇兑结算历史悠久。唐朝时期，就出现“飞钱”，也称“便换”。宋代，继续发展，允许客户将钱汇入京城，可在各处便换。明末至清时，已有用钱票、汇票到外地取钱。清道光年间(1821—1850)，专营汇兑业务的山西票号产生。辛亥革命前后，票号衰落，汇兑业务由钱庄经营，银行的资金划拨清算也通过钱庄。20 世纪 20—30 年代，钱庄亦日渐衰落，汇兑业务遂为银行垄断。银行经营汇兑业务后，国内汇兑逐渐制度化、规范化，将其分为“顺”“逆”两大类。顺汇，即银行在本埠先托收汇入的款项，而后在他埠代交其款项予收汇人，方式有电汇、信汇、条汇、票汇等。逆汇，即银行在本埠先付款予请求人，然后向所指定的外埠银行取回其所付的款项，方式有押汇、购买外埠票据、代收款项三种。1949 年 7 月，中国人民银行丽水支行根据中国人民银行杭州分行《关于开展国内汇兑工作指示》，开办汇兑业务，通汇地点暂以华东区所属已建立的行处为限，首先开展与省内各地及上海的汇兑，其余各地视需要有计划、有中心地分别进行。汇款种类暂以信汇、票汇两种为限，电汇待区行密电本编发后再办。8 月，根据中国人民银行华东区行第一次会计会议要求，对汇兑业务作出规定：(一)汇兑分为信汇、票汇、电汇三种。(二)代理收付款项，分为托收外埠款项、代收上缴款项和特种收付款项(指银行内部资金调拨)。10 月 27 日，执行中国人民银行浙江省分行《汇款暂行章程》。11 月 1 日，根据中国人民银行《全面开展内汇决定的通令》，除东北外，全面开展内汇，实行一省以内由省集中清算，各省间由总行集中清算制度。推行“畅通汇兑，廉价多汇”方针，要求迅速建立汇兑网，并以畅通汇兑作为当时银行的中心任务之一。并准许商办银行的钱庄继续营业，开办汇兑业务。

1950 年 3 月，根据中国人民银行总行通令颁布《第一届全国金融会议综合记录》，大力开展汇兑业务，贯彻廉价多汇的方针，把全面开展国内汇兑作为集中资金的手段之一，规定汇率在服从汇兑畅通的总要求下，尽量降低，一般规定不超过 10%为宜，最低可以平价收汇。4 月 5 日，中国人民银行总行在全国范围内指定甲、乙通汇点。1951 年 3 月，全国第二届金融会议后，调整全国通汇网，本省内保持原通汇网，华东地区通汇到县支行为止，全国其他地区通汇到中心支行及个别重点县支行。个人汇款委托邮局代理。

1951 年 4 月，执行中国人民银行华东区行转发总行的《电话汇款简则和办理电话汇款内部处理手续》。

1952 年 10 月，票汇与信汇合并。1953 年 2 月，个人汇款归邮局自营办理。1953 年 3 月，执行中国人民银行《一般结算方式》，将汇兑结算改称电信拨结算，适用于公营企业和机关、团体的上缴下拨及其他非交易性质的款项往来，并规定小额可采用票拨，拨往八大城市每笔不超过 1000 元，其他地区不超过 500 元，汇票交拨出单位持向用款地银行取现或领用存折，由银行代拨入单位收账后，通知拨入单位。

1955 年 3 月，执行中国人民银行总行新的汇兑结算方式，与新联行制度一起在全市推行。新汇兑结算适用于国营企业、合作社、公私合营企业、机关，团体、部队及私营企业款项的结算，但不得用于商品交易结算。委托银行汇款时，必须在汇款委托书用途栏注明用途，必要时应向银行提供足以证明用途的资料。信汇凭证一律由银行通过邮局寄发，不得交汇款单位自带。对私一律取消票汇，对公暂予保留，积极准备取消。同时，根据中国人民银行总行《关于取消电话汇款做法的指示》，对营业所因限于条件，已采用电话汇款者，允许沿用至 1955 年 2 月底。对个人汇款除侨汇及志愿军赡家汇款外，均由邮政局办理。6 月，执行中国人民银行《非现金结算办法》，规定汇兑结算使用范围可不限于非商品交易。旺季时期，放宽使用范围，信汇凭证可自带，并视需要，在营业所之间增设特约通汇点。

1963 年 11 月，根据中国人民银行浙江省分行通知规定，基层供销社向邻近城镇或跨区的国营商业或县供销合作社采购商品，经银行审查同意，可办理信汇自带。

1978 年 1 月，根据《中国人民银行结算办法》，规定少数单位如有急需，将款项汇往交通不便、无电信设备地区，可向银行申请自带信汇凭证，但银行应从严掌握。3 月，根据中国人民银行浙江省分行通知要求，各地积极推行银行与信用社在县辖范围内直接通汇。

1989 年 4 月 1 日，施行中国人民银行《银行结算办法》，对汇兑结算作较大修改：(一)使用范围扩大到单位、个体经济户和个人的各种款项的结算。(二)个体经济户和个人需要在汇入银行支取现金的，可在“汇款金额”大写栏前填写“现金”字样。(三)未在银行开立账户的收款人，凭信、电汇取款通知或“留行待取”的汇入银行支取款项。(四)汇入汇款可分次支取，也可以办理转汇(委托汇入行重新办理信电汇结算)。(五)收款人拒绝接受的汇款，应即办理退汇。(六)删去有关信汇自带条文。

1997 年 12 月 1 日，施行中国人民银行《支付结算办法》，对汇兑结算办法作较大修改。修改主要内容：(一)签发汇兑凭证必须记载九条事项，欠缺其中之一的，银行不予受理。(二)汇款人和收款人均为个人的才能在汇入行支取现金。(三)汇款人对汇出银行尚未汇出的款项，可以申请撤销。(四)收款人可以委托他人向汇入银行支取款项。

托收承付

1953 年 3 月，中国人民银行丽水支行执行中国人民银行总行《一般结算方式》，推行托收承付和托收无承付结算。规定托收承付结算适用于收付双方的商品交易、劳务供应及其他往来款项。销货单位凭购销合同和发运证明向银行办理托收。国营商业系统内部的商品调拨，都通过银行办理托收承付结算。国营工业中的一部分产品调拨也通过银行办理托收承付结算。托收无承付结算适用于同一城市的公用事业、邮电、交通运输部门等有一定时间、一定计算方法和价格固定、而且不易发生争议的款项结算。不得用于商品交易。事先收付双方必须订有协议，并抄送银行存验。

1955 年 6 月，根据中国人民银行《非现金结算暂行办法》，把托收无承付结算并入托收承付结算，同时将托收承付结算分为同城托收承付和异地托收承付结算。同城托收承付结算适用于订有合同的收付双方在同一城市的商品交易、劳务供应和原托收无承付结算的范围。

1958 年“大跃进”期间，取消同城托收承付结算，新增托收承付结算中“凭单付款”和“约期对交”结算，造成银企垫付资金、账务混乱。1959 年，根据中国人民银行总行召开的全国会计工作会议要求，重新制定规章制度，取消异地托收承付中的“凭单付款”和“约期对交”结算，恢复同城托收承付和托收无承付结算。

1973年1月1日，执行《中国人民银行结算办法》，对异地托收承付结算作新的规定：(一)城市和农村人民公社办的集体企业、手工业生产合作社，一般不办托收承付。(二)异地托收承付金额起点每笔为30元(同城托收承付起点也是30元)。(三)验单付款承付期为3天，验货付款期限为10天。(四)延期付款的，按延期付款金额每日万分之三计付滞纳金，与延期支付的款项一并划给收款单位。

1976年8月，为支持社队企业的发展，根据浙江省财政金融局通知,决定农村信用社试办省内异地托收承付结算。10月，执行浙江省财政金融局通知要求,农村信用社开办全国异地托收承付结算。

1978年1月，执行中国人民银行修改后的结算办法，取消托收承付结算中凭提货收据办理托收的做法。

1984年3月1日，执行中国人民银行新的《异地托收承付结算办法》。

1988年12月19日，根据国务院批转中国人民银行总行《关于改革银行结算的报告》，从1989年4月1日起废止同城托收承付、托收无承付结算。从8月1日起废止异地托收承付结算。

1990年4月1日，根据中国人民银行总行通知,决定恢复异地托收承付结算，规定国营企业、供销合作社的商品交易可办异地托收承付，经营管理好的集体所有制工业企业，经开户银行审查同意，也可以办理异地托收承付结算，付款单位开户银行对不足支付的托收款项，可作3个月的逾期付款处理。

1991年9月1日，执行中国人民银行总行通知,改变托收承付结算办法中扣付滞纳金的规定，托收承付发生延期付款以后，按每日万分之三扣付滞纳金，每月计算一次，于次月3日内单独划给收款单位，并将扣付滞纳金列为销货收入扣款顺序的首位。11月22日，执行中国人民银行总行对扣付滞纳金问题的规定：1991年9月1日之前逾期付款已满三个月的托收凭证退回有关单证，不扣付滞纳金，1991年9月1日后逾期付款期限满三个月的托收凭证，银行退回有关单证时要扣付滞纳金。如付款单位逾期未退回单证的，自银行发出退回单证通知的第三天起每天处以托收金额万分之五但不低于5元的罚款。并暂停其向外办理结算业务，直到退回单证时止。

1995年1月1日，执行中国人民银行修订后的《异地托收承付结算办法》，与此前执行的办法相比，有较大修改。

1995年4月5日，中国人民银行浙江省分行调整省内托收承付结算金额起点。从6月1日起，省内托收承付结算金额起点从10万元调整为1万元。

1997年12月1日，施行中国人民银行制定的《支付结算办法》，对托收承付结算又作修改：(一)托收承付结算每笔的金额起点降为1万元。新华书店系统每笔的金额起点为1000元。(二)规范签发托收承付凭证必须记载的十大要素，如托收承付凭证上欠缺记载其中之一，银行不予受理。(三)对付款人提出的拒绝付款的手续不全、依据不足、理由不符合规定的，银行不予受理，实行强制扣款，但取消了原规定2000—5000元的罚款。

委托收款

1980年10月，根据中国人民银行总行《异地委托收款结算方式试行规定》，开办异地委托收款。这种结算主要适用于不具备办理托收承付结算条件的商品交易、劳务供应以及其他应收账款的结算，不受金额起点的限制，只要收款单位向银行提供一定的收款依据，均可办理委托收款结算。银行不承担审查拒付理由和代收款单位分次扣款的责任，付款期为三天。

1988 年 12 月 19 日，执行中国人民银行《银行结算办法》，把委托收款列入六种结算方式之一，同时废止托收承付结算。

1993 年 3 月 1 日，规定企业缴税采用专用委托收款。1994 年 9 月 26 日，根据中国人民银行《关于完善委托收款办法》，规定办理委托收款必须凭已承兑的商业汇票、债券、存单等付款单位的债务证明，仅凭发票不能使用委托收款方式。企业作用同城特约委托收款方式，仅限于公用事业费的收取，且须授权，并经开户银行同意，报经当地中国人民银行批准。同日，中国人民银行总行公布《关于加强银行结算工作的决定》，决定从 1994 年 11 月 1 日起，原凭发票办理委托收款结算的，可选用汇兑、托收承付等结算。

1997 年 12 月 1 日，施行中国人民银行下发的《支付结算办法》，对委托收款结算方式作部分修改补充：(一)签发委托收款凭证，必须完整记载 7 个要素，欠缺其中之一，银行不予受理。(二)银行接到寄来的委托收款凭证及债务证明，审查无误办理付款，没有付款期。

第四节　资金清算

票据交换

票据交换，是银行集中清算资金的制度。

1986 年 4 月 1 日，丽水本级率先开办同城票据交换业务。1987 年，青田、缙云等 8 个县(市)相继成立同城票据交换所(站)，采取定时、定点，由各参加者安排专职人员参加票据交换。业务资金在途时间由原来平均 2.5 天缩短至 0.5 天。

1990 年，丽水、缙云建立电子化同城票据清算系统。1992 年，其余各县(市)支行相继实现电子化交换。

1994 年后，票据交换覆盖面扩大，将县(市)以下周围的乡、镇纳入同城票据交换，并以中心城市为依托，将票据交换向毗邻县(市)辐射，扩展票据的使用范围。1995 年，随着业务量增大，为方便各地银行机构资金结算，设立温溪、壶镇票据交换所。2000 年，为加快资金结算速度，丽水市实施"一扩一联"工程，将碧湖镇纳入丽水市同城票据交换范围，建立碧湖镇同城票据交换小站，解决了以往镇内各金融机构间资金往来要绕丽水市区转一圈的问题。

2001 年 12 月 1 日起，中国人民银行各县(市)支行自身不参加票据交换，只负责组织辖内同城票据交换和清算，协调金融机构相互之间的清算事项，其相关业务直接送交中国人民银行营业室临柜处理。2002 年 2 月后，国有商业银行各支行、分理处的跨系统异地汇划款项不再通过"同城票据交换"清算资金，款项通过系统内联网汇划至各市级分行，各银行机构辖属支行、分理处陆续退出同城票据交换系统，由市分行、县级支行向中国人民银行系统发送支付信息。2002 年 10 月，丽水市本级实现同城提出业务资金实时清算，改进人行县(市)支行会计业务处理方式。

2007—2008 年，人行丽水市中心支行开始会计核算业务流程改革，保留县级支行票据交换所。县级支行票据交换所负责原始凭证的实物交换，县级交换单位的票据信息通过省级管辖发送至杭州金融清算中心进行集中处理，票据资金由人行丽水市中心支行的账户统一清算。至2015年年末，丽水市共有92家银行机构（以支行为单位统计）参加市、县级同城票据业务，保障结算渠道畅通、提高资金到账速度。

联行往来

1949—1980年，丽水地区银行机构严格执行《全国联行往来制度》要求，由中国人民银行总行编发全国统一的联行行号、联行“密押”、联行行号专用章和联行行名专用章，使用全国统一的中国人民银行联行代收代付四联报单。

1981年7月1日，农业银行与人民银行联行业务进行划分：县辖往来由农业银行系统举办，人民银行系统参加；全国联行和省辖往来由人民银行系统举办，农业银行系统参加。每天清算汇差、计算联行利息。

1985年4月1日，取消大联行，采取各行“自成联行系统，跨行直接通汇，相互发报移卡，及时结算资金”联行体制。专业银行之间出现不能及时清算，相互占用资金，技术性差错增加等问题，影响联行对账。

1987年4月1日，改为“自成联行系统，跨行相互转汇”办法，增加转汇环节，专业银行占用汇差资金，影响结算资金周转。对此，中国人民银行总行以卫星通信网为转导方式的全国电子联行开始运行，采用“星形结构，纵向往来，随发随收，当日核对，每日结平，存欠反映”。

1993年11月，丽水建立电子联行小站，使卫星通信的数据直接与各县（市）支行联网，加快结算速度，提高社会资金效益。1994年，开办大额转汇，统一转汇标准，各银行跨系统10万元以上的汇划款项，通过人民银行转汇；参加同城票据交换的各银行50万元以上的银行汇票和系统内50万元以上的大额汇划款项，必须通过人民银行结算资金和转汇。

1999年，重新审核参加“浙江省区域联行往来业务”机构，并对新申请参加的机构进行核实上报。

2000年11月，全面实现电子联行“天地对接”业务到县，实现辐射全辖城乡异地资金跨系统无缝衔接，提升金融服务水平。2002年2月，各银行分支机构跨系统异地汇划款项一律通过电子联行“天地对接”系统清算资金。11月，正式实施会计核算管理“四集中”，取消县支行电子联行和手工联行业务，将县级通汇机构的电子联行行号统一归属到人行丽水市中心支行清算，县级商业银行电子联行来账业务由人行丽水市分行电子联行“天地对接”系统接收后发送至商业银行管辖行，再由管辖行分发至县级商业银行，实现商业银行各通汇行处就地收发全国电子联行往来账及办理查询、查复业务，使商业银行异地跨系统汇划资金实现“直通车”，电子联行业务稳步上升。

2005年4月，中国人民银行丽水市分行上线运行中央银行会计集中核算系统。6月，接入大额支付系统，加快资金运转速度、实现大额资金实时到账。

2007—2008年，为适应金融业集约化经营和中央银行职能调整的需要，丽水市实施会计核算业务流程改革，核算整体上收至市中支，信息集中处理、资金统一清算。

2014年6月30日前，中国人民银行总行决定中央银行会计核算数据集中系统（简称ACS系统）分批在全国推广上线。4月28日，浙江省内人行分支机构作为第二批上线运行。ACS系统上线运行后，账务分散转变为“全行一本账”、业务处理前后台分理。

中国人民银行丽水市中心支行为保证ACS系统上线后平稳的结算需要，先后制定《关于印发

ACS 上线运行后到人民银行办理会计核算业务规范性要求的通知》《丽水市中支营业网点 ACS 业务操作风险防控指引》《事后监督中心 ACS 系统业务监督处理流程》《丽水市中支财务及固定资产报账业务暂行规定》等制度。严格商业银行、各县(市)支行及中支相关部门合规、规范办理 ACS 业务。2015 年,人行丽水市中心支行通过 ACS 系统处理业务 9884 笔,业务处理成功率 99.37%。

第五节　结算管理

结算纪律

1953 年 7 月,中国人民银行浙江省分行颁布《取缔空头支票暂行办法》,规定空头支票的出票人,除应负责偿还持票人的款项外,由银行按情节轻重,分别予以警告教育、结清账户和停止银行往来等处理。

1958 年,银行结算管理松弛,出现见票即付、凭证代账等不符合结算纪律、会计制度的做法,造成结算混乱。

1962 年,中国人民银行重申结算纪律,对违反者将停止其使用支票,并以违反财经纪律论处。“文化大革命”期间,结算纪律再度松弛。

1972 年,中国人民银行制定新的结算办法并开展结算纪律检查。1978 年,中国人民银行重新规定结算要求:不准相互拖欠货款;不准赊销商品;不准预收预付货款;不准套取银行信用;不准出租和出借在银行开立的账户。单位和个人违反银行结算规定、纪律的,要进行经济处罚。

1990 年,中国人民银行印发《违反银行结算制度处罚规定》,结算纪律得到进一步维护。1991 年,中国人民银行丽水市中心支行设立结算举报中心。

1994 年,中国人民银行印发《关于加强银行结算工作的决定》,银行结算实行“三公开一监督”:各基层银行要向客户公开结算方式;公开银行的结算业务处理时间和到账参考时间;公开企业办事结算注意事项;实行客户公开监督。向外发出的结算凭证,必须于当天至迟次日寄发,结算时间,同城一般不超过 2 天,异地全国或省内直接通汇行之间,电汇一般不超过 4 天,信汇一般不超过 7 天,有效地维护了正常的结算秩序。

1997 年 4 月 18 日,中国人民银行印发《关于进一步加强银行结算管理的通知》。要求银行机构严格执行结算纪律的“三不准”。不准以任何理由压票、随意退票、截留挪用客户和他行资金,受理无理拒付、自行拒付退票,不扣或少扣滞纳金;不准在结算制度之外规定附加条件,影响汇路畅通;不准违反规定开立和使用账户。对违反“三不准”的,要发现一起查处一起,严格按照《违反银行结算制度处罚规定》进行处罚,情节严重的,要追究有关当事人和领导的责任。

1997 年,颁布《票据管理实施办法》,作出“签发空头支票或者签发与其预留的签章不符的支票,不以骗取财物为目的的,由中国人民银行处以票面金额 5%但不低于 1000 元的罚款;持票人有权要求出票人赔偿支票金额 2%的赔偿金”“票据的付款人对见票即付或者到期的票据,故意压票、拖延支付的,由中国人民银行处以压票、拖延支付期间内每日票据金额 0.7‰的罚款;对直接负责的主管人员和其他直接责任人员给予警告、记过、撤职或者开除的处分”“违反中国人民银行规定,擅自印制票据的，由中国人民银行责令改正，处以1万元以上20万元以下的罚款；情节严重的，中国人民银行有权提请有关部门吊销其营业执照”等规定。

2005年，中国人民银行印发《关于签发空头支票行为实施行政处罚有关问题的通知》，明确由中国人民银行及其分支机构实施对签发空头支票出票人的行政处罚，依据《票据管理实施办法》第三十一条：“签发空头支票或者签发与其预留的签章不符的支票，不以骗取财物为目的的，由中国人民银行处以票面金额5%但不低于1000元的罚款。”空头支票的罚款，由出票人在规定期限内到指定的罚款代收机构主动缴纳；逾期不缴纳的，中国人民银行及其分支机构可采取下列措施：1.到期不缴纳罚款的，每日按罚款数额的3%加处罚款；2.要求银行停止其签发支票；3.申请人民法院强制执行。

2010年3月20日，中国人民银行印发《关于对违法签发支票行为行政处罚若干问题的实施意见（试行）》的通知，明确“主动消除或者减轻违法行为危害后果”可减轻行政处罚的3种情形，“违法行为轻微并及时纠正，没有造成危害后果”可不予行政处罚的3种情形。

账户管理

1949年10月，丽水地区执行浙江省人民政府行字第1号通令规定，一切机关、部队后勤经费和公营企业存款一律存入各地中国人民银行。机关、企业存款原存在中国人民银行及经其认可委托的专业银行以外的一切银行、钱庄款项及其他委托事务，均限文到5日内分别清理转入中国人民银行，逾期再有发现，该款项资金一律没收，其负责人应受相当的处分。

1950年8月，丽水专区执行中国人民银行、财政部《关于国营企业在银行存款应分别专款各开各户的联合通知》规定。国营企业在中国人民银行建立的结算户，应以流动资金收支为限；国营企业的各项专款，如大修理基金、企业奖励基金、福利基金、零星基本建设资金存款等，除指定存入专业银行者外，其余均应在中国人民银行专户储存；国营企业如需增加专户，应由企业主管部门商得同级财政、中国人民银行同意后增加。国营企业对专户存款的存入及提用手续，应按照有关法令规定办理，中国人民银行加以监督。

1960年1月，丽水地域银行执行中国人民银行、财政部《关于各机关、团体和地方各级财政关存款开户问题的通函》，要求各级财政机关和各机关、团体在中国人民银行开立的存款户，要分别中央和地方两级划分预算内和预算外资金立户。单位食堂存款和职工的互助金存款，应按储蓄存款处理。

1985年1月，最高人民法院《关于人民法院可以直接与银行系统的营业所、信用社联系，查询、冻结或者扣划企事业等单位存款的批复》，中国人民银行丽水地区支行通知各银行执行此规定。12月，丽水地区执行审计署、财政部、中国人民银行《关于执行审计机关作出的缴款、扣款、停止财政拨款和银行贷款处理决定的联合通知》，被审计单位不按期上缴违纪款项，有关部门催缴无效时，审计机关可以书面通知被审计单位的开户银行从其有关存款中扣缴入库。

1990年4月，根据中国人民银行和各专业银行总行《关于开展账户清理和结算纪律检查的通知》，中国人民银行丽水地区分行解决多头开户问题，对企业单位的账户进行全面清理整顿。

1990年，丽水地区执行民政部、中国人民银行总行《关于社会团体开立银行账户有关问题的通知》，规定社会团体必须凭登记管理机关发给的社会团体登记证书，向银行申请开户。

1994年10月9日，丽水地区执行中国人民银行颁布的《银行账户管理办法》。将企事业单位的账户划分为基本存款账户、一般存款账户、临时存款账户和专用存款账户，一个企事业单位只能在银行开立一个基本存款账户。同时，实行开户许可证制度。企事业单位开立基本存款账户，必须凭人民银行核发的开户许可证才能开户，如需变更基本存款账户的开户行，必须经人民银行审批同意。各商业银行信用卡部只能为持卡人开立专用存款账户，并按《信用卡管理办法》办理收付。

1995 年 9 月，丽水地区执行中国人民银行印发《关于进一步做好企事业单位基本存款账户管理的通知》。

2000 年 3 月，根据国务院《个人账户实名制规定》，中国人民银行丽水市中心支行规定个人在银行开立个人存款账户，应当出示本人身份证件，使用实名。不出示本人身份证件的，不得为其开立个人存款账户。

2002 年 11 月，中国人民银行总行《人民币银行结算账户管理办法(征求意见稿)》下发后，中国人民银行丽水市中心支行组织讨论，并将讨论意见逐级上报总行。2003 年 9 月 1 日，总行正式发文施行。新办法与 1994 年办法相比，主要变动的内容是：(一)增设个人银行结算账户种类，将个人与个体工商户银行结算账户加以区分，个人凭身份证开立的账户纳入个人银行结算账户管理；个体工商户凭商号或经营者姓名开立的结算账户纳入单位银行结算账户管理。(二)扩大一般存款账户的使用范围，规定存款人因借款或其他结算需要可以在基本存款账户开户行外的银行营业机构开立银行结算账户。(三)对异地开户实行有条件的开放，突破原办法对异地开户的禁止性限制。(四)为防范不法分子利用银行结算账户从事逃债，洗钱等违规违法活动，新办法从八个方面强化了银行结算账户管理，如加强对单位银行结算账户向个人银行结算账户划转资金的管理，严格对支取现金的管理，存款人尚未清偿开户银行债务的，不得申请撤销和变更银行结算账户，建立异常支付申报制度等。

2005 年 1 月 19 日，中国人民银行印发《人民币银行结算账户管理办法实施细则》，将“开户登记证”改为“开户许可证”，并对账户开立、变更、撤销各项规定进行了细化。同年，中国人民银行开发“人民币银行结算账户管理系统”并上线运行，实现了账户数据电子化。

2006 年 3 月，人行丽水市中心支行转发《中国人民银行关于规范人民币银行结算账户管理有关问题的通知》，规定机关和实行预算管理的事业单位出具的政府人事部门或编制委员会的批文或登记证书上，有两个或两个以上名称的，可以分别开立基本存款账户。单位设立的独立核算的附属机构(食堂、招待所、幼儿园)允许开立基本存款账户。银行结算账户管理方面，规定银行应通过账户管理系统向当地人民银行分支机构报备备案类银行结算账户信息，无须报送纸质资料；存款人遗失开户许可证，应在报刊媒体上进行遗失公告，宣布该开户许可证作废。

2006 年 5 月，人行丽水市中心支行要求各银行机构执行中共中央组织部办公厅、中国人民银行办公厅《关于党费账户继续单独设立的通知》，规定各级党组织将党费存入银行时，应单独设立党费专用存款账户，不得同其他费用混在一起，不得按其他款项存入银行。党费应当存入中国工商银行、中国农业银行、中国银行、中国建设银行、交通银行，不得存入其他银行或者非银行金融机构。

2008 年 6 月，人行丽水市中心支行要求各银行机构执行《中国人民银行关于进一步落实个人人民币银行存款账户实名制的通知》，再次重申个人账户必须以实名开立，并明确个人银行账户实名制的有效证件。

2010 年 9 月，人行丽水市中心支行转发中国人民银行关于印发《境外机构人民币银行结算账户管理办法》，允许境外机构开设人民币账户，户名由 NRA+单位名称构成。

2011 年 6 月，人行丽水市中心支行转发《中国人民银行关于进一步加强人民币银行结算账户开立、转账、现金支取业务管理的通知》，要求对于同一自然人在一家银行开立个人银行结算账户累计 10 户以上的，银行应将相关账户作为重点监测对象；对于法定代表人或者单位负责人授权他人办理单位银行结算账户开立业务的，被授权人应是授权单位工作人员。

2014 年 6 月，人行丽水市中心支行转发《中国人民银行关于加强银行业金融机构人民币同业银行结算账户管理的通知》，规定同业银行结算账户按照用途分为结算性和投融资性两类，其中投融资类开户银行只能二级分行以上营业机构，且不得异地开设。同业银行结算账户时，除银行账户制度规定出具有关开户证明文件外，还应当出具银行业监督管理部门颁发的金融许可证和经营范围批准文件；非一级法人开户的，还应当出具一级法人（或者一级分行）授权书原件。执行同一银行分支机构首次开户面签制度；通过大额支付系统向存款银行一级法人进行核实、到存款银行上门核实或者通过本银行在异地的分支机构上门核实开户意愿真实性。

2015 年 12 月，人行丽水市中心支行转发《中国人民银行关于改进个人银行账户服务加强账户管理的通知》，首次提出个人账户分类管理制度，将个人银行账户分为Ⅰ类银行账户、Ⅱ类银行账户和Ⅲ类银行账户。Ⅰ类户可办理存款、购买投资理财产品等金融产品、转账、消费和缴费支付、支取现金等业务。Ⅱ类户可办理存款、购买投资理财产品等金融产品、限定金额的消费和缴费支付等业务。Ⅲ类户可用于限定金额的消费和缴费支付业务。

资金查、冻、扣管理

1952 年 3 月，中国人民银行丽水支行执行中国人民银行、财政部联合制定的《扣收国营企业应缴国库款项暂行办法》，规定国营企业存款账户的扣款顺序为：当月工资；应缴库款；银行贷款；其他应扣款。

1962 年 6 月，丽水地域各银行执行国务院《关于国营企业销货收入扣款顺序的暂行规定》，对国营企业账户的扣款顺序为：从企业的销货收入中，预留工资基金和大修理基金以后，如果企业不能同时交纳税款、利润、归还贷款和货款，中国人民银行按下列顺序扣款：（一）交纳税款；（二）归还到期贷款；（三）偿还货款（优先扣收水电费、煤气费和蒸气费）；（四）向财政上缴利润、基本折旧基金和其他收入。

1963 年 8 月，人行丽水专区中心支行执行财政部、中国人民银行总行通知，规定对集体所有制企业扣款顺序也比照国营企业销货收入的扣款顺序执行。11 月，执行中国人民银行《关于有关部门要求从存款单位账户中代为扣款问题》的通知，按中央有关规定执行扣款。

1978 年 6 月，人行丽水地区中心支行执行商业部、中国人民银行转发中国人民银行上海市分行、上海市工商局《关于冻结、划拨投机违法单位和个人在银行存款手续问题的联合通知》，规定凡由工商行政管理部门负责查处的投机违法案件，可用书面向银行查询该单位存款情况，必要时可以通知银行将款项予以冻结，或建议银行撤销其账户。在结案时，工商行政管理部门作出决定，并用公文形式向银行说明案件的情况和划拨理由，提出将款项划拨抵作罚没款的要求，银行应按照办理。

1980 年 11 月，人行丽水地区中心支行执行中国人民银行、最高人民法院、最高人民检察院、公安部、司法部《关于查询停止支付和没收个人在银行的存款以及存款人死亡后的存款过户或支付手续的联合通知》。

1982年1月，人行丽水地区中心支行执行海关总署、中国人民银行、中国农业银行总行、中国银行总行《关于由银行协助海关追缴或冻结有关参与走私的单位存款的通知》，规定凡海关发现有关单位在银行的存款是走私或非法所得的暴利以及有重大走私嫌疑的单位在银行的存款，为了防止上述单位抢先提取或转移，可由县级以上(含)海关出具正式公函，通知银行暂予冻结(期限不超6个月)，待海关调查核实结案时，如有关单位无故拒不缴纳走私物品价款、罚款、应纳的税款时，县级以上(含)海关可出具公函，通知当地银行从该单位账户存款内如数扣缴并转入海关账户。3月，人民银行丽水地区中心支行执行根据中国人民银行、国家物价总局《关于强行划拨存款问题的解释》，规定对于拒付罚款和非法收入的单位和个人，物价部门有权通知银行或信用社从其存款中强行划拨。储蓄所的个人储蓄存款，按1980年11月五部门联合通知规定执行。

1983年12月，人行丽水地区分行执行最高人民法院、中国人民银行《关于查询、冻结和扣划企业事业单位、机关、团体的银行存款的联合通知》。

1985年1月，人行丽水地区分行通知全区各银行执行最高人民法院《关于人民法院可以直接与银行系统的营业所、信用社联系，查询、冻结或者扣划企事业等单位存款的批复》文件精神。

1985年12月，人行丽水地区分行转发审计署、财政部、中国人民银行《关于执行审计机关作出的缴款、扣款、停止财政拨款和银行贷款处理决定的联合通知》，规定被审计单位不按期上缴违纪款项，有关部门催缴无效时，审计机关可以书面通知被审计单位的开户银行从其有关存款中扣缴入库。

1993年12月，人行丽水地区分行转发中国人民银行、最高人民法院、最高人民检察院、公安部《关于查询、冻结、扣划企业事业单位、机关、团体银行存款的通知》。

1996年12月，人行丽水地区分行执行中共中央政法委《关于司法机关冻结、扣划银行存款问题的意见》，对商业银行在中国人民银行所存的准备金和备付金，司法机关不宜冻结、扣划。

1997年3月，人行丽水地区分行转发中国人民银行《关于贯彻落实中共中央政法委关于司法机关冻结、扣划银行存款问题的意见的通知》，规定：人民检察院和公安机关，可以查询、冻结犯罪嫌疑人的存款，而不能扣划犯罪嫌疑人存款。

2000年9月，人行丽水市中心支行转发最高人民法院、中国人民银行《关于依法规范人民法院执行和金融机构协助执行的通知》，其中规定：(一)人民法院协助执行手续完备，而金融机构拒不协助查询、冻结或扣划的，按民事诉讼法第102条规定处理。(二)对人民法院依法冻结、扣划被执行人在金融机构存款，在接到协助执行通知书后，不得再扣划应当协助执行的款项用以收贷收息；不得为被执行人隐匿、转移存款。违反此规定的，按民事诉讼法第102条规定处理。(三)金融机构的分支机构作为被执行人的，执行法院应当向其发出限期履行通知书，期限为15日，逾期未自动履行的，依法予以强制执行；对被执行人未能提供可供执行财产的，应当依法裁定逐级变更其上级机构为被执行人，直到总行、总公司。(四)人民法院依法可以对银行承兑汇票保证金采取冻结措施，但不得扣划。如果金融机构已对汇票承兑或者已对外付款，根据金融机构的申请，人民法院应当解除对银行承兑汇票保证金相应部分的冻结措施。

2002年2月1日，根据中国人民银行《金融机构协助查询、冻结、扣划工作管理规定》，人行丽水市分行规定对存款人银行结算账户进行查询、冻结、扣划的具体权限。

相关单位对存款人银行结算账户进行查询、冻结、扣划的具体权限情况表

表 4-4-1

单位名称	查询		冻结		扣划	
	单位	个人	单位	个人	单位	个人
人民法院	有权	有权	有权	有权	有权	有权
税务机关	有权	有权	有权	有权	有权	有权
海关	有权	有权	有权	有权	有权	有权
人民检察院	有权	有权	有权	有权	无权	无权
公安机关	有权	有权	有权	有权	无权	无权
国家安全机关	有权	有权	有权	有权	无权	无权
军队保卫部门	有权	有权	有权	有权	无权	无权
监狱	有权	有权	有权	有权	无权	无权
走私犯罪侦查机关	有权	有权	有权	有权	无权	无权
监察机关（含军队监察）	有权	有权	无权	无权	无权	无权
审计机关	有权	无权	无权	无权	无权	无权
工商行政管理机关	有权	无权	暂停结算	暂停结算	无权	无权
证券监督管理机关	有权	无权	无权	无权	无权	无权

2007 年 1 月，中国人民银行、中国银行业监督管理委员会颁布《金融机构协助查询、冻结、扣划工作管理规定》公告，由银行业监督管理委员会监督实施。

第五章　中间业务

2001 年，随着中国金融市场的逐步开放和深化，经济体制改革进程的不断推进，银行业竞争日益激烈，各商业银行在发展传统的存贷款业务同时也加快中间业务拓展。中间业务，不构成商业银行表内的资产和负债，是形成银行非利息收入业务，主要包括支付结算业务、银行卡业务、代理业务、担保及承诺业务、交易类业务、托管业务、融资顾问业务和其他中间业务八个大类。

第一节　中间业务形成

丽水地区中间业务的发展大致经历三个阶段。1949—1978 年，银行对中间业务形成和发展

不重视，业务种类较少，中间业务收入微乎其微。1979—2000年，丽水地区商品经济发展要求银行提供多样化的社会服务，中间业务品种逐渐增多，业务量逐步增加。2001年以后，中间业务发展进入规范发展时期。3月，中国人民银行总行召开“商业银行中间业务发展工作座谈会”，根据会议精神丽水市各商业银行加快发展中间业务的步伐，一方面了解社会对银行中间业务的需求情况，另一方面加强对中间业务服务范围和业务流程的管理，防范中间业务风险。同年8月，中国人民银行发布《商业银行中间业务暂行规定》（中国人民银行令）。2003年2月，中国人民银行制定《商业银行中间业务统计制度》，为商业银行中间业务的规范与发展搭建制度框架。2003—2010年，丽水市中间业务的发展呈现出业务种类不断丰富、业务量不断扩大，中间业务收入不断增加的特点。2010年，丽水市中间业务量33524.95亿元，其中国内支付结算业务占比较大，占中间业务量67.52%；其他中间业务，如交易类业务和托管业务等占比较小，分别占0.16%和0.04%。

金融机构中间业务为适应新发展，进一步规范商业银行中间业务统计信息的采集和报送。2011年，中国人民银行对《商业银行中间业务统计制度》进行全面修订，终止中间业务量指标，对中间业务收入指标重新分类和定义，扩大报数机构范围。修订后的中间业务统计制度主要按产品分类，包括结算性中间业务、担保性中间业务、管理性中间业务、投资银行业务、其他中间业务5类中间业务收入指标，同时按业务渠道设银行卡业务收入、电子银行业务收入2类附加指标。

2011—2015年，丽水市结算性中间业务发展较为平稳，担保性中间业务收入和投资银行业务收入有所减少，管理性中间业务收入、其他中间业务收入、银行卡业务收入和电子银行卡业务收入有所增加。2015年，全市中间业务收入133387.97万元，其中管理性中间业务收入占全市中间业务收入32.40%，担保性中间业务收入占全市中间业务收入2.76%。

2003—2010年丽水市商业银行中间业务总量统计一览表

表4-5-1　　　　单位：亿元

项目＼年份	2003	2004	2005	2006	2007	2008	2009	2010
国内支付结算业务金额	572.76	879.92	620.39	9662.54	18749.60	16288.59	20020.63	22636.74
国际支付结算业务金额	—	—	—	—	8.82	—	—	—
银行卡业务金额	482.35	471.40	667.19	517.30	4190.68	3914.46	3769.23	5957.28
代理业务金额	155.53	32.41	44.54	62.55	189.81	225.53	327.48	502.90
担保及承诺业务金额	5.47	4.49	9.97	12.64	35.83	48.90	135.67	218.09
交易类业务金额	—	—	—	—	0.59	6.69	—	52.52
托管业务金额	1.26	1.58	2.15	2.17	23.82	5.72	17.58	13.78
其他中间业务金额	6.22	0.01	0.00	3.36	1615.81	1820.74	3983.64	4143.64
金额总计	1223.58	1389.80	1344.24	10260.57	24814.97	22310.64	28254.22	33524.95

数据来源：中国人民银行丽水市中心支行金融统计年报

2003—2010年丽水市商业银行中间业务收入统计一览表

表4-5-2 单位：万元

项目＼年份	2003	2004	2005	2006	2007	2008	2009	2010
国内支付结算业务收入	753.00	689.00	806.00	2950.68	6107.73	12172.44	9109.64	10724.84
国际支付结算业务收入	61.00	62.00	—	176.52	239.81	703.85	997.97	1855.45
银行卡业务收入	274.00	695.00	887.00	673.11	3422.49	4550.80	4706.19	6800.60
代理业务收入	172.00	152.00	225.00	745.16	2092.71	3510.65	8838.62	11196.60
担保及承诺业务收入	19.00	5.00	—	20.99	400.96	1945.23	1333.48	2673.55
交易类业务收入	1534.00	2211.00	—	43.16	27.10	119.95	233.26	417.21
托管业务收入	3.00	22.00	34.00	92.76	3679.78	1729.01	3482.91	2015.41
咨询顾问业务收入	5.00	—	—	1791.52	4200.92	5682.59	15380.18	14441.88
其他中间业务收入	178.00	14.00	9.00	1375.81	2121.00	4653.38	5766.70	8935.04
收入总计	2999.00	3850.00	1961.00	7869.70	22292.50	35067.90	49848.94	59060.57

数据来源：中国人民银行丽水市中心支行金融统计年报

2011—2015年丽水市商业银行中间业务收入统计一览表

表4-5-3 单位：万元

项目＼年份	2011	2012	2013	2014	2015
（一）结算性中间业务收入	21509.77	23404.90	23137.80	24666.13	21651.10
1.国际结算收入	1670.85	1231.22	1388.04	1502.23	1476.33
2.国内结算收入	19838.91	22173.68	21749.76	23163.90	20174.77
（二）担保性中间业务收入	7144.58	4813.01	5819.75	6092.33	3681.91
1.银行承兑汇票收入	1399.76	1393.34	1269.32	951.65	894.49
2.保函业务收入	827.26	746.77	676.95	363.52	610.73
3.承诺费收入	2433.44	-21.80	1558.00	2889.87	997.86
4.保理费收入	2299.54	2586.02	2151.25	1728.83	882.68
5.其他担保性中间业务收入	184.57	108.68	164.23	158.46	296.15
（三）管理性中间业务收入	17114.62	19507.37	24673.16	29557.87	43212.36
1.代收代付收入	611.22	781.93	419.71	388.91	913.82
2.资产托管及企业年金业务收入	2930.73	3207.61	4401.15	3262.00	2511.80
3.理财业务收入	4497.51	6030.29	9863.69	9778.33	22528.03
4.代客资金业务收入	2431.66	4380.40	2886.83	1985.54	1818.67
5.银团贷款收入	33.72	24.00	422.81	1716.91	893.30
6.委托贷款收入	727.76	718.20	778.74	757.76	777.36

续表 4-5-3

项目 \ 年份	2011	2012	2013	2014	2015
7.其他管理性中间业务收入	5882.03	4364.94	5900.22	11668.42	13769.39
(四)投资银行业务收入	15632.03	17721.59	18334.25	14855.86	7628.18
1.财务顾问收入	10754.31	13603.89	15559.63	13385.37	5367.60
2.债券承销收入	—	369.75	253.15	1.38	0.50
3.其他投资银行业务收入	4877.71	3747.94	2521.46	1469.11	2260.08
(五)其他中间业务收入	18622.99	11799.05	20209.04	18405.88	21721.31
附:银行卡业务收入	8892.53	11582.30	17440.91	22658.29	27989.00
电子银行业务收入	3573.90	4407.49	5160.31	4757.56	7504.12
收入合计	92490.41	93235.71	114775.21	120993.93	133387.97

数据来源:中国人民银行丽水市中心支行金融统计年报

第二节　银行中间业务发展

支付结算类中间业务

支付结算类业务是商业银行为客户办理因债权债务关系引起的与货币支付、资金划拨有关的收费业务。结算业务借助的主要工具包括银行汇票、商业汇票、银行本票、支票。结算方式,主要包括同城结算方式和异地结算方式。

1998 年,建行丽水分行首家开展国际结算业务,当年实现经营利润 58 万元。

2000 年 8 月 30 日,农发行丽水市分行开办粮棉油政策性贷款企业进出口贸易下的国际结算及与国际结算业务相配套的外汇存款、外汇汇款、同业外汇拆借、代客外汇买卖和结汇、售汇业务。

2007 年,工行丽水分行加快国际非贸易结算业务的发展,通过印发《华侨个人金融产品手册》,在境外媒体刊登汇款线路等,加大非贸业务的推广,全年非贸结算量 2.86亿美元,同比增长 90.67%。

银行卡业务

银行卡是由经授权的金融机构(主要指商业银行)向社会发行的具有消费信用、转账结算、存取现金等全部或部分功能的信用支付工具。

信用卡　1991 年 10 月 13 日,中国银行丽水分行发行丽水地区首张信用卡——中国银行长城卡,包括“长城万事达卡”“长城银联卡”,当年发卡 74 张。

1993 年 3 月开始,农行丽水地区分行筹建信用卡部。8 月,正式发行第一张万事达准贷记卡,成为浙江省第二批开办此项业务的二级分行。后续先后和万事达、VISA、银联组织合作发行准贷记卡和贷记卡，发行的卡种类有8个系列300余个卡种。1996年9月，推出全市首张金穗VISA彩照卡。1999年，发行金穗VISA信用卡金卡和金穗VISA信用卡员工卡。2002年4月，开通试运行准贷记卡透支取现功能。5月，正式启用，规定准贷记卡在办理临柜取现、ATM取现两类业务时，开通透支额度为1000元。

2001年1月20日，建设银行丽水分行零售业务处下设信用卡部，当年中间收入314万元，同比增加58万元，增幅22.66%。2002年，实现中间业务收入512万元，净收入480万元。同年，中国工商银行丽水分行实施以贷记卡为龙头的银行卡经营策略，全面推广商务用卡套餐产品，加快拓展优质贷记卡市场，全年完成信用卡发卡量9289张，交易总额19.3亿元，其中贷记卡发卡7995张。

2007年11月，泰隆银行丽水分行开办信用卡业务。2009年10月，开办随贷通业务。至2015年末，累计发行信用卡28837张、随贷通卡7835张，合计36672张。

2008年，莲都农村合作银行在农信社系统率先开办信用卡业务，随后其他行社相继开办。12月，成立上海浦东发展银行丽水支行，开始办理信用卡业务。

2009年4月，中行丽水分行与丽水市旅游局达成战略合作，共同发行丽水绿谷信用卡。丽水绿谷信用卡是突出丽水旅游名胜城市特色，以“绿谷旅游”为主题，借助丽水政府发展旅游的契机，发行丽水旅游特色主题的城市主题信用卡，具有景点门票、餐饮住宿、娱乐、礼品消费打折优惠等功能。10月，发行长城分期付款专用信用卡。该卡指定用于申请人在特约商户购车，在自行支付首付款后申请长城信用卡购车分期付款业务。

2009年，邮政储蓄银行丽水市分行正式发行信用卡，首先向内部人士发卡。2010年起，开始逐步面向社会发行，标志着邮政储蓄资产业务拓展到全新领域。

2014年，建行丽水分行开办龙卡全球支付卡，是面向具有境外消费需求的中高端客户发行的一款全币种信用卡产品，满足境外刷卡支付需求，提供免费外汇兑换手续费，外币交易人民币等特色服务。当年中间业务收入23914万元。

2014年6月，中行丽水分行发行福农信用卡。专门针对从事国家规定的包括种植业、畜牧养殖业、林业、农产品加工和收购等“三农”领域涉农产业链中的个人客户开办的信用卡分期付款业务。

2014年7月23日，温州银行丽水分行顺利发行第一张“丰登”信用卡。针对丽水农村服务辖区内符合条件的农户以及从事农、林、牧、渔等农牧业生产经营活动的非农户发放的标准银联信用卡。

2015年6月2日开始，浙商银行丽水分行办理信用卡业务。至2015年年末，累计发放信用卡3565张。

借记卡　1996年12月，中行丽水市分行正式开始发行长城借记卡。1997年，发行长城借记生肖卡。

1999年11月，农行丽水分行正式开始发行金穗借记卡-世纪通宝。金穗卡包括普卡、贵宾卡、联名卡、惠农卡和商惠通卡等各类借记卡产品。此后陆续发行了使用彩色高抗磁条的“新通宝卡”、具有生肖特征的金穗借记卡贺年卡、金穗淘宝联名卡。

2008年6月2日，浙江稠州商业银行丽水分行发行第一张预制义卡借记卡。9月20日，中国农业银行面向农户正式推出惠农卡，农行丽水分行同步发行。惠农卡除具有金穗借记卡存取现金、转账结算、消费、理财等全部或部分金融功能外，向持卡人提供农户贷款载体、涉农项目代理等特色服务功能，提供一定的金融服务收费减免优惠，全年实现发卡量1.5万张。12月，浦发行丽水支行成立，开始办理借记卡业务。

2010年12月，中信银行丽水分行开始发行借记卡，卡名“理财宝卡”，分别有香卡、晒卡、幸福年华卡、理财宝卡等种类。

2011年，中行丽水分行与丽水市人力资源和社保保障局合作发行丽水市社会保障卡。12月，正式开始发行以“62”字头银联国际标准借记卡的社保卡，使用特色联名卡BIN号“621756”，具备长城借记卡所有金融功能。至2015年年末，累计发放社保卡159974张。

2012年，中行丽水分行与丽水市政府、丽水市高层次人才服务中心合作推出“丽水市高层次人才卡”，采用“621790”字头BIN号借记卡，面向《丽水市加强高层次人才队伍建设的若干意见》中确定的优秀人才发行。持卡客户专享丽水市高层次人才服务政策。至2015年年末，累计发行人才卡8112张。

2012年7月，中国农业银行针对专业市场商户、个体工商户等资金结算频繁的优质个人客户开始发行金穗惠商通卡。2013年10月，在金穗商惠通卡的基础上针对政府类和集团性等随薪通开户客户发行金穗随薪通主题IC借记卡，带电子现金功能，不设附属卡，采用磁条芯片复合介质，具有绑定农行“随薪通”业务和商惠通个人结算优惠协议的专属功能，具有借记金融功能、小额非接消费等功能。

2013年4月，丽水松阳“浙南茶叶市场交易联名卡”获中国银联、中国银行总行批复发行。该卡具备长城借记卡所有金融功能，卡上标明“浙南茶叶市场交易卡”字样，是浙南茶叶市场对客户质量溯源的交易卡。至2015年年末，累计发行联名卡12460张。5月，中国银行浙江省分行全面发行银联标准借记IC卡。丽水分行同步发行卡面带有“QUICK　PASS闪付”标识，具有中国银行借记卡所有金融功能以及金融IC卡电子现金功能，采用“621785”字头BIN号，标志着丽水中行从借记卡磁条卡迈进芯片卡。

2014年8月，中国银行总行正式推出“常青树借记IC卡”。中国银行丽水分行同步发行，主要面向50周岁以上客户。至2015年年末，累计发行常青树卡16811张。

代理类中间业务

代理类中间业务指商业银行接受客户委托、代为办理客户指定的经济事务、提供金融服务并收取一定费用的业务，包括代理政策性银行业务、代理中国人民银行业务、代理商业银行业务、代收代付业务、代理证券业务、代理保险业务、代理其他银行银行卡收单业务等。

代理中国人民银行业务　根据政策、法规应由中央银行承担，但由于机构设置、专业优势等方面的原因，由中央银行指定或委托商业银行承担的业务，主要包括财政性存款代理业务、国库代理业务、发行库代理业务、金银代理业务。

1983年，中国银行青田支行（隶属中行温州分行。1989年3月起，隶属中行丽水分行）成立并开办代理国库业务。

1993年，中国银行龙泉、遂昌、缙云、云和、松阳5家支行开办代理国库业务。同年中国农业银行景宁、青田、遂昌县支行先后开立财政非税专户，开始代理国库业务。

2001年11月，农行丽水分行开展代理黄金交易中间业务。2007年8月，开始实物黄金代理销售业务。

2010年11月，邮储银行丽水分行获得上海黄金交易所代理贵金属业务资格，开始代理贵金属业务的发展。2015年，与中钞长城贵金属公司合作，开办代售实物贵金属业务，销售中钞贺岁金钞系列、长城生肖邮票大全金、银系列等实物金，当年销量达80.5万元。

2011年11月，交通银行丽水分行获得莲都区财政国库集中支付代理银行资格，开展莲都区国库集中支付业务。

2012年10月，农行丽水分行开展账户贵金属业务。

2014年4月，交通银行丽水分行获得丽水市财政非税收入代理银行资格，开展非税收入代理业务。

2015年，中国银行、中国农业银行代理国库业务覆盖丽水各县（区、市）银行。1月19日，杭州银行丽水分行开办代理国库业务；至年末，办理代理国库业务33笔，累计金额54.25万元。

同年10月，农行丽水分行为配合丽水市财政非税收入收缴模式改革，推进电子化进程，利用自主开发的代理业务系统与财政和第三方公司对接，开通浙江政务网统一公共支付平台上支付宝渠道的收款渠道。

代收代付业务　商业银行利用自身的结算便利，接受客户的委托代为办理指定款项的收付事宜的业务，包括代理各项公用事业收费、代理行政事业性收费和财政性收费、代发工资、代扣住房按揭消费贷款还款等。

1986年，工行丽水分行试办工资入户储蓄，发展代理代办业务。1991年，在全区推广缙云县支行代办工资先进经验，年末，代发工资单位总数为1024个，代发金额3528.6万元。1996年，采取“五抓”“三结合”措施，促进中间业务发展。至年末，已与15个项目的785个单位签订协议书，中间业务户数118865户，中间业务量68315万元，全部或部分取得全区统筹养老金、邮电费、水电费代理权。1998年，移动话费、社会养老保险费、邮电无线寻呼、电信、邮政、统筹养老金和代理罚没款等中间代理业务全面开花，全年为21个项目、1089家单位的186523户居民开办各类代理业务。1999年，把拓展精品中间代理业务作为提高全行整体服务功能、增强竞争能力、扩大存款来源的重要手段之一，成功独家争取到丽水地区财政预算外资金收入专户代理权。

2005年9月5日，农发行丽水市分行为完善金融服务功能，适应金融市场发展的客观需要，开办代收代付业务。

2006年，农行丽水分行与丽水市住房公积金管理中心云和分中心签订个人住房公积金委托贷款协议。

2011年4月，交通银行丽水分行与丽水市莲都供电局签订实时联网结算电费协议书，开展电费代扣代缴业务。11月，获得莲都区财政国库集中支付代理银行资格，代发莲都区预算单位工资65%以上业务，并根据代发单位的地理位置情况，大力布局自助银行。

2012年，龙泉市农村信用合作联社在农信系统内率先与当地华数数字电视有限公司签订业务合作协议，开办有线电视费用代扣业务。之后，各行社相继与地方国网供电公司签订业务合作协议，开办电费代缴、代收、代扣等业务，与地方供排水公司签订业务合作协议，开办水费代缴、代扣等业务，与地方数字电视有限公司签订业务合作协议，开办有线电视费用代扣业务。

2014年开始，交通银行丽水分行代理丽水市公积金管理中心的住房按揭业务。至年末，代理业务6笔，金额298万元。

代理证券业务 银行接受委托办理的代理发行、兑付、买卖各类有价证券的业务，包括接受委托代办债券还本付息、代发股票红利、代理证券资金清算等业务。有价证券，主要包括国债、公司债券、金融债券、股票等。

2002年7月，农行丽水分行5家网点开办开放式基金、柜台记账式国债的代理销售业务。12月，增至11家。

2008年，邮政储蓄银行成为丽水市储蓄国债（电子式）承销团成员。1月28日，全国大集中处理的（个人客户）凭证式国债业务系统正式上线，实现总行统一管理额度、统一结算国债资金，直接监控国债资金安全的客户管理模式。

2009年开始，浦发银行丽水分行代理销售国债业务。

代理保险业务 商业银行接受保险公司委托代其办理保险业务的业务。商业银行代理保险业务，可以受托代理个人或法人投保各险种的保险事宜，也可以作为保险公司的代表，与保险公司签订代理协议，代保险公司承接有关的保险业务。代理保险业务一般包括代售保单业务和代付保险金业务。

2001年12月，农行丽水分行开始向社会销售“鸿泰两全保险（分红型）”。2011年，代理财产险保费收入1192万元，代理寿险保费收入10526万元，实现手续费收入896万元。2015年，代理销售保险业务10956万元，实现中间业务收入617万元。

2002年，中行丽水分行开办代理个人保险业务。2003年，开办代理企业保险业务。

2002年4月，农发行丽水市分行业务范围内的存贷款客户可以办理保险代理业务，代理险种包括企业财产保险、工程险、货物运输保险和责任保险。2004年8月，农发行丽水市分行获得保监会批准开办保险兼业代理业务资格。11月，与太平洋产险丽水中心支公司签署业务全面合作协议，迈出开展中间业务的第一步。

2005年，松阳县农村信用合作联社开办保险代理业务，先后与中国人民财产保险股份有限公司、中国太平洋人寿保险股份有限公司、中国太平洋财产保险股份有限公司、中国人寿保险股份有限公司4家保险机构开展代理保险业务合作。同年，莲都农村合作银行与人寿保险丽水分公司签订业务合作协议。青田县农村信用合作联社与太平洋保险丽水分公司签订业务合作协议，并开始代理合作人身意外伤害保险业务。全市其他县（市、区）也相继开展保险类业务。

2010年6月，中国邮政储蓄银行网上保险项目全国上线，实现个人网上银行系统与代埋保险大集中系统交互，完成保险续期缴费、购买电子保单、保单查询等业务功能，能更快捷方便地为客户提供服务。

2013年，浙江稠州商业银行丽水分行开办代理保险业务，从代理财产险起步，逐步开办意外伤害保险业务。

担保类中间业务

担保类中间业务指商业银行为客户债务清偿能力提供担保，承担客户违约风险的业务。主要包括银行承兑汇票、备用信用证、各类保函等。

2001年，中行丽水分行成立国际结算部，业务涉及外汇管理、信用证及保函、贸易融资业务。

2003年，中行丽水分行贸易金融部办理首笔保函项下业务。

2007年10月，泰隆银行丽水分行办理第一笔纸质银行承兑汇票业务。

2010年，浦发银行丽水分行首次开展信用证业务。至2015年年末，累计办理信用证21.58亿元，实现开证手续费收入453万元。

2010年，缙云县农村信用合作联社代理签发银行承兑汇票4885万元。2011年9月，签发首笔电子商业汇票。2015年，开立银行承兑汇票金额9.17亿元。

2010年12月，交通银行丽水分行开办首笔银行承兑汇票。银行承兑汇票的年开票额在10亿元以上，最高超过20亿元。

2011年3月，农行丽水分行为浙江宝丰贸易有限公司成功开立预付款保函，为首笔涉外保函业务。2015年末，保函余额(折合人民币)2.11亿元。

2012年，中行丽水分行开立首笔加工贸易保证金保函。同年，交通银行丽水分行开始办理银行承兑汇票业务与保函业务。

2013年，中行丽水分行首次通过第三方担保公司授信为建筑类企业开立高额保函提供绿色通道，为建筑类企业解决授信难问题。3月，温州银行丽水分行开展银行承兑汇票业务；9月，开办非融资性保函业务；至2015年年末，温州银行承兑汇票业务办理金额合计10.96亿元，保函业务办理金额合计17.18亿元。

2015年，中行丽水分行开立首笔境内融资性保函。3月26日，杭州银行丽水分行办理银行承兑汇票业务2笔，票面金额合计43.2万元，实现承兑业务零突破。

承诺类中间业务

承诺类中间业务是指商业银行在未来某一日期按照事前约定的条件向客户提供约定信用的业务，主要指贷款承诺，包括可撤销承诺和不可撤销承诺两种。

2009年4月19日，中国银行股份有限公司浙江省分行授权中行丽水市分行开展营销性承诺函业务，授权金额20亿元。2013年3月，为浙江五洲实业有限公司开立营销性承诺函6000万元；2014年8月，为浙西南工贸城置业有限公司开立营销性承诺函业务5000万元。此两笔营销性承诺函是中国银行丽水市分行获得授权后开立的最大金额营销性承诺函业务。

2001年，农行丽水分行对松阳县供电局出具流动资金贷款300万元承诺。2003年，对滩坑水电站出具贷款承诺函。2004年，对水阁水厂项目出具有条件贷款9000万元承诺函。2005年后，该项业务逐渐停止办理。

交易类中间业务

交易类中间业务指商业银行为满足客户保值或自身风险管理等方面的需要，利用各种金融工具进行的资金交易活动，主要包括金融衍生业务。

1997年4月1日，中行丽水分行成为总行授权开展远期结售汇业务的试点行。2015年，当年实现衍生品交易收入958.26万元。至年末，交易类金融衍生品业务种类发展至4种。

2011年，交通银行丽水分行办理首笔金融衍生产品代客远期结售汇。2012年开始，全面推广。至2015年，业务种类包括人民币外币期权、人民币外币掉期、利率掉期、以及远期结售汇等，此类产品一直是中信银行国际业务的优势产品。2011—2015 年，年交易量最大的年份达到近 2 亿美元，产生的年中间业务收入 300 余万元。

2015 年 3 月，农行丽水分行为浙江方正电机股份有限公司贸易成功办理“掉期存款”业务，融资期限 13 天、金额 650 万元。12 月 16 日，莲都农商银行成功发行首单同业存单。在外汇交易中心成功发行同业存单期限 1 个月，金额 1 亿元，利率 3.2%。云和联社和温州鹿城农商银行、龙湾农商银行 3 家投资方分别购买该行同业存单。

咨询顾问类业务

咨询顾问类业务指商业银行依靠自身在信息、人才、信誉等方面的优势，收集和整理有关信息，并通过对这些信息以及银行和客户资金运动的记录和分析，形成系统的资料和方案，提供给客户，以满足其业务经营管理或发展的需要的服务活动。

2007 年，农发行丽水市分行正式开办咨询顾问类业务。2015 年，咨询顾问类收入 110 万元。

2015 年，交通银行丽水分行签订融资顾问协议客户 7 户，代理收入 349 万元。

其他类中间业务

包括保管箱业务以及其他不能归入以上七类的业务。

保管箱业务　1994 年，工行丽水分行随着各专业银行向商业银行的转轨，充分发挥科技优势，拓展服务功能，在全区率先开通了电子汇兑、ATM 和电话银行查询系统，推出了保管箱出租业务，为客户提供多功能全方位的服务。

1997 年，中行丽水分行营业部开办保管箱业务。2006 年 7 月，中行青田支行营业部开办保管箱业务。

2004 年年末，中国农业银行系统在丽水市网点均已开通保管箱业务。

2012 年 4 月，农行丽水分行青田县支行开办保管箱业务。2014 年 4 月，农行缙云县支行对外开办保管箱业务。至 2015 年，开设保管箱业务的农行支行 2 家。

银行个人业务　可分为资产类、负债类、中间业务类。

第六章　征信业务

2003 年，国务院赋予中国人民银行管理信贷征信业、推动建立社会信用体系职责，批准设立征信管理局。2006 年，中国人民银行丽水市中心支行成立征信管理科，具体负责丽水市场征信管理工作。人行丽水市中心支行重视征信管理工作，设立岗位、配备人员、制定制度、建立征信信息投诉处理机制以及对辖区内各银行机构实施监管机制。征信管理科承担征信管理工作，设窗口服务岗、监督管理岗、巡查岗，通过不同形式宣传活动以及与辖区内银行机构各部门协作，发挥银行网点作用，将企业征信管理工作与个人征信管理工作落到实处，推动“信用户”“信用村”“信用乡镇”“信用丽水”建设。

第一节　信用体系建设

征信体系建设

2003年11月，中国人民银行总行征信管理局成立。2006年3月，中国人民银行征信中心成立，专门从事企业及个人信用信息基础数据库的运营，人行征信管理局专门负责征信管理工作，实现征信管理与系统运营相分离。同年，中国人民银行丽水市中心支行成立征信管理科，与调查统计科合署办公，具体负责丽水市征信管理工作。

2008年，国务院出台“新三定方案”，进一步将中国人民银行的职责扩大为管理征信业、推动建立社会信用体系，明确人民银行在征信业的主管地位。2011年4月，经中国人民银行总行批准，人行丽水市中心支行单设征信管理科，正式与调查统计科分离，是浙江省唯一单设征信科的地市。征信科负责牵头丽水辖区农村信用体系建设、小企业信用体系建设以及社会信用体系建设等工作、承办金融信用信息基础数据库在辖区的相关工作；负责对辖区征信业监督管理，规范管理辖区信贷征信业务，根据上级行有关政策制度，拟订操作细则，并根据行政法规对违规行为进行检查和处罚；负责机构信用代码管理和应收账款融资服务平台推广应用及征信管理及相关金融知识的宣传培训工作；向当地政府、金融机构及个人提供金融信息咨询服务。

2013年3月15日，《征信业管理条例》正式实施，首次从立法成面明确了中国人民银行及其派出机构征信业的监督管理职责。

基础数据库建设

1995年8月，人行丽水地区分行强化信贷领域宏观调控，防止逃废银行债务，印发《丽水地区贷款证管理实施细则》，开始引入贷款证管理模式。辖内各金融机构开展以控制自身信贷风险为目的的贷款企业信用等级评定工作。

1997年，中国人民银行总行开始建设银行信贷登记咨询系统，采用中国人民银行总行、省域和城市中心支行三级分布式数据库，以城市为单位，以贷款卡为媒介，采集整合与银行有信贷业务关系的企事业单位和其他经济组织的基本信贷业务数据，T+1更新。1999年8月，丽水地区银行信贷登记系统正式运用，实现全辖范围内企业基本信息和信贷数据的联网外报和数据共享，并为各金融机构审贷提供信息查询服务。中国人民银行总行发布《银行信贷登记咨询管理办法(试行)》，明确贷款卡核准工作，终止贷款证办理。

2002年，银行信贷登记系统实行全国联网运行。人行丽水市中心支行为保证企业信息及时有效，每年组织一次贷款卡年审，及时更新借款企业信息。

2005 年 12 月，中国人民银行下发《关于企业信用信息基础数据库试运行有关问题的通知》，对企业信用信息基础数据库的功能与管理、借款人信用信息报送、查询、使用以及异议处理等进行规范，明确贷款卡发放核准工作继续沿用《银行信贷登记咨询管理办法（试行）》中的相关规定。

2006 年 7 月，银行信贷登记咨询系统完成全国范围内的切换工作，升级为全国集中统一的企业信用信息基础数据库。

2007 年，丽水市环保局根据中国人民银行与环保总局联合下发《关于共享企业环保信息有关问题的通知》精神，向企业信用信息基础数据库报送环保许可信息、行政处罚信息、法院执行信息。10 月，人行丽水市中心支行与丽水电力局签署《电力客户信用等级评价协作协议书》，电力客户信用等级信息报送企业信用信息基础数据库。2008 年，丽水市法院根据中国人民银行与最高院联合下发《关于共享法院信息有关问题的通知》精神，向企业信用信息基础数据库报送法院执行信息。

2013 年，云和县隆丰小额贷款股份有限公司、遂昌县绿源小额贷款股份有限公司、龙泉市佳和小额贷款股份有限公司、缙云县华鑫小额贷款股份有限公司、松阳县科马小额贷款股份有限公司、景宁县聚丰小额贷款股份有限公司 6 家小贷公司先后通过人民银行征信中心测试验收，接入企业信用信息基础数据库。2015 年，缙云县大通小贷公司通过互联网方式接入企业信用信息基础数据库。

2014 年 10 月，国务院公开发布《关于取消和调整一批行政审批项目等事项的决定》，取消“贷款卡发放核准”行政审批事项。12 月，中国人民银行下发《关于贯彻落实〈国务院关于取消和调整第一批行政审批项目等事项的决定〉的通知》，废止《银行信贷登记咨询管理办法（试行）》。

至 2015 年年末，丽水市金融信用信息基础数据库收录的企业法人 35902 家，采集环保、法院信息 36800 条，电力客户信用等级信息 43903 条。

机构信用代码管理

2012 年，中国人民银行总行建立机构信用代码制度，并开发机构信用代码管理系统，为各类合法机构编制 18 位信用代码，成为企业“经济身份证”。6 月，人行杭州中支制定《浙江省机构信用代码推广应用工作方案》和《浙江省银行业金融机构协助发放机构信用代码证工作实施方案》。7 月，人行丽水市中心支行启动机构信用代码推广应用工作。12 月末，完成存量信用代码证配发工作。2013 年 1 月起，人行丽水市中心支行办理机构信用代码发放、变更、换发手续，定期开展信息核查工作。至 2015 年年末，丽水市发放机构信用代码证 10980 份，变更、换发 2368 份。各金融机构积极借助机构信用代码系统，开展客户身份识别、客户风险等级划分、异常交易分析排查等工作达 344 次。

应收账款质押登记公示系统　2007 年，中国人民银行制定《应收账款质押登记办法》，建立应收账款质押登记公示系统，为全国范围内的应收账款质押登记和查询提供服务。10 月 8 日，根据《应收账款质押登记业务内部操作规程》，人行丽水市中心支行开始正式办理应收账款质押登记公示系统的常用户现场审核工作。至 2015 年年末，全市审核通过常用户 22 个，登记业务 325 笔，为丽水市

动产质押和缓解中小企业融资难问题奠定良好的基础。

信用报告查询服务　人行丽水市中心支行对全市居民、企业提供个信用报告查询、信用报告异议申请、相关知识咨询服务。至2015年年末，个人信用信息基础数据库收录的个人、企业分别为168.39万户、35902户，全市日均查询量分别为1300户、1000户。

信用评级管理

2004年12月，发布《中国人民银行公告》，建立银行间债券信用评级制度。2006年3月，印发《中国人民银行信用评级管理指导意见》，规范信贷市场和银行间债券市场信用评级执业行为。2008年3月，下发《中国人民银行关于加强银行间债券评级作业管理的通知》，进一步规范银行间债券市场的信用评级执业行为。

2012年3月，丽水市人民政府办公室转发人行丽水市中心支行《关于丽水市城乡一体化信用体系建设的实施方案的通知》，启动借款企业评级工作。5月，正式引入中国众诚信评级有限公司。

2013年4月，下发《中国人民银行办公厅关于开展小额贷款公司和融资性担保公司信用评级试点工作的通知》。丽水市评级对象从借款企业扩大到借款企业、小贷公司、融资性担保公司。10月，丽水市人民政府办公室转发人行丽水市中心支行《关于加强丽水市借款企业资信评级工作及成果运用的实施的通知》。丽水市评级结果运用从银行扩大到经信委、国税、地税、工商局、质监局、招管办等8个部门。

2015年5月，浙江华誉资信评估有限公司获准进入丽水开展评级业务。至年末，全市累计有参评借款企业2920家、小贷公司7家、融资性担保公司1家。

第二节　中小企业信用体系建设

2006年，中国人民银行在北京、天津、山东、浙江等17个省（区、市）启动中小企业信用体系建设试点工作。同年，丽水市全面启动中小企业信用档案建设工作。2008年10月，中国人民银行丽水市中心支行中小企业信用档案建设工作提前完成。

2010年，为实现“中小企业贷款增幅不低于全市各项贷款增幅”目标，人行丽水市中心支行积极引导、鼓励商业银行查询、使用中小企业信用信息，利用中小企业信用档案信息挖掘优质客户，进行信贷营销，增加对中小企业的信贷投入，有效缓解中小企业融资难问题，构建和谐的信用环境。至2015年年末，丽水市中小企业贷款余额359.12亿元，同比增长33.12%，增幅较大型企业提高29.2个百分点，比年初增加88.46亿元。

2011年12月，经人行杭州中支同意，授予云和县“信用县”称号。2015年4月，云和县被列为浙江省小微企业信用体系建设试验区。人行丽水市中心支行深入推进实验区建设的各项工作，充分发挥云和县“信用县”建设工作优势，对原有工作机制进行加码与完善，以“信用县+试验区”建设的新模式推进小微企业信用体系建设。

健全工作机制　推动云和县成立由县政府分管领导为组长，人民银行、发改委主要领导为副组长，金融办、经商局、公安局、财政局、科技局、市场监管局、质监局等部门领导为成员的领导小组，并印发《关于云和县推进省级小微企业信用体系试验区建设的实施方案》。

明确工作重点　重点着力于信息征集和共享，全面加强小微企业、农村合作经济组织、家庭农场及农家乐等相关信息。年内，收集和更新中小企业信息档案800户，其他各类经济组织档案162户。

汇聚各方合力　指导人行云和县支行与云和县市场监管局实施食安金融信用工程，建立县域范围内食品安全信息共享平台；与国网浙江云和供电公司实施电力金融信用工程，加大对企业电费缴纳失信行为的惩戒力度；积极协调指导对接县住建局、质监局、国税局、地税局等部门并初步达成小微企业信息共享协议，形成了多方合力推进小微企业信用体系建设的良好势头。

第三节　农村信用“丽水模式”建设

2007年，中国人民银行决定在全国范围开展农村信用体系建设。2009年3月9日，中国人民银行丽水市中心支行党委书记、行长孔祖根在“丽水市财税金融工作暨农村金融改革动员大会”上作农村信用体系建设动员发言，提出“举全市之力，推进农村信用体系建设”。标志着丽水市农村信用体系建设全面铺开。3月11日，丽水市政府出台《关于推进农村信用体系建设 进一步完善金融支农工作的实施意见》；同月16日，丽水市人民政府办公室下发《关于成立丽水市农村信用体系建设领导小组的通知》，成立由市政府分管金融工作副市长任组长、人行市中支行长任副组长的丽水市农村信用体系建设领导小组，在中国人民银行丽水市中心支行设立领导小组办公室，负责全市农村信用体系建设的组织和协调工作。同时，人行丽水市中心支行制定并下发《丽水市农村信用等级评价暂行办法》。3月末至4月初，人行负责人陪同市主要领导分赴景宁、莲都区大港头蹲点调研。4月13日，行长孔祖根参加丽水广播电台《百姓热线》栏目，现场解答农村信用体系建设相关问题。7月7—9日，丽水市委、市政府督查组对全市各县（市、区）的农村信用体系建设情况进行督促检查。同月29日，人行丽水市中心支行组织与举办农户征信系统培训班。8月13日，市委、市政府组织召开丽水市农村信用体系建设领导小组成员扩大会议。同月22日，行长孔祖根向到丽水调研的中国人民银行行长周小川汇报丽水市农村信用体系建设情况。9月27日，王筱琴副行长在“丽水金融60年发展成就新闻发布会”上就农村信用体系建设情况回答记者提问。同年，全市累计抽调乡（村）干部、大学生村官、村民代表和金融机构信贷人员1.7万人，成立3453个信息采集小组，开展地毯式农户信用信息采集和信用等级评价工作，成为全国第一个所有行政村完成农户信用等级评价的地级市。建立农户信用档案38.03万户，占全市应评农户91%，评出信用农户32.79万户，比2008年年末增加14.31万户。其中，AAA级信用农户3.32万户，占比10.13%；AA级信用农户3.87万户，占比11.8%；A级信用农户25.6万户，占比78.07%。全市有31.83万户信用农户获得金融机构授信，授信额度达到89.17亿元，其中10.03万户信用农户从金融机构获得贷款62.59亿元，成功走出一条以信用建档为基础，信用评价为手段，信用惠农措施为落脚点，富有丽水特色的农村信用体系建设工作路子。同年7月，人行丽水市中心支行自主研发“丽水市农户信用信息系统”，为农户建立电子化信用档案，并对全市所有开办个人信贷业务的金融机构网点开通查询服务，实现全市所有建档农户信用信息共享。2010 年，对丽水市农户信用信息系统升级改造，开发信贷信息和林权信息的接口规范，完善系统功能，促进农村信用体系建设成果在金融机构运用。

2010 年 8 月，中国人民银行等 18 个部委联合在丽水召开全国农村信用体系建设工作现场交流会，总结和推广人行丽水市中心支行"农村信用体系建设"的典型做法和经验。国务院办公厅、中国人民银行总行对人行丽水市中心支行农村信用体系建设的做法经验编发专题简报；《人民日报》、新华社、中央电视台等多次组团赴丽水市进行专题采访，连续报道或专题报道丽水农村信用体系建设情况；各省、市银行协同本地政府到丽水开展农村信用体系建设交流座谈和取经。9 月 28 日，中国人民银行杭州中心支行办公室下发《关于推广"丽水模式"进一步深化全省农村信用体系建设工作的通知》，农村信用体系建设"丽水模式"在浙江省推广。

2011 年，为保证农村信用体系建设的深入推进，丽水市先后在市、县二级组建事业单位性质的金融服务中心 9 家，专门负责农户信用信息的更新与维护工作。至 2015 年年末，农户系统已建立信用档案 47.2 万户，农户基本信息更新率为 99%。2012 年，人行丽水市中心支行与丽水市农业局、市供销社联合推进全市农民专业合作社、家庭农场等农村经济组织的信用信息采集与信用等级评价工作，进一步提升农村地区信用信息共享水平，是丽水市全面开展城乡一体化信用体系建设的开局之年。人行丽水市中心支行提请市政府转发《丽水市城乡一体化信用体系建设的实施方案》，制定《丽水市城乡一体化信用体系建设规划》及"三年工作目标计划"等，并在全市人民银行系统组织开展城乡一体化信用体系建设劳动竞赛，为全面可持续推进丽水市城乡一体化信用体系建设工作奠定扎实基础。与市农业局、市供销社联合制定并印发《丽水市农民专业合作社信用等级评价管理办法(暂行)》，启动全市农民专业合作社信用等级评价工作，进一步拓展农村信用体系建设的覆盖面。至 12 月末，全市复评信用农户 36.21 万户，比年初增加 5.49 万户；信用村 774 个，比年初增加 16 个；信用乡镇 28 个；对 691 家农民专业合作社和 89 家"农家乐"建立信用信息档案。

2013 年，人行丽水市中心支行将深化农村信用体系建设作为丽水市农村金融改革试点的一项重点工作，全面开展"信用户、信用村(社区)、信用乡(镇、街道)、信用县"等"四信"创建工作，大力发挥信用典型的正面导向作用。

2014 年，丽水市被确立为国家级农村信用体系建设试验区。同时，国务院印发《社会信用体系建设规划纲要(2014—2020 年)》，社会信用体系建设步入新的发展阶段。人行丽水市中心支行大力引导金融机构依开展"整体批发、集中授信"小额农贷业务，推动农村信用体系建设成果惠及更广大的农村群体。至 2015 年年末，全市共有 1899 个行政村(行业)开办"整体批发、集中授信"信贷业务，占全市行政村总数 50%以上，授信额和贷款累放额分别达 169 亿元、99 亿元。同时，积极拓展农户信用体系建设成果的社会化运用，将信用户、信用村、信用乡(镇)评定与计划生育、治安管理、邻里乡亲关系等挂钩，有效遏制农村赌博行为，助推社会综合治理。

2015 年，人行丽水市中心支行与丽水市食品安全委员会办公室联手，创新开展农村食安金融联合惩戒工作试点，联合签署《丽水市食安金融联合惩戒合作备忘录》，制定出台《丽水市食安金融联手信用工程实施方案》和《丽水市食安金融联合信用工程操作规程》，对食品安全失信主体实行全面金融惩戒，有效提升食品安全监管实效。成功上线"丽水市农村信用信息"系统 3.0 版，新增农村产权信息、食品安全不良信息导入和展示功能模块，实现信息批量化导入，有效推动政府各部门信息的互联共享。至2015年年末，全市评出信用农户40.38万户，创建信用村（社区）869个、信用乡（镇、街道）38个、信用县2个（云和县、景宁县）。

第七章　国库业务

国库是负责办理国家预算资金、收入和支出的机构。财政预算收入的分成报解，支出款项的拨付均通过国库业务办理。1937年7月，云和县最先设立金库。1938年年末，全区所属各县均建立金库。1940年，民国浙江建设厅在丽水县（今莲都区）成立浙江省合作金库，抗战时期辗转松阳、庆元、云和、龙泉多地。1943年，浙江省合作金库设定在云和县城，并订立浙江《合作金库条例》颁布实施。1945年10月，迁往省会杭州城。

1988年11月，丽水地区开始经营国库业务，主要负责辖区内国库基数管理与变革、政府非税收入收缴、国库监督管理、国债管理。至2015年年末，全市设有地市级中心支付1个，县（市、区）支付9个，国库经收处61个，集中支付代理银行23家，非税收入代理银行52家。

第一节　民国时期的国库业务

民国初年，财政部规定委由中国银行、交通银行掌理金库之事。民国16年（1927）8月，国民政府为谋求国家财政的统一，公布《金库条例》。条例规定，国库总金库、分金库统一由中央银行代理。民国17年（1928）11月，中央银行在上海设总行，在业务局中设立国库科以经理国库。代理国库制度采取委托代理制，国家库款与中央银行资金分别存储。国库总库设于总行，分支库设在分支行。同年，中国银行、交通银行改为专业银行，仍管理一部分国库业务。民国22年（1933）元旦，中央银行国库局正式成立，专办国库收支及公债还本付息事宜，内设文书、会计、债券、保管、库务五科。

丽水地区国家金库业务始于抗战时期，当时的浙江地方银行丽水办事处代理省、县财政金库的地方性收支业务。主要指捐税有田赋、契税、屠宰税、地方财产税、地方营业税、船捐、房捐等收入和地方各项财政、党务、事业等支出。民国24年（1935），国民政府确定中央、省、县三级财政体制，并确定田赋为地方政府的主要财政收入。国民30年（1941），撤销三级财政体制，改为国家财政（含省级财政）和县、乡财政两大系统，所得税归中央，田赋属县、乡财政。民国35年（1946），重新恢复三级财政体制，直至1949年5月，丽水全域解放。

第二节 中华人民共和国成立后的国库业务

国库设置

国库是国家金库的简称，是负责办理国家预算资金收入和支出的专门机构。国库机构按照国家“统一领导，分级管理”的财政管理体制设立，原则上一级财政设立一级国库。中央设立总库，省、自治区、直辖市设立分库，省辖市、自治州设立中心支库，县和相当于县的市、区设立支库。支库以下经收处的业务，由专业银行基层机构代理。

中华人民共和国成立后，国库业务一直由中国人民银行代理。1950年3月3日，中央人民政府第二十二次政务会议通过并颁布《中央金库条例》，中国人民银行各级机构代理中央金库总、区、分、支库及经收处。各级金库主任均由各级中国人民银行行长兼任，实行人民银行与财政分工合作制，稽征、拨付、退税归财政经办；收款、分解、拨付和退库由人民银行办理。随着国家财政体制的多次改革与变化，多次修订《中央金库条例实施细则》。1977年11月，第8次修订《中央金库条例实施细则》明确规定金库经收处、代收点会计出纳员的职责、金库员的职责、金库辅导员的职责，对预算收入收纳、上划、退库、结报、留解和预算支出等账务处理作出具体规定。

1985年7月27日，国务院发布《中华人民共和国国家金库条例》。条例第三条明确规定“中国人民银行具体经理国库。组织管理国库工作是人民银行的一项重要职责。”第六条对机构设置作明确规定：国库机构按照国家财政管理体制设立，原则上一级财政设立一级国库。中央设立总库，省、自治区、直辖市设立分库，省辖市、自治州设立中心支库，县和相当于县的市、区设立支库。支库以下经收处的业务，由专业银行的基层机构代理。第七条规定“各级国库的主任，由各该级人民银行行长兼任，副主任由主管国库工作的副行长兼任”。“国库业务工作实行垂直领导”“各级国库应当设立专门的工作机构办理国库业务”“四级国库分别为司、处、科、股”。条例规定国库有六项基本职责、六项主要权限。中国人民银行丽水地区分行经理国家金库、代理发行国库券和政府债券等。

1986年1月31日，公布《中国人民银行关于专业银行办理国库经收业务的管理办法》，第一条规定“经理国库业务是国家赋予中国人民银行的职责之一。由于银行体制改革，人民银行专门行使中央银行职能，国库的经收业务需要专业银行办理”。第二条进一步明确国库机构设置：国库总库设在人民银行总行，分库设在各省、自治区、直辖市人民银行分行，中心支库设在人民银行的地（市）分行，支库设在人民银行支行。1993年12月，国务院《关于金融体制改革的决定》和1995年3月颁布《中华人民共和国中国人民银行法》中，都把经理国库定为人民银行必须履行的一项重要职责。

1988年11月，经人行浙江省分行批准，人行丽水地区分行设立国库科，承担经理丽水地区的国库职责。同时，作为丽水地区中心支库负责管理和检查指导下级国库的工作。

1998年，各级国库机构陆续挂牌，名称统一为“中华人民共和国国家金库XX省（自治区、市）分库”“中华人民共和国国家金库XX地区（市）中心支库”“中华人民共和国国家金库XX县（市）支库”。丽水地区本级的国库机构名称为“中华人民共和国国家金库丽水地区中心支库”和“中华人民共和国国家金库丽水市支库”“中华人民共和国国家金库龙泉市支库”等。

2000年，丽水撤地建市，撤消县级丽水市设立莲都区。丽水地区中心支库更名为“中华人民共和国国家金库丽水市中心支库”，丽水市支库更名为“中华人民共和国国家金库丽水市莲都区支库”。并开立丽水市财政局和丽水市莲都区财政局存款账户，分别对市级财政与莲都区财政的库款进行管理。

至2015年年末，全市设地市级中心支库1个，县（市）级支库8个，区（县）级支库1个，国库经收处61个，集中支付代理银行23家，非税收入代理银行52家，有国库专兼职干部58人。

国库管理与变革

中共十一届三中全会以后，为扩大地方财力，调动地方理财积极性，国家对各省、自治区实行“划分收支，分级包干”的财政体制。1985年，实行“划分税种，核定收支，分级包干”的财政体制，旨在调动中央和地方理财积极性。随着经济发展、财权进一步下放，预算外资金数额与比重增大，1986年，国务院下发《关于加强预算外资金管理的通知》，对预算外资金范围、收费标准、提留比例、开支范围、管理方法等进行规范。对事业、行政单位的预算外资金，采取由财政部门专户贮存、计划管理、财政审批、银行监督的方式进行管理。

1993年1月1日，浙江省“分税制”财政体制开始试点。收入划分为三类：中央固定收入、地方财政固定收入、中央和地方财政共享收入。中国人民银行丽水市分行及辖属机构分设中央国库、地方金库，两级金库采用不同会计科目进行核算。支出也划分为三类：中央财政支出、地方财政支出、由中央掌管的专项支出。收入基数以1989年的收入决算数为基础，支出基数以1989年的地方包干体制应得财力为基础。1997年，浙江省国家税务局、地方税收局机构分设，并根据征管范围，分别征收税款。

丽水地区中心支库根据财政体制改革要求，做好账务分设、税款、非税资金的收纳、报解、留成和财政资金的拨付等工作。

1987—2015年丽水市（地区）国库收支数据一览表

表4-7-1　　单位：亿元

年　度	收　入	支　出	年　度	收　入	支　出
1987	1.57	1.90	1996	5.15	9.17
1988	1.83	2.97	1997	6.84	10.35
1989	2.20	3.33	1998	8.34	11.67
1990	2.18	3.66	1999	10.26	14.69
1991	2.58	3.99	2000	13.26	17.35
1992	2.56	4.30	2001	19.17	26.19
1993	3.49	5.05	2002	23.95	36.21
1994	3.81	6.67	2003	46.39	43.85
1995	4.53	3.81	2004	53.53	50.29

续表 4-7-1

年 度	收 入	支 出	年 度	收 入	支 出
2005	66.84	60.78	2011	309.73	276.24
2006	81.82	75.96	2012	325.20	271.48
2007	134.65	121.86	2013	387.95	335.85
2008	156.59	141.53	2014	459.29	398.07
2009	185.99	170.70	2015	541.49	466.37
2010	258.29	244.19			

国库资金清算与业务发展

国库资金汇划　1986 年 3 月，中国人民银行、财政部联合颁布《中华人民共和国国家金库条例实施细则(试行)》，明确国库工作职责、任务和要求，对国库会计核算制度和操作规程做出了规定。所有业务采用手工方式核算。

1989 年 12 月，财政部和中国人民银行颁发《中华人民共和国国家金库条例实施细则》，统一了国库会计核算处理手续，使国库会计正式步入了规范化发展轨道。1993 年 1 月 1 日，按照中国人民银行下发《关于改革中国人民银行系统记账方法的通知》，丽水地区国库会计开始采用借贷记账法进行会计核算。

1993 年 5 月，中国人民银行国库司印发《中国人民银行国库会计核算操作规程》，对国库会计核算业务进行统一规范。2000 年 4 月，按照《中国人民银行关于国库会计核算管理与操作规定》，丽水市建立统一的国库会计核算体系，进一步统一和规范国库会计核算操作。

2002 年 3 月，中国人民银行印发《国库收支统计分析指标体系》。丽水推广应用全国统一的国库统计分析系统，建立国库统计分析标准体系。

1990 年之前，丽水地区国库业务全部采用手工方式核算。1991 年，税款收入、库款支出采用手工加减、轧差，预算资金上划上级国库、留解地方的实行微机 Modem(调制解调器)方式处理。

1999 年 4 月，人行杭州中支国库处通知，从 5 月 1 日起全省国库数据通信停止使用 Modem 方式，正式启用网络方式传送。2001 年 10 月 8 日，过渡到设有横向联网接口程序的《国库会计核算系统》(1.1 版)，国库资金汇划由电报方式改为程序直接发送方式。2002 年 11 月，启用《国库会计核算系统》(2.0 版)，上下级国库对账功能更方便，各级国库月终处理后，可以生成月通信联网对账单和月、年报表通信文件进行核对。2006 年 4 月 27 日，本级正式启用《国库会计核算系统》(3.0 版)，增加支付系统处理方式，使用小额支付系统汇划国库资金。至此，国库资金汇划报解模式完成从单一的"行库往来"到同城票据交换、大额支付系统、小额支付系统等多种报解形式并存的转变。

1997 年 5 月，浙江省人行国库处、会计处联合向全省人行的国库部门、会计部门发出通知，从同年 7 月 1 日起在各县(市)支行全面启用"行库往来"科目。启用后，各县(市)支行国库会计单独核算，与本行会计部门采用"分账并表"的核算办法，凭证单独装订，分册保管。2005 年 5 月 8 日开始，丽水市中心支库为加快国库资金汇划速度，提高服务效率，直接参加市区同城票据交换。各国库经收处原用支票方式向国库办理的预算收入款项，一律改用同城票据交换方式清算。同时，规定所有需提交国库的预算收入，必须由中心经收处汇总后，统一于每日第一场向国库办理提出。国库原先使用划款凭证按银行系统提出的预算收入拨款和退库等资金，通过同城票据交换直接提交各交换银行。6月15日，成功开通辖区国库内部往来；6月27日，丽水市中心支库以直接参与者身份参加全国现代化支付系统。2006年4月1日起，全辖所有县（市）支库顺利参加同城票据交换。同年5月29日，丽水市国库成功实现小额支付系统的上线运行。至此，国库资金清算方式由单一的"行库往来"方式转换为有同城票据交换、国库内部往来、大额支付系统、小额支付系统多种方式并存的资金清算，形成全方位的、完整的清算体系。2006年9月8日，又启用CA认证（电子认证服务）自动编核押处理国库内部往来业务，极大地加快国库系统的资金汇划清算速度，减少工作量，提高工作效率，也提高国库资金的安全水平。

国库集中收付制度改革　2001年3月，国务院下发《财政国库管理制度改革方案》，正式实施和建立以国库单一账户为基础、资金缴拨国库集中收付为主要形式的财政国库管理制度的改革试点。具体内容：建立国库单一账户体系，所有财政性资金都纳入国库单一账户体系管理，收入直接缴入国库或财政专户，支出通过国库单一账户体系支付到商品和劳务供应者或用款单位。

2008年8月，丽水市财政局和人行丽水市中心支行制定《丽水市财政国库管理制度改革方案》上报丽水市政府，并于当月获得市政府批准。10月开始，实行丽水市本级国库集中支付改革，首批选择市本级预算10家单位进行试点。市财政和市人行共同选定工行丽水市分行和建行丽水市分行作为市本级集中支付代理银行。改革具体内容：由市财政局在人民银行国库部门开设国库单一账户（现有存款账户），用于管理和核算所有预算资金；市财政在商业银行开设财政零余额账户，用于财政直接支付业务；预算单位在商业银行开设单位零余额账户，用于各预算单位的财政授权支付业务；市财政在商业银行开设预算外资金财政专户，用于办理预算外资金的拨付业务。各预算单位根据部门预算和用款进度编制分月用款计划，实际使用资金时依据用款计划采用财政直接支付或者授权支付方式，将资金通过零余额账户集中支付到商品和劳务供应者或用款单位，次日与国库单一账户或预算外财政专户进行资金清算。

2009年，丽水市财政局、人行丽水市中心支行联合出台《丽水市市级财政国库集中支付管理办法》《丽水市市级财政国库集中支付会计核算暂行办法》《丽水市市级财政国库集中支付资金银行清算办法》，规范国库集中支付业务。6月，部分县（市）进行集中支付改革试点。12月，中国人民银行总行下发《关于明确地方国库集中收付代理银行资格认定有关事项的通知》，对代理银行资格作进一步规定。各县（市、区）集中收付代理银行按文件要求进行资格认定方式选定。2010年1月，丽水市本级所有预算单位实行国库集中支付改革。国库集中支付改革向各县（市、区）全面推行。9月开始，莲都区财政国库集中支付改革第一家代理银行资格认定，最终选定丽水市工行莲都支行、建行莲都支行、中行大洋支行（现更名为莲都支行）、中信银行丽水分行和莲都农村商业银行万象支行（现更名为城南支行）。至2013年，莲都区国库集中支付改革全面到位。至2015年年末，全市纳入国库集中支付改革预算单位1581家，其中市本级268家预算单位实行国库集中支付。

政府非税收入收缴

2007年，丽水市完成新非税系统推广应用的基础性工作，2008年10—12月，第一批试点选定市工行、农行、信用社3家银行代理收入市直非税业务，试点单位有市环境卫生管理处、市环境监测中心站和市质量检验检测研究院。2009年，第二批试点选定市建行、中行代理市交警支队和丽水第二高级中学的行政性收费收入业务。至2009年年末，完成5家代理银行“丽水市财政局非税收入待清算户”开设，将用于核算非税收入的财政局专户统一更名为“丽水市政府非税收入财政专户”。2010年年末，完成非税收入收缴改革，市直所有行政事业单位的行政性收费全部纳入新非税系统收缴。

2009年，中国人民银行总行发文对地方集中收付代理银行资格的取得进行规范。2010年4月，人行丽水市中心支行根据实际情况，对全市已经代理非税收入收缴业务的市工行、市农行、市中行、市建行和莲都农村信用联社5家商业银行的代理非税收入收缴资格不再进行资格认定，仍需补签“代理政府非税收入收缴业务协议书”。政府根据需要，市直代理银行资格陆续进行扩面，增加交通银行、邮政储蓄等6家银行。

2010年12月16日，浙江省人民代表大会常务委员会第十一届人民代表大会常务委员会第二十二次会议通过《浙江省政府非税收入管理条例》，对政府非税收入作进一步明确和规范，并于2011年1月1日施行。按照国家和省有关规定缴入财政专户以外的所有非税收入应当直接缴入国库或者通过财政非税专户缴入国库。

2013年开始，县(市、区)非税收入逐步通过新非税系统收缴。至2015年年末，丽水市非税收入改革基本到位，县(市、区)的非税收入均通过新非税系统收缴。

“一户通”电子缴税系统 浙江地税税银库联网，实行“一户通”电子缴税。为推进税费征收入库的电子化，方便纳税人缴纳税费，提高税费缴纳入库的准确性和及时性，浙江省开发“一户通”电子缴税系统(简称“一户通”)，电子缴税是指征收机关以电子信息为媒介，将纳税人缴税、缴费信息通过杭州金融清算中心“一户通”系统发送给纳税人开户银行，纳税人开户银行据此信息并按照纳税人的委托付款授权、征收机关与纳税人签订的委托收款协议，在纳税人指定账户划收税款，并解缴到收款国库的缴税方式。

2003年，浙江省地税直属分局和杭州市地方税务局通过“一户通”征收税款试点工作。2004年4月，杭州市出台“一户通”电子缴税业务处理办法，杭州市地税税款通过“一户通”系统征缴入库。8月，浙江省地方税务局、中国人民银行杭州中心支行联合下发《浙江省地税系统税、银、库联网税款征缴管理办法》的通知，要求全省地税税款通过税、银、库联网方式征缴。

2004年1月，丽水市开始“一户通”试点业务，选择开户银行在市工行6家、农行5家、中行2家、建行1家纳税人试点运行。5月，制定丽水市推行“一户通”系统方案。2005年3月25日，丽水市地方税局、丽水市金融服务清算中心和中国工商银行丽水市分行、中国农业银行丽水市分行、中国银行丽水市分行、中国建设银行丽水市分行、农村信用社丽水办事处签订丽水市“一户通”电子扣税资金清算协议，丽水市本级地税税款通过“一户通”系统扣缴入库。3月31日，印发《丽水市“一户通”业务实施细则》。6月，丽水市本级扩面纳入。

2006年10月，地税部门征收的税费通过“一户通”系统缴纳向全市全面铺开。丽水市国库实现与地税部门的收入联网，进一步减轻国库与其他相关部门的操作压力，提高工作效率和质量。

库银横向联网系统 财税库银横向联网系统(TIPS)，是指财政、税务、海关、国库和银行等部门利用信息网络技术，通过电子缴库等方式，使税款直接缴入国库，并实现信息共享的缴库管理模式。具体内容：纳税人、银行和税务或海关部门签订“三方扣税协议”，纳税人发起缴税申请，税务部门审核通过后委托银行从纳税人账户扣取税款，通过系统缴入国库。

2007 年，财政部、国家税务总局、中国人民银行联合印发《财税库银税收收入电子缴库横向联网实施方案》《财税库银税收收入电子缴库横向联网管理暂行办法》，在全国推广运行。2008 年 5 月，人行浙江省分行与浙江省商业银行成立税收收入横向联网领导小组，推进浙江省财税库银税收收入电子缴库横向联网工作。12 月，浙江省上线运行财税库银税收收入电子缴库横向联网系统。

2010 年 3 月，丽水市中心支库出台《丽水市财税库银国税收入电子缴库横向联网工作实施方案》。启动财税库银税收收入电子缴库横向联网系统，并在丽水市国税局开发区分局试点。5 月，选择部分县级国税局推广。9 月末，完成全市覆盖，实现国税税收包括实时扣税、批量扣税、银行端申报缴款、自缴核销等多种税款通过横向联网 TIPS 系统电子缴库，加快税款入库速度，提高财政资金运转效率，建立起规范高效的税款收缴管理运行机制。

2015 年年末，丽水市通过两系统收缴入库税费 1321.9 万笔、金额 201.23 亿元。

第三节　国库监督管理

1986 年 3 月，人行、财政部发布《中华人民共和国国家金库条例及其实施细则》，赋予国家金库执行预算收支任务监督职责，对预算收支进行监督，对经收处和代理银行、代理支库进行管理。

1996 年 9 月，中国人民银行下发《关于加强国库监管工作的通知》，首次出现国库监督管理规章。1999 年 6 月，人行杭州国库处印发《浙江省国库实地检查工作规程》，对下级国库、代理支库的检查方式、业务自查、检查面等进行规范。2006 年，人行总行印发《中国人民银行国库监管工作指引》。为规范国库监督管理行为，防范国库资金风险，人行总行国库局对之前下发有关的监督管理文件进行清理废止。2012 年，人行总行制定并下发《国库监督管理基本规定》。浙江省分库制定《浙江省国库监督管理工作实施细则》。丽水市根据相关文件精神，每年在辖内国库部门选取部分商业银行的经收税款、代理国库集中收付业务行为开展检查指导。2014 年，人行总行国库局重新修订下发《国库会计管理现场检查指导意见》，对检查频率、范围、方式方法、检查程序和检查内容等作进一步明确。人行丽水中心支库按照相关制度要求，每年对辖内县（市）支库进行检查指导，检查面 100%。

1997 年 5 月，人行浙江省分行国库处修订《国库业务监管考核办法》，把国库监管工作作为国库业务工作的重要组成部分列入全省中心支库业务考核。考核内容包括内部管理、分级检查制度情况；对缴款书等凭证的审查情况；对辖属支库检查辅导、本级经收处税款收纳、报解、入库的监管情况；退库、拨款业务的监管情况；国债发行、兑付的监管情况；对财政开户、财政信用、预算外资金的监管情况；国库监管情况表和国库监管工作总结上报情况。

1998 年 10 月，中国人民银行、财政部、国家税务总局下发《关于进一步加强国库监管工作的通知》，为使各级国库、财政、征收机关密切配合，对加强国库监管和预算管理工作作进一步规定和重申。各级国库依法对预算资金收纳、报解、入库、支拨、退付等事项实施监督管理。

2001 年，中国人民银行出台《商业银行、信用社代理国库业务管理办法》，对“加强商业银行代理支库和商业银行、信用社办理国库经收处业务的监督和管理，规范国库代理和经收业务，确保国库资金安全”进行规范。

根据相关文件要求，丽水市中心支库于 1996 年制定《丽水市国库退库管理制度》《丽水市国库拨款管理制度》，建立大额退拨款监管台账，加强丽水市退、拨业务的管理。根据财政体制变化和业务发展，多次对退、拨款管理制度进行修订，于2009—2014年分别出台《丽水市国库退库审核管理办法》《丽水市国库库款支拨管理实施办法》。2014年，丽水市制定《丽水市银行业金融机构代理国库业务综合考核评价实施办法(试行)》，加强全市银行业金融机构代理国库业务的管理。

第四节　国债管理

国债又称国家公债，是国家以其信用为基础，按照债券的一般原则，通过向社会发行债券筹集资金所形成的债权债务关系。国债是中央政府为筹集财政资金而发行的一种政府债券，由中央政府向投资者出具的、承诺在一定时期内支付利息和到期偿还本金的债权债务凭证。国债的发行主体是国家，具有最高的信用度，被公认为是最安全的投资工具。

国债发行

1981年，颁布《中华人民共和国国库券条例》，规定国库券的发行和还本付息事宜，由人民银行及其所属机构办理。同年，丽水地区发行无记名国债。至1997年，17年间发行国债品种21个。

1987年，财政发行3年期国家重点建设债券。1988—1990年，国债发行规模扩大，增设国家建设债券、财政债券、特种国债、保值公债等新品种。

1992年，随着证券交易所的成立和发展，财政部开始发行无券记账的非实物国库券。1995年，国债更名为“记账式国债”。

1994年4月，凭证式国债首次面向城乡居民发行，名称“国库券收款凭证”，发行期限为3年，利率为13.93%。全年丽水地区发售14079.21万元。

凭证式国债，期限有一年期、二年期、三年期和五年期4个品种，以三年期和五年期的中期债券为主。一年期和二年期是2003年以后发行的2个品种。

1996年，财政部改革国债以往集中发行为按月滚动发行，增加国债发行的频度。

2001年，投资者提前兑付凭证式国债需要按兑取本金缴纳手续费。2001年前发行的凭证式国债，其提前兑付手续费为提前兑付国债本金2‰；自2002年开始，凭证式国债提前兑付手续费按提前兑付国债本金计付1‰。

2004年，财政部首次发行凭证式国债(电子记账)。6月和9月发行两期，分别为凭证式(三期)国债(电子记账)和凭证式(五期)国债(电子记账)。丽水市全辖发售652万元。

1994—2007年，财政部发行以凭证国债为主。2007年6月，财政部首次发行储蓄国债(电子式)，发行对象为境内中国公民。

国库券兑付

2002年起，国库券兑付开始实行“先缴券，后划款”制度。要求兑付机构在向人民银行当地分支行划拨国家债券兑付款项前，应先将其所兑付的无记名国债实物缴到人民银行当地分支行，待人民银行当地分支行清点实物后方可办理兑付款项的划拨，避免凭证式国债和记账式国债兑付款项与无记名国债(国库库)兑付款项发生混乱的问题。

2004年，经中国人民银行丽水市中心支行决定无记名国债兑付工作以农业银行丽水市分行营业中心及各县(市)支行营业中心作为常年兑付点，其他金融机构不再办理无记名国债兑付工作，并发布《关于设立国债常年兑付点的通知》。

2010年，中国人民银行丽水市中心支行组织辖内国库在全省率先开展国库直接办理无记名国债兑付业务，建立起无记名国债由人民银行国库直接兑付和委托商业银行代理兑付的“双渠道”。在人民银行国库部门和农业银行系统设立无记名国债兑付点18个，兑付的无记名国债包括财政部于1981—1997年期间发行的国库券、国家建设债券和保值公债等实物国债。各兑付点对外办理无记名国债兑付时间，为每年1月至11月。2014年起，取消人民银行直接兑付无记名国债业务。

1988—2009年丽水辖区人民银行国债兑付情况表(一)

表4-7-2　　单位:万元

国债兑付本息款项	1988年	1989年	1990年	1991年	1992年	1993年	1994年
1981年单位国库券	60.24	22.43	3.67	3.07	43.01	14.71	87.80
1982年单位国库券	35.74	5.58	0.13	5.75	78.19	41.86	192.47
1983年单位国库券	17.73	3.06	0.35	3.23	52.85	32.02	207.46
1984年单位国库券	—	—	—	—	36.02	44.97	242.47
1985年单位国库券	—	—	—	—	—	—	—
1986年单位国库券	—	—	—	—	—	—	—
1987年单位国库券	—	—	—	—	—	—	—
1988年单位国库券	—	—	—	—	—	—	—
1981年个人国库券	0.27	1.12	11.40	12.23	2.22	6.49	16.13
1982年个人国库券	25.11	41.23	61.67	26.11	2.76	1.01	0.98
1983年个人国库券	19.53	34.60	49.69	25.89	18.89	2.71	1.87
1984年个人国库券	—	19.33	34.31	19.77	16.47	12.61	4.90
1985年个人国库券	—	—	279.05	16.16	4.67	1.81	2.60
1986年个人国库券	—	—	—	201.78	17.89	4.17	2.93
1987年个人国库券	—	—	—		186.76	15.85	9.12
1988年个人国库券	—	—	—	281.72	24.24	7.03	6.47
1989年个人国库券	—	—	—	—	203.04	19.94	12.13
1990年个人国库券	—	—	—	—	—	266.89	39.77
1991年个人国库券	—	—	—	—	—	—	659.70
1992年国库券(三年期)	—	—	—	—	—	—	—
1992年国库券(五年期)	—	—	—	—	—	—	—
1993年国库券(三年期)	—	—	—	—	—	—	—
1993年国库券(五年期)	—	—	—	—	—	—	—
1994年国库券(二年期)	—	—	—	—	—	—	—

续表 4-7-2

国债兑付本息款项	1988 年	1989 年	1990 年	1991 年	1992 年	1993 年	1994 年
1995 年国库券	—	—	—	—	—	—	—
1996 年国库券一期(三年期)	—	—	—	—	—	—	—
1996 年国库券二期(三年期)	—	—	—	—	—	—	—
1997 年无记名一期(三年期)	—	—	—	—	—	—	—
1997 年国库券	—	—	—	—	—	—	—
1987 年国家重点建设债券	—	—	—	—	—	—	—
1988 年国家建设债券本息款项	0.06	—	225.30	105.56	260.03	36.65	1.19
1989 年保值公债	—	—	—	—	613.69	60.00	17.74
已兑付 1991 年财政债券本息款项	—	—	—	—	—	—	—
已兑付 1993 年财政债券	—	—	—	—	—	—	—
合计	158.67	127.35	665.56	701.27	1560.73	568.73	1505.73

1988—2009 年丽水辖区人民银行国债兑付情况表(二)

表 4-7-3　　单位:万元

国债兑付本息款项	1995 年	1996 年	1997 年	1998 年	1999 年	2000 年	2001 年
1981 年单位国库券	0.86	0.46	—	—	—	—	—
1982 年单位国库券	6.53	104	0.59	0.10	0.25	—	—
1983 年单位国库券	5.15	0.97	0.06	0.10	0.03	—	—
1984 年单位国库券	5.92	0.76	0.60	0.07	0.03	—	—
1985 年单位国库券	359.56	9.00	4.57	3.86	2.93	—	—
1986 年单位国库券	—	253.61	123.44	27.61	16.45	—	—
1987 年单位国库券	—	—	304.30	54.57	28.36	—	—
1988 年单位国库券	—	302.88	139.35	34.34	22.30	—	—
1981 年个人国库券	0.05	0.54	0.14		0.20	—	—
1982 年个人国库券	0.41	0.52	0.06	0.01	0.02	0.04	-—
1983 年个人国库券	0.91	0.59	0.10	0.01	0.06	0.10	—
1984 年个人国库券	2.09	0.75	0.12	0.05	0.07	0.12	—
1985 年个人国库券	1.90	0.67	0.10	0.19	0.17	0.13	—
1986 年个人国库券	1.61	1.73	0.37	0.42	0.07	0.10	—
1987 年个人国库券	4.12	1.62	0.40	0.06	0.10	0.13	—
1988 年个人国库券	2.22	0.96	0.25	0.16	0.18	0.10	—
1989 年个人国库券	5.37	2.58	1.13	0.13	0.29	0.34	—
1990 年个人国库券	16.44	7.38	1.22	0.26	0.39	0.63	—
1991 年个人国库券	26.18	8.26	1.19	0.45	0.18	0.37	—

续表 4-7-3

国债兑付本息款项	1995 年	1996 年	1997 年	1998 年	1999 年	2000 年	2001 年
1992 年国库券(三年期)	1655.41	—	171.54	1.47	0.81	0.03	—
1992 年国库券(五年期)	—	—	—	—	—	—	—
1993 年国库券(三年期)							
1993 年国库券(五年期)	—	2770.07	59.68	175.05	5.48	1.86	—
1994 年国库券(二年期)	—	478.60	20.85	3.06	2.51	0.9702	—
1995 年国库券	—	—	—	0.263		0	—
1996 年国库券一期(三年期)	—	—	—	—	874.50	4.10	0.36
1996 年国库券二期(三年期)	—	—	—	—	0.27	0	—
1997 年无记名一期(三年期)	—	—	—	—	—	—	—
1997 年国库券	—	—	—	—		84.42	3.83
1987 年国家重点建设债券	630.48	71.78	13.83	5.01	2.03	—	—
1988 年国家建设债券本息款项	3.45	0.02	0.24	—	—	—	—
1989 年保值公债	7.95	2.84	0.44	0.24	0.30	0.13	—
已兑付 1991 年财政债券本息款项	1241.12	8.41	34.80	—	—	—	—
已兑付 1993 年财政债券	—	—	—	8.84	—	—	—
合计	3977.82	3926.06	879.38	316.32	957.96	93.57	4.18

1988—2009 年丽水辖区人民银行国债兑付情况表(三)

表 4-7-4　　单位:万元

国债兑付本息款项	2002 年	2003 年	2004 年	2005 年	2006 年	2007 年	2008 年	2009 年
1981 年单位国库券	—	—	—	—	—	—	—	—
1982 年单位国库券	—	—	—	—	—	—	—	—
1983 年单位国库券	—	—	—	—	—	—	—	—
1984 年单位国库券	—	—	—	—	—	—	—	—
1985 年单位国库券	—	—	—	—	—	—	—	—
1986 年单位国库券	—	—	—	—	—	—	—	—
1987 年单位国库券	—	—	—	—	—	—	—	—
1988 年单位国库券	—	—	—	—	—	—	—	—
1981 年个人国库券	—	—	—	—	—	—	—	—
1982 年个人国库券	0.08	0.05	0.06	0.04	0.08	0.05	0.01	0.01
1983 年个人国库券	0.11	0.09	0.06	0.06	0.04	0.05	0.03	0.02
1984 年个人国库券	0.20	0.10	0.10	0.06	0.05	0.07	0.03	0.02
1985 年个人国库券	0.10	0.10	0.08	0.04	0.07	0.02	0.01	0.01
1986 年个人国库券	0.25	0.16	0.03	0.07	0.06	0.16	0.04	0.03

续表 4-7-4

国债兑付本息款项	2002 年	2003 年	2004 年	2005 年	2006 年	2007 年	2008 年	2009 年
1987 年个人国库券	0.42	0.22	0.16	0.21	0.10	0.24	0.04	0.03
1988 年个人国库券	0.28	0.19	0.10	0.06	0.08	0.22	0.03	0.01
1989 年个人国库券	0.55	0.43	0.28	0.18	0.12	0.23	0.08	0.04
1990 年个人国库券	0.98	0.50	1.06	0.32	0.24	0.24	0.09	0.9
1991 年个人国库券	0.82	0.57	0.40	0.39	0.13	0.19	0.06	0.05
1992 年国库券(三年期)	0.44	0.04	0.02	0.06	—	—	0.48	—
1992 年国库券(五年期)	0.03	0.03	0.17	—	0.12	—	—	—
1993 年国库券(三年期)	2.82	1.72	1.05	0.96	0.65	0.56	0.26	0.17
1993 年国库券(五年期)	0.70	0.47	0.14	0.07	0.05	0.07	-	0.09
1994 年国库券(二年期)	2.48	1.00	1.26	0.54	0.59	2.71	0.20	0.08
1995 年国库券	0.09	0.01	0.01	—	—	—	—	—
1996 年国库券一期(三年期)	2.70	0.49	0.72	—	—	—	—	—
1996 年国库券二期(三年期)	0	0	—	—	—	—	—	—
1997 年无记名一期(三年期)	—	—	0.99	—	—	—	—	—
1997 年国库券	6.39	0.13	—	—	—	—	0.01	—
1987 年国家重点建设债券	—	—	—	—	—	—	—	—
1988 年国家建设债券本息款项	—	—	—	—	—	—	—	—
1989 年保值公债	0.42	0.37	0.31	0.25	0.12	2.21	0.06	0.09
已兑付 1991 年财政债券本息款项	—	—	—	—	—	—	—	—
已兑付 1993 年财政债券	—	—	—	—	—	—	—	—
合计	20.38	6.66	7.01	3.31	2.51	7.02	1.43	0.74

1987—2009 年丽水辖区人民银行代理国债发售情况表

表 4-7-5　　单位:万元

年 份	国 债 名 称	年 限	发售金额
1987	1987 年单位购买国库券	—	228.09
	1987 年个人购买国库券	—	381.67
	1987 年国家重点建设债券	—	457.68
1988	1988 年单位购买国库券	—	315.74
	1988 年个人购买国库券	—	569.44
	1988 年国家建设债券	—	874.44
	二年期财政财政债券收据	—	671.00
	五年期财政债券收据	—	133.00
1989	1989 年国库券	—	560.87

续表 4-7-5

年　份	国 债 名 称	年 限	发售金额
1990	1990 年个人购买国库券收入	—	875.00
	1990 年特种国债收入	—	356.22
	1990 年财政债券收入	—	72.10
1991	1991 年个人购买国库券收入	—	950.00
	1991 财政债券	—	29.80
1992	1992 年国库券三年期	—	2600.00
	1992 年 2 国库券五年期	—	400.00
1993	1993 年代收个人购买国库券款	三年期	2100.00
	1993 年代收个人购买国库券款	五年期	240.00
1994	1994 年二年期国库券	—	3700.00
	1994 年三年期国库券	—	10379.21
1995	1995 年三年期实物券	—	800.00
	1995 年一年期记账式国库券	—	0
	1995 年三年期凭证式国库券	—	10910.08
1996	1996 年五年期凭证式国库券	—	2784.00
1997	1997 年二年期凭证式国库券	—	2878.00
	1997 年三年期凭证式国库券	—	9084.00
	1997 年五年期凭证式国库券	—	2998.00
	1997 年三年期无记名国库券	三年期	700.00
1998	1998 年凭证式国债	二年期	0
1999	1999 年凭证式国债	二年期	0
2000	2000 年凭证式国债	二年期	1840.00
2001	2001 年凭证式国债	二年期	0
2002	2002 年凭证式国债	二年期	0
2003	2003 年凭证式国债	一年期	989.00
		二年期	1074.00
		三年期	7066.00
		五年期	4918.00
2004	2004 年凭证式(一期)国债	三年期	1461.00
		五年期	418.00
	2004 年凭证式(二期)国债	三年期	1556.00
		五年期	326.00
	2004 年凭证式(三期)国债	三年期	487.00
		五年期	165.00
	2004 年凭证式(四期)国债	三年期	828.00

续表 4-7-5

年 份	国 债 名 称	年 限	发售金额
2004		五年期	210.00
	2004 年凭证式(五期)国债	三年期	0
		五年期	0
	2004 年凭证式(六期)国债	三年期	848.00
		五年期	287.00
	2004 年凭证式(七期)国债	三年期	0
		五年期	0
2005	2005 年凭证式(一期)国债	三年期	843.00
		五年期	306.00
	2005 年凭证式(二期)国债	三年期	430.00
		五年期	155.00
	2005 年凭证式(三期)国债	三年期	501.00
		五年期	216.00
	2005 年凭证式(四期)国债	三年期	396.00
		五年期	206.00
	2005 年凭证式(五期)国债	三年期	345.00
		五年期	181.00
2006	2006 年凭证式(一期)国债	三年期	484.00
		五年期	264.00
	2006 年凭证式(二期)国债	三年期	387.00
		五年期	154.00
	2006 年凭证式(三期)国债	三年期	378.00
		五年期	165.00
	2006 年凭证式(四期)国债	三年期	516.00
		五年期	235.00
	2006 年凭证式(五期)国债	三年期	384.00
		五年期	49.00
	2006 年第一期储蓄式国债(电子式)	—	138.39
	2006 年第二期储蓄式国债(电子式)	—	231.23
2007 年	2007 年凭证式(一期)国债	三年期	542.00
		五年期	218.00
	2007 年凭证式(二期)国债	三年期	937.00
		五年期	218.00
	2007 年凭证式(三期)国债	三年期	477.00
		五年期	105.00

续表 4-7-5

年份	国债名称	年限	发售金额
2007	2007年凭证式(四期)国债	三年期	170.86
		五年期	3.80
	2007年凭证式(五期)国债	三年期	174.00
		五年期	18.00
	2007年储蓄国债(电子式)	二年期	22.80
2008	2008年凭证式(一期)国债	三年期	539.00
		五年期	182.00
	2008年凭证式(二期)国债	三年期	791.00
		五年期	82.00
	2008年凭证式(三期)国债	三年期	469.00
		五年期	156.00
	2008年凭证式(四期)国债	三年期	548.00
		五年期	177.00
	2008年凭证式(五期)国债	三年期	477.00
		五年期	156.00
	2008年储蓄国债(电子式)三年期	—	757.00
2009	2009年凭证式(一期)国债	三年期	756.00
		五年期	276.00
	2009年凭证式(二期)国债	三年期	1268.00
		五年期	182.00
	2009年凭证式(三期)国债	三年期	1133.00
		五年期	111.00
	2009年凭证式(四期)国债	三年期	4590.63
		五年期	1126.55
	2009年凭证式(五期)国债	三年期	4540.00
		五年期	747.00
	2009年电子式(一期)国债	三年期	674.34
	2009年电子式(二期)国债	五年期	34.40
	2009年电子式(三期)国债	三年期	406.60
	2009年电子式(四期)国债	五年期	30.30
	2009年电子式(五期)国债	一年期	392.01
	2009年电子式(六期)国债	三年期	129.06
	2009年电子式(七期)国债	一年期	136.40
	2009年电子式(八期)国债	三年期	583.28

第五编 保 险

古时，丽水区域内有资本投资者出资买断某种物资或运输结果等，在时间、地点、数量范围内的任何损失、损耗皆由出资人承担的做法。如河流放木排、挑远担（山区运输）多采用此法，中间的损耗或出现损失，均由出资人负责。

丽水地区现代保险业务发端于民国时期。由金融机构、专业机构、邮政机构代办，间接性地承保寿险、财险业务。民国20年（1931）前后，遂昌县设立中国信托局特产保险处遂昌特约代理处及浙江省特产保险公司遂昌特约代理处，承办桐油、棕毛、木材等山货的相关保险业务。抗日战争时期，邮政储金汇业局（1930年3月，国民政府成立的国家行局）在龙泉县设立分局。民国32年（1943），龙泉、云和、景宁县邮政局开办"简易人寿保险"，发动县城居民按户投保。

1949年10月20日，中国人民保险公司成立，是中国历史上第一家国有保险公司，承担"保护国家财产，保障生产安全，促进物资交流，安定人民生活，组织社会游资，壮大国家资金"的重任。中国人民保险公司浙江省分公司（以下简称人保浙江省分公司）委托全省各县代办国内保险业务。1950年12月，设立中国人民保险公司松阳、遂昌、缙云、庆元特约代理处，由各地人民银行归口管理。丽水地区各县保险业务，均由各地人民银行代理。1952年秋，建立中国人民保险公司丽水县支公司。1953年，新增办理火灾、运输（木排停泊）、人身保险，停办农村耕牛保险。1954年，停办国营企业强制险，采取自愿保险政策。6月，人保缙云县特约代理处改称为人保缙云县服务处。保险公司划归财政部门管理。1955年，恢复农村耕牛保险，新开设船舶保险。对地方国营、合作企业、农业、手工业、个体工商业和一般公民组织开办各种保险业务。1958年6月，设立人保松阳县支公司。11月，丽水地区根据国务院《关于改进保险工作管理体制的规定》和人保浙江省分公司贯彻中央精神，停办国内所有保险业务。撤销各县保险公司。

1980年10月，恢复中国人民保险公司丽水县支公司，开办企业财产保险和家庭财产保险。1981年后，陆续增加新险种，复设人保各县保险机构。1983年，各县升格为保险支公司。1984年11月，成立中国人民保险公司丽水地区分公司，合并中国人民保险公司丽水县支公司。至1990年，全区已有各县（市）支公司9家，城镇办事处6个，有干部职工163人，其中地区分公司45人。全系统有专职、兼职代办员300余人。

1995年，保险公司机构改革，实行分业经营，分设财产保险、人寿保险、再保险等专业公司。1996年末，完成产、寿险分业经营机构改革工作。

20世纪90年代中期开始至2015年年末，各商业保险公司入驻丽水21家，共计23家。

2009年10月，景宁畲族自治县建立保险服务民生示范区，是全省首个政保合作保险的示范园区。

第一章 保险机构

民国时期，遂昌县已设立专业保险机构，有3个县委托驻县邮政局代办保险业务，有的县由银行直接办理。民国31年(1942)，浙江省在龙泉建立邮政储金汇业局龙泉分局，添办人寿保险业务。民国32年(1943)1月，邮政局在松阳县代办简易人寿保险，业务规模较小。

1950年12月，中国人民保险公司松阳、遂昌、缙云、庆元特约代理处设立，由各地人民银行归口管理。其他各县在人民银行内设立保险代理业务。1952年秋，中国人民保险公司丽水县支公司建立。1954年6月，人保缙云县特约代理处改称为人保缙云县服务处，隶属县财粮部门管理。1958年6月，人保松阳县支公司设立。11月，丽水地区全面停办所有国内保险业务。撤销各县保险公司。

1980年10月，恢复中国人民保险公司丽水县支公司。1981年后，逐步复设各县保险机构。1983年9月5日，中国人民保险公司丽水地区中心支公司成立，各县保险公司升格为支公司。1995年，保险公司机构改革，实行分业经营，分设财产保险、人寿保险、再保险等专业公司。1996年3月8日，全区完成产、寿险分业经营机构改革工作，中国人民保险公司浙江省分公司撤销中国人民保险公司丽水地区分公司，分设中保财产保险公司浙江省丽水分公司和中保人寿保险公司浙江省丽水分公司。5月29日，中保财产保险公司浙江省丽水分公司和中保人寿保险公司浙江省丽水分公司，开始专业化经营。8月27日，中保人寿保险有限公司浙江省分公司为了全省机构名称统一，中保人寿保险公司浙江省丽水分公司更名为中保人寿保险有限公司丽水地区分公司。11月22日，中国人民银行丽水地区分行批准设立中保人寿保险有限公司丽水地区分公司。1997年4月4日，建立中保人寿遂昌、龙泉、缙云、青田县办事处；10月25日，成立中保人寿庆元、松阳、云和、景宁县办事处。1999年5月11日，中保人寿保险有限公司丽水地区分公司更名为中国人寿保险公司丽水分公司，下辖公司更名为中国人寿保险公司遂昌、龙泉、缙云、青田、庆元、松阳、云和、景宁县办事处。2002年4月11日，更名为缙云、青田、松阳、遂昌、龙泉、云和、庆元、景宁县支公司。2003年6月30日，进行中保人寿体制改革，中国人寿保险公司丽水分公司更名为中国人寿保险股份有限公司丽水分公司(简称中国人寿丽水分公司)。下辖公司分别更名为中国人寿保险股份有限公司缙云、青田、松阳、遂昌、龙泉、云和、庆元、景宁县支公司。

1997年5月至2015年，入驻丽水地区(市)财险保险公司有12家。1997年5月，设立中国平安保险公司丽水办事处(2001年9月，升格为中国平安保险公司丽水中心支公司)。1999年6月18日，设立天安保险股份有限公司丽水中心支公司(2013年5月6日，更名为天安财产保险股份有限公司丽水中心支公司)。2003年2月，平安保险公司产险、寿险分别设立，成立中国平安财产保险股份有限公司丽水中心支公司。5月23日，设立中国太平洋财产保险股份有限公司丽水中心支公司。

2004年8月9日，设立中华联合财产保险股份有限公司丽水中心支公司。2004年8月9日，设立中华联合财产保险股份有限公司丽水中心支公司。2006年8月11日，设立安邦财产保险股份有限公司浙江分公司丽水市丽阳路营销服务部（2014年1月2日，升格为安邦财产保险股份有限公司丽水中心支公司）。2007年3月30日，设立中国大地财产保险股份有限公司丽水中心支公司。5月8日，设立中银保险有限公司丽水营销服务部（2009年9月2日，升格为中银保险有限公司丽水中心支公司）。9月15日，设立都邦财产保险股份有限公司浙江分公司丽水市营销服务部。11月8日，设立太平财险有限公司丽水支公司（2010年2月5日，升格为太平财产保险有限公司丽水中心支公司）。2008年2月3日，设立中国人寿财产保险股份有限公司丽水中心支公司。9月23日，成立阳光财产保险股份有限公司丽水中心支公司。2014年11月17日，设立浙商财产保险股份有限公司丽水中心支公司。

1997年5月至2015年，入驻丽水地区（市）人寿保险公司有9家。1996年6月开始，筹建中国平安保险公司丽水办事处；1997年5月16日，正式设立（2001年9月1日，升格为中国平安保险股份有限公司丽水中心支公司；2003年2月21日，产险、寿险分设，成立中国平安人寿保险股份有限公司丽水中心支公司）。2002年4月18日，设立中国太平洋人寿保险股份有限公司丽水中心支公司。7月5日，设立泰康人寿保险股份有限公司丽水中心支公司（2017年12月5日，更名为泰康人寿保险有限责任公司浙江丽水中心支公司）。2003年12月23日，设立新华人寿保险股份有限公司杭州分公司丽水市解放街营销服务部（2005年9月20日，更名为新华人寿保险股份有限公司浙江分公司丽水市解放街营销服务部；2008年11月20日，升格为新华人寿保险股份有限公司丽水中心支公司）。10月20日，设立嘉禾人寿保险股份有限公司丽水中心支公司（2013年1月10日，更名为农银人寿保险股份有限公司丽水中心支公司）。2009年3月6日，设立生命人寿保险股份有限公司丽水中心支公司（2014年12月17日，更名为富德生命人寿保险股份有限公司丽水中心支公司）。9月16日，设立阳光人寿保险股份有限公司丽水中心支公司。2015年7月28日，设立平安养老保险股份有限公司丽水中心支公司。

第一节 财产保险机构

中国人民财产保险股份有限公司丽水市分公司（简称人保财险丽水市分公司）

1949年，浙江省保险公司委托各县人民银行代办国内保险业务。1952年秋，建立人民保险公司丽水县支公司，办理国内保险业务，其他保险业务仍由人民银行代办。1958年年末，撤销保险机构，各类保险业务全部停止办理。

1980年7月29日，丽水县人民政府复函中国人民银行丽水县支行，同意设立中国人民保险公司丽水县支公司。人保丽水县支公司性质确定为独立经济核算的由国家经营的金融机构，隶属于中国人民银行丽水县支行管理的独立基层单位。办公地点设在中国人民银行丽水县支行内。同年10月1日，恢复对外营业。1981年，增设中国人民保险公司青田县支公司。丽水地区其余各县在人民银行内设立特约代理处。丽水县在碧湖进行代理保险试点。1982年1月起，在丽水全县各农行营业所、信用社全面开展代理保险业务。1983年1月7日，中国人民银行浙江省分行批准，任命李克久为丽水地区保险公司副经理。1983 年 9 月 5 日，丽水地区行署办公室批准，成立中国人民保险公司丽水地区中心支公司，与中国人民银行丽水中心支行分设，成为直属地区局一级独立经济实体，与各专业银行同级。设立内部职能机构有业务科、人事秘书科、计划财务科，配备干部 25 人。租用（解放街）丽水县城关镇第九居委会旅馆办公。1985 年 1 月 24 日，丽水地区地直机关党委批复，同意建立中共中国人民保险公司丽水中心支公司支部。8 月 26 日，丽水地区工会办事处批复，同意成立丽水地区保险公司工会委员会。10 月，丽水地、县保险机构合并，有干部职工近 30 人。1986 年 3 月 7 日，丽水地区保险公司决定，在业务科内分设农村业务组和城镇业务组两个组。同月 28 日，丽水地区保险公司决定，成立人身险科。对外业务不断扩大，内部机构职能设置不断健全。至 1986 年年末，全区开办保险业务 18 项。1988 年 2 月 23 日，中国人民保险公司浙江省分公司批复，同意丽水地区保险公司将人秘科分设为办公室和人事科，业务科分设为业务一科和业务二科。1990 年 10 月 25 日，建立中国人民保险公司丽水地区分公司碧湖办事处。1991 年 4 月 1 日，浙江省保险公司批复，同意地区保险公司成立农村业务科。11 月 15 日，中央企业财政驻厂员处丽水组批复，同意新建松阳古市、景宁东坑、景宁云新建、龙泉八都、丽水碧湖、青田温溪，遂昌大柘保险网点 7 个。1992 年年初，全省保险系统机构改革工作全面展开。1 月 20 日，浙江省保险公司批复，批准丽水地区保险公司按行业第二种类型确定机构设置和人员编制：公司设置内部职能科室及机构 13 个，并规定机关办公室、劳动人事科、计划财会科、人身保险业务科为必设的基本职能科室。1992 年，全区保险事业迅速发展，业务量大幅度增长，开始办理涉外险业务。成立新城镇办事处 3 个，保险代理机构延伸进展较快。1993 年，机构改革进入实施阶段。3 月 26 日，丽水地区保险公司决定，对公司内部机构进行改革，改革后的机构为办公室、人事教育科、计划财会科、监察审计科业务一科、业务二科、业务三科、人身险科、碧湖办事处，为适应社会主义市场经济发展的要求，有利于与外业务交往，根据保险行业的特点，1994 年 4 月 4 日，丽水地区保险公司决定，将地区本级公司经理室、业务一科、业务二科、业务三科、人身保险科名称，分别改为总经理室、财产保险部，机动车船保险部、货物运输保险部、人身保险部；职务称谓也相应由经理、副经理改称为总经理、副总经理；科长、副科长改称为经理、副经理。1995 年 4 月 22 日，根据业务发展的需要，丽水地区保险公司决定，调整本级公司机关的机构设置。浙江省保险公司予以批复，同意丽水地区分设产、寿险公司，设立产险县（市）级支公司 8 个。产险地区分公司机构名称定名为中国人民财产保险公司浙江丽水分公司； 地区财保公司内部机构设置为综合管理部，计划财务部、财产保险部、运输工具保险部，另设本级营业部和碧湖营业部。本级营业部下设 3 个科（股级）。11 月 14 日，中国人民银行浙江省分行通知，撤销丽水地区保险公司及下辖 8 个支公司，批准设立中保财产保险有限公司丽水地区分公司，下辖庆元、缙云、松阳、云和、龙泉、青田、景宁、遂昌支公司。1997 年 4 月 10 日，更名为中国人民财产保险股份有限公司丽水地区分公司。5 月，中保财产保险公司浙江丽水分公司迁址至丽水市丽阳街 553 号保险大厦办公。1999 年 5 月 14 日，中保财产保险股份有限公司丽水地区分公司更名为中国人民财产保险公司丽水地区分公司。

2000 年 6 月 8 日，丽水撤地设市，中国人民财产保险公司丽水地区分公司更名为中国人民财产保险公司丽水市分公司。2003 年 8 月 1 日，公司改制，更名为中国人民财产保险股份有限公司丽水市分公司，属国有控股企业。2012 年，中国人民财产保险股份有限公司丽水市分公司荣获总公司颁发的“农村市场开拓管理奖一等奖”和“城市 50 强公司”称号。2012—2015 年，公司连续四年获得丽水市政府“地方金融机构支持地方经济奖”，多次获丽水市“税收百强”称号。至 2015 年年末，中国人民财产保险股份有限公司丽水市分公司已开办各类财产损失险、信用保险、意外伤害保险、短期健康保险等保险业务；共有在编员工504人、销售人员205人、理赔服务人员106人。市分公司本部设立职能部门14个、业务部4个，全市9个县(市、区)均设立支公司。同年，提供各类险保障金8517亿元，实现保费收入7.97亿元，占全市财险市场份额49.41%，处理赔案71125件，赔款金额4.04亿元，为丽水市经济发展和人民安居乐业做出积极贡献。

1980—2015年人保财险丽水市分公司总经理任职一览表

表5-1-1

机构名称	成立或变更时间	主要负责人	任期
中国人民保险公司丽水地区分公司	1980年7月	李克久	1980年7月至1990年8月
		潘连忠	1990年8月至1999年5月
中国人民保险公司丽水分公司	1999年5月	徐　斌	1999年5月至2003年4月
		叶咏蓁	2003年4月至7月
中国人民财产保险股份有限公司丽水市分公司	2003年7月	叶咏蓁	2003年7月至2008年1月
		张关湘	2008年1月至2010年7月
		占志伟	2010年7月起

1980—2015年人保财险丽水市分公司副总经理任职一览表

表5-1-2

机构名称	成立或变更时间	副总经理	任期
中国人民保险公司丽水地区分公司	1980年7月	李佳龙	1990年8月至1999年5月
		贾美珍	1990年8月至1996年12月
中国人民保险公司丽水分公司	1999年5月	金国梁	1999年5月至2003年4月
		詹志伟	1999年5月至2008年1月
		吴晓赞	1999年6月至2008年1月
		叶咏蓁	2000年1月至2003年4月
		徐　建	2002年6月至2008年1月
中国人民财产保险股份有限公司丽水市分公司	2003年7月	叶咏蓁	2008年1月至2009年2月
		詹志伟	2008年1月至2010年7月
		吴晓赞	2008年1月至2010年7月
		徐　建	2008年1月至2010年8月
		冯维辉	2010年7月至2012年6月
		程海峰	2010年10月至2020年2月
		丁卫江	2010年7月至2012年6月
		王小平	2012年6月起
		林丽莉	2014年1月起

2015 年人保财险丽水市分公司及所辖分支机构一览表

表 5-1-3

名　称	成立时间	营业地址
中国人民财产保险股份有限公司丽水市分公司	1996年11月	丽水市丽阳街 553 号
中国人民财产保险股份有限公司丽水市莲都支公司	2015年11月	浙江省丽水市莲都区人民街 888 号综合楼一层、四层，1 号楼二层
中国人民财产保险股份有限公司缙云支公司	1996年11月	浙江省丽水市缙云县五云街道迎晖路 27 号
中国人民财产保险股份有限公司龙泉支公司	1996年11月	浙江省丽水市龙泉市中山东路 134 号
中国人民财产保险股份有限公司庆元支公司	1996年11月	浙江省丽水市庆元县濛洲街道云鹤路 21 号
中国人民财产保险股份有限公司云和支公司	1996年11月	浙江省丽水市云和县云和镇车站路 4 号、6 号
中国人民财产保险股份有限公司青田支公司	1996年11月	青田县公园路1 号
中国人民财产保险股份有限公司遂昌支公司	1996年11月	浙江省丽水市遂昌县妙高街道北街 248 号
中国人民财产保险股份有限公司松阳支公司	1996年11月	浙江省丽水市松阳县西屏街道紫荆路 94 号
中国人民财产保险股份有限公司景宁支公司	1996年11月	浙江省丽水市景宁县红星街道惠明路 45 号
中国人民财产保险股份有限公司缙云支公司壶镇营业部	1996年12月	缙云县壶镇溪东南路 15 号
中国人民财产保险股份有限公司青田支公司温溪营业部	1996年11月	青田县温溪镇处州街 13 号
中国人民财产保险股份有限公司丽水市分公司碧湖营业部	1996年11月	丽水市碧湖镇环北路 74 号
中国人民财产保险股份有限公司缙云支公司五云营销服务部	2002年9月	浙江省丽水市缙云县五云街道仙都路 162、164 号
中国人民财产保险股份有限公司缙云支公司新建营销服务部	2002年12月	浙江省丽水市缙云县新建镇新溪路 22 号 1 楼 1 号
中国人民财产保险股份有限公司龙泉支公司龙泉市第二营销服务部	2002年9月	浙江省龙泉市同心花园 A1 幢 C1-1 号一层
中国人民财产保险股份有限公司龙泉支公司第三营销服务部	2008年9月	浙江省龙泉市八都镇新安东路 52 号一楼
中国人民财产保险股份有限公司庆元支公司松源营销服务部	2003年1月	浙江省丽水市庆元县松源街道五都村香蕈大道 99-2 号菇香公寓第 2 幢 105、205 号
中国人民财产保险股份有限公司青田支公司营销服务部	2003年1月	浙江省青田县船寮镇白岸村机动车安全技术监测站 D 幢楼一层大厅
中国人民财产保险股份有限公司遂昌支公司云峰营销服务部	2002年12月	浙江省遂昌县云峰街道社后村大顺小区 02-5 号
中国人民财产保险股份有限公司松阳支公司营销服务部	2002年12月	浙江省松阳县叶村乡西环路 199 号祥瑞汽车城 A4-105
中国人民财产保险股份有限公司松阳支公司古市镇营销服务部	2002年12月	浙江省丽水市松阳县古市镇松洲路 32 号

续表 5-1-3

名 称	成立时间	营业地址
中国人民财产保险股份有限公司丽水市分公司碧湖镇营销服务部	2002年9月	浙江省丽水市莲都区南明山街道绿谷大道309号丽水国际车城5号馆三层5—6号
中国人民财产保险股份有限公司丽水市分公司城东营销服务部	2002年9月	浙江省丽水市莲都区岩泉街道东地路2号十一层

中国平安财产保险股份有限公司丽水中心支公司（简称平安产险丽水中心支公司）

1997年5月，成立中国平安保险公司丽水办事处。2001年9月，中国平安保险公司丽水办事处升格为丽水中心支公司。2003年2月，产险、寿险分别设立，成立中国平安财产保险股份有限公司丽水中心支公司。经营范围为企业财产损失保险、家庭财产损失保险、短期健康保险、意外伤害保险、建筑工程保险、安装工程保险、货物运输保险、机动车辆保险、法定责任保险、一般责任保险、保证保险等。2003年2月，营业地址设在丽水市莲都区花园路752号三楼；2011年8月，营业地址设在丽水市莲都区北苑路198号财富大厦1102室。内设职能科室有总经理室、业务管理部、综合管理部、客服理赔部、业务部等一室四部；辖缙云、松阳支公司2家，青田、龙泉、遂昌、庆元、云和、景宁营销服务部6个。

2003—2015年平安产险丽水中心支公司总经理任职一览表

表 5-1-4

机构名称	成立或变更时间	总经理	
		姓 名	任职时间
中国平安保险公司丽水办事处	1997年5月	—	—
中国平安保险公司丽水中心支公司	2001年9月	—	—
中国平安财产保险股份有限公司丽水中心支公司	2003年2月	王 新	2003年2月至2006年3月
		金其勇	2006年4月至2008年8月
		江 波	2008年9月至2011年8月
		彭晓春	2011年9月至2013年12月

平安产险丽水中心支公司所辖分支机构一览表

表 5-1-5

机构名称	成立时间	营业地址
中国平安财产保险股份有限公司松阳支公司	2006年2月	松阳县西屏镇新华路6—1号
	2017年1月	松阳县西屏镇创宇桃花源小区江滨东路109、109A号
中国平安财产保险股份有限公司缙云支公司	2002年9月	缙云县五云镇大桥南路60号
	2010年7月	缙云县五云镇旭山路715、717号
	2016年4月	缙云县五云镇鼎湖南路428号

续表 5-1-5

机构名称	成立时间	营业地址
中国平安财产保险股份有限公司丽水中心支公司青田县营销服务部	2002年8月	青田县鹤城镇江南大道136号三楼
	2012年3月	青田县瓯南街道水南公路64号一、三楼
	2013年12月	青田县鹤城街道临江东路63号一、二层
中国平安财产保险股份有限公司丽水中心支公司龙泉市营销服务部	2002年8月	浙江龙泉市中山西路60号
中国平安财产保险股份有限公司丽水中心支公司庆元县营销服务部	2006年7月	庆元县新建路188号
中国平安财产保险股份有限公司丽水中心支公司遂昌县营销服务部	2002年8月	遂昌县妙高镇西街122号
	2008年4月	遂昌县妙高镇青云小区10号楼附属楼东首
	2015年6月	遂昌县妙高街道水阁路126—128号
中国平安财产保险股份有限公司丽水中心支公司云和县营销服务部	2006年3月	云和县府前路与新华路路口第一栋1—5直三楼
	2012年4月	云和县云和街道城东路279、281、283号
中国平安财产保险股份有限公司丽水中心支公司景宁县营销服务部	2006年4月	景宁县鹤溪镇复兴西路30号经济贸易局办公楼三楼
	2012年10月	景宁畲族自治县红星街道胜利路17号一楼

1997—2015年平安产险丽水中心支公司从业人员结构情况表

表 5-1-6　　单位：人

年份	总人数	其中：女	年龄结构			学历结构			职称结构		
			30周岁以下	31—50周岁（含50周岁）	50周岁以上	中专或高中及以下	专科或本科	研究生	初级	中级	高级（含副高）
1997	23	15	13	10	—	20	3	—	—	—	—
2000	32	22	16	16	—	18	14	—	—	—	—
2005	58	31	27	31	1	16	42	—	—	—	—
2010	79	46	42	37	3	14	65	—	—	—	—
2015	97	52	54	32	4	9	88	—	—	—	—

天安财产保险股份有限公司丽水中心支公司（简称天安财险丽水中支）

2002年6月18日，经中国保险监督管理委员会和浙江省工商行政管理局批准，成立天安保险股份有限公司丽水中心支公司。地址设在莲都区天宁工业区开发路24号。2013年5月6日，更名为天安财产保险股份有限公司丽水中心支公司。核准业务范围为在丽水市行政辖区内（含市、区、县）经营企业财产损失保险、家庭财产损失保险、建筑工程保险、安装工程保险、货物运输保险、机动车辆保险、船舶保险、能源保险、一般责任保险、保证保险、信用保险（出口信用保险除外）、短期健康保险、意外伤害保险业务，经中国保监会批准的其他财产保险业务。

2002—2015年天安财险丽水中支总经理任职一览表

表5-1-7

机构名称	成立或变更时间	总经理	
		姓　名	任　期
天安保险股份有限公司丽水中心支公司	2002年6月	吴群峰	2002年6月至2009年11月
天安财产保险股份有限公司丽水中心支公司	2009年11月	吴锦豪	2009年11月至2012年3月
天安财产保险股份有限公司丽水中心支公司	2013年5月	吴伟俊	2012年3月至2015年1月
	2015年1月	郭雄贝	2015年1月起

天安财险丽水中支所辖分支机构一览表

表5-1-8

机构名称	成立或变更时间	营业地点
天安财产保险股份有限公司缙云支公司	2002年9月	缙云县五云镇朝晖路41-1号
天安财产保险股份有限公司松阳支公司	2003年5月	松阳县万寿家园13-1号
天安财产保险股份有限公司青田支公司	2006年2月	青田县瓯南街道水南村头48-1号
天安财产保险股份有限公司丽水中心支公司龙泉营销服务部	2002年10月	龙泉市环城东路88号(东方花苑11幢)
天安财产保险股份有限公司丽水中心支公司遂昌营销服务部	2006年1月	遂昌县妙高街道水阁路164号
天安财产保险股份有限公司丽水中心支公司云和营销服务部	2004年9月	云和县后溪东路85号

2002—2015年天安财险丽水中支及所辖分支机构从业人员结构情况表

表5-1-9　　单位:人

年份	总人数	其中:女	年龄结构			学历结构			职称结构		
			30周岁以下	31—50周岁(含50周岁)	50周岁以上	中专或高中及以下	专科或本科	研究生	初级	中级	高级(含副高)
2002	32	14	13	18	1	19	13	—	1	—	—
2005	49	26	13	33	3	19	30	—	2	—	—
2010	48	24	14	30	4	20	28	—	2	—	—
2015	57	30	13	39	5	13	44	—	4	—	—

中国太平洋财产保险股份有限公司丽水中心支公司(简称太平洋产险丽水中支)

2003年5月23日,经中国保险监督管理委员会批准,成立中国太平洋财产保险股份有限公司丽水中心支公司,并正式开业。营业地点设在丽水市莲都区花园路888号。2014年11月7日,迁丽水市莲都区花园路754号、756号、758号、760号。辖遂昌、缙云(辖壶镇营业部)、龙泉、青田、景宁、庆元、云和、松阳支公司8个,直辖水阁开发区营业部。

太平洋产险丽水中支营业场所

2003—2015年太平洋产险丽水中支总经理任职一览表

表5-1-10

机构名称	成立时间	总经理	
		姓　名	任　期
中国太平洋财产保险股份有限公司丽水中心支公司	2003年5月	蒋仲西	2003年5月至2006年5月
		范建峰	2006年5月至2009年5月
		叶咏蓁	2009年5月至2012年1月
		叶伟栋	2012年1月起

2003—2015年太平洋产险丽水中支副总经理任职一览表

表5-1-11

机构名称	成立时间	副总经理	
		姓　名	任　期
中国太平洋财产保险股份有限公司丽水中心支公司	2003年5月	郑晓明	2006年5月起
		叶伟栋	2011年2月起
		章巧爱	2011年2月起
		贾莉霞	2011年2月至2013年2月
		胡　江	2013年2月起
		韦　刚	2015年3月起

太平洋产险丽水中支所辖分支机构一览表

表 5-1-12

机构名称	成立或变更时间	营业地点
中国太平洋财产保险股份有限公司遂昌支公司	2006 年 12 月	遂昌县妙高镇凯恩路 198 号
	2013 年 10 月	浙江省遂昌县妙高街道水阁路 96 号
中国太平洋财产保险股份有限公司缙云支公司	2008 年 4 月	浙江缙云县五云镇永宁路 145-1 号
	2014 年 11 月	五云街道鼎湖南路(286 号、288 号、290 号)
中国太平洋财产保险股份有限公司缙云支公司壶镇营业部	2014 年 3 月	缙云县壶镇镇贤母 西路 35—27 号第三层
中国太平洋财产保险股份有限公司龙泉支公司	2008 年 5 月	浙江省龙泉市环城东路 206—208 号
	2010 年 7 月	龙泉市新剧院大楼
	2011 年 8 月	浙江省丽水市龙泉市龙翔路 2 号
中国太平洋财产保险股份有限公司青田支公司	2008 年 7 月	青田县鹤城镇临江东路 74 号
	2012 年 4 月	浙江省青田县鹤城街道江桥路 69 号一至二层
中国太平洋财产保险股份有限公司景宁支公司	2009 年 2 月	景宁畲族自治县建设路 7 号
	2012 年 12 月	景宁县红星街道鹤溪北路 159—160 号
	2014 年 2 月	景宁畲族自治县建设路 7 号
中国太平洋财产保险股份有限公司庆元支公司	2009 年 2 月	庆元龙石路 13 号三楼
	2010 年 5 月	浙江庆元县松源镇云鹤路 26 号
中国太平洋财产保险股份有限公司云和支公司	2009 年 2 月	云和县城北路 26 号
	2010 年 10 月	云和县车站路 22 号
	2012 年 7 月	云和县浮云街道车站路 20 号、22-6 号
中国太平洋财产保险股份有限公司松阳支公司	2010 年 2 月	浙江省松阳县城北山路 8 号
	2011 年 9 月	浙江省松阳县北山路 19 号
中国太平洋财产保险股份有限公司丽水市开发区营业部	2013年 11 月	浙江省丽水市莲都区绿谷大道 272 号一楼

2005—2015 年太平洋产险丽水中支从业人员结构情况表

表 5-1-13　　单位：人

年份	总人数	其中：女	年龄结构			学历结构			职称结构		
			30 周岁以下	31—50 周岁(含 50 周岁)	50 周岁以上	中专或高中及以下	专科或本科	研究生	初级	中级	高级(含副高)
2005	61	34	31	28	2	28	33	—	—	—	—
2010	162	99	63	94	5	59	103	—	—	—	—
2015	241	143	84	123	34	57	183	1	—	—	—

中华联合财产保险股份有限公司丽水中心支公司(简称中华保险丽水中支公司)

2004年8月9日,经中国保险监督管理委员会批准,成立中华联合财产保险股份有限公司丽水中心支公司。核准业务范围为企业财产损失保险、家庭财产损失保险、建筑工程保险、安装工程保险、货物运输保险、机动车辆保险、船舶保险、能源保险、一般责任保险、保证保险、信用保险(出口信用险除外)、短期健康保险、意外伤害保险业务,经中国保监会批准的其他财产保险业务。内设职能科室有经理室、综合管理部、财务会计部、理赔客服部、业务部。公司下辖龙泉、青田(辖海口营销服务部)、松阳、缙云(辖、壶镇营销服务部)4家支公司,直辖遂昌、庆元、云和、水阁4个营销服务部。

2004—2015年中华保险丽水中支公司总经理任职一览表

表5-1-14

机构名称	成立或变更时间	总经理	
		姓 名	任 期
中华联合财产保险股份有限公司丽水中心支公司	2004年8月	方 宏	2004年8月至2010年11月
		胡 江	2010年11月至2013年3月
	2013年3月	熊益寿	2013年3月至2014年5月
		刘林萍	2014年5月起

2004—2015年中华保险丽水中支公司副总经理任职一览表

表5-1-15

机构名称	成立或变更时间	副总经理	
		姓 名	任 期
中华联合财产保险股份有限公司丽水中心支公司	2004年8月	胡 江	2004年8月至2010年11月
		梁丽勇	2010年11月至2013年3月
		刘林萍	2010年11月至2014年5月
	2013年3月	孟春波	2014年5月起

中华保险丽水中支公司所辖分支机构一览表

表5-1-16

机构名称	成立或变更时间	营业地点
中华联合财产保险股份有限公司丽水中心支公司龙泉市营销服务部	2004年9月	龙泉市中山东路112号
中华联合财产保险股份有限公司龙泉支公司	2007年2月	
中华联合财产保险股份有限公司青田支公司	2005年10月	青田县鹤城镇临江东路144—145号

续表 5-1-16

机构名称	成立或变更时间	营业地点
中华联合财产保险股份有限公司青田支公司海口营销服务部	2006 年 9 月	青田县海口镇中山街 3 号
中华联合财产保险股份有限公司遂昌营销服务部	2004年 9 月	遂昌县妙高镇公园路 63 号
	2007 年 3 月	遂昌县妙高镇西街 304—306
中华联合财产保险股份有限公司松阳支公司	2007 年 3 月	松阳县西屏镇要津路 96 号
中华联合财产保险股份有限公司缙云支公司	2005 年 10 月	缙云县五云镇溪滨北路 228—229 号
中华联合财产保险股份有限公司丽水中心支公司壶镇营销服务部	2006 年 7 月	缙云县壶镇镇贤母西路 73-4 号
中华联合财产保险股份有限公司庆元县营销服务部	2007 年 7 月	庆元县松源镇大济路 166 号
中华联合财产保险股份有限公司云和县营销服务部	2007 年 7 月	云和县新建路 153 号
中华联合财产保险股份有限公司丽水中心支公司水阁营销服务部	2014 年 12 月	丽水市莲都区金丰花苑 19 幢 102 店面

中华保险丽水中支公司及所辖分支机构从业人员结构情况表

表 5-1-17　　单位：人

年份	总人数	其中：女	年龄结构			学历结构			职称结构		
			30 周岁以下	31—50 周岁（含 50 周岁）	50 周岁以上	中专或高中及以下	专科或本科	研究生	初级	中级	高级（含副高）
2005	110	66	45	55	10	49	61	—	—	—	—
2010	97	66	37	60	0	45	52	—	—	—	—
2015	115	76	31	76	8	49	66	—	—	—	—

安邦财产保险股份有限公司丽水中心支公司（简称安邦财险丽水中支）

2006 年 8 月 11 日，经中国保险监督管理委员会浙江监管局批准，成立安邦财产保险股份有限公司浙江分公司丽水市丽阳路营销服务部。9 月 15 日，正式开业。2013 年 6 月 5 日，更名为安邦财产保险股份有限公司浙江分公司丽水营销服务部。2014 年 1 月 2 日，升格为安邦财产保险股份有限公司丽水中心支公司。核准营业范围为经营车辆保险、财产损失保险、责任保险、信用保险和保证保险、短期健康保险和意外伤害保险业务，经过浙江保险局批准的其他业务。营业地址设在丽水市丽阳街 877 号；2013 年 6 月 5 日，迁至丽水市莲都区中山街 410 号 501—502 室。内设职能科室有办公室、财务部、理赔部、车险事业部、银保事业部、客服部等一室五部。

2006—2015 年安邦财险丽水中支总经理任职一览表

表 5-1-18

机构名称	成立或变更时间	总经理	
		姓 名	任 期
安邦财产保险股份有限公司浙江分公司丽水市丽阳路营销服务部	2006 年 8 月	王邦森	2006 年月至 2010 年 6 月
		章 洁	2010 年 6 月至 2013 年 6 月
安邦财产保险股份有限公司浙江分公司丽水营销服务部	2013 年6 月	叶绍军	2013 年6 月起
安邦财产保险股份有限公司丽水中心支公司	2014 年1 月		

安邦财险丽水中支所辖分支机构一览表

表 5-1-19

机构名称	成立或变更时间	营业地点
安邦财产保险股份有限公司浙江分公司松阳营销服务部	2007年 6 月	丽水市松阳县西屏镇阳光城 2 幢 206 室
安邦财产保险股份有限公司浙江分公司遂昌县妙高镇营销服务部	2007 年 3 月	丽水市遂昌县妙高镇西街 31 弄 1—2 号
安邦财产保险股份有限公司浙江分公司缙云县营销服务部	2006年 6 月	缙云县五云镇大桥北路 63 号
	2013 年 3 月	缙云县五云镇水南村豆腐岙 1 号
	2015 年 8 月	丽水市缙云县五云街道朝晖路 17-2 号
安邦财产保险股份有限公司龙泉支公司	2015 年 9 月	龙泉市滨江花园 1 号楼商业 15—16 室

2006—2015 年安邦财险丽水中支及所辖分支机构从业人员结构情况表

表 5-1-20 单位：人

年份	总人数	其中：女	年龄结构			学历结构			职称结构		
			30 周岁以下	31—50 周岁(含 50周岁)	50 周岁以上	中专或高中及以下	专科或本科	研究生	初级	中级	高级(含副高)
2006	8	3	3	5	—	—	8	—	—	—	—
2010	29	15	24	5	—	—	29	—	—	—	—
2015	13	10	9	4	—	—	13	—	1	1	—

中国大地财产保险股份有限公司丽水中心支公司(简称大地财险丽水中支)

2007 年 3 月 30 日，经中国保险监督管理委员会和浙江省工商行政管理局批准，成立中国大地财产保险股份有限公司丽水中心支公司，隶属于中国大地财产保险股份有限公司浙江分公司。内设机构有综合部、业管部、客服理赔部。核准业务范围为企业财产损失险、家庭财产损失险、建筑工程保险、安装工程保险、货物运输保险、机动车辆保险、船舶保险、飞机保险、航天保险、核电站保险、能源保险、法定责任保险、一切责任险、保证保险、信用保险、种植业保险、养殖业保险、短期健康保险、意外伤害保险业务，上述保险业务的再保险业务，经中国保监会批准的其他业务。

2007—2015 年大地财险丽水中支经理任职一览表

表 5-1-21

机构名称	成立或变更时间	总经理	
		姓 名	任 期
中国大地保险股份有限公司丽水中心支公司	2007 年 4 月	李 平	2008 年 4 月至 2008 年 12 月
		王仁勋	2009 年 1 月至 2009 年 12 月
		陈浙儿	2010 年 1 月至 2010 年 12 月
		陶伟东	2011 年 1 月至 2012 年 4 月
	2014 年11 月	李昌龙	2012 年 5 月起

大地财险丽水中支所辖分支机构一览表

表 5-1-22

机构名称	成立或变更时间	营业地点
中国大地财产保险股份有限公司缙云支公司	2007 年 6 月	缙云县五云镇新区仙都大道 46—48 号
	2012 年 6 月	缙云县问渔西路 407—409 号
中国大地财产保险股份有限公司遂昌支公司	2008 年 1 月	遂昌县妙高街道 牡丹亭中路 130 号
中国大地财产保险股份有限公司龙泉支公司	2008年 3 月	龙泉市剑池花园 D 幢 D15、16 号
	2009 年 4 月	龙泉市中山荷花楼二楼
	2012 年 1 月	龙泉市同心江南花园 C3 幢 C1—C4 号店

2007—2015 年大地财险丽水中支及所辖分支机构从业人员结构情况表

表 5-1-23 单位：人

年份	总人数	其中：女	年龄结构			学历结构			职称结构		
			30 周岁以下	31—50 周岁（含 50 周岁）	50 周岁以上	中专或高中及以下	专科或本科	研究生	初级	中级	高级（含副高）
2007	8	6	6	2	—	4	4	—	—	—	—
2010	20	12	1	14	5	9	11	—	—	—	—
2015	51	31	15	28	8	19	32	—	—	—	—

中银保险有限公司丽水中心支公司（简称中银财险丽水中支）

2007 年 5 月 8 日，经中国保险监督管理委员会和浙江省工商行政管理局批准，成立中银保险有限公司丽水营销服务部。营业地址设在丽水市中山街36—38号；2009年9月2日，迁至丽水市解放街399号。同日，升格为中银保险有限公司丽水中心支公司。核准营业范围为经营财产损失保险、责任保险、保证保险和信用保险、短期健康保险、意外伤害保险、交强险、机动车辆综合保险。

2007—2015年中银财险丽水中支经理任职一览表

表5-1-24

机构名称	成立或变更时间	经理	
		姓名	任期
中银保险有限公司丽水营销服务部	2007年5月	高丁富	2007年5月至2010年12月
中银保险有限公司丽水中心支公司	2009年9月	闻辉	2010年12月至2011年12月
		陈新玉	2011年12月至2012年8月副经理主持
		高丁富	2012年8月起

2007—2015年中银财险丽水中支从业人员结构情况表

表5-1-25　　单位：人

年份	总人数	其中:女	年龄结构			学历结构			职称结构		
			30周岁以下	31—50周岁(含50周岁)	50周岁以上	中专或高中及以下	专科或本科	研究生	初级	中级	高级(含副高)
2007	21	9	8	12	1	4	16	1	—	—	—
2010	11	4	3	8	—	1	10	—	—	—	—
2015	11	4	2	7	2	0	11	—	—	—	—

太平财产保险有限公司丽水中心支公司（简称太平财险丽水中支）

2007年11月8日，经中国保险监督管理委员会和浙江省工商行政管理局批准，成立太平财险有限公司丽水支公司(简称太平财险丽水支公司)。核准业务范围为经营财产损失保险、责任保险、信用保险和保证保险的人民币或外币保险业务，短期健康保险和意外伤害保险，各类财产保险的再保险业务，各类财产保险及其再保险的服务与咨询业务，代理其他保险公司办理有关业务，国家法律、法规允许的资金运用业务，国家保险监管部门批准的其他业务。营业地址设在丽水市莲都区兴业大厦8楼。内设部门有总经理室、综合财务部、理赔部、承保部、直销部、银保部一室五部。2010年2月5日，升格为太平财产保险有限公司丽水中心支公司。营业地点迁至丽水市莲都区中山街36号。内设部门有总经理室、综合管理室、运营支持室、团队渠道、银保渠道、车商经代渠道等三室三渠道。2014年12月24日，成立下辖公司太平财产保险有限公司缙云支公司。营业地址设在丽水市缙云县五云街道仙都路21、23号1—2层。

2007—2015年太平财险丽水中支总经理任职一览表

表5-1-26

机构名称	成立或变更时间	总经理	
		姓 名	任 期
太平财险有限公司丽水支公司	2007年11月	张 屹	2007年11月至2010年2月
太平财产保险有限公司丽水中心支公司	2010年2月	沈俐彤	2010年2月起

部分年份太平财险丽水中支及所辖分支机构从业人员结构情况表

表5-1-27　单位:人

年份	总人数	其中:女	年龄结构			学历结构			职称结构		
			30周岁以下	31—50周岁(含50周岁)	50周岁以上	中专或高中及以下	专科或本科	研究生	初级	中级	高级(含副高)
2008	38	25	12	26	—	8	30	—	—	—	—
2010	21	15	7	14	—	7	14	—	—	—	—
2015	35	22	9	24	2	17	18	—	—	—	—

中国人寿财产保险股份有限公司丽水中心支公司(简称中国人寿财险丽水中支)

2008年2月3日,经浙江保监局批准,成立中国人寿财产保险股份有限公司丽水中心支公司。内部设置机构有办公室、财务会计部、业管(客服部)、营销业务部、银行保险部、互动业务部。核准营业范围为经营财产损失保险、责任保险、保证保险和信用保险、短期健康保险和意外伤害保险,上述业务的再保险业务,经中国保监会批准的其他业务。营业地址设在丽水市莲都区大洋路280号。下辖莲都、龙泉、云和、青田、缙云、松阳支公司6家和遂昌、庆元营销服务部2个。2010年5月,内设机构调整为办公室、财务会计部、业务处理中心、理赔/客户服务中心、营销业务部、银行保险部、互动业务部、电子保险部。2014年8月,内设机构调整为办公室、财务会计部、销售管理部、互动业务部、电子业务部、财产保险部、责任意外保险部、农业保险部、重客业务部(公司业务部)、理赔中心、综合业务部、车行业务部、银行业务部、客户服务中心、车辆保险部、个人代理部。

2008—2015年中国人寿财险丽水中支总经理任职一览表

表5-1-28

机构名称	成立或变更时间	总经理	
		姓 名	任 期
中国人寿财产保险股份有限公司丽水中心支公司	2008年2月	施 敏	2008年2月至2009年4月
		罗伟强	2009年4月至2010年5月
		方 宏	2010年5月至2013年3月
		陈健生	2013年3月至2014年8月
		周 杭	2014年8月起

中国人寿财险丽水中支所辖分支机构一览表

表 5-1-29

<table>
<tr><th>机构名称</th><th>成立或变更时间</th><th>营业地点</th></tr>
<tr><td>中国人寿财产保险股份有限公司浙江省分公司丽水莲都客运西站营销服务部</td><td>2007 年 12 月</td><td>丽水市莲都区南环西路 109 号（丽水公路客运西站行包房西侧店面房）</td></tr>
<tr><td>中国人寿财产保险股份有限公司莲都区支公司</td><td>2013 年 7 月</td><td>丽水市莲都区丽阳街 726 号、728 号、730 号</td></tr>
<tr><td>中国人寿财产保险股份有限公司浙江省分公司龙泉营销服务部</td><td>2008年 1 月</td><td rowspan="2">龙泉市中山东路 132 号</td></tr>
<tr><td rowspan="2">中国人寿财产保险股份有限公司龙泉市支公司</td><td>2009 年 12 月</td></tr>
<tr><td>2012 年 11 月</td><td>龙泉市环城东路 201 号第 1、8 层</td></tr>
<tr><td>中国人寿财产保险股份有限公司浙江省分公司云和县营销服务部</td><td>2008 年 2 月</td><td rowspan="2">云和县浮云街道红光路 113 号(烟草大楼)</td></tr>
<tr><td>中国人寿财产保险股份有限公司云和县支公司</td><td>2010 年 12 月</td></tr>
<tr><td>中国人寿财产保险股份有限公司浙江省分公司青田县营销服务部</td><td>2007 年 12 月</td><td rowspan="2">浙江省青田县瓯南街道水南太鹤大桥桥头电信综合楼</td></tr>
<tr><td>中国人寿财产保险股份有限公司青田县支公司</td><td>2011 年 7 月</td></tr>
<tr><td>中国人寿财产保险股份有限公司丽水中心支公司缙云县营销服务部</td><td>2008 年 9 月</td><td rowspan="2">浙江省缙云县五云镇仙都路 93 号</td></tr>
<tr><td>中国人寿财产保险股份有限公司缙云县支公司</td><td>2011 年 10 月</td></tr>
</table>

都邦财产保险股份有限公司浙江分公司丽水市营销服务部（简称都邦财险丽水市营销服务部）

2007 年 9 月 15 日，经中国保监会批准，成立都邦财产保险股份有限公司浙江分公司丽水市营销服务部，并正式开业。核准营业范围为对营销员开展培训及日常管理；收取营销员代收的保险费、投保单等单证；分发保险公司签发的保险单、保险收据等相关单证；接受客户的咨询、投诉；经公司核保，营销服务部可以打印保单；经公司授权，营销服务部从事车辆险、财产险、水险等的查勘理赔。营业地点丽水市莲都区囿山路 443 号；2013 年 4 月，迁至丽水市莲都区开发路 697—699 号。内设一室三部：总经理室、理赔部、业管部、综合管理部。

2007—2015 年都邦财险丽水市营销服务部经理任职一览表

表 5-1-30

<table>
<tr><th rowspan="2">机构名称</th><th rowspan="2">成立或变更时间</th><th colspan="2">经 理</th></tr>
<tr><th>姓 名</th><th>任 期</th></tr>
<tr><td rowspan="3">都邦财产保险股份有限公司浙江分公司丽水市营销服务部</td><td rowspan="2">2007 年 9 月</td><td>李道新</td><td>2007 年 9 月至 2012 年 12 月</td></tr>
<tr><td>麻迈新</td><td>2012 年 12 月至 2013 年 12 月</td></tr>
<tr><td>2013年 4 月</td><td>章 洁</td><td>2013 年 12 月至 2015 年 11 月</td></tr>
</table>

2007—2015年都邦财险丽水市营销服务部从业人员结构情况表

表5-1-31　　单位：人

年份	总人数	其中：女	年龄结构			学历结构			职称结构		
			30周岁以下	31—50周岁（含50周岁）	50周岁以上	中专或高中及以下	专科或本科	研究生	初级	中级	高级（含副高）
2007	9	6	1	7	1	2	7	—	—	—	—
2010	7	5	1	5	1	—	5	—	—	—	—
2015	3	3	—	3	—	—	3	—	—	—	—

阳光财产保险股份有限公司丽水中心支公司（简称阳光财险丽水中支）

2008年9月18日，获浙江省保监局批筹；9月23日，正式挂牌成立阳光财产保险股份有限公司丽水中心支公司。经营业务范围为财产损失保险、责任保险、保证保险和信用保险、短期健康保险和意外伤害保险、上述业务的再保险业务、经中国保监会批准的其他业务。经营地点设在丽水市莲都区人民路777号二楼。内设部门有总经理室、综合管理部、理赔服务部、个人客户部、团体渠道客户部和客户服务中心等一室四部一中心。中支公司通过直管、车商、综拓、银保四大销售渠道拓展业务。2012年6月，龙泉市“最美养护工”周林松遇道路塌方以身殉职。中支第一时间送理赔款上门，同时启动公益助学项目，与其小女儿（周李燕）结对，连续资助5年，直至周李燕高中毕业，考上浙江理工大学。丽水电视台多次对该项事迹进行专题报道。2014年，“8·20”特大水灾，中支公司理赔674.21万元。公司热情服务、规范理赔、快捷结案，得到客户称赞，并赢得良好社会口碑。该事迹在《瓯江报道》《老白谈天》等电视节目中报道播出。

2008—2015年阳光财产保险丽水中心支公司总经理任职一览表

表5-1-32

机构名称	成立时间	总经理	
		姓名	任期
阳光财产保险股份有限公司丽水中心支公司	2008年9月	陈义联	2008年9月至2009年9月
		黄雁南	2009年9月至2010年4月
		吴群峰	2010年4月至2011年5月
		陈玮刚	2011年5月至2012年3月
		吴锦豪	2012年3月起

2008—2015年阳光财产保险丽水中心支公司副总经理任职一览表

表5-1-33

机构名称	成立时间	副总经理	
		姓名	任期
阳光财产保险股份有限公司丽水中心支公司	2008年9月	应旭峰	2010年4月起

阳光财产保险丽水中心支公司所辖分支机构一览表

表 5-1-34

机构名称	成立时间	营业地点
阳光财产保险股份有限公司缙云支公司	2009 年 4 月	丽水市缙云县五云镇旭山路 232—236 号
阳光财产保险股份有限公司龙泉支公司	2009 年 7 月	丽水龙市龙翔路 98 号
阳光财产保险股份有限公司遂昌支公司	2014 年 4 月	丽水市遂昌县妙高镇平昌路 195—197 号
阳光财产保险股份有限公司松阳支公司	2015 年 7 月	丽水市松阳县西屏镇长虹中路 301 号
阳光财产保险股份有限公司青田支公司	2016 年 7 月	丽水市青田县瓯南街道水南村头 98 号

2008—2015 年阳光财产保险丽水中心支公司从业人员机构情况表

表 5-1-35 单位：人

年份	总人数	其中：女	年龄结构			学历结构			职称结构		
			30 周岁以下	31—50 周岁（含 50 周岁）	50 周岁以上	中专或高中及以下	专科或本科	研究生	初级	中级	高级（含副高）
2008	15	8	5	10	—	7	8	—	2	—	—
2010	17	13	5	12	—	3	14	—	2	1	—
2015	111	72	32	75	4	23	87	1	4	3	—

浙商财产保险股份有限公司丽水中心支公司（简称浙商财险丽水中支）

2014 年 11 月 17 日，经中国保险监督管理委员会浙江监管局批准，建立浙商财产保险股份有限公司丽水中心支公司。核准业务范围为经营财产损失保险、责任保险、信用保险和保证保险、短期健康保险和意外伤害保险、经保监会批准的其他业务。营业地点设在丽水市莲都区宇雷路 503 号三楼。内设部门有总经理室、综合管理部、市场部、理赔部、业务一部、业务二部、业务三部、银保部等一室七部。2015 年 12 月 15 日，成立下辖浙商财产保险股份有限公司龙泉支公司（简称浙商财险龙泉支公司）；营业地址设于龙泉市佳和铭都南区商铺 201 室。经理叶晓飞（2015 年 12 月起）。

2014—2015 年浙商财险丽水中支总经理任职一览表

表 5-1-36

机构名称	成立或变更时间	总经理	
		姓 名	任 期
浙商财产保险股份有限公司丽水中心支公司	2014 年 11 月	项国雄	2014 年 11 月至 2015 年 12 月

2014—2015 年浙商财险丽水中支副总经理任职一览表

表 5-1-37

机构名称	成立或变更时间	副总经理	
		姓 名	任 期
浙商财产保险股份有限公司丽水中心支公司	2014 年 11 月	李道新	2014 年 11 月至 2015 年 12 月

2015年浙商财险丽水中支及所辖分支机构从业人员结构情况表

表5-1-38 单位：人

年份	总人数	其中：女	年龄结构			学历结构			职称结构		
			30周岁以下	31—50周岁（含50周岁）	50周岁以上	中专或高中及以下	专科或本科	研究生	初级	中级	高级（含副高）
2015	18	7	9	7	2	3	15	—	1	1	—

第二节 人寿保险机构

中国人寿保险股份有限公司丽水分公司（简称中国人寿丽水分公司）

1983年9月5日，中国人民保险公司丽水地区中心支公司成立，开始恢复经营人寿保险业务。1986年3月，中国人民保险公司丽水地区中心支公司内部设立人身险科，专营寿险业务。1995年10月，国务院正式批准中国人民银行《关于中国人民保险公司的机构体制改革的报告》，将中国人民保险公司改组为集团公司，分立财产保险、人寿保险、再保险3个专业子公司；地、市以下公司进行分设。1996年3月8日，中国人民保险公司浙江省分公司改制中国人民保险公司丽水地区分公司，分别设立中保财产保险公司浙江省丽水分公司和中保人寿保险公司浙江省丽水分公司。5月29日，中保人寿保险公司浙江省丽水分公司和中保财产保险公司浙江省丽水分公司分开营业，中保人寿保险公司浙江省丽水分公司正式分设，开始专业化经营。

中国人寿丽水分公司大楼

8 月 27 日，中保人寿保险有限公司浙江省分公司统一全省机构名称，将中保人寿保险公司浙江省丽水分公司更名为中保人寿保险有限公司丽水地区分公司。11 月 22 日，中国人民银行丽水地区分行批准设立中保人寿保险有限公司丽水地区分公司。1997 年 4 月 4 日，建立遂昌、龙泉、缙云、青田县办事处。10 月 25 日，成立庆元、松阳、云和、景宁县办事处。1999 年 5 月 11 日，中保人寿保险有限公司丽水地区分公司正式更名为中国人寿保险公司丽水分公司，下辖公司分别更名为中国人寿保险公司遂昌、龙泉、缙云、青田、庆元、松阳、云和、景宁县办事处。2002 年 4 月 11 日，更名为缙云、青田、松阳、遂昌、龙泉、云和、庆元、景宁县支公司。2003 年 6 月 30 日，进行改制后，中国人寿保险公司丽水分公司更名为中国人寿保险股份有限公司丽水分公司，简称中国人寿丽水分公司。下辖公司更名为中国人寿保险股份有限公司缙云、青田、松阳、遂昌、龙泉、云和、庆元、景宁县支公司。

1996 年分设时营业地址设在丽水市大洋路 280 号；1997 年 7 月 18 日，迁至丽水市丽阳街 553 号；1998 年 10 月 15 日，迁至丽水市大洋路 280 号；2003 年 7 月 19 日，迁至丽水市丽阳街 551 号。

分设成立时内设综合管理部、计划财务部、业务部，之后逐年有增设（附设）或调整。2015 年，内设个险销售部、团体业务部、银行保险部、综合管理部、人力资源部、财务会计部、培训部、监察部（法律合规、销售督察）、客户服务中心、本级营销部。

中国人寿保险股份有限公司丽水分公司拥有遍及全市的机构网点和服务网络，下辖县（市）支公司 8 家、营销服务部 12 个，员工 225 人，业务代理销售人员 3962 人；公司通过个人营销、团体直销、银行代理、网络销售等渠道，为社会大众提供生存、养老、疾病、医疗、身故、残疾等多种保险保障与服务。2015 年，资产总额 40.06 亿元，其中股份公司资产 33.85 亿元，集团公司资产 6.22 亿元；全年保费收入 82281.11 万元，其中股份公司保费收入 77744.91 万元、集团公司保费收入 4536.2 万元基金，万能和风险型等合同保费收入 13840.24 万元；全年赔款与给付 28910.18 万元，其中股份公司赔款与给付 24097.98 万元、集团公司赔款与给付 4812.2 万元；丽水市保险市场占有率 41.49%。

1996—2015 年中国人寿丽水分公司总经理任职一览表

表 5-1-39

机构名称	成立或变更时间	总经理	
		姓 名	任 期
中国人寿保险公司丽水地区分公司	1996 年 11 月	李佳龙	1996 年 12 月至 1999 年 5 月
中国人寿保险公司丽水分公司	1999 年 5 月	李佳龙	1999 年 5 月至 2001 年 1 月
		朱小伟	2001 年 1 月至 2003 年 6 月
中国人寿保险股份有限公司丽水分公司	2003 年 6 月	朱小伟	2003 年 6 月至 2008 年 7 月
		杨新权	2008 年 7 月至 2009 年 12 月
		刘 茸	2009 年 12 月起

1996—2015年中国人寿丽水分公司副总经理任职一览表

表5-1-40

机构名称	成立或变更时间	总经理	
		姓　名	任　期
中国人寿保险公司丽水分公司	1999年5月	朱小伟	1999年12月至2001年1月
		廖定进	2001年11月至2001年12月
		张福良	2002年3月至2002年12月
		庄新宏	2003年1月至2004年11月
		周金鹤	2003年1月至2011年4月
中国人寿保险股份有限公司丽水分公司	2003年6月	刘　茸	2007年11月至2009年12月
		徐晓辉	2011年4月至2014年7月
		刘宪伟	2013年12月起
		陈智渊	2014年7月起
		黄罕翔	2014年10月起
		梁淑巧	2015年8月起

2015年中国人寿丽水分公司及所辖分支机构从业人员结构情况表

表5-1-41　　单位：人

机构名称	总数	从业人员数		营业地点
		职工	业务代理	
中国人寿保险股份有限公司丽水分公司本部	788	103	685	丽水市莲都区丽阳街551号
中国人寿保险股份有限公司缙云县支公司	1009	24	985	缙云县五云镇同心华庭1区29—32号、37—40号
中国人寿保险股份有限公司龙泉市支公司	276	16	260	龙泉市龙渊镇中山东路143号
中国人寿保险股份有限公司庆元县支公司	306	11	295	庆元县松源街道沁心园A幢C41号
中国人寿保险股份有限公司云和县支公司	313	11	302	云和县云和镇中山街141号
中国人寿保险股份有限公司青田县支公司	681	21	660	青田县鹤城镇校场路32号
中国人寿保险股份有限公司遂昌县支公司	243	15	228	遂昌县妙高镇牡丹亭西路72号
中国人寿保险股份有限公司松阳县支公司	305	13	292	松阳县西屏镇新华路11号
中国人寿保险股份有限公司景宁县支公司	266	11	255	景宁畲族自治县红星街道胜利路17号
合计	4187	225	3962	—

中国平安人寿保险股份有限公司丽水中心支公司(简称平安人寿丽水中心支公司)

1996 年 6 月,开始筹建中国平安保险公司丽水办事处。1997 年 5 月 16 日,中国平安保险公司丽水办事处正式成立。2001 年 9 月 1 日,升格为中国平安保险股份有限公司丽水中心支公司。2003 年 2 月 21 日,产险、寿险分设,成立中国平安人寿保险股份有限公司丽水中心支公司,主营寿险业务。公司下辖龙泉、青田、松阳、遂昌、缙云、云和 6 个县(市)营销服务部。

1997—2015 年中国平安人寿丽水中心支公司总经理任职一览表

表 5-1-42

机构名称	成立或变更时间	总经理	
		姓　名	任　期
中国平安保险股份有限公司丽水办事处	1997 年 5 月	金学明	1997 年 5 月至 2000 年 3 月
	1998 年 5 月	夏建瓯	2000 年 3 月至 2000 年 7 月
		徐　晖	2000 年 8 月至 2001 年 3 月
中国平安保险股份有限公司丽水中心支公司	2001 年 9 月	华　坚	2001 年3 月至 2004 年 2 月
中国平安人寿保险股份有限公司丽水中心支公司	2003 年 2 月		
	2004 年 8 月	徐剑锋	2004 年 2 月至 2006 年 2 月
		沈心波	2006 年 2 月至 2009 年 4 月
	2009 年 4 月	唐守林	2009 年 4 月至 2012 年 10 月
		金向华	2012 年 10 月至 2013 年 5 月
		厉力春	2013 年 5 月至 2015 年 8 月
		王存君	2015 年 8 月起

中国平安人寿丽水中心支公司所辖分支机构一览表

表 5-1-43

机构名称	成立时间	营业地点
中国平安人寿保险股份有限公司丽水中心支公司龙泉营销服务部	2002 年 8 月	龙泉市水南鸿雁宾馆 2 楼
	2004 年 8 月	龙泉中山西路盐业公司 2 楼
	2009 年 9 月	龙泉中山西路 11 号 2 楼
中国平安人寿保险股份有限公司丽水中心支公司松阳营销服务部	2002 年 8 月	松阳新华书店 3—4 楼
	2011 年 10 月	松阳江南豪园 2-15 栋 2 楼
	2015 年 10 月	松阳县西屏街道长松东路 142 号一幢二楼
中国平安人寿保险股份有限公司丽水中心支公司遂昌营销服务部	2002 年 8 月	遂昌西街工会职业学校三楼
	2009 年 9 月	遂昌北街 224 号
	2013 年 10 月	遂昌县妙高街道青云路 4 号三楼

续表 5-1-43

机构名称	成立时间	营业地点
中国平安人寿保险股份有限公司丽水中心支公司缙云营销服务部	2002 年 8 月	缙云县西滨路
	2008 年 1 月	缙云县寺后东路
	2011 年 1 月	缙云县五云街道电力路 93 号
	2014 年 1 月	缙云县五云同心华庭 1—15 号
	2017 年 1 月	缙云五云街道朝晖路 1—7、1—8 号一至二层
中国平安人寿保险股份有限公司丽水中心支公司云和营销服务部	2002 年 8 月	云和县中山街 28 号 3 楼
	2012 年 1 月	云和中山街 145 号二楼
	2015 年 1 月	云和中山街 148 号二楼
中国平安人寿保险股份有限公司丽水中心支公司青田营销服务部	2003 年 5 月	鹤城镇江南大道检察院二楼
	2009 年 8 月	瓯南街道江南大道 136 号 3 楼
	2015 年 10 月	青田县瓯南街道江南大道 140 号 2 楼

1997—2015 年中国平安人寿丽水中心支公司及分支机构从业人员结构情况

表 5-1-44 单位：人

年份	总人数	其中：女	年龄结构			学历结构			职称结构		
			30 周岁以下	31—50 周岁（含 50 周岁）	50 周岁以上	中专或高中及以下	专科或本科	研究生	初级	中级	高级（含副高）
1997	17	10	12	5	—	2	14	1	—	—	—
2000	46	21	25	21	—	8	37	1	—	—	—
2005	53	28	24	29	—	17	36	—	—	—	—
2010	68	33	36	31	1	5	63	—	—	—	—
2015	80	42	39	36	5	3	77	—	—	—	—

中国太平洋人寿保险股份有限公司丽水中心支公司（简称太平洋寿险丽水中心支公司）

2002 年 4 月 18 日，经中国保险监督管理委员会批准，成立中国太平洋人寿保险股份有限公司丽水中心支公司。核准业务范围为经营人寿保险、健康保险、意外伤害保险等人身保险业务，经中国保险监督管理委员会批准的其他业务。营业地点设在丽水市莲都区大洋路 521 号水花电器楼上；2004 年，迁大洋路 192 号丽汽集团大楼北端；2012 年，迁大洋路 192 号丽汽集团大楼南端。内设部门有总经理室，法人渠道综合支持功能区，营运部、财务会计部、行政人事部、个险业务部、服务营销部、营销培训部、团体业务部、银行保险部等一室一区八部。下辖缙云（辖壶镇镇营销服务部）、龙泉、莲都、松阳支公司 4 家，直辖遂昌、青田、云和、庆元营销服务部 4 个。

2003—2015年太平洋寿险丽水中心支公司总经理任职一览表

表 5-1-45

机构名称	成立时间	总经理	
		姓 名	任 期
中国太平洋人寿保险股份有限公司丽水中心支公司	2002年4月	陈传林	2003年9月至2005年8月
		方月明	2011年10月至2014年9月
		詹聪华	2015年7月起

2003—2015年太平洋寿险丽水中心支公司副总经理任职一览表

表 5-1-46

机构名称	成立时间	副总经理	
		姓 名	任 期
中国太平洋人寿保险股份有限公司丽水中心支公司	2002年4月	陈义联(主持)	2002年4月至2003年3月
		叶 波(主持)	2006年11月至2007年10月
		方月明	2009年3月至2011年10月
		胡文钧(主持)	2014年10月至2014年11月

太平洋寿险丽水中心支公司所辖分支机构一览表

表 5-1-47

机构名称	成立时间	营业地点
中国太平洋人寿保险股份有限公司龙泉支公司	2002年8月	浙江省龙泉市滨江花园1号楼商业203室
中国太平洋人寿保险股份有限公司缙云支公司	2002年3月	浙江缙云县五云镇永宁路17、19号；五云镇恒星商城17—21、59—65号
中国太平洋人寿保险股份有限公司丽水市莲都支公司	2011年8月	浙江省丽水市莲都区中东路144号第2层
中国太平洋人寿保险股份有限公司松阳支公司	2002年8月	浙江省丽水市松阳县西屏街道车站路7号松阳县长运有限公司客运站第2层
中国太平洋人寿保险股份有限公司丽水中心支公司庆元县营销服务部	2002年8月	浙江庆元县松源镇石龙街257号1、2楼
中国太平洋人寿保险股份有限公司丽水中心支公司遂昌县营销服务部	2002年8月	浙江省丽水市遂昌县妙高街道北街1号遂昌大厦
中国太平洋人寿保险股份有限公司丽水中心支公司云和县营销服务部	2002年8月	浙江云和县浮云街道车站路22-5、22-6、22-7号
中国太平洋人寿保险股份有限公司丽水中心支公司青田县营销服务部	2002年8月	浙江青田县鹤城街道少年宫路90号8楼
中国太平洋人寿保险股份有限公司丽水中心支公司缙云县壶镇镇营销服务部	2009年1月	浙江省丽水市缙云县壶镇镇贤母西路209号3楼

2002—2015年太平洋寿险丽水中心支公司从业人员结构情况表

表5-1-48 单位：人

年份	总人数	其中：女	年龄结构			学历结构			职称结构		
			30周岁以下	31—50周岁（含50周岁）	50周岁以上	中专或高中及以下	专科或本科	研究生	初级	中级	高级（含副高）
2002	357	285	124	233	—	224	133	—	—	1	—
2005	150	109	71	79	—	33	117	—	—	1	—
2010	667	460	221	398	48	572	95	—	—	—	—
2015	953	780	242	641	70	672	281	—	2	1	—

泰康人寿保险有限责任公司丽水中心支公司（简称泰康人寿丽水中心支公司）

2002年7月5日，建立泰康人寿保险股份有限公司丽水中心支公司。营业地点设在丽水市莲都区括苍北路365号MT新嬉里9楼9层902—903室、905—913室、915室。核准业务范围为各类人民币、外币的人身保险业务，其中包括各类人寿保险、健康保险（不包括团体长期健康保险）、意外伤害保险等保险业务；上述业务再保险及共保业务；为境内外的保险机构代理保险、检验、理赔等业务；开展保险咨询业务；依照有关法规从事资金运用业务；经中国保险监督管理委员会批准的其他业务。内设部门有总经理室、公共资源部、计划财务部、运营部、续期收展部、营销部、培训部、银行保险部、组织发展部一室八部；下设7个营销服务部。

2015年泰康人寿丽水中心支公司总经理任职一览表

表5-1-49

机构名称	成立时间	总经理	
		姓　名	任　期
泰康人寿保险股份有限公司丽水中心支公司	2002年7月	张国良	2002年7月至2005年6月
		陈春蕾	2005年6月至2006年6月
		徐　辉	2006年6月至2006年12月
		肖　敏	2006年12月至2007年4月
		陈　航	2007年4月至2010年6月
		张　屹	2010年6月至2010年12月
		季伟昌	2010年12月至2013年4月
		何　伟	2013年4月起

泰康人寿丽水中心支公司分支机构一览表

表 5-1-50

机构名称	成立时间	营业地点
泰康人寿保险有限责任公司浙江丽水缙云营销服务部	2002 年 8 月	浙江省丽水市缙云县五云街道永宁星座 1404 室
泰康人寿保险有限责任公司浙江丽水松阳营销服务部	2008 年 11 月	浙江省丽水市松阳县西屏街道江滨东路 167 号、167A 号、169 号、169A 号
泰康人寿保险有限责任公司浙江丽水遂昌县营销服务部	2002 年 10 月	浙江省丽水市遂昌县妙高街道凯恩路 19 号一楼、东街 2 弄 7 号二楼
泰康人寿保险有限责任公司浙江丽水青田营销服务部	2004 年 12 月	浙江省丽水市景宁市畲族自治县红星街道城北村综合大楼 B 幢 16 楼 1601—1603 室
泰康人寿保险有限责任公司浙江丽水景宁营销服务部	2002 年 8 月	丽水市景宁县鹤溪镇复兴西路一号四号楼四楼
泰康人寿保险有限责任公司浙江丽水云和营销服务部	2008 年 10 月	浙江省丽水市云和县浮云街道城东路 50 号二楼201 室
泰康人寿保险有限责任公司浙江丽水壶镇营销服务部	2002 年 11 月	浙江省丽水市缙云县壶镇镇人民南路 43 号 201 室

2003-2015 年泰康人寿丽水中心支公司从业人员结构情况表

表 5-1-51　　单位:人

年份	总人数	其中:女	年龄结构			学历结构			职称结构		
			30 周岁以下	31—50 周岁(含 50 周岁)	50 周岁以上	中专或高中及以下	专科或本科	研究生	初级	中级	高级(含副高)
2003	36	22	25	11	0	9	27	0	—	—	—
2005	31	20	13	18	0	8	22	1	—	—	—
2010	70	52	32	37	1	44	26	0	—	—	—
2015	37	22	16	21	0	2	35	0	—	—	—

新华人寿保险股份有限公司丽水中心支公司(简称新华保险丽水中支)

2003 年 12 月 23 日,建立新华人寿保险股份有限公司杭州分公司丽水市解放街营销服务部。营业地点设在丽水市解放街 121 金马大楼 9 楼。2005 年 9 月 20 日,更名为新华人寿保险股份有限公司浙江分公司丽水市解放街营销服务部。营业地点迁至丽水市大众街 1 号文化宫 2 层。2008 年 2 月 25 日,营业地点迁至丽水市中东路 19 号丽水市体育健身大楼 7 层。11 月 20 日,营销服务部升格为新华人寿保险股份有限公司丽水中心支公司。2010 年 9 月 25 日,营业地点迁至丽水市莲都区阳光商务大厦。主要业务范围为经营人身意外伤害保险、个人定期死亡保险、个人两全保险、个人终身保险、个人年金保险、个人短期健康保险、个人长期健康保险、团体意外伤害、团体定期寿险、团体终身保险、团体年金保险、团体短期健康保险、团体长期健康保险,以及经中国保险监督管理委员会批准的其他人身保险业务。内设科室有营销业务室、教育训练室、法人业务室、银行业务室、保费室、行政后援室、计划财务室、人力资源室、客户服务中心等八室一中心。下辖龙泉、青田支公司 2 家,遂昌、松阳、缙云、庆元营销服务部 4 个。

2003—2015年新华保险丽水中支负责人任职一览表

表 5-1-52

机构名称	成立或变更时间	经理或总经理	
		姓　名	任　期
新华人寿保险股份有限公司杭州分公司丽水市解放街营销服务部	2003年1月	曹嘉飞	2003年1月至2005年3月
		吴建林	2005年3月至2008年2月
新华人寿保险股份有限公司浙江分公司丽水市解放街营销服务部	2005年9月	蔡大谋	2008年2月至2008年11月
新华人寿保险股份有限公司丽水中心支公司	2008年11月	陈菊妫	2008年11月起

新华保险丽水中支分支机构一览表

表 5-1-53

机构名称	成立或变更时间	隶　属	营业地点
新华人寿保险股份有限公司龙泉市支公司	2009年12月	丽水中支公司	龙泉市龙渊镇中山西路2号二楼
	2014年8月		龙泉市新华街荷花公寓201室
新华人寿保险股份有限公司青田支公司	2014年10月	丽水中支公司	青田县鹤城街道临江东路63号三层
新华人寿保险股份有限公司丽水中心支公司遂昌县营销服务部	2004年3月	杭州分公司	遂昌县妙高镇北街136号
	2005年12月	浙江分公司	
	2008年4月		遂昌县妙高镇青云小区10幢301室
	2009年4月		遂昌县妙高镇东街155号
	2010年10月	丽水中支公司	遂昌县妙高镇北街101、103号
	2014年1月		牡丹亭中路130号一层及龙潭鑫城6幢201室A区
新华人寿保险股份有限公司丽水中心支公司松阳县营销服务部	2004年3月	杭州分公司	松阳县西屏镇新华路27号二楼
	2005年12月	浙江分公司	
	2010年2月	丽水中支公司	松阳县西屏镇新华路46号
新华人寿保险股份有限公司丽水中心支公司缙云县营销服务部	2004年3月	杭州分公司	缙云县五云街道迎晖路2—8号
	2005年12月	浙江分公司	缙云县图书馆四楼
	2009年1月		缙云县五云镇大桥南路63号201、204、205室
	2011年11月	丽水中支公司	缙云县五云街道恒星商场74、75、76号
新华人寿保险股份有限公司丽水中心支公司庆元县营销服务部	2004年5月	杭州分公司	庆元县松源镇石龙街3号
	2006年3月	浙江分公司	松源镇云鹤路24号
	2007年1月		松源镇松源街11号(贝林新街)
	2009年12月		松源镇石龙街28号
	2010年10月	丽水中支公司	
	2015年2月		庆元县濛州街道聚丰佳园商铺92号一楼二楼

2010—2015 年新华保险丽水中支及从业人员结构情况表

表 5-1-54　　单位：人

年份	总人数	其中：女	年龄结构			学历结构			职称结构		
			30 周岁以下	31—50 周岁（含 50 周岁）	50 周岁以上	中专或高中及以下	专科或本科	研究生	初级	中级	高级（含副高）
2010	67	42	48	18	1	10	57	—	1	1	—
2015	72	42	42	28	—	—	72	—	1	2	—

农银人寿保险股份有限公司丽水中心支公司（简称农银寿险丽水中支）

2008 年 10 月 20 日，经中国保险监督管理委员会和浙江省工商行政管理局批准，成立嘉禾人寿保险股份有限公司丽水中心支公司（简称嘉禾人寿丽水中支）。营业地址设在莲都区花园路 608 号三胞大厦 6 楼。2013 年 1 月 10 日，嘉禾人寿保险股份有限公司丽水中心支公司更名为农银人寿保险股份有限公司丽水中心支公司。核准营业范围为经营人寿保险、健康保险、意外伤害保险等各类人参保险业务，上述业务的再保险业务，国家法律、法规允许的保险资金运用业务，经中国保险监督管理委员会批准的其他业务。

2008—2015 年农银寿险丽水中支总经理任职一览表

表 5-1-55

机构名称	成立或变更时间	总经理	
		姓 名	任 期
嘉禾人寿保险股份有限公司丽水中心支公司	2008 年 10 月	王 军	2008 年 10 月至 2009 年 3 月
		郭晓虹	2009 年 5 月至 2010 年 6 月
		季志明（临时负责）	2010 年 6 月至 8 月
		季志明（主持）	2010 年 8 月至 2011 年 10 月
		陈常森（临时负责）	2011 年 11 月至 2012 年 2 月
		陈常森（主持）	2012 年 2 月至 7 月
		盛国红（临时负责）	2012 年 8 月至 10 月
		盛国红（主持）	2012 年 10 月至 2013 年 6 月
农银人寿保险股份有限公司丽水中心支公司	2013 年 1 月	黄 艳（主持）	2014 年 1 月至 2015 年 6 月
		黄 艳	2015 年 6 月至 10 月
		王晓辉	2015 年 11 月起

2008—2015 年农银寿险丽水中支从业人员结构情况表

表 5-1-56　　单位：人

年份	总人数	其中：女	年龄结构			学历结构			职称结构		
			30 周岁以下	31—50 周岁（含 50 周岁）	50 周岁以上	中专或高中及以下	专科或本科	研究生	初级	中级	高级（含副高）
2008	15	9	5	10	0	1	14	—	—	—	—
2010	21	19	7	14	0	8	13	—	—	—	—
2015	26	15	11	14	1	2	24	—	—	—	—

富德生命人寿保险股份有限公司丽水中心支公司（简称富德生命人寿丽水中支）

2009 年 3 月 6 日，经中国保险监督管理委员会浙江监管局批准，成立生命人寿保险股份有限公司丽水中心支公司。2014 年 12 月 17 日，更名为富德生命人寿保险股份有限公司丽水中心支公司（简称富德生命人寿丽水中支）。核准业务范围为经营人身意外伤害保险、个人定期死亡保险、个人两全保险、个人终身保险、个人年金保险、个人短期健康保险、个人长期健康保险、团体意外保险、团体定期寿险、团体终身保险、团体年金保险、团体短期健康保险、团体长期健康保险，以及经中国保险监督管理委员会批准的其他人身保险业务。营业地点设在丽水市莲都区解放街 293 号金苑新村 1 幢四楼；2015 年 1 月 21 日，迁至丽水市莲都区宇雷路 503 号 1 楼 A 区 4 楼、5 楼 。内设部门有总经理室、银保部、营运部、财务部、保费部、培训部、营销部、本级营销服务部、人事行政部等一室八部。下辖缙云、青田 2 个营销服务部。

2009—2015 年富德生命人寿丽水中支总经理任职一览表

表 5-1-57

机构名称	成立或变更时间	总经理	
		姓　名	任　期
生命人寿保险股份有限公司丽水中心支公司	2009 年 3 月	李史军	2009 年 3 月至 2012 年 3 月
		闻东来	2012 年 3 月至 2013 年 8 月
		苏黎明	2013 年 8 月至 2014 年 2 月
富德生命人寿保险股份有限公司丽水中心支公司	2014 年 12 月	闻东来	2014 年 2 月起

富德生命人寿丽水中支所辖分支机构一览表

表 5-1-58

机构名称	成立或变更时间	营业地点
生命人寿保险股份有限公司丽水中心支公司缙云县营销服务部	2010 年 11 月	缙云县五云镇问渔路江滨巷 117 号 4 楼、5 楼
富德生命人寿保险股份有限公司丽水中心支公司缙云县营销服务部		缙云县五云街道问渔路 67 号、69 号
生命人寿保险股份有限公司丽水中心支公司青田县营销服务部	2011 年 4 月	青田县鹤城镇临江东路 59 号 2—3 楼
		青田县鹤城镇临江东路 59 号 2—3 楼
		浙江省青田县油竹街道青岱路 109 号 111 号一楼

2011—2015 年富德生命人寿丽水中支从业人员结构情况表

表 5-1-59　　单位：人

年份	总人数	其中：女	年龄结构			学历结构			职称结构		
			30 周岁以下	31—50 周岁（含 50 周岁）	50 周岁以上	中专或高中及以下	专科或本科	研究生	初级	中级	高级（含副高）
2011	13	10	6	7	—	2	11	—	—	—	—
2015	44	35	15	29	—	10	34	—	—	—	—

阳光人寿保险股份有限公司丽水中心支公司（简称阳光人寿丽水中支）

2009 年 9 月 16 日，经中国保险监督管理委员会批准，成立阳光人寿保险股份有限公司丽水中心支公司，次日开业。核准业务范围为开展人寿保险、健康保险、意外伤害保险等各类人身保险业务以及经中国监会批准的其他业务。营业地点设在丽水市莲都区怡景花苑 1 幢二层。内设部门有总经理室、营销部、培训部、运营管理部、财务部、人事行政部等一室五部。

2009—2015 年阳光人寿丽水中支负责人任职一览表

表 5-1-60

机构名称	成立时间	总经理或主持副总经理	
		姓　名	任　期
阳光人寿保险股份有限公司丽水中心支公司	2009 年 9 月	徐　辉（副总经理主持）	2009 年 9 月至 2011 年 6 月
		徐　辉	2011 年 6 月至 2012 年 11 月
		李建秀（副总经理主持）	2012 年 11 月起

阳光人寿丽水中支所辖分支机构一览表

表 5-1-61

机构名称	成立或变更时间	营业地点
阳光人寿保险股份有限公司缙云支公司	2009 年 10 月	缙云县大桥南路 63 号 202 室
阳光人寿保险股份有限公司松阳支公司	2011 年 3 月	松阳县西屏镇新华路 43 号三楼
	2014 年 3 月	松阳县西屏镇长虹中路 91 号
阳光人寿保险股份有限公司龙泉支公司	2010 年 6 月	龙泉市中山东路 83 号 1 幢 1 单元 301 室
阳光人寿保险股份有限公司云和支公司(撤龙泉支公司、建云和支公司)	2014 年 10 月	云和县新华街 42 号一楼

说明:成立或变更时间均以营业执照为准

2010—2015 年阳光人寿丽水中支及所辖分支机构从业人员结构情况表

表 5-1-62　　单位:人

年份	总人数	其中:女	年龄结构			学历结构			职称结构		
			30 周岁以下	31—50 周岁(含 50 周岁)	50 周岁以上	中专或高中及以下	专科或本科	研究生	初级	中级	高级(含副高)
2010	17	9	8	9	—	—	17	—	—	—	—
2015	22	15	9	13	—	—	22	—	—	—	—

中国人民人寿保险股份有限公司丽水市中心支公司(简称人保寿险丽水中支)

2010 年 6 月 21 日,经中国保险监督管理委员会批准,成立中国人民人寿保险股份有限公司丽水市中心支公司,并同日开业。核准经营范围为人寿保险、健康保险和意外伤害保险等业务,上述保险的再保险业务;在中国保险监督管理委员会批准范围内,代理中国人民财产保险股份有限公司和中国人民健康保险股份有限公司保险业务。营业地点设在丽水市莲都区庆春街 909 号 1、2 楼。内设部门有总经理室、个险部、团险部、银保部、互动部、收展部、财务部、业管部、综合部等一室八部。

2010—2015 年人保寿险丽水市中支总经理任职一览表

表 5-1-63

机构名称	成立时间	总经理	
		姓 名	任 期
中国人民人寿保险股份有限公司丽水市中心支公司	2010 年 6 月	黄祖前	2010 年 6 月至 2010 年 12 月
		陈红宇	2011 年 1 月至 2012 年 10 月
		程浙儿	2012 年 11 月起

人保寿险丽水市中支及所辖分支机构一览表

表 5-1-64

机构名称	成立时间	营业地点
中国人民人寿保险股份有限公司龙泉市支公司	2011 年 2 月	浙江省龙泉市苍松路 29 号第三层
中国人民人寿保险股份有限公司青田县支公司	2011 年 4 月	浙江省青田县鹤城镇江南大道 141 号江南大厦407 室
中国人民人寿保险股份有限公司缙云县支公司	2014 年 7 月	缙云县五云街道黄龙路 1 号 5 楼
中国人民人寿保险股份有限公司云和县支公司	2015 年 6 月	浙江省丽水市云和县车站路 20 号

2011—2015 年人保寿险丽水市中支及所辖分支机构从业人员结构情况表

表 5-1-65　　单位：人

年份	总人数	其中：女	年龄结构			学历结构			职称结构		
			30 周岁以下	31—50 周岁（含 50 周岁）	50 周岁以上	中专或高中及以下	专科或本科	研究生	初级	中级	高级（含副高）
2011	16	12	—	15	1	1	15	—	—	—	—
2015	45	33	2	41	2	8	37	—	—	—	—

平安养老保险股份有限公司丽水中心支公司（简称平安养老保险丽水中支）

2015 年 7 月 28 日，经中国保险监督管理委员会和浙江省工商行政管理局批准，成立平安养老保险股份有限公司丽水中心支公司。10 月 15 日，正式开业。核准业务范围为团体养老保险及年金业务、团体人寿保险及年金业务、团体长期健康保险业务、个人养老保险及年金业务、个人长期健康保险业务、短期健康保险业务、意外伤害保险业务，上述业务的再保险业务；国家法律、法规允许的保险资金运用业务，养老保险资产管理产品业务，受托管理委托人委托的以养老保障为目的的人民币、外币资金，与健康保险有关的咨询服务业务及代理业务，与资产管理业务相关的咨询业务，经中国保监会批准的其他业务。营业地点设在丽水市莲都区万丰北路 72 号金贸国际大厦 17 楼 1706—1709 室。2015 年年末，从业人员有 16 人，其中女 11 人；年龄结构在 30 岁以下 7 人、31—50 岁（含 50 岁）9 人；专科或本科学历 16 人。经理吴松纲（2015 年 7 月起）。

至 2015 年年末，保费总收入 138.5 万元，理赔总支出 122.6 万元。

2015 年平安养老保险丽水中支总经理任职一览表

表 5-1-66

机构名称	成立时间	总经理	
		姓　名	任　期
平安养老保险股份有限公司丽水中心支公司	2015 年 7 月	吴松纲	2015 年 7 月起

2015年平安养老保险丽水中支从业人员结构情况表

表 5-1-67 单位：人

年份	总人数	其中：女	年龄结构			学历结构			职称结构		
			30周岁以下	31—50周岁（含50周岁）	50周岁以上	中专或高中及以下	专科或本科	研究生	初级	中级	高级（含副高）
2015	16	11	7	9	—	—	16	—	—	—	—

第二章 财产保险

财产保险是指以各种财产及其有关利益为保险标的的保险。财产保险包括财产损失保险、责任保险、信用保险等保险业务。财产保险相对于人寿保险亦称为非寿险。

20世纪50年代，各县保险公司配合国民经济恢复和对生产资料私有制的社会主义改造，开展各种国内保险业务，对国营企业、县以上供销合作社及国家机关财产等实行强制保险；在农村主要开展牲畜保险业务，并试办农作物保险；在城市开展自愿保险，主要有火灾保险、物资运输保险和运输工具保险等险种。1959年，各县按照上级指示要求，停办国内保险业务。1979年，改革开放后，中央决定恢复国内保险业务。20世纪80年代，全区国内保险业务得到复苏和发展，保险业进入到一个新的发展时期。20世纪90年代，丽水地区保险主体业务逐渐增多，保险市场活跃，保险业务迅猛发展。2015年，丽水市财产保险费收入16.13亿元，赔款支出8.15亿元。

2015年末丽水市产险公司保费收入及同比增长情况表

表 5-2-1

公司名称	累计金额（万元）	同比（%）	赔款（万元）	同比（%）	市场份额（%）
人保财险	79739.95	9.26	40364.35	-5.67	49.43
平安产险	10845.12	14.82	4958.08	6.25	6.72
天安保险	3756.35	-10.24	2521.25	-20.92	2.33
太保产险	29867.93	2.65	16301.27	-14.26	18.51
中华保险	7568.31	19.85	3494.48	-6.63	4.69
安邦财险	1723.61	14.92	1128.77	31.83	1.07
大地保险	3171.31	40.28	1674.30	27.11	1.97

续表 5-2-1

公司名称	累计金额(万元)	同比(%)	赔款(万元)	同比(%)	市场份额(%)
中银财险	1390.01	-33.49	442.60	-45.37	0.86
太平保险	1325.81	-7.28	574.77	-28.31	0.82
人寿财险	13938.53	31.41	6294.93	3.44	8.64
都邦保险	124.15	-38.58	70.08	-72.91	0.08
阳光财险	7314.76	19.90	3692.04	3.94	4.53
浙商保险	552.12	0.00	29.72	0.00	0.34
产险合计	161317.95	10.33	81546.64	-6.36	100.00

第一节 企业财产保险

企业财产保险是指以投保人存放在固定地点的账户和物资作为保险标的的保险。企业财产保险是中国财产保险业务中的主要险种之一，其适用范围很广，一切工商、建筑、交通、服务企业及国家机关、社会团体等均可投保企业财产保险，即对一切独立核算的法人单位均适用。

丽水地区最早开办的企业财产保险为火灾保险，火灾保险包括普通火灾保险和公民财产保险两种。普通火灾保险主要承保私营商业的财产及县以下供销合作社和城市工业企业、合作社的财产。在实行强制保险之前，国营企业财产也自愿投保普通火灾保险。1951 年 2 月 3 日，中央人民政府政务院颁布《关于实行国家机关、国营企业、合作社财产强制保险及旅客强制保险的决定》。4 月 24 日，政务院财经委员会发出《关于颁布财产强制保险等条例的命令》，核准公布中国人民保险公司制定《财产强制保险条例》等 6 种强制保险政策。4 月，根据中国人民保险公司浙江省分公司《开办强制保险通告》，丽水地区开办火灾保险业务，由人保省公司委托各县人民银行特约代理。10 月，人保总公司颁布《简易火灾保险办法》。简易火险，以工人、农民、小商贩和一般居民的房屋、财产为主要保险对象，实行个别投保。1952 年 1 月，丽水地区开办简易火灾保险业务。1952 年秋，成立人民保险公司丽水县支公司，办理国内保险业务，火灾保险业务由代理转为自办。

1956 年 8 月，财政部下发《农村财产自愿保险办法(草案)》，保险对象为农业合作社公有及社员私有的房屋及附属装修设备，各种生产工具、车辆、机器及其附件，库存农产品、农药、肥料、副业生产原料、半成品、成品、家具、衣裤、文娱用品。保险责任为火灾、洪水、地震等 8 种灾害事故及抢救费用，保险费率为农业社公有财产 2.5‰—5‰，社员私有财产 3.5‰—5.5‰。1958 年 12 月，火灾保险因人民保险公司丽水县支公司机构撤销而停办。

1979 年 9 月，中国人民保险公司颁发《企业财产保险条款》。1980 年 10 月，中国人民保险公司丽水县支公司开办企业财产保险。保险责任为火灾、爆炸，冰雹、雷电、洪水、海啸、地震、地陷、崖崩，天空飞行物体或陨石的坠落，因暴风、暴雨使房屋、建筑物的主要结构——墙、屋顶及屋架倒塌所造成的保险财产损失；在发生上述灾害时，为抢救或者防止灾害蔓延所采取必要措施而造成保财产的损失；在发生条款列明的灾害事故时，为了抢救保险财产，或者在发生灾害以后为了减少财产的损失，进行保护、整理工作所支付的合理费用。保险费率，根据投保单位占用危险性质和建筑物耐火程度确定，分为工业险、仓储险、普通险三大类。1982 年 7 月 1 日，全市统一执行中国人民保险公司修订《企业财产保险条款》。新条款增加雷击、龙卷风、冰凌、泥石流以及被保险人的供电、供水、供气设备因灾害事故遭受损坏引起停电、停水、停气，以致造成被保险人的机器设备、在产品和贮藏物品损坏或报废损失的保险责任。同时，对原属不保财产的堤堰、水闸、铁路、通路、涵洞、桥梁等标的，可以特约承保。对按账面净值投保的固定资产，出险时按保险金额和账面原值比例赔偿，对估价投保的财产，出险时按保险金额和实际价值比例赔偿。同年 9 月，中国人民保险公司丽水县支公司执行浙江省分公司制定《企业财产保险特约条款》。条款约定，被保险人按最近一期资金平衡表上所列的全部应保财产投保，其中固定资产按账面原值投保，流动资产按最近 12 个月账面平均余额投保，在保险期限内，保险金额如有增减可以不再办理批改手续，如果发生保险责任范围内损失，则损失当时的账面即为保险金额，保险人根据本特约条款有关规定赔偿。1984 年 1 月，中国人民保险公司丽水县支公司实施"企业财产保险续保无赔款优待"办法。规定，凡 1983 年投保，所缴保费在 100 元以上、保险年度内未发生赔款或赔款数额在当年所交保费 10%以内的，到期续保时，给予该年度所交保费 10%或 10%减去赔款后余额的优待。"续保无赔款优待"一律采用在续保时减收续保年度保险费的办法。1985 年 11 月，中国人民保险公司丽水县支公司执行浙江省分公司《企业财产保险附加盗窃险特约条款》。特约条款约定，对储存在保险地址室内的保险财产，因遭受外来的、有明显作案痕迹的盗窃行为所受的损失，并经公安部门证明确系被盗行为，在发案后 1 个月内来侦破的，保险人负赔偿责任；赔偿后追同的保险财产，归保险人所有。保险费率按危险程度在 1‰—2‰的幅度内掌握，对防范设施和保管条件确实较好的大型国营企业，费率可以优待，最低不少于 0.5‰。

1987 年 1 月，浙江省人民政府批转《关于进一步发展我省保险事业的报告》。要求"巩固和发展企业财产保险"，有利于保险企业的正常生产和经营，国营、集体企业要积极参加财产保险，并保全保足。根据《企业成本管理条例》，保险费列入生产成本。企业通过保险取得保全的财产，发生保险责任范围内的损失，由保险公司按规定给予补偿。"1989 年 7 月，中国人民保险公司丽水市支公司（县级，下同）执行总公司新颁布《企业财产保险条款》和经中国人民银行丽水市分行批准的《企业财产保险附加条款》。企财险新条款在保险金额的确定和赔偿处理方面有较大变动，即固定资产必须按原值加成 30%—40%或按重置价值投保才视同保足；流动资产按最近 12 个月账面平均余额投保，出险后按出险当时账面余额计算赔偿，如按最近账面余额投保，则按保险金额与出险当时账面余额比例赔偿。市分公司的附加条款规定：如流动资产按最近账面余额投保，允许其账面余额最高超过保险金额的 15%，如超过保险金额 15%以上而未办理增保批改手续的，则按保险金额与出险当时账面余额比例赔偿。同时对坐落在洪水警戒线以下和正处于危险状态的财产，遭受洪水灾害的损失，保险人不负赔偿责任。

1990 年 10 月，中国人民保险公司丽水市支公司制定《企业财产保险附加机器设备损坏保险条款》，并开办该保险。其保险责任包括安装错误，经考核合格的操作工人、技术人员的过失、恶意行为，电器短路，物理性爆裂，因发生《企业财产保险条款》所列的火害或事故致使供电、供水、供气的突然中止等。费率比照企财险费率档次在 2‰—5‰的范围内确定。1990 年 1 月 1 日起，对部分企业实行浮动费率，对于一个保险年度内累计赔偿超过当年保险费五倍的企业，保险费率上浮 30%；赔款超过保险费十倍的企业，费率上浮 50%，待连续 3 年安全无赔时，恢复原订费率。

1993 年，中国人民保险公司丽水地区中心支公司为适应财务会计制度需要，调整企业财险各类财产的承保方式，在承保时以企业的资产负债表作为承保依据；流动资产按负债表中的“存货”项目账面余额承保；一般较小规模的在建设工程可按账面余额承保，较大规模的应按照建工险条款承保；账外财产可采用骨架方式承保，但须列明清单。

1996 年 7 月，中保财产保险有限公司丽水市分公司执行总公司制定并经中国人民银行批准的《财产保险基险条款》《财产保险综合险条款》，原企业财产保险条款及费率同时废止。财产保险基本险是在主要承保火灾的基础上，延伸承保因雷击、爆炸及空中运行物体坠落造成的保险标的损失。具有保障范围实用、适用地域广、费率低廉、附加险灵活多样等特点。综合险，是在基本险基础上，将暴雨、洪水等 12 种列明的自然灾害作为保险责任，相当于基本险及 6 个附加险的综合体。综合险，保障范围广、费率优惠，适合于分布地域广的集团型企业和可能面临不同风险的企业投保。财产保险基本险和综合险的附加险分别为 19 个和 17 个。

1997 年 2 月，丽水地区根据中保财险省公司文件精神，对个体工商户私营企业财产保险费率进行调整，调整后的费率标准采用工业险、普通险分类，按房屋的三种结构分别确定，共分 8 个大类 24 个小类，费率在 2‰—21‰。同时规定，在经营过程中费率如需浮动，上下浮动 30%以内的须报当地人民银行市地分行批准；上下浮动 30%以上，须报省人民银行批准。

2000 年 3 月，丽水地区各财产保险分公司执行中国保险监督管理委员会关于“企业财产保险业务不得扩展承保地震风险”规定。对于特殊情况，确需扩展承保地震风险的，保险公司应按照“个案审批”原则，报保监会批准。2001 年 8 月 15 日，中国人民保险公司丽水市分公司通知各支公司(营业部)应根据情况严格掌握地震这一特殊风险，在未经保监会批准前不得擅自扩展地震责任风险；经保监会批准同意扩展地震责任的项目，在承保时应加贴财产保险地震责任扩展条款，并按要求加收保费；为确保公司经营的稳定性，附加地震责任的项目原则上应进行商业分保。

至 2015 年，丽水市保险行业企财险保费 66965 万元，保费同比增长 6.95%。

理赔案例：

2006 年，浙江龙鑫化工有限公司发生“6·15”爆炸事故。中国人民保险公司丽水市分公司为该企业提供企业财产保险保障总额 3800 万元，成为丽水市受理的最大一起企业财产保险赔案。

2008 年年初，丽水电网受持续多天的雨冰冻灾情影响，35 千伏及以下配网损失 7820 万元。中国人民保险公司丽水市分公司迅速向丽水电业局支付损害补偿预付款 500 万元。

2015 年人保财险丽水市分公司企业财产保险情况表

表 5-2-2

累计承保数量（件）	累计承保金额（亿元）	保费收入			赔款情况				
		本期（亿元）	累计额（万元）	同比±（%）	累计数（件）	累计额（万元）	同比±（%）	赔付率（%）	结案率（%）
1234	764.96	272.72	3484.64	11.20	171	2159.16	-0.12	61.96	60.42

天安财产保险股份有限公司丽水中心支公司保险　2002 年 6 月成立之初，开办险种包括企业财产损失保险、家庭财产损失保险、建筑工程保险、安装工程保险、货物运输保险、机动车辆保险、船舶保险、能源保险、一般责任保险、保证保险、信用保险（出口信用险除外）、短期健康保险、意外伤害保险业务，经中国保监会批准的其他财产保险业务。2002 年 10 月，报备的财产保险综合险主要承保

火灾、爆炸，雷击、暴雨、洪水、暴风、龙卷风、冰雹、台风、飓风、暴雪、冰凌、突发性滑坡、崩塌、泥石流和地面突然下陷下沉、飞行物体及其他空中运行物体坠落造成损失的保险。为抢救保险标的或防止灾害蔓延，采取必要的、合理的措施而造成保险标的的损失，按照保险合同约定负责赔偿。综合险保障范围广、费率优惠，适合于分布地域广的集团型企业和可能面临不同风险的企业投保。

理赔案例：

2014年8月，丽水发生重大“8·20”水灾，造成浙江云和湖度假区有限公司严重受灾。天安财产保险股份有限公司丽水中心支公司快速响应，协助受损单位进行损失清点及灾后重建工作，向浙江云和湖度假区有限公司完成商业楼宇财产保险综合险赔款99万元。

中银保险有限公司丽水中心支公司保险　2011年1月，中银保险有限公司丽水中心支公司推出企贷保（C）—企业担保贷款保证保险。该保险主要保障投保人应付或应还被保险人的贷款利息或贷款本金，到应付或应还之日未足额付息或还本的，在被保险人实现抵质押权或提起诉讼要求保证人履行代偿责任后，如所得价款扣除实现抵质押权费用或诉讼费用后不足以抵偿投保人所欠贷款本息的，保险人将按照本保险合同的规定负责赔偿上述不足部分。由承保单位对损失情况进行认定后列予以赔付。

理赔案例：

2012年6月30日，投保人浙江某某有限公司经营不善，被保险人贷款逾期。其投保企贷保（C）—企业担保贷款保证保险。中银保险丽水中心支公司支付被保险人贷款损失500万元。

第二节　家庭财产保险

家庭财产保险，是以城乡居民家庭财产作为标的的保险。相对于法人财产保险而言，是涉及家庭财产的各类保险总称，包括普通家庭财产保险、家庭财产两全保险和投资保障型家庭财产保险、个人贷款抵押房屋保险、组合型家庭财产保险及其他家庭财产保险。20世纪50年代初，家庭财产保险作为公民财产保险，属于火灾保险。

1950年1月，中国人民保险公司丽水代理处开办火灾保险（以下称普火险），保险条款及承保办法按上级公司统一规定。7月8日，中国人民保险公司总公司颁布实施《职工团体火险办法》。团体火险的保险金额以折实单位为计算标准，有保险与保值双重保障；如遇损失，在保额以内，按实际损失十倍赔偿，不采用通常的火险平均分摊办法。其保险标的以被保险人和其家属寓所或宿舍内的家具装饰、私物、日常用品、衣服和行李为限。凡工会会员、机关及公私企业的职工、教职员、医师、护士等，在同一团体满10人以上者，均可由其所属团体办理投保手续。保险资率不分建筑等级均按保险金额的2‰计算。

1951年1月1日，实施新的《火灾保险办法》，除保留原有的火灾及其延烧损失责任外，增加自燃、雷电、地震、地陷、崖崩、爆炸、火害中遭盗窃及抢救费用等7项保险责任。3月8日，根据中国人民保险公司浙江省分公司通知，规定未满期的火险保单自1951年1月1日起“一律扩展与总公司所颁新火灾保险条款相同，倘有承保责任范围内之事故发生，均可按新火灾条款办理”。6月1日，火险实施地区加费，凡保险财产所在地无自来水设备者须照原费率加20%，有自来水者免加。1952

年6月1日，取消这一办法。

1952年3月，根据中国人民保险公司《简易火灾保险办法》（以下称简火险）。开办简火险，该险种是以工人、农民、小商贩和一般居民的房室、财产为主要保险对象，并实行个别投保的一种火灾保险。保险单分为（旧人民币）100万元、200万元、500万元、1000万元、2000万元5种保险金额，每张保单固定保险金额和保险费，每户最高保额2000万元（旧人民币），保险费率统一为3‰。发生损失时，在保额金额限度内，按实际损失赔偿。

1958年4月1日，根据中国人民保险公司浙江省分公司《关于公民财产自愿保险的通知》决定，实行公民财产自愿保险办法，原有简火险和职工团火险废止，保留简火险业务。1959年，丽水地区的火灾保险业务随着国内保险业务停办而停止。

1980年，恢复国内保险业务。中国人民保险公司丽水县支公司开办家庭财产保险，保险条款按1979年9月中国人民银行下发的《家庭财产保险条款》执行。该保险的保险财产范围为城乡居民的房屋和家庭生活资料，专业人员的器具、仪器、仪表等专业工具，个体劳动者的营业用器具、工具、原料、商品。保险责任为火灾、爆炸、雷电、冰雹、洪水、地震、地陷、崖崩、天空飞行物体或陨石的坠落、暴雨、暴风使房屋主要结构倒塌等。保险财产不分项，按第一危险赔偿方式受理。费率按一等建筑1‰、二等建筑2‰、三等建筑3‰。

1981年，中国人民保险公司丽水县支公司试办职工集体家庭财产保险。同年12月10日，浙江省总工会生活女工部和中国人民保险公司浙江省分公司印发《关于开展职工参加“家庭财产保险”的联合通知》。推广丽水“集体家庭财产保险”的经验，要求各级工会组织积极配合保险公司做好此项险种的宣传工作，动员组织职工参加家庭财产保险。1982年6月，执行总公司颁发《家庭财产保险条款》和《家庭财产附加盗窃险条款》。规定“经被保险人与保险人特别约定，并且在保险单上载明属于被保险人代他人保管，或者与他人所共有的财产”也列为保险财产。保险金额由被保险人根据保险财产的实际价值自行确定，并且按照保险单上规定的保险财产项目分别列明。保险费率为11‰—31‰，其中个体经营户费率不低于21‰。《家庭财产保险附加盗窃险条款》约定，对存放于保险地址室内的保险财产，因遭受外来的、有明显痕迹的盗窃损失，保险人负赔偿责任。保险费率统一为21‰。1984年5月，执行浙江省分公司重新修订《家庭财产保险条款》。新条款的保险责任，将原“雷击”改为“直接雷击”，同时增加“雪灾”责任保险财产采取分项承保，在分项保额内，按实际损失赔偿。1985年10月1日起，丽水县支公司对农村集体家财险的优待费率从原订的1‰调整到1.5‰。

1988年1月，中国人民保险公司丽水县支公司为区分家庭财产和个体工商业户的财产，修改《家庭财产保险条款》。将“个体工商业户的营业用器具、工具、原材料、商品、房屋、机器设备，以及在营业地址内的家庭财产”列为不保财产。房屋的保险金额，由被保险人根据保险人制定的《保险房屋结构等级价格表》中的单价乘面积确定，其他财产的保险金额按实际价值自行确定并分项列明。

1996年10月，中保财产保险有限公司丽水地区分公司修改《家庭财产保险条款》及附加盗抢险条款和费率。新条款在赔偿处理中规定，房屋在保险金额范围内，按实际损失的价值或面积对照《保险房屋结构等级价格表》计算赔款，部分损失按当地最近的国家建筑工程预算定额计算赔款；对房屋以外的保险财产遭受保险责任范围内的损失，按实际损失和损失时的当地市场价，折旧后计算赔款。

2000年4月，中国人民保险公司丽水地区分公司执行中国人民保险公司总公司制定的《家庭财产综合保险条款。条款对房屋及室内附属设备、室内装潢的保险金额由被保险人根据购置价或市场价自行确定，其保险价值为出险时的重置价值。室内财产的保险金额由被保险人根据实际价值分项目自行确定。家庭财产综合保险的附加险，包括附加盗抢保险、附加家用电器用电安全保险、附加管道破裂及水渍保险附加现金、首饰盗抢保险附加自行车盗窃保险、附加第三者责任保险等。

2011 年 4 月 6 日，中国人民保险公司推出“金锁”家庭财产综合保险新险种。新险种包括“家安”“家顺”“家康”“家泰”及自助型等多种“套餐”。中国人民保险公司丽水市分公司（以下简称“人保财险丽水市分公司”）按照上级公司要求于 5 月推出相关险种。围绕农村住房，推出政策性农房保险。该保险主要保障因暴雨、洪水、火灾、台风、冰雹、泥石流、滑坡等绝大部分自然灾害和意外事故造成的农房倒塌或毁损的情况。在事故发生后，由承保单位对损失情况进行认定并给付相应赔偿。保险的投保，以“户”为单位，保费 15 元，政府承担 70%，农户承担 30%（省财政补贴每户 4 元，县财政补贴每户 6 元，农户自交 5 元）。保险金额在 4500—22500 元不等，按倒塌或损毁情况每户最高可获赔 22500 元。

人保财险丽水市分公司作为政策性农村住房独家承保单位，积极配合政府提前计划、及时协调，按照“农户自愿、政府自愿、市场运作”的原则，逐步健全基层农村保险服务机制，大力推进“三农”保险服务工作。自 2007 年开办政策性农房险以来，每年承保全市政策性农房保险 55.8 万户，承保覆盖面 99%。2007—2015 年，累计处理案件 2 万余件，累计赔付金额 9000 余万元，赔付率 126.09%。

2015 年年末，丽水市保险行业家庭财产保险保费 2809 万元，保费同比增长 1.13%。

2015 年人保财险丽水市分公司家庭财产保险情况表

表 5-2-3

累计承保数量（件）	累计承保金额（亿元）	保费收入			赔款情况				
		本期（亿元）	累计额（万元）	同比±（%）	累计数（件）	累计额（万元）	同比±（%）	赔付率（%）	结案率（%）
22	340.36	113.94	1823.79	3.31	2541	1233.39	-18.00	67.63	97.92

中银保险有限公司丽水中心支公司保险　2011 年 1 月，中银保险有限公司丽水中心支公司推出个贷保（B）—个人抵押贷款保证保险，其主要保障投保人未能按照与被保险人签订的借款合同的约定履行还贷责任，造成被保险人的贷款本金、贷款利息、逾期罚息、相关费用的损失。由承保单位对损失情况进行认定后列予以赔付。

理赔案例：

2012 年 6 月 8 日，投保人季某某因受欧洲经济形势持续走低影响，投保人在欧洲波黑的经营不善，产品积压严重，资金链断裂，被保险人贷款逾期。其投保个贷保（B）—个人抵押贷款保证保险。中银保险丽水中心支公司支付被保险人贷款损失 22 万元。

第三节　工程保险

工程保险，是在建工程(包括安装工程)作为承保对象，以与在建工程相关的经济利益作为保险标的的一种综合性保险。工程保险包括建筑工程保险和安装工程保险。

20 世纪 80 年代以来，特别是 90 年代后，丽水经济高速发展，大工程、大项目不断出现，各家保险公司重视此项保险，积极拓展工程保险业务。

1987 年 6 月，中国人民保险公司丽水地区分公司制定下发《建筑、安装工程保险条款》，保险责任为火灾、爆炸；洪水、海啸、暴风、暴雨、龙卷风、地震、地陷、冰雹、雪灾、雷电和空中运行物体坠落等。保险金额以工程概算的全部投资金额 65%计算，不属工程概算内财产，被保险人可以估价投保，年费率 3‰。

1990 年 1 日，中国人民保险公司丽水地区分公司执行中国人民保险公司浙江省分公司《建筑、安装工程保险条款》《建筑、安装工程附加第三者责任保险条款》。“建筑、安装工程保险”，列明自然灾害、空中运行物体坠落、工人技术人员疏忽过失、恶意行为和电气引起事故，包括必要的保护施救费用和事故现场清理费用的保险责任条款。保险金额按建筑安装工程实际造价确定，建筑安装用的机器设备装置按施工单位固定资产账面原价投保，也可按重置重建价值投保。“建筑安装工程附加第三者责任保险”的保险责任为在保险期限内因发生保险责任范围内的事故，造成所在地及邻近地区的第三者人身伤亡或财产直接损失，依法应由被保险人负责的，由保险人负责赔偿。

1995 年 12 月，中国人民保险公司丽水地区分公司执行省公司涉外建筑工程险和涉外安装工程险条款，采用全部列明除外责任保险方式。保险责任，由物质损失和第三者责任两部分组成。

2001 年 10 月，中国人民保险公司丽水地区分公司执行中国人民保险公司总公司《建筑安装工程保险条款》。该条款属列明保险责任比现有的工程一切险条款范围窄，承保风险及责任更加明确，在实务上易于掌握，适用于各类中小工程项目保险。附加险，包括第二者责任保险和施工机器设备保险。至 2015 年年末，丽水市保险行业企财险保费 1151 万元，保费同比增长 23.62%。

2015 年人保财险丽水市分公司工程险情况表

表 5-2-4

累计承保数量（件）	累计承保金额（亿元）	保费收入			赔款情况				
		本期（亿元）	累计额（万元）	同比±（%）	累计数（件）	累计额（万元）	同比±（%）	赔付率（%）	结案率（%）
85	11.16	0	287.16	−16.41	4	93.72	−62.94	32.64	21.05

第四节 机动车辆保险

机动车辆保险，是运输工具保险的一种，以汽车、拖拉机和摩托车等各种以机器为动力的车辆为标的的保险。承保各种机动车辆因遭受自然灾害或意外事故造成的车辆本身及相关利益的损失和采取施救保护措施所支付的合理费用，以及被保险人对第三者造成人身伤害、财产损失依法应负的民事赔偿责任。20 世纪 50 年代初，中国人民保险公司丽水市支公司对国家机关、企业、合作社的汽车，均按照财产强制保险的规定投保车辆保险。1951 年 7 月 1 日，执行中国人民保险公司颁布的《汽车保险条款》及费率。1955 年 1 月 1 日，执行中国人民保险公司浙江省分公司规定。对汽车险的条款、费率在原有基础上作适当调整。废除“汽车车辆损失险”名称，改称为“汽车保险”。根据浙江省财政厅《浙江省机动车辆自愿保险修改意见》，丽水地区有少量汽车参加保险。

1959年，丽水地区的汽车保险随着国内保险业务停办而停止。

1980年12月，根据中国人民保险公司总公司《汽车保险条款》,中国人民保险公司丽水地区支公司开办汽车保险业务。汽车保险分为车辆损失险和第三者责任险两个部分。被保险人可以一并投保，也可以选择其中之一投保，若单保第三者责任险，另加保费20%。车辆损失险的保险责任为：碰撞、倾覆、失火、爆炸、洪水、地震、地陷、崖崩、隧道坍塌、空中飞行物体或陨石的坠落，全车失窃在三个月以上，有驾驶人员随车照料的载运保险车辆过河的渡船发生意外事故。第三者责任险的保险责任为被保险人或其驾驶人员因使用保险车辆发生意外事故，致使第三者遭受人身伤亡或财产损毁，依法应出被保险人承担的经济赔偿责任。

1981年12月，中国人民保险公司丽水地区支公司决定，开展国内汽车保险业务(包括车辆损失险及第者责任险)，凡丽水各企业、事业、机关、团体和人民公社的汽车，均可自愿参加保险。为方便各单位投保，保险公司和车辆监理共同办理这项保险业务，各参保单位可以就近办理投保手续。

1984年3月，中国人民保险公司丽水地区支公司执行中国人民保险公司《机动车辆保险条款》。保险车辆包括汽车、摩托车、拖拉机及各种特种车辆；保险金额，公有车辆按账面原值或协商确定，私有车辆最高不超过按投保时实际价值的八成；在赔偿时若保额不足，按比例方式赔偿；续保无赔款的安全奖励为上年应交保险费10%。1986年5月，执行中国人民保险公司新制定《机动车辆保险条款》。新条款规定，每次车辆事故第三者责任险和车辆损失险的绝对免赔额，汽车为200元，拖拉机和摩托车为30元。

1988年1月30日，浙江省公安厅、省保险公司《关于实施全省机动车辆第三者责任保险的暂行规定》。明确规定：凡经检验合格的所有机动车辆，都必须在投入运行以前办妥第三者责任保险手续(2001年4月16日，省政府规定，机动车辆均应向保险公司办理第三者责任保险)。12月23日，中国人民保险公司丽水地区分公司转发中国人民保险公司、公安部、农业部《关于实施拖拉机第三者责任法定保险的通知》。凡经检验合格的“专门从事运输和既从事农田作业又从事运输的拖拉机，都必须向中国人民保险公司或其代办处投保拖拉机第三者责任法定保险”,并积极参加车辆损失险。

1991年4月，中国人民保险公司丽水地区分公司执行中国人民保险公司浙江省分公司《机动车辆保险附加驾驶员伤害及承运乘客责任保险条款》。保险责任为保险车辆发生保险事故，致使本车驾驶员或乘客伤、残，亡，依法应由被保险人承担的经济赔偿责任。

1995年3月，丽水市保险机构统一执行中国人民银行颁发《机动车辆保险条款》。该条款剔除车辆失窃3个月以上的保险责任，改为附加投保险；第三者责任险，规定每次事故最高赔偿限额分为5万元、10万元、20万元、50万元100元5个档次，供投保者自行选择；增加绝对免赔率条款条文。

1996年7月，全市各财产保险分公司同时执行中国人民银行新颁发《机动车辆保险条款》，废止原条款。新条款对原条款部分内容作修订，明确车辆的保险价值需根据新车购置价确定，保险金额不得超过保险价值，超过部分无效。9月，统一执行中国人民银行浙江省分行《机动车辆保险附加保险条款》。附加于车辆损失保险的为全车盗抢保险、承运货物责任保险、车辆玻璃单独破碎保险、车辆自燃保险、载车渡船意外事故保险、行驶中断损失保险；附加于第三者责任保险的为车上人员责任保险、车载货物掉落责任保险。

1999年，中保财产保险有限公司丽水地区分公司成立机动车辆定损中心，负责全市保险系统车辆险超权限赔案的查勘定损和汽车零部件报价及其管理工作。实施小额赔款快速处理，对单证齐全、理赔金额无异议的3000元以下案件，保证保户在1小时内赔款(绿色通道)。4月，统一执行中国保险监督管理委员会颁发《机动车辆保险条款》《机动车辆保险费率》《机动车辆保险条款解释》和《机动车辆保险费率解释》。废止原条款解释、费率。新颁发《机动车辆保险条款》附加险，增加无过失责任险和新增加设备损失险。

2000年2月，执行中国保险监督管理委员会修改后的《机动车辆保险条款》和费率。新的机动车辆保险费率总体水平不变，对单独投保第三者责任险和出险率高、赔付率高的车型适当上浮。增加摩托车、拖拉机责任险定额保险单的种类，以满足不同经济地区的销售和扩大农村保险市场。

自1980年国内保险业务恢复至2015年，机动车辆保险业务迅猛发展，已成为财产保险公司业务第一大险种。2015年，丽水市车辆险保费收入13.39亿元，占财产保险业务总收入83%。

2015年丽水市车辆险保费情况表

表5-2-5

地　区	行业总保费		
	保费(万元)	上年保费(万元)	增长率(%)
全市	133909	120364	11.25
本级	55663	51017	9.11
青田	10920	9942	9.84
龙泉	12593	11080	13.65
遂昌	10284	9122	12.73
缙云	19274	16858	14.33
松阳	9965	8898	11.99
云和	5659	4715	20.03
景宁	4146	3846	7.83
庆元	5406	4886	10.63

第五节　货物运输保险

货物运输保险是以各种被运输货物作为保险标的，保险人依照合同对于在运输过程中可能遭受的各种自然灾害或意外事故所造成的损失承担赔偿责任的保险。货物运输保险分为国内货物运输保险和涉外货物运输保险两种。

1950年4月，中国人民保险公司丽水代理处开办货运险业务，通过向货运量较大的粮油、百货等专业公司发出开办货运险的通知，将开办的货运险种、费率等情况主动向企业介绍等展业手段，使货运险业务逐步铺开。

1951年3月15日，中国人民保险公司丽水支公司执行中国人民保险公司颁发的轮船、木船、火车、汽车、航空等运输保险条款、破碎或渗漏险特约条款、仓库至仓库特约条款、油轮运输泵油责任条款、舱面险特约条款、偷窃及提货不着特约责任条款、水上运输险特约条款（甲种）、雨淋险特约条款、兵盗险特约条款、牲畜运输死亡险特约条款、木船运输水渍险特约条款、轮拖铁驳及木驳特约条款和联运运输险保险期限特订条款等12种附加条款。

1951年6月，根据政务院财经委员会《船舶强制保险条例》，中国保险公司丽水中心支公司开办船舶强制保险。保险对象是：国家机关、国营企业及县以上合作社所有的各项可保船舶。其保险责任是因触礁、搁浅、沉没、倾覆、碰撞、暴风及其他水上灾害、火灾、雷电、爆炸、失踪所致的损失，以及因保险责任事故发生所支出的合理的施救费用和诉讼费等。

1959年，丽水的船舶保险业务随着国内保险业务的停办而停办。

20世纪80年代恢复国内保险业务后，中国人民保险公司颁发《国内船舶保险条款》和《农民个人、联户船舶保险暂行条款》。

1986年10月，该支公司执行总公司颁发的新《国内水路、铁路货物运输保险条款》。新条款的保险责任包括基本险和综合险。保险金额按货价或货价加运杂费计算。保险费率根据运输方式及工具、货物类别确定，水路运输基本险为1‰—3‰，综合险为2‰—16‰不等。

1987年9月，中国人民保险公司丽水地区分公司开办机动车辆载运货物保险。保险金额为每吨5000元。保险责任为火灾、爆炸、地震、地陷、崖崩、隧道坍塌；机动车辆发生碰撞、倾覆。保险期限为一年，保险费：基本保险费为50元，本辆载重保险费为非营业每吨50元，营业每吨60元。

1988年7月1日起，该分公司统一执行《中国人民保险公司国内货物运输保险代查勘、代理赔工作实施办法》。该办法是鉴于货物运输保险中保险标的流动范围大、承保和理赔工作异地发生的特点，为加快理赔速度，保障被保险人的经济利益，促进业务的巩固和发展，中国人民保险公司建立的全系统代查勘、代理赔制度。办法规定国内货运险由货物运输出险地的人保分支机构代查勘、代理赔（以下简称"双代"）。并对查勘、理赔的程序、权限和赔款结算等作了具体规定。1989年9月，中国人民保险公司对国内货运险的"双代"办法作了进一步的完善，明确了财务结算办法。

1990年7月，该分公司执行总公司修订并经人民银行批复同意的《国内水路、陆路货物运输保险条款》。修订后的条款将原条款第二条第一款基本险中第二项提及的"倾覆"责任删除，原因是倾覆责任已在其他责任中包含。同时将第二条第二款综合险第三项中"遭受盗窃或整件提货不着的损失"改为"遭受盗窃或承运人责任造成的整件提货不着的损失"。这是将整件提货不着的责任仅限定为由于承运人责任造成的，以避免因托运人自装、自管货物产生的道德风险。同年9月，该分公司执行中国人民保险公司浙江省分公司的《承运货物责任保险条款》《特约条款》《附加盗窃险条款》及费率。

1992年8月17日，经浙江省人民政府同意，浙江省计经委、浙江省财政厅与中国人民保险公司浙江省分公司联合下发《关于进一步巩固和发展货物运输保险的通知》。要求各级政府加强对货物运输保险业务的协调，人民银行、计经委、财政、运输等部门积极支持和配合，使货运险业务在中国人民保险公司办理；各货主单位在办理货物发运时应主动向当地的中国人民保险公司或其代理机构办理货运险，公路、水路等运输单位积极代办好保险业务，铁路部门继续配合当地人民保险公司办理好货运险；各运输单位、货、保险公司要加强防灾防损，减少货损货差事故；各级人民保险公司要加强宣传，提高供、购货单位的保险意识，促使其保全保足。

1995年4月，公众责任保险执行中国人民银行修订的《国内水路、陆路货物运输保险条款》。新条款将原“国内水路、铁路货物运输保险”的保险名称改为“国内水路、陆路货物运输保险”。综合险又增加了第三条“遭受盗窃或整件提货不着的损失”,基本险的第二条中又包括了“倾覆”责任。同时,对部分保险货物的种类进行了变更,提高了部分货物的类别。

1998 年 5 月, 中保财产保险有限公司丽水中心支分公司执行总公司重新制定并经中国人民银行批准的《铁路货物运输保险条款》《公路货物运输保险条款》《水路货物运输保险条款》《航空货物运输保险条款》及相应的费率、货物分类表。

2001 年 12 月,中国人民保险公司丽水市分公司下发总公司制定经保监会核准备案的《国内航空旅客行李保险条款》,自 2002 年 7 月 1 日起在全国统一实施。

2002 年 12 月,中国人民保险公司丽水市分公司执行总公司颁发的《公路货物运输保险附加盗窃、抢劫保险条款》。

自 20 世纪 90 年代起,丽水保险市场多家经营,各财产保险分公司相继开办国内货物运输保险业务,但受地理环境、交通环境及本地企业发展等影响货物运输险发展较为缓慢。

2015 年人保财险丽水市分公司货物运输保险情况表

表 5-2-6

累计承保数量(件)	累计承保金额(亿元)	保费收入			赔款情况				
		本期(亿元)	累计额(万元)	同比±(%)	累计数(件)	累计额(万元)	同比±(%)	赔付率(%)	结案率(%)
21057	35.9	47.86	319.79	-15.01	98	345.36	64.78	108.00	70.00

第六节 责任保险

公众责任保险类

公众责任保险,又称普通责任保险。主要承保被保险人在公共场所进行生产、经营或其他活动时,因发生意外事故而造成的他人人身伤亡或财产损失,依法应由被保险人承担的经济赔偿责任。20 世纪 90 年代初,丽水地区开始实施公众责任保险类项目。

中国人民保险公司丽水地区分公司保险 1990 年 8 月,执行总公司颁发《公众责任保险条款》(国内)。保险对象,为依法设立的企事业单位社会团体、个体工商户、其他经济组织及自然人。公众责任险的保险责任,为保险有效期内,保险单明细表中列明的地点范围内依法从事生产、经营等活动,因发生意外事故造成第三者人身伤亡或财产损失以及事先经保险人书同意的诉讼费用、必要合理的施救费用,依法应由被保险人承担的民事赔偿责任,保险人负责赔偿。公众责任险的附加险条款有:附加客人财产责任条款附加游泳池责任条款、附加出租人责任条款、附加电梯责任条款、附加广告及装饰装置责任条款、附加停车场责任条款、附加建筑物改动责任条款附加锅炉爆炸责任条款、附加交叉责任条款、附加车辆装卸责任条款。

2009 年,景宁畲族自治县试办政策性自然灾害公众责任险。保险责任主要是自然灾害及在自然灾害中的抢险救灾行为导致的人身伤亡事故。

2012年，丽水市推广政策性自然灾害公众责任险。保险责任增加“见义勇为”行为导致人身伤亡的事故。至年底，除庆元、缙云2个县外，其他县(市、区)均开办政策性自然灾害公众责任险。2013年1月1日，丽水市遂昌县籍消防战士尹智慧等3人在扑灭杭州萧山区大火战斗中不幸壮烈牺牲，被追认为“烈士”。人保财险遂昌支公司立即启动理赔绿色通道，迅速走完理赔程序，把4万元自然灾害公众责任险赔款送到“救火英雄”家中。

2014年，人保财险龙泉支公司与龙泉市人民政府签订《2014年龙泉市公众责任险保险协议》《2014年龙泉市居家火灾公众责任保险协议》。景宁、松阳、莲都等县(区)承保体育设施责任险、市政设施责任险、畲乡三月三责任险、中国茶商大会松阳银猴茶叶节责任险、处州白莲节责任险、丽水国际摄影文化节责任险等一系列创新政保公众责任险发展的新模式保险。

2015年5月25日，丽水市各县(市、区)均由财政全额出资与人保财险丽水市分公司签订《2015年政策性自然灾害公众责任险协议》，为全市244.8万人(户籍人口)提供自然灾害公众责任险保障，总保额409亿元。丽水户籍人员在境内遭受自然灾害(暴雨、台风、泥石流、森林火灾、空中物体坠落等)事故造成伤亡和在自然灾害中抢险救灾行为导致人身伤亡，以及“见义勇为”行为导致人身伤亡的，各县(市、区)每人将获赔2万元至6万元不等。

中国平安财产保险股份有限公司丽水中心支公司保险　2014年4月30日，承保遂昌金矿矿山公园有限公司的公众责任险。遂昌金矿景区有多个隧洞，容易造成石块掉落砸伤游客的风险。公众责任险保障在保险期间内，被保险人在保险单载明的区域范围内因经营业务发生意外事故，造成第三者的人身伤亡或财产损失，依照中华人民共和国法律应由被保险人承担的经济赔偿责任、精神损害赔偿责任、诉讼费用，保险人按照本保险合同约定负责赔偿。保单的赔偿限额规定：累计赔偿限额200万元，每次事故赔偿限额100万元，每次事故每人赔偿限额60万元，附加火灾、爆炸、烟熏、水损责任保险、停车场责任条款、食品、饮料责任条款，为景区提供第三者的全方位保险保障责任。

理赔案例：

2014年5月2日11时许，被保险人遂昌矿山公园矿洞景点内一矿洞大石块突然掉下，造成游客受伤4人，其中卢某和刘某受重伤，经诊断卢某头部左肩受伤、多处肋骨骨折；刘某腰1椎体压缩骨折，经长期治疗分别鉴定8级和9级伤残。本案最终赔付被保险人54.7万元。

雇主责任保险类

1994年1月，中国人民保险公司丽水地区分公司按中国人民保险公司总公司《雇主责任保险条款》，开办雇主责任保险，主要承担雇主对雇员在受雇期间从事与职业相关工作中因发生意外事故或因职业病引起的人身伤亡，依法应承担的赔偿责任。

1997年，中保财产保险有限公司丽水地区分公司试办雇主责任险附加住院医疗保险及雇主责任还本保险。《雇主责任险附加住院医疗保险特别约定》规定：保险责任为被保险人在保险有效期内，不论一次或多次疾病，经医疗单位诊断需住院治疗的，其实际支付的住院医疗费用，由保险人按规定扣除20%免赔率后计算赔付，每人累计以不超过本保单附加住院医疗保险的保险金额为限，住院医疗仅限于本市的市、县、区级医院及乡、镇卫生院。医疗费赔偿范围参照《丽水市公费医疗管理办法》中规定的医疗费用报销范围执行。保险金额每人最高不超过2万元。保险费率为指导性费率3%,允许上下浮动30%。《雇主责任还本保险》采用协议形式承保,保险金额最低为5000元,保险储金每千元保险金额为50—80元,保险储金在保险有效期内,无论是否发生赔偿,始终归被保险人所有。保险责任范围、赔偿额度、责任免除、被保险人义务等内容同普通雇主责任保险条款。

产品责任保险类

产品责任保险是指被保险人所生产、出售的产品或商品在承保区域内发生事故,造成使用、消费或操作该产品或商品的人、其他任何人的人身伤害疾病死亡、财产损失,依法应由被保险人负责时,保险公司在约定的赔偿限额内负责赔偿的保险各类。

1991年12月,中保财产保险有限公司丽水地区分公司发文规定,要求各地开办产品责任保险业务时,基本条款可执行中国人民保险公司浙江省分公司《产品责任保险条款(试行)》及其费率表;有关权利义务关系及个别条款的批改可通过签订协议的方式加以明确,须报经地区分公司审批。产品责任险的承保对象原则上必须是省、部、市优质产品。

1994年3月,中保财产保险有限公司丽水地区分公司执行中国人民保险公司总公司《产品责任保险条款(试行)》。该条款责任属于期内索赔式,即承保人对产品责任险项下承担的责任,以索赔提出的时间为界限,索赔的提出必须在保险期限内方为有效,而不论产品责任、事故是否发生在保险期限内。中保财产保险有限公司丽水地区分公司规定投保产品须经地(市)级以上技术监督部门检验合格,并要求对其质量认证体系进行审核。

2014年,人民财产保险股份有限公司丽水市分公司争取丽水市食品药品监督局支持,印发《食品安全责任险的试点》文件。全年保费收入23万元。

职业责任保险类

职业责任保险,是承保各种专业技术人员由于工作上疏忽或过失,造成第三者经济损失或人身伤亡,依法应承担的经济赔偿责任保险。20世纪初,丽水市各财产保险分公司先后推出多种职业责任保险,使责任险系列逐渐完善。

医疗责任保险类

2002年10月,中国人民保险公司丽水市分公司执行中国人民保险公司总公司修订经保监会核准备案的新《医疗责任保险条款》。保险对象为依法设立的有固定场所的医疗机构及经国家有关部门认定合格的医务人员。医疗保险责任为被保险人在从事与其资格相符的诊疗护理作中因过失发生医疗事故或医疗差错,依法应由被保险人承担的经济赔偿责任,包括造成第三者(指病员)的人身伤亡及保险事故发生后并在仲裁或诉讼前经保险人书面同意的仲裁或诉讼费用。

丽水市各财产保险公司在发展责任保险业务中,相继推出医疗责任保险、安全责任保险、实习安全责任保险、监护人责任保险、环境污染责任保险等多种保险产品,以适应市场需要。医疗责任险承保范围不断扩大。

第七节　信用保险　保证保险

信用保险的保险标的，是第三者行为给被保险人造成经济利益损害，被保险人作为权利人，通过支付保险费的方式，将被保证人的信用作为保险标的要求保险人予以保证，因被保证人的信用风险而造成权利人经济损失时，保险人予以赔偿。出口信用保险，是在商品出口或相关经济活动中发生的，保险人（经营出口信用保险业务的保险公司）与被保险人（向国外买方提供信用的出口商或银行）签订的保险合同，是对外贸出口收汇风险实行保障的一种特殊保险险种。

保证保险

保证保险，是由保险人以保证人的身份为被保证人向权利人提供信用担保，当被保证人行为或不行为致使权利人遭受经济损失时，保险人负有经济赔偿责任。丽水市各财产保险公司先后开办房屋信贷保证保险、汽车消费贷款保证保险（以下简称"车辆信贷保证保险"）、产品质量保证保险，生产用机械设备按揭贷款还贷保证保险等。

贷款保证保险　贷款保证保险分为企业贷款保证保险和个人贷款保证保险。在个人贷款保证保险上，人保财险丽水市分公司积极发展农村小额信贷保险。2011 年 11 月 1 日，浙江省人民政府金融工作办公室根据省政府办公厅要求，下发《关于确定第一批扩大小额贷款保证保险试点县（市、区）和金融机构名单的通知》，文件明确第一批扩大小额贷款保证保险试点县（市、区）名单中包括丽水市莲都区、景宁县等 23 个县（市、区）。2012 年起，在景宁畲族自治县开展农村小额贷款保证保险试点工作（景宁畲族自治县低收入农户致富奔小康小额贷款项目）。主要帮助低收入农户发展种养业、农产品加工和营销、来料加工、农家乐休闲旅游、电子商务等项目。每户保险额 5 万元（2014 年后，提高至 10 万元），保险费率 2%（2014 年后，调整为 1.5%）。发生赔款由人保财险景宁支公司承担 70%，银行承担贷款 30%。保险公司在每个保险年度的最高赔付限额为年度总保费总额 150%，超过部分由政府财政资金托底。试点方案很快得到政府及金融机构的支持，也受到广大低收入农户欢迎，实现政府、企业、农户三方共赢。2014 年 12 月 10 日，为了助力推行小额贷款试点工作，中国太平洋财产保险股份有限公司丽水中心支公司小额贷款保证保险正式进入运行。

理赔案例：

2009 年，开始景宁畲族自治县农民自主创业综合保险试点。至 2015 年年末，景宁畲族自治县农民自主创业保险理赔，赔款 53.79 万元。

至 2015 年 12 月 31 日，太保产险丽水中心支公司共理赔小额贷款保证保险赔款 757.37 万，其中 2015 年 11 月浙江欧诺达克工具有限公司因经营不善无法偿还欠款，太保产险丽水中支立即启动快速理赔机制，迅速赔款 207 万元，有力支持实体经济发展。

车辆信贷保证保险　依据中国人民银行消费贷款管理有关规定，为贷款购买车辆的公民或法人组织提供担保保证的保险。被保险人是为投保人提供车辆消费贷款的金融机构。2000 年 6 月，中国人民保险公司丽水市分公司执行经保监会批准备案、中国人民保险公司总公司颁发《机动车辆消费贷款保证保险条款》。2001 年 6 月，中国人民保险公司又对条款作修改。新版条款规定，投保人未按机动车辆消费贷款合同约定的期限偿还欠款的，视为事故发生。保险事故发生后3个月，投保人仍未履行约定还款义务，保险人负责偿还投保人所欠款项，以不超过保险金额为限；条款还约定，被保险人因发生保险责任范围内的事故所支付的诉讼费用(不含律师费)及保险人事先同意支付的其他费用，保险人负责赔偿，本项费用以投保人所贷款项10%为限。

产品质量保证保险　2002年5月，中国人民保险公司丽水市分公司执行中国人民保险公司总公司印发《产品质量保证保险条款》。规定，投保人和被保险人是依法设立的生产或销售合法产品的企业。保险责任规定，产品质量问题导致权利人在保险期限内首次向被保险人提出索赔，依法应由被保险人承担修理、更换或退货责任，对于其中产品本身的质量及相关费用负责赔偿。

出口信用保证保险　2013年，中国人保财险丽水市分公司开始发展短期出口信用险，组建专业团队，推动出口信用险发展，并为部分出口企业提供1亿余元的风险保障。

第八节　农业保险

农业保险，是指保险公司专门为农业生产者在从事种植业和养殖业生产过程中，对遭受自然灾害和意外事故所造成的经济损失提供经济保障保险。农业保险按农业生产不同对象，分为种植业保险和养殖业保险两种。

种植业保险

种植业保险是以各种作物，包括植食作物和经济作物为保险对象的一种保险。

水稻保险　针对自然灾害、病虫害责任造成的水稻减产损失保险。1991年，中国人民保险丽水地区分公司执行中国人民保险浙江省分公司制定《水稻保险试行条款》。保险产量按前三年平均亩(0.067公顷)产量的一定成数确定，最高不超过平均产量95%。保险费，早稻每亩3元，晚稻每亩5元，单季稻每亩6元。保险水稻发生全部损失，根据不同生长期分别按保险产量60%—100%赔付。水稻保险最高赔付限额(以统保单位计算)为所缴保费150%—200%。

水稻保险是中央级政策性农险品种。中国人保财险丽水市分公司将其作为重点政策性农业保险来开展。政策性农业保险承保过程中坚持“政策引导、市场运作、农户自愿、协同推进”的基本原则，以支农、惠农、服务“三农”为宗旨，采用保障适度、保费低廉、财政适当补贴的方式，对符合条件的水稻种植户进行承保。

至2015年，中国人民财产保险股份有限公司丽水市分公司在全市各县(市)支公司得到水稻保险提高保额统保的政策支持，水稻统保保额从原来400元/亩提高到600元/亩；各级财政也分别提高保费补贴金额，承担每亩45元保费的93%支持。此外，该险种对承保规模有一定要求，种植面积需达到20亩(1.33公顷)及以上，种植面积未达到20亩的种植户可通过专业合作组织或以村、乡为单位以统保方式参加保险。丽水市辖内已实现水稻统保，有效地将中央财政及省财政补贴通过保险方式惠及每个农户。在各级政府的支持和推动下，水稻政策性保险总体进展顺利，在抗灾自救、恢复生产中发挥较大作用，受到广大农民群众欢迎和拥护，取得良好的社会效益。

油菜保险　主要是应对无法抗拒的自然灾害造成的直接油菜叶片毁坏、茎秆折断、死苗、死秆、倒伏或死亡损失赔偿。油菜保险是中央制定承保的三大全国性保险产品之一。保险金额为每亩500元，费率3%。保费可享受各级政府财政补贴，农户自行承担10%。推行油菜保险，稳定粮油生产，保护广大种植户积极性，提高农业生产抗风险能力，促进粮油生产健康发展。2011—2015年，丽水市参保农户有9万户，承保油菜耕地总量22666.67万公顷，提供风险保障近1亿元。

林木保险

林木保险的对象为国营集体、联户和个人所有的人工林（年限2年以上）、天然林（再生林）、竹林。保险责任为火灾所造成的林木损失。保险金额按林木成本计算，每亩最高保额500元。保险林木遭受保险责任范围内的火灾事故损失时，按每亩杉木林250—300株、松木林500株标准计算。1990年开始试办。

2007年，中国人民财产保险股份有限公司丽水市分公司率先开展林木火灾保险试点。主要针对火灾造成林木损失及必要费用。丽水市各县域均实现林木火灾保险全覆盖。2011年12月，全国森林保险工作座谈会在丽水召开。

养殖业保险

养殖业保险是以有生命的陆生动物或水生生物为保险标的的一种保险。丽水地区从20世纪50年代初就开始保险。

耕牛保险　1951年年末，丽水地区开办耕牛保险，执行浙江省统一规定的《牲畜保险契约修正本》。1955年2月，执行中国人民保险公司浙江省分公司《浙江省耕牛自愿保险暂行办法》。规定耕牛投保畜龄为2周岁至13周岁以内。保险责任为：因疫病、疾病、胎产、阉割、火灾、溺水、中毒、解电、摔跌、互斗、野兽伤害、砸撞、地陷、崖崩、雹灾、建筑物和其他物体倒塌等原因致耕牛死亡，及因以上原因造成无法医治，经批准宰杀，或为防止疫病传染，经当地政府批准掩埋的。年保险费率3.5%。

养猪保险　1983年7月，中国人民保险公司丽水支公司执行浙江省分公司制定《养猪保险条款》。保险责任，主要负责胎产、瘟疫疾病、阉割意外事故及防止疫病传染，经当地政府命令扑杀、保险期限内阉割、治疗和医药费用；保险费，为肥猪每头每年3元，公、母猪每头每年5元。生猪保险实行与兽医部门“合作共保”形式。

能繁母猪保险，主要针对在保险期间内由特定灾害、事故及疾病造成母猪死亡的情况，由保险公司承担相应赔偿责任。

该项政策性农业保险是按市场化运作模式实施的一种保险。实行以低保费低保障，保大灾、保大户为主。保障程度以补偿承保对象的物化成本为主，以保障农民灾后恢复生产，实行低保额的初始成本保险。以低保障作为基础费率，对不同风险地区实行区域差别费率；对同一品种涉及不同档次的保险费率及相应保额，由参保者自愿选择。省定财政补贴比例为90%。能繁母猪每头保险金额为1000元，保险费率6%。

政策性农业保险

2006年，由省政府统一部署，政策性农业保险在丽水市各地实施。缙云县被列入全省政策性农业保险第一批试点县。2007年，增加莲都区和遂昌县。2008年起，丽水市9个县(市、区)和丽水经济开发区全面铺开政策性农业保险。至2011年，全市农户参保60余万户。政策性农业保险累计为丽水市种、养两业提供风险保障近300亿元。中央及省财政补贴保费2434.87万元，县级补贴保费805.65万元，农户自交保费1163.74万元，人保公司赔款支出2712.65万元，赔款超过县级补贴保费及农户自交保费743.26万元，赔付农户6270户次，有效地将中央财政及省财政补贴，通过保险方式惠及每个农户。农业保险在灾后补偿方面发挥积极作用，进一步发挥风险保障功能。政策性农业保险已经覆盖全市所有县(市、区)，险种扩大至7种(5个种植业险种和2个养殖业险种)，保险品种涵盖水稻、油菜、生猪、能繁母猪、蔬菜大棚、林木等基础农产品。

第九节 分 保

分保，也称再保险，是指保险人将其承担的保险业务，以承保形式部分转移给其他保险人，是保险人的保险。分保，包括法定分保和商业分保。20世纪80年代中期，丽水地区开始实施分保业务，直至2015年仍在执行。

法定分保

根据国家法律法规规定必须办理的再保险，称为法定分保。1985年3月，国务院颁布《保险企业管理暂行条例》，从4月1日起生效。法定分保要求各保险公司必须将其经营的保险业务的30%向中国人保险公司办理法定分保业务(再保险)。1995年6月，全国人大常委会通过并公布《中华人民共和国保险法》。《中华人民共和国保险法》第一百零一条规定："除人寿保险业务外，保险公司应当将其承保的每笔保险业务的百分之二十按国家有关规定办理再保险。"1999—2000年，中国保险监督管理委员会先后制定《法定分保条件》《人身险法定分保条件》以及《财产险法定分保条件实施细则》。中国人民财产保险股份有限公司丽水市分公司及各驻丽水财险保险公司均执行再保险业务。

商业分保

由分出保险公司与接受公司双方协议自愿签订再保险合同运营的一种再保险方式，称为商业分保。1999年，中保财产保险有限公司丽水地区分公司系统内试行溢额分保办法。中国人民财产保险股份有限公司丽水地区分公司规定，每个保险单位业务运营超过最高自留额部分，均须向中保财险丽水地区分公司办理系统内溢额分保。分保形式，采取合同分保和溢额分保，按每单接受的份额比例收取分保费，承担接受份额比例赔款。保险单由企业财产险(含附加险)、工程保险(含附加险)、货运险，按每张保单总保额确定保险单。

第十节 防灾防损保险

防灾防损是保险的职能之一，是防范财产保险经营风险的一重要途径，采取多种风险控制措施，降低灾害事故发生的频率，抑制灾害事故造成损失的幅度，不仅能直接降低赔付率，提高保险公司的经济效益，而且能取得良好的社会成效。

20世纪50年代的保险防灾以防火、防洪和牲畜防疫为重点，防火工作主要是配合公安消防部门和企业主管部门进行企业防火检查。

国内保险业务恢复初期，中国人民保险公司丽水市支公司坚持将防灾防损作为一项重要职能履行。针对丽水实际，始终把夏秋季节的防汛和冬春季节的防火作为防灾防损工作的重点。在具体的防灾工作中，主要是配合公安消防劳动水利社会防灾职能部门和企业主管部门开展防火、防洪、防台风防交通事故等防灾宣传和检查，增强被保险人的安全意识，及时提出整改意见，消除事故。

2000年以来，中国人民保险公司丽水市支公司为加强防灾工作，设立专职防灾防损工作人员，工作要点包括防火宣传检查督促，防汛工作，配合有关部门建立防灾防损档案等。

理赔案例：

2009年4月，浙江致健家私有限公司发生火灾事故。安邦财产保险股份有限公司丽水中心支公司为该企业提供企业财产保险保障869.8万元，共计赔付67.31万元。是安邦财险丽水中支为企业财产保险赔额最大一起理赔案。

理赔案例：

2013—2015年，丽水市大力推广"医疗责任险"。阳光财险丽水中心支公司承保乡镇卫生院、综合医院的医疗责任险有216批次，承保范围涉及丽水莲都、云和、景宁、龙泉等县（市、区），赔付资金200余万元，得到医院、患者双方广泛认可，化解医患矛盾，促进社会和谐发展。

第三章　人身保险

人身保险，是以人的寿命和身体作为保险标的的一种保险。民国31年（1942）邮政储金汇业局龙泉分局开设"简易人寿保险"。民国32年（1943），邮政储金汇业局在松阳、云和、景宁县增开"简易人寿保险"业务，并采用全城动员形式鼓励人们投保。之后，中断人身保险类险种。1984年，启动救灾与保险相结合，开启财产与寿险结合的保险业务。其险种有公路旅客意外伤害险、简易人身险、养老金险、各种团体人身险、师生平安险、母婴平安险等人身保险险种。1986年3月，中国人民保险公司丽水地区中心支公司内设人身险科。1996年3月，由中国人民保险公司丽水地区分公司分立中保人寿保险公司浙江省丽水分公司。人身保险由单纯生命保险，逐渐扩大至人寿保险、人身意外保险和健康保险，涉及病、残、老、年金、生存、职业、医疗，形式有短期、长期、分期、不同险种和新型保险等等，多种多样。至2015年，人身保险产品已增加至60余项。

第一节 人寿保险

以被保险人的寿命为保险标的，以被保险人的生存或死亡为保险的人身保险。按保险责任，分为年金保险和两全险、终身寿险、定期寿险。1986年3月28日，中国人民保险公司丽水地区中心支公司内设人身险科。1996年3月8日，分立中保人寿保险公司浙江省丽水分公司。同年，由中国人民保险公司转入中国人寿保险公司保险业务有子女教育婚嫁金险(礼卡)、村干部养老保险、双女户养老保险、独生子女养老金保险、义务兵养老保险、独生子女父母养老金保险、独生子女平安保险、福寿安康险等。满期还本、养老金还本险、集体职工养老金险、企业人寿险、定期定额险、个人养老金保险、独生子女储蓄保险、终身人寿险、简易人身险。丽水地区各寿险公司分别承保其中部分险种业务。

年金保险

中保人寿丽水分公司保险　在被保险人生存期间或特定期间，保险人按合同约定期向被保险人或其他年金受益人给付保险金的人寿保险。1996年，分业经营时，由中国人民保险公司丽水地区中心支公司转入中国人寿保险公司的保险运营业务有村干部养老保险、双女户养老保险、独生子女养老金保险、义务兵养老保险、独生子女父母养老金保险、个人养老金保险、养老金还本险、集体职工养老金险。

年金保险有团体投保、个人投保。1999年9月2日，中保人寿保险公司浙江省丽水分公司推出团体年金保险。2000年12月13日，中保人寿丽水分公司推出国寿团体年金保险(补充养老保险型)。随着个人营销业务发展，推出为个人代理销售的业务险种。个人险具有投保范围广、交费方式灵活、领取年龄可自行选择的特点，为保户提供保费自动垫交、借款等多种选择。1998年10月21日，中保人寿保险有限公司丽水分公司推出66鸿运保险(A)和鸿寿养老金保险。“鸿寿险”是一种养老金与残废、死亡保险相结合的综合保险，最高保险金额50万元；1999年9月2日，推出国寿松鹤养老金保险(2009年1月1日停售)、国寿松柏养老保险(2009年10月1日零时起停售)；2000年8月17日，推出金色夕阳养老年金保险(A)；2000年8月29日，推出国寿养老年金保险；2009年10月1日，推出国寿金色夕阳养老年金保险(A)；2014年6月27日，推出国寿鑫易宝年金保险。

理赔案例：

2001年4月，陈某患“乳腺癌”，于2002年5月身故，其生前投保鸿寿养老金保险等保险。中国人寿保险丽水分公司共给付其受益人保险金24.4万元，退还保费2.5万元。

2005年1月7日，杜某因患恶性肿瘤身故，其生前投保鸿寿养老金保险等保险。中国人寿保险丽水分公司共给付其受益人保险金23.05万元。

2007年8月27日，李某某因车祸身故，其生前投保国寿松鹤养老金保险(99版)等保险。中国人寿丽水分公司共给付其受益人保险金31.78万元。

中国平安人寿保险股份有限公司保险　1997年4月29日，全区推出少儿终身平安保险(年金保险)，具有生存返还、身故保障、保单贷款等特点；1999年7月2日，全区推出平安育英年金保险

(2009年10月1日起停售);2014年3月25日,推出平安赢聚一生年金保险(2017年6月1日起停售);2015年8月1日,推出平安乐享福养老年金保险(2017年10月1日起停售)。

分红保险

中保人寿丽水分公司保险　2001年9月13日,中保人寿丽水分公司推出分红保险业务,"保险公司将其实际经营成果优于定份假设的盈余,按一定比例向保单持有人进行分配的人寿保险产品"。推出国寿鸿寿年金保险(分红型)、国寿永泰团体年金保险(分红型,2007年12月31日起停售);2004年9月30日,推出国寿鸿禧年金保险(分红型);2006年4月1日,推出国寿美满人生年金保险(分红型);2006年12月11日,推出国寿美满一生年金保险(分红型);2009年10月1日,推出国寿鸿寿年金保险(分红型)、国寿个人养老年金保险(分红型);2010年8月12日,推出国寿福禄满堂养老年金保险(分红型);2010年12月27日,推出国寿新鸿泰两全保险(分红型);2011年2月25日,推出国寿福满一生两全保险(分红型);2011年12月15日,推出国寿福禄金尊两全保险(分红型);2011年5月4日,推出国寿新鸿泰金典版两全保险(分红型);2011年12月23日,推出国寿松鹤颐年年金保险(分红型)、国寿美满人生至尊版年金保险(分红型);2012年8月3日,推出国寿鑫泰两全保险(分红型);2012年8月6日,推出国寿福禄双喜两全保险(分红型);2013年1月28日,推出国寿金泰团体年金保险(分红型);2013年2月18日,推出国寿鑫裕养老年金保险(分红型);2013年3月25日,推出国寿个人养老年金保险(分红型);2013年5月28日,推出国寿瑞鑫两全保险(分红型);2014年推出国寿鑫年金保险;2015年5月1日,推出国寿瑞鑫两全保险(分红型)(典藏版)。

中国平安人寿保险股份有限公司保险　分红产品"按照保险监管机关的有关规定,本公司每年将根据分红保险业务的实际经验状况确定红利的分配。在保单周年日分配给投保人"。2000年8月29日,推出平安鸿利两全保险(分红型)。产品具有生存返还、身故保障、保单分红、保单贷款等特点;2000年12月28日,推出平安鸿盛终身寿险(分红型)(2005年1月24起停售);2000年12月29日,推出平安世纪彩虹少儿两全保险(分红型)(2011年12月15日起停售);2001年4月1日,推出平安鸿祥两全保险(分红型)(2003年9月29日起停售);2010年3月1日,推出平安金裕人生两全保险(分红型)(2013年3月9日起停售);2010年9月1日,推出平安吉星送宝少儿两全保险(分红型)(2013年6月3日起停售);2014年6月1日,推出平安守护星少儿两全保险(分红型)(2017年4月1日起停售);2015年10月15日,推出平安尊宏人生两全保险(分红型)(2016年10月10日起停售)。

理赔案例:

2008年5月28日,陈某某在缅甸坠楼身故,其生前在平安人寿保险公司投保平安常青树终身男性重大疾病保险(分红型)、平安鸿盛终身寿险(分红型,2004)、平安附加意外伤害保险(2002)。平安人寿丽水中心公司给付其受益人保险金39.30万元。

2010年8月6日,项某某因被他人绑架杀害身故,其生前在平安人寿保险公司投保平安智盈人生终身寿险(万能型)、平安财富一生两全保险(分红型)、平安鸿利两全保险(分红型)、平安永利增额还本终身保险(利差返还型)、附加意外伤害保险等。平安人寿丽水中心公司给付其受益人保险金55.71万元。

2013 年 11 月 29 日，王某某因病身故，其生前在平安人寿保险公司投保平安护身福终身寿险（分红型）、平安长寿保险（新）、平安福临门保险、平安智盈人生终身寿险（万能型）、平安逸享人生养老年金保险（万能型）、平安鑫盛终身寿险（分红型，2012）、平安财富尊崇两全保险（分红型）和平安康乐保险。平安人寿丽水中心公司给付其受益人保险金 53.71 万元。

泰康人寿丽水中支保险　2008 年 11 月，泰康人寿保险有限责任公司推出泰康安享人生两全保险（分红型，已停售）；2009 年 8 月，推出泰康松鹤延年 B 款两全保险（分红型，已停售）；同年 8 月，推出泰康安享人生 B 款两全保险（分红型）；2010 年 8 月，推出泰康人寿财富人生 B 款终身年金保险（分红型，已停售）；2010 年 11 月，推出泰康乐康两全保险（分红型，已停售）；同年 12 月，推出泰康健康人生终身寿险（分红型，已停售）；2013 年 1 月，推出泰康附加盛世人生提前给付重大疾病保险（分红型，已停售）；2015 年 1 月，推出泰康鑫享人生年金保险（分红型，已停售）。

富德生命人寿丽水中支保险　有个险产品、银保产品两类保险产品体系。个险产品体系：2009—2011 年，富德生命人寿丽水中支主售个险产品有理财型的富贵全能、富贵花、吉祥三宝；保障型的健康增额、附加定期重疾 A。2012 年后，主售个险产品有理财型的富贵花、富贵宝、吉祥安康、智赢一生、鑫宝贝组合、今生如意、富赢一号、富赢二号；保障类的福上福组合、尊享无忧（以上产品均已退市）。现售个险产品体系有健康风险保障类的康健无忧（尊享版）、福相随组合（终身寿+重疾）；中长期储蓄类的鑫财富、富赢 99、富贵管家 A/B、如意宝终身寿险万能险。

银保产品体系：2009—2011 年，银保主售产品有红上红 A/C/D/E/F、鼎利丰、伙伴金惠。2012—2015 年，银保主售产品有财富宝一号年金保险、理财三号年金保险（万能型）、e 理财 B 款年金保险（万能型）、红上红两全保险（分红型）、鼎利丰两全保险（分红型）、伙伴金惠两全保险（分红型）、金满堂组合（分红年金+长期护理）、富贵花组合（分红年金+万能账户）。现售银保产品规模类有长盈三号、长盈五号，价值类有康爱星、金典人生、聚财点金、金喜人生、康享人生、富贵管家。

理赔案例：

2012 年 9 月 7 日开始，被保险人潘根香购买生命吉祥三宝 A 款两全保险（分红型）、附加富德生命附加福相随重大疾病保险（A 款）。2016 年 4 月 8 日，购买富德生命福星高照 A 款终身寿险（分红型）；7 月 30 日，购买富德生命安行无忧两全保险；12 月 4 日，购买富德生命附加康悦人生费用补偿医疗保险（A 款）和富德生命鑫享事成年金保险。

第二节　两全保险

被保险人在保险期间届满仍生存时或在合同约定保险期间内死亡，保险人按照合同均承担给付保险金责任人寿保险，具有保障性和储蓄性的双重功能，又称生死合险。中保人寿丽水分公司推出两全保险，主要运营险种有简易人身保险、福寿安康保险、少儿两全保险、成年两全保险、投资连结和万能寿险。1996 年，寿险与产险分业经营时，转入人寿保险公司的保险有子女教育婚嫁金险（礼卡）、独生子女平安保险、简易人身保险、福寿安康保险、独生子女储蓄保险。

分红型两全保险

中保人寿丽水分公司保险　2001年3月，中国人寿保险公司丽水分公司推出国寿千禧理财两全保险(分红型)，具有定期返还、保额递增、身故保障、现金红利、保单借款等特点；2001年9月13日，推出个人分红型的国寿鸿福相伴两全保险(分红型)；同年9月30日，推出鸿泰两全保险(分红型)；2003年1月1日，推出国寿鸿瑞两全保险(分红型)；2009年10月1日，推出国寿鸿丰两全保险(分红型)；2013年12月13日，推出国寿鑫丰新两全保险(A款)；2014年1月7日，推出国寿鑫丰两全保险(A款)(2014年4月1日起停售)。

2002年，中保人寿丽水分公司推出国寿鸿祥两全保险条款(分红型)；2003年9月1日，推出国寿鸿盛终身保险条款(分红型，2003版)、国寿鸿祥两全保险条款(分红型，2003版)；2004年9月30日，推出国寿裕鑫两全保险(分红型，2009年10月1日停售)；2006年1月1日，推出国寿金鑫两全保险(分红型)；2007年1月1日，推出国寿穗穗红两全保险(分红型，2009年1月1日停售)；2008年8月26日，推出国寿安享一生两全保险(分红型)；2009年12月25日，推出国寿鸿盈两全保险(分红型)；2010年12月27日，推出新鸿泰两全保险(分红型)；2011年2月25日，推出国寿福满一生两全保险(分红型)、国寿福禄鑫尊两全保险(分红型)；同年5月4日，推出国寿新鸿泰金典版两全保险(分红型)；2012年8月3日，推出国寿鑫泰两全保险(分红型，2014年4月1日起停售)；2013年5月28日，推出国寿瑞鑫两全保险(分红型)、国寿附加瑞鑫提前给付重大疾病保险(2013版)、国寿附加瑞鑫长期意外伤害保险(2013版)；同年8月6日，推出国寿福禄双喜两全保险(分红型)；2015年12月11日，推出国寿乐行宝两全保险、国寿安欣无忧两全保险(分红型，2015版)。

理赔案例：

2006年5月26日，黄某某因车祸身故，其生前投保了国寿鸿丰两全保险(分红型)。中保人寿丽水分公司给付其受益人保险金12.73万元。

2008年6月13日，郑某某因患肺癌身故，其生前投保了国寿鸿泰两全保险(2003版分红型)保险。中国人寿丽水分公司给付其受益人保险金500万元。

简易人身保险

简称“简身险”。1999年6月，中国人寿保险有限公司丽水公司公司推出(经中国保监会核准备案的、总公司重新修订)简身险、简易人身保险(1997版)、简易人身保险(1998版)等。2009年，推出最后一版国寿新简易人身保险。

理赔案例：

1999年3月25日，丽水紧水滩水利发电厂发生一起重大车祸事故，单位投保简身险。中保人寿丽水分公司给付受益人保险金25.49万元。

少儿两全保险

为少年儿童成才、立业、安家提前储蓄、提供保障的一种险种。1997年12月18日，中保人寿丽水分公司推出子女教育婚嫁备用金保险(1997版)；1998年7月2日，推出独生子女两全保险(1998

版）；同年10月21日，推出子女教育婚嫁备用金保险（1998版）；1999年9月2日，推出国寿子女教育婚嫁备用金保险、国寿独生子女两全保险、国寿英才少儿保险；2000年4月10日，推出“子女教育保险（A）、（B）条款”（简称“子教险”）；2001年9月13日，推出国寿鸿运少儿两全保险（分红型）；2002年6月20日，推出适合银行、邮政等机构代理销售的国寿鸿星少儿两全保险（分红型）等险种。

成人两全保险

1998年，中国人寿保险公司丽水分公司推出99鸿福两全保险；1999年9月2日，推出国寿福瑞两全保险、国寿福馨两全保险和国寿如意两全保险等。

理赔案例：

2001年11月30日，罗某因中毒身故，其生前投保国寿福馨两全保险等保险。中保人寿丽水分公司共给付其受益人保险金16万元。

2005年1月7日，杜某某因患恶性肿瘤身故，其生前投保99鸿福两全保险等保险。中国人寿丽水分公司共给付其受益人保险金23.05万元。

投资连结险和万能寿险

1996年起，银行利率连续7次大幅度下调，寿险产品经历从储蓄型到保障型和投资型演变。随着寿险公司投资渠道不断拓宽，投资型保险“分红”“投资连结”“万能”保险产品应运而生。“分红”“投资连结”“万能”统称之投资型保险，有效地避免利率波动和通货膨胀给客户与保险人双方带来的风险，享受保险公司机构投资优势和专家理财服务，并与国际保险市场接轨。2007年12月27日，中国人寿保险股份有限公司丽水分公司推出首款万能险—国寿瑞丰两全保险 （万能型）；2013年8月6日，推出福禄瑞盈两全保险（万能型）；2015年，推出国寿瑞祥终身寿险（B款）（万能型风险保障费）、国寿康宁终身寿险（万能型）国寿康宁终身寿险（万能型）（风险保障）；同年5月1日，推出国寿瑞鑫两全保险（分红型）（典藏版）、国寿附加瑞鑫提前给付重大疾病保险（典藏版）、国寿附加豁免保险费定期寿险（典藏版）、国寿金账户两全保险（万能型）和国寿附加长期意外保障定期寿险（A款、B款、C款、D款、E款）。

终身寿险

也叫终身保险，是终身死亡保险的简称。是指被保险人无固定期限死亡的给付保险金的人寿保险。

中保人寿保险有限公司丽水分公司保险　1996年，寿险与财险分业经营时，由中国人民保险公司转入中保人寿公司的保险有终身人寿险。8月27日，中国人寿保险股份有限公司丽水分公司推出潇洒明天——增额终身保险（1996版）；1997年12月18日，推出88鸿利终身保险；1998年10月21日，推出第二代产品—88鸿利终身保险条款（98版利差返还型）；1999年6月，银行第七次降息后，潇洒明天——增额终身保险经总公司修订完善；同年6月24日，推出99鸿福终身保险（也称之为第四代产品，生存金不再有累积领取的方式）、祥瑞终身保险条款等保费低廉、保障较高的保障型险种；2008年1月1日，推出国寿金彩明天两全保险；2009年10月1日，推出国寿金彩明天两全保险（A款）（分红型）、国寿金彩明天两全保险（B款）（分红型）。

理赔案例：

1997年5月3日，刘某某和赵某因车祸身故，二人生前投保"潇洒明天"—增额终身人寿保险等保险。中保人寿丽水分公司给付其受益人保险金7.5万元。同月7日，胡某某因意外高残，其投保"潇洒明天"—增额终身人寿保险。中保人寿丽水分公司给付其保险金2万元。

1999年8月15日，陈某某因车祸截肢高残，其投保"潇洒明天"—增额终身人寿保险等保险。中保人寿丽水分公司给付保险金13.05万元，以及提供给其独生子成长书面保障12万余元。

2002年2月24日，吴某某因中毒身故，其生前投保88鸿利终身保险等保险。中保人寿丽水分公司给付其受益人保险金50万元，同时退还88鸿利终身保险所交保险费2.80万元。

2009年5月15日，陈某某因患恶性肿瘤身故，其生前投保99鸿福终身保险等保险。中保人寿丽水分公司给付其受益人保险金83.43万元。

中国平安人寿保险股份有限公司保险　1998年8月10日，推出平安康泰终身保险(1999年6月11日起停售)；1998年11月1日，推出平安福临门终身保险(1999年6月11日起停售)；2001年1月1日，推出平安鸿盛终身寿险(2005年1月24日起停售)；2012年10月1日，推出平安护身福终身寿险(2017年4月1日起停售)；2013年10月15日，推出平安平安福终身寿险(2016年9月1日起停售)。

万能产品能提供重疾、身故保障，又为投保人设立投资账户，每月结算利率。保障可调整、保单价值可领取等特点。2004年5月20日，推出平安智富人生终身寿险（2007年9月1日起停售)；2007年10月1日，推出平安智盈人生终身寿险（2011年6月1日起停售)；2011年6月1日，推出平安智胜人生终身寿险(2015年7月1日起停售)；2012年7月1日，推出平安智慧星终身寿险(2015年7月1日)；2015年7月1日，推出平安智悦人生终身寿险(2017年4月1日起停售)。

理赔案例：

2000年1月23日，梁某某因交通事故身故，其生前在平安人寿保险公司投保平安福临门终身保险附加定期保险和意外伤害保险及重疾终身保险等。平安人寿丽水中心公司给付其受益人保险金78.80万元。

2013年5月28日，应某某因交通事故身故，其生前在平安人寿保险公司投保平安智盈人生终身寿险(万能型)附加无忧意外伤害保险。平安人寿丽水中心公司给付其受益人保险金46万元。

2015年8月24日，陈某某因交通事故坠入瓯江身故，其生前在平安人寿保险公司投保平安安行两全保险(2013)附加安行意外伤害保险。平安人寿丽水中心公司给付其受益人保险金100.27万元。

定期寿险

也叫定期保险，是定期死亡保险的简称。在合同约定的期间内，被保险人如发生死亡事故，保险人依照合同规定给付保险金。定期保险的期限，通常为1年期、5年期、10年期、15年期、20年期、30年期6种，一般被保险人在合同期满时不超过65周岁。1996年，产险与财险分业经营时，转入人寿保险公司的保险业务有满期还本、企业人寿险、定期定额3种。

中保人寿保险有限公司丽水分公司保险　1999年8月，推出"祥和定期保险"(1999年版条款)、"祥运定期保险"(1999年版条款)及附加定期保险(A型、B型)，后又推出国寿团体定期寿险。

理赔案例：

2007 年 10 月 19 日，周某某因车祸身故，其生前投保祥和定期保险等保险。中保人寿丽水分公司给付其受益人保险金 43 万元。

百万身价惠民意外伤害保险

中保人寿保险有限公司丽水分公司保险 2013 年 1 月 28 日，推出《人保寿险百万身价惠民两全保险》《人保寿险附加百万身价惠民意外伤害保险》与《人保寿险附加百万身价惠民意外伤害住院定额给付医疗保险》(2017 年 4 月 1 日起停售)，具有满期返还保费、缴费期限短享受高额的身故保障、全残保障、医疗保障、以及保单贷款等特点。

第三节 人身意外伤害保险

人身意外伤害保险是指保险人对被保险人由意外伤害事故所致死亡或残废，支付医疗费用，按照合同约定给付全部或部分保险金的人身保险。1996 年，寿险与财险分业经营时，由中国人民保险公司转入中保人寿公司的保险运营业务有其他人身意外险、团体人身意外险、师生幼儿团体意外险及附加险、公旅及司乘险 4 种。

团体人身意外保险

采用集体投保方式，一年期保险死亡或残废险种。

中保人寿保险有限公司丽水分公司保险 1996 年，寿险与财险分业经营时，由中国人民保险公司转入中保人寿公司的保险有团体人身意外险。1997 年 12 月，中国人寿保险公司丽水分公司修改制订《团体人身保险条款》。1999 年 12 月，中保人寿丽水分公司推出经中国保监会核准备案、中国人寿保险公司总公司颁布的国寿团体人身意外伤害保险、建筑工程团体人身意外伤害保险、国寿执法人员团体人身意外伤害保险；2009 年，推出俗称“大绿洲”的国寿绿洲团体意外伤害保险。

理赔案例：

1997 年 6 月 17 日，矿工林某某被压身故，蜡石矿厂为矿工投保团体意外伤害保险。中保人寿丽水分公司给付其受益人保险金 5000 元。同年 9 月 4 日，青田县公安局 2 名干警因发生交通事故不幸牺牲，青田县公安局为干警投保团体意外伤害保险。中保人寿丽水分公司给付他们的受益人保险金 6 万元。

1999 年 3 月 25 日，丽水紧水滩水利发电厂发生一起重大车祸事故，单位投保团体人身意外险和意外伤害综合险。中保人寿丽水分公司给付受益人保险金 71.70 万元。

2002 年 1 月 4 日，景泰公路改造工程发生在建石拱桥重大坍塌事故，造成 8 死 15 伤，单位投保建筑工程团体人身意外伤害险。中保人寿丽水分公司给付受益人保险金 70 余万元。

个人意外伤害保险

采用个人投保方式，一年期保险死亡或残废险种。

中保人寿保险有限公司丽水分公司保险　1996年，寿险与财险分业经营时，由中国人民保险公司转入中保人寿公司的保险有其他人身意外险、师生及附加险、公旅及司乘险。

1996年，中国人寿保险公司丽水分公司推出师生平安保险（试行），随后不断进行完善学生平安保险、学生疾病住院医疗保险、学生附加意外伤害医疗保险、国寿学生、幼儿平安保险附加住院医疗保险；1997年，推出借款还贷人员安全保险；1997年10月31日，推出旅游意外保险；1999年1月15日，推出旅客意外伤害保险和建筑施工人员人身意外伤害保险；1999年9月2日，推出国寿出境人员意外伤害保险、国寿机动车驾乘人员意外伤害保险、国寿乘客人身意外伤害保险和针对家庭的有国寿全家福保险（A型）和国寿全家福保险（B型）；2007年，推出借贷人员意外伤害保险和国寿小额贷款借款人意外伤害保险，2014年对两险种进行升级；2001年，推出“吉祥卡”意外伤害综合保险；2002年，推出一系列吉祥卡；2009年，推出俗称“小绿舟”的国寿绿舟意外伤害保险；2008年6月20日，推出国寿附加绿舟意外费用补偿医疗保险、国寿附加绿舟住院费用补偿医疗保险；2011年8月15日，推出英才卡（J款）；2015年12月11日，推出国寿附加乐行宝意外伤害住院定额给付医疗保险、国寿安欣无忧特定意外保障定期寿险。

理赔案例：

1996年12月19日，客车驾驶员李某因交通事故身故并导致21名乘车人员伤亡，其单位投保了公旅险，中国人寿丽水分公司给付14.94万元保险金。

1997年8月15日和9月13日，松阳县出租车司机丁某和潘某营运时被歹徒抢劫杀害，两位被害者生前各投保了一份驾驶员意外伤害险，中国人寿丽水分公司将2份共计6万元保险金给付给他们的受益人。

1998年6月4日，华某某因车祸身故，其生前投保了人身意外伤害保险，中国人寿丽水分公司付给其受益人85019.54元保险金。

2001年3月22日，7岁陈某突发大脑出血，其投保师生平安保险50元，中国人寿丽水分公司给付其58360元保险金。

2003年9月16日，丽水市碧湖镇朗奇村发生一起集体食物中毒事件，其中有64位在校学生投保了师生平安保险，中国人寿丽水分公司给付保险金60余万元。

2004年8月12日，学生郑某某被砸伤，中国人寿丽水分公司给付其保险金5万元。

2008年7月15日，吴某在旅游途中因意外身故，其生前投保国寿旅客意外伤害保险，中国人寿丽水分公司给付其受益人保险金35万元。

2010年9月7日，陈某某被杀身故，其生前在银行贷款时投保了小额贷款借款人意外伤害保险，中国人寿丽水分公司给付其受益人保险金193.42万元。

2010年10月13日，熊某某因摔落身故，其生前投保吉祥卡和雇主为其投保了一份农民自建房人身意外伤害保险，中国人寿丽水分公司给付其受益人保险金195720元。

2011年4月9日，陶某某因车祸身故，其生前投保国寿旅客意外伤害保险，中国人寿丽水分公司给付其受益人35万元保险金。

2013年6月25日，刘某某因车祸伤残，其投保吉祥卡保险300元，中国人寿丽水分公司给付其保险金30万元。

2015年9月6日，张某某因摔落身故，其生前投保了国寿安心贷借款人意外伤害保险（2014

版),中国人寿景宁县支公司给付其受益人保险金51.20万元。

第四节 健康保险

以被保险人的身体为保险标的，保证被保险人在疾病或意外事故所致伤害时的费用或损失获得补偿的一种人身保险,包括医疗保险、住院医疗保险、收入损失保险、重大疾病保险、手术保险及生育保险。1996年,寿险与财险分业经营时,由中国人民保险公司转入中保人寿公司的两全保险有学生疾病住院险、疾病住院险。

住院医疗保险

被保险人因疾病或遭受意外伤害事故需要治疗时，由保险人给付医疗保险金的保险。1996—1999年,主要销售医疗保险有长期人身险附加疾病住院医疗保险、成人住院医疗保险、学生幼儿疾病住院医疗保险。

中保人寿保险有限公司丽水分公司保险　1999年12月起,中国人寿保险公司丽水分公司执行中国保监会核准备案、中国人寿保险公司总公司颁布的国寿学生、幼儿平安保险附加住院医疗保险条款及附加意外伤害医疗保险条款,附加意外伤害医疗保险,主要承担被保险人自意外伤害事故发生之日起90日以内所支出的医疗费用,按门诊和住院、年度等治疗方式给付医疗保险金。

1999年12月,中国人寿保险公司丽水分公司执行经中国保监会核准备案、中国人寿保险公司总公司颁发《团体医疗保险条款》。1999年前,中国人寿保险公司丽水分公司只推出附加团体医疗保险和地方性直销的短期性意外医疗保险;2000年,推出职工团体补充医疗保险,其保险对象为凡已参加社会基本医疗保险的机关、企事业单位及社会团体均可作为投保人,为年满16周岁以上全体在职和退休职工(不含离退休、残废军人)投保此险;2006年1月,推出国寿团体补充医疗保险(基金型)。

医疗费用保险

1999年起,中保人寿保险有限公司丽水分公司保险先后推出附加意外伤害医疗费用保险、附加意外伤害生活津贴保险、附加住院医疗生活津贴保险、附加住院医疗补贴金保险、附加补偿金保险和住院医疗津贴保险等险种产品,其中附加意外伤害医疗费用保险较受广大群众欢迎。该险种是一年期及一年期以下短期性主险的附加险,在有效期内,被保险人无论一次或者多次遭受主险所述的意外伤害事故,符合指定的医疗机构和规定报销范围的医疗费用,在扣除免赔额后,按保额内80%比例给付医疗保险金。保额最低1000元,最高5万元,保险费按《职业分类表》有关规定费率标准计算。

重大疾病保险

分为重大疾病终身保险和重大疾病定期保险。重大疾病终身保险是终身健康险,重大疾病定期保险是定期保险。重大疾病保险的责任是在合同生效或复效180天后,负责给付合同载明的十种疾病或因疾病、意外造成身故的保险金。

中保人寿保险有限公司丽水分公司保险　1997年4月，推出重大疾病终身保险和重大疾病定期保险（1996年版）；1998年，推出两险的第二代产品（1997年版）；1999年，推出两险的第三代产品（1998年版条款，利差返还型）和附加重疾险、团体重疾险、关爱生命女性疾病保险A、B等险种；2004年，推出国寿康恒重大疾病保险、国寿康裕重大疾病保险，2007年修订国寿康恒重大疾病保险、国寿康裕重大疾病保险及国寿团体重大疾病保险；2008年5月30日，推出国寿附加绿舟团体重大疾病保险；2008年6月20日，推出国寿附加绿舟重大疾病保险；2009年后，推出附加险类重大疾病保险，并不断修订、完善病种；2009年10月1日，推出国寿附加鸿康提前给付重大疾病保险；2009年12月12日，推出国寿附加福禄双喜提前给付重大疾病保险和国寿附加豁免保险费重大疾病保险（A款）；2011年12月22日，推出国寿附加安欣无忧提前给付重大疾病保险；2009年10月1日，推出附加康友重大疾病保险；2011年12月22日，推出国寿安欣无忧长期意外伤害保险；2012年6月6日，推出国寿康欣终身重大疾病保险；2013年6月25日，推出国寿关爱银行职员定期疾病保险；2014年5月9日，推出国寿防癌疾病保险。

理赔案例：

2012年10月30日，阙某患重大疾病，其单位曾为员工投保团体重大疾病保险。中保人寿丽水分公司给付保险金30万元。

中国平安人寿保险股份有限公司保险　被保险人经医院确诊初次发生合同中载明的重大疾病，本公司按照合同订立的保险金额支付保险金。2002年1月1日，平安人寿保险股份有限公司推出平安康乃馨终身女性重大疾病保险（2003年7月1日起停售）；2002年1月1日，推出平安常青树终身男性重大疾病保险（2003年7月1日起停售）；2003年1月19日，推出平安康顺终身女性重大疾病保险（2005年1月24日起停售）；2003年1月19日，推出平安康盛终身男性重大疾病保险（2005年1月24日起停售）；2006年1月9日，推出平安康瑞终身重大疾病保险（2007年1月1日起停售）；2014年10月30日，推出平安康寿宝恶性肿瘤疾病保险（2018年12月31日起停售）。

理赔案例：

2015年1月27日，林某某患甲状腺癌，因其在平安人寿保险公司投保了平安附加智盈人生提前给付重大疾病保险、平安附加护身福重大疾病保险和平安附加豁免保险费重大疾病保险(C,2012)，平安人寿丽水中心公司给付其受益人保险金40.026万元，并豁免保费18.90万元。

生育保险

被保险人在妊娠、分娩、节育时，因意外事故而致残或死亡，保险人负责给付保险金。

1998年，中保人寿保险有限公司丽水分公司保险为配合"计划生育"政策、保护妇幼身体健康，中保人寿丽水分公司推出计划生育定期定额保险；1999年9月2日，推出国寿团体女性安康保险；2002年7月15日，推出国寿计划生育妇幼幸福健康保险；2008年9月28日，推出国寿计划生育家庭意外伤害保险；2009年10月1日，推出国寿计划生育手术安康意外伤害保险和国寿女性安康团体疾病保险，同时修订国寿计划生育妇幼幸福健康保险；2013年10月31日，对国寿计划生育家庭意外伤害保险和国寿计划生育妇幼幸福意外伤害保险再次进行修订完善；2014年6月27日，推出国寿附加鑫易宝意外身故定期寿险。

第六编 证券 期货 信托投资

证券公司是指专门从事各种有价证券经营及相关业务的金融机构，一般是专指证券经营公司，是经主管机关批准并得到有关工商行政管理局营业执照后专门经营证券业务的机构。独立证券公司是专门从事有价证券买卖的法人企业，分为证券经营公司和证券登记公司，具有证券交易所会员资格，可以承销发行、自营买卖或自营兼代理买卖证券。普通投资人的证券投资都要通过证券公司来进行交易。

丽水市投资市场起步较晚，市民投资以个人储蓄和民间集资为主。1993年11月，经中国人民银行浙江省分行批准，建设银行浙江省信托投资公司丽水证券交易营业部(中国银河证券股份有限公司丽水证券营业部前身)成立。主要业务有：股票代理交易和国债发行、兑付及自营买卖。

20世纪90年代初，丽水证券市场得到快速发展。1995—1999年，建设银行浙江省信托投资公司丽水证券营业部在庆元、龙泉、遂昌、青田设立代理处4家，在丽水地区内初步建立和形成方便、快捷的投资证券网络。2007年1月至2010年11月，全市先后成立中国银河证券股份有限公司丽水证券营业部、浙商证券营业部、中信金通丽水营业部和财通证券丽水营业部。2015年，全市新开户合计44015户。

至2015年12月，丽水市共有银河证券、浙商证券、中信证券、财通证券、海通证券等券商机构，设立证券营业部20家，其中莲都区7家。

期货市场起步较晚。2011年，丽水开始有期货机构入驻经营。

第一章 证券 期货 信托投资机构

证券、信托市场发展初期，证券业服务主要由信托投资公司、银行下属机构等提供。随着改革开放的步步深入，丽水市证券、信托经营机构从无到有、从小到大，分业经营更加明晰，市场管理更加规范。2001 年，关闭信托公司 1 家。2015 年年末，共有证券经营公司在丽水市区设立营业机构 4 家，期货公司设有营业点 4 家。

第一节 证券机构

中国银河证券股份有限公司丽水证券营业部(简称银河证券丽水营业部)

1993 年 11 月，成立中国建设银行浙江省信托投资公司丽水证券交易营业部。主营业务：办理股票代理和国债发行、兑付及自营买卖。营业地址设在丽水市中山街 365 号。1995 年 6 月，设立庆元、龙泉、遂昌 3 个代理处。

中国银河证券丽水营业部

1997 年，银证分离，中国建设银行浙江省信托投资公司丽水证券交易营业部由中国信达信托投资公司转接，成立中国信达信托投资公司丽水证券营业部。主营业务：有价证券代理发行，交易及经人民银行批准的其他业务。营业地址设在浙江省丽水市中山街 433 号。1998 年，开通网上交易和远程委托业务，并与工、农、中、建 4 家国有商业银行合作开办银行证券保证金划转业务，方便投资者资金存取。1999 年，增设青田代理处。

2000 年 6 月，中国信达信托投资公司丽水证券营业部整体划拨给中国银河证券有限责任公司，更名为中国银河证券有限责任公司丽水证券营业部。主营业务：证券代理买卖、代理还本付、分红派息；证券代保管、签证；代理登记开户。营业地址设在丽水市大洋路375号。2001年2月，开通B股交易业务。内设交易部、综合部、营销部、理财部4部。

2007年1月，中国银河证券有限责任公司丽水证券营业部更名为中国银河证券股份有限公司丽水证券营业部。业务范围：证券经纪；证券投资咨询；证券投资基金销售；与证券交易、证券投资活动有关的财务顾问；代销金融产品；融资融券等。营业地址未变动。内设总经理室、运行管理部、理财服务部、市场营销部一室三部。2010年7月至8月相继开办期货中间介绍业务（IB业务）和融资融券业务。2013年5月22日，中国银河证券股份有限公司在香港联合交易所上市。2015年5月，完成H股配售。

根据客户不同需求，丽水证券营业部适时推出鑫易雨、鑫新雨、港股通，个股期权、股权质押、新三板等特色股权业务。大力发展融资融券业务；针对风险测评保守型客户推出金自来、水星、珠联璧合、天天利系列、金山银河系列等固定收益类理财产品。

1993—2015年银河证券丽水营业部机构及负责人任职一览表

表6-1-1

机构名称	成立或变更时间	经理或总经理	
		姓 名	任 期
中国建设银行浙江省信托投资公司丽水证券交易营业部	1993年11月	楼 群	1993年11月至1997年
中国信达信托投资公司丽水证券营业部	1997年	舒有明	1997年月至2000年6月
中国银河证券有限责任公司丽水证券营业部	2000年6月	舒有明	2000年6月至2007年1月
中国银河证券股份有限公司丽水证券营业部	2007年1月	舒有明	2007年1月至2015年5月
中国银河证券股份有限公司丽水证券营业部	2015年5月	谢剑虹	2015年5月起

2006—2015年银河证券丽水营业部沪、深业务经营情况表

表6-1-2

年份	新开户数（户）	保证金总额（万元）	交易额（亿元）	实现收入（万元）	利润总额（万元）
2006	714	6633.21	142.60	3670.97	2445.30
2007	9866	51352.18	939.96	20753.45	16909.85
2008	2456	49454.83	628.73	13033.12	10042.98
2009	4129	80049.43	1003.68	17022.36	13351.14
2010	5213	84718.04	582.46	5530.67	4166.89
2011	2500	21817.18	369.42	2891.12	1738.58
2012	825	20279.96	265.67	2212.29	1236.93
2013	779	17142.67	287.65	3062.78	1888.78
2014	2091	36070.80	553.45	4017.22	2729.24
2015	10751	44490.89	1820.04	11240.40	8305.39

1993—2015 年银河证券丽水营业部从业人员结构情况表

表 6-1-3 单位：人

年份	总人数	其中：女	年龄结构			学历结构			职称结构		
			30 周岁以下	31—50 周岁（含 50 周岁）	50 周岁以上	中专或高中及以下	专科或本科	研究生	初级	中级	高级（含副高）
1993	12	5	10	2	—	6	6	—	10	—	—
1997	17	10	11	6	—	14	3	—	15	2	—
2000	27	16	15	12	—	22	5	—	21	6	—
2005	26	16	2	24	—	2	24	—	13	6	—
2010	21	11	6	13	2	1	20	—	13	2	—
2015	20	13	4	13	3	1	19	—	13	2	—

浙商证券股份有限公司丽水分公司（简称浙商证券丽水分公司）

1998 年 2 月 12 日，初创丽水市信托投资公司证券交易营业部。2002 年 6 月 18 日，改组为金信证券有限责任公司丽水丽阳路证券营业部(简称金信证券)。营业地址均设在丽水市丽阳街 199 号。2003 年 7 月 18 日，营业地址改设于丽水市大众街 1 号。2006 年，重组更名为浙商证券有限责任公司丽水大众街证券营业部(简称浙商证券)。2008 年 12 月 26 日，内设营销部、客服部、运保部；营业地址改设于丽水市莲都区花园路 581 号阳光商务大厦二、三层。2011 年 6 月，调整为运营保障中心、财富管理中心。2012 年 10 月 22 日，改制为浙商证券股份有限公司丽水花园路证券营业部。2015 年 6 月 26 日，浙商证券股份有限公司成功在上海证券交易所主板挂牌上市 (股票代码 601878)，成为浙江首家本土上市券商。10 月，由浙商证券股份有限公司丽水花园路证券营业部升级成立浙商证券股份有限公司丽水分公司(简称浙商证券丽水分公司)。内设机构更改为运营管理部、机构业务部、财富管理服务中心。浙商证券股份有限公司丽水分公司是丽水地区首家券商分公司。公司总部位于浙江杭州，注册资本 30 亿元。

浙商证券股份有限公司丽水分公司现设有机构业务部、财富管理部、运营管理部，下设本级经纪业务部和缙云溪滨北路营业部、松阳长松路营业部、青田华庭街营业部、云和解放东街营业部 5 家营业网点。扎根丽水近 20 年的浙江本土券商分支机构，始终致力于服务丽水辖区各县(市)的实体经济建设以及广大客户日益增长的财富保值、增值管理需求，为客户提供证券经纪、资产管理、融资融券、投资咨询、期货 IB、期权、财务顾问等全方位、多层次、宽领域的综合投融资服务和产品，曾先后被上海证券交易所评为“蓝筹市场创新业务宣传先进营业部”，被浙江证券业协会评为“浙江证券业诚信示范营业部”，并连续荣获丽水市人民政府颁发的“丽水市金融机构支持地方经济发展”荣誉奖项。

1998—2015 年浙商证券股份有限公司丽水分公司负责人任职一览表

表 6-1-4

机构名称	成立时间	法定代表人	
		姓　名	任　期
丽水市信托投资公司证券交易营业部	1998 年 2 月 12 日	邢志良	1998 年 2 月至 2002 年 6 月

续表 6-1-4

机构名称	成立时间	法定代表人	
		姓　名	任　期
金信证券有限责任公司丽水丽阳路证券营业部	2002年6月18日	楼伟亮	2002年6月至2005年8月
金信证券有限责任公司丽水大众街证券营业部	2003年7月18日	傅星浩	2005年8月至2006年8月
浙商证券有限责任公司丽水大众街证券营业部	2006年8月25日	郑剑勇	2006年8月至2009年9月
浙商证券有限责任公司丽水花园路证券营业部	2008年12月26日	王汇涛	2009年9月至2011年6月
浙商证券股份有限公司丽水花园路证券营业部	2012年10月22日		
浙商证券股份有限公司丽水分公司	2015年10月29日	应文敏	2011年6月起

浙商证券丽水分公司所辖分支机构一览表

表 6-1-5

机构名称	成立时间	营业地点
金信证券有限责任公司永康九铃东路证券营业部缙云证券服务部	2002年8月5日	缙云县五云镇迎晖路26号
金信证券有限责任公司丽水大众街证券营业部缙云证券服务部	2005年8月22日	
浙商证券有限责任公司丽水花园路证券营业部缙云证券服务部	2009年6月22日	缙云县五云镇溪滨北路104号
浙商证券有限责任公司缙云溪滨北路证券营业部	2009年12月24日	
浙商证券股份有限公司缙云溪滨北路证券营业部	2012年11月1日	
浙商证券有限责任公司云和解放东路证券营业部	2011年11月16日	云和县同心水境佳苑9幢201室
浙商证券股份有限公司云和解放东街证券营业部	2012年1月17日	
浙商证券有限责任公司青田华庭街营业部	2012年1月29日	青田县鹤城镇华庭街16、18、20号
浙商证券股份有限公司青田华庭街营业部	2012年10月25日	
	2014年6月9日	青田县鹤城街道华庭街20号
	2015年1月26日	
浙商证券有限责任公司松阳长松路营业部	2012年1月30日	松阳县西屏镇长松路26、28号
浙商证券股份有限公司松阳长松路营业部	2012年10月19日	

2008—2015年浙商证券丽水分公司沪、深交易情况表

表 6-1-6　　　　单位：万元

年　份	期末指定与托管证券市值	证券交易金额
2008	101200	1503100

续表 6-1-6

年 份	期末指定与托管证券市值	证券交易金额
2009	263100	6855100
2010	319700	8130000
2011	130009	4618327
2012	131848	3349117
2013	167026	4734244
2014	256972	6657359
2015	510279	20020438

2008—2015 年浙商证券丽水分公司从业人员结构情况表

表 6-1-7　　单位：人

年份	总人数	其中：女	年龄结构			学历结构			职称结构		
			30 周岁以下	31—50 周岁（含 50 周岁）	50 周岁以上	中专或高中及以下	专科或本科	研究生	初级	中级	高级（含副高）
2008	25	13	14	11	—	2	23	—	1	1	—
2010	23	14	13	10	—	—	23	—	1	1	—
2012	32	13	18	14	—	—	31	1	1	1	—
2015	36	20	18	18	—	—	34	2	2	1	—

说明：因分支机构独立核算，本表数据仅为丽水本级员工（不含经纪人）

中信证券股份有限公司丽水寿尔福路证券营业部（简称中信证券丽水营业部）

2009 年 11 月 9 日，获准成立中信金通有限责任公司丽水寿尔福路证券营业部并试营业（简称中信证券丽水营业部）。2010 年 1 月 8 日，正式开业，坐落于寿尔福路 445 号的飞鹤大厦一、八层。中信证券丽水营业部现设有市场拓展部、运营管理部和合规部。营业部始终秉承“与客户共同成长”的经营理念，坚持以客户为中心，勤奋务实，锐意进取。具有舒适宽敞的服务环境、先进安全的交易系统、为各类个人投资者和机构投资者提供专业的综合化金融服务，用专业创造价值。2012 年 1 月，公司更名为中信证券（浙江）有限责任公司丽水寿尔福路证券营业部。2015 年 11 月 9 日，改为中信证券股份有限公司丽水寿尔福路证券营业部。核准业务范围：证券经纪，证券投资咨询，证券投资基金代销，融资融券，代销金融产品，与证券交易、证券投资活动有关的财务顾问，为期货公司提供中间介绍业务，证券承销与保荐（仅限项目承揽、项目信息传递与推荐、客户关系维护等辅助工作），证券资产管理（仅限项目承揽、项目信息传递与推荐、客户关系维护等辅助工作）。

2009—2015 年中信证券丽水营业部负责人任职一览表

表 6-1-8

机构名称	成立或变更时间	法定代表人	
		姓 名	任 期
中信金通有限责任公司丽水寿尔福路证券营业部	2009 年 11 月	杨巧武	2009 年 11 月至 2011 年 4 月

续表 6-1-8

机构名称	成立或变更时间	法定代表人	
		姓　名	任　期
中信证券(浙江)有限责任公司丽水寿尔福路证券营业部	2012 年 1 月	吴剑锋	2009 年11 月至 2012 年 3 月
中信证券股份有限公司丽水寿尔福路证券营业部	2015 年 11 月	刘先军	2012 年 3 月至 2016 年 12 月

2010—2015 年中信证券丽水营业部主营业务情况表

表 6-1-9

年 份	固定资产(万元)	全年完成 A 股交易量(亿元)	实现营业收入(万元)
2010	189	185	614
2015	212	619	2959

2010—2015 年中信证券丽水营业部从业人员结构情况表

表 6-1-10　　单位:人

年份	总人数	其中:女	年龄结构			学历结构			职称结构		
			30 周岁以下	31—50 周岁(含 50 周岁)	50 周岁以上	中专或高中及以下	专科或本科	研究生	初级	中级	高级(含副高)
2010	61	39	38	23	—	5	56	—	—	—	—
2015	35	24	7	28	—	—	35	—	—	—	—

财通证券股份有限公司丽水北苑路证券营业部(简称财通证券丽水营业部)

2010 年 9 月 15 日,经中国证监会批准,成立财通证券股份有限公司丽水北苑路证券营业部(简称财通证券丽水北苑路营业部),并开业。核准营业范围:证券投资咨询、证券投资基金代销、为期货公司提供中间业务介绍业务、融资融券、代销金融产品。营业地址设在丽水市莲都区北苑路 198 号 301 室。营业部内设综合管理部、财富管理部、创新业务部、营销服务部四部。2013 年 9 月 2 日,成立财通证券股份有限公司所辖分支机构丽水市景宁人民中路证券营业部;营业地址设在丽水市景宁畲族自治县人民中路 77 号。

2010—2015 年财通证券丽水营业部负责人任职一览表

表 6-1-11

机构名称	成立或变更时间	法定代表人	
		姓　名	任　期
财通证券股份有限公司丽水北苑路证券营业部	2010 年 9 月	林　阳	2010 年 9 月至 2013 年 9 月

2013—2015 年财通证券丽水营业部分支机构一览表

表 6-1-12

机构名称	成立时间	营业地址
财通证券股份有限公司丽水景宁人民中路证券营业部	2013 年 9 月	丽水市景宁畲族自治县人民中路 77 号

2010—2015 年财通证券丽水营业部业务经营情况表

表 6-1-13

年份	新开户数（户）	保证金总额（万元）	交易额（万元）	营业收入（万元）	利润总额（万元）
2010	213	742.16	2909.34	3.11	-148.37
2011	5700	2033.93	232825.10	210.89	-438.34
2012	937	1352.76	434281.59	389.20	-340.93
2013	467	1275.75	1239238.69	687.93	-257.74
2014	718	6644.41	1724470.02	879.14	-57.66
2015	6138	7766.29	4494012.71	2332.70	462.05

2010—2015 年财通证券丽水营业部及所辖分支机构从业人员结构情况表

表 6-1-14　　单位：人

年份	总人数	其中：女	年龄结构			学历结构			职称结构		
			30 周岁以下	31—50 周岁（含 50 周岁）	50 周岁以上	中专或高中及以下	专科或本科	研究生	初级	中级	高级（含副高）
2010	28	13	22	6	—	3	25	—	—	—	—
2015	17	8	8	9	—	—	17	—	—	—	—

第二节　期货机构

浙商期货有限公司丽水营业部（简称浙商期货丽水营业部）

2011 年 6 月 3 日，经中国证券监督管理委员会和浙江省工商行政管理局批准，建立浙商期货有限公司丽水营业部。核准营业范围为商品期货经纪、金融期货经纪。营业地址设在丽水市莲都区北苑路 198 号 201-3、202-2 室。

2010—2015 年浙商期货丽水营业部负责人任职一览表

表 6-1-15

机构名称	成立时间	经理	
		姓名	任期
浙商期货有限公司丽水营业部	2011 年 6 月	刘少伟	2011 年 6 月至 2013 年 5 月
		胡　明	2013 年 5 月至 2014 年 3 月
		林　鑫	2014 年 3 月至 2015 年 8 月
		张伊丽	2015 年 8 月起

2011—2015 年浙商期货丽水营业部从业人员结构情况表

表 6-1-16　　单位：人

年份	总人数	其中：女	年龄结构			学历结构			职称结构		
			30 周岁以下	31—50 周岁（含 50 周岁）	50 周岁以上	中专或高中及以下	专科或本科	研究生	初级	中级	高级（含副高）
2011	22	14	14	7	1	—	21	1	—	4	1
2015	40	26	26	13	1	1	38	1	2	8	1

中大期货有限公司丽水营业部（简称中大期货丽水营业部）

2015 年 4 月 2 日，经中国证券监督管理委员会和浙江省工商行政管理局批准，建立中大期货有限公司丽水营业部。核准营业范围为商品期货经纪、金融期货经纪、基金销售，依法需经批准项目，经相关部门批准后方可开展经营活动。营业地址设在丽水市莲都区囿山路 607 号、609 号、611 号。经理：陈春晓（2015 年 4 月起）。2015 年年末，有从业人员 11 人；年龄结构：30 岁以下 3 人，31—50 岁 8 人；学历结构：中专或高中及以下 2 人，专科或本科 9 人。其主营业务营业收入 50.1 万元，其中商品期货手续费 21.5 万元，占营业收入 42.91%；金融期货手续费 28.6 万元，占营业收入 57.09%。

大越期货股份有限公司丽水营业部（简称大越期货丽水营业部）

2013 年 4 月 26 日，经中国证券监督管理委员会和浙江省工商行政管理局批准，成立浙江大越期货经纪有限责任公司丽水营业部。2013 年 5 月，更名为大越期货有限公司丽水营业部；2015 年 12 月，更名为大越期货股份有限公司丽水营业部。核准营业范围为商品期货经纪、金融期货经纪，依法须经批准的项目，经相关部门批准后方可开展经营活动。营业地址设在丽水市莲都区飞鹤大厦 16 楼。经理：沈翔（2013 年 4 月起）。

2013—2015 年大越期货有限公司丽水营业部从业人员结构情况表

表 6-1-17　　单位：人

年份	总人数	其中：女	年龄结构			学历结构			职称结构		
			30 周岁以下	31—50 周岁（含 50 周岁）	50 周岁以上	中专或高中及以下	专科或本科	研究生	初级	中级	高级（含副高）
2013	8	1	3	5	—	—	8	—	—	—	—

续表 6-1-17　　单位：人

年份	总人数	其中：女	年龄结构			学历结构			职称结构		
			30 周岁以下	31—50 周岁（含 50 周岁）	50 周岁以上	中专或高中及以下	专科或本科	研究生	初级	中级	高级（含副高）
2015	5	2	1	4	—	—	5	—	—	—	—

大地期货有限公司丽水营业部（简称大地期货丽水营业部）

2015 年 12 月 22 日，经中国证券监督管理委员会和浙江省工商行政管理局批准，建立大地期货有限公司丽水营业部。核准营业范围为商品期货经济、金融期货经济。营业地址设在丽水市莲都区万丰北路 72 号 1501 室、1502 室。经理陈杨杰（2015 年 12 月起）。2015 年年末，有从业人员 7 人，其中女 1 人；年龄结构：30 周岁以下 1 人，30—50 周岁（含 50 周岁）6 人；学历结构：专科或本科 7 人。

第三节　信托机构

1986 年，中国人民银行发布《金融信托投资机构管理暂行规定》，信托机构只在大中城市建立，并需具备确为经济发展所需要、具备合格身份素质的金融业务干部、符合经济核算原则、具有组织章程、具有法定的最低实收人民币资本限额等条件。信托机构是受托经营信托投资业务的经营单位。金融信托机构属于整个金融体系的重要组成部分。1991 年，成立丽水地区信托投资公司经济实体单位。1997 年，丽水地区开始正式介入股票代理买卖等业务。

丽水地区信托投资公司

1991 年 3 月 15 日，经中国人民银行批准成立丽水地区信托投资公司（以下简称公司），为合资金融企业，公司实行独立核算、自主经营、自负盈亏，照章纳税，是具有法人地位的经济实体。行政上隶属于丽水地区行政公署，业务上接受中国人民银行丽水地区分行管理，并在董事会领导下实行总经理负责制。同年 7 月，正式开业。营业地址设在丽水市（莲都区）中山街 267 号。

公司经营宗旨：根据丽水地区经济发展的需要，遵照国家金融方针、政策、法律和法规，运用信托投资手段，为繁荣发展丽水地区经济和为客户提供优质的金融服务。

公司的注册资本金为人民币 9000 万元。公司内部设有总经理室、办公室，金融业务部、房地产经营部、计划财务部、证券交易部。具体办理《金融信托投资机构管理暂行规定》的信托存款及委托存款、信托投资和信托贷款、委托投资与委托贷款、融资性租赁、经营房地产投资和仓储、代理资财保管与处理、代理收付、证券发行及转让人民币债务担保和见证经济咨询等业务和人民银行批准的其他业务。

信托投资公司

1997 年 10 月 27 日，丽水地区信托投资公司证券交易营业部获准筹建异地股票代理买卖业务。

1998 年 1 月 21 日，浙江省丽水地区信托投资公司获准成为深圳证券交易所会员。2 月 12 日，在丽水地区工商局登记注册，正式获准证券交易经营。主要经营债券代理发行、代理买卖、代保管、鉴证和过户，代理还本付息，以及经总公司授权并经人民银行核准的其他业务，为客户提供产品咨询，技术支持及售后服务。法定代表人为邢志良。办公地址设于丽水市丽阳街 199 号，有员工 25 人。

信托清理整顿

2002 年，根据中国人民银行总行和证监会有关信托整顿及信托公司所属证券资产处理的有关文件精神，并经中国证监会证监机构字〔2002〕号批准，经双方友好协商，达成金信证券有限责任公司收购丽水市信托投资公司所属丽水证券交易营业部和上海宜山路证券交易营业部的经营性资产及商誉事宜协议。以 2001 年 4 月 30 末为审计评估基准日，以 2001 年 12 月 31 日为收购基准日，在 2001 年 12 月 31 日以后，金信证券有限责任公司享有丽水市信托投资公司所属丽水证券交易营业部和上海宜山路证券交易营业部的经营权及所有权。

第二章　证券　信托业务

证券、信托市场是股票、债券、基金、期货合约及其他金融衍生工具发行和交易的市场，是现代金融体系的重要组成部分。改革开放后，丽水的证券、信托市场从地方的、自发的、不规范的市场发展为先行探索性质。20 世纪 90 年代，才开始融入全国的统一的、规范的市场。企业直接融资从在地方市场上发行股票、债券发展到在全国性的股市、债市上融资。

第一节　股　票

股票沿革

清朝后期，丽水地域内设立各类证券发行与股份公司。北洋政府时期，证券发行与股份运作有所发展。民国中期(20 世纪 30 年代前期)，丽水地域的股票发行主要以郑宝琳燧昌火柴厂和普明电厂为代表，各地山货、木材贩运有参股运作行为。中华人民共和国成立前，证券业务主要是代理公债、公司股票。各行业较为普遍地以股份制形式设立公司和发展其他经济实体。

中华人民共和国成立初期，金融机构主要以代理发行国家债券为主。为恢复和发展经济，丽水经济实体以现金、实物或以实物折合现金等形式，在一定经济实体范围内发行股票。1954 年 9 月，政务院颁布《公私合营工业企业暂行条例》，对公私合营企业的股份经营管理与分配，董事会和股东会等，逐步完成社会主义改造进行规定，对各类原有股份公司及经济实体，以公私合营等方式进行改造。此后，国家实行计划经济体制，股票发行与股份公司设立形式均停止。

20世纪70年代末，国家实行改革开放，企业先后实行扩大生产经营自主权，厂长(经理)负责制，承包经营责任制等项目改革。没有真正解决权责不分明，产权不清晰等新出现问题，特别是国有集体企业自主经营，自我发展的活力并未发挥出来。80年代开始，国家逐步放开资本市场，金融机构代理发行国家、地方和企业债券、国库券等，资本市场更多发行的是各种股权类证券。为推动经济体制改革，适应经济发展对资金的需求，丽水地区逐步出现以企业内部集资和社会集资方式筹集资金发展生产的现象，这些筹集资金的方式多数具有集资、合作的性质，发行形式、范围不一，以各种集资券、股金券、股权证为主，形式呈现多样化。

为探索建立现代企业制度和筹集更多的发展资金，开始发行企业股票。20世纪90年代，大量股份有限公司设立初期，主要委托相关金融机构和信托投资公司代理。其后，公司股票主要由专业证券经营机构承销。股份有限公司设立并发行股票后，具备条件的公司，股票在上海、深圳和境外证券交易所上市，成为上市公司。上市公司以公司制为基础设立以其股票依法公开发行并在证券交易所上市交易为基本特征。上市公司建立以股东大会，董事会，监事会和经理层为主的法人治理结构。健全内部控制制度，提高运营的透明度，加强对高级管理人员及员工的激励和约束，以增强核心竞争力和盈利能力。上市公司在发展中注重资本运作，适时进行市场化的资产重组，推进股权分置改革。至2010年，丽水市内有凯恩股份、方正电机等上市公司，已成为丽水区域内经济运行中具有明显发展优势的企业标杆，是资本市场投资价值源泉的组成部分。

2004年6月8日，遂昌县的浙江凯恩特种材料股份有限公司获准发行人民币普通股A股3000万股。同年7月5日，在深圳证券交易所挂牌交易，实现丽水市上市公司股票挂牌交易零的突破。

投资品种 1993年开始，丽水地区开始代理沪、深市场股票交易和国债发行、兑付及自营买卖。逐步发展到人民币特种股票(B股)交易、股指期货、期货代理、融资融券业务等新业务。

交易方式 1993年开始，以人工填单、人工报单的方式为投资者代理交易。1996年，发展到以电话委托方式。1997年，发展到无纸化交易和电脑自动撮合的交易方式。1998年，开始以网上交易和远程委托业务，使投资者的投资渠道更加便捷。

在数据接收方面，以最初拨号上网接收数据，发展到单向和双向卫星通信系统、数字式数据传输网(DDN网)的通信网络，体现证券投资市场的高速发展。

资金存取 1993—1996年，银河证券丽水营业部以柜面方式进行现金存取。1997年，与丽水地区辖内的工行、农行、中行、建行4家商业银行合作，开办银行证券保证金“一对多”划转业务，取消现金存取柜台，全部客户通过银证转账方式存取资金。2007年，证券市场全面开展“第三方存管”业务。证券公司将客户交易结算资金(俗称保证金)独立于自有资金，交由独立于证券公司的第三方存管机构存管，银行负责客户交易结算资金的存管，为投资者提供银证转账、客户交易结算资金存取及查询资金变动等功能。

资本市场发展

有价证券发行，为丽水经济发展提供更多的融资渠道，加快市场经济建设的步伐。

自1990年上海交易所成立以来，作为资本市场核心，股票市场经过20多年的发展，在筹集企业发展所需资金、改善企业融资结构、优化社会资源配置、促进经济发展等方面起到十分重要的作用。

股票规模　至2015年12月31日，在沪深交易所上市公司有3485家。在新三板挂牌上市公司有11627家，共计有公众公司15112家，其中浙江省有上市公司415家、新三板公司1031家，公众公司合计1446家。丽水市有上市公司3家，新三板公司24家，公众公司合计27家。

此外，2015年3月24日，丽水市在纳斯达克上市企业1家，为碳博士控股。丽水市27家公众公司分布在7个县(市、区)。其中，市本级8家，遂昌县6家，缙云县5家，青田县3家，庆元县2家，龙泉市、松阳县、云和县各1家。

2015年浙江省公众公司分布的上市公司一览表

表6-2-1　　单位：家

市　别	上市公司数量	新三板公司数量	公众公司数量
杭州市	128	382	510
宁波市	73	156	229
绍兴市	54	85	139
嘉兴市	35	76	111
台州市	49	60	109
湖州市	22	76	98
温州市	19	70	89
金华市	26	59	85
衢州市	5	35	40
丽水市	3	24	27
舟山市	1	8	9
全省合计	415	1031	1446

股票市场规模　至2015年12月31日，丽水市有在沪深交易所上市公司3家，在新三板挂牌上市公司24家，合计在国内有公众公司27家。在纳斯达克上市企业1家。

27家公众公司主要分布在7个县(市、区)，其中市本级占30%。公众公司行业分布以机械设备和轻工制造为主。融资方面，公众公司IPO募资总额为7.24亿元，再融资总额为27.66亿元，银行贷款方式主要以短期借款为主。丽水市公众公司股本普遍偏小。

财务盈利能力方面，丽水市公众公司营业收入稳步增长。2015年，财务盈利同比增速为20.01%，净利润同比增长28.1%，增长指标高于全国平均水平，平均每股收益为0.22元。净资产收益较2014年有所提高，毛利率则有所降低。

营运能力方面，丽水市股金总资产周转率高于全省平均水平，流动资产周转率较2014年有所上升，存货周转率和营收账款周转率则低于全省平均水平。

偿债能力方面，资产负债率平均为28.85%，较2014年上升1.82个百分点，远远低于70%的警戒线，流动比率较2014年有所下降，速动比率则有所上升。

2015年，丽水市公众公司总资产规模较2014年增长14.95%，净资产规模增长12.06%，总市值为 205.12 亿元。全年实现现金分红的公司有 5 家，分红总额 0.64 亿元，占当年净利润总额的 18.39%。丽水市公众公司进行 3 起并购重组事件，涉及资产价值 6894 万元。方正电机、凯恩股份、巨力煌、晨龙锯床等公司在其所属行业地位突出，具有极强的竞争能力。

丽水市公众公司注重研发投入，加快新工艺攻关步伐，突破自主创新的核心技术，强化技术创新能力，增强产品核心竞争力。2015 年，公众公司研发费用占营业收入比重在 4%—8%之间；公众公司中技术人员比例较高，技术人员占比在 10%—20%之间的有 9 家，小于 10%的有 5 家。

至 2015 年年末，丽水市公众公司员工人数 10500 人，较 2014 年有所增加。丽水市公众公司积极应对，面对复杂的经济环境，在保持企业稳定增长的同时，也保证员工队伍的稳定。

股票发行与上市

中华人民共和国成立前，丽水的证券业务主要是代理公债、公司股票，1912 年国民政府成立后，政府所公债在实行银行押借认购办法，银行很少代理发行资金还本付息业务。1912—1926 年，北洋政府共发行公债 12 种，国库券 6 种，中国银行、交通银行在浙江的分支机构只代办过一次民国元年公债换发业务。

1991 年以来，丽水市抓住资本市场快速发展的机遇，实现了跨越式发展，上市公司队伍不断扩大，资本市场快速发展有力推动了经济持续稳定增长，为加快丽水经济转型升级提供了有效支持。

凯恩股份　2004 年 6 月 17 日，浙江凯恩特种材料股份有限公司的股票正式发行，成为丽水市首家上市公司。7 月 5 日，凯恩股份在深交所上市，正式成为中小企业板块中的成员。

方正电机　2007 年 12 月 12 日，浙江方正电机股份有限公司在深交所成功挂牌上市。当年方正电机发行 A 股 2000 万股，募集资金 1.3 亿元，每股发行价为 7.48 元，当日上市价高达 20 元，涨幅 167.38%。

碳博士控股　2015 年 3 月 24 日，浙江富来森中竹科技有限公司以碳博士控股公司为主体，在美国纳斯达克成功挂牌上市交易，成为丽水市第一家在境外上市的企业。上市交易数据显示：首期股票 2160 万股，发行价每股 4 美元，收盘价为 8 美元。

丽水市上市公司发行情况表

表 6-2-2

证券代码	证券名称	首发上市日期	首发募集资金(亿元)
002196.SZ	方正电机	2007-12-12	1.50
002012.SZ	凯恩股份	2004-07-05	2.11

至2015 年年末，丽水市上市公司通过资本市场再融资累计总额 24.02 亿元，平均每家再融资额 8.01 亿元，其中通过资产认购方式实现融资合计 9.32 亿元，通过现金认购方式融资合计 14.70 亿元。

丽水市上市公司融资再融资情况表

表 6-2-3

证券代码	证　券	上市日期	再融资额(亿元)	融资方式
002196.SZ	方正电机	2015-12-29	6.30	现金认购
002196.SZ	方正电机	2015-12-29	7.32	资产认购

续表 6-2-3

证券代码	证 券	上市日期	再融资额(亿元)	融资方式
002196.SZ	方正电机	2014-09-26	2.00	资产认购
002196.SZ	方正电机	2013-08-16	3.40	现金认购
002012.SZ	凯恩股份	2011-12-13	5.00	现金认购

上市公司股本规模　至 2015 年 12 月 31 日，丽水市 3 家上市公司平均总股本为 4.63 亿股，总股本较小，低于全省平均水平。从首发股本来看，2 家上市公司首发股本平均为 2.18 亿股，低于全省水平。

丽水市上市公司股本规模一览表

表 6-2-4

地 区	平均股本(亿股)	平均首发股本(亿股)
丽水市	4.63	2.18
浙江省	8.25	2.43

第二节　债券与期货

债券

短期融资券　1984 年，企业内部出现最早的债券，是企业内部机制的转化形式。部分乡镇企业、集体企业开始以“以资代劳”“以劳带资”等方式向职工筹集资金或内部职工有偿借款，形成了企业内部债券。1987 年 3 月 27 日，国务院发布《企业债权管理暂行条例》，中国人民银行对企业发行债券实行统一管理、分级审批，在中国境内具有法人资格的全民所有制企业可发行债券。中国人民银行丽水市分行根据相关规定，作为企业债券的主管部门对辖内企业债权进行审查批复。1989 年 3 月，国务院发布《关于加强企业内部集资管理的通知》，统一和规范企业内部债券管理。1994 年开始，此种债券逐步取消。

1987—1988 年，为缓解企业在银行银根紧缩后流动资金的供求矛盾，企业短期融资券在上海试点发行。1989 年，中国人民银行发布《关于发行企业短期融资债券有关问题的通知》，将该券种推向全国。集体企业和全民企业都可参照发行。1993 年，中国人民银行丽水市分行为进一步规范一级证券市场发行工作，建立企业短期融资券发行的资信评估制度。1996 年，为加强企业短期融资券发行管理，中国人民银行丽水市分行根据省分行文件精神就进一步加强全市企业短期融资券情况进行了全面调整。短期融资券余额基本实现平稳过渡，达到严格控制规模和规范管理的要求。1997 年开始，中国人民银行不再审批此种债券，企业短期融资券开始退市。

1993 年 8 月 2 日，国务院发布《企业债券管理条例》。国家对企业债券的发行规模、指标开始进行严格管理，企业债券的审批主管逐渐转移至国家发展改革委。国家开始经济整顿治理工作，虽然将企业发债主体扩大为境内全部法人企业，但这一阶段整顿力度大，发行企业债券的主体减少，逐步转向大型国有企业。

企业债券　丽水债券市场发展主要是由重点企业债券、地方企业债券和短期融资券三种构成。1989年以前，丽水地区企业债券多数是在企业的内部职工中发行，故这类债券也被称为内部债券。1989年，全区有111个单位进行内部集资。1991年，丽水开始发行企业短期融资券，以解决企业生产经营中临时性、季节性流动资金困难，年内有4家企业发债750万元。1992年，丽水地区运输公司等34家企业发行短期融资券5800万元，发债量比上年增长6.73倍。

1993年4月11日，国务院发布《关于坚决制止乱集资和加强债券发行管理的通知》。丽水地区企业债券发行得到进一步规范，同年全区发行企业债券16455万元，兑付到期企业债权3250万元。1994年，发行企业债权18100万元。1995年，发行企业短期债券1.15亿元。1996年以后，丽水地区债券停止发行。

期货

期货市场　期货市场是按达成的协议交易并按预定日期交割的交易场所或领域。现货与期货的显著区别是期货的交割期放在未来，而价格、交货及付款的数量、方式、地点和其他条件是在即期由买卖双方在合同中规定，商品及证券均可在期货市场上交易。双方买卖的商品可能在运输途中，也可能正在生产中，甚至可能还没有投入生产过程，卖者手中可能有商品或证券，也可能没有商品或证券。20世纪90年代初，期货市场在国内重建，经历两次清理和整顿。受重建期货市场学自海外的背景影响，加上国内正处在计划经济体制向市场经济体制逐步过渡的特殊时期，期货市场重建初期交易较为活跃的期货品种，除早期的外盘品种外，以受政策限制较少，现货规模较小的农产品为主，如绿豆、红小豆、咖啡等；部分工业产品一度活跃，如铜、胶合板等。2001—2007年，经过治理整顿后的期货市场进入依法规范发展阶段。上市时间较长的期货品种交易趋于活跃，包括大豆、小麦、豆粕等。新上市的品种一度吸引大量客户的关注，如玉米、燃料油、棉花等。2006年，中国金融期货交易所成立，金融股指期货酝酿推出，成为期货市场新的关注点，此后股指模拟交易持续进行，商品期货品种继续增加。2010年，沪深300指数期货推出，中国期货市场进入商品金融并重的新时期，期货市场交易规模进入高速增长阶段。

期货品种不断丰富　从期货市场重建期到2012年间，客户参与期货交易及获悉交易结算结果的方式发生巨大的变化，客户下达交易指令的方式由最初的到期货经营机构营业场所书面委托、传真委托、电话方式委托逐步过渡到网上下达交易指令，客户获悉交易结算结果的时间已由最初的长期延时逐步过渡到当日或盘中知悉。此外，客户保证金安全管理，受到监管部门的高度重视，并得到严格监控，期货投资者权益得到有效的保护。丽水市（地区）紧跟形势，部分企业和个人进入期货近期、远期交易市场。

1990年10月，以现货交易为基础，探索远期合同交易，逐步引入期货交易机制的中国郑州粮食批发市场开业，中国期货市场在改革开放中重生，催生"期货热"，期货经营机构与期货交易在丽水重现，但整体规模较小。在20多年间，期货交易品种经历早期的农产品为主，逐渐转变为后期的工业品为主和2010年后的金融期货品种为主的三个阶段。

2011年2月15日，浙商期货丽水营业部正式获准筹建，成为首家入驻丽水的专业期货公司。

6月3日，正式成立浙商期货有限公司丽水营业部。2013年4月16日，成立大越期货股份有限公司丽水营业部。2015年2月22日，成立大地期货有限公司丽水营业部。同年，成立中大期货有限公司丽水营业部。至2015年，丽水市共有4家期货公司设有营业网点。

第七编　金融稽核与管理

金融稽核与管理的主要任务是集中运用经济、行政和法律手段，监督管理检查金融机构各项业务、财务活动，促进各项金融方针、政策的贯彻落实。1985 年以后，随着经济体制和金融体制改革的深入发展，中国人民银行、商业银行相继建立稽核机构，对各金融机构业务单位进行定期或不定期地全面稽核和专项稽核。1999 年，中国人民银行总行要求撤销稽核部门，其现场检查职能由相应的职能管理部门承担。

中国人民银行丽水市中心支行和中国银行保险监督管理委员会丽水监管分局是全市金融机构的管理机构，两者各司其职，相互协调，对银行、证券、保险实行业务分业管理。

第一章　金融稽核监察

1987 年，根据中国人民银行总行规定要求，中国人民银行丽水地区分行和各商业银行及部分县(市)支行先后建立稽核组织。人民银行稽核组织具有对外和对内的双重职能，对金融机构的稽核称外部稽核，对人行自身的稽核属内部稽核，也即内部审计。通过现场或非现场稽核方式组织实施，稽核类型有全面稽核、专项稽核、稽核调查、后续稽核。全面稽核一般是上级行统一部署开展的项目；专项稽核有上级行统一部署开展的，也有结合本区域实际自选开展的；内部稽核是根据人民银行系统内部安排“下查一级”的原则部署实施的稽核。

第一节　基层人民银行稽核

人行丽水市中心支行稽核组织及对外稽核

稽核组织机构　1985 年，人行丽水地区分行按照中国人民银行总行提出“抓重点打基础”的稽核工作指导方针，要求组建机构，配备力量，建立规章制度。1986 年 2 月，浙江省人行下发《关于进行人民银行系统 1985 年度会计决算稽核的通知》《关于填报“颁发稽核证登记表”的通知》。同月，丽水地区分别在人行配备专职副科级稽核人员 1 人、人行龙泉县支行配备股级稽核员 1 人，设立兼职稽核员 3 人(丽水副科级 2 人，龙泉县支行股级 1 人)。1987 年，人行丽水地区分行设立稽核科、配备专职稽核员 2 人，辖内人行缙云县、龙泉县支行设立稽核股，分别配备稽核员 3 人和 1 人；其他县支行均未设置机构，其中遂昌县、松阳县、青田县支行配备兼职稽核员各 1 人。1988 年下半年，人行云和等县支行设立金融稽核股，配备专职稽核干部。至年末，辖内稽核机构数仍为 3 个，专职稽核员增加至 16 人。1990 年年末，辖内稽核机构 7 个(青田、景宁未设)，有专职稽核人员 20 人(丽水地区 5 人、各县支行 15 人，其中兼职人员 1 人)。1992 年 4 月，丽水地区人民银行召开首次全区金融稽核工作会议，省分行稽核处领导、地区审计局局长、地区人行行长、地区及县(市)人行、工行、农行、建行、联社、保险公司、中行相关稽核人员共 73 人参加会议。年末，除青田外，全区其他 7 个县(市)均设立稽核机构，共有专职稽核员 23 人，其中地区 6 人、县级 17 人。1994 年 5 月，人行青田县支行成立稽核股，配备稽核人员 2 人。全区 8 个人行县支行均内设稽核机构。至 1997 年，撤销稽核机构。

稽核工作　1987 年 7 月，对农业银行丽水地区信托投资公司开展全面稽核。同年，对全区开展千元以上经济案件稽核调查，对缙云县农业银行和信用社开展乡村工业企业贷款稽核，对青田县农业银行进行全面稽核；对丽水地区建设银行（本级）固定资产贷款情况开展专项稽核。

1988年，人行丽水地区分行稽核科按照总行和省分行的统一部署，对工商银行、农业银行、建设银行、信托公司以及人民银行内部等7家机构开展全面稽核，对工商银行等32家机构开展专项稽核，对农业银行等12家机构开展稽核调查。开展突击放款专项稽核，对上年度人民银行系统会计决算专项稽核，对工商银行等3家信托投资公司开展全面稽核评级，对各专业银行逾期和呆滞贷款专项稽核；开展自选稽核项目，对建设银行遂昌支行等3家银行开展固定资产贷款专项稽核，对农行缙云县储蓄代办业务和松阳县信用社贷款投向开展专项稽核。9月，按中国人民银行总行部署，开展以控制信贷规模和现金投放为重点的信贷、现金大检查。

1989年，人行丽水地区分行稽核科组织开展了用流动资金贷款搞固定资产投资稽核、贷款投向稽核、划转财政性存款稽核、迟缴、延缴、挤占国库款情况清查，对3家信用社开展稽核，对农业银行龙泉县支行自选项目稽核，对农行所辖县支行开展稽核项目15个。同年，为加强对城市信用社的监督管理，促进信用社正常经营，对丽水市兴隆城市信用社进行稽核。根据总行部署，为加强对专业银行贷款投向的监督管理，贯彻"压缩一般，保证重点"的方针政策，促进贷款结构调整，对丽水市农业银行上半年贷款投向开展专项稽核。根据人行浙江省分行部署，对建设银行丽水地区营业部及其所属的太平坊、三坊口分理处擅自转移财政性存款情况进行稽核。

1990年，人行丽水地区分行稽核科完成必审项目4个，涉及银行及金融机构26家，其他县支行开展稽核项目11个。通过稽核收回少缴的财政性存款556.33万元，收回少缴的存款准备金2860.8万元，收回多付利息补贴、手续费46007.19元，没收多收利息27664.68元，罚款93026.87元。同年，人行丽水地区分行制定颁发《稽核专业竞赛办法》《稽核专业竞赛评比办法（试行）》《稽核档案管理办法（试行）》《稽核档案评分办法（试行）》，稽核工作逐渐步入制度化、规范化的轨道。

1991年，中国人民银行总行制定《稽核工作八年规划》，提出"巩固基础，积极开展"的稽核工作方针，要求进行合规性、风险性监督，强调稽核工作指令性，确保全国必查项目，增加各省、市的自选项目，加大稽核查处权限和力度。7月，贯彻落实国务院重要批示，做好部分信贷资产稽核工作，成立信贷资产稽核工作领导小组及其办公室。全年全区实施稽核项目16个，检查县支行以上金融机构（全区县支行以上机构52家）95次，农村及信用社（全区信用社324家）181次，查出违规金额4420万元，处以罚款罚息16.9万元，退回多收企业利息36.2万元。积极做好群众来信来访和举报电话的查办落实工作，全年受理群众来信来访和举报电话15件次，做到件件有着落。在1991年度稽核专业竞赛评比中，人行龙泉市支行稽核股获省级稽核专业先进集体；人行丽水地区分行稽核科获省级稽核专业竞赛优胜单位，获优胜个人2人；在省级稽核专业单项竞赛优胜单位评比中，人行丽水地区分行稽核科获部分信贷稽核基础工作第一名、两个专项项目第三名。

1992年开始，全区对国有商业银行试行轮换的常规稽核，对人民银行下属分支机构逐年按比例开展内部稽核，各金融机构逐步试行报送（非现场）稽核。根据上述要求，人行丽水地区分行积极组织实施。同年，开展对全区农业银行的常规稽核和信贷资产质量专项稽核，委托农行对农村信用社稽核抽查。按省分行布置对人民银行专项贷款、城市信用社报送、金融业务报送、同业拆借报送情况等9项金融政策执行情况开展稽核；按省分行稽核处指定保险稽核试点任务，完成对龙泉市保险公司稽核；结合地区实际完成14项自查项目。全年全区共实施稽核项目23个，检查县支行以上金融机构46次，农村及城市信用社23次，查出违规金额19855万元（包括报送稽核），罚款罚息17.4万元，责令纠正金额603万元，收回多付利息5.9万元。在浙江省人民银行稽核专业劳动竞赛中，人行丽水地区分行稽核科、缙云县和龙泉县支行稽核股分别被评为优胜集体，在单项评比中，人行丽水地区分行稽核科在金融政策专项稽核、自选项目稽核、基础建设稽核均获得好成绩。

1993年，全区实施稽核项目18个，检查县支行以上金融机构99次，农村及城市信用社96次，查出违规金额49532万元，罚款罚息14.6万元，没收非法所得19.3万元，责令纠正金额9226万元，向被稽核单位提出改进工作建议77条。组织开展对全区90家重点企业流动资金使用效益情况进行稽核调查，针对调查发现的问题，写成调查报告，被人行浙江省分行《调查与分析》第2期全文刊发。撰写《银行经济实体套取巨额信贷资金炒房地产由谁稽核》一文，向省分行纪检组和稽核处报告，被《浙江经济金融动态》、总行《金融信息》转载。该文件转农行后，获农行总行副行长、省农行行长、省农行纪检组组长批示，推动问题解决。

1994年，全区实施稽核项目43个，其中省定项目9个、地(市)县项目34个，检查县以上金融机构80次、农村信用社38次，投入稽核工作日2420天。全区查出违规金额75828万元，责令纠正违规金额60350万元，罚款(息)和收回多收利息52万元；提出整改建设和意见208条，开展稽核调查16次，处理群众举报7次。

1996年，在全省稽核专业劳动竞赛中，人行丽水地区分行稽核科获优胜集体第三名，人行龙泉市支行稽核股获县级支行优胜集体；单项优胜集体中，人行丽水地区分行稽核科获人行违规稽核项目第一名、城信社项目第一名，两个专项稽核第三名。

1997年，全区开展稽核项目12项，其中上半年，完成省分行下达必查项目4项、自选项目2项。全区现场稽核金融机构292家次，稽核面47.8%，总计投入现场稽核工作日850天，查出各类违规违纪金额1.65亿元，提出整改建议180条，通报批评金融机构13家。

人民银行内部稽核

人民银行内部稽核，是指中国人民银行稽核部门对系统内和所属企事业单位各项业务活动、财务活动、经营管理所进行的监督和检查。1986年，根据人行浙江省分行银稽核文件精神，人行丽水地区分行对1985年度全辖人行系统会计决算进行稽核。

1987年，为深入开展反对官僚主义的斗争，进一步健全各项规章制度，堵塞漏洞，防止国家资金和财产遭受意外损失。根据浙江省分行要求，开展丽水地区人民银行规章制度执行情况稽核。1988年，开展全区人民银行系统上年度会计决算专项稽核。

1990年，人行丽水地区分行对人行缙云县支行有关情况调查、核实，稽核部门对县支行“思想政治工作、纠正行业不正之风、基本规章制度大检查”进行抽查。1991年，全区人民银行系统开展治理“三乱”(人民银行各项收费、罚款集资及各类基本项目)为主的内部检查。检查发现，全区人民银行多收各项收费552元，不存在乱罚款和各种集资及各类基金项目。对人行景宁县支行进行首次常规稽核，发现稽核问题5项，提出整改建议2条。1992年，完成对人行遂昌县、龙泉市支行内部稽核。1993年，完成对人行松阳、缙云县支行内部稽核。1994年，完成对人行云和、庆元、青田县支行内部稽核。1991—1994年，对辖内各支行进行全面稽核检查。

1996年，根据人行丽水地区分行党组意见，对缙云县支行和青田县支行的内部稽核。1997年，首次开展对松阳县支行行长离任稽核，并完成对松阳县支行内部稽核。

人民银行内审

1998年，设立中国人民银行丽水地区分行内审科，是人民银行机构改革新设立机构。

1999年6月，出台《中国人民银行内审工作制度》；2005年3月，发布修订后的《中国人民银行内审工作制度》。

制定内审管理制度　2005年，人行丽水市中心支行制定《内部管理制度执行情况的监督制度》《内部控制分级管理暂行办法》等制度。加大内审的监督作用，提升人民银行丽水市中心支行内部管理水平，保证各项内部管理制度得到有效落实。

2006年，人行丽水市中心支行推行"内审组织紧密型，内审工作一体化"管理模式。具体措施：人行丽水市中心支行对全辖区内审工作统一计划、统一布置、统一开展，全辖内审力量相对集中，统一使用，共同学习培训，以确保各项内审工作任务的完成。

2007年，人行丽水市中心支行制定《关于加强审计、监督、检查后续管理的规定》，不定期地组织召开内审工作会议和内控检查员会议，整合内控力量，构建控制和防范重要业务风险的工作体系。

2009年，人行丽水市中心支行制定《内审操作规程》。同年，内审工作被上海总部评为"A等"。

2010年，中国人民银行丽水市中心支行制定《县(市)支行内审工作考评办法》。之后，每年都在办法基础上进行完善修改。2011年，制定《丽水中支对内审人员实行实时跟班学习的制度》《关于对中支重点业务实行实时监督的制度》。

2012年，人行丽水市中心支行制定《2012—2013年内审业务竞赛活动方案》，充分调动各县(市)支行的积极性和创造性，扎实推进辖区人民银行内审工作。

内审任务与工作　2008年，内审部门完成审计项目7个，其中完成总部指定的审计项目4个、自选项目3个，配合上级审计部门对人行丽水市中心支行的现场项目3个，抽调人员参加总部审计项目3人次。审计项目尽量与专业科室一并或合并实施，充分发挥内审与专业科室的各自优势，保证审计质量；减轻银行基层的工作压力，得到各方面好评。在"关于景宁支行行长履行职责审计"和"庆元支行内部控制状况审计与评价"被上海总部内审部评为"优秀内审项目"。审计项目6个，其中开展缙云县支行行长的履职审计、缙云县支行新建发行库及营业办公用房基建项目专项审计、行政后勤服务管理专项审计、青田县支行内部控制状况审计与评价、中支机关对账管理情况专项审计、龙泉市支行行长的履职审计。

2009年，内审部门开展云和县支行原行长离任审计、缙云县支行营业办公用房项目完工情况审计、县支行内部控制审计、中支机关征信业务管理专项审计、中支机关调查统计专项审计、中支机关依法行政专项审计、中央银行会计核算业务风险管理审计试点，完成审计项目7个。

2011年，内审部门开展龙泉、青田、遂昌3个县(市)支行行长履职审计、养老统筹岗位人员离任审计、机关本级保卫部门应急管理专项审计、机关本级以及辖内龙泉、庆元支行货币发行管理专项审计、缙云县支行内控审计、工会经费管理使用情况的专项审计，共完成审计项目10个。

2012年，内审部门开展松阳、云和、庆元3个县支行行长的履职审计，缙云、遂昌、景宁3个县支行行长的离任审计，庆元县支行固定资产专项审计的后续审计，中支本级工会经费管理使用情况专项审计，丽水市财政性缴存款缴存绩效审计，中支机关本级集中采购绩效审计，丽水辖区支农再贷款情况绩效审计，基础工作质量管理绩效审计，共完成审计项目12个。重点推进内审转型发展，内审科按照“从点起步、单项突破、形成规范、构筑机制、全面转型”的思路，积极探索审计转型。围绕“推进提升年”活动要求，从加强内部建设着手，积极配合，稳步推进基础工作质量管理绩效审计。

2013 年，内审部门开展青田县和龙泉市支行行长履职审计、机关本级工会经费使用情况的专项审计、龙泉市支行国库会计核算业务与系统运行管理专项审计、缙云县支行“两管理、两综合”专项审计、全辖范围内车辆管理情况绩效审计、缙云县支行基建项目管理绩效审计、基础工作质量管理绩效审计共完成审计项目 8 个。2011—2013 年，人行丽水市中心支行内审部门认真贯彻落实《人民银行内审工作转型 2011—2013 年规划》，紧紧围绕内审工作转型要求，开展“创争创建年”“推进提升年”“深化执行年”3 年主题活动，全面落实内部审计转型规划要求，在实践中推进风险导向和绩效管理新型审计理念，改进审计手段，全面提升审计质量。

2014 年，内审部门开展云和县和松阳县支行行长履职审计工作，缙云、遂昌、庆元 3 个县支行行长离任审计，中支机关本级工会经费使用情况专项审计，中支机关本级办公室、会计财务科、货币金银科基础工作质量管理情况后续审计，人力资源配置管理绩效审计调查，龙泉市支行安全技术防范改造工程管理绩效情况审计调查，共完成审计项目 9 个。进一步深化履职审计和离任审计制度的要求，在履职和离任审计中突出经济责任审计，在关注经济责任的同时，关注内部控制和绩效问题，重点关注领导干部任职期间对本单位的预算管理、财务收支及有关经济活动应当履行的职责、义务情况。

2015 年，内审部门开展景宁县支行行长履职绩效审计，景宁县支行、青田县支行的科技综合管理审计，全辖资产负债表健康性审计调查，中支机关本级征信管理专项审计调查，中支本级安全保卫管理绩效审计和“两管理”“两综合”专项检查，共审计项目 6 个和专项检查 1 个。2012—2015 年，人行丽水市中心支行机关持续开展科室基础工作质量管理情况的审计，通过建立健全基础质量精细化管理长效机制，达到提升全行基础质量目标。

第二节　国有商业银行内部稽核

中国农业发展银行丽水市分行稽核

中国农业发展银行丽水市分行自成立以来，坚持长效机制，经常性地开展常规检查、专项检查、突击检查和稽核工作。1996 年 2 月，设置稽核监察处，承担对农发行系统经营和业务管理机构全部经营管理活动及管理行为进行内部审计监督。对市辖机构开展业务审计、财务审计、经济责任审计等。2005 年，稽核监察处更名为内部审计处，监察职能调整到办公室。2010 年，内设机构调整，撤销内部审计部，设立监察与内部审计部，将原有办公室纪检监察、安全保卫、合规管理职能调整到新设立的监察与内部审计部，稽核工作更加集中统一。通过审计，及时、真实地反映经营管理中存在的问题，并及时、有针对性地督促有关部门整改，较好地发挥监督作用。直至 2015 年，始终秉承“双重领导，上级行领导为主”的稽核管理体制，守住“支农为国、立行为民”责任使命，深耕丽水，服务“三农”，保持粮食安全，脱贫攻坚，努力实现农业现代化、城乡发展一体化战略，助力丽水乡村振兴目标。

中国工商银行股份有限公司丽水市分行稽核

1986年9月，成立中国工商银行丽水地区中心支行稽核科，主要任务是稽查和审核各项业务及财务活动，确保党和国家的金融方针、政策及工商银行各项业务规则制度得到贯彻执行；针对内部管理中的漏洞弊端，及时提出改进意见和要求；严格财经纪律，防止和揭露经济违法犯罪活动。1987年，开展经济效益稽核调查、联行专项稽核。1988年，开展信贷效益专项稽核。1989年，开展对支行以下的基层办事处、分理处、储蓄所全面稽核。

1990年，健全各项内部管理制度，在全区范围内开展业务制度大检查工作，开展自查、复查和整改，落实制度到岗、责任到人。1991年，开展部分信贷资产专项稽核，对集体、个体贷款的运用状况和结算、现金管理状况进行了检查。1992年，健全完善监督检查制度，制定《稽核工作若干规定》；开展结算纪律执行情况专项稽核，应收未收贷款利息专项稽核，风险、呆账贷款专项稽核。1993年，开展联行业务专项稽核和回访稽核、电脑业务专项稽核、风险、呆账贷款清查核实及核销审查。

1995年，归并统筹事后监督工作。将青田支行作为"大稽核"试点，推动全区"大稽核"工作。试行由地区分行稽核科归口管理地、市（今莲都区）两级行营业机构的事后监督工作。完成资产核资工作，对全行资产负债进行全面大检查。1996年，实施内控监督机制改革，通过制度建设。初步确立以地区分行下查一级为主体，县级支行综合监管为基础的分层次、网络化的内控体系。1997年，根据地区分行内部机构设置改革，成立稽核处，承接原稽核科工作职能，主要包括实行直接稽核和稽核派驻制对本级行和管辖行开展业务稽核、非现场稽核、行长离任稽核以及信贷业务的贷后稽核等工作。1998年，完善稽核体制，稽核工作由行长主管，实行总稽核负责制，取消派驻制，推行全行集中监督，实行下查一级。

1998年起，分步组织实施强化内部控制，选择缙云支行作为试点行。工行丽水地区分行制定《关于内部控制的若干规定》，缙云县支行制定《关于内部控制若干规定的实施细则》。1999年年初，工行丽水地区分行出台《内部控制评价（试行）办法》，选取遂昌支行为试点行开展内控评价。2000年，全面推行内控制度评价工作，并列入行长经营管理目标责任制考核。

2001年，加强对信贷业务稽核监督；组织全行依法合规大检查及整改回访；中国工商银行丽水市分行制定《稽核处罚细则》，试行违规处罚扣点制；开展特别稽核，强化对重点领域和岗位的稽核稽查监督。2002年，在市、县两级成立内控委员会，在支行设立内控监管员。2004年，完善内控外防机制，开展内控综合评价、突击稽核、离任稽核、执法监察等。工行丽水地区分行被丽水市审计局评为金融系统唯一一家内审先进单位。

2005年，工行丽水市分行实施《关于加强内控管理工作的意见》，逐步理顺内控防案机制，提高防控能力。为适应现代商业银行运作机制要求，丽水市分行调整内设机构设置，撤销稽核处，设立内控合规部。2006年，改为内控监察部，承担内控合规部与监察室职能。制定《关于加强全行内控文化建设的实施意见》，大力推进内控文化建设；加强高风险点管理，开展针对性的内审检查。2008年，加强内控精细化管理，组织开展内控主题教育活动，建立健全"一岗两责制"和"一级对一级负责"的管理机制，实施内控工作述职制度，建立健全10个内控管理平台。

2010年，调整内控监察部机构设置，单设内控合规部。按照"精确制导、精准检查和有效监督"的内审工作模式，充分利用非现场手段，加强过程控制，提高内控合规管理的实效和风险防控能力。

积极协助公安机关成功侦破一起涉案金额4.7亿元的特大网络赌博案。2012年，完善内控管理十大平台，明确各部门和各级人员的内控防案具体责任和工作内容；制定员工行为动态管理办法，建立一级管理一级、一级对一级负责的责任机制。2013年，组织开展案件风险专项排查活动、业务运营屡查屡犯风险事件专项治理活动，进一步完善内控管理十个平台管理机制，提高内控防案工作的精细化管理水平。2014年，创新检查方式，采取“飞行检查”“神秘人检查”等新型现场检查方式，加大对业务处理过程中合规性检查的监督力度。2015年，重点加强岗位履职内控管理、员工行为动态管理、违规行为查处管理、内控日常精细化管理、高风险业务风险提示管理，内控案防精细化管理水平进一步提升。

中国农业银行股份有限公司丽水分行稽核

1982年，根据农行省分行通知要求，在农行丽水地区中心支行会计出纳科和8个县支行会计出纳股内配备专职稽核员，组织开展对各支行、处、所、社的会计、出纳工作进行稽核，对违反政策、制度和会计原则的事项予以纠正，并督促采取措施限期解决。1986年8月，在农行地区中心支行设置稽核审计保卫科，在9个县（市）支行设置稽核审计保卫股，配备不同级别的稽核审计人员。其主要工作职能：对呆滞贷款进行稽核审计；采取定期对财务收入、支出、利润留成和专项基金的使用执行制度规定情况进行检查监督；经常对会计、结算、出纳工作执行制度情况进行检查监督；对各项存款、贷款业务的计划和政策执行情况进行检查监督。采取序时稽核审计与不定期稽核审计和全面稽核审计与专项稽核审计相结合，是对各业务条线自我检查监督基础上的再检查再监督。加快专业银行向商业银行转轨。

1995年，农行省分行制定印发《稽核工作实施细则》《稽核工作考核办法》《稽核处罚规定》《稽核工作岗位责任制等制度办法》。1997年8月，根据《关于稳步推进稽核体制改革的通知》要求，撤销农行丽水地区分行监察稽核处，设置农行地区分行总稽核室，在8个县（市）支行设置地区分行驻县（市）支行稽核办公室，设置股级办公室主任，配备1至2名稽核办成员。农行丽水市（今莲都区）支行的稽核职能上收到地区分行，全区稽核人员配置21人。稽核监督范围为金融方针、政策、制度、办法执行情况，各项业务制度执行情况、资产质量与风险管理情况、经营效益情况、内部控制制度执行情况、经营责任制考核实施情况、行长（主任）任职期间的经营管理责任等。农行地区分行实行总稽核负责制、县（市）支行实行驻稽核办负责制，建立有稽核、监察、保卫、业务部门组成的巡回督导检查组。农行地区分行督导组每年对辖区组织全面检查一次，每季对各县（市）支行的督导工作检查落实一次，促进全区农行各项规章制度的落实，确保全区农行人、财、物安全，确保各项业务经营顺利进行。

2006年8月，农行总行对一级分行以下的稽核审计体制进行改革，上收二级分行及以下机构的稽核审计职能，撤销二级分行及以下机构所属的稽核审计机构，由省分行向二级分行派驻审计办事处，履行审计监督职能。省分行驻丽水审计办事处编制成员12名，其中派驻副行级审计办主任1人。重点开展对县级支行经营指标真实性、县级支行一年一度内部控制综合评价、县（市）支行行长离责任审计和重点业务的审计等。实行常规审计与专项审计，现场审计与非现场审计的结合。2010年3月，省分行撤销派驻各二级分行的审计办事处，丽水市分行设置内控合规部，成员8人，承担全行整体移位检查、辖内业务审计及高管人员的离责任审计、合规风险监测、合规检查、转授权管理、反洗钱管理、自律监管、内控评价等职能。在县(市)一级支行派驻合规经理与风险经理“一身二任”制度,发挥合规经理在揭示和防范合规风险方面的主导作用。

中国银行股份有限公司丽水市分行稽核

1988年6月13日,经中国人民银行浙江省分行和中国银行杭州分行批准,设立中国银行丽水支行。1989年3月20日,中国银行丽水支行正式开业,由会计存汇科履行稽核职责。1991年4月12日,中国银行丽水支行设立稽核科。稽核科履行对批准的项目组织实施稽核,对中行全行经营管理活动和各项业务开展的合规性进行检查,对风险管理和内部控制的有效性进行评价,提出整改要求和问责建议。组织开展稽核项目和业务检查发现问题整改和问责情况的跟踪评价,提出改进风险管理和内部控制建议,较好地发挥稽核监督检查作用。

1994年8月23日,中国银行丽水支行升格为中国银行丽水地区分行,保留稽核科。1998年10月,稽核科更名为总稽核办公室,承接原稽核科职责。2000年7月,丽水撤地设市,中国银行丽水地区分行更名为中国银行丽水市分行,保留总稽核办公室。2002年3月,设立内控部,承接原总稽核办公室职责。

2004年8月26日,完成股份制改造,中国银行丽水市分行更名为中国银行股份有限公司丽水市分行,保留内控部。2006年12月,内控部并入监察部,成立监察内控部。2011年1月,更名为监察部。2014年11月,分行整合监察、稽核、合规管理与安全保卫工作职能,设立监察内控部(保卫)。负责与审计部浙江分部的对接工作,负责配合开展内部审计工作,组织实施规定范围内人员的离任审计项目;负责落实分行内部控制和操作风险管理工作,牵头分行内部控制二道防线和评估一道防线内部控制工作。统筹协调一、二道防线开展联合检查,每年通过常规检查与“飞行检查”、现场检查与非现场检查、G-MAP系统预警核查等多种检查方式相结合,实现对全辖7家支行30家营业网点检查全覆盖。对检查中发现的问题,严格按照“边查边改”“谁的问题谁整改”原则,认真分析问题背后的深层次原因,举一反三,以点带面开展整改,防止同类同质问题屡查屡犯,切实提升全行内控合规意识和风险防控能力,保障各项业务稳健发展,确保分行安全运营,实现“零案件”内控案防工作目标。

中国建设银行股份有限公司丽水分行稽核

1986年12月18日,建行丽水地区分行建立保卫稽核科,属科级机构,主要职责是检查审核会计储蓄、营业柜台的各种凭证、账册保管使用,审查现金管理是否违规、账务是否有差错,针对发现问题及时指出整改意见或给予批评处罚,保证银行各项财务制度的严格执行到位。1988年2月10日,建行浙江省分行人事部发文,全行实行内部科室调整,撤销保卫稽核科,设立稽核审计科。5月11日,建行丽水地区分行撤销保卫稽核科,设立稽核审计科。一级支行不设科室,由办公室人员专人分工(称事后监督)。其间,管辖范围扩大,包括行长离任审计、信贷审查违规等。1999年7月7日,建行浙江省分行人事部发文,改称为稽核中心,行政级别为副科级,隶属会计处管理。丽水城区各网点凭证统一由地区分行稽核中心审查,下属各支行信贷、财会、储蓄业务实行辅导检查、监督、整改,严格执行银行各项财务制度和检查、稽核、审计其他各种违规现象。2000年6月23日,建行丽水地区分行撤销稽核机构。

2003年7月25日，恢复稽核中心，并入会计处。2004年6月27日，机构改革将稽核中心并入会计结算部，职能未变。

2007年6月27日，接建行省分行通知，稽核职能上收，直接由省分行管理与检查。

中国邮政储蓄银行股份有限公司丽水市分行稽核

中国邮政储蓄银行股份有限公司丽水市分行成立后，坚持经常性的常规检查、专项检查、突击检查和电子稽查。2008年初，按照上级银行机构编制计划要求，设置审计部，对所属分支机构内部控制和各项经营活动实施监督评价，对邮政代理邮储银行业务实施检查。审计部主要负责对市辖机构开展业务审计、财务审计、经济责任审计和工程审计等，对代理机构开展业务检查工作，实施内控评价和风险评级。2013年，邮政储蓄银行丽水市分行实施内设机构改革，设立法律与合规部，撤销审计部。法律与合规部对应邮政省分行法律与合规部、审计部，承担审计的职责，主要负责网点常规检查、电子稽查、风险评级、内控评价以及各项专项审计，包括新业务审计、财务审计、经济责任审计、物资采购项目审计、工程审计、管理审计、绩效审计、专项资金运用审计、反洗钱审计、重大决策审计以及审计调查等项目内容。根据上级行审计监督重点和本行实际，每年专项审计均确定项目内容，拟订实施计划。通过审计，及时、真实地反映经营管理中存在问题，督促相关部门进行整改，较好地发挥职能监督作用。

第三节　股份、城市商业银行内部稽核

浙商银行股份有限公司丽水分行稽核

2011年成立之初，浙商银行股份有限公司丽水分行高度重视内控合规工作，以“从严治行”作为固本之策，坚守“合规底线”。通过经常性的常规检查、专项检查、条线检查、突击检查和非现场稽查加强合规管理。根据浙商银行内部管理体制，丽水分行属二级分行，按照上级行机构编制计划要求设置风险管理部，对辖内分支机构内部控制和各项经营活动实施监督评价，对业务开展内部管理实施检查，实施内控评价和风险评级。浙商银行丽水分行风险管理部对应浙商银行杭州分行（一级分行）合规部、审计分部、风险管理部、授信评审部、资产保全部所承担的职责，主要负责配合上级行或独立进行各项常规检查、专项检查、条线检查、突击检查、风险评级、内控评价等。根据上级行或外部监管要求，每年均结合本行本地实际确定各项检查项目，拟订实施计划。通过各项检查，及时、真实地反映经营管理中存在的问题，并督促有关部门进行整改，较好地发挥监督作用，有效减少风险因素。

中信银行股份有限公司丽水分行稽核

2010年成立之初，中信银行股份有限公司丽水分行坚持经常性地开展常规检查、专项检查、突击检查。就按照上级行机构编制计划要求设置风险管理部，对分支机构内部控制和各项经营活动实施监督评价。风险管理部主要负责对辖内机构开展业务审计、经济责任审计等，实施内控评价。根据

上级行审计监督重点和分行实际，每年专项审计均确定具体项目，拟订实施计划。通过审计，及时、真实地反映经营管理中存在的问题，并及时督促有关部门进行整改，较好地发挥监督作用。

浙江泰隆商业银行股份有限公司丽水分行稽核

2008年7月，浙江泰隆商业银行股份有限公司丽水分行设立专职风险经理。2010年7月，浙江泰隆商业银行丽水分行成立风险管理部，主要职能为根据总行风险、合规等部门的总体要求，统筹管理分行风险管理规划与制度建设、业务风险管控、风险管理知识普及、合规管理、内控管理、操作风险管理、反洗钱、法律事务、消费者权益保护等各项工作，提升分行风险管理水平，确保分行各项业务审慎、稳健、可持续开展。同年，根据《浙江泰隆商业银行审计分部管理办法》中"审计分部作为审计部总部的派出机构，完全隶属于总部管理"要求，浙江泰隆商业银行总行审计部派驻丽水分行的派出机构，设立审计部丽水分部。审计部，是浙江泰隆商业银行开展内部审计工作的主管部门，根据《浙江泰隆商业银行内部审计章程》要求，审计部在董事会领导下，由董事会及审计委员会进行独立垂直管理，并对泰隆银行丽水分行内部控制情况进行独立、客观的监督、评价和咨询。审计部主要负责人由总行直接委派任免，独立经营管理，不参与泰隆银行丽水分行实际经营活动与内部控制的执行行为与决策，不受来自经营管理层的约束。当年开始，陆续对丽水辖内的各县域支行开展全面审计，其中泰隆银行丽水青田支行全面审计项目是总行下配的第一个工作项目，为开展项目工作提供宝贵经验。

2011年，构建"总—分—支"三级风险管理架构，成立支行风险经理队伍，由分行风险管理部派驻支行，开展风险审查、检查，履行风险管理职责，共享全行风险信息，进一步提高分行的风险预防和控制能力。

2012年，以"抓风控关键工作，着重强化合规管理"的工作风险管理，坚持"全面覆盖，有所侧重"的工作范畴原则，深入辖内各个环节，监测关注关键工作办理流转，深化检查管理模式，营造全员风险合规的管理氛围，积极推进"纵向到底，横向到边，垂直管理，全面覆盖"的风险管理模式。全年组织22项检查，形成报告20篇，专项检查18次，全面检查1次，突击检查2次，自查1次；问题大类152项，提出建议68条，内容覆盖信贷、柜面、行政条线，处理月度违规处罚人员1171笔。

2013年，围绕"四个坚持、五个关系"总要求及"四个明确、四个化"的条线工作要求，根据岗位职责，以关键绩效指标管理为抓手，不断完善分行风控体系，坚持"规范、学习、评估、流程"的团队工作理念，有效落地风险合规管理工作。全年组织23项检查，对信贷业务风险监测和风险点检查、票据业务、柜面业务、营销费用、IT、安保等业务开展常态化监测，识别风险点121个，提出控制优化方案90项。2013—2014年，审计部丽水分部荣获部门"先进模型探索团体"荣誉。2014年开始，增强专项领域的审计力度，陆续牵头开展问题整改类、业务类和行业类专项审计项目。全年共组织专项检查50次，全面检查7次，风险排查29次，突击检查35次，压力测试3次，发现问题1962项，同时制订道德风险和操作风险防范34条，涉及市场、柜面、行政等风险点集中问题，并明确各个环节的责任人、履职要求和问责机制。

2015年，根据泰隆银行总行"八项重点工作"中的重要风险点防控评价指标表内容，对泰隆银行丽水分行《重大风险点防控事实细则》进行补充完善，修改、细化、完善条款17条，新增1条，发布《浙江泰隆商业银行丽水分行重大风险点管控实施细则（试行）》，并组织内部管控遏制违规经营与违法犯罪专项检查，对贷款、信用卡、承兑、贸易融资等业务均进行排查。审计部丽水分部荣获部门

“非现场审计技术竞赛”一等奖。

浙江稠州商业银行丽水分行稽核

浙江稠州商业银行丽水分行自开业之初，设立风险管理部，承担的主要职能是贯彻落实国家及总行、总分行授信政策及风险管理制度，制定和修订风险管理政策及相关管理制度、操作办法、实施细则；负责监测、汇总、分析和报告全辖内的风险管理状况，对稠州银行丽水分行全辖的信用、市场、操作等各类风险进行有效识别、计量和监测；负责稠州银行丽水分行离职（岗）人员履职审计工作；负责全辖贷后管理的牵头、指导、督促、检查和考核等工作；负责全辖信贷资产风险监测预警管理工作。按照风险状态进行分类，监测新增、收回和潜在风险业务的迁徙变动情况进行管控，负责信贷类和非信贷类资产的质量分析、评估和五级分类工作，信用风险责任认定工作，风险条线各类系统的管理维护工作，配合反洗钱管理部门开展其他反洗钱工作。与稠州银行总行稽查部建立对口联系机制。

2015 年，浙江稠州商业银行印发《内部审计章程》《内部审计规程》，明确内部审计是作为银行内部一种独立、客观的监督评价和咨询活动，是银行内部管理的重要组成部分，通过系统、规范方法，审查评价并改善银行的经营活动、风险状况、内部控制和公司治理效果，促进银行稳健运行和价值提升；其工作目标，是推动国家有关经济金融法律法规、监管规则和银行各项制度的有效落实；促进银行建立并持续完善有效的风险管理、内控合规和公司治理架构；督促相关审计对象有效履职，共同实现银行战略目标；内部审计工作独立于业务经营、风险管理和内控合规，对公司董事会负责，并对上述职能履行的有效性实施评价。在董事长和审计委员会的领导下，依据国家法律、法规和有关政策，本章程及银行相关规章制度，独立行使审计监督权，独立开展内部审计工作，对银行各项业务管理行使内部审计权，对全行经营管理行为开展审计，发挥评价和咨询服务功能。审计工作不受银行任何部门和个人的干涉；银行内部审计工作坚持“以风险为导向”，遵循独立性、客观性原则。审计人员开展工作必须遵守职业道德规范，不断提高专业能力。

2009 年，发布《关于规范浙江稠州商业银行丽水分行员工入行、离职管理的通知》，明确风险管理部职责，并提出离职审计意见和建议，由稠州银行丽水分行办公室开具离职审计通知函进行审计工作，发挥稽核、审计功能。8 月，成立稠州银行丽水分行非法集资排查工作领导小组，办公室设在风险管理部，由风险管理部总经理兼任办公室主任。

2010 年 1 月，修订《浙江稠州商业银行丽水分行关键岗位人员轮岗及强制休假实施办法》，要求对轮岗和强制休假期间，职能部门要及时按有关规定对其经办的工作进行全面审计。7 月，根据中国银监会办公厅印发《关于“银行业内控和案防制度执行年”活动指导方案的通知》和稠州银行总行《关于开展“内控和案防制度执行年”活动的通知》要求，为进一步提高银行内控和案防制度执行力，扎实推进案防工作有效开展，促进各项业务和经营管理活动安全稳健运行，在全辖范围内开展“内控和案防制度执行年”活动，收到较好的成效。

2012 年 2 月，为贯彻中国银监会《关于整治银行业金融机构不规范经营的通知》精神及中国银监会浙江监管局提出的“三严五禁”有关要求，稠州银行丽水分行开展整顿规范银行业市场秩序专项活动。

2013 年5 月，设立浙江稠州商业银行丽水分行合规联络员工作机制，负责督促本部门或各经营机构依法合规经营、合规操作，定期向合规管理牵头部门提交合规风险管理工作计划和评价报告等工作。7月，稠州银行总行成立稽查部丽水分部，办公地点设在稠州银行丽水分行。为规范信贷条线人员离岗交接流程，促进和督促信贷人员认真履行岗位职责，明确交接客户的风险责任，制定稠州银行丽水分行《信贷人员离岗交接制度》。对离岗交接的信贷人员在换岗或者调离工作岗位时，对其在岗期间发放贷款的质量、责任和有关信贷档案资料进行离岗界定、交接，作为健全完善信贷管理的一项重要内容。

2014年8月，浙江稠州商业银行总行稽查部组织架构进行调整，撤销稽查分部，成立稽查区域四个中心，其中温州分行、丽水分行、福州分行属区域四中心，办公地点设在温州分行，负责区域范围内的审计事项。

温州银行股份有限公司丽水分行稽核

2012年成立之初，温州银行股份有限公司丽水分行就成立内审合规部，审计稽核独立部门，开展稽查监察工作。内审合规部审计工作由董事会及审计委员会进行独立垂直管理，并对温州银行丽水分行内部控制情况进行独立、客观的监督、评价和咨询。内审合规部主要负责人的任免均由温州银行总行决定，工作独立于经营管理活动，不参与本行实际经营活动和内部控制的决策和执行，不受来自经营管理层的任何影响。

温州银行丽水分行内审合规部主要职责：牵头对各级机构开展常规检查、专项检查、突击检查和实施各种审计稽查。按照上级行工作计划要求，每年制订审计工作计划，对分支机构内部控制和各项经营活动实施监督评价，并对各项业务实施检查；对市辖机构开展业务审计、财务审计、经济责任审计和机构全面审计等，实施内控评价和风险评级。根据上级行审计监督重点和本分行实际，每年均确定专项审计项目，拟订实施计划。通过审计稽查，及时、真实地反映经营管理中存在的问题，并督促有关部门进行整改，较好地发挥监督作用。

杭州银行股份有限公司丽水分行稽核

2014年设立之初，杭州银行股份有限公司丽水分行遵照业务营销和风险管控职能分离的原则，建立经营管理的组织体系，设立内控风险工作牵头部门风险合规部，前台、中台、后台架构基本清晰，内控体系建设初步形成。风险合规部主要对应总行风险管理部、授信审批部、法律合规部、审计部、资产保全部、消费者权益保护部等部门，牵头组织落实全面风险管理；负责信贷业务风险管控、内控管理、法律事务、合规管理、反洗钱、消费者权益保护等各项工作；牵头组织开展各项业务常规检查、内控合规检查、飞行检查，实施内控体系评价和风险评级等。风险合规按照部门职责有序开展各项工作，为分行各项业务审慎、稳健开展提供了保障。

2015年，根据内控管理要求，加强内部制度建设。全年新增制度17个、修订制度1个，内容包含业务、运管、科技、风险、办公等。加大检查、监督力度，先后开展“反洗钱专项检查”“信贷基础资料检查”“理财业务专项检查”“员工账户异常资金往来”滚动排查等，配合总行审计部、人行丽水市中心支行、丽水监银分局完成新设机构回访检查，牵头组织落实柜面业务、安全保卫、规范化服务等各类常规检查。通过检查，及时真实地反映经营管理中存在的问题，并督促有关部门落实整改，有效发挥监督作用。

第四节 农村商业银行、信用联社机构内部稽核

浙江省农信联社丽水办事处稽核

2004年4月，根据《浙江省深化农村信用社改革试点实施方案》《中国银行业监督管理委员会关于核准浙江省农村信用社联合社开业的批复》等文件制度，成立浙江省农信联社。同年，丽水市建立浙江省农村信用社联合社丽水办事处。12月17日，省农信联社下发《关于下达浙江省农村信用社联合社办事处基本职责、内设机构及人员编制方案的通知》，明确浙江省农村信用社联合社办事处内设机构职数设置及干部聘任暂行办法，办事处员工岗位聘用、未聘人员安置实施意见。

浙江省农村信用社联合社丽水办事处（简称省农信联社丽水办事处）设综合科、业务管理部、审计科3个科室，其中内审科2人。

主要工作职责为：(1)负责指导辖内农村信用社系统审计工作，组织实施省农信联社审计工作计划。(2)对省农信联社制定的有关制度执行情况进行审计。(3)对辖内社员社内控制度的健全性、有效性进行综合评价和监督。(4)负责实施对辖内社员社的审计监督，提出处理、处罚意见，并对本级各职能部门实施监督。(5)组织开展专项审计和审计调查。(6)组织、实施对有关职能部门主要负责人及各县(市、区)信用联社、合作银行、支行，信用社等主要负责人的任期经济责任审计。根据本级审计工作计划，组织实施审计监督。

省农信社丽水办事处审计科成立后，荣获浙江省年度优秀内部审计项13次，获浙江省年度表彰审计项目5次，获浙江省内部审计案例奖项2次，获浙江省内部审计论文奖项2次；荣获丽水市优秀内部审计项目32次，获丽水市年度表彰内部审计项目17次，获丽水市内部审计案例奖项13次，获丽水市内部审计论文奖项7次。

县(市)农村商业银行、信用联社稽核

浙江丽水莲都农村商业银行稽核 1991年7月，成立丽水市信用合作联社稽核股，改变过去兼职抓信用社稽核工作的状况，加强稽核工作力量，以业务发展为中心，提高经济效益为目的的工作思路，坚持以常规稽核为基础，专项稽核为重点，发挥稽核监督服务功能。1996年，丽水地区信用合作联社与农行脱钩，成立稽核保卫科。主要工作是稽核监督金融方针、政策、制度、办法执行情况、资产质量与风险管理情况、经营效益情况、内部控制制度执行情况、经营责任制考核实施情况、行长(主任)任职期间的经营管理责任等。之后，拆分成为稽核科、保卫科2个科室。

联社成立稽核大队，设大队长1人。稽核大队工作由稽核科牵头负责，稽核科设科长1人、科员3人，另设专职稽核员4人。按中心社分片区管理，办公地点在中心社，专职稽核员由稽核科管理。2005年，农村合作银行成立后，稽核科更名为内部审计部，设总经理1人、副总经理1人、科员3人。成立审计大队，审计大队人员由各条线业务骨干组成，兼职开展审计工作。2012年，内部审计部人员增至6人，其中总经理1人、审计员5人。

2014年，成立莲都农村商业银行，内部审计部更名为审计部，人员增至7人，其中总经理1人、

副总经理1人、专职审计员5人。审计部主要工作是审查评价并督促改善本行经营活动、风险管理、内控合规和公司治理效果，编制并落实中长期审计规划和年度审计计划，开展后续审计，评价整改情况。审计工作目标是推动国家有关经济金融法律法规、监管规则和上级主管部门及有效落实本行规章制度；建立并持续完善有效的风险管理、内控合规和公司治理架构；督促相关审计对象有效履职，共同实现莲都农村商业银行经营、工作目标。

龙泉市农村信用合作联社稽核　1984年12月4日，成立龙泉县信用合作联社，是丽水地区第一个信用合作联社，内部稽核、监察事项与农业银行龙泉支行合并执行管理。主要负责监察工作，对相关会计、出纳工作进行稽核，对违反政策、制度等事项及时予以纠正。1988年，龙泉县联社行政区域设立区联社，负责对区辖内监察、稽核和会计辅导工作。主要职责是在管辖范围内检查审核会计储蓄、营业柜台的各种凭证、账册保管使用、现金管理规范、审查账务，发现问题及时指出批评和整改处罚，严格执行信用社各项财务制度。1991年10月，龙泉市联社成立稽核监察股，开展稽核审计工作。负责经济责任审计、专项审计，检查、监督会计、信贷，负责违规员工经济处罚、行政处理等工作。

1994年8月，浙江省联社在龙泉市联社召开稽核工作大会。1996年10月，龙泉市农村信用社与农行脱离行政隶属关系。1997年，设立稽核监察科。1999年3月9日，设置中共龙泉市农村信用合作社联合社委员会，设立龙泉市联社总稽核，负责联社监察、审计和稽核工作。2000年，浙江省联社丽水办事处稽核监察培训班在龙泉市联社举办。2005年4月29日，龙泉市基层信用社与龙泉市信用联社改制为统一法人，成立龙泉市农村信用合作联社，内设稽核监察科改为内部审计科。

龙泉联社审计科在内控建设和防范化解风险，坚持大处着眼、小处着手，围绕浙江省联社改革和发展中心，提高审计工作质量、开拓审计工作领域，坚持以问题为导向，以控风险为目的，大胆揭示和查处重大违规违纪问题，提高审计工作前瞻性和预警性，注重项目质量和理论研究工作。2011年11月，浙江省审计厅授予龙泉农信联社“2008—2010年度浙江省内部审计先进单位”称号；2014年6月，浙江省内部审计协会授予龙泉农信联社“2011—2013年度浙江省内部审计先进单位”称号。

浙江青田农村商业银行股份有限公司稽核　1995年前，青田农村信用社设立稽核员，负责行内会计、储蓄、信贷等业务的核查。1995年，设立稽核科，负责行内各项经营活动审计。2005年5月，青田农村信用社改制为青田县农村信用合作联社，稽核科更改为审计部，开展联社内部审计监督、评价与服务工作。审计部严格规范审计行为，依法全面履行审计监督职责，为业务发展保驾护航。青田农商银行审计部主要工作职能：对干部履职情况进行评价，对内部控制执行情况进行评价，对重点或专项情况进行审计，提供违规人员处理建议等。

缙云县农村信用合作联社稽核　1979年，经缙云县革委批准，恢复中国农业银行缙云县支行，农村信用社隶属农行管理领导。12月，成立县支行财务会计辅导股、计划统计股等机构。1980年8月，组织446人对33个公社、552个大队、2466个生产队和147个社队企事业单位的农村现金管理情况进行检查。1982年4月，抽调干部51人分组分批对184个营业所、信用社（站）开展财务大检查，组成整顿社队试点工作队，在全县范围内分期分批开展整顿社队财务工作。1983年，对全县信用社分批进行体制改革，建立信用社体系稽核制度，多次开展贷款检查、财务大检查、库款检查。1988年，由农行缙云支行负责信用联社工作，建立财会稽核组，建立相关稽核制度。1991年，根据人行缙云县支行《稽核通知书》要求，对信贷、财务、会计出纳等制度执行情况开展稽核检查，落实整改。1992年，信用社体制改革，撤销社务组，成立稽核股，组建整建领导小组，按资产、财务、账务等

十个方面进行全面清理清查。1994年，对辖内4个中心社配备稽核辅导员11人，落实稽核相关职责与工作。1995年，联社稽核股更名为监察稽核股，主要负责稽核监督、离任稽核、日常业务稽核和督导、内控制度运行情况监督等。1997年，分解变更为财务电脑科和稽核保卫科，制订稽核保卫相关制度。1998年，增加监察职责，更名为稽核监察保卫科。2001年，召开全县信用社稽核工作会议，落实各级部门稽核工作要求，部署信用社稽核工作。2002年，分离安全保卫职责，组建监察稽核科。2005年，组建缙云县农村信用合作联社，内设审计科，主要负责联社稽核审计工作。2008年，更名为内部审计科，负责检查和监督合规经营，负责督促和检查联社各项决策、规章制度和各项工作的执行情况；负责各项审计、稽核、检查等；承办上级各项审计、稽核检查事务；负责各类业务绩效审计和工作责任稽核；负责统一管理和执行各项违规处罚等。内部审计部按照制度要求，每年开展5个固定项目审计，根据工作实际增加临时性审计项目，组织检查组开展各项常规检查、专项检查、条线检查、突击检查、风险评级、内控评价等稽核，确保全行各项业务审慎、稳健、可持续发展。审计项目和案例多次在省、市审计协会获奖。

遂昌县农村信用合作联社稽核　1991年5月，遂昌县农村信用联社设社务、业务、财务、稽核4个科室。稽核科主要负责：行内会计、储蓄、信贷等业务的核查工作，对经营中出现违规问题提出整改和处理意见。1996年7月，遂昌县农村信用联社从县农行脱钩，成立稽核保卫科，主要负责社内安全保卫、各项经营活动审计，其中稽核部分突出对社内各项稽核制度制定、事后审查等工作。2006年，信用社改制，稽核和保卫工作分设。稽核科更改为内部审计科，开展联社内部审计监督、评价与服务工作。审计工作逐渐独立于经营活动之外，定期、不定期对社内信贷、柜面、会计、人员任前任后等方面开展审计工作。2009年，社员代表大会批准《遂昌县农村信用联社内部审计管理办法》，明确内部审计机构职责和权限范围，确立内部审计活动独立性。

松阳县农村信用合作联社稽核　1996年11月，与松阳县农业银行脱钩，初步形成自我管理体系，设置稽核保卫科，主要工作职能安全保卫职能，对各项业务制度执行情况、资产质量与风险管理情况、经营效益情况、内部控制制度执行情况、经营责任制考核实施情况、领导任职期间的经营管理责任等工作监督检查。2005年2月28日，稽核保卫科更名为内部审计科。明确内部审计主要职能是通过系统、规范的方法，审查评价并改善本行的经营活动、风险状况、内部控制，促进本行稳健运行。主要工作包括对本行经营和业务管理机构的全部经营管理活动及管理行为进行内部审计监督，对各网点开展业务审计、财务审计、经济责任审计等。2006年9月30日，根据《浙江省农村信用社监察工作规定》，设立监察室。监察室主要职能为：负责纪律检查、行政监察、重大事故、案件查处和党风廉政建设责任制的落实及执法监察工作；开展党风廉政教育、遵纪守法教育和案件防范工作；规章制度执行情况进行监督；对业务经营活动和员工的服务行为进行监督，认真开展柜员文明优质规范服务活动；重大事件（故）、案件立（结）案的上报工作，认真及时处理群众的来信来访；对员工的行为动态进行建档和监督管理；纪检监察的收集整理、存档工作；其他纪检监察、监督管理工作。

云和县农村信用合作联社稽核　改制前，为云和县农村信用合作联社。1998年，联社设立稽核监察保卫科，负责联社稽核、监察以及安全保卫工作，主要负责：对县域内各营业网点会计、结算、出纳工作执行制度情况进行检查监督；对县域内各营业网点各项存款、贷款业务的计划和政策执行情况进行检查监督；以及负责对整个联社的安全保卫工作。2005年，联社设立保卫科，稽核监察保卫科改为监察审计科。至2008年，单独设立内部审计科。内部审计科承担联社内部控制和风险控制的

监督中心、联社业务审计管理和业务监督职能、组织合规性、风险性、效益性稽核以及对联社的内部控制评价职能。

庆元县农村信用合作联社稽核　1996年11月，与庆元农行脱钩，成立庆元农村信用社联合社，设立稽核保卫科。2005年12月，为推进业务发展壮大，确保各项制度的贯彻执行，分设内部审计科和保卫科2个科室。2006—2015年，内部审计科依法审计，坚持原则、实事求是、客观公正、廉洁奉公、保守秘密。内部审计科具体职责：负责领导、制定庆元农商银行审计业务工作，并组织实施。通过开展常规检查、专项检查、条线检查、突击检查和非现场稽查加强合规管理。

景宁县农村信用合作联社稽核　1997年，景宁农信联社内部机构进行调整，撤销监察保卫股、稽核股，设立稽核保卫科。2002年，对联社科室进行调整，设稽核科，并出台《稽核工作管理办法》。

第五节　保险及其他金融机构内部稽核

部分财产保险机构稽核

中国人民财产保险股份有限公司丽水市分公司业务稽核　中国人保财险丽水市分公司成立以来，始终重视稽核审计工作，作为公司重要管理事项。1993年3月，丽水地区保险公司决定对公司内部机构进行改革，设置监察审计监科，独立开展全区人保财险系统的检查工作，并配合上级公司实施监察审计。同年，监察审计监科配合财保省公司开展各项监察审计工作。

2007年4月，人保财险总公司在系统内通过创新监督机制，在保留各省级分公司现有监察审计职能的基础上，在北京、沈阳、西安、南京、成都、广州6个城市成立区域性监察稽核中心。此举措进一步增强总公司对分公司的经营管理、纪检监察和风险控制等工作的监督，较好地解决“同级监督效果作用有限、利益相关较难回避”等问题，从体制上保证监察审计工作独立性、权威性和有效性。人保财险丽水市公司做好纪检、监查、合规相关配套工作。通过稽核工作，不断建立健全经营环境的完善、通畅，有效地行使风险合规管理和内部控制运作体系，健全内控和自我约束机制，贯彻落实各项风险控制及合规管理措施，有效推进依法合规经营，保障公司可持续健康发展。

太平洋财产保险丽水中心支公司稽核　2003年5月23日，成立公司后内部稽核由中国太平洋财产保险股份有限公司浙江分公司稽核部负责。2004年，浙江分公司下发《关于开展2003年度领导干部经济责任稽核和常规稽核自查工作的通知》。3月18日至4月15日，进行内部稽核。

2006年4月15日至16日，太保产险浙江分公司稽核部对丽水中心支公司总经理个人2003年5月至2006年3月任期间的经济责任进行稽核。7月18—21日，太保产险浙江分公司稽核小组对丽水中心支公司2005年至2006年上半年业务经营情况和风险管理情况进行稽核。检查的重点：规章制度的遵循性，机构设立合规性，资金、单证、印章、承保、理赔等项目内容管理情况以及信息系统安全性。

2007年，太保产险浙江分公司稽核部以非现场形式对丽水中心支公司负责人2006年度领导干部经济责任进行稽核。2010年，太保产险浙江分公司法律合规部对总经理个人进行离任稽核。2011年，太保产险浙江分公司法律合规部对负责人进行离任稽核。2012年，太保产险浙江分公司法律合规部对 2 位负责人进行离任稽核。2014 年，太保产险丽水中支设立合规岗。合规岗将合规自查作为日常工作，预防潜在风险，主动发现并采取适当措施纠正已发生的违规事件。

太保产险丽水中心支公司重视稽核工作。根据集团及总分公司要求，年度项目计划及被稽核单位需求进行项目立项，每年机构进行常规稽核，机构负责人变更进行负责人离任稽核。稽核范围：公司全部经营和管理活动，党建、人事、业务、财务、信息系统、综合行政等所有内部控制环节及流程。主要检查各项内部控制制度健全性、合理性和有效性，确保其业务发展和经营管理符合国家法律、监管法规、反洗钱法规和上级公司各项规定。检查经营管理活动的效果性、效率性和经济性，促使改善管理，实现公司经营目标。检查财务、业务记录真实性和完整性，确保被稽核单位对财务、业务信息记录的真实性、完整性和及时性。通过全覆盖、高频率检查和"稽核检查—问题发现—推动整改—整改监督"的循环，反复抓，抓反复，提高公司各级管理干部员工风险合规意识和风险预防能力，督促公司不断改善经营管理，堵塞漏洞，提升风险控制水平，确保公司依法合规稳健经营，实现公司可持续健康发展。

富德生命人寿丽水中心支公司稽核　根据《保险公司董事及高级管理人员审计管理办法》《保险公司董事及高管人员审计指南》及相关法律规定，富德生命人寿总公司分别于 2011 年、2013 年对丽水中支负责人任期内履职情况进行任中审计。

根据富德生命人寿保险股份有限公司浙江分公司三级机构专职合规岗管理办法要求，设立合规专岗 1 人，负责合规专项工作，提升员工整体合规意识与能力。公司执行由上级公司制定的相关制度，严禁从业人员利用保险业务进行非法集资、传销或洗钱等非法活动，严禁销售未经批准的非保险金融产品。加强风险监测预警，强化风险处置力度，切实保护消费者合法权益，促进公司稳定健康发展。全辖积极开展非法集资风险排查整治暨全面风险排查工作，严禁从业人员利用保险业务进行非法集资、传销或洗钱等非法活动。为促进公司健康发展，进一步提升公司内控管理水平，分别开展关于消费者权益乱象整治工作、保险中介市场乱象整治工作、"巩固治乱象成果、促进合规建设"有关工作，监管政策落地自查整改工作，规范公司合规经营，提升消费者权益保护水平，保护消费者合法权益。结合"坚决禁止销售非保险金融产品"专项排查工作，针对业务团队尤其是绩优团队、人数多的营销团队、团队长和团队骨干，内勤人员进行入、离公司档案资料核查，通过人员访谈、电话咨询、朋友圈筛查等方式进行针对性排查。

公司始终加强合规经营机制建设，通过做好稽核工作，树立行业良好形象，促进公司可持续发展。积极响应政府以及监管号召，配合监管相关工作。

部分人寿保险机构稽核

中国人寿丽水分公司稽核　寿险公司是经营风险的特殊企业。中国人寿作为中央管理的国有大型金融保险企业，是纽约、香港和上海境内外三地上市公司，接受国内监管部门的行政监管，稽核职责范围从开始单纯的业务经营、财务检查逐步扩大到公司整个经营管理全过程。

1996 年，中国人寿丽水分公司与人保财险分业经营后，重视稽核工作，按照人寿浙江省公司要求，开展各项稽核检查工作。1997 年 5 月，首次明确地区公司分管稽核检查工作的领导，职能归地区公司综合管理部，由兼职人员负责。2001 年，稽核检查工作在市公司综合管理部落实专职稽核干部，开始独立开展全系统的稽核工作。2002 年 7 月，在市公司综合管理部正式配备稽核专员，开始专职从事稽核工作。2005 年 3 月，在市公司综合管理部配备审计特派员，负责开展全系统的稽核项目外，开始参加全国系统范围内的稽核项目。2008 年 3 月，人寿丽水市公司单独分设成立监察（法律合规）部。10 月，设立销售督察部，与监察（法律合规）部合署办公，实行"一套班子，三块牌子"，整合稽核资源，加强稽核力量。2008 年，审计职能上收到人寿总公司，市公司主要职能是做好稽核相关配套工作，完成上级公司稽核项目，开展上级公司下达给市公司需要独立完成稽核项目。2010 年，按照人寿总公司提出的"深化经营管理体系改革"要求，建立人寿县（市）支公司纪检监察、销售督察、内控合规队伍，健全纪检监察、销售督察、内控合规工作量化考评体系。

人寿丽水分公司非常重视稽核专业学习，每年组织稽核人员参加各种专业培训，重点学习总公司颁布的有关内审制度、管理规定、内部控制手册、风险评级办法、美国《萨班斯—奥克斯利法》第 404 条款等内容，熟悉稽核政策、法规、操作流程和相关部门的工作职能、业务知识和管理制度，以全面提升稽核人员综合素质，培养精湛的专业技能、良好的职业道德操守、高度的政治敏锐力和敬业精神。

人寿丽水分公司稽核工作重点是对业务、财务活动情况的检查，促进全系统相关内控制度建立和完善。随着人寿总公司内控制度、风险管理控制、业务处理、财务处理、客户服务、后援支撑系统等相关制度和操作规定的健全，稽核工作重点转变为对相关控制运作体系的执行情况、执行效率、经营目标、绩效评价的真实性、效益性进行审计评价。通过做好稽核工作，加强内控制度建设，建立健全内部控制机制，达到对经营风险进行事前防范、事中监督、事后惩处的目的，确保公司通过严格的行业和上市监管，确保公司依法合规稳健经营，实现公司可持续健康发展。

中国太平洋人寿保险股份有限公司丽水中心支公司稽核 太平洋人寿保险丽水中心支公司建立完善的操作风险领域内审项目的检查机制，通过健全负责人刚性交流机制，推动负责人任期交流制度化、常态化，切实防范任职风险。完善内审项目随机检查体系，通过确定内审检查对象、内容和时间，强化内审检查震慑效果。建立负责人强制轮岗期间的内审检查机制，规定负责人达到任职时间上限时（同一职位连续任职不得超过 6 年），必须实施职位交流并进行离任审计的制度。

规范敏感岗位轮岗的管理，落实"案防"政策，防范和化解经营风险。由多部门配合，对 30 类重要岗位进行强制轮岗。部分轮岗员工过往履职情况开展专项检查，确保检查比例和覆盖范围，增强对重点岗位人员监督管理。根据《公司内部审计政策》规定，公司三年至少安排高管在任期期间审计 1 次。通过全方位审计，突出重点，着力补齐短板，推动重点领域问题整治，牢牢守住不发生系统性风险底线。

已全面实行内部审计集中化管理，建立相对独立、高度集中的内部审计检查体系，形成总公司垂直管理分公司一把手审计工作、分公司管理中支一把手审计工作的分级内部审计监督机制。太平洋人寿保险丽水中心支公司实施"一把手"亲自抓内审相关工作，注重抓内审来抓"案防"，科学安排内审项目，随机开展内审检查；利用组织形式与架构体制优势，确保内部审计工作的独立性和客观性，为案件防控工作提供基础。

内部控制管理设置三道防线。第一道防线由各部门组成，对合规管理负有直接和第一位的责任，主动进行日常合规管控，定期开展合规自查；第二道防线由合规管理部门和各部门合规岗位组成，向公司各部门和下辖机构的业务活动提供合规支持，组织、协调、监督各部门和下辖机构开展合规管理各项工作；第三道防线由公司内部审计部门构成，负责定期对公司的合规管理情况进行独立审计。三道防线的合规协作体系，各司其职、协调配合，形成合规管理合力。杭州华东区审计部作为由集团审计中心垂直管理的内部审计部门，负责承担太平洋人寿保险丽水中心支公司常规内审工作，充分保证内审工作的权威性，资源调度的充分性，更能保证内审条线的独立性。合规与风险管理负责对接内审工作，不定期围绕操作风险领域组织随机性检查。

泰康人寿保险有限责任公司浙江丽水中心支公司稽核　2008 年 7 月成立以来，泰康人寿丽水中支一直重视依法合规，在经营活动中注重与法律、规则和准则相一致。在未设立单独稽核部门时，由泰康总公司稽核办和浙江分公司内控合规与风险管理部门组织稽核。每两年由泰康总公司华东稽核办进行现场稽核；每年由分公司合规部对丽水中支进行常规稽核；每当丽水中支总经理出现变动时，进行离任稽核。泰康丽水中支公共资源部负责对总、分公司稽核情况进行反馈、追踪及整改。

总、分公司稽核主要内容包括公司业务发展情况、机构人员管理情况、内控管理，其中内控管理包括会计基础及财务管理、营销活动管理、个险业务管理、银行保险管理、公司综合管理是否存在违规，确保公司各项内控工作有序。

2010 年 4 月、11 月，泰康丽水中支公司接受分公司离任稽核、总公司现场稽核。2011 年，浙江分公司内控合规与风险管理部门对泰康丽水中支公司进行现场稽核。2013 年，开展合规风险自查、中介业务风险排查、中支内审自查工作，同时接受浙江分公司对公司机构总经理离任稽核。2014 年，先后开展全系统风险排查、销售资质专项稽核、中介市场清理整顿自查、反洗钱自查、个人营销渠道资金风险排查，并组织内控测算，同时组织非法集资宣传月活动。2015 年，是泰康丽水中支公司风险专项管控年，先后组织两次自查自纠、非法集资专项排查、“两个加强”“两个遏制”专项自查、销售误导与内控缺陷专项自查、品牌声誉风险自查、全系统风险排查、中介业务排查、固定资产专项排查、虚假业务员专项清理整顿、人身保险机构制度执行评估、涉嫌非法集资广告资讯排查、销售非保险金融产品排查等内审自查活动，同时组织非法集资、反洗钱宣传月活动。在历次稽核、内审、自查中，有效促进内控制度建设及有效防范与化解风险，坚持以问题为导向，以控风险为目的，秉承实事求是原则，一把手亲自抓，本着充分暴露问题、解决问题，并建立相应长效机制，充分利用网点、互联网积极开展反洗钱、非法集资等金融知识宣传，把维护客户合法权益放在第一位，树立全员合规意识，合规经营助力打造绿色金融市场。历年来泰康丽水中支内控评级始终保持 A 类。

第二章　金融基础工作管理

金融基础工作管理包括基层央行人事管理、地方行政金融单位管理，从 1949 年 7 月中国人民银行丽水支行建立初期就建立起来，随形势发展，业务扩大，管理机制逐步完善，特别是改革开放以后日臻丰富。

第一节　基层央行人事管理

工资基金管理

1957年，浙江省人民委员会发出《关于加强工资基金财政监督的通知》，责成人民银行对企业提取工资施行监督。

1959年12月，国家计委、劳动部、财政部、人民银行联合制定《工资基金管理试行办法》，对工资基金管理的范围、内容和做法作了明确规定。管理范围涉及国营、地方国营、公私合营企业、机关、部队、事业单位和人民团体。监督内容包括发给职工个人的劳动报酬和国家规定发放的津贴、补贴等，不论资金来源，凡属国家统计局规定的工资总额组成范围内单位均由银行予以监督。工资基金监督方法采用各单位根据国家下达的劳动工资计划，按季编制工资使用计划，报主管部门核定后，送银行监督支付。各单位提取工资时，必须使用工资专用凭证，银行临柜对单位工资基金使用情况，登记入"工资基金执行情况簿"，进行监督和考核。1962年起，对单位工资基金实行"工资基金存款专户"监督，不论支付现金或转账，都须使用工资专用支票，在工资专户支付。遇干部、职工调动，要使用"工资基金转移证明单"移转对方单位。1962年，在精简职工、压缩城镇人口、控制企业擅自向农村招用农民临时工中，加强工资基金管理，也作为实施以上政策的一项重要措施。

1966—1971年"文化大革命"期间，工资基金管理制度，一度被冲击废止。1972年，又重新恢复。1978年，浙江省人民政府发出《关于控制奖金发放问题的通知》，中国人民银行浙江省分行下达《奖金监督支付试行办法》，规定对各种经常性和专项性奖金也纳入管理。1980年12月，中国人民银行浙江省分行《关于银行职工年终奖金问题的复函》，重新明确：各支行可以按二个月的标准工资发放奖金（包括已发放的综合奖金在内）。"二个月的标准工资"按全年12个月实发标准工资平均计发，平均每人每月不足50元的，按50元掌握。奖金开支，除综合奖每月按标准工资10%提取，列个人经费的"综合奖"账户外，其余应在"企业基金"账户中支付，1980年的企业基金仍由分行审核后汇拨。企业基金中不足支付部分，可以在公用经费包干结余提存中开支。

1985年，国务院和浙江省人民政府相继发出《关于控制消费基金的通知》，责成银行要对消费基金支付实行监督。除对工资总额范围内的支出以外，对离退休人员的工资，价格补贴和计划外用工等，也作为其他工资性支出，列入计划控制范围。11月，浙江省人行、工行、农行、中行、建行联合通知，贯彻人行总行转发国务院颁布《工资基金暂行办法》。重申对各单位要建立工资基金专户，加强管理监督。

2011年，为贯彻落实国务院常务会议通过《关于实施事业单位绩效工资意见》，充分发挥人民银行分支机构工资收入分配的激励保障作用，进一步规范人民银行分支机构的工资收入分配，根据银办发〔2010〕年237号、杭银办〔2011〕年2号以及《人民银行分支机构行员工资收入改进完善方案》文件精神，结合人行丽水市中心支行实际，制定实施细则。改进完善四个方面内容：一是完善专业技术人员的岗位工资确定办法；二是建立基础绩效工资制度；三是完善地区津贴制度；四是建立奖励性工资制度。其中，第一方面的内容是完善现行的事业单位基本工资制度、解决历史遗留问题，第二、三、四方面的内容主要是建立完善绩效工资制度。这次改进完善的核心是建立基础绩效工资制度。通过这次改进完善，分支机构形成以基本工资为主体、地区津贴和奖励性工资为补充的工资收入体系，初步建立具有中央银行特点的工资收入分配制度。

2014 年 10 月 1 日起，国家调整事业单位工作人员基本工资标准，同时将部分绩效工资纳入基本工资，人民银行分支机构也遵照执行。落实《事业单位人事管理条例》要求，建立事业单位工作人员基本工资标准正常调整机制。之后，基本工资标准原则上每年或每两年调整一次，近期每两年调整一次。

福利待遇

丽水各金融机构在发放职工正常的工资奖金的同时，对职工的衣食住行、生老病死、业余生活、家庭负担等都比较关注，体现丽水金融系统家文化的温暖。各单位为提高职工的凝聚力，都把解除职工后顾之忧改善和提高职工的福利待遇作为企业团队建设的重要组成部分。20 世纪 90 年代后期，金融同业竞争加剧，经营管理压力加大，为减轻企业负担，金融职工的福利呈现货币化、社会化趋势。

福利费　1980 年 1 月起，人民银行企业单位根据国家统一规定，按职工工资总额的 11%提取福利费，其中 7%用于职工医药费（包括职工家属医药费困难补助），4%用于职工困难其他补助，两者可以调剂使用，但必须严格控制在 11%范围内。如有特殊情况福利费不足，可在提取的企业基金内加以解决。家属医药费困难补助，只限于职工直系亲属，补助标准不得超过其医药费的 50%。1996 年，福利费提取比例提高到 14%，其中医药费 8%，福利费 6%。

劳保用品　1979 年，各行开始对信贷、储蓄等人员发放劳保用品。信贷、储蓄、侨汇外勤人员，当年外勤工作时间在半年以上的，可补贴鞋伞费，每人每年折代金 5 元；储蓄出纳和美工人员，每人每三年发工作服 1 件，每件在 6—8 元范围内按实报销；计划统计员、信贷内勤、会计员、打字员和其他内勤人员每人每年发袖套 1 副，折代金 1 元。1982 年，原发工作服人员改为发罩衣、白短轴衫，专职库房搬运和押运人员除发 2 件工作服外，增发裤子 1 条；对出纳人员的劳保卫生用品（口罩、毛巾、肥皂等），由发给实物改为作价，每人每月发给劳保用品包干费 6 元；长期与出纳员实行交叉复核现金的会计员发 3 元。后逐步调整改革为每月稽核人员 40 元，监察和守押人员 30 元，出纳人员 20 元，电脑人员 10 元。

假期　在职职工均可享受婚丧假、产假、病假、探亲假待遇。1959 年，根据劳薪字第 67 号规定：职工请婚丧假在 3 个工作日以内的，工资照发；为提倡晚婚晚育，1980 年出台新规定：婚假 3 天，双方符合晚婚条件的 12 天；2016 年，浙江省取消“晚婚假”，婚假统一为 3 天。

符合计划生育条件的产假 56 天。1985 年起，增至 90 天。2016 年，浙江省修正《浙江省人口与计划生育条例》，规定女方法定产假期满后，享受 30 天奖励假，男方护理假从 7 天增加至 15 天。

1980 年 3 月起，夫妻双方或父母异地的职工根据路程远近享受路程假；1981 年改为探亲假，其中，探望配偶的，每年给予一方探亲假一次，假期为 30 天；未婚职工探望父母的，原则上每年给假一次，假期为 20 天，也可根据实际情况，2 年给假一次，假期为 45 天；已婚职工探望父母的，每 4 年给假一次，假期为 20 天。

1986 年开始，按工龄享受年休假，1989 年随党政机关取消年休假，1991 年恢复年休假，职工累计工作已满 1 年不满 10 年的，享受 5 天带薪年假；已满 10 年不满 20 年的，年休假 10 天；已满 20 年的，年休假 15 天。

离退休及内部退养　按国家机关、事业单位有关工作人员规定，凡男满 60 周岁、女满 55 周岁办理离退休手续。离休人员按月发给原工资100%的离休费。退休人员根据工龄长短发给原工资70%—90%的退休金。

职工子女幼托　为减少职工的后顾之忧，更好培育祖国新的一代，给予职工保育费补贴。1980年，对符合计划生育规定的职工，可凭幼儿园、托儿所的收费单据酌情补贴，一胎在60%，二胎在40%内给予补贴。1985年2月开始，发放独生子女补贴，每年双方合计50元。1990年1月提高到每年双方合计60元。1995年9月，提高到每年双方合计100元，发到子女14周岁止。

其他福利待遇　1980年，银行系统职工可享受洗理费每人每月2元。在高温期间，各行工作人员可根据规定享受清凉饮料费等高温补贴，其中通讯员、炊事员、驾驶员等高温作业人员，每人每月3元；其他外勤人员每人每月2元；行政业务人员每人每月1.5元。1981年开始，增发女职工卫生费，每人每月0.5元。

公积金　职工购房时，可支取个人账户里的住房公积金，并可申请住房公积金贷款。

养老金　缴纳养老保险金的职工在退休时，按"老人""中人"分别计发养老金。2014年9月(含)以前，已退休的"老人"按老办法执行。2014年9月之后，按"中人"计发，由统筹基金内列支待遇和统筹基金外列支待遇两部分组成。统筹基金内列支待遇按人社部发文中有关中人待遇老办法公式计发，即以下三部分之和：①2014年9月本人的基本工资乘以退休时工作年限对应的老办法计发比例；②2014年9月本人职务(技术职称)对应的补贴标准；③国办发〔2015〕3号文规定增加的退休费标准。统筹基金外列支待遇，如人行离退休费、改革性补贴等，按2014年9月30日本人职务对应的标准计发。

医疗保险　1980年起，银行系统人员实行特约医疗。各行选定一个医院建立特约关系，医药费开支范围、转院手续、出差就诊等，仍比照公费医疗有关规定办理，凡不在指定医院就诊的，一律不给予报销(急诊除外)。1994年开始，大多数行实行按工龄医药费包干。确定每月包干基数和工龄补贴数额，按年度结算，超支部分再按工龄报销70%—95%。后来逐步改变为"门诊医药费包干，住院治疗费参加医保"的办法，在职人员实行门诊医药费用包干，按照工龄年限划分五个标准，从最低1500元最高3900元不等，退休人员统一标准为4000元。此外，未满18周岁的独生子女或政策允许的非独生子女医药费按每户600元，一次性发给个人。

2012年开始，参照丽水市行政机关参加基本医疗保险(含公务员补助)。按照略高于丽水市社会平均工资作为每位正式员工和退休人员的缴费基数，单位缴费比例14.8%，其中公务员补助6.5%，高额补充医疗保险0.3%；在职正式员工个人缴费比例2%(全部划入个人账户)，退休人员个人不缴费。所征收基金按规定划入职工个人账户后，剩余部分划入统筹基金。

女职工待遇　建立女职工妇科健康检查制度。每年组织一次妇科普查，并建立健康检查档案。女职工生育时，对其依照《孕产妇保健手册》进行检查时所发生的费用和优生优育筛查费及其分娩时所发生的接生费、手术费、住院费、药费按照医保有关规定报销。

工伤待遇　职工因故工伤时，可向工伤保险部门报销工伤医疗费，领取伤残抚恤金或伤残补助金及护理费、异地安家费与职业康复费，或领取工伤丧费和一次性工亡补助金。

员工培训和专业技术职称

员工在岗培训　"文化大革命"期间，中国人民银行系统培训工作几乎处于停滞状态。1979年，浙江银行学校在舟山、丽水设立分校，浙江银行学校丽水分校由时任丽水地区农业银行副行长周柏祥负责筹建，学校坐落于浙江省遂昌县妙高镇（现妙高街道）眠牛山东面半山腰。1979 年 10 月，丽水分校开学，学生主要来自丽水及周边的温州、金华地区。招收学生 50 人，其中丽水籍学生 20 人、温州籍学生 23 人、金华籍学生 7 人。丽水分校的学生在校读书学习三个学期。在校学习结束后，被分配到各地银行实习 2 个多月。5 月初，返回杭州本校学习并参加毕业考试。7 月，毕业。

1981 年 5 月 31 日，中国人民银行制定《中国人民银行系统干部教育发展规划（1981—1990 年）（草案）》，人民银行系统初步建成比较完整的干部教育体系和教育网络，使干部教育工作逐步实现正规化、制度化。

1987 年，中国人民银行系统在系统内推行岗位培训试点。1988 年，首次开展专业证书教育试点，以保证中青年业务骨干经过专业知识的学习，达到岗位所要求的大中专学历层次的专业知识水平。

2005 年 9 月 22 日，中国人民银行印发《中国人民银行关于加强干部培训工作的指导意见》，以“五型”干部队伍建设目标，推出实行人行总行集中领导、统一规划、分级实施、归口管理的培训体制。2005 年，随着计算机的普及和互联网的发展，中国人民银行首次推出远程培训系统。

2008 年起，中国人民银行总行加强对分支机构培训工作的指导与管理，将上海总部、各省分行、各地营业管理部的重点培训项目列入总行年度培训计划，实行统一管理、分级执行。

2015 年，中国人民银行上线远程培训新系统，即中国人民银行网络学院。

专业技术职称　1981 年 3 月，中国人民银行印发《关于贯彻执行国务院批转〈经济专业干部业务职称暂行规定〉的通知》，标志着中国人民银行系统确立银行业务技术职称制度。1986 年 4 月，中国人民银行在浙江省、杭州市等分行进行职称改革工作试点。丽水市中心支行开展执行专业技术职务聘任制度，实行分级负责、评聘分离、择优聘任、聘期考核、职薪挂钩的管理制度。

2015 年，人行杭州中支印发《浙江省人民银行专业技术人员管理暂行办法》《浙江省人民银行专业技术人员考核暂行办法》《浙江省人民银行系统经济、会计系列中级专业技术资格认定和确认工作实施细则》等职称相关文件，人行丽水市中心支行严格根据文件精神开展专业技术人员资格认定、确认及专业技术职务聘任。专业技术职务聘任实行按结构比例控制，根据岗位需求，在规定的职数范围内进行专业技术职务聘任。聘期一般为 2—3 年。专业技术人员从聘任次月起，按有关规定享受相应的工资福利等待遇。未聘任或被解聘专业技术职务，就不再享受相应的工资福利等待遇；低聘专业技术职务，按新聘职务重新确定相应待遇。每年进行专业技术年度考核，考核结果分为优秀、称职、基本职称、不称职四个等次。考核结果作为续聘、职位调整、培训、奖惩等的依据。

至 2015 年年末，中国人民银行丽水市中心支行全辖聘任高级专业技术职务 5 人，其中高级经济师 4 人，高级会计师 1 人；聘任中级专业技术职务 126 人，其中经济师 100 人，会计师 12 人，工程师 9 人，政工师 2 人，统计师1 人，馆员 2 人。

第二节　货币资金管理

1950 年 3 月，中央人民政府政务院颁布《关于统一国家财政经济工作的决定》，规定人民银行为国家现金调度机构。4 月 7 日，政务院继而发布《关于实行国家机关现金管理的决定》，开始对一切机关、公营企业、合作社实行现金统一管理、集中调度，指定中国人民银行为现金管理的执行机关。对国家机关实行现金管理；一切公私企业、机关部队及合作社所有现金，除保留规定限额外，其余必须存入中国人民银行；各公私企业、机关、部队及合作社在具备必需条件后，应按期编制现金收支计划。同月13日，中国人民银行发出《为贯彻执行国家制关现金管理决定的指示》，并根据政务院决定制定《机关公营企业合作社取金管理施行细则（草案）》，规定实行现金管理的单位暂定为县级以上军政机关部队、团体、公立学校及各公营企业、合作社。

1950年12月，为完善现金管理，政务院第61次会议通过了进一步实行货币管理决定：规定部队、机关、国营企业、团体、合作社的现金使用，必须坚持编制货币收支计划，并经有关机关批准执行，在国内的一切交易，全部通过中国人民银行划拨清算。各单位之间不得发生赊欠，信用集中于国家银行。同月25日，为了进一步加强现金管理，实行划拨清算、集中短期信用及监督基本建设投资，主动调剂与调节货币流通以巩固金融，促进经济核算及计划执行。中央财经委员会批准中国人民银行制定《货币管理实施办法》及《货币收支计划编制办法》。根据政务院决定，中国人民银行有权就现金管理、划拨清算、短期信用、监督基本建设投资等问题（包括现金库存、收支计划执行情况、贷款用途及政府基本建设投资运用状况等）对有关单位进行检查。向违者提出建议或报上级处理，对贷款有随时停贷或收回之权，对基建投资有暂停拨付之权。1951年4月，中国人民银行浙江省分行召开全省货币管理工作会议，确定全省由重点到全面，进一步实行货币管理。

1955—1959年，因受“人民公社化”和“大跃进”运动的影响，各地普遍放松现金管理制度的执行。1960年9月22日，中共中央批转中国人民银行《关于严格实行现金管理制度的报告》。9月30日，为贯彻中央批转人民银行报告精神，中共浙江省财政厅、人民银行党组，向浙江省委报告浙江省现金管理情况，提出进一步加强管理措施。具体措施有：一是要求各单位重新核定保存现金的限额，并严格执行；二是各单位现金收入不得迟于次日送存开户银行；三是各单位除发工资和其他对个人支付、差旅费及零星开支外，款项往来应当通过银行转账，不得使用现金；四是各单位到外地采购物资必须根据省委《关于采购市场管理的规定》办理；五是城市和农村人民公社所属的企事业单位、基本核算单位的生产队，均实行现金管理；六是严格制止在国家计划外招收人员、开支工资的现象。1961年11月6日，浙江省人民委员会以法规形式，下达《浙江省现金管理暂行办法》。

1962年3月10日，中共中央、国务院发布《关于切实加强银行工作的集中统一，严格控制货币发行的决定》，强调一切机关、团体、企业、事业、学校、部队都必须严格执行现金管理制度。超过规定限额的库存现金必须随时存入人民银行；一定数量以上的交易往来必须通过人民银行转账结算，不得直接支付现金；收支较大的单位必须事先编报现金收支计划，在批准的范围内使用现金。9月，中国人民银行浙江省分行下发《关于认真贯彻执行中央批转总行〈关于对生产队不实行现金管理和转账结算的请示报告〉的通知》，要求除对农村人民公社仍按照中央规定实行现金管理和转账结算外，对生产队和生产大队不实行现金管理。

“文化大革命”期间，现金管理工作遭到严重干扰，各单位财务制度、财务管理处于混乱状态，违反现金管理制度的现象时有发生。1976年后，各项财经制度逐渐恢复。1977年11月28日，国务院颁发《关于实行现金管理的决定》，再次强调现金管理制度。1978年2月，为加强农村现金管理，丽水地区执行浙江省分行拟定《浙江省农村集体经济单位现金管理办法》。1980年3月14日，执行中国人民银行、中国农业银行浙江省分行联合下发《关于现金管理工作的通知》，明确城镇现金管理工作由人民银行负责，农村现金管理工作由农业银行负责。4 月 14 日，为搞活农村经济，以利于农副产品收购和发展，人行省分行又与省农行联合下发《关于当前现金管理几个掌握意见》的通知。9 月 15 日，根据中国人民银行总行《关于放宽农村现金管理的通知》，规定：农村社队向国家交售农副产品时，采取转账结算还是支付现金可由交售单位自愿，企事业单位从农村、城乡农副产品贸易市场直接购买当地有关部门允许的农副产品，所需现金银行可予以支付，在城乡举办物资交流会、商品展览会的购销单位，在改策允许的范围内所需现金，银行允许支付。

1984 年 2 月，丽水地区执行中国人民银行总行制定《关于加强现金管理的几项暂行规定》，对改进和加强现金管理细则作了完善与补充：一是扩大和细化现金管理的对象；二是重申库存现金的限额管理和坐支管理；三是各单位工资性现金支出需事先经劳动部门或单位上级主管部门批准；四是规定对农村社队或社员出售农副产品支付的价款，采取转账结算还是付给现金，由交售者自愿选择；五是异地采购或其他大额支付，原则上应办理转账结算；六是要严格审查现金收支对象和用途，发现问题要及时追查清楚，并向有关部门反映；七是对农村承包户、专业户发放农业贷款应根据实际情况、能转账的采取转账，付给现金的要加强管理；八是对违反现金管理单位，根据不同情况给予必要制裁的具体措施规定；九是建立中国人民银行专门机构行使中央银行职能后的现金管理体制；十是对“三资”企业的现金管理作出规定。

1991 年 4 月，根据人行浙江省分行《关于加强对演出市场现金管理的通知》，规定演出单位的票款收入必须交存银行，不得从门票收入中坐支现金支付费用或付给演职人员报酬；发给演职员报酬，必须如实填明现金支票用途，向开户银行领取现金后支付给演职员；对违反规定擅自支付现金的，按有关规定进行处罚。

1994 年 7 月，为进一步深化经济金融体制的改革，切实加强现金管理，及时掌握各金融机构的现金流向，浙江省建立了大额现金报备制度。1997 年 7 月，执行人行浙江省分行《浙江省大额现金支出审批、报备制度的实施办法》，规定报备对象为办理结算、现金业务的各金融机构；报备内容除储蓄、工资性现金支出以外的较大数额的现金支出；报备金额起点为 10 万元。8 月，执行中国人民银行总行《关于大额现金支付管理的通知》，其中对企业账户开立及其现金支付的管理、企事业单位的现金管理、改进储蓄账户现金支付管理禁止公款私存、对银行卡的管理、对非银行金融机构的现金管理、现金回笼、现金管理工作等八个方面作具体规定。9 月 2 日，执行中国人民银行浙江省分行补充规定：一、严格区分个人储蓄存款与个体工商户生产经营性资金。二、各开户银行（信用社）要加强对个休工商户基本存款账户和结算存折户的现金管理。三、开户单位在一日之内提取现金在 10 万元以上的，各金融机构要按月逐笔填报并于月后 10 天内报当地中国人民银行备案；对一日一次性超过 5 万元以上的储者现金支付或一口数次累计超过 5 万元以上的储蓄现金支付，银行内部要逐笔登记并于月后 10 天内报当地中国人民银行备案。四、个体工商户异地传真汇款的汇入资金应进入其相应的基本存款账户或结算存折户，不得进入储蓄账户。五、要开展现金管理制度执行情况的检查。

2001 年 12 月，执行中国人民银行总行《关下进一步加强大额现金支付管理的通知》。对加强现金管理十二个方面作出规定：一、企事业单位账户大额现金支付的管理；二、企事业单位的库存现金管理；三、对乡镇企业、私营企业和个体经营者提取大额现金的管理；四、居民个人储蓄账户大额现金支付管理；五、公款私存；六、对银行卡存取现金的管理；七、现金银行汇票和银行本票大额提取现金的管理；八、对非银行金融机构大额现金支取的管理；九、对异常大额现金支取的监管；十、开户银行库存现金管理；十一、各商业银行及全国金融系统大额现金支取管理检测系统建设；十二、开展一次大额现金制度执行情况检查，强化内部控制制度，健全监管机制。

第三节 金融单位部分事项管理

加入人民银行金融管理与服务体系审批

根据《中华人民共和国中国人民银行法》《中华人民共和国商业银行法》《中华人民共和国反洗钱法》《中华人民共和国人民币管理条例》《中华人民共和国国家金库条例》《中华人民共和国外汇管理条例》《金融违法行为处罚办法》《浙江省金融机构金融管理与服务指引》等法律、法规、规章及政策规定进行管理，中国人民银行丽水市中心支行实施金融单位开业审批制度，新设银行业机构开业审批是金融管理服务项目、条件、操作流程，更好地提高金融管理服务效率，维护辖区金融稳定。

2010年，中国人民银行杭州中心支行制定《浙江省金融机构金融管理与服务指引（试行）》及操作规程等文件，整合人民银行管理与服务项目11类39项，采取集中受理申请并审核加入方式，批准新设银行业金融机构开业。人行丽水市中支制定相应实施细则，开展银行机构的开业管理和服务工作。2012年11月，人行杭州中心支行修订出台《浙江省金融机构金融管理与服务指引》。2013年4月，在总结经验的基础上，人行丽水市中支重新制定《丽水市新设银行业金融机构加入人民银行金融管理与服务体系实施细则》（以下简称《实施细则》）及操作规程。通过新设金融机构开业管理的制度化、集中化、规范化，提高金融管理与服务效率，促进新设机构对金融法律法规和管理政策的落实。

各银行业机构在丽水市内筹建法人机构或分支机构，应在获得开业核准文件、领取金融许可证及申领营业执照后5个工作日内，正式向所在地人民银行首次集中申报加入人民银行金融管理与服务体系，人民银行分支机构在审核金融管理与服务申报事项并视情况组织开展集中现场核验（或个别申报项目经中国人民银行总行审批）的基础上，做出是否同意加入人民银行金融管理与服务体系的决定。中国人民银行丽水市中心支行或县（市）支行对新设银行业机构金融管理与服务申报实行集中受理、职能科室分项办理、分级审批、集中核验和统一反馈的原则。对新设银行业机构的金融管理与服务，遵循依法合规、精简高效、公开透明、有利于金融业稳定和健康发展的原则。中国人民银行丽水市中心支行成立金融机构金融管理与服务工作领导小组，领导小组办公室设在人行丽水市中心支行办公室，成员由相关职能科室及人员组成。

中国人民银行丽水市中心支行在审核新设银行业机构申报材料的基础上，组织开展现场集中核验，保证新设银行业机构达到接入金融管理与服务体系后正式运行要求。现场集中核验的主要程序：听取新设机构开业前准备情况汇报；现场核查申报项目相关内控制度、营业设施和人员配备等软硬件条件是否符合人民银行有关金融管理规定和服务标准；人民银行各职能科室进行相关业务现场评估。

2012年，为全面性、协调性、有效性提高审核新设银行业机构工作，丽水市金融机构单位开业审批归口人行丽水市中心支行办公室管理。2011—2015年，审批开业银行36家。

2011—2015年丽水市银行业机构开业批复一览表

表7-2-1

申请开业机构	批复时间
浙商银行股份有限公司丽水分行	2011年3月
浙江缙云杭银村镇银行	2011年3月
浙江稠州商业银行股份有限公司丽水龙泉支行	2011年5月
浙江泰隆商业银行丽水莲都支行	2011年6月
浙江龙泉民泰村镇银行股份有限公司	2011年8月
邮政储蓄银行丽水市水阁经济开发区支行	2011年12月
浙江景宁银座村镇银行股份有限公司	2012年1月
交通银行股份有限公司丽水分行	2012年4月
中国银行股份有限公司景宁县支行	2012年2月
上海浦东发展银行股份有限公司丽水经济开发区支行	2012年2月
浙江泰隆商业银行丽水云和支行	2012年2月
丽水莲都建信村镇银行有限公司	2012年5月
上海浦东发展银行股份有限公司丽水缙云支行	2012年9月
浙江稠州商业银行股份有限公司丽水松阳支行	2012年10月
浙江泰隆商业银行股份有限公司丽水遂昌支行	2012年12月
温州银行股份有限公司丽水分行	2012年12月
丽水莲都建信村镇银行有限公司碧湖支行	2013年1月
中国邮政储蓄银行股份有限公司丽水市水东支行	2013年2月
浙江稠州商业银行股份有限公司丽水云和支行	2013年2月
中信银行股份有限公司丽水缙云支行	2013年3月
浙江稠州商业银行股份有限公司丽水景宁小微企业专营支行	2013年8月
浙江泰隆商业银行股份有限公司莲都碧湖小微企业专营支行	2013年8月
浙江遂昌富民村镇银行股份有限公司	2013年9月
浙江松阳恒通村镇银行股份有限公司	2013年10月
浙江稠州商银行股份有限公司丽水庆元小微企业专营支行	2013年12月
浙江云和联合村镇银行股份有限公司	2014年1月
浙江泰隆商业银行股份有限公司丽水景宁支行	2014年4月
杭州银行股份有限公司丽水分行	2014年7月
温州银行股份有限公司丽水云和小微企业专营支行	2015年1月
浙江泰隆商业银行股份有限公司莲都白云小微企业专营支行	2015年1月
中信银行股份有限公司丽水青田支行	2015年2月
浙江稠州商业银行股份有限公司丽水莲都小微企业专营支行	2015年4月

续表 7-2-1

申请开业机构	批复时间
浙江民泰商业银行股份有限公司丽水分行	2015 年 6 月
温州银行股份有限公司丽水青田支行	2015 年 8 月
浙江泰隆商业银行股份有限公司莲都紫金小微企业专营支行	2015 年 9 月
中国邮政储蓄银行股份有限公司丽水市水阁电商支行	2015 年 12 月

银行业金融机构综合评价管理

根据《中华人民共和国中国人民银行法》和《浙江省金融机构金融管理与服务指引》，中国人民银行丽水市中心支行银行业金融机构综合评价管理进一步规范银行业金融机构的经营行为，正确贯彻执行人民银行、国家外汇管理局的各项政策措施，确保丽水市金融稳健高效运行和经济金融健康发展。中国人民银行在丽分支机构按照金融管理与服务的内容和要求，建立和制定《丽水市银行业金融机构综合评价管理办法》，对银行业机构执行有关金融法律法规、规章和管理规定以及人民银行政策措施等情况实施全面评价。评价对象包括设在丽水市辖内的银行业金融机构。

中国人民银行丽水市中心支行综合评价基本原则，采用公开、公平、公正的原则，科学、高效、合理的原则，非现场管理与现场管理相结合的原则，日常管理与年度评价相结合的原则，全面评价与分项评价相结合的原则。根据银行业金融机构执行人民银行政策规定和经营绩效两方面情况对其进行分类评价。执行人民银行政策情况的评价，主要针对银行业金融机构依法合规经营，认真执行国家有关金融法律法规、人民银行政策规定和落实人民银行工作要求等情况，具体包括综合办公、货币信贷、金融稳定、金融统计、支付结算、金融科技、货币金银、国库、征信管理、反洗钱、清算服务、会计营业、外汇管理等专业内容。金融机构经营绩效评价是指通过建立评价财务指标体系，对照行业评价标准，对银行业金融机构一个会计年度的资本充足性、资产质量、盈利能力、业务增长、流动性和管理水平等的综合评判。

中国人民银行丽水市中心支行综合评价等次分为四类。A 类：指银行业金融机构认真遵守国家金融法律法规和中国人民银行的规定，出色完成人民银行丽水市中心支行的工作部署；B 类：指银行业金融机构基本遵守国家金融法律法规和中国人民银行的规定，基本完成人民银行丽水市中心支行的工作部署；C 类：指银行业金融机构存在较多违反国家金融法律法规和中国人民银行规定的行为，完成人民银行丽水市中心支行工作部署的情况较差；D 类：指银行业金融机构存在严重违反国家金融法律法规和中国人民银行规定的行为，完成人民银行丽水市中心支行工作部署的情况很差。新设银行业金融机构开业未满六个月，不列入当年评价；未满一年，列入当年评价但不确定等次。

金融机构规范经营，是防范金融风险有效管理措施。中国人民银行丽水市中心支行金融监管，采用稽核、检查等措施，采取现场检查、非现场检查、报送检查等方式，对金融机构进行监督管理。每年对金融机构开展的金融消费权益保护、跨境人民币业务、金融统计、财政性存款缴存、支付结算管理、金融科技管理、货币反假及人民币管理、代理国库业务、征信管理、反洗钱、国际收支申报和外汇业务进行检查。

第三章　银行会计财务管理

银行会计财务由会计财务来体现成果。银行财会强化制度建设，规范操作，遵循运行机制，有岗位职责、制度职责。中华人民共和国成立初期，人民银行丽水支行初建，把解放区的银行管理方法移植到丽水金融工作实际之中。之后，银行制度不断充实与丰富，融入传统的会计、财务记账方法，融入现代操作规章制度，逐步趋向成熟，走向现代会计、财务管理道路。

第一节　银行会计管理

银行会计制度

1949 年 7 月 5 日，中国人民解放军丽水县军管会财经部接管浙江地方银行丽水分行，成立中国人民银行丽水支行，并迅速建立人民银行各县分支机构。

1951 年 1 月，根据中国人民银行总行制定的《出纳制度》，对现金收付、票券整理封包、外币金银兑换、库房管理等均作出具体规定，出纳部门可以根据与单位签订的合约，办理流动服务收款和送款。借款规定，一切借款不准以长补短，长款不报以贪污论，短款自补不报以违反制度论。1954 年后，恢复借贷记账法。

1955 年 11 月，根据中国人民银行总行第五次全国会计会议决议精神，作出会计工作基本规定：贯彻统一管理原则和严密监督原则，一切核算工作的进行和账务人员的组织领导，应由会计部门统一负责，业务部门不再负担日常门市账务。

1958 年 4 月，随着财务会计改制进程，取得一些旧制度。如联行报单取消金额大写，缩小密押编制范围；取消日记账，恢复科目日结单等。根据中国人民银行总行《关于发动群众改进会计制度的几个问题》，丽水地域银行（尚未恢复丽水地区）发动群众“修改”会计制度。在“左”的思想指导下，取消许多传统制度，如复核制度改为个人负责，实行次日记账，取消分户账，实行凭证代账，取消线账分管，实行钱、账一手清。银行会计工作第一次遭到重挫。8 月，根据中国人民银行《关于修改会计科目的指示》，丽水地域县级人民银行修改会计科目，自行增设辖内专用科目。

1962 年 3 月，根据中国人民银行总行《会计出纳工作条例（草案）》《会计核算基本规程（草案）》《出纳制度（草案）》，丽水地域县级人民银行在全面清查账务基础上，恢复被废止的会计制度，规定支行及其以上行处的会计出纳部门，必须配备专职主管人员和一定数量的检查人员或巡回复核员；

必须贯彻“钱账分管”原则，实行“管账的不管钱”“管钱的不管账”；规定凭证、账务组织和账务处理、会计报表、记账的一般规则、错账冲正等会计核算基本规程；规定现金收付、库房管理与押运、交接规则等出纳制度10项内容；全面修订会计科目。

1964年，根据中国人民银行浙江省分行通知，人行丽水专区中心支行作出钱账分管、当时记账，先借后贷、账折见面、日清月结、双人管库、双人押运、账要复核、款要复点、按月对账等10项基本规定，每日坚持总分核对和账现核对两个核对工作。在农村基层处所清查账务基础上，开展对农村信用社实施清资金、清财产、清财务的“三清”工作。

1965年末，在天津召开全国银行会计出纳工作会议，决定改用现金收付法。1966年，根据省分行要求，人行丽水专区中心支行将借贷记账法改为收付记账法，将贷方改为收方，借方改为付方，收方排列在左，付方排列在右，并取消“现金”科目，用现金库存平衡账务。

1972年11月，根据中国人民银行总行《会计基本制度》《账户管理办法》《会计核算质量的统计和要求》《储蓄会计核算》等制度和上级银行要求，丽水地区财政金融局进行全面会计工作整顿：银行各项会计核算必须经过复核；账务必须做到当时记账，当日结账，日清月结，达到账账、账款、账据、账实、内外账5个相符；联行印章、密押专人分管；建立会计档案并指定专人管理；会计人员要相对稳定等。

1977年10月，根据中国人民银行总行《关于进一步加强发行出纳工作的意见》，丽水地区财政金融局再次强调钱、账分管，双人临柜，双人管库，双人守卫，双人押运等基本制度。一律不准一人运送现金，一人守卫库款。

1979年7月，根据中国人民银行总行新的《会计基本制度》，人行丽水地区中心支行规定将收付记账法改称资金收付记账法；重新调整劳动组织，充实核算人员，配置会计辅导员；考核会计核算质量。同时，根据中国人民银行总行新的《出纳制度（试行）》，人行丽水地区中心支行规定出纳工作必须坚持钱、账分管，双人临柜，双人管库，双人守库，双人押运；坚持复核制度，做到收款要复点，付款要复核；坚持交接手续和查库制度等。1981年，中国人民银行丽水地区中心支行将“资金收付记账法”改为“借贷记账法”。

1987年，丽水市各银行统一执行中国人民银行《全国银行统一会计科目》和《全国银行统一会计基本制度（试行本）》，其要点是：（一）各家银行执行统一会计准则，共同遵守。中国人民银行和各专业银行的一级分行可作必要的补充规定，报总行备案。（二）确定会计科目代号，中国人民银行为4位数，专业银行为3位数。（三）增加会计档案管理。（四）制定了电子计算机的核算和管理规定。

1990年，根据财政部印发《会计证管理办法（试行）》和中国人民银行《关于转发（会计证管理办法（试行）的函》，丽水市各银行先后给符合条件的会计人员颁发会计证。

1991年，根据中国人民银行浙江省分行制定《会计工作达标升级实施细则（试行）》《会计工作达标升级考评标准》。中国人民银行丽水地区分行制定本级《会计工作达标升级实施细则（试行）》和《会计工作达标升级考评标准》。

1997年6月，根据中国人民银行《进一步加强银行会计内部控制和管理的若干规定》，丽水市规定各家银行建立会计内部控制和风险防范责任制，会计工作实行统一管理，严格贯彻会计工作“约法三章”（即严禁设置账外账、不准乱用会计科目、不得编制和报送虚假会计数据），严格实行会计人员任职资格审在和离任交接管理制度，严格执行会计业务操作规程，严格实行岗位责任制，实行重要岗位的定期轮换，严格有价单证、重要空白凭证和其他会计凭证账表的管理，实行会计业务事后监督，实行会计制度执行情况检查报告制度，加强会计人员培训，切实实行会计工作奖惩制等十二项规定，还强调对于不执行会计制度、发生违法犯罪案件的分支机构和有关人员要通报批评，除追究有关当事人责任外，还要追究会计主管、主管行长和行长的责任。7月，根据财政部《会计基础工作规范化管理办法》，中国人民银行和各国有商业银行总行分别制订会计工作规范化管理实施细则（原称会计达标升级办法）。丽水市各分行根据各自上级总行的规定，加强对会计基础工作的检查、考核力度，全面实施规范化、上等级活动，推行会计人员持证上岗，并制订年度目标和长远规划。同年12月，根据中国人民银行《关于进一步加强重要空白凭证管理的通知》丽水市各行分别在系统内组织力量进行全面检查清理，发现账实不符，立即查找原因，追究丢失凭证去向，并书面报告各自总行和当地中国人民银行。

1998年7月，根据财政部《关于印发〈会计人员继续教育暂行规定〉的通知》，中国人民银行和各商业银行丽水市分（支）行，参加市财政局举办的会计人员继续教育培训班，对新的财务会计法规制度、会计职业道德规范和其他相关法规制度等进行培训。

2003年，根据《中央银行会计集中核算系统管理办法（试行）》，中国人民银行丽水市分行完成中央银行会计集中核算系统上线。2006年5月29日，小额支付系统上线运行，以大、小额支付系统为支撑的支付体系已经建成，支付清算服务工作迈上新台阶。

2007年5月中下旬，全国支票影像交换系统（以下简称CIS）联机测试。6月上中旬，模拟测试。6月25日，正式上线运行。经过大量组织、协调、推广工作，成功实行实际业务清算，正常地进行CIS系统实际运行。为配合辖内人民银行顺利完成会计核算业务流程改革，中国人民银行丽水市中心支行决定将全辖非法人金融机构财政存款统一由市级管辖行集中缴存。为做好财政性存款集中缴存工作，各网点应在集中缴存的当旬2日内（6月12日、6月22日、7月2日），将在人行财政性存款账户余额上划丽水市中支核算中心。同年，上线中国人民银行财务综合管理系统。2008年6月19日，浙江省同城票据交换清算系统正式上线运行。2010年7月，中国人民银行固定资产管理系统（网络版）上线，人行丽水市中支通过成立新系统推广上线工作领导小组、组织各县（市）支行开展学习和培训、盘点固定资产和整理固定资产信息、集中开展固定资产建账等四项工作，全力组织做好新系统的推广上线工作。

2011年3月1日，是旧版票据使用的最后期限，人行丽水市中心支行根据上级行要求，及时到总库领取2010年新版票据；在快速做好2010年新版票据账户开立、凭证种类设置、凭证入库工作的同时，及时发文通知各开户单位来行办理旧版票据交回和新版票据的领用工作。由于工作细致、准备充分，按时顺利完成2010年新版票据领用和更换工作。5—6月，为进一步减轻辖内县（市）支行业务负担，降低业务风险，人行丽水市中心支行在上级行支付结算处的悉心指导下，通过制定周密的实施方案、规范的操作流程，组织协调中国银行丽水市分行，精心指导县（市）支行顺利上收全国支票影像交换业务。

2012年8月13日，根据《中国人民银行关于建立支付机构监管报告制度的通知》，人行丽水市中心支行开展对辖内各法人支付机构以及支付机构在丽分支机构（以下统称“支付机构”）的监督管理以及支付服务市场的清理整顿工作。

2014年，中国人民银行丽水市中心支行加强对“三公”经费的监督管理，方便“三公”经费数据及相关信息查询和监测，组织对2014版本“三公”经费系统进行升级优化。4月28日，根据《中国人民银行支付结算司关于做好第二中央银行会计核算数据集中系统第二批上线推广工作的通知》，人行丽水市中心支行正式上线运行中央银行会计核算数据集中系统。

2015年，人行丽水市中心支行按季组织开展会计财务相关业务测试，分别为固定资产业务测试、财务预算及管理、集中采购及基建管理，扎实推进财务管理制度化、规范化、严密化。

会计科目和会计报表

1949年11月，根据中国人民银行总行第一次全国会计会议制定《会计制度(草案)》，中国人民银行丽水市中心支行会计记账方法采用"借贷记账法"，以人民币为记账单位，按资产、负债、损益进行核算。对外业务记账由各业务部门管理，会计部门只负责内部资金和汇划往来。账务组织，采用单式传票和科目日结单，账簿设总账、分户账、明细账3种。记账凭证有现金收入、现金支出、转账收入、转账付出四种及结算业务的支票、缴款单等原始凭证作单式传票。

1950年8月，根据中国人民银行总行第二次全国会计会议决议，改革记账方法。1952年起，将借贷记账法改为"收付记账法"，凡资产的增加，负债的减少，损失的发生，记入收方；资产的减少，负债的增加，利益的发生，记入付方。

1962年3月，根据中国人民银行总行和浙江省分行的通知，丽水地域县级支行全面修订会计科目。

1993年，财政部《企业会计准则》和财政部、中国人民银行《金融企业会计制度》颁布，是对会计制度的根本性、模式性和全方位的改革。其要点：(一)提出会计核算十二项一般原则：客观性原则，相关性原则，可比性原则，一贯性原则，及时性原则，明晰性原则，权责发生制原则，配比原则，谨慎原则，历史成本原则，划分收益性支出与资本性支出原则，重要性原则；(二)会计核算要素划分为六项：即资产、负债、所有者权益、收入、费用、利润；(三)全面修订会计科目和表外科目；(四)将资金收付记账法改为借贷记账法；(五)会计报表分为两大类：一类是各商业银行内部管理需要的报表，如月计表、资产负债表、报益表、财务状况变动表。另一类，对外报送的报表，如全国银行统一资产负债表，损益表，财务状况变动表。

2015年3月，中国人民银行丽水市中心支行办公室印发《关于调整在丽金融机构会计财务资料报送要求的通知》，对商业银行会计报表、会计制度的报送提出具体要求，加强金融机构会计财务资料报送管理，提高人民银行业务办理效率和金融服务水平。

会计劳动组织

1953年，根据中国人民银行推行的"专柜小组负责制"，丽水地域县级支行增设专职复核员，对收付凭证逐笔复核，会计核算质量显著提高，铁账、铁款、铁算盘的声誉由此开始。

1954年6月开始，中国人民银行总行推行苏联国家银行会计核算方法，并出台《关于学习苏联经验进一步改进与提高会计工作的指示》(以下简称《指标》)。这是中华人民共和国成立后第二次银行会计大改革。根据《指示》要求，丽水地域县级支行积极改进会计工作：

(一)账务组织。建立日记账、综合账卡、现金收付日记簿、余额表(储蓄、农贷不用)和结数表，取消科目日结单、小组轧账用的试算表、总账和现金收付账。分户账、综合账卡和余额表由专柜记账员经办，现金收付日记簿由复核员经管。日记账设专人办理，结数表由出纳员根据现金收支凭证汇总编制。

(二)凭证传递。同一营业间的转账凭证先记付款人账户，后记收款人账户。现金收付由客户先到专柜，后到出纳取、缴款。

(三)内部监督。记账员审查凭证及记账，以综合账卡与日记账核对发生额。复核员核对凭证和分户账的发生额和余额。出纳员以结数表与复核员核对现金收付款。会计主管人员以日计表与综合账卡进行核对。

1984 年，人民银行专门行使中央银行职能后，农业银行、中国银行、建设银行先后从人民银行体制中独立出来，并在丽水地区设立分支机构，信用社划归农业银行管理。各银行按各自总行规定，设置会计科目。

1993 年，中国人民银行丽水地区分行成立丽水地区金融会计学会，主要负责管辖丽水地区本级金融机构的会员单位。至 2015 年，有会员单位 24 家，个人会员 66 人。金融会计学会的主要职责是按照丽水地区民政局和人行丽水地区分行的工作要求，积极组织业务宣传和咨询活动，提升全市支付结算知识认知度；发挥学会在金融会计、支付清算领域的桥梁纽带作用，引导各会员积极开展调查研究、学术交流；完善和加强同城票据交换与清算管理，提高票据清算质量，维护票据正常运行，保障结算资金安全。

第二节　银行财务管理

财务制度沿革

1949 年 11 月，根据中国人民银行总行第一次全国会计会议制定《会计制度(草案)》，中国人民银行丽水支行对财务管理工作、预算管理和费用管理做专门规定，支行管理费用由财政部门拨付。

1950 年 8 月，根据中国人民银行总行第二次全国会计会议决议，规定会计部门为财务管理的主要承办部门，同时将资产、负债的整理估价、清点实物资产等列为决算内容。

1952 年 10 月，根据中国人民银行总行第四次全国会计会议对《财务管理暂行办法》修订稿，丽水地域人行县级支行将财务管理的主要内容分为固定资产管理和财务核算 2 个部分。

1952 年以后，银行各项费用由银行系统垂直管理，逐级报批预算，在核定的指标范围内据实报销。财务管理包括监督业务收支、资金管理、资产多缺处理、核算损益、费用管理、成本计算 6 个方面内容。

1959 年 1 月，根据中国人民银行、财政部《关于银行结益收入和各项费用及基本建设投资下放地方管理决定》，银行的各项费用均由各地财政部门统一统筹规划，各项行政、业务费用开支的资金均列入地方预算统一由财政部门拨付。

1973 年 1 月，根据中国人民银行浙江省分行《财务管理实施细则》，中国人民银行丽水市中心支行扩大了财务管理的范围，主要涉及内部资金管理、损益管理、费用管理、财产管理、房屋修建管理等。

1978 年 1 月，中国人民银行丽水地区中心支行贯彻人行总行新的《财务管理制度》，实行“统一领导、分级管理、收支相抵、损益集中”体制。1988 年 5 月，根据中国人民银行总行《财务管理制度》，中国人民银行丽水地区中心支行调整“统一领导、分级管理、成本核算、利润留成”管理体制。1994 年 1 月，执行独立的财务预算管理制度，每年编制财务收支预算，中国人民银行汇总后统一报财政部批准再执行。财务管理工作的范围是：资本金和负债管理，资产管理，财务收支管理，盈亏解缴管理。在财务管理上实行收付实现制的会计核算原则。同年，丽水地区各专业银行和股份制商业银行统一执行财政部《企业会计准则》和财政部、中国人民银行《金融企业会计制度》，实行财务处理权责发生制和谨慎原则，真实反映盈亏，为实现商业银行利润最大化奠定制度基础。

1997 年 1 月，丽水地区各国有商业银行执行财政部《关于国有独资商业银行财务管理的规定》。财务管理内容主要包括建立国有独资商业银行财务预算申报和审批制度；对固定资产和在建工程构建资金按年度实行绝对额控制；加强对国有独资商业银行分支机构的财务监管。

2000 年，中国人民银行丽水市（地区）中心支行根据财政部《中国人民银行财务制度》，建立健全内部财务管理机制，认真做好财务管理的基础工作，做到原始记录准确、完整。

2001 年 1 月，丽水市中资商业银行统一执行财政部《金融企业呆账准备提取及呆账核销管理办法》，建立统一的呆账准备金制度，不再计提坏账准备。

为适应人民银行业务发展和财务经费核算的需要，进一步加强财务信息反映和披露工作，人行杭州市中心支行对现行财务经费核算科目进行修订。2015 年 5 月 26 日前，中国人民银行丽水市中心支行为做好财务经费账户的核实调整工作，完成已有凭证的记账、复核、登账和向 ACS 报账工作，与 ACS 进行核对无误后，再确认报账。6 月 1 日起，正式启用人行杭州市中心支行修订后的科目。

损益管理

丽水市银行的损益管理经历了从“吃大锅饭”、实行经济核算到追求企业管理化的利润最大化要求的转变。

1949 年 11 月，中国人民银行丽水支行的管理费用由丽水专区财政部门拨付，利润上缴当地财政。1952 年以后，银行各项费用改由银行系统垂直管理，逐级报批预算，在核定指标范围内据实报销。

1962 年 1 月，银行利润不再向地方财政部门缴纳，逐级上报中国人民银行总部后缴纳财政部。

1984 年 10 月 1 日，国家税务局部门开始向银行起征所得税和营业税，所得税由各商业银行总行和农村信用社缴纳，营业税由各级银行、农村信用社向当地税务部门按照营业收入 5%缴纳。

1993—2002 年，正处于建立适应社会主义市场经济体制的金融组织体系时期。中国人民银行丽水市（地区）分行不再考核利润要求，把工作重心移向金融监管和宏观调控。各专业银行把政策性业务逐渐划转给政策性银行。中国农业银行与农村信用社脱钩后，改制成为国有商业银行；股份制商业银行不断落户丽水。所有商业银行均以效益性、风险性、流动性为经营原则，以实现利润最大化为经营目标，并逐步把职工收入分配与银行利润相挂钩。

1993 年，出现泡沫经济现象。6 月，中共中央、国务院下发《关于当前经济情况和加强宏观调控的意见》，提出 15 条意见，其中 12 条针对金融工作。至 2003 年，这一时期属于金融监管的职能转换和体制探索阶段，人民银行的工作重点开始转向监管。1993—1997 年，金融监管主要是针对泡沫经济，通货膨胀进行“救火”，实施适度从紧的货币政策，有效地控制经济过热现象。在“救火”的过程中，启动监管体制改革。中国人民银行丽水地区中心支行把工作重点转向金融监管、金融宏观调控和金融服务，不再追求单纯的经济利润。

1994 年，丽水地区各国有商业银行和股份制商业银行的分（支）行按照财政部《企业财务准则》和财政部、中国人民银行《金融企业会计制度》要求，实行财务核算原则由收付实现制转为权责发生制，开始计提各项贷款应收未收利息，计提各项负债应付利息；无形资产、递延资产、其他资产按收益期摊销；提取贷款呆账准备、坏账准备、投资风险准备。有利于商业银行盈亏真实得到反映，为实现利润最大化奠定制度基础。

1995 年 3 月，根据《中华人民共和国中国人民银行法》《中华人民共和国商业银行法》，丽水地区各个商业银行遵循效益性、流动性、风险性三大原则，实行自主经营、自担风险、自负盈亏。

1997 年 1 月，丽水地区各国有商业银行丽水地区分行执行财政部《关于国有独资商业银行财务管理的规定》。财务管理的重点是业务管理费用或业务管理费用额，实现利润，固定资产和在建工程构建资金，呆账准备金提取和坏账核销。同年，根据国务院《关于调整金融保险业税收政策有关问题的通知》，将银行、信用社缴纳营业税的比例提高至 8%。

2001 年 1 月，丽水市各商业银行执行财政部《关于调整金融企业应收利息核算办法的通知》。

2002 年 1 月，根据财政部《关于缩短金融企业应收利息核算期限的通知》，贷款利息逾期 90 天（不含）以上的应收未收利息不再计入当期损益，在表外核算，实际收回时再计入损益。2007 年，根据财政部《关于明确中国人民银行部分业务支出列支渠道的函》的要求，中国人民银行丽水市中心支行增设有关损益明细账户。

2005—2015 年丽水市银行业利润情况表

表 7-3-1

年份	净利润（万元）	职工人数（人）	机构总数（个）
2005	—	5232	383
2006	—	5178	362
2007	—	3489	167
2008	149368.27	5508	352
2009	148597.47	5788	369
2010	192173.02	6669	492
2011	237562.67	7025	503
2012	268064.87	7569	530
2013	249831.14	7869	542
2014	226819.87	8015	553
2015	—	8696	593

第三节　基本建设财务管理

基本建设拨款与贷款管理

1951 年 2 月 1 日至 1954 年 9 月 30 日，国家基本建设拨款由交通银行办理。1954 年 10 月 1 日，中央人民政府财政部系统内部成立中国人民建设银行。之后，逐步在全国各地先后设立建设银行分支机构，基本建设拨款工作由建设银行统一行使职能，履行拨付职能的同时还承担监督管理从国家预算内基本建设拨款扩展到自筹基本建设。1972 年 11 月，丽水地区财政局设立建设银行办事处。1978 年 11 月 14 日，升格为中国人民建设银行丽水地区支行，全面承担丽水地区国家基本建设资金的拨款任务，国家财政把建设资金拨给建设银行，建设银行又分期划给施工企业，同时负责对施工企业资金使用的监督职能，按工程进度分期付款和预结算等工作。基本建设拨款资金是保证国家计划内建设项目的资金供应，对计划外工程不予拨款。后来，自筹建设资金也归建设银行管理。

1985 年 12 月，国家计委、财政部、建设银行联合发文《关于国家预算内基本建设投资全部由拨款改贷款的暂行规定》。1986 年起，建行丽水地区分行执行国家基本建设资金由拨款改为贷款规定，简称“拨改贷”。施工企业由无偿使用资金改为有偿使用资金，与流动资金贷款一样每月要计算利息，促使施工企业树立时间观念，缩短工期，提高效率。

基本建设预结算管理

“守计划把口子”是建设银行对基本建设投资管理的一项主要任务，根据国家基本建设计划和财政支出预算，及时供应建设资金并监督资金的合理使用，同时办理与基本建设相关的银行结算和贷款。在计划经济时期，基本建设投资由计划部门确定项目，财政拨款、银行办理付款、建设单位无偿使用资金。如有基建项目批准后，建设银行按设计图纸进行预算，按工程进度付款，工程竣工后，施工企业与基建单位双方向建设银行提出申请，建设银行按照建筑工程施工标准进行审查，按照工程现实情况进行，按照有关部门“三算”规定的价格实事求是、公平公正的增减结算，少补多减。

1972 年 11 月至 2000 年 7 月，中国人民建设银行丽水地区办事处至建行丽水地区分行共审查决算工程 16000 余份，总价值 49.88 亿元，净核减资金 21369 万元。2000 年下半年，职能上收，结束这项专业业务。

1978—2000 年建行丽水分行工程预决算情况表

表 7-3-2

年份	审查管理(笔)	审查价值(万元)	核增(万元)	核减(万元)	净核减(万元)	核减率(%)
1978	112	57.00	—	5.80	5.80	10.20
1979	171	499.92	1.29	6.18	4.89	9.70
1980	166	675.00	6.00	5.10	46.00	6.80
1981	539	2516.60	—	90.37	90.37	3.60
1982	857	10332.00	3.14	22.78	110.00	10.60
1983	829	13506.00	15.29	195.17	196.37	3.98
1984	756	16736.00	6.66	185.49	194.27	3.47
1985	745	9570.00	27.10	—	362.00	3.72
1986	—	35727.00	—	—	—	—
1987	—	14679.00	37.12	539.82	502.70	3.42
1988	—	14375.00	155.34	898.31	742.97	5.05
1989	995	20442.00	268.23	1427.56	1159.33	5.60
1990	—	17040.00	243.95	849.43	605.48	3.68

续表 7-3-2

年份	审查管理(笔)	审查价值(万元)	核增(万元)	核减(万元)	净核减(万元)	核减率(%)
1991	1101	11782.00	42.00	892.00	850.00	7.21
1992	1030	21300.00	—	—	1181.13	—
1993	—	41509.00	81.00	2433.00	2352.00	5.70
1994	—	5918.00	—	—		
1995	—	42300.00	—	—		
1996	—	52000.00	—	—	4139.00	7.90
1997	—	44000.00	—	—	4446.00	10.10
1998	681	40000.00	—	—	4380.00	10.90
1999	—	78000.00	—	—	—	—
2000	—	5900.00	—	—	—	—
合计	—	456568.75	887.12	7551.01	21368.31	—

重点项目管理

20 世纪 50 年代，国家实行“一五”计划期间，百业待兴，建设项目较多，为确保国家重点建设项目如期建成，建设银行把这些重点项目放到重要地位，实行保证资金供应、保障服务、协助财务管理、监督资金合理使用，采取重点服务、重点保障支持。如云和紧水滩电站，建设银行为电站施工服务需要，专门在电站工地设立办事处，派出多名员工，提供资金拨付与监理方便措施；金丽温铁路建设，建行丽水分行成立铁路专业支行，市分行行长余静波兼任行长，专门为铁路建造施工提供优良的服务，保证工程资金到位率，使工程保质保量如期完工。

第四章　货币信贷与管理

货币信贷管理，是中央银行实施宏观调控的重要手段，是组织和分配资金，促进经济建设和社会发展的一个重要组成部分。货币信贷计划与管理由人民银行编制，包括信贷收支计划、货币政策、信贷规模管理、利率管理和资产负债管理等、从第一个国民经济五年计划开始到第十三个五年计划的 60 多年来，人民银行通过货币信贷计划的编制与管理执行，有计划筹集和分配信贷资金，调节市场货币流通，集中体现金融活动的情况。

1949 年 7 月，丽水银行由军管会、人民政府筹备委员会接管。采取“边接管、边建行”，开始发行人民币业务。至 9 月，在全区行施人民币和老解放票据（充当货币使用），禁止其他货币计算物价和流通，解放区货币（票据）与人民币按固定比价，互相流通。10月，新建立的人民银行丽水支行发布通告，严禁以银元（银圆）计算物价，禁止伪钞、白银和银元在市场上流通、买卖，持有者到银行兑换人民币，开始货币信贷管理。

第一节　中央银行资金调控

存款准备金政策执行

1952年，根据《中国人民银行业务计划编制办法草案》，浙江省人民银行开始试编业务收支计划，实行存、贷两条线，存款上缴总行统一运用；贷款统由总行逐级下达计划指标。

1984年，人民银行专门行使央行职能，建立存款准备金制度，包括法定存款准备金和备付金两部分。为了筹集资金加强经济结构调整，最初的法定存款准备金率较高，企业存款为20%，储蓄存款为40%，农村存款为25%。1985年起，实行“统一计划、划分资金、实存实贷、相互融通”的管理办法，人民银行和专业银行之间的资金分离。财政性存款划为人民银行的信贷资金。同时建立存款准备金制度，专业银行吸收的存款，也要按一定的比例存入人民银行，归人民银行支配使用。在1985年，针对当时存款准备金率偏高的情况，为促进国有商业银行资金自求平衡，人民银行改变了按存款种类核定存款准备金率的做法，存款准备金率一律调整为10%。1985年起，实施缴存款准备金制度，丽水地区银行业金融机构在当地人民银行开立存、贷款账户，人民银行丽水地区中心支行对银行业金融机构的存、贷款实行利率管理。

1986年10月，中央银行为增强宏观调控能力，将各专业银行和其他金融机构的存款准备金比例由10%提高到12%。1987年、1988年，为抑制经济过热、物价上涨过快和货币投放过多的状况，同时为了集中资金支持国家重点产业和项目，人民银行分两次上调准备金率至13%。1988年至1998年年初存款准备金率均没有再调整。

1998年以前，存款准备金制度的作用不是调控货币供应量，而是为人民银行筹集资金，人民银行用其平衡信贷结构，支持农副产品收购和某些重点产业、重点项目的资金需要。随着国家开发银行、中国进出口银行、中国农业发展银行3家政策性银行承担政策性贷款业务，准备金制度融资功能逐渐弱化。另外由于当时准备金利率较高（高于当时1年期定期存款利率），同时原制度下法定准备金不能用于商业银行间支付和日常清算，专业银行在人民银行开立备付金账户并保留大量清算资金，使得人民银行承担较高的利息支出，因此人民银行在1998年3月对存款准备金制度进行了改革。此次改革将金融机构在央行的存款准备金账户和备付金账户合并，称为“准备金存款”账户；扩大一般存款范围，将代理人民银行财政性存款中“机关团体存款”“财政预算外存款”划为一般存款缴存法定存款准备金；法定存款准备金按法人统一考核。按《关于改革存款准备金制度的通知》规定，人民银行丽水地区中心支行负责监管辖区地方法人金融机构缴存准备金和准备金管理工作。各国有商业银行、股份制商业银行在丽水地区的分行（支行）的法定存款准备金缴存人民银行丽水地区分行。同年，受东南亚金融危机的影响，国内市场疲软，有效需求不足，为了刺激经济增长，准备金率从13%下调至8%。

1999 年，再次下调至 6%后，持续到 2003 年。准备金存款账户剔除法定存款准备金后的超额部分(即改革前的备付金存款)不再实行比率控制。

2003 年，丽水市农村信用社统一联社法人之前，各农村信用社系统存款准备金实行联社统一缴存制度，由各联社在人民银行开立存款准备金账户，各农信社法人将准备金资金划转至联社再由联社统一缴存至人民银行；统一县联社法人之后存款准备金由各县(市)联社缴存。国内经济金融发展逐渐走出东南亚金融危机的阴影，步入快速发展的新通道，同年 9 月存款准备金率也随着经济发展的旋律稳步上调。2004 年开始，中国人民银行丽水市分行按照上级行要求，建立地方法人金融机构流动性监测制度。2005 年初，中国人民银行杭州中心支行制定《浙江省金融机构存款准备金管理操作规程》。对存款准备金职责分工、缴存、调整、考核、监督、检查与处罚等操作做出规定。丽水市各地方法人金融机构在丽水市分行的指导下，制定了存款准备金内部操作规程。同年 11 月，人民银行丽水市分行在全市范围内开展存款准备金业务检查。检查各县(市)农村信用联社和莲都农村合作银行的内控制度落实、报表报送、会计科目设置和核算、存款准备金缴存情况。

2006 年开始，银行业金融机构流动性明显出现过剩现象，为加强银行体系流动性管理，抑制货币信贷过快增长，合理调控货币信贷总量人民银行开始人民银行充分利用存款准备金政策，人民银行加快上调存款准备金率的频率，分别于同年 7 月 5 日、8 月 15 日和 11 月 15 日各上调金融机构存款准备金率 0.5 个百分点。

2008 年 9 月 25 日，为应对美国次贷危机冲击，人民银行自 1999 年以来首次下调了存款准备金率。随着次贷危机的影响逐步扩散，引发全球性金融危机，人民银行积极应对，2008 年 4 季度又连续 3 次下调了存款准备金率，至此，大型金融机构存款准备金率下调至 15.5%，2009 年存款准备金率未作调整。2010 年，随着经济企稳回升，后危机时期的经济刺激政策逐步退出，人民银行连续 6 次上调存款准备金率。

2009 年前，中国人民银行丽水中心支行监管缴存准备金的金融机构只有辖区各农村合作银行和农村信用社。在统一联社法人之前，各农村信用社系统存款准备金实行联社统一缴存制度，由各联社在人行开立存款准备金账户，各农信社法人将准备金资金划转至联社再由联社统一缴存至人民银行；统一县联社法人之后存款准备金由各县(市)联社缴存。人民银行丽水中心支行对农信社缴存存款准备金的监管主要从以下方面着手：1.在统一县联社法人前，以联社为单位开立存款准备金专户，将联社作为存款准备金的监管对象，要求各联社对自己下属的机构进行统一调度统一缴存。2.加强存款准备金改革的宣传及时将准备金管理文件和准备金率调整的文件及处罚规定转发给各农信社联社，要求切实遵照执行。3.及时监测各联社资金运行情况。建立每个季度对各县市信用联社资金来源运用情况进行调查制，及时掌握农村信用社资金余缺，为督促农村信用社及时足额缴存存款准备金提供依据。

2011 年，人行丽水市中心支行为鼓励县域法人金融机构新增存款一定比例用于当地贷款，采取相关落实激励政策。根据比例考核政策的有关规定，确定 2010 年达标的县域法人金融机构名单，从 2011 年 4 月 1 日起，达标县域法人机构执行比同类金融机构正常标准低 1 个百分点的存款准备金。其中，现行存款准备金率比同类金融机构正常标准低(含)1 个百分点以上的县域法人金融机构，继续执行现行的存款准备金率。达标县域法人金融机构存款准备金率政策的实行期限为 2011 年 4 月 1 日至 2012 年 3 月 31 日。其间，遇到存款准备金率调整，达标县域法人金融机构存款准备金率同时等幅调整。

2013年和2014年，人民银行进一步明确村镇银行存款准备金政策。村镇银行存款准备金政策比照当地农村信用社的存款准备金政策执行，其中设有A类社的，比照当地A类社存款准备金政策执行。2014年，延用对县域法人金融机构的激励政策，达标县域法人金融机构存款准备金政策的实施期限为每年4月1日至次年3月31日。其间，如遇存款准备金率调整，达标县域法人金融机构存款准备金率同时等幅调整。

2014年，为进一步针对性地加强对“三农”和小微企业的支持，对部分达标的国有商业银行、股份制商业银行、中国邮政储蓄银行、城市商业银行、非县域农村商业银行、非县域农村合作银行、外资金融机构、财务公司、金融租赁公司和汽车金融公司降低人民币存款准备金0.5个百分点。

2015年，中国人民银行总行分别于1月、2月、4月、9月及10月共5次下调存款准备金率，并决定于9月15日起对存款准备金实施平均法考核人民银行丽水市中心支行认真落实全年所有的存款准备金政策调整，严格执行存款准备金管理规定，切实维护存款准备金制度的有效性。人行丽水中支在存款准备金率政策执行方面采取以下措施：一是及时转发存款准备金率调整政策，指导和督促辖区法人金融机构抓紧落实，充分领会人民银行对其实施优惠存款准备金率的政策意图，加强资产负债管理，合理安排信贷资金，加大“三农”及小微企业信贷投入。二是及时转发存款准备金平均法考核文件，印发《中国人民银行丽水市中心支行货币信贷管理科关于加强存款准备金管理的通知》，要求全辖法人金融机构高度重视此次存款准备金考核制度改革工作，做好数据报送工作，认真学习领会平均法考核制度办法。要求各县（市）支行信贷调统股要加强对辖内法人金融机构的指导并做好辖内法人金融机构相关数据的审核，确保改革平稳过渡。同年，人民银行连续下调5次金融机构存款准备金。开始实施平均法考核存款准备金政策。人行丽水市中心支行按照上级行要求，建立地方法人金融机构流动性监测制度。要求全面做好存款准备金考核制度改革、数据报送工作，切实加强存款准备金管理。人行丽水市中心支行货币信贷管理部门督促指导辖内金融机构严格执行存款准备金平均法考核的各项规定，按日对金融机构存款准备金日终余额满足每日下限要求情况进行考核，确保考核结果客观、准确；加强对金融机构流动性状况的日常监测，重点关注金融机构存款准备金日终余额低于法定存款准备金要求的情况，适时对金融机构流动性缺口予以提示，并向人民银行杭州中心支行货币信贷管理处报送调查表；在存款准备金考核过程中，对金融机构违反存款准备金管理规定的行为，依法严肃处罚。

至2015年年末，全市7家农信社一般存款余额261.13亿元，比上季末增加6.01亿元，准备金存款余额42.12亿元，实际缴存比例为16.13%，比法定缴存比例要求指标8.5%，高出7.63个百分点。两家农村商业银行一般存款余额159.15亿元，比上季末增加4.91亿元。五次降准后，莲都农商行执行存款准备金率为14%，青田农商行处于县域执行11.5%，两家农商行执行不同存款准备金率。2015年年末，莲都农商行准备金存款余额24.14亿元，实际缴存比例为32.52%，比法定缴存比例要求14%高出18.52个百分点；青田农商行准备金存款余额12.24亿元，实际缴存比例为14.52%，比法定缴存比例要求的11.5%高出3.02个百分点。辖内9家村镇银行一般存款余额38.77亿元，比上季末新增0.95亿元，准备金存款余额3.81亿元，实际缴存比例为9.83%。9月15日，实施平均法考核存款准备金后，全辖人民银行货币信贷部门按日对金融机构存款准备金日终余额满足每日下限要求情况进行考核，并加强对金融机构流动性状况的日常监测。从监测结果反映，全辖法人金融机构存款准备金缴存充足，政策执行到位。

1984—2015 年人民币法定存款准备金率调整一览表

表 7-4-1

时　期	准备金率		
	调整前	调整后	调整幅度
1984 年	存款准备金率：企业存款 20%，农村存款 25%，储蓄存款 40%		
1985 年	央行将法定存款准备金率统一调整为 10%		
1987 年	10.00%	12.00%	2.00%
1988 年 9 月	12.00%	13.00%	1.00%
1998 年 3 月 21 日	13.00%	8.00%	-5.00%
1999 年 11 月 21 日	8.00%	6.00%	-2.00%
2003 年 9 月 21 日	6.00%	7.00%	1.00%
2004 年 4 月 25 日	7.00%	7.50%	0.50%
2006 年 7 月 5 日	7.50%	8.00%	0.50%
2006 年 8 月 15 日	8.00%	8.50%	0.50%
2006 年 11 月 15 日	8.50%	9.00%	0.50%
2007 年 1 月 15 日	9.00%	9.50%	0.50%
2007 年 2 月 25 日	9.50%	10.00%	0.50%
2007 年 4 月 16 日	10.00%	10.50%	0.50%
2007 年 5 月 15 日	10.50%	11.00%	0.50%
2007 年 6 月 5 日	11.00%	11.50%	0.50%
2007 年 8 月 15 日	11.50%	12.00%	0.50%
2007 年 9 月 25 日	12.00%	12.50%	0.50%
2007 年 10 月 25 日	12.50%	13.00%	0.50%
2007 年 11 月 26 日	13.00%	13.50%	0.50%
2007 年 12 月 25 日	13.50%	14.50%	1.00%
2008 年 1 月 25 日	14.50%	15.00%	0.50%
2008 年 3 月 25 日	15.00%	15.50%	0.50%
2008 年 4 月 25 日	15.50%	16.00%	0.50%
2008 年 5 月 20 日	16.00%	16.50%	0.50%
2008 年 6 月 15 日	16.50%	17.00%	1.00%
2008 年 6 月 25 日	17.00%	17.50%	
2008 年 9 月 25 日	17.50%	16.50%	1.00%
	16.50%	14.50%	2%（限汶川地震重灾区地方法人金融机构）
	17.50%	17.50%	工、农、中、建、交、邮行暂不调整

续表 7-4-1

时 期	准备金率		
	调整前	调整后	调整幅度
2008 年 10 月 15 日	17.50%	17.00%	0.50%
2008 年 12 月 5 日	17.00%	16.00%	1.00%
2008 年 12 月 25 日	16.00%	15.50%	0.50%
2010 年 1 月 18 日	15.50%	16.00%	0.50%
2010 年 2 月 25 日	16.00%	16.50%	0.50%
2010 年 5 月 10 日	16.50%	17.00%	0.50%
2010 年 11 月 16 日	17.00%	17.50%	0.50%
2010 年 11 月 29 日	17.50%	18.00%	0.50%
2010 年 12 月 20 日	18.00%	18.50%	0.50%
2011 年 1 月 20 日	18.50%	19.00%	0.50%
2011 年 2 月 24 日	19.00%	19.50%	0.50%
2011 年 3 月 25 日	19.50%	20.00%	0.50%
2011 年 4 月 21 日	20.00%	20.50%	0.50%
2011 年 5 月 18 日	20.50%	21.00%	0.50%
2011 年 6 月 20 日	21.00%	21.50%	0.50%
2011 年 12 月 5 日	21.50%	21.00%	0.50%
2012 年 2 月 24 日	21.00%	20.50%	0.50%
2012 年 5 月 18 日	20.50%	20.00%	0.50%
2015 年 2 月 5 日	20.00%	19.50%	0.50%
2015 年 4 月 20 日	19.50%	18.50%	1.00%
2015 年 6 月 28 日	18.50%	18.00%	0.50%
2015 年 9 月 6 日	18.00%	17.50%	0.50%
2015 年 10 月 24 日	17.50%	17.00%	0.50%

再贷款政策执行

1984 年，中国人民银行专门行使中央银行职能后，实行“统一计划、划分资金、实贷实存、相互融通”信贷资金管理体制，奠定中央银行通过再贷款调控基础货币的基础。1984—1993 年，基础货币最重要渠道占基础货币供应总量 70%—90%。再贷款，主要由人民银行各分支机构根据中国人民银行总行计划，对当地商业银行发放。1993 年，中国金融工作会议决定，改革信贷资金与规模的分配体制，收回人民银行分行供应和调剂再贷款规模权利，再贷款供应渠道发生重大变化，分支机构再贷款管理的主要任务成为发放短期资金，用于解决商业银行头寸不足。中国人民银行颁布《对金融机构贷款管理办法》，成为现行再贷款管理总领性文件。1998 年，中国人民银行取消商业银行贷款规模的指令性计划，标志着金融宏观调控方式由直接向间接转变，再贷款开始成为真正的间接调控工具。中国人民银行下发《关于中国人民银行分行再贷款管理若干规定的通知》，明确再贷款权限、范围。1999 年 12 月，中国人民银行颁布《紧急贷款办法》，对有问题的金融机构，在使用中央银行提供再贷款的条件、程序、期限、用途等进行详细规定。中国人民银行制定《分行短期再贷款管理暂行办法》，对办理短期再贷款有关事项进行规定。1999—2003 年，为维护地方金融稳定，发放地方政府向中央专项借款。2005 年 1 月，中国人民银行办公厅下发《关于进一步加强再贷款业务管理的通知》，将短期再贷款（包括头寸再贷款和中小金融机构再贷款地）审批权限一律上收到分行，原则上不对商业银行分支机构发放短期再贷款。2008 年 12 月末，中国人民银行丽水市中心支行加大支农再贷款管理力度，发挥好支农再贷款“四两拨千斤”作用。按季对辖内农村合作金融机构的支农再贷款使用、管理情况进行检查，确保支农再贷款管理到位、用途合理。全市支农再贷款余额 1.76 亿元，累计发放 4.02 亿元，重点支持农户种、养、殖业发展，对丽水市农业贷款增长起到重要拉动作用。2009 年，中国人民银行下发《关于完善支农再贷款管理支持春耕备耕扩大“三农”信贷投放的通知》，将支农再贷款的对象由农村信用社扩大到农村合作银行、农村商业银行、村镇银行等设立在县域和村镇的存款类法人金融机构；将支农再贷款的用途由农户贷款扩大到涉农贷款；明确支农再贷款的实际借用期限最长为 3 年；完善支农再贷款的台账管理原则，不再要求借款金融机构单独设立以支农再贷款为资金来源所发放农户贷款的明细台账；进一步明确金融机构申请支农再贷款必须具备的条件,重点强调必须坚持支农服务方向，要求借用支农再贷款的金融机构涉农贷款占各项贷款的比例不低于 70%。2013 年 3 月，中国人民银行下发《关于拓宽支农再贷款适用范围做好春耕备耕金融服务工作的通知》，进一步拓宽支农再贷款适用范围。支农再贷款对象调整为农村商业银行、农村合作银行、农村信用社和村镇银行等存款类金融机构法人，以及中国人民银行总行确定、批准的其他农村金融机构。2014 年，进一步完善再贷款功能定位，将再贷款由三类调整为四类，即将原流动性再贷款进一步细分为流动性再贷款和信贷政策支持再贷款，金融稳定再贷款和专项政策性再贷款分类不变。启用常备借贷便利工具，发挥货币市场利率走廊上限的功能，加强地方法人金融机构流动性管理，促进货币市场平稳运行。将中小金融机构再贷款调整为“支小再贷款”，明确“支小再贷款”发放对象、用途和贷款条件，进一步发挥再贷款导向作用。

再贴现政策执行

1989 年 4 月开始,中国人民银行正式在全国推行再贴现货币政策。1994 年，中国人民银行安排再贴现资金 100 亿元，专项用于“五行业”（煤炭、电力、冶金、化工、铁道）、“四品种”（棉花、生猪、食糖、烟叶）再贴现。1995 年，中国人民银行颁布《对国有独资商业银行总行开办再贴现业务暂行办法》和《商业汇票承兑、贴现和再贴现管理暂行办法》，再贴现正式纳入调控货币供应量的操作体系，作为政策工具和市场信号得到重视与推广。1998 年，央行确定再贴现利率为基准利率，再贴现利率与再贷款利率脱钩。根据宏观调控需要，下调再贴现利率 3 次（由 7.94%下调至 3.96%），将贴现率生成机制由原来与同档次贷款利率挂钩的做法改为在再贴现率基础上加点的确定方式。1999 年,中国人民银行下发《关于改进和完善再贴现业务管理的通知》，把再贴现作为缓解部分中小金融机构短期流动性不足的一项政策措施。6 月 10 日，再贴现利率一次性从 3.96%下调到 2.16%。再贴现利率低于转贴现利率，使商业银行办理贴现业务过度依赖中央银行的再贴现。2001 年 9 月，再贴现利率由 2.16%提高到 2.97%，高于同期同业拆借市场利率，对抑制信贷资金违规流入股市，改变商业银行对央行再贴现资金的过度依赖和套利行为起到一定效果。2004年3月25日，再贷款(再贴现)实行浮息制度，再贴现利率加点浮息后提高至3.24%。金融机构由再贴现转向转贴现，使大量的票据贴现游离于中央银行的宏观调控之外。2008年年初，再贴现利率由3.24%提高到4.32%。11月,再贴现利率由4.32%下降到2.97%，再贴现业务稍稍恢复。12月，再贴现利率进一步下降，降至1.8%。2010年12月，人民银行上调对金融机构再贴现利率，由1.8%调整到2.25%。随着国家调控措施的出台，业银行信贷规模和资金偏紧，再贴现需求进一步加大。充分发挥再贴现工具对信贷总量和结构调整的引导作用。2011年，随着国家多次调高存款准备金率、实行信贷总量和节奏控制等调控措施的出台，对银行信贷投放的调控力度不断加大，辖内商业银行信贷规模和资金进一步趋紧，再贴现需求更为紧迫。2012年，根据总分行的信贷导向原则，运用再贴现工具，引导金融机构将有限的信贷资金更多地满足中小企业、县域经济等的发展需求。

专项贷款

专项贷款是中央银行为适应不同地区、不同时期经济发展需要而设的具有专门用途、主要用于固定资产投资的贷款。1986年，为加快革命老区、少数民族地区、边远落后山区以及贫困地区的经济发展,增强其经济实力，中国人民银行决定发放老少边穷发展经济贷款。11月17日，中国人民银行、中国农业银行联合下发《关于印发〈中国人民银行、中国农业银行扶持贫困区专项贴息贷款管理暂行办法〉的通知》，对老少边穷地区发展经济贷款的使用范围、贷款条件、贷款的分配与发放、贷款期限和利率、贷款责任和考核等方面作出明确规定。规定，月利率为六厘一，其中借款户支付二厘一，中央财政补贴四厘。

《中国人民银行专项贷款管理暂行办法》规定：

一、贷款种类。有老少边穷地区发展经济贷款，地方经济开发贷款，购买外汇额度人民币贷款,沿海港口城市及经济特区开发性贷款五种专项贷款。

二、贷款对象和条件，贷款对象为经工商行政管理部门批准注册，具有法人资格、实行独立核算，并有偿还能力的经济实体。贷款条件：经有权批准机关批准立项并纳入固定资产投资计划，具备开工条件；贷款项目投产经济社会效益好；落实自筹资金和铺底流动资金；归还贷款的资金来源落实；有相应的资产作贷款抵押或法人作担保。

三、贷款期限和利率管理原则。专项贷款的期限，自贷款之日起至还清本息止，一般为1—3年，少数4—5年，个别最长不超过7年。利率按国家规定的利率执行。

四、贷款的计划和审定方式。贷款必须控制在上级行下达的计划内。贷款审定方式有三种：1.人民银行审查定项；2.委托专业银行审查定项；3.共同审查定项。

五、贷款的管理和经济责任。一是配备专人；二是单项投资在3000万元以上(含3000万元)的应报中国人民银行备案；三是委托行要负责贷款的发放、监督检查和本息收回；四是各种贷款指标不得相互混用；五是当年未用完部分除购买外汇额度人民币贷款外归各地周转使用；六是按谁审定谁承担责任的原则划分经济责任。

1989年4月21日，国家计委、中国人民银行联合下发《关于安排技持部分外商投资企业专项贷款的通知》。专项贷款用于支持部分在建的外商投资企业，扶助解决中方配套资金不足的问题，并规定贷款由中国人民银行委托中国银行总行具体发放与管理。1991年3月25日，国家计委、中国人民银行、国务院台湾事务办公室联合下发《关于申请合商投资项目配套资金问题的通知》，规定未经中国人民银行批准，不得作为股东贷款使用，申请此项贷款必须由各省市计委（计经委）、中国人民银行省分行和省台湾事务办公室3家联合行文上报国家计委、中国人民银行总行和国务院台办审批。1995年4月4日，中国人民银行与中国工商银行、中国农业银行、中国银行、中国建设银行、中国农业发展银行联合下发《关于划转人民银行专项贷款的通知》，规定将人民银行发放的专项贷款（外汇抵押人民币贷款除外），全部划转有关银行。人行丽水市中心支行严格按照上级政策、规定执行，未制订具体实施制度。

第二节　信贷业务管理

信贷规模管理

1953年，中国人民银行的信贷计划，实行“统收统支”管理，一切存款全部上缴人行总行，一切贷款由人行总行逐级下达到基层银行。丽水地区只能在上级行下达贷款规模内发放贷款的职能权力。1958年“大跃进”，银行一度实行“两放、统、一包”及“全额信贷”制度，地方银行机构可随意增加贷款，导致信贷严重失控。1962年3月，中共中央《银行工作六条》下达后，重新恢复严格的信贷规模管理。1979年，中国人民银行决定改革信贷计划管理体制，打破沿袭26年的“统收统支”办法，实行“统一计划，分级管理，存贷挂钩，差额控制”的办法，把存款规模和贷款规模挂钩。1984年10月，根据中国人民银行《关于信贷资金管理试行办法》，实行“实存实贷”。1989年，中国人民银行对各专业银行实行“限额管理，以存定贷”信贷资金管理办法，实行比较严格的贷款最高限额控制，并进行季度监控。1995年以后，各商业银行试行资产负债比例管理,是在信贷规模的限额之内实施。1998年10月，中国人民银行取消对国有商业银行的信贷规模管理，实行资产负债比例管理和风险管理。中国人民银行总行对国有商业银行和股份制商业银行总行下达年度存贷比目标。各国有商业银行总行对丽水国有商业银行实行按类别差别管理。各银行总行对各分行的信贷规模年中实行存贷比例，年终是规模管理，必须进笼子，不准突破，年中除了核定存贷比例外，各个项目的贷款同时下达指导性规模，除个别中央需要控制的贷款种类不得突破外，其余贷款项目之间可以调剂。年中如临时指标不够，可以带项目向总行争取规模。

2010年，丽水市金融业继续快速发展。一是金融总量快速增长。年末，全市金融机构本外币存贷款总量1949.68亿元，继2008年突破1000亿元后，两年时间接近翻番。证券、保险业继续保持快速增长。证券累计交易额1770.36亿元，同比增长37.95%；全市累计保费收入20.76亿元，同比增长26.22%，累计赔款与给付5.01亿元，同比增长0.18%。二是金融组织体系趋于完善。新引进股份制商业银行2家，新设立村镇银行、小额贷款公司、农村资金互助社各1家，全市已形成政策性银行、国有商业银行、股份制商业银行、城市商业银行和邮储银行、农村合作银行为主体，以及村镇银行、小额贷款公司和资金互助社等新型农村金融机构互为补充的较为完善的银行业金融机构体系。三是全市金融机构认真按照适度宽松的货币政策和金融监管要求，强化总量控制，确保信贷资金适度、均衡、有序投放，金融运行完成宏观调控的预期目标。

2011年，面对复杂多变的国际国内经济形势，丽水市金融机构认真贯彻稳健的货币政策，努力保持社会融资规模合理、适度增长，金融运行健康平稳，总体呈现出“增长适度，结构优化，效益较好，经营稳健”特征。一是金融总量较快增长。至年末，全市金融机构本外币存贷款总量2252.55亿元，同比增长15.52%。全市证券累计交易额2101.23亿元，同比增长18.71%；全市累计保费收入22.01亿元，同比增长16.06%；累计赔款与给付5.28亿元，同比增长19.69亿元。二是金融组织体系逐渐完善。全市新引进2家股份制商业银行，新设立村镇银行、小额贷款公司各3家。股份制商业银行和城市商业银行网点逐步向县域拓展，浦发、泰隆、稠州等已分别在县域设立支行5家，国有银行分支机构已经在县域实现全覆盖。三是经营效益持续改善。年末，全市银行业机构不良贷款余额9.63亿元，不良率为1%，较年初下降0.05%；实现账面利润28.91亿元，同比增长20%。

2012年年末，丽水市金融机构本外币各项贷款新增158.87亿元，余额同比增长16.57%，增速位列全省第二位。从期限看，以流动资金贷款为主的短期贷款仍是丽水市信贷投放的主流，但中长期贷款增量占比有所回升。全市短期贷款本外币余额702.31亿元，比年初增加126.07亿元，占各项新增贷款的79.36%，占比较上年同期减少18.68个百分点，同比少增9.04亿元。中长期贷款本外币余额402.46亿元，比年初增加30.33亿元，占各项新增贷款的19.09%，占比较上年同期上升15.53个百分点，同比多增25.42亿元。票据融资余额7.62亿元，比年初增加2.44亿元，同比增加5.72亿元。尤其是12月增加1.18亿元，占12月各项贷款增量18.95%，对12月信贷投放的替代效益明显。

2013年，丽水市社会融资规模新增219.02亿元，同比多增48.59亿元。在经济增速趋缓背景下，全市社会融资规模保持适度增长态势，与经济增长基本匹配。从社会融资结构看，呈现以下新变化。一是本外币贷款占比下降。全年全市本外币贷款新增179.59亿元，同比多增20.72亿元，占社会融资规模比重为82%，同比下降11.22个百分点。二是直接融资占比上升。全年全市企业债券融资和非金融企业境内股票融资合计新增13.9亿元，同比多增7.2亿元，占社会融资规模比重为6.34%，同比上升2.42个百分点。三是银行表外融资有升有降。全年全市委托贷款、信托贷款合计新增20.49亿元，同比多增16.22亿元，占社会融资规模比重为9.35%，同比上升6.85个百分点；而银行承兑汇票则延续2012年以来的收缩态势且降幅有所扩大，比年初减少8.71亿元，同比多减2.4亿元，占社会融资规模比重同比下降0.28个百分点。

2013年丽水市社会融资规模情况表

表7-4-2

项　目	金额(亿元)	同比增减(亿元)	占比(%)	占比同比增减百分点(个)
社会融资总规模	219.02	48.59	100.00	—
各项贷款	179.59	20.72	82.00	-11.22
信托、委托贷款	20.49	16.22	9.35	6.85
银行承兑汇票	-8.71	-2.40	-3.98	-0.28
企业债券融资	10.50	8.80	4.79	3.80
非金融企业境内股票融资	3.40	-1.60	1.55	-1.38
其他	13.75	6.85	6.28	2.23

至2015年，丽水市社会融资规模107.50亿元，同比增加1.48亿元，为实体经济发展提供较有力的资金支持。其中，直接融资占社会融资规模比重大幅提高，融资结构继续向好调整，融资渠道进一步拓宽。

2015年丽水市社会融资规模结构一览表

表7-4-3　　单位：亿元

年份	社会融资规模	其中					
		本外币贷款	信托、委托贷款	未贴现的银行承兑汇票	企业债券融资	非金融企业境内股票融资	其他
2015	107.50	83.19	18.03	−27.31	6.00	17.30	10.29
2014	106.02	117.81	2.68	−29.39	0.00	5.00	9.93
占比（%）							
2014	100	111.12	2.53	−27.72	0.00	4.72	9.36
2015	100	77.39	16.77	−25.40	5.58	16.09	9.57

资产负债比例管理

1993年12月，国务院印发《关于金融体制改革的决定》，旨在建立独立执行货币政策的中央银行宏观调控体系。1994年，中国人民银行总行颁布《信贷资金管理暂行办法》和《关于对商业银行实行资产负债比例管理的通知》，开始实行“贷款限额控制下的资产负债比例管理”新体制。中国人民银行丽水地区分行为适应信贷金管理体制变化，把工作重点转移到加强金融监管、确立央行新权威的职能上，既强调规模监控的严肃性，又灵活运用监管手段，积极探索宏观调控新路子。1995年，加大信贷规模监管力度实施“按季监控,按月考核”，建立有关监督制度，将丽水辖区信用社列入资产负债比例管理考核范围，引导其规范运作，促使全区金融机构贷款控制在上级行下达的限额与比例之内。全区金融机构加快转换经营机制，推进商业化改革，注重建立、健全金组织体系和资金管理体制、运行机制的改革，强化资产和负债的管理，增强资金运筹能力。1996年，全区人民银行系统严格控制国商业银行信贷总量，从以往单一对国有商业银行信贷总量监控转到规模监控与信贷结构调整相结合，按月考核，促使各行年末贷款余额控制在信贷规模指标之内。加强非银行金融机构的资产负债比例考核，建立月末主要指标完成情况快报制度和季度指标执行情况分析制度。全年累计对商业银行发放短期融通资金13.3亿元，收回专项贷款291.1万元。1997年，制定“合力扶工”四条政策措施，支持“五个一批”、地区“四个一批”等重点企业的资金需求；增加扶贫投入，从发展扶贫贷款延伸到其他金融服务项目，不断拓展服务领域；全年累计发放短期融通资金8.1亿元，其中用于支持农业生产7.1亿元，占85.5%；办理再贴现139笔，共6659万元，集中支持名牌拳头产品效益好的企业。1998年，从1月1日起，国家取消指令性计划，实行指导性计划，在逐步推行资产负债比例管理和风险管理的基础上，实行“计划指导，自求平衡，比例管理，间接调控”的信贷资金管理体制。新的信贷管理体制下，中国人民银行丽水地区分行运用间接调手段，发挥央行的窗口指导作用，加强货币信贷政策引导。1998年，中国人民银行丽水地区分行制定《关于增加信贷投入支持经济发展的若干意见》，引导信贷投放，并根据各金融机构资产负债比例管理的不同要求和特点，对不同的机构采取区别对待的监控方式，确保各机构在合理的比例内用足用好资金。1999年，制定《全面实施货币政策,促进丽水经济稳定健康发展》《关于改善金融服务,支持国有企业改革和发展的若干意见》，引导信贷资金支持重点企业、重点项目和效益农业，通过金融杠杆作用，促进一批关、停、闭企业的市场退出，国企的转制和优势产业、优势企业的培植；大力发展消费贷款，加强宣传引导，各金融机构推出汽车贷款、住房按揭贷款、电脑贷款、旅游贷款、助学贷款等。2000—2003年，人行丽水市分行认真贯彻实施稳健的货币政策，改进金融服务，增加信贷投入，支持地方经济发展。2000年丽水撤地设市后，城市化建设资金需求较大，人行丽水地区分行引导金融机构着重加大城市建设和电力、交通的信贷投入，全市累计新增基建贷款6.87亿元，其中市区新增3亿元，增速达93%。至2001年，全市初步形成了以基本建设贷款、中小企业短期贷款和个人消费信贷"三足鼎立"的信贷支持格局。2002年，全市个人住房贷款增加4.89亿元，汽车消费货数增加3321万元，助学贷款增加899万元。2003年4月，中国人民银行丽水地区分行牵头在全市范围内组织一次规模大、效果明显的银企信贷资金衔接会，帮助315家企业参与银、政、企三方交流合作，促成签约项目330个、签约金额185亿元。年内，落实贷款42.5亿元，占全年贷款增加额57.7%。2004年，是人民银行履行央行新职能的起始之年，成立辖区经济金融形势与货币政策分析和金融稳定协调领导小组；制定实施丽水市经济金融形势与货币信贷政策执行情况分析制度，货币信贷快速反应制度和房地产金融联席会议制度。2005—2007年，人行丽水地区分行(中心支行)认真贯彻执行稳健的货币政策，结合丽水市"三市并举"发展战略和"项目推进年"实施计划等，重点支持丽水市的省"五大百亿"等重点项目、先进制造业基地、重点工业园区等项目建设，着力扩大对农业、中小企业、非公有制经济和消费、增加就业等方面信贷投入。2008—2010年，为应对国际金融危机，人民银行总行实施适度宽松的货币政策。2008年，人行丽水地区中心支行出台《关于贯彻落实适度宽松的货币政策，加大金融支持地方经济发展的意见》，认真贯彻落实国家扩大内需的方针政策和适度宽松的货币政策，指导地方法人金融机构认真执行信贷规划，充分发挥农信社"三农"信贷主力军作用。2009年，在国家4万亿投资计划带动下，地方项目建设资金需求很大，人行丽水地区中心支行召开政府性建设项目贷款对接会，全年牵头衔接市本级政府性项目贷款77.79亿元。至12月末，已获审批贷款61.14亿元，实际发放贷款50.13亿元；牵头衔接市本级重点项目贷款70.22亿元，至12月末已获审批贷款46.74亿元，实际发放贷款32.42亿元。人行丽水地区中心支行重点加强对信贷支农支中小企业的引导，先后制定《关于支持中小企业发展的若干意见》《关于支持个体私营经济发展的若干意见》《关于加强和改进对中小企业金融服务的指导意见》《关于加强金融支持创业创新促进生文明建设的指导意见》等政策文件，引导信贷资金加大对中小企业支持。2006年，出台《金融支持丽水市社会主义新农村建设的指导意见》。2007年，制定《关于推广小额贷款支持低收入农户增收的意见》，并由丽水市政府批转实施；创新推进林权抵押贷款工作。2008年，在全市范围内推进农房抵押贷款业务试点。2009年，丽水市政府大力推进农村信用体系建设，引导信贷资金投向"三农"。至2015年年末，全市"三权"抵押贷款余额82.77亿元，比年初增加19.6亿元。其中，林权抵押贷款余额48.48亿元；土地流转经营权抵押贷款余额4.04亿元，农房抵押贷款余额30.25亿元。

信贷授权授信管理

1998年，根据中国人民银行《商业银行授权、授信管理暂行办法》，各国有商业银行和股份制商业银行总行分别加强授权、授信管理。根据各银行总行的意见，丽水市各商业银行加强系统内信贷授权、授信管理。

授权管理，是商业银行内部风险控制中的一项重要内容。授权，一般分为基本授权和特别授权两种。基本授权，是商业银行法人在法人经营范围内，根据经营管理的需要，将信贷审批和管理权限授予下级分支机构负责人；特别授权，是在管理规定授权后超过基本授权或转授权范围、种类和额度事项所授予的权限，所有授权都采用书面形式。

信贷资金政策（货币政策）

1949—1992 年计划经济时期，国家财政是国民收入分配主体，财政政策在经济运行调控中占据主导地位，发挥着巨大的调控作用。银行是财政的附庸形式，无足轻重，不存在信贷资金调控作用。1979 年改革开放后，特别是 1984 年建立二级银行体制，货币政策开始发挥作用，在宏观调控中扮演重要角色。

1984 年起，中国人民银行集中履行中央银行职能，集中统一的计划管理体制逐步转变为以国家调控为主的宏观管理体制，开始间接地使用货币政策工具，信贷现金计划管理还是主要的调控手段。1985 年年初，人民银行第一次采取紧缩供应和信贷的货币政策。经过半年多之后，政策效果逐渐表现出来，通货膨胀得到缓和。由于中国经济实际上是靠增长速度支撑的经济，增长速度的下降必然会激发许多矛盾，这就形成要求放松银根、实行宽松货币政策。1986 年，在改善宏观调控、纠正“一刀切”的政策环境下，人民银行确定“稳中求松”的货币政策，实行“多存可以多贷，少存必须少贷”，有区别地松动信贷资金政策。由于操作失之过宽，助长经济膨胀，经济再次出现过热态势。1987 年下半年开始，人民银行采取紧缩信贷和控制货币发行措施，坚持“紧中有活”方针，对专业银行贷款实行总量控制、限额管理。1988 年,继续贯彻“控制总量、调整结构、扶优限劣、提高效益”的信贷资金政策,资金供给“前松后紧”，经济形势发展成为较严重的通货膨胀。1989 年下半年开始，中央银行采取严厉的紧缩性货币政策。以治理通货膨胀为中心，着力调整信贷结构，资金投放严格控制在限额以内，经济过热得到抑制。1990—1992 年，丽水经济经历 3 年低通货膨胀期。在经济过热情况下，央行施行货币调控政策，适度从紧的货币政策，较为有效地抑制日益严重的通货膨胀。

1990 年，丽水地区贯彻国家财政与货币“双紧”的方针，落实调整信贷结构、降低利率、清理企业间相互拖欠、调整汇率等措施。1991 年，央行继续实行“双紧”方针，确保农业生产、农副产品收购、外贸出口、国有大中型企业和国家重点建设的资金需要。1992 年，丽水经济高速增长，各项金融指标大幅度提高。1993 年，针对经济过热和严重的通货膨胀的情况，贯彻中共中央、国务院以整顿金融秩序为主、以治理通货膨胀为首要任务的宏观调控措施。从夏季开始，央行实行适度从紧的货币信贷政策。1994 年，继续实行适度从紧的货币政策。在信贷管理中开正道、堵邪门，灵活调度资金，及时弥补专业银行头寸不足。1995 年，《中华人民共和国中国人民银行法》《中华人民共和国商业银行法》颁布实施，货币政策目标从贷款规模逐步转向货币供应量，逐步建立起以间接调控手段为主的宏观调控体系。1996 年，在适度从紧的方针下，严格控制固定资产投资，同时加大对企业技术改造贷款投放的力度。1997—1998 年，随着亚洲金融危机影响的加深，出现外需不足、内需欠佳的情况，为防范和化解金融风险，防止通货紧缩的趋势，坚决落实中共中央、国务院一系列主动性的宏观调控措施，实行适当的货币政策，发挥信贷政策的“窗口”指导作用，支持扩大内需。在信贷投向上重点支持农业、国有大中型企业以及个体私营经济。1998 年 1 月起，取消信贷规模管理，货币政策的作用范围和影响力度得到空前提高。在宏观经济出现通货紧缩的情况下，人民银行加大对经济的支持力度。货币政策的提法经历“稳健的”“努力发挥作用”“进一步发挥作用”等阶段，促进经济增长的政策意图相当明显。1998—2002 年，中国人民银行采取多项货币政策措施，刺激国内需求，遏制消费物价指数持续负增长和企业开工不足、失业人口不断增长的势头。大幅度降低利率，扩大贷款利率浮动区间；加大公开市场操作力度，灵活调控基础货币；取消贷款限额控制，灵活运用信贷政策，调整贷款结构。这一时期货币政策的特征是以适度放松为主要特征，旨在治理通货紧缩，促进经济增长。丽水地区紧跟央行政策措施，经济建设收到良好效果。2003 年年初，针对经济中出现货币信贷增长偏快，部分行业与地区盲目投资和低水平扩张倾向明显加剧等问题，中国人民银行保持货币政策的稳定性和连续性，继续实行稳健的货币政策，货币政策调控的明显特征是防止出现新一轮的经济过热。

2008 年以来，经济社会发展经受到多方面严峻考验，克服国内特大自然灾害和国际经济金融环境等不利因素，国民经济保持平稳较快发展。这一时期，人民银行灵活运用公开市场操作、利率、存款准备金率等工具，坚持区别对待、有保有压，引导新增信贷资源向“三农”、中小企业和灾区重建等重点领域和经济薄弱环节倾斜。同时，继续稳步推进金融企业改革，保持人民币汇率基本稳定,改进外汇管理，维护总量平衡。调整公开市场操作力度，保证流动性供应，即优化操作工具组合和期限结构；中央银行票据发行利率适度下行。适时开展国库现金管理操作。下调存款准备金率。下调存贷款基准利率。加强窗口指导和信贷政策引导。稳步推进金融企业改革。加快外汇管理体制改革。丽水市因地制宜贯彻执行货币政策，提高政策引导的准确性和灵活性。一是加强“窗口指导”，充分发挥政策指引作用。制定出台《2008 年丽水市货币信贷工作指导意见》《加强金融支持创业创新促进生态文明建设的指导意见》《贯彻落实适度宽松货币政策 加大金融支持经济发展的指导意见》，开展中小企业和支农信贷政策导向效果评估工作，引导辖区金融机构全面、客观地理解和落实各项信贷政策，坚持有保有压和“绿色信贷”原则，积极调整优化信贷结构，切实加大对重点项目建设、中小企业、“三农”、“创业创新”以及节能减排的信贷支持力度。二是做好落实宏观调控政策与支持地方经济发展的结合文章。面对复杂的国内外经济金融形势，加强调查研究工作，针对地方经济社会发展中的重点、难点问题，向地方政府报送各类调查报告和专题意见 15 个，落实人大、政协议案提案及各类反馈 28 个，有效地将宏观调控与地方经济发展、信贷政策与地方产业政策相结合，较好地发挥货币信贷部门综合分析、政策传导和服务决策职能，对促进丽水经济平稳健康发展起到了积极作用。三是积极利用传导平台，做好货币政策宣传解释。充分利用货币信贷季度例会、经济金融形势分析会，经济金融工作专题座谈会及发布《货币信贷运行报告》等方式，及时主动地宣传宏观调控政策意图，并根据经济金融形势和宏观政策的变化，适时做好政策指导工作。

至 2015 年年末，丽水市金融机构本外币各项贷款余额 1503.75 亿元，同比增长 5.86%，低于全省 1.23 个百分点，居全省第 8 位。在经济结构转型和“大众创业、万众创新”的背景下，全市信贷结构持续优化。一是微型企业和个人经营性贷款保持快速增长，助力“大众创业、万众创新”。人行丽水市中心支行牵头全市金融机构开展“普惠金融深化年”活动，针对小微企业、高校毕业生、大学生村官、农村青年、妇女等重点创业创新群体资金需求，加大信贷投放，完善金融服务，为创业创新提供有力金融支撑。至年末，全市微型企业贷款余额 44.17 亿元，同比增长 32.11%，高出全部贷款增速 26.25 个百分点；个人经营性贷款余额 447.47 亿元，同比增长 18.11%，高出全部贷款增速 12.25 个百分点。二是服务业贷款较快增长，产能过剩行业贷款增速回落，信贷结构调整促进经济转型。至年末，全市服务业（剔除基础设施建设相关的行业）贷款余额147.57亿元，同比增长11.07%，高出全部贷款增速5.21个百分点。同时，产能过剩行业贷款增速回落，金属制品业中长期贷款同比下降21.56%，黑色金属冶炼和压延加工业中长期贷款同比下降11.06%。三是个人购房贷款保持较快增长，保障个人购房需求。全年全市商品房销售面积和销售额同比分别增长34.7%和27.8%，与此相对应，个人购房贷款新增30.30亿元，同比增长17.91%，高出全部贷款增速12.05个百分点。个人购房贷款新增量占全部房地产贷款新增量的87.22%。

至2015年年末，全市金融机构本外币各项存款余额1963.46亿元，同比增长5.65%，低于全省4.52个百分点，增速居全省第8位。全年全市存款新增109.32亿元，同比少增66.42亿元。

存款增长主要呈现以下几个特点。一是增长势头总体趋缓，与全省差距进逐步拉大。年末，存款增速较前三季度下降0.59个百分点，较2014年年末下降了4.89个百分点，放缓趋势明显。3月末、6月末、9月末、12月末存款增速分别低于全省0.67个、1.44个、3.1个、4.52个百分点。二是结构分化明显，非金融机构存款持续下降。全年全市住户存款同比多增15.76亿元，广义政府存款同比少增48.60亿元，与全省情况基本一致；非金融企业存款下降31.09亿元，同比多降26.36亿元，而全省非金融企业存款则同比多增较多，反映丽水市企业特别是工业企业面临较大的经营压力。三是分流效应依然显著。下半年资本市场进入深度调整，股市对存款分流的影响较上半年有所减弱，全市流入股市的资金量仍然同比大幅增长。全年全市从银行系统净流入股市资金65.20亿元，同比增加232.52%，比三季度增加16.40亿元。银行理财产品对存款的分流持续。12月末，全市银行表外理财产品余额281.74亿元，较年初增加114.48亿元，同比增加68.44%。

第三节　利率管理

利率作为资金的“价格”，对调节资金供求、调整产业结构、抑制通货膨胀、稳定经济发展具有重要的作用。利率是国家控制和调节国民经济的重要手段之一。

民国时期利率

民国时期，丽水各钱庄存放款利率是按照市场银根松紧情况，每至月底由各钱庄召开会议共同商定下月的利率标准，各个钱庄均按确定的标准执行。放款利率一般为年利率二分以下，存款一般月息1厘2毫。民国31年（1942）9月22日，中央信托局、中国、交通、农民四行总行提高存贷款利率，定期储蓄周息1分3厘，活期储蓄周息9厘。民国35年（1946），存款利率的活期年息3分。定期：半年期，年息6分；一年期，年息7分；一年以上期，年息8分。民国37年（1948）1月1日起，普通活期存款，周息6分。定期一月月息7分，二月月息8分，三月月息9分。

中华人民共和国成立后至改革开放前利率政策（1949—1978年）

1949年7月至1978年12月，在高度集中的计划经济体制运行中，利率政策更多是配合国家组织资金、恢复经济和私营工商业社会主义改造。为控制金融市场，采取较高存款利率。1950年4月，一年期储蓄存款年利率为132%。1951年，物价趋向稳定，利率开始下降。同年3月，一年期储蓄存款年利率降至40.8%。

1949—1952年，逐步建立统一的利率管理体制，实行差别利率：存款利率按不同期限划分档次；放款利率，区别对待。规定对私人存放款利率，要高于国营企业存放款利率，合作经营企业的利率要低于私营企业利率的原则，以促进合作经济发展。

1953—1957年，第一个五年计划时期，为大力推进经济建设，人民银行大幅度调低存贷款利率水平。同时，为配合私营工商业的社会主义改造，国家在利率政策上实行差别利率，即对国营企业贷款利率低于公私合营企业，而公私合营企业的贷款利率又低于私营企业。1953年10月13日，首先将贷款利率大幅调低。如国营工业贷款由月息6‰—9.9‰调低为4.5‰，国营商业贷款由月息10‰—12‰调低为6.9‰，其他所有制性质的行业贷款也相应调低。

1958—1976年，第二个五年计划和国民经济调整时期，以及“文化革命”时期，受“大跃进”、人民公社化中极“左”倾向的思想影响，经济工作忽视价值规律作用，利率作用受到严重削弱。1971年，利率水平全面骤降，档次大幅度归并，计息范围越来越窄，储蓄只留月息2.7‰的档次，放款一律为月息4.2‰。

改革开放后利率政策（1979—2015年）

1978年以后，随着经济体制改革的推进和社会主义市场经济的发展，利率杠杆作用日益重视，利率逐渐成为中央银行一项重要货币政策，在国家宏观调控中发挥越来越重要的作用。1984年起，人民银行专门履行中央银行职能，形成以中央银行为领导，专业银行为主体，多种金融机构并存的金融体系。在利率管理上建立人民银行统一领导、分层次的管理体制，为灵活运用利率杠杆，发挥利率的调节作用提供保障。

1979—1985年，五次全面调整存贷款利率。

一是扩大计息范围，提高存贷款利率水平。增加企事业单位、机关、团体、学校定期存款。储蓄存款利率经历1979年、1980年、1982年和1985年其间的五次调整，不仅增加档次水平，也有较大幅度提高。如一年定期存款由月息2.7‰提高到6‰，提高1.2倍。流动资金贷款和一年以下的固定资产贷款利率由4.2‰提到6.6‰，提高57.1%。

二是实行区别对待的政策。从1980年起，实行加息罚息制度。规定对逾期贷款、积压物资占用的贷款加收利息20%，对企业搞基本建设或更新改造超支而挤占挪用的贷款加收利息50%。同时对需要特殊照顾、急需发展的产品，对少数民族地区，对发展能源以及采用先进技术和工艺的生产，实行优惠利率。

三是专业银行和基层银行在规定利率的基础上，有一定的利率管理权，改变了多年来利率决定权高度集中的状况。

为稳定和扩大银行存款，抑制银行信贷需求，稳定金融和物价，人民银行分别于1988年9月、1989年2月两次上调存贷款利率，统一了个人和企业、事业单位的定活期存款档次和利率；扩大各金融机构贷款利率浮动的权限，即贷款利率上浮幅度由原来的20%扩大到30%。1988年10月，中国人民银行总行制定《关于加强利率管理工作的暂行规定》，加强利率管理。1989年，将城乡信用社贷款利率上浮幅度由30%提高至50%。

1990年3月和8月，为了减轻企业负担，促进国营大中型企业搞活经营，中国人民银行总行两次下调存贷款利率；制定并颁布《利率管理暂行规定》，进一步明确利率管理的职责，把利率划分为法定利率、浮动利率、基准利率、同业拆借利率和债券利率五类，统一结息规则和明确加息罚息规则。

1991年，物价平稳。4月21日，为进一步促进生产稳定发展，人民银行再次下调存贷款利率；对浮动利率政策进行调整。规定：1.对流动资金贷款利率的浮动幅度，在中国人民银行规定的可上浮20%以内，仍由专业银行掌握。但具体浮动幅度及浮动范围的确定，须经地、市级人民银行分行审查批准。2.固定资产贷款和优惠贷款利率，一律不得向上浮动。3.城乡信用合作社贷款利率向上浮动的幅度，城市信用社为30%，农村信用社为60%。超过这个幅度的，需报县以上人民银行批准。

1993年，全国经济出现过热现象。5月15日和7月11日，中国人民银行分两次调高存、贷款利率。同时，为整顿金融领域出现的乱拆借、乱提高利率、乱投资和乱设金融机构等现象，人民银行印发《关于不准擅自提高和变相提高人民币存、贷款利率的十项规定》《关于进一步加强外币利率管理的十项规定》。

1996—1997年，为扩大内需、支持国企改革，中国人民银行三次下调存、贷款利率。1998年，为应对亚洲金融危机对国内经济增长的影响，中国人民银行分别在3月、7月、12月连续三次下调存贷款利率。1999年6月，再次下调存贷款利率。1999年，中国人民银行发布《人民币利率管理规定》，对利率的制定与管理、存贷款的结息、处罚等作出规定。2006年4月，中国人民银行为引导投资和货币信贷合理增长，上调贷款基准利率，存款利率保持不变；8月，上调存贷款基准利率。2007年3月开始，经济出现局部过热。中国人民银行连续6次上调存贷款基准利率。2008年，美国次贷危机的爆发并随之演变为国际金融危机。9—12月，中国人民银行为应对国内外经济金融不利形势，连续5次下调贷款基准利率、4次下调存款基准利率。2010年，随着经济企稳回升，中央着手退出经济刺激政策，货币政策向常态回归。2010年10月、12月，2011年2月、4月、7月，中国人民银行分别5次上调存贷款基准利率。2012年6—7月，中国人民银行为预防国际金融危机，应对国内外经济金融不利形势，2次下调金融机构人民币存贷款基准利率。2014年11月22日之后，中国人民银行将金融机构人民币贷款基准利率期限档次简并为一年以内(含一年)、一至五年(含五年)和五年以上三个档次。2015年8月，中国人民银行决定：自2015年8月26日起，下调金融机构人民币存贷款基准利率，并放开一年期以上定期存款利率浮动上限，以进一步降低企业融资成本；分别在3月、5月、6月、8月、10月共5次下调存贷款基准利率。

2015年4月，为促进金融机构科学合理定价，维护公平有序的市场竞争环境，浙江省市场利率定价自律机制成立暨第一次工作会议确定，建立浙江省市场利率定价自律机制(以下简称浙江自律机制)。浙江自律机制是由浙江省内金融机构组成的利率定价自律协调机构，在符合国家有关利率管理规定的前提下，对金融机构自主确定的货币市场、信贷市场等金融市场利率进行自律管理，促进同业交流合作和市场规范健康发展。浙江自律机制接受中国人民银行杭州中心支行和全国市场利率定价自律机制的业务指导。丽水市18家法人金融机构自愿申请加入浙江省市场利率定价自律机制。

中国人民银行丽水市中心支行及辖内支机构，认真落实中国人民银行总行存贷款利率调整政策，切实加强利率管理与监督职能。

开展利率检查 1989年，金融机构出现变相抬高利率乱拉存款的不正当竞争，中国人民银行丽水地区分行通过检查予以制止；1990年，对农村信用社利率政策进行专项稽核；1993年，及时制止一些地方出台揽储费变相提高储蓄存款利率的行为，冻结擅自出台揽储费而吸收的全部存款；1995年，丽水地区人民银行系统先后开展利率大检查，查处利率违规问题金融机构23家，维护同业间开展合理竞争的秩序。1997年，从规范揽储行为入手，运用利率监管手段，组织金融机构签订《金融机构自律公约》，加强金融机构自律管理和社会监督，查防并举，严禁金融机构以任何形式变相提高利率；1999年，开展利率大检查，制止执行利率政策中的违规行为。

做好利率政策传达与效应反馈　及时转发人民银行总行利率调整政策文件，并建立政府部门、金融机构、企业的快速反应机制。在中国人民银行总行利率政策下达后，及时将社会各界的反映情况向上级行报送。

加强利率监测　2002年开始，中国人民银行丽水市分行对全市金融机构存贷款利率进行全面监测，将各类型金融机构纳入利率报备系统。2004年，完成农村信用社利率上网正式申报工作，5家银行进入利率监测报备系统；建立民间借贷利率监测体系，全市设立民间利率监测点20个。2009年，将邮政储蓄银行丽水市分行、泰隆商业银行丽水分行、稠州商业银行丽水分行、浦发银行丽水支行4家新设金融机构纳入利率监测范围。2010年，将农发行和新成立的村镇银行、小额贷款公司等纳入利率监测系统，进一步完善利率监测数据。2015年，将杭州银行、民泰银行2家新设金融机构纳入利率监测系统。

随着国家加快推进利率市场化改革，1990年12月11日，中国人民银行颁布《利率管理暂行规定》，加强对法定利率、浮动利率和基准利率的执行与管理，以建立合理的有弹性、有差别、多层次、多功能的中央银行领导下的利率体系。1995年7月，首次系统性地提出逐步与国际惯例接轨的利率改革原则。在改革步骤上，首次阐述"先外后内，先贷后存，先商业银行后政策性银行，先放开同业拆借利率后扩大商业银行决定利率自主权"的改革路径。1996年以后，先后放开银行间市场拆借利率、债券市场利率和银行间市场国债和政策性金融债的发行利率；放开境内外币贷款和大额外币存款利率；试办人民币长期大额协议存款；逐步扩大人民币贷款利率的浮动区间。1月4日，第一次正式对外公布全国统一同业拆借市场加权平均利率(CHIBOR)。3月1日，全国统一同业拆借交易网络系统开始试运行。丽水地区同期开始运行。

2004年1月1日，中国人民银行总行再次扩大金融机构贷款利率浮动区间；10月29日，放开商业银行贷款利率上限，城乡信用社贷款利率浮动上限扩大到基准利率2.3倍，实行人民币存款利率下浮制度，实现"贷款利率管下限、存款利率管上限"的阶段性目标。2005年，中国人民银行丽水分行按照上级行部署，全面指导、督促丽水市各农村合作金融机构按照"区别对待、择优扶持、差别计算"的信贷利率原则，结合自身实际进一步完善利率定价机制，逐步改变农村合作金融机构贷款利率"一浮到顶""一刀切"的局面。

2007年1月4日，上海银行之间拆借利率(Shibor)正式投入运行，进一步明确利率市场化方向，即全面培育拆借利率，确立其市场基准地位，逐步建立以拆借利率为核心的市场利率体系。2008年，人行丽水市中支制定《丽水辖区推进Shibor建设工作实施方案》，推进辖区拆借利率(Shibor)宣传和建设工作，指导和鼓励辖区内法人金融机构积极运用拆借利率对产品定价。至2015年，全市贷款利率稳步下行，降息政策效应显现。中国人民银行连续五次下调存贷款基准利率，信贷资金价格下降显著。12月，丽水市一般性贷款(不含票据贴现和按揭贷款)加权平均利率为7.05%，较6月下降0.54个百分点，同比下降0.92个百分点；银票直贴加权平均利率3.06%，较6月下降1.32个百分点，同比下降 1.34 个百分点；个人住房按揭贷款加权平均利率 4.94%，较 6 月下降 0.62 个百分点，同比下降 1.59 个百分点。

1950—2015 年人民币存款利率一览表

表 7-4-4　　单位：%

调整日期	活期存款	定期存款						
		3 个月	半年	1 年	2 年	3 年	5 年	8 年
1950 年 6 月	5.40	—	18.00	—	—	—	—	—
1952 年 2 月	3.60	—	—	14.40	—	—	—	—
1952 年 6 月	2.88	—	—	—	—	—	—	—
1953 年 8 月	2.52	—	—	—	—	—	—	—
1955 年 1 月	2.16	—	—	—	—	—	—	—
1972 年 1 月	1.80	—	—	—	—	—	—	—
1982 年 4 月 1 日	1.80	—	—	3.60	4.32	5.04	—	—
1985 年 4 月 1 日	1.80	—	—	4.32	5.04	5.76	—	—
1987 年 6 月 21 日	1.80	—	4.32	5.04	5.76	6.48	—	—
1988 年 9 月 1 日	2.88	—	6.48	8.64	9.18	9.72	10.80	12.42
1989 年 2 月 1 日	2.88	7.56	9.00	11.34	12.24	13.14	14.94	17.64
1990 年 4 月 15 日	2.88	6.30	7.74	10.08	10.98	11.88	13.68	16.20
1990 年 8 月 21 日	2.16	4.32	6.48	8.64	9.36	10.08	11.52	13.68
1991 年 4 月 21 日	1.80	3.24	5.40	7.56	7.92	8.28	9.00	10.08
1993 年 5 月 15 日	2.16	4.86	7.20	9.18	9.90	10.80	12.06	14.58
1993 年 7 月 1 日	3.15	6.66	9.00	10.98	11.70	12.24	13.86	—
1996 年 5 月 1 日	2.97	4.86	7.20	9.18	9.90	10.80	12.06	—
1996 年 8 月 23 日	1.98	3.33	5.40	7.47	7.92	8.28	9.00	—
1997 年 10 月 23 日	1.71	2.88	4.14	5.67	5.94	6.21	6.66	—
1998 年 3 月 25 日	1.71	2.88	4.14	5.22	5.58	6.21	6.66	—
1998 年 7 月 1 日	1.44	2.79	3.96	4.77	4.86	4.95	5.22	—
1998 年 12 月 7 日	1.44	2.79	3.33	3.78	3.96	4.14	4.50	—
1999 年 6 月 10 日	0.99	1.98	2.16	2.25	—	—	—	—
2002 年 2 月 21 日	0.72	1.71	1.89	1.98	—	—	—	—
2004 年 10 月 29 日	0.72	1.71	2.07	2.25	2.70	3.24	3.60	—
2006 年 8 月 18 日	0.72	1.80	2.25	2.52	3.06	3.69	4.14	—
2007 年 3 月 18 日	0.72	1.98	2.43	2.79	3.33	3.96	4.41	—
2007 年 5 月 19 日	0.72	2.07	2.61	3.06	3.69	4.41	4.95	—
2007 年 7 月 21 日	0.81	2.34	2.88	3.33	3.96	4.68	5.22	—
2007 年 8 月 22 日	0.81	2.61	3.15	3.60	4.23	4.95	5.49	—

续表 7-4-4

调整日期	活期存款	定期存款						
		3个月	半年	1年	2年	3年	5年	8年
2007年9月15日	0.81	2.88	3.42	3.87	4.50	5.22	5.76	—
2007年12月21日	0.72	3.33	3.78	4.14	4.68	5.40	5.85	—
2008年10月9日	0.72	3.15	3.51	3.87	4.41	5.13	5.58	—
2008年10月30日	0.72	2.88	3.24	3.60	4.14	4.77	5.13	—
2008年11月27日	0.36	1.98	2.25	2.52	3.06	3.60	3.87	—
2008年12月23日	0.36	1.71	1.98	2.25	2.79	3.33	3.60	—
2010年10月20日	0.36	1.91	2.20	2.50	3.25	3.85	4.20	—
2010年12月26日	0.36	2.25	2.50	2.75	3.55	4.15	4.55	—
2011年2月9日	0.40	2.60	2.80	3.00	3.90	4.50	5.00	—
2011年4月6日	0.50	2.85	3.05	3.25	4.15	4.75	5.25	—
2011年7月7日	0.50	3.10	3.30	3.50	4.40	5.00	5.50	—
2012年6月8日	0.40	2.85	3.05	3.25	4.10	4.65	5.10	—
2012年7月6日	0.35	2.60	2.80	3.00	3.75	4.25	4.75	—
2014年11月22日	0.35	2.35	2.55	2.75	3.35	4.00	自主定价	—
2015年3月1日	0.35	2.10	2.30	2.50	3.10	3.75	自主定价	—
2015年5月11日	0.35	1.85	2.05	2.25	2.85	3.50	自主定价	—
2015年6月28日	0.35	1.60	1.80	2.00	2.60	3.25	自主定价	—
2015年8月26日	0.35	1.35	1.55	1.75	2.35	3.00	自主定价	—
2015年10月24日	0.35	1.10	1.30	1.50	2.10	2.75	自主定价	—

说明：单位存款利率从1988年9月1日起与个人储蓄存款利率拉平

1949—2015年储蓄存款利率一览表

表 7-4-5　　　　单位：%

调整日期	定期零存整取、整存零取、存本取息		
	1年	3年	5年
1949年8月10日	204.00	—	—
1950年4月10日	132.00	—	—
1950年5月1日	79.20	—	—
1950年10月20日	32.40	—	—
1951年3月26日	40.80	—	—
1951年7月21日	27.00	—	—
1952年6月21日	12.60	—	—
1955年10月1日	6.12	—	—

续表 7-4-5

调整日期	定期零存整取、整存零取、存本取息		
	1 年	3 年	5 年
1959 年 1 月 1 日	3.60	—	—
1959 年 7 月 1 日	4.68	6.12	—
1965 年 6 月 1 日	3.96	—	—
1971 年 10 月 1 日	3.24	—	—
1979 年 4 月 1 日	3.60	3.96	—
1980 年 4 月 1 日	4.32	5.40	6.12
1982 年 4 月 1 日	4.32	5.76	6.84
1985 年 4 月 1 日	5.40	6.84	7.56
1985 年 8 月 1 日	6.12	7.21	7.92
1988 年 9 月 1 日	7.20	8.64	9.72
1989 年 2 月 1 日	9.54	11.34	13.14
1990 年 4 月 15 日	8.28	10.08	11.88
1990 年 8 月 21 日	7.20	8.64	10.08
1991 年 4 月 21 日	6.12	6.84	7.56
1993 年 5 月 15 日	7.20	9.18	10.80
1993 年 7 月 11 日	9.00	10.98	12.24
1996 年 5 月 1 日	7.20	9.18	10.80
1996 年 8 月 23 日	5.40	7.47	8.28
1997 年 10 月 23 日	4.14	5.67	6.21
1998 年 3 月 25 日	4.14	5.22	6.21
1998 年 7 月 1 日	3.96	4.77	4.95
1998 年 12 月 7 日	3.33	3.78	4.14
1999 年 6 月 10 日	1.98	2.16	2.25
2002 年 2 月 21 日	1.71	1.89	1.98
2004 年 10 月 29 日	1.71	2.07	2.25
2006 年 8 月 18 日	1.80	2.25	2.52
2007 年 3 月 18 日	1.98	2.43	2.79
2007 年 5 月 19 日	2.07	2.61	3.06
2007 年 7 月 21 日	2.34	2.88	3.33
2007 年 8 月 22 日	2.61	3.15	3.60
2007 年 9 月 15 日	2.88	3.42	3.87
2007 年 12 月 21 日	3.33	3.78	4.14
2008 年 10 月 9 日	3.15	3.51	3.87

续表 7-4-5

调整日期	定期零存整取、整存零取、存本取息		
	1 年	3 年	5 年
2008 年 10 月 30 日	2.88	3.24	3.60
2008 年 11 月 27 日	1.98	2.25	2.52
2008 年 12 月 23 日	1.71	1.98	2.25
2010 年 10 月 20 日	1.91	2.2	2.50
2010 年 12 月 26 日	2.25	2.5	2.75
2011 年 2 月 9 日	2.60	2.8	3.00
2011 年 4 月 6 日	2.85	3.05	3.25
2011 年 7 月 7 日	3.10	3.30	3.50
2012 年 6 月 8 日	2.85	3.05	3.25
2012 年 7 月 6 日	2.60	2.80	3.00
2014 年 11 月 22 日	2.35	2.55	自主定价
2015 年 3 月 1 日	2.10	2.30	自主定价
2015 年 5 月 11 日	1.85	2.05	自主定价
2015 年 6 月 28 日	1.60	1.80	自主定价
2015 年 8 月 26 日	1.35	1.55	自主定价
2015 年 10 月 24 日	1.10	1.30	自主定价

1950—2015 年人民币贷款利率一览表

表 7-4-6　　单位：%

调整日期	贷款利率项目					
	流动资金贷款（短期）		固定资产贷款（中长期）			
	6 个月	1 年	1 年以内	1—3 年	3—5 年	5 年以上
	7.20	—	—	—	—	—
1950 年 6 月	25.20	—	—	—	—	—
1951 年 2 月	18.00	—	—	—	—	—
1952 年 6 月	7.20	—	—	—	—	—
1953 年 8 月	5.40	—	—	—	—	—
1955 年 10 月	5.76	—	—	—	—	—
1960 年 6 月	7.20	—	—	—	—	—
1971 年 10 月	5.04	—	—	—	—	—
1982 年 4 月 1 日	7.20	—	5.04	5.76	6.48	—
1985 年 4 月 1 日	7.92	—	5.04	5.76	6.48	—
1985 年 8 月 1 日	7.92	—	7.92	8.64	9.36	10.08

续表 7-4-6

调整日期	贷款利率项目					
	流动资金贷款(短期)		固定资产贷款(中长期)			
	6个月	1年	1年以内	1—3年	3—5年	5年以上
1988年9月1日	9.00	—	9.00	9.90	10.08	13.32
1989年2月1日	11.34	11.34	11.34	12.78	14.40	19.26
1990年3月21日	9.00	10.08	10.08	10.08	11.52	11.88
1990年8月21日	8.64	9.36	9.36	10.08	10.08	11.16
1991年4月21日	8.10	8.64	8.64	9.00	9.54	9.72
1993年5月15日	8.82	9.36	9.18	10.80	12.06	12.24
1993年7月11日	9.00	10.98	10.98	12.24	13.86	14.04
1995年1月1日	9.00	10.98	11.70	12.96	14.58	14.76
1995年7月1日	10.08	12.06	12.24	13.50	15.12	15.30
1996年5月1日	9.72	10.98	11.52	13.14	14.94	15.12
1996年8月23日	9.18	10.08	10.08	10.98	11.70	12.42
1997年10月23日	7.65	8.64	—	9.36	9.90	10.53
1998年3月25日	7.02	7.92	—	9.00	9.72	10.35
1998年7月1日	6.57	6.93	—	7.11	7.65	8.01
1998年12月7日	6.12	6.39	—	6.66	7.20	7.56
1999年6月10日	5.58	5.85	—	5.94	6.03	6.21
2002年2月21日	5.04	5.31	—	5.49	5.58	5.76
2004年10月29日	5.22	5.58	—	5.76	5.85	6.12
2006年4月28日	5.40	5.85	—	6.03	6.12	6.39
2006年8月18日	5.58	6.12	—	6.30	6.48	6.84
2007年3月18日	5.67	6.39	—	6.57	6.75	7.11
2007年5月19日	5.85	6.57	—	6.75	6.93	7.20
2007年7月21日	6.03	6.84	—	7.02	7.20	7.38
2007年8月22日	6.21	7.02	—	7.20	7.38	7.56
2007年9月15日	6.48	7.29	—	7.47	7.65	7.83
2007年12月21日	6.57	7.47	—	7.56	7.74	7.83
2008年9月16日	6.21	7.2	—	7.29	7.56	7.74
2008年10月9日	6.12	6.93	—	7.02	7.29	7.47
2008年10月30日	6.03	6.66	—	6.75	7.02	7.2
2008年11月27日	5.04	5.58	—	5.67	5.94	6.12
2008年12月23日	4.86	5.31	—	5.40	5.76	5.94
2010年10月20日	5.10	5.56	—	5.60	5.96	6.14
2010年12月26日	5.35	5.81	—	5.85	6.22	6.40
2011年2月9日	5.60	6.06	—	6.10	6.45	6.60

表 7-4-6

调整日期	贷款利率项目					
	流动资金贷款(短期)		固定资产贷款(中长期)			
	6个月	1年	1年以内	1—3年	3—5年	5年以上
2011年4月6日	5.85	6.31	—	6.40	6.65	6.80
2011年7月7日	6.10	6.56	—	6.65	6.90	7.05
2012年6月8日	5.85	6.31	—	6.40	6.65	6.80
2012年7月6日	5.60	6.00	—	6.15	6.40	6.55
期限	1年以内(含1年)		1至5年(含5年)			5年以上
2014年11月22日	5.60		6.00			6.15
2015年3月1日	5.35		5.75			5.90
2015年5月11日	5.10		5.50			5.65
2015年6月28日	4.85		5.25			5.40
2015年8月26日	4.60		5.00			5.15
2015年10月24日	4.35		4.75			4.90

第五章 外汇管理

中华人民共和国成立初期，外汇管理业务由中国人民银行、经贸部门、财政部门共同分工负责。1956—1987年，丽水地区外汇业务由中国人民银行承担进行经营、调剂与管理。1988年，国家外汇管理局丽水地区外汇调剂中心及青田代理处成立，对外汇业务进行集中管理、统一经营。

第一节 外汇管理体制及沿革

中华人民共和国成立后，外汇管理体制进行过多次变革，可分为四个阶段。

第一阶段，中华人民共和国成立初至1955年。这一时期，外汇短缺，国家对外汇实行严格管制。一是严禁外币在市场买卖和流通，严厉取缔外币黑市，大力开展外币存兑工作；二是执行指定银行制度，取缔外资银行的特权，允许外汇持有者把外币卖给或存入指定银行。外汇由经贸部门、财政部门和中国人民银行共同分工负责。1949年5—6月，军管会财经部接连发出3个布告，明确人民币为统一流通的合法货币，禁止金银、银元、外币的买卖和流通，对人民币、外币、金银进出国境进行严格管理。7 月开始,中国人民银行丽水支行办理美元、英镑、日元、港币兑换。

第二阶段,1956 年至 1978 年。外汇管理实行统收统支管理,由国家进行集中调配。外汇管理的特点是以外贸、外汇的国家垄断为基础,实行全面的计划管理,外汇收支两条线,统收统支,集中调配。这一时期外汇管理的主要内容是促进外汇增收节支,实行进出口贸易许可证和银行签证制度,银行监督执行贸易外汇收支计划,加强对机关、部队、团体的非贸易外汇管理。

第三阶段,1979 年至 1993 年。改革统收统支外汇管理,实行外汇留成办法。1979 年,国家公布《出口商品外汇留成试行办法》和《非贸易外汇留成试行办法》,实行外汇留成制度。为鼓励企事业单位创汇积极性,国家实行外汇留成管理,把收入的外汇按规定比例留给创汇单位和当地政府及有关部门使用,留成外汇不直接表现为现汇形式,而是通过外汇额度的形式来表示,需要用汇时,按国家规定的汇率,用人民币购汇支付。实行外汇留成管理以后,出现“创汇企业不用汇,用汇企业不创汇”情况,需要通过外汇调剂手段,为外汇的合理使用开辟通道。

1980 年 10 月 9 日,国家外汇管理总局、中国银行总行公布《关于试办外汇调剂工作的通告》,规定国营企业间可以根据需求在中国银行指定分行办理外汇调剂业务,以互通有无,加速外汇资金周转。1988 年 7 月 5 日,为适应金融体制改革,促进外汇资金在地市之间的横向融通,改善外商投资企业的生产经营环境,“国家外汇管理局丽水地区外汇调剂中心”及“青田代理处”成立,分别设在中国人民银行丽水地区分行和人民银行青田县支行,制定《丽水地区外汇调剂中心规程》。各部门、各地方、各国营和集体事业单位的留成外汇(包括现汇和额度),外商投资企业的外汇,经审核后均可通过调剂中心卖出。外汇调剂按成交额的多少向买卖各方收取 1.5‰手续费(以人民币计价),由浙江省调剂中心统一管理。1988 年,丽水地区调入外汇 10 笔,调出 11 笔,总计 8.92 万美元。1989 年,丽水地区调入外汇 104 笔,调出 100 笔,合计 126.27 万美元。1991 年以前,外汇调剂市场交易量少,外汇供过于求,丽水地区外汇调剂中心通过拓宽“背靠背”“面对面”以及指定用途、定向调剂等成交方式,积极发挥调剂市场融通资金的功能。1992 年,丽水地区引进外资增长较快,外汇调剂总计 2957 笔,合计 1232.47 万美元,比 1991 年同期增长 4 倍。1993 年,全区外汇调剂 1728 万美元,主要支持地区邮电系统购置程控电话设备用汇、辖内外商投资企业用汇和大中型企业技改用汇。

1991 年,建立丽水、青田两地个人外汇调剂市场。1993 年,按照市场经济体制建设要求,外汇市场逐渐转变为有管理的浮动汇率体系。中国人民银行决定实施外汇收入结汇制,取消各类外汇留成、上缴和额度管理制度。外汇指定银行逐步发展为外汇交易市场的主体。个人外汇调剂业务纳入银行日常的对私外币兑换业务,便利丽水侨乡个人外币兑换。1998 年 12 月 1 日,外汇调剂中心关闭。

1988—1998 年丽水市外汇调剂情况表

表 7-5-1

年 份	调入外汇(笔)	调出外汇(笔)	合计金额(万美元)
1988	10	11	8.92
1989	104	100	126.27
1990	35	70	162.14
1991	101		299.65
1992	2957		1232.47

续表 7-5-1

年 份	调入外汇(笔)	调出外汇(笔)	合计金额(万美元)
1993	—		1728.00
1995	3184		1894.00
1997	2982		1560.00
1998	1154		986.00

说明:1998 年年末,外汇调剂中心关闭

第四阶段,1994 年至 2006 年。取消外汇留成,实行银行结售汇制。1993 年 10 月,国务院发布《关于进一步改革外汇管理体制的通知》,逐步取消各类外汇留成、上缴和额度管理制度,停办内资企业的外汇调剂业务,对境内机构经常项目下的外汇收支实行银行结汇和售汇制度,实行人民币经常项目有条件可兑换。1996 年,取消经常项目汇兑限制,实现人民币经常项目可兑换。2005 年 7 月 21 日,中国人民银行对人民币汇率形成机制改革,开始实行以市场供求为基础、参考"一篮子"货币进行有调节、有管理的浮动汇率制度。当日人民币汇率比价调整为 8.11,升值约 2%。2005 年 8 月 9 日,人民银行进一步开放国内远期结售汇业务的市场准入、业务受理范围和价格权限,同时宣布推出人民币与外币之间的掉期业务,人民币汇率体制改革走向深化。

第二节 外汇管理制度

贸易外汇管理

贸易外汇管理是指贸易经常项目外汇收支管理,是增加外汇收入节约外汇支出,防止外汇流失。1984 年以前,外汇管理改策主要是:经营进出口贸易企业所收的外汇货款必须在规定的时间内按牌价将企业留成外汇额度售给外汇指定银行; 经批准进口项目所需的外汇经当地外汇管理部门审批后,到外汇指定银行办理付汇手续实行收支两条线,先收后支的管理方针。1984 年以后,国家支持经济建设步伐,扩权外汇,给予地方一定外汇使用权。1985 年 4 月,建立国家外汇管理局丽水分局;1989 年 3 月,建立中国银行丽水支行。并由两家银行机构共同监督外汇使用。1994 年以后,取消外汇留成,中资企业贸易外汇管理主要是对贸易结售汇的管理,即一切贸易收入均需结汇,进口及其从属费用的用汇凭有关商业单据和有效凭证到外汇指定银行购付汇。

非贸易外汇管理

非贸易外汇管理是指贸易以外的经常项目外汇收支,包括侨汇、银行、保险、邮电、旅游、劳务、服务、广告、著作、交通、民航、海关港口、运输、宣传、科技、免税商店等外汇收入,境内居民个人外汇,驻华机构及人员外汇等。1994 年以前,非贸易外汇汇入境内后由外汇指定银行按当日外汇牌价结汇,并根据各项外汇来源的有关规定,外汇管理部门按规定比例对企业办理留成。允许华侨携入的外币或外汇票据, 携带原币出境须缴验入境时海关携入外币申报单。境内机关企事业单位及个

人，因公或因私经批准出境，可在当地国家外汇管理局按规定手续申请，经审批后向外汇指定银行购买外汇。因公出国回来后须办理出国外汇核销手续。1994 年 1 月 1 日后，非贸易外汇收支纳入银行结售汇体系。

对外商投资企业外汇管理

外汇现汇账户开户的管理　外商投资企业经过申请、立项、评估和审批阶段，持经国家有关部门批准成立的文件和工商行政管理局颁发的营业执照，直接向当地外汇指定银行申请开立外汇账户，并将银行开户情况、批准成立的文件、合同、章程及可行性分析报告和工商行政管理局发的营业执照复印本、经注册会计师审核签署的验资报告，报送当地国家外汇管理局备案。

外汇收支管理　外商投资企业一切外汇收入按规定都存入境内开户银行，未经允许不得私自存放境外或以他人名义转移收入；外商投资企业外汇支出，凡在经营范围内经常项目的外汇支出，直接凭有效支付凭证，从其他账户中心支行付，由开户银行负责监督；其他项目，如利润及其他收益的汇出或转移，资本中途转移，向境外预付货款或保证金，超过限额的，归还境外企业或个人借款等支出，须经当地国家外汇管理局审批。1996 年 7 月 1 日以后，外商投资企业的外汇收支均纳入银行结售汇体系。

外币计价结算管理　外商投资企业在境内的一切经济往来都应当使用人民币。但 1994 年 1 月 1 日前，在境内销售产品或购买商品时，如产品属国家计划内需要进口的商品；向经济特区、经济技术开发区销售产品；属于国内生产企业需要用外汇进口原材料和零部件；经营国际租赁贸易把设备租给国内企业等，允许以外币计价结算。

中方投资者外汇管理　中方投资者分得的外汇利润和其他外汇收益，在 1994 年以前从外商投资企业获利年度起 5 年内 100%留成，5 年后计 50%比例留成。若中方投资者的股本金是银行外汇借款，中方投资者的外汇收入可先还贷后分成。1994 年 1 月 1 日后，取消外汇留成，中方投资者的外汇利润和其他外汇收益，除还银行外汇借款外，应全部结汇。

境外投资企业外汇管理　境外投资项目经授权的部门正式批准后，投资者应持有关材料向当地国家外汇管理局办理有关手续，建立专门档案实行监督管理。境内投资者从境外投资企业分得利润或其他外汇收益，从该境外投资企业设立之日起 5 年内享受全额留成。5 年后依照国家规定 20%留成上缴国家、80%留给境内投资者，凭结汇水单由当地国家外汇管理局办理。如有特殊情况，经当地国家外汇管理局批准，也可保留一定比例现汇。1994 年 1 月 1 日后，境外投资所分得利润或其他外汇收益，必须在当地会计年度终了后 6 个月内调回境内并结汇。

第三节　外汇检查与处理

中华人民共和国成立初期，丽水市侨乡外汇黑市买卖不断，随着社会主义革命和建设的进展，外汇黑市有所收敛。1980 年 12 月，国务院发布《中华人民共和国外汇管理暂行条例》，治理外汇黑市买卖有了法律依据。域内炒卖、倒卖外汇案件仍有发生。1985 年，丽水地区外汇局查获两起特大外汇贷款变相倒卖案，涉案金额 60 万美元，对各类外汇违规行为起到威慑作用。1988 年，丽水地区外汇调剂中心成立，明确规定严禁各部门、各地区、各单位在外汇调剂所外私自买卖外汇，不得私自转让外汇。1989 年 12 月，丽水地区公安、工商部门、外管局联合开展打击和取缔黑市交易专项行动，分别对华侨商店、百货公司等地的黑市进行打击，抓获不法分子 36 人，查缴美金 8230 元、港币 3000 元、西德马克 100 元、侨汇券 1731.6 张。这是丽水地区首次打击和取缔黑市交易行动。

1991 年，丽水地区外汇局为规范外汇券使用及有关单位的外汇收支，全面清理审核辖内 14 个单位 16 个现汇账户开立和收支情况，全面检查 6 个核准收取外汇兑换券单位，重新核定 4 家金融机构的外汇业务经营范围，颁发新的经营外汇业务许可证。实行新汇制后，一些金融机构片面追求自身利益，采取不正当竞争手段拉客户、抢业务，忽视对外汇资金来源的真实性核定，出现银行帮助客户分拆结汇等违规现象。丽水地区外汇局把外汇管理的重心由事前审批转移到事后监督检查，外汇检查工作开始进入程序化、规范化和制度化的管理轨道。

2008 年，丽水市外汇检查立案 5 起，罚没款 52 万元；2009 年，外汇检查立案 3 起，罚没款 58 万元；2010 年，外汇检查立案 8 起，罚没款 113.6 万元；2011 年，立案 5 起，罚没款 147 万元。国家外汇管理局丽水市中心支局与当地公安机关开展"汇警"合作，破获多起地下钱庄案件，处罚金额上升较大。2014 年，立案 4 起，罚没款 74.9 万元。2015 年，立案 5 起，罚没款 160 万元。

2008—2015 年丽水市外汇检查处罚情况表

表 7-5-2

年　份	立案数(件)	罚没款(万元)	年　份	立案数(件)	罚没款(万元)
2008	5	52	2012	4	40
2009	3	58	2013	4	20
2010	8	113.6	2014	4	74.9
2011	5	147	2015	5	160

第六章　金融统计与监测

金融统计，是国家管理金融活动的重要手段，是中国人民银行信息系统的核心，也是国民经济核算体系的重要组成部分。在不同历史时期、不同经济社会背景下，中国人民银行总行对金融统计体系进行适时调整。丽水市金融统计管理体系、指标设置、统计框架、指标含义和统计口径按照总行制度认真执行，并适当增加具有地方特色的经济金融监测内容，重点监测辖区经济金融运行情况。

第一节　金融统计制度沿革

1949—1951年，丽水专区金融机构和金融业务单一，金融统计项目设置比较简单，只有公存款、私存款、对公贷款、对私贷款和储蓄存款等项目。1952—1977年，采用平衡表的形式将资金来源与资金运用分别列示，细化各项存、贷款项下的分类项目，用以反映不同行业、不同形式的存贷款业务。

1986年10月，根据中国人民银行颁布《中国人民银行金融统计暂行规定》，丽水地区建立金融部门集中统的统计体系，对商业银行、保险公司和其他金融机构的金融统计工作实行统一领导、分级负责的统计管理体制。1997年，为进一步加强金融统计工作，为中央银行宏观调控和金融监管提供及时、准确和完整的数据信息，实现中央银行对金融信息采集和加工的"归口管理"。中国人民银行丽水地区中心支行实行按新的指标体系报送金融统计数据的制度体系。

1998年起，经营外汇业务的金融机构按新指标体系开始报送外汇统计数据。丽水地区信贷收支表增加外汇统计报表。金融机构实行新的《现金收支统计制度》。1999年起，证券公司、保险公司统计数据不再纳入"全科目上报"统计制度中，人民银行不再向证券公司、保险公司收取数据，有关信息将从证券管理部门、保监会取得。1999—2000年，为进一步优化金融统计对中央银行货币政策与金融监管服务，增加部分统计指标，完善"全科目上报"统计制度。2001年，为全面反映银行、信用社人民币贷款的周转情况，建立《人民币贷款累放累收统计制度》，同时，增加贷款分行业指标和附报表，增设本外币合并信贷收支报表。2002年，金融统计制度对部分"全科目上报"统计指标和报表归属关系进行了修订。规范"票据融资""银团贷款"等业务的填报方法，增加"贷款质量五级分类""助学贷款"统计指标报送内容，修订、终止部分统计指标。

2003年，建立《商业银行中间业务统计制度》，准确及时掌握商业银行中间业务情况。2004年，建立《助学贷款专项统计制座》《下岗失业人员小额贷款专项统计制度》，两项政策执行与实施情况。2005年，建立《中长期贷款按实际投向分类统计制度》，按照贷款投入实际社会生产活动的行业进行的分类，行业分类严格按照国家标准的国民经济行业进行操作。及时掌握银行信贷资金在国民经济各行业中的分布情况，准确反映银行信贷资金的流向，2006年，建立《房地产贷款专项统计制度》，全面反映金融机构介入房地产业的情况，为房地产信贷政策及金融稳定提供决策支持；同年，建立《代客理财统计制度》《汽车金融公同统计制度》《货金信托专项统计报表》。

2007年，增加部分统计指标，修订现金统计制度，清理部分统计内容，对相应报表项目及报表项目的归属关系进行调整，逐步与国际统计标准接轨，更好地反映金融业务的发展状，有效满足各方面对金融统计信息的需求。9月，建立《涉农贷款专项统计制度》，全面、完整、系统地反映金融机构涉农贷款发放情况，为国家制定政策、推进社会主义新农村建设提供信息支持。

2008年，建立《县级及市辖区非法人金融机构统计制度》，适应金融统计数据集中要求，减轻商业银行报送数据的压力。该制度保留原有现金类、中间业务类统计指标，增设了部分县级及市辖区金融机构专用指标，停报了累放累收业务类数据。同年，为适应人民银行业务的发展和会计核算变革的需要，进一步加强统计信息监测与分析的能力，人民银行全面修订《人民银行统计制度》。

2009年，金融统计数据集中系统正式运行。系统实现“数据集中、规范化采集、信息共享”的目标，是金融统计电子化工作智能化、自动化的一个重要里程碑，使金融统计工作迈上一个新台阶。建立《境内大中小型企业贷款专项统计制度》《银行承兑汇票专项统计制度》《贷款公司、小额贷款公司统计制度》，全面反映金融机构对境内大中小型企业、银行承兑汇票对企业支持情况以及统计监测贷款公司、小额贷款公司资金运用情况。为准确统计金融机构经营成果、盈利能力和盈利结构，避免人民币和外币业务汇总产生的误差，遵循《企业会计准则(2006)》，中资金融机构金融统计制度设置季度和年度《本外币利润统计制度》，统计自年初至报告期的损益情况。

2010年起，为进一步优化统计指标，减轻金融机构报数压力，终止金融机构报送累放累收统计指标。2011年，建立《理财资金信托专项统计制度(试行)》，监测货币供应量与金融机构信贷规模，综合评估金融机构理财业务、资金信托业务的发展对现行货币政策传导机制的影响；建立《地方政府融资平台贷款专项统计制度》，全面监测金融机构对地方政府融资平台贷款的发放情况。同年，全面调整存款类统计指标，建立《存款统计分类及编码标谁》，以人民币统计指标为主线，调整存款、股权投资等统计指标，增补外汇业务统计指标，实现人民币、外汇指标的一体化。新的存款分类方法：第一层分类，按存款主体分类，将全部存款分为单位存款、个人存款，财政性存款、临时性存款四大类。第二层分类，按产品分类，在按主体分类后，在每一类下按产品进行细分。如:单位存款按接照合同性质被分为活期、定期、通知、协议、协定、保证金、结构性存款等。第三层分类，按存款主体细分，单位存款下的每类都按主体分成企业、机关团体、社保基金、部队、住房公积金、非居民等。同时，修订中间业务、涉农贷款、房地产贷款专项统计制度，终止《现金收支统计制度》。并积极做好金融统计标准化工作，全面调整“全科目”指标分类。资产、负债及所有者权益均取消第一层次按期限划分的分类方式，第一层次按金融工具分类，同时对部分指标的名称、统计内容进行规范，提高统计分类的科学性和统计数据的准确性。

2012年，建立《保障性安居I程贷款统计制度》《农村信用社(农商行、农合行)专项统计制度》，准确地统计金融对保障性安居工程的支持，全面准确地反映农信社(农商行、农合行)发展和风险状况。2013年，建立《库存现金券别统计制度》，准确反映现金流通的总量及结构情况，加强统计信息监测与分析能力。2014年，建立《表外业务专项统计制度》，对金融机构开展的表外业务进行分类统计。2015年，建立《贷款变动因素专项统计制度》，整合现行日报、周报、旬报、月报快报统计内容，修订《金融机构资产负债统计指标》《委托贷款、涉农贷款、房地产贷款、助学贷款专项统计制度》，扩大部分统计制度报送范围，这些制度完善，进一步提高了金融统计数据的准确性、完整性，更好地支持宏观经济、金融政策决策。

第二节　经济金融监测制度

1990年开始，为及时了解微观经济层面生产经营及资金供求状况，动态分析、判断和预测经济运行情况，准确掌握各项经济金融政策实施效果，为制定货币信贷政策和调控经济运行提供决策依据，根据中国人民银行总、浙江省分行统一部署，中国人民银行丽水地区分行陆续开展工业企业景气调查、企业商品价格调查、银行家问卷调查、城镇储户问卷调查、企业汇率变动承受能力问卷调查、民间融资专项调查、小微型企业经营情况问卷调查等经济金融监测工作。

5000户工业企业景气调查

1990年10月30日，中国人民银行调统司发布《关于进行工业景气调查企业布点的通知》，开始谋划在全国29个省(自治区、直辖市)的26万多户规模以上工业企业中选定5000户作为景气调查定点企业开展景气调查。1991年4月6日，中国人民银行发布《关于建立工业景气调查制度的通知》，正式建立工业景气调查制度。景气调查共分为两个部分：1.月度财务数据调查，主要包括企业每月的资产负债及损益指标数据；2.季度企业家问卷调查，调查时间为每季度次月。问卷内容根据经济形势变更历经多次调整，目前执行的新版问卷主要包括企业总体生产、生产要素、市场需求、资金、成本效益、投资及其他共7个方面的内容。在此基础上，各省也相应建立了各自的工业景气调查企业库。至2015年年末，丽水市共承担全市37户定点企业的景气调查工作，其中17家为中国人民银行总行选点监测企业、20家为中国人民银行杭州中心支行选点监测企业。企业涵盖国有、股份、民营、合资等所有类型，包括大、中、小各类规模，均在全市主要行业中占据一定地位,具有较强的行业代表性，资金营运状况运行良好。每年根据景气调查结果撰写的调查报告，为研判经济形势、贯彻执行货币政策提供大量信息支持。

企业商品交易价格指数调查

为强化宏观定量分析手段，提高抑制通货膨胀能力，中国人民银行建立中央银行批发物价指数调查统计制度，在全国范围内筛选商品种类采集物价并进行指数编制。2008年3月开始，中国人民银行丽水市中心支行开展企业商品价格调查工作。至2015年年末，共承担9家企业中的15种商品的物价监测。此项月度性调查，采集5日、15日、25日3个时点的价格数据后录入系统，为编制物价指数及研判物价走势提供重要的参考依据。

银行家问卷调查

2004年开始，执行银行家问卷调查。这是中国人民银行和国家统计局共同合作完成的一项制度性季度统计调查。中国人民银行调查统计司和国家统计局服务业调查中心双方共同完成问卷的编制，调查统计司负责调查的具体实施，调查结果由中国人民银行和国家统计局共同对外发布。银行家调查采用全面调查与抽样调查相结合的调查方式，调查对象为全国各类银行机构的总部负责人及其一级、二级分支机构的行长或主管信贷业务的副行长。至2015年年末，中国人民银行丽水市中心支行共负责7家市级银行机构和农村金融机构的问卷调查工作，调查时间为每季度次月。问卷内容在2011年进行一次较大的变更，之后多次进行微调。执行问卷主要包括基本情况、对宏观经济形势的判断和预测、对货币政策相关问题的判断和预测、对银行业景气状况判断和预测、临时问题等5个方面内容。调查结果为研判经济形势、贯彻执行货币政策提供有效信息支持。

经济金融专家问卷调查

2012年11月14日，为及时了解辖内经济金融专家对宏观经济金融形势的判断及预测，中国人民银行杭州中心支行办公室印发《关于建立浙江经济金融专家问卷调查制度的通知》，在浙江省范围内选取经济金融领域的专家学者107人，建立经济金融专家常规问卷监测制度。问卷包括专家们对经济形势的判断、对金融形势的判断、对影响经济金融因素的看法、对宏观政策的判断和建议等方面，调查时间为每季度末月17日前，为掌握浙江省经济金融运行动态，制定符合浙江实际的金融货币政策提供了参考。至2015年年末，丽水共参与该项调查专家有5人。

城镇储户问卷调查

自2004年12月开始，为准确把握城镇居民的储蓄、消费、投资行为及心理预期变动，为中央银行货币政策决策和调控宏观经济提供依据和参考，中国人民银行丽水市分行在人行总行城镇储户问卷调查基础上，组织开展丽水市城镇储户调查工作。本项调查为季度性调查，于每年2月、5月、8月、11月的中下旬开展。问卷内容主要包括储户的储蓄动机与消费意向、对收入和物价的判断与预期、金融资产与负债状况以及储户基本情况4个方面。2011年，该项工作停止。

企业汇率变动承受能力问卷调查

2011年开始，根据总行调查统计司的工作部署，在5000户企业调查的基础上，对部分外向型企业定期开展人民币汇率变动承受能力调查。调查采用问卷调查方式，调查频度为季度，调查时间为每年3月、6月、9月、12月中旬，主要内容包括企业生产经营情况、进出口情况、对汇率变动的承受能力情况等。至2013年年末，丽水市负责辖内27户企业的调查工作。

小微型企业经营情况问卷调查

2013年9月，为及时了解小微型企业生产经营情况，服务于中央银行货币政策决策及其他经济管理部的决策，中国人民银行丽水市中心支行建立小微型企业问卷调查制度。同期，丽水市开展小微企业问卷调查。至2015年年末，承担30家小微企业调查。内容包括：企业经营状况、生产要素和资金状况、融资状况、成本效益状况和投资状况等。本项调查为季度性调查，每年3月、6月、9月、12月下旬开展。

第七章　反洗钱监管及其他金融风险防范

反洗钱监管工作是落实反洗钱法律法规及各项政策的重要保障，是反洗钱工作的重要手段，也是防范金融风险的重要手段。与此同时，其他金融风险防范也在逐步完善，并协同推进。

第一节 反洗钱监管体制建设

2003年1月,中国人民银行发布《金融机构反洗钱规定》,规定自2003年3月1日起实施。中国人民银行发布《人民币大额和可疑支付交易报告管理办法》,自2003年3月1日起实施。中国人民银行发布《金融机构大额和可疑外汇资金交易报告管理办法》,自2003年3月1日起实施。初步建立起反洗钱监管的基本制度。12月,十届全国人大常委第六次会议修订《中华人民共和国中国人民银行法》,赋予人民银行“指导、部署、金融业反洗钱工作,负责反洗钱的资金监测”职责。2006年11月,中国人民银行发布《金融机构反洗钱规定》;2007年6月,中国人民银行、中国银行业监督管理委员会、中国证券监督管理委员会、中国保险监督管理委员会发布《金融机构客户身份识别和客户身份资料及交易记录保存管理办法》;2010年3月,中国人民银行发布《中国人民银行执法检查程序规定》;2014年1月,中国人民银行、公安部、安全部发布《涉及恐怖活动资产冻结管理办法》等,规范国家层面的反洗钱监管体制及程序和行为。

从2007年起,中国人民银行先后发布《反洗钱现场检查办法(试行)》《反洗钱非现场监管办法(试行)》《中国人民银行反洗钱调查实施细则(试行)》,规范反洗钱现场检查、非现场监管和反洗钱调查程序的中国人民银行总行层面的反洗钱监管体制,保障金融秩序健康运行。中国人民银行杭州中心支行先后印发《浙江省人民银行反洗钱现场走访工作制度(试行)》《浙江省人民银行反洗钱监管工作内控检查办法》,进一步规范反洗钱现场走访和反洗钱监管工作内控检查办法,进一步强化风险为本反洗钱工作理念,提高金融机构风险防范能力和可疑交易监测水平,指导法人金融机构建立覆盖全业务领域的洗钱风险评估机制,构筑浙江省层面反洗钱监管制度体系。

反洗钱组织机构建设

2004年,中国人民银行丽水市分行根据上级行反洗钱的有关规定正式开展反洗钱工作,本币反洗钱工作的具体职责落实在会计财务科。

2005年,中国人民银行地市级分支机构开始逐步设立专门反洗钱机构,配备专职反洗钱工作人员。2005年1月,中国人民银行丽水市分行正式设立反洗钱科,与会计财务科“一套班子,两块牌子”合署办公。中国人民银行丽水市分行设立反洗钱专职岗位,人民银行丽水辖内各县(市)支行在营业室设反洗钱兼职岗位。2006年7月,改为中国人民银行丽水市中心支行会计财务科(反洗钱科)。至2010年,丽水市本级11家银行机构、20家保险机构、4家证券机构、1家支付机构全部纳入反洗钱监管体系,成立反洗钱工作领导小组,指定反洗钱牵头部门,设置反洗钱专(兼)工作岗位,制定反洗钱内控制度和操作规程。丽水市本级金融机构建立一支业务素质较高的反洗钱队伍,各银行、证券、保险、支付市级机构均配备专(兼)职反洗钱联络员、信息报送员;各金融机构在银行网点、分支机构相应设立专(兼)职反洗钱岗位。

2015年5月,中国人民银行丽水市中心支行反洗钱科正式独立设置,反洗钱监管职能由会计财务科(反洗钱科)移交至反洗钱科。

反洗钱内控协调机制建设

2003年开始，中国人民银行分支机构参照反洗钱工作部际联席会议制度模式积极探索建立地方政府部门间的反洗钱协调机制。2004年11月24日，中国人民银行丽水市中心支行印发《丽水市人民银行与商业银行反洗钱工作联系制度》。

2007年1月，中国人民银行丽水市中心支行、丽水银监分局联合印发《丽水市金融监管机构反洗钱工作协调制度》，加强反洗钱监管合作，有效推进丽水市反洗钱工作深入开展。同月25日，中国人民银行丽水市中心支行、国家外汇管理局丽水市中心支局、丽水市国家安全局印发《反恐、反洗钱工作协作制度》，开辟丽水防范和打击国际恐怖及相关洗钱犯罪等违法活动新的合作机制。4月6日，印发《中国人民银行丽水市中心支行反洗钱工作制度》，明确人民银行系统内部工作职责。4月下旬，丽水市召开首次全市金融机构反洗钱工作联席会议，丽水市级各银行、证券、保险机构及莲都农村合作银行反洗钱牵头部门负责人、反洗钱联络员50余人参会。会议讨论通过《丽水市金融机构反洗钱工作联席会议制度》，为畅通人民银行与当地银行、证券、保险、邮政储汇等金融机构反洗钱合作交流渠道，加强金融系统内的信息沟通、业务联系和工作协调奠定基础，进一步强化反洗钱工作合力。同月，中国人民银行丽水市中心支行印发《关于建立健全反洗钱组织机构的通知》，对证券、保险机构建立反洗钱工作领导小组、设立反洗钱工作牵头部门、设置反洗钱工作岗位等提出明确要求，对反洗钱组织机构建设进行工作指导。

同年6月，中国人民银行丽水市中心支行印发《丽水市可疑资金交易和洗钱行为举报制度》，要求各金融机构积极行动起来，动员社会公众力量积极举报涉嫌洗钱行为，努力开辟新的信息来源。6月15日，中国人民银行丽水市中心支行与中国银监会丽水监管分局联合印发《丽水市金融监管机构反洗钱工作协调制度》。12月18日，中国人民银行丽水市中心支行、丽水市人民检察院印发《反贪污贿赂、反洗钱工作协作制度》，签署“反贪污贿赂、反洗钱工作谅解备忘录”。协作双方通过制定制度、建立机制进行密切合作、相互配合，为有效遏制贪污贿赂犯罪，维护经济金融的稳定，防范和打击贪污贿赂、洗钱犯罪等违法犯罪活动服务。

2008年11月14日，中国人民银行丽水市中心支行印发《人民银行丽水市辖内各县(市)支行反洗钱工作指导意见》，明确规定县(市)反洗钱工作职责，并对组织机制建设、现场监督检查、可疑交易报告、线索移送与案件协查、日常工作等方面明确工作要求及具体操作流程。2009年5月，中国人民银行丽水市中心支行印发《丽水市金融机构反洗钱工作考核暂行办法》，细化金融机构反洗钱义务，通过走访、现场检查与非现场监管等方式对金融机构反洗钱组织体系以及内部控制制度建设和执行、大额交易和可疑交易报告等情况设立台账实施日常考核，按季通报考核评分情况并根据考核结果实行分类监管，对年终考核结果差的机构将约谈其高管并列为下年度重点监督检查对象。

2010年10月，反洗钱监管交互平台在丽水市正式上线运行，实现反洗钱非现场监管报表数据的网上报备、汇总、统一管理，进一步提高反洗钱非现场监管工作效率。

2013年6月，中国人民银行丽水市中心支行、丽水市工商行政管理局、丽水市公安局联合签发《丽水市第三方支付机构监管协作制度(试行)》。明确相关单位的工作职责和要求，共同推进第三方支付业务规范发展，督促第三方支付机构有效开展反洗钱工作。

2015 年 7 月，中国人民银行丽水市中心支行制定《丽水辖内法人金融机构督导员制度（试行）》，对辖内 18 家法人银行机构开展“一对一”帮扶。

反洗钱监管工作

反洗钱监管工作能够督促金融机构建立有效的预防控制机制，从源头上发现各种违法犯罪活动相关的异常和可疑资金流动，为控制犯罪分子转移和藏匿非法所得赢得时机，为跨境追缴违法资金提供有力手段，最终实现预防和打击相关违法犯罪活动，维护正常经济金融秩序的目标。

反洗钱现场检查 2005—2007 年，中国人民银行丽水市中心支行对工商银行丽水市分行、农业银行丽水分行、丽水莲都农村合作银行开展综合执法检查；2007 年 11 月，对中国建设银行丽水市分行开展反洗钱现场检查。2008 年，对天安保险丽水分公司、泰康人寿丽水中心支公司、银河证券丽水营业部、中国银行丽水市分行、中国邮政储蓄银行丽水市分行等 5 家金融机构开展反洗钱现场检查。2009 年，对中华联合财产保险丽水中心支公司、龙泉市农村信用合作联合开展反洗钱现场检查。对上述机构违反《中华人民共和国反洗钱法》法律规章的行为，依法给予行政处罚。中国人民银行反洗钱现场检查的主要目的是了解金融机构履行反洗钱义务情况，贯彻落实反洗钱法律法规，对被检查金融机构的反洗钱工作整体情况和风险水平做出评价。

现场检查监管经历“规则为本”向“风险为本”转变，执行检查对象从银行机构逐步拓展到证券、保险机构，强化“法人监管”。2009—2015 年，人行丽水市中支先后对龙泉市农村信用合作联社、农业银行青田县支行等 13 家银行机构和中华联合财产保险丽水中心支公司、银河证券股份龙泉新华街证券营业部等 7 家保险证券机构开展包含反洗钱的执法检查，并对其中 9 家银行机构未按规定履行客户身份识别义务情况进行反洗钱行政处罚。其中，2014 年度对缙云县农村信用合作联社的行政处罚成为丽水辖区反洗钱首个“双罚”案例。

2005—2015 年人行丽水市中支反洗钱执法检查及行政处罚情况一览表

表 7-7-1

拟检查机构名称	机构类型	执法检查类型	检查时间（年度）	处罚金额（万元）	罚款日期
中国工商银行丽水市分行	银行机构	综合执法检查	2005	16	2005年7月14日
农业银行丽水分行	银行机构	综合执法检查	2005	15	2005年7月14日
丽水莲都农村合作银行	银行机构	综合执法检查	2005	0	
农业银行丽水分行	银行机构	综合执法检查	2006	3	2006年11月13日
丽水莲都农村合作银行	银行机构	综合执法检查	2007	20	2007年11月29日
建设银行丽水分行	银行机构	专项检查	2007	10	2008年12月4日
邮政储蓄银行丽水市分行	银行机构	专项检查	2008	0	
泰康人寿丽水中心支公司	保险机构	专项检查	2008	0	
天安保险股份有限公司丽水分公司	保险机构	专项检查	2008	0	
银河证券丽水证券营业部	证券机构	专项检查	2008	0	
中国银行丽水市分行	银行机构	专项检查	2008	0	

续表 7-7-1

拟检查机构名称	机构类型	执法检查类型	检查时间（年度）	处罚金额（万元）	罚款日期
龙泉市农村信用合作联社	银行机构	专项检查	2009	10	2010年5月12日
中华联合财产保险丽水中心支公司	保险机构	专项检查	2009	0	
建设银行缙云县支行	银行机构	专项检查	2010	15	2010年7月29日
遂昌农信联社	银行机构	专项检查	2010	10	2011年12月9日
浙江泰隆商业银行丽水分行	银行机构	专项检查	2011	0	
中国银行青田县支行	银行机构	专项检查	2011	0	
中国人寿保险丽水分公司	保险机构	专项检查	2011	0	
上海浦东发展银行丽水支行	银行机构	综合执法检查	2012	0	
中国人民财产保险丽水市分公司	保险机构	专项检查	2012	0	
庆元县农信联社	银行机构	综合执法检查	2012	10	2012年11月23日
银河证券股份龙泉新华街证券营业部	证券机构	专项检查	2012	0	
太平洋人寿保险丽水中心支公司	保险机构	专项检查	2013	0	
松阳县农信联社	银行机构	专项检查	2013	30	2013年12月27日
浙商银行丽水分行	银行机构	综合执法检查	2014	20	2014年12月3日
中国人民人寿保险丽水市中心支公司	保险机构	专项检查	2014	0	
缙云县农信联社	银行机构	专项检查	2014	21	2014年11月12日
莲都农村商业银行	银行机构	综合执法检查	2014	0	
邮政储蓄银行丽水市分行	银行机构	专项检查	2015	21	2015年12月24日
中国太平洋财产保险丽水中心支公司	保险机构	专项检查	2015	0	
农业银行青田县支行	银行机构	综合执法检查	2015	28	2015年12月24日
合　计				99	

反洗钱制度建设

2004 年，中国人民银行丽水市中心支行开始履行丽水市反洗钱管理职能。2005 年，中国人民银行丽水市中心支行设立反洗钱科，与会计财务科合署办公，设立反洗钱专职岗位。同期，辖内人民银行各县(市)支行在营业室设反洗钱兼职岗位。

反洗钱工作制度建设　2004 年 11 月 24 日，中国人民银行丽水市中心支行印发《丽水市人民银行与商业银行反洗钱工作联系制度》。2007 年 4 月 6 日，印发《中国人民银行丽水市中心支行反洗钱工作制度》，明确人民银行系统内部工作职责。2008 年 11 月 14 日，中国人民银行丽水市中心支行印发《人民银行丽水市辖内各县(市)支行反洗钱工作指导意见(试行)》，明确规定县(市)反洗钱工作职责，并对组织机制建设、现场监督检查、可疑交易报告、线索移送与案件协查、日常工作等方面明确工作要求及具体操作流程。2009 年 5 月，中国人民银行丽水市中心支行印发《丽水市金融机构反洗钱工作考核暂行办法》，细化金融机构反洗钱义务。

其他监管措施　一是现场走访。为提高监管效率，深入了解金融机构反洗钱工作的开展情况及风险点分布，及时解答难点和疑惑，有针对性地提出监管指导和风险防范意见。2011—2015年，人行丽水市中支先后对浙商证券丽水花园路证券营业部、莲都农村商业银行等18家金融机构开展反洗钱现场走访。二是约谈。根据履行反洗钱职责的需要，丽水市中心支行在2013年至2015年，先后约见浙江庆元泰隆村镇银行股份有限公司、青田农村信用合作联社、中华联合财产保险公司丽水中心支公司高管，反馈反洗钱风险评估情况。三是风险评估。为全面落实“风险为本”的反洗钱工作方法，充分了解辖区金融机构应对洗钱风险措施的有效性、健全性和充分性。2013年5月至9月，中国人民银行丽水市中心支行选择辖内法人银行机构15家、国有商业银行1家、城市商业银行3家、保险公司2家、证券公司2家，开展洗钱风险评估，并根据评估结果，分类别开展反洗钱监管。

非现场监管　2007年7月起，驻丽水各金融机构向中国人民银行丽水市中心支行报送反洗钱非现场监管报表。2009年5月21日，人行丽水市中心支行印发《丽水市金融机构反洗钱工作考核暂行办法》，要求及时、全面通过手机报送各金融机构反洗钱工作信息，按时通报非现场监管考核评分情况，并依据考核结果实行分类监管。至2010年年末，有11家市级管辖银行、20家保险中心支公司、4家证券营业部、1家支付机构纳入非现场监管范围。2010年10月，反洗钱监管交互平台在丽水市正式上线运行，实现反洗钱非现场监管报表数据的网上报备、汇总、统一管理，进一步提高反洗钱非现场监管工作效率。

可疑交易监测分析及案件破获情况　2004—2010年，人行丽水市中心支行（分行）共收到金融机构重点可疑交易报告131份、涉及金额52.39亿元，向侦查机关移送线索17起，立案4起，侦破案件4起。中国人民银行丽水市中心支行认真履行可疑交易报告管理职责，对接收的可疑交易报告逐一进行分析和调查，对有价值的可疑线索进行了资料补充、跟踪调查、情报会商和部门移送。2009—2015年，中国人民银行丽水市中心支行向公安等侦查机关移送可疑交易线索49起、涉及金额201.14亿元；协助破获案件17起、涉及金额5.21亿元。其中，2010年协助公安机关破获“鲍某团伙特大网络赌博案”，得到中国人民银行总行反洗钱局专函表扬；2015年7月23日，丽水市首例洗钱案正式宣判（松阳县人民法院依照《中华人民共和国刑法》第312条宣判被告人沃某金犯掩饰、隐瞒犯罪所得罪，判处有期徒刑一年零一个月，并处罚金1万元）；2015年10月15日，李某洗钱案正式宣判（龙泉市人民法院依据《中华人民共和国刑法》第191条宣判被告人李某犯洗钱罪，判处罚金3万元）。上述两例，标志着丽水市反洗钱工作取得重大成果，洗钱定罪工作实现零的突破。2015年11月19日，全国首例利用地下钱庄转移资金案（非法经营案）在遂昌县正式宣判。

反洗钱宣传与培训　多维度、多形式开展反洗钱宣传。一是依托丽水市2114个“银行卡助农取款服务点”做好反洗钱宣传“三个一”：拉一条宣传横幅、贴一张宣传海报、摆一批宣传资料，深入广大乡间农村开展反洗钱宣传。二是通过营业网点宣传、广场集中宣传、上门宣传、短信宣传、电台网络宣传等多种宣传方式，开展全方位、立体式反洗钱宣传活动，为社会大众送上反洗钱知识大餐。三是拓宽思路，创新反洗钱宣传平台。如2013年联合莲都农村合作银行开展为期一个月“反洗钱知识伴公交出行”活动。通过在全市城乡公交车26条线路共221辆车上滚动播放反洗钱宣传动漫，将反洗钱动漫知识渗入普通老百姓的心中。据统计，丽水市公交车每天每车流量700—1300人次，每天受众18万人次，覆盖各行各业、各阶段层次、各年龄段人士；而公交车具有

"封闭环境、唯一频道、强制视听、联网播出"等不可回避性特点，平均每天每车播放可选频率30次起，每天播出6600次以上，最大限度地确保宣传。

认真组织反洗钱培训，全面提高反洗钱工作水平。一是以会代训，组织同业交流利于学习。2014年7月，组织召开全市金融机构反洗钱工作会议，银证保等市级分行及辖内所有法人银行机构58家、参加会议225人，其中建行丽水市分行、中行丽水市分行就如何做好可疑线索分析工作进行经验交流，泰隆银行丽水市分行就反洗钱风险评估工作进行经验交流。通过同业交流，形成互学互比氛围，利于沟通学习，开创辖区反洗钱工作良好局面。二是组织参与远程培训，督促法人金融机构提高反洗钱工作能力。根据2014年第四期金融业反洗钱岗位准入培训要求，有效组织辖内18家法人银行机构、314名工作人员参与远程培训并通过考试，有效提高法人金融机构反洗钱工作的履职能力。三是邀请反洗钱专家集中授课。邀请反洗钱专家开展集中授课。2014年，为各金融机构举办5场反洗钱业务知识专题培训，参加培训700余人，有效提高金融机构对反洗钱工作的理解认识，进一步提升对可疑线索的识别与辨认能力，各金融机构就如何做好反洗钱工作有更明确的工作目标。

第二节　其他金融风险防范

2009年，丽水市金融办公室设立后，根据"三定方案"职责要求，积极研究建立全市金融业稳定发展的协调机制，组织落实防范和化解金融风险，并研究规范本地区民间融资工作，协调有关部门取缔、打击非法金融机构和非法金融活动。

处置银行不良贷款及"两链"风险

2011年，在温州等地"跑路事件"发生后，丽水市金融办结合当年银行信贷资金紧张问题，专门对丽水经济开发区企业融资情况开展调研，及时掌握民间融资动向，并与丽水市政法委、公安局、人行、丽水银监分局、经信委等部门共同分析金融涉稳形势，研究防范风险的具体措施和办法，进一步完善打击和处置非法集资的工作机制。筹备召开丽水市金融支持中小企业发展工作会议，协调督促金融机构加大对中小企业的支持，指导各县(市、区)金融办做好中小企业金融服务保障工作。2012年，丽水市金融办通过沟通和协调银行、企业，加强风险调研和排查，妥善处置龙泉杰超、成功塑胶、致健家私等一批企业资金链风险问题，一定程度上避免企业因资金链断裂出现关停倒闭现象。

2013年，丽水市金融办面对丽水企业资金链、担保链问题频发，银行不良贷款率逐月上升的严峻形势，深入企业、金融机构、担保公司等开展企业资金链、担保链危机情况调研，召开银企协调会，协调处置永邦包装、圣迪管业、隆泰担保、先丰合成革、光泰集团等一批企业出现的资金链风险问题。同时，丽水市成立丽水市企业帮扶工作领导小组，全力维护经济金融稳定。同年，为加快推进银行业不良资产处置，丽水市金融办筹备召开银行业金融机构不良资产处置工作专题会议，对集中梳理出的48笔不良案件逐一交办落实到县(市、区)政府和相关责任部门。丽水市人民政府办公室拟定出台《关于有效化解企业资金链风险加快银行不良资产处置的若干意见》，建立了考核督查机制和月度通报制度，充分发挥牵头部门的职能作用，加快推进银行不良资产处置工作，维护区域良好的金融生态环境。

2014 年以来，针对部分企业因资金困难和担保拖累的影响，风险压力仍然较大的情况，丽水市通过在困难企业帮扶、不良资产处置方面建立的一系列行之有效的机制，加大化解力度，积极营造稳定的金融环境。

在组织领导上，市委、市政府成立风险企业帮扶和银行不良贷款处置工作领导小组，由常务副市长任组长，成员由丽水市委、市政府、宣传部、政法委、经信委、丽水开发区管委会、公安局、财政局、人力社保局、国土局、建设局、商务局、法院、市场监管局、金融办、人行、丽水银监分局、房监办、企发办组成，领导小组办公室设在市经信委。办公室下设风险企业帮扶处置工作组（设在市经信委）、丽水经济开发区风险企业帮扶处置工作组（设在丽水开发区管委会）和银行不良资产处置工作组（设在市金融办），进一步加大风险企业分类帮扶处置力度；成立丽水市金融业信贷风险会商帮扶工作领导小组，由常务副市长任组长，成员由市政府、经信委、丽水开发区管委会、公安局、财政局、国土局、建设局、商务局、法院、市场监管局、金融办、人行、丽水银监分局、房监办、企发办、市工行、市农行、市建行、市中行、市农发行、丽水农信社以及交通、泰隆、浦发、稠州、中信、浙商、邮储、温州银行丽水分行，领导小组办公室设在丽水市经信委，坚持属地原则，落实各方责任，形成工作合力。

在工作机制上，一是建立分类帮扶机制。出台《丽水市人民政府办公室关于开展风险企业分类帮扶工作的意见》，将出险企业分为重点帮扶类企业、资不抵债类企业、涉嫌逃废债类企业，采取“一企一策”进行帮扶。二是建立会商共商机制。出台《丽水市金融业信贷风险会商帮扶工作机制实施意见》，建立以政府有关部门、主债权银行为主导的出险企业会商共商机制，保持各方步调一致。在企业出现信贷重大风险时，各债权银行在会商帮扶工作领导小组牵头协调下，通过及时报告、信息共享和会商机制，共同会诊企业风险，协调一致行动，防止部分银行抽贷、压贷导致企业资金链危机；对恶意逃废债的行为进行制止，并对符合条件的企业进行帮扶解困，助其渡过难关，以有效控制和化解信贷风险，实现共赢。三是建立担保链双方协商机制。根据企业担保链风险发生的特点，借鉴各地企业风险处置的先进经验，丽水市委、市政府出台《关于处置化解风险企业担保链问题的通知》，加强债权银行与担保企业协商，防范企业恶意逃废债，共同面对和化解风险企业担保链问题。同时，坚持属地协调原则，要求各县（市、区）政府、丽水开发区管委会负责做好辖区企业的风险处置和担保链化解工作。在工作方式上，一方面，打通通道，加大银行核销力度，实行“快进快出”。另一方面，以政府任务交办单形式，对重点案件实行交办，采取快速盘活一批、清收一批、核销一批、转让一批等方式，建立市政府领导带队专项督查和月度督查通报制度，实现市县两级协调联动、职能部门与金融机构共同参与。

规范民间融资行为

丽水市金融办与浙江省处非办、丽水市公安等单位保持密切联系，形成多方联动，打击处置非法集资活动，维护金融安全和社会稳定。2010 年，丽水市金融办组织起草《丽水市规范民间融资行为维护社会稳定的实施意见》，为丽水市进一步规范民间集资行为明确工作目标和工作举措。2011 年，为进一步落实实施意见，做好非法集资协调处置工作，丽水市金融办出台《关于进一步明确职责做好打击处置非法集资工作的通知》，按照“分类监管、疏堵并举、治旧控新、打防结合”的治理方针，协调多个部门，共同努力，妥善解决民间融资和非法集资问题。2013年，为进一步加强对民间融资的规范管理，发挥民间融资积极作用，防范和打击非法集资，维护良好经济金融秩序，丽水市人民政府办公室出台《关于进一步加强民间融资管理的实施意见》，推进民间借贷登记管理服务试点，在全市范围内开展涉嫌非法集资广告资讯信息排查清理活动，从源头上防范非法集资，维护经济金融秩序和社会稳定。

规范金融中介服务机构

2011年11月，为进一步规范全市各类金融服务中介机构经营行为，丽水市政府成立全市清理整顿和规范金融中介服务机构经营行为领导小组，开展清理整顿和规范金融中介服务机构工作。领导小组由常务副市长任组长，成员由丽水市经信委、工商局、商务局、公安局、财政（地税）局、国税局、人行丽水市分行、丽水银监分局、金融办等单位组成，领导小组办公室设在丽水市金融办。12月14日，丽水市政府下发《关于开展清理整顿和规范金融中介服务机构工作的通知》，决定对丽水市各类金融中介服务机构集中进行清理整顿和规范。清理范围包括丽水市范围内从事投资、担保、典当、寄售、产权（股权）交易业务的中介机构，包括在丽水市设立的外省、市分支机构。根据工作部署，丽水市清理整顿和规范金融中介服务经营行为领导小组各成员单位，开展为期4个多月的市区金融中介服务机构清理整顿专项检查工作。检查采取行业分组抽查的方式。由丽水市工商局、经信委、商务局等行业主管部门分管领导任组长，抽调领导小组成员单位相关处室负责人及专业人员组成三个检查组，并抽调审计专业人员参与，分别对市区投资、担保、典当（寄售）等行业企业开展检查，维护市场秩序，防范金融风险。

2003年12月27日，修订后的《中华人民共和国中国人民银行法》颁布，将防范和化解系统性金融风险、维护国家金融稳定增加为人民银行的一项新职责。中国人民银行丽水市分行本着务实、探索的精神积极推进金融稳定工作机制创新，不断完善金融风险监测与评估体系，切实防范辖区金融风险，促进金融体系的健康稳定运行。

2004年，人行丽水市分行收集自1994年以来丽水市金融和经济社会各方面指标数据6000余项，建立完善的金融稳定评估指标体系。同时，建立《丽水市金融突发事件处置预案》，成立金融稳定协调领导小组，构建起预防为主、防范和处置相结合的突发事件长效管理与金融稳定相关协调机制。认真做好辖区金融债权维护工作，大力推行金融债权保全制度。全年办理25家转制企业的金融债权保全证明，保全金额1005万元；参与6家企业的破产清算工作。

2005年，人行丽水市分行建立了《丽水市银行机构风险监测试行办法》，针对银行机构尤其是法人银行机构的流动性和整体性两大风险，制定了流动适度性、资本充足性、资产安全性、管理健全性和收益合理性等五大项风险监测指标，按季开展监测，为风险预警和领导决策提供基础数据支撑。建立了辖内民间借贷利率监测制度，积极推进辖区利率市场化改革。重点做好地方法人金融机构的改革,参与农村信用社深化改革央行资金支持工作,以“产权明晰、资本金到位、法人治理结构完善”为目标，切实增强农信社金融支农服务功能，并认真做好农村信用社央行专项票据的监测考核工作，确保了央行“花钱买机制”取得实效。

2006年，人行丽水市分行（中心支行）出台《丽水市金融机构突发事件应急预案》，代市政府拟写《丽水市金融突发公共事件应急预案》，规范全市金融突发公共事件的分类、各级响应程序和启动程序，形成职责明确、协调配合、运转有序的金融突发公共事件应急预案体系。制定《丽水市人民银行系统金融稳定再贷款操作规程》，加强对再贷款的日常管理，规范操作程序，确保资金安全。积极参与、协调处置龙泉信用社违反发放贷款等事件，及时消除风险隐患，确保金融的平稳运行。

2007 年，人行丽水市中心支行牵头组建全市金融应急管理专家组，由金融突发事件应急成员单位推荐专家、学者和专业技术人员，共同组成金融突发公共事件应急管理专家组，为处置金融突发事件开展事前专业指导和防范、事中专业援助、事后专业鉴定和评估，进一步提高丽水市应对金融突发事件的能力。加强对民间融资的监测，在全市设立民间融资利率监测点 20 个，选择样本企业（个人）109 户，以便及时掌握辖区民间融资利率变动情况。对丽水市 6 家未能通过央行专项票据兑付的信用社及时进行风险评估，对其经营水平、财务状况、内控机制等基本情况进行专项调查，认真分析问题，提出应对措施，指导进行整改，促使其顺利通过票据兑付。

2008 年，人行丽水市中心支行全面完成央行票据兑付工作，进一步支持农村信用社改革。在继续强化对农村信用社跟踪监测和评估工作的基础上，进一步整合检查力量，加强实地检查审核力度，顺利完成丽水市莲都农村合作银行、龙泉市农村信用合作联社 2 家机构专项票据兑付现场考核。全市已全面完成央行专项票据 5422 万元的兑付工作任务，成功实现“花钱买机制”的目标。开发房地产景气预警模型，通过扩散指数（DI）与合成指数（CI）两项指标度量房地产经济的活跃程度，以便及时掌握房地产经济运行态势，并对未来房地产经济的状况进行了有效预测。

2009 年，人行丽水市中心支行在全辖建立法人银行业金融机构风险自评估制度，对辖内法人金融机构的总量指标、资产安全性、资产质量、操作风险及盈利能力数据进行监测分析，有效推动辖内法人金融机构稳健经营意识，促使风险防范机制得到进一步完善。积极开展非法集资风险排查，对全市存在的非法集资风险隐患进行认真分析，完成《丽水非法集资风险排查报告》，对如何规范辖内民间集资、配合公安等部门打击非法集资势力、确保辖区社会经济正常秩序提出建设性意见，努力维护辖区正常金融秩序。

2010 年，人行丽水市中心支行建立丽水市银行业金融机构重大事项报告制度和银行业金融机构督察员制度，更加密切掌握辖区银行业金融机构的风险状况，及时协调处理金融运行中有关问题，尽早排查风险隐患，更好地维护辖区金融稳定。第一时间将新成立的青田建信华侨村镇银行、庆元泰隆村镇银行纳入法人金融机构的风险监测体系，指导其按照安全性、流动性、收益性的原则开展经营活动，确保稳健运行。同时，进一步加大对辖内证券业、保险业运行情况的监测力度，按月撰写《丽水银行业、证券业和保险业风险分析报告》，分析业务状况对辖区金融运行情况的影响，防患于未然。

2011 年，第一时间将新成立的莲都建信村镇银行、龙泉民泰村镇银行、缙云杭银村镇银行、景宁银座村镇银行纳入法人金融机构的风险监测体系，指导其按照安全性、流动性、收益性的原则开展经营活动，确保稳健运行。

2012 年，建立《涉外企业风险监测制度》，丽水辖内选取 2 家涉外企业为样本企业，要求其按季报送相关报表，通过加强与企业的信息交流，有效解决敏感信息获取难的问题。

2013 年，第一时间将新成立的云和联合村镇银行、遂昌富民村镇银行、松阳恒通村镇银行纳入法人金融机构的风险监测体系，指导其按照安全性、流动性、收益性的原则开展经营活动，确保稳健运行。

2014年，扩大风险监测范围。建立出险企业风险监测制度，要求金融机构按月报送《出险企业融资情况表》《出险企业信息表》《出险企业处置情况表》《大型出险企业处置信息统计表》4张报表，有效掌握辖区整体出险企业情况；联合市金融办、市银监、市公安、市工商等相关部门联合开展防范非法集资宣传活动，取得良好效果。有效化解泰隆银行辖内支行异常取款事件，维护辖区金融稳定。

2015年，在丽水市银行业金融机构重大事项报告制度基础上，制定《丽水市金融业重大事项及重要信息报告制度（试行）》，涵盖银行业、证券业、保险业，要求机构上报相关重大事项，若无重大事项，实行按季度报送"零报告"制度，为及时发现风险隐患和在最佳时间处置风险奠定基础。5月1日起，施行《存款保险条例》，标志着存款保险制度正式建立，辖内18家法人都按时缴纳存款保险保费，对维护客户存款信心起到很大作用，进一步维护辖内金融稳定。

第八编　金融服务与改革创新

20 世纪 90 年代，金融服务与改革创新成为丽水金融业务的重要组成部分，也是全社会快速、便捷获得融资、储蓄、结算等金融服务的辅助渠道，在金融经济活动中有不可替代的作用。21 世纪初，随着银行系统政策的发展和科技的进步，银行机构业务能力的不断提高，金融业的服务创新也越来越优质高效。

农村商品经济的发展，必然形成农村金融的资金市场和信用市场，根据新形势和快速发展的新需求，改革农村金融的管理体制、扩大农村金融的资金来源、放宽农村金融信贷政策、规范信用、优化金融服务成为丽水农村金融改革的重点内容。

第一章 金融服务创新

金融科技的发展，为完善结算体系、提高科技管贷水平、增强风险防范能力提供了可能。各保险业机构的服务创新，围绕丽水市政府的中心工作，发挥保险经济补偿、资金融通的社会管理功能，在大病保险、农村小额保险、老龄人保险、贫困人群保险等方面发挥积极作用。

第一节 银行业服务创新

中国农业发展银行丽水分行服务创新

金融科技　2002 年 1 月，农发行丽水市分行统一取消纸质公文发送，开始运行电子公文处理系统。2006 年 7 月 14 日，农发行总行为提高农发行科技管贷水平，增强风险防控能力，决定引进中国工商银行 CM2006 信贷管理系统。CM2006 系统的应用，有利于实现全行信贷业务的集中管理和统一控制，实现信贷数据大集中；有利于优化信贷业务操作流程，通过系统流程的刚性控制，有效规避操作风险；有利于提高信贷管理的科技水平，提高工作效率，降低信贷人员工作强度。

银行业改革政策性与商业性金融分离　1994 年 4 月，为完善农村金融服务体系，更好地贯彻落实国家产业政策和区域发展政策，国务院决定组建中国农业发展银行。农发行以国家信用为基础，办理粮食、棉花等主要农副产品的专项储备贷款、国务院确定的扶贫贴息贷款，代理财政性支农资金的拨付，为各级政府设立的粮食风险基金开立账户并代理拨付等国家规定的农业政策性业务。1996 年，农发行为实施扶贫攻坚战略设置政策性扶贫贷款，专项用于支持解决农村贫困人口的温饱问题的扶贫贷款。1998 年 5 月，为适应粮食流通体制改革的需要，国务院要求农发行集中精力做好收购资金供应与管理，将扶贫、农业开发等专项贷款以及粮棉油附营业务贷款划转到有关商业银行。

中国银行丽水市分行服务创新

茶叶质量溯源体系搭建　2013 年，松阳县政府加大茶叶质量监管与茶叶交易秩序管理。中国银行丽水市分行与松阳县市场监管局合作，对原有的溯源管理平台系统进行优化，推出具有支付结算金融功能的“浙南茶叶市场交易联名卡”(简称“茶商卡”)，将市场的交易模式由现金交易转变为金融转账交易，提高茶叶交易便捷性。溯源系统支持 POS(销售终端)机刷卡支付，改变浙南茶叶市场仅以现金交易的模式，减少现金收付中出现金额差错或夹杂假钞而引起纠纷情况，降低支付风险，商户与收购加工户之间的交易更有保障。茶叶质量溯源系统是集市场监管、质量溯源、金融服务为一体的操作系统，满足市场监督管理局质量监管，维护市场秩序，满足茶叶市场商户货款支付安全性的需求。至2015年年末，累计发放茶商卡1.1万张，溯源系统累计交易29.4万笔，交易量26.01亿元。

茶产业链贷款产品开发　2014年，基于茶叶溯源系统的交易数据，结合茶叶交易模式，中国银行推出了以满足茶商、茶叶加工户与茶农日常经营为主的茶产业链贷款产品——“茶艺通宝”。在担保方式上，可选择抵押、质押、保证、信用担保等多种担保方式，突破金融机构的担保“壁垒”；在贷款期限与还款方式上，作出大胆创新，期限短至几个月，长至3年，可灵活选择资金需求方式；还款方式，可以按月还本付息、按季付息到期还本、到期一次性还本付息等多种方式。操作灵活、贷款方便的新金融产品，受到茶农、茶商的普遍欢迎。至2015年年末，“茶产业链贷款”累计投放185笔，投放金额8580.5万元。

中国邮政储蓄银行丽水市分行服务创新

金融空白乡镇网点建设　为全面贯彻银监会金融机构空白乡镇金融服务工作推进会议精神，解决乡镇金融机构网点空白和服务不足问题，使广大农民群众享受到存、取、汇款及小额贷款等最基本的金融服务。2009年12月，中国邮政储蓄银行丽水市分行成立空白乡镇金融服务领导小组，积极开展空白乡镇网点建设工作。2010年4月2日，丽水市首家空白乡镇金融网点——中国邮政储蓄银行浙江省松阳县板桥乡金融服务点隆重开业。开业当天，新开户56户，存款金额52万余元。至6月23日，中国邮政储蓄银行丽水市分行建设金融空白乡镇网点16个，圆满完成任务，为当地10万农民提供储蓄存取款业务、汇兑业务以及小额贷款业务等基础金融服务。其中，松阳县支行分别填补板桥畲族乡、赤寿乡、三都乡、斋坛乡、樟溪乡和谢村乡6个空白乡镇金融服务点；景宁县支行分别填补渤海镇、郑坑乡、鸬鹚乡、景南乡、雁溪乡、秋炉乡、葛山乡、家地乡、大地乡和标溪乡10个空白乡镇金融服务点。至2015年年末，累计为农户办理存取款业务4万余笔，开立定、活期账户700余户。

农村银行卡助农取款服务支付结算体系　银行卡助农取款服务，是在丽水农村金融改革大背景下，针对农村地区普遍存在的小额提现难问题，尝试的一项新的农村服务。中国邮政储蓄银行丽水市分行积极探索和优化农村金融服务，通过建立金融服务站，提升农村金融服务水平，满足农户多层次的金融需求。该行依托覆盖城乡的网络优势，通过“自营+代理”合作模式，在广大农村，尤其是偏远山区，开展农村金融服务站建设。经过多年的不断升级和完善，邮政储蓄银行农村金融服务站经历“1.0版、2.0版、3.0版”3个阶段。

2010年7月，中国邮政储蓄银行景宁县支行率先在全国开展“银行卡助农取款服务”试点工作(1.0版金融服务站)，具有小额取现和小额转账功能。8月，在全市推广，并取得初步成效。2011年7月，全国邮政金融银行卡助农取款服务推广会在丽水召开，向全国推广丽水经验。2013年，为进一步完善服务点功能，强化农村金融服务，中国邮政储蓄银行丽水市分行联合人民银行对服务点向村邮站功能进行升级，由单一的助农取款服务，向助农取款、转账、代收代缴水电费、话费等各类公用事业费(村邮站功能)、反假币、金融知识宣传、农户信用信息采集、贷款、保险、理财咨询、意见投诉等全方位金融服务转变(2.0版金融服务站)。2014年，积极推进“互联网+”模式为农户提供便民金融服务，尝试将电子商务平台引入农村金融服务站(3.0版金融服务站)，为农户提供便捷的商品买卖网上代理服务，助推“消费品下乡”和“农产品进城”双向流通。至2015年年末，共建设银行卡助农服务点（含金融服务站）916个。

“政银保”精准扶贫项目　丽水市景宁畲族自治县是全省重点扶持的6个欠发达县之一，每年政府都有部分特扶资金直接发放给低收入农户。随着低收入农户群体的扩面，扶持资金可谓“杯水车薪”，已经难以满足这部分农户的基本需求。2011年，根据浙江省政府特别扶持资金计划，景宁县在全国率先推出“政银保”项目。2014年，景宁县政府制定《景宁畲族自治县农村金融改革扶贫小额信贷贴息项目实施方案》，2014—2016年计划安排扶持资金3300万元。主要做法：由银行向低收入农户发放小额扶贫贷款，贷款对象限于县政府调查认定范围内的农户；县政府运用省政府特别扶持资金全额贴息，同时以贷款金额的2%出资向保险公司投保；保险公司提供贷款担保。如贷款发生损失，保险公司承担损失金额的70%，金融机构承担30%。保险公司赔款总额不超过实收保费总额的200%，超过部分由县财政兜底。“政银保”模式通过引入银行和保险公司，有效利用金融杠杆放大扶贫资金的使用效应，同时转变了低收入农户“等靠要”的思想观念，使致富有信心、有需求、有能力但缺乏生产资金的“三有一缺”低收入农户获得零成本贴息贷款，解决资金问题，通过发展生产获得持续性稳定收入。

中国邮政储蓄银行丽水市分行积极参与景宁县政府“政银保”项目。通过“银行贷款、政府贴息、保险投保”模式，对低收入农户发展生产进行帮扶。至2015年年末，累计发放该贷款7195万元，惠及低收入农户1200余户。

交通银行股份有限公司丽水分行服务创新

公司与零售双轮驱动信贷产品　公司与零售两轮驱动打造有丽水特色的绿色信贷产品。坚持因地制宜，将全行的业务发展与丽水经济特色相结合，以丽水农村金融改革试点为契机，创新经营性物业贷款，发展小水电经营贷款。2012年，已审批贷款25500万元，并已投放9500万元。2013年，积极向总行争取，把原水电项目准入标准装机规模5万千瓦以上，下降为单机装机5000千瓦，以适应丽水本地水电企业进入门槛。2013年，为龙泉市瑞垟二级水电站、景宁县三支树水电站等授信1.75亿元。2015年，为葛洲坝丽水项目工程公司给予应收账款保理非信贷授信2.86亿元。

根据青田石雕市场实际情况，出台《石雕经营贷试行管理办法》，对不同层次的青田石雕经营户进行差别化信贷支持。至2013年年末，累计发放贷款1.27亿元，支持石雕经营户34户。

扶持困难企业发展　对接各级政府重点帮扶的困难企业、风险企业，逐户研究帮扶策略，对符合帮扶条件的企业，结合企业特点制定帮扶方案，一户一策，分类施策，细化帮扶措施。2014年，对6户涉险的困难企业采取降低贷款利率、延长付息时间期，对不良贷款进行还旧续贷等降低企业负担和提升企业活力的帮扶措施，发放帮扶贷款2.1亿元，帮助困难企业渡过难关，为小微企业持续发展提供有力支撑。

中信银行股份有限公司丽水分行服务创新

中信银行股份有限公司丽水分行突破传统信贷模式的制约，加大金融创新力度，积极发挥中信集团和金融同业的优势，通过投资银行创新产品运用，以结构融资、融资类理财、信托等方式，努力为丽水市重点建设项目提供资金支持。中信银行丽水分行积极贯彻中共丽水市委、丽水市政府提出“五水共治”策略，想方设法支持“五水共治”项目建设。2015年，中信银行丽水分行成功为丽水是水利项目发行融资类理财产品7亿元，募集资金用于地方基础设施建设；中信银行丽水分行大力推进PPP项目，利用中信集团综合资源优势，积极向中信水务、中信建设、中信地产、龙元建设等社会资本投资人推荐丽水市PPP项目。

浙江民泰商业银行股份有限公司丽水分行服务创新

立足产品创新　浙江民泰商业银行丽水分行坚持以民为本，以更好地服务小微企业、服务地方经济、服务城乡居民为己任，致力提高服务民营企业的能力和水平，针对小微企业生产经营特点，不断推进特色金融产品创新，帮助解决小微企业融资痛点难点。

“随借随还”类贷款产品，有效降低客户融资成本，使客户可以根据自身需求灵活使用信贷资金，合理安排贷款期限，自助循环类贷款产品。其中，“随贷通”能够让企业在获取本行授信后，在授信额度和有效期内，通过本行柜面、网银等渠道自助发放与归还贷款，并循环使用授信额度。

“无缝对接”类贷款产品，减少客户转贷过桥资金的费用。其中，“接力棒”“续贷”贷款产品能够让企业在贷款到期前提出申请，民泰丽水分行提前发放一笔新的贷款，以新发放贷款资金归还上一笔贷款。如全敞口出口合同打包贷款，能够降低民营企业融资难度，涉及国际贸易民营企业无须缴纳保证金，凭出口合同、提供保证担保就可申请打包贷款。

创新担保方式　浙江民泰商业银行丽水分行勇于创新、开拓业务范围，做好融资担保服务，尝试多种担保方式，包括股权质押贷款、动产质押贷款、“三权”抵押贷款、扶植农村合作担保组织等，帮助小微企业制定合理有效的融资方案，为其提供融资担保便利，减轻企业负担，助力解除小微企业制约发展的“枷锁”，解决企业“担保难”问题。

探索新授信模式　浙江民泰商业银行丽水分行积极探索开展制造业领域供应链授信业务，开展“产购销一体融资”，依托产销环节封闭式运作，以行业龙头企业为核心，对上下游产业链群体集中授信、批量发放，进而提升业务办理效率，降低企业成本，真正解决“融资难、融资贵”问题。

第二节　保险业服务创新

“政保”合作

1996年成立之初，中保人寿保险有限公司丽水地区分公司与丽水地区教委系统共同推进师生平安保险，与丽水地区计生委系统共同推进计划生育系列保险。2001年，与丽水社保系统共同推进城镇职工高额补充医疗保险。2006年，国务院印发《关于保险业改革发展的若干意见》，浙江省人民政府下发《关于保险业改革发展的实施意见》。8月17日，丽水市政府提出进一步贯彻落实好“国十条”的意见。2007年10月10日，中国人寿丽水分公司成立政策性保险业务工作领导小组，与丽水市政府职能部门和各县政府经常联系商谈，探索提出落实丽水市政保合作的具体措施。其间，丽水市政府、浙江保监局、中国人寿浙江省分公司有关领导多次到中国人寿丽水分公司调研指导。2010年12月15日，丽水市人民政府下发《关于促进保险业改革发展的补充意见》。12月17日，丽水市人民政府与浙江保监局签订《推进丽水保险业发展合作备忘录》。2011年，浙江保监局下发《关于规范保险机构参与政保合作业务的指导意见》。2012年9月7日，浙江省副省长朱从玖率浙江省保监局长吴勉坚等一行到景宁畲族自治县调研丽水政保合作项目。中国人寿丽水分公司利用自身经验和专业优势，发挥保险经济补偿、资金融通和社会管理的功能，围绕丽水市政府中心工作、社会经济发展和百姓保障需求，开展大病保险、农村小额保险、老龄人保险、贫困人群保险等各类政保合作业务，积极参加丽水市政府组织的各种保险类业务的招投标活动，推进丽水市政府开展金融创新示范乡镇(街道)试点工作，致力于商业保险促进地方经济建设，服务大众、保障民生工作。

城镇职工高额补充医疗保险　2001年，中国人寿丽水分公司根据《丽水市城镇职工基本医疗保险暂行规定》《丽水市城镇职工补充医疗保险暂行办法》，率先在全市范围内开展城镇职工高额补充医疗保险。该业务的推出对完善基本医疗保险制度，提高参保人员的医疗保障水平，控制医疗费用过快增长等方面发挥了积极作用。

2001—2004年城镇职工高额补充医疗保险经营情况一览表

表8-1-1

年　份	保　费(万元)	参保人数(万人)	赔款支出(万元)	理赔(人次)
2001	324	8.10	145.80	42
2002	549	14.00	384.30	109
2003	579	15.00	752.70	162
2004	378	5.80	378.00	107

2010年，中国人寿丽水分公司根据《丽水市城镇职工基本医疗保险市级统筹实施意见》文件精神，重新开办城镇职工高额补充医疗保险，相继在丽水市莲都、云和、景宁、龙泉、庆元、青田县(市、区)与政府部门合作开展城镇职工高额补充医疗保险。2010—2012年,共计参保人员171545人次，保险费收入1031.31万元，赔付人数1792人，赔款支出908.87万元。

城乡居民医疗保险　中国人寿丽水分公司参与和开展城乡居民重大疾病医疗保险，有效地发挥专业优势、队伍优势、服务优势、机构网络优势，减轻人民群众大病医疗费用负担，解决因病致贫、因病返贫问题；建立健全多层次医疗保障体系，推进全民医保制度建设；推动医保、医疗、医药互联互动，提高基本医疗保障水平和质量。2009年，根据《丽水市城乡居民基本医疗保险实施意见》文件精神，在庆元县、景宁县、莲都区、龙泉市开办城镇居民医疗保险业务。2009—2012年,参保人员570261人次，保险费收入4162.09万元，赔付人数268367人，赔款支出4025.01万元。

大病保险　2014年7月，中国人寿丽水分公司通过丽水市政府公开招投标的方式，中标丽水市大病保险市级统筹项目，合作期限三年。

2014—2015年中保人寿丽水分公司大病保险经营情况一览表

表8-1-2

年　份	参保人数(万人)	保费(万元)	赔款支出(万元)	理赔(人次)
2014	232.49	2045.90	1495.43	10499
2015	233.6	1657.00	2092.96	28719

中国人寿丽水分公司派驻丽水市社保局工作人员20人，其中从事医疗费用审核工作有4人。

2014—2015 年，审核基本医疗和大病医疗费用数据 22.06 万条，扣除不合理费用 301 万元；开展异地就医核查工作，核查案件 268 件，发现违规案件 2 件，减少社保基金损失 9.3 万元。

农村小额保险　2013 年，中国人寿丽水分公司服务“三农”，率先在景宁畲族自治县开展农村小额保险试点。2014 年，在全市进行全面推广。2013—2015 年，中国人寿丽水分公司为农村居民 49.39 万人提供保险保障 103.68 亿元，其中发生理赔案件 0.96 万人次，给付保险金 1879.54 万元；为低收入人群 4.13 万人提供保险保障 8.42 亿元，其中发生理赔案件 516 人次，给付保险金 157.81 万元。农村小额保险、残疾人保险、低收入人群保险为解决农村居民及特定人群抗御意外风险、保障农村经济社会发展方面起到了重要的作用。2014—2015 年，为残疾人群 1.58 万人提供保险保障 3.22 亿元，其中发生理赔案件 253 人次，给付保险金 70.38 万元。2015 年，雅溪里东村山体滑坡事件后，2016 年农村小额保险中增加重大自然灾害意外保障每人 10 万元。

低收入人群保险　为提高低收入人口风险保障水平，帮助低收入人口摆脱因灾、因疾病致贫返贫的恶性循环，根据要坚决打赢脱贫攻坚战，让贫困人口和贫困地区同全国一道进入全面小康社会要求，中国人寿云和县支公司率先在全县范围内开展低收入人群保险工作。低收入人群保险集重疾、意外、医疗等方面保障为一体，构建低收入人群相对完备的综合保障体系，运用保险机制助推巩固扶贫成果。

计生系列保险　计生系列保险是中国人寿丽水分公司前身中国人民保险公司丽水地区中心支公司成立之初开办的独生子女寿险险种。1997 年 11 月 18 日，中保人寿保险有限公司丽水地区分公司与丽水地区计生委、计生协首次联合举行丽水地区计划生育系列保险工作会议，全面深化推进计划生育系列保险。

计生系列保险产品全部是纯保障型产品，重点保障与计生家庭切身利益最相关的意外伤害、疾病及身故风险，满足计生家庭对最基本保险保障的需求，具有惠民性、保障性、实践性的特点。2013—2015 年，计划生育系列保险中除两性安康以外均由政府出资，政府共为 42.92 万人提供保险保障，赔款金额 360.47 万元。2013—2015 年，全市女性安康共为女性提供健康保障 2.39 万人，赔款金额 100.2 万元。

老龄人保险　中国人寿丽水分公司开展形式多样的关爱老人活动，与丽水市老龄工作委员会办公室共同签署战略合作协议，双方合作共同促进老龄保险事业发展，加强“敬老文明号”行业联创，开展“双关爱”活动。2015 年起，推出老龄人保险，当年共为 0.88 万名老龄人提供保险保障，给付赔款 47.89 万元。

城乡居民社会养老保险服务平台建设　2011 年，中国人寿丽水分公司根据《浙江省人民政府关于建立城乡居民社会养老保险制度的实施意见》，提出“要整合城乡现有社会服务资源，运用现代管理方式和政府购买服务方式，降低行政成本，提高工作效率”的意见。中国人寿丽水分公司与龙泉市人事劳动社会保障局共同组织开展龙泉市城乡居民社会养老保险服务平台建设工作。根据龙泉市城乡居民社会养老保险服务平台建设实施方案，中国人寿丽水分公司在龙泉市社会保障局、各乡镇(街道)全便民服务中心、查田镇 4 个示范村建立服务窗口，配置人员 29 人，为龙泉市城乡居民提供一站式社会养老保险服务。城乡居民社会养老保险服务平台建立后，为龙泉市参保人员办理养老保险给付手续 35072 人，办理医保卡登记、发放手续 5124 人次，为退伍军人办理养老保险 276 人，协助龙泉社保部门提供社会养老保险政策咨询服务 3800 余人次，发放中国人寿丽水分公司保险宣传

资料2000余份。服务平台为推进龙泉市城乡居民社会养老保险工作提供有力保障。

师生平安保险　师生平安保险是中国人寿丽水分公司前身中国人民保险公司丽水地区中心支公司成立之初开办的寿险险种。1996年分业经营之初，中保人寿保险有限公司丽水地区分公司与丽水地区教委系统全面深化推进师生平安保险，每年都联合召开全市（区）安全教育会议布置落实师生平安保险工作。2008年后，丽水市政府采用公开招投标方式选定保险公司，中国人寿丽水分公司中标，并主导师生平安保险升级改造。

师生平安保险产品是纯保障型产品。保障与教师和学生家庭切身利益最相关的意外伤害、疾病及身故风险，满足教师和学生家庭对最基本保险保障的需求，具有惠民性、保障性、实践性的特点。师生平安保险中教师保费由学校出资，学生保费由个人出资；师生平安保险既更好提高教师和学生群体的意外伤害风险保障水平，又帮助政府排忧解难。20世纪90年代初，发生缙云县壶镇镇学校翻船导致几十位学生溺亡；2003年9月16日，丽水市碧湖镇朗奇村发生一起64人在校学生集体食物中毒事件；9月24日，丽水市莲都区黄村发生57名学生饮水中毒事件，中国人寿丽水分公司按条款迅速理赔，又按当地政府要求解决难题，体现中央企业的担当能力与魄力。1998年5月25日，中保人寿保险浙江省分公司与浙江省教育委员会联合授予中保人寿保险有限公司丽水地区分公司“师生平安保险工作先进单位”荣誉称号。

签署合作框架协议　2012年7月20日，为进一步加强政保双方合作，推进龙泉市保险服务民生示范城市建设工作，中国人寿丽水分公司与龙泉市政府签署《龙泉市保险服务民生示范城市建设合作框架协议》。这是浙江省首个政府与保险公司全面合作的保险服务民生示范城市签约项目，双方以“政府主导、市场运作、投保自愿、群众受益、整合资源、优势互补、互助共赢、长效协作”为合作原则，在民生保险保障项目和支持地方经济建设项目上开展合作。成为公司寻求政保合作、实现共建共赢的积极尝试，开创政企合作的新标杆。8月6日，《中国保险报》刊登中国人寿丽水分公司与龙泉市政府政保合作工作报道。

“银保”合作

银行类金融机构代理销售保险产品，是新的保险营销模式。保险公司通过银行、邮储等银行类金融机构的网点代理销售保险产品，银邮机构是委托代理关系，销售保险产品属银行中介业务；银邮机构代理保险业务，有利于保险事业发展，发挥银行优势，确保信贷资金安全，是拓宽银行中间业务的重要举措，是双方参与市场竞争和适应改革开放的形势需要。

1996年，中国人寿丽水分公司分业经营后，一直推进保险与银行合作，由地区公司业务部负责对接银保合作，与各银邮机构联系洽谈合作事宜；1997年3月7日，中保人寿保险有限公司丽水地区分公司在全区系统保险业率先开展“银保”合作，与中国工商银行丽水地区分行签订保险业务代理协议。与中国银行丽水地区分行、中国建设银行丽水地区分行、中国农业银行丽水地区分行、丽水市邮政局、丽水市邮储银行、丽水市农村信用社也签订保险业务代理协议，随着丽水金融改革的推进，中国人寿丽水分公司与各家进入丽水的商业银行都在第一时间签订保险业务代理协议；前期，银邮机构主要代理储户人身意外伤害保险、团体人身意外伤害保险、团体人员意外伤害还本保险、驾驶人员平安保险、养老保险、子女教育婚嫁金保险等业务险种，随着中国人寿业务改革的深入，中国人寿推出专门适用银行代理的各种业务险种。2004年5月，地区公司专门设立中介业务部，开始专职从事银保业务，在全市系统建立首支专业银保业务代理人队伍。2005 年，为提高银邮机构代理水平，成立专业讲师队伍，协助各银邮机构开展各种形式培训，内容包括保险知识、代理制度、营销理念和销售技能等，特训营活动形式为全国首创。2006 年 4 月，中介业务部更名为中介代理部。2007 年 9 月，中介代理部更名为银行保险部，成立客户经理和保险理财规划师两支银保业务代理人队伍。2012 年，成立银保理财中心。2015 年，中国人寿丽水分公司“银保”渠道实现保费收入 2210.32 万元，业务代理销售人员 780 人。

农村保险网点建设

改革开放以来，农村经济得到前所未有的发展，部分农民已经脱离贫困，过上温饱的生活，随着农民生活水平的不断提高，农民对保险的需求日益增强，人寿保险逐步成为现实的需要，农村寿险市场有着广阔的发展空间和前景，成为寿险公司新时期业务发展的突破口。

1996 年 8 月，中国人寿丽水分公司在丽水地区率先建成寿险业个人代理制营销模式后，建立首支保险个人代理人和农村协保员队伍，开始在丽水市（今莲都区）碧湖镇、缙云县壶镇镇、青田县温溪镇、龙泉市八都镇、遂昌县大柘镇、松阳县古市镇布局农村网点建设。1999 年 7 月 27 日，在丽水市碧湖镇开设系统内全区首个农村网点，把开拓农村寿险市场作为公司业务发展“重头戏”，为全面建设小康社会提供农村保险配套服务，走出一条农村网点建设的新路子。至 2000 年，保险个人代理人队伍增至 60 余人。2001 年，增加至 130 人，累计保费收入超 180 万元，服务当地客户超 3000 人次。为贯彻落实中国保监会发展县域保险业务、服务“三农”的有关指示精神，确立拓展农村寿险市场，以农村营销服务部为依托，向农村腹地延伸服务，逐步实现对农村保险市场的无缝覆盖的农村营销服务部发展指导思想。2002 年 8 月，中国保监会杭州特派员办事处批复设立农网营销服务部 14 家，其中莲都区有碧湖镇、老竹镇、水阁镇 3 家，缙云县有壶镇镇、第三营销服务部（后更名为新建营销服务部）2 家，遂昌有大柘镇 1 家，景宁有东坑镇 1 家，龙泉有八都镇、查田镇、安仁镇 3 家，松阳有古市镇 1 家，青田有温溪镇、海口镇 2 家，庆元有黄田镇 1 家（后更名为竹口营销服务部）。碧湖镇营销服务部分设大港头职场、老竹职场；2011 年，碧湖镇营销服务部分设水阁职场。全市系统农村网点均配备专门负责人及组训管理人员，加强政策引导和费用支持，实行农村网点的标准化装修，制定适合农村特点的营销策略，全力发展营销期缴业务，大力发展意外险业务，服务好“三农”，赢得农民的好口碑。

2015 年，中国人寿丽水分公司系统在全市设立农村营销服务部 12 家，保险个人代理人队伍 555 人，保险承保面和服务面覆盖全市每个自然村，实现保费收入 1082 万元，有 3 家农村营销服务部被省公司评选为“星级职场奖”，其中温溪镇农村营销服务部被誉为“山沟沟里飞出来的金凤凰”。

寿险营销模式改革

寿险业个人代理制营销模式的引进与推行，成为寿险营销主流，改变丽水保险业的格局，促进丽水的保险人才培养以及保险知识普及，为社会提供大量就业机会，为民众提供广泛的良好保险服务，奠定寿险公司长远发展基础。1996 年 8 月，中国人寿丽水分公司在丽水率先引入推行保险营销模式改革，建成寿险业个人代理制营销模式的制度，建立首支保险个人代理人和组训队伍，开办首款销售个人代理营销险种“潇洒明天”——增额终身人寿保险；向社会招募保险营销人员，保险营销人员与寿险公司签订代理协议，实行佣金报酬新制度，代理寿险公司推销保险产品，其身份定位为

“代理人”，领取保险销售从业人员执业证后上岗，构筑起新型保险销售机制；通过建立营销服务部，实行集中经营，专业化管理，构筑起新型的保险销售网络；通过建立讲师、组训队伍，成立讲师团，邀请海内外著名讲师讲座，强化职场教育培训，狠抓营销队伍诚实守信、职业道德、职业品格、责任文化和专业知识建设，锻造保险营销员职业素养，提升保险营销员的综合素质，构筑起新型的保险培训机制。通过开展年初“开门红”和年末精英表彰会、家庭理财报告会、现场保险咨询等活动，构筑起新型保险销售平台；通过落实个人代理人管理若干制度，加强检查督察，处罚违规人员，构筑起新型的保险销售风险管控模式。2015年，中国人寿丽水分公司拥有遍及全市寿险业个人代理的机构网点和服务网络21个，业务个人代理销售人员3011人，个险渠道实现保费收入1.32亿元。

第三节　金融科技发展

计算机硬件设备建设

1991—2010年，随着计算机技术的不断发展，中国人民银行电子化建设进程得到极大的发展，硬件设施随着业务应用深入而不断地更新换代。

1989年，中国人民银行根据全国经济金融形势发展的需要建立全国电子联行系统，负责全国异地跨系统的资金清算业务。20世纪90年代初，中国人民银行丽水地区分行计算机设备主要是以286机器为主，如西子、东海、SUN、AMERICA、南天B25等286机型。主要应用于人民银行的中央银行会计核算系统、国家金库会计核算系统、金融数据统计系统三大基础业务，数据传输以MODEM（调制解调器）电话拔号方式。

1993年11月，由中国人民银行总行下拔卫星通信设备美国休斯PES8000及专用计算机惠普HP4/33设备2套，电子联行专用计算机终端设备4套，山特3KVA UPS电源等设备1套。电子联行通信为C波段，租用“亚州一号”卫星联网通信。2002年10月，卫星小站系统进行升级，卫星通信波段为KU波段，并移星“鑫诺”，计算机采用东海386主机和惠普VL7系列主机。1994年3月，加入全国400个城市的电子联行业务网络，实现电子联行业务上线。

至2015年年末，计算机设备已经拥有HP、DELL、IBM服务器36台，台式计算机306台，便携式计算机54台，各类打印机137台，艾默生40千伏安8小时UPS机2台，艾默生15千伏安8小时UPS机2台。计算机机房由单间10余平方米。经历数次改扩建后，拥有功能区域划分合理的现代化中心机房面积近180平方米。建设和投入使用的金融城域网、内联网，将人行丽水市中心支行与全国人民银行所有分支行、全市各家金融机构联网，成为文件传输、办公自动化、资金清算、数据通信等网络应用的整体。计算机在数据处理、信息传递、办公自动化等工作中扮演不可缺少的角色，现代管理水平有很大的提高。

计算机网络与应用

1996年，中国人民银行丽水地区分行开通全国各省、市计算机联网通信，实现“网络到县”。1997年，人行丽水地区分行办公楼建设按照标准PDS布线设计大楼的局域网络，依照中国人民银行浙江省分行风联网建设规范要求，向当地电信部门申请一条64K的X.25线路，采用静态路由协议与人行浙江省分行、浙江省外汇管理局、域内8个县（市）支行连接。网络设备主要运用美国BAY公司产品。10月，建立金融城域网，将会计、国库、调统等业务通过电话MODEM拨号点对点通信移到网络上运行，实现与工、农、中、建各国有商业银行间的网络互联。

2000年，中国人民银行丽水市中心支行开通人行上海分行和杭州中心支行之间非保密公文传输系统；完成内联通信骨干网二期工程，实现人行丽水市中心支行与人行杭州中心支行之间帧中继公用数据网通信、X.25为备份，开通与浙江省外汇管理局的帧中继网络和会议电视通信通道。11月，实现推广应用电子联行到县和"国家金库综合业务系统"等业务软件。

2001年，在网络建设方面，构筑辖内光纤高速骨干通信网络，为辖内各项金融工作提供高速稳定的信息网络保证。率先采用大局域网，撤消县（市）支行的网络出口，节约费用20余万元；为下一步网络安全技术防范体系建设和各种应用系统运行奠定良好基础。根据人行与各金融机构信息交换量多的特点，利用现有城市网资源，开发并投入运行"金融机构电子邮件传输系统"，为金融业务的发展提供服务。1月，建成人民银行电视会议系统。2002年，完成推广人行总行版NORTON防病毒系统和计算机网络防火墙系统工程，确保人行丽水市中心支行计算机网络安全。

2003年，以网络建设与网络安全为重点，开展防非法入侵工程建设，构筑内联网安全防护屏障，有效地解除计算机黑客入侵威胁。实施"网络升级提速工程"，建成中国人民银行丽水市中心支行信息高速公路，内联网通信线路从帧中继技术过渡到SDH数字电路技术，至人行杭州中支的省域网线路升速到2M，实现内联网传输基础设施更新和完善。中国人民银行丽水市中心支行至各县（市）支行的通讯线路一条2M SDH电路的基础上又增加一条，两条线路互为备份，提高数据通信的稳定性。人行丽水市中心支行至辖内各商业银行间网络由帧中继技术过渡到SDH数字电路技术，建立高速城市金融网；实现"银税库"联网，便利银行、国税、国库间的数据传送。2004年，完成内联网升级扩容的二期工程，改善旧网存在的缺陷，提高数据传输速度，增强网络运行稳定性和安全性。2009年年末，完成中国人民银行丽水市中心支行到辖内各支行两条网络线路由2M SDH升级至10M MSTP，以满足日益发展的业务需求。

2011年，为消除人行丽水市中心支行市县网存在的单点故障隐患，进一步提高内联网运行的连续性、稳定性，将市县网中单台运行的交换机设备更换为双机热备份运行的路由器设备。2013年，人行丽水市中心支行完成内联网核心交换机升级项目，升级后核心交换机具备较强的可靠性和可扩展性，可适应不断增长的业务需求；服务器全面实现链路百兆到千兆的升级，大大提升服务器间的文件传输速率；本地客户端基本实现内联网局域网连接带宽由百兆到千兆的提升。

计算机软件开发与应用

办公自动化系统应用　1990年开始，人行丽水地区分行开始使用WPS和比特排版软件进行公文制作。1994年，运用Windows32操作系统，尝试使用Word32字处理软件和Excel32表格处理软件，随着Windows操作系统计算机的增多，Office97、Office2000办公软件逐步普及。2000年，中国人民银行统一推广基于IBM公司LOTUS NOTES技术的电子公文和电子邮件系统。2001年，在帧中继电路上，使用VTEL设备，建成电视电话会议系统。2003年，采用北京中软融信公司开发的C/S版OA系统，实现行内电子公文流转。2008年7月，自主开发电子设备管理系统，并在全省推广。2010

年，改版为B/S版，延伸至8个县（市）支行。原电子公文和电子邮件系统迁入办公网，业务网新建电子公文和电子邮件系统。

中央银行会计核算系统　从最初的DOS操作系统单机版本，逐步升级到1992年由中国人民银行浙江省分行推出XENIX操作系统的COBOL语言版。1998年，中国人民银行开发基于SCO Open serve5.0.5操作系统，使用Informix数据库开发的中央银行会计核算系统2.0版本；2001年，升级到5.0版。2002年，更换为使用前置机、服务器分离方式的会计“四集中”系统。2005年，上线运行中央银行会计集中核算系统（ABS）和大额支付系统。2006年，上线运行小额支付系统，ABS通过与大、小额支付系统连接，为金融机构提供清算服务，并办理中国人民银行内部资金汇划业务。2010年后，人行丽水市中心支行运用中国人民银行开发的全国数据集中的新版中央银行会计集中核算系统（ACS）。

全国电子联行系统　1994年3月，丽水地区作为第七批电子联行试运行的人民银行二级分行，开始电子联行试运行。全国电子联行应用系统从开始的基于XENIX操作系统EISll.0；1998年，更新到基于UNIX操作系统ORACLE数据库开发的EIS巧版。中国人民银行电子联行通过中心设立在北京的星形结构卫星通信网，实时传递业务数据。2001年，完成天地对接中转站的建设。2002年1月，完成丽水市商业银行、市农信社加入电子联行“天地对接”，实现卫星网与地面网连接，解决电子联行“天上三秒，地面三天”问题。11月，实现“会计核算、会计财务、会计档案、事后监督”四集中，会计“四集中”系统与“天地对接”系统对接运行。2005年，中央银行会计集中核算系统(ABS)上线运行后，电子联行系统停止运行。

国家金库会计核算系统　1992年，国家金库会计核算系统从初期的DOS操作系统单机版本，升级到由中国人民银行浙江省分行推出XENIX操作系统COBOL语言版。2001年7月，中国人民银行基于Windows NT操作系统Sybase数据库开发的国家金库会计核算系统（TBS）1.0版正式运行，在人行丽水市中心支行和辖内8个县（市）支行单独部署服务器。2003年，升级为2.0版。2005年，TBS接入大额支付系统；2006年，TBS接入小额支付系统。2010年5月，国家金库会计集中核算系统（TCBS）上线，停止运行中国人民银行丽水市中心支行和辖内8个县（市）支行服务器，数据集中到中国人民银行总行。

同城票据交换系统　1990年11月，丽水地区电子化同城票据清算系统上线。1995年，丽水地区开始运用由中国人民银行浙江省分行推广同城票据交换、清算系统，应用环境为XINIX操作系统的COBOL语言，采用操作员当场手工录入方式进行业务操作。之后，逐步采用由各参加票据交换单位使用计算机软盘提出交换数据的方式，减少操作工作强度。1997年，升级为由人行台州市分行基于UINX操作系统RM COBOL语言开发的版本，采用网络传输交换数据方式进行业务处理，缩短清算时间，提高工作效率。2008年6月，人行丽水市中心支行及所辖县（市）支行正式启用新版浙江省同城票据交换清算系统，票据信息由杭州金融清算中心集中处理。

信贷登记咨询系统　1999年5月，丽水地区推广中国人民银行信贷登记咨询系统，该系统在Windows NT操作系统下运行，使用Sybase数据库进行数据存储和处理，首次使用IBM的MQ中间件和清华紫光的MT中间件技术实现数据的稳定传输。2002年，中国人民银行总行委托人行杭州中支对该系统进行二次开发、完善。2005年，中国人民银行实施系统数据集中。2006年，全国统一的数据集中在中国人民银行总行的企业和个人征信系统建成，正式联网运行。

金融数据统计系统　金融数据统计系统最初使用DOS操作系统单机版本。1992年，升级到XENIX操作系统的COBOL语言版。1999年开始，人行丽水地区分行使用中国人民银行开发的基于

Windows NT 操作系统 SQL server 数据库和金融统计监测管理信息系统 2.4.0 版。之后，经过一系列版本升级。至 2006 年，中国人民银行实施金融统计数据全国集中，开发金融统计监测管理信息数据集中系统，2009 年 B/S 版的金融统计监测管理信息数据集中系统，并正式投入运行。

外汇管理系统 1989 年，丽水地区开始应用由国家外汇管理局推出在宝来 B25 系列计算机基础上开发和应用的各类应用软件。1999 年，外汇管理系统的所有计算机设备改为 PC 服务器和微机，应用系统大量使用 UNIX 操作系统、Windows 操作系统和 Sybase 数据库。业务系统主要有出口电子口岸、进口监管系统、经常项目外汇业务管理系统、境内居民个人因私购汇管理系统、外债监测系统、外商投资企业外汇管理系统、国际收支系统、出口监管系统等软件。2004 年，国家外汇管理局开始数据集中，逐步取消各分支局 PC 服务器，建设采用 B/S 结构的全国数据集中应用系统。至 2009 年末，中国人民银行丽水市中心支行基本完成数据集中工作程序与操作。

丽水市农户信用信息系统 2009 年，人行丽水市中心支行组织开发丽水市农户信用信息系统，系统分为六大模块，分别为机构与用户管理模块、农户信息录入模块、农户信息管理模块、农户信用信息查询模块、计费模块、后台管理模块。该系统初期采用 ASP 服务端编程语言来实现系统的功能，后台数据库采用 Microsoft SQL SERVER 2000 企业版。使用 Windows Server 2003 作为服务器操作系统，利用自带 IIS6.0 架设站点平台。2011 年，业务部门提出新的需求，主要包括新增信贷与林权信息的批量导入、新增社区居民信息管理与查询、对农户档案的保存方式以及对农户信用评价的评价模型进行调整等几个方面。为解决新增需求，2011 年中国人民银行丽水市中心支行对丽水市农户信用信息系统进行二期开发，对原有功能模块在必要的情况下进行代码重构或优化，对新增功能进行全新开发，升级后系统沿用原有技术架构：部署在 IIS 环境下，采用 ASP、ASP.NET+SQL Server 2008 环境开发。随着农户信用信息系统的上线，数据异地灾备工作刻不容缓。2014 年下半年以来，中国人民银行丽水市中心支行依托内联网，选取辖内龙泉市支行机房作为异地备份地，采用 DELL 一体化备份保护解决方案，建成了农户数据异地备份系统。异地备份系统的部署大大提高了农户系统的可用性和数据安全性，通过灵活的还原功能，实现了农户系统数据备份、容灾、应急系统一体化。截至 2015 年 3 月，丽水市农户信用信息系统已登记了 46.7 万农户、79.6 万成员的基本信息，归集了 311.7 万条农户资产信息、170 万条信贷担保信息，记录 743 万条各类日志信息，查询信用报告 18 万份，数据库总容量 21.8GB。

第二章 丽水农村金融改革

丽水农村金融改革是自下而上先行基层探索，获批成为全国性的农村金融改革试点项目。2012 年 3 月 30 日，中国人民银行与浙江省人民政府联合发文批复，确定丽水市为全国农村金融改革试点地区。丽水市成为国内首个以“行省共建”模式实施农村金融改革试点地区，助推乡村振兴，促进农业变强、农村变美、农民致富，丽水农村金融改革是向着产业兴旺、生态宜居、乡风文明、治理有效、生活富裕目标迈进的富农策略。丽水农村金融改革试点的成功，规范和深化了农村金融的体制机制创新，更加适应社会发展和当地的经济格局，也为全国的农村金融改革提供“丽水经验”。

第一节　先行先试

2006 年，丽水市开始组织实施以破解农村抵押担保物缺失问题为目标、以林权抵押贷款为重点的“信贷支农”工程，以破解银农信息不对称问题为目标、以农村信用体系建设为重点的“信用惠农”工程，以破解农民取现难问题为目标、以助农取款服务为重点的“支付便农”工程，有效破解了金融支农瓶颈，为改革试点奠定了基础。2009 年 4 月，人民银行总行联合国家林业局等 5 个部委在丽召开全国金融支持集体林权改革和林业发展现场会，推广丽水经验。2010 年 8 月，人民银行总行牵头 22 个部委在丽召开全国农村信用体系建设工作现场交流会，“丽水模式”逐渐走出全省、推向全国。

信贷支农工程

以林权抵押贷款为重点。2006 年 10 月 9 日，中共丽水市委、丽水市政府印发《关于推进森林资源流转工作的意见》，要求组建林权管理中心、森林资源资产收储中心、林权交易中心，并开展森林资源资产调查评价服务。

2007 年，丽水市政府在全市 9 个县（市、区）设立林权管理中心、森林资源资产收储中心、林权交易中心和森林资源资产调查评价机构“三中心一机构”，作为林权抵押贷款前置配套基础设施。2007 年 3 月 28 日，丽水市首家林权管理中心——莲都区林权管理中心挂牌成立。

林权管理中心，主要负责林权确认、林权初始登记、林权变更登记、林权抵押贷款登记备案，办理森林、林木和林地流转招标拍卖挂牌审查及合同备案，做好林权流转法律、法规和政策咨询服务等。

森林资源资产收储中心，主要负责森林资源资产的收储管理工作，对可以依法流转的森林、林木的所有权或者使用权和林地的使用权非竞争性地进行收购并依法出让；并设立林权担保基金，为林权抵押贷款提供担保，分散林权抵押贷款风险。

林权交易中心，主要负责及时收集和发布林权流转交易供求情况、林权抵押、市场交易行情等相关信息，组织森林、林木和林地流转招标挂牌拍卖等交易，做好信息系统维护等。

森林资源资产调查评价机构，主要提供森林流转及相关林业中介有偿服务，实现企业化经营。

2007 年 3 月 1 日，中国人民银行丽水市中心支行、丽水市林业局联合印发《丽水市森林资源资产抵押贷款管理暂行办法》，推出林农小额循环贷款、林权直接抵押贷款、森林资源资产收储中心担保贷款 3 种林权抵押贷款模式。4 月 11 日，丽水市首笔林权抵押贷款在庆元县隆宫乡正式发放，金额 40 万元。

2007—2008 年，经过近两年的全面推进林权抵押贷款后，丽水林权抵押贷款制度逐步完善、产品种类逐步健全、金融机构参与面不断提高、业务量持续增加，形成较为成熟的模式和经验，得到各级机构和领导的充分认可。

2008 年 8 月 12 日，丽水市人民政府印发《关于加快金融业改革发展的若干意见》，建立林权抵押贷款贴息政策，规定“利率上浮幅度原则上不超过 50%，市区对利率优惠部分给予 50%的财政贴息；对低收入农户小额贷款和 2 万元以下的林权抵押贷款执行基准利率，市区给予基准利率 50%的财政贴息”。

2009 年 4 月，中国人民银行联合财政部、银监会、保监会、国家林业局，在龙泉市召开全国金融支持集体林权制度改革与林业发展现场会，并在会上现场讨论通过《关于做好集体林权制度改革与林业发展金融服务工作的指导意见》（简称《指导意见》）。6 月，正式印发《指导意见》文件，为全国全面开展林权抵押贷款提供制度的顶层设计和政策指导，丽水的林权抵押贷款经验向全国推广。8 月，中国人民银行行长周小川到丽水调研指导金融工作，充分肯定丽水林权抵押贷款、农村信用体系建设创新工作所取得的成绩。

信用惠农工程

以农村信用体系建设为重点。2009 年 3 月 9 日，丽水市财税金融工作暨农村金融改革动员大会召开，标志着丽水市农村信用体系建设全面铺开。由人行丽水市中心支行牵头，丽水市抽调乡镇（村）干部、大学生村官、村民代表和金融机构信贷人员 1.7 万人，组成信息采集小组 3453 个，开展地毯式农户信用信息采集和信用等级评价工作，全市全面完成行政村农户信用等级评价。

人行丽水市中心支行启动“丽水市农户信用信息系统”开发，并于 2009 年 7 月完成系统一期上线，2012 年 4 月完成系统二期上线。

2010 年 2 月 21 日，丽水市信用体系建设领导小组发布《关于授予双黄乡等十三个乡（镇）为“信用乡（镇）”荣誉称号的决定》，双黄乡等 13 个乡（镇、街道）为“市级信用乡（镇、街道）”。7 月 9 日，中共丽水市委办公室印发《中共丽水市委办公室 丽水市人民政府办公室关于印发〈进一步深化农村信用体系建设的工作意见〉的通知》，明确进一步扩大信用户评价面，深入开展信用户、信用村、信用乡（镇）评价工作。9 月 13 日，丽水市农村信用体系建设领导小组和中国人民银行丽水市中心支行联合印发《关于印发〈丽水市农户信用等级评价办法〉的通知》，对信用农户、信用村、信用（乡）镇的各类评价规则、评分标准、授信管理和优惠政策进一步明确。

2010 年 8 月，中国人民银行总行牵头 22 个国家部门，在丽水市召开全国农村信用体系建设工作现场交流会。“丽水模式”为全国农村金融改革工作积累经验，使农村信用体系建设走出全省，推向全国。9 月 28 日，人行杭州中心支行办公室印发《关于推广“丽水模式”进一步深化全省农村信用体系建设工作的通知》，在浙江省全面推广农村信用体系建设的“丽水模式”。

2011 年 4 月 27 日，共青团丽水市委和人行丽水市中心支行联合印发《关于开展丽水市农村青年信用示范户试点工作的实施意见》，在信用农户评价的基础上，开展丽水市农村青年信用户的评定工作，为农村青年干事创业提供金融支撑。5 月，“丽水市农户信用信息系统”项目在中国人民银行（总行）科技工作电视电话会议上作经验交流。12 月 21 日，人行杭州中心支行办公室印发《关于同意授予云和县“信用县”称号的批复》，授予丽水市云和县“信用县”称号。云和县成为丽水市辖内第一个“信用县”。

2012 年，人行丽水市中心支行联合丽水市农业局、丽水市供销社，开始推进丽水市农民专业合作社、家庭农场等农村经济组织的信用信息采集与信用等级评价工作，提升农村地区信用信息共享水平。

附录:丽水市农户信用信息系统建设情况

2009年7月,丽水市农户信用信息数据库系统(一期)上线。至2009年12月,全辖累计录入农户信息96806户,相关成员基础公民身份信息30余万条;其中,通过系统产生A级信用户77056个,AA级信用户3872个、AAA级信用户13220个,记录用户访问、农户信息变更及信用报告查询等日志记录134余万条。丽水市农户信用信息系统立项背景:一期系统模式下,农户"林权信息"更新依靠上门采集、手工录入的方式进行更新,效率低、准确不高、实时性不强;中国人民银行丽水市中心支行以"林权信息"的更新为切入点;多次走访各级林业部门开展摸底调研与协调工作;在市政府的大力支持与相关部门的紧密配合下,制定《丽水市农户系统林权数据接口规范》(以下简称"《接口规范》"),并自主完成"农户信用信息系统'林权信息批量采集'"项目开发。

2011年3月,丽水市农户信用信息系统(二期)立项,主要定位是开发林权信息和信贷信息批量采集功能和社区居民管理功能。12月,丽水市农户系统林权信息批量采集模块上线。2012年4月,丽水市农户信用信息系统(二期)通过验收。二期项目的农户数据库新增:农户身份证号、姓名、林权证编号、林权证字号、山场代码、山场名称、主要品种、山林面积、蓄积量、评估价格、评估时间、抵押登记情况、备注等指标10余项,林权信息20万余条;按一人上门采集一条信息需要5分钟,录入数据库需要1分钟计算,每天不间断工作8小时计算,相当于替代2500个工作量(人天)。随着林业部门日常业务的展开,全市农户"林权信息"不断地被更新到农户数据库中,二期项目上线大大提高信息采集效率、准确性、实时性及权威性。

支付便农工程

以助农取款服务为重点。2010年,人行丽水市中心支行为解决农村地区普遍存在的小额取现难问题,向中国人民银行总行申请开展银行卡助农取款服务试点工作。"银行卡助农取款服务"是指在农村地区选择具有一定经济实力、信誉良好的便民超市或便利商店作为银行卡助农取款服务点,安装专用POS机终端,为借记卡持卡人提供账户余额和小额取款服务业务。7月5日,中国人民银行总行支付结算司印发《关于杭州中心支行开展银行卡助农取款服务试点事宜的批复》,同意在浙江省丽水市开展试点工作。同月,丽水市人民政府成立银行卡助农取款服务工作领导小组,丽水市常务副市长沈仁康任组长,丽水市政府副秘书长翁争鸣、人行丽水市中心支行行长孔祖根任副组长,市委宣传部、邮储银行丽水市分行、农信联社丽水办事处、农行丽水分行、市农办、市财政局、市经贸委、市人劳社保局、市农业局、市林业局、市民政局、市卫生局、市工商局、市邮政局、中国电信丽水分公司、人行丽水市中心支行等部门分管领导任成员。领导小组下设协调机构,办公室设在人行丽水市中心支行。

同年8月9日,丽水市人民政府办公室向各县(市、区)人民政府、市政府直属各单位转发《人行丽水中心支行关于开展"银行卡助农取款服务"进一步改善农村金融服务工作实施意见的通知》。8月11—13日,人行丽水市中心支行在景宁召开丽水市银行卡助农取款服务工作推进会,举行试点工作揭牌仪式。

同年8月13日,人行丽水市中心支行印发《丽水市"银行卡助农取款服务"工作指导意见》,规定承办"银行卡助农取款服务"承办银行需经人民银行丽水市中心支行批准,按照先试点后推广的原则,由承办银行以行政村为单位安装小额取现POS机,每卡每日提现不得超过500元,每周提现原则上不超过3次。11月25日,中共丽水市委办公室、丽水市人民政府办公室在景宁县召开全市"银行卡助农取款服务"工作推进会。

2011 年 2 月 28 日，人行杭州中心支行印发《关于在浙江省无固定金融服务网点地区推广银行卡助农取款服务的指导意见》，将“银行卡助农取款服务”业务在全省推广。4 月 1 日，丽水市人民政府办公室印发《关于下达丽水市“银行卡助农取款服务”布点任务的通知》，要求各县（市、区）政府统筹安排专项资金，用于工作的经费补助；6 月末，实现服务点全覆盖，全市布放服务点目标任务为 2003 个。各县（市、区）政府均印发相应的配套政策。6 月 29 日，浙江省副省长葛慧君对银行卡助农取款服务作批示：“‘银行卡助农取款服务’打通了惠农补助的‘最后一公里’，很有意义，望不断扩大覆盖面，更好地方便群众。”

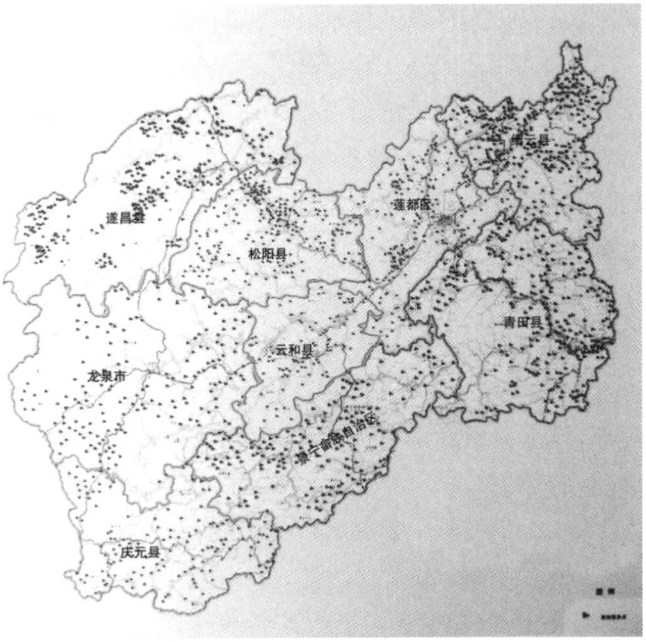

丽水市“银行卡助农取款服务点”分布图

7 月 11 日，中国人民银行总行印发《关于推广银行卡助农取款服务的通知》，将“银行卡助农取款服务”业务在全国推广。

同年 8 月末，行政村开办业务 2114 个，实现银行卡助农取款服务业务在丽水市农村全覆盖。“银行卡助农取款服务”工作荣获 2011 年“浙江省十大民生工程”提名奖。同月，丽水市人民政府办公室在全市开展“银行卡助农取款服务”工作督查，通过督查推进工作开展。8 月 17 日，中国人民银行总行副行长刘士余对人行丽水市中心支行专报材料《丽水市“银行卡助农取款服务”实现农村全覆盖》进行批示：“请丽水中支继续将该项工作务实推进，深入观察，完善办法与制度，总结方法与经验，以利推广。同时，请支付司商时报社宣传报道，推动全国工作。”

第二节　改革试点

2011 年 4 月，丽水市通过浙江省政府向中国人民银行总行申报全国农村金融改革综合试验区。中国人民银行认为，经信贷支农、信用惠农、支付便农三大金融创新实践，丽水已具备开展农村金融改革试点的各项有利条件，通过先行先试，形成代表欠发达山区农村的“丽水样本”，将为全省乃至全国农村金融改革提供有益经验。2012 年 3 月 30 日，人行总行与浙江省政府联合印发《关于在浙江省丽水市开展农村金融改革试点工作的通知》，同意实施《丽水市农村金融改革试点总体方案》（以下简称《试点方案》）。决定在丽水开展农村金融改革试点工作。

改革试点方案

方案内容　明确丽水市农村金融改革试点围绕“创新农村金融组织体系、丰富农村金融产品体系、强化金融惠农政策体系、健全农村金融市场体系、完善农村金融信用体系、搭建金融服务平台体系、改进农村支付服务体系、优化农村金融生态体系”八个方面，开展先行先试。

试点模式　采取中国人民银行和浙江省政府“行省共建”模式在丽水市开展农村金融改革试点工作，中国人民银行杭州中心支行和丽水市人民政府负责推动落实有关工作。

指导思想和目标　丽水农村金融改革着力于解决“三农”需求大、融资难、城乡差距大、普惠难的“两大两难”问题，努力建成全国农村金融改革的先行区、金融创新的示范区、金融发展的繁荣区、金融生态的优质区、金融运行的安全区。

附录：丽水市农村金融改革试点总体方案

为深入贯彻落实党的十七届三中全会、中央农村工作会议和《中共中央国务院关于加大统筹城乡发展力度进一步夯实农业农村发展基础的若干意见》精神，推进浙江省丽水市农村金融改革创新试点，探索农村金融服务的新途径和新模式，发挥农村金融在现代农村经济中的核心作用，有效促进“三农”发展，推动社会主义新农村建设，特制定本方案。

一、指导思想和基本原则

（一）指导思想。

以邓小平理论和“三个代表”重要思想为指导，深入贯彻落实科学发展观，坚持先行先试，全面推进农村金融改革创新，完善现代农村金融制度，为广大山区探索出一条可持续、可复制、城乡金融服务均等化的“普惠型”农村金融发展之路，着力破解农村金融服务难题，促进农业增效、农村发展、农民增收。

（二）基本原则。

强化指导，一事一报。坚持在中国人民银行的领导下，按照经批准的改革规划方案分步实施改革，先易后难，稳步推进。对改革过程中有重大政策突破的事项实行“一事一报”，经批准后实施。

统筹规划，通力合作。坚持在浙江省人民政府的统一指导下，由丽水市委、市政府统筹协调，制定并上报改革规划，明确短期、中期和远期的发展目标和主要任务，注重财税政策、货币信贷政策、监管政策、产业政策等之间的协调配套。加大各相关部门之间的协作力度，调动和激发金融机构和相关部门参与农村金融改革创新，引导更多经济金融资源投向“三农”。

因地制宜，务实创新。坚持从实效出发，根据当前农村经济社会发展形势和当地“三农”金融需求，积极探索创新更高效、更便捷、更实惠、可持续的农村金融产品与服务方式，为农村和农民多干实事、多办好事。

市场运作，风险可控。坚持市场化和政策性扶持相结合，以市场化为导向，以政策扶持为支撑，健全和完善正向激励机制。在现有法律政策框架下，审慎稳健地推进农村金融改革创新，落实合理分散风险的措施，科学防范金融风险。

二、总体目标

通过实施农村金融改革创新，率先完善资本充足、功能健全、服务完善、运行安全的现代农村金融制度，加快建立一个多层次、低成本、广覆盖、适度竞争、商业运作的现代农村金融服务体系，到“十二五”末期，努力建成全国农村金融改革的先行区、金融创新的示范区、金融发展的繁荣区、金融生态的优质区、金融运行的安全区。

三、改革思路

（一）鼓励竞争，扶优助强，创新农村金融组织体系。

通过盘活存量、做好增量、加大竞争等手段，加快构建多层次、多形式的农村金融服务组织体系，破解城乡金融“二元化”困境。深化农村信用社改革，增强资本实力，完善法人治理结构，坚持县域法人地位长期稳定和为“三农”服务的经营方向；推动中国农业银行和中国邮政储蓄银行在丽水市开展支农金融服务创新，引导现有各金融机构拓展涉农业务范围、加大支农力度；加快发展村镇银行、小额贷款公司、农村资金互助社等新型农村金融机构或组织。积极引导社会资本和民间资本进入金融领域，鼓励有条件的地方以县(市、区)为单位建立社区银行、融资租赁公司、典当行等适合丽水区域经济发展需求的各类中小型金融机构和组织。

(二)因地制宜，创新模式，丰富农村金融产品体系。

鼓励金融机构突破传统理念，因地制宜、灵活多样地创新信用模式和扩大贷款抵质押担保物范围，积极引进和推广国内外成熟的小额贷款技术，扩大贷款覆盖面，提高贷款满足率，构建起小额信用贷款、抵押担保贷款、担保机构保证贷款“三位一体”的农村信贷产品体系。一是充分运用农村信用体系建设成果，探索开展信用农户授信与银行卡授信相结合的小额信贷产品。二是探索扩大以林权、大型农机具等涉农物权为抵押的金融支农信贷产品。三是创新银保合作信贷产品，探索发展涉农保险保单质押贷款、涉农贷款保证保险业务和农村小额人身保险保单抵押贷款等业务品种。四是开发促进农业产业化经营的信贷模式，探索发展“公司+农户”“公司+中介组织+农户”“公司+专业市场+农户”等新型信贷模式，发挥农业产业化经营的辐射拉动作用。五是根据农业生产和农业资金需求的季节性特点，发展农产品“产、供、销”一体化的金融供应链信贷产品。

(三)注重服务，兼顾补偿，强化金融惠农政策体系。

加大对丽水市农村金融发展的政策引导，提高管理和服务的有效性，营造先行先试的金融政策环境。加强信贷、产业、财税、投资政策的协调配合，综合运用支农再贷款、再贴现、差别准备金动态调整等货币政策工具和财政贴息、税收优惠、差别税率、先税后补等财税政策工具，发挥各项政策在推动农村金融改革试点中的协同效应，提高金融资源配置效率。进一步完善小企业贷款和农业贷款风险补偿机制，强化金融支持“三农”和小企业的正向激励机制。努力争取国家财政资金支持扩大农业保险覆盖面，研究建立大灾风险准备金，完善农业大灾风险分散机制。

(四)加强整合，拓展渠道，健全农村金融市场体系。

综合运用信贷、证券、保险、信托、担保等金融资源，提升直接融资所占比重，完善多层次金融市场体系。一是积极培育优质农业企业、农业产业化经营大户等规模化农业经营实体，推荐其到中小企业板和创业板进行上市融资。二是大力支持符合条件的优质涉农企业发行短期融资券、中小企业集合票据、中小企业集合债等非金融企业债务融资工具。三是探索开展农村小额人身保险和小额贷款信用保证保险试点，发展具有地方特色的农产品保险品种。四是遵循“政府引导、民间参与、市场运作”的基本原则，积极发展信托、股权投资基金，在国家政策允许范围规范各类农村投融资平台建设，引导社会资本积极参与“三农”经济发展。

(五)统筹城乡，四级联创，完善农村金融信用体系。

以完善信用评价、规范信息管理、扩大成果运用、优化信用环境为目标，深化农村信用体系建设，稳步开展社区居民、中小企业信用等级评价工作，构建“农户、居民、企业”三位一体的信用信息数据库，全面推进城乡一体化的社会信用体系建设。一是坚持依法合规、遵循自愿的原则，全面开展农户、农村企业、农村经济组织等涉农主体的信用信息采集工作，加大非银行信用信息的采集力度，促进工商、税务、法院、社保、质检、公用事业等部门社会信用信息的依法共享。二是统筹兼顾金融机构信贷管理的实用性、涉农主体信息采集的可操作性和人民银行征信系统的兼容性和互补性，通过政府、银行、涉农主体“三联手”，实行资产评估、信用等级评价、授信额度评定“三联评”，推动信用贷款、抵押贷款、联保贷款“三联动”，建立起农村信用信息采集和评价系统的成果运用机制。三是广泛开展信用县（市、区）、信用乡（镇）、信用村、信用户的“四级联创”，营造诚实守信的良好社会风尚。

（六）注重配套，加大支撑，搭建金融服务平台体系。

针对县域农村金融服务中介缺位的实际，积极构建配套完善、支撑有效、服务优良的农村金融综合配套服务平台。一是积极借鉴集体林权抵押贷款的成功经验，在现有的法律框架内，创新构建多层次的所有权、用益物权、担保物权的评估、交易、处置平台，进一步拓宽农村融资抵押物范围，有效破解农村“贷款难、难贷款”的抵押物瓶颈困局。二是推进多元化的农村融资担保体系建设，鼓励有条件的地方设立涉农担保基金或涉农担保公司，完善担保和再担保相结合的风险分担机制。三是积极搭建政银农合作平台，通过加强市县两级金融服务中心建设、召开政银农座谈会、项目对接会等形式，推进金融机构与专业合作社、规模化经营实体、农户等多层次的广泛合作。

（七）积极创新，突出便利，改进农村支付服务体系。

依托现代通信和网络信息技术，进一步完善银行机构网点、鼓励支付机构在农村地区提供支付服务，优化支付服务环境，为农村地区提供低成本的存取款、转账等基础性金融服务，着力缓解传统农村金融服务高成本与金融机构固定网点人员不足的困难。加大支票、汇票、本票、银行卡等非现金支付工具在农村地区的推广应用力度。鼓励移动电话支付、固定电话支付、互联网支付等新兴电子支付业务创新和应用，以全市行政村“银行卡助农取款服务点”和市县两级金融服务中心为依托，延伸便民服务通道，推进金融基础服务村村通。

（八）政府引导，加强协调，优化农村金融生态体系。

扶持和培育农村金融需求主体，积极改善民间投资外部环境，加强金融债权司法保护，引导民间借贷规范发展，维护良好的金融运行秩序。加快推进农业产业化进程，加大产业化投入，支持农民自愿合作，发展各种类型的农民专业合作经济组织。注重对民间投资者权益的法律保护，维护公平、公正、公开的市场投资环境。依法打击逃废金融债务行为、骗保骗赔行为、银行卡犯罪等金融犯罪活动，大力打击非法集资、地下钱庄、信用卡套现、地下保单、非法外汇。进一步加强对农村金融工作的党政领导，将农村金融改革发展列入各级政府年度考核体系。在全市中小学开设金融知识教育地方课程，在地方高校组建“农村金融改革发展研究中心”，加大金融知识教育普及力度。

四、保障措施

（一）加强组织领导。为有效推动改革的顺利实施，成立专家咨询委员会，邀请中国人民银行、浙江省人民政府及有关单位的专家学者组成，提供强有力的智力支持。同时，成立由丽水市委、市政府和中国人民银行杭州中心支行等主要领导为正、副组长，中国人民银行丽水市中心支行、市农办、金融办、发展改革委、经信委、财政局、丽水银监分局等部门主要负责人为成员的农村金融改革试点工作领导小组，并在中国人民银行丽水市中心支行设立领导小组办公室，作为常设性机构给予人员编制和经费保障，以切实加强对改革试点工作的组织领导和协调推进。

（二）加强规划实施。根据批准的总体方案，组织力量，深入开展调研，广泛进行论证，围绕农村金融改革的“八大体系”制定改革创新发展规划。在坚持“八大体系”共同推进与发展的前提下，制定并明确年度工作任务，并对发展规划落实情况进行评估、验收，保证改革试点工作的深入开展。

（三）加强宣传发动。充分运用各种媒体加大宣传力度，统一有关各方思想，激发各创建主体参与积极性和社会关注度，为农村金融改革试点推进工作营造良好氛围。

（四）加强督促考核。将规划的制定落实工作纳入各级政府和各相关部门的考核体系，加强各金融机构及相关部门的协同配合，落实督查考核措施，举全市之力统筹推进农村金融改革创新，实现农村金融与"三农"经济的互动和谐发展。

改革试点组织领导

建立国家、省、市、县四级联动的改革试点工作推进机制。

浙江省丽水市农村金融改革试点工作领导小组　2013年4月3日，浙江省人民政府办公厅和中国人民银行办公厅联合印发《关于成立浙江省丽水市农村金融改革试点工作领导小组的通知》，联合成立丽水农村金融改革试点工作领导小组，中国人民银行总行副行长和浙江省人民政府分管金融工作副省长共同担任组长。中国人民银行总行办公厅、研究局负责人，浙江省农办、金融办负责人，丽水市市长共同担任副组长。中国人民银行总行货币政策司、金融市场司、金融稳定局、支付结算司、征信管理局，中共浙江省委宣传部、省经信委、省农业厅、省财政厅、省水利厅、省林业厅、省法制办、中国人民银行杭州中心支行、省银监局、省证监局、省保监局等部门负责人，丽水市政府常务副市长、副市长为领导小组成员单位成员。设立领导小组办公室和6个协调推进组，每年定期召开领导小组成员会议。

同年6月24日，浙江省政府在丽水市召开丽水市农村金融改革试点工作领导小组第一次会议。会议听取丽水市市长黄志平关于丽水农村金融改革进展情况、下阶段思路、推进中的难点及需要上级给予进一步支持的建议等方面的汇报。

2014年3月17日，浙江省丽水市农村金融改革试点工作领导小组第二次会议在杭州召开。会议听取领导小组副组长、丽水市市长黄志平关于丽水农村金融改革进展情况、2014年改革思路、需要上级给予进一步支持的建议等方面的汇报，并对《2014年推进丽水农村金融改革工作要点》征求意见。

2015年5月19日，浙江省丽水市农村金融改革试点工作领导小组第三次会议在杭州召开。会议听取领导小组副组长、中共丽水市委副书记、丽水市市长黄志平关于丽水农村金融改革进展情况、2015年改革思路、需要上级给予进一步支持的建议等方面的汇报，并对《2015年推进丽水农村金融改革工作要点》征求意见。

浙江省政府及中国人民银行总行、人行杭州中心支行多次组织召开专题会议，研究部署丽水农村金融改革试点工作。2015年1月29日上午，中国人民银行总行在北京召开丽水农村金融改革专题会议，潘功胜副行长听取丽水市政府关于农村金融改革进展情况的汇报，并研究部署新年推进工作。7月3日，中国人民银行总行、世界银行集团国际金融公司、西南财经大学在人行杭州中心支行召开丽水农村金融改革会议，专题讨论丽水农村金融改革成效第三方评估、与国际金融公司项目合作两个议题。7月22日，中国人民银行总行在北京召开丽水农村金融改革专题会议，潘功胜副行长听取丽水市政府关于农村金融改革进展情况汇报，并就丽水纳入全国"两权"抵押贷款试点进行专题研究指导。12月28日，人行杭州中心支行召开丽水农村金融改革专题会议，听取丽水市政府关于农村金融改革试点工作进展情况及下阶段工作思路汇报。

丽水市农村金融改革试点工作领导小组　2012年6月12日，中共丽水市委办公室、丽水市人民政府办公室印发《关于成立丽水市农村金融改革试点工作领导小组的通知》，决定由市委、市政府和省、市人民银行主要负责人担任正、副组长，市委农办、市委政研室、市委组织部、市委宣传部、市发改委、市经信委、市教育局、市财政局、市人力社保局、市水利局、市农业局、市商务局、市林业局、市工商局、丽水学院、市国税局、市工行、市农行、市中行、市建行、市农发行、丽水农信办、市交行、浦发银行丽水支行、中信银行丽水分行、浙商银行丽水分行、邮储银行丽水市分行、泰隆商业银行丽水分行、稠州商业银行丽水分行、人保财险丽水市分公司、中国人寿丽水分公司等31个部门和机构负责人为成员，领导小组办公室以人行丽水市中心支行作为常设性机构具体负责协调、推进改革试点工作，由人行丽水市中心支行行长兼任办公室主任。

2013年3月8日，丽水市政府召开农村金融改革试点工作领导小组成员扩大会议，总结和部署农村金融改革试点工作。市委常委、常务副市长、改革试点工作领导小组常务副组长陈瑞商出席会议并讲话，副市长徐子福主持会议。6月21日，丽水市机构编制委员会印发《关于同意设立丽水市农村金融改革试点工作领导小组办公室的批复》。

2014年4月28日，丽水市政府召开全市农村金融改革试点工作领导小组会议。2015年9月16日，丽水市委、市政府召开农村金融改革试点工作领导小组成员扩大会议，总结改革试点工作成果，全面部署下阶段农村金融改革工作。市委书记王永康参加会议并作重要讲话，市委副书记、市长黄志平主持会议。

全市各县（市）成立组织机构　2012年7月22日，龙泉市成立农村金融改革试点工作领导小组。7月26日，缙云县成立农村金融改革试点工作领导小组。8月20日，庆元县成立农村金融改革试点工作领导小组。9月19日，青田县成立农村金融改革试点工作领导小组。9月21日，遂昌县成立农村金融改革试点工作领导小组。10月18日，云和县成立农村金融改革试点工作领导小组。11月6日，松阳县成立农村金融改革试点工作领导小组。11月19日，景宁畲族自治县成立农村金融改革试点工作领导小组。

试点启动

2012年5月17日，丽水市委、市政府举行推进农村金融改革试点工作动员大会，全面启动和部署农村金融改革试点工作。

完善督查考核机制　2012年开始，丽水市将农村金融改革试点工作纳入市委、市政府对各县（市、区）的年度综合考核内容。逐步建立覆盖县（市、区）政府、人行县支行、金融机构的考核评价体系，常态化开展按月督查和按季点评。

编制改革试点规划　2013年5月，完成《丽水农村金融改革试点五年规划（2013—2017年）》。

第三节　创新举措

农村产权融资体系创新

建立包含林权、农民住房财产权、农村土地流转经营权、生态公益林补偿收益权、林地经营权、水利工程产权、村集体经济组织股权、茶园等农村产权的抵（质）押贷款服务体系。

农村产权贷款产品　解决农村地区有效抵押担保物不足的难题，加快金融产品集成创新。丽水市在成功总结林权抵押贷款经验基础上，结合区域实际和特色，进一步创新和开发一系列农村产权贷款产品，如林地地役收益权、河道经营权等，基本实现农村基本产权全部可抵押。

农房抵押贷款。2013 年 11 月 26 日，中共丽水市委办公室制定出台《关于进一步促进农村住房抵押贷款工作的实施意见》，全面推广农房抵押贷款工作。2014 年 6 月 19 日，丽水市首笔农房按揭抵押贷款在云和县发放。至 2015 年年末，丽水市农房抵押贷款余额 26.65 亿元。

农村土地流转经营权抵押贷款。2013 年 7 月，庆元发放首笔农村土地流转经营权抵押贷款，金额 100 万元。11 月 18 日，丽水市政府印发《丽水市农村土地流转经营权抵押贷款管理暂行办法》，针对土地承包经营权不能抵押的问题，将承包权与经营权分离，通过发放土地流转经营权证的形式，开展土地流转经营权抵押贷款。至 2015 年年末，土地承包经营权抵押贷款余额 4.04 亿元。

附录 1：龙泉、缙云、青田 3 个县（市）获批全国“两权”抵押贷款试点

2015 年 12 月 27 日，第十二届全国人民代表大会常务委员会第十八次会议，表决通过《关于授权国务院在北京市大兴区等 232 个试点县（市、区）、天津市蓟县等 59 个试点县（市、区）行政区域分别暂时调整实施有关法律规定的决定》，授权国务院在北京市大兴区等 232 个试点县（市、区）行政区域，暂时调整实施《中华人民共和国物权法》《中华人民共和国担保法》关于集体所有的耕地使用权不得抵押的规定；在天津市蓟县等 59 个试点县（市、区）行政区域暂时调整实施《中华人民共和国物权法》《中华人民共和国担保法》关于集体所有的宅基地使用权不得抵押的规定。调整在 2017 年 12 月 31 日前试行。浙江省龙泉市、缙云县入选农村承包土地的经营权抵押贷款试点县（市、区）名单，青田县入选农民住房财产权抵押贷款试点县（市、区）名单。

附录 2：邮政储蓄银行开办“美丽乡村”农房集聚按揭贷款

为支持政府新农村建设，为整村搬迁、下乡脱贫等集聚新区的购房农户提供按揭贷款服务，享受购买商品房同等待遇。2013 年，中国邮政储蓄银行丽水市分行作为系统内全国性唯一试点行，开展“农房集聚”按揭贷款试点。农户只需缴纳 30% 首付款，剩余 70% 房款均可按揭，无须额外担保、质押，凭购房合同、婚姻证明、户口本、身份证等凭证就能办理。至 2015 年年末，以云和县“大坪农民下山安置项目”为代表，邮储银行丽水市分行在云和、庆元、缙云、松阳 4 县有项目落地，授信总额 3.2 亿元，发放贷款 200 余笔，发放金额 3000 余万元，助力农民实现“进城梦”和“购房梦”。

林权抵押贷款。重点推出公益林补偿收益权质押贷款和林地经营权抵押贷款产品。公益林补偿收益质押贷款，起源于云和县。以“公益林未来补偿收益”为质押，解决农村生态公益林资源无法变现的问题，是丽水市农村金融改革又一创新成果。2014 年 7 月 22 日，龙泉市住龙镇人民政府代表所辖水塔村与万向信托正式签下公益林收益权信托计划合同《万向信托—绿色摇篮 1 号》，全国以林地为标的信托项目首单正式运行。2015 年 6 月 17 日，云和县在充分调研的基础上，召开云和县生态公益林未来补偿收益质押贷款启动仪式，并发放浙江省首批贷款。7 月 31 日，云和县人民政府印发《关于全面推进生态公益林未来补偿收益质押贷款工作的意见》，标志着生态公益林未来补偿贷款工作的全面推进。10 月，住龙镇水塔村林农徐肇福凭信托凭证从龙泉市农信联社领到贷款3万元。标志着龙泉市率先推出全国首笔以生态公益林林地为标的信托项目，意味着林农在每年领取生态公益林补偿金的基础上，实现信托融资“二次变现”，获取更多“生态红利”。11月24日，人行龙泉市支行、龙泉市林业局印发《龙泉市生态公益林补偿收益权质押贷款管理办法（试行）》。

林地经营权抵押贷款。为解决林业经营主体承包大宗林地后，因林地产权结构复杂、难以用流转得来的承包经营权实现抵押贷款的问题，2013年8月，龙泉市制定出台《龙泉市林地经营权流转证登记管理办法（试行）》，对林地流转登记的条件、程序以及流转双方的权利和义务等内容都作出明确规定，为承包经营主体凭“林地经营权流转证”向银行申请抵押贷款奠定基础。2014年11月5日，龙泉市民泰村镇银行发放浙江省首笔88万元林地经营权抵押贷款。

至2015年年末，丽水市各类林权抵押贷款余额48.48亿元，不良率仅为0.13%，低于全部贷款不良率2.29个百分点。

水利工程产权质押贷款　2014年，人行景宁县支行立足区域实际，指导景宁县农村信用合作联社制定《农村水利工程产权抵押贷款管理办法（试行）》，为加快构建现代农村产权制度，拓宽“三农”融资渠道，盘活农村水权奠定基础。7月10日，景宁畲族自治县澄照乡三石村经济合作社以该村天堂湖山塘资产作抵押，由景宁县农信联社向其提供农村水利工程产权抵押贷款100万元，期限为2年，景宁县水利局对该笔贷款进行抵押登记，是浙江省实行农村产权制度改革发放的首笔农村水利工程产权质押贷款。

农副产品仓单质押贷款　浙江省庆元县是世界香菇的发源地，拥有全国最大香菇市场。2007年，为拓宽辖内食用菌收储大户融资渠道，做强县域特色产业，庆元县信用联社创新开展香菇仓单质押贷款，是农副产品仓单质押贷款的雏形。2012年，庆元县辖内金融系统与县担保有限公司、浙江万成仓储有限公司三方签订农副产品仓单质押贷款合作意向书，正式推出农副产品仓单质押贷款。6月6日，庆元县发放丽水市首笔农副产品仓单质押贷款29万元。9月13日，庆元县农村商业银行印发《农副产品仓单质押贷款业务管理办法》。

村集体经济组织股权抵押贷款　2014年7月18日，云和县农村金融改革试点工作领导小组和云和县农村集体产权制度改革工作领导小组联合制订出台全省首个《农村股权质押贷款管理暂行办法》。7月25日，成功发放首笔贷款，金额20万元。8月1日，云和县农村金融改革试点工作领导小组制度出台《农村股权质押基金担保贷款办法》。至2015年年末，村集体组织股权抵押贷款余额69笔，金额809.5万元。

茶园抵押贷款　至2015年年末，松阳县茶园抵押贷款余额1.79亿元。

农村产权融资配套机制创新

丽水市农村产权融资创新的最大特色是建立农村产权确权、价值评估、交易流转、风险缓释、抵押物处置全链条配套机制。

农村产权确权颁证　2013年，丽水市人民政府办公室印发《关于加快农村土地承包经营权流转推进现代农（林、渔）业发展的意见》，在全市范围内全面推进农村土地承包经营权流转工作。丽水市农业局印发《丽水市农村土地流转经营权证登记管理办法（试行）》，就《农村土地流转经营权证》的登记管理工作提出系统规范。

2014，丽水市农村产权制度改革领导小组办公室印发《丽水市农村水利工程产权制度改革指导意见》，启动对山塘、小型水库工程产权制度改革。丽水市农村产权制度改革领导小组办公室印发《丽水市农村宅基地使用权改革指导意见》《丽水市农村集体土地范围内房屋登记工作指导意见》，全面推进农村宅基地使用权确权和农房所有权登记发证。丽水市住房和城乡建设局印发《丽水市集体土地范围内农村住房抵押权登记规定（试行）》，对莲都区农村住房抵押等登记工作提出了具体规定。丽水市农村产权制度改革领导小组办公室印发《丽水市农村土地承包经营权确权登记试点工作意见》，在庆元县淤上乡等地启动农村土地承包经营权确权登记试点工作。龙泉市人民政府印发《龙泉市林地经营权流转证登记管理办法》。

农村产权交易平台和价值评估机制　2014年4月8日，中共丽水市委、丽水市政府办公室联合印发《关于加快推进丽水市农村产权制度改革的实施意见》，为实现农村产权的便捷流转和合理估值，要求建立农村产权流转市场体系，搭建农村产权流转平台，培育城乡一体、开放规范的农村产权流转市场。6月26日，丽水市农发公司注资200万元，成立丽水市农村产权服务有限公司，成为开发丽水市农村产权交易平台，实行统一信息发布、统一交易规则、统一交易鉴证、统一网络操作、统一平台建设的“五统一”平台管理。丽水市在各乡镇建立农村产权交易经纪人队伍，为丽水农村产权抵押、流转、评估提供专业化服务。8月末，丽水市构建市、县、乡三级协作联动的农村产权交易服务体系，为全市各类农村产权流转交易提供极大便利。

风险缓释机制　丽水市农村产权融资过程中，推进风险缓释机制建设。2007年，建立林权收储中心之后，重点建设财政奖励和风险补偿金制度。

林权抵押贷款财政配套政策。2008年8月12日，丽水市人民政府印发《关于加快金融业改革发展的若干意见》，明确风险补偿金，要求建立林权抵押贷款风险补偿制度，市区对银行业金融机构发放的林权抵押贷款参照《浙江省银行业金融机构农业贷款风险补偿暂行办法》，给予风险补偿；各县（市）参照执行。2014年4月30日，中共丽水市委丽水市人民政府印发《关于全面深化农村改革加快促进农民增收的若干意见》中，明确财政奖励，对林权抵押贷款余额当年新增部分，市、县（市、区）财政分别按2.6‰和6.3‰的比例对金融机构进行奖励。

农房抵押贷款财政配套政策。2013年11月26日，中共丽水市委办公室、丽水市人民政府办公室印发《关于进一步促进农村住房抵押贷款工作的实施意见》，明确风险补偿金，各县（市、区）建立农村住房抵押贷款风险补偿基金，按上年度农村住房抵押贷款余额5‰的比例提取，用于对金融机构（担保机构）在抵押资产追偿后不足以弥补本金损失的贷款风险进行一定补偿。2014年4月30日，中共丽水市委、丽水市人民政府印发《关于全面深化农村改革加快促进农民增收的若干意见》中，明确财政奖励，对农房抵押贷款余额当年新增部分，市、县（市、区）财政各按2‰的比例对金融机构进行奖励。

农村土地流转经营权抵押贷款财政配套政策。2013年11月8日，丽水市人民政府办公室印发《关于印发〈丽水市农村土地流转经营权抵押贷款管理暂行办法〉的通知》，明确风险补偿金，各县（市、区）财政按本辖区上年度土地流转经营权抵押贷款余额5‰的比例逐年提取风险补偿资金，用于补偿分担自然灾害等不可抗力、抵押物处置期间农户权益保障及抵押土地经营权资产追偿后不足以弥补本金损失的贷款风险。2014年4月30日，中共丽水市委、丽水市人民政府印发《关于全面深化农村改革加快促进农民增收的若干意见》中，明确财政奖励，对土地流转经营权抵押贷款余额当年新增部分，市、县（市、区）财政各按2‰的比例对金融机构进行奖励。

抵押物处置机制　农村产权抵（质）押贷款抵（质）押品实现快速变现抵债，打通“三权”贷款落地屏障。2014年8月7日，丽水市中级人民法院印发《关于为推进农村“三权”抵押工作提供司法保障的试行意见》，明确在农村土地承包经营权、林权抵押案件执行中，在不改变原土地性质和用途的前提下，受让人可不限于承包地、林地所在的集体经济组织的成员；农民住房财产权抵押案件执行中，在不改变原土地性质和用途的前提下，受让人可为该房屋所在区域范围内的农村户籍人员。

城乡一体化信用体系建设

银行与农民信息不对称，导致银行“难贷款”、农民“贷款难”。人行丽水市中心支行围绕信用户、信用村、信用乡、信用县“四信”建设，深化城乡一体化信用体系建设，优化农村金融生态环境。

“四信”联动创建　2011年12月21日，云和县获批成为“信用县”。2012年5月18日，丽水市委、市政府在全市农村金融改革试点推进会上，为云和县创建成为浙江首个“信用县”举行授牌仪式，开启以“信用户、信用村（社区）、信用乡（镇、街道）、信用县（市、区）”“四信”建设为主要内容的“城乡一体化”信用体系建设工作。

2013年9月28日，丽水市信用体系建设领导小组发布《关于授予下仓村等四百三十个村（社区）“市级信用村（社区）”荣誉称号的决定》，莲都区下仓村等430个村（社区）成为丽水市首批“市级信用村”。

2014年2月7日，中国人民银行印发《关于加快小微企业和农村信用体系建设的意见》，将丽水市纳入全国农村信用体系建设实验区名单。12月16日，人行杭州市中心支行批复同意授予景宁畲族自治县“信用县”称号，成为丽水市第二个“信用县”。至2015年年末，丽水市已评定信用农户41.3万户；创建信用村（社区）905个、信用乡（镇、街道）38个、信用县2个。

农户信用信息服务平台共建共享　2015年12月7日，以降低农户信用信息采集成本、提高采集效率、提升信息共享水平为目标，人行丽水市中心支行正式启动农户信用信息管理系统升级项目，对农户信用信息管理系统进行全面升级，组建开发“丽水市信用信息服务平台”。升级后的“丽水市信用信息服务平台”将整合金融、建设、国土、农业、林业、水利、市场监督等多个部门信用信息，设置信息征集更新、信用评价应用、信用综合查询、风险监测预警、联合激励惩戒和数据统计分析等6大模块，采集信息来源更宽，更新频率更快，适用范围更广，能更好地解决农村金融市场信息不对称的问题。

农村信用体系建设成果运用　2014年起，依托农户信用信息管理系统，人行丽水市中心支行引导辖内金融机构，在丽水农村地区开展“整体批发、集中授信”业务。有序开展“四信”建设，不断优化农村地区信用环境，银行机构依托农户信用信息管理在农村地区以整体批发形式发放贷款，有效降低信贷成本，银行机构放贷积极性不断提升。至2015年年末，丽水市农户信用贷款余额34.42亿元，同比增速79.23%。

2015年1月22日，副省长朱从玖在全省“两会”期间，参加丽水代表团审议浙江省政府工作报告时表示“丽水的农村金融综合改革工作基础扎实，全国瞩目。其中，农村信用体系建设，更是一项意义重大的创新。这套体系，不仅是经济治理，还具有社会治理的功能。在确保食品安全问题上，丽水的农村信用体系建设，同样可以发挥巨大的作用。探索出这两项工作紧密结合的新模式，丽水就有可能为全省、全国走出一条新路子。”4 月 7 日，丽水市食品安全委员会办公室、人行丽水市中心支行联合印发《关于建立丽水市食安金融联合惩戒机制的通知》。6 月 15 日，丽水市食品安全委员会办公室，人民银行丽水市中心支行联合印发《关于下发丽水市食安金融联合信用工程操作规程的通知》，提升信用建设体系。

附录：邮政储蓄银行信用村镇小额贷款业务

为充分发挥丽水市农村信用体系建设成效，进一步加大信用评级成果在银行的运用。2014 年，中国邮政储蓄银行丽水市分行成立课题研究小组，深入农村，广泛开展调研。决定以中国人民银行建立的“农户信用体系评价系统”为基础，依据信用户评定等级开展授信，向总行提出信用村镇授信需求。2015 年 3 月 26 日，中国邮政储蓄银行总行批复同意丽水市分行开展信用村镇小额贷款业务试点（简称小额快捷贷），是系统内全国唯一的试点单位。小额快捷贷与政府部门建立的农村信用体系高度融合，以“农户信用信息系统”为依托，客户经理核实“农户信用报告”相关数据无误后，直接应用农户信用评级结果给予授信，采取一次授信、二年循环的方式，简化农户的办贷手续。85 分以上优秀信用户最高授信额度 30 万元，其中信用贷款最高额度 10 万元；70—85 分普通信用户，最高授信额度 20 万元，其中信用贷款最高额度 5 万元。至 2015 年年末，该行已发放小额快捷贷 2.12 亿元。以此为契机，该行加大“银村合作”力度，开展“整村授信”，为农村提供普遍性、批量化授信支持。至 2015 年年末，已建立“银村合作”村 174 个，授信额度 10.56 亿元，贷款结余 2.14 亿元。形成邮政储蓄银行“整体批发、集中授信”业务模式。

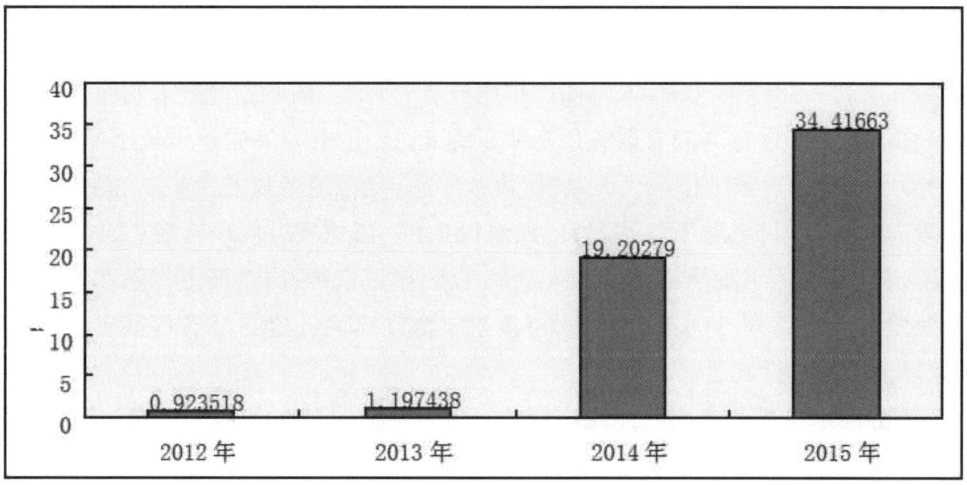

图 8-2-1　**2012—2015 年丽水市农户信用贷款增量余额**

说明：图中增量数额为亿元

农村支付结算体系建设

增强农村金融服务水平，解决农村偏远地区取款难，不断加快农村金融支付结算基础设施和平台建设。人行丽水市中心支行引导金融机构，不断下沉金融服务，建设农村支付结算体系设施。

助农取款服务　2012年8月，人行丽水市中心支行印发《丽水市银行卡助农取款服务管理办法（试行）》，就承办银行条件、服务点、业务操作、监督管理等作出规定，规范银行卡助农取款服务点管理。

2012年10月，人行丽水市中心支行印发《丽水市银行卡助农取款服务点开展代理转账业务实施方案》，银行卡助农服务点在办理取款业务基础上，新增代理转账业务。代理转账，是指服务点根据持卡人的委托，在收取持卡人小额现金后，通过POS机将等额款项转入持卡人借记卡账户用于缴费，或直接用于缴纳公用事业费的业务。同月，人行杭州中心支行印发《关于同意推广"便农自助金融服务终端"的批复》，同意在银行卡助农取款服务点布放农信联社的自助金融服务终端，仅限于办理银行卡或存折的小额取款、代理转账和余额查询等业务。丽水农信联社向浙江省信用联社申报自助服务终端23台，布放在人口相对集中，又没有银行网点分布的农村地区。

2013年4月1日，人行丽水市中心支行印发《丽水市银行卡助农取款服务终端联网通用实施方案》，协调中国银联浙江分公司第三市场部组织2家银行承办银行卡助农取款服务点的服务终端进行联网通用的升级改造。至6月末，丽水市银行卡助农取款服务点的终端完成改造2114个（台）。实现终端受理所有银联标识卡的目的，便利农民支付业务办理。7月30日，人行丽水市中心支行转发《浙江省银行卡助农服务管理办法》规定："日累计取款或办理代理转账金额最高不得超过1000元。服务点每日累计取款金额应控制在2万元以内，每日累计办理代理转账金额应控制在5万元以内。"2014年9月，人行杭州中心支行转发《中国人民银行关于全面推进深化农村支付服务环境建设的指导意见》，将每卡每日累计办理助农取款或现金汇款限额提高至3000元，提高农村居民小额取款转账的便利性。

农村金融服务站　2013年1月，人行丽水市中心支行制定《丽水市建立农村金融服务站实施方案》，在全面建成2114个银行卡助农取款服务点的基础上，在全国率先建设集小额取款服务站、小额农户贷款代办站、反假货币工作站、"三农"保险推广站、金融消费权益保护站、融知识宣传站等为一体的高密度、多功能农村金融服务站，为广大农民提供小额取现、代理转账、人民币反假、小面额和残损币兑换、农户基本信用信息采集、理财咨询、金融知识宣传、协办证券保险和农户贷款业务等"一站式"金融服务。2013年3月8日，丽水市在景宁畲族自治县建立全省首家多功能农村金融服务站，并于4月8日正式投入运营。

2015年，人行丽水市中心支行与丽水市商务局因地制宜，联合指导各县（市）支行、承办银行优选网点，推动金融服务站加载电子支付、电子商务功能，为农村居民提供更强、更快、更优的综合性便民服务。至2015年年末，全市加载电子支付功能的金融服务站513家，占比达24.27%。

现代支付体系建设　2014年起，人行丽水市中心支行组织各金融机构加大农村支付结算方式创新，在农村地区大力推广现代化支付工具和网上支付业务。9月29日，青田县成功开展"菜篮子"一卡通系统工程试点，在全省率先实现农贸市场金融IC卡小额非接应用。

"食安"溯源工程建设　2015年，莲都农村商业银行联合丽水市市场监督管理局共同创建丽水市闪付"安心购"食品安全溯源平台。8月3日，在"丽水仓前菜场"上线试运行，便捷支付。实现农副产品供应链的全程追踪和追溯。创新将金融IC卡（集成电路卡）运用于浙南茶叶市场和农贸市场的食品安全溯源体系建设，优化农村地区非现金支付环境。

外汇服务项目

村级外币代兑点设立　2011 年，国家外汇管理局批复同意丽水市成为全国个人本外币兑换特许业务试点城市。2012 年 9 月 14 日，全国首个村级外币兑换点在青田县方山乡龙现村设立。

个人外汇贷款业务　2013 年 11 月，丽水市青田县发放全国首批个人外汇贷款业务。

担保体系建设

丽水市按照“政府主导、市场运作、规范运行、风险可控、巩固成效、稳步推进”原则，在 9 个县(市、区)全面推进财政出资、行业协会组建、商业性运作、村级互助的“四级”担保组织体系建设，重点推进村级互助担保组织。

2014 年 3 月 26 日，龙泉市为破解农村贷款担保难题，在上垟镇花桥村创新设立全国第一家农村村级担保组织“惠农担保合作社”。合作社由村“两委”和村民自愿筹资设立，实行封闭运行，合作的金融机构按最高不超过担保金 10 倍向农户发放贷款，所担保贷款以小额分散为主，并与农村产权紧密挂钩。

2015 年 8 月 28 日，丽水市人民政府印发《关于开展农村互助担保组织建设试点的若干意见》，全面推进村级互助担保组织建设工作。至年末，丽水市共设立村级互助担保组织 140 个。

组建村级互助担保组织的同时，着手组建政策性涉农担保公司等其他性质的担保组织，以丰富农村担保组织体系。2014 年 4 月 16 日，庆元县推动和兴林权抵押担保有限公司升格为庆元县兴农融资担保有限公司，成为全省首家综合性涉农担保公司。

附录：村级互助担保组织运作特点

丽水市村级互助担保组织是由具备一定经济条件的村民委员会或村经济合作社牵头设立，通过“村民入一点、集体出一点、能人助一点、政府补一点”方式筹集互助担保基金，与金融机构签订合作协议，为村民贷款提供担保，村民以林权、农房、土地等资产作为反担保物；贷款农户一旦出现逾期未还的情况，由合作的金融机构和村级互助担保组织共同追索。如追索无果，则由村级互助担保组织先行代偿，并在一定区域内流转处置贷款农户的反担保资产。

为确保村级互助担保组织规范运作、风险可控，丽水市采取以下五项创新措施：

一、不以营利为目的。明确村级互助担保组织为本村农户贷款提供担保时只收取少量费用，主要用于管理人员的误工费、工本费及入股者资金的适当利息等。目前，丽水市的村级互助担保组织年担保手续费收取标准基本在 2%以内。

二、与农村产权紧密挂钩。农户向村级互助担保组织申请贷款担保，应提供无争议、可流转的林权、农房、土地承包经营权等农村产权作为反担保。

三、担保贷款以小额分散为主。为防止有限担保资源被少数大户利用，明确规定担保组织对单个农户贷款担保金额应控制在一定额度内，一般为不超过 30 万元。

四、将信用为先和有限担保有效结合。明确村级互助担保组织要根据农户个人信用、资产状况、贷款需求及用途、抵抗风险能力对村民贷款额度进行严格把关，不简单以农户入会金额与担保贷款额度挂钩，不简单以担保基金大小与授信总额挂钩，担保总额一般不超过该村村民合计信用额度，放大倍数一般不超过担保基金10倍。

五、建立地方监管机制。明确人民银行、金融办、银监部门负责对银行机构与村级担保组织业务开展情况进行监督指导，民政部门负责为村级互助担保组织办理民办非企业单位(法人)登记；各金融机构定期向金融监管部门报告担保业务开展情况，及时上报不良贷款出险情况。

农村保险服务民生体系

完善农业发展防风险机制，强化金融服务“三农”发展支撑力度，丽水市创新推进农村保险服务民生体系建设，引导保险行业加入农村金融改革，为丽水农村经济发展和民生改善构筑风险防范盾牌。

小额贷款保证保险工程　2011年12月22日，丽水市人民政府办公室印发《关于丽水市区开展小额贷款保证保险试点工作的实施意见》，全面开展小额贷款保证保险业务。借款人在办理小贷保证保险后，一般无需再提供额外抵押或担保，有效地破解农户创业贷款担保难题。2013年9月29日，丽水市人民政府办公室印发《关于推广小额贷款保证保险试点工作的实施意见》，决定在丽水市范围内开展小额贷款保证保险试点工作，进一步解决农村担保难题。

扶贫贷款“银政保”合作模式　低收入农户是农业生产和发展的重要主体，收入水平低、融资困难、持续发展能力弱，已成为制约整个农村发展的瓶颈因素。2011年6月2日，景宁畲族自治县印发《群众增收致富奔小康、低收入农户发展扶贫贷款项目实施意见》，在全省率先开展“政银保”低收入农户发展扶贫贷款新惠农模式，走出一条具有“景宁特色”的金融保险支持低收入农户脱贫致富之路。2014年6月30日，景宁畲族自治县人民政府办公室出台《关于印发农村金融改革扶贫小额信贷贴息项目实施方案的通知》，就贷款对象、用途、利率、条件、流程、贴息方法和各部门职责分工等进行详细规定和说明。规范贷款发放操作流程，提高贷款发放的科学性、严密性和针对性，惠农政策得到更好执行，真正服务低收入农户脱贫致富。标志着第二轮“银政保”扶贫小额贴息贷款贴息项目正式开启。截至2015年年底，累计发放“政银保”模式贷款金额2.38亿元。

特色农业种植保险试点工程　全市各县农业经济靠山吃山，因地制宜，发展成为各具特点的特色农业产业。丽水市为更好保障各地特色农业良性发展，降低农业生产风险，创新推进特色农业种植保险试点工程。2012年3月，依据浙江省政府办公厅《关于鼓励开展特色农业保险品种试点工作的通知》，丽水市根据辖内食用菌、茶叶等主导农业发展实际，向浙江省政策性农业保险工作协调小组办公室分别提交《关于开展食用菌种植特色农业保险试点和茶园种植特色农业保险的申请》。2013年5月，食用菌种植特色农业保险获得批准；2014年11月，茶园种植特色农业保险获得批准。

中国人民财产保险有限公司丽水分公司等保险机构，研究制定《食用菌栽培保险条款》和《茶园种植保险条款》，在浙江省范围内率先开展食用菌保险、茶园种植保险等特色农业保险产品试点工作。

低收入人群保险　为提高低收入人口风险保障水平，帮助低收入人口摆脱因灾、因疾病致贫返贫的恶性循环，中国人寿云和县支公司开展低收入人群保险工作。低收入人群保险集重疾、意外、医疗等方面保障为一体，构建低收入人群相对完备的综合保障体系，运用保险机制助推巩固扶贫成果。

民间融资服务中心

2014 年 9 月 12 日，青田县侨乡民间融资管理服务中心股份有限公司注册成立，注册资本 5000 万元。12 月 30 日，丽水市莲都民间融资服务中心股份有限公司注册成立，注册资本 5000 万元。为民间融资提供良好途径。

第四节　改革成效

农村融资改革成效

试点工作开展后，丽水市围绕农村产权融资、信用体系建设和优化支付结算方式等几方面，为改善农村融资环境、优化农村金融生态、提升农村金融服务，进行较多的创新和探索，为助推丽水农村地区经济发展，助力农村居民创业增收注入金融“活水”，取得较好成效。

实现农村金融生态“好起来”　至 2015 年年末，丽水市已评信用县 2 个，占比为 22.22%；信用乡（镇）38 个，占比为 26.57%；信用村 905 个，占比为 33.21%；信用农户 41.3 万户，占比为 85.90%。农村“三权”抵押贷款不良率为 0.17%，农户贷款不良率为 1.36%，分别低于丽水市全部贷款不良率 2.29 个百分点和 1.10 个百分点。

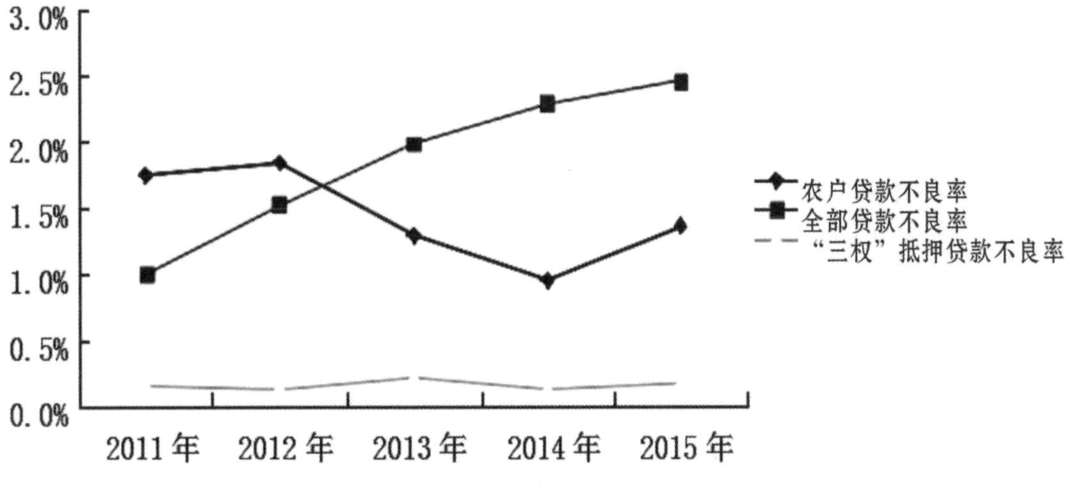

图 8-2-2　**2011—2015 年丽水市部分贷款不良率指标**

推动农村金融竞争“多起来”　2015 年，丽水市所有市级金融机构均参与农村金融服务工作。丽水农村信贷市场“一家独大”局面发生改变。12 月，丽水市农信系统农户贷款余额占所有农户贷款余额比重为 60.66%，较试点前下降 7.97 个百分点。

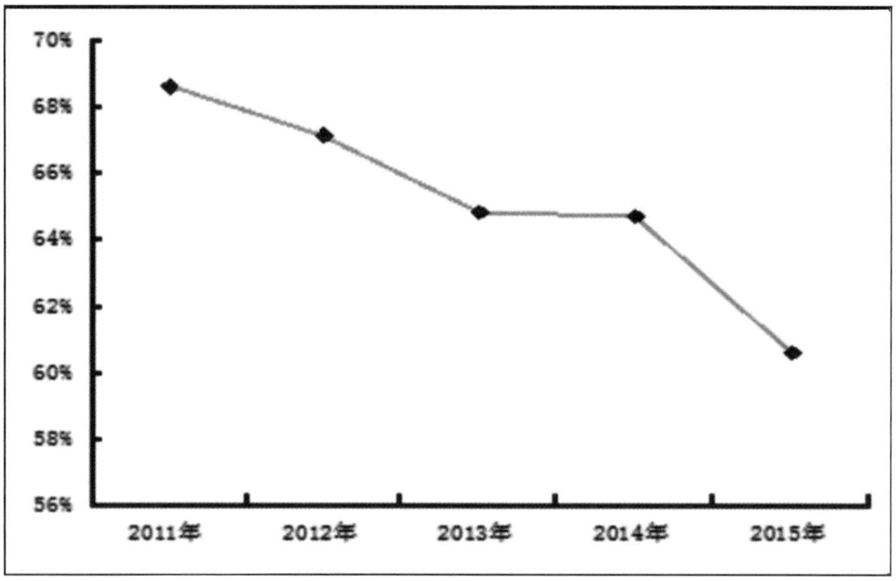

图 8-2-3　2011—2015 年丽水市农信系统农户贷款占全市农户贷款比重走势

促进农村金融服务“优起来”　至 2015 年年末，丽水市涉农贷款余额 817 亿元，涉农贷款占全部贷款比重 54.38%，连续 5 年维持 50%左右高水平。农户信用贷款余额 34.42 亿元，占所有农户贷款比例为 9.50%，较试点前提高 9 个百分点。

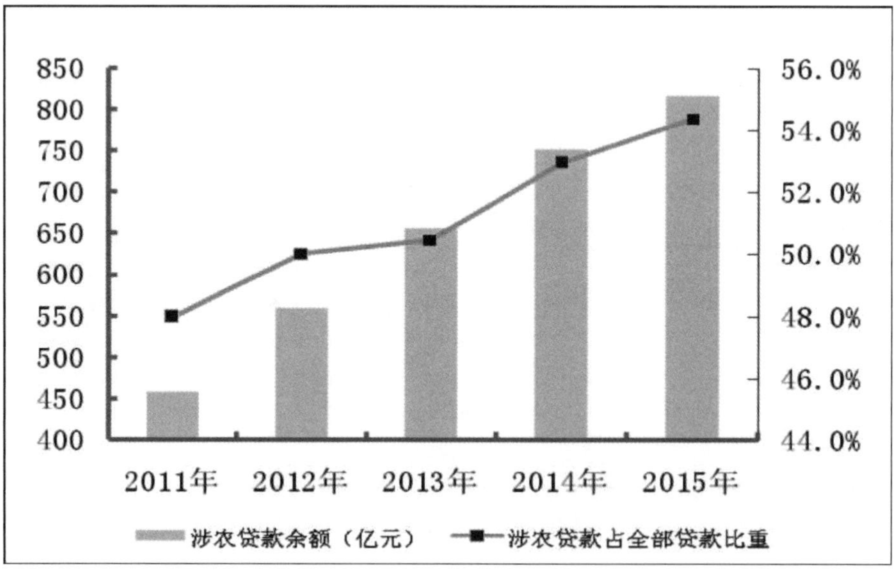

图 8-2-4　2011—2015 年丽水市涉农贷款余额及增速

助农取款业务“强起来”　2015 年，丽水市 2010 个金融服务站共办理小额取现业务 61.49 万笔，金额 2.96 亿元，同比增长 59.04%；办理转账业务 38.45 万笔，金额 1.69 亿元，同比增长 97.29%；与村级电子商务服务点结合有 425 个，占服务点总数 20.1%。开办手机支付、网上支付业务服务站 513 个，占服务站总数 24.27%。

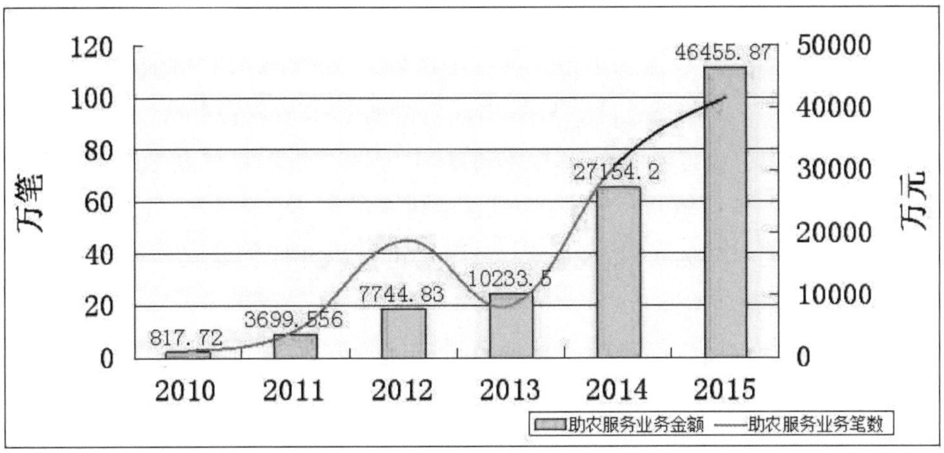

图 8-2-5　　2010—2015 年丽水市助农取款业务开展情况

至 2015 年年末，丽水市农村贷款增速连续多年居浙江省第一，为丽水市农村居民人均可支配收入增速连续 7 年全省第一作出金融服务重要贡献。助推农民收入水平"高起来"效果。

"丽水农村金融改革"影响力

改善农村金融环境，农民增收的农村金融改革工作得到各级领导和众多专家学者认可和肯定，多家国家级媒体持续关注丽水农村金融改革动向，追踪报道，推广丽水农村金融改革成功经验。

各级领导批示　2012 年 9 月 28 日至 11 月 20 日，中共浙江省委书记赵洪祝，浙江省省长夏宝龙、常务副省长龚正、副省长朱从玖分别在《金融运行情况专报》(2012 年第 22 期)上作出专门批示，充分肯定丽水市农村金融改革试点工作成效。11 月 17 日，中国人民银行行长周小川在"2012 年国际金融论坛" 上指出："浙江丽水以农村信用体系建设为核心的农村金融改革试点已经取得了不少好的成绩，特别是在林权抵押贷款、农村信用体系建设、银行卡助农取款服务等方面取得了进展"，并将"丽水金改"列为"全国十大自下而上的金融改革"之一。

2013 年 3 月 18 日，浙江省副省长朱从玖就丽水市深化实施"四农工程"全面推进农村金融改革试点工作作出专门批示："很好，继续全面深化丽水的农村金融服务，完善金改。"3 月 29 日，浙江省副省长朱从玖就庆元评定"信用村"改善农村金融环境作出专门批示："让'信用'有价值，使有价值的'信用'促进农村经济发展、改进和提升农村的社会环境，这是丽水金改的重大成果，对我国金融市场意义深远。"5 月 7 日，浙江省副省长朱从玖在《丽水农村金融改革有效提升农户贷款覆盖面和满足率分析及对策建议》信息上作出专门批示："这个势头不错，在农村提高金融服务的普惠性及其程度仍有很大空间。"6 月 5 日，浙江省副省长朱从玖在《庆元全省首创工商业和社区居民信用高等级评定破解融资难》信息上作出专门批示："请健华行长阅研，并请考虑从专业的角度对丽水的信用评定和信用该体系建设给予指导，把这项有意义的工作做得更好。"11 月，时任国务院副总理马凯、时任浙江省省长李强在《浙江丽水市探索实践农村金融改革助力"绿水青山"变为"金山银山"》信息上对丽水农村金融改革经验批示，给予肯定。

2014 年 3 月 31 日至 4 月 3 日，浙江省副省长朱从玖带队到丽水市，调研农村金融改革工作，并对农村金融改革给予高度评价。4 月 22 日，丽水作为唯一地级市代表，参加国务院召开的全国农村金融服务经验交流电视电话会议，丽水市市长黄志平在会上交流“丽水农村金融改革”工作经验。5 月 5 日至 5 月 14 日，国务院副总理汪洋、马凯，浙江省副省长朱从玖在《浙江丽水市农村金融改革两周年探索出一条“普惠型”农村金融发展之路》信息上分别对丽水农村金融改革经验批示给予肯定。11 月 7 日，浙江省副省长黄旭明对丽水市上报《活树变活钱 叶子变票子 青山变金山——丽水市林权抵押贷款总额突破 100 亿元》给予批示，对丽水市林权抵押贷款工作给予充分肯定，表示：“丽水做法很好，建议印发各地参阅。”

2015 年，国务院总理李克强、国务院副总理马凯专门听取时任中国人民银行周小川行长关于丽水农村金融改革情况的专题汇报。3 月 2 日，浙江省副省长朱从玖对《浙江政务信息》(专报)第 181 期《我省小微金融服务“三农”的主要做法问题及建议——以台州、丽水为例》给予批示，表示：“我省近年来围绕小微金融和普惠金融所展开的大量创新和改革工作，有力地促进了城乡金融服务均衡化，推动了城乡一体化。”4 月 29 日，浙江省副省长朱从玖对《浙江政务信息》(专报)第 473 期《丽水银行业创新方式支持农村物流业发展》给予批示，表示：“这些做法比较务实，希望关注到近几年商贸流通领域的信贷风险，把握住这个领域的特殊性。”6 月 30 日，人行总行党委委员、行长助理杨子强一行到丽水专题调研指导农村金融改革工作。7 月 11—15 日，浙江省委副书记、省长李强和副省长朱从玖先后对丽水上报《关于丽水市开展农村食品安全金融征信体系建设试点工作情况的报告》给予批示，对农村信用体系建设成果运用于解决食品安全问题给予充分肯定。7 月 22 日至 27 日，时任浙江省委副书记王辉忠、副省长朱从玖对丽水市上报《丽水市深化农村金融改革发展 普惠金融成效明显》给予批示，对丽水农村金融改革工作给予充分肯定。王辉忠表示：“要推广复制。”8 月 5 日，浙江省副省长朱从玖一行到丽水调研农村金融改革工作，并给予充分肯定。

专家学者给予高度评价 2012 年 7 月 17 日，中国人民大学和澳大利亚南澳大学联合考察团到丽水调研，明确指出丽水的农村金融改革经验为澳大利亚解决金融服务“最后一公里”问题提供很好的经验借鉴。11 月 12 日，中国社会科学院领导到丽水调研农村金融改革工作，并给予高度评价。11 月 30 日，浙江省公共政策研究院副院长李金珊到丽水调研农村金融改革试点工作，并给予高度评价。

2013 年 11 月 24—25 日，全国政协常委厉以宁(北京大学教授)到丽专题调研林业金融工作，对丽水林权抵押贷款工作给予充分肯定。

2015 年 3 月 18 日，国务院发展研究中心金融研究所所长张承惠一行到丽水调研农村金融改革工作，给予高度评价。6 月 25—27 日，西南财经大学院长、中国家庭金融调查与研究中心主任甘犁带队到丽水调研农村金融改革试点工作，给予高度评价。10 月 21—23 日，世界银行集团国际金融公司专家组到丽水调研农村金融改革工作，表示丽水金改经验值得在国际上进行积极推广。12 月 16 日，世界银行集团国际金融公司东亚和太平洋区金融基础设施技术援助负责人赖金昌一行到丽水调研农村金融改革工作，给予高度评价。

媒体机构给予持续关注 中央电视台、人民日报社、金融时报、新华社内参、农民日报、中国经济时报等媒体均先后派记者到丽水采访，多次大篇幅进行专题系列报道，向全国推广“丽水农金改”经验。

全国媒体机构宣传报道“丽水农金改”经验一览表

表 8-2-1

标　题	日　期	媒　体
浙江丽水农村金融改革让农民便利得实惠	2012 年 4 月 30 日	中央电视台•改革新观察
农村金融改革试点	2012 年 5 月 7 日	中央电视台•新闻联播
中国人民银行批准丽水启动全国首个农村金融改革试点	2012 年 5 月 18 日	浙江日报
全国首个农村金融改革试点区给丽水带来什么——先行先试　服务“三农”	2012 年 5 月 18 日	浙江日报
人民银行、浙江省政府决定丽水开展农村金融改革试点	2012 年 5 月 18 日	金融时报
丽水农村金融改革将打“组合拳”	2012 年 5 月 18 日	金融时报
林权抵押贷款的“丽水模式”	2013 年 4 月 11 日	金融时报
打通金融服务的“最后一公里”	2013 年 4 月 11 日	金融时报
打好“信用惠农”这张牌	2013 年 4 月 13 日	金融时报
自下而上：值得借鉴的“丽水金改”模式	2013 年 4 月 15 日	金融时报
青田个人外汇贷款	2013 年 4 月 24 日	中央电视台•经济信息联播
在丽水林权、土地承包经营权、农房财产权都可抵押让农民财产活起来	2013 年 4 月 23 日	浙江日报
丽水市农村金融改革试点工作取得积极成效	2014 年 5 月 20 日	金融时报
丽水农村金融改革确定今年工作要点	2014 年 5 月 20 日	金融时报
再访丽水金改：探索普惠金融进行时	2014 年 6 月 24 日	金融时报
丽水金改：打造现实版普惠金融	2015 年 5 月 18 日	金融时报
信用为先　综合发力　丽水农村金改的解读与思考	2015 年 5 月 29 日	金融时报
浙江云和盘活生态公益林　村民可用预期补偿收益贷款融资	2015 年 7 月 8 日	人民日报

交流改革经验　2014 年 4 月 22 日，丽水作为唯一的地级市代表，参加国务院召开的全国农村金融服务经验交流电视电话会议，交流丽水农金改工作经验。6 月 25 日，人行丽水市中心支行行长受邀参加人行总行在北京举办的深化金融改革专题研修班，交流丽水金改经验。7 月 17 日，庆元县作为丽水市特邀代表在“全省金融创新示范县总结交流会”作汇报交流。10 月 22 日，人行丽水市中心支行行长受邀参加人行总行与世界银行合作举办的“中国农村金融供给与需求调研国际研讨会”作经验交流。12 月 10—12 日，人行丽水市中心支行行长受邀参加人行总行在广州举办的“全国性区域金融改革经验交流会”作经验交流。

2015 年 6 月 17 日，人行丽水市中心支行行长孔祖根受人民银行总行培训中心邀请，作丽水金融改革经验交流。7 月 24 日，人行丽水市中心支行行长受邀参加中国金融学会主办的“绿色金融、生态文明”论坛，在会上交流丽水“金改”经验。

“丽水农金改”试点部分政策文件目录一览表

表 8-2-2

文件名称	发布时间	发布单位
《中国人民银行　浙江省人民政府关于在浙江省丽水市开展农村金融改革试点工作的通知》	2012 年 3 月 31 日	中国人民银行、浙江省人民政府
《丽水市人民政府关于上报丽水市农村金融改革试点推进行动方案（2012—2015 年）的报告》	2012 年 8 月 14 日	丽水市人民政府
《关于印发〈2014 年推进丽水农村金融改革工作要点〉的通知》	2014 年 4 月 11 日	省丽水农村金改领导小组办公室
《关于印发〈2015 年推进丽水农村金融改革工作要点〉的通知》	2015 年 7 月 9 日	省丽水农村金改领导小组办公室
《关于印发 〈2015 年丽水农村金融改革工作要点〉的通知》	2015 年 9 月 20 日	丽水市农村金融改革试点工作领导小组办公室
《关于成立丽水市农村金融改革试点工作领导小组的通知》	2012 年 6 月 13 日	中共丽水市委办公室、丽水市人民政府办公室
《关于成立浙江省丽水市农村金融改革试点工作领导小组的通知》	2013 年 4 月 7 日	浙江省人民政府办公厅、中国人民银行办公厅
《关于增补丽水市农村金融改革试点工作领导小组办公室副主任的通知》	2013 年 5 月 10 日	丽水市农村金融改革试点工作领导小组办公室
《关于同意设立丽水市农村金融改革试点工作领导小组办公室的批复》	2013 年 6 月 21 日	丽水市机构编制委员会
《中共丽水市委　丽水市人民政府关于大力推进扶贫改革试验持续促进农民增收的若干意见》	2013 年 3 月 29 日	中共丽水市委、丽水市人民政府
《中共丽水市委　丽水市人民政府关于全面深化农村改革加快促进农民增收的若干意见》	2014 年 4 月 30 日	中共丽水市委、丽水市人民政府
《中共丽水市委　丽水市人民政府关于全面深化农村改革加快建设美丽幸福新农村的若干意见》	2015 年 6 月 11 日	中共丽水市委、丽水市人民政府
《中共丽水市委办公室　丽水市人民政府办公室关于进一步促进农村住房抵押贷款工作的实施意见》	2013 年 11 月 26 日	中共丽水市委办公室、丽水市人民政府办公室
《丽水市人民政府办公室关于印发〈丽水市农村土地流转经营权抵押贷款管理暂行办法〉的通知》	2013 年 11 月 18 日	丽水市人民政府办公室
《关于印发〈丽水市农村住房抵押贷款管理暂行办法〉的通知》	2013 年 12 月 19 日	中国人民银行丽水市中心支行
《中共丽水市委办公室　丽水市人民政府办公室关于加快推进丽水市农村产权制度改革的实施意见》	2014 年 4 月 8 日	中共丽水市委办公室、丽水市人民政府办公室
《丽水市中级人民法院关于印发〈关于为推进农村“三权”抵押工作提供司法保障的试行意见〉的通知》	2014 年 8 月 7 日	丽水市中级人民法院
《丽水市住房和城乡建设局关于成立农房产权登记抵押登记办公室的通知》	2014 年 3 月 3 日	丽水市住房和城乡建设局
《丽水市农村产权制度改革领导小组办公室关于转发丽水市农村产权交易规则等三个制度的通知》	2014 年 9 月 3 日	丽水市农村产权制度改革领导小组办公室

续表 8-2-2

文件名称	发布时间	发布单位
《关于印发〈丽水市农户信用信息系统管理办法（暂行）〉的通知》	2012 年 4 月 26 日	丽水市信用体系建设领导小组办公室
《中国人民银行杭州中心支行关于同意授予景宁畲族自治县"信用县"称号的批复》	2014 年 12 月 16 日	中国人民银行杭州中心支行
《中国人民银行杭州中心支行办公室关于命名省级"网上支付应用示范区"的通知》	2015 年 3 月 10 日	中国人民银行杭州中心支行办公室
《中国人民银行丽水市中心支行关于金融服务支持农村电子商务发展的指导意见》	2015 年 10 月 19 日	中国人民银行丽水市中心支行
《丽水市人民政府办公室关于开展农村互助担保组织建设试点的若干意见》	2015 年 8 月 28 日	丽水市人民政府办公室

第九编　金融党建与文明建设

1978年改革开放以来，丽水市金融系统坚持物质文明建设和精神文明建设“两手抓，两手都要硬”。全市银行、保险、证券等各金融机构在大力发展业务实力、支持地方经济建设的同时，高度重视基层党建和文化建设，重视纪检和监察工作，重视精神文明创建，结合金融特点和自身优势，逐步培育和构建了一套具有行业特点和地方特色的金融文化、组织纪律、精神文明体系等，有力地促进了丽水金融事业的健康发展。

第一章　金融党建与纪检监察

1979年，丽水市金融系统建立中国共产党的基层组织，健全纪检监察机构，加强党风廉政建设和行风建设，充分发挥保护、惩处、监管、教育四大基本职能，落实党风廉政建设责任制，纠正行业不正之风，采取预防措施为金融系统的各级干部廉洁自律提供机制上、制度上的保证，积极防范经济犯罪和职务犯罪，同时严肃查处各类违法违纪案件，维护银行信誉，为丽水的金融事业和经济建设保驾护航。

第一节　金融系统党组织

丽水市金融系统中国共产党组织有多种形式，有党委、党组，也有党的支部。

地方党委管理的部分金融系统党组织机构

中共中国人民银行丽水市中心支行委员会　(1979年以前，无资查证)1979年5月，中共丽水地区委员会决定，撤销丽水地区财政金融局，建立中国人民银行丽水地区中心支行，同时建立中共中国人民银行丽水地区中心支行党组。1985年，改称中共中国人民银行丽水地区分行党组。1998年12月，改组为中国共产党中国人民银行丽水地区中心支行委员会。2000年，因丽水撤地设市，更名为中共中国人民银行丽水市中心支行委员会。历任党组、党委书记，均由行长担任。

中共浙江丽水莲都农村商业银行股份有限公司委员会　1996年8月，中共丽水市(今莲都区)委批准，建立中共丽水市信用合作社联合社委员会。2005年5月起，中共丽水市信用合作社联合社委员会改为中共浙江丽水莲都农村合作银行委员会；2014年1月，改为中共浙江丽水莲都农村商业银行股份有限公司委员会。历任党委书记，均由理事长、董事长(一把手)担任。

中共浙江青田农村商业银行股份有限公司委员会　1996年8月，建立中共青田县农村信用合作联社机关支部委员会。2005年4月，中共青田县农村信用合作联社机关支部委员会改为中共青田县农村信用合作联社委员会。2015年1月，中共青田县农村信用合作联社委员会改为中共浙江青田农村商业银行股份有限公司委员会。历任党委书记，均由主任、理事长、董事长担任。

中共缙云县农村信用合作联社党组　1997年8月，建立中共缙云县信用合作联社党委。2011年5月，改为中共缙云县农村信用合作联社党组。历任党委(组)书记均由联社主任、理事长担任。

中共遂昌县农村信用合作联社党委　1997年3月，中共遂昌县委员会批准，建立中共遂昌县农村信用社联合社党组。4月，成立中共遂昌县农村信用社联合社党总支。2002年3月，中共遂昌县农村信用社联合社党总支改组中共县农信联合社机关党委。2005年5月，撤销中共遂昌县农村信用社联合社党组和机关党委，组建中共遂昌县农村信用合作联社党委，均为中共遂昌县委员会领导。历任党组书记均由联社主任担任，党委书记由理事长担任。

中共云和县农村信用合作联社委员会　2005年3月，建立中共云和县农村信用合作联社党组。2008年8月，根据省委、省政府下发的《关于印发浙江省深化农村信用社改革试点实施方案的通知》"市县农村信用社党委实行属地管理，由市县党委负责组建，党委成员由市县党委征得省联社党委同意后任免"的精神，中共云和县农村信用合作联社党组改为中共云和县农村信用合作联社委员会。历任党委(组)书记均由联社主任、理事长担任。

中共庆元县农村信用合作联社党委　1996年11月，中共庆元县委员会批准建立中共庆元县农村信用社联合社党组。2005年1月，中共庆元县农村信用社联合社党组改为中共庆元县农村信用合作联社党委，均为中共庆元县委员会领导。历任党组书记由联社主任担任、党委书记由理事长担任。

中共景宁畲族自治县农村信用合作联社委员会　1997年1月，中共景宁畲族自治县委员会批准建立中共景宁畲族自治县农村信用社联合社党组。2005年3月，县委撤销中共景宁畲族自治县农村信用社联合社党组，建立中共景宁畲族自治县农村信用合作联社委员会，均为中共景宁畲族自治县委员会领导。历任党组书记由联社主任担任、党委书记由理事长担任。

中共龙泉市农村信用合作联社委员会　1984年12月，龙泉市农村信用合作社联合社成立，党组织隶属龙泉市农业银行管理。1997年，与农行脱钩，开始独立建制。7月7日，中共龙泉市委决定，设置中共龙泉农信党组。1999年3月，改组为中共龙泉农信联社委员会。2005年5月20日，改设为中共龙泉市农村信用合作联社委员会、纪律检查委员会。历任党组书记由联社主任担任、党委书记由理事长担任。

直属党委管理的部分金融系统党组织机构

中共中国银保监会丽水监管分局党委　2004年1月，中共中国银行业监督管理委员会浙江监管局党委决定，成立中共中国银行业监督管理委员会丽水监管分局党委。2019年1月，因机构改革，中共中国银行保险监督管理委员会浙江监管局党委决定，成立中共中国银行保险监督管理委员会丽水监管分局党委，钱敏任党委书记，刘寒暄、刘志利、郑晓峰任党委委员。历年党委书记，均由局长担任。

中共中国工商银行丽水分行党委　1985年，中共丽水地区委员会批准建立中共中国工商银行丽水地区中心支行党组。1998年10月，成立中国共产党中国工商银行丽水地区分行委员会，由中共中国工商银行浙江省分行党委领导。2000年7月，因丽水撤地设市，更名为中共中国工商银行丽水市分行委员会。2006年，因工商银行股份制改革，更名为中共中国工商银行丽水分行委员会。历年党组、党委书记，均由行长担任。

中共中国农业发展银行丽水市分行委员会　1997年12月1日，中共浙江省丽水地区委员会批准建立中共中国农业发展银行丽水地区分行党组。1997年10月起，农发行党组改组为中国共产党中国农业发展银行丽水地区分行委员会并改由中共中国农业发展银行浙江省分行委员会领导。2000年6月19日，中共中国农业发展银行丽水地区分行党委更名为中共中国农业发展银行丽水地区分行委员会。2000年9月8日，更名为中共中国农业发展银行丽水市分行委员会。历年党组、党委书记，均由行长担任。

中共农行丽水地区中心分行党委　1981年1月，中共丽水地区委员会批准建立中共中国农业银行丽水地区中心支行党组。1997年10月起，农行党组改由中共中国农业银行浙江省分行党组领导；1998年8月，中共农行浙江省分行党委决定成立中国农业银行丽水地区分行党委。历年党组、党委书记，均由行长担任。

中共中国银行丽水市分行委员会　1990年8月16日，中共丽水地区委员会批准，建立中共中国银行丽水支行党组。中共中国银行丽水支行党组由中共中国银行杭州分行党组领导。1994年8月，中共中国银行丽水支行党组更名为中共中国银行丽水地区分行党组。2000年7月，中共中国银行丽水地区分行党组更名为中共中国银行丽水市分行委员会。

中共中国建设银行丽水分行委员会　1981年12月11日，中共丽水地委批准，建立中国人民建设银行丽水地区中心支行党组。1998年10月7日，中共中国建设银行浙江省分行委员会决定，全省二级分行党组改为党委，建行丽水分行党组改为中共中国建设银行丽水地区分行委员会，党的组织实行垂直领导。党委成员原则上由党员行政领导和纪委书记担任，书记由分行行长担任，党委成员是省分行管理的干部，由省分行党委任命。2000年，丽水撤地设市，中共中国建设银行丽水地区分行党委改为中共中国建设银行丽水市分行党委。历任党组、党委书记均由行长或主持工作的副行长担任。

中共交通银行丽水分行党委　2011年12月，中共交通银行浙江省分行党委决定，成立中国共产党交通银行丽水分行委员会。历年党委书记，均由行长担任。

中共中国邮政储蓄银行丽水市分行党委　2008年12月22日，中共中国邮政储蓄银行浙江省分行委员会批准，成立中共中国邮政储蓄银行丽水市分行委员会，严惠民任党委书记。2015年4月30日起，毛炳旺任党委书记。

中共杭州银行丽水分行党委　2014年9月25日，中共杭州银行股份有限公司委员会批准，设立中共杭州银行股份有限公司丽水分行委员会，党委书记由杭州银行丽水分行行长担任。

中共上海浦东发展银行丽水支行委员会　2009年2月18日，中共丽水市直属机关工作委员会批准，建立中共上海浦东发展银行股份有限公司丽水支行支部。2015年6月30日，中共上海浦东发展银行温州分行委员会批准，建立中共上海浦东发展银行丽水支行委员会。

中共浙江稠州商业银行股份有限公司丽水分行党委　2012年4月，中共浙江稠州商业银行股份有限公司委员会批准，成立中共浙江稠州商业银行丽水分行总支部委员会，下设丽水分行党支部委员会。2012 年 9 月起，总行党委决定成立中国共产党浙江稠州商业银行股份有限公司丽水分行委员会。历年党总支、党委书记，均由行长担任。

中共浙江泰隆商业银行丽水分行党委　2007 年 12 月，中共浙江泰隆商业银行委员会批准，建立中共浙江泰隆商业银行丽水分行党支部。2010 年 10 月，升格为中共浙江泰隆商业银行丽水分行委员会。历年党支部、党委书记，均由行长担任。

中共温州银行丽水分行党委　2012 年 12 月，中共温州银行委员会批准，建立中共温州银行丽水分行党委。历年党委书记均由行长担任。

中共中国人寿财产保险股份有限公司丽水中心支公司党委　2008 年 2 月 13 日，经中共中国人寿财产保险股份有限公司浙江省分公司党委批准，成立中共中国人寿财产保险股份有限公司丽水中心支公司委员会，归属中共中国人寿财产保险股份有限公司浙江省分公司党委领导与管理。历年党委书记，均由总经理担任。

中共中国人寿保险股份有限公司丽水分公司党委　1997 年 10 月 31 日，中共丽水地委批准，成立中共中保人寿丽水地区分公司党组；11 月 14 日，中共中保人寿保险有限公司浙江省分公司党发文同意建立中共中保人寿丽水地区分公司党组。1999 年 5 月 18 日，中共中国人寿保险公司浙江省分公司党委批准，成立中国共产党中国人寿保险公司丽水分公司委员会，归属中共中国人寿保险公司浙江省分公司委员会领导与管理。2003 年 6 月 30 日，中共中国人寿保险公司丽水分公司委员会更名为中共中国人寿保险股份有限公司丽水分公司委员会。历年党组、党委书记，均由总经理担任。

中共中国太平洋财产保险丽水中心支公司党委　2005 年 7 月 13 日，中共中国太平洋财产保险公司浙江分公司委员会决定，成立中共中国太平洋财产保险股份有限公司丽水中心支公司党组。2010 年 5 月，中共中国太平洋财产保险公司浙江分公司委员会决定成立中国共产党中国太平洋财产保险股份有限公司丽水中心支公司委员会。历年党组、党委书记，均由太平洋财产保险丽水中心支公司总经理担任。

中共中国太平洋人寿保险丽水中心支公司党委　2009 年 1 月，中共中国太平洋人寿保险股份有限公司浙江分公司委员会决定，成立中共中国太平洋人寿保险股份有限公司丽水中心支公司党组。2010 年 8 月 2 日，中共中国太平洋人寿保险股份有限公司浙江分公司委员会批准建立中共中国太平洋人寿保险股份有限公司丽水中心支公司委员会。历任党组、党委书记，均由太平洋人寿保险丽水中心支公司总经理担任。

丽水市金融系统历届党组织与负责人一览表

表 9-1-1

名　称	成立时间	书　记	副书记	委　员
中共中国人民银行丽水地区中心支行委员会	1998 年 12 月	胡叔通	金孟侯	王筱琴、王成勇
中共中国人民银行丽水市中心支行委员会	2000年 8 月	胡叔通	金孟侯	王筱琴、王成勇、孔祖根

续表 9-1-1

名　称	成立时间	书　记	副书记	委　员
中共中国人民银行丽水市中心支行委员会	2001 年 6 月	胡叔通	金孟侯	王筱琴、王成勇、孔祖根、陈跃新
	2003 年 12 月			王筱琴、孔祖根
	2004 年 2 月			王筱琴、孔祖根、丁国琪
	2005 年 2 月	—	孔祖根	王筱琴、丁国琪
	2006 年 7 月	孔祖根	—	王筱琴、丁国琪、杨仁荣
	2008 年 5 月			王筱琴、丁国琪、杨仁荣、陈明亮
	2008 年 10 月			王筱琴、丁国琪、陈明亮
	2008 年 12 月			王筱琴、陈明亮
	2009 年 7 月			王筱琴、陈明亮、汤春玉、刘宣祥
	2011 年 9 月			王筱琴、陈明亮、汤春玉、刘宣祥、应国虎
	2014 年 5 月			陈明亮、汤春玉、刘宣祥、应国虎
中共丽水市人民政府金融工作办公室党组	2013 年 9 月	朱山华	—	李建军、朱剑成
	2015 年 2 月	姚志强		李建军、金雄鸥
中共中国农业发展银行丽水地区分行纪律检查委员会	1998 年 11 月	张蕴如	—	吴振义、阙雅芬
	2000 年 2 月		夏伟亮	阙雅芬
	2003 年 5 月	胡华星	—	胡晓理、项朝霞
	2006 年 9 月			汝　琳、胡森荣
	2009 年 4 月	吴　剑		汝　琳、成力行
	2013 年 4 月			商晓敏、黄丽东、李敏华、成力行
	2013 年 8 月	叶　超	—	商晓敏、黄丽东、李敏华、成力行
	2014 年 7 月			商晓敏、黄丽东、成力行、林建华
	2015 年 12 月	郑忠义	—	商晓敏、黄丽东、成力行、林建华
中共中国邮政储蓄银行丽水市分行委员会	2008 年 12 月	严惠民		王　平、施臻敏
	2011 年 1 月			毛炳旺、王　平、刘卫忠、施臻敏
	2014 年 2 月			毛炳旺、王　平、施臻敏
	2014 年 6 月			毛炳旺、王　平、刘建俊、刘　勋、施臻敏
	2015 年 4 月	毛炳旺	—	王　平、刘建俊、刘　勋、施臻敏
	2015 年 11 月			王　平、刘建俊、施臻敏
中共中国工商银行丽水地区中心支行党组	1984 年 11 月	—	应庚耀	陈邦幼、杨成福、汤仁发
	1987 年 6 月	应庚耀	—	陈邦幼、杨成福、汤仁发、方贵樟、陈高建
中共中国工商银行丽水地区分行党组	1994 年 8 月	应庚耀	—	陈邦幼、杨成福、汤仁发、方贵樟、陈高建
	1995 年 3 月		应国光	陈邦幼、汤仁发、方贵樟、陈高建

续表 9-1-1

名 称	成立时间	书 记	副书记	委 员
中共中国工商银行丽水地区分行党组	1996 年 5 月	应国光	—	陈高建、方贵樟
	1998 年 4 月		陈高建	方贵樟、徐晓伟
	1998 年 9 月			方贵樟、徐晓伟、赵志德
中共中国工商银行丽水地区分行委员会	2000 年 1 月	陈高建	—	徐晓伟、赵志德、卓仲强
中共中国工商银行丽水市分行委员会	2000 年 7 月	陈高建		徐晓伟、赵志德、卓仲强
	2004 年 4 月	吴翔江		徐晓伟、赵志德、戴春景
	2005 年 10 月	潘复生	徐晓伟	赵志德、戴春景
	2008 年 6 月	徐晓伟	—	赵志德、戴春景、潘文奇、叶燕春、叶莉玲、许　寅
	2008 年 9 月			赵志德、戴春景、潘文奇
	2010 年 1 月			赵志德、戴春景
	2011 年 5 月			赵志德、戴春景、叶燕春
	2011 年 8 月			赵志德、戴春景、叶燕春、叶莉玲
	2011 年 12 月			赵志德、戴春景、叶燕春、叶莉玲、许　寅
	2014 年 3 月			赵志德、戴春景、叶莉玲、许　寅
	2014 年 6 月			赵志德、戴春景、许　寅
中共中国农业银行丽水地区中心支行党组	1981 年 1 月	郭文隆	周柏祥	陈寮中、童桂庭
	1983 年 12 月	周柏祥	—	童桂庭、黄寿春、吴强伟、马传水
	1985 年 7 月	陈志明	周柏祥	童桂庭、黄寿春、吴强伟、马传水
中共中国农业银行丽水地区分行党组	1994 年 8 月	梁　滨	陈志明	沈剑青、项国新
	1996 年 12 月	沈剑青		项国新、季正平
中共中国农业银行丽水地区分行委员会	1998 年 9 月	沈剑青	项国新	季正平、章增强
中共中国农业银行丽水市分行委员会	2000 年 7 月		季正平	章增强、应根淼、饶新光
	2005 年 5 月	季正平	应根淼	饶新光、哈文礼、边巴索朗、周兆祥、陈德龙
	2010 年 6 月	陈献忠		饶新光、周兆祥、陈德龙、金仁樟、朱子龙
	2013 年 1 月	屠煜林	鲍敏冲	饶新光、周兆祥、金仁樟、朱子龙、黄有富
	2015 年 5 月	鲍敏冲	金仁樟 饶新光	周兆祥、黄有富、张前进
中共中国银行丽水支行党组	1990 年 8 月	陈荣飞	周樟德	邢国旺、宣土森
	1991 年 6 月			
	1992 年 3 月	周樟德	—	—

续表 9-1-1

名　称	成立时间	书　记	副书记	委　员
中共中国银行丽水地区分行党组	1994 年 8 月	周樟德	施克林	邢国旺、宣士森
	1995 年 8 月			邢国旺、宣士森、叶国光
	1995 年 12 月			宣士森、叶国光
	1997 年 6 月			宣士森、叶国光、金黎明
	1997 年 10 月			叶国光、金黎明
中共中国银行丽水市分行委员会	2000 年 7 月	施克林	张志勇	叶国光、金黎明
	2001 年 5 月			叶国光、金黎明
	2001 年 11 月			叶国光、金黎明、王志林
	2002 年 7 月	张志勇	—	叶国光、金黎明、王志林、雷献军
中共中国银行丽水市分行委员会	2003 年 2 月			叶国光、金黎明、王志林、雷献军
	2003 年 3 月	—	刘旭伟	金黎明、万智敏、王志林、雷献军
	2003 年 6 月			金黎明、王志林、吴金林、雷献军
	2004 年 7 月			金黎明、王志林、吴金林、雷献军
	2004 年 9 月	刘旭伟	—	金黎明、王志林、吴金林、雷献军
	2005 年 6 月	屠敏强	—	金黎明、吴金林、雷献军、郑东荣
	2006 年 1 月			金黎明、陈伟中、雷献军、郑东荣
	2008 年 1 月	蔡兴华	—	雷献军、陈伟中、郑东荣
中共中国银行丽水市分行委员会	2009 年 6 月			
	2011 年 7 月	毛海滨	—	雷献军、陈伟中、郑东荣、吴　刚
	2011 年 12 月			
	2012 年 6 月			雷献军、陈伟中、吴　刚、郑勉
	2012 年 12 月			雷献军、陈伟中、吴　刚、郑勉、江丰伟
	2013 年 4 月			雷献军、吴　刚、郑　勉、江丰伟
	2013 年 10 月			雷献军、吴　刚、江丰伟、黄良勤
	2014 年 4 月	张　旭	—	雷献军、吴　刚、江丰伟、黄良勤
	2015 年 3 月			雷献军、江丰伟、黄良勤、王晔
	2015 年 7 月			江丰伟、黄良勤、王　晔、谢　骏
中共中国人民建设银行丽水地区中心支行党组	1981 年 12 月	—	刘官云（主持）	周乔奎、周樟德、鲁焕兴
	1983 年 10 月	睢　眠	—	刘官云、周樟德、鲁焕兴
	1988 年 11 月	—	周樟德（主持）	张抗松
	1990 年 4 月	张抗松	—	余静波
中共中国人民建设银行丽水地区分行党组	1992 年 12 月	余静波		陶小勇、冯岩泉

续表 9-1-1

名　称	成立时间	书　记	副书记	委　员
中共中国建设银行丽水地区分行党组	1994 年 10 月	陶小勇	—	姚雄伍、王建清、冯岩泉
	2000 年 2 月	陈根海		
中共中国建设银行丽水市分行党组	2000 年 7 月	陈根海	—	姚雄伍、王建清、冯岩泉
	2004 年 4 月	崔　雷		徐小康、潘鹏年、陈　江
	2008 年 4 月	徐小康		陈　江、林　强、梁铁伟、罗叔秋、赵建革
	2015 年 12 月	姜莉菁		罗叔秋、赵建革、徐伟勇、陈　江
中共中国交通银行丽水分行直属支部委员会	2012 年 2 月	何勇平	—	何勇平、傅晓芳、吴贵平
中共上海浦东发展银行股份有限公司丽水支行支部	2009 年 2 月	陈昌锣	—	丁国琪、邱方伟、汤利国
	2009 年 9 月	丁国琪		邱方伟、汤利国
	2011 年 1 月			邱方伟、汤利国、戴丽珍
	2012 年 1 月	梁铁伟	邱方伟	汤利国、戴丽珍
	2015 年 6 月			汤利国、戴丽珍、周慧平、孙军利
中共中信银行股份有限公司丽水分行委员会	2011 年 5 月	潘文奇	—	潘文奇、叶　健、姜娟芬、叶卫东
	2015 年 8 月			潘文奇、叶　健、姜娟芬、叶卫东、金　挺
中共浙商银行丽水分行支部委员会	2011 年 4 月	林曙峰	—	沈悦莽、张海帆
	2012 年 8 月	董卫平		林曙峰、张海帆
	2013 年 5 月			林曙峰、史　骏
中共浙江泰隆商业银行丽水分行党委	2010 年 10 月	陶丽红	—	毛仁忠、石官平、张　俏
中共浙江稠州商业银行丽水分行党支部委员会	2008 年 7 月	冯健荣	—	饶小兵、华筱楠
	2008 年 11 月	金章盛	—	吴蔚红、华筱楠
	2012 年 10 月	吴蔚红	—	吴蔚红、何兰燕、杨　宾
	2015 年 9 月	楼一平	—	楼一平、朱　政、郑　俊
中共浙江民泰商业银行丽水分行党支部	2015 年 10 月	季　毅	—	—
中共杭州银行股份有限公司丽水分行委员会	2014 年 9 月	李　勤	—	徐　钦、朱兴枝
中共温州银行丽水分行委员会	2012 年 12 月	鲁　频	汤建华	鲁　频、汤建华、陈云海、吴振勇
	2014 年 6 月			鲁　频、汤建华、陈云海、吴振勇、朱金星
	2014 年 7 月	丁　强		丁　强、汤建华、陈云海、吴振勇、朱金星
	2015 年 3 月			丁　强、汤建华、吴振勇、朱金星
	2015 年 12 月	叶绍洪	汤建华	叶绍洪、汤建华、吴振勇、朱金星

续表 9–1–1

名　称	成立时间	书　记	副书记	委　员
中共浙江省农村信用社联合社直属委员会丽水办事处支部	2004 年 4 月	马士文	—	苏亦林、洪日强、郑　伟
	2013 年 3 月	叶慧萍		翁跃平、田耀飞、郑　伟、方曙东、吴慧来、赵楷
中共丽水市信用合作社联合社委员	1996 年 8 月	郑　伟	—	叶萍、潘小华、孙龙飞
	2003 年 3 月	干方军		
中共中国人寿保险公司丽水分公司委员会	1999 年 5 月	李佳龙	—	李佳龙、朱小伟、王文龙
	2001 年 1 月		朱小伟（主持）	朱小伟、王文龙、耿庆华
	2001 年 11 月			朱小伟、王文龙、耿庆华、廖定进
中共中国人寿保险公司丽水分公司委员会	2002 年 1 月	朱小伟	—	朱小伟、王文龙、耿庆华、张福良
	2002 年 12 月			朱小伟、王文龙、耿庆华、庄新宏、周金鹤
中共中国人寿保险股份有限公司丽水分公司委员会	2004年 12 月	朱小伟	—	朱小伟、耿庆华、周金鹤、刘　茸
	2008 年 6 月	杨新权	—	杨新权、耿庆华、周金鹤、刘　茸
	2009 年 12 月	—	刘　茸（主持）	耿庆华、周金鹤、刘　茸
中共中国人寿保险股份有限公司丽水分公司委员会	2010 年 3 月	—	刘　茸（主持）	耿庆华、周金鹤、刘　茸、刘宪伟
	2011 年 4 月	刘　茸	—	刘　茸、刘宪伟、徐晓辉、李　毅

中共农村合作金融各县(市、区)机构党组织与负责人名录

表 9–1–2

名　称	成立时间	书　记	副书记	委　员
中共浙江丽水莲都农村合作银行委员会	2005 年 5 月	吴慧来	—	岳　刚、叶　萍、刘洪芝
	2008 年 7 月	田耀飞		岳　刚、刘洪芝、叶　萍、王子军、蓝礼华
	2012 年 8 月	郑　伟		郑建林、岳　刚、刘洪芝、王子军、蓝礼华
中共浙江丽水莲都农村商业银行股份有限公司委员会	2014 年 1 月	陈胜珠	—	刘俊毅、叶世瑞、林小勇、林剑英
中共龙泉农信联社党组	1997 年 7 月	吴一新	—	周裕巽、周盛喜、陈义达、宋武龙
中共龙泉市农村信用合作联社委员会	1999年 3 月		—	陈义达、宋武龙、周盛喜、翁跃平、翁卫龙、陈小玲
	2007 年 8 月	吴宏涛	—	陈小玲、刘建伟、陈义达、梁海斌、翁卫龙
中共青田农村信用社党委	1997 年	干方军	厉超勤	董国洪、余振荣、刘建伟
	2001 年			
	2003 年	郑剑光	—	董国洪、刘建伟
	2005 年	潘金石		周大忠、徐碎友、刘建伟

续表 9–1–2

名称	成立时间	书记	副书记	委员
中共青田县农村信用合作联社党委	2008 年	周章法	—	周大忠、徐碎友、刘建伟
中共青田农村信用合作联社党委	2011 年			陈剑林、徐碎友、刘建伟、王永平
中共浙江青田农村商业银行股份有限公司委员会	2015 年 1 月	周章法	—	刘建伟、田耀飞、周大忠、王永平、孙　成
中共缙云县信用社联合社党委	1987 年	饶新光	—	祝苏雄
	1997 年	吕德福	—	祝苏雄、岳　刚
	2001 年	吴小伟	—	田耀飞、郭卫中
	2003 年	田耀飞	—	刘日东、郭卫中、胡伟进
中共缙云县农村信用合作联社党组	2011 年	刘日东	—	陈小玲、郭卫中、胡伟进
	2014 年	叶世瑞	—	吴宏涛、郭卫中、胡伟进
中共遂昌县农村信用合作社联合社党组	1997 年 3 月	张　晖	—	单斌阳、周建新
	2000 年 11 月	—	周章法（主持）	单斌阳、郑亚秋、陈小玲、周科林
	2003 年 3 月	周章法	—	郑亚秋、周科林
中共遂昌县农村信用合作联社党委	2005 年 5 月			宋武龙、周建新、郑亚秋
	2007 年 7 月	洪日强		宋武龙、周建新、郑亚秋、刘俊毅、余振荣、季晓伟
	2015 年 9 月	余振荣		王志军、郑亚秋、季晓伟
中共松阳农村信用合作联社委员会	2005 年 3 月	季大设	—	吴宏涛、周慧华、叶孟卿
	2011 年 11 月		—	吴一新、王　峰、叶孟卿
	2013 年 4 月	季大设	—	吴一新、王　峰、王旭红、叶孟卿
中共云和县农村信用合作联社委员会	2005 年 4 月	方力伟	—	陈义达、刘少燕、张丽君
	2008 年 7 月	吴慧来	—	方力伟、刘少燕、张丽君
	2012 年 6 月			方力伟、刘李锋、张丽君
	2014 年 7 月			方力伟、刘李锋、毛益平
	2015 年 9 月			郑旭勇、刘李锋、毛益平
中共庆元县农村信用合作联社党组	1996 年 1 月	金　鑫	—	鲍晓芬、陈文炎、周邦新、吴俊文
	2003 年 1 月	郑建林		鲍晓芬、陈文炎 周邦新
中共庆元县农村信用合作联社委员会	2005 年 1 月	郑建林	—	鲍晓芬、陈文炎 周邦新、翁跃平
	2008 年 7 月			陈文炎、周邦新、翁跃平
	2012 年 3 月	翁跃平		陈文炎、周邦新、吴俊文
	2015 年	陈文炎		周邦新、吴步斌、吴俊文
中共景宁畲族自治县农村信用合作联社委员会	2005 年 6 月	郑剑光	—	叶金炎、毛清芳、张晓青
	2012 年 3 月	陈小玲		叶金炎、毛清芳、张晓青
	2015 年 8 月			毛清芳、张晓青、高樟亭

第二节　纪检监察机构

1952 年 1 月，丽水专区被撤销，各县分别划归温州、金华、衢州专区。12 月 19 日，政务院公布《监察室暂行组织通则》，明确银行监察工作的主要任务是：监督检查本单位与所属单位及其工作人员对国家政策法令，特别是有关金融政策法令的贯彻执行情况和银行本身的任务、计划、决定、指示的贯彻执行情况；监督检查本单位与所属单位及其工作人员对资产的收入、统计、管理、使用的情况；受理人民检举、控告，并监督人民来信和访问工作的执行情况。1953 年 6 月，根据中国人民银行浙江省分行要求，各中国人民银行地区分行设立监察通讯员，承担下查上报职责。1963 年 5 月，恢复丽水专区，业务监察一直由计划、信贷、储蓄、会计出纳等业务管理部门负责，干部职工违规违纪查处一直由人事部门负责。1979 年 6 月，国务院批复中国人民银行报告，同意重建各级银行监察机构。1983 年末，中国人民银行丽水地区分行成立监察科（后称监察室）。1985 年 5 月 15 日，中纪委作出关于派驻金融系统纪检监察组的决定。8 月 9 日，建立浙江省纪委驻金融系统纪检组。1987 年起，各地市分行和部分县支行先后建立纪委驻金融系统纪检组。金融系统纪检组受派驻纪委的委托，对专业行党组（党委）纪检组实行双重领导。1988 年 5 月 19 日，国务院批复同意监察部在中国人民银行等部委设置派出机构。9 月 15 日，监察部、中国人民银行联合下达在中国人民银行省（市）分行设立金融系统监察专员办公室，与监察部驻金融系统纪检组合署办公，实行一套工作机构、两个机构名称，履行两种职能的体制。

1988 年 11 月 12 日，浙江省监察厅、中国人民银行浙江省分行联合下发《关于在人民银行地市行设立金融系统监察室的通知》。人行丽水地区分行金融系统监察室成立。人行各县支行陆续设立金融系统监察室。至 2015 年，完善监督，提升公开水平。按照相关制度开展政府信息公开工作，定期开展监督检查并纳入县（市）支行综合业务考评范围，健全内部监督机制，完善外部监督成效，全面引入机关效能评议体系，引进外部力量察访核验等方式。

第三节　行风建设

丽水金融单位一直重视自身形象和行风建设。20 世纪 50 年代，对银行财务管理、资金运用、储蓄、新币发行和旧币回收等工作进行认真监督，特别是对商业信贷、农业信贷、贫农合作基金贷款以及财务收支等工作进行检查，发现存在问题，及时纠正，及时查处贪污盗窃等违法违纪案件。通过开展社会主义劳动竞赛、争创金融红旗手等活动开展为人民服务教育，牢固树立广大职工为社会主义建设、为广大客户服务的思想，银行在社会上树立“三铁”（铁账、铁款、铁算盘）的良好形象。进入改革开放新时期，金融事业快速发展，全地区各金融单位更加重视行风建设，纪检监察部门积极发挥职能作用，促进金融业行风建设。

20 世纪 80 年代初，中共中央提出要结合各条战线的实际情况，纠正带有行业特点的不正之风。丽水地区金融系统“纠风”工作，主要是针对不同时期的突出问题进行专项治理。1982 年，根据中共中央《关于打击经济领域中严重犯罪活动的决定》，全地区各金融单位结合打击经济犯罪斗争，开展清查库房、核对会计和储蓄账户、检查资金运用、检查开户结算和利息损益、检查基建和大额财务开支五个方面的大检查。1985年，根据中国人民银行《关于全面彻底清理非法使用外汇和以贷谋私问题的通知》，开展信贷大检查，狠刹以贷谋私、非法使用外汇等行业不正之风。1986年，认真贯彻上级《关于解决当时机关作风中几个严重问题的通知》精神，对请客送礼、挥霍公款旅游、谋取不正当收入、私设小金库等不正之风进行认真清查。1988年，认真贯彻《中共中央关于党和国家机关必须保持廉洁的通知》和浙江省五行一司与省金融系统纪检组联合下发《认真贯彻中央、国务院和省委、省政府决定，近期做好廉政建设七件事——致全省金融系统干部职工的公开信》，通过学习、对照、检查，制定有关制度规定，促进全区金融系统党风行风好转，遏制请客送礼、以贷谋私、以权谋私等问题的发生。

20世纪90年代初，丽水地区金融系统纠风工作进入新阶段。按照"党组领导、行政负责、部门主管、纪监协助、各方配合、条块结合、综合治理"原则，成立丽水地区金融系统加强廉政建设、纠正行业不正之风工作协调小组。根据《浙江省金融系统纠正行业不正之风的暂行规定》，各金融单位各自制定《审贷分离制》《发放违纪贷款的处罚规定》《外汇信贷基础管理工作制度》《车辆定点检修管理制度》等一系列具有操作性、约束性的规章制度，对全区金融系统用公款吃喝送礼情况、经商办企业情况、在资金拆借中擅自或变相提高利率、收取回扣或好处费为小团体谋利益的情况、乱收费的情况、与自办经济实体脱钩的情况、利用职权无偿占用企业钱物和违反规定购置进口小轿车的情况、利用旅游渠道公费出国旅游以及不准参加公款宴请娱乐活动、不准向企业索要钱物和报销费用等进行了认真的检查、清理和处理，刹住"吃、拿、卡、要、报"等不正之风，出现很多拒收财物、秉公办事的好人好事。

1996年开始，丽水地区金融系统根据全国金融系统开展的"四讲一服务"活动，大张旗鼓地进行为期三年行风建设活动。各金融单位都成立以主要领导为组长，分管领导为副组长，监察室、办公室、人事处负责人为成员的行风建设领导小组，层层签订《行风建设责任状》，制定《行风建设责任状实施细则》，聘请金融行风建设监督员和特邀监督员，设立意见箱和举报电话，使行风建设活动轰轰烈烈地开展起来。1997年，通过二次大规模的明察暗访、二次全社会的行风评议和广泛征询各方面意见，针对薄弱环节和群众反映的热点问题狠抓整改，全区金融系统面貌出现可喜转变。1998年，通过行风建设回头看，继续开展明察暗访，积极推行政务公开和万人评金融行风活动，行风行貌得到进一步改观。1999年，各金融单位坚持"纠建并举，综合治理"方针，把纠风工作和行风建设纳入日常管理，通过加强行纪行规督查，普遍推行行务公开和承诺服务，广泛开展民主评议和职业道德建设，三年行风建设成果得到巩固。

21世纪，丽水市各金融单位按照国务院提出"严格、规范、谨慎、诚信、创新"的"金融十字行风"要求，坚持以防范金融风险、改进金融服务为重点，把行风建设作为外树形象、内强素质的基础工作来抓，与创建文明单位、开展金融管理年活动、改进金融服务有机结合，推动金融行风建设和金融服务工作互相促进，同步提高。2000年，为方便客户查询、咨询和投诉，各金融单位开始筹建和完善"95588""95599""95566""95518"等电话服务中心，实行24小时专线服务或坐班服务。2001年，为认真贯彻国务院纠风办、国家经贸委、中国人民银行联合发布《关于严禁发放使用各种代币购物券（卡）的紧急通知》，丽水市金融系统监察室会同丽水市政府纠风办制定下发《关于加强银行卡业务管理的通知》，严肃查处个别银行在银行联名卡发行中的违规行为。2009年，中共中央印发《关于党政机关厉行节约若干问题的通知》，中国人民银行丽水市中心支行立即提出要求金融机构各单位各部门厉行节约，发扬艰苦奋斗、勤俭节约的革命精神，认真贯彻落实中共中央精神。2012年末，中共中央印发关于改进工作作风密切联系群众的"八项规定"。中国人民银行丽水市中心支行立即召开金融机构联席会议，要求金融机构各单位各部门认真学习、传达贯彻"八项规定"精神。各项活动均促进全市金融行业行风行貌进一步好转与提升。

第四节 案件查处与防范

廉政教育

为增强金融系统干部职工自身道德修养，提高防腐拒变能力，抵制种种诱惑，丽水地区金融系统开展形式多样、持之以恒的思想教育。深入开展示范教育、警示教育和岗位廉政教育，提高领导干部廉洁从政的自觉性；深化辖区"一行一品"廉政文化建设活动，深入挖掘丽水地方特色，制定切实可行的实施方案，有效推进丽水"红莲"廉政文化品牌建设。另外还有经常性的形势政策教育、法纪教育和警示教育。通过电化教育、案例分析、请英模作报告、请专家做辅导、举办政治培训班、读书会、知识竞赛、演讲比赛等途径，使广大干部职工保持清醒头脑，增强对各种诱惑和腐蚀的抵制能力。

防范措施

按照关口前移，从源头上遏制和防范经济案件的工作思路，丽水地区各金融单位在健全业务操作规程、建立防范工作制度、采取有效防范措施、抓好制度规定落实等方面，做了大量的预防工作。1994年，全区各金融系统成立"三防一保"领导小组和"三防一保"办公室，加强对全市金融系统安全防范工作的领导和督促检查。1996年开始，各金融单位着手对原有的各项业务操作规范规程进行整理、补充、修订、完善，并根据业务发展和防范工作需要，建立了贷款审批、不良资产处置、财务收支审查、财务经费管理、大宗物品采购、基建装修招投标、差旅费包干等一批新的操作规程及与之相配套的制度、办法。1998年，全区金融系统建立政务公开制度。通过电子显示屏、业务导示屏、宣传橱窗及印发宣传资料等途径向社会公布，接受全社会监督。各金融单位还普遍建立每季一次的防范经济案件分析会制度及基层网点学习讲评、每日检查、工作日志、内控监督四项工作制度及强制休假、轮岗交流、内部待岗、戒勉谈话、8小时以外行为动态管理等制度，针对案件多发部位，从加强制度制约和内部监督入手，预防和遏制经济案件的发生。1999年，全区金融系统与市检察院联合建立"预防职务犯罪"联席会议与工作网络，并坚持一把手亲自抓，一级抓一级，列入目标管理考核，严肃责任追究。同时，开展离任审计、任职资格考核、重要岗位人员排查和员工行为分析，及时发现各种苗头和线索，把防范工作做在前面。各金融单位还针对员工制度观念淡薄、有的制度形同虚设、有的屡查屡犯等问题，采取认真开展思想教育，反复进行督促检查，发现问题严肃处理，限期整改等措施，保证各项管理措施和防范工作落实到基层，落实到各个操作环节。2001年，各金融单位根据自身业务特点，制定反腐败抓源头实施办法，全面落实反腐败抓源头工作的各项制度、措施，继续巩固“查处、教育、改革、立制、监管”五位一体防范体系，重点围绕管好“权”、管好“钱”和管好“人”等核心环节，采取抓源头、立项目、综合治理的工作方法，从体制、机制、制度和管理上铲除滋生各种消极腐败现象的土壤和条件，有力遏制全市金融系统案件高发势头和消极腐败现象的滋生蔓延。2015年，根据中国人民银行总行《关于开展人民银行干部职工参与非法集资排查工作的通知》要求，中国人民银行丽水市中心支行全面开展人民银行干部职工风险情况的摸底调查，摸清情况，及时上报排查情况报告。同时，上报《关于加强和规范人民银行干部职工参与民间投融资风险防控工作的措施建议》。

严肃查处

丽水地区金融系统各级党委和纪检监察部门坚持“三不放过”：线索不查清不放过，不挽回经济损失不放过，不处理有关责任人不放过。配合司法机关和上级纪检监察部门，查处各种犯罪案件。20世纪80年代以来，查处盗窃、诈骗、抢劫、受贿、贪污、挪用公款及赌博、违反财政纪律、套取储蓄利息等违法违纪案件多例，挽回国家和企业的巨额经济损失。

第二章　文化建设

20世纪80年代以来，丽水市金融系统重视企业文化建设，各金融单位以党旗为引领，以创新金融服务、支持经济发展为己任，广泛深入开展政治思想教育，提高党员队伍和干部职工的思想素质，不断增强法纪、道德意识和为人民服务的观念。通过开展形式多样的各类文化建设活动，倡导积极向上的工作方式，激发员工的活力和事业成就感，提升金融企业的凝聚力和向心力。与此同时，丽水市金融系统还非常重视人才培养和教育，有计划有重点地开展职工文化教育培训，不断提高员工素质，为金融发展提供高素质的人才支撑，确保金融事业持续稳健发展。

第一节　金融企业文化建设

中国农业银行股份有限公司丽水分行文化建设

1980—1993年，农行丽水地区分行作为国家专业银行——农业银行的分支机构，每年在文化建设上主要开展与加强行、社干部职工的思想政治教育工作与精神文明建设，解放思想、转变作风、打破“大锅饭”思想，搞好农村储蓄、支持农村建设与发展，为“四个现代化”建设服务。1982—1984年，开展“五讲四美三热爱”活动。1984年，提出建设文明单位、文明员工，举办首届农行职工羽毛球比赛。1986年，开展“创建精神文明单位、争当文明标兵”竞赛活动。1989年，推行办公规范化、制度化、公开化，促进廉政建设。20世纪80年代末，开展基层营业机构“五小建设”，解决基层员工在工作、生活、文化娱乐需求。

1993年，农行丽水地区分行开展领导班子、员工队伍、机构网点、规章制度“教育、清理、整顿”工作，树立以业务发展为中心的文化理念。广泛深入开展宣传学习英雄刘玲英的事迹活动。1995年，农行丽水地区分行开展“解放思想”大讨论活动，确立全新的商业化经营新观念，初步展现干部职工“我是农行人、农行是我家”的敬业爱岗精神。

1996年，农行丽水地区分行开展“讲改革、讲政治、讲法纪、讲效益”，提高服务水平“四讲一服务”活动。积极投入中共丽水地委开展的“争做模范、争创一流”教育活动。加强职业道德教育，培养敬业精神。1997年开始，农行丽水地区分行在全行上下开展行风评议活动，聘请行风评议社会监督员开展明察暗访。11月6日，地区分行与丽水县支行联合举办“’97金秋金穗之夜”文艺晚会，邀请北京“民族之星”艺术团到丽水作专场演出。

1999年，农行丽水地区分行开展“讲学习、讲政治、讲正气”的“三讲”教育活动。8—9月期间，为庆祝中华人民共和国成立50周年、迎接澳门回归，农行地区分行举办全区农行老干部书法、绘画、摄影作品比赛活动，并对作品进行评选。

2000年，丽水市农行系统员工开展职业道德教育。10月10—30日，为树立学习榜样，掀起学先进赶先进热潮，在全市农行系统开展首届“十佳员工”评选活动。此后，每三年举办一届评选活动，事迹在全行巡回宣讲。农行丽水市分行作出5年建设成为丽水山区精品行的规划与部署。

2001年，农行丽水市分行在全市农行系统员工中开展“三个代表”重要思想学习教育活动。6月14日，为迎接中国共产党建党80周年，市分行举办纪念建党80周年演讲会。7月28日，丽水市分行机关和武警丽水市支队联合举行庆“八一”文娱活动。

2002年，农行丽水市分行在系统内开展行风评议、规范化服务，创建“双文明示范岗”。8月31日，市分行在丽水明星商城举行全系统乒乓球比赛，有66名选手参加比赛活动。10月25日，建立丽水市分行合唱团，各县（市）支行建立合唱团或舞蹈队。每逢春节等重大节日，都由农行内员工队伍组织演出，有的节目选送农行浙江省分行联演和地方联演。2003年，成立中国农业银行丽水市分行企业文化建设领导小组。同时，制订《中国农业银行丽水市分行企业文化建设规划》，计划通过3—5年，造就一支“与客户共创价值”的高素质员工队伍，提供“你的满意，就是我们的追求”的高质量服务，建立一套科学而严谨的管理体系，形成一个科技含量高的现代化网络，创造一种和谐、团结、民主、务实的文化氛围，形成一个物质文化、制度文化、精神文化整体推进的良好格局，把农行丽水市分行办成山区精品行和区域性强行。在系统内开展规章制度宣讲教育活动。2月14日，在中共丽水市委、丽水市政府召开的全市文明行业授牌仪式上，农行系统作为首批被授予文明行业称号的八个系统之一，受到隆重的表彰。

2004年，农行丽水市分行制订《机关效能建设实施方案》，开展机关效能建设工作。在以“展行业风采，树丽水形象”为主题的行业优质服务竞赛活动中获得市级优质服务先进窗口荣誉称号。9月5日晚，开展庆祝中华人民共和国成立55周年暨农行恢复成立25周年活动。“丽水山区精品行”目标，提前一年实现。

2005年，农行丽水市分行开展“保持共产党员先进性教育”活动。把“增强文化制胜理念，倾力打造优秀的农行企业文化”列入日常工作计划。1月，农行丽水市分行被全国总工会宣教部、国资委群工局、工人日报社评为全国“创建学习型组织，争做知识型职工”知识竞赛优秀组织奖。

2006年，农行丽水市分行开展以《中国农业银行领导干部道德风险防范指引》《中国农业银行防范案件工作指引》《中国农业银行查办案件工作指引》为主要内容的合规文化教育活动。农行市分行与景宁畲族自治县东坑镇、大际乡、葛山乡等乡村建立结对关系，开展“一户一策一干部”扶贫帮扶、“百村千户文化示范工程”共建活动；与辖内各县（市）支行开展“政治素质好、经营业绩好、团结协作好、作风形象好”的“四好”班子创建与评比工作，每年开展评比活动。

2007年，农行丽水市分行开展“合规建设和风险管理年”活动。在领导干部中开展加强执行力建设主题教育活动，被丽水市人民政府评为“丽水市劳动关系和谐企业”。10月20日，农行丽水市分行在丽水职业技术学院举行城区首届趣味运动会。此后，趣味运动会被推广到辖内各支行，每2年在莲都区集中举行一次。10月28日，在全市银行业首届趣味运动会中农行丽水市分行代表队获得团体第三名。

2008年，农行丽水市分行开展企业文化建设大讨论活动。2009年，农行丽水市分行在营业网点导入文明标准服务。

2010年，农行丽水分行在全行开展机关服务提升活动，全面开展“三型”机关和服务效能建设。2010—2012年，在全行范围内深入开展合规文化建设活动，分三个阶段开展合规文化基础建设年、推广根植年和巩固提升年。2011年，开展“优化服务，提升品质”“学制度、强素质”为主题的学习教育活动。开展深化“银行业内控和案防制度执行年”活动。在农行丽水分行管理网主页联合推出“行长热线”栏目，为全行广开言路，构建服务基层新机制。2012年，开展“规范员工从业行为与执行力建设”两大主题活动，深化新一轮“赢在服务，铸造品牌”活动。

2013年，农行丽水分行开展“中国梦学习教育活动和党的群众路线教育实践活动”。制订《精神文明建设工作管理办法》。开展“标准化、规范化、制度化，铁账、铁款、铁规章”的“三化三铁”“百日重点整治”专项活动。2014年，农行丽水分行在全行持续进行党的群众路线教育实践活动，开展深入推进“合规教育下基层、规范经营大整治”活动，深入开展合规文化建设。组建专家宣讲团，深入基层开展宣讲。举行合规文化演讲比赛。制定《注重人文关怀、关爱基层员工实施意见》，为基层员工减负，薪酬、费用向基层倾斜，深入开展“职工之家”建设，做好困难员工帮扶，关心基层员工职业发展，关爱员工身心健康。

2015年，农行丽水分行制定“凝聚、激励、关怀”员工活动计划并分步组织实施，开展“抓党建促发展 党员示范争星”活动。举办“学焦裕禄、学雷锋、行业树新风”主题演讲比赛。积极参与“维护银行消费者权益、共创金融和谐环境”——“3•15”消费者权益保护日宣传活动。

中国银行股份有限公司丽水市分行文化建设

中国银行丽水市分行高度重视企业文化建设工作，以“追求卓越”的价值观为核心，坚持“诚信、绩效、责任、创新、和谐”五个方面要求，大力营造诚实守信、尽职尽责、改革创新、以人为本的工作氛围，用共同的价值观念与行为规范，凝聚全体员工智慧与力量，为全行改革发展提供持久精神动力，为建设和谐社会做出应有贡献。1990 年，积极发挥工会作用，提高职工队伍整体素质，在全辖范围内开展首次业务技术测评工作。

1992 年，为庆祝中国银行成立 80 周年暨丽水支行成立 3 周年，举办首届“中国银行杯”篮球赛。1993 年，先后举办中央企业职工文艺会演大赛、全区中行系统文艺会演、存汇规章制度大奖赛，并组织闽浙赣三省八地市中行横向联系会。1994 年，全行进一步丰富了企业文化内涵，先后举办“三八”国际劳动妇女节职工活动、中行丽水支行成立 5 周年联欢晚会、全区行长卡拉 OK 大奖赛、首次丽水辖内会计知识大赛、首次职工业务技能比武等活动。2001 年 6 月，中行丽水市分行深入开展“三个代表”重要思想教育活动，成立领导小组，设立办公室，把学习江泽民总书记“七一”重要讲话作为当前头等大事来抓，以各种形式开展学习讨论，大家一边学习一边讨论，广大员工表示学习江泽民总书记的“七一”讲话，实践“三个代表”重要思想就要结合实际做好自己的本职工作，在学习中，各方面都有了长足的进步。

2003 年，组织行风建设暨“双做”教育回头看活动演讲比赛。2004 年是中行丽水市分行企业文化建设较为突出的一年。年初，提出以人为本创造和谐的温馨家园文化；开展一系列员工活动，全行凝聚力空前高涨，创办职工食堂、开展登山运动、实行疗休养制度，不断激发员工积极性和创造性，全行上下营造一种和谐相处、同舟共济、荣辱与共的和谐温馨家园气氛。

2005 年，组织中行丽水市分行首届乒乓球比赛和迎“五一”文艺会演，参加地方组织的趣味运动会和健美操比赛，积极推荐辖内爱好绘画、书法、摄影的职工参加比赛，参加同业协会组织的歌咏比赛，开展首届职工代表大会，丰富职工业余生活，不断激发员工的积极性和创造性，增强全行凝聚力和向心力，结合实际做好社会公益事业，开展帮扶困难工作，积极参与社区活动，开展创建文明单位活动，树立企业良好形象展示中行的品牌建设成果。2006 年，全行员工积极参与各类有益活动。通过举办“奉献中行”先进事迹巡回报告会、周末登山健身、摄影写生和比赛、文艺晚会等文体活动，组织中行篮球赛、全民健身运动、学雷锋活动、摄影比赛、文艺晚会等，增进员工之间的友谊和互相了解，提升员工对银行的认同和归属感，增强凝聚力。8 月“桑美台风”中，庆元、景宁受灾十分严重，分行认真组织开展救助活动，为灾区人民捐款达 12 万元、捐物 400 余件。

2007 年，是中行企业文化启动年，也是中国银行建行 95 周年和上市后的第一年，丽水支行开展了一系列活动，组织“追求卓越——我与中行共成长”主题演讲比赛、“合规建设大家谈”征文比赛、“卓越人生、和谐中行”征文比赛、“和谐•奥运•志愿•共享”摄影大赛、DV（数码摄像机）作品大赛以及送金融知识下乡活动、金融保险服务送农村活动等。

2008 年，中行丽水分行围绕企业文化建设，培养团队精神，开展各种文体宣传健身活动，促进和谐企业建设，组织本级全体员工登山比赛、“三八”活动、“三个一”读书活动等。“5•12”汶川大地震发生后，丽水分行工会多次号召全行上下积极行动起来，大力组织抗震救灾捐款活动，累计捐款金额 248750 元。围绕奥运服务，开展“文优服务”百日竞赛活动，举办奥运门票代售点英语培训班、文明优质服务礼仪培训班，并负责奥运火炬纪念章丽水首发仪式。

2009 年，举办丽水中行成立 20 周年庆祝大会、“庆祝建国 60 周年”歌咏比赛、分行首届职工运动会、“以案说法人人讲规章 重在执行事事做规范”警示教育演讲比赛、丽水首届理财节。2010 年，举办新春团拜会、丽水市分行巾帼风采宣传讲会，开展丽水市分行“人生坐标”培训。2011 年，举办“百年中行、百年辉煌”文艺会演，组织参加省行“百年中行、百年辉煌”系列活动如游泳比赛、书法绘画摄影比赛、主题征文活动。深入开展“创建劳动关系和谐单位”活动、“工人先锋号”系列活动，丽水分行被市总工会评选推荐为浙江省“生活后勤保障先进企业”。组织开展“爱心捐款月”活动，组织全辖“爱心捐款”62050元。2012年，在全辖女职工中开展“关注女性、关注女职工职业生涯发展”主题征文活动，通过散文、诗歌等多种形式热情讴歌广大女职工为中行改革发展作出的突出贡献和锐意进取的典型事迹，展现中行女职工积极向上的精神风貌。

2013年，中行丽水分行坚持“四唯”方针，大力推进创新发展、转型发展、跨越发展，积极倡导并践行“服务为善”理念。通过开展合理化建议、“金点子”评选以及“比服务、比技能、比创新、比贡献”等活动，形成争先创优的良好氛围，促进各项业务又好又快发展。组织开展中国共产党建党92周年纪念大会，开展丽水市消防支队、中国银行丽水市分行迎“八一”警民座谈会，“八一”拥军联谊晚会等。

2014年，以人为本、简单清新的企业文化深入人心，心齐、气顺，有信心的员工队伍日渐显现。中东支行成功创建丽水银行业文明规范服务星级营业网点。松阳支行获评全省十佳高效网点。全行实现“业务发展带动企业文化发展，企业文化建设推进业务健康发展”的良性循环。

2015年，在严峻经营形势和巨大考核压力下，积极将“关爱员工”“共同成长”等观念融入整体发展，努力营造“蓝天白云”和简单清新的和谐企业文化。各级工会组织以职工之家为载体，积极倡导“健康生活，快乐工作”理念，组建羽毛球、乒乓球、篮球等各类俱乐部，定期组织爬山、球赛等活动，丰富员工业余文化生活。为方便员工日常购物，增设员工食堂小超市，扩大员工消费选择。通过以实际行动为员工办实事、办好事，有效增强全行的凝聚力和战斗力。

中国工商银行股份有限公司丽水市分行文化建设

中国工商银行丽水市分行高度重视企业文化建设，在不断发展实践中逐步认识和丰富，为推进企业转型发展、提升核心竞争力提供思想保证和精神动力。

在国有专业银行时期。丽水工行从人行分设后，继续传承“三铁”(铁账本、铁算盘、铁规章)精神，重视对干部职工进行理想、道德、纪律、法制教育。1986年，人行丽水地区中心支行和各家银行举办以“理想”为主题的演讲比赛7次；抓住电大教育、新干部培训，新干部转正定级和技术练兵等，引导职工学技术、学文化。1987年，适应银行企业文化要求，加强宣传动员和组织，做好职称评定工作；丰富职工业余生活，组织足球队参加全省基层工会足球赛等活动。重视干部职工的学历教育和岗位培训。1989年，中专以上学历人数占总人数60%；举办电脑新技术、新闻报道、业务规范上岗等培训班12期。20世纪90年代起，根据业务发展需要，加强员工岗位培训，对新职工抓好基层理论、基础业务和基本技能“三基”培训，做好一线操作层人员的在岗业务培训。

1994年起，随着国有银行向商业银行转轨，工行丽水地区分行的企业文化、队伍建设逐步向现代金融企业要求转变。一方面，开展劳动竞赛活动、实施人才培养计划，如岗位练兵、争创文明柜所等。1997年，实施“千百万”人才工程，向一人多能方向发展，以适应一人多岗、一岗多能的要求。另一方面，重视加强民主管理。2003年，召开工行丽水市分行首届职工代表大会，开展职工“合理化建议”征集，增强职工参政议政意识，激发职工参与经营改革的热情。2000年起，开展以倡导“创业、创新、团队精神”为主题的企业文化建设。

2005年，工行丽水市分行完成股份制商业银行改革，提出人才强行战略。着力抓好“青干班”的培训及课题调研工作，重视对青年人才的培养和使用；启动“关爱大学生系列活动”，加大对大学生的培养力度；强化培训手段，通过客户经理俱乐部等多种形式，抓好客户经理、信贷员等人员的培训工作。

按照工行浙江省分行"创建和谐银行，营造温馨家园"要求，深化"以人为本"为核心的独具丽水分行特色的企业文化建设。2006年，工行丽水分行"温馨家园俱乐部"及各支行分部成立，其中城区行设乒乓球、羽毛球、登山、钓鱼和文娱等5个分部，创刊《温馨家园》，开通"温馨家园论坛"、员工"生日短信系统"。2006年起，工会牵头组织全市工行系统内各类业务竞赛及文化活动，每年举办以"温馨家园""幸福工行"等为主题的文艺会演；2007年，举办员工才艺比赛；2009年，举办业务知识竞赛；2010年，举办职业道德竞赛、"快乐员工"独唱比赛；2011年，举办"技能大比拼""创美丽人生，展女性风采"时装比赛。2009年，工行团委举办"与祖国共成长，与工行同奋进"首届青年文化节；2010年，举办青年朗诵比赛。2008年，工行丽水分行大学生俱乐部成立，举办"提升竞争力"交流研讨会；2010年，举办"青春炫服务 满意在工行"情景模拟比赛。通过工、青、妇组织各司其职，认真履职，各项业务竞赛及业余文化活动不断创新载体、丰富内涵，有效提升全行凝聚力、向心力。

中国建设银行股份有限公司丽水市分行文化建设

建行丽水分行把企业文化建设作为一项重要工作来经营，党、政、工、团、妇"五位一体"全力注入，以家园文化为载体来加强企业文化建设，提高了员工的凝聚力、战斗力和归属感，同时也提高了银行的形象，促进了各项业务的发展，展现出丽水建行的良好风貌。

1984年10月22日，成立中国共产党中国人民建设银行丽水地区中心支行工会委员会，开展正常性的工会工作和经常性各种体育活动。1994年12月，建行丽水分行被丽水地区体委评为丽水地区群众体育工作先进单位。

2000年起，建行丽水分行从市分行到下属支行加强"家园文化"建设，充分发挥工会、团支部、女工委作用，学习政治业务、文化等，各种体育活动多样化，关爱员工全方位、具体化。对家庭生活困难和生病的员工，行领导亲自走访慰问，给予困难补助等，组织员工开展丰富多彩的各类文体活动，如爬山、打球、跑步等。2003年，建行丽水分行设立企业文化部，为科级机构，专门抽出人员管理企业文化建设，对内建设成一支和谐拼搏的团队，对外融入社会，敢于担当，多次捐款赈灾，每年行领导还拜访地方政府部门、武警等，受到社会好评。12月，建行云和支行被浙江省建行评为"先进职工之家"。2007年1月，建行丽水分行营业部和瓯江支行分别被浙江省巾帼建功和双学双比活动协调小组认定为"浙江省巾帼文明岗"。2008年度，丽水分行营业部被全国总工会评为"女职工建功立业标兵岗"。2009年3月，建行丽水分行工会被丽水市总工会评为"2008年度先进基层工会"。建行瓯江支行营业部被建行总行评为"全国万家金网点"。5月，建行丽水市分行本部组织员工参加丽水市第二个全民慈善捐赠活动，捐款106710元。2010年4月，建行丽水分行本部向青海玉树地震灾区捐款79170元。2010年度，莲都支行行长叶松青被建总行评为"巾帼建功标兵"。2012年12月，建行丽水分行被浙江省财贸工会评为省财贸系统工人先锋号。

中国邮政储蓄银行丽水市分行文化建设

中国邮政储蓄银行丽水市分行坚持把打造优质和谐的企业文化作为提高企业管理水平、增强核心竞争能力、促进企业全面协调可持续发展的重要抓手，对内增强员工的自豪感和企业凝聚力，对外提升企业的良好形象，实现精神文明建设和银行转型发展双促进、双丰收。

2008年，中国邮政储蓄银行丽水市分行成立“解放思想，创新创业”大讨论活动领导小组，组织全辖开展“解放思想，创新创业”大讨论活动；组织开展“金融奥运金牌服务宣传月”活动。2009年，组织开展“合规管理年”活动，以小额贷款业务合规管理为主线，强化合规管理部门职能，规范规章制度，优化业务流程，培育良好的合规文化，提高员工的风险意识和风险合规管理能力。2010年，组织开展“发展质量年”活动，按照质效兼备、长短兼顾、标本兼治的原则，推进管理创新，提升服务能力，优化资产质量，提升分行可持续发展能力。

2011年，中国邮政储蓄银行丽水市分行提出“遵章守制保平安，和谐共赢同拼搏，开拓创新促发展”理念。组织全行开展条线业务流程梳理，加强执行力和精细化管理。2012年，成立企业文化建设领导小组，以及企业文化建设之精神文化建设、制度文化建设、行为文化建设、物态文化建设4个项目组。印发《加强企业文化建设的指导意见》，进一步加强对企业文化建设的组织领导。开展“我们的价值观”大讨论暨“企业精神”核心词征集活动，促进员工思想观念有新转变、整体素质得到新提高，不断形成健康向上的新风尚。开展以“转变作风，从我做起”为主题的机关作风建设大讨论活动，进一步改进工作作风。开展职业精神大讨论活动，进一步明确能力提升与职业素养的关联性。积极履行社会责任，组织开展慈善捐赠活动，捐款19500元。同年，先后组织“业务技能大比武”活动、风险合规主题征文活动、服务主题演讲比赛、职工乒乓球比赛、首届“十佳歌手大赛”。

2013年，经全辖员工自2012年以来一年多的深入讨论、精心提炼、充分论证，最终确立以“拼搏、责任、创新、和谐”为主要内涵的“丽水邮储人”共同价值观，以“志存高远、追求卓越”为核心的丽水邮储银行企业精神，企业宗旨、企业愿景、管理理念、服务理念、经营理念以及内涵，是全国系统内率先推出企业共同价值观文化理念体系，为邮储丽水市分行深化改革、转型升级、加快发展提供强有力的精神动力和文化保障。以企业文化暨“合规履职，从我做起”主题演讲比赛为开端，在全行掀起学习贯彻弘扬企业精神等理念的高潮。开展雅安地震和全市全民慈善捐赠活动月捐赠活动，共筹集个人捐款24845元。

2014年，全面启动第二批党的群众路线教育实践活动。举办“走进农村文化礼堂文艺巡演”暨邮储银行“2014年送文化下乡”活动，丰富全市农村群众的精神文化生活。举办“青年员工如何践行社会主义核心价值观”讲座，增强青年员工践行社会主义核心价值观的自觉性和坚定性。开展全行“三问三思”（“三问”，即我在条线岗位上是不是做的最好？我的岗位是不是不可替代？我是不是专业稀缺人才？“三思”，即怎样做到专业胜任？怎样做到职业一流？怎样做最好的自己？）大讨论活动。

2015年，中国邮政储蓄银行丽水市分行提出要学习“狼性精神”，在全辖掀起学习和讨论的高潮。先后举办首届田径运动会，举行“如何当好支行长”演讲选拔比赛、网点竞争力提升项目”演讲比赛。

浙商银行丽水分行文化建设

浙商银行丽水分行重视党建和文化建设，积极履行社会职责，共同参与社会公益事业、扶贫、救灾等捐款献爱心活动。

2012年12月，浙商银行丽水分行领导和部分青年员工走进云和县云丰小学看望贫困学生，为学生送上棉被、衣服、毛毯等，为孩子们度过冬天送上温暖。活动中，参观学生宿舍、学习环境及教师办公环境，真实体验农村学生学习的艰苦环境，切身感受乡村教师工作艰辛。2014年5月，落实中共丽水市委、丽水市政府关于帮扶工作的各项要求，加大对扶贫重点村和低收入农户的帮扶力度，对云和县麻垟村开展帮扶工作，在了解麻垟村经济社会情况和主要经济特色，浙商银行丽水分行整合各项资源，助力麻垟村的社会经济发展。

2014 年 9 月，结合“反假货币”宣传月活动，走进学校，为学生提高“反假货币”认识，普及货币知识，营造人人“反假货币”的良好氛围。

中信银行丽水分行文化建设

中信银行丽水分行积极构建“诚信、和谐、协作、卓越”的核心价值观，积极履行社会责任，坚持科学发展观，走可持续发展之路。积极参与公益事业，彰显“责任银行”。2011 年 11 月 20 日，中信银行丽水分行开业周年庆典之际，与《处州晚报》启动“中信救助”慈善活动，通过员工爱心捐款等途径每年捐出 12 万元，用于“中信救助”，帮助因疾病、突发性事件、自然灾害等急需紧急救助的百余名群众解决燃眉之急。通过《处州晚报》“帮办”栏目的采访报道，让爱心不断地延续，温暖更多的人。积极开展普及金融知识的公益活动，走进企业、走进社区、走进学校，开展“人民币反假”、防范和打击非法集资宣传和咨询服务等宣传，提升群众对金融知识的掌握程度。

2013 年开始，中信银行丽水分行关爱弱势群体，倡导健康生活，举办“中老年广场舞”展演，丰富老年人业余文化生活，为老年人提供自我展示舞台。每年举办“少儿幸福中转站”，通过组织开展少儿用品现场“跳蚤”市场等形式，开展“消费者保护权益”宣传，关爱少年儿童的健康成长。

关心员工生活，建设“温馨之家”。实施“五必谈”“五必访”制度，做好员工的慰问工作，提升员工幸福感。组建兴趣小组，丰富员工业余生活。组建羽毛球兴趣小组、乒乓球兴趣小组、户外徒步兴趣小组、游泳兴趣小组、摄影兴趣小组、瑜伽兴趣小组等 6 个兴趣小组，各小组活动生动活泼、有声有色。积极组队参加各类比赛，提升员工凝聚力。

泰隆银行丽水分行文化建设

泰隆银行丽水分行坚持“支小”“支农”，以“德润其身、泰和共隆”为核心价值观，致力“打造泰隆软实力，增强文化凝聚力，扩大品牌影响力，增强客户向心力，提高自身执行力”企业文化“五个力”建设，专注服务小微，贴心服务大众，努力打造“好银行”形象。

2008—2010 年，为进一步提升员工向心力，加强企业文化建设，每年年终以赛歌、赛舞、赛专业技能等才艺秀形式，开展员工联欢活动。2011 年，进行泰隆银行“青春作伴·第一届泰隆达人秀”丽水赛区海选。

2012 年，泰隆银行丽水分行举办手绘 T 恤活动。吸引来自泰隆辖内各机构 22 组参赛选手参赛。

2013 年，泰隆银行丽水分行成立“运动，让生活更美好”运动俱乐部，开展春季健步走活动、首届员工趣味运动会、“泰隆速度”丽水分行登山比赛、泰隆丽水分行第二届篮球联赛等系列活动，丰富员工业余生活、锻炼员工体魄，体现“我运动 我快乐”理念，增进员工之间、部门之间、支行之间的交流，增强员工体质，展现泰隆人青春活泼风貌。8 月，由泰隆银行主办、丽水市摄影家协会协办“首届泰隆摄影作品展”丽水站在丽水摄影博物馆盛大开展。摄影展从 1000 多张征集作品中精选出佳作 100 余幅。展览得到处州晚报社、电视台、丽水电台等丽水主流媒体的关注和报道。

2014 年“三八”妇女节期间，泰隆银行丽水分行组织员工及家属开展“美丽女人节·‘跳转’青春美”活动。7月，为全面提高柜员业务技能素质，提升柜面服务质量，开展“爱在窗口”柜员技能大比武活动。8月，“青春飞扬，唱响泰隆”歌王争霸赛丽水站开赛。

2015年11月，泰隆银行丽水分行党员代表及泰隆摄影俱乐部摄影爱好者及员工家属40余人来到云和县局村，开展党员微公益暨摄影采风活动。8月，举办第二届“泰隆十大名菜”员工厨艺大赛，评选出十大名菜并予以颁奖。

稠州银行丽水分行文化建设

浙江稠州商业银行丽水分行开业以来，企业文化建设主要围绕员工队伍建设，增强企业凝聚力、战斗力，提高金融服务质量和营造稠行家文化氛围。2009年5月18日至5月22日，浙江稠州商业银行丽水分行举行以“不忘‘5•12’，不忘有灾难，不忘有贫困”为主题的捐赠活动，捐款全部缴入丽水市慈善总会。

2009年5月26日，参加浙江稠州商业银行第六届“红五月”青工业务技能擂台赛上荣获团体第二名。

2010年6月3日，参加丽水银行业协会举办的全市银行业职业道德和行为规范知识竞赛中，获得二等奖。10月10日，参加由浙江稠州商业银行总行举办的金融法规知识竞赛，取得团队总分第二名，荣获二等奖。11月，稠州商业银行丽水分行被中共丽水市莲都区委、莲都区政府授予“区级文明单位”荣誉称号，丽水分行营业大厅获得“区级文明示范窗口”称号。先后获得浙江稠州商业银行总行“红五月”青工业务擂台赛团体第二名、旺季理财产品营销大会战优胜奖、总行“文明规范服务月”活动宣传组织奖、总行“合规知识竞赛”二等奖、2010年丽水市银行业协会“职业道德和行为规范”知识竞赛二等奖、丽水市全民普及反假币知识活动先进集体、2010年度丽水市银行业协会30佳优质文明服务示范窗口等多项荣誉。

2011年8月15日，《稠州银行丽水分行报》创刊，是全行首张分行级纸质报刊，也是丽水市银行业第一张自办报纸，四开四版，传播稠行文化，服务丽水经济。9月15日，在“丽水市金融机构征信知识竞赛”中，获得团体第二名。

2012年4月，丽水市文明委授予浙江稠州商业银行丽水分行“丽水市文明示范窗口”称号。10月23日至10月30日，组织员工开展职业道德考试，参考面100%。

2014年12月3日，组织开展“我与稠行共未来”演讲比赛。2015年3月6日，举行“2015再出发”新春晚会。4月28日，浙江稠州商业银行丽水分行被丽水市人民政府授予“丽水市五一劳动奖状”。9月12日，浙江稠州商业银行丽水分行第一届职工运动会在丽水职业高级中学隆重举行，10支代表队共有200余名员工参加比赛。

杭州银行丽水分行文化建设

2014年杭州银行丽水分行成立以来，高度重视金融企业文化建设。完善组织，成立杭州银行股份有限公司丽水分行工会组织，以团队建设为核心，落实关心关爱员工政策，积极开展各类文化体育活动，不断提升队伍凝聚力，狠抓教育培训，提升员工队伍素质。以“走出去”参加杭州银行总行、主管部门举办的各类专题培训，“引进来”外请总行、专业部门专业人员来开展集中培训、现场指导等方式，切实提高全行员工综合素质、业务技能和操作水平。建立每周一天“学习日”制度，利用晚上和周末时间抓各类管理制度和业务操作流程学习。2015 年，组织各类培训 60 余期。出台奖励政策，激发员工争先创优，制定杭州银行《丽水分行员工获得荣誉（含稿件被录用）奖励暂行办法》，明确员工获得荣誉和稿件被录用的奖励标准，激发员工参加各类争先创优和专项竞赛活动和对外宣传工作积极性。打造“家园”文化，营造良好的工作氛围。充分发挥党、工、团、妇等组织作用，落实关爱关怀员工政策，倡导努力工作、快乐生活的理念，营造“家”文化氛围。建成职工阅览室、活动室，让员工有一个阅读、休闲锻炼的场所，向全行员工赠阅书籍，举办读书征文活动，倡导人人爱学习的良好习惯。工会专门成立瑜伽、篮球、登山等 5 个兴趣小组，依托兴趣小组开展各类文体活动，增进员工之间交流，提升团队凝聚力和员工的归属感。

浙江民泰商业银行股份有限公司丽水分行文化建设

浙江民泰商业银行丽水分行在做好业务发展的同时，积极做好企业文化建设工作，坚定“用温暖的金融主推中国的小微企业繁荣”的企业使命，坚持“重信、合规、融聚、精进、创新”的核心价值观，服务小微、助贫扶弱、践行普惠，履行社会责任，积极参与社会公益事业，将“百合文化”内化于心、外化于行，凝聚全体员工合力，为全行发展提供思想指导与精神动力。一方面以营业网点为主阵地，向周边乡镇、村居、社区辐射开展形式多样的金融知识宣教活动，如将社区居民“请进来”“金融知识进万家”“金融知识服务月”“消费者权益保护”“雏鹰计划”送金融知识进校园等活动，有效提高地方群众金融知识水平、金融素养与风险防范意识。同时对内开展各类精神文明建设、主题党日活动、企业文化培训课程等，加深全行员工对企业文化的认识与理解，培养员工将企业文化融于工作、生活的意识，实现全行有方向、有目标、有理想、同发展、共成长。另一方面持续提升文明服务工作，增强员工服务意识，开展服务管理考核工作，不断提升服务质量，积极开展各类公益活动。2015 年，在全市文明单位建设工作中，成为丽水市金融系统文明创建率先达标的 8 家单位之一；与市中心血站联合举办大型“无偿献血”公益活动；向里东受灾区捐物资；大力支持残疾人协会举办的“共筑梦想　共享阳光”大型特殊文艺演出，组织员工向残疾人协会进行捐助；常态化开展送温暖活动，如开展“情系端午节，爱在养老院”送温暖活动、“大手牵小手”孤儿院慰问活动、联合市老干部局“爱心使团”组织开展“迎中秋送温情”活动座谈会和社区困难户送温暖活动等。

农商银行文化建设

浙江丽水莲都农村商业银行股份有限公司文化建设　莲都农商银行以省农信联社“立于信、兴于合、久于新”的核心价值观为引领，树立“爱岗敬业、团结协作、求实创新、奋力拼搏”企业精神，通过对内凝聚员工向心力，对外强化社会影响力，开创了上下联动，全面覆盖，整体推进的文化建设新局面。

1984 年，开始创办内部刊物《简讯》，主要为宣传本行服务“三农”、建设新农村、回馈社会等方面的工作和成效。

1996 年，丽水市信用联社与农业银行行政脱离隶属关系后，成立工会工作委员会，在维护职工权益的同时以形式多样的工会活动丰富职工文化生活。2004 年开始，受省农信联社品牌文化引领，开始打造本行企业文化，逐渐形成以“根、诚、活、家”为基因，以“打造一流惠民的长盛银行”为愿景的企业文化。

2012年，莲都农合行协办丽水市"银行卡助农取款服务宣传暨农村地区银行卡刷卡抽奖"活动，现场向广大市民分发了数千份宣传资料和纪念品。2013年，通过开展"金融知识进万家""金融知识宣传服务月"等活动，形成常态化宣传机制，定期走村入社向广大农民普及金融知识。同年，开展"学习贯彻十八大、做强做优浙江农信"知识大奖赛活动。

2014年，开展"学雷锋""关爱留守儿童暖冬行动""普惠宣传月"等公益活动，传递社会正能量。总结提炼"莲"文化，以"莲系你我"为服务理念，旨在以贴心服务回馈客户，搭建与客户的情感桥梁，建立紧密联系。2015年，成立"最美志愿团队"，开展学雷锋、关爱春运金融宣传等活动。同年，莲都农商银行总行党委组织全体员工为莲都区雅溪镇里东灾民捐款261750元。

龙泉市农村信用合作联社文化建设 1984年12月4日，龙泉县信用联社成立。改革开放后，尚处在手工操作，"铁账、铁款、铁算盘"成为信用社自身管理、统领员工思想道德教育和业务技术培训、全面提高员工素质的重抓手，也是信用社品牌文化的崛起。1997年10月7日，联社首届工会委员会成立。2002年7月，信用社第一份内刊《农信简报》印发。

2008年年末，开始组织"走千家，访万户"劳动竞赛，成为推动业务发展的硬核指标。2011年2月，龙泉市农村信用联社剑瓷信用社获评全国"五一"巾帼标兵岗。2012—2015年，连续4年获浙江省农信劳动竞赛嘉奖，连续4年获省农信联社丽水办事处业务技能比赛团体第一名。

2013年，龙泉市金融普惠工程启动，龙泉市信用联社围绕金融普惠文化开始广泛宣传，联社内刊设专版。网站与公众号也相继创建。2013—2015年，龙泉农信联社连续获评浙江农信信息宣传先进单位。

浙江青田农村商业银行股份有限公司文化建设 青田农商银行坚持中国共产党路线、方针和政策，重视文化建设，在不断改革创新与转型发展中，向现代金融企业转变，不断研究、探索、培育企业文化。

2005年，成立青田农信联社，新的机制开始新的发展模式，步入快速发展之路。青田农信联社更加认识到建设企业精神文化的重要性，不断强化和培育自身的企业精神和经营理念。2008年，经过多次调研和提炼，提出"团结、务实、大气、进取"的企业精神，以该精神为青田联社的共同价值观宏观指导各项工作。在经营理念的塑造上，联社根据历史经验和经营现状，重新强化"小额、流动、分散"的经营理念。2011—2012年，联社在先进评比中，突出精神风貌作为先进典型评选的主要特征。老员工爱岗敬业标兵、优秀安全员、优秀大堂保安、优秀柜员、优质服务标兵、优秀通讯员等各条线上的先进典型。

2012年，联社开展"讲正气，比觉悟；讲学习，比能力；讲实干，比业绩"的"三讲三比"专题教育活动，凝聚改革发展共识，努力营造风清、气正、心齐、干事的良好氛围，增强联社加快跨越发展的推进力。2013年，在联社成立60年之际，通过开展以"辉煌六十年，百亿农信情"为主题的系列庆祝活动，通过一部短片、一次摄影展回顾历程、总结成绩、展望未来、提炼文化、凝聚人心、促进发展；进一步提升联社核心竞争力和执行力，实现联社新的腾飞。

2015年，为充分发挥职工的兴趣爱好，丰富职工业余生活和精神生活，青田农商银行工会积极组织成立工会兴趣小组，涵盖艺术进修、体育健身和棋牌娱乐等几大类，每年开展各类活动百余次，参与职工100%。

缙云县农村信用合作联社文化建设 缙云县农村信用合作联社高度重视企业文化建设工作，

随着业务的快速发展以及升级转型的迫切需要，把企业文化建设上升到战略高度，积极开展各类有利于职工身心发展和助推业务发展的活动，企业文化建设取得丰硕成果。文化建设有效反哺经营发展，推动缙云农商银行核心竞争力的提升。

1987年，组建缙云县信用联社篮球队，经常开展友谊比赛。

1994年，开展"学习刘玲英奉献在岗位"大讨论活动；开展农村信用社建社40周年庆祝活动。1995年，开展执行规章制度活动月活动并组织全员考试。开展服务"禁语"和文明用语活动。1996年，开展"我为农村信用社献计献策"活动；组织参加全县金融系统首届业务技术比赛，获第二名。

1997年，创刊《缙云农信》。组织参加地区首届农村信用社业务技术比赛获团体一等奖；与五云镇政府举办迎香港回归"农信杯"农民卡拉OK大奖赛；与县宣传部、教体委举办"宇雷杯"农民篮球赛；举办"行风评议活动年"；参加缙云县金融系统迎回归书画摄影展活动。

1998年，开展庆祝全区农村信用社存款超20亿元宣传活动；与县妇联举办"农信杯"有奖知识竞赛活动；组织239位员工向洪涝灾区捐款，奉献农信人一片爱心。2000年，召开"全县农村信用社职业道德教育动员大会"。

2001年，举办第三届业务技术比赛；举办"我的岗位、我的职责"演讲比赛；组织参加全省"歌颂中国共产党光辉80周年"征文演讲比赛，并获三等奖；组织参加全市第三届业务技术比赛，获团体一等奖。

2006年，组织参加文明礼仪和规范化服务培训；推广全省农村合作金融系统CIS方案，加强企业形象；组织推进文明行业和文明单位建设等。

2007—2009年，建立文明规范化服务的长效机制，加强企业和谐文化建设，持续加强员工培训学习，鼓励员工参加各类技术职业资格考试；开展"我和奥运有约"主题宣讲活动；组织开展登山活动等；做好职工小食堂、小浴室、小阅览室等建设，打造一个真正的"员工之家"。

2010年，深入服务小企业经济，获得县"金融服务推进年"活动一等奖和浙江小企业金融服务先进单位；开展"内控与合规建设年"活动，多次在省市级审计项目评比中获奖，开展征文比赛、知识竞赛、全员考试等活动。

2011年，积极参与"万名农信干部下基层办实事"活动，深入农户企业，解决实际困难；组织第八届残运会专题宣传等宣传活动，积极开展中国共产党建党90周年庆祝活动。

2012年，开展社保卡营销宣传，与县政府及有关部门协调确保各种补贴资金进入一卡通，推进助农取款点建设完善，全年被浙江电视台、浙江在线、中国农村信用合作等主流媒体录用35篇；积极推进民主评议行风活动，不断提升服务质量和人民群众满意度。

2015年，制定文化建设三年行动计划，将浙江农信"根、诚、活、家"文化基因融入每位员工的意识中，提升执行力、凝聚力和向心力；做好信息宣传工作，充分运用内刊和电视、广播、报刊等重要媒体开展专题宣传活动，加强普惠金融宣传，营造良好的舆论氛围。

遂昌县农村信用合作联社文化建设 1954年，成立遂昌县农村信用合作联社。经历60余年，遂昌农信始终坚持"姓农、姓小、姓土"核心定位，扎根本土、服务地方、与遂昌百姓同呼吸共命运，以高度责任感和使命感发挥着"乡村振兴主办银行"责任，全力支持县域经济发展，是"遂昌人民自己的银行"。1999年5月，遂昌农信社首次成立"爱心志愿分队"，在全县范围内开展志愿活动。

2005年，正式改为遂昌县农村信用合作联社，企业文化探索萌芽逐渐显露，“做土、做散”作为经营定位。2009年，遂昌农信联社提炼“林权抵押贷款”经验，对“遂昌林权抵押贷款新模式”向全国推广进行理论和实践总结。

2011年，遂昌农信联社推进质量·品牌建设提升年活动，逐渐建立起乡（镇）金融助理员、驻村指导员、村协管员、村支农联络员的“四员”服务体系。同年，遂昌农信资助完成农村集体三资计算机网络建设，开展“双百双千”帮扶活动，进一步打响“遂昌人民自己的银行”品牌标签。2014年11月，信用社召开第一届职工趣味运动会，丰富员工日常生活。

松阳县农村信用合作联社文化建设　1997年，开展职工行内制度培训，制定并完善《职工守则》《规范化服务条例》等制度。4月，举办“迎回归，树新风”技术比武。

1998年，开展“奉献于事业，服务于人民”主题活动。1999年，举办“迎新世纪”主题年会。

2001年，召开“十百千万支农工程”动员会，开展“信用村”“联保贷款”“农户小额信用贷款”等产品宣传活动。2008年，开展“创业创新，服务新农村”迎奥运大型文艺晚会。5月，开展“汶川地震灾区”捐款活动。2009年，举办中华人民共和国成立60周年主题文艺会演。2010年，举办新年晚会。2011年，召开庆祝中国共产党建党90周年红歌会。9月开展标杆网点建设。2012年，举办新年酒会，县职工运动会，老年乒乓球邀请赛，“庆祝浙江农信成立60周年”文艺演出，开展“战略与管理—科学发展”主题演讲。

2013年，开展送戏下乡活动，“三八”妇女节系列活动、环境卫生大整治活动。2014年，开展助力“五水共治”捐款活动，入校园开展金融大讲堂。2015年年初，开展畅游母亲河活动。9月，举办“规范法治年”主题演讲比赛。11月，开展“奔跑吧，农信”主题趣味活动。

云和县农村信用合作联社文化建设　2009年，创办内部刊物《云和农信》，着力做好“有信用，才有未来；善合作，方能共赢”理念宣传工作，进一步提升企业的美誉度。

2010年，组织开展“2010·暖心职工”活动；开展职工户外健身活动5次；组织员工向帮扶结对单位捐款5.5万元；在3个金融机构空白乡设立金融服务点等多项社会活动，企业社会形象进一步得到提升。

2011年，深入开展中国共产党建党90周年系列活动，先后组织开展以“弘扬五四精神，颂歌献给党”为主题的诗歌散文朗诵大赛。5月，组队参加云和县首届职工广播体操比赛，荣获大赛第一名。深入开展“质量·品牌建设年”“合规文化建设年”“转型升级年”系列活动。利用《云和农信》、新闻媒体等渠道广泛开展“感恩有你，携手前行——全市农信系统存款超200亿元”和“全省农信系统存款超8500亿元暨存贷款规模超1.4万亿元”宣传活动。以云和开犁节、中国木制玩具节、广播体操比赛等活动和电视广告为载体，通过在媒体上展现农信徽标、“云和农信”字样和电子显示屏滚动业务宣传等形式，极大提升农信品牌的文化建设知名度和美誉度。

2012年，深入开展“进村入企”“文化建设推进年”系列活动，开展“浙江农村信用社成立60周年”主题宣传活动；陆续开展“放飞梦想”员工风采展示大赛、“六代农信人 共叙农信情”——新老员工座谈会、“迎七一 重走红色路”——送金融知识进革命老区等富有特色的宣传活动；做好云和县大湾乡大湾村的结对帮扶工作及其他慈善公益事业，全年累计向社会捐赠7.8万元。

2013年6月，组队参加丽水农信系统“学习贯彻十八大 做优做强浙江农信”知识大奖赛，荣获三等奖；7月，组织开展“学习贯彻十八大 农信惠民促发展”主题演讲比赛；10月，召开首届职工趣味运动会。

2014年，持续推进“提升信用品质，服务实体经济”主题活动。结合“金融知识万里行”活动，在营业窗口、助农取款点等设立业务咨询台，利用党员干部“走亲连心”“百千万大走访”之机送金融知识下乡，并发挥农信青年普惠金融服务小分队的作用，在小微企业金融服务月等活动中，进村入企现场开展业务宣传咨询、“3·15”消费者权益日宣传、反电信诈骗、反洗钱、反非法集资等宣传教育。认真履行社会责任，积极投身“五水共治”“抗洪救灾”等公益募捐活动，积极向“五水共治”、扶贫帮困结对联系村捐款。

2015年，进一步加强党支部、工会、共青团、妇委会的组织建设，充分发挥各组织的职能作用，陆续开展了新春游园、“三八”妇女节赴雾溪户外健身等文体活动，积极组队参加全县金融系统职工运动会并获团体一等奖。持续开展微心愿认领公益活动；慈善月组织员工为里东灾区捐款18808元。积极参与树莓公益活动，与浙江省农信联社一起将2000余册爱心图书送到云和县崇头镇中心小学孩子们的手中。开展“法制规范年”活动，陆续制定完善“法制规范年”建设实施方案等11项制度。

庆元县农村信用合作联社文化建设 1995—1999年，开展“青年文明号”活动、党风廉政宣传教育工作、“树行业新风，创优质服务，防金融风险，促经济发展”社风评议活动、“合作金融宣传月”活动等。荣获县级“文明单位”“先进集体”称号。

2000年，印发《庆元县农村信用合作社开展职业道德教育工作实施方案》；举行业务技术比赛；开展“双十百佳”评比活动，评选出优秀信贷员10人。

2006年8月，开展以“提高工作效率，提高服务质量，降低行政成本”为主要内容的机关效能建设主题活动。2008年4月，开展“文明服务规范年”活动；7月举办“迎奥运——文明优质服务伴我行”征文活动；8月，开展“庆中秋、迎国庆、比业绩”劳动竞赛活动。

2009年1月，开展“走千家、访万户、共成长”劳动竞赛活动；4月，开展“庆元县农村信用合作联社内勤人员十佳服务明星评比”；5月，举办庆“五一”羽毛球比赛；9月，开展浙江农信青年“金点子”征集评选活动。

2010年4月，开展浙江省农村合作金融系统“万名农信干部下基层办实事”活动；6月，开展“内控与合规建设年”征文活动和知识竞赛。2011年4月，开展“争创岗位廉洁合规从业标兵”主题活动；8月，开展“集群智、聚群力、促发展、创和谐”为主题的职工大讨论活动暨“最优提案”合理化建议有奖征集活动；9月，举办第九届业务技术比赛。2012年2月，开展“迎接即将到来的高速公路、高速铁路时代，你准备好了吗？”解放思想大讨论活动；5月，开展“弘廉洁 提合规 优机制”主题活动，积极推进联社廉洁合规文化建设，推进党风廉政建设，树立“以合规促廉洁、以廉洁保合规”的理念，强化廉洁合规风险防控机制。

2013年3月，组织开展“学习贯彻十八大、做强做优浙江农信”知识大奖赛；5月开展“学习贯彻十八大、加强党风廉政建设”征文活动。2014年4月，组织员工赴嘉善县平湖镇开展“千里送卡”，为外出群众发放社会保障卡1251张，采集社会保障卡材料529份，为庆元外出人口节省费用200余万元。10月，在庆元县隆宫乡隆宫村率先开展移民创业致富贷款发放活动，为36户新安江移民授信450.7万元。

2015年3月，正式启动全员营销项目，开展为期六天的“网点综合营销能力提升项目”落地辅导晚间培训；10月中旬，举办首届职工运动会；12月，制定《庆元县农村信用合作联社“标杆网点”考核办法》和《庆元县农村信用合作联社"服务明星"评选实施细则》。

景宁畲族自治县农村信用合作联社文化建设　景宁农村信用合作联社坚持以"厚德和谐、精细致美"为宗旨，把"根植本土，支农支小，打造畲乡人民自己的银行"作为初心和使命，持续推进大零售转型和数字化转型、助力乡村振兴、服务实体经济，全力打造做业务最实、与民企最亲、离百姓最近的银行。

2007年2月，联社积极倡导企业文化建设，组织开展创先争优、党员"红色之旅"以及员工自编、自导、自演的文艺演出活动和文明优质服务标杆网点创建活动，展现信合人昂扬向上的精神风貌，进一步增进员工间的协调性和协作能力。

2008年7月，为庆祝《景宁农信》创刊十周年，喜迎北京奥运会的召开，促进"文明服务规范年"活动，景宁县信用联社隆重举行"迎奥运、讲文明、树新风"演讲比赛。

2010年3月，景宁信用联社被评为"浙江省工商企业信用AA及'守合同重信用'单位"，成为景宁县首家获此殊荣的金融机构，获"全县深入学习实践科学发展观活动先进单位"荣誉称号。

2011年11月，县农信联社举行女职工提升专项培训，全县农信社女职工50余人参加培训。2013年，联社成立60年，通过编写"60载更精彩——浙江农村信用社成立60周年"为主题的系列庆祝活动，提升联社核心竞争力，促进稳健发展。

中国人寿保险股份有限公司丽水分公司文化建设

中国人寿丽水分公司始终坚持"两手抓、两手都要硬"方针，加强企业文化建设，提高优质文明服务品质，树立良好企业形象，取得"社会主义物质文明和精神文明建设"的双丰收。

1997年开始，中国人寿丽水分公司领导班子以"服务社会、奉献公司"为宗旨，围绕总公司提出"成人达己、成己为人"的企业文化，组织开展争创"青年文明号""青年岗位能手""文明窗口""文明单位"等创建活动，开展"四讲一服务""行风评议""行风建设回头看"等活动有机结合起来，将优质文明服务落到实处，营造"一线为客户服务、二线为一线服务、机关为基层服务、领导为群众服务"的良好风貌。

1997年6月19日，中保人寿保险有限公司丽水地区分公司协同丽水地委宣传部举办"迎香港回归"金牛杯读书演讲比赛；10月，围绕"奉献于中保人寿，服务于丽水人民"主题，中保人寿保险有限公司丽水地区分公司系统开展"我为保户做什么，我为公司做什么"大讨论活动。

1998年4月18日，中保人寿保险有限公司丽水地区分公司与丽水地区教委、地区公安局、地区交警大队联合举办"中保人寿杯"中小学生交通安全与保险教育书画征文比赛；9月，组织全区系统员工和业务员为长江、嫩江灾区捐款。

1999年3月25日，丽水紧水滩水利发电厂发生18人遇难、30人受伤的特大交通事故，接到报案后，中保人寿保险有限公司丽水地区分公司立即组织理赔小组到现场进行理赔勘察工作、到医院看望伤员。3月30日，给付保险金99.19万元。这是丽水地区分公司团体赔额最大的一笔赔款；11月24日，中国人寿保险公司丽水分公司在全系统开展为期一个多月的"讲学习、讲政治、讲正气"党性党风教育活动；12月29日，首次召开保费超1亿元媒体新闻发布会。

2000年3月15日，举办"明明白白买保险"大型咨询活动；8月25日，与丽水日报社联合举办"安全与保险"《处州晚报》小记者主题活动；9月8日，与丽水市旅游局联合举办"中国人寿杯"导游词演讲比赛。10 月 18 日，首次在全国系统内提出“走遍千山万水、吃尽千辛万苦、说尽千言万语、想尽千方百计”的创业拼搏“四千”精神。

2001 年 3 月 15 日，举行“让绿色走进生活‘3•15’咨询”活动。9 月 28 日，中国人寿保险公司丽水分公司与丽水市委宣传部联合举办“中国人寿杯”领导干部学习“七一”讲话知识竞赛。2002 年 6 月 22 日，中国人寿保险公司丽水分公司和丽水市委宣传部、市团委、市教育局、市文体广电局共同举办以青少年思想道德教育为主题“中国人寿杯”文艺晚会。8 月 28 日，在“丽水市大学生爱心助学行动”捐赠仪式上，向家境贫寒、品学兼优的 10 位大学生捐款。

2003 年 3 月 14 日，成立中国人寿保险公司丽水分公司系统企业文化推广领导小组，开始在全市系统实施推广中国人寿公司“双成”企业文化。12 月 30 日，中国人寿丽水分公司机关工会被评为中国人寿浙江省分公司“先进职工之家”。2004 年 10 月 1 日至 10 月 17 日，中国人寿丽水分公司协办首届“丽水国际摄影文化节”。

2005 年 7 月，开展“创造学习型组织，争做知识型员工”活动。8 月 16 日，中国人寿丽水分公司与丽水日报社合作，联合开展以《处州晚报》小记者“我与中国人寿”为主题的征文活动，并举办“中国人寿小记者新闻发布会”。

2006 年 11 月 16 日，开始实行中国人寿丽水分公司《柜员手册》和规范“电话服务礼仪”。11 月 28 日，《丽水日报》刊登中国人寿丽水分公司《营销辉煌十年路，丽水国寿谱新篇》文章，介绍丽水国寿十年光辉的发展路程。2007 年 2 月 11 日，由中国人寿丽水分公司主办、丽水市文化广电新闻出版局、丽水市广电总台等单位协办的全市“大篷车中国人寿农村歌手大赛”首站在青田县山口镇拉开帷幕。

2008 年 5 月 20 日，中国人寿丽水分公司系统员工和业务员为四川汶川大地震捐款捐物。8 月 29 日，开展“诚信我为先”活动。

2010 年 7 月 18 日，中国人寿丽水分公司与丽水市教育局、丽水电视台经济生活频道联合举办“中国人寿”杯丽水第四届少儿主持人总决赛。9 月 15 日，中国人寿丽水分公司为 9 月 13 日《处州晚报》刊登的《家里倒了顶梁柱，弱女子苦苦支撑它》的不幸家庭捐款。

2011 年 6 月 1 日，中国人寿丽水分公司开展全市系统首届少儿书画赛活动。6 月 6 日，与丽水电视台联合举办“中国人寿杯”社区发言人评选活动。2012 年 5 月 26 日至 6 月 10 日，中国人寿丽水分公司与丽水电视台联合举办丽水市第五届“中国人寿”杯小主持人大赛。

2013 年 2 月 1 日，中国人寿丽水分公司与红草鞋志愿者协会联手在白云街道组织“进社区、送温暖”活动，为社会残障低收入人员送去一份关爱与温暖。2014 年 10 月 26 日，举办全市系统柜面服务技能竞赛活动。2015 年 1 月 25 日，举办“春之声”员工才艺比赛。2 月 2 日，在全市开展“生育关怀——圆梦微心愿”活动。3 月 8 日，举办“出彩人生 魅力女性”创业论坛。8 月 4 日，在丽水广播电视总台丽水电视新闻综合频道推出的“2015 年丽水市民最信赖的保险公司”评选活动中，中国人寿丽水分公司被评为“2015 年丽水市民最信赖的保险公司”。中国人寿丽水分公司被中国人寿保险股份有限公司评为“达标职工之家”。

中国太平洋财产保险股份有限公司丽水中心支公司文化建设

太平洋产险丽水中支自 2003 年成立以来，始终秉持业务发展与企业文化建设“两手抓”，坚持以“做一家负责任的保险公司”为使命，以“诚信天下，稳健一生，追求卓越”为企业核心价值观，以“推动和实现可持续的价值增长”为经营理念，不断为客户、员工、社会创造价值，为社会和谐做出贡献。同年，全体员工一手抓筹建，一手抗“非典”。

2004年，太平洋产险丽水中支组织首届职工运动会，丰富员工业余生活。2006年，组织参加太保产险浙江分公司职工运动会，太保产险丽水中支取得系统第三名好成绩。2007年，组织创建“服务品质杰出贡献企业”。9月，被中国质量万里行促进会授予“服务品质杰出贡献企业”称号。

2008年，太保产险丽水中支组织团体员工为汶川大地震捐款捐物。2009年，组织创建“全面推进质量管理30周年优秀企业”；12月，被中国质量万里行促进会授予“全面推进质量管理30周年优秀企业”称号。2011年，组织开展争创“青年文明号”“文明单位”等活动。2012年，开展“妇女能顶半边天”妇女节主题活动，签订妇女权益专项集体合同，保障女职工权益。2013年，开展将“环湖健步走”设为每月一次固定活动，增强员工身体素质。2014年，争创丽水市首家“全国现场管理星级评价五星级现场”。12月，被中国质量协会评为丽水市金融行业首家五星级门店。

中国太平洋人寿保险股份有限公司丽水中心支公司文化建设

太平洋寿险丽水中心支公司围绕“创建让客户放心，让员工满意的幸福公司”为目标，多举措、多形式地进行文化创建工作。

实现留守儿童“微心愿” 2015年，公司号召和组织公司员工认领留守儿童“微心愿”，践行以爱心立业的企业担当。通过定向帮助云和县黄源小学留守儿童50人实现“微心愿”，于“微”处见真情，有力地促进留守儿童、困境学生的健康成长，积极传递社会正能量，积极履行社会责任。

组建体育兴趣小组 2014年以来，为了培养员工健身兴趣、凝心聚力，进一步增强协作和竞争意识，培育积极向上的健康心态和顽强拼搏的昂扬斗志，增强体能素质，工会组织成立“羽你相约、快乐时光”羽毛球兴趣小组、“爱夏天、爱游泳”游泳兴趣小组、“每天一万步、健康太保人”健步走3个体育兴趣小组。体育兴趣小组深受员工们的喜爱，从领导干部到广大员工踊跃参加，营造公司和谐氛围，又有益于员工的身心健康。

“情系里东，我们在行动” 2015年11月13日深夜，丽水市莲都区里东村突发山体滑坡灾害，造成重大人员伤亡和财产损失。11月23日，太平洋寿险丽水中心支公司工会发起了爱心捐款倡议书，内外勤员工热烈响应，纷纷捐款，以实际行动为里东受灾群众献爱心，筹得爱心善款2万余元。员工们通过爱心行动，让受灾群众感受到来自中国太平洋寿险丽水中心支公司的一份温暖和帮助。

阳光财产保险公司丽水中心支公司文化建设

2008年成立后，始终本着“关注民生，回报社会，担当责任”的核心价值观，实现企业自身发展，积极回报社会。2012年6月，龙泉市“最美养护工”周林松因道路塌方以身殉职。阳光产险丽水中支第一时间送赔款上门，快速启动公益助学项目，与其小女儿结对资助上学，直至高中毕业。《丽水电视》3台多次对事迹进行报道，充分肯定阳光企业的关爱精神。2013年4月，组织青年员工为白血病患者义卖筹集资金。2014年5月15日，为遂昌县肾衰竭晚期的高二学生应晓健送去慰问金和手术意外伤害保障保险10万元。相关媒体对事件全程跟踪，并在市、县电视台《遂昌新闻》《丽水新闻夜视》等栏目做专题报道。2015年3月，发动员工植树造林，助力丽水五水共治工程。

阳光产险丽水中支公司始终将“分担风雨，共享阳光”作为履行社会责任的使命，通过组织各项爱心活动，使阳光保险的良好品牌形象得以传播，产生良好社会反响，提高美誉度。

安邦财产保险股份有限公司丽水中心支公司文化建设

自建立公司后，始终秉承总公司“家文化”“水文化”“互联网文化”，机构加强企业文化建设，提高服务品质，树立良好企业形象，取得“社会主义物质文明和精神文明建设”双丰收。安邦财险丽水中支每年积极参与“78”保险宣传，反洗钱宣传、金融知识和非法集资等宣传活动。积极参与公益活动，并加入公益组织，成立公益小队。2014 年 7 月，与协会一起为爱心儿童福利院送去慰问物资。2015 年，丽水市莲都区里东村发生山体滑坡，公司组织全体员工捐款救济受灾灾民，获得丽水市莲都区慈善总会捐赠证书。

新华人寿保险股份有限公司丽水中心支公司文化建设

新华保险丽水中心支公司始终坚持“稳中求进”的发展总基调，加强企业精神文化建设，提高优质文明服务品质，树立良好企业形象，致力于成为中国最优秀的以全方位寿险业务为核心的金融服务集团。

2010 年 4 月 23 日，新华保险丽水中心支公司组织员工向青海玉树灾区募捐，用实际行动奉献爱心，诠释“一方有难，八方支援”的爱国主义情怀。

2011 年 6 月 11 日，新华保险丽水中心支公司举办“我们在一起”主题家庭亲子趣味活动，有效传达了新华保险关爱客户、关注生活的品牌思想。9 月 8 日，走进丽水丽华小区举办爱心公益事业，通过给居民们量血压，讲解健康知识，从侧面帮助他们了解保险、认识保险，也传递出新华保险对客户的关爱之情。10 月 16 日，与捷安特自行车共同举办“享低碳生活，新华与你同行”城市骑游公益活动，活动吸引众多自行车及倡导环保人士共同参与，丽水电视台、《处州晚报》等市主流媒体争相报道。

2012 年 5 月 9 日，新华保险丽水中心支公司开展“提倡环保生活，废旧电池回收”公益环保活动，获得丽水市民广泛参与，提升新华保险关注客户、关爱生活的绿色环保理念。6 月 2 日，组织员工前往丽水莲都区儿童福利院看望孤儿院儿童。7 月 18 日，举办“关爱人生每一天——2012 年新华保险第 12 届客户服务节九和老年公寓纳凉晚会”，推动公司品牌，赢得社区居民一致好评。

2013 年 4 月 12 日，为深入贯彻新华保险基层建设“六位一体”工作精神，践行公司“以客户为中心”的发展战略，新华保险丽水中心支公司以“倡导公益环保，回收废旧电池”、春季健康咨询、保险信息咨询等多种形式成功开展了服务进社区活动。7 月 2 日，组织全体内勤员工“爱心午餐”捐款活动，用行动支持着困难地区的儿童，体现“传递正能量，延续新华爱”主旨。9 月 16 日，举办“欢庆中秋”VIP 客户答谢活动，邀请 15 名 VIP 客户参与欧莎蜜儿月饼制作中心，共同参与活动，亲手制作月饼。公司用实际行动感恩客户，真正诠释“关爱客户每一天”的口号。

2014 年 8 月 30 日，邀请当地著名中医来公司开展“理疗”健康服务。为广大客户进行免费“理疗”服务，受到客户良好的评价，提升公司市场口碑。10 月 30 日，开展“健步走”公益活动。

2015 年 8 月 7 日，新华保险丽水中心支公司参与丽水市政府组织“全民健身日健步走活动”提高员工参与健身、健康运动的热情。11 月 23 日，新华保险丽水中心支公司发出为丽水里东灾区募捐倡议仪式。共为灾区捐款 14380 元，为灾民重建家园，尽到一份绵薄之力。

泰康人寿保险有限责任公司丽水中心支公司文化建设

2002年7月，成立泰康人寿保险丽水中心支公司后，在浙江分公司直接领导下，在丽水市政府及同业公司的关怀、鞭策下，公司秉承“服务第一、客户至上”的经营理念，坚持“专业化、规范化、国际化”的发展战略，树立泰康人寿专业化的品牌形象。以“为客户提供优质的服务”为先，在丽水市获得良好口碑。泰康人寿保险丽水中心支公司各项服务活动，得到客户普遍好评。至2015年6月，公司已连续九年组织“客户服务节”活动。通过各式各样精彩纷呈的活动，体现公司人性化服务。为体现更有效的理赔透明度，组织“康乃馨探视活动”，对住院的客户上门服务，送去公司关怀，更为客户详细讲解理赔流程，取得客户一致好评。

公司积极投身公益活动，先后组织公益捐款、关爱困难儿童、捐赠图书等活动。在汶川地震、里东泥石流自然灾害等救灾活动中，积极发动员工，参与捐款捐物，以实际行动回馈社会。利用保险宣传活动，如历年“3•15”消费者权益日，积极进行金融保险公益宣传，免费赠送各类小礼品，拉近与消费者距离，为宣传金融保险尽自己应尽的责任。

公司注重员工文化建设，坚持对新入职员工进行新员工培训、晋升员工进行晋升培训，对员工进行各项技能培训，提升全员员工个人素质和企业文化建设起到关键性作用。

第二节　职工文化教育

自丽水金融系统建立之始，重视职工的政治和业务学习，以多种形式开展金融职工教育培训，强调在实践中锻炼。对新招入职工，实行岗位边锻炼边学习；文化水平低的职工，有的送工农速成中学学习，有的送财贸干校轮训，同时不定期举办农村基层金融干部职工培训班。

中国人民银行丽水市中心支行职工文化教育

1949年，中国人民银行丽水支行相关生活制度文件记载：“每天五时半起床，先作早操，继续歌咏，六时半早饭，七点钟学习计一小时半，八时半至十一时半营业……每星期六晚上业务学习。”

“文化大革命”期间，人民银行系统职工教育培训工作处于停滞状态。1978年12月，中共十一届三中全会后，进入社会主义现代化建设时期，金融职工教育迅速恢复、发展。1979年，浙江银行学校在舟山、丽水设立分校，浙江银行学校丽水分校由时任丽水地区农业银行副行长周柏祥负责筹建，学校坐落于浙江省遂昌县妙高镇（现妙高街道）东面眠牛山半山腰。1979年10月，丽水分校开学，学生主要来自丽水及周边的温州、金华地区，招收学生50人，其中丽水籍学生20人、温州籍学生23人、金华籍学生7人。丽水分校学生在校累计读书学习三个学期，学习结束后即到各地银行实习两个多月，5月初回到杭州本校学习并参加毕业考试，7月毕业。通过学习、实践、提高，迅速成为金融系统专业人才，大多走向金融、财务、经济管理岗位。

1981年5月31日，中国人民银行制定出台《中国人民银行系统干部教育发展规划（1981—1990年）》（草案），目标和要求就是初步建成人民银行系统比较完整的干部教育体系和教育网，使干部教育工作逐步实现正规化、制度化。

1987年，人民银行系统在系统内推行岗位培训试点。1988年，首次开展专业证书教育试点，以保证中青年业务骨干经过专业知识的学习，达到岗位所要求的大中专学历层次的专业知识水平。

21世纪初，为适应加入WTO（世界贸易组织）的新形势和金融业务快速发展的需要，人民银行系统业务培训进入一个新阶段。2002—2003年，丽水市人民银行利用多种形式，在系统内开展法制宣传教育，重点学习WTO基本法律制度，行政处罚法及其配套法规规章，与银行业相关的金融法律法规，涉及会计、统计业务的法律法规知识，并开设专题辅导课，提高员工学法用法能力。

2005年，随着计算机普及和互联网发展，中国人民银行首次推出远程培训系统，人行丽水市中支依托远程培训系统，积极组织员工参加了金融稳定、财务会计、全国银行间债券市场金融债券发行管理操作规程、科技岗位基础知识、科技CA知识等方面的业务培训。9月22日，中国人民银行印发《中国人民银行关于加强干部培训工作的指导意见》，以"五型"干部队伍建设目标，推出实行总行集中领导、统一规划，分级实施、归口管理的培训体制。依托不断完善的培训体制。中国人民银行丽水市中心支行全辖举办各类培训班45期，参加培训人员3279人次，每位员工当年累计参加培训40小时。

2006年，根据人行总行《关于组织人民银行员工参加2006年岗位任职资格有关课程考试的通知》精神，结合人行总行《中国人民银行岗位任职资格培训和考核管理暂行办法》相关规定，丽水市中支（6月由分行改为中心支行）分别于7月和11月组织辖内员工分批次参加岗位任职资格考试257人，其中253人2门公共课考试成绩合格，有4人参加单科补考。通过岗位任职资格培训和考核，激发人民银行干部学习热情，使广大央行干部职工增长知识、开阔眼界、提高能力。

2007年，中国人民银行丽水市中心支行制定《"十一五"干部培训规划》，把干部职工教育培训工作作为提高基层央行干部素质、发挥主观能动性的有效途径。全年人行丽水市中心支行相继举办个人外汇管理法规政策、国库会计业务、全国统计数据集中业务、组织人事业务等业务培训班25期，参加培训有1134人次，其中系统内业务培训班15期，参加培训有496人次；系统外业务培训班6期，主要是中心支行机关和辖内县（市）支行对金融机构反假币和反洗钱等业务培训，参加培训有550人次。选送业务骨干参加上级行举办的国库、外管、会计、发行等业务培训班42期95人次。

2008年起，中国人民银行总行加强对分支机构培训工作指导与管理，将人行上海总部、各分行、营业管理部的重点培训项目列入总行年度培训计划，实行统一管理、分级执行。

2015年，中国人民银行上线远程培训新系统，即中国人民银行网络学院。中国人民银行丽水市中心支行学员使用最新版本。

中国农业银行股份有限公司丽水分行职工文化教育

1979年，中国农业银行恢复建制。1980年1月1日，中国农业银行丽水地区中心支行从中国人民银行丽水地区中心支行分设，同时成立农行丽水干校。干校地址与地区中心支行同在丽水县灯塔街27号，担负对辖属农业银行、信用社干部职工教育培训工作。1996年，农业银行与信用社分设后，担负对农业银行员工的培训。干校为全行高质量发展提供坚强教育培训保障，每年有计划地对新进农行和信用社员工开展新理论、新业务教学培训，以及干部员工各层面轮训和岗位业务技能培训。1999年10月19日，农行丽水干校更名为农行丽水培训学校。2003年，干校因旧城改造拆迁，农行丽水市分行教育培训工作借助行内外师资条件有针对性地开展各类培训。2011年开始，中国农业银行总行建立网络学院，对员工实行线上线下相结合的多维度培训。

中国银行股份有限公司丽水市分行职工文化教育

1988年，中国银行丽水支行建立开始，为全面提高全辖员工基础知识和专业能力，完善岗位培训体系，逐步建立经营管理、专业技术、技能操作三大类员工职业发展通道，加大人才培养的力度和深度，提升培训核心能力和专业水平。每年持续性开展新员工岗前培训、内控案防专题、反洗钱等各项培训，采取业务自学和岗位练兵相结合的方法，层层发动，培养具有国际视野、创新能力、职业热情和社会责任的高素质人员队伍，力争打造独具特色的“中银培训”品牌。

1991年，根据《中国银行基础培训班教学计划和大纲》，该行组织新入行人员赴杭州培训中心参加为期2个月的岗前培训，其中授课8周，总学时为287学时，使新员工树立良好的职业道德，掌握中行基础知识和基本技能。1993年，根据业务发展需要，为尽快提升各专业人员业务素质，该行派专业人员参加中国银行浙江省分行组织的信托业务培训班、非贸易业务培训班、信贷科股长管理培训班、全辖综合计划业务培训班、全辖储蓄业务培训班、军转干部及商调干部基础培训班。

1994年，为加快电子化发展步伐，推广应用电脑储蓄系统，该行举办了为期一周的储蓄系统电脑（XENIX）培训班，对各支行电脑技术人员和储蓄临柜操作员进行全面培训。1996年，为认真贯彻落实省中行党组提出的“科技兴行”战略方针，有计划有步骤有成效的开展培训工作，该行针对储蓄员、会计员、出纳员、计划员、信贷员、结算员开展了为期4个月的“六大员”岗位资格培训。

2001年，全省大数据实现了大集中，该行举办了为期4天的信贷新系统业务培训。5月，为进一步落实总行有关建立良好公司治理机制的要求，该行决定在全辖员工中开展一次为期2个月共四个阶段，以“遵纪守法、整章建制、从严治行、防范风险”为主题的警示教育活动。

2002年，为进一步提高信贷从业人员的素质，增强风险防范意识，规范授信业务的操作，该行于5月分两批举办了为期各3天的信贷从业人员培训班。6月起，为落实总行党委“培训留人”的战略决策，该行举办了员工40小时培训活动，要求员工100%参加培训活动，并要求将此项工作计入绩效考核中。截至同年9月，培训中心组织军训8期218位员工受训，信贷从业人员培训班2期59位员工受训，近60%的员工接受了16小时以上的培训。同时，该行还为员工举办计算机应用、公文写作等内容的培训。

2004年，该行继续推进全员40小时培训工作进程，把提高员工素质和业务发展有机结合，积极利用内部网络开展各项培训，组织观看培训课件，进一步扩大培训收益面。5月，开展了为期3个月的“百例案件分析”教育活动，开展“强化合规理念 建平安中行”“安全管理规范年”“真抓实干防风险、用心工作避差错”等系列教育活动。

2006年，根据《关于全面启动全辖一线员工培训有关事宜的通知》要求和中国银行网点一线员工培训指引，该行开展了为期2个月全辖一线员工培训，培训采取自学为主、测试为辅的方式。10月，该行组织了2期各4天的反应趋势交易系统（RTS）推广前期培训。为认真学习贯彻胡锦涛总书记关于社会主义荣辱观的重要论述，该行党委决定，在全辖深入开展社会主义荣辱观教育，要求全体员工广泛开展实践教育活动，全行逐步形成社会主义荣辱观的激励机制，切实加强领导，确保在培训教育中提高员工思想素质。

2007年，为提高员工队伍的整体素质和员工个人的职业发展能力，该行制定了人力资源培训工作2007年培训计划和实施方案，要求全辖员工年度内接受不少于40小时的业务培训。人力资源部负责全辖员工脱产学习培训任务、向省行培训中心输送骨干学员及举办各种类型讲座，各部门（支行）负责本部门员工40小时的培训任务。

2009年，持续在全辖组织开展全年性的全员履职能力培训，拟通过对从事会计业务、对私业务及消费贷款业务人员开展系统的、有针对性的培训，加强员工对本岗位相关制度的理解，熟练掌握相关产品的知识，规范日常操作，提高工作效能，并派专业人员参加行内票据交换系统推广培训班、会计档案管理培训班、网点负债与中间类产品流程改造培训班。2010年，派专业人员分批次参加中国银行浙江省分行组织的财务系统培训班、网点销售服务流程整合培训班、零售贷款客户经理培训班、全辖国际结算产品经理培训班、IT蓝图外围ATM系统培训班、大堂经理培训班、蓝图投产业务培训班等。2011年，根据中行总行蓝图投产总体部署和安排，组织员工参加全辖银行卡条线、反洗钱条线等系列IT蓝图上线培训班，确保蓝图并行演练及各系统投产质量。

2012年，为贯彻落实网点公司金融业务转型战略部署，切实提升一线网点对公营销服务能力，该行组织专业技术人员参加2012年网点公司金融业务滚动培训班，以进一步推动网点公司金融业务转型进程及专业序列队伍建设步伐。根据《中国银行浙江省分行2012年培训工作计划》，通过中国银行浙江省分行搭建的员工发展平台，该行综合运用脱产面授、网络培训、在岗培训、实习测试等多种形式，实现"重点人才120小时、关键岗位80小时、基层员工64小时、全员48小时"的培训目标。

2013年，中行丽水分行通过请进来辅导和送出去培训等方法，不断提高干部的管理工作水平，组织举办"化妆知识"讲座、业务技能培训班、员工俱乐部成员培训等五期教育培训班。该行分批次组织员工参加全年的大堂经理任职资格培训班、"坚峰行动"国内结算业务条线培训、微型企业贷款服务培训班、综合客户经理培训班等。

2014年，围绕总行"担当社会责任，做最好的银行"战略目标，制订《中国银行丽水市分行2014年培训工作计划》，全年培训工作分四个层面开展：一是积极选派员工参加总行、省行培训，以及参加外部监管部门组织的各类培训；二是按计划举办各类培训班；三是各支行、部门举办各类转培训，以及职能部门送教上门培训；四是鼓励员工参加专业技术资格考试及学历、学位考试。为提升个人客户经理的专业知识、技能水平和岗位胜任能力，根据《中国银行个人客户经理任职资格培训实施指导意见（2013年版）》开展了个人客户经理任职资格培训，其中任职资格分为初级、中级和高级个人客户经理三个层级。7月，为打造一支会营销、善维护、懂理财的种子客户经理队伍，组织客户经理参加种子客户经理培训班。组织各条线专业人员参加内控合规管理培训班、专职纪检监察员培训班、国际金融理财师(CFP)双休日培训班、预算与流动性管理培训班、全辖支付清算业务研讨班、对私资金业务培训班等。

2015年，围绕业务发展目标，中行丽水市分行加强与浙江大学、南开大学等知名高校合作，分层分类实施战略核心人才培养计划，共有1376人次参加了培训。下半年，开展网点员工案防合规与反洗钱培训及关键岗位人员资格认证工作。至年底，实现基层网点员工案防合规和反洗钱培训覆盖率100%，其中对"1+3"关键岗位人员（基层负责人、业务经理、客户经理、理财经理）统一轮训、统一测试，建立认证机制，做到持证上岗。

浙江民泰商业银行股份有限公司丽水分行职工文化教育

浙江民泰商业银行丽水分行自成立之始就高度重视职工的政治和业务学习，以多种形式开展金融职工教育培训，强调在实践中锻炼。对新招员工，送入民泰学院专业培训机构参加集中式脱产培训，综合柜员和客户经理都要参加为期2个多月的专业培训，培训合格后方可上岗。为持续提高员工的业务能力和综合素质，浙江民泰商业银行丽水分行研究制定“夜校”培训制度，每周一晚上作为员工的固定培训时间，将员工培训作为常态化工作来抓，各条线每周一组织全行员工进行相关业务知识、政策制度和专业技能的培训。同时，浙江民泰商业银行丽水分行不定期举办各项业务知识培训，提高员工的专业能力。为进一步强化文明规范服务理念，持续提升服务水平，浙江民泰商业银行丽水分行制定《2015年民泰银行服务品质竞赛》活动方案，成立服务质量监督小组，对营业网点服务工作进行抽查测评，并根据服务质量检查标准进行测评打分，有效地促进服务质量的提升，更好地展示民泰银行的服务形象。

第三节　金融系统工会组织

丽水市金融系统工会组织

丽水市金融机构工会组织不断完善，依法独立行使职责，坚持服务中心、服务职工，竭诚维护职工合法权益，坚持民主管理。丽水市金融系统绝大多数机构建立工会组织，配备组织成员，开展建设“职工之家”活动，经常性地开展形式多样的文化、娱乐活动，倾听和反映职工成员的意见和要求，维护职工的合法权益。

1993年10月，人行丽水地区分行工会工作委员会向中共人行丽水地区分行党委提交《关于组建丽水地区金融工会的报告》，拟定《丽水地区组建金融工会的方案》。12月，中共人行丽水市分行党委向中共人行浙江省分行党委提交《关于组建中国金融工会丽水地区工作委员会实施方案的请示》。1994年6月，中国金融工会浙江省工作委员会发文《关于同意组建中国金融工会浙江省丽水地区工作委员会的批复》。同月，召开中国金融工会丽水地区工作委员会（简称丽水地区金融工会）成立大会。7月，中国金融工会丽水地区工作委员会召开一届一次全委会扩大会议，成立经费审查委员会、女职工委员会，恢复银鹰体协。1997年年末，丽水地区各县金融工会全部成立。2000年5月，根据中央金融工委、全国总工会《关于调整中国金融工会领导体制 加强金融系统工会工作有关问题的通知》文件精神和浙江省金融工会工作安排，丽水地区金融工会及所辖县支行金融工会全部撤销。

丽水市金融系统基层工会联合会

2014年3月，人行丽水市中心支行工会委员会牵头向人行丽水市中心支行党委提交《组建金融系统基层工会联合会方案》。经同意后，由人行丽水市中心支行成立丽水市金融系统基层工会联合会筹备组负责筹建工作，并向丽水市总工会报送《关于要求成立丽水市金融系统基层工会联合会的请示》。4月，丽水市总工会印发《关于同意成立丽水市金融系统基层工会联合会的批复》。5月27日，人行丽水市中心支行召开丽水市金融系统基层工会联合会筹备会。5月29日，在中支大楼会议室召开丽水市金融系统基层工会联合会成立大会暨第一次代表大会，中国人民银行杭州中心支行党委委员、工会主任萧鸣，中国人民银行丽水市中心支行党委书记、行长孔祖根，丽水市总工会副主席王金焱出席大会，并为《丽水市金融系统基层工会联合会》揭牌。大会表决通过《丽水市金融系统基层工会联合会章程》，选举产生丽水市金融系统基层工会联合会第一届委员会主席、副主席、常委、秘书长。大会聘请孔祖根、王金焱为联合会名誉主席，人行丽水市中心支行党委委员、工会主任应国虎选举为联合会首任主席；副主席分别由工行、农行、中行、建行丽水分行、信用联社丽水办事处、银河证券丽水营业部、中国人民财产保险、中国人寿保险丽水分公司8家单位工会主席或分管领导担任。24家市级金融机构成为首批金融系统基层工会联合会会员单位，其中银行业15家、证券业2家、保险业7家，占金融机构总数96.6%。丽水市金融系统基层工会联合会实行会员代表制，接受中国人民银行丽水市中心支行党委领导，在丽水市总工会指导下开展工作。经费来源由会员单位根据工作需要共同筹措，金融系统基层工会原经费收缴体制和比例保持不变。丽水市金融系统基层工会联合会成立后，围绕中心、服务职工，积极开展各项工会活动。8月，开展会计核算质量业务竞赛活动。9月，举办丽水市金融系统首届职工趣味运动会。10月，承办丽水市市直单位气排球比赛，金融系统基层工会联合会代表队荣获冠军。年底，创办《金融之家》刊物。

2015年4月，金融工会牵头组织丽水市金融机构开展"健康之旅，万人同行"健步走活动。7月15日，举办《中华人民共和国工会法》《中华人民共和国劳动法》知识考试。7月29日，召开金融系统基层工会联合会暨妇女工作委员会一届二次会员大会，同意吸收杭州银行丽水分行、民泰银行丽水分行为联合会会员单位，审议通过联合会副主席、常委、副秘书长调整增补名单，联合会经费审查委员会成员名单；审议通过2015年联合会工作报告和财务经费报告。7—10月，组织开展金融系统女职工"金融丽人丽事"主题征文比赛。8月，开展金融系统"最美金融人"和"优秀职工提案"评选活动。9月19日，举办全市金融系统职工气排球比赛、开展丽水市征信知识竞赛。与市总工会联合开展全市应收账款融资服务平台推广劳动竞赛，并将此次竞赛结果作为市级"五一劳动奖章""五一劳动奖状""工人先锋号"等荣誉评选的主要依据。农业银行丽水市分行荣获市级"五一劳动奖状"。

2015年丽水市金融系统工会组织一览表

表9-2-1

工会名称	工会组织		
	主　席	副主席	成　员
中国人民银行丽水市中心支行机关工会委员会	叶祖军	—	汤晓元、蓝真连、丁　伟、梅继承、卢静红、朱颖姿
丽水市人民政府金融工作办公室工会委员会	金雄鸥	—	王伟彬、叶海明
中国邮政储蓄银行丽水市分行工会委员会	刘建俊	江　勇	刘建俊、江　勇、黄卫民、叶伟平、朱娇明、朱秋婧、陈胜民、单　杰、周树荣、赵海燕、郭兴龙、徐灵军、潘小明
中国工商银行丽水分行工会委员会	孙　杰	—	孙　杰、陶义峰、翁　洁、李孟剑、毛丽玲、李　明、吕蓓霞
中国农业银行丽水分行工会委员会	黄有富	李伟平	周兆祥、吴水亮、柳笑伟、刘超荣、吴巧灵、王灵勇、宋屹帆、沈从章、刘玲英、王　锐、潘君青、黄海斌、陈慧敏、阙玉宏、林　峰、胡付文、梅荣梁、巫利鸿、徐国亮、郑思雨、韦秋英

续表 9-2-1

工会名称	工会组织		
	主 席	副主席	成 员
中国银行股份有限公司丽水市分行工会委员会	黄良勤	舒人君	叶 申、陶敏东、单高翔、叶炜来、洪 亮、季旭辉、周松鹤、张向荣、董红梅、王高涛
中国建设银行丽水分行工会委员会	罗叔秋	吕文森	叶松青、郑 芳、金林女、赵元奎、裘 刚、周永海、郑翠华、吴明耀、涂明亮、叶继伟、杨卫俊、李三丰、胡小青
上海浦东发展银行丽水支行工会委员会	戴丽珍	周慧平	史丽峰、江慧红、寿红燕、赵丽君、阙 盼
中信银行丽水分行工会委员会	姜娟芬	—	姜娟芬、毛仁义、周 津、田 晶、王路麟
浙商银行丽水分行工会委员会	朱巨英	—	范 涛、张群红、郑 伟、周昌伟
浙江泰隆商业银行丽水分行工会委员会	贺 瑄	—	商小芳、陈耀杰、吕彬彬、林建、涂水莲
浙江稠州商业银行丽水分行工会委员会	季红军	—	季军红、王玉芳、王海勇、华筱楠、金丽娟
浙江民泰商业银行丽水分行工会委员会	刘开连	—	陈 琳、黄苏燕、冯 宇、刘志方、叶 盈
杭州银行丽水分行工会委员会	朱兴枝 徐 钦	—	邓良明、刘旭丽
温州银行丽水分行工会委员会	吴振勇	—	吴振勇、叶 芳、李 庆、吴 翔、魏海斌
莲都农商银行工会委员会	刘洪芝	—	高稔丰
龙泉市农村信用合作联社工会委员会	梁海斌	—	熊益华、周建军、陈 萍 、叶信忠
青田农商银行工会委员会	周大忠	—	—
缙云农村信用合作联社工会委员会	郭卫中	吴丽丹	—
遂昌县农村信用合作联社工会委员会	郑亚秋	刘俊毅	郑亚秋、刘俊毅、郑长润、袁志飞、刘苗宝、周喜琴、潘立文
松阳县农村信用合作联社工会委员会	沈俊伟	—	李 诚、叶夏英、吴林铭、占立群、刘丽慧、刘彬荷
庆元县农村信用合作联社工会委员会	周邦新	叶时富	周成威、刘 蔚、吴振娟、蔡桂芬、吴淑玲
云和县农村信用合作联社工会委员会	毛益平	—	练达伟、曹娅雯、颜 斌、陈 燕
景宁畲族自治县农村信用合作联社工会委员会	高樟亭	—	张玉伟、彭有进、吴英妹、刘芬芬
浙江青田中银富登华侨村镇银行有限责任公司工会委员会	季钦尉	—	包小燕、罗苏微、叶晏辰、兰晓明

续表 9-2-1

工会名称	工会组织		
	主　席	副主席	成　员
中国人寿保险股份有限公司丽水分公司工会委员会	黄罕翔	耿庆华	黄罕翔、耿庆华、蓝祥友、高　菲、周俊俐、万董梅
中国平安人寿保险股份有限公司丽水中心支公司工会委员会	傅晓春	朱淑萍	沈燕萍、周舒悦、付玲玲、黄羽亮、朱　琳
浙商证券丽水花园路营业部分工会委员会	余艳红	—	余艳红、孙玉球、江伟民、朱晓瑜、李　杰
浙商证券丽水分公司工会小组	—	—	朱晓瑜

第三章　文明创建

21 世纪初开始，丽水市各金融机构不断探索精神文明建设的引领作用，以争创文明银行、创建“文明单位”为主要载体，把文明创建工作贯穿金融改革和各项事业发展的各个环节。深入开展，扎实推进，文明创建工作取得丰硕成果，有效提升各金融单位的社会形象以及金融行业的凝聚力、创造力和竞争力。

第一节　金融系统文明行业创建

2000 年开始，根据中共丽水市委、丽水市政府和丽水市文明办公室有关创建文明行业工作要求，在中国人民银行丽水市中心支行牵头组织下，全面开展金融系统文明行业、文明服务示范窗口创建工作，在创建进程中有效提升丽水市金融业服务质量和服务水平。2002 年，成立丽水市金融系统创建文明行业领导小组，人行丽水市中心支行党委书记、行长为组长，各创建单位“一把手”为副组长，分管领导为成员，同时成立领导小组办公室，设在中国人民银行丽水市中心支行。领导小组制定和印发《丽水市金融系统创建文明行业实施意见》，明确提出“创建活动”使金融系统全体员工政治信念有新增强、业务素质有新提高、敬业精神有新提升、服务作风有新改善的创建目标。在创建领导小组的带领下，全市各金融机构以创建文明行业为标准，全面深入开展各项创建工作，不断提升丽水市金融业的整体服务水平。2003 年 2 月，在丽水市委、市政府召开的全市文明行业授牌仪式上，授予人行丽水市中心支行、农行丽水市分行等金融机构为首批丽水市文明行业。

2004年5月，召开丽水市金融系统文明行业动员大会，部署开展窗口文明礼仪建设工作。编印《丽水市金融系统文明礼仪服务规范手册》，并在全市金融系统开展“展金融风采、树丽水形象”主题劳动竞赛活动，评选出“丽水市金融系统文明礼仪示范窗口”15家，丽水市金融系统文明礼仪使者10名。

2005年，根据丽水市文明委关于开展争创市级“文明示范窗口”活动要求，开展丽水市金融系统争创“规范服务达标”和市级“文明示范窗口”活动，各市级银行机构制定行风建设和规范化服务工作实施方案，并认真组织实施。3月24日，召开丽水市金融系统文明单位创建动员大会。9月，举办银行业“党在我心中”歌咏比赛，纪念中国人民抗日战争胜利60周年、庆祝中华人民共和国成立56周年。丽水市金融系统争创领导小组向市文明委推荐申报首批市级“文明示范窗口”金融单位，编印《丽水市金融系统“文明礼仪示范窗口”和“文明礼仪使者”事迹汇编》和《丽水市金融系统创建文明行业风采录》。

2006年，全市金融系统开展“为金融文明添光彩 建文明行业创一流”主题活动，举办创建文明行业培训班；组织开展“百日创优”劳动竞赛活动；组织开展第二批丽水市金融系统“文明礼仪示范窗口”“文明礼仪使者”评选推荐活动，评选出“丽水市金融系统文明礼仪示范窗口”18家，“丽水市金融系统文明礼仪使者”20名。

2007年4月，组织市级金融机构参加纪念“五四”运动88周年•建团85周年“永远跟党走——革命火炬代代传”青少年火炬传递活动暨“青春丽水”首届文化节开幕式。6月，组织开展丽水市金融系统“庆祝中华人民共和国成立58周年”书法美术摄影作品展与丽水市金融系统“我与我的祖国”征文活动。9月，会同共青团丽水市委、市人事劳动社会保障局、丽水日报社等联合举办全市金融系统青工技能大赛，辖内工行、农行、中行、建行、莲都农信社等金融机构组成18个参赛队参加现场比赛，并取得较好成绩。

2008年5月，开展全市金融系统窗口文明服务礼仪集中交流展示活动。9月，举办丽水市金融系统窗口文明服务研讨会。2009年9月，举办金融系统“我与我的祖国”演讲比赛。2010年，组织开展丽水市“迎国庆、迎省运，窗口行业文明优质服务月”活动；组织市金融系统参加“迎世博、迎省运、讲文明、树新风”集中行动；组织开展丽水市金融系统2009—2010年度“文明礼仪示范窗口”“文明礼仪使者”推荐评选工作，评选出“丽水市金融系统文明礼仪示范窗口”18家、“丽水市金融系统文明礼仪使者”20人。

2011年6月，举办“党在我心中”演讲比赛；组织金融系统代表队参加丽水市庆祝中国共产党建党90周年大型歌会。2012年5月，开展银行机构文明服务质量检查活动。

2013年4月，牵头召开丽水市“十佳美德金融人”评选动员会，部署开展金融系统“十佳美德金融人”评选工作。6月，召开丽水市金融系统“十佳美德金融人”评选活动组委会成员会议，评选出丽水市“十佳美德金融人”候选人。9月，丽水市百名“最美丽水好人”表彰暨先进事迹报告会在丽水大剧院召开，丽水市金融系统“十佳美德金融人”受到隆重表彰。

2015年4月，牵头组织丽水市银行业机构参加全国文明城市创建活动。6月，与共青团丽水市工委共同举办“世界这么大，我想和你去看看”金融青年联谊活动。7月，组织开展金融系统女职工“金融丽人丽事”主题征文比赛。8月，开展金融系统“十佳最美金融人”评选活动。

第二节　金融系统文明单位创建

人行丽水市中心支行文明单位创建

20 世纪 90 年代，人行丽水地区分行开始文明单位创建工作，1995 年，分行机关被中共丽水地委、丽水行署评为地级文明单位，并连续保持荣誉。21 世纪以来，人行丽水市中心支行始终高度重视文明单位建设，坚持以创建“全国文明单位”为总目标，以“提升软实力，构建和谐行”为总抓手，以“基础立行、创新兴行、文化树行、人才强行”为理念，内强素质，外树形象，科学履行基层央行职责，实现文明创建百花齐放。2001 年，人行丽水市中心支行机关被评为浙江省无偿献血先进单位。2003 年，人行丽水市中心支行机关被评为浙江省文明单位、上海分行文明单位、省级社会治安综合治理先进集体、丽水市文明行业。2004 年，人行丽水市中心支行机关被评为省级“治安安全示范单位”。7 月 22 日，召开中心支行文明单位创建工作动员大会；9 月 5 日，中国人民银行上海分行开展中心支行文明单位创建工作考核。人行丽水市中心支行机关、人行云和县支行被评为 2003—2005 年度上海分行文明单位。2006 年 10 月 18 日，丽水市文明办对人行丽水市中心支行机关开展省级文明单位复评。2007 年 3 月 5 日，举办文明礼仪专题讲座；8 月 6 日，召开文明单位创建暨基层央行文化建设推进会。2008 年 4 月 29 日，召开全市人民银行宣传思想工作暨文明单位创建工作推进会；8 月 11 日，举行文明单位创建知识竞赛。2009 年 1 月，人行丽水市中心支行机关被评为全国精神文明建设先进单位。5 月 15 日，召开全市人民银行 2009—2011 年度文明单位创建工作动员大会，表彰 2006—2008 年度中支级文明单位。2010 年 7 月 13 日，召开人行丽水市中心支行文明单位创建工作推进会。2011 年 4 月 27 日，召开文明单位创建工作推进会。同月，荣获浙江省五一劳动奖状。12 月，人行丽水市中心支行机关被评为全国文明单位、上海总部 2009—2011 年度文明单位。2012 年 4 月 28 日，召开全市人民银行文明建设推进会。5 月，人行丽水市中心支行工会被评为中国人民银行“模范职工之家”。7 月 9 日，召开精神文明建设领导小组（扩大）会议，讨论制定《丽水市中支精神文明建设管理办法》《丽水市中支文明单位、文明集体考评办法》《丽水市中支文明之星评选办法》，开始开展文明单位、文明集体、文明之星“三位一体”文明创建工作。12 月，人行丽水市中心支行被评为国家、省级破获重大外汇违法犯罪案件先进集体。2013 年 2 月 21 日，人行丽水市中心支行被市委宣传部评为 2010—2012 年度丽水市党委（党组）理论学习中心组先进单位。5 月 29 日，浙江省文明办、丽水市文明办主任到人行丽水市中心支行调研指导文明单位创建工作。6 月 13 日，召开“最美丽水央行人”评选活动组委会成员会议，评选“最美丽水央行人”。7 月 2 日，召开精神文明建设领导小组成员会议，评选 2012 年度中支级文明集体。11 月 27 日，举办员工大讲堂开班仪式暨道德讲堂活动，表彰 2012 年度文明之星、文明集体及 10 名“最美丽水央行人”。2014 年 2 月 24 日，召开精神文明建设领导小组办公室会议，评选 2013 年第四季度文明之星和 2013 年度中支级文明集体。4 月，组织开展丽水市金融系统“最美四月、爱心人行”无偿献血活动。6 月 26 日，成功举办丽水市第四期道德讲堂总堂活动。7 月 25 日，召开 2014 年文明单位创建推进会。同月 30 日，被丽水市献血领导小组评为 2014 年无偿献血爱心单位。2015 年 2 月，人行丽水市中心支行机关通过复评保持全国文明单位荣誉。4月7日，召开精神文明建设领导小组办公室会议，评选2014年度中支级文明集体和2012—2014年度中支级文明单位。6月19日，举办“诚实守信”主题道德讲堂活动。10月，人行丽水市中心支行机关、人行缙云县支行被评为2012—2014年度总部级文明单位。

工行丽水市分行文明单位创建

中国工商银行丽水市分行始终坚持“两手抓、两手硬”，高度重视精神文明建设，以创建“文明单位”为龙头，在全行深入开展“文明处所、文明员工”“青年文明号”“巾帼建功示范岗”“职工之家”“文明示范窗口”“军民共建、社区共建”等一系列精神文明创建活动，取得可喜成效。1996年以来，工行丽水地区分行一直保持“省级文明单位”称号，辖属各支行实现文明单位“满堂红”。1994年，工行地区分行成立精神文明建设指导小组，制定出台精神文明创建工作实施意见。1995年，在文明单位复查验收中，辖内5个机构保持省、县(市)级文明单位称号，新增3个县级文明单位。1996年，工行地区分行本级、松阳支行、景宁支行分别被中共丽水地委、丽水行署授予第一批地级“文明单位”称号；被评为省级“文明单位”。全辖积极开展“青年文明号”创建，16个营业机构分别被评为省级、地级、县级“青年文明号”。1999年，开展创建“文明窗口”“青年文明号”“巾帼建功”等活动，全行实现了文明单位“满堂红”。2002年，设立创建文明行业办公室，出台《文明行业创建设工作责任制考核办法》，工行市分行及辖属各支行全部荣获当地首批“文明行业”称号；辖属多个对外营业网点被授予省级“青年文明号”等称号。2007年，工行处州支行营业部被评为“全国职工职业道德建设先进班组”；同年，处州支行被授予“浙江省银行业2006年度文明规范服务示范单位”称号。2009年，围绕庆祝中华人民共和国成立60周年，细化企业文化实施方案，开展迎国庆“服务大提升 大家谈、大家做、大家评”活动，开展“最佳服务网点”“最佳服务标兵”“优秀客户经理”评选活动以及“最佳标兵”评选表彰活动。2010年，开展“职工之家”创建活动、“最佳标兵”评选活动、岗位练兵活动，提升企业文化“软实力”。2011年，开展“改革流程、改进服务年”主题活动，建立客户投诉评议机制，星级网点、星级柜员和星级大堂引导员评选机制，开展标杆网点评选。2012年，制订服务工作三年规划，明确未来三年本行服务战略目标、基本任务和主要措施。2013—2014年，连续两年被工行浙江省分行评为“服务工作先进单位”。

农行丽水市分行文明单位创建

中国农业银行股份有限公司丽水分行坚持物质文明建设和精神文明建设两手抓，在文明建设中取得丰硕成果。1998年，农行地区分行成立行风建设领导小组及办公室，强化组织领导，加强企业文化建设，在全行形成良好的文明建设氛围。2000年，调整农行地区分行精神文明建设领导小组成员，与丽水地区公安局隆重举行警民共建社会主义精神文明签约仪式(同年7月农行地区分行改为农行市分行)。2002年，被中共丽水市委、丽水市政府命名为市文明单位。10月，市农行营业中心、缙云县支行营业中心、云和县支行营业中心被授予2001年度“双文明示范岗”称号，在全行形成规范化文明服务示范作用。2003年2月，在市委、市政府召开的全市文明行业授牌仪式上，农行系统作为首批被授予文明行业称号(八个系统之一)，受到隆重表彰。2003年8月，市农行成立“中国农业银行丽水市分行企业文化建设领导小组”。2004年12月，市农行在以“展行业风采，树丽水形象”为主题的行业优质服务竞赛活动中获得市级优质服务先进窗口荣誉称号，全市仅十家单位获此殊荣。2005 年，被命名为省文明单位。2005 年 12 月，农行丽水市分行召开全市农行 2005 年企业文化建设专题研讨会。2011 年 10 月，在三季度全省农行网点服务质量暗访测评中丽水市分行整体得分 95.17 分，整体服务质量率达到优秀水平，排名跃居全省第一名。这是浙江省农行 2010 年启动服务质量暗访测评以来，唯一一家获得优秀水平的市分行。11 月，农行丽水市分行召开全行员工大会，全面动员和部署"优化服务，提升品质"活动。2012 年 5 月，在全省 2012 年旺季网点服务质量暗访测评中，农行市分行再次取得全省第一名，喜获三连冠。同时，包揽分行、支行、网点三个层级全省第一名。11 月，农行市分行召开全行员工视频会议，总结全行服务现状，全面部署新一轮"赢在服务、铸造品牌"活动。

中行丽水市分行文明单位创建

中国银行丽水市（地区）分行自成立以来，始终不渝坚持"两手抓、两手都要硬"的方针，加强对思想政治工作的领导，牢固树立良好形象，提高服务质量，推动物质文明和精神文明建设协调发展。1995 年 5 月，中国银行丽水地区分行印发《关于进一步加强文明优质服务工作的意见》《优质文明服务操作规范及奖惩办法》，提出要向优质文明服务要效益，大力倡导优质文明服务工作，进一步提升社会公众形象。1996 年，根据中行省分行《1996 年思想政治工作意见》，提出要深入开展创建"文明单位"和争创"青年文明号""青年岗位能手"活动。先后在全辖范围内开展"中国银行文明优质服务 10 周年服务月"活动，为中行系统第一次全国统一行动；开展"百日创优"服务竞赛活动，下发《优质文明服务分理处（所）暂行规定》。同年，中国银行丽水地区分行首次被命名为县（市、区）文明单位。中行地区分行本级营业部储蓄专柜、大洋办事处专柜、处州分理处、继光分理处、青年支行营业部储蓄专柜、温溪办事处专柜、新大街分理处、西门分理处、山口分理处、塔山储蓄所被中行浙江省分行选定为 1996 年度全省创建优质文明服务示范所试点单位。2000 年，中国银行丽水市分行首次被命名为市级文明单位。2005 年 1 月，中国银行丽水市分行首次被命名为省级文明单位，一直保持至 2015 年。灯塔支行被浙江省妇联评为省级"巾帼文明示范岗"，大洋支行营业部、继光分理处、缙云支行营业部、松阳支行营业部、遂昌支行营业部被丽水市妇联评为市级"巾帼文明示范岗"。

2006 年 12 月，中国银行青田支行营业部被评为浙江省级文明示范窗口。2007 年 1 月，中国银行丽水市分行灯塔支行被评为市级文明示范窗口，分行营业部被评为浙江省"巾帼文明岗"。6 月，中国银行青田支行营业部被评为 2006 年度全国"青年文明号"。2011 年 1 月，中国银行松阳支行、遂昌支行、龙泉支行首次被命名为省级文明单位。2012 年 4 月，中国银行青田县支行被评为省级治安安全示范单位。2013 年 1 月，中国银行青田支行首次被命名为省级文明单位。2015 年 1 月，中国银行缙云支行首次被命名为省级文明单位。

建行丽水市分行文明单位创建

建行丽水分行坚持精神文明建设与物质文明建设相结合，通过多年的努力，文明优质服务大大加强，市分行和下属县支行多家单位先后被各级政府评为文明单位。

1989 年 4 月，建行地区中心支行及各县支行均成立优质服务竞赛活动领导小组，形成文明优质服务气氛。1990 年 3 月，建行地区中心支行成立创建文明单位领导小组，全面开展创建活动。

1993年，建行云和支行被省委、省政府评为省级文明单位，取得区域内建行系统首家文明单位。1994年，建行丽水地区分行被丽水市(今莲都区)委、市政府评为县级文明单位。1998年4月，建行丽水地区分行被丽水地委、行署评为地级文明单位。2001年4月，建行丽水分行被浙江省政府评为省级文明单位；建行云和支行通过复评保留省级文明单位。2001年，建行莲城支行被市委、市政府评为市级文明单位。2002年，建行青田支行、景宁支行被市委、市政府评为市级文明单位。2006年，建行丽水分行被莲都区委、区政府评为县级文明单位；建行青田支行、景宁支行被省委、省政府评为省级文明单位。2008年，建行分行被浙江省红十字会授予抗震救灾特别奉献奖；建行丽水分行被评为丽水市创建全国双拥模范城贡献奖。2010年，建行分行营业部荣获全国总工会“女职工建功立业标兵岗”、省职工职业道德建设先进班组称号。2012年，建行分行被浙江财贸工会评为省财贸系统工人先锋号。2013年，建行莲城支行被省委、省政府评为省级文明单位。2013年，建行丽水分行团委荣获建行浙江省分行“五四红旗团委”称号。2014年2月，建行丽水分行、缙云支行被市委、市政府评为市级文明单位；丽水市精神文明建设委员会对辖内建行系统进行全面复查复评，莲城支行、龙泉支行、青田支行、云和支行、庆元支行、遂昌支行、松阳支行、景宁支行全部保留市级文明单位，实现“一片红”。2015年年末，辖内建行系统获评建行省分行“文明单位”3家、建行省分行级“文明窗口”3家、市级“文明窗口”3家、省级“巾帼文明示范岗”5家、市级“文明示范岗”9家、省级银行业“文明规范服务示范单位”3家、“星级网点”3家，莲城支行获评全市银行业唯一一家4星级网点。

邮储银行丽水市分行文明单位创建

2008年4月，中国邮政储蓄银行丽水市分行成立以来，始终高度重视精神文明建设，以“提升服务能力、构建和谐企业”为总目标，以“建设一个好班子、带出一支好队伍、健全一套好制度、打下一个好基础、创造一个好环境”为工作思路，深入实践“以市场为导向、以客户为中心”的经营理念，坚持“重在制度建设、重视创建过程、注重创建实效”创建原则，突出“促业务、带队伍、强管理、创和谐”四个方面创建重点，推进业务创新、管理创新、服务创新，取得业务经营发展和精神文明建设的双丰收。2010年，中国邮政储蓄银行丽水市分行成立创建文明单位领导小组，明确各部门创建工作职责，加强对全辖文明单位创建工作的组织领导，明确创建目标、内容、举措，扎实推进文明单位创建。在提高全员综合素质和执行力上下功夫，管控水平有新突破；在营销市场开拓创新上下功夫，业务发展有新突破；在服务理念高效便捷上下功夫，服务能力有新突破；在企业文化品牌形象上下功夫，员工幸福感有新突破。2012年2月23日，中国邮政储蓄银行丽水市分行被中共丽水市委、丽水市政府授予“丽水市文明单位”称号。2013年，顺利通过市级文明单位复评。同年10月，邮储银行丽水市分行被中国邮政集团公司授予“2012度全国邮政用户满意企业”称号，为浙江省邮政储蓄银行唯一获得该荣誉的分行。2015年1月12日，邮储银行丽水市分行被浙江省精神文明建设委员会授予“浙江省文明单位”称号。4月，邮储银行丽水市分行营业部被中国邮政储蓄银行总行授予“2014年度中国邮政储蓄银行规范化服务五星级示范单位”称号。11月，邮储银行丽水市分行被中国通信企业协会授予“2015年通信行业用户满意企业”称号。至年末，辖内青田县支行、龙泉市支行获评市级“文明单位”，其余6家县支行全部获评县级“文明单位”。

浦发银行丽水支行文明单位创建

上海浦东发展银行股份有限公司丽水支行自开业以来，坚持服务丽水地方经济和社会发展，扎扎实实推进文明单位创建工作，实现业务发展与精神文明建设"双丰收"。2011 年 2 月 28 日，被评为莲都区"文明单位"。2014 年 2 月 19 日，被评为丽水市"文明单位"。随着创建活动深入开展，浦发银行丽水支行整体面貌发生深刻变化，得到政府有关部门和社会各界广泛认同。2011—2015 年，单位和个人先后获浙江省级巾帼文明岗、浙江省职业道德建设标兵单位、浙江省第十届职工职业道德建设标兵单位、浙江省创建和谐劳动关系先进企业、丽水市金融机构支持地方经济发展三等奖、丽水市文明规范服务示范单位、丽水市治安安全示范单位、丽水市平安金融单位、丽水银行业 30 佳服务窗口和百佳服务明星、浙江省"三八红旗集体"、浙江省"三八红旗手"、最美丽水好人、浙江省反假工作先进个人等荣誉与称号。

中信银行股份有限公司丽水分行文明单位创建

2010 年 12 月，中信银行丽水分行成立以来，坚持"高起点谋划、高质量要求、高标准工作"方针，与时俱进，不断创新，围绕文明单位建设目标，坚持"两手抓、两手都要硬"，内强素质，外树形象，加强管理，优化服务，结合业务抓政治文明、精神文明、生态文明和社会建设，以文明单位创建推动业务工作，有力助推了地方经济发展。

2012 年开始，中信银行丽水分行领导班子将创建文明单位列入首要议事日程，成立以分行党委书记为组长的精神文明单位建设领导小组，加强组织领导；落实办公室为文明单位建设牵头部门，负责具体的工作安排，并抓好落实。制定《中信银行丽水分行文明单位创建活动实施方案》，明确指导思想、创建工作目标和内容以及创建工作的要求，确保将创建工作落到实处，取得实效。积极组织开展柜员文明服务明星评选活动，提高群众参与率，稳固创建活动的群众基础，使党、政、工、青、妇联合为一体，齐抓共管，以此促进文明单位建设取得实效。2013 年 2 月，中信银行丽水分行被评为莲都区"文明单位"。

农商银行、农信社系统文明单位创建

浙江丽水莲都农村商业银行股份有限公司文明单位创建　莲都农商银行(农村信用合作社、农村信用合作联社)历届中共党委(党组织)高度重视文明建设工作，坚持以文明创建为载体，落实"两手抓"的方针，把文明创建体现在各项工作中，落实在全体员工的实际行动上，树立"爱岗敬业、团结协作、求实创新、奋力拼搏"的企业精神，凝聚全体员工求真务实、开拓进取的精神力量，形成上下联动，全面覆盖，整体推进的创建局面。莲都农商银行物质文明建设、精神文明、生态文明和政治文明建设均取得丰硕成果。2004 年，被评为区级"文明单位"。2008 年，制定《莲都农村合作银行创建文明单位工作五年规划(2008 年—2012 年)》，并成立创建文明单位工作领导小组，由行党委书记担任组长，班子成员任副组长，各部室及支行负责人为成员，常设办公室，负责处理创建文明单位的具体事务。以"文明规范服务"活动为抓手，制定《创建文明规范服务工作实施意见》《创建文明规范服务检查考核标准》《文明规范服务效益工资考核办法》等制度，将文明规范服务内容纳入经营责任制考核，与每位员工的服务质量、经济利益挂钩。将农商银行总行创建文明规范服务工作有关文件汇编成《员工文明规范服务读本》，发给每位员工，方便员工日常学习。2009年，召开创建文明单位动员大会，打造党、工、青、妇齐抓共管、同创文明单位的工作局面。2009年，被评为市级“文明单位”，创建市级“巾帼文明窗口”3处，获丽水市“金锤奖岗位能手”和“全国农村合作金融机构服务‘三农’和支持中小企业最佳优秀服务标兵称号”1人；2010年，启动创建省级文明单位各项工作。农商银行党委多次召开专题会议，研究创建文明单位工作，激励全体干部、党员和职工振奋精神，努力工作，做到“四个文明”一起抓。2012年，莲都农商银行中山支行荣获“浙江农信系统2012年度文明规范服务示范单位”称号。

龙泉市农村信用合作联社文明单位创建　2008年，龙泉市农信联社被龙泉市评为县级“文明单位”。2012年，被丽水市评为市级“文明单位”。同年，龙泉市工商局联合龙泉市消保委对消费者关注的银行、保险、酒店、通信等8个行业进行“消费者满意的行业单位”特别调查活动中，龙泉市农信联社在参评的9家银行中脱颖而出，成为龙泉首家获评“消费者满意银行”单位。在民主评议活动中，获龙泉市银行系统“群众满意银行”称号，获评2012年度省级“治安安全示范单位”。2013年12月，获浙江省“财贸系统工人先锋号”称号；获2013年度浙江省“农信系统优胜单位”称号。获2013—2014年度浙江“农信文明规范服务示范单位”称号。2015年1月，被评为浙江省“文明单位”；10月，龙泉市农村信用联社营业部获评中国银行业“文明规范服务三星级网点”；获评2015年度浙江“农信服务品牌示范网点”。

文明单位创建采取的主要举措：一是形成共识，责任、制度先行。高度重视文明创建工作，始终把文明创建工作贯穿到业务管理全过程，坚持同推进共发展。历年的经营责任制考核都将党风廉政建设和作风建设列入目标责任书。明确目标，落实责任，把创建工作和业务一并布置，一并检查，一并考核，注重社会各界监督，通过广泛征求意见，进一步改进工作保证创建措施落实到位。2014年，成立文明单位创建工作领导小组，夯实文明创建基础，有序推进文明单位创建工作。二是强化社会主义价值观培育。认真贯彻宣扬社会主义核心价值观，倡导“富强、民主、文明、和谐、自由、平等、公正、法治、爱国、敬业、诚信、友善”价值观，引导全员自觉实践与开拓一流农村信用社相适应的企业愿景、社会使命、经营理念、职业道德与行为规范，不断提高员工队伍整体素质，增强凝聚力、创新力和竞争力，对外塑造良好的品牌形象，为建设卓越的现代化农村金融企业提供强大的精神动力和文化支撑。三是践行金融普惠。深入实施普惠金融工程，全力推进创业普惠、便捷普惠和阳光普惠，努力让每一位龙泉人都享有金融服务，让利社会。积极创新，开拓研发金融产品，实施12项服务免费或降费。组建服务小分队，作为团员活动的主要载体，积极组织、参与社会公益活动，提升联社社会形象。每年都组织反假货币宣传、防诈骗活动、干部下基层调研等活动，深入企业宣传惠农措施，帮助企业解决实际问题。同时，积极参与青年志愿者服务日活动、青年文明号慰问敬老院活动、慰问贫困家庭等活动，有力地提升联社在社会上的形象。2013年，联社团委被授予丽水市先进团委。四是回馈社会。2008年后，连续7年成为龙泉市纳税大户。2013年8月18日，举办主题为“放飞希望、成就梦想”的慈善公益活动，将乔迁新办公大楼节约的费用分别捐赠给龙泉市慈善总会、团市委，同时向贫困大学生发放爱心助学款。2014年，赢得了社会一致认可，获得了“慈善之星”美誉。

浙江青田农村商业银行股份有限公司文明单位创建　文明单位创建工作开展后，青田县农村信用合作联社紧紧围绕“创一流的服务，展现一流的企业形象，创一流的业绩”，以创建“文明单位”为龙头，在全行深入开展“青年文明号”“巾帼文明岗”“职工之家”等一系列精神文明创建活动，取得了可喜成效。1996年，腊口信用社被授予丽水地区金融系统年度“青年文明号”、青田金融系统年度“青年文明号”称号。1997年，腊口信用社、方山信用社被授予青田金融系统年度“青年文明号”称号。1998年，船寮中心社、腊口中心社被授予青田金融系统年度“青年文明号”称号。1999年，联社获“省级文明单位”称号，辖属信用社也实现了文明单位“满堂彩”，东源信用社、腊口信用社、北山信用社、海口信用社、油竹信用社第一批被授予青田县级“文明单位”称号。2000—2003年，其他辖内7个信用社先后被授予青田县级“文明单位”称号。2005年5月，青田县农村信用合作联社改为浙江青田农村商业银行股份有限公司。2006年，在文明单位复查验收中，青田农商银行和温溪、山口等12家信用社保持县级文明单位荣誉称号。2011年，青田农商行引入专业咨询公司，实施网点标准化建设，推进员工服务行为标准化管理与培训，制定统一的网点服务规范标准，大力倡导优质文明服务工作，进一步提升社会公众形象。2012年，营业部被授予“浙江银行业文明规范服务示范单位”称号，鹤城信用社被授予“浙江农信文明规范服务示范单位”称号。2013年，温溪信用社被授予“浙江农信系统品牌示范网点”称号。2014年，石帆信用社被授予“丽水农信系统文明规范服务示范单位”称号，温溪信用社被授予“丽水市银行业文明规范服务星级网点”称号。2015年，龙津支行被授予“浙江省农信系统文明规范服务示范单位”称号，鹤城支行、龙津支行被授予县级“巾帼文明岗”称号。

缙云县农村信用合作联社文明单位创建 2001年，缙云县农村信用合作联社被首次命名为县级“文明单位”。2003年，被首次命名为市级“文明单位”。2005年8月，按股份合作制产权组织模式进行改革，正式成立浙江缙云农村商业银行股份有限公司，始终坚持高标准严要求，不断提升金融服务能力，以“创一流业绩、建一流队伍、树一流形象”为工作主线开展文明单位创建活动。2006年，组织参加文明礼仪和规范化服务培训，开展献血、扶贫、捐款等公益活动，获评省级“文明单位”，有效提升知名度和美誉度。2007年，开展“文明优质服务年”主题活动，缙云县农村信用合作联社下辖五云支行、壶镇支行、仙都支行、舒洪支行、东方支行、新碧支行6家银行被命名为县级“文明单位”。2008年，组织开展“深化文明优质服务年”主题活动，认真贯彻落实《中国银行业文明规范服务工作指引》，践行《文明服务公约》，切实加强员工文明服务学习和培训，有效引领企业服务文化创建，被省农信联社授予全省农村合作金融系统“文明服务单位”称号。2010年，缙云县农村信用合作联社营业部被丽水市精神文明建设委员会授予“文明示范窗口”称号，辖内营业网点被缙云县文明办命名为“文明单位示范点”10余家。2011年，开展“合规文化建设年”活动，完善组织体系，重塑制度流程，推进培育合规文化，促进依法合规经营，助力实现又好又快发展。同年，积极组织开展全行文明单位创建复评准备工作，辖内总行营业部被市总工会评为“五一巾帼标兵岗”“工人先锋号”等，东渡信用社被评为县级文明单位。2012年，制定完善各项文明建设制度，整合下发制度汇编，梳理和细化工作流程，全面完成并通过文明单位复评，缙云农商行营业部被评为市级“青年文明号”和“巾帼建功示范网点”，被浙江省农信联社授予“服务品牌示范网点”称号。2013年，组建行风监督员队伍，通过神秘人暗访、查阅监控、随机回访客户等形式对营业网点环境、服务质量、员工着装、办事效率、廉洁自律等方面进行监督暗访，树立窗口形象。2014年，在全行开展文明服务竞赛活动，各支行结合实际情况，通过内部检查评比、外部客户评价等多个维度评选文明服务窗口，对外积极发挥文明服务窗口的示范引领作用。2015年，开展农信品牌文化建设工作，把狠抓行风建设、提升服务水平作为企业文化建设的重要组成部分，依靠优质高效和全方位、多功能、多层次的服务提升客户满意度，缙云农商行营业部被浙江省农信联社授予“2015年度服务品牌示范网点”称号。

遂昌县农村信用合作联社文明单位创建　1954年，创建遂昌县农村信用合作联社。2002年，被评为遂昌县“文明单位”。2005年4月，改制为一级法人治理的股份合作制性质的现代金融企业，是县域范围内在服务网点、从业人员、纳税贡献三方面均居“小冠军”地位的地方性金融机构。同年，被丽水市评为“文明单位”。连续11年被评为市级文明单位。2005—2007年，连续三年被评为“浙江省劳动保障诚信A级单位”。2008年3月，被中国人民银行杭州中心支行评为全省“金融保险服务送农村”活动先进集体。2009—2011年，连续三年制定《遂昌县农村信用合作联社优质服务规范检查考核标准》，提升全行整体服务形象。2010年，获浙江省“创建学习型组织，争做知识型职工”活动先进单位，林权抵押贷款被授予“产品与服务创新奖”。2012年，妙高支信用社被浙江省巾帼和双学双比活动协调小组评为“巾帼文明岗”；云峰信用社被评为省级“文明规范服务单位”。2013年3月，被评为“2012年度提升农村金融服务先进集体”，积极参与“帮困扶贫”“绿色公益”“结对共建”等活动，为社会公益事业多作贡献；被中国银监会评为2012年度“农村金融服务‘双百竞赛’活动先进单位”。2014年3月，安口信用社工会荣获“浙江省工会模范职工小家”称号。2014年6月，县农信联社荣膺“金典奖——全国支持小微企业发展优秀金融机构”称号；石练信用社被评为市级“文明示范单位”。

松阳县农村信用合作联社文明单位创建　自文明单位创建工作开展以来，松阳县农村信用合作社始终坚持“两手抓，两手都要硬”方针和“精神文明重在建设”原则，把文明单位创建作为提升企业形象、促进业务发展的有效载体，切实抓好两个文明建设。2005年，组建成为股份合作制企业，成立松阳县农村信用合作联社。同年，首次被命名为“县级文明单位”。2010年，随着创建工作的深化开展，首次被命名为“市级文明单位”。2012年，为使文明服务工作规范化，松阳县农村信用合作联社印发《网点标准化建设考核办法》等各项文明建设制度，组建松阳县农村信用合作联社文明规范服务检查小组，定期对各营业网点进行文明优质服务检查，大力倡导优质文明规范服务工作。2013年，首次被评为“省级文明单位”。2014年，作为“松阳人民的伙伴银行”，本着对社会和“三农”高度负责与深厚感情，提升文明服务水准，松阳县农村信用合作联社营业部获评市级“巾帼文明岗”。2015年，进一步提升文明创建工作，加强对网点文明优质服务的检查和整改，开展“标杆网点”建设，评选服务优胜网点和服务之星，大力倡导优质文明规范服务工作。西屏信用社、玉岩信用社2家营业网点荣获“浙江农信系统文明规范服务示范单位”称号。

多年的文明创建工作，实现农村服务渠道重大突破，提高农村信用合作联社知名度和美誉度；连续多年与松阳县委宣传部、县文化馆联合组织送戏下乡活动，丰富松阳人民群众精神文明生活。

庆元县农村信用合作联社文明单位创建　自文明单位创建工作开展以来，庆元县农村信用合作社积极开展“精神文明建设”工作，牢牢将文明单位创建工作与精神文明建设、员工队伍建设、企业文化建设、创优金融服务、推进普惠金融等各方面工作相结合，创新思路，真抓实干，实现物质文明和精神文明双丰收。1998年，首次被评为县(市、区)“文明单位”。2004年，按股份合作制产权组织模式进行改革，成立庆元县农村信用合作联社。同年，庆元农信联社首次被评为“市级文明单位”，获评“巾帼扶贫工程先进集体”。2006年，继续深化创建工作，把精神文明建设工作作为“一把手工程”，营业部获评“浙江省银行业文明规范服务示范单位”。2007年，开展“文明优质服务年”主题活动，主动投入文明城镇竞赛活动，严格卫生管理制度。出台《庆元县信用联社办公楼院管理办法》，认真落实创建办工作，被省联社评为“优胜单位”。2008年，开展“深化文明优质服务年”主题活动，被省委、省政府评为“省级文明单位”。以《浙江省文明单位创建管理办法》为指导，结合自身工作实际，展开文明单位创建工作，建立文明单位创建工作领导小组，指定专人负责创建具体工作。2009年，制定庆元县信用联社《精神文明建设三年规划》《庆元县农村信用社柜员文明优质服务规范》《庆元县农村信用社柜员文明优质服务检查评分标准》等各项文明建设规划和实施制度，顺利通过文明单位复评。2010年，开展“迎世博、文明规范服务深化年”主题活动、优质文明服务示范窗口和服务明星活动评比活动。2012年，获得庆元县宣传思想工作“先进单位”称号。2013年，荣获庆元县人民政府“精神文明建设工作先进单位”“平安创建工作先进单位”称号。2014年，成立文明优质服务领导小组，加强对网点文明优质服务检查和整改，推动“标杆网点”建设。荣获“省级文明单位”、市级“平安金融单位”称号，营业部获省级“巾帼文明岗”称号，竹口信用社获市级“文明规范服务示范单位”称号。2015年，开展“临柜业务操作合规年”“支农服务深化年”主题活动，成立“标杆网点”和“服务明星”考评小组，开展服务考评工作，深化服务水平和服务质量。

云和县农村信用合作联社文明单位创建　自创建工作开展以来，云和县农村信用合作联社各届领导班子都高度重视“精神文明”建设工作，以提高职工文明素质和文明优质服务为目标，以创建文明单位和提高创建水平，积极创新，真抓实干，努力实现物质文明和精神文明双丰收。2001年，荣获“全省农村信用社系统先进单位”称号。2005年，荣获“云和县妇女工作先进集体”和“县级先进集体”称号。2006年，荣获“浙江省农村合作金融系统优胜单位”称号。2007年，荣获由浙江省劳动和社会保障厅颁发的浙江省劳动保障年度“诚信单位”称号；获云和县“县级先进集体”和“平安综治工作先进集体”称号。2008年，荣获由中共丽水市委组织部和丽水市总工会颁发的党建带工建、三级联创“先进职工之家”称号；荣获中共云和县委颁发“服务青年奖”。2009—2010年，被评为“浙江省农信系统思想政治工作先进单位”。2010年，被评为“县级先进集体”。2011年2月，被评为云和县“先进妇女组织”；5月，荣获云和县职工广播体操比赛一等奖；7月，由云和县农村信用合作联社自创自导自演的《万泉河水清又清》节目，荣获“庆党建、促发展、创和谐”丽水市农信系统庆祝中国共产党建党90周年文艺会演三等奖；10月，首次聘请专业培训公司开展“标杆网点”建设，首先选取城镇4个营业网点进行试点。2012年，在“标杆网点”建设成功的基础上，全面推进14个网点的服务标准化、规范化建设；在全面推进网点服务标准化、规范化的基础上，继续深化创建工作，把精神文明建设工作作为“重点工程”，沙溪信用社和云和信用社被评为“2015年度丽水农信系统文明规范服务示范单位”。

云和县农村信用合作联社创建精神文明单位主要做法：一是建立健全一套规章管理制度、学习制度和检查通报制度，并加以严格实施，通过强化自我管理，全行员工能自觉地按照有关管理办法、规章制度规范自己的言行举止；二是围绕职业道德建设，不断丰富企业文化建设，积极开展“青年文明号”“青年岗位能手”“文明窗口”“文明单位”等创建活动，并同“行风评议”和“行风建设回头看”等活动有机相结合，将优质文明服务落到实处，营造“机关为基层服务、后台为前台服务、前台为客户服务、领导为群众服务”的良好风貌；三是倡导参与社会公益事业，引导员工“践行公益、服务社会”，积极组织员工开展各种救灾、助学、扶贫、献爱心等活动，提高社会美誉度；四是组织开展各类活动，丰富员工业余生活，积极发挥党、团、工和妇女组织贴近一线，贴近员工的优势，组织开展员工兴趣小组等活动，充分利用职工之家、职工健身房等活动场所，丰富员工业余文化生活，满足员工精神文化需求；五是开展形式多样的企业宣传活动，在网点、电影院等公共场所播放宣传片，与政府有关部门联合举办各种精神文明教育活动，与媒体合作开展各种精神文明新闻宣传活动，提高了社会知名度；六是通过各种形式，加强督促检查，充分发挥社会监督员的作用，充分听取社会各阶层和客户的意见和建议，促进创建活动。

景宁畲族自治县农村信用合作联社文明单位创建　1989年8月，景宁畲族自治县农村信用合作联社自创建工作开展后，积极响应精神文明建设工作，将文明单位创建工作与业务工作和企业文化建设等各方面工作深入结合。2000年，景宁畲族自治县农村信用合作联社被评为第三批“地市级文明单位”。2000—2001年，景宁畲族自治县农村信用合作联社在“两个文明”建设中成绩显著，被命名为“市级文明单位”。2001—2002年，景宁畲族自治县农村信用合作联社、沙湾农村信用合作社和东坑农村信用合作社在“两个文明”建设中成绩显著，被评为“县级文明单位”。2002—2003年和2003—2004年，在物质文明、政治文明、精神文明建设成绩显著，被评为“县级文明单位”。2003年，景宁畲族自治县农村信用合作联社荣获“市级文明单位”称号。2012年，景宁畲族自治县农村信用合作联社制定《青年文明号创建活动实施方案》。2012年，景宁畲族自治县农村信用合作联社对全县12个营业网点进行明察暗访，各网点文明规范服务在巩固的基础上有所提升。2013年，全行以提高群众满意度为标准，深入查找行风建设中的薄弱环节，全面提高服务水平和企业整体形象。

中国人寿保险股份有限公司丽水分公司文明单位创建

1997年开始，中国人寿丽水分公司将创建文明单位列入首要议事日程，成立全系统的精神文明活动创建活动领导小组，加强对文明单位创建组织领导，将创建活动的具体内容、要求纳入各机构目标责任制考核，形成全系统上下齐抓共管的局面；5月8日，首次开展全区系统行风评议暨优质文明服务月活动，公司总经理与各办事处代表签订首个责任书。1997—2015年，中国人寿丽水分公司始终把干部员工的思想教育作为精神文明建设的重点，制定公司干部理论学习制度和员工学习制度，落实时间进行集中统一学习，提高干部员工队伍思想素质；倡导参与社会公益事业，引导员工“奉献社会、关爱人生”，积极组织员工开展各种救灾、助学、扶贫、献爱心等活动，提高社会美誉度；健全党团工和妇女组织，提倡团队精神，组织职工开展各种业务竞赛、岗位练兵、爱司敬业活动，群众性文体活动丰富多彩，经常举办春节晚会和家属联谊会和组队参加各种体育比赛，增强员工凝聚力；开展形式多样的企业宣传活动，与政府有关部门联合举办各种精神文明教育活动，与媒体合作开展各种精神文明新闻宣传活动，配合政府亮化美化工程，建设一批符合CI（企业形象识别系统）手册标准的宣传广告牌，提高社会知名度；通过各种形式，加强督促检查，充分发挥社会监督员的作用，加强与市政府精神文明办公室的联系与沟通，充分听取社会各阶层和客户的意见和建议，促进精神文明创建活动的深入开展。

1999年1月27日，中国人寿丽水分公司本级被评为“1997—1998年度县（市）级文明单位”。2000年4月17日，中国人寿丽水分公司本级被评为丽水地区“文明单位”。2001年3月20日，中国人寿丽水分公司本级被中共浙江省委、浙江省政府命名为“省级文明单位”，此项荣誉一直保持至今。2005年1月26日，中国人寿丽水分公司系统被市委、市政府授予市级“文明行业”称号，此项荣誉一直保持至今。2007年1月27日，中国人寿丽水分公司本级柜面被丽水市文明委评为“市级文明示范窗口”，成为丽水保险业唯一入选的单位。2008—2010年，连续三年开展三届“诚信我为先”活动。

中国太平洋财产保险股份有限公司丽水中心支公司文明单位创建

2003年，建立公司后，企业不断发展壮大，具备雄厚实力，稳居丽水市财产险市场第二位。2011年，被授予“青年文明号”。2012年，荣获市级“文明单位”“浙江市场消费者满意保险机构”称号。2013年，获评第九届“消费者信得过单位”。

2014年12月，公司客服门店被中国质量协会评为“全国现场管理星级评价五星级现场”，为全市金融系统首家获此殊荣的单位。

阳光财险丽水中心支公司文明单位创建

2008年，成立公司后，在抓好企业经营目标同时，把加强企业文明建设，提高优质服务品质作为公司文明单位创建抓手。2013年，成立中共党支部，发挥党组织战斗堡垒和党员先锋模范作用，利用自身优势，让党员成为企业骨干，带领员工参与企业创建，提升公司在丽水的品牌形象。2015年初，阳光财险丽水中心支公司党支部被上级公司评为“先进基层党组织”。

2013—2015年，公司为提倡全民健身，丰富并活跃企业业余文化生活，促进竞技体育与群众体育协调发展，助力公司物质文明和精神文明建设，连续3年独家冠名“丽水市篮球联赛”，为丽水篮球运动保驾护航。其中，冠名的阳光保险篮球队连续3年蝉联冠军，推动篮球项目普及，增强群众对体育运动参与意识，推动丽水体育公益事业发展，深受丽水市体育界充分肯定。

浙商证券股份有限公司丽水分公司文明单位创建

浙商证券丽水分公司自成立后，紧紧围绕公司的中心工作，加强文化建设，提高优质文明服务品质，保持旺盛战斗力，以建设“五型”中共浙商证券丽水分公司党支部，加强对文明单位创建的组织领导，形成齐抓共管的局面。主要做法：一是建设学习型党支部，着重解决精神引领问题，开展“一学二提三为”活动，提升员工思想觉悟；二是建设服务型党支部，充分发挥党组织战斗堡垒作用和党员先锋模范作用，利用自身优势，采取主动措施，帮助企业解决融资难问题，增强服务地方经济的能力；三是建设创新型党支部，以中心营业部模式创新试点为契机，加强人才培育和业务拓展，使党建工作成为促进业务发展的有力保障；四是建设专业型党支部，注重选拔政治觉悟高、业务技能强的员工，开展“五星”党员评比活动，让党员成为骨干、让骨干成为优秀、让优秀成为专家；五是建设文化型党支部，发扬浙商证券“同创同享同成长”核心文化，开辟“阳光小屋”，增强员工间的协同性和凝聚力，同时优化办公环境，提升公司整体形象。2011年起，党支部两次获评省公司“先进基层党组织”。2012年，被确定为沪杭甬“基层党建示范点”。荣获上海交易所颁发的“蓝筹市场创新业务宣传先进营业部”称号，以及浙江省证券业协会颁发的“浙江证券业诚信示范营业部”称号。2013年，获评集团五星级“基层服务型党组织”；6月，在市文明办、市金融办和市人民银行联合主办的丽水市“最美丽水好人”评选中，支部书记应文敏作为唯一一名证券行业代表，当选“最美丽水好人——十佳美德金融人”。2015年，浙商证券丽水分公司获评省公司“美丽营业部”。

第十编　人　　物

“江山代有人才出，各领风骚数百年。”在丽水这块大地上，从远古文明时期金融货币的诞生到现代金融科技社会的蓬勃发展，涌现出许多杰出人物，他们在风云变幻的金融历史长河中铸就不朽传奇。本编分三个章节，第一章人物传略，从古至今收录丽水籍或对丽水金融事业有关的杰出人物17人。第二章人物简介，收录中华人民共和国成立后在金融战线上作出突出贡献的健在人物6人。第三章名录，收录丽水市金融系统副高级及以上职称人员66人，丽水市金融系统各单位省部级（或相当于省部级）及以上劳模及先进工作获得者64人次，丽水市金融系统各单位省部级（或相当于省部级）及以上先进集体荣誉获得单位34家次。

第一章 人物传略

丽水地域内历朝历代不乏杰出人物，经商理财，为国“财帛委输”。本章撷取部分典型人物的生平事迹，尤其是其在金融理财、管理等方面的资料，以充实与增补志书内容，从人文视角体现丽水金融。

葛 洪(284—364)，字稚川，自号抱朴子，东晋著名道教理论家、炼丹家和医药学家，晋丹阳郡(今江苏句容)人，世称小仙翁。曾隐居丽水少微山、南明山修道炼丹，南明山摩崖石刻至今留存其书“灵崇”两字。葛洪其在炼丹方面也颇有成就。丹书《抱朴子》具体描写炼制黄金、白银、水银、铅等诸多丹药方面的有关化学知识，曾说：“黄金入火，百炼不消，埋之，毕天不朽。”是黄金、白银贵金属冶炼家。

叶法善(616—720)，字道元，号太素、罗浮真人，乡贯栝州松阳，唐朝道教符箓派茅山宗天师。一生经历唐高祖、唐太宗、唐高宗、武则天、唐中宗、唐睿宗、唐玄宗七朝，发扬道教音乐，传承道家法脉，抑制佛家传播深得尊崇，累授金紫光禄大夫、员外鸿胪卿，册封越国公、景龙观主，加号“元真护国天师”，建设“淳和仙府”。其间，助唐玄宗李隆基以宗室亲王的身份铲除窃据朝廷要害党徒，积极为朝廷献策，定庙号，改年号。唐玄宗李隆基接受建议，改“先天”年号为“开元”年号。“开元通宝”是唐代第一种货币，发行量最大，沿用时间最长。因通货质量合理、控制得当、做工精美，深受百姓喜爱。

葛 源(993—1054)，字宗圣，丽水县人。大中祥符五年(1012)中进士。曾任洪州左司理参军、太和县主簿、德化县令，监兴国茶场，任威武军节度推官，知四会县，任著作佐郎，知雍丘县，任秘书丞，知同安县，任太常博士，通判建州，任屯田员外郎，知庆成军，任都官员外郎，知南剑州，任司封员外郎、祠部郎中、江浙荆湖福建广南提点银铜坑冶铸钱、度支郎中、荆湖北提点刑狱等。一生断疑难案件无数，精心推究，秉公处理，不为权贵所左右。因犯事太监被贬斥。至和元年(1054)六月逝，葬丹徒县长乐乡显阳村，临川王安石作《尚书度支郎中葛公墓志铭》。

梁汝嘉(1096—1154)，字仲谟，丽水县人。以外祖父宰相何执中故入仕，调中山府司议曹事。南宋建炎元年(1127)，知常州武进县。建炎二年(1128)四月，时金兵进犯，众官骇散，独汝嘉浚筑防守，是以升任浙西茶盐提举、常州通判。绍兴二年(1132)，以转运副使代理临安知府。绍兴三年(1133)，任临安知府，奉诏葺治城阙，上至宫室，下至营屯及百司官廨，区处悉有方，遂成都邑。绍兴四年(1134)升任尚书户部侍郎兼权知临安府。绍兴五年(1135)任临安知府时，曾严控“寄付兑便钱会子”使用范围，《建炎以来系年要录》卷九十三载：“诏临安府，在城寄付兑便钱会子，毋得出门，仍依在京小平钱法，立定刑名，用守臣梁汝嘉请也。都人不以为便，翌日遽罢之。”会子，是宋代发行量最大的纸币。绍兴九年(1139)正月，梁汝嘉兼江淮、荆、浙、闽、广路经制使。其间，因亲秦桧为士大夫所薄，曾一度辞官。绍兴十一年(1141)，知明州，后任温、宣等知府。在户部时，朝议以国用不足，欲缩减州县养士余粮以助军需。汝嘉奏言“学校者，教化之源，不可一日废”，为朝廷采纳。曾捐地以建斋庐。

以宝文阁学士、右通议大夫致仕。绍兴二十四年(1154)卒,追赠少师,爵缙云郡公。

林　觉(不详—1161),字大任,号朝德,丽水县人。宣和三年(1121)中进士。绍兴八年(1138),授连江知县,主持修建县学,将原两斋扩为富文、能信、移孝、怀忠四斋。后升任户部侍郎。绍兴二十七年(1157),主持新铸精美的流通钱币,将“元宝”改称“通宝”,并请宋高宗赵构御书“绍兴通宝”字样。同年,林觉向朝廷建言将铸钱事务归并转运使司之弊,应委任各州的通判主管铸钱事务。绍兴二十七年(1157)六月,又进谏务必将朝廷赈济钱财平均发放给贫民,严惩冒领赈济者。

范成大(1126—1193),字至能,号石湖居士,吴郡人,善诗工书。南宋乾道三年(1167)八月,赴知处州。任内开通济堰、置平政桥,受民爱戴。创“义役法”又兴修水利,始由处州而推广全国。乾道六年(1170),充任祈请国信使慷慨出使金国,索求北宋诸帝陵寝之地,并征求改定受书之仪,不辱使命而还。途中著《揽辔录》,其中记述出使金国的行钞文录:“出西御廊门,过交钞。处。交钞所者,金本无钱,惟炀王亮尝一铸正隆钱,绝不多,余悉用中国旧钱。又不欲留钱于河南,故仿中国楮币。于汴京置局造官会,谓之‘交钞’,拟见钱行使,而阴收铜钱,悉运而北。过河即用见钱,不用钞。钞文曰:‘南京交钞所准户部符,尚书省批降:检会昨奏南京置局,印造一贯至三贯例交钞,许人纳钱给钞。河南路官私作见钱流转,若赴库支取,即时给付。每贯输工墨钱十五文,七年纳换,别给钱。以七十为陌,伪造者处斩。捕告者赏钱三百千。’前后有户部管当令史、干当官、交钞库使副书押,四围画云鹤为饰焉。”为后世研究宋、金两国货币文化提供了重要实证史料。乾道七年(1171 年),自中书舍人出知静江府。淳熙二年(1175),调任敷文阁待制、四川制置使。淳熙五年(1178),升任参知政事,此后相继知明州、建康府,颇著政绩。晚年退居石湖,并加资政殿大学士。绍熙四年(1193)卒,年六十八。累赠少师、崇国公,谥号“文穆”,后世遂称其为“范文穆”。

胡　纮(1137—1204),字应期,庆元县人。南宋隆兴元年(1163)举进士,深得朝廷大臣京镗器重。绍熙五年(1194)由京镗荐监都进奏院,迁司农寺主簿、秘书郎,后又升任监察御史、吏部侍郎等职。庆元三年(1197),因庆元离县治龙泉太远,殊多不便,民众请求建县,州县奏表于朝,纮亦具奏章极力支持,同年十一月,宁宗诏准,并以年号赐“庆元”为县名,恩泽桑梓,世为传颂。“庆元通宝”钱币于庆元元年(1195)铸造,亦同用年号“庆元”名。年号名、钱名与县名同为“庆元”字文。庆元六年(1200),胡纮因“坐同知贡举、考宏词不当而罢”,但很快被重新起用,并挂帅平乱立功回朝任职。后受排挤而急流勇退,提前告老还乡。嘉泰四年(1204)十月,因病卒于家中,宁宗皇帝御赐墓葬十八穴,享受侍郎致仕荫恩待遇。

梁季珌(1143—1208),丽水县人,字饬父,汝嘉子,以父泽入仕,初授提点江淮坑冶铸钱司干办公事。乾道、淳熙间,调泉州南外睦宗院,继任湖州通判,有政声,后知信州(今上饶)。因母病重,辞官回乡奉母,服母丧后,起知光州(今潢川县),改提举湖北、江西常平茶盐司公事。时江西有穷人生子无力抚养,遂创办慈幼院,以收养弃儿,并拨公田为经久计。一年后,任江南东路提点刑狱公事,升都大提点江淮等路坑冶铸钱司公事。后升任户部侍郎、吏部侍郎兼敕令所详定官,一生清廉,为人敬慕。所到之处爱惜公帑不妄费,行部唯恐惊扰州县,不宿城市。丞相谢深甫赞曰“真廉吏也”。

郑如冈(生卒不详),字山甫,青田县人。郑如冈是孝宗朝能臣郑汝谐之子,郑汝谐则是何澹(南宋诗人,曾任兵部侍郎、右谏议大夫等职)伯父志修的女婿。郑如冈嘉定年间曾任知婺州金华县事,后历任知州、监司,他是何澹妹婿,亦其表弟。其父郑汝谐(1126—1205)曾任两浙转运判官、江西转运副使,后升任大理寺少卿、吏部侍郎、徽猷阁待制。淳熙十二年(1185),郑如冈与其父郑汝谐出使金国，面折强敌，不辱使命，持节力争而受敬。南宋嘉定十四年(1221)，任江淮等路坑冶铸钱司公事一职。

赵顺孙(1215—1277)，字和仲，号格庵，缙云县人。南宋淳祐十年(1250)进士。曾任吏部尚书、参知政事、同知枢密院事，知福州兼福建安抚使。性刚直，敢诤谏，抨时弊。鉴于宫廷挥霍奢侈，库藏空虚，疏奏多次，请求除弊厉治。曾力陈权臣贾似道弊端，劾黜贾侄。南宋末年，统治集团为了解决财政危机，通过"买公田""经界推排法"之类的手段从民间搜刮财富，连年滥印纸币，造成货币极度贬值，物价飞涨，经济遭到严重破坏，国力迅速衰微。咸淳元年(1265)，赵顺孙就上《农田疏》揭发弊端，力陈其买田变楮之弊。咸淳二年(1266)又上《平籴疏》，揭露救荒弊政。咸淳三年(1267)，上疏抨击贾似道推行的公田、庄官、关子弊端。五年，以吏部侍郎召迁尚书。次年拜端明殿学士、同签书枢密院事兼参知政事。八年，任同知枢密院事，复上卫国征守御敌之策，遭贾似道拒绝。又授资政殿大学士，提举洞霄宫，归里养病。十年，授知福州，兼福建安抚使，代民输税数十万，知时局不可为，不久辞归，忧愤成疾，拒医绝药而卒。

刘　基(1311—1375)，字伯温，青田县人，元末明初军事家、政治家、文学家，明朝开国元勋。元至顺年间，刘基举进士。至正十九年(1359年)，受朱元璋礼聘而至。其上书陈述时务十八策，备受宠信。刘基辅佐朱元璋平天下，计划立定，人莫能测。朱元璋多次称他为"吾之子房也"。刘基助朱元璋称帝，改国号为"明"，于洪武元年(1368)起铸洪武钱，命京城工部宝源局及各省宝泉局铸行"洪武通宝"。朱元璋为避讳元朝的元字，把所铸之钱文一律叫通宝，故又称通宝钱文。洪武三年(1370年)，封诚意伯，故又称刘诚意。次年赐归。因左丞相胡惟庸诬陷而被夺禄。入京谢罪后，不久即逝世。明武宗时赠太师，谥号"文成"。

郑秉厚(1535—1587)，字子载，号苍濂，遂昌县人。明隆庆五年(1571)中进士，始令南丰，撤悍兵，均田赋，政绩显著，受朝廷嘉奖，上赐金币。擢吏科给事中。在京谏垣任职期间，目睹侍郎孟重贪残肆恶，郑以社稷为重，毅然奏疏弹劾。疏中并及首辅张居正、内监冯保，张、冯惮其直，改郑为外官，授闽滇副宪。秉厚持风亮节，裁歼叛夷。粮储江右，节用通济，区划惟宜。以边功卓著，擢江西左参伯，以督运尽瘁，终于淮次。著有《苍濂奏疏文集》。他曾主张"议赋役以齐一国法"，认为赋役之法不可随意变革。对张居正的"一条鞭法"进行参酌，认为"条编之善者，在于革库子斗级、里长支派，而其不善者，在于尽数征粮，贫富无等，品式法制之未备"。主张"驿传银数不多，似可随粮征收，机兵以力差为便，不必征银归官。若均徭、里役二者，仍当十年一轮，以循祖宗之旧"。

陈　琪(1878—1925)，字兰薰，号润章，青田县人，精通英语。江南陆师学堂毕业，曾任湖南省武备学堂监督兼教导队管带。清光绪三十年(1904)，因精通英语，被清政府派赴美国圣路易博览会陈设湖南参赛品。次年，戴鸿慈、端方等五位大臣奉命出国考察政治，陈琪任参赞。归国后到江苏主持南洋劝业会、江南公园诸事。宣统三年(1911)，赵尔巽调任东三省任总督，奏调陈琪任奉天交涉使会办兼奉天劝业道。陈琪到奉天后，协助赵尔巽推行新政、发展奉天事业。时年，因东北地区遭受大水灾发生饥荒，待赈孔殷，清政府拨付银两仓米救济款共计3万元，陈琪认为杯水车薪，无济于事，要求再增拨10万元，帮助灾民恢复生产。同时当局议设立银行，以贷代赈，经过一系列的惠民优厚政策，暂时渡过饥荒难关。1912年4月22日，由劝业道台陈琪以赈济水灾为宗旨负责组设奉天农业银行，成立奉天农业总银行，负责人为陈琪，省库拨沈平银30万两作为开办资本金。以扶持农业生产为主办理短期贷款，同时发行以小银元为本位的农业小洋票50万元，面额有5角、1元、5元、10元四种。民国2年(1913)年初，资金不足，奉天省财政无力长期资助，陈琪召集东北三省实业家，商讨增募银行股本，从商民中募集股本53万元，省财政厅借20万元，加上原有30万元两沈平银，共募增资金103万元。民国2年(1913)年7月,经省政府批准,奉天农业银行改组为官商合营的奉天兴业银行,总行设在奉天城内钟楼南。改组成功后,奉天兴业银行一时成为辽东金融核心枢纽。

民国3年(1914),陈琪出任巴拿马太平洋博览会监督兼巴拿马赛会事务局局长,任职三年。中国参赛(展)新产品,来自19个省,计10万余种,获得各种奖章、奖牌、奖词1200多枚(张)。民国14年(1925)4月,因患肺病从重庆东归,病逝九江途中,享年48岁。

樊　光(1887—1958),原名崧骏,字之屏,号震初,别号鼎湖居士,缙云县五云镇人。早年留学日本中央大学学法律,入同盟会。民国成立后,任浙江省公署司法秘书,嘉善县知事,因反袁斗争失败而去职。民国5年(1916)4月,浙江宣告独立,公推为省参议员,力主省自治自决。民国10年(1921)6月,为省议会组织宪法起草委员会委员。后任中央盐务署秘书、陇秦豫海铁路督办公署秘书长。民国17年(1928)6月,任外交部秘书长兼总务处长。民国20年(1931)8月,代理外交部常务次长。民国25年(1936)5月,任财政部浙江印花烟酒税局局长,对印花税票的检核,烟丝、土酒的稽征建树颇多。民国29年(1940)10月,孔祥熙任财政部长,邀任参事,抗战期间国家财政困窘之际,周旋期间,颇著劳绩。民国36年(1947)参加竞选"国大"代表未遂。中华人民共和国成立后任上海文史馆馆员。晚年从事著作,有《仙都山房诗文集》《国忧集》等。

章乃器(1897—1977),字子伟、金锋,青田县人,政治活动家、经济学家,救国会"七君子"之一,中国资信业第一人。曾任浙江地方实业银行副总经理,中国银行学会常委、上海银行业工会领导。民国21年(1932),创立国内第一家中国人自办的信用调查机构——中国征信所,任董事长。在民国22年(1933)—25年(1936)间,先后发表了《中国货币制度往哪里去》(合著)、《中国货币金融问题》等金融理论文章,坚持中国货币独立、币制统一,反对加入英镑、美元等外币集团,以保护中国的民族工商业。主张以海关金为单位建立自己的货币管理体系,防止资本脱逃,并提倡"废两改元",是首倡创建中国现代资金市场和资本市场的学者之一。民国27年(1938)3月,章乃器应安徽省主席李宗仁邀请,出任省财政厅长兼安徽省银行董事长,民国28年(1939)4月,任期结束。中华人民共和国成立后,历任中央人民政府政务院政务委员,中央财经委员会委员,中央人民政府粮食部部长,中国民主建国会中央副主任委员,全国工商联副主任委员等职。

傅以和(1904—1980),遂昌县梭溪乡塘岭头村人,曾就读于塘岭头村小学、妙高镇小学、浙江政法学校、上海大学。民国16年(1927)2月,参加中国共产党,先后在遂昌县和衢州龙游县、衢州等地开展革命活动,曾任浙西特委委员兼遂昌县委(第一任)书记。民国17年(1928)7月,领导塘岭头农民武装暴动,被国民党省政府通缉,悬赏1000白洋(银圆)。抗日战争胜利前夕,曾三次被捕入狱。

民国38年(1949年9月30日止)8月12日,傅以和在中国人民银行遂昌金库任职;10月1日,成立中国人民银行遂昌县办事处,任副主任;1951年1月,办事处升格为遂昌县支行,转任副行长,是人行遂昌县支行第一任副行长。1951年7月1日,人行遂昌县支行设立大柘营业所,傅以和以副行长兼任大柘营业所主任。1953年3月,调任衢州市人行江山县支行副行长,后升任行长。1965年10月离休。傅以和从事基层银行领导工作16余年,为中华人民共和国成立初期遂昌县的金融事业作出重要贡献。

卜　明(1916—1999),江苏无锡县洛社镇人。1938年4月7日,在湖南长沙东乡育英学校任教时加入中国共产党。抗日战争国共合作时期,先后任国民党二十一集团军总部战地服务队队员、分队长,淮南路东地委调研组组长、六合县县长等职。解放战争时期,先后任淮南甘泉县和杨北县工委书记、浙东路南地区浙东人民解放军六支队政治委员、浙东第五行署督察专员公署专员、路南地区特派员等职务。曾领导浙东人民解放军第六支队组织松阳县、丽水县国民政府职员和丽水县自卫总队近千人集体起义，解放松阳，为浙江的全境解放奠定坚实基础。1949 年 5 月后，历任浙江金华地委副书记、浙江温州市委书记兼市长、浙江省计划经济委员会副主任、对外经济联络部政策研究室主任。1975 年 7 月起，任中国人民银行党组成员、副行长，中国银行副董事长兼总经理。1979 年 4 月至 1984 年 5 月，任中国人民银行党组成员、副行长，中国银行行长、党组书记、董事长，兼国家外汇管理总局局长、国家进出口管理委员会副主任等职务。1986 年底离休，任中国银行特邀顾问。

第二章　人物简介

本章采用简要说明的文体方式，记载金融界或对本地区金融事业作出突出贡献的健在人物。

郭玉梓，山东博兴县人，中共党员，中国人民银行丽水市中心支行第二任行长。

1940 年 8 月，参加革命。1941 年 6 月初，在山东北海银行工作，参与印制发行抗日革命根据地货币，发放贷款帮助土地改革分到土地的农民解决生产困难等工作。1945 年抗日战争胜利后，先后在山东胶县、麓水、莱芜县等地任北海银行办事处主任。1948 年，被任命为山东北海银行鲁中南第一专区代理行长。

1949 年 3 月，郭玉梓被编入南下干部纵队。解放初，在浙江宁波迅速接管国民党的中国、中央、交通、农业四大银行，参与筹建宁波市人民银行，初步开展人民银行业务，兼任人民银行的军事代表。1950 年 1 月，担任中国人民银行丽水支行行长；1951 年 2 月，改为中国人民银行丽水中心支行行长；1952 年 7 月，转任中国人民银行嘉兴中心支行行长。中华人民共和国成立初期，郭玉梓对宁波、丽水、嘉兴等地初步恢复经济重建工作作出重要贡献。

1954 年 7 月，郭玉梓响应党中央号召，北上支援东北经济恢复和建设。1978 年 8 月，担任中国建设银行鞍山市分行行长。1983 年离休。

余静波，庆元县人，硕士研究生，高级工程师。1975 年 12 月，参加工作；1982 年 2 月，加入中国共产党。1979 年 1 月至 1988 年，先后任中国人民建设银行浙江省庆元县支行副行长、行长等职；1988 年 11 月至 1994 年，先后任中国人民建设银行浙江省丽水地区中心支行副行长、行长、党组书记等职；1994 年 9 月，任中国人民建设银行浙江省分行办公室主任；1997 年 4 月，任中国建设银行杭州市分行行长；1999 年 8 月至 2005 年，任中国建设银行浙江省分行副行长；2005 年 3 月，任中国建设银行浙江省分行行长；2011 年 3 月，任中国建设银行首席审计官；2013 年 8 月至 2015 年 5 月，兼任中国建设银行北京市分行行长；2014 年 12 月，任中国建设银行副行长。

余静波在建行具有近 40 年的工作经历，从丽水山区的基层网点到建行总行，亲历建设银行历次重大改革与业务发展。在担任浙江建行行长期间，力推中小企业贷款、客户结构调整、与阿里巴巴合作等，引领浙江建行业务创新、转型发展，多项指标在系统内位居前列。在建行总行工作时，助力央企“走出去”，担任经国务院批准的首家专业养老金管理机构——建信养老金管理有限责任公司首任董事长，着力推动建行渠道网点智慧转型，在同业中率先构建商业银行合规框架体系，实施资管投行“双轮驱动”战略，力推业务转型发展取得有效成果。

陈建雄，青田县人，中共党员，硕士研究生学历，高级经济师，高级人力资源师。1978年参加工作，曾任青田县温溪镇副镇长、党委委员；1986年4月至1991年12月，就任中国银行青田支行副行长、行长、党委书记；1991年12月至2000年5月，历任中国银行浙江省分行存汇处处长、组织部部长、人事教育处处长；2000年5月至2007年5月，就任中国东方资产管理公司杭州办事处副总经理、人力资源部总经理、组织部部长，兼任投资管理部总经理。2007年5月至2015年12月，任中国东方资产管理公司党委委员、总裁助理、副总裁。

陈建雄长期从事金融工作，擅长金融零售业务、人力资源改革、救助困难企业、企业重组并购、风险投资业务等，曾先后在全国性刊物上发表论文20余篇。主持天使投资，投资助力南方新媒、银宝山新、阿尔特、博云新材等企业上市，使中国东方获得投资回报40多倍。同时，推动建立邦信小贷连锁集团。

高　强，浙江乐清市人，大学文化，高级经济师。1979年10月，进入建行工作；1986年3月，加入中国共产党。1995年3月，任中国人民建设银行浙江丽水地区分行党组成员、金温铁路专业支行行长；1997年6月，任中国建设银行浙江省分行营业部副总经理；1999年8月，任中国建设银行杭州市之江支行行长；2003年12月，任中国建设银行浙江省分行杭州公司客户部兼省分行营业部总经理；2005年11月，任中国建设银行浙江省分行公司业务部总经理；2006年6月，任中国建设银行安徽省分行风险总监；2008年8月，任中国建设银行安徽省分行副行长；2011年10月，任中国建设银行山西省分行党委书记、行长(主要负责人)；2015年5月，任中国建设银行浙江省分行党委书记、行长。

高强从基层行到省分行30余年，从事业务经办到管理岗位等多部门、多岗位工作，经历建设银行改革与业务发展，亲历建设银行重组改制并上市的历程，经浙商之地到徽商、晋商之地，2015年又回归浙江，积累了较为丰富的金融管理知识和经验，是经验型、知识型、专家型的现代银行业高级管理干部。

刘玲英，女，云和县人，大专学历、助理会计师。1980年12月参加工作，1994年3月加入中国共产党，中国共产党第十五次全国代表大会代表。先后从事农行云和县大际信用社出纳、农行云和县大源信用社会计、农行云和县局村信用社会计、农行云和县联社办公室科员、农行云和县支行工会科员、农行丽水市分行工会办副主任(兼女工委主任)、副督导员等工作岗位与职务。

1993年12月22日，一名歹徒闯进云和县局村信用社，持刀威逼正在当班的刘玲英交出金库钥匙。在生死关头，刘玲英不顾力量悬殊，与歹徒展开殊死搏斗，全身被歹徒捅扎31刀，耳朵被割开，右眼被挖出。她用自己的生命和鲜血紧紧攥住金库钥匙，保护了国家财产安全。

刘玲英事迹被媒体报道后，全国金融系统广泛开展向刘玲英学习的活动。刘玲英先后获得全国先进工作者、“五一”劳动奖章、全国农村金融卫士、全国见义勇为青年英雄、全国新长征突击手、全国“三八红旗”手等荣誉。

孔祖根，浙江奉化人，研究生学历。曾任中学教师，《丽水日报》记者、编辑，丽水地区行署办公室秘书，中国人民银行丽水地区分行办公室主任，缙云县支行党组书记、行长，中国人民银行丽水市中心支行党委副书记、副行长，党委书记、行长兼国家外汇管理局丽水市中心支局局长。长期在基层央行从事宏观经济形势分析、金融发展与稳定、农村金融改革等方面的研究与实务工作，在浙江省丽水市创立了以“信贷支农、信用惠农、支付便农、创新利农、试点兴农”为主要内容的五大金融支农工程，形成“丽水模式”。曾在《金融研究》《中国金融》等刊物上发表文章20余篇，主编和专著有三部：《林海探金——浙江丽水市林权抵押贷款的探索与实践》《信用成金——浙江丽水市农村信用体系建设的探索与实践》（主编）和《改革生金——浙江丽水市农村金融改革的探索与实践》（专著）。

孔祖根获得全国先进工作者、全国“五一”劳动奖章、全国金融“五一”劳动奖章、“感动央行人物”、浙江省劳动模范、人行总行上海总部优秀共产党员等荣誉和称号。

第三章　名　录

名录，又称名人录，以表格形式分别记录和介绍丽水市金融系统部分国有商业银行、股份制商业银行、城市商业银行和财产保险、人寿保险系统以及证券系统获得副高级及以上职称的金融人才所在单位、出生年月、职称名称、授予机构、授予时间，金融系统获得省部级（或相当于省部级）及以上劳模及先进工作获得者出生年月、所在单位、荣誉称号、授予时间、发证机构，金融系统获得省部级（或相当于省部级）及以上先进集体荣誉具体单位、荣誉称号、授予时间、发证机构。

丽水市金融系统各单位副高级及以上职称获得者一览表

表 10-3-1

单　位	姓名	性别	出生年月	职称名称	授予机构	授予时间
中国人民银行丽水地区分行	赵景怡	男	1938 年 6 月	高级经济师	中国人民银行	1987 年 10 月
	金孟侯	男	1951 年 1 月	高级经济师	中国人民银行浙江省分行	1993 年 9 月
中国人民银行景宁县支行	毛荣耀	男	1938 年 6 月	高级经济师	中国人民银行浙江省分行丽水地区分行	1994 年 12 月
中国人民银行丽水地区分行	胡叔通	男	1948年 4 月	高级经济师	中国人民银行浙江省分行	1997年 7 月
中国人民银行丽水市中心支行	孔祖根	男	1963 年 9 月	高级经济师	中国人民银行杭州中心支行	2003年 11 月
	陈明亮	男	1970 年 5 月	高级经济师	中国人民银行杭州中心支行	2010 年 1 月
	汤春玉	男	1964 年 3 月	高级会计师	中国人民银行杭州中心支行	2014 年 1 月
	应国虎	男	1963 年 2 月	高级经济师	中国人民银行杭州中心支行	2013 年 2月
	施　茜	女	1964 年 12 月	高级经济师	中国人民银行杭州中心支行	2007 年 3月
丽水市人民政府金融工作办公室党组成员、副主任	金雄鸥	男	1964 年 11 月	高级会计师	浙江省人事厅	2003 年

续表 10-3-1

单　位	姓名	性别	出生年月	职称名称	授予机构	授予时间
中国农业发展银行丽水市分行	梁　滨	男	1957 年 8 月	高级经济师	中国农业发展银行	1997 年 12 月
中国邮政储蓄银行丽水市分行	毛炳旺	男	1964 年 8 月	高级经济师	浙江省人事厅	2015 年 3 月
	王　平	男	1966 年 6 月	高级经济师	浙江省人事厅	2015 年 3 月
	周树荣	男	1966 年 9 月	高级经济师	浙江省人事厅	2015 年 3 月
中国工商银行丽水地区中心支行	应国光	男	1952 年 8 月	高级经济师	中国工商银行	1989 年 6 月
	方贵樟	男	1950 年 10 月	高级政工师	中国工商银行	1992 年 12 月
中国工商银行浙江省丽水地区分行	陈高建	男	1958 年 6 月	高级经济师	中国工商银行	1994 年 12 月
	朱学康	男	1932 年 2 月	高级经济师	中国工商银行	1995 年 10 月
	应庚耀	男	1934 年 10 月	高级经济师	中国工商银行	1997 年 10 月
	陈邦幼	女	1943 年 10 月	高级经济师	中国工商银行	1998 年 11 月
中国工商银行浙江省丽水市分行	徐晓伟	男	1961 年 10 月	高级经济师	中国工商银行	2001 年 8 月
	赵志德	男	1964 年 9 月	高级经济师	中国工商银行	2001 年 8 月
	卓仲强	男	1963 年 11 月	高级经济师	中国工商银行	2001 年 8 月
	戴春景	男	1960 年 2 月	高级政工师	中国工商银行	2003 年 9 月
中国工商银行股份有限公司丽水分行	叶莉玲	女	1962 年 4 月	高级政工师	中国工商银行	2009 年 12 月
中国工商银行浙江省丽水市分行	盛　健	男	1957 年 8 月	高级工程师	中国工商银行	2005 年 10 月
	谭秋民	男	1962 年 9 月	高级经济师	中国工商银行	2005 年 10 月
	孙荣庆	男	1959 年 10 月	高级经济师	中国工商银行	2012 年 12 月
	周旭虹	女	1967 年 2 月	高级政工师	中国工商银行	2012 年 12 月
中国农业银行丽水分行	陈志明	男	1939 年 8 月	高级经济师	中国农业银行总行	1987 年 8 月
	叶西河	男	1933 年 8 月	高级经济师	中国农业银行总行	1991 年 12 月
	吴强伟	男	1948 年 6 月	高级经济师	中国农业银行总行	1992 年 12 月
	黄寿春	男	1940 年 6 月	高级经济师	中国农业银行总行	1993 年 3 月
	马传水	男	1937 年 8 月	高级政工师	中国农业银行总行	1993 年 10 月
	王瑞龙	男	1954 年 6 月	高级会计师	中国农业银行总行	1994 年 12 月
	沈剑青	男	1954 年 12 月	高级经济师	中国农业银行总行	1995 年 4 月
	鲍敏冲	男	1963 年 5 月	高级经济师	中国农业银行总行	2005 年 11 月
	金仁樟	男	1968 年 11 月	高级经济师	中国农业银行总行	2005 年 11 月
	傅国良	男	1963 年 9 月	高级会计师	中国农业银行总行	2007 年 3 月
	宋屹帆	女	1976 年 3 月	高级经济师	中国农业银行总行	2012 年 7 月
	柳笑伟	女	1963 年 4 月	高级政工师	中国农业银行总行	2013 年 12 月
中国银行丽水支行	周樟德	男	1940 年 1 月	高级经济师	人力资源和社会保障局	1995 年 5 月
中国银行丽水市分行	施克林	男	1955 年 12 月	高级经济师	人力资源和社会保障局	1999 年 12 月

续表 10-3-1

单 位	姓名	性别	出生年月	职称名称	授予机构	授予时间
中国银行股份有限公司丽水市分行	屠敏强	男	1956 年 8 月	高级会计师	浙江省财政厅	1996 年 11 月
中国建设银行丽水分行	傅焕斌	男	1933 年 4 月	高级会计师	中国建设银行高级专业技术资格评审委员会	1988 年 7 月
	李昌富	男	1943 年 12 月	高级会计师	中国建设银行高级专业技术资格评审委员会	1991 年
	叶国友	男	1935 年 7 月	高级经济师	建行浙江省分行	1992 年 12 月
	金荆勤	男	1941 年 2 月	高级工程师	中国建设银行高级专业技术资格评审委员会	1994 年 3 月
	何舜华	女	1957 年 6 月	高级会计师	中国建设银行高级专业技术资格评审委员会	1995 年 11 月
中国建设银行丽水分行莲都建信村镇银行	潘连兴	男	1967 年 1 月	高级工程师	中国建设银行高级专业技术资格评审委员会	1999 年 12 月
中国建设银行丽水分行	史志勇	男	1963 年 1 月	高级经济师	中国建设银行高级专业技术资格评审委员会	2005 年 12 月
	杜晋杭	男	1968 年 8 月	高级经济师	中国建设银行高级专业技术资格评审委员会	2005 年 12 月
	姜莉菁	男	1970 年 12 月	高级经济师	中国建设银行高级专业技术资格评审委员会	2005 年 12 月
中国建设银行丽水分行莲城支行	郑 芳	女	1969 年 5 月	高级经济师	中国建设银行高级专业技术资格评审委员会	2015 年 12 月
中信银行丽水分行	潘文奇	男	1965 年 5 月	高级经济师	中国工商银行	2009 年 12 月
杭州银行丽水分行	李 勤	男	1966 年 6 月	高级经济师	浙江省人事厅	2003 年 12 月
温州银行丽水分行	叶绍洪	男	1966 年 11 月	高级经济师	浙江省人力资源和社会保障厅	2013 年
	汤建华	男	1965 年 11 月	高级经济师	浙江省人力资源和社会保障厅	2012 年
莲都农商银行	宋武龙	男	1965 年 7 月	高级经济师	浙江省人事厅	2006 年 12 月
	郑 伟	男	1961 年 3 月	高级经济师	浙江省人事厅	2002 年 11 月
缙云农商银行	吴宏涛	男	1962 年 4 月	高级政工师	中共浙江省委宣传部 浙江省人事厅	2002 年 12 月
	刘日东	男	1958 年 11 月	高级经济师	浙江省人事厅	2001 年 12 月
遂昌农商银行	洪日强	男	1961 年 5 月	高级经济师	浙江省人力社保厅	2006 年 12 月
中国人寿保险股份有限公司丽水分公司	朱小伟	男	1962 年 12 月	高级会计师	中保人寿保险有限公司	1998 年 11 月
	周金鹤	女	1960 年 8 月	高级经济师	中国人寿保险股份有限公司	2007 年 9 月
	耿庆华	男	1964 年 3 月	高级政工师	中国人寿保险股份有限公司	2013 年 1 月

丽水市金融系统各单位省部级及以上劳模、先进工作获得者一览表

表 10-3-2

姓名	性别	出生年月	所在单位	荣誉称号	授予时间	发证机构
孔祖根	男	1963年9月	中国人民银行丽水市中心支行	全国先进工作者	2015年	中共中央、国务院
朱丽莉	女	1979年11月	中国邮政储蓄银行丽水市分行	全国小额贷款优秀信贷员荣誉称号	2009年10月	中国邮政储蓄银行
巫春福	男	1964年7月	中国邮政储蓄银行遂昌县支行	全国小额贷款优秀信贷员荣誉称号	2009年10月	中国邮政储蓄银行
纪　华	男	1975年11月	中国邮政储蓄银行景宁畲族自治县支行	浙江省城乡居民社会养老保险工作先进个人	2012年10月	浙江省人民政府
徐隆华	男	1964年11月	中国邮政储蓄银行丽水市分行	全国银行业“雷锋岗”和“学雷锋标兵”	2015年4月	全国银行业协会
何启元	男	1963年1月		中国邮政储蓄银行2013—2014年度“金盾奖”内控风险管理优秀个人	2015年11月	中国邮政储蓄银行
陈高建	男	1958年6月	中国工商银行浙江省丽水市分行	全国金融五一劳动奖章	2002年5月	中国金融工会
李　洁	女	1981年2月	中国工商银行股份有限公司丽水分行	全国五一巾帼标兵	2013年3月	全国总工会
徐近诗	男	1931年1月	中国农业银行缙云县支行	全国金融红旗手	1980年	中国人民银行、中国金融工会
沈剑青	男	1954年12月	中国农业银行庆元县支行	全国金融红旗手	1982年	中国人民银行、中国金融工会
金耀慈	男	1933年8月	中国农业银行缙云县支行	浙江省劳动模范	1987年	浙江省人民政府
金耀慈	男	1933年8月	中国农业银行缙云县支行	全国金融劳动模范	1988年	中国人民银行、中国金融工会
石立平	女	1956年12月	中国农业银行青田县支行	全国金融劳动模范	1993年	中国人民银行、中国金融工会
李伟平	男	1960年7月	中国农业银行丽水分行	中国农业银行优秀工会干部	2011年1月	中国农业银行股份有限公司
吴心毅	男	1972年7月	中国农业银行青田县支行	中国农业银行五一劳动奖章	2015年5月	中国农业银行股份有限公司
李云坤	男	1943年11月	中国农业银行丽水县信用社	全国金融红旗手	1980年	中国人民银行、中国金融工会
刘玲英	女	1963年5月	中国农业银行丽水分行及云和县信用社	全国先进工作者	1995年4月	国务院
张志勇	男	1960年12月	中国银行丽水市分行	中国银行先进工作者	2003年5月	中国银行
阙丽娟	女	1981年1月	中国银行股份有限公司丽水市分行松阳支行	文明优质采取行动20周年先进个人	2006年11月	中国银行股份有限公司

续表 10-3-2

姓名	性别	出生年月	所在单位	荣誉称号	授予时间	发证机构
张 旭	男	1969 年 4 月	中国银行股份有限公司丽水市分行青田支行	全国金融五一劳动奖章	2008 年 4 月	中国金融工会
蓝 丽	女	1979 年 10 月		中国银行职工职业道德建设先进个人	2010 年 12 月	中国银行股份有限公司
黄水珠	女	1961 年 10 月	中国银行股份有限公司丽水市分行松阳支行	全国金融系统“创新金融服务、支持经济发展”建功立业竞赛活动金融服务能手	2011 年 3 月	全国金融工会
蓝 丽	女	1979 年 10 月	中国银行股份有限公司丽水市分行青田支行	巾帼建功标兵	2012 年 12 月	中国银行股份有限公司
蓝 丽	女	1979 年 10 月		全国金融五一劳动奖章	2014 年 4 月	中国金融工会
雷 伟	男	1986 年 6 月	中国银行股份有限公司丽水市分行	优秀共青团干部	2014 年 8 月	中国银行股份有限公司
何金美	女	1984 年 10 月	中国银行股份有限公司丽水市分行松阳支行	金牌个人客户经理	2015 年 6 月	中国银行股份有限公司
郑 航	男	1986 年 5 月	中国银行股份有限公司丽水市分行景宁支行	总行最美一线青年员工	2015 年 12 月	中国银行股份有限公司
赖卫东	男	1958 年 1 月	中国人民建设银行浙江省丽水地区分行	全国建设银行先进工作者	1994 年 9 月	中国人民建设银行
周敏敏	男	1973 年 4 月	中国建设银行股份有限公司庆元支行	优秀共产党员	2006 年	中共中国建设银行委员会
陆晏之	男	1978 年 11 月	中国建设银行股份有限公司丽水城东支行	巾帼建功标兵	2006 年	中共中国建设银行委员会
余静波	女	1980 年 4 月	中国建设银行股份有限公司缙云支行	优秀共青团员	2008 年	共青团中国建设银行委员会
徐小康	男	1964 年 6 月	中国建设银行股份有限公司丽水分行	工会职工之友	2010 年	中国建设银行工会委员会
涂明亮	女	1970 年 2 月	中国建设银行股份有限公司丽水分行	优秀共产党员	2011 年	中共中国建设银行委员会
叶松青	女	1968 年 4 月	中国建设银行股份有限公司遂昌支行	全国巾帼标兵	2013 年	中华全国妇女联合会
毛坛福	男	1967 年 9 月	浦发银行丽水支行	金牛奖	2012 年12 月	浦发银行
包静超	男	1976 年 7 月		金牛奖	2012 年 12 月	浦发银行
阙 盼	女	1977 年 10 月		金牛奖	2012 年 12 月	浦发银行
张安林	男	1971 年 11 月		金牛奖	2012 年 12 月	浦发银行
邵莲洁	女	1978 年 9 月		金牛奖	2012 年 12 月	浦发银行
雷荣香	女	1977 年 1 月		金牛奖	2012 年 12 月	浦发银行
雷淑飞	女	1980 年 12 月		金牛奖	2012 年 12 月	浦发银行
叶光柳	女	1974 年 2 月	浦发银行丽水青田支行	金牛奖	2012 年 12 月	浦发银行
程翔翔	女	1972 年 11 月		金牛奖	2012 年 12 月	浦发银行
程翔翔	女	1972 年 11 月		2013 年度先进工作者	2014 年 4 月	浦发银行

续表 10-3-2

姓名	性别	出生年月	所在单位	荣誉称号	授予时间	发证机构
周慧平	男	1964 年 12 月	浦发银行丽水支行	2014 年度先进工作者	2015 年 4 月	浦发银行
孙军利	男	1971年 5 月		2014 年度先进工作者	2015 年 4 月	浦发银行
潘文奇	男	1965 年 5 月	中信银行丽水分行	优秀共产党员	2015 年 6 月	中共中信银行委员会
游汉清	男	1933 年 1 月	龙泉县农村信用联社胜利乡信用社	全国农村金融先进工作者	1956 年 7 月	中国农业银行
汪永球	男	1938 年 8 月	龙泉县农村信用联社查田信用社	全国农村信用合作社优秀信贷员	1989 年 7 月	中国农业银行
徐家良	男	1962 年 2 月	景宁县农村信用合作联社	金融全国系统文明优质服务标兵	1991 年	中国金融工会
毛清芳	男	1963 年 9 月	龙泉市农村信用合作联社	全国农村信用社优秀信贷员	1995 年 11 月	中国农业银行
季庆棋	男	1954 年 5 月	龙泉市农村信用合作联社	三等功	2000 年	中华人民共和国公安部
张玉伟	男	1966 年10 月	景宁县农村信用合作联社	浙江省清理整顿农村合作基金会工作先进个人	2001 年 6 月	浙江省人民政府
赖建兵	男	1972 年 9 月	青田县农村信用合作联社	浙江省劳动模范	2004 年	浙江省委省政府
应小琳	女	1966 年 1 月	中国人寿保险公司丽水分公司	第一届全国“保险之星”	2002 年 6 月	中国保险行业协会
蓝祥友	男	1968 年 4 月		总公司 2002 年度优秀组训“二级金质奖章”	2003 年 3 月	中国人寿保险公司
张金美	女	1968 年 10 月	中国人寿保险股份有限公司丽水分公司	2005 年度个人寿险销售精英“腾飞奖”	2006 年 4 月	中国人寿保险股份有限公司
叶小燕	女	1961 年 4 月		中国人寿2005 年度团险销售“诚信大使”	2006 年 5 月	中国人寿保险股份有限公司
廖建丽	女	1966 年 1 月	中国人寿保险股份有限公司青田支公司	全国系统“2006 年部经理对抗赛”对抗奖	2007 年 3 月	中国人寿保险股份有限公司
潘江燕	女	1966 年 10 月		全国系统“2006 年部经理对抗赛”达标奖	2007 年 3 月	中国人寿保险股份有限公司
耿庆华	男	1964 年 3 月	中国人寿保险股份有限公司丽水分公司	2007 年度中国人寿系统教育培训先进工作者	2007 年 9 月	中国人寿保险（集团）公司
吴荣伟	男	1978 年 11 月		2006 年度总公司级“青年岗位能手”	2008 年 2 月	中国人寿保险股份有限公司
潘伟丽	女	1964 年 11 月		国寿巾帼建功能手	2008 年 3 月	中国人寿保险股份有限公司
傅立景	男	1957 年 1 月	中国人寿保险股份有限公司遂昌支公司	2009 年度团险销售精英	2010 年 7 月	中国人寿保险股份有限公司

说明：包括相当于省部级及以上劳模和先进工作获得者

丽水市金融系统各单位获省部级及以上先进集体荣誉单位一览表

表 10-3-3

所在单位	荣誉称号	授予时间	发证机构
中国人民银行丽水市中心支行	全国文明单位	2011 年 2 月	中央文明委
中国邮政储蓄银行丽水市分行	全国新型农村和城镇居民社会养老保险工作先进单位	2012 年 9 月	国务院
	2009—2012 年度改善农村支付环境建设先进集体	2013 年 10 月	中国人民银行
	2012 年度全国邮政用户满意企业	2013 年 10 月	中国邮政集团公司
	全国邮政系统先进集体	2014 年 4 月	中国邮政集团公司·中国邮政集团工会
	2008—2013 年度中国邮政储蓄银行先进集体	2014 年 4 月	中国邮政储蓄银行总行
	浙江省文明单位	2015 年 1 月	中共浙江省委、浙江省人民政府
	2014 年度中国邮政储蓄银行规范化服务五星级示范单位	2015 年 4 月	中国邮政储蓄银行
	2015 年通信行业用户满意企业	2015 年 11 月	中国通信企业协会
中国工商银行股份有限公司丽水分行	2006 年个人贷款营销贡献先进单位	2007 年 2 月	中国工商银行
中国银行丽水地区分行处州分理处	全国国债兑付先进单位	1996 年 1 月	中国人民银行
	中国银行系统一九九五年国债兑付先进单位	1996 年 2 月	中国银行
中国银行股份有限公司丽水市分行	浙江省文明单位	2005 年 1 月	中共浙江省委、浙江省人民政府
中国银行股份有限公司丽水市分行青田县支行	全国中行系统先进单位	2006 年	中国银行
中国银行股份有限公司丽水市分行青田县支行营业部	国家级青年文明号	2007 年	共青团中央委员会
	巾帼文明岗	2009 年 2 月	中华妇女联合会、全国“巾帼建功”活动领导小组
中国银行股份有限公司丽水市分行松阳县支行	浙江省文明单位	2011 年 1 月	中共浙江省委、浙江省人民政府
中国银行股份有限公司丽水市分行遂昌县支行	浙江省文明单位	2011 年 1 月	中共浙江省委、浙江省人民政府
中国银行股份有限公司丽水市分行龙泉市支行	浙江省文明单位	2011 年 1 月	中共浙江省委、浙江省人民政府
中国银行股份有限公司丽水市分行青田县支行	浙江省文明单位	2013 年 1 月	中共浙江省委、浙江省人民政府
中国银行股份有限公司丽水市分行缙云县支行	浙江省文明单位	2015 年 1 月	中共浙江省委、浙江省人民政府

续表 10-3-3

所在单位	荣誉称号	授予时间	发证机构
中国建设银行丽水市分行	浙江省文明单位	2001 年	中共浙江省委、浙江省人民政府
中国建设银行云和县支行	浙江省文明单位	2001 年	中共浙江省委、浙江省人民政府
中国建设银行股份有限公司丽水分行营业部	女职工建功立业标兵岗	2008 年	中华全国总工会
中国建设银行股份有限公司丽水分行瓯江支行营业部	全国百佳金网点	2009 年	中国建设银行
中国建设银行股份有限公司丽水分行	外汇业务百强行	2011 年	中国建设银行
浦发银行缙云支行	全国模范职工小家	2015 年 12 月	中华全国总工会
龙泉市农村信用联社剑瓷信用社	全国“五一”巾帼标兵岗	2011 年 2 月	中华全国总工会
松阳县农村信用合作联社	文明单位	2013 年 1 月	中共浙江省委、浙江省人民政府
中国人寿保险公司丽水分公司	1998—1999 年度全国系统先进单位	2001 年 2 月	中国人寿保险公司
中国人寿保险公司丽水分公司	浙江省文明单位	2001 年 3 月	中共浙江省委、浙江省人民政府
中国人寿保险股份有限公司丽水分公司	互动业务先进单位	2010 年 10 月	中国人寿保险集团公司
中国人寿保险股份有限公司丽水分公司	2011 年度企业年金代理业务先进单位	2012 年	中国人寿保险股份有限公司
中国人寿保险股份有限公司丽水分公司	达标职工之家	2015 年	中国人寿保险股份有限公司

说明：包括相当于省部级及以上先进集体（单位）

专记　丛录

专　　记

古代货币在丽水"海上丝绸之路"中的作用

滔滔瓯江千帆影，绵绵山峦窑火明。丽水地处浙西南山区，自古渔樵耕读，文化灿烂，距今四千多年的好川文化璀璨夺目。丽水"自隋开皇九年（589）置处州"，有"瓯婺八闽通衢"之称，下辖十县，包括丽水（今莲都）、松阳、遂昌、景宁、云和、龙泉、庆元、青田、缙云、宣平（1958年撤销）。发源于处州庆元县百山祖西北麓锅帽尖的瓯江，为浙江境内第二大河，河流贯穿浙西南山区，流经丽水、青田、温州后汇入东海。干流全长388公里，流域面积18028平方公里。瓯江自古航运业发达，沿江水运埠头林立，尤以丽水大港头最为繁忙。

货币的本质是商品交换中的一般等价物,是价值尺度和流通手段的统一体。货币在商品贸易中担当重要角色，对活跃贸易、繁荣经济起到了很大的作用，直接促进了龙泉青瓷贸易的繁荣与发展，同时，也促进了中外文化交流和社会发展进程。古代货币在丽水"海上丝绸之路"文化交往中起到了举足轻重的作用。

在丽水民间，银元、铜钱、铜板、纸币等货币还都有大量存在。从小就生活在瓯江支流松荫溪畔古市镇的三妹娘，今年已80余岁高龄，一生目睹和感受了瓯江航运的兴衰历史。在她的一只古老樟木箱里还珍藏着一些铜钱、铜板和银元等古金属钱币，银元品种有大头（袁世凯头像）、小头银元（孙中山头像）、1881年鹰洋（墨西哥银元）等，铜钱和铜板以明清为主，在铜钱里还夹杂着唐、宋、明代的一些钱币，如开元通宝、崇宁通宝、洪武通宝等，另外还有一枚日本"宽永通宝"，这些钱币为她母亲所传（俗称"传世品"）。在丽水地方民间中，老人们都有在樟木箱底压存钱币、嫁女送奁、传世子孙的习俗。

1881年墨西哥鹰洋

1960年拆除碧湖宋塔时，在壁龛内发现了佛经、铜佛、铜镜及钱币约5公斤；1976年，在莲都区丽阳门外黄泥山处的水电工程处工地发现一座古墓葬，出土铜钱433枚，其中北宋钱共393枚，计25个年号59种钱文，南宋钱共4枚，计有3枚淳熙通宝、1枚嘉泰通宝，另外还有1枚五铢钱、35枚开元通宝、2枚乾元重宝；2004年，在松阳延庆寺塔侧的一口古井中出土了3枚唐宋古钱币；2005年，在莲都区富岭乡下仓村的一座南宋古墓葬中出土1件古铜镜和数枚古铜钱；2008年6月，在缙云县壶镇李庄村大坟山的施工工地上，发现一座南朝古墓，出土了五铢、货泉、大泉五十等古钱币，还有金手镯、虎子和青瓷碗等文物，墓砖纹饰有钱币纹和羽人墓砖等；2013年，丽水江滨绿城项目工地出土五铢、货泉、大泉五十等钱币；同年4月，在水阁街道余村村"柴塘"山上的一座南宋古墓葬，出土了上百枚铜钱，其中大部分为北宋"崇宁通宝"；2014年，在庆元县的胡纮墓中考古发现瓷器、水晶、铜镜、金银器等文物，还包括"开元通宝"背星月在内的铜钱1串，"太平通宝"金币1枚，"长命富贵"银花钱1枚。民间留传、考古发现和文献记载都足以说明丽水地区古钱币在日常生产、生活和商贸中不可缺失，在清以前以方孔圆钱为主，清末民国时期，则是铜钱、铜元、银元和纸币混合使用。

研究古代货币在丽水"海上丝绸之路"文化交往中的作用，有助于深入了解和认识古代货币在丽水"海上丝绸之路"文化交往中的脉络，从而能更加认清古代货币在丽水"海上丝绸之路"中所发挥的作用和内在价值。

一、丽水"海上丝绸之路"文化交往中的古代货币种类

货币是商品经济自然发展的产物。中国最早的货币是商朝的贝币，随着商品交换的发展，货币需求量越来越大，海贝已无法满足人们的需求，人们开始用铜仿制海贝。铜币的出现，是中国古代货币史上由自然货币向人工货币的一次重大演变。公元前210年，秦始皇颁布了中国最早的货币法"以秦币同天下之币"，规定在全国范围内通行秦国的半两钱。货币的统一，结束了中国古代货币形状各异、重量悬殊的杂乱状态，随着社会的发展和币制的不断改革，铜、金、银、铁、纸等钱币形式相继出现，极大丰富了古代钱币的种类。古代货币在丽水"海上丝绸之路"文化交流中常见的种类主要有银锭、银元、铜钱、铜板、纸币等。在丽水博物馆馆藏中有3枚莲都区老竹畈岸村出土的民国时期使用的墨西哥鹰洋，说明在清、民国时期，丽水地区一带就已经有使用银元作为货物交易的媒介，此外，明清时期流入中国的外国银元还有英国的站洋、日本的龙番、西班牙的双柱银币等。

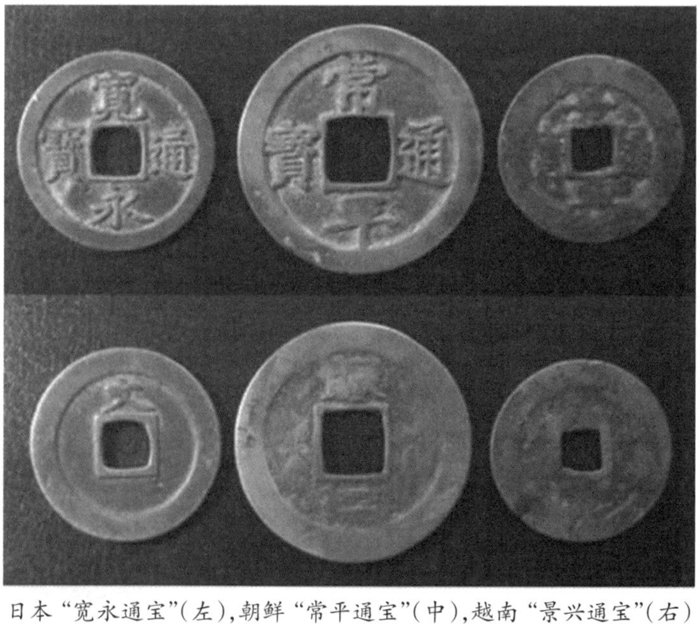

日本"宽永通宝"(左)，朝鲜"常平通宝"(中)，越南"景兴通宝"(右)

铜钱。铜钱之形外圆内方，寓意"天圆地方，道在中央，周流四方"，体现了中华民族朴素的价值观和宇宙观，其书法字体有篆、隶、楷、行、草等，精美的文化艺术在钱文上表现得淋漓尽致，受到各国王室和百姓的喜欢。铜钱在中国

历史上使用了两千多年，各个朝代都铸有年号，直至清光绪年间机制铜币问世才退出历史舞台。除了前述在丽水出土的钱币外，在丽水一些文玩商店和农村还经常能遇见外来古铜钱，这些钱币散夹在铜钱当中，主要有日本的“宽永通宝”，朝鲜的“常平通宝”，安南（越南）的“光中通宝”“明命通宝”“景兴通宝”“绍丰通宝”“建中通宝”等。安南钱最大的特点是质薄文拙，民间亦称“水漂钱”，日本所铸钱币相对规整。

纸币，产生于北宋真宗年间（998—1022），在四川成都出现了一种纸券“交子”代替了铁钱的流通，南宋绍兴三十年（1160），临安（今杭州）设会子库，负责印制和发行纸币“会子”。此后，纸币从民间走向了官制，至元十三年（1276）统一了全国的纸币。宋、金、元、明、清都有发行纸币，具有国家性质的纸币有交子、钱引、关子和会子，金交钞，元钞，明宝钞，顺治钞贯和咸丰官票宝钞等。民国时期为纸币发行巅峰，各色纸币票券品种繁多，有国家银行、商业银行、日伪银行发行的纸币以及军用票、区票和民间私票，还包括各省地方金融机构发行的纸券等，由于国民党政府的腐败无能，财政危机严重，恶性通货膨胀导致民不聊生，最终退出了历史的舞台。

金银锭。明太祖朱元璋即位前后，民间交易多用金银。《明史》记载，此时“朝野率皆用银，其小者乃用钱，惟折官俸用钞”。成化以后，田赋、商税、盐钞、匠役以及言俸等项收支中，折银的范围日趋广泛，银两逐渐成为主要的支付手段。清代实行银钱平行本位制度，规定“每库平纹银一两，合市价制钱一千文。”银两是法定通货，不仅民间交易收藏使用，官府收纳地丁捐税也使用，由此形成银两制度。民国 17 年（1928）11 月，国民政府正式成立中央银行，发行货币，代理国库，集中准备金，主持清算，统制外汇。民国 22 年（1933）在全国实行“废两改元”，以银元为本位，民国 24 年（1935）11 月国民政府实行币制改革，放弃银本位，实行法币政策。

银元。明万历年间起，外国银元大量流入中国，晚清又有官铸龙洋，在日常交易中使用甚广。宣统二年（1910），清政府曾颁布《币制则例》，规定国币单位为元，壹元银币重库平七钱二分，含纯银九成，合银六钱四分八厘。民国 3 年（1914），北洋政府颁布《国币条例》，规定国币为银元，后开铸被称为“袁大头”的国币银圆。虽然“袁大头”银圆发行后受到欢迎，但银两制依然存在。

铜板，是机制铜元的俗称，外圆，中无孔。清末至民国期间，借鉴欧洲钱币设计风格采用机器生产的各种新式铜币的通称，是中外文化交流产生的一种最直观的产物，铜元在中国流通的历史仅 30 多年。铜元数量浩繁、种类庞杂、版别众多，民间留存数量较多。

除了上述古代钱币品种外，在丽水本地还有其他种类钱币，如镍币；镴币（一种锡、铅混合物），主要为商会、商铺发行用于找零的代用币；竹条代用币，主要在一些茶饮小店独立使用，上面一般刻有商店的名称和代用币值；还有一些吉语避邪厌胜钱（俗称“花钱”）、庙宇供养钱等不一而足。

二、“吹灰法”冶银工艺提升了丽水“海上丝绸之路”内陆起始点的地位

白银属于贵重稀有金属，随着“海上丝绸之路”贸易量的扩大，逐步担当起货币角色，白银为东西方诸国的结算货币，以银锭形式按份量计值。明嘉靖年间确立“一鞭法”赋税制度，穆宗隆庆年宣布“开关”解除了明初以来实行的海禁政策，经济开始繁荣，巩固了银本位货币的地位。

20 世纪 60 年代，在浙西南处州地区遂昌县发现金矿，后又在该矿址发现了古矿洞开采群。浙西南地区自春秋时期就是重要的矿冶产地，《越绝书》记载越国的冶炼与铸造技术已相当先进，从近年出土的铸剑研究发现，当时古人已掌握了复合冶金技术和复杂的表面处理工艺，其中最有名的当属“越

王鸠浅自乍用剑”。遂昌金矿古代采矿遗址群的发现，再一次验证古籍的记载。

唐显庆三年(658)始，遂昌金窟采用“烧爆法”和“吹灰法”开采冶炼金银。在遂昌金矿的老矿区里，古代地下金矿遗址系统庞大，气势恢弘，矿巷层层叠叠，宽的巷道矿脉沿着岩层走，窄的巷道穿过岩层，是探矿巷道通向另一个矿脉，古人称之为“蛤蟆跳”。在遗址里，至今还遗存着不少呈椭圆形的光滑凹坑，深入岩层达40余厘米，经考古研究，这是唐代采用“烧爆法”开矿的痕迹，叫“烧爆坑”。“烧爆法”开矿运用了热胀冷缩的原理，采取火烧水浇的办法使外层的矿石不断剥离。唐代金窟“烧爆坑”的发现，说明唐代“烧爆法”开采岩石已广泛使用。岩石开采出来经选矿后，再采用“吹灰法”冶炼工艺提取金、银。“吹灰法”冶炼工艺是一种古代金银共生分离和银铅分离出银的方法，主要是利用银铅互熔特性，通过木炭烧结使银溶于铅中，产生铅银合金，将合金投入灰炉中加变，铅变成氧化铅后被灰吸收，吹去灰便可得到纯银。据初步估算，唐代遂昌金窟采掘量为黄金30万元、白银300万两。“烧爆法”和“吹灰法”冶炼工艺诠释和补充了《天工开物》典籍的不足，其冶炼工艺技术领先于世界，现代冶金工业直到1911年才由德国人发明。

遂昌金矿遗存的唐代金窟“烧爆坑”

据《宋史·地理志》记载，北宋元丰年间，遂昌永丰银场是全国最大的白银产地之一，除陇州、虢州外，产量位居第三，《宋会要辑稿·食货》记载了当时的产量：“处州永丰场，元额六万八千五百六十六斤，元年收四万七千五百一十一斤。”在遂昌金矿区域也发现有古代废弃冶炼场地遗址，该地现已改造为农田，但现场的冶炼场痕迹和大量冶炼后的矿渣依存。

在明代，处州府所辖诸县开采银矿规模甚大，各县设立“银官局”就是官府管理银场、督办银课的机构。明成化处州府志纂修考：“如青田、遂昌、龙泉、云和、景宁等县，有银坑、铁冶多处，即矿产较丰之地。”光绪年间编撰的《庆元县志·坑冶》中有这样的记载，“按旧志坑冶有十”，庆元县的淤上乡百丈崖山上，有一处处洞窟，经浙江省勘探七大队的地质工程师叶土兴确认，为距今500多年前明成化年间银矿弃洞。朝廷设局的目的是收取杂税徭役，然而却造成“矿税之弊”，导致矿工穷困潦倒，暴动时有发生。明代丽水县陈善恭、庆元县叶宗留、邓茂七

云和县出土的明天顺二年银官局石碑

等矿工起事，都造成了很大的社会影响。《牡丹亭》作者汤显祖曾担任遂昌县令，后离职，也是因为无法处理开矿带来的严重社会问题，在此写下《感事》诗一首："中涓凿空山河尽，圣主求金日夜劳，赖是年来稀骏骨，黄金应与筑台高。"莲都区枫树湾村括苍古道上至今还保留着元明时期的银场坑洞和冶银场址。1988年，云和县出土了一块明天顺二年(1458)银官局碑石更是直接证明了丽水当时采银业的兴盛，其碑文曰："普庵菩萨在此百无禁忌/钦差内官阮料在于/黄家畲坑管/采办煎销课/银官局/天顺贰年六月内。"

日本人直到明代才经朝鲜辗转传入"吹灰法"冶炼工艺。明世宗嘉靖十二年(1533)，中国的"吹灰法"精炼技术在日本应用之时，日本的银产量大幅提升，并开始出口以换取生丝等物品，开展"银丝贸易"。银两在明朝英宗正统元年(1436年)正式成为本位货币，这些从日本输入的白银，在一定程度上促进了明朝社会白银货币化的进程。

自隋唐后，瓯江上游各县延至闽北地区，由括瓯水道、通济古道来往的漕船必在大港头汇集，由此转输省城、京城和其他各地。大港头在历史上就是瓯江中游最重要的码头，素有"三江聚会，六邑要津"之称，商贸运输出现了"晓日大港头，连樯集万艘"的繁忙景象。明成化《处州府志》载每年本府贡："茶牙三十二斤、茯苓二百斤、松香四百斤，沥青三百斤、甜葶苈三十斤、蛇含石三斤、玉面狐二十只、锦鸡三十九只、白鹇三十只、鹿皮三张、麂皮四百十五张、麂皮三张、羊皮六百二十张、花狸皮二十三张、弓二千张、箭一万八千一百八十支、弦一万条、翎毛二十万七千根、历日黄白纸通三十万二千二百四十张；本府夏税麦六千九百四十七石八斗三升级五勺、钞八千四十贯六百三十三文、秋粮赋米五万七千七百三石三升二合九勺、丝三百二十一斤七两一钱一分、农桑绢二百七十二匹二丈一尺三寸、鱼课米一十八石三斗一升；商税酒醋等钞四万二千三十五锭三贯四百六文、铜钱一万四千三百五十五文、茶课等钞一万一千五十五锭二贯三百九十四文、铜钱一十一万五百六十五文，房地价等钞一千七百六十二锭四贯九百九十四文、铜钱一万七千六百二十三文、窑冶等钞一万八千七百九十八锭二贯一百六十五文、铜钱十八万七千九百八十五文、银坑钞一千九十五锭二贯六百二十文、铜钱一万九百五十五文，周岁闸办课银二万一千二百五十两。"志载丽水贡赋货物品种齐全，钱文银两记载丰富，官府管理有序，说明当时丽水航运发达，也可以说大港头是"海上丝绸之路"货物集散中心的源头。经大港头装货集散转运的外贸货物，从这里装船堆栈，源源不断地驶向大海远方。

左图为丽水古城墙明代银锭状官监印记，右图为谭宅门楣

漫步在丽水城丽阳门城墙脚，如果你用手轻抚城墙，仔细端详城墙青砖，还能依稀看见许多银锭形状官监印记。丽水古城墙修建于宋末元初，已经有七八百年历史，比西安古城墙还要早一个朝

代，明嘉靖四十二年(1563)对城墙进行了一次大的修缮，一直遗存至今。在丽水城内另一条酱园弄里有一幢规模宏大的清代老屋谭宅，其门楣青砖也是采用银锭形状镶嵌工艺，寓意“金玉满堂”“平平安安”之意。

金、银作为一种货币的流通和贮存保值手段，一直被人们视为财富的象征，古今中外，还一直在传承延续。

三、海上考古研究成果充分说明丽水是“海上丝绸之路”内陆重要起始地之一

中国古代对外贸易往来，除了陆上丝绸之路，也通过海上丝绸之路输出丝绸、茶叶、瓷器等新兴大宗商品，深得西方各国人民喜爱，中国一度成为国际贸易大国首列，古希腊罗马时代就称中国为“丝国”(seres)，后来用“瓷器”(china)一词来指代对中国的美称。宋元时期，中国瓷器进入了蓬勃发展的大时代，期间，异军突起的龙泉青瓷成了绚烂瓷海当中最璀璨的一颗明珠。

宋元时期，是龙泉青瓷发展的一个鼎盛时期。两宋之际，随着全国政治经济中心的南移，龙泉窑吸取了南北青瓷的制瓷技艺，并在“民窑”和“官窑”两个不同文化层次的相互激荡中发展，成了中国历代青瓷工艺发展的集大成者。“雨过天晴云破处，梅子流酸泛绿时”，粉青釉与梅子青釉的创烧，把中国青瓷艺术推向极致。民国龙泉县长徐渊若在《哥窑与弟窑》中是这样描绘龙泉青瓷的青碧釉色：“至如蔚蓝落日之天，远山晚翠；湛碧平湖之水，浅草如春。豆含荚于密叶，梅摘浸于晶瓶。或鸭卵新孵，或鱼鳞闪彩。洁比悬黎，光不浮而镜净；美同垂棘，色常润而冰清。蕴之也久，而火气销；藏之也深，而光芒敛。”生动形象展示出了龙泉青瓷温润如玉之釉色。

1976年，南朝鲜西南木浦港打捞了一艘满载瓷器、铜钱等货物的元代沉船，沉船地点是在宋元时代中国区高丽的“南路航线”附近。在那里打捞出瓷器17000多件，其中龙泉系青瓷达9639件，占总数的57.4%稍多，白瓷达4813件，约占总数的28.69%，铜钱数百公斤等。在出土的金属器物中有一秤锤，上镌“庆元路”三字，宁波府在元至元十三年(1276)称“庆元路”。另有一件青瓷盘底刻“使司帅府公用”六字铭文，经北京故宫博物院陶瓷研究员冯先铭确认龙泉窑为“浙东道宣慰使司帅府”定烧之瓷。这艘载有大量龙泉青瓷和中国铜钱的商船考古发现足以证明，宋元至明代，中国龙泉青瓷、铜钱确已成为中日、中朝两国民间贸易的主要物品，龙泉青瓷为当时宁波港外销的主要集散货物，充分说明丽水是古代“海上丝绸之路”内陆重要起始地之一。

明州(今宁波)，两宋时就已是东海起航线最重要的海港，并取得两浙路市舶司的地位。除了与朝鲜、日本有频繁的贸易往来外，从明州(今宁波)起航的商船还会同温州、泉州航行于南海航线，包括占城(越南)、真腊(柬埔寨)、真里富(泰国)、暹罗(当时称暹和罗斛，今泰国)、三佛齐(印尼苏门答腊)、阇婆(爪哇)、麻逸(菲律宾)，及至印度、阿拉伯的交往也相当频繁，输往这些国家的瓷器、铁鼎、丝绸、绢帛、茶叶、铜钱等物品用来交易当地的土特产。1978年和1979年，文物部门对宁波东门口海运码头遗址(宋元市舶司附近)进行了两次发掘，出土了大量的龙泉青瓷、景德镇青白瓷碎片，数量大，品种丰富，其中龙泉青瓷的器型中就有双层碗、莲瓣折沿盘、鬲式炉、葵口西、荷叶盖罐、菊瓣盘、鱼耳瓶、贯耳瓶等，与新安海沉船中的许多器物器型一致，这些瓷器碎片可能就是在水道运输过程中破碎而在装船出海前被弃于码头的。2018年，宁波余姚巍星路窖藏考古出土了宋末元初完整可修复小件文物31件，其中龙泉青瓷凤尾尊1对、双鱼洗1套3件，还有14440枚方孔古铜钱，据专家推测该窖藏品是从事海上贸易商人的日用物品。从近代系列考古侧面证明，宋元时期明州(庆元)港

是龙泉瓷器外销的重要始发港之一。

2017年9月，江苏省太仓市樊村泾元代遗址发掘提取瓷片总量达150余吨，“太平通宝”“大元通宝”等铜钱一组，其中95%为龙泉青瓷，这也是目前除龙泉窑址考古之外规模最大的一处龙泉窑青瓷遗存。元代的太仓为中国东南外贸大港，素有“六国码头”之誉，不仅是朝廷海运漕粮的起点，也是国际贸易的重要码头，至正二年（1342年），元廷还在致和塘岸、武陵桥北设置了“庆元等处市舶分司”管理海外贸易。考古以实物证据生动再现了元代太仓港的繁荣，彰显了古代太仓在国家海漕体系中的重要历史地位。

南澳，位于闽粤交界处，是广东省内最大也是唯一的海岛县，远在宋之时便成为“海上丝绸之路”东南沿海一带的重要节点。明嘉靖二年（1523）浙江罢市舶司后，南澳海域一带走私猖獗，嘉靖三十一年（1552），因处州府松阳县知事罗拱辰抗倭有功，提任为潮州府任同知官职，在南澳监筑城堡防寇，史称“龙眼沙城”，这段历史在民国34年（1945）陈梅湖纂《南澳县志》卷八有载。城堡内有一古井，考古出土了青瓷、罐、砚台和一些宋元时代的铜钱。在南澳水域沿线一带，1969年在珠海蚊洲岛海底元代沉船中出土了龙泉窑瓷碗，现藏中国国家博物馆；1987年，又在该水域沿线一带发现一艘宋代“南海一号”，船上载有6万多件瓷器，还有铜镜、锡壶、铜钱、银锭、金戒指等，其中龙泉窑器多数不菲，铜钱上万枚，足以说明当时龙泉青瓷已批量出口。丽水“海上丝绸之路”不仅开辟了东亚航线，还打通了东南亚、印度洋航线，驶向了更遥远的地中海和欧洲等城。

近百年来由于考古学的发展，在中国周边国家发掘出大量的中国古钱币，由此说明，一方面中国货币源源不断输向贸易各国，以“渡来钱”的方式走进日本社会，中国钱币成为当时国际的“硬通货”，《宋史·食货志》记载：“钱本中国宝货，今乃与四夷共用。”日本学者滕田亮策在帝国大学所编《史学论丛》中介绍：“在朝鲜北部曾出土数量丰富的战国明刀和布币，其中仅1924年，在宁边南薪面都馆洞石室中一次发现百余枚明刀。在渭源崇正面龙渊洞三次出土明刀1327枚（其中完整者51枚）。”中国方孔古钱币在日本出土数量更加丰富，据小田富士雄氏报告，元文五年（1740年），山口县宇部市小串村一次出土汉代“‘半两’钱20枚，‘五铢钱’105枚”。另一方面，在明中期后日本等国也开始移植技术自铸铜钱，并通过贸易大量输出。

四、和丽水有亲缘关系的“海上丝绸之路”货币撷汇

丽水地处大山腹地，在民间一直崇尚耕读。在丽水古代名望家族的家训当中“耕读文化”深入人心，几乎每个家族在制定家规家训时，都会要求子孙重视耕种，以安其家，继而才能读书为官。“故传家之道，定以耕读为本，秀者为士，朴者为农”。这是松阳潘姓家族的家训。两宋以来，处州儒学兴盛，人物百出甲于一方，南宋楼钥撰《攻媿集》中有“括苍达官最盛”的说法 。在历史的长河中，从丽水走出了许多文人达官贤士，同时也扮演着重要的角色。丽水虽未发现铸钱遗址或钱范，但一直盛产金银，上纳京库，极大地丰富了古代丽水“海上丝绸之路”货币文化的内容，丽水也因此与丝路货币结下了许多亲缘。

1.“五株”钱。在丽水瓯江南岸沿南明山脚下的一条天井岭古道上，有一座单孔石梁桥，横跨在丽水南明山脚大梁渠上，是古代丝绸之路货物运输的主要通道。清道光二十年《丽水县志》载：“旧为木桥，有一僧人过桥落水，因而出得五铢钱一瓮于岸，以钱更为石桥焉。”五铢桥桥台块石砌

筑，四层横直交错叠梁承托桥面三块长石板。“五铢”钱初铸于汉武帝元狩五年（公元前118年），上有“五铢”二字故名，在全国以钱名命桥名实属罕见。“五铢”是中国历史上数量最多、流通时间最久的钱币。

唐代“开元通宝”钱币

2.“开元通宝”钱币。叶法善（616—720），字道元、太素、罗浮真人，栝州栝苍县（处州）人，占籍为松阳卯山怀德里，乡贯栝州松阳。据史料记载叶法善“好古学文，十一诵诗书，十二学礼乐，研穷周易，耽味老庄，河洛图纬，悉皆详览”。叶法善积极为朝廷出谋划策，定庙号，改年号。玄宗曾接受他的建议，改“先天”年号为“开元”年号。“开元通宝”是唐代第一种货币，也是发行量最大、沿用时间最长的货币。由于其质量合理，通货控制得当，钱币做工比较精美，故深受百姓喜爱。“开元通宝”已经成为大五帝钱的一部分，具有辟邪、旺财的功效。

3. 饶州永平监，为宋代最重要的钱监之一，所铸钱币主要有太平通宝、淳化元宝、至道元宝、咸平元宝、祥符元（通）宝、天禧通宝、天圣元宝、明道元宝、景祐元宝、皇宋通宝、至和元（通）宝、嘉祐元（通）宝等不一而足。饶州永平监铸钱所需铜、铅部分产自处州。《宋会要辑稿·食货》记载，宋淳熙二年（1175），处州“岁收铜十万斤，铅十五万斤”，所炼精铜由厢兵运往饶州永平监铸钱，宋·吕祖谦《历代制度详说》载：“太平兴国八年，张齐贤为江南转运使遣丁钊饶信处州铜铅锡因新用铅锡于饶州永平监岁铸钱三十万贯。”

4.“太平通宝”钱币。“太平通宝”为北宋太平兴国年间（976—984）所铸的一种钱币。绍兴四年（1134），云和大庆寺铸钟一鼎，间嵌太平钱二枚，故称为太平钟云。庆元胡纮墓出土的一枚“太平通宝”金币比国家博物馆藏品直径还要大2.2毫米。

5.“绍兴通宝”钱币。丽水莲都区林宅口村人林觉，字大任，号朝德，宋宣和三年（1121）中进士，绍兴八年（1138），授连江知县，主持修建县学，将原两斋扩为富文、能信、移孝、怀忠四斋，后升任户部侍郎。绍兴二十七年（1157），主持新铸精美的流通钱币，将原先的“元宝”改称“通宝”，并请宋高宗御书“绍兴通宝”字样。同年，林觉向朝廷建言将铸钱事务归并转运使司之弊，应委任各州的通判主管铸钱事务。后代理户部尚书，建炎初，因病辞户部侍郎职。

6.“庆元通宝”钱币。2014年，在庆元县境内发现一座南宋时期夫妇合葬墓，主人为曾任工部、礼部、吏部侍郎的胡纮及夫人，考古清理出土一批南宋时期浊厚釉青精品瓷器。胡纮（1137—1204），字应期，处州庆元人，宋隆兴元年（1163）举进士，深得朝廷大臣京镗器重。绍熙五年（1194）由京镗荐监都进奏院，迁司农寺主簿、秘书郎，后又升任监察御史、吏部侍郎等职。庆元三年（1197），因庆元离县治龙泉太远造成殊多不便，民众请求建县，州县奏表于朝，胡纮亦具奏章极力支持，同年十一月，宁宗诏准，并以年号赐“庆元”为县名，恩泽桑梓，世为传颂。由于他正直，敢于发表意见，参与抨击以赵汝愚、朱熹为首的道学派，借学术之争打击政敌，史称“庆元党禁”。“庆元通宝”集年号名、钱名、县（府）名为一体，在浩瀚繁多的历代钱币中极具特色。

7. 楮券（纸币），指宋时发行的“会子”纸币，因其多用楮皮纸制成，故名，后亦泛指一般的纸币。宋·洪迈《夷坚志》卷八：“丽水商人王七六，每以布帛贩货于衢婺间。绍熙四年（1193）至衢州，……不能隐，乃告以实，赂以五楮券。姜不听，曰：‘我当诉尔于官。’赵夫妇哀祈，复增十券。姜喜，乃舍去。是日不买猪，即归而持券易钱。”说明楮券（纸币）已在南宋时期包括丽水在内的浙江境内各地流行使用，楮券与铜钱在市面上可流通和相互兑换，信誉较佳。

8.“洪武通宝”钱币。刘基（1311—1375），字伯温，处州青田县人，元末明初军事家、政治家、文学家，明朝开国元勋。刘基通经史、晓天文、精兵法，他辅佐朱元璋完成帝业、开创明朝并尽力维持国家的安定而驰名天下，被后人比作诸葛武侯，朱元璋多次称刘基为“吾之子房也”。刘基辅佐朱元璋成就大业，于洪武元年起铸洪武钱，命京城工部宝源局及各省宝泉局铸行“洪武通宝”。朱元璋为避讳元朝的元字，把所铸之钱文一律叫通宝，故又称通宝钱文。

丽水“海上丝绸之路”之亲缘货币

9. 银锭。近期，从各大拍卖行交易图录上陆续发现了两枚处州宣平县和遂昌县银锭。宋元时期马端临《皇朝文献通考》载：“江南、浙江有元丝等银，湖广、江西有盐撒等银，山西有西槽及水丝等……”这里所说的浙江元丝是一种碎银，圆形无铭文，是流通在江浙一带的主要商用小银锭。但从发现的实物来看，浙江不仅有元丝银，还有五十两马蹄锭和咸丰年间铸造的七钱二分银饼，但存世稀少。目前发现的浙江银锭以圆形的五两银锭为主，是浙江银锭中的主流品种。由于清政府对银锭的铸造是采用放任的政策，一般由民间的银号、钱庄承担，长期的熔了铸铸了又熔，幸存下来的浙江银锭存世较少。五两圆形银锭形制单一，变化不大，一般在锭面上打有三个戳记，通常是由地名、纪年、银匠名或银号名组成，也有一些特殊的铭文，如浙海关、盐饷等，是用关税和盐税所征的银两铸造而成的。加盖地名是为了说明银两的出处；纪年主要是用于写明上解的时间，以免漏交；写明钱庄名是为了提高信誉，显示其可靠性。

处州宣平县和遂昌县银锭

各州、县上解锭是各州县上解到国库、省库的税银，需委托当地银号或钱庄根据统一的标准铸造的。乾隆四十一年（1776），户部奏准各直省，上解的银两无论元宝小锭，必须砸上州县、年月及银匠名。光绪以后，清代政府又三令五申要求官铸锭必须写明年月、地名、匠名等以示负责。这种上解锭的铭文有两类，一类是地名、纪年和银号名，如“遂昌拾年裕通”“宣平元年振昌”。另一类是地名、纪年和银匠名，从实物看，前者多于后者。

10. 浙江地方银行在丽水印制了当时世界最小幅的纸币。抗日战争全面爆发后，浙江地方银行总行于1939年4月南迁丽水，行址设在文昌阁陈诚私宅。银行全面接管省、县金库资金的收支调拨，办理存、放、汇业务，代理中央银行发行等，金融业务空前繁荣。抗战时期，由于日伪暗中支持奸商大量套换铜元、劫掠铜材运回日本用于制造枪炮军火，导致市面金属辅币匮缺。

针对市面辅币匮缺之弊，时任浙江省主席黄绍竑于1938年2月签发手令，命令浙江地方银行迅速印刷辅币券500万元投放市场，打击汪伪政权的经济侵略。由于当时纸张来源十分困难，浙江地方银行因地制宜，利用原印钞厂废弃的边角白纸条加以印制，设计了当时世界票幅最小幅纸币壹分、贰分、伍分面额的横型辅币，于1940年在丽水白云山脚的信大印刷厂承印，同时还委托设址于丽水县浣溪乡沙溪村叶家祠堂的上海大东书局浙江印刷分厂印制1角、2角、5角和直型的1分、2分、5分共6种纸币。自此，浙江地区的辅币灾荒转瞬化解，市场贸易趋于稳定。其中横式1分券和2分券票幅尺寸为48毫米×24毫米，横式五分券票幅尺寸为50毫米×30毫米。信大印刷厂在印钞的同时，还印制了浙江地方行甲种、乙种储金券，面值有五十元、一百元、五百元、一千元，这是一种抗战时期的后援金融证券，为抗战时期的浙江经济建设作出了重大贡献。

丽水自古是“海上丝绸之路”经济带内陆起始地之一，随着世界范围贸易的相互流通，货币一直贯穿于古代丽水“海上丝绸之路”的整条历史脉络，并且与外来文化相互融合，共同发展，从而也带动了丽水经济与社会的进步与繁荣，这种文化上的相互影响、相互交流，在丽水“海上丝绸之路”经济带中留下了丰厚的印迹。（参考孙卫武文章，编者作篇幅、文字调整。）

章乃器先生货币金融思想与实践

丽水青田籍章乃器是20世纪30年代至50年代中国著名的政治活动家和经济学家。对于章乃器先生的评价，我党赞赏他是“党的诤友，抗日斗士”。认识章乃器先生，多是从救国会的领导人“七君子事件”中知晓和熟悉的。章乃器先生一生披肝沥胆、忧国忧民，积极投身抗日救亡运动和民主建国运动，为党和国家的建设作出了卓越贡献。

章乃器先生还是一位“红色资产阶级”爱国民主人士，其一生与经济、金融密不可分，这与他的人生经历、身份和社会地位休戚相关。章乃器先生不但在思想上追求民主和进步，政治上有所建树，在经济、金融领域也是真知灼见、高屋建瓴而自成体系，提出了许多宝贵的思想并付诸实施，可以说他是经济、金融界理论与实际相结合的伟大践行者之一。

一、初入银行业，崭露锋芒

章乃器（1897—1977），浙江青田县东源村人，字子伟、金锋，因《老子》有曰“陶人埏埴以为器”而改名“乃器”。其祖父章楷是前清举人，浙东名士，擅诗文书法，为人急公好义，济困扶贫，在当地非常有名望，曾协纂《青田县志》（光绪版）。父亲章炯，字叔明，早年是位私塾老师，曾留学日本，回国后在南京陆军第四中学任教。辛亥革命成功在南京成立中华民国临时政府后，回乡担任县议员副议长，后又担任遂昌县警察局长等职。

章乃器的一生坎坷经历离不开他的两个亲兄弟章培和章尧。

大哥章培，字益栽，清末入武汉讲武学堂，民国成立后，先后就读于陆军预备学堂、保定军官学校，后随白崇禧担任国民革命军总司令部中校参谋。1927 年，他因掩护三弟章秋阳从事革命活动、放走列入逮捕名单的包括周恩来在内的 12 名中共党员而被撤职。1932 年，在第四次国民党“围剿”中央苏区时，因被指控为借故拖延战机，有通敌之嫌再次被撤职。此后，亦冒险解救过包括陈云在内的中共党员。全国解放后，参与解放军装甲兵培训工作等要职。

三弟章尧，字郁庵，又名章秋阳、章乃起，早年就读于浙江省立工业学校，因领导学生运动而被学校开除。1922 年，他考入上海商务印书馆发行所当学徒，期间，沈雁冰、董亦湘等共产党人均在该馆编译所工作并从事革命活动。章秋阳参加工作后不久被秘密发展入党，他和陈云、徐新之先后担任过该所的中共支部书记，成为上海工人运动中的一个年轻骨干分子。先后参加了“五卅”反帝爱国运动，是上海市特别市民代表、临时政府成员兼上海特别党部商人部部长，对章乃器的影响和帮助甚大。1940 年，在安徽参加一次宴会时被国民党投毒杀害，年仅 39 岁。

章乃器少年时代正处于传统的礼仪教育和各种新思潮的碰撞时期，养成了明辨忠奸、耐苦坚强的性格和对革命和自由的向往。1911 年辛亥革命爆发，他的大哥章培参加了革命军，章乃器当时还在处州府中学堂上学。应大哥之召，他毅然投笔从戎，到南京临时政府陆军部属下飞行营顶替大哥的名额当了一名年纪最轻的学员，当时年仅 15 岁。但辛亥革命的成果不久即被袁世凯窃取，飞行营也被取消，学员遣散回家。

1913 年，章乃器前往省城投考，考取了浙江省立甲种商业学校。在商校学习的五年中，他因家境渐衰，只能靠奖学金完成学业。1918 年从商校毕业后，经校长周季伦介绍，安排在浙江地方实业银行杭州总行当了一名练习生，后调到上海分行，从此开始了坦坦荡荡的职业生涯。

翌年，他辞职到北京谋生，经友人介绍到京兆银行担任营业部主任，一年后升任襄理。1920 年 7 月，直皖战争爆发，京兆银行受到牵连而失业。1921 年秋再度回到上海，重入浙江地方实业银行当了一名营业部科员。1923 年 3 月，浙江地方实业银行官股与商股拆分，官股称为浙江地方银行，商股称为浙江实业银行。浙江实业银行总经理李铭和上海分行经理陈朵如对章乃器十分器重，由于陈朵如原是商校的教师，对章乃器的才识很了解，在他的推荐和提拔下，章乃器逐步擢升为营业部主任、襄理、副总经理。

章乃器在工作之余，潜心研究经济学和金融理论，每天灯火通明，刻苦读书，数年如一日。他的理论水平和业务才干也并长相成，发表了不少有见地的论文，逐渐成为一名银行界声望较高的人物。

1931 年，“九一八”事变爆发，中国大片国土沦丧，经济遭受了空前的损失。在 1932—1935 年，章乃器撰写了大量的文章揭露资本主义经济危机的内在根源，剖析了当前世界经济发展的趋势，如《世界经济前瞻》《大战前夜各国的货币政策》《国际货币战争的剖析》《各国金融恐慌与货币战争》《世界政治经济概括》《国际争夺下的中国货币金融》等文章，指出了世界经济危机正在酝酿战争危机，指出：“在经济战争中，半殖民地的中国已经弄得‘遍体鳞伤’。在将来的军事战争中，我们该何以图存？”其观点极具卓识远见。

章乃器以扎实的理论、坚定的立场、鲜明的特色和前瞻性的分析著述经济与金融理论，为半殖民地半封建的旧中国社会点燃了烛光，使他成为了一名学识渊博、品德高尚的经济与金融学者。

1936 年 5 月 31 日，宋庆龄、沈钧儒、章乃器、陶行知、邹韬奋等人发起组织的全国各界救国联合会在上海宣告成立，发表宣言，通过《抗日救国初步政治纲领》向全国各党各派建议立即停止军事冲突，释放政治犯，各党各派立即派遣正式代表进行谈判，制定共同的救国纲领，建立一个统一的抗日政权等。1936 年 11 月 23 日，南京国民政府以“危害民国罪”逮捕了救国会领导人沈钧儒、王造时、李公朴、沙千里、章乃器、邹韬奋、史良等 7 人，史称“七君子事件”。“七七”事变爆发后，南京国民政府于 1937 年 7 月 31 日宣布具保释放。

二、成立中国第一家独立的信用调查机构——中国征信所

从 20 世纪初开始，征信所作为一种个人及机构资信的调查机构，逐渐在欧美及日本普及。早在民国初年，财政部颁布《银行公会章程》时，即规定银行公会应该办理征信机构。1920 年《银行周报》总编辑徐沧水曾应银行公会要求草拟上海征信所章程。上海银行公会在翌年的全国银行公会第二届大会上，提出了设立征信所的议案。因当时军阀混战，民生凋敝，创办征信所的动议一直没有实现。

当时上海银行公会设有“银行实务研究会”和银行界人士组织的“银行学会”，章乃器是主持人之一。为了适应银行收受国内外财政金融市场信息，调查研究掌握客户信用状况，确保投放贷款的安全回收，章乃器建议组设上海征信所，作为同业的横向联合的科学管理机构。

当时许多人不知信用调查有何作用，态度非常消极，信用调查机构迟迟未能成立。而各大银行的贷款，因为一些工商企业不守信用，银行调查的信息又不对称，导致银行呆账、坏账累积甚多。而当时在上海的外商银行，依赖日本人或美国人的信用调查机构进行细致的调查后决定是否放款，故而呆账、坏账的情况很少发生。

信用调查机构的职能，章乃器有过一番通俗的解释：“征信所是一个信用调查机关。比方，甲商人要向乙银行通融一点款项，乙银行在允许通融之前，必然要知道甲商人是怎样的一个人。他的财产有若干？他的事业发达吗？他的费用太大吗？他的历史怎样？他的品性怎样？他对于欠款的偿还，一向准确而不失约吗？他的家庭状况怎样？他所交的是哪一类的人……乙银行要等到这种种的问题得了满意的解答之后，再斟酌情形给甲商人一个相当限度的通融。经过这种手续的放贷，自然就很稳妥。征信所的职务，就是代乙银行解答这种种的问题。”

1931 年，天津发生了一场空前的金融大风潮，几乎使全市金融业为之崩溃，这一事件成为中国征信所创立的催化剂。章乃器借此机会大声疾呼，要求上海金融业排除己见，将各自独立的信用调查变成一个共同经营、信息共享的征信所，以帮助金融业全面了解债务人的信用状况。在国内金融界实力人物张公权、李馥荪、陈光甫、胡孟嘉等人的支持和赞助下，1932 年 6 月 6 日，成立了银行界的公用机构、中国第一家独立的信用调查机构——中国征信所。

中国征信所是国内第一家由中国人创办的独立机构，章乃器代表浙江实业银行出任董事长。他提出“审慎以求真”“详尽明晰以求美”“忠实公正以求善”的工作规条，在他的主持下，制定了一整套科学的调查程序，延揽了一批优秀的专业人才，除逐日向会员提供市场报告外，还根据会员的委托，提供专项的调查服务。中国征信所以高效、优质的服务，一举挤垮了四家外国人办的征信所，成为独占事业。该所出版的《行名录》，内容详尽、印刷精美，压倒了英人《字林西报》出版了几十年的《行名录》。中国征信所的成立和运作，为工商经济的健康发展起到了很好的作用，其本身的影响也日益扩大。

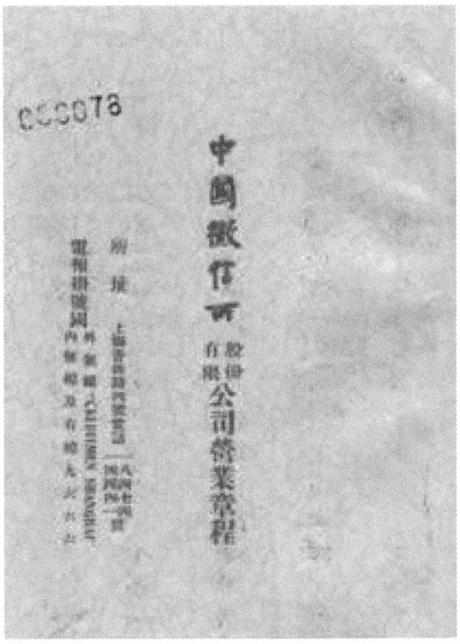

中国征信所公司营业章程

章乃器自创办成立中国第一家独立的信用调查机构中国征信所以来，取得了前所未有的业绩，大长国人志气，也使他赢得了极高的社会声誉和地位。他强调信用事业对金融市场的调节作用，首倡“信用膨胀”说。主张“以稳健的扩张信用之手段，代替不健全的通货膨胀手段”，提出创造现代银钱市场和资本市场，由华商银行“推行票据承兑和贴现，使短期资金市场现代化；同时推行股票和公司债票，使长期资金市场——证券市场——国民经济化”。他指出，把信用放款改为票据贴现，可以加快资本的流通，使呆滞的“账面债权”化为可以流通的“票面债权”，变旧钱庄的“对人信用”为新银行的“对物信用”。他力主银行业应有一联合组织专事公司股票、债票的承接发行，“这样银行的资产就不易冻结，而工商业也可以得着期限较长利息较低的资金”等。在章乃器等人的积极倡导下，上海银行业联合准备委员会于1933年成立了上海票据交换所和票据承兑所。

此后，他相继受聘执教于上海光华大学、沪江大学、国立商学院等高等院校，以深入浅出的通俗语言、生动的事实、确凿的数据，对帝国主义的经济掠夺和官僚资产阶级的财政黑幕进行了深度揭露和抨击，深受学生欢迎。

1935年5月，中国征信所改组为股份制公司，经选举产生的董事11人，监事3人，章乃器被推选为董事长。

时值抗日救亡运动兴起，章乃器与沈钧儒、马相伯、邹韬奋等著名爱国人士共同发起上海文化界救国会组织。由于章乃器是救国会的领导人，又担任着中国征信所的董事长，征信所自然而然成为救国会的一个重要据点。按照章乃器的说法，“培养了一批爱国青年，掩护了不少革命干部”，如总务部主任杨家伦、资料部主任骆耕漠、编审部季步飞和主管印刷的何孝章等，都是大革命时期失败后的老党员，经章秋阳介绍，先后聚集到征信所这个阵地里来的。

当时上海市长吴铁城见救国会“闹得更凶”，要求浙江实业银行董事长李铭去除章乃器。李铭以公费留学为名让章乃器出国暂避风头，章乃器为了不让银行受累，决定辞职。后来回忆说：“在那连生死都早已置之度外的高昂情绪下，丢了一个银行的金饭碗和一个留英的镀金机会，能算什么呢？”

章乃器离开银行和中国征信所后，全身心投入到救国会的运动中，并最终成为震惊中外的“七君子事件”领袖之一。

三、著述《中国货币金融问题》，创立中国民族经济学理论基础

1936年10月，章乃器的论文集《中国货币金融问题》由生活书店出版发行，深受国内外学者的高度评价，被译成英、日文，成为研究中国这一经济领域的权威性著作。该书分为五篇，第一篇“概述”，包括经济论争中的两条战线，怎样研究中国的金融问题，货币金融所反映出来的中国社会，中国财政金融之现势，当前的金融问题，由平时财政说到战时财政；第二篇“国际争夺下的中国货币金

融”，包括最近资本逃亡的两条去路，中国的国际收支，国际投资市场的中国，英美在华的货币战争，列强在华的货币战争现势，由国际货币战争说到“上海金镑”，列强对华货币战争的现势，罗斯爵士远东之行；第三篇“白银问题与货币制”制度，包括当前的白银问题，银问题与财政问题，白银出口增税以后，金融恐慌与币制危机，美国白银政策与中国，中国货币的前途，金价高涨——物价暴腾，币制改革以后，币制改革后金融政策之重估；第四篇“中国金融制度”，包括中国金融统制论，经济统制与银行，中国银行业的前途，当前的金融问题，金融恐慌中的金融制度的演变，中国金融现势，中国之票据市场，上海的金融，上海的两个证券市场，上海地产之今昔；第五篇“附录”，包括工商业金融问题研究报告书和对于增加筹码问题之意见。

《中国货币金融问题》，章乃器著

《中国货币金融问题》一书，以务实的精神，独到的视角，强烈的忧患意识，对旧中国时期货币与金融领域作出了客观性的思考与评价，针砭时弊，指出了当时社会货币金融市场的症结所在，为中国货币与金融的改革与发展指明了方向。

章乃器虽只接受过国内初级的经济学教育，没有系统学习高等金融专业理论知识，更没有留洋深造，但他通过刻苦自学，系统掌握了经济与金融理论知识，他不局限于国内的传统经济理论，还非常注重对国际先进金融理论与知识的吸收与消化，使他拥有开阔的视野，加之他对银行业务的娴熟，因而非常善于运用“拿来主义”，用别国成熟的理论和经验作为改善中国落后状况的“他山之石”，在比较中探寻适合中国的现代化发展道路。例如，章乃器高度评价德国国民经济创始人李士特，赞扬李士特“能够为德国民族打算。他窥破了当时英国在自由主义的掩护之下，向德国掠夺，因而主张新兴的德国，应该赶快关起大门来自卫”。章乃器的金融货币理论认为，一定要善于“窥破”列强的种种经济陷阱，加强自我保护，而最有效的保护便是推进中国自身的现代化。所以，他把“完成一个现代的银钱市场（Money Market）”和“创造一个现代资本的市场（Capital Market）”作为中国金融市场现代化追求的重要目标。

该书还对当时经济论中的新经济学与古典学的两条战线进行了深度剖析和评价，指出民族战线对经济的重要性：“‘九一八’事变以后，虽然他们在内部起了亲日派和欧美派的争端，而对于中国的民族问题，他们为帝国主义在华的投资和贸易打算，可说是一致的由原来的主张维持现状，而进一步地主张对敌妥洽。对于上海协定和塘沽协定的推进和拥护，当时的亲日派和欧美派可以说是完全一致的。但是内中许多天良未丧，一时误入歧途的流俗经济学者，这里却因为环境的刺激，不能不发生一些政治意识。他们在发生政治意识之后，便很坚定地站到民族的战线上去，而成为工具化的古典学派的反对派，自然而然的，他们便和主张民族革命的进步分子联合一气，而成为很广大的民族战线。这样，时代和环境便造成中国经济学界中帝国主义战线和民族战线的尖锐对立。”“我们也并不是主张打倒帝国主义的口号之下，不必要的去和别国决裂；然而必然要用决裂的准备和决心，用民众的革命组织和革命情绪，很坚决地跑向民族解放的大道。”

章乃器撰写的《中国货币金融问题》和其他一系列关于经济与货币金融的书籍与文章，如《章乃器论文选》《资本主义国际与中国》《中国货币制度往哪里去》等，其经济理论体系共同构成了中国民族经济学理论基础，既体现了章乃器先生杰出的经济学家洞察事物本质的高超水平和对历史发展趋势的远见卓识，也体现了一切都是为了民族经济健康发展的满腔爱国热情，他的经济思想极具鲜明的民族特色，反映出了中国民族资产阶级发展民族资本主义、抵制外来经济侵略、保持民族经济独立体系的强烈愿望和要求，成为了宝贵的民族精神财富。

四、受邀出任安徽省财政厅厅长，缓解战时财政困难

1935年冬，安徽省财政厅长杨绵仲鉴于本省农村经济亟须扶植，建设事业亟待发展，以“调剂金融，扶助省市经济建设，推行金库制度”为宗旨，呈由省政府咨请财政部核准筹建安徽地方银行，规定总资本额为200万元国币。1936年1月，安徽地方银行批准成立，董事长照章由省财政厅长兼任，董事、监事人选均由省政府指派。

安徽地方银行于1936年、1938年、1939年三年时间里发行了12种小钞。其中1938年安徽地方银行发行的纸币券一分、二分、一角、二角、五角和一元6种票面上印有章乃器先生的签名。章乃器与安徽地方银行的缘分虽然只有短短的一年，但在安徽财经史上却写下了浓厚的一笔。

抗战初期，当时的安徽财政已是一个烂摊子。安徽物产较丰和商业繁荣的市县已全部为日寇所侵占，财政收入枯竭，军政人员因欠薪欠饷而怨声载道。时任财政厅长是在国民党政界号称地方理财能手的杨锦仲，对此也是束手无策，坚决要求辞职的。

“七君子事件”之后，1937年11月，章乃器从上海撤退到香港，继续从事抗日救亡运动。这时国民党第五战区司令长官李宗仁已兼任安徽省政府主席。鉴于安徽当时的财政状况，李宗仁举荐章乃器担任安徽省财政大任，认为已关系到桂系在安徽成败的关键时刻，不容推辞。章乃器作为与桂系有历史渊源又有很高社会影响的救国公会领袖，特别是其在经济、金融领域的才能，自然是桂系重点延揽的对象之一。章乃器考虑到当时抗日民族统一战线已建立，1938年初，受李宗仁盛邀，决定赴皖西战区担任安徽省财政厅厅长兼安徽地方银行行长一职。

章乃器从香港归来途经武汉，在三弟章秋阳的安排下，在武汉会见了周恩来同志。周恩来向章乃器当面嘱托两件事：一是彻底释放“政治犯”，二是搞好与皖南新四军的合作关系，在经费上给予优先支持。章乃器当即表示将尽力完成所托事宜。

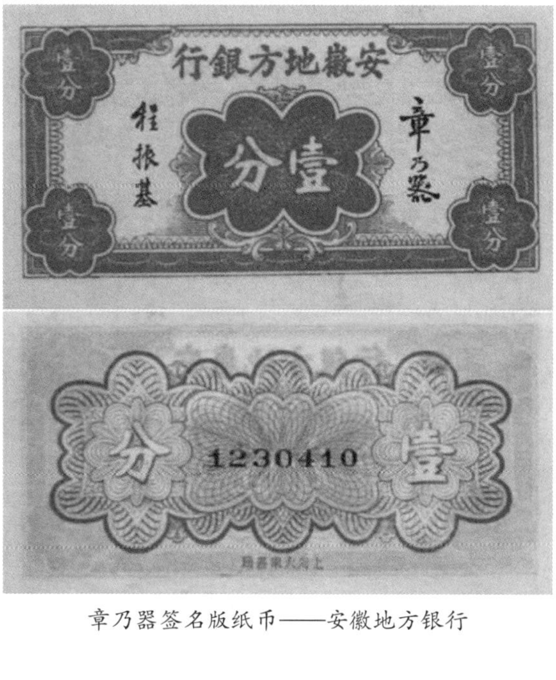

章乃器签名版纸币——安徽地方银行

章乃器就任之前就已摸清了安徽财政体系贪污、腐化、浪费的底细，向李宗仁提出了四项就职条件，即铲除贪官污吏，杜绝浪费，节约开支，新任财政工作团。李宗仁当即全盘接受，表示全力支持。1938年3月《安徽政治》三、四合刊载有章乃器就职后对财政厅同仁的训话，提出“公平是解决财政困难的原则”。收入负担公平，一切赋税要与纳税人的力量相称，不能倚重倚轻，尤不准贪官污吏乘机中饱私囊；支出分配公平；内部人事公平，引

用人才，不用私人。惩办了一批贪官污史，大量被各地扣留的赋税及时上交到省里，堵住吃空额，报假账的漏洞，宣布凡是贪污有据、浪费严重和扣留应该上交的税款公款的人员，一律按军法惩处。经过一系列的整肃，省财政收入明显增加，支出减少，很快达到略有盈余，这不能不说是一个奇迹。

鉴于市场货币流通情况和财政实际困难，章乃器提议发行省财政公债，以公债款作保证金发行了安徽地方银行的小额钞票，以缓解市场极度缺乏的流通货币，同时也绕开了省级银行不能直接发行货币的困局。章乃器以安徽省财政厅厅长的名义在其发行的钞票上签上“章乃器”大名。

在皖西的一年多时间里，章乃器以其专业所长积极筹划财政，整肃纪律，使得安徽财政有了一整套聚财有方、理财有道的战时财政和金融规章，取得了明显成效，有力地支援了皖西前线抗战，特别是大别山抗日根据地的经济建设，以自己的实际行动赢得了大家的尊重。李宗仁对章乃器的理财才能也十分欣赏，在他的回忆录里赞赏“他（章乃器）任财政厅厅长，颇见成效”。

章乃器不忘周恩来的嘱托，以省政府统一税收为名，每月补助新四军 3 万元经费，国民党对此事非常不满，也引起国民党高层的注意，认为章乃器留在桂系是心腹之患。1939 年 4 月蒋介石致电章乃器“赴渝述职”“免职令侯任用”，章乃器便结束了安徽省财政厅厅长的任期。回渝后又劝退了同乡兼好友陈诚给其安排就任其他国民政府部门要职的劝说，走上了实业救国的道路。其后，创办了民族工业的思想库——中国工业经济研究所，主张建立“立体工业经济体系”，避免平面发展和重复建设，反对豪门资本，首倡财产实名制，合理利用外资，建议开发大西北，这些观点，至今仍具现实意义。

五、倡议“废两改元”，提出中国货币统一论

旧中国的货币流通主要有银两、银元、银角、铜元、铜钱等，此外还有各色纸币，兑价不一，影响市场的流通和交易。民国始建后百废待兴，然军阀混战，政府无暇顾及凌乱繁杂的货币制度，极大束缚着国内工商业和对外贸易业的发展，也阻碍着国家的复兴。同时，外来货币又极大地冲击国内市场，严重侵害国家主权，国内有识之士都迫切感到改革币制的需要。

1929 年资本主义世界爆发了严重的经济危机。1931 年 4 月起，因危机的深刻化，引发世界金融大危机，英国、加拿大、日本等主要资本主义相继放弃金本位制，实行货币贬值。1933 年，美国为转嫁经济危机，宣布白银国有，提高银价，导致中国国内的白银大量外流，经济陷入严重的危机。

章乃器时值研究国内和国际的金融问题，自然也看出了其中的问题和症结所在。他认为，中国因为封建割据，造成货币的不统一，而各种封建性的地方货币的存在是危害甚大的封建性货币剥削的根源。

他撰写了许多货币和金融论文，包括《货币金融所反映出来的中国社会》《怎样研究中国底金融问题》《中国财政金融之现势》等，有力地揭露了封建性货币剥削的各种方式。他指出，较之苛捐、杂税、工役和兵差，货币剥削是军阀、官僚剥削人民诸种方式中最有力、最便利的剥削方式，这种剥削的通常做法有：(1)用分量轻的铜圆去换分量重的铜元；(2)发行低成色的银辅币；(3)发行低成色的银元；(4)发行纸币。除了军阀、官僚利用货币剥削大肆敛财之外，还存在商业资本的货币剥削，包括银两、划洋、私钞等。为了实现全国货币的统一，章乃器积极倡议“废两改元”，并相继发表了《旧事重提之废两改元问题》《废两改元之最后挣扎》等论文，认为应当以“废两改元”为契机，尽快统一货币，“消除人为的银与银间之界限，稳定币价，以安社会而定人心，实为当前之急务”。

1933 年 3 月 10 日，国民政府财政部发布《废两改元令》，规定所有公私款项收付、契约、票据等

一切交易一律改用银币，不得再用银两。中国币制开始废用银两，改用银元。原定以银两收付者，在上海应以银两7钱1分5厘折合银币1元的标准以银币收付。上海以外应按4月5日申汇行市，先行折合规元，再以规元7钱1分5厘折合银币1元的标准收付。持有银两者，可由中央造币厂代铸银币，或在中央、中国、交通三家银行兑换银币。

1933年发行的孙中山像壹圆银币

虽然"废两改元"不能从根本上解决中国的货币问题，但它一定程度上降低了当时中国货币铸造和流通紊乱程度，统一了中国的币制单位，从源头上消除"各自为政"的状态，为进一步统一货币奠定了基础。"废两改元"在中国货币史上虽是迈出了一小步，但对长期封建社会占据主导思想的旧中国却是迈出了一大步，占有极其重要的地位。

1933年罗斯福总统开始推行"新政"后，采取了金银复本位制度，以白银为通货准备金实行通货膨胀。美国白银政策使中国实施不足两年的银本位货币制度岌岌可危。白银外流对中国经济产生了严重威胁，经济恐慌频繁出现，国内银根紧缩，市场上人心恐慌，银行挤兑时有发生，许多银行和中小钱庄因此倒闭。1934年上海倒闭工商企业510家，1935年1—10月倒闭企业数量达到1065家，是上年全年倒闭企业总数的一倍之多。严重的经济危机迫使国民政府放弃银本位货币制度，进一步对货币制度进行改革。在英、美两国政府的支持下，国民政府开始新一轮货币制度改革。

1935年11月4日，南京国民政府以紧急法令宣布实施币制改革，规定自即日起以中央、中国、交通(1936年增加农民银行)所发行的钞票为法币；实行白银国有化。为使法币对外汇价格稳定，由中央、中国、交通三家银行无限制买卖外汇。

由于英、日、美插手中国的货币改革，导致美日矛盾加剧，英日分歧日益扩大。国民政府在这场弱肉强食的角力中，充分利用"以夷制夷"策略，取得了中国利益的最大化，成功实施法币政策，完成了全国货币的统一，从而促进了现代银行成为中国金融界业的主导，刺激了经济的全面复苏，为应对日本侵略做好了强有力的准备。

章乃器除了倡议货币统一外，还进一步提出了金融市场的统一问题。他说："金融之义，在乎流通；流通之道，首贵统一；欲其统一，则必须有中心势力之树立。有中心势力，则金融之流通，犹之血液之循环于心脏周流而不息，如百川之汇于海，不团结而团结自致。金融业之业务，为信用之授受。信用者，流通之原动力也。倘无信用之授受，则人各收藏其现金，虽有百万万数，而其效等于零。信用之授受，必须有一中心，一面可以受同业之信，而一面能授信于同业；则现金可以集中，而统一之金融市场以成。此中心势力，在欧洲及日本，则为国家银行，而在美国，则为中央准备银行。国家银行当市面弛缓，普通银行滥于放资之际，辄提高贴现率，减少资金之流出，以示警诫。而当金融紧急，普通银行资金短绌之际，辄竭力贷出资金，以缓和人心之恐慌。此贷出之资金，往往不久即仍流入于国家银行之金库，而不致损及其资力。于是一操一纵之间，使信用之制度，不致破损，而金融之流通，常能保持其常态。盖所谓国家银行者，上受政府之特许，有代理国库及发行钞票之权；故对于社会，不能不负保持金融市场之重责也。"

章乃器力推西方发达国家的国家银行制度，以求建立中国统一的现代金融市场，改变旧中国金融机构分立、组织散漫等诸多弊端，在当时具有很重要的理论意义和实践意义。

六、坚持中国货币独立，主张建立自己的货币管理体系

20 世纪 20—30 年代国际货币战的焦点是列强对中国货币控制权的争夺。日本帝国主义以“中日经济提携”为诱饵，采取种种手段诱逼南京国民政府，妄图使中国货币沦为日元集团的附庸；英帝国主义极力拉拢中国加入英镑集团；美帝国主义则要求中国货币与美元挂钩。围绕中国货币何去何从的问题，各路纷纷抛出多种改良方案，如精琦、卫斯林等人的虚金本位计划，曹汝霖的《金券条例》，徐青甫的以“虚粮本位”代替金银本位，刘执冕的“能力本位制”，阎锡山的“物产证券”方案，褚辅成的“货币革命论”等。

章乃器批评上述方案都是“救国有心，实行无术”，是不切实际的乌托邦思想。他认为，就货币言货币，中国货币必须独立：

第一，和外币联系问题。他曾经说过：假如中国加入美金集团或者英镑集团，那在外交上，恐怕要发生应付为难的问题，而就币制前途着想，也必然成为货币的殖民地化。自然，这是指我们以法令或者条约使我们的货币和别国的货币联系而言。倘使是运用汇兑政策，使将来的本位——大约是海关金单位——和别国的货币价值稳定起来，而依然没有放弃对于货币价值操纵的自主权，那是没有多大的妨碍的。比如，日本的汇价，一年来差不多是用每日金 1 圆等于 1 先令 1 便士的汇价和英镑联系；日本在事实上变成英镑集团一员，然而没有任何法令上以及条约上的束缚。

第二，海外准备金的存放问题。假如我们的海外准备金，和别国以条约关系订定存放的所在，那么，即使汇价上没有条约的束缚，而因为准备金授柄他人的结果，汇价依然变成俯仰由人。譬如，假使我们因为条约的关系，要把所有海外准备金存放在伦敦，我们的币价无论如何脱离不了英镑的支配。当此第二次世界大战一触即发之际，海外准备金的存放，总以分散为得计。尤其不可有任何条约的束缚，免致将来外交上受了牵制，有动弹不得之苦。

第三，汇兑政策操纵的机关问题。我们即使在币价及准备金的存放上，都没有束缚，而汇兑政策的操纵却要授柄他人，那结果，货币权依然不能独立。过去曾经有人主张中央银行和汇丰银行合作，维持汇价，章乃器是十分反对的。

第四，对于外人投资问题。我们并不反对外人对华投资，然而也不能盲目地无条件的欢迎外人投资。政治上的借款、用途和条件固然应该注意。经济上的投资，也要为民族企业保留发展的余地，不能使外资有喧宾夺主之势。

章乃器明确主张：“中国不能加入任何货币集团，这不但在保持货币权的独立上成为必要，在避免不需要的纠纷上也是成为必要。”值得注意的是，章乃器作为一位务实的银行家，并未止于提出中国货币独立的主张，更阐述了保持这种独立的可行方法，包括不与列强订立金融方面的不平等条约、分散海外准备金的存放、保持汇兑政策的自主、不使外资喧宾夺主等，其用心之周密为时人所不及。

但是，章乃器又指出上述主张在特定情况下还是可以变通的。他声明：“我是反对货币国际化的，我不赞成中国加入任何的国际货币集团。不过，如果货币国际化的动机，是在妥协某一帝国主义，以对付我们主要的敌人——货币改革主要的意义是在巩固国防，那是可以同意的。”显然，这里

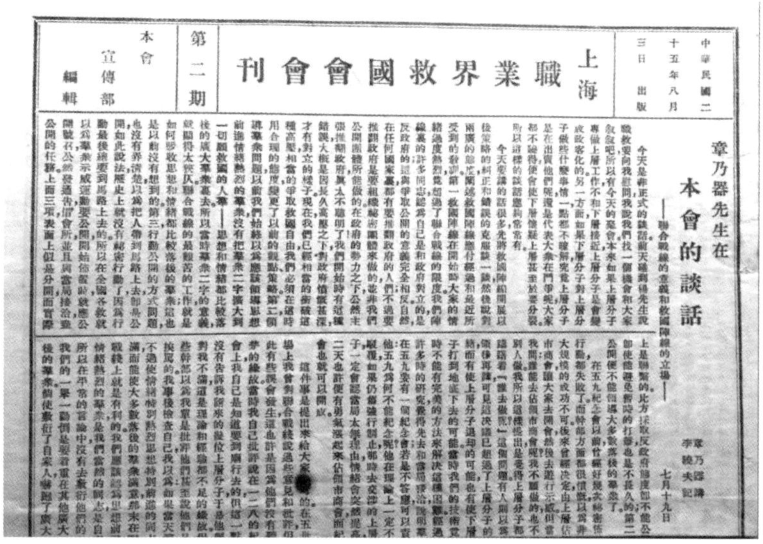

上海 職業界救國會會刊

中華民國二十五年八月三日出版

第二期

本會宣傳部編輯

章乃器先生在本會的談話

——聯合戰線的意義和救國陣綫的立場——

章乃器講 李曉夫記 七月十九日

章乃器先生在上海救国会上的谈话(1936年8月)

他充分考虑到了日本帝国主义的亡华野心，提出了建立国际反法西斯统一战线的前瞻性设想，认为经济应当服从政治。这种宏大的战略眼光，显示出章乃器作为一位政治家的优良素质。这也成为章乃器货币金融理论的一个闪光点。

在解决中国的货币金融问题上，当时的经济学家马寅初主张趁机进行货币改革，实行金本位制。但是，金本位制是一国财力增加到相当富有的程度，并且经济组织机构也发展到异常高度的时候，才有实现的可能，中国黄金有限，当时不具备这个条件。况且，自20世纪30年代初期西方各国也因经济危机，逐步放弃金本位。章乃器更注重结合国情，主张实行银本位，进行货币改革，统一币制。当美国实行白银政策后，他更主张中国货币独立，反对加入任何货币集团，具有鲜明的民族性。

章乃器坚持中国货币独立、币制统一，反对加入英、美、日货币集团，主张以海关金为单位建立自己的货币管理体系成为其独到的见解。

1949年6月15日，章乃器作为民主建国会的代表，参加了中国人民政治协商会议的筹备会议。10月1日，章乃器出席了隆重的开国大典，并被任命为政务院政务委员、财经委员会委员、全国政协常委兼财经组组长、政务院编制委员会主任。1950年4月，当选中国银行常务董事之一。1952年8月，章乃器被任命为中华人民共和国第一任粮食部部长。后又当选为第一届全国人民代表大会代表、民主建国会副主席等职。

章乃器先生的一生，一只脚迈在争取中国的民主与独立的大道上奔波，其拳拳爱国之心感召日月；另一只脚踏在祖国的大地上，在经济金融领域与帝国主义的侵略亡国作坚决斗争，其民族气节令人动容。他的一生，值得我们后人敬仰。(参考孙卫武文章，编者作篇幅、文字调整。)

抗战时期浙江地方银行总行迁丽始末

1937年7月7日卢沟桥事变后，国土遭日寇铁蹄践踏，不屈的中国人民退居后方，坚持抗战。1938年12月杭州失陷前夕，浙江省政府内迁浙南山区，浙江地方银行总行随之迁兰溪、永康，1939年迁丽水，1942年再迁云和、龙泉，督促和管理全省未沦陷地区的金融业务。这段近代金融史上的非常时期，不仅在丽水金融史上，而且在浙江省金融史上也具有重要的一页。

浙江地方银行的前身是浙江银行，创立于1909年，是浙江省官督商办的地方性银行。1912年改称中华民国浙江银行，1915年更名为浙江地方实业银行。1930年3月，官商股份划开，官股称浙江地方银行，采取总管理处制（1932年与杭州分行合并称总行），总处设在杭州。抗战时期，浙江地方银行总行于1939年4月由永康迁至丽水县城，建行址于文昌阁陈诚私宅（今丽水市图书馆附近），总经理徐恩培（吴兴人，留美经济学硕士），全行在职员工、警约200人。

丽水是浙西南山区小县，地处偏僻，商业不发达，浙江地方银行于1935年在此设立办事处，1938年改为支行，行址为继光街164号，资本由总行调拨。总行迁来后，改为管理机构，并增设机构，除将原丽水支行扩为分行外，先后在龙泉、松阳、青田、云和等县设立办事处，遂昌、缙云、景宁、宣平、庆元等县设立分理处。嗣后，还在丽水碧湖、缙云壶镇、龙泉小梅等地设立办事处，资本金均由总行调拨。至此，浙江省第七专区（即丽水地区）所属十县都建立了浙江地方银行的分支机构，全面接管省、县金库资金的收支调拨，办理存款、放款、汇兑业务，代理中央银行发行和兑付救国公债、同盟胜利公债等债券，一时业务骤增，为本区金融业空前繁荣时期。

然而由于浙南山区地处偏僻，且时受敌寇窜扰，开展金融业务受到影响，若仅靠平时常规业务，不但难图发展，即使维持开支也很困难。根据当时国民党浙江省府主席黄绍竑"兴办战时生产事业，与敌伪展开经济斗争"的口号及财政部金融会议决议，浙江地方银行总行决定直接经营生产和运销，作为该行开拓业务的重心。自1939年起，约一年时间兴办了14家企业，其中设在丽水的有：

浙江印刷厂。1940年至1942年，总行委托上海大东书局浙江印刷分厂在丽水碧湖浣溪乡沙溪村（今龙江乡沙溪村）叶家祠堂印制钞票（财政部核准印制一元券和辅币券），除一元券外，有一角、二角、五角和一分、二分、五分（分币在直形钞票）等面额辅币。该厂设立业务、工务两部，凸版、凹版、制版、烘湿、点验、整理六个组，会计、保管、材料、庶务四个课，警卫、医疗、理发三个室，全厂职工400余人，厂长姚漱梅，总行另派监印官王渭滨驻厂监督印刷情况，经检查后送总行加盖印鉴。1942年6月日寇窜犯丽水，该厂立即停产，遣返职工。

信大印刷厂。1941年浙江地方银行在丽水白云山脚自办信大印刷厂，印制有价证券及一分、二分、五分面额横版辅币。后因货币贬值及战乱等原因于1942年停业。

大成庄（贸易机构）。1940年在丽水开办。初附设于该行信托部，后由该行拨给资金十万元作为资本成为独立机构。在营运资金不敷时，可以无限额向该行透支，业务以采购邻近游击区物资为主，经营项目广泛，业务数量很大，获利丰厚。1942年年初因规定银行不得另设其他商业而停业。

另外总行在丽水开办的企业还有浙光工场，主要业务是修理汽车。1939年底设在白云山麓，后迁龙泉。浙光旅行社，总社设在丽水。自云农场，主要种植蔬菜、粮食和水果等。

随着战火蔓延，偏僻的浙南山区也难逃厄运。1941年4月22日，总经理徐恩培因躲避敌机轰炸，防空洞洞口（今万象山脚）塌陷窒息而死。后总经理一职由原副总经理唐观潮（广东香山人，留学生）继任。1942年6月，日军二十二师团八联队，从武义边境入侵丽水县太平区（今雅溪区），并于6月24日进入丽水，一度占领县城。此前，浙江地方银行总行闻讯撤退，先到云和，后至龙泉，直到抗战胜利后迁回杭州复业。

总行迁丽期间，丽水支行因业务量增大，于1939年10月扩为分行，总行撤到龙泉后，丽水分行仍留在本地，1942年丽水城遭日寇流窜而停业，旋即收复而复业，然业务冷落，市面萧条。1943年6月缩为办事处。同年又改为支行。1944年7月，日寇再度窜扰丽水而停业，不久再复业，抗战胜利后，改为分行。（参考谢晓杭文章，原载《丽水金融》1991年第3期，编者作篇幅、文字调整。）

抗战时期上海大东书局浙江印刷分厂在丽水县沙溪村印刷法币始末

1937年12月，日寇侵占上海、杭州等地，沪杭沿线一带均遭日寇攻占沦陷。当时，浙江省政府已撤到永康，部分省级机关和中央银行、中国银行、交通银行以及浙江地方银行总行也随之撤到浙南山城——丽水。

上海大东书局是承印民国政府发行货币——法币的印刷厂之一。在上海沦陷前夕，大东书局已将主要机器设备和材料搬迁到香港，后因抗战后方各省印刷法币的需要，又从香港内迁到湖南衡阳、江西赣州、四川重庆等地开办印刷分厂。上海大东书局为了承印浙江地方银行发行的法币，在1940年初，派姚漱梅、徐志道、万紫峰、张子卿、冯康甫等5人，到丽水来选择厂址筹备建立浙江印刷分厂，住宿在南星旅馆。当时丽水已成为抗战后方，人口骤增，各地商贾及公务人员密集，市场经济繁荣，但时遭敌机轰炸，后经多方联系，认定厂址应当离开城镇设在城郊，最后由碧湖商贾士绅阙大钧介绍在瓯江南岸浣溪乡（现龙江乡）士绅陈绶之（陈彤）的撮合下，共同商量决定沙溪村的叶家祠堂为厂址。这里水陆交通方便，离城12公里，距碧湖6公里，前有丽浦公路直穿南面而过，瓯江航道上达龙泉，下通温州，面山背水，环境幽雅隐蔽，村内百年古树丛生，长满竹林古樟，绿色林带覆盖全村，不进村庄看不到房屋，上下村头有渡船可以摆渡到北岸的九龙、吴圩等村，村内有五口池塘横贯南北，天旱也不干燥，其中三口坟大的池塘有两条石板桥架设中间过往行人，故名三眼塘，附近还有千亩沙圩地可以利用，实属理想的厂址。随后就在陈绶之家设立筹备处，并联系各分厂调派技术工人和机器设备材料到丽水安装生产，不久就调运到印刷机器设备有：十二匹木炭引擎1部、鲁麟机1台、凸版机二号架2台、四号脚踏架4台、轧光机1台、凹版机8台、裁纸机1台、电镀槽1个、锅炉1台、烘房1座和鹏骑牌汽油汽车1辆，除凸版机和电镀制版以及发电设备外，其余均为手工操作。

新建立的上海大东书局浙江印刷分厂，以叶家祠堂为主厂房外，并在附近的沙圩地上建造简易工房、宿舍、食堂等附属设施，全厂职工共有400多人，大部分是青年人，分为日夜两班制生产。技术工人大都是由上海和赣州分厂调派来的，职员中以宁波、绍兴人居多，练习生、粗什工、女工则从丽水、碧湖招收，其中不少是丽水的启明石印局和利用织布厂的遣散工人，建厂初期女工的月工资为10元，练习生12元。

当时工厂生产正常，职工来自四面八方，大都团结友爱，业余时间文娱活动也搞得很活跃，经常有文娱节目自编自排自演。工人万岂平还带领群众进行过罢工斗争，要求增加工资，改善生活待遇，终于将职工自理的膳食费用改由厂方供应全部伙食费用等。

上海大东书局浙江印刷分厂专为浙江地方银行总行印刷货币——法币，也还印刷印花税票。厂内机构建立两部六组四课三室，厂长姚漱梅，副厂长徐志道兼业务部主任，副厂长万紫峰兼工务部主任，设有凸版、凹版、制版、烘湿、点验、整理6个组，会计、保管、材料、庶务4个课，警卫、医疗、理发3个室，分工协作，各司其职。印刷法币的全部工序，从制版开始到最后装箱发运共有40多道工序，印刷用纸要从金华运来，纸张有统一规格，一元法币每张纸印12张，一角、二角法币每张纸印

18 张。当时浙江地方银行总行还派王谓滨驻厂监印，印刷法币的制度很严密，厂内由警卫守门，非本厂职工不得入内，厂内除各组的组长和管理员可以往来各组联系工作外，其他各组的工人不得到各车间走动，各车间均由组长看守门口，非工作时间任何人不得入内，印刷纸张由保管、点验组分发，凡在本组工序印完后，交还保管课点收无讹，才能再发下一道工序生产，上下道工序不得直接收发，各组均建立收付结存日报表，每天必须填报清楚。对各道工序印刷后的废品，全部点收交还保管课集中，等待一批法币印好后，再由浙江地方银行总行派驻的监印核对无误后才能销毁。印刷法币的第一道工序是凸版印刷，最后—道工序是加印号码和行章，签字用黑色油墨加印，全部印刷完毕后才能装箱发运到丽水。

从 1940 年上半年开始，大东书局浙江印刷分厂为浙江地方银行总行印刷货币——法币，现据有关资料统计奉准发行共计 2221.5 万元，其中民国 28 年版一元券 750 万元，民国 25 年版一角、二角、五角券 1359 万元，一分、二分、五分券(直式)112.5 万元。此外，浙江地方银行总行还在丽水城外白云山脚自办的信大印刷厂，印刷一分、二分、五分券(横式)195.5 万元。这些小面额法币对缓解市场找零的困难，发挥了一定的作用，改变当时市场找零中以火柴、邮票等替代品代替的局面。

1941 年 12 月 7 日，日军偷袭珍珠港，美国对日本宣战以后，日寇加紧对中国内地的侵略窜扰活动。1942 年 6 月，日寇从武义边境的乌门岭入侵丽水县的太平区(现雅溪区)，经过洪渡、双溪、小安、太平，在 6 月 24 日侵占丽水县城。在此之前日本飞机经常出没在丽水县城上空，投下照明弹和炸弹，进行狂轰滥炸，致使城内居民纷纷逃避到山里农村。上海大东书局浙江印刷分厂已在 6 月 16 日将机器、设备等用木船乘瓯江水路撤到龙泉县梧桐口临江村，部分职工也随厂撤退，尚有部分女工、粗杂工不愿去龙泉的，当即发给每人稻谷五十斤左右的钱作为遣散费，从此再也没有恢复生产。

在撤到龙泉机器、设备、材料中，尚有一批代印的中国农民银行的 500 元大面额法币，本当在龙泉印上号码后发行，经厂长姚漱梅与龙泉县政府协商遭到拒绝，后来决定再用汽车运回沙溪村厂内，并派 20 多名职工带着几台机器乘水路回沙溪，准备加印号码后运到龙泉，不料汽车刚抵沙溪村公路边，日寇已向沙溪进犯，只得将这批未印号码的中国农民银行 500 元面额法币再运回龙泉，后由厂长姚漱梅撤退带到江西赣州分厂。而从水路将几台机器运回沙溪的 20 多名职工得知日寇已向沙溪开来，只得将几台机器带到高山沆躲避日寇，等待 50 多天，日寇撤出丽水县城后，就地遣散，各自谋生，工厂财产损失殆尽。至此，不到 3 年的时间，上海大东书局浙江印刷分厂宣告结束。(参考夏应铎文章，原载《丽水金融》1993 年第 1 期，编者作篇幅、文字调整。)

青田华侨与钱庄

20 世纪 20 年代，青田出国人员骤增，于是就有华侨在上海、温州等地开设一批早期钱庄。这些钱庄为出国者不仅仅提供小额贷款服务，还为出国者包办出国护照、提供住宿和代购船票等。如上海信达利钱庄、普达利钱庄，温州益达利钱庄、上海吴同春钱庄等。

1.信达利钱庄

在上海开设信达利钱庄的老板吴卓如，是青田仁庄镇雅林村人，吴家是当时的名门望族。当年，青田信达利钱庄的地址在“青田城内天主堂一号”，就是现在实验小学对面教堂附近的位置。

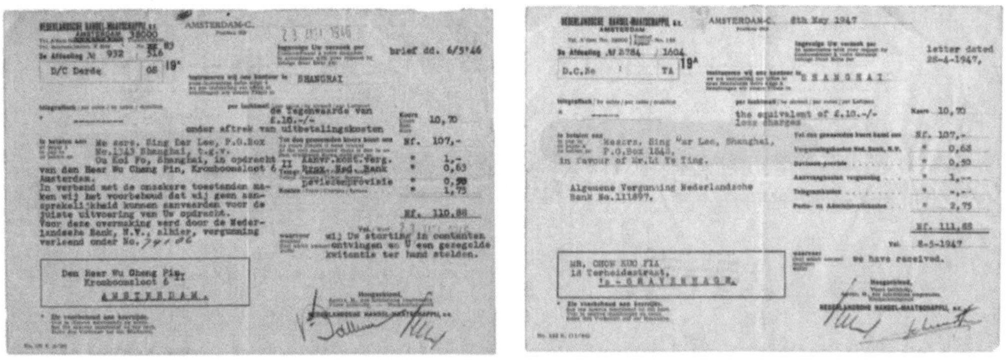

荷兰银行与信达利钱庄汇款往来单据

2.普达利钱庄

普达利钱庄的老板傅醉仙，是青田山口镇小平坑村人，旅美老侨，在美国赚了很多钱之后回到国内，在上海的法租界内开设钱庄，是青田华侨喜欢的去处。小平坑傅姓来自闽西的客家移民，在青田老侨中占有非常重要的地位，其后代枝叶茂盛，发展良好，遍布海内外，比如欧洲华商会会长傅旭敏等。

3.益达利钱庄。益达利钱庄最早开设在温州，老板高升卿，是青田汤垟乡山炮村人。曾任美国青田同乡会会长的高泉布也是山炮村人。山炮高姓在意大利经商历史悠久，经过近百年的发展，已成为青田人旅居意大利最重要的家族之一。

4.吴同春钱庄。吴同春这个名字是“吾同村”的谐音，这个钱庄的老板是吴乾奎，青田方山乡龙现村人。龙现村家家户户都是华侨，被评为世界联合国村。吴乾奎去美国前，钱庄主要经营日元汇兑生意，去美国之后钱庄就成了经营石货去美国和汇款回流的大本营。

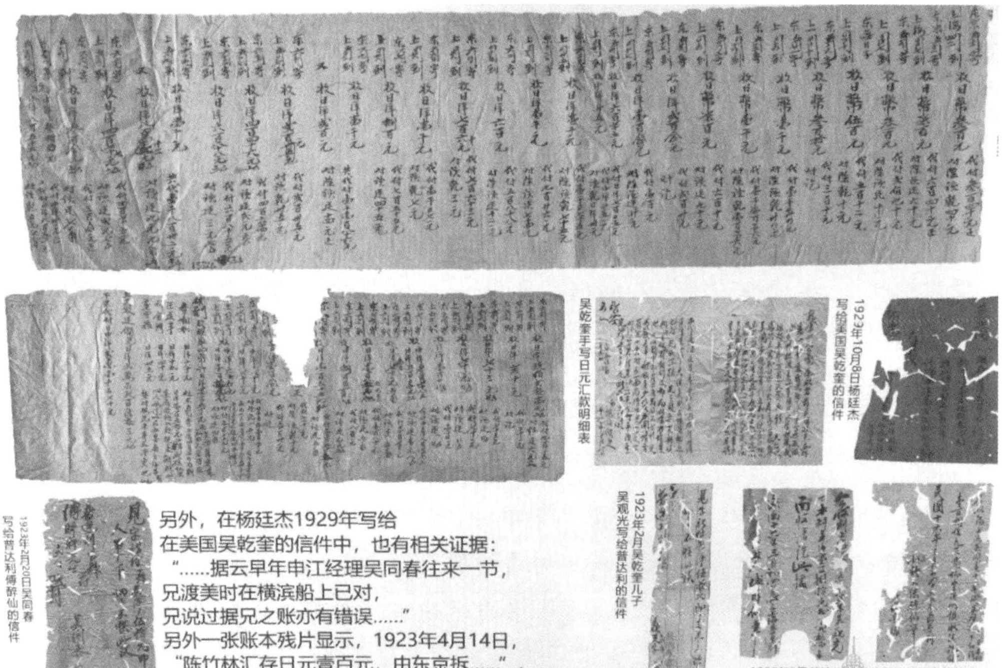

吴同春钱庄留存部分资料

在金融高度发达的今天，青田华侨们回想以前的钱庄，回想早年在国外当小贩也罢、码头卖苦力也罢，最终化成了一张张汇票，通过钱庄，寄回山口、方山、阜山、油竹，甚至是最偏远的山炮……这些钱，最终变成了餐桌上的食物，变成了老人脸上的笑容，变成了村里新落成的房屋……

（丽水市金融服务中心提供）

英勇保卫国家财产的农村金融卫士刘玲英纪事

1994 年 2 月 2 日，一个雨后初晴的日子。在浙西南丽水山区的小城云和镇，数以千计的山农不约而同地拥向农业银行云和县支行的门口，迎接从省城康复归来的女英雄刘玲英。从四乡近里闻讯赶来的人实在是太多了，公安部门不得不派出 10 多名干警来维持秩序。当身材瘦小、眼蒙纱布的刘玲英被扶下汽车时，人群中掌声雷动。70 多岁的三潭村老人陈章树噙着热泪连声说：“我天天祈祷她活着回来，我知道像她这样的好人死不了！”

一

1993 年 12 月 22 日上午，31 岁的云和县云和镇信用社局村分社内勤刘玲英从农行县支行调换破币后回社，开始和往常一样清理账目。

9 点多钟，局村分社负责人林卫海与刘玲英办完交接手续后，外出收贷了。营业室只剩下刘玲英一个人。这一切，都被对面山头竹林中的一双邪恶之眼看到了。

约 11 点，在对面山头窥视多时的邻村无业青年符永伟，突然闯进了营业室内。这个曾因盗窃罪被判刑 6 年的刑满释放分子，手持尖刀，扑上前威逼刘玲英：“快交出保险箱钥匙！”一场正义与邪恶的搏斗开始了。

在这危急时刻，刘玲英置自己的生命安危于不顾。她飞快地锁上了办公桌抽屉的锁直面歹徒喊道：“告诉你，没有就是没有！”穷凶极恶的歹徒猛地挟住刘玲英瘦小的身体，左手卡住她的喉咙，右手操着尖刀，将刘玲英朝营业室后门拖去，边拖边威胁：“快把保险箱钥匙交出来，不然就杀掉你！”此时，刘玲英想到金库保险箱里还有 5000 多元现金和大量票据，无论如何不能被歹徒抢走，就拼命反抗。歹徒见威吓不成，边拖边用尖刀捅刘玲英的头部，鲜血从她的头上淌了下来。歹徒又一次逼着刘玲英交出保险箱钥匙，刘玲英毫不畏惧地挣扎道：“告诉你没有，就没有！”歹徒把刘玲英拖到营业室后门的屋檐下，把刘玲英按倒在地上，继续威逼刘玲英：“快交出保险箱钥匙，要不就割你的耳朵！”刘玲英强忍着窒息的难受，再次坚强地回答：“告诉你，没有，就没有！”歹徒恶狠狠地一刀割穿刘玲英的右耳，鲜血从右耳滴下来……红了眼的歹徒手持尖刀再次威逼刘玲英：“再不交出保险箱钥匙，就刺瞎你眼睛，叫你终生不见光明。”眼睛，对于一个人来说，的确是太重要了，她是心灵的窗户，失去了它，就意味着失去了光明，长着一对秀丽的杏眼的刘玲英又何尝不知道珍惜！然而，刘玲英更想到的是，国家财产死也不能从自己手中被歹徒抢走！她强忍刺心的痛，用微弱而艰难的声音回答：“没有！”歹徒看威逼不成，竟残忍地用尖刀刺穿刘玲英的右眼。刘玲英顿时感到眼前一阵漆黑，痛得昏了过去。可恶的歹徒怕刘玲英不死，又在她头上、身上乱刺数刀。刹时，刘玲英变成了血人。歹徒以为刘玲英已死，慌忙抓起门边的一把斧头，往营业室里冲，砸柜台的锁。响声惊醒了刘玲英，她竭尽全力喊："抓……坏……人……"听到喊声，丧心病狂的歹徒转身举起斧头，砸向刘玲英的头部。顿时，刘玲英再次昏死在血泊中……

慌不择路的歹徒窜到营业室办公桌前，用斧头劈开抽屉锁，抢去500多元现金，仓皇逃离现场。

二

案发后半个多小时，被过路群众抢送到云和县人民医院的刘玲英，生命垂危。她手脚冰凉，血压测不出来，血液输不进去，已经不省人事。医生们立即将她送入手术室。医院外科主任陈卫东小心翼翼地检查刘玲英的伤口时，眼前的一切使他震惊：在刘玲英只有1.5米的瘦小身躯上，竟然被歹徒凶残地刺杀了31刀。当细心的护士从刘玲英贴胸的内衣夹层里发现被鲜血染红了的库房和保险箱钥匙时，在场的10多名医护人员止不住落了泪。

由于刘玲英伤势十分严重，当天又被转送到丽水地区医院抢救。在护送途中，昏迷了5个多小时的刘玲英苏醒过来了，她的头一句话就是："我要回去上班，账还没有轧好。"随后又昏了过去。昏迷中，刘玲英又断断续续地喊着："没有！就没有！"经过丽水地区医院的全力抢救，刘玲英在当天深夜再次苏醒，她开口说的还是那句话："我要回去上班，账还没有轧好。"

天网恢恢，疏而不漏。1994年1月21日，南京市韶山路派出所将正在非法倒卖车票的罪犯符永伟抓获。

三

刘玲英英勇保卫国家财产的英雄事迹在云和县和丽水地区传开后，人们含着热泪颂扬这名当代刘胡兰。在农行丽水地区中心支行，行长陈志明感慨地说："刘玲英作为农行系统的普通工作人员，在生与死的关键时刻，能够用生命来捍卫国家财产，实在太不平凡啊！"

刘玲英是1980年被招进信用社的。她的爱人在县政府上班，自己一直在偏僻的山乡信用社工作，却从未向组织上提出过调县城工作的要求。儿子潘丹飞从2岁开始就离开妈妈，平时都由爸爸端屎把尿，刘玲英回家时小丹飞好几次认不出妈来。姐妹们看了不忍心，劝刘玲英早点通过关系调回来算了，可刘玲英总是淡淡一笑："工作习惯了。"

刘玲英把对农村金融事业的爱全部倾注到平时的工作中。在她工作过的大际、大源和局村等信用社，周围的山农谈起刘玲英，都说是个"热心肠""性子耐得很"。1993年她做完1.34万笔会计业务，收付600万元现金，没有出现一分差错。刘玲英在乡下的亲戚很多，听说她在信用社工作，不少人找上门来要求她在贷款上"疏通一下"，可她严格按规章制度办事，从不给亲戚朋友办什么"人情款"。

刘玲英的心是和山区群众连在一起的。丽水山区经济较落后，有的山农度日艰难，就向刘玲英反映困难，要求给予照顾，可按政策不能给予贷款，刘玲英就从自己平时的积蓄中借钱给他们。如今还有1800多元未归还。一次，一位年近80岁的老汉路过局村信用社的公路边时突然昏倒，刘玲英马上招呼旁人一起把老汉抬进门，自己掏钱买药给老人吃，老人被救过来后，逢人便说："我的命是刘玲英给的！"

刘玲英昔日漂亮白皙的脸庞上如今刀疤累累。对于这一切，刘玲英也曾有过自卑，但她不久就振作起来了，她说："现在只恨自己力气太小了，当时力气大点，就一定打败那个抢劫犯！"

1994年4月11日，中共浙江省委在人民大会堂隆重召开"向刘玲英同志学习大会"，省级机关各部、委、办、厅、局负责人和1500余名干部、群众参加会议，李泽民、刘枫、柴松岳、卢展工、梁平波、王启东、孙家贤等在杭的省领导和老同志铁瑛出席了大会，省委书记李泽民代表中共浙江省委授予刘玲英"敬业奉献，无私无畏"的匾额，省电视台、省电台全都现场直播，各地市电视台、电台同时转播。5月4日根据省委意见，由省委宣传部组织的刘玲英英雄事迹报告团去全省各地还有广州汕头作巡回报告，其他没有安排的县（市）前后邀请作报告，所到之处无不受到各界群众和青少年学生的热烈欢迎！全省大、中、小多所学校和企业单位邀请作报告、与学生对话。全省以及全国青少年和群众纷纷给她和各级新闻媒体来信，仅《浙江日报》上半年就收到1000多封……

在此后的时间里，国务院、全国总工会、全国妇联、团中央，省、市、县委与政府及相关部门，各级农业银行分别授予刘玲英"先进工作者""劳动模范""三八红旗手""十大杰出青年""农村金融卫士""中国共产党第十五次全国代表大会代表"等光荣称号。（农行丽水分行提供）

中国工商银行丽水地区分行深化改革纪实

20世纪90年代中后期，对于中国工商银行丽水地区分行（下面简称分行）而言，是极不平凡的一个时期。因多重因素制约，分行发展陷入利润低、潜亏高、资金严重超负荷经营的不利局面。是时，分行认识到，全行发展和资源分配要以效益优先这个理念为根本，只要大胆探索和敢于实践，山区行才能迎来大发展。随后，分行率先在全系统内实施了集约化经营的大改革。其间，分行坚持一张蓝图绘到底，一年接着一年干，着力在内部组织机构、内控监督机构和地县经营管理一体化等进行持续的变革完善。至2002年，分行实现了脱胎换骨的大蜕变：经营网点减幅五成以上，每年节省费用245万元；经营效益有了明显好转，当年上半年实现实际利润2754万元，创造建行以来的最高水平；业务拓展稳定向前，人均存款达到630万元，比1994年提高5.2倍，网点平均存款达到14610万元，比1994年扩大了13倍。资产质量和贷款收息率，在全省10个二级分行中排名首位。由此，分行迎来了崭新的发展面貌。

一、经营管理遇困，深化改革势在必行

丽水地区地处浙江省西南部，九山半水半分田，生态环境优越。然而，一直以来，因地形地貌、交通区位、资源禀赋等因素所限，导致经济基础薄弱，在浙江省属于经济欠发达地区，90年代，丽水被人们称为"浙江的西藏"。

1994年，丽水地区国内生产总值78.6亿元，人均仅有3244元。经济决定金融，经济发展欠发达，导致全地区金融业发展总量小、质量差、效益低，银行经营转轨的包袱积重难卸。

当年的丽水分行是工行浙江省分行的一大"包袱"：1994年末，账面利润仅0.27万元，人均利润只有2元，而潜亏达3999万元；"两呆"贷款率达13.6%；应收利息比例高达64.4%，资金拆入比例28%，资金严重超负荷经营，在全省工行系统地市行经营管理综合考核排名中，倒数第一。

面对发展中遇到的困境，分行上下事不避难、志不求易，以前所未有的力度全面深化人员机构、职能整合、信贷集约经营和财务管理改革，以期改变不利局面，迅速有效地提高经营管理效益。

二、对标精准发力，多管齐下祛苛除弊

1995年初，地区分行领导班子作了调整，新班子上任后，马不停蹄地深入各县市支行开展细致的调研，全面探寻致困症结和同业竞争策略。在掌握大量第一手资料后，新班子立足山区行业务经营和地区经济发展水平实际，提出了“资源重组、提高质量、减员增效、内涵发展”的全方位集约化经营路子，力求实现全分行的跨越式发展。

为此，1995年，分行率先进行了营业网点“扶一批、上一批、缩一批”改革。1996年，分行实施“到一批、升一批、缩一批”的改革措施。1997年，分行又着力探索“一大、一名、一线”的改革新措施。三年下来，网点营业数量显著下降，而经营效益却在逐年好转。

1998年，分行开始轰轰烈烈地启动了“减员增效、质量增效”为主要特征的改革工程。一方面实行“三定”（定编、定岗、定员），“三转”（人员向丽水市区转移、向业务一线转移、向营销领域转移），另一方面鼓励调出、借调、自谋生路或者内部下岗待业等办法，多渠道分流人员、减员增效。仅1998年上半年就分流减员84人。

同时，在丽水市区实行“四统一”“四合并”减少管理层次。即在丽水市区实行“统一账户、统一押运、统一稽核、统一库房”，同时合并地分行本级、营业部、直属单位和丽水市支行的人事、教育等部门，集中到地分行办公，实行行政统一管理。

1999年，分行继续实施减员分流为主的人事制度改革，在省分行和兄弟市分行的大力支持和协助下，全年共减员分流39人。同时，合理调整地分行内设机构，规范设立了各支行的内设机构。

2000年，分行开始实施了“一撤二并三整合”的支行重组改革。当时庆元县经济发展落后，严重制约分行发展，当年庆元支行战略撤销，减轻了500万元左右的亏损压力。对经济欠发达且经营环境欠佳的西部龙泉、云和、景宁、遂昌、松阳等5个县（市）营业网点，实施了跨区域大调整。此外，通过“三定”政策和提前内退、自谋职业等方式，精简正式工50人。

在对人员、机构、职能进行全面整合优化的同时，分行也在加快信贷集约经营和财务管理上下功夫，努力实现降本增效的目标。

自1995年开始，分行实行信贷资金向有市场、有效益、信用好的重点骨干企业、金温铁路沿线经济热点和基础设施建设倾斜。通过优化配置，提高信贷资金使用效益，彻底解决了超负荷经营，资金自给率达100%。

1996年，分行组织开展增收节支活动，积极清收应收利息，压缩内部资金占用。同时，对经济效益好的支行实行以收定支，控制费用率；对效益一般的支行控制人均费用；对虚盈实亏的支行实行报账制，并规定费用与存款、清息、利润指标完成好坏挂钩。

同一时期，分行大力组织存款，开拓中间业务，壮大资金实力。在实现全省、全地区对公、储蓄、牡丹卡业务的通存通兑和大联网的基础上，大力开展中间业务。1996年底，分行与785个单位签订了协议书，中间业务户达118865户，中间业务量达68315万元。

三、效益显著提升，发展活力全面迸发

从1994年开始的网点集约经营改革，三年迈出了三大步。1997年，县支行内设机构由原来的105个减少到38个，减幅63.8%；地区分行本级内设机构从原来的16个减少到11个，减幅31.3%；

营业机构由原来的90个减少到41个，减幅54.4%。如按照每个网点机构年均支出5万元计算，每年节省费用245万元。

经营效益明显好转。2002年上半年，分行实现实际利润2754万元，完成年度计划的119%，创造建行以来的最好水平，从根本上摆脱了当时近几年来连年虚盈实亏或实际亏损的财务困境。

业务拓展稳中有升。人均存款达到630万元，比1994年提高5.2倍，比1997年提高1.9倍，比2000年提高52%。网均存款成倍扩大，6月末，平均每个营业网点存款达到14610万元，比1994年扩大13倍，比1997年扩大2.4倍，比2000年扩大94.5%。

资产质量显著提高。6月末，三项不良贷款率1.47%，比1997年的32.8%下降了31.3个百分点；五级分类不良率3.11%，资产质量在全省10个二级分行中排名从1997年的末位跃升到第一。贷款收息率99.5%，在全省10个二级分行中排名首位。

对外影响不断扩大。1996年，分行本级党总支被中共浙江省委命名为“优秀基层党组织”，又被评为省级文明单位。2002年上半年，在全省10家二级分行经营绩效考评中，分行得分1061分，由改革前的全省末位跃升至第五位，经营绩效等级从一季度的A⁻提升到A，比一季度前进2个级次，比上年同期提升4个级次，创造了1993年全省推行行长经营目标考核以来的最好水平。（工行丽水分行提供）

龙泉银行业林权贷款之路

龙泉市是浙江省最大的林区县（市）、全国南方重点林区县（市）之一，素有“浙南林海”之称。全市土地总面积456万亩。森林蓄积量1786万立方米、林木种质资源居全省首位；林业用地面积398.5万亩、毛竹林面积55万亩、森林覆盖率84.2%，均居全省第二。全市28.86万人口，农民占24万，农民人均耕地面积1.1亩，而林地面积达16.6亩，是耕地面积的15倍。林业人均收入占农村人均居民可支配收入的61%，九山半水半分田，山多地少，林业资源成为了龙泉重要的生产要素和农村居民的主要经济基础。广大农民靠山吃山，对林业依赖性较强。

自2007年丽水市开展林权抵押贷款以来，农信社、邮政银行、农业银行、农发行、泰隆银行、村镇银行、丽水稠州银行等7家金融机构开展林权抵押贷款业务，推出了林农小额循环、林权直接抵押、流转证抵押、林权联保、担保合作社担保、专业担保公司担保等多种贷款方式。而龙泉市林权抵押贷款在浙江省贷款额最多，受益农户最广。

2009年4月28日至29日，全国金融支持集体林权制度改革和林业发展现场会在龙泉市召开，时任中国人民副行长刘士余等国家五部委的领导出席会议，2013年11月24日至11月25日，全国政协经济委员会“林权流转和林业金融”专题考察座谈会在龙泉市召开。

截至2015年7月，龙泉市累计发放林权抵押贷款3.61万笔23.85亿元，占全省的15%，占丽水市的20%。贷款余额7996笔6.97亿元，其中：小额循环贷款余额7734笔6.1222亿元，占贷款余额87.4%；林权直接抵押贷款余额44笔6656万元，占贷款余额9.5%。林地经营权流转证抵押贷款累计发放173笔5557万元，余额165笔3934万元，占贷款余额5.6%。由此，龙泉市61%的林农享受到了林权抵押贷款带来的实惠，户均贷款达4万元，有力地支持了林业产业，实现林业一、二、三产业全覆盖。

龙泉市银行业在推行林权贷款之路上，敢于创新，有效破解了农贷难题，主要表现在以下几个方面：

一、全国率先试行林地经营权流转证制度。2013年，龙泉市创造性地试行了林地经营权流转证制度，在全国率先出台并实施《林地经营权流转证管理办法(试行)》，2014年又在探索实践基础上，进行了修订完善。该制度确认林地经营权，将林地承包权和经营权分离，形成经营权流转的格局，解决了林权流转受让方的权证办理问题，有效破解了林地流转全国性难题，获得国务院、全国政协、国家林业局、省、丽水市等党委政府主要领导的批示肯定，国家林业局向中央政研室、中农办及各省发文推广。该制度被写入政协全国委员会向中央中央、国务院办公厅呈送的报告，其核心内容："承包权、经营权分离，引导土地经营权有序流转"，被中办发《关于引导农村土地经营权有序流转发展农业适度规模经营的意见》采用。截至2014年7月，全市已累计发放流转证214本，面积4万亩，占丽水全市办证面积的51%。2015年新增73本面积0.5万亩，累计抵押贷款173笔5557万元，成为全国试行最早，发证面积、抵押贷款最多的县(市)。

二、全国率先建成《林业信息集成(一本图)系统》。使14个林业管理系统，80项管理服务内容在一本图中都能得到查询，解决了山是谁的、山在哪里、山上有啥、值多少钱的问题，是一本政府服务的"参谋图"、生态安全的"保障图"、群众致富的"贴心图"、干部工作的"保护图"。2014年9月3日，时任省长李强在市林权管理服务中心调研时，观看"林业一本图"演示后，连声称赞："只有产权清晰，才能流转抵押，这个做法值得借鉴，要在全省推广。"

三、全国率先探索村级担保合作社试点。2014年3月26日，由上垟镇花桥村42名村民和村委共同出资60万元组建的花桥村惠农担保合作社正式成立，这是全国首个村级担保合作社，为林农生产经营提供融资服务，不但降低了农户融资成本，简化了信贷手续，还有效破解了林农与金融机构信息不对称、林权抵押贷款处置变现难等瓶颈。具有三大好处：一是方便林农，只要合作社提供担保就可贷到款，信用社确认其担保行为，就可放贷；二是融资实惠，信用社给予贷款利率不超过基准利率20%的优惠，月息只要5.1厘，林农融资成本就减少3—4厘；三是充分体现了村民自治，担保合作社自行组织信贷调查、资产评估和不良贷款处置变现。该社已为82户林农解决生产经营资金1231万元。同时相继建立了9个村级担保合作社，累计反担保贷款383笔金额5491.5万元。2014年4月20日人民日报《浙江龙泉探索在农户和金融机构之间建流转平台——有担保合作社贷款"不卡脖"》、4月29日浙江日报《龙泉破解农贷难题》及新华网进行了报道。

四、全国率先创新林地信托试点。2014年7月22日，住龙镇人民政府代表所辖水塔村与万向信托有限公司签下公益林收益权信托计划合同——"万向信托—绿色摇篮1号"，在农户自愿前提下，水塔村112户的38516.4亩公益林参与信托设立，这意味着全国首单林地信托正式花落龙泉，标志着全国首单以林地为标的的信托项目正式运营。2014年4月23日，以信托受益权出资的水塔村利民担保合作社成立，并发放全国首批公益林信托受益权担保贷款3笔11万元。当年，该村贷款已发放贷款100多万元，使生态资源变身金融资产，并实现凭证化、证券化，林农可通过信托收益权凭证交易提前变现，也可质押融资，破解了公益林不能抵押流转等问题。2014年7月23日浙江日报《生态资源变身金融资产——浙江首单林地信托花落龙泉》、7月29日每日经济新闻《公益林地信托破冰 商业林模式待探索》以及新浪、搜狐、网易等进行了报道。

2015年龙泉市实现农业总产值21.2亿元，同比增长3.3%，农村居民人均可支配收入达到15960

元，同比增长 10.4%，低收入农户家庭人均收入从 2013 年 5881 元增加至 8446 元。其中林农收入逐年增加，农民人均林业纯收入从 2005 年的 1815 元增加到 7213 元，十年翻两番。据测算，全市 227 万亩商品林以林权抵押方式可获得贷款近 33 亿元，信托可让 171.5 万亩公益林资源变身为 15.7 亿元金融资本，林农可选择贷款变现、流转变现，还可依托森林旅游、生态休闲产业，发展生态经济，“活树”变“活钱”，“叶子”变“票子”，“青山”变“金山”显然已成为不争的事实。（龙泉农商银行提供）

青田县首创全国村级外币代兑点和个人外汇贷款业务

青田农商银行立足侨乡特色，深耕侨乡文化，打好“侨牌”，不断创新华侨服务举措，逐步打响“扎根青田、服务世界”金融服务侨乡品牌，赢得众多侨胞点赞和信任。

青田华侨居国外，已有 300 余年历史。早在 17 世纪，就有青田人为梦想远赴重洋、闯荡异乡。初期，携带青田石雕经西伯利亚问道欧洲或由上海度洋出国。以贩卖青田石雕起步，由行商小贩发展为经营餐馆、皮革、服装、百货等业，部分进入科学文化界，少数跻身政界。改革开放以来，青田华侨顺应时代浪潮，率先奔跑在“一带一路”上。至 2015 年，青田华侨达到 25 万余人，分布在 120 多个国家和地区，是中国人均储蓄最高、浙江省外汇储量最大的县之一，华侨国际年贸易额在 100 亿美元以上，全县侨资企业超 100 家。

青田侨乡主要分布在东南部的青田石产地及周围地区。重点侨乡为鹤城镇（县城）、山口镇、方山乡、温溪镇、阜山乡、仁庄镇、章旦乡、船寮镇等。2014 年底之前，青田农商银行还叫作信用社。这些乡镇的信用社历年来发放的贷款，50%以上用于华侨出国创业。许多出国创业的青田人，最早的出国路费除了亲友凑借少部分外，大部分的资金来源是信用社的贷款。近年来，随着青田县实施“华侨要素回流工程”，部分有一定经济实力的华侨响应家乡号召，毅然回国投资发展。

一、外汇业务起步

青田农商银行着眼于农村侨汇服务的欠缺，于 2010 年起，陆续开办了外汇储蓄、结售汇等外汇业务，上线了 SWIFT 系统，建立了境外欧元的账户行，开通了自有的汇款线路，将外汇服务延伸到所有农村网点，让“家门口的外汇银行”成为青田农商银行对外宣传的响亮口号，让农民朋友不出镇、不出乡，甚至不出村就能办理外汇业务。

二、全国首创村级外币代兑点，解决农村地区个人小额外币代兑难

2012 年 9 月，青田农商银行在该县方山乡龙现村创办了全国第一个村级外币代兑点。

方山乡龙现村乃青田华侨的“发祥地”之一，当时全村有近千位村民及亲属在 50 多个国家（地区）创业经商，每年有 600 多万美元的外汇通过汇款或现钞携入等方式流到侨眷、侨属手上，外汇资源丰富。青田农信联社以丽水农村金融改革试点为契机，在省农信联社和地方外汇局的指导下，开展外汇业务“下乡进村”试点工作，让村民在家门口办理外币兑换成为现实。主要做法有：

1.先行先试后推广，填补农村外币业务空白。

龙现村远离青田县城，距离最近的外币兑换点有 20 多公里，村民办理小额外币兑换业务极其

不方便且兑换成本高。青田农信联社拥有遍布城乡的35个营业网点，是当地覆盖面最广的金融机构，具有开展该项业务的物理基础和优势。联社通过组织人员对小额外币兑换业务的市场需求、风险控制等进行调研分析，选定侨眷侨属集聚地龙现村为首个村级外币代兑点，确定经济实力强且信誉较好的田鱼合作社作为代兑点代理合作企业，使村民足不出村就能进行小额外币兑换业务。兑换点的设立减少了村民往返乡镇或县城银行网点的时间成本和交通费用，也为切实解决华侨、侨眷、侨属集聚农村地区外币兑换难问题提供了新思路、新方法，有利于推进个人外币兑换业务“下乡进村”活动的开展，并为探索具有丽水特色的农村金融改革路子、打造全国农村金融生态先行区和示范区助力。

2.完善农村金融基础建设，让金融惠民政策落地。

首个村级外币代兑点经营场所设立在龙现村便民服务中心，并配备了外币验钞机、保险箱等硬件设备，有效解决了外币保管、鉴别真伪等问题。同时联社定期组织代兑点工作人员进行个人外币兑换业务相关政策及外币防假币等业务知识培训，切实提高经办人员外币保管、鉴别真伪的水平。并将外币兑换业务纳入便民服务工作范畴，扩大金融服务的辐射范围，形成集银行卡助农小额取款服务、人民币鉴别真伪辅导业务、申请农户信用等级评定、小额外币兑换等金融服务业务为一体的“农信便民窗口”平台，进一步优化农村金融服务环境，完善农村金融体系。此外，青田农信联社根据外币代兑机构业务状况核定库存限额，降低现金保管风险。根据龙现村村民实际情况制定合理的单笔兑换限额，遏制外汇黑市资金流入套利及规避结汇年度限额管理，让村民切实享受到便利和优惠，使小额外币代兑业务落到实处。

截至2015年末，青田农商行相继在章旦、小奕、赤岩、贵岙等4个华侨比较集中的村设立了外币代兑换点，累计办理小额外币兑换业务43000笔，金额7026万美元。

三、全国首创个人外汇贷款业务，支持青田华侨海外创业

2013年11月，青田农信联社办理了全国第一笔个人外汇贷款业务。

个人外汇贷款是指以外汇形式向符合条件的青田辖内自然人发放的用于其本人或家庭成员在境外经营或消费等境外经常项目支出用途的贷款，包括旅游支付、留学费用、劳务费用、境外亲属捐赠、境外购物及其他小额经常性支付等。

2012年，青田县对私汇出金额25127万美元，其用途多为支持海外亲属创业，个人海外创业外汇贷款需求旺盛。据统计，青田县农村信用社三年中支持出国人员的贷款近1.5亿元。目前支持出国人员创业贷款余额约有6000万元人民币，其中主要是支持海外华侨创业贷款资金。

个人外汇贷款优势体现在以下几个方面：一是手续较为简便。过去在国内贷款、到国外创业，只能贷人民币，然后再通过购汇，兑换成欧元汇出国，还贷的时候，又要先把欧元兑换成人民币，再还到银行，中间涉及两次本外币置换，手续繁琐，耗时较长。而以个人外币贷款的形式发放可直接一步到位，避免了两次本外币置换，提高了金融服务的效率。二是资金成本少。人民币贷款利率一般是基准上浮30%至50%，而外汇贷款利率已考虑到利率的上浮，且外汇贷款少了两次汇兑损失。三是可规避汇率风险。在实际操作中，客户还可以根据汇率变化灵活选择采用人民币购汇还贷或是直接还贷，双向的选择权可以保证借款人最大限度地规避汇率风险，真正地体现金融支持实体经济发展，外汇管理支持地方涉外经济发展，农村金融体制综合改革支持农民创业的功能。

个人外汇贷款是青田农信联社在方山乡龙现村设立全国首个村级小额外币代兑点后，又一重大外汇管理创新之举，填补了全国经营类个人外汇贷款领域的空白，受到了华侨客户的一致好评，并获评浙江农信系统第三届产品与服务创新奖三等奖。截至2015年8月底，共发放了个人外汇贷款138笔，总计1725.67万美元。

（青田农商银行提供）

云和县首创国内首例生态公益林未来补偿收益质押贷款

云和共有生态公益林79.9万亩，占全县林业用地总面积的63.9%，一直以来，云和县都想盘活这一巨大的“沉睡资产”。2015年，云和县开展了“生态公益林未来补偿收益质押贷款”试点工作，这是该县深化农村金融改革和推进集体林权制度改革的一项创新工作，也是农村林权抵押贷款业务的升级版，更是深入贯彻落实“绿水青山就是金山银山”重要论断的具体实践，这一项创新之举有效拓宽了农村抵押物范围，破解了农户融资难问题。

一、基本情况

（一）背景条件。根据国家林业局《森林资源资产抵押登记办法（试行）》规定，作为抵押物的森林资源资产只包括用材林、经济林、薪炭林等商品林，而公益林则被排除在可以被抵押资产之外。公益林面积占据林地面积的大多数，仅云和就占林地面积的63.9%，如何将这块“沉睡的资产”唤醒并变现？2015年，云和县林业局、云和县农村信用合作联社等部门做了大量前期工作之后，5月，云和县政府召开由林业、金融、财政等部门参加的联席会议，一致认为以公益林未来补偿收益作为质押进行融资是拓宽农户融资渠道、盘活公益林资产、实现生态与发展双赢的新途径。之后，云和县林业局、云和县农村信用合作联社深入乡镇（街道）进行调查摸底，筛选确定梓坊村作为质押基金试点村。

（二）发展进程。云和县农村信用合作联社作为该县唯一一家参与合作的金融机构，在前期开展的梓枋村试点工作中，积极发扬浙江农信“关爱、担当、合作、成长”的普惠金融精神，细化与村两委和相关部门对接沟通，挨家挨户进行走访。

6月17日，云和县生态公益林未来补偿收益质押贷款启动仪式举行，试点村与云和县农村信用合作联社在仪式上签订整村授信协议，试点工作正式开始。这是国内首例生态公益林未来补偿收益质押贷款，国内有农信社做过公益林补偿收益抵押贷款的，但规模不大。以未来5年生态公益林未来补偿，并通过担保机构放大杠杆的贷款模式，云和是第一例。

之后，云和县农村信用合作联社通过“整村合作，逐户授信”，共对全村86%的农户进行了授信，授信总额达1120万元，其中“生态公益林未来补偿收益质押贷款”授信500万元。

7月31日，云和县人民政府办公室印发了《关于全面推进生态公益林未来补偿收益质押贷款工作的意见》（云政办发〔2015〕87号），在总结前期试点经验的基础上，就全面推进该县生态公益林未来补偿收益质押贷款工作提出意见，标志着该县生态公益林未来补偿收益质押贷款工作全面推进。据统计，截至9月底，全县共发生态公益林未来补偿收益质押贷款18笔185万元。云和县农村信用合作联社在梓枋村原有500万元授信基础上，对接梓枋村集体生态公益林未来补偿金质押担保基金，对该村41户农户追加授信300万元，有效扩大了农村抵押物范围，为“三农”经济发展提供新的融资渠道。

二、主要做法

公益林分个人和村集体所有，云和县选择从村集体公益林入手。具体操作流程是，村集体以未来5年公益林补偿收益向政府融资性担保公司质押，成立村集体公益林未来收益质押担保组织，云和县农村信用合作联社以放大5—10倍的融资杠杆为授信总额，开展整村信用评级授信，通过担保组织为村集体、村民（社员）提供融资担保，根据信贷政策及农户授信额发放支农贷款。云和全县现拥有生态公益林面积79.9万亩，按每亩实际到村、到户财政补贴26元计算（2015年标准），全县林农每年有2000多万元公益林补偿收益，并且收益每年在稳定增长。以未来5年的补偿收益为基数，加上融资杠杆放大10倍为贷款授信总额度，按2014年的基数计算，可为林农提供10亿元融资规模。云和县农村信用合作联社主要从以下三方面着手推进"生态公益林未来补偿收益质押贷款"工作。

一是加强政策宣传。"生态公益林未来补偿收益质押贷款"模式内容丰富，不断加强政策宣传，做到家喻户晓，让更多的林农盘活森林资产，满足生产资金需求。为此，云和信用联社通过多种渠道多种形式，第一时间向各村和林农做好政策的宣传和引导，加强沟通和衔接，确保把这项民生实事办实办好。突出宣传工作重点，加大对扶持对象、扶持标准、贷款程序等重点政策内容的宣传，确保咨询电话畅通，及时接受林农的咨询，做好政策解释工作。充分利用支农联络员、驻村客户经理、青年普惠服务小分队的力量，结合"金融知识宣传月""客户经理大走访"等活动，采取进村入户面对面、发放宣传资料、宣挂横幅、编发短信等形式开展持续性的宣传，提高林农对此项业务的思想认识。及时总结梓坊村试点工作的先进经验，以梓坊村为典型进行示范宣传，积极引导合作村、林农主动参与，积极营造良好的舆论氛围。

二是加大深化推进。充分利用农信社点多面广的优势，在试点经验的基础上，大力推进面上的推广工作和优化完善工作。让更多的村参与这项工作，惠及更多的农户，实现绿色金融的发展。利用长期积累的人缘、地缘优势及农村信用体系建设成果，结合"银村合作、整村营销"工作，深入推进生态公益林未来补偿收益质押贷款工作。不断加强与林业、融资性担保公司等相关部门之间的协作配合，以召开座谈会或面对面沟通等方式，做好村两委的沟通对接，及时了解林农的生产、生活及资金需求情况，对林农进行评定和授信工作，并设立专项信贷资金，增加林业信贷投入，不断推进此项业务的扩面增量。

三是优化服务措施。云和信用联社积极加大该项工作的政策扶持，努力优化合作和服务工作，打造"一对一、一站式"的链条式服务。坚持从不断满足林农融资需求的实际出发，积极探索可操作性强、手续简便的贷款方式，努力形成高效、便捷、实惠、可持续性的服务模式。尝试开通"绿色通道"，对合作村、林农做到授信优先、贷款优先、利率优惠、手续从简，按照相关规定，对符合相关条件的林农，给予不同幅度的贷款利率优惠，除合同约定收取利息外，不向林农额外增收手续费、评估费、保险费等。结合生态公益林补偿收益的特点及前期的工作经验，根据《云和县生态公益林未来补偿收益质押贷款管理暂行办法》的要求，不断完善贷款业务相关操作流程，在减少办贷流程、提高办贷效率，加强作风建设上狠下功夫。同时，以"丰收小额贷款卡"为载体，充分发挥"一次授信、循环使用、随借随还"的功能，最大限度地方便林农贷款，尽力推进该项工作。

三、风险防范

在防范风险方面，村集体担保组织设置了担保3人审批小组，借款人申请村担保组织为其担保时，必须向村集体提供宅基地、农房、林地等农村产权等进行反担保，并同意在债务到期未清偿时在本县范围内进行流转处置的书面承诺。同时，村集体每年按集体公益林补偿收益的10%提取风险补偿金，用于不良贷款处置。当不良贷款率达到10%时，云和县农村信用合作联社、担保公司等部门会启动处置程序：一是暂停担保公司为其担保；二是担保公司先垫付归还银行贷款本息；三是县财政局将每年的公益林补偿金划入该村担保组织专户，由担保公司扣划，直至扣完不良贷款本息为止；四是村集体配合共同处置贷款人质押资产。

四、产品创新

该项创新大大拓宽了农民抵押物的范围。丰富的生态公益林资源，不能砍伐变现，也不能抵押融资，限制了农民获得贷款的机会。公益林未来补偿收益质押贷款是完全以森林资源（公益林产权）为抵押物的支农贷款，属于纯林权抵押贷款范围，撬动了大量的沉睡资产，能够将世代守候的公益林变现成发展的资金，此举破解了生态公益林融资的难题，实现了绿水青山到金山银山的转变，也增强了林农保护公益林的动力，对推进农村产业发展、农民增收成效明显。　（云和农商银行提供）

丽水金融扶贫工作专记

为打赢脱贫攻坚这场规模空前、力度最大、惠及人口最多的硬仗，中国人民银行丽水市中心支行系统提高政治站位，甘当脱贫攻坚先锋队，勇于把金融脱贫的职责扛在肩上，敢于把金融扶贫的承诺落到实处。党的十八大以来，中国人民银行丽水市中心支行党委紧紧围绕“精准扶贫、精准脱贫”基本方略，创新金融扶贫体制机制积极满足全市低收入人员的发展资金，助推农村发展、农民增收成效逐步显现。农民人均可支配收入由2012年的8855元上升到2020年的23637元，增长2.7倍，增速连续11年位列浙江省第一。2015年，全市9个县（市、区）顺利摘掉“欠发达”帽子，1569个扶贫重点村全部出列，26.1万户、61.6万名低收入农户全部脱贫，全面消除农村家庭人均收入4600元以下贫困现象。

一、坚持“精准施策”，筑牢脱贫攻坚“主阵地”

2013年11月3日，习近平总书记在湖南湘西土家族苗族自治州花垣县十八洞村与村民亲切谈话时首次提出“精准扶贫”的重要指示。人民银行丽水市中支党委牢牢把握“金融扶贫”“定点扶贫”两手抓、两手硬工作思路，结合丽水市实际，围绕“三农”，着力筑牢脱贫共建“主阵地”。一是完善农村金融生态。积极协调地方政府搭建农村金融基础设施建设，降低金融机构服务“三农”成本，贯彻实施普惠金融工程，深入推进金融改革提质升级，农村金融基础设施建设不断完善，金融支持低收入农户脱贫增收的力度更强。二是开展扶贫定向结对。通过驻村指导、扶贫扶智、引资引项、银村对接等方式筑牢脱贫攻坚“主阵地”，助推定点扶贫村加速脱贫。打响脱贫攻坚战以来，累计派出人民银行系统干部驻村指导十余次，联合金融机构完成低收入农户集中村帮扶结对26个，服务低收入

调研农村金融生态

深入扶贫定向结对村帮扶

农户466户，累计落实资金近5亿元。景宁畲族自治县汤北村，庆元县高嵩坑村、岭头村等一批结对村的金融扶贫特色做法得到上级充分肯定。三是建立精准扶贫机制。建立运用精准扶贫数据库，创新"再贷款资金+专项信贷产品"模式，指导金融机构匹配设计专项信贷产品，向低收入农户发放专项贷款，实现"央行资金"精准支持。丽水市"扶贫再贷款"的创新运用经验得到人民银行杭州中支充分肯定并在全省推广。"十三五"期间，全市累计发放扶贫再贷款7.95亿元，惠及低收入农户6000多户。

附录一：开展扶贫定向结对

近年来，中国人民银行丽水市中心支行以习近平总书记关于扶贫脱贫工作重要讲话精神为指引，依托丽水"全国农村金融改革试点"和人民银行丽水市中心支行"全国文明单位"优势，真抓实干、奋力履职，坚持"为民服务解难题、金融扶贫惠民生"的工作原则，积极推进精准扶贫工作并取得扎实成效。

一、实施"精准化"结对帮扶，着力提高金融扶贫精度

组织开展扶贫定向结对活动，通过驻村指导、扶贫扶智、引资引项、银村对接等方式助推定点扶贫村加速脱贫。联合金融机构完成低收入农户集中村帮扶结对26个，服务低收入农户466户，累计落实资金近5亿元。同时，主动协调相关部门建立精准扶贫数据库，实现"扶贫再贷款""银政保低收入农户小额贷款"向帮扶对象精准投放。其中，"扶贫再贷款"的创新运用模式得到上级行肯定并在全市推广。

二、推进"造血化"改造升级，着力提高金融扶贫深度

深入挖掘定点扶贫地区生态旅游产业优势，做好农家乐及民宿等扶贫项目的包装和金融支持工作。同时，积极指导金融机构加大对农业扶贫产业的金融支持力度，推动贫困地区加快农村电子商务、来料加工等产业扶贫项目发展，截至2020年年末，定点扶贫地区相关贷款余额达2.8亿元。

三、创新"普适化"信贷产品，着力提高金融扶贫广度

在全国率先开展林权抵押贷款创新的基础上，为农村贫困农户主动创新推出农房使用权、宅基地使用权、农村集体经济组织股权等各类农村产权抵押融资，定点扶贫村累计投放达15亿元。针对有创业意向的村贫困人群，依托"丽创贷"创业担保贷款品牌，给予贫困农户低价信贷资金支持，截至2020年年末，贷款余额达513万元。针对贫困村抵押物不足情况，创新村级互助担保和村内资金互助两种金融互助扶贫模式，实现村内有效治理的同时获得信贷程度大幅提升。相关扶贫信贷产品均在全市得到全面推广。

二、坚持"搭桥造血"，打通脱贫攻坚"主动脉"

丽水是"九山半水半分田"的典型山区，全市9个县(市、区)全部是欠发达县，农业人口占比高、

资源禀赋相近，扶贫任务艰巨。人行丽水市中支党委坚持“搭桥造血”，大力推进产业扶贫、搬迁扶贫、山海协作三大领域金融产品和服务创新，着力建立持续的“造血式”金融扶贫机制。一是大力开展金融产品创新。针对贫困地区生态资源丰富的实际，开展“茶商E贷”“菇贷通”“民宿贷”等产业扶贫配套金融服务创新，特色农业产业贷款余额达19.7亿元，有力推动山区生态农业、生态旅游等产业化发展。二是探索生态产品价值转化。在此基础上，积极开展金融支持生态产品价值转化创新，探索可推广可复制的金融巩固拓展脱贫攻坚成果同乡村振兴有效衔接“丽水经验”。截至2020年年末，全市“三权”抵押贷款余额135.1亿元，惠及农户5.87万户。其中，林权抵押贷款余额67.1亿元，居浙江省第1位；农房抵押贷款余额57.1亿元，居浙江省第2位。三是推动农村信贷增量扩面。发挥好扶贫再贷款政策精准滴灌和激励引导作用，实施好普惠金融定向降准政策，促进金融机构加大对贫困地区的信贷投放，截至2020年年末累计发放支农（扶贫）、支小再贷款25.02亿元。紧密结合“下山脱贫”、“整村搬迁”、农村危旧房改造等需求，创新搬迁扶贫配套金融服务机制，大力推进“整村批发、集中授信”等业务，帮助农民实现“搬得起、稳得住、能发展、可致富”。截至2020年年末，已有1790个行政村开展整村集中授信，授信金额298.6亿元，累计发放贷款180.4亿元。结合山海协作工程，指导金融机构实施行内银团项目贷款等金融服务创新，已获批授信37.5亿元，有效推动“飞地+项目”加快落地，帮助经济薄弱村增加收入。

附录二：人民银行丽水市中支力推1万亿元再贷款再贴现资金落地落实取得实效

人民银行丽水市中支党委认真贯彻总行工作部署，结合省行落实央行再贷款再贴现低息资金落地浙江工作部署电视电话会议要求，积极谋划、迅速行动，用足、用好、用活1万亿元再贷款再贴现资金。截至2020年年末，丽水市累计投放符合1万亿元再贷款再贴现资金要求的贷款（含贴现18.77+4.94亿元，累计受益户数5374户，优惠贷款平均利率4.59%。其中涉农（含扶贫）贷款共发放11.32亿元，受益户数3851户；扶贫贷款共发放3.32亿元，受益户数1331户。

一、主动对接，强化政策“普惠性”。

人民银行丽水市中支抢抓政策时间窗口，第一时间通过市、县人民银行及全市金融机构联系专班专项部署落实1万亿元再贷款再贴现资金落地工作，指导并带领金融机构通过上门走访、电话联系、微信视频等方式主动与企业对接，全面掌握企业有效融资需求，进一步提高金融政策的“直达性”，切实扩大和提升资金支持的覆盖面和普惠性。

二、完善配套，提高机构“积极性”。

人民银行丽水市中支积极协调沟通，推动市政府制定出台《丽水市新冠肺炎疫情防控指挥部关于印发丽水市运用1万亿元央行再贷款低息资金推进工作方案的通知》，并明确配套激励政策：各级财政按属地对使用1万亿元再贷款再贴现资金的金融机构进行贴息，年贴息标准为1%；市政策性融资担保公司对符合条件的对象有限给予担保，保费按照市政府现行优惠减免政策执行。

三、引导推动，提升工作“精准性”。

为进一步做好金融扶贫工作，2020年8月28日，人民银行丽水市中支组织召开全市扶贫再贷款扩面增量专项工作推进会，总结近年来丽水市金融扶贫尤其是运用扶贫再贷款支持扶贫脱贫的工作情况，同时要求全市各级人民银行及金融机构补短板强弱项，利用好1万亿元再贷款再贴现资金进一步推动扶贫再贷款精准服务贫困地区、贫困乡镇、贫困群体，凝心聚力打赢脱贫攻坚战，确保如期完成脱贫攻坚目标任务，确保全面建成小康社会。

四、细化管理，保障资金“安全性”。

不断细化再贷款再贴现管理模式，夯实基础，落实责任，指导督促辖内地方法人金融机构建立再贷款资金使用台账，指导辖内人民银行按照属地管理原则开展贷后管理和现场核查，确保再贷款再贴现资金发放依法合规，防止资金“跑冒滴漏”，把好事办好。

三、坚持“守正创新”，锤炼脱贫攻坚“主力军”

“小康不小康，关键看老乡”，人民银行丽水市中支党委牢记总行党委“金融为民”的工作宗旨，组织全市金融机构开展“金融扶贫服务支持行动”，采取扶贫结对、扶贫互助方式壮大锤炼脱贫攻坚“主力军”。一是深化金融改革。依托丽水“全国农村金融改革试点”的优势，全省率先实施了“信贷支农、信用惠农、支付便农、创新利农”四大普惠金融工程，实现全市乡镇金融网点和行政村金融服务占全覆盖，实现农村住房、土地、林权等各类产权基本可抵押，实现低收入农户信用评定覆盖面、合理信贷需求获得率、金融基础服务可得率“三个百分百”。二是普及金融知识。为推动金融宣传教育更大范围、更深层次开展，提升社会公众金融素养，营造良好金融环境，全市共建立金融知识普及宣传队伍50余支，并建立金融纠纷多元化解机制建设，加强与地方法院、银保监部门协调沟通，构建低成本、高效率的金融纠纷化解渠道。三是推广扶贫经验。组织开展“全市金融扶贫十大案例评选活动”，征集金融扶贫案例20余个，通过专家评审、网络投票，最终评选出10个优秀扶贫案例，活动总参与人次达80余万人次。通过评选推广金融扶贫案例，营造良好金融扶贫氛围。

附录三：2018—2020年度丽水市金融扶贫十大优秀案例名录

1.金融助力山海协作“飞地”带领扶贫起飞；

2.“扶贫小额惠农贷”助力低收入农户脱贫增收；

3.助力扶贫攻坚，为抗“疫”菇农保驾护航；

4.泰隆银行精准扶贫 助力农民下乡脱贫；

5.输血造血 同频共振 莲都农商银行驰援里东灾民“重获新生”；

6.“富村贷”让村集体经济“蜂”生水起；

7.用好生态“金钥匙”打开脱贫致富门；

8.浇灌金融活水，助力精准消薄；

9.授之以渔，助力脱贫；

10.金融帮扶撬开致富之门“兔苗”传递助力精准扶贫“景宁模式”。

（人行丽水市中支货币信贷管理科提供）

丽水金融系统抗疫工作专记

新冠肺炎疫情来势汹汹，党中央、国务院快速响应、全面部署，中国人民银行总行党委第一时间出台《关于进一步强化金融支持防控新型冠状病毒感染肺炎疫情的通知》。中国人民银行丽水市中支党委迅速行动，坚决执行，全面贯彻党中央“六稳”“六保”工作要求，广泛动员丽水市金融系统干部职工投身疫情防控和金融支持复工复产工作，取得良好成效。2020年，全市实现金融业增加值117.90亿元，同比增长11.9%，占全年地区生产总值的7.66%；年末金融机构各项贷款余额2773.6

亿元，同比增长 23.4%，增速位居全省第 2；全年企业贷款加权平均利率为 4.73%，较 2019 年下降 52 个基点，为市场主体主动让利 23 亿元。

丽水金融支持稳企业保就业做法被中国人民银行金融市场司专报第 39 期刊发

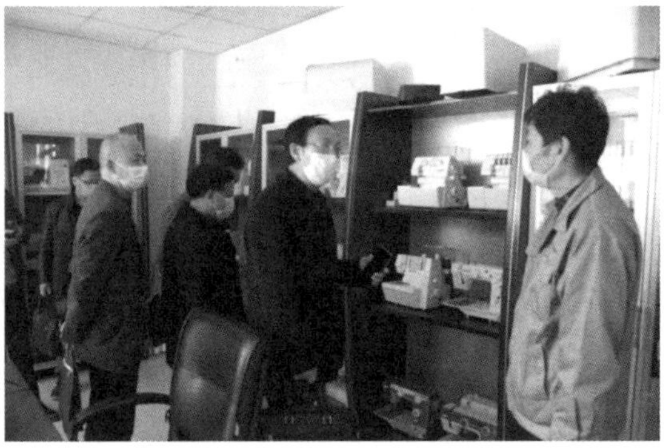

人民银行丽水市中心支行领导带队调研企业受疫情影响情况

一、抗疫惟先，党委靠前指挥，当先锋作表率

人民银行丽水市中支党委全面部署、统筹有力，切实发挥党委班子主心骨作用。以战时状态第一时间建立市、县两级人民银行及金融机构专班专岗精准落实机制，一方面，抓紧制定出台金融支持政策，主动协调相关地方党政各部门、多方出谋划策，仅用半天时间就迅速制定首份金融支持举措，被丽水市政府列入《关于应对疫情支持企业健康发展的十八条意见》中，并出台《中国人民银行丽水市中心支行关于进一步加强金融支持疫情防控和企业复工复产工作的通知》《关于印发丽水市运用 1 万亿元央行再贷款低息资金推进工作方案的通知》等系列政策，进一步明确细化要求。同时，党委主要负责人组织召开《金融支持疫情防控和复工复产工作暨融资畅通工程实施推进会》电视电话会议，要求金融机构树立“保企业也是保金融”理念，发挥好金融“输氧供血”功能；亲自带队到政府部门、银行机构走访宣讲，持续强化央行再贷款政策传导效；深入企业一线为全市重点企业高管、市政府驻企服务员提供“面对面”的金融政策咨询服务；坚持定期研究专项再贷款、两项直达货币政策工具实施进度，亲自督阵金融支持防疫抗疫工作，对工作推进中的难点、堵点第一时间给出指导意见。党委班子成员“点对点”联系督办各党支部，及时探讨遇到的问题、解决的思路与经验，形成“互相激励、互相学习、共同前进”的良好氛围，切实提升防疫抗疫工作质效。

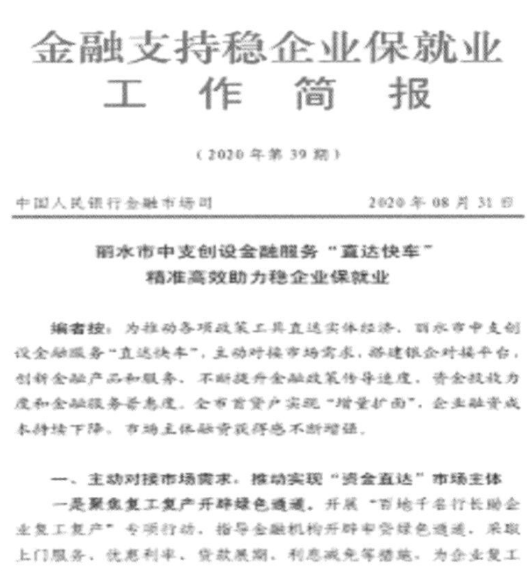

金融支持稳企业保就业

工 作 简 报

（2020 年第 39 期）

中国人民银行金融市场司　　2020 年 08 月 31 日

丽水市中支创设金融服务“直达快车”
精准高效助力稳企业保就业

编者按：为推动各项政策工具直达实体经济，丽水市中支创设金融服务“直达快车”，主动对接市场需求，搭建银企对接平台，创新金融产品和服务，不断提升金融政策传导速度、资金投放力度和金融服务普惠度。全市首贷户实现“增量扩面”，企业融资成本持续下降，市场主体融资获得感不断增强。

一、主动对接市场需求，推动实现“资金直达”市场主体

一是聚焦复工复产开辟绿色通道。开展“百地千名行长助企业复工复产”专项行动，指导金融机构开辟审贷绿色通道，采取上门服务、优惠利率、贷款展期、利息减免等措施，为企业复工

二、防疫唯实，党支部尽责守土，树形象展作为

在人民银行丽水市中支党委的正确领导下，辖区人民银行各党支部积极发挥战斗堡垒作用，结合各自履职优势通力合作，精准施策。货币信贷科党支部指导金融机构抢抓政策窗口期，切实用足、用好、用活 3000 亿元、5000 亿元、1 万亿元再贷款再贴现、普惠小微企业贷款延期支持工具和信用贷款支持计划两项创新直达工具等政策资金。疫情防控专项再贷款支持纳爱斯生产防疫物资的案

莲都农商银行公开融资畅通工程“三张清单”

例获得中国人民银行潘功胜副行长批示肯定；向地方法人机构发放再贷款25.0亿元，撬动法人机构贷款新增136.9亿元；督促金融机构落实小微企业贷款应延尽延要求，加大信用贷款发放比例，截至2020年12月，普惠小微贷款延期率98.3%、信用贷款占比59.3%，指标排名分居全省第1、第2名。并在全省率先发起银行服务“三张清单”、民营小微企业“首贷户”拓展和“百地千名行长助企业复工复产”等系列专项行动，畅通实体融资渠道，加强民营企业、小微企业、制造业和外贸企业等4个重点领域和薄弱环节领域信贷投入，有力保障地方疫情防控和市场主体复工复产。

（人行丽水市中支货币信贷管理科提供）

从　录

调研报告

2011 年丽水市金融形势分析报告部分摘录

2011 年是“十二五”规划开局之年，也是推进结构调整和经济转型的关键之年。在内外部环境相对复杂情况下，全市经济继续保持平稳较快发展，经济结构持续优化；金融业切实按照宏观调控要求，努力加大对实体经济的资金扶持，积极推动经济转型升级，金融与经济协调性进一步增强。面对复杂多变的国际国内经济形势，丽水市金融机构认真贯彻稳健的货币政策，努力保持社会融资规模合理、适度增长，金融运行健康、平稳，总体呈现增长适度、结构优化、效益较好、经营稳健的特征。

一是金融总量较快增长。截至 2011 年末，全市金融机构本外币存贷款总量达 2252.55 亿元，同比增长 15.52%；证券累计交易额 2101.23 亿元，同比增长 18.71%；保费累计收入 22.01 亿元，同比增长 16.06%；赔款与给付累计 5.28 亿元，同比增长 19.69 亿元。

二是金融组织体系逐渐完善。2011 年，全市新引进股份制商业银行 2 家，新设立村镇银行、小额贷款公司各 3 家。同时，股份制商业银行和城市商业银行网点逐步向县域拓展，浦发、泰隆、稠州等已分别在县域设立 5 家支行，国有银行分支机构已经在县域实现全覆盖。

三是经营效益持续改善。2011 年 12 月末，全市银行业机构不良贷款余额 9.63 亿元，不良率为 1%，较年初下降 0.05%；实现账面利润 28.91 亿元，同比增长 20%。

2011 年全市银行业的运行情况，主要有以下特点：

(一)社会融资总量扩大，有力支持经济较快发展

2011 年，丽水市各金融部门积极拓宽融资渠道，全社会融资总量稳步增加。

一是银行表内贷款稳健增长。截至 2011 年 12 月末，全市银行业金融机构本外币贷款余额 958.99 亿元，余额同比增长 16.74%，高出全省平均增速 2.89 个百分点，居全省第 4 位；全年新增贷款 137.8 亿元，顺利实现了年初制定的不低于 130 亿元的目标，较好地满足了经济发展的需求。

二是银行表外融资增长较快。2011 年，全市金融机构积极拓展表外业务，全力满足各类企业资金需求。截至 2011 年 12 月末，银行承兑汇票余额 132.75 亿元，较年初增加 26.65 亿元，同比多增 3.06 亿元。

三是非银行融资保持活跃。2011 年，城投集团成功发行 10 亿元企业债，直接融资取得新突破。此外，以意尔康为代表数十家企业正在积极实施企业上市的各项准备，企业融资渠道有望进一步拓宽。

（二）新增贷款均衡投放，信贷结构趋向优化

2011年，在货币信贷政策引导下，全市各金融机构加强贷款投放限额管理，信贷投放均衡性明显增强。除1月由于去年末被压抑的贷款需求集中释放导致贷款投放较多，其他月份贷款增量基本在9亿—10亿元，各月贷款增速均保持在15%—16%，大致恢复到以往正常年份水平。全市金融机构在信贷适度均衡增长的同时，突出信贷投放为重点，积极调整信贷结构，加大实体经济支持力度，特别是三农和中小企业，信贷投放凸显“有保有控”。

一是对实体经济信贷投入比重上升。2011年，各金融机构牢牢把握发展实体经济这一坚实基础，积极调整行业投向，支持实体经济发展。截至2011年12月末，制造业贷款余额277.19亿元，全年新增64.62亿元，占全部贷款增量的46.89%，比上年同期提高2.55个百分点；批发零售业贷款余额39.65亿元，全年新增13.82亿元，占全部贷款增量的10%，比上年同期提高5.88个百分点。

二是中小企业贷款增长明显。2011年，全市各金融机构积极响应国家支持中小企业发展的号召，新增信贷向中小企业进一步倾斜。截至2011年12月末，全市金融机构中小企业贷款余额422.53亿元，同比增长17.65%，高于全部贷款平均增幅0.91个百分点；全年新增中小企业贷款69.27亿，占全部新增企业贷款的107.18%，新增企业贷款完全倾向中小企业。其中，对小企业的扶持力度更加突出，截至2011年12月末，全市小企业贷款余额279.23亿元，同比增长38.67%，高于全部贷款平均增速21.93个百分点。

三是对“三农”的投入持续增加。截至2011年12月末，全市涉农贷款余额459.91亿元，同比增长21.58%，高于全部平均增速4.84个百分点。其中，林权抵押贷款余额254.27亿元，高居全省首位；当年累计发放21824笔，金额19.68亿元；农房抵押贷款余额7.36亿元，当年累计发放1558笔，金额4.6亿元。

（三）各项存款增速回落，季末冲高现象有所缓解

2011年，受企业存款提用率上升、理财产品分流、存款派生效应减弱等多重因素影响，丽水市存款总体呈现弱势增长格局。截至2011年12月末，全市金融机构本外币各项存款余额1293.56亿元，同比增长14.6%，较去年同期下降5.8个百分点，居全省第6位；新增本外币存款163.62亿元，同比少增27.89亿元。其中，单位存款新增64.03亿元，同比少增38.06亿元；个人存款新增83.88亿元，同比少增3.47亿元。新增存款波动性较大，其中3月、6月、9月、12月分别新增20.71亿元、37.57亿元、10.98亿元、4.29亿元，存款“季末冲高”现象在下半年有所缓解。

（四）金融改革创新不断深化，金融生态环境持续改善

1.农村金融改革扎实推进。2011年，全市以争创“全国农村金融改革试点”为契机，着力强化金融支农工程。一是深入开展林权抵押和农房抵押贷款扩面增量，创新推出茶园抵押、石雕抵押、香菇仓单质押等贷款品种，金融支农产品不断丰富。二是积极探索“信用县”和“信用社区”建设，全面推进社会信用体系建设，充分运用信用农户评价成果，全力扶持农村青年创业和农村妇女发展来料加工业。截至2011年11月末，全市已有31.94万信用农户获得了金融机构授信，授信额度达到了91.50亿，已有13.09万信用农户从金融机构获得贷款95.71亿元。三是延伸金融支农服务的触角，全力推动银行卡助农取款服务。目前，已成为全国首个所有行政村实现“银行卡助农取款服务”全覆盖的地级市，累计办理小额取现9.16万笔，金额3210万元，有效解决了偏远地区农民得不到基本金

融服务的问题。

2.中小企业金融创新亮点纷呈。一方面，针对中小企业融资需求“急、小、频”的特点，各金融机构积极创新金融服务方式，简化贷款审批手续，提高服务效率。工行大力推广“网贷通”业务，企业可以通过网上银行自助进行循环合同项下提款和还款业务；浙商银行向能提供自有房产的微型企业推出“便利贷”业务，当天受理、当天审批和当天放款。另一方面，金融机构在大力推广应收账款质押贷款、商标专用权质押贷款业务、“缙云通宝”等新型信贷创新类产品的同时，加大金融产品创新力度。如建行创新推出更适合初创期小规模、无抵押微小型企业的“网络联贷联保”等产品。已累计发放网络贷款3.96亿元，累计支持了220家小微企业；同时积极探索信用模式贷款，推出“小企业小额无抵押贷款”信贷产品，极大地支持了区域内轴承、家具、竹木制品、五金加工等行业小微企业的成长。

3.外贸企业金融服务重点突出。2011年，全市外贸快速发展，外贸企业对金融服务需求旺盛。截至2011年12月末，全市结汇总额65.61亿美元，同比增长46.72%，售汇总额3.62亿美元，同比增长25.17%，结售汇顺差61.99亿美元，同比增长48.21%。与此同时，全市跨境贸易人民币结算量持续扩大，有效降低了进出口企业汇率风险和汇兑损失，进一步促进了贸易和投资的便利化。2011年1—12月，全市累计发生跨境人民币结算业务7.07亿元，是上年同期19倍。

2015年丽水市经济金融形势分析报告部分摘录

2015年，丽水市经济运行总体平稳，但实体经济发展仍然面临较大困难；金融运行保持平稳态势，社会融资方式趋于多样化，贷款结构调整契合经济发展需求，金融支持经济发展总体适度、有力，但信贷风险继续上升。总体来看，下阶段金融发展既面临较大的挑战，也面临较多的机遇，需要各方坚定发展信心，同舟共济，促进经济金融平稳健康发展。

一、经济运行概况

2015年，全市经济运行总体平稳，初步核算，全市实现地区生产总值1102.34亿元，同比增长6.4%，比上半年和前三季度分别上升1.1个和0.9个百分点，但低于全省1.6个百分点。下半年以来，丽水市主要经济指标有所改善，但经济运行中存在的困难依然较多，主要经济指标回升的可持续性仍有待观察。

（一）从供给端看，工业经济低位运行，服务业继续较快发展，市场主体创业创新热情较高

工业经济降幅有所收窄，整体下行压力仍然较大。2015年，全市规模以上工业实现产值1697.53亿元，同比下降6.8%，降幅较上半年收窄0.4个百分点，但比前三季度扩大0.1个百分点；实现增加值351.50亿元，同比增长0.5%，增幅较上半年和前三季度分别回升2.4和1.2个百分点。2015年，全市工业用电量78.06亿千瓦时，同比下降3.1%，其中，12月同比下降8.9%，比11月降幅扩大4个百分点。

服务业对经济的支撑作用进一步增强。从丽水市2015年三产增加值来看，第一产业增长2.4%，拉动GDP增长0.2个百分点；第二产业增长3.3%，拉动GDP增长1.6个百分点；第三产业增

长 10.7%，拉动 GDP 增长 4.6 个百分点。第三产业成为丽水市经济增长的首要动力。同时，丽水市首次形成了“三二一”的产业结构，三次产业比重由 2014 年的 8.4∶48.1∶43.5 调整为 8.3∶45.6∶46.1。

市场主体创新创业热情较高。2015 年，全市新设企业 5404 户，新设个体工商户 2.8 万户。截至 2015 年底，全市在册市场主体 17.59 万户，同比增长 11.69%。2015 年，全市发明专利申请量 834 件，同比增长 74.5%；发明专利授权量 280 件，同比增长 76.1%。

（二）从需求端看，投资持续回升、消费小幅回升，出口转负为正

固定资产投资持续回升。2015 年全市完成固定资产投资 751.52 亿元，同比增长 13.0%，高于全省 3.2 个百分点，与宁波市和台州市并居全省各市第 5 位。从走势看，增幅比上半年和前三季度分别提高 5.8 个和 3.9 个百分点，持续 6 个月回升。从类别看，基础设施投资增长 29.9%，拉动投资增长 11.4 个百分点；工业投资增长 7.9%，其中，工业技术改造投资占工业投资总额的 69.4%，增长 18.9%；房地产投资增长 0.4%，较上半年和前三季度分别回落 9.3 和 1.6 个百分点。

消费品市场销售小幅回升。2015 年，全市社会消费品零售总额 519.28 亿元，同比增长 9.0%，增幅比前三季度提高 1.9 个百分点，但与上半年持平。

出口转负为正。四季度以来，出口回升较快，扭转了前三季度的负增长局面。2015 年，全市实现出口总额 31.44 亿美元，同比增长 19.2%，增幅比全省高 18 个百分点。分出口企业看，流通企业增长 65.7%，内资生产企业下降 9.1%，三资企业下降 7.9%。

（三）从价格端看，CPI 小幅上涨，PPI 降幅扩大

CPI 小幅上涨，涨幅创近五年新低。2015 年丽水市区居民消费价格总水平同比上涨 1.2%，涨幅创 2010 年以来的新低，比 2014 年回落 1.4 个百分点。其中，服务价格上涨 2.2%，消费价格上涨 0.8%，工业品价格下跌 1.6%。八大类消费价格同比 6 升 2 跌：食品、烟酒、衣着、医疗保健和个人用品、娱乐教育文化用品及服务和居住类价格分别上涨 3.3%、3.9%、1.4%、0.6%、2.1%和 0.6%；家庭设备用品及维修服务、交通和通信类价格分别下跌 0.8%和 4.1%。

PPI 降幅扩大，生产资料类产品出厂价格下降较多。12 月工业生产者出厂价格同比下降 6.5%，降幅比 11 月扩大 0.4 个百分点。与全省相比，降幅大于全省平均 2.9 个百分点。分行业看，与 2014 年同期相比，降幅较大的行业有金属制品业、黑色金属冶炼和压延加工业、有色金属矿采选业，分别下降 19.0%、17.3%、12.7%；涨幅较大的行业有水的生产和供应业、电力、热力生产和供应业、纺织服装和服饰业，分别上涨 21.8%、5.9%、4.3%。分类别看，与 2014 年同期相比，生产资料类产品出厂价格下降 8.1%，生活资料类产品出厂价格下降 0.8%。

二、金融运行情况

2015 年，全市金融运行总体平稳，运行新特征明显，主要体现为“两个优化、两个放缓”，即社会融资结构和信贷结构优化、存款增长放缓和不良贷款上升势头放缓。

（一）社会融资规模平稳增长，融资结构优化

2015 年，全市社会融资规模 107.50 亿元，同比增加 1.48 亿元，为实体经济发展提供了较有力的资金支持。其中，直接融资占社会融资规模的比重大幅提高，融资结构继续向好调整，融资渠道进一步拓宽。

丽水市社会融资规模结构

表 1

时 期	社会融资规模（亿元）	其 中（亿元）					
		本外币贷款	信托、委托贷款	未贴现的银行承兑汇票	企业债券融资	非金融企业境内股票融资	其 他
2015 年	107.50	83.19	18.03	-27.31	6.00	17.30	10.29
2014 年	106.02	117.81	2.68	-29.39	0.00	5.00	9.93
占 比（%）							
2015 年	100.00	77.39	16.77	-25.40	5.58	16.09	9.57
2014 年	100.00	111.12	2.53	-27.72	0.00	4.72	9.36

一是银行贷款融资同比少增，但仍是主要融资方式。2015 年，全市本外币贷款 83.19 亿元，同比少增 34.62 亿元；本外币贷款占社会融资规模比重为 77.39%，同比下降 33.73 个百分点，但仍是推动社会融资规模增加的主要力量。值得注意的是，若考虑全市政府债务定向置换贷款和不良贷款同比多处置的因素，则 2015 年贷款实现同比多增。

二是银行表外融资继续缩减，委托贷款占比提升。2015 年，全市信托贷款、委托贷款、未贴现的银行承兑汇票合计净下降 9.28 亿元。其中，未贴现的银行承兑汇票下降 27.31 亿元，实体经济有效需求不足导致银行承兑汇票业务量减少；委托贷款新增 18.03 亿元，占同期社会融资规模比重为 16.77%，同比上升 14.24 个百分点。

三是直接融资规模增长较快，占比大幅提升。2015 年，全市直接融资取得较大进展，企业债券融资、非金融企业境内股票融资合计新增 23.3 亿元，直接融资占同期社会融资规模比重为 21.67%，同比上升 16.96 个百分点。全市共有 11 家企业通过新三板进行定向增发，累计增发 17 次，募集总金额为 16.09 亿元。

（二）贷款适度增长，信贷结构优化

截至 2015 年末，全市金融机构本外币各项贷款余额 1503.75 亿元，同比增长 5.86%，低于全省 1.23 个百分点，居全省第 8 位。在经济结构转型和“大众创业、万众创新”的背景下，全市信贷结构持续优化。

一是微型企业和个人经营性贷款保持快速增长，助力“大众创业、万众创新”。2015 年，人民银行牵头全市金融机构开展“普惠金融深化年”活动，针对小微企业、高校毕业生、大学生村官、农村青年、妇女等重点创业创新群体资金需求，加大信贷投放，完善金融服务，为创业创新提供有力金融支撑。截至 2015 年末，全市微型企业贷款余额 44.17 亿元，同比增长 32.11%，高出全部贷款增速 26.25 个百分点；个人经营性贷款余额 447.47 亿元，同比增长 18.11%，高出全部贷款增速 12.25 个百分点。

二是服务业贷款较快增长，产能过剩行业贷款增速回落，信贷结构调整促进经济转型。截至 2015 年末，全市服务业（剔除基础设施建设相关的行业）贷款余额 147.57 亿元，同比增长 11.07%，高出全部贷款增速 5.21 个百分点。同时，产能过剩行业贷款增速回落，金属制品业中长期贷款同比下降 21.56%，黑色金属冶炼和压延加工业中长期贷款同比下降 11.06%。

三是个人购房贷款保持较快增长，保障个人购房需求。2015 年，全市商品房销售面积和销售额同比分别增长 34.7%和 27.8%,与此相对应，个人购房贷款新增 30.30 亿元，同比增长 17.91%，高出全部贷款增速 12.05 个百分点。个人购房贷款新增量占全部房地产贷款新增量的 87.22%。

（三）存款增长总体趋缓，资金分流仍然持续

截至 2015 年末，全市金融机构本外币各项存款余额 1963.46 亿元，同比增长 5.65%，低于全省 4.52 个百分点，增速居全省第 8 位。2015 年，全市存款新增 109.32 亿元，同比少增 66.42 亿元。2015 年的存款增长主要呈现以下几个特点。

一是增长势头总体趋缓，与全省差距逐步拉大。2015 年末存款增速较前三季度下降 0.59 个百分点，较 2014 年末下降了 4.89 个百分点，放缓趋势明显。3 月末、6 月末、9 月末、12 月末存款增速分别低于全省 0.67、1.44、3.1、4.52 个百分点。

二是结构分化明显，非金融企业存款持续下降。2015 年，全市住户存款同比多增 15.76 亿元，广义政府存款同比少增 48.60 亿元，增长情况与全省基本一致；全省非金融企业存款同比多增较多，而丽水市非金融企业存款则下降 31.09 亿元，同比多降 26.36 亿元，反映全市企业特别是工业企业面临较大的资金压力。

三是分流效应依然显著。虽然 2015 年下半年资本市场进入深度调整，股市对存款分流的影响较上半年有所减弱，但全年全市流入股市的资金量仍然同比大幅增长。2015 年，全市通过银行系统净流入股市的资金达 65.20 亿元，同比增加 232.52%，其中，四季度流入 16.40 亿元。银行理财产品对存款的分流持续。2015 年末，全市银行表外理财产品余额 281.74 亿元，较年初增加 114.48 亿元，同比增长 68.44%。

（四）不良贷款上升势头有所减缓，处置力度加大

2015 年末，全市金融机构不良贷款余额 37.07 亿元，较年初增加 4.54 亿元，同比少增 2.11 亿元；不良贷款率 2.46%，较年初上升 0.18 个百分点，同比少升 0.12 个百分点，不良贷款余额和不良贷款率上升速度有所放缓，不良率全省排名第 6 位，较三季度后移 2 位。不良贷款的区域分布主要集中在市本级、缙云、龙泉。2015 年末，这三个地区的不良贷款余额合计 29.20 亿元，占全部不良贷款的比重为 78.77%。其中，市本级不良贷款余额最多，为 16.22 亿元；缙云县不良率最高，为 4.64%；龙泉市不良率上升最快，较年初上升 1.98 个百分点。

2015 年，丽水市处置不良贷款的力度进一步加大。全市金融机构共处置不良贷款 50.25 亿元，较去年同期多处置 14.95 亿元。从处置方式来看，现金清收 16.17 亿元，核销 24.80 亿元，其他方式 8.43 亿元。

（五）贷款利率稳步下行，降息政策效应显现

2015 年，人民银行连续五次下调存贷款基准利率，信贷资金价格下降显著。12 月，全市一般性贷款（不含票据贴现和按揭贷款）加权平均利率为 7.05%，较 6 月下降 0.54 个百分点，同比下降 0.92 个百分点；银票直贴加权平均利率 3.06%，较 6 月下降 1.32 个百分点，同比下降 1.34 个百分点；个人住房按揭贷款加权平均利率 4.94%，较 6 月下降 0.62 个百分点，同比下降 1.59 个百分点。

（六）农村金融改革全面推进，金融支农力度不断加大

2015 年，丽水市农村金融改革试点工作全面推进，农村金融工作取得良好的成效。

一是“三权”抵押贷款实现扩面增量。截至 2015 年末，全市“三权”抵押贷款累计发放 16.8 万

笔共202.1亿元，余额达到82.76亿元，比年初增加19.59亿元，完成今年新增15亿元目标的130%。其中，林权抵押贷款余额48.47亿元，占全国总量的近1/10，位居全省第一，比年初新增5.42亿元；农房抵押贷款余额30.24亿元，居全省第二，比年初新增12.14亿元；土地流转经营权抵押贷款余额4.04亿元，居全省第一，比年初新增2.02亿元。

二是农村信用体系和金融服务进一步完善。截至2015年末，已为1899个行政村（行业）开办“整体批发 集中授信”业务，提供授信169亿元，累计发放贷款99亿元，圆满完成了“累计贷款超过70亿元”的年度目标；已建成村级互助担保组织170家，新增84家，累计为农户提供担保7.55亿元；建成政府出资融资性担保公司2家；政府担保基金4个；金融服务站累计办理小额取现业务182.81万笔、金额6.75亿元；办理代理转账业务67.61万笔，金额2.78亿元。

三是涉农贷款保持较快增长。随着丽水市农村产权抵押融资业务创新及推进扩面增量、“整体批发、集中授信”信贷支农新模式的推广、以村级担保组织为重点的农村担保体系建设等一系列农村金融改革创新举措的推进，“三农”贷款的可得性和便利性进一步增加。截至2015年末，全市涉农贷款余额817.67亿元，同比增长8.71%。其中，农户贷款余额362.09亿，同比增长25.97%，高出全部贷款增速20.11个百分点。

文件选录

中国人民银行丽水市中心支行转发《关于推广“丽水模式”进一步深化全省农村信用体系建设工作的通知》

2009年以来，我市积极探索的农村信用体系建设取得了明显成效，得到了国务院、省政府、上级行有关领导的充分肯定。“政府支持、人行主导多方参与、共同受益”的做法被人行杭州中心支行定为“丽水模式”。现将中国人民银行杭州中心支行《关于推广“丽水模式”进一步深化全省农村信用体系建设工作的通知》转发给你们，并就有关事项补充通知如下，请一并贯彻执行。

一、人民银行各县（市）支行要加强与地方党政和有关部门的沟通协调，抓紧做好金融服务中心的组建工作，充分发挥金融服务中心在农村信用体系建设工作中的作用，并因地制宜做好中小企业、社区征信等工作，不断巩固和深化信用体系建设。

二、各金融机构要在原有的基础上进一步深化农村信用体系建设，配合当地人民银行和金融服务中心认真做好农户信贷信息的更新工作，进一步细化惠农贷款政策，加大支农力度，确保守信用的农户得到更多的实惠。

三、人民银行各县（市）支行要协调林业部门按照《关于进一步深化农村信用体系建设的工作意见》（丽委办〔2010〕58号）精神，做好农户林权信息的更新工作，确保全市农村信用体系建设可持续发展。

附件：《关于推广“丽水模式”进一步深化全省农村信用体系建设工作的通知》

关于推广“丽水模式”进一步深化全省农村信用体系建设工作的通知

人民银行各市中心支行、辖内各县(市)支行，各政策性银行浙江省分行，各国有商业银行浙江省分行、营业部，浙商银行，浙江省农村信用社联合社，交通银行浙江省分行，各股份制商业银行杭州分行，邮政储蓄银行浙江省分行、杭州市分行，杭州银行，杭州联合银行：

近年来，丽水市积极推进农村信用体系建设，取得了明显成效，“政府支持、人行主导、多方参与、共同受益”的“丽水模式”得到了国务院有关部委和省政府有关领导的充分肯定。为进一步深化全省农村信用体系建设，现将“丽水模式”(见附件)印发给你们，请积极学习借鉴，并结合以下通知要求，认真做好相关工作。

一、各级人民银行要积极探索深化农村信用体系建设的新路子，主动协调政府及有关部门，建立联动机制，形成社会合力；要结合当地实际，整合资源，在辖内全面推动规范化的农户信用档案征集和评价工作，积极扩大信用评价成果运用范围，引导金融机构加大对“三农”的信贷支持，努力构建“信用惠农、信贷支农、服务便农”的金融服务框架体系。

二、各金融机构特别是涉农金融机构要统一思想，提高认识，在前期开展农村信用体系建设工作基础上，总结经验，完善制度，改进管理措施与技术手段，切实配合当地人民银行全面推进农户信用档案规范化、电子化建设，加大对信用良好的农村经济主体的信贷支持，推动实现金融服务与农村金融需求的有效对接。

三、各单位要按照《关于加强浙江省农村信用体系建设工作的指导意见》《转发〈中国人民银行关于推进农村信用体系建设工作的指导意见〉》要求，结合“丽水模式”经验，坚持改革创新、科学发展、系统推进原则，进一步推动全省农村信用体系建设。

人民银行杭州中心支行将农村信用体系建设工作列入对各单位年度考核或评价的重要依据。

附件：农村信用体系建设的“丽水模式”

农村信用体系建设的“丽水模式”

近年来，在丽水市委、市政府高度重视和各部门大力支持下，人民银行丽水市中心支行采取“政府支持、人行主导、多方参与、共同受益”的工作模式，大力开展农村信用体系建设工作，初步解决了丽水农村农户贷款难、融资难问题，进一步促进了当地农村经济的平稳发展。日前，中国人民银行等22个部委(单位)在丽水召开工作经验现场交流会，进一步向全国推广了“丽水模式”。该模式的主要做法如下:

一、因地制宜，把好“三个关”，着力夯实农村信用体系建设基础

一是把好农户信用信息采集关。以行政村为单位成立信息采集小组，成员主要由乡镇驻村干

部、村两委、村会计、大学生村官、村民代表、金融机构人员等组成。采取"分片负责、一对一服务"的办法，逐户采集农户信用信息。二是把好农户信用等级评价关。实行资产评估、信用等级评价、授信额度评定"三联评"，建立信用等级评价机制。制订统一的标准和流程，对农户的信用状况进行综合评估，依据农户的收入来源、房产、林权、种养殖数量、贷款和担保情况、其他资产负债等指标要素，确定农户信用等级，以此作为对农户贷款授信的基本依据。三是把好信用评价成果应用关。实行信用贷款、抵押贷款、联保贷款"三联动"，建立评价成果运用机制。对于小额信用贷款，直接在《信用证》核定限额内办理贷款；对超过小额信用贷款限额的，通过林权或农房抵押贷款的方式获取担保贷款，在最高额度内实行"一次办理、三年有效、随用随贷，余额控制、循环使用"；对超过信用贷款限额，借款人又无法提供有效抵押的，采取农户联保的方式给予贷款。

二、多方联动，运用"三个力"，着力打造农村信用体系建设工作合力

一是借助各级党政部门行政推动力。丽水市政府制定《关于推进农村信用体系建设进一步改善金融支农工作的实施意见》，市、县、乡三级分别成立由政府主要领导任组长，人民银行行长任副组长，涉农部门、金融机构、财政等部门组成的农村信用体系建设工作领导小组，并分别在市、县两级人民银行设立办公室。各级党委政府逐级签订工作目标责任书，将工作纳入各级党委政府年度工作考核。二是发挥各涉农金融机构的创新推动力。各涉农金融机构与基层网点及时互通农户信用动态信息，依据共享的信息数据库，积极开发金融产品，延伸服务窗口，创新服务方式。有针对性地制定信用农户"贷款优先、额度放宽、手续简便、利率优惠"等一系列惠农贷款措施，调动农户参与信用评级的积极性和主动性。同时，地方财政对支农贷款给予50%贴息，激活了金融机构支农积极性。三是激发广大农户主动参与的内在驱动力。加强宣传引导，将农户信用等级、授信额度和优惠政策张榜公示，把农户荣誉感、信用意识和实际利益统一起来，帮助农户树立"穷可贷、富可贷、不守信用不可贷"的观念和意识，激发了农户主动参与的积极性。

三、积极探索，创新"三大平台"，着力构建农村信用体系建设长效机制

一是建立金融管理服务平台。由市、县政府列出专门的人员编制和工作经费，组建市、县两级金融服务中心，并作为常设机构，委托人民银行代为管理，主要负责农村信用体系建设的日常管理、农户信用信息数据库的运行维护等工作。二是建立农户信息共享平台。人民银行牵头研发市、县两级联网的农户信用信息数据库系统，并实行动态管理、实时更新，与各金融机构共享。目前，全市所有行政村全部开展了农户信用等级评价工作，已建立农户信用信息档案38.03万户，创建信用村697个、信用乡镇20个。同时，强化信息数据和评价成果的应用，对信用村、信用乡镇、信用户实行贷款优惠，赢得了群众好评。三是建立林权流转平台。出台《关于推进森林资源流转工作的意见》等5个政策性文件；辖内9个县(市、区)全部组建以"三中心一机构"(林权管理中心、森林资源收储中心、林权交易中心、森林资源调查评价机构)为主要内容的森林资源流转平台，实现了机构、人员、资金三到位，推进了农村资源市场化。

四、系统推进，完善"两个体系"，着力形成农村信用体系建设新格局

将完善担保抵押体系和金融服务体系作为有效举措，推动建立均等化、更为完善和普惠的农村新型金融服务，实现信用惠农、信贷支农、支付便农的有机统一。一是推进抵押担保体系建设。积极创新抵押担保方式，以林权抵押、农房抵押和动产抵押为重点，探索推行"两卡(林权IC卡和银行贷款卡)、两证(信用证和房产证)、多物抵押"的多元化抵押担保模式，有效解决了农民贷款抵押物少、

担保难问题。短短2年多时间，丽水林权抵押贷款从零起步，目前贷款余额已占全省85%以上，农房抵押贷款余额也一直居全省前列。二是推进金融服务体系建设。按照建立“多层次、广覆盖、可持续”的农村金融服务体系目标，完善经营管理机制和服务网点布局，积极推进“空白乡镇金融网点与服务覆盖工程”；丰富金融产品，针对群众创业要求和农村危旧房改造、农民消费升级，设计了一系列贷款新产品，提高金融支农有效性；改善农村支付环境，在全国率先启动“银行卡助农取款服务”试点工作，将便农支付通道延伸到农民家门口；完善金融生态，积极发展新型农村金融机构和组织。

经过一年多探索实践，丽水市以农村信用体系建设为突破口的农村金融改革创新取得了积极成效，为丽水新农村和全面建设小康社会提供了强劲动力。一是进一步满足了农村融资需求。截至2010年6月末，丽水市涉农贷款余额达到345亿元，同比增长30.1%，高于全部贷款增速3.5个百分点。全市已有31.6万信用农户获得了金融机构授信，授信额度达到70亿元，有9.2万农户从金融机构获得贷款49.87亿元。二是进一步优化了农村金融生态环境。在开展农村信用等级评价工作期间，全市共有849户农户主动偿还“可疑及损失类”贷款1098.81万元，截至2010年6月末，全市农村合作金融机构不良贷款余额比年初减少6327万元，不良贷款率比年初下降1.15个百分点。三是进一步推动了百万农民创业致富。随着信贷资金的投入，农民创业热情空前高涨，致富能力大幅提升，金融成为农民增收和特色产业发展的重要支持。2009年，全市农民人均纯收入达到5703元，同比增长12.9%，增幅列全省第一，连续两年缩小了与城镇居民收入的差距。

（发文时间：2010年10月11日）

丽水市人民政府办公室关于印发《丽水市农村土地流转经营权抵押贷款管理暂行办法》的通知

丽水市农村土地流转经营权抵押贷款管理暂行办法

第一章 总 则

第一条 为深化农村金融改革，进一步扩大农村抵押物范围，拓宽“三农”融资渠道，推动农业产业化发展，根据《农村土地承包法》、《担保法》、《物权法》等法律法规以及《丽水市农村金融改革试点总体方案》、《关于加快农村土地承包经营权流转推进现代农（林、渔）业发展的实施意见》等文件精神，结合丽水实际，制定本办法。

第二条 本办法适用于丽水市范围内的农村土地（含耕地、林地，下同）流转经营权抵押贷款活动。

第三条 本办法所称农村土地流转经营权是指按照有关法律、法规和国家政策规定，通过招标、拍卖、公开协商等方式承包取得，或采取转包、出租、入股、转让和其他方式流转取得的农村土地经营权。

第四条 本办法所称的农村土地流转经营权抵押贷款，是指借款人将合法取得的农村土地经营权及地上（含地下）附着物作为抵押担保，向金融机构申请贷款的融资活动。

第二章 贷款发放原则、对象和条件

第五条 农村土地流转经营权抵押贷款发放以合法、稳健、可持续为原则。

第六条 贷款对象为从事农(林、渔)业生产经营的组织或个人(通过合法流转取得农村土地经营权的经营业主)。

第七条 申请土地流转经营权抵押贷款应当符合以下条件:

(一)具备持续生产能力的农业用地及其他符合抵押条件的农村土地;

(二)合法取得土地经营权,并依法取得农村土地经营权证;

(三)取得发包方同意抵押并在贷款无法归还时进行处置的书面证明;

(四)所经营土地未改变农业用途。

第八条 有下列情况之一的农村土地流转经营权不得设定抵押:

(一)未取得权属证明或权属有争议的;

(二)未经依法登记的;

(三)已依法公告列入城镇规划建设、征地拆迁范围内或因公共利益需要土地已被依法征收征用的;

(四)依法被查封、扣押、监管或受其他形式限制的。

第三章 贷款办理

第九条 借款人申请贷款必须符合贷款人规定的基本条件,并符合本办法第七条规定,同时应当向贷款人提供下列资料:

(一)土地经营权权属证明材料,主要包括:农村土地承包经营权流转合同、农村土地(流转)经营权证等;

(二)地上(含地下)附着物情况说明资料;

(三)发包方同意抵押、处置的书面证明材料;

(四)贷款人要求的其他资料。

第十条 抵押当事人双方应签订书面抵押合同。贷款期限和金额由抵押当事人双方协商确定,但贷款期限不得超过该抵押土地经营权的剩余使用年限。贷款人对农村土地流转经营权抵押贷款实行优惠利率。

第十一条 借款人取得的贷款必须用于农(林、渔)业生产及综合开发。

第四章 抵押物价值确定

第十二条 农村土地流转经营权的价值可由中介机构进行评估,也可由抵押当事人委托有关专家测算确定或由当事人双方协商确定。

第十三条 农村土地流转经营权抵押价值应充分考虑土地经营权剩余期限、流转价款、支付价款、地上(含地下)附着物价值及预期收入等因素,流转价款可参照设定抵押时当地农村土地流转和产权交易服务中心的同类土地平均交易价格。

第五章 抵押登记

第十四条 农村土地流转经营权抵押应依法办理登记手续。

第十五条 抵押当事人双方签订抵押合同后,应向所属的县(市、区)行政主管部门申请办理抵押登记,具体抵押登记办法以登记部门的规定为准。

第十六条 贷款人在登记机关办理抵押登记手续,取得抵押登记证明后,根据借款合同发放贷款。

第十七条 抵押人在抵押期间或抵押期满要求变更或注销抵押登记的,应由抵押权人出具债务履行完毕或其他同意变更、注销的证明。

第十八条　农村土地流转经营权抵押后，抵押人原享受的国家相关政策补贴不变。如发生依法征收、征用等特殊情况，按合同约定和国家相关法律政策规定执行。

第十九条　抵押期内，对符合农业政策性保险的产业，必须参加农业保险，并在保险合同中明确贷款人为该项保险的第一受益人。

第六章　抵押物的管理与处置

第二十条　农村土地流转经营权抵押期间，抵押人不得将抵押物再次抵押或流转。

第二十一条　农村土地流转经营权已抵押的，其地上（含地下）附着物在征得贷款人同意后方可处置，所得价款优先用于偿还到期贷款本息。

第二十二条　贷款人应加强抵押物监管，对抵押物价值发生较大变化的，要及时追加其他担保，确保贷款资产安全。

第二十三条　借款人未履行还款义务的，抵押权人可与抵押人协商以抵押的土地经营权再流转或转让所得价款受偿，原承包方、土地所属经济组织或其他成员享有优先受让权，具体可采取以下方式进行处置：

（一）转让。借贷双方协商，由贷款人依法将抵押物进入交易流转市场，通过拍卖、变卖等方式进行流转，获取转让收益清偿贷款本息。

（二）变更。贷款人依法将抵押物进入交易流转市场，通过变更方式，在不改变土地用途的情况下，变更土地经营权人，由新的土地经营权人履行还贷业务。

（三）仲裁或诉讼。当贷款人与借款人、抵押人不能通过协商处置抵押的土地经营权时，借贷双方通过申请仲裁或诉讼方式解决。

（四）其他合法形式。

第七章　风险分散与补偿机制

第二十四条　发挥财政对农村金融创新的激励作用，建立农村土地流转经营权抵押贷款风险补偿机制。各县（市、区）财政按本辖区上年度土地流转经营权抵押贷款余额5‰的比例逐年提取风险补偿资金，用于补偿分担自然灾害等不可抗力、抵押物处置期间农户权益保障及抵押土地经营权资产追偿后不足以弥补本金损失的贷款风险。

第二十五条　配套建立抵押融资担保机制。贷款人可通过与农业担保公司或政府设立的担保基金合作，开展农村土地流转经营权抵押贷款业务。担保机构应适当降低担保费用，贷款人在贷款利率上给予适当优惠。

第二十六条　由市财政对市本级金融机构（含担保中介）按当年农村土地流转经营权抵押贷款新增额（担保新增额）的2‰给予奖励，各县（市、区）参照执行。

第八章　附　　则

第二十七条　各银行业金融机构可根据本办法制定贷款操作规程。

第二十八条　本办法未尽事项根据相关法律法规、贷款操作规程等办理。

第二十九条　本办法自印发之日起实施。

（发文时间：2013年11月18日）

中共丽水市委办公室　丽水市人民政府办公室
关于进一步促进农村住房抵押贷款工作的实施意见

为深化农村金融改革试点，进一步拓宽农民贷款抵押物范围，破解农民融资难，不断促进农民增收致富，加快丽水市城镇化和新农村建设，根据《丽水市农村金融改革试点总体方案》等文件精神，现就我市进一步促进农村住房抵押贷款工作提出如下意见：

一、指导思想

全面贯彻落实党的十八大精神，以邓小平理论、“三个代表”重要思想和科学发展观为指导，深入实施市委“三市并举”发展战略和“绿色崛起、科学跨越”战略总要求，以拓宽农村抵押物范围、破解农户融资难为着力点，进一步深化农村金融产品和服务创新，努力满足日益增长的“三农”金融服务需求，促进农业增产、农民增收和农村经济发展，大力支持和促进城镇化及社会主义新农村建设。

二、总体目标和原则

（一）总体目标。

通过积极试点、扩面增量，进一步促进农村住房抵押贷款业务发展，2013 年全市每个县（市、区）必须选择 1—2 个区域开展农村住房抵押贷款工作，2014 年工作全面推开，2015 年末全市农村住房抵押贷款余额争取达 20 亿元以上。

（二）基本原则。

1.因地制宜，务实创新。坚持从拓宽农民融资渠道、满足农民融资需求实际出发，立足市情、县情、村情，积极探索创新可操作性强的农村住房抵押贷款方式，努力形成高效、便捷、实惠、可持续的金融服务模式。

2.协同配合，合力推进。要按照为农村和农民干实事、办好事的要求，加强各相关部门之间的协作配合，注重财政政策、货币信贷政策、监督管理政策等之间的协同配套，调动和激发金融机构和相关部门参与农村金融改革创新的积极性和创造性，引导更多的经济金融资源投向“三农”。

3.市场运作，风险可控。坚持市场化运行和政策性扶持相结合，以市场为导向，以政策扶持为支撑，健全和完善正向激励机制，在积极推进农村住房抵押贷款创新的同时，落实合理分散风险的措施，科学防范金融风险。

三、促进农村住房抵押贷款工作措施

（一）加快推进农村住房确权登记发证工作。

切实抓好并加快农村集体土地使用权和房屋所有权确权登记发证工作，各县（市、区）要积极创造条件，重点推进城中村、中心镇、中心村的农村住房登记发证工作，争取到 2015 年末，上述中心区域符合登记条件的农村住房申请发证率达到 70%以上。加强农村新建住房的规划管理，鼓励引导农民集中连片建房，对下山脱贫、移民搬迁、危旧房集中改造、美丽乡村等新建农村住房，国土和房管部门要及时颁发相应的集体（国有）土地使用权证和房屋所有权证，努力实现建成一批、依申请发证一批，使农村住房确权登记的区域范围和群体不断扩大，为农村住房抵押贷款业务推进夯实基础。

（二）实行农村住房抵押登记制度。

丽水市范围内农村的集体土地以及国有划拨土地上所建的农民住房，凡权属清晰，且依法取得房屋所有权证和土地使用权证，农户保证其抵押房屋处置后仍有住所的，向金融机构申请贷款时均可办理抵押登记。集体土地农村住房的抵押及流转，须取得本集体经济组织的村民（代表）会议或者经由村民（代表）会议授权的村民委员会书面同意。国有划拨土地上的农民住房抵押，须经国土部门同意。设定农村住房抵押时，抵押物的价值可由抵押双方当事人协商确定，也可由中介机构评估确定。各县（市、区）要在充分保障农村集体经济组织和农民利益的前提下，积极推进农村住房抵押登记工作。

（三）促进农村住房抵押贷款业务规范发展。

各金融机构要根据农村住房特点和抵押贷款的相关规定，认真制定农村住房抵押贷款业务办法、操作流程，积极应用推广农村住房直接抵押贷款、农村住房抵押授信循环贷款、农村住房抵押按揭贷款、农村住房抵押担保贷款等创新产品，简化贷款手续，实行优惠利率。各金融机构要建立完善贷款风险防范机制，在风险可控的前提下，适当提高对农村住房抵押贷款不良率的容忍度，通过合理控制房屋抵押率和贷款期限、评定农户信用等级等手段，有效防范农村住房抵押贷款风险。人民银行、银监部门要加强业务管理，督促指导各金融机构推进农村住房抵押贷款业务发展。

（四）建立完善抵押农村住房流转处置机制。

各县（市、区）要积极探索创新农村住房抵押处置流转方式，采取多种途径确保抵押权实现。对借款人无法偿还到期贷款的抵押农村住房，允许在房屋所在区域范围内流转变现，集体土地上房屋的受让人应为所在区域的农村户籍人员。抵押物处置时，本村集体经济组织及其成员在同等条件下有优先购买权。具备征收条件的抵押农村住房，可将其征收为国有进行处置或在人民法院处置后办理征收手续。国土部门依生效的法律文书和协助执行通知书给予办理土地使用权的变更登记，房管部门依据变更后的土地使用权证等办理相应的房屋所有权转移登记手续。

（五）加大金融债权保护力度。

进一步加强政、银、司法协调配合，加大农村住房抵押的金融债权保护力度，依法打击恶意逃废银行债务行为，积极做好农村住房抵押不良贷款处置，切实降低金融风险。司法部门在审理和调解农村住房抵押贷款诉讼案件时，对抵押债权要予以积极支持和保护。各县（市、区）要加强与司法部门的协调配合，尊重法院对农村住房抵押合同有效性的裁决，积极协助法院处置抵押物，切实维护抵押权人合法权益。积极探索农村住房抵押贷款债权保障方式，通过仲裁、公证等多种途径，有效降低相关法律风险。

（六）建立完善配套服务体系。

各县（市、区）要积极创造条件，组建政府出资的担保机构，整合担保资源，为农村住房等农村产权抵押融资提供担保服务。积极研究建立农村产权流转交易平台，收集和发布农村住房等各类农村产权流转交易信息，组织产权招挂拍等交易活动，促进农村产权流转，为贷款抵押物处置、抵押权利的实现提供便利。各县（市、区）要加快村级担保组织建设，大力推进农户以自有住房作反担保的社区互助型融资模式发展。

四、相关扶持政策

（一）实行农村住房抵押贷款财政补偿激励政策。

建立农村住房抵押贷款的财政贴息、奖励和风险补偿等制度，发挥财政对农村金融创新的激励作用，提高金融机构和农户办理农村住房抵押贷款的积极性。对金融机构以优惠利率发放的农村住房抵押贷款，由各县（市、区）按照林权抵押贷款标准给予财政贴息。市财政对市本级金融机构（担保机构）按当年农村住房抵押贷款新增额（担保新增额）的2‰给予奖励，各县（市、区）参照执行。各县

(市、区)建立农村住房抵押贷款风险补偿基金,按上年度农村住房抵押贷款余额5‰的比例提取,用于对金融机构(担保机构)在抵押资产追偿后不足以弥补本金损失的贷款风险进行一定补偿。

(二)进一步扩大农村住房保险覆盖面。

继续按照政府补贴与商业运作相结合的模式推进政策性农村住房保险工作,逐步提高政府保费补贴比例,应保尽保,不断扩大农村住房保险覆盖面,充分发挥保险的风险保障作用,有效分散农村住房抵押贷款风险。

(三)实行费用减免政策。

国土、房管等部门要对农村住房抵押贷款涉及的权属登记、发证、评估以及抵押登记等环节的费用进行减免或按最低标准收取,以减轻农民融资成本。各金融机构要严格按贷款合同约定收取利息,不得增加额外费用。

五、工作要求

(一)提高思想认识。

住房既是农民手中最重要的财产,也是农村产权资本化潜力最大的领域之一,盘活农村住房资产,大力推进农村住房抵押贷款业务,对进一步解决农户贷款抵押难问题,拓宽农村融资渠道,实现城乡金融服务均等化具有十分重要的意义。同时,推进农村住房抵押贷款工作,也是加大金融支持农村危旧房改造、中心镇(村)、"美丽乡村"等建设,改善村容镇貌,提升农村消费水平,加快社会主义新农村建设和城镇化的有效手段。各县(市、区)和相关部门要从深化农村金融改革,促进城乡统筹发展全局高度,充分认识推进农村住抵押贷款工作的重要性,立足实际、勇于创新,努力破解制约农村住房抵押贷款业务发展的各种障碍。

(二)强化组织领导。

各县(市、区)政府和有关部门要把促进农村住房抵押贷款工作作为深化农村金融改革,支持新农村建设的一项重点工作来抓,切实加强对农村住房抵押贷款工作的组织领导和政策协调。各县(市、区)要按照本意见要求,结合各地实际,积极组织推进辖内农村住房抵押贷款工作。

(三)积极有序推进。

要按照先中心、后边远,先试点、后推广的方式,先在城中村、城郊接合部、建制镇以及农村住房房源较好的中心村开展农村住房抵押贷款业务,逐步扩大覆盖面。各县(市、区)及相关部门、金融机构要加大农村住房抵押贷款的业务宣传和政策引导力度,及时协调解决工作中遇到的各种问题和困难,发挥各方面工作合力,加快推进农村住房抵押贷款扩面增量。景宁畲族自治县可利用区域自治优势,在农村住房抵押贷款司法保障上先行先试。

(四)加强宣传引导。

加强推进农村住房抵押贷款的政策宣传,及时总结先进经验,加大典型示范,积极引导金融机构、农民主动参与,为农村住房抵押贷款业务发展创造良好环境。

(五)建立配套工作机制。

市级将农村住房抵押贷款工作纳入对各县(市、区)的考核,各县(市、区)要结合本地实际,制定农村住房抵押贷款工作的具体实施办法,完善工作机制,提高工作积极性。市人民银行负责制定农村住房抵押贷款具体管理办法,市房管部门负责制定农村住房抵押登记的具体办法。

(发文时间:2013年11月26日)

《丽水市金融志》编后记

盛事修志，传承文明；志载金融，泽被后世。

根据丽水市人民政府部署和要求，由中国人民银行丽水市中心银行牵头，丽水市金融工作办公室、中国银行保险监督管理委员会丽水监管分局协办，丽水市金融学会主持承办，全市各银行、保险、证券等金融机构参编，于2018年6月开始《丽水市金融志》（以下简称《金融志》）编纂工作。邀约史志工作者和专家参与具体编纂工作。成立《金融志》编辑部，执行策划、撰稿、编辑等工作。

《金融志》记述以丽水市历史上最早出现的金融事象为发端，贯通古今，下至2015年。记述货币沿革、金融机构、银行业务、证券业务、保险业务、信托与金融资产管理业务、金融市场、金融体制改革与创新、金融监管、金融研究、金融文化与职工教育、金融行业组织与学会等方面内容，力求客观真实地反映丽水市金融业发展脉络与历史现象。全志追本溯源，明古释今，史料翔实，图文并茂，全面、系统、客观地反映丽水地区金融发展的历史和现状，特别是中华人民共和国成立66周年、改革开放36周年丽水地区金融领域所取得的新成就。

《金融志》坚持社会主义新方志的编纂规律与要求，弘扬传统技法与新的编辑技术相结合的理论，坚持“达道义、章法戒、通古今、表功勋、旌贤能”的传统理念，承袭“述而不作”“实而不华”的方志编纂方法，尽力做到“简而能周、博而能详、言简而要、事详而博”，秉承“直笔”“传信”的方志要求，遵循“记述事物、事件和人物，寓观点于记述之中”。尽力体现地方志的原则、方法和理论要求，从地方金融发展实际出发，充分考虑地情情况，围绕创新与继承相结合，彰显地方特征、行业特点、人文精神，以达到志书质量与内容相同一的目的。具体讲，就是更新志书定位问题、文化系统工程问题、客观反映现实问题的“三个观念”，处理好规范化与个性化的关系、继承传统与推陈出新的关系、避免创新与继承关系混淆，体现自身特点和地方特色，把握时代脉搏、体现时代特色，广泛吸收专业志在二轮修志与首轮修志中的体例差异与变化规律。

《金融志》编纂形式，采用社会化、开放式征稿与编辑成稿相结合的模式。撰稿采取编辑部撰稿和各承编单位分别撰稿，以及向社会史志工作者、知情人约稿三种方式组稿。采用合同制与委托和聘用制相结合的形式，组织较为广泛的承编单位编写和社会力量参与编纂工作，广纳博采，最大化地集合部门和社会力量，用较短的时间，取得较优的编纂成果。

《金融志》编纂出版工作经历五个阶段。第一阶段（2018年6月至2019年5月）是编纂启动阶段。2018年6月，丽水市金融学会确立编纂《金融志》意图；12月，通过竞标形式，丽水市金融学会与杭州聚文斋文化传媒有限公司达成合作意向，签订编纂《金融志》协议；2019年2月，组织编纂班子，通过探讨调研、查阅资料，完成《金融志》编纂大纲；4月底，一边物色编辑人员，一边组织相关部门开展长编稿编写工作。5月初开始，组织参编人员培训工作，共集中培训2次，其他分散、个别、针对性指导培训若干次。人行丽水市中心支行和丽水市金融学会的领导主持并部署编纂工作，确定任务和要求。同月，《丽水市金融志编纂大纲》得到浙江省金融志编纂室袁炳杰、衢州市地方志办公室胡锡明、丽水市地方志办公室朱晓亮、松阳县地方志办公室洪关旺等专家肯定，并通过提出针对性的修改意见、建议，经过丽水市金融学会专题会议讨论，形成《金融志》篇目。6月之前，经过多轮遴选，最后选定叶建平、孙慧君2人为参编编辑，同时邀请一些从事方志工作的人员以非正式间接性地参加《金融志》编写及志书修改工作。第二阶段(2019年6月至2020年9月)是组建编辑部、资料搜集、组织承编单位重点培训、编写长编稿阶段。2019年6月，成立《金融志》编辑部，正式启动编纂工作。编纂采用分头撰稿、编辑，统一汇总的方式，分为两个编写组，一个组负责中华人民共和国成立前金融机构及金融事项资料搜集与编辑，由朱放鸣主持；另一个组负责中华人民共和国成立后金融内容编纂及组织各承编单位编写指导与培训，有70多个承编单位和部门提交基础材料和初稿，由叶建平主持。同时，由邱耀峰组织开展志稿图片征集工作。志稿得到孙卫武等本地文史专家和部门的无私支持和帮助，所投送的史志稿特别是专记文稿，增强了《金融志》的史料价值。2020年9月底，完成资料长编稿编辑工作，并提交丽水市金融学会审阅。第三阶段(2020年10月至2021年10月)是初稿编辑、内部评审阶段。2020年10月，启动初稿编纂及初稿内部审核。完善篇目调整，整合素材，梳理文字，核实资料，从承编单位、人行负责人至编辑部，通过三次审核志稿、三次补充和纠正资料、三次修正文体内容(“三审三补三改”)，较大幅度地整合与补正资料内容，提高志稿质量。第四阶段(2021年11月至2022年3月)是志稿复审、复审稿修改阶段。于2021年12月召开书面评审会，邀请浙江省人民政府地方志办公室市县工作部徐鹏、《浙江通志·金融志》编辑部徐明昌、衢州市地方志办公室胡锡明、丽水市地方志研究室朱晓亮等评审专家审阅志稿，从篇目调整、资料考证、文字表述、图表规范、内容编排等方面提出具体修改意见。之后由朱放鸣、周胜胜对评审专家提出的意见和建议进行全面、细致、严谨地纠偏补漏、规范行文、调整篇目、突出内容等统稿梳理工作，提交终审。第五阶段(2022年4月至9月)是志稿终审、出版发行阶段。由周胜胜组织学会秘书处开展志稿终审修编，确定出版发行合作单位，开展书稿“三审三校”工作，并报送丽水市地方志研究室出版验收。修志全过程由阮建明主持，主要由陈明亮协助主持；第一阶段和第二阶段2019年12月前由包立平协调，第二阶段2020年1月开始及后三个阶段由周胜胜协调；陈晨参与全过程修志联络、转送工作。

《金融志》采用“大编”的篇目形式，呈现大金融内涵与内容，横排竖列，注意门类平衡与协调，考虑到丽水市金融系统现实，银行与保险、证券、金融市场发展、孕育不平衡，规模和内容反差较大，尽力使志稿中的编、章、节、目的内容不要偏向，亦即过大过多或者过小过少，列编、列目作了技术性调整。现设有10个编、40个章，总篇幅110余万字。

《金融志》编纂工作的顺利实施，得益于丽水市方志办领导精心指导。在《金融志》编纂的各个环节，得到多位方志、金融专家和各部门领导鼎力支持，得益于各承编单位、学会(协会)和撰稿人通力合作；在多次商讨研究，处理编纂中的有关问题时，能够不厌其烦地提供帮助；在篇目制定、章节安排、行文规范、志稿试写、初稿审阅等诸多方面均给予耐心的指导，特别是中国人民银行丽水市中心支行领导班子把修志工作作为重要的政治工作和文化建设工作来抓，严格要求，严把质量，多次召集专题会议或组织编纂人员讨论研究，给予编辑人员多方支持和鼓励，调配专人帮助与协助，在各个编纂时期亲自阅稿、亲自把关，提出大有裨益的意见和建议。《金融志》编纂工作的顺利完成，也得益于全体编纂人员高度的责任感和使命感，本着尊重历史和客观实际的原则与态度，辛勤工作，不辞劳苦，充分发挥主观能动性，做好修志过程中各项工作。在资料搜集过程中，编纂人员广收精选、深挖细考，屡次进档案馆、图书馆、博物馆考察搜集资料；在长编稿、初稿撰写和编辑过程中，编纂人员认真严谨、数易其稿；在书稿修改打磨提升质量过程中，编纂人员字斟句酌、精打细磨、反复验证、精益求精，遵循实事求是的原则，突出改革开放以来丽水市金融全面发展的变化情况，力求做到思想性、科学性和资料性的有机统一，努力编纂出一部承先启后、符合方志规范、富有地方特色和行业特点的合格的志书。在此，向在《金融志》编纂和评审过程中付出辛勤劳作的各位领导、专家和同仁表示诚挚的感谢！

《金融志》是丽水市第一部金融专业志，时间跨度长、内容涉及范围广、专业性强、资料搜集难度大，在编纂过程中受到新冠肺炎疫情影响，限制活动范围，又囿于编纂人员编纂力量不足和经验、水平所限，书中难免存在不足之处，诚请各位领导、专家、同仁不吝赐教。

编　者

2022 年 8 月